1. Auflage

Reiseziele und Routen

Travelinfos von A bis Z

Land und Leute

Reykjavík und Reykjanes

Der Golden Circle

Snæfellsnes und der Westen

Die Westfjorde

Der Nordwesten und Akureyri

Nordosten und Diamond Circle

Der Osten

Der Süden

Das Hochland

Anhang

Caroline Michel,
Andrea und Mark Markand

ISLAND

STEFAN LOOSE
TRAVEL HANDBÜCHER

Inhalt

Routenplaner 8
Highlights 8
Reiseziele und Routen 23
Klima und Reisezeit 36
Reisekosten 38

Travelinfos von A bis Z 40
Anreise 41
Botschaften und Konsulate 43
Einkaufen 43
Essen und Trinken 45
Fair reisen 48
Feste und Feiertage 49
Frauen unterwegs 54
Geld 54
Gepäck und Ausrüstung 55
Gesundheit 56
Informationen 56
Jobben 58
Kinder 58
Maße und Elektrizität 59
Nationalparks 59
Post 60
Reisende mit Behinderungen 60
Reise- und Tourveranstalter 60
Schwule und Lesben 62
Sicherheit 62
Sport und Aktivitäten 63
Telefon 68
Transport 69
Übernachtung 80
Unterhaltung 84
Verhaltenstipps 84
Zeit 85
Zoll 85

Ein Holzbohlensteg schützt das empfindliche Moos auf dem Weg zum Tjarnagígur-Krater.

www.stefan-loose.de/island

Land und Leute 86
Geografie 87
Flora und Fauna 95
Umwelt 98
Bevölkerung und Gesellschaft ... 100
Geschichte 102
Regierung und Politik 111
Wirtschaft 113
Religion 116
Kunst und Kultur 117

Reykjavík und Reykjanes 124
Reykjavík 126
Das Zentrum 130
Außerhalb des Zentrums 142
Von Reykjavík zum Flughafen ... 161
Hafnarfjörður 161
Vogar 165
Reykjanesbær: Keflavík, Njarðvík
 und Ásbrú 166
**Über Reykjanes' West- und Südküste
 nach Reykjavík** 172
Garður und Garðskagi 173
Sandgerði 173
Von Sandgerði nach Grindavík ... 176
Grindavík 177
Die Blaue Lagune (Bláa Lónið) 179
Entlang der Südküste durchs
 Naturreservat 179
Strandarkirkja in Selvogur 181
Þorlákshöfn 181
Über Þrengsli und Hellisheiði nach
 Reykjavík 185

INHALT **3**

Der Golden Circle ... 188

Von Reykjavík nach Þingvellir ... 190
Þingvellir ... 192
Laugarvatn und Umgebung ... 196
Wanderung zum Brúarfoss ... 198
Vom Geysir bis zum Gullfoss ... 201
Nach Flúðir und zur Secret Lagoon ... 205
Reykholt ... 208
Skálholt ... 209
Laugarás ... 211
Von Kerið zum Þingvallavatn ... 212
Per pedes ins Hengill-Gebirge ... 214

Snæfellsnes und der Westen ... 216

Von Reykjavík Richtung Norden ... 218
Hvalfjord ... 220
Abenteuerwanderung zum Glymur ... 222
Akranes ... 224
Borgarnes und Umgebung ... 227
Zwischen Ringstraße und Langjökull ... 232
Bifröst ... 233
Von Borgarnes nach Reykholt ... 234
Hraunfossar und Barnafoss ... 238
Über Húsafell ins Lavagebiet Hallmundarhraun ... 239
Snæfellsnes ... 243
Von Borgarnes über Eldborg nach Búðir ... 243
Die Südküste um Arnarstapi und Hellnar ... 248
Der Snæfellsjökull-Nationalpark ... 252

Hellissandur und Rif ... 259
Ólafsvík ... 260
Grundarfjörður und Umgebung ... 263
Stykkishólmur ... 268
Flatey ... 273
Dalir ... 275
Von Snæfellsness nach Dalir ... 275
Laugar in Saelingsdal ... 278
Die Halbinsel Klofningsnes ... 278

Die Westfjorde ... 280

Über Reykhólar und Flókalundur nach Látrabjarg ... 284
Reykhólar ... 284
Flókalundur und Umgebung ... 286
Brjánslækur und Umgebung ... 288
Rauðasandur ... 290
Nach Látrabjarg ... 291
Patreksfjörður ... 293
Von Tálknafjörður nach Ísafjörður ... 296
Tálknafjörður ... 296
Bíldudalur und Umgebung ... 298
Dynjandi und Umgebung ... 300
Þingeyri ... 301
Flateyri ... 304
Suðureyri ... 306
Ísafjörður ... 307
Bolungarvík und Umgebung ... 314
Von Ísafjörður nach Strandir ... 316
Súðavík ... 316
Am Djúp: Reykjanes und Heydalur ... 319
Drangajökull und Snæfjallaströnd ... 320
Hólmavík ... 321
Drangsnes ... 324
Djúpavík und Norðurfjörður ... 326
Nach Süden Richtung Ringstraße ... 327

Der Nordwesten und Akureyri ... 328

Húnaflói: Vom Hrútafjord bis nach Varmahlíð ... 331
Hrútafjord ... 331
Zu den Brutplätzen der Eissturmvögel ... 334
Laugarbakki ... 335
Hvammstangi und Umgebung ... 336
Blönduós ... 339
Skagaströnd und die Halbinsel Skagi ... 342
Skagafjord ... 343
Rund um Varmahlíð ... 343
Zum Aussichtsberg Mælifellshnjúkur ... 350
Sauðárkrókur ... 351
Hólar ... 355
Halbinsel Tröllaskagi ... 359
Hofsós ... 359
Siglufjörður ... 363
Ólafsfjörður ... 367
Dalvík und Umgebung ... 369
Wandern im Hobbitland ... 373
Vogelinsel Hrísey ... 375
Von Varmahlíð über die Öxnadalsheiði nach Akureyri ... 377
Wanderung zum Bergsee Hraunsvatn ... 378
Akureyri und Umgebung ... 380
Akureyri ... 380
Eyjafjarðarsveit ... 391

Nordosten und Diamond Circle ... 394

Eyjafjörður (Ostufer) und Vaglaskógur 396
Grenivík und Umgebung ... 397
Vaglaskógur ... 399

Diamond Circle ... 400
Goðafoss ... 400
Aldeyjarfoss ... 402
Laugar (Reykjadalur) ... 402
Húsavík und Umgebung ... 405
Ásbyrgi und Dettifoss ... 410
Mývatn ... 416
Das Mývatn-Gebiet zu Fuß erkunden ... 421
Entlang der Nordküste ... 427
Kópasker ... 429
Raufarhöfn ... 430
Þórshöfn und Langanes ... 433
Bakkafjörður ... 436
Vopnafjörður und Umgebung ... 438

Der Osten ... 442

Egilsstaðir und Umgebung ... 445
Egilsstaðir ... 445
Lagarfljót und Lögurinn ... 451
Die Ostfjorde ... 455
Bakkagerði (Borgarfjörður eystri) ... 455
Seyðisfjörður ... 458
Mjóifjörður ... 463
Reyðarfjörður ... 463
Eskifjörður ... 466
Neskaupstaður (Norðfjörður) ... 468
Fáskrúðsfjörður ... 470
Stöðvarfjörður (Austurbyggð) ... 472
Breiðdalur-Tal und Breiðdalsvík ... 474
Berufjord, Fossárdalur und Djúpivogur ... 476
Von Lónsöræfi nach Höfn ... 479
Lónsöræfi ... 479
Stafafell ... 480
Stokksnes und Vestrahorn ... 480
Höfn ... 482
Gletscherlagunen des Vatnajökull ... 486
Hoffellsjökull, Fláajökull und Heinabergsjökull ... 486
Wanderungen rund um Skálafell ... 488
Jökulsárlón ... 489

Breiðárlón und Fjallsarlón 492
Svínafellsjökull 493
Skaftafell 495
Wanderungen rund um Skaftafell 497
Vom Eis über Kirkjubæjarklaustur in den Süden 499
Kirkjubæjarklaustur 499
Von Kirkjubæjarklaustur Richtung Süden 503

Der Süden 504

Im Schatten der Südgletscher 508
Rund um Vík í Mýrdal 508
Skógar und Umgebung 513
Zwischen Eyjafjallajökull und Seljalandsfoss 515
Ausflug nach Þórsmörk 519
Vestmannaeyjar – Die Westmännerinseln 524
Hvolsvöllur und Umgebung 531
Rund um Hekla 535
Hella und Umgebung 535
Von Hella bis zur Hekla 539
Von Hekla über Stöng nach Selfoss ... 542
Selfoss, Hveragerði und Umland 544
Rund um Selfoss 544
Wanderungen bei Selfoss 548
Am Fluss Hvítá entlang 552
Eyrarbakki und Stokkseyri 553
Hveragerði 557
Wandern im Reykjadalur und Grændalur 559

Das Hochland 564

Südliches Hochland 566
Landmannalaugar und Umgebung 567
Unterwegs auf dem Laugarvegur 573
Eldgjá 575
Langisjór 575
Laki-Krater 576
Westliches Hochland 578
Kaldidalur (Straße 550) 578
Die Kjölur-Route (Straße 35) 578
40 km zu Fuß auf dem alten Kjalvegur .. 580
Hagavatn 582
Kerlingarfjöll 583
Hveravellir 584
Sprengisandsleið (F26) 584
Askja und östliches Hochland 588
Öskjuleið (F88) 588
Askja und Umgebung 591
Holuhraun 592
Kverkfjöll 592
Snæfell und Umgebung 593

Anhang 596

Sprachführer 596
Bücher 601
Index 604
Danksagung 616
Bildnachweis 618
Impressum 619
Kartenverzeichnis 620

Reiseatlas 621

Themen

Bolludagur, Sprengidagur, Öskudagur	47
Isländische Spezialitäten	48
Wie fotografiert man Polarlichter?	52
HÚ!	64
Sag niemals Pony	97
Die Touristen und ihr Müll	99
Jón Gnarr	112
Die Finanzkrise 2008	115
Wofür braucht die Welt ein Penismuseum?	140
Wenn du glaubst, du hast schon alles gesehen, geh in die Elfenschule	144
Wie Island zu seinem Namen kam	163
Moonwalk: auf den Spuren Neil Armstrongs	180
Krýsuvíkurbjarg: Vogelfelsen, Steilküste und Leuchtturm	183
Und es gibt sie doch: die Arnarkerhöhle	184
Energie als Exportschlager?	186
Das älteste bestehende Parlament der Welt	194
Anders als die anderen: Fische im See Þingvallavatn	196
Mulitmediale Erlebnisse mit Egill und Brák	231
Elfenalarm!	250
Die Reise zum Mittelpunkt der Erde	253
Wer isst denn so was?	267
Von nachdenklichen Papageitauchern	293
Die Hexer von Strandir	324
Das isländische Eisbärenproblem	332
Mit einer fliegenden Stute fing alles an	356
Warum die Isländer einst nach Amerika auswanderten	362
Katholisch und Island – geht das?	382
Die Seherin Bryndís und die Heilenergie der Elfen	404
Das (deutsche) Siliziumwerk – Umweltsauerei oder Segen?	407
Die dreizehn isländischen Weihnachtsmänner	422
Street-Art auf Isländisch	431
Sind das noch Schafe?	434
Ausländische Investoren als Umweltschützer	438
Rentieren auf der Spur	445
Fjorde und *fjörðurs*	457
Die Feuerpredigten	500
Gefahr unter kilometerdickem Eis: Katla	510
Ein Zungenbrecher-Vulkan wird berühmt	518
Papageitaucher-Starthilfe	525
Auf den Spuren der Islandsagas – „Knechte erschlagen Knechte"	532
Das Tor zur Hölle: die Hekla	540
Auf schwankendem Boden	571
Tod und Liebe auf dem Vulkan	590

ISLAND
Die Highlights

Island, gern als „Insel aus Feuer und Eis" bezeichnet, hat auch farblich mehr zu bieten als heiß-rote Vulkane, graue Schlammquellen und blau schimmernde Gletscher. Giftgrüne Moose, grün-braun-golden schimmernde Rhyolithberge, türkisfarbene Bergseen und farbenfrohe Holzhäuser zum Beispiel.

1

1 REYKJAVÍKS ZENTRUM

Jeder zweite Bewohner Reykjavíks ist Künstler, was die nördlichste Hauptstadt Europas zu einem der angesagtesten Hotspots macht. Die Stadt ist klein und niedlich genug, um liebevoll gepflegt und ausgefallen dekoriert zu werden, und gleichzeitig so modern und weltoffen, dass sie in der Kreativ- und Künstlerszene als Kulturhochburg gilt. Wo sonst hätte ein Punk Bürgermeister werden können?
S. 130

ÞINGVELLIR Die Wiege der isländischen Demokratie ist zugleich der Ort, an dem die Kontinentalplatten deutlich sichtbar auseinanderdriften. Jedes Jahr wird die Spalte, die Europa und Amerika trennt, breiter. S. 192

GEYSIR UND GULLFOSS Während der Geysir Strokkur zur Freude der Besucher verlässlich etwa 20 m hohe heiße Fontänen ausspuckt, schlummert der Geysir, der dem Naturphänomen seinen Namen gab, stumm daneben. Laut wird es hingegen am beeindruckenden Gullfoss, der tosend in zwei Kaskaden in die Tiefe stürzt. S. 201

3

4 NATIONALPARK SNÆFELLS-JÖKULL Jules Vernes war sich sicher: In diesem Gletschervulkan verbirgt sich der Eingang zum Mittelpunkt der Erde. Geologie zum Anfassen! S. 252

5 LÁTRABJARG Sie sind die Maskottchen Islands und die putzigsten Bewohner der Insel: Papageitaucher brüten an der Steilküste in den westlichen Westfjorden besonders zahlreich. S. 292

6 REITEN IN VARMAHLÍÐ Schon mal auf dem Pferderücken einen Fluss durchquert? Aber auch kleine Wasserfälle und unzugängliche Schluchten bleiben unvergessen, wenn sie im Tölt oder Galopp angeritten werden. S. 343

7

8

7 AKUREYRI Die Stadt mit Herz macht Lust zu flanieren. Mit ihrer bunten, auffälligen Architektur und einer Reihe einzigartiger Museen beweist sie ihre Weltoffenheit, die seit Langem Künstler, Dichter und Denker anzieht. S. 380

8 HÚSAVÍK An Islands Küsten tummeln sich Buckel-, Mink- und sogar Blauwale. Mit dem Boot geht es hinaus auf hohe See – gemütlich und sicher eingemummelt in dicke, wasserfeste Kleidung. In Islands „Wal-Hauptstadt" heißt es schon lange: „Meet us, don't eat us". S. 405

9 **ÁSBYRGI UND DETTIFOSS**
Auf den Spuren der Götter – oder entlang der Fußabdrücke ihrer Pferde – geht es von der Ásbyrgi-Schlucht bis zum Dettifoss. Ob der Regenbogen, der sich bei Sonnenschein über den Wasserfall spannt, die Brücke zu den Göttern ist? S. 410

10 **MÝVATN** Friedlich liegt der große See zwischen Kratern und Lavafeldern. Besonders sehenswert ist der Vulkan Krafla mit seinen spektakulär dampfenden und blubbernden Hochtemperaturgebieten. S. 416

11 JÖKULSÁRLÓN Blau schimmernde Eisberge auf ihrem Weg ins Meer. Hier kommt man dem Naturwunder ganz nah. S. 489

12 SKAFTAFELL Die einen zieht es aufs Eis, während die anderen dicht an die Gletscherzungen heran wandern. S. 495

13 REYNISFJARA Schwarzer Sand und raue See – ein wunderbarer Anblick. S. 508

14 ÞÓRSMÖRK Eingerahmt von gleich drei Gletschern, ist das grüne Tal mit reißenden Flüssen und spektakulären Schluchten ein Eldorado für Trekker. S. 519

13

14

15 WESTMÄNNERINSELN
Auf den spektakulären Klippen fühlen sich neben Vögeln auch Kletterfreaks wohl, und einer der jüngsten Berge der Welt, entstanden erst beim Vulkanausbruch von 1973, versetzt nicht nur Geologen in Erstaunen. S. 524

16 LANDMANNALAUGAR
Hierher kommt eigentlich jeder, der gerne wandert. Die Landschaft und die tolle Stimmung machen diesen Ort zu einem besonders schönen Platz. Egal, ob die Wanderung hier startet oder endet. S. 567

17 KERLINGARFJÖLL Wer die Kjölur-Route fährt, sollte unbedingt den Abstecher zu den „Altweiberbergen" unternehmen. Schon allein das Farbenspiel der Berge ist atemberaubend – vom Geruch der Schwefelquellen ganz zu schweigen. S. 583

18 ÖSKJULEIÐ (F88) Die Piste über die Herðubreið zur Askja ist für viele die schönste Strecke im Hochland: mal grau oder braun, mal steinig, mal sandig – und plötzlich durch einen tiefen Fluss, enge Pässe und unendliche Weiten. Das isländische Hochland ist zwar nur im Sommer und nur mit Allradfahrzeug befahrbar – aber wer hier eine Tour einplanen kann, der erlebt etwas ganz Besonderes. S. 588

Reiseziele und Routen

Island ist kein normales Reiseland – Island ist ein Gefühl. Das sagen jedenfalls die, die seit Jahren immer wieder kommen. Die für ihre nächste Reise sparen und sich die Zeit bis dahin mit dem Bearbeiten ihrer Urlaubsfotos und dem Schreiben von Reiseberichten vertreiben. Islandvirus eben. Aber: Was ist denn eigentlich das wirklich Einzigartige an der „Insel aus Feuer und Eis"? Die Geysire, die ihre Fontänen 20 m in die Höhe spucken? Bizarre Lavalandschaften, die einem surrealistischen Gemälde entsprungen zu sein scheinen? Die unzähligen kleinen und großen Wasserfälle? Die zahlreichen einsamen Fjorde, einer fotogener als der andere? Der größte Gletscher Europas, der Vatnajökull? Sicher, das sind unbeschreiblich schöne Naturspektakel. Aber der eigentliche Reiz ist ein anderer: Die Insel ist lebendig. Sie ist die jüngste Europas und entwickelt sich vor unseren Augen ständig weiter. Gut, dass sie sich genau auf der Spalte befindet, die Amerika und Europa jährlich 2 cm voneinander weg bewegt, davon merkt man nicht viel. Wohl aber davon, dass man auf einem „Hot Spot" steht (einem Erdmantelstrom am Ozeanboden), der ständig heißes Magma nach oben transportiert. All das, was sich sonst in 3000 m Tiefe ereignet, passiert hier oberhalb der Erdoberfläche, für jeden sicht- und spürbar: Keine Zäune trennen uns von kochend heißen Quellen, keine Schilder weisen darauf hin, dass der Vulkan neben uns jederzeit ausbrechen kann. Auch wenn manche Landstriche mit lieblichen Bächen und grünen Wiesen unterm Regenbogen eher an ein Auenland erinnern, in dem glückliche Hobbits das unbeschwerte Leben führen, das wir im Alltag oft vermissen, ist die Gefahr stets präsent. Mal mehr, mal weniger spürbar.

„Þetta er allt að koma", sagen die Isländer: Es wird schon gutgehen. Was sollen sie auch sonst tun? Ihre Vorfahren haben sich einst dafür entschieden, auf diesem unwirtlichen und unberechenbaren Stück Land ihr Lager aufzuschlagen, und dieser trotzige Kampf- und Überlebenswille ist den Isländern bis heute erhalten geblieben. Wer die Insel bereist, darf für eine begrenzte Zeit dran teilhaben.

Reiseziele

Eigentlich müsste in jedem Island-Reiseführer vorne ein großer Warnhinweis stehen: „Achtung – Eine Reise nach Island kann süchtig machen!" Ist das so, weil die Insel so unglaublich viel zu bieten hat, und weil ein- und dieselbe Stelle an verschiedenen Tagen völlig unterschiedlich aussehen kann? Weil man nach dem ersten Besuch feststellt: „Oh, dies und das und jenes habe ich ja gar nicht gesehen, da muss ich unbedingt noch mal hin ..." Oder vielleicht einfach, weil es so ein spezieller Ort ist, den es auf der Welt kein zweites Mal gibt?

Auf relativ kleinem Raum ist viel zu sehen: Glitzernde Gletscher, tosende Wasserfälle, vogelreiche Steilküsten, tiefe Fjorde, karge Hochlandweiten. Wanderwege führen durch spektakuläre Landschaften, und Radfahrer fühlen sich wie im Paradies.

Wer sich z. B. für **Vulkane** interessiert, der ist im Süden und Osten gut aufgehoben. Eyjafjallajökull, Hekla, Katla und weitere gefährliche schlummernde Drachen grummeln immer wieder vernehmbar. **Tierfreunde** zieht es in die Westfjorde oder in den Nordosten, wo die putzigen Papageitaucher entzücken. Seehunde sonnen sich am liebsten im Nordwesten. **Kunst und Kultur** gibt es vor allem im Großraum Reykjavík. Musikliebhaber sollten eines der vielen Festivals (S. 54) besuchen. Unzählige **Museen** gibt es im ganzen Land; darunter viele spannende, z. T. skurrile Sammlungen.

Fragen und Antworten

In den Monaten April und September ist die Wahrscheinlichkeit am größten, **Caroline Michel** irgendwo in Island anzutreffen. Meist neben irgendwelchen namenlosen Wasserfällen, auf kleineren Hügeln oder in der Nähe verlassener Farmen. „Ich liebe es, der Frage nachzugehen: Wohin führt dieser Weg? Was gibt es da zu entdecken? Weil ich aus Kostengründen oft mit dem Kleinwagen und außerhalb der Hauptsaison unterwegs bin, habe ich die waghalsigen Abschnitte der Hochlandtouren meinen lieben Kollegen Andrea und Markus Markand überlassen."

■ Wie viel Zeit muss ich einplanen?
Reisende sollten für sich folgende Fragen klären: Wie viel Zeit bin ich bereit, im Auto zu verbringen? Möchte ich möglichst viel sehen oder einzelne Regionen intensiv erleben? Bin ich bereit, auch mal längere Strecken zu Fuß zu gehen? Habe ich so viel Zeit, dass ich einen Regentag auch mal aussitzen kann? Wer auch Erholung sucht, dem sei geraten, sich bei der Planung zu beschränken und länger in einer Region zu bleiben, die man dann ganz intensiv erkunden kann und zusätzlich vielleicht noch den Golden Circle abzufahren. Ich habe mit vielen „Ersttätern" gesprochen, die alle einer Meinung waren: „Wir kommen wieder, und dann machen wir alles ganz anders!"

■ Welche ist die beste Jahreszeit für eine Reise nach Island?
Das kommt drauf an, was man machen möchte. Die meisten Optionen hat man im Sommer, alleine schon transporttechnisch (z. B. sind die Hochlandpisten nur wenige Wochen im Jahr offen). Aber auch die anderen Jahreszeiten haben ihren Reiz (s. S. 36, Reisezeit). Meine Lieblingsjahreszeit ist der Herbst. Dann sind die Wiesen noch grün, aber das Laub der Beerensträucher ist schon bunt. Und abends gibt es Nordlichter. Außerdem sind die Schafe schon im Stall. Für mich wäre es Horror, versehentlich eins zu überfahren.

■ Ist das Wetter wirklich so unberechenbar?
Ja, das ist es. Ein Freund von mir hat die Insel einmal per Rad in drei Wochen im Uhrzeigersinn umrundet. Im Flugzeug lernte er einen anderen Radfahrer kennen, der sich für die entgegengesetzte Reiserichtung entschieden hatte. Nach den drei Wochen trafen sich die beiden zufällig wieder. Mein Freund hatte keinen einzigen Regentag, der andere Radfahrer drei Wochen Dauerregen. Das ist aber selten. Meistens sieht man den Regen als schwarze Wolke kommen. Hier ist derjenige im Vorteil, der ein festes Domizil hat und von dort aus flexibel Tagesausflüge unternehmen kann. Ich z. B. stelle mich morgens auf einen Hügel und schaue, in welcher Himmelsrichtung das Wetter am besten ist und da fahre ich dann hin. Ein weiterer Vorteil: Ich komme ohne teures Allradfahrzeug aus – bis auf wenige Schneetage auch im Winter. Der große Nachteil: Außer mir wissen diese Vorteile auch andere Leute zu schätzen, vor allem im Sommer ist es voll.

■ Mit welchen Unwägbarkeiten muss ich unterwegs rechnen?
Eigentlich mit allem: Mit Unwettern, mit schlechter Sicht durch Nebel und Regen, mit Steinschlag und selbst im Sommer kann es im Norden und im Hochland passieren, dass Pässe verschneit sind. Straßen können immer wieder gesperrt werden, selbst die Ringstraße.

■ Wie lange im Voraus sollte ich Mietwagen und Unterkunft buchen?
Bei Mietwagen gilt: Je eher ich buche, desto günstiger ist mein Wunsch-Auto zu haben. Viele buchen weit über ein Jahr im Voraus. Genauso sieht es mit den günstigen Schlafsaalplätzen in den

Jugendherbergen aus: Dort sind die Kapazitäten äußerst begrenzt. Wer in der Hochsaison abends nass und müde aufschlägt und hofft, einfach irgendwo seinen Schlafsack hinlegen zu können, der erlebt meist eine unangenehme Überraschung: Wenn überhaupt, sind nur noch normale Doppelzimmer frei, die auch nicht günstiger sind als die in den umliegenden Gästehäusern. Hier allerdings kann man spontan Glück haben und auch kurzfristig noch ein freies Zimmer ergattern, da immer mal wieder Gäste stornieren oder nicht auftauchen.

■ Brauche ich einen Jeep?

Für die Reise auf der Ringstraße im Sommer und für die meisten Schotterstraßen nicht. Ich fahre fast immer einen Kleinwagen und investiere das gesparte Geld in längere Aufenthalte. Das heißt: Ich nehme mir pro Tag weniger Sehenswürdigkeiten vor, parke mein Auto, wo die Asphaltstraße endet und laufe den Rest vom Weg. Denn für mich ist es ein viel schöneres Gefühl, am Ende eines 5 km langen Marsches um eine Ecke zu biegen und endlich den ersehnten Wasserfall zu sehen, als einfach mit dem Auto hinzufahren. Außerdem schließen die meisten Autovermietungen auch Straßen für „normale Autos" aus, die mit diesen eigentlich befahrbar wären, etwa die Kjölur-Route und die nördliche Straße nach Landmannalaugar. Viele Hochlandpisten sind übrigens so schlecht, dass das stundenlange Gerüttel selbst mit einem Jeep oft ein zweifelhaftes Vergnügen ist.

■ Kann ich Island auch mit dem Bus erkunden?

Ja, mit etwas Planung schon. Für Teile der Ringstraße und auch fürs Hochland gibt es im Sommer spezielle Pässe, mit denen es sich gut, flexibel und sicher reisen lässt. Es gibt nicht eine Busgesellschaft, sondern viele, die teilweise die gleichen Routen befahren (S. 34, 73). Der Anbieter Strætó fährt auch die meisten kleinen Orte regelmäßig an – wobei „regelmäßig" auch „zweimal pro Tag" heißen kann. Dafür fährt die Gesellschaft im Gegensatz zu anderen das ganze Jahr über, auch wenn nicht alle Regionen abgedeckt werden (Karte s. Umschlagklappe). Eine individuelle Rundreise auch in abgelegenere Regionen ist prinzipiell möglich, kostet aber viel Zeit. Die Ringstraße ist trotz abnehmender Zahl an Linienbussen noch am leichtesten zu bereisen, während die wenigen Busse z. B. in den Westfjorden nicht immer pünktlich und verlässlich sind und einige schöne Hochland-Orte gar nicht ans Busnetz angebunden sind. Und billig ist das Reisen mit dem Bus auch nicht (S. 39, Reisekosten).

■ Lässt sich Island auch günstig bereisen?

Vielleicht sagen wir „relativ günstig". Es gibt immer wieder günstige – sogar billige – Flüge, und in der Nebensaison sinken die Preise auf der Insel. Ansonsten hängt es davon ab, inwieweit man (z. B. bei Unterkünften und Essen) zu Verzicht bereit ist. Transportkosten lassen sich durch Trampen reduzieren, und auch Tagesausflüge sind für Alleinreisende keine schlechte Idee, denn die meisten Touren sind – verglichen mit den Bus- und Mietwagenpreisen – gar nicht so teuer. Und – jetzt endlich die gute Nachricht – wenigstens die Natur ist in Island (noch) umsonst.

■ Brauche ich Bargeld?

Ja und Nein. Mietwagen und Unterkünfte können bequem online gebucht und auch bezahlt werden (also per Kreditkarte, Bankeinzug oder PayPal), und im Land selbst ist es üblich, sogar Kleinstbeträge mit Kreditkarte und PIN zu bezahlen (oft, aber nicht immer, funktioniert auch die Girokarte). Manche Gästehäuser und Campingplätze („Kasse des Vertrauens") bestehen allerdings auf Barzahlung. Und die Duschen und Waschmaschinen auf den Campingplätzen funktionieren oft nur mit Münzen.

Noch Fragen? 🖥 **www.stefan-loose.de/globetrotter-forum**

Die schauerlichsten Sagas und größten Helden

Die Freunde Gunnar und Njál, der wagemutige Egill, Grettir der Starke und Gísli der Verbannte: Wer sich für die Geschichten rund um die Sagenhelden interessiert, besucht die tollen Ausstellungen in **Hvolsvöllur** (S. 531) im Süden und **Borgarnes** (S. 227) im Westen. Außerdem kann man sich selbst auf die Suche nach den Originalschauplätzen machen und z. B. bei **Mosfell** (S. 190) nach dem Silberschatz suchen, den der schrullige Egill kurz vor seinem Ableben hier versteckt haben soll. Gísli trieb sich in den Westfjorden rum, Grettir im Nordwesten. Hier gibt es mehrere „Grettis-laugs", also nach Grettir benannte Badestellen. Jene nördlich von **Sauðárkrókur** (S. 351) soll auch heute noch Badenden übermenschliche Kräfte verleihen.

Die schönsten heißen Pötte

Mitten in der Natur im warmen Wasser sitzen und dabei königliche Aussicht genießen: Die meisten und schönsten der frei zugänglichen Hot Pots und Schwimmbecken locken in den Westfjorden, z. B. im Ort **Drangsnes** (S. 324), bei Bíldudalur (**Reykjafjarðarlaug**, s. Kasten und S. 300), in **Heydalur** (S. 319) und entlang der Südküste bei **Flókalundur** (S. 286). Weitere tolle Badestellen: das historische Steinschwimmbad **Seljavallalaug** (S. 151) im Süden, **Landmannalaugar** (S. 567) und **Hveravellir** (S. 584) im Hochland, **Grettislaug** (S. 352) im grünen Nordwesten (s. o.), **Hoffell** (S. 486) im eisigen Südosten und **Landbrotalaug** (S. 244) an der Südküste von Snæfellsnes.

Die schönsten Wasserfälle

„Boah, schon wieder einer ..." Wer auf seiner Islandreise an jedem Wasserfall anhalten will, braucht sehr, sehr viel Urlaub. Vor allem zur Schneeschmelze im Frühjahr rauscht, sprudelt und plätschert es überall. Wer möglichst viele unterschiedliche „Fosse" sehen will, fährt am besten in den Süden. Sowohl hinter dem bekannten **Seljalandsfoss** (S. 516) als auch oberhalb des großen **Skógafoss** (S. 514) befinden sich zahlreiche dieser Naturschönheiten. Ebenfalls im Süden stürzen der **Gullfoss** (S. 201), der **Svartifoss** (S. 497) und der **Háifoss** (S. 542) hinab, im Westen sorgen der **Kirkjufoss** (S. 263) und der **Dynjandi** (S. 300) für Begeisterung. Im Norden sind der **Goðafoss** (S. 400), der **Aldeyjarfoss** (S. 402) und der **Dettifoss** (S. 413) große Namen, und auch der **Hengifoss** (S. 453) im Osten schafft es locker in die Bestenliste.

Auge in Auge mit den Feuerbergen

Alle paar Jahre bricht in Island ein Vulkan aus. Auf der Liste der überfälligen Kandidaten stehen z. B. **Katla** (S. 510), **Öræfajökull** (S. 495) und **Bárðarbunga** (S. 585) und **Hekla** (S. 540). Die ersten drei liegen unter dickem Eis verborgen, aber die Hekla in Südisland kann man besuchen. Irgendwo unter der nie schmelzenden Schneekappe muss sich die Ausbruchsspalte befinden... schon etwas gruselig, aber auch faszinierend. Wer mehr über die Entstehung der Insel und die Macht der Vulkane erfahren will, besucht das **Lava Centre** (S. 531) in Hvolsvöllur. Auf den Westmännerinseln kann man im **Pompeji des Nordens** (S. 525) verschüttete Häuser besichtigen und den **Eldfell** (S. 527), einen erst 1973 neu entstandenen Vulkanberg, besteigen. Auch das Lavafeld nahe der **Krafla** (S. 420) bei Mývatn geht auf einen „jungen" Ausbruch (von 1984) zurück. Ganz in der Nähe von Reykjavík lockt die Fahrt mit einem Aufzug in einen Schlot (**Þríhnúkagígur**, S. 185).

Die Isländer und ihre Vorliebe für Museen

Kunstmuseen machen sich rar, doch wartet die Hauptstadt mit dem **Reykjavík Art Museum** (S. 141) und der **Nationalgalerie** (S. 141) mit zwei Hochkarätern auf. In erster Linie ist Island

Abseits des Massentourismus

Seit ein paar Jahren wird Island „überrannt" von Touristen. Grund genug, die ausgetretenen Pfade mal zu verlassen und unbekanntere, aber nicht minder reizvolle Regionen zu entdecken (nicht alle mit normalem Pkw erreichbar), oft ganz in der Nähe der Highlights:

Die **Arnarkerhöhle** (S. 184) auf der Halbinsel **Reykjanes** zählt zu den schönsten des Landes, doch ist die riesige, uralte Lava-Kaverne nicht ungefährlich. Wer aber nur kurz mal original-isländische Höhlenluft schnuppern will, ist hier richtig.

Viele Reisende haben Húsafell und die Hraunfossar auf ihrer Liste stehen, doch deutlich weniger besuchen das riesige, benachbarte Lavafeld **Hallmundarhraun** (S. 240), unter dem sich wundervolle Höhlen erstrecken.

Am Leuchtturm **Svörtuloftaviti** (S. 254) ganz im Westen der Halbinsel **Snæfellsnes** kann man die spektakuläre Steilküste fast für sich alleine genießen.

In den **Westfjorden** finden sich noch viele nicht überlaufene Orte: Im Flusstal **Þingmannadalur** (S. 287) bei Flókalundur kann jeder seinen „Lieblings-Foss" unter den malerischen Wasserfällen küren. Jede Menge kreative Energie, wenn auch eine der schrägeren Art, verströmen Samúel Jónssons Kunstwerke im schön gelegenen **Selárdalur** (S. 298) bei Bíldudalur. Das kostenlose **Reykjarfjarðarlaug** (S. 300) zwischen Bíldudalur und Dynjandi lädt mit Hot Pots direkt am Fjord zum Bad ein. Weiter nördlich in Richtung Hornstrandir lockt eine tolle Küstenwanderung zum **Möngufoss** (S. 321).

Die Halbinsel **Heggstaðanes** (S. 334) findet trotz ihrer schönen Küste mit Vogelkolonien und Seehunden wenig Beachtung.

Während der Goðafoss ein Pflichtabstecher ist, sieht der weiter südlich gelegene „Basalt-Wasserfall" **Aldeyjarfoss** (S. 402) seltener Besucher, obwohl er, von äußerst fotogenen Gesteinsformationen umgeben, zu den schönsten des Landes zählt.

Der Nordosten (s. Route S. 35) wird von den meisten Touristen links liegengelassen. Dabei präsentiert sich Island nirgendwo authentischer, etwa in Orten wie **Bakkafjörður** (S. 436), wo sich von der Küste aus manchmal Wale beobachten lassen.

Beim „Namensvetter" **Bakkagerði/Borgarfjörður eystri** (S. 455) in den Ostfjorden zeigt die Natur ein anderes Gesicht, nämlich das bunte, clownsartige von Papageitauchern (im Sommer). Sogar eine Elfenkönigin soll in dieser mythenumrankten Region herrschen.

Am nordöstlichen Rand des Hochlandes lockt **Möðrudalur** (S. 424) mit „Hobbit-Ambiente" (niedliche Torfhäuschen) und fantastischem Blick über die weite Ebene auf die Berge. Ein wunderbarer Platz! Selbst auf der „Sights-Rennstrecke" lassen sich noch einsamere Orte finden, etwa die Gletscherlagunen des **Hoffelsjökull** oder **Heinabergsjökull** (S. 486).

Die von Moosen überzogenen **Laki-Krater** (S. 576) am Rande des Hochlandes muten wie eine Urzeit- und Fantasy-Landschaft an.

Auch in **Þakgil** (S. 509), wo die Gletscherzungen fast an die grünen Schluchten heranreichen, inszeniert Mutter Natur ein Spektakel.

Fljótshlíð (S. 531) ist mit seiner wunderschönen Jugendherberge am Südrand des Hochlands und tollen Wanderoptionen in der einsamen Umgebung eine Oase der Erholung vom „Ringstraßenrummel".

Mysteriös und etwas spooky ist die Ausstrahlung des Küstenortes **Stokkseyri** (S. 553), vor allem am unheimlichen Friedhof direkt am Meer. Eine Stimmung wie im Fernsehkrimi!

aber ist ein Eldorado für Fans schräger Museen. Hier wird alles ausgestellt, was irgendwie ausstellungswürdig erscheinen könnte, und entsprechend groß ist die Anzahl der Museen. Nur: Mit Museen, wie wir sie kennen, haben die isländischen Ausstellungszentren oft nicht viel gemein. So findet man in der Hauptstadt ein **Punk-Museum** (S. 131) und ein **Penismuseum** (S. 140) und in Keflavík ein **Rock'n'Roll-Museum** (S. 168). Bjarnahöfn auf Snæfellsnes wartet mit einem **Gammelhai-Museum** (S. 267) auf. Die Westfjorde überraschen mit einem **Seemonstermuseum** (S. 298) in Bíldudalur, einem **Alte-Buchhandlung-Museum** (S. 304) in Flateyri, einem **Museum für Alltagsgegenstände** (S. 309) in Ísafjörður und einem **Hexereimuseum** (S. 324) in Hólmavík. In Skagaströnd versetzen ein **Wahrsagermuseum** (S. 342) und in Dalvík ein **Devotionalien-Zimmer für den größten Mann der Welt** (S. 369) in Erstaunen. Südlich von Akureyri erweckt das **Museum der tausend Kleinigkeiten** (S. 392) Aufmerksamkeit, und bizarrer als im **Anführerschafmuseum** (S. 434) in Svalbarð im Nordosten kann es eigentlich kaum noch werden.

Wer es weniger freakig mag, der schaut im **Steinasafn Petru** (S. 472) in Stöðvarfjörður vorbei, wo unzählige farbenprächtige Mineralien einen Garten zieren. Oder er besucht eine der zahlreichen Saga- und Besiedlungsgeschichten-Ausstellungen, das **Nordlichtmuseum** in Reykjavík (S. 141), ein **Walmuseum** in Húsavík (S. 406), ein Museum für alte Autos oder für alte Flugzeuge (beides an zahlreichen Orten in diversen Varianten). Oder er macht selbst eins auf …

Die besten Wanderrouten

Stimmungsvolle schwarze bis rote Lavafelder, schroffe Canyons, bunte Berge, dampfende und blubbernde Quellen, grüne Täler, in die z. T. Gletscher „hineinzüngeln", mit Moosen gesprenkelte Wunderlandschaften, mächtige Wasserfälle, steile Küsten voller Vögel und sogar ein paar gar nicht kleine Wälder – bei einer Wanderung kommt man dem Naturwunder Island besonders nahe. Hier eine Auswahl (wenn nicht anders erwähnt ordentliche Markierung, allgemeine Hinweise auf 🖥 www.safetravel.is).

Leichte bis mittelschwere Kurztouren

- **Reykjanes**: mondartige Lavalandschaften oberhalb von **Seltún** (S. 181, nur teilweise markiert), Küstenwanderungen rund um die Vogel-Steilküste **Krýsuvíkurbjarg** (S. 183).
- **Þingvellir** (S. 192): geschichtsträchtiger Ort mit Pfaden durch Lavafelder und kleine Schluchten.
- Hengill-Gebiet zwischen **Hveragerði** (S. 557) und **Þingvallavatn** (S. 192): Warmer Badefluss, reizvolle Täler, Solfataren, tolle Ausblicke.
- Tour zum **Glymur** (S. 222): kleine Wäldchen, eine Höhle, beeindruckende Schluchten, Islands zweithöchster Wasserfall, abenteuerliche Flussüberquerung auf einem im Wasser befestigten Baumstamm, wundervolle Panoramen.
- **Húsafell** (S. 240): dichtes Wegenetz, großer Birkenwald, eindrucksvolle Schluchten, schöne Ausblicke. Nur teilweise markiert.
- **Dalvík** (S. 373): Wanderparadies auf Tröllaskagi mit grünen Tälern und Wiesen, malerischem Fjord und verwunschenem Bergsee. Viel „Hobbit-Flair".
- **Hraunsvatn** (S. 378): von Bergen flankierter See an der Ringstraße, tolle Ausblicke.
- **Mývatn**: Wanderoptionen ohne Ende: durch die düster-romantischen Lavaformationen **Dimmuborgir** (S. 421), an den surrealistischen Pseudokratern von **Skútustaðir** (S. 419), beim bunten Solfatarenfeld **Hverarönd** (S. 420) und durch die ausgedehnten Lavafelder rund um die Vulkane **Krafla** und **Leirhnjúkur** (S. 420). Nur teilweise markiert.
- **Hallormsstaðaskógur** (S. 452): durchs größte Waldgebiet der Insel, rund um Islands „Nessie"-See.
- **Fossárdalur** (S. 477): Parade kleiner Wasserfälle entlang eines pitoresken Tales. Kaum markiert.
- **Skaftafell** (S. 497): kleine Wäldchen, fotogene Wasserfälle und eisige Gletscherzungen (Gletschertouren, nur mit Führer).

Das Hochland

Es gibt Reisende, für die nur das Hochland das „richtige" Island ist – das Land aus Feuer und Eis, aus Vulkanen und Gletschern. Das ist nicht so ganz richtig: Gletscher und ewiges Eis gibt es auch im Westen und Nordwesten, Vulkanismus „zum Anfassen" im Westen und Südwesten, Gletscherlagunen im Südosten ... Doch wer mal auf eigene Faust im Geländewagen im Hochland unterwegs war, versteht die Faszination: karge Mondlandschaften, Wüsten, Lavafelder, kleine Bäche, die sich durch schwarzes Gestein winden, gesäumt von unwirklich neongrün leuchtenden Moosen; reißende Flüsse, die mit dem Auto zu durchqueren eines der letzten großen Abenteuer auf vier Rädern versprechen; heiße Quellen und stinkende Schlammtöpfe – der faulige Atem unseres lebendigen Planeten. Doch meist: frische, klare Polarluft, die den Kopf freimacht, und Stille, die selbst die eigenen Gedanken verstummen lässt. Ein Besuch in Island ist unvollständig ohne einen Trip ins Hochland – und sei es nur ein kurzer Ausflug an einen der leichter erreichbaren Orte in den Randgebieten: **Landmannalaugar** (S. 567) z. B. lockt mit einer fantastischen Landschaft, was sich allerdings längst herumgesprochen hat. Schon ruhiger wird es im Gebiet der **Askja** (S. 591); ebenfalls per Hochlandbus erreichbar. Wer aber wirklich allein sein will, muss von diesen Hauptzielen aus selbst weiterfahren, weiterwandern oder weiterreiten – zweifellos sind das Abenteuer, und zwar unvergessliche.

- **Þákgil** (S. 509): durch grüne Schluchten und Tundrenlandschaft bis nahe ans Eis der Gletscherriesen.
- **Skógar** (S. 513): an einer wundervollen grünen Schlucht entlang, vorbei an zahlreichen Wasserfällen, einer schöner als der andere.
- **Þórsmörk** (S. 519): idyllische Wälder und Wiesen, schroffe kontrastreiche Schluchten, fantastische Aussichtspunkte – das Wandergebiet schlechthin! Nicht alle Wege markiert (Karte kaufen).
- **Landmannalaugar** (S. 567): bunte Berge, spektakuläre Aussichtspunkte, heiße Quellen, ein Hot Pot, verwunschene Lavafelder, malerische Seen – einfach traumhaft. Nicht alle Wege markiert (Karte kaufen).
- **Kerlingarfjöll** (S. 583): Hochtemperaturgebiet mit bunten Bergen und Hot Pot. Nicht alle Wege markiert (Karte kaufen).

Anspruchsvolle Mehrtagestouren
Fimmvörðuháls-Trail und Laugavegur sollten nur mit guter Karte und Ausrüstung gemacht werden (nicht alleine gehen).

- **Jökulsárgljúfur** (S. 410): Zwischen Ásbyrgi und Dettifoss (zwei Tage) erstreckt sich entlang des breiten Flusscanyons ein toller Mix aus skurrilen Basaltformationen, roten Vulkanhängen, von kleinen Birken durchsetzter Heidelandschaft und Wasserfällen. Auch kürzere Teilabschnitte möglich.
- **Fimmvörðuháls-Trail** (S. 522): Abenteuerliche Tour von Þórsmörk nach Skógar (zwei Tage), vorbei an schroffen Canyons, ausgedehnten Lava- und Schneefeldern, der Ausbruchsstelle eines berühmten Vulkanes, über einen steilen Pass und entlang einer traumhaften grünen Schlucht voller Wasserfälle.
- **Laugavegur** (S. 573): Die populärste Langstreckentour (vier Tage) führt von Landmannalaugar nach Þórsmörk, vorbei an Hochtemperaturgebieten, farbenprächtigen Rhyolith-Bergen, schwarzen Lavafeldern mit neongrünem Moos, Schluchten, wunderschönen Seen, Steinwüsten und fantastischen Aussichtspunkten. Ein Naturspektakel!

Reiserouten

Island hat so viel zu bieten, dass die Wahl der Reiseroute nicht leicht fällt. In erster Linie ist das abhängig vom Zeitbudget. Die Insel lässt sich sowohl im Kleinen (z. B. auf den Halbinseln Reykjanes und Snæfellsness oder auf dem Golden Circle) als auch auf großen Touren erkunden: Der Klassiker ist hier die Ringstraßenumrundung. Diese beliebte „Einsteigerroute" lässt sich auf einer Asphaltstraße bereisen und bietet relativ gute Busverbindungen (auch Abstecher ins Hochland sind möglich), eine gute touristische Versorgung und vor allem eine spektakuläre Sehenswürdigkeit nach der ande-

Game of Thrones-Schauplätze

Wo befindet sich „die Mauer", die durch die Nachtwache geschützt die Menschen in der Serie vor der Armee der Toten schützt? Das weiß niemand so genau – außer einigen wenigen Fahrern und dem Filmteam. „Irgendwo beim Vatnajökull" eben. Viele andere Originalschauplätze sind aber gut zugänglich und man erkennt sie sofort wieder.
Szenen hinter der Mauer wurden an den bekannten Orten **Svinafellsjökull** (S. 493) bei Skaftafell, **Þakgil** (S. 509) bei Vík und **Kirkjufell** (S. 263) auf Snæfellsnes gedreht. Die Grotte **Grjótagjá** (S. 418), in der die Liebesszene zwischen John Schnee und Ygritte aufgenommen wurde, liegt ganz im Norden beim Mývatn. Die Szenen zum Lager der Wildlinge wurden nebenan in **Dimmuborgir** (S. 421) gedreht. Leicht erreichbar (und sowieso einen Besuch wert) ist auch **Þingvellir** (S. 192), wo Arya und Sandor Clegane die Spalte durchqueren, die Europa und Amerika trennt. Oder das Tal **Þjórsárdalur**, wo im Freilichtmuseum **Þjóðveldisbærinn** (S. 542) die hübschen Grassodenhäuser stehen, die den Wildlingen Schutz boten.
Diese *Game of Thrones*-Drehorte im Süden werden auch auf einer **Tagestour** von Reykjavík angesteuert, z. B. mit Gray Line oder Arctic Adventures, 8 Std., um 100 €.

ren. Jeden Besucher, der nicht nur die lebendige Hauptstadt Reykjavík besuchen, den mächtigen Gullfoss und den Geysir Strokkur live erleben und das obligatorische Foto vom Kirkjufell auf Snæfellsnes knipsen möchte, zieht es irgendwann auf Islands wichtigste Straße, alleine schon wegen der teilweise großen Distanzen zwischen den Hauptattraktionen. Schon bis zu den schwimmenden Eisbergen auf der Lagune Jökulsárlón sind es von Reykjavík aus fast 400 km. Stehen dann noch „Hochkaräter" wie der Dettifoss, Mývatn und Akureyri im Norden auf der Wunschliste, ist klar: Auf geht's auf die ungefähr 1350 km lange Ringstraßenrunde (S. 32, Island klassisch). Und leider auch auf den massentouristischen „Highway". Aber keine Sorge: Unterwegs lassen sich vor allem für Motorisierte immer wieder leicht Abstecher in weniger besuchte Regionen einbauen.

Island kompakt

■ 3–10 Tage

Wer nur wenig Zeit hat, sollte sich auf die Regionen in der Nähe der Hauptstadt beschränken. Jede einzelne der folgenden vier Routen lässt sich gemächlich in drei bis fünf Tagen bereisen. Wer möglichst viel sehen will, kann bei etwas schnellerem Reisetempo auch zwei (eine Woche) bis drei (zehn Tage) der Routen kombinieren.

Reykjanes-Rundfahrt
■ 200 km

So nahe an der Hauptstadt und doch Vulkanlandschaft pur: Die Halbinsel Reykjanes besticht durch schroffe Steilküsten, bunte Klippen, dampfende Quellen, einen tiefblauen See und Täler, die an eine Mondlandschaft erinnern. Bereits ganz in der Nähe des Flughafens sind die entspannten Küstenorte **Garður** (S. 173) und **Sandgerði** (S. 173) genau richtig zum Runterkommen. An der Südküste liegen der bedeutende Fischerhafen **Grindavík** (S. 177) mit der **Blauen Lagune** (S. 179) und die Hochtemperaturgebiete **Gunnuhver** (S. 177) und **Seltún** (S. 179), in dessen karger Lavalandschaft für die Mondlandung trainiert wurde. Hier raucht,

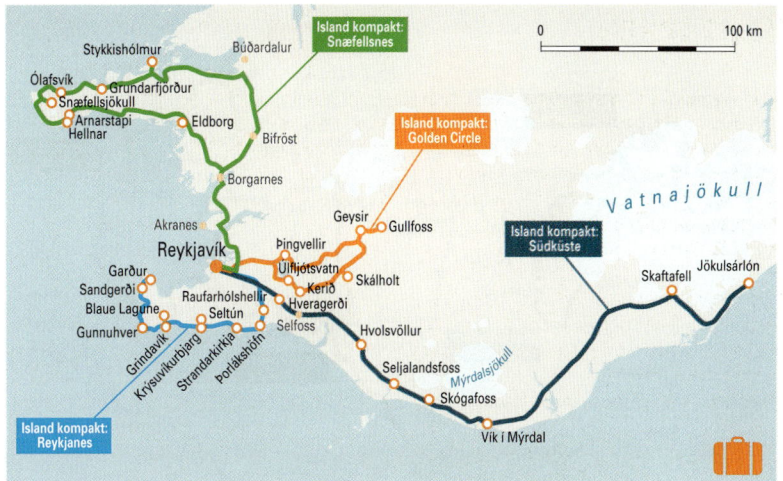

brodelt und bebt es – man kann der Insel „live" beim Entstehen zugucken und die Gegend durchstreifen. Ganz in der Nähe brüten seltene Seevögel, etwa an der fotogenen Steilküste **Krýsuvíkurbjarg** (S. 183). Die **Strandarkirkja** (S. 181) beeindruckt mit sagenhafter Geschichte und reizvoller Küstenlandschaft, die sich bis **Þorlákshöfn** (S. 181) erstreckt. Über den Pass Þrengsli mit der Lavahöhle **Raufarhólshellir** (S. 185) geht es nach **Reykjavík** (S. 126).

Golden Circle
■ 260 km

Islands populärste Tour hält, was der Name verspricht: Die geschichtsträchtigsten und imposantesten Orte der Insel liegen hier dicht beieinander und lassen sich in einer schönen, kleinen Runde abklappern. Als tektonisch besonders aktive Zone und „Geburtsort" des Parlaments ist **Þingvellir** (S. 192) von großer Bedeutung. Am **Geysir** (S. 201) und **Gullfoss** (S. 201) zeigt sich Island von seiner wildesten Seite. **Skálholt** (S. 209) ist die bedeutendste historisch-religiöse Stätte, und am Kratersee **Kerið** (S. 212) treibt es die Natur besonders bunt. Vom attraktiven See **Úlfljótsvatn** (beim Þingvallavatn, S. 213) aus bietet sich noch ein Wanderabstecher ins Hengill-Gebirge an, ehe es zurück nach **Reykjavík** (S. 126) geht.

Das Beste der Südküste
■ 380 km (eine Strecke)

Die Reihenfolge der folgenden Stationen sollte man entsprechend der Wettervorhersage ausrichten. Nicht weit von **Reykjavík** (S. 126) lockt **Hveragerði** (S. 557) mit einem warmen Fluss und reizvollen Wanderwegen. **Hvolsvöllur** (S. 531) ist mit dem Saga Centre und dem Lava Centre, zweien der besten Museen des Landes, ideal für eine Pause auf der langen Fahrt, ebenso wie die Wasserfälle **Seljalandsfoss** (S. 516) und **Skógafoss** (S. 514). In **Vík** (S. 508) wartet eine Küstenlandschaft von magischer Schönheit, übertroffen noch von der eisigen Pracht der Gletscherlagune **Jökulsárlón** (S. 489). Auf dem Rückweg (gleiche Strecke) kann man in **Skaftafell** (S. 495) noch tiefer in die Gletscherwelten eintauchen.

Island en Miniature: Snaefellsnes
■ 530 km

Wer nicht den Großteil seiner Ferien im Auto verbringen möchte, besucht die Halbinsel **Snæfellsnes**. Denn hier gibt es auf engem Raum fast alles, was Island ausmacht: schwarz-rote und weiße Strände, Steilküsten, Basaltsäulen und Mineralquellen, verwunschene Bergpässe, Wasserfälle, Höhlen, Hot Pots (wenige) und einen tollen Gletscher. Von Borganes geht es über

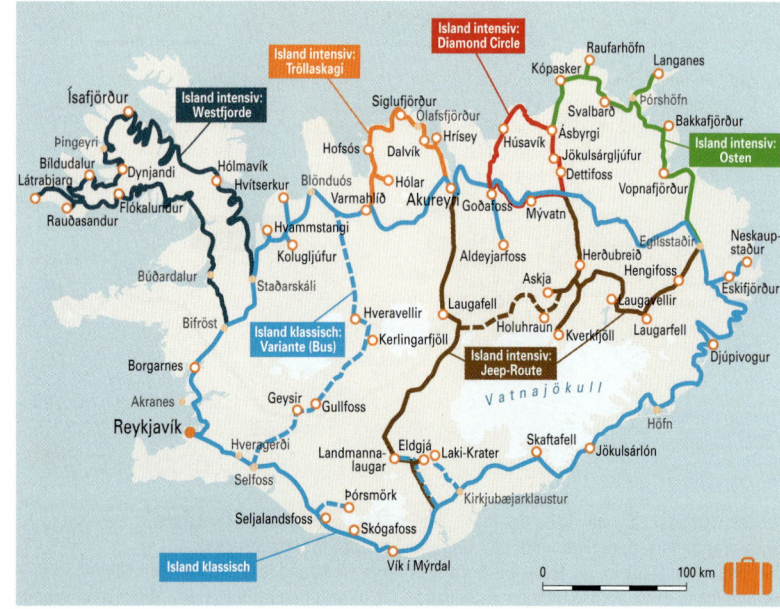

die beeindruckenden Lava-Krater-Felder von **Eldborg** (S. 243) in die schönsten Orte **Arnarstapi** (S. 249) und **Hellnar** (S. 249) – beide verbunden durch einen tollen Küstenpfad. Um die Ecke ist der durch Jules Verne berühmt gewordene Gletscher **Snæfellsjökull** (S. 252) ein Blickfang. An der Nordküste liegen der verschlafene Walbeobachtungsort **Ólafsvík** (S. 260), **Grundarfjörður** mit dem Berg **Kirkjufell** (S. 263) und **Stykkishólmur** (S. 268) mit dem schönen Hafen und interessanten Museen. Über die schöne Passstraße 60 geht es zurück nach Bifröst an der Ringstraße.

Island klassisch

■ 2–3 Wochen

Die Route schlechthin für Island-Einsteiger umrundet die Insel einmal auf der Ringstraße, evtl. in Kombination mit der Kjölur-Route und weiteren kurzen Abstechern ins Hochland (Busse, Allradfahrzeuge). Wer geruhsamer reisen möchte, sollte einige Attraktionen auslassen.

Inselumrundung auf der Ringstraße

■ 1352 km

Die durchgehend asphaltierte Ringstraße ist zumindest im Sommer gut befahrbar, auch mit dem Linienbus (s. Kasten S. 34). Verlockend an Islands bester Straße ist auch die hohe Dichte an Hauptattraktionen, die hier wie an einer Perlenschnur aufgereiht sind. Aber die straßennahe Lage der Sehenswürdigkeiten ist gleichzeitig auch das Manko dieser Route, gilt hier doch das Motto: „Aussteigen, Fotos machen, weiterfahren". Von **Reykjavík** (S. 126) geht es im Uhrzeigersinn in Richtung Norden, vorbei an der „Saga-Stadt" **Borgarnes** (S. 227), den Seehundkolonien bei **Hvammstangi** (S. 336), dem skurrilen Basaltfelsen **Hvítserkur** (S. 336), der „Trollfrauenschlucht" **Kolugljúfur** (S. 337) und der Reit- und Raft-Hochburg **Varmahlíð** (S. 343). Die „Nord-Metropole" **Akureyri** (S. 380) lockt mit viel Kultur und schmucker Innenstadt. Der **Goðafoss** (S. 400) ist nicht nur ein Hingucker, sondern auch ein bedeutender historisch-religiöser Ort, und der ebenso schöne **Aldeyjarfoss** (S. 402) lohnt in jedem Fall einen Abstecher.

Rund um den **Mývatn-See** (S. 416) begeistert die Natur mit einer breiten Palette von Kraterlandschaften über Fumarolen bis hin zu Lavafeldern. Schöne Einblicke in die malerischen Ostfjorde bekommt man in **Eskifjörður** (S. 466), **Neskaupstaður** (S. 468) oder **Djúpivogur** (S. 476), wo ein Abstecher zur Papageitaucherinsel Papey lockt. Ein Wunderland aus Eis lässt sich an der Gletscherlagune **Jökulsárlón** (S. 489) und bei einer Gletscherwanderung bei **Skaftafell** (S. 495) bestaunen. Über **Vík** (S. 508) mit seinen schwarzen Stränden und die beiden wunderschönen Wasserfälle **Skógafoss** (S. 514) und **Seljalandsfoss** (S. 516) geht es zurück in die Hauptstadt.

Island intensiv

■ ab 3 Wochen

Wer mehr als drei Wochen auf der Insel unterwegs ist, kann von der klassischen Ringstraßenroute problemlos noch einen oder mehrere Abstecher einbauen.

Wild, grün und unwegsam: Die Westfjorde

■ 4–10 Tage, 890 km
(Umweg zur Ringstraßenstrecke 830 km)
Achtung: Hier schmilzt erst Mitte Mai der letzte Schnee, weshalb man bis vor wenigen Jahren von den „einsamen Westfjorden" sprach. Rund um **Flókalundur** (S. 286 laden Wasserfälle und Hot Pots zum Stopp ein. Der rot-gelbe Strand **Rauðasandur** (S. 290) und die **Látrabjarg-Steilküste** (S. 292), an der sich im Sommer unzählige Papageitaucher tummeln, sind die mühsame Anreise auf Holperpisten mehr als wert. In **Bíldudalur** (S. 298) findet man eines der zahlreichen skurrilen Museen Islands. Der riesige Wasserfall **Dynjandi** (S. 300) ist kein Geheimtipp, dafür aber das Schwimmbad **Reykjafjarðarlaug** (S. 300) am Meer. Die „Hauptstadt" **Ísafjörður** (S. 307) bildet einen krassen Gegensatz zu den beschaulichen Dörfern: hier tobt das Leben, hier weiß man zu feiern, vor allem beim legendären Musikfestival zu Ostern. Die Küstenregion Strandir im Osten mit dem „Hexer-Ort"

Island steht für sensationelle Landschaften, wie hier in Landmannalaugar im Hochland.

Die schönste Busroute

Diese 1300 km lange Busrundtour entspricht weitgehend der Pkw-Inselumrundung, ist aber noch schöner. Denn mit dem Bus bekommt man auf der Kjölur-Piste Einblicke ins Hochland, die sonst nur mit dem Allradfahrzeug möglich sind. Schon für einen ersten Eindruck sollte man mindestens eine Woche einplanen, aber zwei Wochen werden den zahlreichen Spektakeln eher gerecht.

Infos

Die komplette Bustour ist nur in den Monaten **Juli–August** möglich. Die Kjölur und die nördliche Ringstraße befährt SBA-Norðurleið (in Kooperation mit Reykjavík Exkursions). Möglicherweise wird aber die Strecke von Akureyri bis Höfn eingestellt, sodass man hier auf Strætó und SVAust ausweichen und evtl. auch Teilabschnitte trampen muss (für die aktuellen Strecken unbedingt die Webseiten der Busgesellschaften, s. S. 74/75, checken). Auf dem südlichen Abschnitt (Höfn–Reykjavík) verkehren Strætó, Sterna und Reykjavík Exkursions (ab Skaftafell). Mit dem Auto kann man die Runde je nach Wetter zwischen **Ende Juni und Mitte September** drehen. Auf der Hochlandpiste Kjölur ist unbedingt ein **Allradfahrzeug** erforderlich.

Die Route

Nach dem Start in der Hauptstadt folgen die Highlights Schlag auf Schlag: Schnell in **Geysir** (S. 201) dem Strokkur beim Fontänenpusten zuschauen, danach den Goldenen Wasserfall **Gullfoss** (S. 201) bewundern, dann werden die vertrauten Asphaltstraßen gegen holprige Hochlandpisten eingetauscht. Schon nach wenigen Stunden locken die unwirklich bunten Berge **Kerlingarfjöll** (S. 583), auf denen auch im Sommer ein Rest Schnee liegen bleibt. Oder ein Bad im heißen Pool von **Hveravellir** (S. 584). Weiter geht's durch die fast vegetationslose Hochland-Wüste in den grünen, fruchtbaren Nordwesten Islands. Der Kontrast könnte kaum eindrücklicher sein. Ein Stopp in der lebendigen und reizvollen Stadt **Akureyri** (S. 380) ist obligatorisch (der Anschlussbus fährt erst am nächsten Morgen), danach geht die Fahrt nach Osten Richtung **Mývatn** (S. 416), wo eine weitere Übernachtung wegen der vielfältigen landschaftlichen Attraktionen dringend anzuraten ist. Dann die Durststrecke ohne Sehenswürdigkeiten auf der Ringstraße bis Egilsstaðir, gefolgt von der Umrundung der unzähligen Fjorde im Osten, in denen wenig bis gar nichts los ist. Und relativ unvermutet findet man sich nach der zweiten obligatorischen Übernachtung in Höfn in einer Eiswelt wieder. Mit Gletscherzungen (**Skaftafell**, S. 495) und den dazugehörigen Lagunen (**Jökulsárlón**, S. 489), in denen skurril geformte, blau schimmernde Eisberge treiben. Mit einem Bus von Skaftafell (s. u.) kann man einen Abstecher ins spektakuläre **Landmannalaugar** (S. 567) machen und Hochland-Luft schnuppern. Weiter westlich lockt von Kirkjubæjarklaustur (s. u.) ein weiterer Ausflug zu den verwunschenen **Laki-Kratern** (S. 576). Die Südküste um **Vík** (S. 508) ist mit ihren Felsnadeln und dem schwarzen Kieselstrand **Reynisfjara** (S. 508) nicht weniger beeindruckend – nur wieder ganz anders. Die Wasserfälle **Skógafoss** (S. 514) und **Seljalandsfoss** (S. 516) mit einer möglichen Verbindung ins Wanderparadies **Þórsmörk** (S. 519) runden die abwechslungsreiche Rundtour stilecht ab – und zurück geht's in Richtung Reykjavík.

Mögliche Abstecher

- Tagestour zum Dettifoss ab Akureyri (verschiedene Gesellschaften)
- Tagestour nach Laki ab Kirkjubæjarklaustur (RE Linie 16/16a)
- Tagestour nach Landmannalaugar entweder ab Hella (RE, Sterna, Trex) oder ab Skaftafell (RE Linie 10/10a)
- Tagestour nach Þórsmörk ab Seljalandsfoss (RE, Sterna, Trex)

Hólmavík (S. 321) bildet einen stimmungsvollen Abschluss, ehe man bei Staðarskáli wieder auf die Ringstraße trifft.

Geschichtsträchtig: Tröllaskagi
■ 1–3 Tage, 205 km
(Umweg zur Ringstraßenstrecke 110 km)
Der ehemalige Bischofssitz **Hólar** (S. 355), der alte Handelsplatz **Hofsós** (S. 359), die frühere „Welthauptstadt der Heringe" **Siglufjörður** (S. 363) und das bunte Wanderparadies **Dalvík** (S. 369): Eigentlich ist es zu schade, durch die ruhige und einsame Tröllaskagi-Halbinsel mit ihrer beeindruckenden Steilküstenstraße in einem Rutsch durchzusausen. Wir empfehlen, mindestens noch einen zusätzlichen Tag für den Ausflug zur Vogelinsel **Hrísey** (S. 375) einzuplanen, von der eine geheimnisvolle, magische Energie ausgehen soll.

Diamond Circle
■ 2–6 Tage, 265 km
Zwei der gewaltigsten und fotogensten Wasserfälle Islands (**Goðafoss**, S. 400, und **Dettifoss**, S. 413), die lange Schlucht **Jökulsárgljúfur** (S. 410) mit ihren roten Bergen und Echofelsen, der „Hufabdruck" von Oðins Ross Sleipnir bei **Ásbyrgi** (S. 411), die Lavaburgen Dimmuborgir, das Vulkangebiet um und bei Krafla am **Mývatn** (S. 416) – und der Walbeobachtungs-Hotspot **Húsavík** (S. 405): Auf dieser populären Route schimmert wirklich ein „Diamant" nach dem anderen.

Sommer-Abenteurer-Route mit dem Jeep
■ 3–7 Tage
Zu den berühmtesten Hochland-Straßen zählt die **Sprengisandur-Route (F26)**, einst eine wichtige Nord-Süd-Handelsverbindung, die zu Pferde nur unter großen Mühen zu bezwingen war. Richtige Abenteurer zieht es aber tiefer ins Hochland, z. B. entlang der **Öskjuleið (F88)** am majestätischen Tafelvulkan **Herðubreið** (S. 590) vorbei zum Vulkangebiet **Askja** (S. 591) und von dort weiter in die Nähe des erst 2014 und 2015 neu entstandenen Lavafeldes **Holuhraun** (S. 592). Lohnend ist auch die Tour zu den **Kverkfjöll**-Bergen (S. 592), direkt am Rand des Vatnajökull. Hier locken tolle Gletscherwanderungen unter kundiger Führung (und niemals ohne!).

Wer seinen (entsprechend ausgerüsteten) Wagen gut beherrscht, kann weitere Erlebnisse im westlichen Abschnitt der **F910** sammeln – eine Piste, die an manchen Stellen kaum als solche zu erkennen ist und nur im Schritttempo befahrbar ist. Interessant ist auch der östliche Abschnitt; eine selten gefahrene „Abkürzung" aus dem Hochland nach Ostisland zum „Monstersee" Lagarfljót mit dem pittoresken **Hengifoss** (S. 453), vorbei an lohnenden Abstechern wie den Hot-Pot-Oasen **Laugavellir** (S. 594) und **Laugarfell**.

Eine weitere Alternativroute zu den „ausgetretenen Pfaden" (so wirklich voll ist es im Hochland allerdings nun auch wieder nicht) führt als **F821** von der F26 ab nach Akureyri, vorbei an einem weiteren tollen Hot Pot: **Laugafell** (S. 585). Im Süden ist die **F208** ein Klassiker: Auch hier gibt es einige Flüsse zu queren, die Landschaft ist allerdings grüner als im grauen Hochland. Im nördlichen Abschnitt lohnen Stopps im Wanderparadies **Landmannalaugar** (S. 567) und an der Vulkanspalte **Eldgjá** (S. 575).

Alle diese Abschnitte sind nur zwischen Ende Juni und Anfang September befahrbar.

Bei den klugen Schafen: der unterschätzte Osten
■ 2–4 Tage, 330 km
(Umweg zur Ringstraßenstrecke 205 km)
Das, was früher „die einsamen Westfjorde" waren, ist heute „der einsame Nordosten": Kaum Touristen, kaum Einwohner. Aber diejenigen, die bleiben, liefern das wahrscheinlich authentischste Island-Erlebnis überhaupt. Über den Künstlerort **Kópasker** (S. 429) geht es nach **Raufarhöfn** (S. 430) mit seinem archaischen Steinmonument und dem nördlichsten Leuchtturm Islands. Wer denkt, Schafe seien dumm, wird in **Svalbarð** (S. 434) eines Besseren belehrt. Die Basstölpelkolonie auf der Halbinsel **Langanes** lohnt einen Abstecher (S. 433, Jeep erforderlich), ebenso wie das Örtchen **Bakkafjörður** (S. 436) mit seinem maroden Charme. Auch im schön gelegenen **Vopnafjörður** (S. 438) lassen sich viele liebenswerte Details entdecken. Über die reizvolle Straße 917 geht es zur Ringstraße nach Egilsstaðir.

Klima und Reisezeit

„If you don't like the weather in Iceland: Just wait 5 minutes", steht auf so manchem Touristen-Shirt. Ja, es ist etwas Wahres dran: Das Wetter in Island ist wirklich unberechenbar.

Klima

Es ist möglich, innerhalb einer Stunde „alle Wetter" zu haben: Sonne, Nebel, Regen, Schnee, Hagel … Doch würde ich persönlich mich auf die Fünf-Minuten-Regel nicht verlassen wollen. Manchmal bleibt es wochenlang schön, manchmal wochenlang schlecht. Im Norden fällt zwar mehr Schnee, dafür aber – im Durchschnitt – weniger **Regen** als im besonders feuchten Süden.

Durch den Einfluss des Golfstroms ist das Klima an der Küste selbst im Winter noch milder, als man bei der Lage erwarten würde (im Süden meist um 0 °C, im Norden um -5 °C). Doch sind Islands Sommer nur kurz (Ende Juni–Ende Aug) und die **Winter** relativ lang (Anf. Nov–Mitte April). Und 2012 überraschte ein plötzlicher Wintereinbruch bereits Anfang September die Bevölkerung im Norden. Viele Schafe, die noch nicht in die Winterquartiere abgetrieben waren, wurden vermisst, viele starben im meterhohen Schnee. In den Folgejahren dagegen erfreute der September Einheimische und Reisende mit Sonnenschein satt. Im **Sommer** liegen die **Temperaturen** zumeist zwischen 10 und 15 °C (im Hochland niedriger), können aber auch mal Höchstwerte von knapp über 20 °C erreichen (Wettervorhersage s. 🖥 www.vedur.is).

Entscheidender dafür, ob man friert oder nicht, ist aber der **Wind**, und den gibt es reichlich. Selbst wenn die Sonne scheint und sich kein Wölkchen am Himmel zeigt, ist es oft sehr windig. Die geringe Baumbedeckung verschärft das Problem noch. In exponierter Lage wurde schon so manches schlechte Zelt „vom Winde verweht". Doch lernt man mit der Zeit, Windrichtung und Sonneneinstrahlung so einzuschätzen, dass es ein Kinderspiel ist, das nächste windgeschützte Sonnenfleckchen zu finden: Hinter einem Felsen oder in den zahlreichen kleinen Senken und Tälern. Auch liegen die meisten Campingplätze einigermaßen geschützt.

Reisezeit

Island lässt sich ganzjährig bereisen, und jede Jahreszeit hat ihre Vor- und Nachteile.

In der **sommerlichen Hauptsaison** von Juni bis August wird das Land von Touristen überrannt, Vieles muss reserviert werden. Dafür entschädigen die langen Tage (erst ab Mitternacht setzt eine leichte Dämmerung ein) und die relativ guten Busverbindungen. Und wer das Hochland sehen will, muss im Sommer kommen, denn die meisten Hochlandrouten sind nur von Mitte Juni (je nach Wetter auch erst Anfang Juli) bis Ende August geöffnet. Auch mit den Straßen, die ans Hochland angrenzen, kann man im Frühling und Herbst Pech haben. Und im Winter sind die Reisemöglichkeiten sowieso nur sehr beschränkt. Vor allem im Norden und Osten kann es passieren, dass Pässe gesperrt werden und es kein Durchkommen gibt. Wer es also gern maximal planbar hat, der wählt auf jeden Fall den Sommer. Wer zelten will, auch. Alle anderen wählen ihre Reisezeit nach ihren Prioritäten.

Papageitaucher sind nur zwischen Ende April und Mitte September zu Gast. Gut beobachten kann man sie nur in der Brutzeit (Ende Juni bis Anfang August). **Wale** sieht man zwar das ganze Jahr, aber nicht alle Arten überwintern in Island.

Gletschertouren werden ganzjährig angeboten. Längere Reittouren finden nur im Sommer statt, kürzere **Ausritte** auch im Frühling und Herbst und je nach Region sogar im Winter.

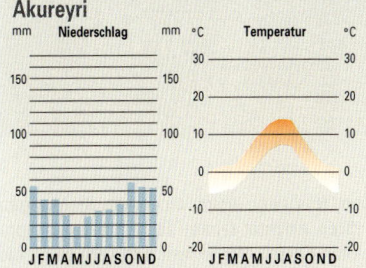
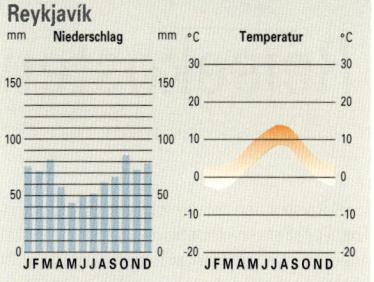
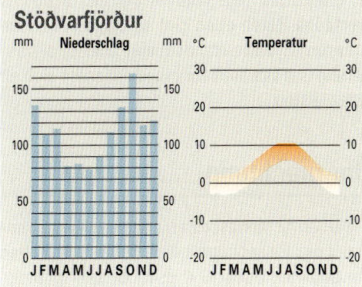
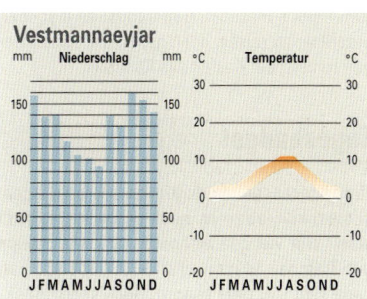
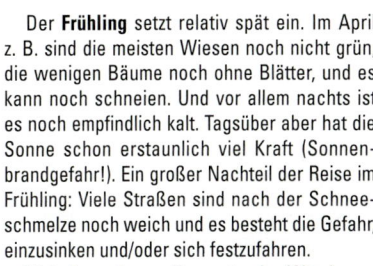

Der **Frühling** setzt relativ spät ein. Im April z. B. sind die meisten Wiesen noch nicht grün, die wenigen Bäume noch ohne Blätter, und es kann noch schneien. Und vor allem nachts ist es noch empfindlich kalt. Tagsüber aber hat die Sonne schon erstaunlich viel Kraft (Sonnenbrandgefahr!). Ein großer Nachteil der Reise im Frühling: Viele Straßen sind nach der Schneeschmelze noch weich und es besteht die Gefahr, einzusinken und/oder sich festzufahren.

Viele Freunde vor allem unter den Wanderern hat der **Herbst** (Sep/Okt): Überall gibt es Blau- und Krähenbeeren, es ist noch lange hell, Sträucher und Gräser locken mit beeindruckend intensiven Herbstfarben, manche Unterkünfte und Veranstalter gewähren schon Rabatte und der Touristenstrom ist bereits abgeebbt. Der Herbst ist die Reisezeit, in der es möglich ist, tagsüber Wale und abends Nordlichter zu sehen. Auch bekommt man Anfang September mit dem Schafabtrieb (Réttir) gute Einblicke in die Landeskultur. Allerdings fahren deutlich weniger Busse und einige Campingplätze haben schon geschlossen.

Die **Nordlichtsaison** beginnt ab Ende August, doch muss man dann wie auch im April viel Glück haben und lange aufbleiben. Die besten Sichtungschancen hat man von September bis März. Auch sonst spricht trotz der kurzen Tage (in Reykjavík oft nur vier bis fünf Stunden, im Norden manchmal gar kein Sonnenlicht) einiges für den **Winter**: Es locken vereiste Wasserfälle, traumhafte Sonnenauf- und -untergänge und romantische Weihnachtsmarktbummel vor von Nordlichtern erleuchteter Bergkulisse.

Reisekosten

Eine Reise nach Island ist kein Low-Budget-Trip. Vor allem komfortablere Unterkünfte, Essen gehen und organisierte Touren reißen große Löcher in die Brieftasche, doch zumindest die Natur gibt's umsonst. Generell ist es machbar, bezahlbar zu reisen, doch gehen die Einsparungen zumeist auf Kosten des Komforts.

Tagesbudget

Die Tagesausgaben sind generell recht hoch, schwanken aber je nach Reisestil extrem stark. Wer viel Zeit mitbringt und kein Problem mit Trampen, Zelten und selbst Kochen hat, kann sehr viel Geld sparen. Doch selbst Backpacker mit spartanischen Ansprüchen sollten Tagesausgaben von mindestens 4000–5000 ISK (35–40 €) einplanen. Wer wenigstens den „Komfort" einer Jugendherberge sucht, ab und zu mal Essen gehen oder einzelne Strecken mit dem Bus oder einem einfachen Kleinwagen fahren möchte, landet schnell bei den doppelten Kosten. Wenn man sich dann noch die eine oder andere nette Pension gönnen möchte, steigt das Tagesbudget auf das Drei- bis Vierfache. Nach oben gibt es eigentlich keine Grenzen … Und zumindest eine Gletscherwanderung und Walbeobachtungstour sollte sich eh jeder leisten.

Übernachtung

Die Übernachtungskosten machen den Löwenanteil des Reisebudgets aus. Ausnahme: **Zelten** (im Sommer, etwa 10 € p. P.) ist sehr günstig, doch braucht man gute Schlafsäcke und Zelte (s. S. 81, Campen). Deutlich teurer sind bereits die Schlafsäle der Hütten (nur im Sommer) und **Jugendherbergen**, allerdings bieten Letztere Vergünstigungen in der Nebensaison. Vor allem

Pensionen und Hotelzimmer gehen richtig ins Geld. Und die wenigen Einzelzimmer sind leider kaum günstiger als Doppelzimmer.

Essen und Trinken

Restaurantbesuche gehen schnell ins Geld. Auch ein einfaches Essen ist nicht unbedingt günstig: Ein Hamburger kostet schon mal um die 20 €, eine Pizza 25 €. Wenn möglich, sollte man **Mittagsangebote** nutzen, denn dann ist es deutlich günstiger als abends. In Kneipen sind die extrem hohen Preise für Drinks zumindest bei vereinzelten **Happy Hour**-Angeboten (in Reykjavík) erträglich. Einkaufen im Discounter Bónus oder im günstigen Krónan und **Selbstkochen** ist die günstigste Option (viele Campingplätze, Hütten, Jugendherbergen und einige Gästehäuser haben eine kleine Küche). Eine Tasse Kaffee ist v. a. an den Imbissen der Tankstellen und in Schwimmbädern, Supermärkten und Museumscafés relativ günstig, mitunter sogar umsonst (oft gibt es auch *free refill*), und Wasser braucht sich in Island auch niemand im Supermarkt zu kaufen.

Transport

Trampen (s. auch S. 79) funktioniert in der Regel recht gut und gilt als sicher. Wer eine feste Unterkunft als Basis hat, kann von dort aus gut Tagesausflüge unternehmen. Es gibt auch Internetplattformen, die preiswerte **Mitfahrgelegenheiten** vermitteln (S. 79).

Zumindest ein **Kleinwagen** ist gar nicht mal so teuer, mit etwa 50 € pro Tag ist man schon dabei. Flexibel und einigermaßen komfortabel reist es sich mit **Wohnmobilen** oder Campern, deren Preise je nach Saison und Ausstattung deutlich schwanken (s. S. 82). Die **Benzinpreise** haben deutsches Niveau.

Leider wurden die Buspässe (s. S. 75) 2018 stark eingeschränkt, was **Busfahren** generell relativ teuer macht: So kostet die einfache Fahrt von Reykjavík nach Akureyri über die Ringstraße (ca. 8 Std.) 10 000 ISK/84 € p. P. und über die Kjölur-Route im Hochland (10 1/2 Std.) 18 000 ISK/150 € p. P.

Ermäßigungen

Generell gelten in der **Nebensaison** (Jan–April/Mai und Okt/Nov) günstigere Preise, z. B. für Mietwagen und Unterkünfte.

Ermäßigungen gibt es für Studenten mit internationalem Ausweis, Kinder, Jugendliche und Rentner, außerdem durch einige „Karten". Mit der **Campingkarte** (Kasten S. 83) kann eine Familie 28x auf mehr als 40 Campingplätzen in ganz Island nächtigen, mit der **Reykjavík City Card** (Kasten S. 158) kann man Museen besuchen und den öffentlichen Nahverkehr nutzen, und auch der internationale **Jugendherbergsausweis** bietet nicht nur Vergünstigungen bei Hostels (s. S. 80), sondern auch Ermäßigungen bis zu 20 % in Restaurants, Cafés und Museen und 10 % auf die Buspässe der Firma Sterna.

Was kostet wie viel	
Camping (pro Person und Nacht)	1000–2500 ISK
Bett im Hostel	4000–8000 ISK
B&B (DZ)	10 000–24 000 ISK
Frühstück	1000–2500 ISK
Mittagessen	1500–3000 ISK
Abendessen	2000–5000 ISK
Fast Food	ab 1000 ISK
Tasse Kaffee	300–600 ISK
Bier (0,5 l)	500–1000 ISK
Mietwagen (je nach Anbieter, Saison, Versicherung)	
Pkw (Woche)	350–650 €
SUV (Woche)	750–1300 €
Jeep (Woche)	780–2500 €
Campermobil	700–2000 €
1 l Benzin	210 ISK
Eintritt Museum	1000–2000 ISK
Organisierte Tagesausflüge	8000–30 000 ISK
Reitausflug	1 1/2 Std. um die 10 000 ISK
Gletscherwanderung	11 000–18 000 ISK
Walbeobachtungstour	10 500–16 000 ISK

Travelinfos von A bis Z

„Þetta reddast", was übersetzt etwa „Wird schon gutgehen" oder „Das wird!" heißt, ist eine der Lieblingsredewendungen der Isländer. Und meistens geht wirklich alles gut. Die Isländer sind es gewohnt, flexibel zu bleiben und ihre Pläne kurzfristig den aktuellen Gegebenheiten anzupassen. Für planungsfreudige Deutsche ist das gewöhnungsbedürftig. Doch je gründlicher die Vorbereitung, desto weniger Unvorhersehbares wird uns überraschen.

AKUREYRIS FREUNDLICHE AMPELN; © MARK MARKAND

Inhalt

Anreise	41
Botschaften und Konsulate	43
Einkaufen	43
Essen und Trinken	45
Fair reisen	48
Feste und Feiertage	49
Frauen unterwegs	54
Geld	54
Gepäck und Ausrüstung	55
Gesundheit	56
Informationen	56
Jobben in Island	58
Kinder	58
Maße und Elektrizität	59
Nationalparks	59
Öffnungszeiten	59
Post	60
Reisende mit Behinderungen	60
Reise- und Tourveranstalter	60
Schwule und Lesben	62
Sicherheit	62
Sport und Aktivitäten	63
Telefon	68
Transport	69
Übernachtung	80
Unterhaltung	84
Verhaltenstipps	84
Zeit	85
Zoll	85

Kurz und knapp

Reisedauer Etwa 3 1/2 Std. mit Direktflug, Fähre 2 Tage ab Hirtshals in Dänemark

Einreise Mit Personalausweis

Geld Gezahlt wird in Isländischen Kronen (ISK), aber auch Euro werden i. d. R. angenommen. Verbreitet ist die Bezahlung mit Kreditkarte und PIN.

Handynetz Gute Netzabdeckung, oft auch an abgelegenen Orten

WLAN Fast überall

Zeitverschiebung GMT (MEZ -1 Std.)

Anreise

Die meisten Island-Besucher reisen auf dem Luftweg über Keflavík ganz im Südwesten der Insel ein. Für alle, die länger bleiben wollen, lohnt die Anreise mit dem eigenen Auto/Wohnmobil, denn die hohen Kosten für die Fähre sind schnell abgeschrieben, wenn man vor Ort die Kosten für Mietwagen und teure Hotels sparen kann.

Mit dem Flugzeug

Den internationalen **Flughafen Keflavík** (KEF) erreicht man vom Deutschland aus in etwa 3 1/2 Stunden. Man sollte versuchen, auf dem Hinweg einen Fensterplatz auf der rechten Flugzeugseite zu buchen, auf dem Rückweg auf der linken. Es lockt ein erster (bzw. letzter) spektakulärer Blick auf die Küstenlinie und den Gletscher Vatnajökull.

Die beiden isländischen Fluggesellschaften **Icelandair** und **Wowair** bieten das ganze Jahr über Direktflüge von verschiedenen deutschen Großstädten aus an (meist einmal pro Tag), aber auch andere deutsche und internationale Gesellschaften haben Island ganzjährig im Programm. In der Hauptsaison (Juni–Aug) gibt es dann so viele Flugmöglichkeiten, dass die Preise oft niedriger sind als in den anderen Monaten (vor allem die ersten Hin- und die letzten Rückflüge sind oft zu Spottpreisen zu haben). Hier lohnt es sich immer, die Portale nach Sonderangeboten und -aktionen zu durchforsten, denn die Preisspanne ist mit 39–600 € (one way) enorm.

Am Flughafen

Wenn Isländer aus dem Ausland anreisen, gehen sie fast nie direkt zu den Gepäckbändern. Sie nutzen die Wartezeit, um im **Duty-free-Shop** einzukaufen, der hier auch für *ankommende* Gäste zugänglich ist. Es gibt seit Langem Bestrebungen, dieses Privileg abzuschaffen – bisher aber ohne Erfolg. Vielleicht ist die Genuss-Lobby hier sehr stark? Jedenfalls zeigen die Paletten von Bierdosen, die Einheimische herausschleppen, eins: Alkohol und Zigaretten sind in Island extrem teuer. **Tipp**: So ein Dosenbier ist ein nettes Mitbringsel für isländische Gastgeber und Fremdenführer. Außerdem lässt es sich in Hostels und Hütten prima als Tauschmittel einsetzen: Ein Gast kocht, der andere liefert die Getränke.

Im Ankunftsbereich gibt es dann **Bankautomaten**, den Kartenverkauf für die **Transferbusse** und Schalter der größeren **Autovermieter**. Kleinere Vermieter schicken Abgesandte, die Pappschilder hochhalten und die Fluggäste dann mit Kleinbussen zu den Büros bringen.

Tipp für den Rückflug: Unbedingt genügend Zeit einplanen! Es ist zwar üblich, online oder am Automaten einzuchecken und am Schalter nur noch das Gepäck aufzugeben, aber das heißt nicht, dass das Einchecken schnell geht. Die Warteschlangen beim Check-in können extrem lang sein, und auch die Sicherheitskontrollen, bei denen alle immer ihre Schuhe ausziehen müssen, haben es in sich.

Es ist übrigens nicht erlaubt, am Flughafen zu übernachten (und das Verbot wird auch durchgesetzt). Das ist ärgerlich, da die meisten Flüge spätabends bzw. frühmorgens gehen – eine perfekte Regelung für die umliegenden Gästehäuser und Hotels, die dadurch horrende Preise nehmen (können).

Flughafentransfer

Der internationale Flughafen Keflavik liegt fast 50 km von Reykjavík entfernt. Man erreicht die Hauptstadt in rund 40 Minuten über die gut ausgebaute Straße 41. (Kleiner Hinweis: Hier gibt es oft Tempokontrollen, s. S. 71, Tipps für Autofahrer).

Pendelbusse nach Reykjavík fahren – wirklich! – nach jeder Ankunft und vor jedem Abflug. Die einfache Fahrt kostet aktuell 2500 ISK bis zum Fernbusbahnhof (BSI) in Reykjavík, 3000 ISK bis zu den zentrumsnahen Hotels und Gästehäusern. Und damit niemand ewig mit dem großen Bus durch Reykjavík gurken muss, bis er endlich bei seiner Unterkunft ist, werden die Fahrgäste am BSI meist in kleinere Busse umgesetzt. (Wer vor dem Rückflug an der Unterkunft abgeholt werden will, ruft bei der Gesellschaft an oder schickt eine E-Mail. Details

Weniger fliegen – länger bleiben! Reisen und Klimawandel

Der Klimawandel ist vielleicht das dringlichste Thema, mit dem wir uns in Zukunft befassen müssen. Wer reist, erzeugt auch CO_2: Der Flugverkehr trägt mit einem Anteil von bis zu 10 % zur globalen Erwärmung bei. Wir sehen das Reisen dennoch als Bereicherung: Es verbindet Menschen und Kulturen und kann einen wichtigen Beitrag zur wirtschaftlichen Entwicklung eines Landes leisten.

nachdenken • klimabewusst reisen
atmosfair

Reisen bringt aber auch eine Verantwortung mit sich. Dazu gehört, darüber nachzudenken, wie oft wir fliegen und was wir tun können, um die Umweltschäden auszugleichen, die wir mit unseren Reisen verursachen. Wir können insgesamt weniger reisen – oder weniger fliegen, länger bleiben und Nachtflüge meiden (da sie mehr Schaden verursachen). Und wir können einen Beitrag an ein Ausgleichsprogramm wie www.atmosfair.de leisten.

Dabei ermittelt ein Emissionsrechner, wie viel CO_2 der Flug produziert und was es kostet, eine vergleichbare Menge Klimagase einzusparen. Mit dem Betrag werden Projekte in Entwicklungsländern unterstützt, die den Ausstoß von Klimagasen verringern helfen. Weitere Infos zum Thema umweltbewusstes und sozial verträgliches Reisen auf S. 48.

---

zu den Haltestellen und Preisen der einzelnen Gesellschaften im Kasten „Angekommen – und jetzt?" auf S. 128.

Tipp: Die meisten Hotels und einige Gästehäuser in Flughafennähe bieten **kostenlosen Transfer**, andere fahren ihre Gäste für kleines Geld.

Mit der Fähre

Die Fähre *Norröna* von Smyril Line, 0431/200886 (Büro in Kiel), www.smyrilline.com, verkehrt ganzjährig einmal pro Woche zwischen Seyðisfjörður, Tórshavn (Färöer) und Hirtshals (Dänemark). Die Fahrt dauert in der Hochsaison zwei Tage, in der Nebensaison einen halben Tag mehr (mit einem mehrstündigen Zwischenstopp auf den Färöern). Da es keine alternative Fährverbindung gibt, ist es ratsam, sehr früh zu buchen. Vor allem im Sommer ist schnell alles ausgebucht. Mindestens zum Jahreswechsel sollte man sein Ticket haben.

Wer dazu neigt, seekrank zu werden, nimmt (ausreichend!) **Reisetabletten** oder -kaugummis mit – besser noch die (rezeptpflichtigen) kleinen Pflaster zum Hinters-Ohr-Kleben. Auf der Fähre werden die nicht ausgegeben. Auch trockene Brötchen usw. mitnehmen, denn die Restaurants sind zwar gut, aber teuer, und kleine Portionen für Seekranke, die nur „ein Häppchen" essen wollen (oder können), gibt es nur in der Cafeteria.

Die einfache Fahrt kostet zwischen 130 € (im Winter im 6er-Schlafsaal) und 780 € p. P. (Juni-Aug in einer Kabine mit Fenster zur Einzelnutzung), in einer Zweierkabine reist man je nach Saison für 220–540 € p. P., in der Familienkabine 130–280 € p. P. Die Preise für Fahrzeuge errechnen sich nach einem komplizierten System. Ein Paar mit einem kleinen Auto zahlt in der Doppelkabine um die 280–720 € p. P.

Das Zahlungsmittel auf der Fähre sind **Dänische Kronen**. An Bord gibt es kein Internet.

Auch per **Containerschiff** reisen Autos und Motorräder nach Island, z. B. ab Hamburg oder Rotterdam. Das erfordert aber einiges an Organisation, ist teurer als die Reise mit der Fähre und dauert länger. Zudem bleibt man nicht bei seinem Auto, sondern fliegt nach. Der Vorteil ist, dass das Fahrzeug nicht im abgelegenen Seyðisfjörður ankommt, sondern in Reykjavík. Für alle eine Option, die keine langen Anfahrtswege haben wollen und doch auf das eigene Auto nicht verzichten mögen. Mehr Infos bei den Transportunternehmen: www.samskip.com und www.eimskip.com.

Die Verschiffung von Autos oder Motorrädern per Containerschiff vermitteln z. B. die Agenturen Kriatours, 🖥 www.kria-tours.de, oder Islandspezialisten in den Niederlanden (mit Büro bei Düsseldorf), 🖥 www.islandspezialisten.de.

Einreisebestimmungen

Der normale **Personalausweis** reicht für die Einreise nach Island. Im Land gelten alle deutschen Papiere – sogar der alte graue Führerschein.

Wer länger als sechs Monate im Land bleibt und/oder arbeiten will, muss sich anmelden. Die persönliche Identifikationsnummer *(kennitala)* bekommt man i. d. R. problemlos beim **Nationalen Register** *(þjóðskrá)* Islands, 🖥 www.skra.is. Die 10-stellige Nummer, ohne die in Island nichts geht (sie ist Kontonummer, Krankenversicherungsnummer, Steuernummer, Autoversicherungsnummer und oft auch Mitgliedsnummer im Sportstudio), setzt sich aus dem Geburtsdatum, zwei zufälligen Ziffern, einer Prüfziffer und einer Ziffer für das Jahrhundert der Ausstellung zusammen.

Haustiere, Angel- und Reitausrüstung

Wauzi oder Miezi mit in die Ferien zu nehmen, ist keine gute Idee. Es besteht nämlich eine **Quarantänepflicht** von bis zu vier Monaten. Wer Hunde, Katzen, Frettchen, Vögel und sonstige Kleintiere trotzdem einführen will, braucht eine offizielle Einfuhrgenehmigung, im Vorfeld zu beantragen beim Landwirtschaftsministerium (Arnarhvolur, Reykjavik, ☎ 545 8300, 🖥 www.atvinnuvegaraduneyti.is). Hunde und Katzen aus EU-Ländern und der Schweiz müssen einen Heimtierausweis und eine Bescheinigung der letzten Tollwutimpfung vorlegen.

Reitkleidung (und alles, was mit einem Pferd in Berührung gekommen sein könnte) und **Angelausrüstung** müssen entweder neu oder desinfiziert sein. Auf Verlangen muss ein von einem Tierarzt oder einer Gesundheitsbehörde ausgestelltes Dokument vorgelegt werden (auf offiziellem Papier mit Briefkopf und mit Unterschrift und Stempel versehen).

Weitere Infos beim isländischen **Veterinäramt**, 🖥 www.mast.is.

Botschaften und Konsulate

Ausländische Vertretungen in Island

Die deutsche Botschaft ist für Bundesbürger, Niederländer und Luxemburger zuständig. Die Isländer nehmen es mit den Ausreisepapieren zwar nicht so genau („raus geht immer" – wir sind schon mit der Krankenkassenkarte nach Hause), aber wer sichergehen will, kann hier ein Ersatzdokument beantragen, sollte der Ausweis verloren gegangen sein.

Deutsche Botschaft
Laufásvegur 31, 101 Reykjavik,
☎ 530 1100, mobile Notfallnummer ☎ 663 7800,
🖥 www.reykjavik.diplo.de,
🕐 Mo–Fr 9–12 Uhr.

Konsulat von Österreich
Orrahólar 5, 111 Reykjavik,
☎ 557 5464, 🖥 www.bmeia.gv.at,
🕐 Mo–Do 9–16 Uhr.

Generalkonsulat der Schweiz
Laugavegur 13, 101 Reykjavik,
☎ 551 71 72, 🖥 www.eda.admin.ch.

Einkaufen

In Reykjavík gibt es alles, was es bei uns gibt (nur teurer – etwa auf dem Preisniveau der Schweiz) und noch ein paar mehr Apple-Stores. Im Rest der Insel bekommt man, abgesehen von Lebensmitteln, gar nichts. In Akureyri kann man Glück haben, wenn man Jacke, Badeanzug oder Wanderschuhe braucht, und es gibt auch einen Technikladen, aber ansonsten gilt: Wenn man unterwegs merkt, dass man einen besseren Schlafsack braucht, muss man zurück nach Reykjavik. Hier stehen Einkaufszentren, die denen in Deutschland in nichts nachstehen. Trotzdem sind einige Dinge nicht so verbreitet. Wer z. B. auf Ohropax nicht verzichten will, der bringe sie am besten von zu Hause mit. Außerdem selten oder teuer sind Bodylotion, Conditioner, Schoko-Cappuccino und Instant-Gemüsebrühe.

Zum Bummeln und Schauen eignet sich am besten die Gegend um den Laugavegur in Reykjavík. Fußläufig erreicht man von hier den großen Indoor-Flohmarkt (S. 156).

Bücher

In isländischen Buchhandlungen gibt es viel mehr als nur Bücher. Hier kauft man nicht schnell ein, hier hält man sich auf, trinkt einen Kaffee, isst ein Stück Kuchen und surft im kostenfreien WLAN-Netz. Neben Romanen auf Isländisch und Englisch findet man eine große Auswahl an Reiseführern, Land- und Wanderkarten und Souvenirs, manchmal sogar Campingartikel.

Kleidung und Wolle

In Reykjavík ist man extrem modebewusst. Es locken kleine **Boutiquen**, in denen man Unikate findet. Auch für schicke **Outdoorklamotten** der Marken 66 North und Icewear gibt es einen Markt. Aber die Isländer tragen nicht ohne Grund Wolle, wenn sie draußen sind. Die Lopi genannten bekannten **Island-Strickpullover** gibt es in verschiedenen Dickegraden, alle sind aber aus reiner Wolle, die noch leicht fettig ist. So halten sie Regen besser ab als so manche Hightechkunstfaser. Aber Achtung: Die Dinger sind kratzig und kosten ab 100 €. Am besten kauft man bei den Strickerinnen selbst. In vielen Gästehausfluren oder Cafés hängen schöne Exemplare, die die Dame des Hauses oder deren Oma in langen Winternächten angefertigt hat.

Lebensmittel

Bekommt man in Island alles, was man aus deutschen Supermärkten kennt? Im Prinzip ja. Allerdings nicht überall. Das Angebot in Reykjavík ist mit dem einer deutschen Großstadt vergleichbar. Wer hier vorbeikommt, kann sich das Mitschleppen von Spaghetti und Müslitüten im Flieger getrost sparen und stattdessen vor Ort zum Großeinkauf schreiten. Am günstigsten kauft man bei **Bónus** (zu erkennen an einem rosafarbenen Schwein auf gelbem Grund), aber auch die Ketten **Krónan** und **Néttó** bieten eine große Auswahl zu erträglichen Preisen. Ansonsten gilt: Je kleiner der Supermarkt und je abgelegener der Ort, desto kleiner die Auswahl und desto höher die Preise. Aber die Zeiten, in denen man sich bei jeder sich bietenden Gelegenheit mit Toastbrot und Trockenfisch eindecken musste, um unterwegs nicht zu verhungern, sind seit 20 Jahren vorbei. In jedem größeren Ort gibt es zumindest einen kleinen Supermarkt oder eine Tankstelle mit angeschlossenem Shop.

Samstags- und Sonntagsöffnungen sind üblich. In Orten mit heißen Quellen (meist im Süden und in der Gegend um den Golden Circle werden an zahlreichen Gewächshäusern **Obst und Gemüse** direkt verkauft. Soweit möglich, sind die Geschäfte in den Karten in diesem Buch verzeichnet.

Souvenirs

Wer auf Plüsch-Papageitaucher made in Asien und **T-Shirts** mit witzigen Sprüchen steht, wird vor allem in der Innenstadt von Reykjavík und an Touristen-Hotspots wie dem Gullfoss schnell fündig. Ausgefalleneres muss man länger suchen, aber auch in kleineren Orten findet man niedliche Handwerksläden, in denen fantasievoll bemalte Steinmännchen und **Strickwaren** angeboten werden. Gern gekaufte Mitbringsel sind **Thermalwasserprodukte** (Blue Lagoon und andere), die schön machen und gegen Neurodermitis helfen sollen. Typisch isländisch ist auch das mithilfe von Geothermalenergie gewonnene **Meersalz**, z. B. als Lava-, Gewürz- oder sogar Lakritzsalz. In Reykjanes in den Westfjorden trifft man die jungen Leute der Firma Saltverk, denen man bei ihrem salzigen Geschäft über die Schulter schauen kann (S. 319). Wem das nicht speziell genug ist, der kauft ein Plastikpöttchen mit **Hákarl**, dem isländischen Gammelhai (S. 267). In gut sortierten Supermärkten ist diese Köstlichkeit neben dem frischen Fisch in der Kühltheke (nicht in der Gefriertruhe) zu finden. Das Ausführen von **Lava**, **Steinen** und **Mineralien** ist verboten. Es sei denn, man hat sie z.B. in einem Souvenirshop oder Kunsthandwerksladen käuflich erworben.

Technik

Töllvulistinn, vergleichbar mit Saturn oder Media Markt, gibt es sieben Mal in Island: in Reykjavík, Akureyri, Egilsstadir, Keflavík, Selfoss, Húsavík und Akranes. Die komplette Liste mit Adressen und aktuellen Öffnungszeiten hier: 💻 www.tl.is/page/verslanir. Den Apple Store in Reykjavík, **Macland**, findet man am Laugavegur 23, ☎ 580 7500, 💻 www.macland.is, ⏰ Mo–Fr 10–18, Sa, So 12–18 Uhr.

Essen und Trinken

Was essen sie denn so, *die* Isländer? Heute Fisch, morgen Lamm, übermorgen Fisch – und zu bedeutenden Anlässen etwas Gewöhnungsbedürftiges wie gefüllten Lammkopf oder Gammelhai? So weit das Klischee. Aber im echten Leben? Da kann jeder mal seine Sitznachbarn im Hotpot ansprechen und fragen (im Ernst: Das ist eine gute Eröffnungsfrage für ein Gespräch mit Einheimischen) und wird sehr, sehr unterschiedliche Antworten bekommen. Wir verabschieden uns an dieser Stelle von den gängigen Klischees und widmen uns der Frage: Was kann man als Besucher erwarten?

Frühstück

Wer in Gästehäusern oder Hotels nächtigt, findet meist ein Frühstück mit Eiern, Käse, Aufschnitt, Müsli, Skyr, Orangensaft und Toastbrot vor; immer öfter auch mit selbst gebackenem Brot, selbst eingemachter Marmelade, Waffeln

Traditionell isländisch: Zimtschnecken

Vegetarier und Veganer

Auch in Island ist der Trend zu weniger Fleisch angekommen. Salate, Nudelgerichte und Gemüsesuppen gibt es in fast allen Restaurants. Vegetarier kommen also gut zurecht. Veganer hingegen haben es außerhalb von Reykjavík schwer. Auch auf den Frühstückstischen der meisten Gästehäuser und Hotels fehlen vegane Brotaufstriche und Milchersatzprodukte. In den Supermärkten sind sie allerdings erhältlich. Und mehr noch: Die meisten Discounter haben riesige Gesundheitsabteilungen. Mit Zusatzstoffen und Vitaminen angereicherte Müslis, ein riesiges Angebot an abenteuerlichen Gesundheits- und Wellnessteemischungen, Kapseln und Pillen mit Kurkuma, Weißdorn und Omega-3-Fettsäuren, Orangensaft angereichert mit zusätzlichen Ballaststoffen, Schlankheits- und Proteindrinks, alte Getreidesorten … Der Nettó am Busbahnhof Mjódd z. B. ist eine Fundgrube an abgefahrenen Produkten.

und einer kleinen Auswahl an Fisch. Spiegeleier mit Speck oder frisches Obst bekommt man eher selten.

Mittagessen und Snacks

Viele Isländer essen gern süß, fett(ig) und vor allem: schnell. Fast Food steht hoch im Kurs. Es gibt Hotdogs, Pizza, Pommes und Burger quasi an jeder Enge. Aber man hat sich auch auf Touristen und ihre Bedürfnisse eingestellt: Warmes Essen zur Mittagszeit im Restaurant ist eigentlich unüblich. Für Gäste aber machen die Lokale auf und an einigen wenigen Orten – z. B. am Selfjalandsfoss – stehen im Sommer kleine Häuschen und Wagen, an denen die hungrigen Massen mit Kuchen und Sandwiches versorgt werden. Wer es allerdings gern gesund und/oder gemütlich und dabei am besten auch noch günstig hat, der muss oft etwas länger suchen.

Bei den allgemein sehr hohen Restaurantpreisen bieten Mittagsbuffets noch ein akzeptables Preis-Leistungs-Verhältnis, zumindest sind sie deutlich günstiger als Abendbuffets.

Abendessen

Traditionell isst man in Island entweder **Fisch** oder **Lammfleisch**, manchmal auch **Pferd**, gern mit **Kartoffeln** und grünem **Salat**, **Gurken** und **Tomaten** aus einem der zahlreichen Gewächshäuser. Es locken Aufläufe, Eintöpfe und die beliebten Fischfrikadellen **Fiskibollur**.

Der traditionelle „Stampf-Fisch" **Plokkfiskur** sieht ein wenig nach Matschepampe aus, ist aber extrem lecker. So ist aus dem ursprünglichen Reste-Essen ein Gericht geworden, das es auf die Speisekarten der Restaurants geschafft hat. Je nach Rezept kommen zerkleinerte Fischstücke, gekochte Kartoffeln, Zwiebeln und Milch in einen Pott, wo sie zu einer festen Masse werden, die dann im Ofen mit Käse überbacken wird.

Für **Kjötsúpa** wird Lammfleisch im Topf gekocht, bis eine klare Brühe entsteht (der Schaum wird abgeschöpft), und dann mit Rüben, Kartoffeln, Haferflocken, Weißkohl und Lauch angereichert. Ein nahrhaftes Winteressen, das auch im Sommer wärmt und kräftigt.

In den meisten Restaurants gibt es parallel zum isländischen ein italienisches (Pizza) und amerikanisches (Burger) Angebot. Die Ketten von Subway, Kentucky Fried Chicken und Dominos sind ebenfalls vertreten. McDonald's gibt es nicht mehr. China-, Thai- und India-Restaurants findet man in den größeren Städten, aber auch in einigen Dörfern, wo man sie gar nicht erwartet. Im kleinen Flúðir steht an einem Parkplatz am Ortsausgang das niedliche äthiopische Restaurant Minilik (S. 207).

Brot

Für Reisende, die nichts lieber essen als Sauerteigbrot und knusprige Mohnbrötchen, haben wir eine schlechte Nachricht: Obwohl es einige gut sortierte Bäckereien gibt (hauptsächlich in Reykjavík, aber auch in einigen anderen Städten), beschränkt sich das Angebot in den Supermärkten und auf den Frühstückstischen meist auf pappiges **Toastbrot**. Auch das **Heilsubrauð** („Gesundheitsbrot") ist weich und leicht süßlich, also Toastbrot mit ein paar Körnern drin.

Eine isländische Spezialität und extrem lecker ist aber das leicht süße, klebrig-schwere **Rúgbrauð**: ein Roggenbrot, das manchmal auch „Rauchbrot" genannt wird, weil es nicht gebacken, sondern traditionell mittels Erdwärme langsam gegart wird. Man hat dazu früher den Teig im warmen Boden der Hochtemperaturgebiete eingegraben. Heute kommt es meist aus der Fabrik, aber z. B. am Mývatn (S. 416) oder auf den Westmännerinseln (S. 524) trifft man noch Menschen, die die alte Methode beherrschen und ihr Wissen gern an Touristen weitergeben.

Hier ein Rezept **Rúgbrauð für Anfänger**: Man nehme einen verschließbaren Plastikeimer (z. B. von Tsatsiki) oder ein leeres Milch-Tetrapak, fülle es mit einer Mischung aus Roggenmehl, Zucker, Salz, Trockenhefe aus der Tüte und warmer Milch und dann ab in den Dampf. Aber Achtung: Bis das „Brot" fertig ist, kann es schon ein paar Stunden dauern.

Süßigkeiten

Die Isländer lieben Süßes – und zwar richtig Süßes! Und wenn es dazu noch fettig ist, ist's noch besser. Unser Favorit: **Vínabrauð**, ein langes Stück Blätterteig, von dem man Stücke abschneidet, in der Mitte oft mit Vanillepudding, an den Außenseiten mit Schoko-, weißer oder rosafarbener Zuckerglasur, manchmal auch mit Mandeln. Eine Kalorienbombe – aber lecker!

Im Supermarkt dann: **Lakritze** in allen Variationen, gerne kombiniert mit Vollmilchschokolade. Mal weich, mal hart, mal mit Pistazienfüllung. Marzipan und Salz mit Lakritzgeschmack sind eher skurrile Mitbringsel.

Skyr

Nicht Quark, nicht Joghurt, sondern irgendwas dazwischen: Echt isländischer Skyr ist eine fettarme (meist unter 0,5 %) und eiweißreiche (um die 10 %) Delikatesse, die in Deutschland bisher nur unzureichend kopiert werden konnte. Die feste und gleichzeitig cremige Masse, hergestellt aus mit Bakterien versetzter Kuhmilch, eignet sich als Dessert, aber auch als Backtriebmittel. Im Supermarkt stehen Pöttchen in vielen Geschmacksrichtungen (z. B. Banane, Blaubeer, Vanille). Ein zusammengeklappter Plastiklöffel befindet sich unter dem Deckel. Skyr-Kuchen – oft eine weiße Creme auf dunklem Boden und mit Blaubeerschicht obendrauf, manchmal aber auch wie unser Käsekuchen – ist sehr sättigend, eher eine Zwischenmahlzeit als ein Snack.

Getränke

Alkoholfreie Getränke

Trinkwasser kommt aus der Leitung bzw. einfach aus Flüssen und Bächen. Es empfiehlt sich,

Bolludagur, Sprengidagur, Öskudagur

Sie sind süß und fettig. Sie sind mit Sahne oder Marmelade gefüllt. Oder mit beidem. Und sie ähneln entfernt den Krapfen, die es auch in Deutschland gibt: *bolludagursbollur*, kurz *bolla* genannt. Eigentlich sind sie für Kinder, die – einer merkwürdigen Tradition folgend – am Morgen des **Bolludagur**, der bei uns Rosenmontag heißt, ihre Eltern verhauen. Dazu rufen sie: „Bolla! Bolla! Bolla!" und bekommen zur Belohnung ebendiese *bolla*. Und weil das Zeug so lecker ist, essen die Eltern es natürlich auch.

Am nächsten Tag ist dann **Sprengidagur**, der Tag, an dem die Gürtel „gesprengt" werden, also ein weiterer Fresstag. Traditionell isst man Saltkjöt, gesalzenes Schaf, und eine Art Zwiebel-Rüben-Karotten-Erbsen-Gemüse, das man sogar fertig im Supermarkt kaufen kann.

Mit dem **Öskudagur**, dem Aschentag (also Aschermittwoch), ist dann der Tag gekommen, an dem man den Bollu- und den Sprengidagur bereut. Die Kinder schmeißen sich, ähnlich wie zu Halloween, in gruselige Kostüme, verdienen sich Süßigkeiten durch Singen und sammeln Asche, die sie dann heimlich anderen Kindern an die Kleider schmieren. Aber Achtung: Das dürfen wirklich nur Kinder!

Isländische Spezialitäten

Not macht erfinderisch. Und wenn es ums Überleben geht, isst man schon mal Sachen, um die man sonst einen großen Bogen machen würde. In Island war die Not oft groß. Man aß sauer eingelegte **Schafhoden** *(hrútspungar)*, **Schafsköpfe** *(svið)* und **fermentierten Hai** *(hákarl)*. Heute kommen solche ausgefallenen Gerichte oft nur noch zum traditionellen **Þorrablót** auf den Tisch. Während dieser Opferfeier für die Götter Ende Januar gibt es nur solch ein Zeug, auch Blutkuchen zum Beispiel.
Weniger gewöhnungsbedürftig, sondern im Gegenteil ziemlich lecker und auch bei Wanderern oft als Proviant im Rucksack sehr beliebt, sind **Trocken- oder Stockfisch** *(harðfiskur)*, den es in jedem Supermarkt gibt. Auch das über Schafsdung geräucherte Lammfleisch **Hangikjöt** hat viele Fans.
Umstritten ist mittlerweile der Verzehr von **Wal**- und **Papageitaucherfleisch**. Die meisten jüngeren Isländer lehnen diese Angebote ab. „Mein Großvater isst das aus Nostalgiegründen noch manchmal – ich nicht", ist eine gängige Aussage. Warum aber stehen diese Gerichte dann auf den Speisekarten mancher Restaurants? Für die Touristen!

einmal eine große stabile 1-Liter-Wasserflasche zu kaufen und dann immer wieder aufzufüllen.

Tee gibt es zwar, aber in Island trinkt man immer und überall **Kaffee**. Sehr stark, sehr schwarz, meist zum Nachfüllen und oft (noch) umsonst. In vielen Schwimmbädern z. B. steht im Eingangsbereich eine große Thermoskanne mit dem dunklen Gebräu, manchmal (nicht immer) auch Milch und Zucker daneben. Wer im Besitz einer Kundenkarte der großen Tankstellenketten ist, bekommt dort Kaffee bis zum Abwinken. Nescafé und Filterkaffee gibt's im Supermarkt zu erstaunlich fairen Preisen. Eine besondere Spezialität der Firma Kaffitar, zu erkennen an den Beuteln mit Paisleymuster, ist Kaffee mit Schokolade und Mandel („Sukkudadi og Möndlu"), Vanille („Vanillu") oder Karamell („Karamellu").

Alkoholische Getränke

Das Angebot an alkoholischen Getränken gleicht dem bei uns, allerdings ist alles um ein Vielfaches teurer. Außerdem gibt's **Hochprozen-**

Gammelhai und Schwarzer Tod

Ein fettiger, nach Pipi riechender, gelblichweißer Würfel und dazu ein scharfer Kartoffelschnaps: köstlich! Details zu Hintergründen und Herstellung von **Hákarl** finden sich im Kapitel Snæfellsnes, wo sich Islands größte Gammelhai-Produktionsstätte befindet (S. 267).

tiges nicht im Supermarkt, sondern in speziellen Läden, zu erkennen am roten Traubensymbol und dem Schriftzug „Vínbuðin".

Tipp: **Leicht-Bier** aus dem Supermarkt kostet pro Dose (Glasflaschen gibt es nicht) nur knapp 100 ISK. An der Kasse wird man als Tourist gern belehrt, dass es „keinen Alkohol" enthalte, was aber nicht ganz stimmt. 2 % sind nicht „nichts" – und wer nach einer anstrengenden Wanderung einige davon trinkt, wird das auch merken.

Die meisten Restaurants und auch einige Cafés haben eine Schanklizenz. Die Kosten für ein Bier liegen dann je nach Größe zwischen 600 und 1200 ISK.

Fair reisen

Die **Natur** in Island ist extrem empfindlich. Fußabdrücke im Moos z. B. bleiben oft jahrelang sichtbar. Deshalb: Bitte nicht Justin Bieber nacheifern, der sich mit einem Musikvideo, auf dem er auf einem isländischen Moosteppich zu sehen ist, extrem unbeliebt gemacht hat. Für Freiflächen ohne Vegetation gilt: Was keine bleibenden Spuren hinterlässt, ist okay. Nichts spricht z. B. dagegen, ein Lavafeld zu Fuß zu erkunden. Fahrzeuge sind jedoch abseits der Straßen absolut tabu – egal, ob Reifenabdrücke zurückbleiben oder nicht. Nicht alle Isländer sind so einsichtig, und auch für sie werden bei Verstößen hohe Geldstrafen fällig. Gehen wir als Fremde mit gutem Beispiel voran, indem wir etwa fremden Müll stillschweigend einsammeln und im nächsten Ort im Müllcontainer entsorgen. Der Lohn ist ein gutes Gefühl – und Sehenswürdigkeiten, die auch weiterhin für alle zugänglich bleiben.

Auch wenn es für Touristen nicht erkennbar ist: Es gibt ein isländisches **Pfandsystem** für Plastikflaschen und Getränkedosen (die man natürlich am besten überhaupt nicht kauft). Das Prinzip ist kompliziert und gleichzeitig bestechend einfach: Man sammelt Plastikflaschen, Getränkedosen und Glasflaschen, zählt sie und bringt sie zu einer der wenigen (nach außen nicht als solche erkennbaren) Sammelstationen (z. B. in Reykjavík, Selfoss und Akureyri). Die Gutschrift (oft nur wenige Kronen pro Flasche) erfolgt per Überweisung auf das (isländische) Konto des Einreichers. Insofern profitieren ausländische Reisende davon nicht. An den meisten Campingplätzen gibt es aber Sammelbehälter und jemanden, der sich ein paar Kronen dazuverdient, indem er die alten Flaschen zur Sammelstelle bringt.

Und auch der **Müll** wird getrennt, allerdings nicht einheitlich. In den meisten Gemeinden gibt es eine Restmülltonne, in die auch Glas lose eingeworfen wird, und eine Recycle-Tonne. Hier kommen in einzelne Tüten (oder Müllsäcke) verpackt ausgespülte Tetrapaks, Aluminiumdosen und Plastik rein, Papier und Karton liegt einfach unverpackt dazwischen. Verbundstoffe gehören in den Restmüll.

Mülltrennen ist noch relativ neu in Island, aber wir können helfen, z. B. indem wir in den Gästehäusern nachfragen, ob er getrennt wird; indem wir Flaschen und Getränkedosen neben den normalen Mülleimer stellen. Auch wenn zumindest die isländischen Gastgeber sie mit ziemlicher Sicherheit wieder in die Restmülltüte tun werden, so haben wir doch gezeigt: Wir wünschen uns, dass ihr den Müll trennt.

Wer in Island das Licht ausmacht, wenn er das Zimmer nur für kurze Zeit verlässt, oder das Wasser beim Zähneputzen abstellt, wird auf Unverständnis stoßen, vor allem, wenn sich direkt nebenan ein riesiges Freibad befindet, in dem das ganze Jahr über Trinkwasser mit Strom erwärmt wird, das einfach nur „durchläuft", sodass man es kaum oder gar nicht chloren muss.

Fair und grün – gewusst wo

Einrichtungen, die sich durch besonders umweltfreundliches oder sozial verträgliches Verhalten auszeichnen, sind in diesem Buch mit einem Baum gekennzeichnet. Sie recyceln ihren Müll, verwenden Bioprodukte, investieren ihre Gewinne in soziale Projekte, propagieren einen nachhaltigen Tourismus oder stellen Besuchern Informationen für umweltverträgliches Verhalten bereit. Weitere Informationen zum Thema auch auf unserer Website: www.stefan-loose.de/fair-gruen.

In den Augen der Isländer sind **Trinkwasser und Strom** Ressourcen, die im Land im Überfluss vorhanden sind. Trotzdem kann man sich auch hier bemühen, mit beidem sparsam umzugehen.

Wie in Deutschland werden in den Supermärkten noch **Plastiktüten** verkauft und liegt in den Regalen eingeschweißtes Gemüse, das weite Wege zurückgelegt hat. Auch hier gilt also: Regionalen und saisonalen Produkten den Vorzug geben! Und wer Walfleisch isst, fördert damit indirekt den Walfang (s. auch S. 99).

Feste und Feiertage

Die Isländer feiern oft und gerne. Es gelten die christlichen Feiertage, aber auch einige andere, die auf Unwissende völlig überraschend hereinbrechen. Der erste Sommertag am dritten Donnerstag im April zum Beispiel oder das lange Bank-Wochenende (auch Kaufmannswochenende genannt) Anfang August, an dem überall Remmidemmi ist. Alle Isländer scheinen an diesem Wochenende zu verreisen: Die aus dem Norden fahren in den Süden, die aus dem Süden in den Osten usw. Die Folge: rappelvolle Campingplätze, hoher Lärmpegel durch unangekündigte Konzerte in den Restaurants und stauähnliche Zustände auf sonst leeren Straßen.

Eine isländische Besonderheit sind die langen **Schulferien** von Anfang Juni bis Ende August. Überall sieht man eifrige Schüler, die sich durch Mülleinsammeln, Wegemarkieren oder das Auffrischen der Farbe der Fahrbahnmarkierungen Geld dazu verdienen. In dieser Zeit kann man in den verwaisten Schulen, Hochschulen usw. übernachten.

Feiertage

Behörden, Banken, Post und viele Geschäfte bleiben an folgenden Tagen geschlossen: Neujahr, Gründonnerstag, Karfreitag, Ostersonntag, Ostermontag (Supermärkte haben Gründonnerstag, Karfreitag und Ostermontag einige Stunden auf), Erster Sommertag (immer im April), Tag der Arbeit (aber auch internationaler Tag des isländischen Pferdes mit zahlreichen Paraden), 1. Mai, Himmelfahrt, Pfingstmontag, Nationalfeiertag am 17. Juni (Tag der Republikgründung 1944), Bankfeiertag am 1. Montag im August, Weihnachten (Heiligabend ab mittags), Silvester (ab mittags).

Weihnachten

Ein Beitrag von Petra Feucht, Tübingen

So wie man sich im Rheinland nicht vor Karneval verstecken kann, kommt man in Island nicht an Weihnachten vorbei. Im Supermarkt gibt es fast jedes reguläre Produkt auch in einer Weihnachtsausführung, die Milchtüten erzählen von den Weihnachtstrollen, es gibt Weihnachtsbier, und bei Iceland Air fliegen die Weihnachtstrolle im Flugzeug schon als Dekoration mit. In Island angekommen, können wettertechnisch Schnee, Regen, blauer Himmel mit Sonnenschein, Stürme mit Hurrikanstärke, Kälte, aber überwiegend sehr moderate Wintertemperaturen auf den Besucher warten. Immer aber eine besondere Zeit mit wenig Tageslicht, wunderschönen Farbstimmungen in Zusammenhang mit Sonnenauf- und -untergang, evtl. Nordlichtern und etwas anderen Traditionen.

Ein Land, in dem es einen Radiosender gibt (Jólarásin.is), der 24 Stunden am Tag Weihnachtslieder spielt, muss doch das Heimatland des Weihnachtsmanns sein. Weit gefehlt: Die Isländer geben sich nicht mit *einem* Weihnachtsmann zufrieden, sie brauchen ganze 13 – Santa Claus ist aber nicht dabei, sondern 13 Weihnachtsgesellen oder **Jólasveinar** (S. 396 und S. 421, Dimmuborgir) mit fraglichen Manieren, individuellem Charakter und traditioneller isländischer Kleidung der früheren Landbevölkerung. Dazu kommen die ziemlich große, als gemein und hinterhältig bekannte Weihnachtskatze **Jólakötturinn**, die sich nach dem Weihnachtsabend Kinder, die kein neues Kleidungsstück selbst gefertigt oder erhalten haben, zum Fressen holen soll, und die Mutter der Weihnachtstrolle **Grýla**, die besonders gerne schreiende Kinder als Mahlzeit verspeist. Die Geschichte der Weihnachtskatze bezieht sich auf die Tradition, dass Landbesitzer ihren angestellten Arbeitern jedes Jahr zu Weihnachten neue Kleidung sowie Schafhautschuhe gaben und warme Kleidung für die harten Winter rechtzeitig hergestellt werden musste. Ursprünglich waren auch die Erzählungen über die **Weihnachtstrolle** dazu gedacht, den Kindern Erklärungen und Warnungen für den Alltag zu geben. Isländische Winter waren in früheren Zeiten sehr hart, ohne künstliches Licht sehr viel dunkler als heute, man musste oft hungern und auf selten vorhandene Dinge, wie z. B. Kerzen, besonders aufpassen. Ab dem 12. Dezember kommt täglich einer der 13 Weihnachtsmänner aus den Bergen, ab Heiligabend verabschiedet sich bis zum 6. Januar jeden Tag wieder einer zurück ins Hochland. So kommt beispielsweise am 24. Dezember der Kertasníkir, der Kerzenschnorrer, der es auf Kerzen abgesehen hat. Heute geben sich die Jólasveinar etwas freundlicher und bringen für Kinder, die einen Schuh ans Fenster ihres Zimmers stellen, kleine Geschenke. Unartige Kinder erhalten allerdings nur eine alte Kartoffel.

Weihnachtslichter

Die Adventszeit und Weihnachten fallen zusammen mit der dunkelsten Zeit des Jahres. Und so werden heutzutage ab Mitte November Häuser, Straßen, selbst Friedhöfe mit Lichterketten und Weihnachtsbeleuchtung geschmückt, um mit viel Licht von der Dunkelheit abzulenken, denn dann ist es nur rund vier Stunden am Tag hell. Vor den Zeiten der Elektrizität gab es nur **Kerzen**,

Unternehmungen in der Advents- und Weihnachtszeit

Verschiedene Museen bieten spezielle Veranstaltungen im Advent, etwa das **Isländische Nationalmuseum** (S. 136) und das **Norræna Húsið** (Nordische Haus, S. 136) in Reykjavík oder das **Freilichtmuseum Arbaer** (S. 151). Letzteres gewährt Einblick in die einstigen Weihnachtsfeierlichkeiten in Island.

Winterfreuden
Vor allem bei Schnee wunderschön ist ein Spaziergang durch den Botanischen Garten sowie das kleine Weihnachtsdorf im **Laugardalur** (S. 143).
Seit 2015 lockt auf dem **Ingólfstorg** (S. 138) im Zentrum von Reykjavík eine Eisbahn mit kleinem Weihnachtsmarkt. ⏱ 12–22 Uhr, Eintritt frei, Schlittschuhe und Helme können für 990 ISK ausgeliehen werden. Schlittschuhlaufen ist auch auf dem **Tjörnin** (S. 136) möglich, wenn dieser Stadtsee zugefroren ist.

Shopping
Beliebte Weihnachtsmitbringsel sind Jólasveinar, Grýla und Jólakötturinn als schöne, in Handarbeit gefertigte Figuren; Weihnachts-CDs isländischer Künstler; die auch in Deutsch aufgelegten Bücher zu den Jólasveinar von Brian Pilkington; Laufabrauð und Weihnachtsbier.
Eine Fundgrube für ausgefallene Geschenke sind der kleine Weihnachtsmarkt im Zentrum von **Hafnarfjörður** (S. 161), der Kunstgewerbemarkt im Naherholungsgebiet **Heiðmörk** im Südwesten Reykjavíks und das ganzjährig geöffnete Weihnachtshaus **Jólahúsið** bei Akureyri (S. 391), in dem das ganze Jahr über Glöckchen und Kassen klingeln.
Litla Jólabúðin, Laugavegi 8, in Reykjavík verkauft alles für Weihnachten aus ganz Europa. Vor dem Geschäft steht ein Briefkasten für Post an die Jólasveinar – Rückantwort garantiert bei Einwurf bis 30. November.

Weihnachtsmusik
Eine Übersicht und Tickets für **Konzerte in ganz Island** bieten englischsprachige Seiten auf 🖥 Midi.is, Tix.is, Enter.is, Harpa.is, Hallgrímskirkja.is.
Viele Beispiele **isländischer Weihnachtslieder** finden sich auf YouTube, z. B. unter Jólatonlist, Yule Songs, Icelandic Christmas Songs, Jólagestir Björgvins oder unter What's On – Icelandic Christmas Songs.

---

und die konnten sich die meisten Isländer nur zu Weihnachten leisten. Am Weihnachtsabend erhielt jedes Mitglied des Haushalts seine eigene Kerze. Dann wurden die Kerzen gemeinsam entzündet und erleuchteten das ganze Haus.

Essen und Trinken

In alter Zeit war Weizenmehl sehr kostbar, sodass man sich nur zum Weihnachtsfest hauchdünne Fladenbrote leisten konnte. Zum Ausgleich wurde dieses **Laufabrauð** („Laubbrot") dann wunderschön mit einem Messer oder speziellen Teigrad verziert und konnte auch als Dekoration für den Weihnachtsbaum verwendet werden. Die meisten isländischen Familien halten an der Tradition des gemeinsamen Backens immer noch fest, haben oft auch ihr eigenes, etwas abgewandeltes Rezept und spezielle Muster. Das Laufabrauð wird Weihnachten mit Butter zum Essen gereicht oder einfach als Snack während der Weihnachtszeit gegessen.

Rote glänzende **Äpfel** sind immer noch *das* Weihnachtsobst. Der Grund dafür ist, dass nicht nur bis heute die meisten Früchte nach Island importiert werden müssen, sondern dass bis weit ins 20. Jh. hinein praktisch nur zu Weihnachten überhaupt Obst – überwiegend in Form von Äpfeln – nach Island gelangte.

Wie fotografiert man Polarlichter?

Polarlichter können sowohl in nördlichen Breiten (Nordlichter, auch *Aurora borealis*) als auch auf der Südhalbkugel (Südlichter, auch *Aurora australis*) beobachtet werden. Ausgelöst werden sie durch elektrisch geladene Teilchen in der Magnetosphäre, die auf schwere Sauerstoff- und Stickstoff-Ionen in den oberen Schichten der Erdatmosphäre treffen. Von Island aus lassen sich auftretende Polarlichter von Mitte September bis Anfang April in sternenklaren Nächten besonders gut beobachten, da die Insel geografisch gesehen genau auf dem sogenannten Polarlichtoval liegt und die Nächte dann ausreichend dunkel sind.

Die tanzenden Polarlichter sind ein unvergessliches Naturschauspiel. Aber wie lassen sich Polarlichter am besten fotografieren? Polarlichter brauchen in der Regel Belichtungszeiten von mehreren Sekunden, weshalb auf jeden Fall ein **Stativ** verwendet werden muss, wenn man ansprechende Ergebnisse erzielen möchte. Ausgelöst wird mit einem Fernauslöser oder mit dem Selbstauslöser, um unnötige Erschütterungen zu vermeiden. Lichtstarke **Weitwinkelobjektive** sind am besten geeig-

Das traditionelle Weihnachtsgetränk ist **Appelsín & Malt**, eine Mischung aus zwei in Island produzierten Softdrinks, einem Malzextrakt und einer Orangenlimonade. Zur geringeren Schaumbildung sollte erst die Limo, dann der Malzextrakt eingeschenkt werden.

Weihnachtsbäume

In Ermangelung echter Bäume wurden ursprünglich selbst gefertigte Holzgestelle aus einem Holzstab und darin verankerten kleinen Seitenästen oder Latten, verwendet, die – wenn verfügbar – mit Kerzen, Heu, Laufabrauð oder Farbe verziert wurden. Erst seit Mitte des 20. Jhs. wurden zunächst Bäume importiert, inzwischen kann man auch eigene isländische Tannen zu Weihnachten schmücken. Die meisten Städte in Island haben einen offiziellen großen Weihnachtsbaum. Die Lichter der Bäume werden in einer Feier am 1. Advent offiziell entzündet. Der Weihnachtsbaum von Reykjavík steht auf dem Austurvöllur (S. 137) und stammt inzwischen nicht mehr aus Norwegen, sondern aus dem Naturreservat Heiðmörk. Die offizielle Feier heißt aber immer noch Lightning Ceremony of the Oslo Tree.

net, um einen möglichst großen Ausschnitt des Himmelsspektakels festhalten zu können. Aufnahmen aus der Hand oder mit dem Smartphone erreichen beim aktuellen Stand der Technik leider keine vergleichbare Aufnahmequalität. Für eine gelungene Polarlichtaufnahme sind drei Parameter entscheidend: die richtige Belichtung, die richtige Schärfe und idealerweise ein schönes Vordergrundmotiv.

Belichtung
Die Belichtung der Polarlichtaufnahme wird im manuellen Modus der Kamera über drei Parameter gesteuert: Blende, Belichtungszeit und ISO. Polarlichter fotografiert man am besten mit offener Blende, sodass möglichst viel Licht auf den Sensor fallen kann. Blendenwerte um 2,8 oder kleiner eignen sich gut. Die Belichtungszeit wird so gewählt, dass die Strukturen des Polarlichts noch gut zu erkennen sind. Bei sich schnell bewegendem Polarlicht belichtet man eher kürzer; falls sich die Strukturen nur langsam verändern, kann man etwas länger belichten. Nach meiner Erfahrung sind Belichtungszeiten von zwei bis zwanzig Sekunden am besten geeignet. Sind Blende und Belichtungszeit entsprechend vorgewählt, erfolgt zum Abschluss die Wahl eines geeigneten ISO-Werts. Über das Histogramm der Aufnahmen beurteilt man die korrekte Belichtung und tastet sich von unten an die richtige ISO-Einstellung heran. Unter Verwendung aktueller Kameratechnologie lassen sich ISO-Werte bis 6400 wählen, ohne dass die Aufnahmen zu stark verrauschen.

Schärfe
Bei Weitwinkelaufnahmen mit großem Blickfeld bietet es sich an, manuell auf einen hellen Stern (oder ein anderes helles Licht in ausreichender Entfernung) zu fokussieren.

Komposition
Besonders interessant werden Aufnahmen der Polarlichter, wenn man ein bildgestaltendes Vordergrundmotiv findet, z. B. eine einsame Hütte, einen markanten Bergzug oder auch einen See, in dem sich das Polarlicht spiegelt. Mondlicht von hinten, das den Vordergrund aufhellt, macht das Bild perfekt!

Ein Beitrag von Jens Klettenheimer
Jens Klettenheimer, geb. 1967 in Karlsruhe, arbeitet als Fotograf bei schiefLicht Fotografie. Seine Leidenschaft gilt der Landschaftsfotografie in nordischen Ländern. Seit 2014 bietet der Autodidakt internationale Fotoworkshops vornehmlich auf Island und den Lofoten an, https://schieflicht.de.

Þorláksmessa am 23. Dezember
Obwohl der Katholizismus in Island 1550 als Religion abgeschafft wurde, hielt sich der Namenstag des Schutzheiligen von Island, **St. Þorlákur**, bis heute. Die Geschäfte haben bis 23 Uhr geöffnet, Menschen machen ihre letzten Weihnachtseinkäufe, treffen sich aber auch mit Freunden zum Essen und erinnern mit der Tradition des Essens von **Gammelrochen** (Kaest Skata) an die ebenfalls alte katholische Tradition des Fastens mit Verzicht auf Fleisch in der Adventszeit. Und vom Breidarfjördur sowie den Westfjorden kam die Tradition, fermentierten Rochen, der dort im Herbst gefangen wurde, vor dem Weihnachtsessen am Folgetag zu verzehren. Für Touristen bieten inzwischen auch Restaurants fermentierten Rochen am 23. Dezember an. Als Tipp gilt: Tisch vorab reservieren und nicht die beste Kleidung anziehen.

In Reykjavík ist an diesem Abend die ganze Stadt auf den Beinen, genießt die besondere Atmosphäre in den vollen Straßen, wo man sich wie in Island üblich kennt und trifft, Livemusik auf den Straßen zuhört, in Restaurants oder Bars zusammensitzt oder letzte Konzerte bis spät in die Nacht besuchen kann.

Gleðileg Jól – Frohe Weihnachten!

Am 24. Dezember um Punkt 18 Uhr versammelt sich die ganze Familie in der Kirche oder vor dem Radio, um den Gottesdienst zu hören, und setzt sich danach gemeinsam, in neuer Kleidung, zum Essen an den Tisch. Das Weihnachtsessen besteht häufig aus geräuchertem Lammfleisch (Hangikjöt) oder Fleisch von Rentier, Ente, Gans oder Schneehuhn. Nach dem Essen folgt in aller Ruhe die Bescherung. Am 25. und 26.12. ist Ausschlafen, Relaxen und Familienzeit angesagt.

Festivals

Die meisten Festivals finden in Reykjavík statt und sind deshalb auch dort gelistet (S. 153). Eine besondere Erwähnung verdienen das große **Airwaves-Musikfestival** im November und das 4-tägige **Winterlights-Festival** Anfang Februar. Dann finden zahlreiche Aktionen rund ums Thema „Licht und Dunkel" statt, außerdem der Northern Lights Run und ein Sportfest im Bláfjöll-Skigebiet. Am Samstag des zweiten August-Wochenendes erstrahlt Reykjavík in Regenbogenfarben, wenn viele Tausend Menschen zur **Reykjavík Pride Parade** kommen oder selbst mitlaufen.

Aber auch außerhalb der Hauptstadt wird gern und oft gefeiert. Das bekannteste Musikfestival in den Westfjorden ist **Aldrei Fór Ég Suður** („Nie fuhr ich in den Süden", S. 313) am Osterwochenende. In Egilsstaðir wird's beim **JEA Festival** (S. 450) jazzig und beim **Eistnaflug** in Neskaupstaður (S. 468) hardrockig, während im Osten beim **Bræðslan** in Bakkagerði (S. 458) Fans der Independent-Szene auf ihre Kosten kommen.

Straßenfeste mit Gratiskonzerten finden in vielen Orten und Städten am **Nationalfeiertag** (17. Juni), am **Seemannsfeiertag** (Sjómannadagurinn, meist am 1. oder 2. Junisonntag) und am sogenannten **Kaufmannswochenende** Anfang August statt. Das Kaufmannswochenende verdankt seinen Namen der Tatsache, dass die Läden geschlossen bleiben, die Kaufleute also frei haben, und zwar nicht nur am Wochenende, sondern auch am darauffolgenden Montag, der deshalb häufig Bankfeiertag genannt wird.

Das große Pferdefestival **Landsmót** findet alle zwei Jahre statt, immer in einem anderen Landesteil (S. 358).

Marathons und Volksläufe gibt es in Reykjavík (S. 154), in der Schlucht Jökulsárgljúfur beim Dettifoss (S. 415), in Þingeyri in den Westfjorden (S. 301) und an vielen anderen Orten.

Frauen unterwegs

Island scheint *das* Land der allein reisenden Frauen zu sein: Man trifft nicht nur jede Menge jugendliche „Pferdemädels", die in den Sommermonaten auf den vielen Reiterhöfen arbeiten, sondern Frauen jeden Alters und überall. Island ist ein sicheres Reiseland, man kommt mit Englisch zurecht, trifft auf äußerst hilfsbereite Einheimische und findet – sofern man denn will – schnell Anschluss. Bei speziellen Fragen hilft die Facebook-Gruppe „Frauen reisen nach Island".

Geld

Währung

Mal eben Hunderttausend auf den Kopf hauen? In Island kein Problem. Banknoten mit ganz vielen Nullen drauf bekommt man gegen Vorlage einer Kredit- oder Giro-Karte bei der Bank (meist Mo–Fr 9–16 Uhr) oder an den zahlreichen Geldautomaten, die in allen größeren Orten und an den Flughäfen stehen. **Währungseinheit** ist die *króna* (Krone). Aber auch Bitcoins werden immer beliebter. Im Hotel Hlemmur Square z. B. steht ein Bargeld-Einzahl-Automat. Wer vor seiner Abreise noch Kronen übrig hat, kann

Wechselkurse	
1 € = 120 ISK	100 ISK = 0,83 €
1 sFr = 112 ISK	100 ISK = 0,89 sFr
Aktuelle Wechselkurse unter www.oanda.com	

Kreditkarte weg?

Die meisten Karten lassen sich über den allgemeinen Sperrnotruf ✆ +49 116 116 sperren. Ansonsten die kartenherausgebende Bank kontaktieren.
Weitere Infos auf den Websites der Kreditkartenfirmen **MasterCard**, 🖥 www.mastercard.com/de, und **Visa**, 🖥 www.visa.de.

---

sie sich hier auf sein Bitcoin-Konto gutschreiben lassen.
Geldtransfer per **Western Union** wird in insgesamt zwölf Landsbankinn- und einigen Postfilialen angeboten: 🖥 www.westernunion.com/de/de/vertriebsstandort-suchen.html.

Kreditkarten und Geldwechsel

Wer schon einmal versucht hat, bei einer deutschen Bank **isländische Banknoten** zu bestellen, der weiß: Das ist nicht ganz einfach, aber vor allem unnötig. Schon in der Ankunftshalle am Flughafen Keflavík steht ein Geldautomat, und auch sonst kann man fast überall mit den gängigen Giro- und Kreditkarten Geld abheben. Aber bloß nicht zu viel eintauschen, denn in Island ist es üblich, mit der **Kreditkarte** zu zahlen. Die gängigsten sind Europay/Mastercard und Visa (zahlen mit der Giro-Karte funktioniert nicht überall, aber wenigstens an den meisten Tankstellen).

Wichtig: In Island braucht man bei Kreditkartenzahlungen (z. B. an Tankstellen) unbedingt die dazugehörige vierstellige PIN.

Bargeld braucht man eigentlich nur in Bussen, an den Duschautomaten einiger Campingplätze und in einigen kleineren Gästehäusern. Hier werden übrigens oft auch Euroscheine akzeptiert, die zum Tageskurs umgerechnet werden. Ansonsten ist Bargeld äußerst unbeliebt, und wer im Supermarkt mit einem Haufen Banknoten und Münzen bezahlt, wird manchmal misstrauisch beäugt. Menschen ohne Bankkarte gelten in Island als wenig vertrauenswürdig.

Tipp: Es lohnt sich, sich vorab bei der Heimatbank bzw. Kreditkartenfirma über Gebühren und „Auslandsentgelte" zu informieren, denn die Unterschiede sind enorm. Wir nutzen z. B. die Postbank-Sparkarte zum Geldabheben am Automaten und zahlen ansonsten mit der Kreditkarte.

Gepäck und Ausrüstung

Das Schlagwort beim Thema Kleidung lautet: Zwiebelsystem! Kaum zeigt sich die Sonne, steigen die Temperaturen spürbar an: Man schwitzt. Schon hinter der nächsten Ecke weht ein eisiger Wind: Man friert. Fleece-Jacken mit Reißverschluss haben sich „für drunter" bestens bewährt (außerdem kann man die schnell mal auswaschen); „für drüber" empfehlen sich moderne Funktionsjacken, die unbedingt regen- und winddicht sein sollten. Für Isländer ist der Lopi-Wollpullover nach wie vor das Kleidungsstück der Wahl. Reiter schwören übrigens auf die orangefarbenen Wachskombinationen aus Jacke und Hose, die es für ca. 100–150 € in jedem gut sortierten Baumarkt gibt. Überhaupt ist der **Baumarkt** der Tipp für Reisende, die wichtige Ausrüstung vergessen haben.

Auf die Island-**Packliste** gehören: Badekleidung, Mütze, Schal, Handschuhe (wegen des Windes auch im Sommer), Badelatschen oder Watschuhe für Flussdurchquerungen, wasserdichte Tüten oder Taschen (für Wanderkarten, Handy, Fotoausrüstung usw., falls Jacke und/oder Rucksack doch Regen durchlassen), Trinkflasche (am besten eine, die man am Rucksack befestigen kann). Weniger naheliegend, aber äußerst komfortabel ist es, eine Schlafbrille (im Sommer) und eine Wärmflasche (warmes Wasser gibt es fast überall) dabeizuhaben. Außerdem ist eine Taschenlampe für Höhlenerkundungen nützlich, und ein kleines Alukissen hält bei Pausen den Po schön trocken und warm. Optional ist ein Moskitonetz bzw. Hut, falls man wirklich empfindlich ist – isländische Mücken stechen meist nicht, sie nerven nur.

Für die Kamera mindestens ein **Ersatz-Akku** mitnehmen, vor allem, wenn man zeltet. Denn die Aufenthaltsräume auf den Campinglätzen sind im Sommer oft brechend voll. Und alle wollen ihre Smartphones aufladen, sodass die Steckdosen nicht ausreichen und man oft länger warten muss.

Wer nur kurz aus dem Auto oder Bus aussteigt, kann das meist unbeschadet in Turnschuhen tun. Für alle weiteren Wege sind **Wanderschuhe** unumgänglich, und zwar am besten sehr stabile mit dicker Sohle. Andere sind nach wenigen Kilometern über die scharfkantige Lava schnell hinüber.

Wäsche waschen

Wäsche waschen ist in Island tatsächlich ein Problem. Die wenigen öffentlichen Waschsalons sind in Reykjavík, und die meisten Hotels und Jugendherbergen bieten keinen Wäscheservice an. In den kleineren Gästehäusern kann man nachfragen, ob man die Waschmaschine der Gastgeber benutzen darf, aber Usus ist das nicht. Es gibt einige Campingplätze, die – meist mit Münzen betriebene – Waschmaschinen haben. Wer also unterwegs dringend waschen muss, kann hier einen Zwischenstopp einlegen und sich die Wartezeit z. B. mit einer Wanderung vertreiben.

Die Versorgung in den **Gesundheitszentren** der kleineren Orte ist unterschiedlich. Manchmal kommen Allgemein- und Fachärzte nur zu den Sprechstunden bzw. müssen explizit angefordert werden. Wer es also schafft, sollte ein Krankenhaus aufsuchen.

Die deutsche **Gesundheitskarte** ist gültig – was aber nicht heißen muss, dass man ohne irgendetwas zu bezahlen herausspazieren kann. Oft wird die Behandlungsgebühr (ab 5000 ISK) von der Kreditkarte abgebucht und erst später von der heimischen Krankenversicherung erstattet. Wer auf Nummer sicher gehen will, schließt eine private Auslandskrankenversicherung ab, die den Krankenrücktransport umfasst.

Ärztlicher **Bereitschaftsdienst** ✆ 1770, **Zahnarzt-Notdienst** ✆ 575 0505. Im Notfall aber einfach ✆ 112 anrufen. Hier erfährt man auch, welcher Zahnarzt in der Nähe gerade geöffnet hat.

Es gibt mehrere **Apotheken**-Ketten, die größten sind Lyfja und Apótek, deren Angebot sich nicht groß unterscheidet. Steht „Lyf og heilsa" oder „Heilsuhúsið" auf dem Schild, ist man in einer Mischung aus Reformhaus und Drogerie gelandet. In den meisten Apotheken findet man die gängigen Reisemedikamente – lediglich im Homöopathiebereich ist die Versorgung eher schlecht. Was man bekommt, ist oft teuer.

Gesundheit

Die medizinische Versorgung in Reykjavík ist hervorragend, außerdem gibt es Krankenhäuser und größere Gesundheitszentren in Akranes, Akureyri, Blönduós, Borgarnes, Buðardalur, Egilsstaðir, Grundarfjörður, Heimaey, Höfn, Hólmavík, Húsavík, Hvammstangi, Hveragerði, Hvolsvöllur, Ísafjörður, Kirkjubæjarklaustur, Neskaupstaður, Ólafsvík, Patreksfjörður, Reykjanesbær, Sauðárkrókur, Selfoss, Siglufjörður, Stykkishólmur, Þorlákshöfn, Vík (Details in den jeweiligen Kapiteln). Eine Übersicht über die Krankenhäuser in den unterschiedlichen Regionen findet sich im Internet auf 🖥 www.hsn.is (Norden), 🖥 www.hsa.is (Osten), 🖥 www.hve.is (Westen), 🖥 www.hss.is (Reykjanes), 🖥 www.hsu.is (Süden) und 🖥 www.hvest.is (Westfjorde).

Informationen

Die Isländer sind sehr internetaffin. Für alles gibt es tolle **Websites**, die in der Regel selbsterklärend sind und gut funktionieren. Die meisten lassen sich auf Englisch umschalten, einige sogar auf Deutsch. Touren und Übernachtungen bucht man am besten online (Vieles geht gar nicht telefonisch, weil man ja seine Kreditkartennummer hinterlassen muss). Aber Achtung: Mit dem Aktualisieren haben die Isländer es nicht so, Angaben zu Öffnungszeiten und Preisen sind oft veraltet. Vor allem bei Restaurants sind Facebook-User klar im Vorteil. Weichen die auf der Website angegebenen Öffnungszeiten von denen ab, die auf Facebook stehen, ist in 99 % aller Fälle die Facebook-Info korrekt.

> **Ohne geht's nicht**
>
> Es gibt zwei Informationsseiten, ohne die in Island gar nichts geht. Denn das Wetter ist unberechenbar. Auf der **Wetterseite** 🖳 www.vedur.is wird vor Sand- oder normalen Stürmen, Schneeverwehungen und Starkregen gewarnt und über Ort und Stärke aktueller Erdbeben informiert. Und, ja, auch über möglicherweise bevorstehende Vulkanausbrüche. Wetterwarnungen für einzelne Landesteile werden farblich hervorgehoben. Gelb bedeutet „Vorsicht", Orange „kein Reisewetter" und Rot „unbedingt im Haus bleiben". Auf der Unterseite zur Nordlichtvorhersage sieht man die Stärke der Nordlichter und die Art und Höhe der Wolken. Als Alternative ist die norwegische Wettervorhersage auf 🖳 www.yr.no empfehlenswert.
> Auf der **Straßenseite** 🖳 www.road.is wird man sehr detailliert und zeitnah über Straßenzustände und Sperrungen unterrichtet. Oft ist sie vor allem bei Passüberquerungen hilfreich: Man kann schauen, wie viele Autos in den letzten Stunden dort vorbeigefahren sind. Telefonische Auskünfte zum **Straßenzustand** unter ✆ 522 1100 oder 1777.
> Nicht nur wegen dieser Informationen sollte man immer ein **eingeschaltetes und ausreichend aufgeladenes Handy** dabeihaben. Tritt nämlich ein Notfall ein, z. B. ein drohender Vulkanausbruch, wird automatisch eine Warn-SMS an alle in dieser und den benachbarten Funkzellen eingeloggten Mobiltelefone verschickt.

Wer gern Papier in der Hand hat, kann sich Flyer, Folder und Wanderkarten in den zahlreichen **Touristeninformationen** vor Ort besorgen. Besonders empfehlenswert sind die in Reykjavík (in der Stadthalle), in Keflavík (im Duus Huus), in Húsavík (im Walmuseum) und in Grundarfjörður (auf Snæfellsnes).

Einen ersten Eindruck bekommt man aber auch virtuell, z. B. auf 🖳 www.de.visiticeland.com (deutsche Version) oder auf den offiziellen **Tourismusseiten der Regionen**: 🖳 www.west.is, 🖳 www.westfjords.is, 🖳 www.northiceland.is, 🖳 www.east.is, 🖳 www.south.is, 🖳 www.visitreykjanes.is, 🖳 www.visitreykjavik.is.

Informationen im Internet

Nachrichten

Iceland Magazine, 🖳 http://icelandmag.is, Nachrichtenseite mit Fun Facts, Promi-News und allem, was Touristen möglicherweise interessieren könnte (auf englisch).
Iceland Monitor, 🖳 www.icelandmonitor.mbl.is, englischsprachige Nachrichtenseite vom Herausgeber der Zeitung *Morgunblað*.
Iceland Review, 🖳 www.iclandreview.com, englische Seite mit spannenden Artikeln rund um Island; die deutsche Fassung ist etwas abgespeckt: 🖳 www.icelandreview.com/de/iceland-review-online.
Ruv, 🖳 www.ruv.is/english, Nachrichtenseite des Fernseh- und Radiosenders ruv.
The Reykjavik Grapevine, 🖳 www.grapevine.is, Artikel aus Island und aller Welt.

Reiseinformationen

Guide to Iceland, 🖳 www.guidetoiceland.is/de, viele tolle Infos zu allen Orten des Landes.
Nordic Adventure Travel, 🖳 www.nat.is, unserer Meinung nach die übersichtlichste und umfassendste Seite für Individualtouristen, vor allem für Wanderer (finanziert durch Werbung).

Foren

Islandreise, 🖳 www.islandreise.info, und **Island-Forum**, 🖳 www.island-forum.com – hier ist richtig, wer Detailfragen zur Reiseplanung hat.

Blogs

🖳 **www.island-ringstrasse.de**, Infoseite und Blog des Berliners Marc Herbrechter.
🖳 **www.ourfootprints.de**, Jutta und Tom haben Infos zusammengetragen, die man nicht überall findet, und spannende Reisetagebücher geschrieben.

📱 **www.bereisediewelt.de**, werbefinanzierte Seite von Janine, auf der man sich u. a. über Tourveranstalter schlaumachen kann.
📱 **http://hiticeland.com**, halb privater Blog, halb Reiseagentur.

Landkarten und Stadtpläne

Fast jede kleine Touristeninfo gibt (meist kostenlos) eigene **Flyer und Folder** heraus, mit mehr oder weniger detaillierten Karten der Umgebung und Stadtplänen. Wanderkarten der Region gibt es auch fast immer, manche kostenlos.

Kostenlose Übersichts-**Autokarten** bekommt man überall (oft mit Werbung). Meist liegen sie schon im Mietwagen. Besser sind natürlich die kostenpflichtigen, z. B. die *National Geographic Adventure Map*. Und dann gibt es noch regionale Detailkarten.

Unser Favorit für die Rundreise ist der detaillierte **Straßenatlas** in Buchform (mit praktischer Spiralbindung), das **Kórtabók** von Mál og menning im Maßstab 1:300 000. Es kostet um die 40 € und ist auch in Deutschland erhältlich, ebenso wie die jeweils für einzelne Regionen erhältlichen Landkarten-Serien **Atlaskort** und **Sérkort** von Mál og menning, die es in den Maßstäben 1:300 000 (rote Karten), 1:200 000 (braune Karten) und 1:100 000 (grüne Karten) gibt.

Die besten **Online-Landkarten** sind 📱 www.ja.is (auch mit Namenssuche) und 📱 www.map.is (mit zahlreichen Sehenswürdigkeiten und Wanderwegen). Google Maps dagegen ist oft ungenau und manchmal sogar falsch.

Jobben

Arbeiten gegen Kost und Logis ist in Island streng verboten. Für wenig Geld kann man auf Bauern- oder Pferdehöfen aushelfen oder in einigen Gästehäusern. Für die Tätigkeit als Reiseleiter braucht man eine Lizenz. Wer regulär arbeiten möchte, benötigt eine *kennitala* (S. 43).

Hilfreich sind die Facebook-Gruppen „Work away" und „Farm and au pair jobs in Iceland", außerdem die Firma **Nínukot**, Síðumúli 32, Reykjavík, 📞 561 2700, 📱 www.ninukot.is, die längerfristige Jobs auf Farmen und als Au-pair vermittelt.

Ein Ansprechpartner für Freiwillige, die sich für Umweltschutz und soziale Themen interessieren, ist die Organisation **Seeds – Volunteering in Iceland**, 📱 www.seeds.is. Hier werden mehrwöchige Work-Camps ausgeschrieben, aber auch mehrmonatige Praktika.

Kinder

Island ist ein sehr kinderfreundliches Land: Kinder haben Narrenfreiheit und dürfen eigentlich alles. Isländische Kinder sind Besuchern gegenüber sehr offen und neugierig. „Sprich keine Fremden an!", hat sich hier noch nicht durchgesetzt. Deshalb: Nicht wundern, wenn fremde Kinder Kontakt suchen. Familien freut das, denn die eigenen Kinder können in Island mit genauso viel Wohlwollen rechnen.

Wohnen ist als Familie nicht ganz billig. Zelten oder im Camper schlafen sind daher die beliebtesten Reiseformen. Kinder finden das meist besonders aufregend – und näher kann man der Natur kaum kommen. Auf den meisten Campingplätzen kommen die jungen Reisenden schnell mit isländischen Kindern in Kontakt (Isländer reisen extrem gerne mit Campinganhänger). Und da man auf dem Campingplatz kochen kann, reduzieren sich auch die Preise fürs Essen.

Kinder zahlen oft kaum oder viel weniger **Eintritt**, unter sechs Jahren meist gar nichts, zumindest nicht im Hotel und auf Walbeobachtung. Nachteil: Es ist ihnen schnell langweilig, denn so richtig verstehen sie das Besondere noch nicht. Bagger sind da aufregender. Und so verbringt manch eine Familie mit Kindergartenkind immer wieder mal Zeit an einer der Hotelbaustellen.

Eine beliebte Beschäftigung ist das **Baden** und Rutschen im Freibad. Doch Vorsicht: ein nasser Kopf, ein eiskalter Wind und schwups ist die Erkältung da. Auch die warmen Hot Pots sind nicht für jeden Kinderkreislauf im ersten Versuch angenehm. Man sollte sich langsam herantasten. Einen sehr schönen Tag kann man in den wenigen Hallenbädern verbringen – hier ist es fast wie zu Hause.

Vorsicht an **Klippen, Felsen und Wasserfällen**. Da auch viele Erwachsene hier extrem leichtsinnig sind, verstehen Kinder noch weniger, warum sie nicht ganz dicht an die Papageitaucher herangehen dürfen oder warum man das Seil am Weg eben nicht überschreitet. Das ist schnell erklärt, und einige Kinder können es sich danach nicht verkneifen, auch mal Erwachsene zu erziehen und Reisende, die überall rübersteigen, auf ihr Fehlverhalten hinzuweisen.

Viele **abenteuerliche Unternehmungen** wie Gletscherwanderungen oder lange Touren durch das Hochland sind für Kinder noch nicht geeignet. Jugendliche hingegen können ihre neu erwachenden Kräfte wunderbar nutzen. Bevor man ein solches Abenteuer bucht, unbedingt mit den Betreibern sprechen und genau klären, wie anstrengend es ist. Uns sind Familien begegnet, die mit quengelndem Kleinkind auf dem Arm in einen Krater hinabstiegen, die Mutter selbst so unsicher auf den Beinen, dass man auch um sie Angst haben musste. Dem Kind wäre bei einem Sturz auf die spitzen Steine nur schwer zu helfen gewesen. Eine Klinik ist weit. Isländer, da sind wir uns sicher, würden hier nicht so waghalsig herumtänzeln. Island ist ein Abenteuerspielplatz – das genießen Erwachsene ebenso wie Kinder –, aber einer ohne Netz und doppelten Boden. Wer Vorsicht und Umsicht walten lässt, wird eine wunderbare Zeit haben.

Maße und Elektrizität

Die Stromversorgung ist überall gewährleistet, die Spannung beträgt 220 Volt. Die Steckdosen entsprechen denen in Deutschland.

Nationalparks

Eigentlich ist Island ein einziges großes Naturparadies. Industrie gibt es so gut wie keine und wirklich hässliche Orte sind sehr dünn gesät. Nur mit den Wanderwegsbeschilderungen haben es die Isländer nicht so. In den drei Nationalparks aber gibt es nicht nur ein Netz von Wanderwegen, sondern auch Karten, in denen sie verzeichnet sind.

Der **Nationalpark Þingvellir**, 🖥 www.thingvellir.is, ist der älteste (1930) und seit 2004 Unesco-Weltkulturerbe. Er umschließt das Tal und die Bergkette im Westen.

Vatnajökull, 🖥 www.vatnajokulsthjodgardur.is/en, ist mit 14 000 km² der größte Nationalpark. Seit 2012 umfasst er mehrere Schutzgebiete, von denen einige vorher eigenständige Nationalparks waren. Dazu gehören der Skaftafell-Park (1967), der Jökulsárgljúfur-Park rund um Dettifoss und Ásbyrgi (1973), die Laki-Krater, die Gletscherlagune Jökulsárlón, die Gegend rund um den Berg Snæfell und der gewaltige Vatnajökull selbst.

Der **Snæfellsjökull**, 🖥 www.ust.is/snaefellsjokull-national-park, hat die eindeutigsten Grenzen. Er nimmt 170 km² rund um die Westspitze der Halbinsel Snæfellsnes ein, auf der der sagenumwobene Gletscher liegt. Der 2001 eingerichtete Park grenzt an drei Seiten ans Meer.

Öffnungszeiten

Banken und Postfilialen sind i. d. R. Mo–Fr von 9–16 Uhr geöffnet. Die Öffnungszeiten der **Geschäfte** sind sehr unterschiedlich, die meisten öffnen Mo–Fr um 9 Uhr und schließen gegen 18 Uhr. Samstags haben viele Geschäfte zwischen 10 und 14 Uhr geöffnet, manche auch bis 16 Uhr. In Reykjavík hat man bei Buchhandlungen und Andenkenläden oft auch später Glück. **Supermärkte** haben meistens länger auf, die der Kette 10–11 sogar rund um die Uhr. Die allermeisten machen auch am Wochenende auf.
Die Öffnungszeiten der **Schwimmbäder** sind sehr unterschiedlich. Viele haben im Winter länger auf als im Sommer. Wir haben die aktuellen Öffnungszeiten jeweils vermerkt, übernehmen für die Richtigkeit aber keine Gewähr. Gerade im Norden aber gilt die Faustregel: Die Bäder schließen an den Wochenenden oft deutlich früher, manchmal schon um 16 Uhr.

Es ist im Gespräch, auch das **Naturschutzgebiet Hornstrandir** zum Nationalpark zu erklären, ebenso wie das gesamte **Hochland**.

Post

Postämter (in jeder größeren Ortschaft) sind normalerweise Mo–Fr von 9–16.30 Uhr geöffnet, in Reykjavík sind einige auch länger und am Wochenende auf. Als Tourist braucht man allerdings nur höchst selten ein Postamt. **Briefmarken** bekommt man da, wo man auch Ansichtskarten kauft, und **Pakete** nach Deutschland schickt man nur in Ausnahmefällen, denn sie sind zu teuer und zu lange unterwegs. Außerdem muss man ein aufwendiges Zollformular ausfüllen. Warum wir die Postämter dann trotzdem gelistet haben? Weil es für **Wanderer und Radfahrer** u. U. klug ist, Fresspakete an die Unterkünfte zu schicken, bei denen sie später einkehren. Alles, was mit dem Postauto fährt, muss man nicht tragen – und es wird auch nicht nass.

Das Porto für eine Postkarte oder einen Brief (bis 50 g) nach Europa beträgt 200 ISK, außereuropäisch 250 ISK. A-priority-Briefe sind 25 bzw. 35 ISK teuer, sollen aber schneller ankommen (in der Praxis dauert es trotzdem meist mindestens 14 Tage, sodass die Postkarte oft erst nach dem Reisenden zu Hause eintrifft. Infos zum Porto ⌂ www.postur.is/en/individuals/international-letters/rates.

Reisende mit Behinderungen

Besonders viele Spazierwege, die man auch mit dem Rollstuhl befahren kann, findet man außerhalb der Hauptstadtregion nicht. Die Hauptsehenswürdigkeiten des Golden Circle – also Þingvellir, Geysir und Gullfoss – sind aber mittlerweile alle über Bohlen- oder Asphaltwege erreichbar. Inlandsflüge und Fahrten mit den Fähren *Herjólfur* und *Baldur* sind ebenfalls machbar.

Behindertengerechte Zimmer sind nicht immer als solche ausgeschrieben (in der Jugendherberge im abgelegenen Kópasker z. B. haben wir Rollstuhlfahrer getroffen, die begeistert waren), sodass die Reise einiger Vorrecherchen bedarf. **Informationen** gibt es bei ⌂ www.obi.is und ⌂ www.gottadgengi.is (hier sind auch behindertengerechte Unterkünfte gelistet).

Barrierefreie Rund- und Gruppenreisen organisiert **Iceland Unlimited Travel Service**, Borgartún 27, Reykjavík, ✆ 415 0600, ⌂ www.icelandunlimited.is.

Reise- und Tourveranstalter

Reiseveranstalter

Die Anbieter von Reit-, Wander-, Rad- und Busrundreisen sind zahlreich. Hier nur eine kleine Auswahl:

In Island
Erlingsson Naturreisen, Skólavörðustígur 3, Reykjavík, ✆ 551 9700, ⌂ www.naturreisen.is.
Hey Iceland (früher Icelandic Farm Holidays), Síðumúli 2, Reykjavík, ✆ 570 2731, ⌂ www.heyiceland.is.
Iceland Unlimited Travel Service, Borgartún 27, Reykjavík, ✆ 415 0600, ⌂ www.icelandunlimited.is.

In Deutschland
In Kooperation mit dem Forum anders reisen: **Contrastravel**, Bahnhofstr. 44, 24582 Bordesholm, ✆ 04322/88 900-0, ⌂ www.contrastravel.com, und **Travel to life**, Zeltrundreisen und Wanderreisen, Im Betzengaiern 29, 70597 Stuttgart, ✆ 0711/758 6777, und Eleonorenstr. 18, 30449 Hannover, ✆ 0511/3539 3256, ⌂ www.traveltolife.de.

IPT ISLAND PROTRAVEL GMBH, Theodorstr. 41a, 22761 Hamburg, ✆ 040/286 6870, ⌂ www.islandprotravel.de.

Highlight im Winter: Eishöhlentouren

ISLAND Erlebnisreisen GmbH,
Heinrich-Schacht-Str. 58, 22880 Wedel
bei Hamburg, ✆ 04103/900 0770,
🖥 www.islanderlebnis.de.
ISLAND-REISEN, Rita Duppler,
Kurfürstendamm 125a, 10711 Berlin,
✆ 030/823 1435, 🖥 www.island-reisen.de.
Katla Travel GmbH, Seitzstr. 19,
80538 München, ✆ 089/242 1120,
🖥 www.katla-travel.is.
set geo-aktiv reisen GmbH,
Holzbacher Str. 11, 94081 Fürstenzell,
✆ 08502/917 1780, 🖥 www.set-geo-aktiv.de.

Tourveranstalter

Das Angebot an Bustouren ist riesig. Besonders Tagesausflüge ab Reykjavík sind beliebt. Zum Golden Circle z. B. fahren täglich Dutzende Busse. Das Programm ist oft unterschiedlich, einige Anbieter lassen den Tag im Schwimmbad Secret Lagoon ausklingen, andere in einem Gewächshaus und wieder andere machen einfach längere Stopps an den einzelnen Sehenswürdigkeiten. Ein Transfer ab/zu den größeren Hotels, Gästehäusern und zum Campingplatz ist meist möglich.

Die großen Reiseveranstalter vermitteln auch Boots-, Reit-, Wander- und Schneemobiltouren. Vor allem im Einzugsbereich von Reykjavík bleiben kaum Wünsche unerfüllbar. Achtung: Nicht alle Touren werden auch von den Firmen durchgeführt, bei denen man gebucht hat. Es lohnt sich, Preise und Leistungen zu vergleichen.

Die bekanntesten Anbieter und Agenturen sind alle in Reykjavík angesiedelt und hier gelistet:

Arctic Adventures, Vatnagarðar 8, ✆ 562 7000, 🖥 www.adventures.is. Hier ist richtig, wer einen Anbieter sucht, der Tauchen in der Silfra-Spalte, eine Gletschertour bei Skaftafell oder Rafting auf der Hvítá organisiert. Tolle geführte Wanderungen, auch mehrtägige, z. B. 4-tägiges Wanderabenteuer auf dem Laugavegur von Landmannalaugar nach Thórsmörk mit Übernachtung in Zelten 155 990 ISK. Nicht ganz billig, aber dafür muss man sich um nichts kümmern. Zur „Familie" gehören die Firmen Trek

Iceland (s. u.), Glacier Guides, Dive Silfra, Arctic Rafting, Viking Rafting, Arctic Sea Tours Dalvík, Snowmobile.is, Scuba Iceland (Tauchen) und Extreme Iceland.
Bustravel Iceland, Skógarhlíð 10, ✆ 511 2600, 🖥 www.bustravel.is. Neben verschiedenen Golden-Circle- und Nordlichttouren, einer *Reykjavík Radio Bus Tour* (2 1/2 Std.) mit Informationen rund um die isländische Musik und einer Tour zur Secret Lagoon in Fluðir (5 1/2 Std.) auch die Bustour *Premium Southern Iceland* zu den Wasserfällen Seljalands- und Skógafoss, zum Gletscher Sólheimajökull (ohne geführte Gletschertour) und nach Vík zum Reynisfjara-Strand und zum Kap Dyrhólay (10 Std., 17 900 ISK).
Extreme Iceland, Vatnagarðar 8, ✆ 588 1300, 🖥 www.extremeiceland.is. Diese Agentur hat sich auf die Vermittlung von Aktivtouren spezialisiert. Hier wird fündig, wer Kajak-, Eishöhlen-, Wander-, Rafting- und Klettertouren sucht. Auch kleinere Anbieter im Programm.
Gray Line, Hafnarstræti 20, ✆ 540 1313, 🖥 www.grayline.is. Die *Golden Circle Evening Tour* findet im warmen Abendlicht statt und vor allem dann, wenn die anderen Busunternehmer schon wieder zu Hause sind (6 Std., 64 €). Die *Golden Circle Food Tour* im Minibus führt im Anschluss zur Farm Efstidalur, zum Friðheimar-Gewächshaus und zum Torfhausmuseum in der Nähe von Selfoss (9 Std., 207 €).
Iceland Guided Tours, Suðurlandsbraut 32, ✆ 556 5566, 🖥 www.igtours.is. Minibus-Touren hauptsächlich im Süden; die Firma vermittelt aber z. B. auch Paragliding.
Reykjavik Excursions, BSÍ Busbahnhof, ✆ 580 5400, 🖥 www.re.is. Touren in fast alle Landesteile, z. B. Skaftafell (14 Std.), Nordlicht-Touren (3 Std.) und Tagestouren nach Snæfellsnes. Eishöhlentouren und Schneemobilfahrten beim Langjökull, Höhlentouren im Víðgelmir-Lavatunnel bei Húsafell u. v. m. Die *Golden Circle Tour* führt ganzjährig zum Gullfoss, nach Geysir, Þingvellir und zum Gewächshaus-Restaurant Friðheimar (Essen nicht im Preis enthalten), 8 Std., 10 900 ISK. Mo, Di, Do und Sa mit deutschsprachiger Reiseleitung; als 6-stündige Kurzvariante (*Golden Circle Direct*) für 8500 ISK.
Superjeep.is, Litlikriki 28, ✆ 660 1499, 🖥 www.superjeep.is. Machen fast alles möglich, was Abenteurer mit wohlgefüllten Portemonnaies sich wünschen, z. B. eine Golden-Circle-Tagestour ab Gullfoss mit dem Super-Jeep durch das Hochland bis zum Langjökull und zurück für 37 900 p. P.
Trek Iceland, Vatnagarðar 8, ✆ 562 7000, 🖥 www.trek.is. Spezialisiert auf lange und kurze Trekkingtouren, z. B. 4-tägige Wanderung auf dem Laugavegur mit Übernachtung in Hütten für 175 990 ISK. Geführte Tagestour im Reykjadalur bei Hveragerði mit Bad im warmen Fluss (S. 557) für 12 990 ISK, Tageswanderung zum Wasserfall Glymur (S. 222) für 12 990 ISK zzgl. 2000 ISK p. P. bei Anreise ab Reykjavík.

Schwule und Lesben

Toleranter als in Island geht es kaum, weshalb es diesen Abschnitt streng genommen gar nicht geben dürfte. Eingetragene Partnerschaften gibt es schon seit 1996. Jóhanna Sigurðardóttir, von 2009–2013 Premierministerin, ist verheiratet mit einer Frau. Der Präsident fährt auf einem Festwagen in der Gay-Parade Reykjavík Pride mit. Interessante Websites sind 🖥 www.gayice.is und 🖥 www.gayiceland.is.

Sicherheit

Island ist nach wie vor das friedlichste Land der Welt, aber auch in Reykjavík schließt man mittlerweile Haus und Auto ab. Und mit dem steigenden Touristenaufkommen kommt es auch schon mal zu Diebstählen. Aber: Die größten Gefahren gehen nicht von Betrügern oder Dieben aus, sondern vom Leichtsinn der Reisenden

Im Notfall

Polizei (isl. Lögreglan) ✆ 112
Das Präsidium in Reykjavík befindet sich in der Hvervisgata 113 (beim Busbahnhof Hlemmur). Hier ist auch das **Fundbüro** angesiedelt, ✆ 444 1400, 🖥 www.police.is, ⏰ Mo–Fr 8–16 Uhr.

selbst. Immer wieder gehen Wanderer verloren, manche verunglücken oder bleiben für immer vermisst. Hier ist die geeignete **Wanderausrüstung** das A und O, außerdem die Information über **Wetter- und Straßenverhältnisse** (s. S. 57). Wer auf Nummer sicher gehen will oder in abgelegenen Regionen wandert, registriert sich auf 🖥 www.safetravel.is und hinterlässt dort seinen Reiseplan.

Bis vor wenigen Jahren war die **Kriminalität** außerhalb von Reykjavík gleich null. Die Leute waren es gewohnt, weder ihre Autos noch ihre Häuser abzuschließen, und viele machen das bis heute nicht. Reisende müssen sich also auf Gästezimmer ohne Zimmerschlüssel und Schwimmbäder ohne Schließfächer einstellen. Hier bleibt als einzige sichere Aufbewahrungsmöglichkeit für Laptop und Fotoausrüstung das Auto. Und wer keins hat, muss letzten Endes auf die Ehrlichkeit seiner Mitmenschen vertrauen. Gerade in Touristenhochburgen ist das aber mehr und mehr ein gewagtes Unterfangen, denn für viele Urlauber wird die isländische Mentalität als Einladung zum Diebstahl missverstanden. Schade!

Sport und Aktivitäten

Angeln

Im offenen Meer ist Angeln meist kein Problem. Für Flüsse und Seen braucht man hingegen eine Lizenz. Forellenangeln ist meist günstig, Lachsfischen kann dagegen mit mehr als 1000 € zu Buche schlagen. Eine kostengünstige Variante ist eine Angel-Lizenz für über 35 Seen in ganz Island. Sie kostet einmalig 7900 ISK. Die sogenannte **Fishing Card** gibt's bei allen N1- und Ólis-Tankstellen, in vielen Postämtern und natürlich in Läden für Anglerbedarf. Oder online bei 🖥 www.veidikortid.is/en. Aber Achtung: Viele Angelseen sind nur zwischen dem 1. Mai und dem 30. September geöffnet. Mitgebrachte Angelsachen aus Deutschland müssen vor der Einreise aufwendig desinfiziert werden (S. 43). Auskünfte gibt der **Reykjavik Angling Club**, 🖥 www.svfr.is.

Angeltouren und -reisen werden, z. B. von Go Fishing, Hraunbraut 17, Kópavogur, ☎ 866 9354, 551 2016, 🖥 www.gofishing.is, angeboten.

Eishöhlentouren

Ein Gastbeitrag von Petra Feucht, Islandbesucherin aus Leidenschaft

Island ist reich an Höhlen in allen Größen und Formen. Für Touristen interessant sind drei verschiedene Höhlenarten: Lavahöhlen, die v. a. im Winter mit faszinierende Eisskulpturen enthalten, natürliche Gletschereishöhlen, die durch Schmelzwasser oder geothermische Wärme innerhalb des Gletschereises immer wieder neu entstehen, und inzwischen auch eine künstlich angelegte Gletschereishöhle im Gletscher Langjökull.

Für die Besichtigung einer natürlichen Gletscherhöhle muss man zur richtigen Jahreszeit kommen, i. d. R. geht es frühestens ab November bis spätestens Ende März. Man braucht einen Guide, einen Helm mit Stirnlampe und Steigeisen *(crampons)*, die bei den geführten Touren zur Ausrüstung gehören, dazu warme, wenigstens wasserabweisende und praktische Bekleidung einschließlich guter Wanderschuhe. Für Fotografen lohnt sich das Mitnehmen eines Stativs.

Die natürlichen Gletschereishöhlen, meistens schwer zugänglich und ausschließlich mit Super-Jeeps zu erreichen, befinden sich v. a. im Randbereich von Gletscherzungen des **Vatnajökull** im Bereich der Südküste. Sie müssen ständig überwacht werden und sind schwer zu finden. Gletscher sind immer in Bewegung, daher sind Gletscherhöhlen nie von Dauer. Sie sind meistens instabil, können unvermutet zusammenbrechen und sind oft von mehr oder weniger großen Wasserläufen durchflossen. Diese bestehen aus Schmelzwasser und können daher gefährlich anschwellen. Jedes Jahr müssen zu Beginn des Winters Höhlen erst wieder neu gesucht und danach laufend auf ihre Begehbarkeit mit Tourgruppen hin überprüft werden. Daher sollte man eine solche Höhle nur mit **professionellen Anbietern** besuchen, z. B. iceguide.is (Start

HÚ!

Unvergessen ist der Siegeszug der isländischen Fußballer bei der Europameisterschaft 2016 in Frankreich. Die Spieler und vor allem auch ihre mitgereisten Fans sorgten durch ihr positives Auftreten für weltweite Begeisterung. Zum ersten Mal hatte sich eine isländische Nationalmannschaft der Männer für solch einen internationalen Wettbewerb qualifiziert (die Frauen hatten das schon 2009 erreicht) – und dann zog sie auch noch ins Viertelfinale ein! Der Sieg über England war für die Isländer ein besonderes Ereignis: Schon immer orientierten sie sich im Fußball vor allem an der Premier League, und Spieler mit Auslandsambitionen sind bevorzugt in britischen Mannschaften tätig.

War früher Handball aufgrund der Witterungsbedingungen und der für diese Sportart erforderlichen kleineren Indoor-Hallen die bevorzugte Mannschaftssportart in Island, steht seit dem Bau zahlreicher großer Fußballhallen und dank äußerst professioneller Trainingsbedingungen Fußball immer mehr im Fokus. Gewannen früher die Handballer die Silbermedaille bei den Olympischen Spielen in Peking,

vom Café Jökulsárlon), Glacier Adventures (Start in Háli), Guide to Iceland (Start vom Café Jökulsárlón), Glacier Guides (Start Glacier Guides Booking House in Skaftafell). Die Fahrt zur Eishöhle dauert dann jeweils eine halbe Stunde, danach sind es noch ca. 5–20 Min. zu Fuß bis zum Eingang der Höhle. In der Höhle selbst ist Trittsicherheit gefragt, evtl. sind auch immer wieder kurze steile Bereiche am Seil zum Auf- oder Abstieg zu überwinden. Der Aufenthalt in der Höhle schwankt zwischen 30 Min. bis zu mehr als eine Stunde.

Besonders faszinierend – gerade auch für **Fotografen** – ist die oft tiefblaue Färbung des Eises in den Höhlen, die durch den enormen Druck des oft Hunderte Meter dicken Gletschereises als Kompressionseffekt entsteht. Daher werden z. T. auch spezielle Fototouren angeboten. Hier hat man mehr Zeit zum Fotografieren als bei den normalen Touren.

Fahrrad fahren

Einige Gästehäuser und Hotels bieten **Leihräder** an. Größere Verleihstationen befinden sich am Campingplatz (S. 147) und am Hafen von Reykjavík (S. 156). Außerdem gibt es in der Stadt

so erobern sich jetzt auch Fußballspieler wie -spielerinnen aus Island ihren Platz in europäischen Spitzenmannschaften und auf dem internationalen Parkett. Denn auch die isländischen *dóttirs* („Töchter") oder *stelpurnar okkar* („unsere Mädels") qualifizierten sich für die Euro 2017 in den Niederlanden und haben nun in ihrer Gruppe neben Olympiasieger Deutschland gute Chancen, sich für eine Teilnahme an der kommenden WM 2019 in Frankreich zu qualifizieren. Und die isländischen Männer, die *sons* oder *strákarnir okkar* („unsere Jungs") haben es doch tatsächlich bereits in der Qualifikationsgruppe am 9.10.2017 in Reykjavik gegen Mannschaften wie Kroatien, die Türkei und die Ukraine geschafft: die direkte Qualifikation für die WM in Russland 2018. Und dann werden sicher noch mehr isländische Fans mit der ganzen Familie und einem kräftigen HÚ! im Gepäck mitreisen und zusammen mit ihrer Mannschaft die WM wieder zu einem besonderen Fußballfest machen.

In Island selbst ist der Besuch eines Heimspiels der Nationalmannschaften im Stadion Laugardalsvöllur mit nicht einmal 10 000 Sitzplätzen ein tolles Erlebnis. Wenn man das große Glück hat, eins der begehrten Tickets zu bekommen.

Hier noch einige hilfreiche Begriffe zum Mitreden oder Anfeuern:

Áfram Ísland: Vorwärts, Island! Auf geht's, Island! Im Stadion als eine Art Wechselgesang zur Anfeuerung der Mannschaften.

Ég er kominn heim: In Island sehr bekanntes Lied, dessen Melodie aus einer Operette von Emmerich Kálmán stammt und mit dem neuen isländischen Text von Jón Sigurðsson seit der Qualifikation für die Euro 2016 die etwas andere Fußballhymne der isländischen Nationalmannschaften geworden ist.

HÚ oder **Viking Clapping**: Wurde nach einem Europa-League-Spiel der isländischen Fußballmannschaft Stjarnan von deren Fans aus Schottland mitgebracht und an den Fanclub Tólfan der isländischen Nationalmannschaft weitergegeben.

KSI: Knattspyrnusamband Ísland, der isländische Fußballverband, www.ksi.is.

Lofsöngur: Die schwer zu singende isländische Nationalhymne.

Tólfan: Der 12. Mann, der als große Fangruppe nicht nur die Choreografie des HÚ! mit Trommeln im Stadion übernimmt, www.tolfan.is.

Ein Gastbeitrag von Petra Feucht aus Tübingen, die schon unzählige Fußballspiele der isländischen Nationalmannschaft besucht hat.

zahlreiche **Citybike-Stationen** der Fluglinie Wowair (S. 156).

Radreisen-Anbieter in Island sind z. B. **Reykjavík Bike Tours**, 649 8956, www.icelandbike.com, mit einer großen Palette an kürzeren und mehrtägigen Touren in Südisland und auf den Westmännerinseln. Beliebt ist die Golden Circle Tour (S. 156).

In Deutschland organisiert z. B. **Cycling unlimited**, Schultheiß-Kiefer-Str. 23, 76229 Karlsruhe, 0721/946 3616, www.cycling-unlimited.de, eine 15-tägige Tour zu den Hauptsehenswürdigkeiten und ins Hochland ab 3290 € inkl. Flug ab Frankfurt (andere Flughäfen auf Anfrage).

Launer Aktiv Reisen, Wehrlachstr. 5, 73499 Wört, 07964/921000, www.launer-reisen.de, hat eine Inselumrundung inkl. Flug, Unterkunft und Verpflegung ab 6250 € im Programm.

Detaillierte Infos für Radfahrer unter Transport auf S. 76.

Gletschertouren

Mit Eisaxt und Steigeisen auf einer eisigen Gletscherzunge herumzukraxeln ist extrem beliebt. Am besten eignen sich dazu die eisigen Ausläufer zwischen Skaftafell und Höfn. Wer nicht so weit in den Osten fahren will, hat am Sólheimajökull in Südisland eine Chance. Die Kosten für eine 2–3-stündige Tour bewegen sich um 15 000 ISK p. P. Ein ausführlicher Erfahrungsbericht steht auf S. 494.

Golf

Golfen ist in Island Volkssport. Es gibt mehr als 65 Golfplätze. Einige davon sehen so geleckt und künstlich aus, wie man sie aus Deutschland kennt (z. B. der auf Heimaey), aber oft spielt man auch auf naturbelassenen Wiesen – weniger elitär und weniger teuer. Auf einigen Plätzen können auch Anfänger ihr Glück probieren, ohne Gefahr zu laufen, vom Platz gejagt zu werden, wenn sie mal ein Stückchen Rasen mit dem Schläger malträtieren. Mit 40–70 € p. P. ist man dabei.

Rafting

Raften erfordert keine speziellen Fähigkeiten – jedenfalls, wenn man auf eine geführte Tour zurückgreift. Warm einpacken, festhalten, kreischen, fertig! Mit dem Schlauchboot durch einen fotogenen Canyon sausen geht am besten bei Varmahlíð auf den Flüssen **Austari-Jökulsá** und **Vestari-Jökulsá** (Víking und Bakkaflöt Rafting, S. 346) und in Gullfoss-Nähe auf der **Hvítá** (Arctic Rafting, S. 205). Eine 3–4-stündige Einsteiger-Tour ist ab 15 000 ISK zu haben.

Arctic Rafting, ✆ 562 7000, 🖳 www.arcticrafting.com. Startpunkt ist das Drumbó Basecamp in der Nähe von Reykholt, Transfer ab Reykjavík kein Problem.
Bakkaflöt Rafting, ✆ 453 8245 und 453 8099, 🖳 www.bakkaflot.com.
Víking Rafting, Hafgrímsstaðir, ✆ 823 8300, 🖳 www.vikingrafting.com.

Reiten

Höfe, auf denen man auch als **Anfänger** mal ein Stündchen oder zwei auf dem Pferderücken verbringen kann, gibt es fast überall. Besonders empfehlenswerte Anbieter haben wir in den entsprechenden Kapiteln gelistet. Eine anderthalbstündige Schnuppertour kostet ungefähr 10 000 ISK p. P.

Reitende Männer sind in Deutschland deutlich in der Minderheit. In Island aber gehören riesige Männer, die hoch aufgerichtet auf den vergleichsweise kleinen Islandpferdchen thronen, zum Alltagsbild. Die männlichen Begleiter deutscher Reiterinnen brauchen sich also keine Sorgen zu machen, sich der Lächerlichkeit preiszugeben, wenn sie sich erstmals auf den Pferderücken wagen. Anfängertouren werden fast in jedem Dorf bzw. in der ländlichen Umgebung angeboten. **Tages- oder Wochentouren**, die meist im Norden der Insel stattfinden, sind dagegen nur etwas für trainierte erfahrene Pferdeleute.

Ausführliche Infos zu den unterschiedlichen Varianten stehen im Abschnitt Skagafjord auf S. 344.

Schwimmen und Baden

Das Wichtigste zuerst: Anders als bei uns üblich wäscht man sich in Island, *bevor* man ins Wasser geht (was ja tatsächlich sinnvoll ist), ohne Badesachen und mit Seife. Das Wasser im Schwimmbad ist weitaus weniger gechlort als anderswo, und so freut sich jeder Badegast über saubere Gleichgesinnte.

Schwimmbäder

Jeder kleine Ort hat sein eigenes Schwimmbad (*sundlaug* oder *sundhöll*), und die Eintrittspreise sind mit 500–1000 ISK relativ günstig, wobei das teuerste Schwimmbad nicht das beste sein muss: Der Eintritt ins Design-Schwimmbad in Hofsós (S. 361) z. B. ist mit 700 ISK Eintritt genauso hoch wie der des Schulschwimmbads (mit echtem Turnhallenflair) in Varmahlíð auf der anderen Seite des Fjords (S. 349). Die Schwimmbäder sind meist angenehm beheizte Freibäder mit mindestens einem Hot Pot (um die 40 °C). Nirgends ist die Aufenthaltsdauer begrenzt.

Die Schuhe stellt man schon vor der Rezeption in ein Regal, Jacken und andere Kleidungsstücke werden oft einfach in kleine „Einkaufskörbe" gelegt, die in der Umkleide unbewacht stehen bleiben. In moderneren Schwimmbädern gibt es aber Spinde oder zumindest kleine abschließbare Fächer für Wertsachen.

Achtung: Anders als in Deutschland haben die Schwimmbäder werktags oft bis spät in den Abend geöffnet, freitags und am Wochenende *(helgar)* öffnen sie später und schließen oft schon gegen 16 oder 17 Uhr. Eine Karte der Schwimmbäder auf 🖳 www.hotpoticeland.com/category/swimmingpools.

Hot Pots und Strände

Natürliche **Hot Pots**, in denen das warme Wasser eines Bachs oder einer Quelle aufgestaut wird, sind vor allem bei Touristen äußerst beliebt. Jeder will mitten auf einer einsamen Wiese in so einem Pot hocken und das Erinnerungsfoto mit nach Hause nehmen. Weil aber viele dieser Quellen auf Privatland liegen, gibt es ein Problem: Die Zahl der Besucher übersteigt die Kapazitäten der Pools. Müll bleibt liegen, Autos parken wichtige Zufahrten oder Traktorwege zu. Wir haben deshalb nicht alle Pots gelistet, die wir kennen, und somit noch ein weniges Spielraum gelassen für Gespräche mit den Einheimischen. Wer nett fragt, bekommt mit hoher Wahrscheinlichkeit ins Ohr geflüstert, wo sich der nächste Pot befindet, bzw. wird eingeladen, den privaten zu nutzen. Weniger kommunikative Menschen kaufen das Buch *Hot Pots in Iceland* (in jeder isländischen Buchhandlung) oder schauen auf diese Karte: 🖳 www.hotpoticeland.com/category/hotpots. Auch hier sind nicht alle verzeichnet, aber viele.

Ein ganz besonderes Erlebnis ist auch das Bad im leicht warmen Meer an Reykjavíks tollem **Stadtstrand Nauthólsvík** (S. 150).

Stricken

Sich einen tollen Lopapeysa selbst stricken? Gar nicht so einfach, aber möglich. Kostenlose **Strickmuster** kann man auf der Seite der Icelandic Handknitting Association, 🖳 www.handknit.is, bestellen. Ein- und mehrtägige **Workshops** finden z. B. mit Ragga im Hotel Laxnes, Háholt 7, Mosfellsbær, statt, buchbar über Culture and Craft, ☎ 869 9913, 🖳 cultureandcraft.com.

Surfen und Kiten

Extremsport unter extremen Bedingungen wird auch in Island immer beliebter, Kiten und Hardcore-Surfen zum Beispiel. Gesurft wird da, wo die spektakulärsten Wellen sind. Und da sind meistens auch die gefährlichsten Klippen nicht weit. Die besten Surfspots findet man in Reykjanes (Garður, Hafnir, Sandvík, Grindavík und Þorlákshöfn) und in den Westfjorden. Nichts für Angsthasen, aber toll für Zuschauer. Eine fünftägige Abenteuertour für 300 000 ISK bietet z. B. **Arctic Surfers**, Eyjaslóð 3, Reykjavík, ☎ 551 2555 und 691 2345, 🖳 www.arcticsurfers.com.

Tauchen und Schnorcheln

Die bekannteste und wahrscheinlich schönste Tauch-Location Islands ist die **Silfra-Spalte** im See Þingvallavatn. 30–40 Min. Schnorcheln kostet dort etwa 20 000 ISK, Transfer von und nach Reykjavík inbegriffen. Ein Preisvergleich bei den Anbietern und Vermittlern lohnt sich: 🖳 www.divesilfra.is, www.diveiceland.com, www.scuba.is, www.dive.is und www.adventures.is.

Sehr tief runter geht's im **Kleifarvatn** auf Reykjanes (S. 181), buchbar über 🖳 www.dive.is.

Trekking und Wandern

Island ist ein Wanderparadies. Allerdings hielt man es lange nicht für nötig, Wanderwege zu markieren und auf Karten zu verzeichnen. Eine gute Orientierung bietet die **Internetkarte** 🖳 www.map.is. Aber wo darf man langgehen? Grundsätzlich überall, wo es nicht ausdrücklich verboten ist. Als „isländisch abgesperrt" gelten Pfade z. B., wenn eine Kordel über den Weg gespannt ist. Diese Warnung bitte unbedingt beachten, oft werden so Wege als erdrutschgefährdet gekennzeichnet.

Infos zu den populären **Langstreckenwanderungen** im Kapitel Reiseziele und Routen, S. 28.

Vogelbeobachtung

Papageitaucher sind von Ende April bis Anfang September in Island zu Gast. Fliegen sie über dem Meer, sind sie leicht an ihrem schnellen Flügelschlag und ihren ungeschickten Start- und Landemanövern zu erkennen. Die tollsten Fotos entstehen in der Nähe der Bruthöhlen, denn hier harren die lustigen Kerlchen oft stundenlang aus, ohne sich groß zu bewegen. Die beste Zeit für Beobachtungen ist der frühe Abend, die besten Orte sind auf Heimaey (S. 525), bei Vík (S. 508), auf Papey (S. 476), auf den kleinen Inseln bei Reykjavík, in Bakkagerði und bei Látrabjarg in den Westfjorden (S. 292).

Auf der Landzunge Langanes im Nordosten bei Þórshöfn kann man Tür an Tür mit den Papageitauchern auch Islands größte **Basstölpelkolonie** bestaunen (S. 433). **Seeadler** trifft man am ehesten in den Westfjorden, z. B. über dem Breiðafjörður. Ein gut zugängliches Schutzgebiet für **Enten und Seevögel** befindet sich in der Nähe von Eyrarbakki.

Wintersport

Es gibt einige Skigebiete im Norden (z. B. in Akureyri, Ólafsfjörður, Sauðárkrókur) und in Ísafjörður-Nähe. Hier kann man im Flutlicht Ski laufen. Beliebte Reisezeit für deutsche Skiläufer ist der März, wenn in Deutschland die Saison schon dem Ende zugeht. In Island ist es um diese Zeit bereits wieder länger hell, sodass man auch was von der schönen Aussicht hat. Aber Achtung: Weil es ja keine Bäume und deshalb keinen Windschutz gibt, sind die Pisten oft gesperrt. Für spontane Skiabenteuer bietet sich das **Bláfjöll-Skigebiet** 30 km südöstlich von Reykjavík an. Tagespässe um die 3500 ISK. Details in den jeweiligen Regionalkapiteln.

Whale Watching

Wale schwimmen überall herum, und wer die Augen offen hält, hat gute Chancen, die großen Meeressäuger vom Land aus zu sehen. Trotzdem gibt es nicht überall Whale-Watching-Touren. Mit Abstand am beliebtesten sind die Touren in **Húsavík** (S. 405), denn von hier aus ist man schnell im offenen Meer. Allerdings ist hier oft hoher Seegang. Wer schnell seekrank wird, sollte besser auf Touren im geschützten Eyjafjord setzen, z. B. von **Akureyri** (S. 380) oder **Dalvík** (S. 369) aus. Die Empfehlung für den Winter/Frühling geht an die Nordküste der Halbinsel **Snæfellsnes** (S. 243). Hier sieht man mit der größten Wahrscheinlichkeit Orcas. Im Sommer sind auch Fahrten ab **Hólmavík** (S. 321) und **Ísafjörður** (S. 307) in den Westfjorden toll, schon allein wegen der Aussicht. Ganzjährig werden Touren ab **Reykjavík** (S. 157) angeboten. Kosten je nach Dauer und Abfahrtshafen zwischen 10 000 und 16 000 ISK.

Telefon

Mit der Abschaffung der Roaming-Gebühren hat sich das Problem teurer Auslandstelefonate erledigt. Obwohl Island nicht zur EU gehört, wird die Insel von den Telefonanbietern dazu gerechnet. Es gelten also die gleichen Handytarife wie in Deutschland.

Die erste Ziffer der 7-stelligen isländischen **Telefonnummer** kann ein Hinweis darauf sein, um welche Art von Anschluss es sich handelt. Nummern, die mit 4 beginnen, sind meistens Festnetznummern. Handynummern fangen mit 8 oder 6 an.

„Das isländische Telefonbuch ist nach Vornamen sortiert", liest man immer wieder. „Sogar der Präsident steht drin" auch. Beides stimmt. Allerdings haben wir noch nie eine gedruckte Version des Telefonbuchs zu Gesicht bekom-

Internationale Vorwahlen	
Island	☎ 00354
Deutschland	☎ 0049
Österreich	☎ 0043
Schweiz	☎ 0041
Bei internationalen Gesprächen entfällt die Null der jeweiligen Ortsvorwahl.	

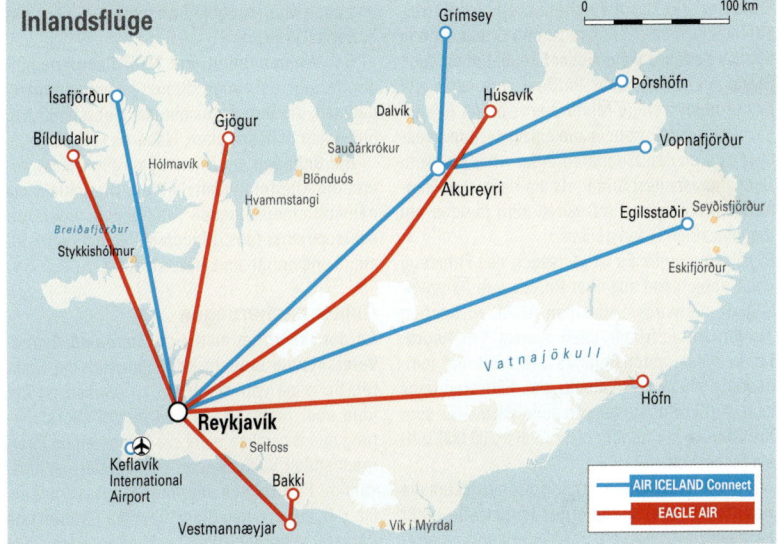

men. Und beim „Telefonbuch im Internet" nutzt man ja sowieso die Suchfunktion. Man findet es – wie auch die dazugehörigen Informationen und Landkarten (mit einem Klick auf „Kort") – auf 🖥 www.ja.is. Tipp für die Suche: Wenn man nicht sicher ist, wie der Name, den man sucht, geschrieben wird, gibt man den Ortsnamen ein und schaut, wer alles auftaucht. Funktioniert zumindest bei kleineren Orten gut.

Das isländische **Mobilfunknetz** ist gut, oft besser als in Deutschland. Mit Funklöchern ist trotzdem zu rechnen.

Transport

Inlandsflüge

Icelandair bot bis Anfang 2018 einen Anschlussflug vom Flughafen Keflavík (KEF) nach Akureyri. Dieses Angebot wird aber möglicherweise eingestellt. Also muss bei Inlands- und Grönlandflügen immer der Umweg über den **Stadtflughafen in Reykjavik** (RKV) in Kauf genommen werden, was umständlich ist und die Reisezeit erheblich verlängert. Man gurkt mit dem Flughafenbus von Keflavík nach Reykjavík, was eine Verzögerung von mindestens drei Stunden bedeutet.

Eagle Air Iceland, ✆ 562 4200, 🖥 www.eagleair.is, fliegt von Reykjavik nach Höfn (HFN), Húsavík (HZK), Bíldudalur (BIU), Gjögur (GJR) und auf die Westmännerinseln (VEY).

Air Iceland Connect, ✆ 570 3000, 🖥 www.airicelandconnect.com, verbindet Reykjavik mit Akureyri (AEY), Egilsstaðir (EGS), Ísafjörður (ISJ), Grímsey (GRY), Þórshöfn (THO), Vopnafjörður (VPN), außerdem mit Grönland und den Färöer Inseln.

Anschlussflüge von Akureyri nach Grímsey, Þórshöfn, Vopnafjörður werden über Air Iceland Connect gebucht, aber von **Norlandair** durchgeführt, ✆ 414 6960, 🖥 www.nordlandair.is.

Details zu den Flügen im Abschnitt Reykjavik (S. 161) und bei den anderen Abflugorten.

Mietwagen

Das Angebot an Mietwagen ist riesig. Die meisten **Vermieter** findet man in der Nähe des Flughafens von Keflavík (S. 171). Viele haben ihre

Stationen direkt am Flughafen, andere betreiben einen Shuttle-Service zu den Standorten in und bei Keflavík. Viele dieser Firmen haben auch Stationen in Reykjavík. Im Rest vom Land gibt es nur noch wenige Mietfirmen – oft ist Bílaleigar Akureyrar/Europcar die einzige –, am ehesten noch an den Flughäfen. Aber: Hier ein Auto zu mieten ist meist teurer als am Keflavíker Flughafen. Namen und Adressen sind jeweils bei den einzelnen Orten gelistet.

Allgemein gilt: Es ist günstiger, das Fahrzeug von Deutschland aus über Portale wie 🖥 www.billiger-mietwagen oder den ADAC zu buchen als vor Ort. Je früher, desto besser. Der Hauptfahrer muss mindestens 20 Jahre alt und mindestens ein Jahr im Besitz des Führerscheins sein. Außerdem verlangen viele Vermieter eine **Kreditkarte** mit hohem Limit (meist 200 000 ISK) als Sicherheit.

Ein **Geländewagen** ist für Reisen rund um die Hauptstadt oder entlang der Ringstraße nicht zwingend erforderlich. Im Winter kann es aber nützlich sein, auch hier einen zu haben. Allerdings sind auch für die Geländewagenfahrer einige Straßen tabu. Es ist deshalb unbedingt erforderlich, sich bei der Übernahme des Fahrzeugs detailliert Auskunft geben zu lassen, welche Straßen man mit *genau diesem* Fahrzeug benutzen darf.

Zur Qualität der einzelnen Anbieter können wir wenig sagen. Richtig schlechte sind uns nicht bekannt. Die Gefahr, „abgezockt" zu werden, ist zum Glück gering, trotzdem ist es ratsam, Vorschäden bei der Übernahme des Fahrzeugs zu dokumentieren bzw. dokumentieren zu lassen und zudem zu kontrollieren, ob der Füllstand des Tanks korrekt angegeben wurde. Einige Anbieter – wie z. B. Procar – versehen alle Schrammen an ihren Fahrzeugen mit kleinen bunten Aufklebern, sodass die Autos mitunter sehr gesprenkelt aussehen. Trotzdem haben wir schon Fahrzeuge zurückgegeben, auf denen unübersehbar einige neue Kratzer prangten. Bezahlen mussten wir diese Schäden allerdings nicht.

Alternative Autovermietungen wie Sadcars und Rent a wreck waren uns anfangs gerade wegen ihrer Haltung, auch verschrammte, aber noch fahrbereite Autos weiter ihren Dienst tun zu lassen, sehr sympathisch. Allerdings wurde uns auch von Mängeln berichtet, die nicht nur äußerlich waren.

Bei **Wohnmobilen und Mini-Campern** hingegen gibt es einige kleinere Familienunternehmen, die ihre Autos mit viel Liebe umbauen und gut in Schuss halten. Näheres s. S. 82.

Bei **Schäden** am Mietwagen gilt: Immer zuerst die Mietfirma kontaktieren. Oft schickt die nämlich einen eigenen Mechaniker oder Abschleppdienst raus. Manchmal kommt auch jemand und bringt ein Ersatzfahrzeug.

Autoversicherungen

An der Frage, ob man eine **Sand-und-Asche-Versicherung** braucht, scheiden sich die Geister. So ganz von der Hand zu weisen ist die Idee aber nicht. „Sand und Asche"-Versicherung meint nämlich nicht die Folgen eines überraschenden Vulkanausbruchs, sondern scharfkantige Partikel von vergangenen Ausbrüchen, die z. B. durch einen Sturm über die Straßen und Parkplätze geweht werden können. Wenn das passiert, ist der Lack oft hin, der Schaden hoch. Vor allem wer plant, sich lange im fast vegetationslosen Südosten aufzuhalten, sollte über solch eine Versicherung nachdenken.

Der ADAC bietet in seinem Euro-Schutzbrief Erstattung für Pannenhilfe und Abschleppen. Auch einige Versicherungen, wie z. B. die HUK, bieten **Auslandsschutz** an.

Vor Ort eher unüblich ist eine **Vollkasko-Versicherung ohne Selbstbeteiligung**. Bei vielen deutschen Portalen kann man eine solche aber günstig abschließen. Im Schadensfall tritt man dann in Vorleistung, bekommt die Rechnungssumme aber erstattet (unsere Erfahrung: bisher anstandslos). Die Vollkaskoversicherung deckt aber meist keine Schäden an Unterboden und Fenstern ab (Steinschlag kommt häufig vor), und Schäden, die bei Flussdurchquerungen entstanden sind, zahlt keine Versicherung.

Navigationsgeräte

Navigieren mit Google Maps funktioniert problemlos. Aber Achtung bei der Eingabe der Ortsnamen: Viele Orte, Inseln und Höfe gibt es nicht nur zweimal, sondern gleich mehrmals, Vík, Reyholt, Keflavík und Höfn zum Beispiel. Auch Reykjafjörður ist nicht etwa der Fjord, an dem

Tipps für Autofahrer

- **Beleuchtung:** In Island ist es Pflicht, mit Taglicht zu fahren. Bei Leihwagen vor allem im Sommer unbedingt überprüfen, ob das Licht automatisch ausgeht, wenn man den Motor ausschaltet, oder ob das Auto wenigstens ein Warngeräusch macht. Wenn's im Sommer nicht dunkel wird, vergisst man das Lichtausmachen gerne und stellt das Auto abends ab, ohne daran zu denken – und dann ist morgens die Batterie alle.
- **Einspurige Brücken** (Verkehrsschild: „einbreið brú"): Wer die Brücke zuerst erreicht, hat Vorfahrt. Aber es ist üblich, sich durch Zeichen zu verständigen: Wer kurz das Fernlicht antippt, das Gegenüber „anblinkt", lässt dem anderen den Vortritt. Ähnliches gilt für **einspurige Tunnel** und **enge Straßen** (z. B. auf dem Weg zum Strand von Reynisfjara): Wer als Erster die Möglichkeit hat, auf seiner Straßenseite in eine mit „M" gekennzeichnete Bucht auszuweichen, hat dies zu tun.
- **Geschwindigkeitsbeschränkungen:** 50 km/h in geschlossenen Ortschaften (hier manchmal Beschränkung auf 30, 25 oder auch 15 km/h), 90 km/h außerhalb, 80 km/h auf Schotterpisten.
- **Geschwindigkeitskontrollen:** Geblitzt wird oft, gerne auch aus Autos, die an Feldwegeinfahrten oder am Anfang oder Ende von geschlossenen Ortschaften am Straßenrand stehen. Dann sind hohe Geldstrafen fällig, die manchmal sofort eingefordert werden. Man kalkuliert um die 10 € pro zu schnell gefahrenem Stundenkilometer.
- **Kreisverkehr:** In zweispurigen Kreiseln hat Vorfahrt, wer auf der inneren Spur fährt.
- **Wind:** Da man Windstärke und -richtung im geschützten Auto oft nicht mitbekommt, immer die Autotür mit beiden Händen festhalten, während man sie vorsichtig von innen öffnet. Sonst reißt einem schnell der Wind die Tür aus der Hand und sie ist Schrott (kein Witz!).
- **Offroad-Fahrten:** Offroad-Fahren ist verboten und die Bußgelder sind (zu Recht) sehr, sehr hoch. Rechtlich gilt: Sobald die Räder die Fahrspur verlassen, zählt es als illegales Offroad-Fahren. Für Pausen muss ein markierter Parkplatz gefunden werden, bei Gegenverkehr muss einer so lange zurückfahren, bis eine markierte Ausweichstelle erreicht wird.
- **Promillegrenze:** 0,5 (die Strafen liegen zwischen 490 € und 1200 €.
- **Reifendruck:** Er wird meist nicht in Bar, sondern in PSI *(pounds per square inch)* angegeben. 1 PSI = 0,0689 bar, 1 bar = 14,504 PSI.

Mehr **Infos** in der Broschüre *How to drive in Iceland*, 🖳 www.samgongustofa.is/media/umferd/umferdaroryggi/How-to-drive-in-Iceland.pdf.

Reykjavík liegt, sondern ein Ort am äußersten Zipfel der Westfjorde. Also Obacht: Immer genau gucken, wo das Navi hinleitet und ihm nicht blind vertrauen. Karten lesen sollte man trotzdem können.

Straßen

Islands Straßen und Pisten sind systematisch nummeriert: Eine einstellige Nummer (die 1) hat nur die durchgehend asphaltierte **Ringstraße** (isländisch Hringvegur oder Þjóðvegur), die rund 1300 km einmal rund um die Insel (ohne Westfjorde) führt. Zweistellige Nummern haben die **Hauptverbindungsstraßen** (oft, aber nicht immer asphaltiert), drei- oder vierstellige Nummern bezeichnen die **Nebenstrecken** und Stichstraßen (meist Schotterstraßen, aber mit einem Pkw befahrbar). Straßen ohne Nummer sind **Jeep-Pisten** oder **Feldwege**.

Maut-Straßen gibt es nicht, aber einen **mautpflichtigen Tunnel**, den Hvalfjarðargöng (und auch der Tunnel Vaðlaheiði bei Akureyri soll mautpflichtig werden). Wer von Reykjavík aus auf der Ringstraße nach Norden fährt, erreicht den 5,7 km langen Hvalfjarðargöng, also den „Tunnel unter dem Wal-Fjord", Hvalfjörður, nach knapp 30 km. Die Benutzung für einen Pkw kostet 1000 ISK. Achtung: Nicht aus Versehen die Fahrspur für bei Toll Collect registrierte Vielfahrer nehmen (Aufschrift „e-Tag only") Wer hier

Verkehrsschilder

Bannaður/bönnuð/bannað verboten

Blindhæð (Plural: *blindhæðir*) blinde Anhöhe

Eftirlit (Polizei-)Kontrolle (Parken ist auf diesen Plätzen verboten)

Einbreið brú einspurige Brücke (Gegenverkehr abwarten; wer zuerst kommt, hat Vorfahrt)

Einbreið göng einspuriger Tunnel (Fahrzeuge in Nicht-Vorfahrt-Richtung müssen in den mit „M" beschilderten Ausweichbuchten Gegenverkehr durchlassen)

Einbreitt slitlag einspuriger Asphalt (bei Gegenverkehr ausweichen; gibt es nur noch an sehr wenigen Stellen, z. B. am Seyðisfjörður im Ísafjarðardjúp in den Westfjorden; solche Einspur-Asphaltierungen stammen aus der „Frühzeit" des Asphaltierungsprogramms)

Einkavegur Privatweg

Hætta Gefahr

Hjáleið Umleitung

Illfær vegur (4x4) schlecht befahrbare Straße (nur Allradfahrzeuge)

Logn Windstille

Lokað gesperrt (unbedingt beachten, Sperrung meist wegen Sturms, Schnees oder fehlenden Winterdienstes, auch wenn *lokað* nicht da steht, heißt das nicht, dass man fahren kann)

Malbik endar Asphalt endet (d. h. Schotterstraße beginnt)

Óbrúaðar ár unüberbrückte Flüsse

Óveður Unwetter (Sturm, Schneesturm)

Slysasvæði erhöhte Unfallgefahr

Seinfarinn vegur schwierige Wegstrecke (für normale Pkw mit Vorsicht befahrbar)

Stopp við rautt blikkandi ljós Stopp bei rot blinkendem Licht (Tunnelsperrung im Notfall)

Torleiði (4x4) Jeeptrack (nur für große Allradfahrzeuge befahrbar)

Varúð Achtung

Veggjald Maut (nur Hvalfjörður- und Vaðlaheiði-Tunnel)

Vinnusvæði Baustelle

Vinnusvæðið endar Baustelle endet

Angaben auf Wetterschildern
Beispiel: Hafnarfjall A 20 +8° Vindhviður 42
Ort der Wetterstation (i. A. auf Passhöhe oder an windiger Stelle nahe einem Berg) = hier Hafnarfjall, südlich von Borgarnes
Windrichtung N, NA, A, SA (Nord, Nordost, Ost, Südost), S, SV, V, NV (Süd, Südwest, West, Nordwest) = hier Ost
Mittlere Windgeschwindigkeit in m/s = hier 20 m/s
Temperatur = hier +8 °C
Windböen (rote Zahl ganz rechts; nur wenn über 15 m/s) = hier 42 m/s
In diesem Beispiel sollte man mit einem Wohnmobil besser abwarten; mit einem normalen Pkw kann man mit äußerster Vorsicht evtl. noch fahren.

umständlich zurücksetzt und so einen Stau verursacht, macht sich äußerst unbeliebt.

Ein F vor der Nummer bedeutet: „Fjallvegur" (= Bergstraße/Pass), **F-Straßen** sind nur mit Allradantrieb und viel Bodenfreiheit zu bewältigen, z. B. weil es Flüsse zu durchqueren gilt. Und wer jetzt denkt: „Dann fahr ich eben so weit es geht und dreh wieder um", der irrt in zweifacher Hinsicht: Zum einen kann das, was auf dem Hinweg nur ein kleines Rinnsal war, auf dem Rückweg ein mächtiger Fluss sein, zum anderen warten der Mietwagenfahrer, die mit ungeeigneten Fahrzeugen auf F-Straßen angesprochen und/oder fotografiert werden (manche Autovermietungen kontrollieren ihre Autos auch per GPS), hohe Bußgelder – selbst wenn nichts passiert. Zum richtigen Überqueren von Flüssen s. S. 586.

Gesperrt werden Straßen erst bei extremen Verhältnissen. Wohnmobile und andere leichte Fahrzeuge fliegen schon bei 20–30 m/s von der Straße. Selbst wenn es lokal ruhig ist, kann es auf Passstrecken oder dicht an bestimmten Bergen **Böen in Orkanstärke** geben (mehr als 32 m/s). Bei 65 m/s werden auch Scheiben aus Autos gedrückt, und die Lackierung wird in vegetationslosen Gebieten sandgestrahlt.

Normale Pkw bleiben im **Winter** schnell stecken, wenn es Schneetreiben gibt und die letzte Schneepflugfahrt des Tages schon ein paar Stunden her ist. Über Nacht schneit es schnell wieder zu, und viele Nebenstraßen werden nicht täglich geräumt. Spiegelglattes Eis ist normal – ohne Spikereifen geht im Winter gar nichts.

Daher immer den **Wetterbericht**, 💻 www.vedur.is, und **Straßenzustand**, 💻 www.vegagerdin.is, abrufen und die elektronischen Wetterschilder an den Hauptstraßen beachten.

Fahrtdauer

Kurz und knapp? Immer länger als gedacht! Und nie den vom Navi vorgerechneten Zeitangaben trauen! Einen realistischen Anhaltspunkt geben die **Fahrtzeiten der Busse**, die wir in allen größeren Orten angegeben haben. Weil sie sich an das vorgeschriebene Tempolimit halten, brauchen sie ungefähr die gleiche Zeit wie ein Pkw.

Strætó fährt an einem Tag von Reykjavík bis nach Egilsstaðir (6 1/2 Std. bis Akureyri und nochmal 3 1/2 Std. bis Egilsstaðir, insgesamt also 10 Std.). Eine Inselumrundung mit dem Bus dauert drei Tage.

Tanken

Beim Bezahlen mit der Kreditkarte sind einige Besonderheiten zu beachten: Es gibt in Island **Tankstellen**, bei denen man drinnen bei einem Kassierer bezahlen kann, aber das ist meist teurer als an den Selbstbedienungszapfsäulen *(sjálfgreiðsla)*. Wie das funktioniert? Kreditkarte rein, PIN eingeben, dann wird häufig nach der Geldsumme gefragt, für die man tanken möchte (*fyllir* heißt „volltanken"). Hier muss man aber nicht rechnen: Einfach die Höchstsumme eingeben, die man maximal ausgeben möchte.

Wird weniger getankt, wird auch weniger bezahlt. 1 l Normalbenzin kostet um die 210 ISK, 1 l Diesel 204 ISK. Eine **interaktive Karte** mit Tankstellen und Benzinpreisen auf 💻 https://blog.tripcreator.com/gas-stations-in-iceland.

€ Manchmal befinden sich an den Autoschlüsseln von **Mietwagen** Anhänger der Tankstellenketten N1 und Ólis. Vor dem Tanken an das Symbol mit den „Kreisen" auf der Zapfsäule halten, dann reduziert sich der Benzinpreis automatisch um 3 ISK/Liter (funktioniert nicht immer, aber oft). Ebenso spart man 7 ISK/Liter mit der **Campingkarte**.

Parken

Das mag jetzt seltsam klingen für ein Land, in dem außerhalb von Reykjavík kaum jemand wohnt, aber: Parken ist tatsächlich ein Problem! Immer wieder passieren Unfälle – teils mit tödlichem Ausgang – durch **falsches Parken**. Warum? Weil gerade an Stellen, an denen man denkt: „Da kommt mit Sicherheit keiner", eben manchmal doch einer kommt. Ein Beispiel: Wir fahren irgendwo durchs Nirgendwo und sehen ganz nah an der Straße eine Herde Rentiere. Weit und breit kein Parkplatz. Man könnte doch einfach kurz auf der Straße … (nein, kann man nicht). Oder: ein Regenbogen über einer Gletscherzunge. Es gibt einen kleinen Parkplatz, aber da stehen schon andere, die das Schauspiel ablichten wollen. Wir müssen leider weiterfahren.

In größeren Städten sind **Parkscheinautomaten** üblich, die man mit einer Kreditkarte füttern muss. Ein Schlitz für Geldscheine oder Münzen fehlt (und, ja, es gibt Kontrollen). In Reykjavík befinden sich im Gebiet zwischen Sæbraut und Laugavegur aber noch einige Uralt-Parkuhren, die nur Kleingeld fressen. Parkgebühren gab es früher außerhalb von Reyjavík nirgends, aber hier scheint es einen neuen Trend zu geben: In Thingvellir und am Seljalandsfoss z. B. kostet das Parken inzwischen pauschal 500 ISK.

Busse

Island mit dem Bus zu bereisen ist möglich, bedarf aber – vor allem, wenn auch kleinere Orte besucht werden – einer guten Planung. Wenn man sein ganzes Gepäck dabeihat, sieht man schnell, warum. Ein Beispiel: Theoretisch kann man auch als Busreisender Unterkünfte auf dem Land wählen (jedenfalls, wenn sie in der Nähe einer Busroute liegen, s. S. 75, Bedarfshalt) oder bei Sehenswürdigkeiten, die einen besonders interessieren, einfach aussteigen. Der Nachteil: Weil die Busse so selten fahren, muss man oft 23 Stunden und 45 Minuten auf den nächsten Bus warten, wenn man sich nur mal ein Viertelstündchen etwas ansehen will. Und das ist vor allem doof, wenn es bei der ausgewählten Attraktion weder eine Unterkunft noch die Möglichkeit gibt, das Gepäck irgendwo zwischenzulagern. So steigt man meist doch nur in den größeren Orten aus, verpasst dann aber die Sehenswürdigkeiten auf dem Weg.

Eine Alternative für den kurzen Sommer ist die **Rundreise mit einem privaten Busunternehmen**. Hier wird an den Hauptsehenswürdigkeiten meist eine Pause eingelegt. Das Grundproblem aber bleibt bestehen: Sehenswürdigkeiten und Wanderungen abseits der großen Hauptrouten bleiben Busreisenden verwehrt. Hier kommen viele kleine (und große) Touranbieter ins Spiel, die z. B. von Reykjavík oder Akureyri aus **Tagesausflüge** anbieten. Außerdem gibt es in fast allen Städten Autovermieter, sodass es durchaus eine Option sein kann, die weiteren Strecken mit dem Bus zurückzulegen und sich dann vor Ort ein Auto zu mieten (leider ist das dann aber meist etwas teurer als am Flughafen).

Es gibt im Wesentlichen zwei Arten von Bussen: Private Buslinien verkehren nur im Sommer und sind eher touristisch ausgerichtet. Sie halten zum Sightseeing, und je nach Linie ist eine Reservierung möglich/nötig. Zu den staatlich bestellten öffentlichen Busunternehmen zählen Strætó, SVAust und lokale Buslinien in den Westfjorden. Diese Busse verkehren ganzjährig auf Hauptstraßen (im Winter seltener), bedienen die meisten Ortschaften und machen keine Sightseeing-Stopps. Die Fahrpreise sind günstiger, aber eine Reservierung ist nicht möglich.

Öffentliche Busse

Zum **Strætó-Netz** gehört der ÖPNV im Großraum Reykjavík sowie ein Großteil der Überlandbusverbindungen. Eine Inselumrundung ist mit öffentlichen Verkehrsmitteln nicht möglich, da es keine Buslinie gibt, die zwischen Djúpivogur und Breiðdalsvík verkehrt. Hier klafft eine 65 km lange Lücke im Liniennetz. Ende Mai bzw. Anfang September tritt der Sommer- bzw. Winterfahrplan in Kraft.

Achtung: Ob die Linie 79 auch in Zukunft in den Sommermonaten zwischen Húsavík und den Dörfern an der Nordostküste verkehren wird, stand bei Redaktionsschluss noch nicht fest. Aktuelle Infos auf der Website von Strætó.

Das **Preissystem** gliedert sich nach Zonen. Der Preis für eine Zone liegt bei 460 ISK, Kinder (6–18 J.) und Senioren (ab 67 J.) zahlen 220 ISK. Ein Einzelticket kostet für die Strecke Reykjavík–Akureyi (22 Zonen) 10 120 ISK, für Akureyri–Egilsstaðir (18 Zonen) 8280 ISK, für Reykjavík–Vík (14 Zonen) 6440 ISK und für Vík–Höfn (16 Zonen) 7360 ISK. Kinder (6–18 J) zahlen die Hälfte. Beim Kauf einer 20er-Karte reduziert sich der Preis für eine Zone auf 435 bzw. 157 ISK. Diese Streifenkarten sind aber nur an den Busbahnhöfen erhältlich (nicht mehr an N1-Tankstellen). Wer per App oder beim Fahrer einkauft, zahlt immer den vollen Preis. Innerhalb von Reykjavík geht nur App- oder Barzahlung, Wechselgeld wird nicht herausgegeben, deshalb Kleingeld bereithalten!

Busunternehmen

Strætó, Þönglabakki 4, 109 Reykjavík, ℡ 540 2700, 🖥 www.straeto.is/en/timatoflur. Zusätzlich gibt es eine App zum Runterladen aufs Handy, 🖥 www.straeto.is/is/um-straeto/straeto-appid
SVAust, 🖥 www.austurfrett.is/svaust, unterhält kein Office.

Private Busse

Die privaten Anbieter haben kein Zonensystem. Alle betreiben Tour-, aber auch Linienbusse. Das **IOYO-Liniennetz** wird gemeinsam von Reykjavik Excursions (Südisland) und SBA Norðurleið betrieben, das **Icelandbybus-Liniennetz** von Sterna (Sternatravel). Beide Netze werden nur zwischen Anfang Juni und Anfang September befahren.

Landmannalaugar und Þórsmörk werden ab Reykjavík im Sommer tgl. von den Firmen **Sterna**, **Reykjavík Excursions** und **Trex** angefahren. Details und Preise in den jeweiligen Kapiteln.

Weil die Preise von Reykjavik Excursions bei Redaktionsschluss noch nicht feststanden, können wir nur auf die Website verweisen.

Busunternehmen

Reykjavik Excursions, BSÍ Bus Terminal, 101 Reykjavík, ✆ 580 5400, 🖥 www.re.is/iceland-on-your-own.
SBA Norðurleið, Hjalteyrartgata 10, Akureyri, 8T9 5500 700, 🖥 www.sba.is.
Sterna, Austurbakki 2, 101 Reykjavík, ✆ 551 1166, 🖥 www.icelandbybus.is.
Trex, Hestháls 10, 101 Reykjavík, ✆ 587 6000, 🖥 www.trex.is.

Buspässe von Sterna und Reykjavik Excursions

Sterna bietet derzeit noch zwei Buspässe an: Der **Highland Hikers Passport** für 14 000 ISK gilt für die Fahrten Reykjavík–Landmannalaugar (eine Richtung) und Þórsmörk–Reykjavík (die andere Richtung) oder umgekehrt (Reykjavík–Þórsmörk und Landmannalaugar–Reykjavík) und ist für Wanderer auf dem Laugavegur gedacht. Fahrtunterbrechungen an Haltestellen unterwegs sind möglich, man kann z. B. zwischendurch eine Nacht in Hveragerði zelten und erst am nächsten Tag weiterfahren. Einzelkarten ab Reykjavík kosten 16 600 ISK, d. h. der Pass spart 2600 ISK.

Der **South Coast Passport** für 26 500 ISK ist gültig auf der Sterna-Linie 12/12a Reykjavík–Höfn und zurück, mit beliebig vielen Unterbrechungen. Mehrmaliges Hin- und Herfahren ist nicht vorgesehen. Beide Pässe erhältlich für den Zeitraum 20. Juni–9. Sep.

Sinkendes Angebot

Das Buslinennetz der privaten Unternehmen schrumpft wegen sinkender Nachfrage und der Konkurrenz der Mietwagenfirmen ständig. Abfahrtszeiten, Preise und auch Routen ändern sich von Saison zu Saison (und manchmal auch mittendrin), deshalb unbedingt vor Fahrtantritt auf die Internetseiten der Busgesellschaften schauen. Auch SBA Norðurleiðs Linie 62/62a (Akureyri-Höfn) gehört zu den Linien, die möglicherweise ersatzlos gestrichen werden.

Reykjavik Excursions hat einen ähnlichen Buspass, den **Hikers Passport**, im Angebot, der 14 000 ISK kostet. Eingeschlossen ist die Option, auch den Fimmvörðuháls-Trail zu laufen. Ausstieg z. B. in Skógar, Wiedereinstieg in Þórsmörk oder andersrum.

Der **All around Iceland Passport** gilt – wie der Name schon sagt – auf allen Linien von Reykjavik Excursions und SBA-Norðurleið und kostet je nach Geltungsdauer ab 65 000 ISK. Beide Pässe sind für den Zeitraum 13. Juni–7. Sep erhältlich.

Bedarfshalt

Außerhalb von geschlossenen Ortschaften halten die meisten Busse (sowohl Strætó als auch private) bei Bedarf an beliebigen Stellen, an denen der Bus sicher halten kann (z. B. Einmündungen von Nebenstraßen, Hofzufahrten, Parkplätzen) zum Ein- und Aussteigen. Das ist aber nicht garantiert, sondern muss abgesprochen werden. Generell ist es ratsam, vorher beim Betreiber anzurufen. Bei Fahrtantritt sagt man dann dem Busfahrer, wo man hin möchte, und erinnert ihn vor der entsprechenden Stelle nochmals daran, anzuhalten.

Wenn man zusteigen möchte, reicht es heutzutage in der Regel nicht mehr, nur an der Straße zu stehen und zu winken. Bei der aktuellen Verkehrsdichte kann der Busfahrer leicht entsprechende Zeichen übersehen oder erst so spät wahrnehmen, dass er einen Auffahrunfall riskieren würde, wenn er plötzlich hielte. Daher: Immer beim Betreiber anrufen, Standort angeben (sollte zum sicheren Halten geeignet sein) und darum bitten, dass der Busfahrer informiert wird. Wenn der Bus kommt, Zeichen geben.

Nahverkehr

Stadtbusse gibt's nur im Großraum Reykjavík–Keflavík und in Akureyri. Der ÖNPV in Akureyri ist kostenlos, für Reykjavík kann sich der Kauf einer Reykjavík Card lohnen, die die Nutzung der Busse einschließt (S. 158). Detaillierte Infos in den jeweiligen Kapiteln, Liniennetzplan: 🖥 www.straeto.is.

Taxis sind auch in Island an den gelbschwarzen Taxischildern auf dem Dach zu erkennen. Im Großraum Reykjavík gibt es viele hauptberufliche Taxifahrer, und auch in einigen kleineren Orten findet man Menschen mit Taxilizenz. Billig ist Taxifahren aber nicht. Die Fahrt von Reykjavík zum Flughafen in Keflavík kostet um die 16 000 ISK.

Fahrrad

Ein Beitrag von Andreas Macrander, passionierter Radfahrer und Mit-Herausgeber der Cycling Iceland-*Fahrradkarte*

Island ist für viele Radfahrer ein Traumziel. Mit eigener Kraft durch einsame Wüsten, zwischen Vulkanen, Gletschern und Fjorden zu fahren ist ein einzigartiges Erlebnis. Klar ist das Radfahren nicht so einfach wie auf dem Donauradweg. Radreisen auf Island erfordern Ausdauer bei Gegenwind, Kälte und Regen, auf schlechten Pisten im Hochland und bei viel Autoverkehr. Aber die Landschaft, die ständig wechselnden Stimmungen und nicht zuletzt ein Bad in einer warmen Quelle entschädigen für vieles.

Reisezeit und Wetter

Die meisten Radfahrer besuchen Island von Ende Mai bis Mitte September, wenn das Wetter relativ gemäßigt ist; die Hochlandpisten sind jedoch erst ab Mitte Juni–Juli offen. Tagestouren in Reykjavík und anderen Orten sind ganzjährig möglich. Überlandfahrten mit dem Rad sind im Winter extrem schwierig und an vielen Tagen unmöglich. Kälte, Sturm und Schnee können lebensbedrohlich sein.

Entscheidend beim Radfahren in Island ist der Wind, denn Windschutz durch Bäume gibt es fast nie. Bei ruhigen Großwetterlagen lässt es sich meist gut Rad fahren; tagsüber aufkommender Seewind oder westliche Winde erreichen selten Sturmstärke. Weniger Spaß bringen jedoch an der Südküste Südostlagen mit Starkwind und Dauerregen und in Nordisland kalter und manchmal feuchter Nord- bis Nordostwind.

Es lohnt sich, die Fahrtplanung flexibel nach dem Wetter zu richten – Rückenwind ist super, dagegen kommt man bei Gegenwind oft nur mit 10 km/h voran. Wetterwechsel erfolgen meist abrupt innerhalb weniger Minuten, und während es an einem Ort windstill ist, können einen 5 km weiter Orkanböen von der Straße fegen – bei mehr als 15 m/s Wind besser an einer geschützten Stelle auf Wetterbesserung warten. Es lohnt sich auch, in den hellen Sommernächten zu fahren – der Wind lässt dann oft nach und der Autoverkehr ist geringer.

Ausrüstung

Wer nur einzelne Tagestouren plant, kann an vielen touristischen Orten Räder leihen (auch MTBs) oder organisierte Touren buchen. Für längere Radreisen und mit Gepäck lohnt es sich angesichts des isländischen Preisniveaus, das eigene Fahrrad mitzubringen. Am besten eignen sich stabile Reise- oder Trekkingräder (für normale Asphalt- und Schotterstraßen). Wer ins Hochland fahren will, braucht ein Mountainbike. Breite Reifen, Federung oder Fatbikes lohnen sich bei groben Steinen und tiefem Sand. Kleine Gänge für Steigungen und Gegenwind braucht man immer. Werkzeug und Ersatzteile für Reifenpannen und Materialbrüche (Speichen, Kette, Schrauben) sollten unbedingt dabei sein; Fahrradläden gibt es nur in wenigen Orten. Selbst auf Tagestouren sollte man immer warme, wind- und regenfeste Kleidung mitnehmen, auch wenn gerade die Sonne scheint. Auf längeren Fahrten gehört ein sturmfestes Zelt zur Grundausstattung – die nächste Unterkunft kann weit sein.

Straßen

Die meisten Hauptstraßen in Island sind heute asphaltiert. So leer wie auf vielen Fotos vermittelt sind sie aber nicht mehr – der Autoverkehr hat in den letzten Jahren massiv zugenommen, auch weil die meisten Touristen die Einsamkeit motorisiert aufsuchen. Auf der Ringstraße fahren in Südwestisland je nach Abschnitt 4000–10 000 Autos pro Tag. In Deutschland haben solche Straßen einen Radweg – in Island fast nie. Auf ein paar Abschnitten kann man auf breiten Seitenstreifen relativ sicher Rad fahren, die meisten Straßen sind aber so schmal, dass sich zwei Busse gerade begegnen können. Die meisten Autofahrer sind sehr rücksichtsvoll, aber wenn Autos, Busse und Lkw im Sekundenabstand oder bei Gegenverkehr überholen, wird es kritisch. Wesentlich besser ist Radfahren nachts (weniger Verkehr) oder auf Nebenstraßen (sofern vorhanden) oder die Fahrradmitnahme im Bus. Das wahre Island findet man in den abgelegenen Landesteilen, dort kommen auch heute nur wenige Autos pro Stunde vorbei. Nebenstraßen sind oft Schotterstraßen, nicht selten mit Steinen, Schlaglöchern und Waschbrettern.

Radfahren im Hochland

Für Mountainbiker bietet das Hochland mit Wüsten, Einsamkeit, schlechten Pisten und Flussdurchquerungen die ultimative Herausforderung. Je nach Pistenzustand kommt man nur langsam voran, im Extremfall auch nur 25 km am Tag. In jedem Fall immer bei Hüttenwarten und anderen Reisenden aktuelle Informationen über Wetter, Pistenzustand und Furten einholen und bei diesen oder auf 🖥 www.safetravel.is eine Nachricht über die eigene Routenplanung hinterlassen. Nur weil irgendjemand mal einen GPS-Track ins Internet gestellt hat, heißt das nicht, dass man diese Route jederzeit befahren kann. Die Bedingungen ändern sich von Tag zu Tag, Sandstürme, Hochwasser oder Schnee können Strecken unpassierbar machen.

Offroadfahren ist grundsätzlich verboten, denn auch Fahrräder hinterlassen Spuren im losen Untergrund.

Radfahren in Reykjavík

In Reykjavík sind die Radwege heute besser als in jeder deutschen Stadt – die Hauptradrouten sind mit Mittellinie, eigenen Brücken und Kurvenradien für 30 km/h trassiert und führen autofrei vom Stadtzentrum 15 km bis zum Rand der Hauptstadt, oft entlang der Küste und durch Grüngebiete. Hier sind viele Berufspendler und Rennradfahrer unterwegs. Mit Ausnahme der großen Schnellstraßen sind ansonsten alle Straßen gut zum Radfahren geeignet. Radfahren auf Gehwegen ist in Island erlaubt, auf Fußgänger muss aber natürlich Rücksicht genommen werden.

Fahrradmitnahme in Bus und Fähre

Mit dem Bus kann man stark befahrene Abschnitte oder Schlechtwetter gut überwinden. Fast alle Überlandbusse in Island nehmen Fahrräder mit, entweder auf einem Heckträger, im Gepäckraum oder Gepäckanhänger. Strætó hat günstigere Preise und transportiert Fahrräder

Ein Traum für Radfahrer – eine ebene Straße ohne Verkehr mitten durch Lavafelder

kostenlos, die Busse können aber nicht reserviert werden. Auf Hauptrouten können auch mal alle ca. vier Radplätze eines Busses belegt sein. Die privaten Anbieter (IOYO, Sterna u. a.) sind teurer und verkehren nur im Sommer, bieten dafür aber z. T. eine Reservierung an und befahren auch das Hochland und die Westfjorde. Radmitnahme auf Fähren ist kein Problem, auch Personenfähren haben nach Absprache Platz für Fahrräder.

Anreise mit dem Rad

Die Fähre *Norröna*, 🖥 www.smyrilline.de, fährt ganzjährig jede Woche ab Hirtshals über Tórshavn nach Seyðisfjörður. Überfahrten im Sommer sollten sechs Monate im Voraus gebucht werden – Fahrräder finden immer Platz, aber die Kabinen sind frühzeitig ausverkauft. Das Fahrrad kann in allen dänischen Zügen nach Hirtshals mitgenommen werden (reservierungspflichtig; frühzeitig im DB-Reisezentrum buchen, nicht online möglich).

Die Anreise per Flugzeug ist schneller, belastet aber natürlich die persönliche Ökobilanz. Icelandair und WOW Air befördern Fahrräder verpackt gegen einen Pauschalpreis. Wer gleich in Keflavík starten will, findet am Flughafen den „BikePit"-Container zur Fahrradmontage und kann die Verpackung im Bílahótel einlagern. Komfortabler ist es jedoch, mit dem Bus (Flybus oder Airport Express, nicht Strætó) nach Reykjavík zu fahren und die Tour dort zu starten – der Campingplatz in Reykjavík ist mit Werkzeug, Gepäckaufbewahrung und Radfahrer-Rabatt sehr fahrradfreundlich.

Radtouren

Die drei Möglichkeiten für Radfahren auf Island sind: einzelne Tagestouren in Reykjavík und anderen touristisch attraktiven Orten, Radreisen auf „normalen" Straßen und Fahrten im Hochland. Auf Tagestouren oder geführten Touren kann man Reykjavík abseits der Touristenmassen und Schnellstraßen kennenlernen, im Sommer mit viel Grün und Strand und im Winter mit Spikereifen auf den geräumten, aber oft vereisten Radwegen. Andere Highlights für kurze Radtouren sind Mývatn und Umgebung, die alte Küstenstraße von Ísafjörður nach Bolungarvík oder die Svalvogar-Piste bei Þingeyri in den Westfjorden.

Viele Radreisende entscheiden sich für eine **Umrundung Islands**. Im Sommer trifft man auf der Ringstraße und auf den meisten Campingplätzen jeden Tag mehrere Radfahrer. Die klassische 1400-km-Tour folgt meist der Ringstraße. Zwischen Reykjavík und Akureyri bietet sich statt der dort recht stark befahrenen Ringstraße die Kjölur an; diese Panorama-Hochlandstrecke ist relativ gut fahrbar. Im Osten kann man über die steile, aber gut fahrbare Öxi abkürzen. Eine solche Tour ist in ca. drei Wochen zu schaffen, aber mehr Zeit schadet nicht, wenn man auch Abstecher machen will oder wandern geht. Bei Zeitmangel oder schlechtem Wetter kann man auch Strecken mit dem Bus abkürzen, insbesondere die stark befahrenen und etwas weniger spannenden Abschnitte Reykjavík–Akureyri oder Hvolsvöllur–Reykjavík. Vorteil: Man sieht alle Landschaftsformen Islands und alle „klassischen" Sehenswürdigkeiten. Nachteil: Man trifft an diesen auch die zahlreichen (motorisierten) Touristen, und der Autoverkehr auf der Ringstraße ist außer im Osten beträchtlich.

Mehr Einsamkeit erfährt, wer sich auf einen Landesteil beschränkt – man sieht dann zwar nicht „alles", aber was man sieht, sieht man besser als jeder Pauschaltourist. Am besten ist es aber, mit viel Zeit (sechs Wochen) zu kommen und Island mit Zeit und Ruhe zu erfahren. Besonders zu empfehlen sind die West- und die Ostfjorde – viele einsame Strecken, wenig Verkehr und eine großartige Landschaft. Viele Mountainbiker kommen jedoch wegen des unbewohnten Hochlands nach Island. Kaldidalur und Kjölur (ca. drei Tage) sind schöne, flussfreie und ziemlich einfach fahrbare Panoramastrecken. Die Sprengisandur ist dagegen lang (mind. vier Tage), steinig und grau. Fjallabak im Süden bietet abwechslungsreiche Berge und Pisten und viele Furten. Extrem einsam, sandig und anspruchsvoll ist es nördlich des Vatnajökulls (Gæsavatnaleið–Askja).

Cycling Iceland

Die Cycling-Iceland-**Fahrradkarte**, von Radfahrern erstellt, 🖥 www.cyclingiceland.is (gedruckt kostenlos bei Touristeninformationen und am Campingplatz in Reykjavík zu bekommen), bietet umfassende und aktuelle Informationen zum Straßen- und Radwegnetz in Island und Reykjavík, Autoverkehr, Fahrradläden, allen Bus- und Fährlinien, und **praktische Hinweise**. Die Website macht außerdem fahrradspezifische Angaben zu allen 250 Campingplätzen (Windschutz, autofreie Zeltwiesen, Duschen, Aufenthaltsräume, Werkzeug etc.).

Motorrad

Reisen mit dem Fahrrad ist umweltfreundlicher und sportlicher, aber auch eine Tour mit dem Motorrad ist möglich (Offroadfahren ist allerdings auch für Motorradfahrer streng verboten). Rundreisen entlang der Ringstraße mit dem eigenen Motorrad organisiert z. B. die Firma **Nordträume Reisen GmbH**, Luisenstr. 33, 39590 Tangermünde, ✆ 039322/316970, 🖥 www.nordtraeume-reisen.de. Kosten für eine Woche inkl. Frühstück und Fahrt mit der Fähre im Sommer um die 1500 €.

Wer sein eigenes Gefährt nicht den Gefahren auf den holprigen Pisten aussetzen will oder keine Zeit für die lange Anreise mit der Fähre hat, leiht sich eins, zum Beispiel bei **Biking Viking**, Bolholt 4, Reykjavik, ✆ 588 3220, 🖥 www.bikingviking.is.

Trampen und Mitfahrgelegenheiten

Hinter Ísafjörður Richtung Bolungarvík gibt es ein Straßenschild, das darauf hinweist, dass sich hier ein Treffpunkt für **Tramper** und mitnahmewillige Autofahrer befindet. Das ist die offizielle Bitte, Leute nicht im Regen stehen zu lassen (zugleich wird darauf hingewiesen, dass der Mitgenommene sich auf angemessene Art und Weise an den Benzinkosten beteiligen soll). Trotzdem muss sich, wer Island als Tramper bereisen will, darauf einstellen, garantiert irgendwo ziemlich lange im Regen zu stehen. Denn obwohl Trampen verhältnismäßig gut funktioniert, muss man viel Zeit mitbringen. Touristen – und die sind ja zumindest im Sommer deutlich in der Überzahl – nehmen einen erfahrungsgemäß selten mit, weil ihre Autos vollgepackt sind. Isländer halten zwar öfter, fahren aber eben oft nur kurze Strecken, z. B. von und zur Arbeit.

Generell gilt: An den großen Straßen wartet man länger als an ganz abgelegenen. Hier kann man davon ausgehen, dass *falls* ein Auto kommt, es wahrscheinlich anhält und einen aufliest.

Empfehlenswert ist das Trampen kürzerer Strecken, z. B. zu Sehenswürdigkeiten. Wir sind z. B. aus Kostengründen oft ohne Jeep unterwegs. Dann fahren wir so weit, wie es gefahrlos möglich bzw. erlaubt ist, stellen das Auto ab und laufen in Richtung Sehenswürdigkeit los. Wenn ein Auto vorbeikommt, halten wir den Daumen raus. Der Rückweg funktioniert oft besser, denn man kann Leute direkt ansprechen und ihnen erklären, dass man nicht stundenlang mit will, sondern nur zurück zum Auto. Von Trampern, die überfallen wurden, hört man nie.

Eine weitere Möglichkeit, günstig mitgenommen zu werden, bietet das Vermittlungsportal **Samferda**, 🖥 www.samferda.net/de (auch auf Facebook), grob übersetzt: „zusammen fahren". Samferda ist keine Mitfahrzentrale, die Provisionen kassiert, sondern eine Seite, auf der Fahrer und Mitfahrer jeweils kostenlos ihre Wünsche eintragen und eine Telefonnummer, unter der sie erreichbar sind. Eine Beteiligung an den Fahrtkosten wird erwartet, die Höhe ist aber frei verhandelbar.

Fähren und Boote

In Island gibt es zwei große Autofähren: *Herjolfur*, 🖥 www.herjolfur.is, verkehrt 4–5x tgl. zwischen Heimaey auf den **Westmännerinseln** (S. 524) und entweder Landeyjarhöfn (im Sommer) oder Þorlákshöfn (bei schlechtem Wetter und im Winter – unbedingt tagesaktuell checken!). Die Überfahrt dauert zwischen einer Stunde (Landeyjarhöfn) und dreieinhalb Stunden (Þorlákshöfn).

Die *Baldur*, 🖥 www.seatours.is, verkürzt den Reiseweg zwischen der Halbinsel **Snæfellsness** (Stykkishólmur) und den **Westfjorden** (Brjánslækur), im Winter 1x tgl., im Sommer 2x tgl. Wer den 1 1/2-stündigen Zwischenstopp auf der autofreien Insel **Flatey** verlängern und dort übernachten will, schickt sein Auto voraus zum Zielhafen und holt es dort nach der Ankunft ab (den Autoschlüssel gibt's beim freundlichen Fährpersonal). Näheres auf S. 274.

Kleinere Fähren verkehren nach **Grimsey** (S. 324) und zur Vogelinsel **Hrísey** (S. 375). Hrísey ist klein und autofrei, und auch für einen Tagesausflug nach Grimsey braucht man kein Auto, sodass eine Reservierung meist nicht erforderlich ist. Die Fähre *Sævar* pendelt zwischen Hrísey und dem kleinen Hafen in Árskógssandur südöstlich von Dalvík (15 Min., 1500 ISK hin und zurück). Nach Grímsey kommt man ab Dalvík mit der Fähre *Sæfari* (3 Std., 5000 ISK p. P.). Die Abfahrtszeiten sind je nach Jahreszeit und Wochentag unterschiedlich, deshalb unbedingt vorher informieren. Alle Infos bei **Samskip**, 🖥 www.samskip.is/innanlandsflutningur/saefari/english.

Im Sommer gibt es zusätzlichen Bootsverkehr zu weiteren Inseln (z. B. nach Papey, S. 476) und in die beliebte Wanderregion **Hornstrandir** in den Westfjorden (S. 311).

Übernachtung

Der Touristenandrang ist so groß, dass sich Engpässe bei den Unterkünften ergeben, besonders in der Zeit von Juni bis August. Einige Touristen übernachten deshalb am Straßenrand in ihren Pkw, was nicht nur unbequem, sondern auch verboten ist.

Besser schlafen lässt sich's neben den (relativ wenigen) Hotels in einem der unzähligen größeren oder kleineren Gästehäuser, auf Farmen, in Edda-Hotels (meist nur im Sommer offen), Jugendherbergen oder auf Campingplätzen. So gut wie alle Hotels und Gästehäuser lassen sich über 🖥 www.booking.com buchen.

Auch die Übernachtungsbörse **Airbnb** ist in Island beliebt. So beliebt, dass in der Hauptstadtregion schon Auflagen für Vermieter gibt (Studenten z. B. schaffen es kaum mehr, hier günstige Wohnungen zu finden, weil es für die

Schlafsackunterkünfte

Manche Gästehäuser bieten auch heute noch „Schlafsackunterkünfte" an, die wesentlich billiger sind als die regulären Übernachtungen. Was „Schlafsackunterkunft" aber konkret bedeutet, kann sehr unterschiedlich ausfallen: Manchmal übernachtet man in einem normalen Zimmer, nur eben im Schlafsack, manchmal auf einer Liege in einer Abstellkammer. Frühstück ist nie dabei, kann aber manchmal dazugebucht werden. Weil diese Art von Unterbringung so gut wie nie auf den Internetseiten der Gästehäuser verzeichnet ist und auch nicht über Portale wie booking.com buchbar ist, hilft nur eins: Anrufen und nach *sleeping bag accommodation* fragen.

Besitzer lohnender ist, sie tageweise an Touristen zu vermieten).

Couchsurfing ist möglich, allerdings ist nur eine Handvoll Menschen bereit, unentgeltlich Übernachtungsgäste aufzunehmen.

Jugendherbergen

Wer in einer der 35 Jugendherbergen *(farfuglaheimili)* übernachten will, muss *nicht* im Besitz eines Jugendherbergsausweises sein. Es kann sich bei mehreren oder längeren Aufenthalten aber lohnen, einen zu beantragen, denn man spart um die 700 ISK pro Person und Nacht. Die Unterbringung in Doppelzimmern unterscheidet sich oft qualitativ und auch preislich nur wenig von der in einem Gästehaus. Im Schlafsaal schläft man etwas einfacher, aber dafür günstiger. Bettwäsche gibt's auf Wunsch meist gegen einen Aufpreis.

Nicht alle Jugendherbergen haben eine Rezeption und einige sind auch nicht mit Bussen erreichbar. Vor allem in der Nebensaison ist es ratsam, sich vorher telefonisch anzumelden, denn unter Umständen muss man den Übernachtungspreis im Voraus per Kreditkarte entrichten (manchmal gibt es aber auch irgendeine kleine „Kasse des Vertrauens", in die man Bargeld einwirft).

Auf 🖥 www.hostel.is lässt sich eine Broschüre herunterladen, in der neben den Beschreibungen der Hostels auch die zahlreichen Firmen verzeichnet sind, bei denen man mit dem Jugendherbergsausweis Ermäßigungen bekommt (u. a. auf die Buspässe von Sterna).

Edda-Hotels und Berghütten

Eine isländische Besonderheit sind die sogenannten **Edda-Hotels**, 🖥 www.hoteledda.is/de. Die ursprüngliche Idee war es, Internate, die während der dreimonatigen Sommerferien verwaist sind, zu günstigen Übernachtungsmöglichkeiten umzufunktionieren. Heute gehören die Edda-Hotels zu den Fosshotels, die wiederum Icelandair gehören, und viele haben Hotelstandard (Drei-Sterne-Angebot Edda Plus mit eigenem Bad, Fernseher und Telefon in jedem Raum) bzw. sind echte Hotels wie das in Vík, das deshalb auch ganzjährig geöffnet ist.

Berghütten sind sehr einfache Unterkünfte für Wanderer. Reserviert werden müssen sie trotzdem. Die bekanntesten Betreiber sind der isländische Wanderverein **Ferðafélag Íslands**, Mörkinni 6, Reykjavík, ✆ 568 2533, 🖥 www.fi.is, ⏱ Mo–Fr 12–17 Uhr, und die Agentur **Útvist**, Laugavegur 178, Reykjavik, ✆ 562 1000, 🖥 www.utivist.is, ⏱ Mo–Fr 12–17 Uhr.

Hotels und Gästehäuser

In den **Touristeninformationen** in Island liegt oft ein kostenloses Unterkunftsverzeichnis aus, das mit *Rund um Island*, *Around Iceland* oder *Áning* betitelt ist. Die Onlineversion ist meist aus dem Vorjahr, liefert aber auch wertvolle Hinweise: 🖥 www.icelandreview.com/publication/aning-2017-accommodation-iceland.

Auch auf den **Tourismusseiten** der Regionen, 🖥 www.west.is, 🖥 www.westfjords.is, 🖥 www.northiceland.is, 🖥 www.east.is, 🖥 www.south.is, 🖥 www.visitreykjanes.is, 🖥 www.visitreykjavik.is, sind Unterkünfte gelistet. Allerdings gilt hier wie bei der *Áning*-Broschüre: Die Betreiber haben für diese Werbung bezahlt. Preise sind nie angegeben.

Campen

Das Zelt ist die günstigste und naturnächste Unterkunft. Es gibt ca. 250 offizielle Campingplätze auf Island. Die einfachsten haben nur kaltes Wasser und WC, aber viele sind mit warmen Duschen, Aufenthaltsräumen und Küche ausgestattet – angenehm, wenn es regnet oder stürmt. Eine Nacht kostet i. A. 1000–2000 ISK pro Person, unabhängig davon, ob man zeltet oder im Wohnmobil übernachtet. Eine Reservierung ist nicht notwendig. Camping ist auch bei Isländern sehr populär, bevorzugt fahren sie mit Geländewagen und Zeltanhänger dorthin, wo gerade das Wetter schön ist, und genießen die hellen Nächte gemeinsam, am Bank-Holiday-Wochenende auch in großen feucht-fröhlichen Partys. Aber meist ist es ruhig auf den Campingplätzen, besonders in der Vor- und Nachsaison und auf Zeltwiesen, die nicht mit Autos befahren werden dürfen.

Freies Zelten wird heute kritisch gesehen. Müll und menschliche Hinterlassenschaften an vielen Stellen, Fahrspuren von offroad geparkten Autos und Touristen, die in Sichtweite von Ortschaften parken und übernachten, ohne für WC etc. zu bezahlen, sind negative Folgen des Tourismusbooms. So wurde das skandinavische Jedermannsrecht in den letzten Jahren eingegrenzt.

Wenn man den nächsten Campingplatz nicht erreichen kann, ist es grundsätzlich erlaubt, ein

Preiskategorien der Unterkünfte

Die Hotels und Gästehäuser werden in diesem Buch alphabetisch gelistet in die unten aufgeführten Kategorien eingeteilt. Die Preise beziehen sich dabei auf ein **Doppelzimmer in der Hauptsaison**. Die Preise für Camping, Betten im Schlafsaal und Blockhäuser sind extra ausgewiesen und beziehen sich ebenfalls auf die teuerste Reisezeit im Sommer.

❶ bis 6000 ISK		❺ bis 30 000 ISK
❷ bis 12 000 ISK		❻ bis 36 000 ISK
❸ bis 19 200 ISK		❼ bis 42 000 ISK
❹ bis 24 000 ISK		❽ über 42 000 ISK

www.stefan-loose.de/island   ÜBERNACHTUNG

normales kleines Zelt für eine Nacht überall entlang des Wegs aufzustellen (auf Privatgrund ist der Besitzer um Erlaubnis zu fragen). Dies gilt nicht auf kultiviertem Land, in der Nähe von Wohnhäusern, in bestimmten Naturschutzgebieten und im ganzen **Süden**. Hier gibt es ein generelles Zeltverbot in „bewohntem Gebiet". Offizielle Informationen zum Jedermannsrecht auf 🖥 www.ust.is/einstaklingar/frettir/frett/2016/06/30/May-I-camp-anywhere-.

Ausrüstung

Für die Islandreise lohnt die Investition in ein stabiles Zelt, das nicht beim ersten Wind davonfliegt, und in Heringe, die auch in steinigem oder sandigem Boden zuverlässig halten, genauso wie in einen wasserabweisenden Schlafsack. Denn wegen der hohen Luftfeuchtigkeit bildet sich schnell Kondenswasser an den Zeltwänden. Kommt man mit den Schlafsack daran, ist das gute Stück nass.

Wohnmobile und Camper

Der riesige Vorteil einer Reise mit dem Wohnmobil ist die Flexibilität. Man kann einfach losfahren und anhalten, wo es einem gefällt, einen Regentag auch einmal aussitzen und auf besseres Wetter warten, ohne die Monate im Voraus gebuchten Unterkünfte umbuchen zu müssen. Wohnmobilreisende sind frei – allerdings sollten auch sie einiges beachten.

Weil die Isländer ja ihr Trinkwasser aus Quellen, Bächen und Flüssen gewinnen, geht es gar nicht, seine „Hinterlassenschaften" einfach irgendwo auszuschütten. Irgendwie eingraben ist auch keine Lösung, denn hier verwest alles – wenn überhaupt – extrem langsam. Die **Entsorgung** von Campingtoiletteninhalten ist an manchen Campingplätzen und Olis-Tankstellen möglich, außerdem an den beiden Klärwerken. Die isländische Umweltagentur hat eine Broschüre dazu herausgegeben: 🖥 www.Goo.gl/RE9tLy bzw. 🖥 www.ust.is/einstaklingar/urgangur/losun-ferdasalerna. Bitte beachten: Manchmal kostet das Entsorgen Geld – aber das ist definitiv gut angelegt!

Es kann nicht oft genug gesagt werden: Es ist verboten, außerhalb der Straßen zu fahren – also auch, dort zu parken. Deshalb haben Wohnmobil-Reisende, die auf der Durchfahrt sind, ein echtes Problem: Die wenigen offiziellen **Park- und Picknickplätze** sind oft winzig und vor allem in der Hauptsaison meist belegt. Im Klartext: Manche Sehenswürdigkeiten können schlicht nicht angefahren werden. Und das idyllische Picknick in der freien Natur? Muss dann eben auf dem Asphaltparkplatz einer Tankstelle eingenommen werden.

Das **Jedermannsrecht** gilt nicht für Campingbusse, Wohnmobile, Zeltanhänger etc. – Reisende mit Fahrzeug dürfen nur auf offiziellen Campingplätzen übernachten oder auf Privatland, wenn der Besitzer sein Einverständnis gegeben hat.

Für einige gewöhnungsbedürftig: Die einfachste Möglichkeit, sich mit **Frischwasser** zu versorgen, ist die Tankstelle. Dort, wo es die lustigen Autowaschanlagen gibt, die nur aus Besen bestehen, die an Wasserschläuche angeschlossen sind. Hier fülle man seine Kanister auf oder schließe den mitgebrachten Schlauch an (Adapter für G 3/4 Wasserkrananschluss mitnehmen!). Tatsächlich ist es ganz normales Trinkwasser – das gleiche, das auch aus den „normalen" Leitungen kommt.

Wohnmobile und Mini-Camper zur Miete

Je teurer Island als Reiseland wird, umso größer wird die Nachfrage nach kostengünstigen Wohnmobilen und Campervans. Das Angebot nimmt entsprechend zu. Von kleinen Familienunternehmen wie snail.is bis zu den großen Happy Campers: Alle bauen fleißig Autos so um, dass man darin schlafen kann – mit unterschiedlichem Erfolg. Wir haben schon einen sogenannten Camper gesichtet, in dem vorgesehen war, unter dem Gepäck in einem 50 cm breiten Schacht zu schlafen. Also Augen auf bei der Suche: Hat das Fahrzeug eine Standheizung? Gibt es eine Kochmöglichkeit? So unterschiedlich wie die Anbieter sind nämlich auch die Leistungen und Preise. Die Kosten für einen Mini-Camper bewegen sich in der Hauptsaison zwischen 180–310 € pro Tag (in der kalten Jahreszeit oft erheblich billiger, da geringe Nachfrage und nur wenige offene Campingplätze). Einen Landrover Defender bekommt man für etwa 500 € pro Tag.

Toiletten

Außerhalb von Reykjavík gibt es nur wenige öffentliche Toiletten (*snyrting* bzw. *snyrtingar*). Eine gute Anlaufstelle sind aber die Tankstellen. Wenn es schon mal irgendwo draußen sein muss, dann bitte Klopapier in der Tüte wieder mitnehmen.

Hier eine Auswahl, alphabetisch sortiert:
Camp Easy, Smiðjuvegur 72, Kópavogur, ✆ 571 1310, 🖥 www.campeasy.com. Das Angebot reicht vom klitzekleinen Minicamper bis zum 4x4 Van.
Camping Iceland, Flatahraun 21, Hafnarfjörður, ✆ 537 6050, 🖥 www.campingiceland.is. Bietet umgerüstete Jeeps (Suzuki Jimney, Dacia Duster, Subaru Forrester), teilweise mit Dachzelt.
Go Campers, Helluhraun 4, Hafnarfjörður, ✆ 517 7900, 🖥 www.gocampers.is. Einfache kleine Kastenwagen (vor allem in der Nebensaison günstig), auch einige größere Vans (ohne Allradantrieb) und umgebaute Jeeps.
Happy Campers, Stapabraut 21, Keflavík, ✆ 578 7860, 🖥 www.happycampers.is. Kleinbusse mit aufgemalten Bäumen, mit Solarpaneelen und einer Heizung, die umweltfreundlicher sein soll als die üblichen Standheizungen.
Kria-Tours, D-48366 Laer, ✆ +49 (0) 2554 8987, 🖥 www.kria-tours.de. Sven und Petra Strumann vermitteln Mini-Camper, aber auch größere Wohnmobile, Wohnwagen und Zeltanhänger. Auf Wunsch organisieren sie auch die Touren dazu.
Kúkú Campers, Flatahraun, Ecke Skútuhraun, Hafnarfjörður, ✆ 415 5858, 🖥 www.kukucampers.is. Billiganbieter, ist zuletzt allerdings wegen unseriöser Auskünfte („Ihr könnt überall einfach stehen bleiben") in Verruf geraten.
Snail.is, Tangarhöfða 2, Reykjavik, ✆ 533 1919, 🖥 www.snail.is. Die aufgemalte Schnecke symbolisiert: Hier zieht man sich in sein Schneckenhaus zurück bzw. ins Hintere eines VW Transporters. Klein, aber fein. Freundlicher Familienbetrieb.

Campingplätze

Die Ausstattung der Plätze ist sehr unterschiedlich: Manche sind nur eine Wiese mit Klohäuschen, andere moderne Servicezentren mit Küche, Aufenthaltsraum, Stromversorgung und WLAN. Der Großteil der Campingplätze ist nur in der Zeit zwischen Juni und August in Betrieb, wegen der steigenden Nachfrage öffnen aber immer mehr das ganze Jahr über. Auch außerhalb der offiziellen Öffnungszeiten lohnt sich eine persönliche Anfrage, denn oftmals kommt dann jemand und schließt das Servicehäuschen auf.

Die **Internetseite** der Wahl ist 🖥 www.tjalda.is. Die Preise und Telefonnummern sind nicht immer brandaktuell, aber es gibt eine Liste der ganzjährig geöffneten Plätze. Übersichtlicher und sorgfältig recherchiert ist die Karte auf 🖥 www.cyclingiceland.is bzw. https://cyclingiceland.is/wp-content/uploads/2017/09/CI2017_Campsites_Huts_24Sep2017.pdf.

Beliebt sind auf den Campingplätzen die Reste-Ecken. Vor allem in Reykjavík und der Flughafenumgebung bleiben oft Berge von Lebensmitteln zurück. Auch wer keine angegessenen Knäckebrotpakete oder halbvolle Nudeltüten mitnehmen möchte, wird hier fündig.

Mit der Campingcard gut beraten

€ Wer länger in Island bleiben will, ist mit dem Kauf der Campingkarte gut beraten. Für zwei Erwachsene rechnet sie sich bereits nach acht Tagen. Die Campingkarte kostet 18 900 ISK und ermöglicht maximal 28 Übernachtungen auf mehr als 40 Campingplätzen in ganz Island.
Es ist sinnvoll, die Campingkarte vor Antritt der Reise online zu bestellen (Zahlung mit PayPal, Lieferzeit ca. eine Woche), aber man bekommt sie auch auf der Fähre, in den meisten Postämtern, den Supermärkten der Kette 10–11 und bei vielen (aber nicht allen!) angeschlossenen Campingplätzen. Die Übernachtungssteuer von 111 ISK pro Übernachtung (nicht pro Person) muss vor Ort jeweils extra bezahlt werden. Informationen unter ✆ 552 4040, 🖥 www.campingkarte.is.

> **Umsatzsteuerrückerstattungen**
>
> Weil Island nicht in der EU ist, kann man sich unter bestimmten Bedingungen die zu viel gezahlte Umsatzsteuer (Mehrwertsteuer) z. B. auf Kleidung, Bücher oder Souvenirs zurückerstatten lassen. Dafür muss eine Kaufsumme von über 6000 ISK auf einem einzigen Kassenzettel zusammengekommen sein, die Ware muss (wenn möglich) original verpackt sein, und die Heimreise darf nicht später als drei Monate nach dem Kauf angetreten werden. Erstattungsstellen gibt es an verschiedenen Orten in Reykjavík (z. B. im Einkaufszentrum Kringlan), am Fährhafen in Seyðisfjörður, am Flughafen Reykjavík und am Flughafen Keflavík im Duty-free-Bereich hinter der Passkontrolle. Das Geld wird in bar ausbezahlt oder überwiesen bzw. der Kreditkarte gutgeschrieben. An allen Stellen muss man allerdings mit langen Schlangen rechnen, und die Öffnungszeiten sind (mit Ausnahme der Stelle am Flughafen) oft nur sehr kurz, sodass sich eine weitere Möglichkeit anbietet: Schon beim Kauf ein **abgestempeltes Duty-free-Formular** verlangen. Das schickt man zusammen mit dem Kassenzettel und der eigenen Bankverbindung an: **Global Blue**, P.O. BOX 363, 810 00 Bratislava, Slovakia, Europe (funktioniert oft, aber nicht immer). Achtung: Liegt der Erstattungsbetrag über 5000 ISK, muss die Ware dem Zoll vorgezeigt werden. Am Flughafen Keflavík findet man den Schalter in der Abflughalle. So kann der Kram anschließend noch im Koffer verstaut werden.

Es ist beispielsweise völlig unnötig, Salz einzukaufen: Das steht auf fast jedem Campingplatz in großen Plastikdosen rum und wartet nur darauf, genutzt und ein weiteres Mal mit auf Reisen zu gehen.

Viele Campingplätze haben zwar eine kleine Küche, aber die ist im Sommer oft brechend voll, sodass man länger warten muss, bis man sich auf den wenigen Kochplatten Essen zubereiten kann. Auf manchen Campingplätzen gibt es auch Waschmaschinen und Trockner (Münzgeld), aber auch die werden von vielen Gästen genutzt (Wartezeit einplanen).

Unterhaltung

Der größte Teil Islands ist ländlich geprägt, das Unterhaltungsangebot dementsprechend mau. In den größeren Orten gibt es **Kinos**, in denen oft englischsprachige Filme laufen. **Konzerte** finden meist in ganz normalen Cafés und Restaurants statt – oft gar nicht oder nur sehr kurzfristig angekündigt. Die meisten Isländer singen gern. Fängt einer an, stimmen immer welche mit ein. Und schwups bekommen Reisende eine kleine Privatvorstellung im Hot Pot oder im Schnellrestaurant einer Tankstelle. Planbar ist so etwas aber selten. Das gilt auch für Spontan-Konzerte, die an schönen Sonnentagen open air, z. B. auf einem Campingplatz oder in einem Café mit Außengastronomie stattfinden. Gäste sind stets willkommen. Wer laute Musik hört, folgt ihr, bis er die Quelle ausfindig gemacht hat.

Auch wenn man das in Akureyri und Ísafjörður nicht gern hört: Ein echtes Nachtleben gibt es nur in Reykjavik. Junge Mädchen in Spaghettiträgertops stehen dann Schlange vor den Bars und Discos (ja, auch im Winter). Man geht hauptsächlich an Freitagen und Samstagen aus – und das spät. Sehr spät.

Verhaltenstipps

Im Großen und Ganzen gibt es keine großen Unterschiede zum höflichen Umgang miteinander in Island und Deutschland. Besonders hervorzuheben sind nur die strengen Waschregeln in den Schwimmbädern (S. 66) und die Notwendigkeit, sich beim Betreten eines Wohnhauses die Schuhe auszuziehen. Dreck, Matsch und vor allem Staub bleiben so im Eingangsbereich und werden nicht im gesamten Wohnbereich verteilt. Die Isländer laufen einfach auf

Socken weiter, aber einige Gästehäuser haben sich schon auf Besucher aus dem Ausland eingestellt und halten Hausschuhe bereit. Witzige Videos zum korrekten Verhalten hat das isländische Fremdenverkehrsamt erstellt. Ein virtueller Besuch der Icelandacademy zur Vorbereitung auf das Land ist ein absolutes Muss. Schon alleine, weil der so viel Lust auf das tolle Land und seine Bewohner macht, 🖳 www.inspiredby iceland.com/icelandacademy.

Im **Restaurant** ist es nicht üblich, zum Bezahlen nach dem Kellner zu winken. Man zahlt beim Verlassen an der Theke.

Was die **Kleiderordnung** anbelangt, so sind Isländer tolerant. Sie kleiden sich zwar in der Regel selbst gern schick und teuer, aber wir haben noch nie erlebt, dass Touristen in Wanderkleidung irgendwo draußen bleiben mussten. Ausnahme: Diskotheken, Bars und Nachtclubs. Hier fallen Jack-Wolfskin-Gäste auf wie bunte Hunde. Im Schwimmbad oder Hot Pot trägt man immer Badekleidung.

Das **Rauchen** in Restaurants usw. ist verboten, und man steht in geselliger Runde vor der Tür. Reisende Raucher haben selbstverständlich einen kleinen Taschenaschenbecher dabei oder stopfen ihre Kippen in Tüten oder Jackentaschen. Zigaretten sind teuer. Im Duty-free-Shop kostet die Stange ab 6500 ISK, an der Tankstelle fast das Doppelte.

Trinkgelder waren in Island zwar lange unüblich, dennoch empfindet sie niemand als Beleidigung – im Gegenteil: Alle Dienstleister freuen sich über Geldgeschenke in allen Währungen.

Zeit

In Island gilt ganzjährig die **Westeuropäische Zeit** (Greenwich Mean Time, GMT). Deutsche müssen ihre Uhr im Sommer um zwei, im Winter um eine Stunde zurückstellen.

Zoll

Island ist nicht in der EU, deshalb gilt: Zollfrei können Personen über 18 Jahre je 200 Zigaretten (oder 250 g Tabak) einführen. **Alkohol** darf nur einführen, wer mindestens 20 Jahre alt ist, und zwar zollfrei entweder 1,5 l Spirituosen, 4,5 l Wein oder 18 l Bier. Eine Liste, in der die unterschiedlichen Kombinationsmöglichkeiten detailliert aufgeschlüsselt sind, steht auf der Seite des Zolls, 🖳 www.tollur.is. Als Spirituosen und Wein zählen Getränke ab 21 % Vol.

Auch für **Lebensmittel** gibt es Sonderregeln: Die Einfuhr von konservierten Produkten ist pro Person auf 3 kg und einen Wert von 25 000 ISK beschränkt. Frisches oder geräuchertes Fleisch, rohe Eier, Milch und Käse darf man gar nicht mitbringen.

Land und Leute

Die karge Insel im Norden Europas ist ebenso facettenreich wie faszinierend: Vulkane, Gletscher, endlose Einöden, eine pulsierende Hauptstadt und eine liebenswerte Bevölkerung. Wer gerne aktiv auf die Natur zugeht, kommt hier auf seine Kosten: sei es auf tagelangen Hochlandwanderungen, bei der Walbeobachtung oder der Fotojagd am Vogelfelsen. In Erinnerung bleiben aber auch die stillen Momente – wenn einem die pure Landschaft den Atem verschlägt.

VORSICHT: TROLLE MÖGEN TRAVELLER – AM LIEBSTEN GEKOCHT; © CAROLINE MICHEL

Steckbrief Island

Offizieller Name Lýðveldið Ísland

Staatsform parlamentarische Republik

Hauptstadt Reykjavík

Einwohnerzahl 338 349 (1.1.2017)

Anteil der Stadtbevölkerung 94 % (Stand 2016)

Sprache Isländisch (isl. *íslenska*)

Religionen 70 % evangelisch-lutherisch (isl. Staatskirche), 5,9 % lutherische Freikirchen, 7,7 % andere christl. Konfessionen (meist katholisch), 0,8 % Ásatrúarfélagið (Neuheidnisch), einige kleinere Religionen jeweils unter 0,5 %

Glücksindex Platz 3 (von 155; Deutschland: Platz 16; Stand 2017)

Pro-Kopf-Einkommen 52 490 KKP-Dollar (Deutschland: 49 530; Stand 2016)

Touristen pro Jahr 1,7 Mio. (2016), 2,3 Mio. (Prognose 2017) – stark steigend

Inhalt

Geografie	87
Flora und Fauna	95
Umwelt	98
Bevölkerung und Gesellschaft	100
Geschichte	102
Regierung und Politik	111
Wirtschaft	113
Religion	116
Kunst und Kultur	117

Geografie

Fläche: 103 106 km^2
Küstenlänge: ca. 5000 km
Größte Städte: Reykjavík (122 000 Einw.), sowie im Raum Reykjavík Kópavogur (35 200 Einw.) und Hafnarfjörður (28 700 Einw.); im Norden: Akureyri (18 500 Einw.)
Längster Fluss: Þjórsá, 230 km
Höchster Berg: Hvannadalshnjúkur (2110 m)

Island – das „Land aus Feuer und Eis". So abgegriffen dieses Klischee auch ist, so gut trifft es die größte Vulkaninsel der Welt, deren Lage auf dem Mittelatlantischen Rücken es zu einem der „heißesten" Flecken der Erde macht. Die Insel ist die zweitgrößte Europas (nach Großbritannien) und besteht zu mehr als der Hälfte, rund 64 500 km^2, aus Ödland: Lava- und Schotterwüsten. Weitere 11 % der Landesfläche sind mit Gletschern bedeckt: 11 922 km^2. Davon nimmt allein der größte, der Vatnajökull, 8300 km^2 ein.

Etwa 24 000 km^2 des Landes sind mit Vegetation bewachsen; 20 000 km^2 werden als Weideflächen für Schafe, Pferde und Kühe genutzt.

Vor der Küste befinden sich einige kleinere Inseln: Im Süden zählen die **Westmännerinseln** (S. 524) wohl mit zu den am frühesten besiedelten Orten. Im Westen liegen die kleine Insel **Viðey** (S. 150), die leicht von Reykjavíks Hafen aus zu erreichen ist, sowie das im Sommer recht lebendige **Flatey** (S. 273). Im Norden ragen die steilen Felsen von **Drangey** (S. 352) empor, und das Eiland **Grímsey** (S. 324) ist die einzige Stelle, an der Island den Polarkreis erreicht.

Naturräume

Bedingt durch die klimatischen und geologischen Eigenheiten haben sich in Island einige Naturräume herausgebildet, die sich deutlich voneinander unterscheiden.

An der Küste finden sich zum Teil steil emporragende Felsen; so z. B. an der Westküste auf den Halbinseln Reykjanes und Snæfellsnes und an der Südküste beim Ort Vík. Manchmal unterbrechen **Strände** und sandige **Buchten** die Felsenküste, doch vor allem sind es die tief eingeschnittenen **Fjorde**, die weite Abschnitte der Küstenlandschaft kennzeichnen. Die tiefsten befinden sich im Norden (Eyafjörður, 60 km) und Nordwesten (Ísafjarðardjúp, 75 km), aber auch im Osten und im Westen müssen Autofahrer oft lange Strecken um einen Fjord zurücklegen, um von einem Dorf ins gegenüberliegende zu kommen. Vor allem in den Westfjorden sind die **Klippen** dramatisch steil – bis zu 600 m geht es hier hoch. An anderen Stellen, z. B. im Süden, ist die Küste von weiten **Sanderflächen** geprägt. Hier haben Gletscherläufe, die Vulkanausbrüche unter dem Eis auslösten, mit dem Schmelzwasser riesige Mengen Sand, Gestein und Geröll hinterlassen.

Die oft rauen **Küstengewässer** sind sehr fischreich. Temperaturen von um die 10 °C halten zum Glück die meisten Besucher davon ab, baden zu gehen. Jeder, der es dennoch versuchen will, sei gewarnt: Die Strömungen sind sehr stark, und wer abtreibt, hat so gut wie keine Überlebenschance.

Im Hinterland, wo die Küste nicht direkt in steile Klippen und Bergmassive übergeht, erfreuen **grüne Wiesen** das Auge. Frei herumlaufende Schafe und Island-Pferde knabbern an Kräutern und Löwenzahn. Bäume gibt es nur vereinzelt; oft um die ebenso vereinzelt stehenden Häuser und Gehöfte gepflanzt, um diese ein wenig vor den Unbilden des Wetters zu schützen. Weiter in Richtung Landesinneres wird alles etwas karger, und in Höhen ab 300 m lösen **Heide-Landschaften** die Wiesen ab.

Das **Hochland** ist geprägt von ausgedehnten Wüstengebieten, Lavafeldern und Geröllhalden, die nur wenige Monate im Jahr schneefrei sind und über die auch dann noch der Wind fegt. Hier hat die Vegetation kaum eine Chance. Nur in einigen Senken und in windgeschützten Tälern gibt es kleine Oasen mit ein wenig Grün – das dann in dieser grauen Gegend besonders leuchtet.

Die Entstehung der Insel

Island ist geologisch gesehen die **jüngste Insel der Welt**: Die ältesten Teile sind ungefähr 15–20 Mio. Jahre alt, und die jüngsten nur ein paar

Jahre oder Jahrzehnte. Das Zusammenspiel zweier Faktoren ist für das Entstehen der Insel verantwortlich: zum einen der **Drift der Kontinentalplatten** (die eurasische Platte wandert nach Osten, die nordamerikanische Platte nach Westen) und zum anderen ein **Hot Spot**, ein „heißer Fleck" in der Erdkruste, der wohl aus einem Strom besonders heißer Massen tief aus dem Erdinneren gespeist wird. Auch der *Hot Spot* wandert, und als er auf die „empfindliche" Stelle an der Nahtstelle der Kontinentalplatten traf, ging vor 20 Mio. Jahren im wahrsten Sinne des Wortes das Feuerwerk los. Millionen Jahre lang wurde so Magma an die Erdoberfläche befördert, und am Ende des Tertiärs, vor ca. 15–3 Mio. Jahren, ragte Island bereits als relativ kleine, flache Insel mit steilen Küsten aus den Fluten empor. Damals herrschte ein mildes Klima, und Misch- und Nadelwälder begrünten das Eiland.

Dann begann ein neues Erdzeitalter: Das Quartär. Es brachte eine Eiszeit und zum ersten Mal **Gletscherbildung** auf der Insel. In den letzten drei Millionen Jahren folgten noch etwa zehn bis 20 weitere Eiszeiten: Und die sich auf- und abbauenden Gletscher formten einen großen Teil des heutigen Erscheinungsbildes: Sie frästen die Fjorde in die Küsten und hinterließen U-förmige Täler. Die letzte Eiszeit endete vor 8000–10 000 Jahren: Aus dieser Zeit sind die heutigen großen Gletscher übriggeblieben.

Bis vor ca. 1500 Jahren war ein großer Teil der Landesfläche (man schätzt: zwei Drittel) an den Küsten und in geschützten Lagen mit Birken und Weiden sowie in kälteren Bereichen mit Moosen und Flechten bewachsen. In den folgenden Jahrhunderten wurde es kälter; und inzwischen sind nur noch etwa 20 % der Landesfläche mit Vegetation bedeckt (davon 2 % mit Bäumen).

Doch Island ist noch längst nicht zur Ruhe gekommen. Noch heute ist alles in Bewegung: Ständig bebt irgendwo die Erde, und die Vulkane rumoren. Messungen zeigen, dass die eurasische und die nordamerikanische Kontinentalplatte jedes Jahr 2 cm auseinanderdriften. Eine geologische Karte der Insel (S. 89) zeigt deutlich den „Riss", der einmal quer durch das Land läuft: von Reykjanes im Südwesten bis zum Öxafjörður im Nordosten. Entlang dieser sogenannten **Riftzone** häufen sich Erdbeben und Vulkanausbrüche (ein weiteres aktives Gebiet ist die Snæfellsnes-Zone im Westen). Auch das Klima spielt eine Rolle: In der sogenannten „Kleinen Eiszeit" vom 13.–19. Jh. gab es eine verstärkte vulkanische Tätigkeit durch vergrößerte Gletscher. Über die Auswirkungen der aktuellen Klimaerwärmung kann nur spekuliert werden.

Neben den oft zitierten Elementen Feuer (Vulkanismus) und Eis (Gletscher) gibt es allerdings noch weitere Kräfte, die das Gesicht der Insel formen. Eine ist die **Erosion**. Auch hier spielt z. T. Eis eine Rolle: Wenn nämlich Wasser in die winzigen Spalten im Gestein eindringt und dann gefriert, sprengt es den Stein. Im Hochland sieht man öfter solche zersprungenen Steine (einige zerfallen in gleichmäßige Scheiben; sie werden „Trollbrot" genannt). Die Küsten werden von der donnernden Brandung zernagt, und über das Hochland fegen Sandstürme und zerreiben nach und nach alles, was sich ihnen in den Weg stellt. Gletscher schleifen – zigtausend Tonnen schwer – ganze Berge ab. Reißende Flüsse zerschmettern Felsbrocken und graben tiefe Schluchten in das Land. An den Mündungen der Gletscherzungen bilden sich flache Ebenen aus Sand und Geröll.

In jüngster Zeit hat auch der Mensch entscheidenden Einfluss auf die Gestaltung der Landschaft. Nicht nur, dass er in den letzten 1000 Jahren über die Hälfte des ohnehin schon kargen Baumbestandes vernichtet hat – auch die Tierhaltung setzt der Natur zu. Die einen Großteil des Jahres frei herumstreunenden Schafe fressen sich am kargen Grün satt, und wenn sie alles bis zum Boden herunterknabbern, trägt der Wind die Bodenkrume immer weiter ab, bis nichts mehr nachwächst. Noch massiver sind die **menschlichen Eingriffe** durch den Bau von Stauseen. Doch verglichen mit der Urgewalt, die unter der Erde lauert, erscheint das alles nur wie der sprichwörtliche Tropfen auf dem heißen Stein.

Vulkanisch aktive Gebiete

Islands Landschaft wurde über Jahrmillionen hinweg durch Vulkanismus geprägt. Heute noch findet man auf einem Viertel der Landoberflä-

che Anzeichen von Vulkanismus. Es gibt rund **30 einzelne Vulkansysteme**, die sich grob auf drei aktuell vulkanisch aktive Gebiete aufteilen lassen: Erstens die eigentliche Riftzone, in der die Kontinentalplatten auseinanderdriften. Sie erstreckt sich von der Halbinsel Reykjanes bis zum Öxafjörður im Norden einmal quer durchs Land (Geologen unterscheiden hier noch weiter in „westliche und „nördliche" Vulkanzone). **Askja** (S. 591) und **Krafla** (S. 420) sind bekannte Vulkane dieser Zone. Die zweite Zone ist der Mittelteil Südislands („östliche Vulkanzone"); sie liegt auf dem *Hot Spot*, der aus dem Erdinneren gespeist wird. Hier lauern u. a. die gefährlichen Vulkane **Katla** und **Hekla** (s. Kästen auf S. 510 und S. 540). Eine dritte Zone liegt auf der Halbinsel Snæfellsnes.

Vulkanisch aktive Gebiete haben meist einen deutlich erkennbaren Hauptvulkan in der Mitte. Alle obengenannten gehören dazu. An anderen Stellen, an denen die Erdkruste nicht punktuell, sondern längs aufriss, bilden sich Kraterreihen: **Lakagígar** (S. 576) ist ein gutes Beispiel.

Bei den Zentralvulkanen werden zwei Arten unterschieden: Während der Eiszeiten entstanden Tafelberge wie **Herðubreið** (S. 590), bei denen der Ausbruch unterhalb des Gletschers stattfand, während sich zwischen den Eiszeiten die „klassischen" Vulkane herausbildeten, oft als wohlgeformte Kegel wie aus dem Kindermalbuch.

Oft erstrecken sich ausgedehnte **Lavafelder** rund um die „Feuerberge". Die Hälfte aller Vulkansysteme ist in den vergangenen 1000 Jahren ausgebrochen: z. T. gleich mehrfach. Insgesamt gab es etwa 250 Eruptionen. Dabei floss ein großer Teil des heißen Magmas in Lavaströmen ab, die die heutige Landschaft entscheidend geprägt haben.

90 % der ausgeworfenen Lava besteht aus **Basalt**. Man unterscheidet zwei Arten: Zum einen dünnflüssige Lava, in denen kaum Gas eingeschlossen ist. Sie erstarrt zu sogenannter **Fladenlava**; massivem Gestein, das an der Oberfläche oft eine gewundene, gewellte Form aufweist („Stricklava"). Sie ist an vielen Stellen in Island zu finden, u. a. in Þingvellir (S. 192) und im Lavafeld Hallmundarhraun (S. 240) im Westen des Landes. Die zweite Art Lava ist zähflüssig, hat einen hohen Gasanteil und erstarrt zu

porös wirkenden, rauen Schlacke-Brocken. Das größte Gebiet dieser Art ist das 975 km² große **Þjórsárhraun** im Süden des Landes (S. 554).

Interessant sind jedoch auch die restlichen 10 %, die bei Ausbrüchen zutage treten. Saure, sehr flüssige Lavaströme, die schnell erkalten, werden zu **Obsidian**, einem glasartigen Gestein, das man z. B. im Gebiet Landmannalaugar finden kann. Andere Vulkane speien **Asche** und **Tuff** – letzteres ein Gestein mit so vielen Gas-Einschlüssen, dass es auf Wasser schwimmt. Wer im Gebiet der Askja unterwegs ist, wird solche Felder durchqueren.

Eng an die vulkanische Tätigkeit gekoppelt sind die etwa 30 **Hochtemperaturgebiete**; zumindest eines sollte man unbedingt besuchen, um möglichst viele Facetten des Landes zu sehen. Nur eine Autostunde südlich von Reykjavík befindet sich das Gebiet **Seltún** in der Region Krýsuvík (S. 181). Dort gibt es einen schönen Ausblick von einem kleinen Hügel aus. Am bekanntesten ist jedoch das Gebiet **Haukadalur**, wo der Geysir Strokkur die Besucherscharen lockt (S. 201). Etwas einsamer, aber dafür auch weiter entfernt im Nordwesten des Landes, liegt zu Füßen des Vulkans Krafla das Gebiet **Hveraröud** (auch: Hverir, s. S. 420). An allen Ecken blubbert und zischt (und stinkt) es hier. Aus sogenannten **Fumarolen** quillt 100–1000 °C heißer Dampf; in der Umgebung ist der Boden meist verfärbt durch die Abscheidung diverser vulkanischer Gase. Der Gestank (und inzwischen oftmals auch Absperrungen) hält die meisten Besucher ab, nah an solche Stellen heranzugehen. Das wäre auch keine gute Idee, ebenso wie die Annäherung an die blubbernden grauen **Schlammtöpfe**: Die Gase sind giftig, und die Erdkruste ist hier z. T. so dünn, dass man einbrechen könnte. Noch gefährlicher (aber ziemlich selten) sind die **Moffetten**, an denen reines, geruchsloses und der Umgebungstemperatur angepasstes Kohlendioxid austritt: Das tödliche Gas ist schwerer als Luft und sammelt sich in Senken. Vom Ausbruch der Hekla 1947 ist bekannt, dass Schafe, die durch eine solche Senke liefen, erstickt sind, während ihren Schäfern nichts geschah: Ihre Köpfe ragten über das Kohlendioxid hinaus.

Außerhalb der aktiven Vulkanzonen gibt es noch 250 **Niedertemperaturgebiete**, an denen warmes bis kochend heißes Wasser an die Oberfläche tritt. Dabei handelt es sich um Niederschlagswasser, das im Boden versickert, bis es in von Magma erhitzte Zonen kommt, von wo es erwärmt bzw. erhitzt seinen Weg nach draußen antritt. Zur Freude der Menschen, die in dem Wasser entweder baden können, oder Eier darin kochen, oder Kraftwerke drum herum bauen und so ganze Städte mit Energie versorgen.

Landschaften

Bedingt durch die Entstehungsgeschichte der Insel prägen viele verschiedenartige Berge und Gebirge das Landschaftsbild. Dazwischen erstrecken sich ausgedehnte Wüsten und Ödland, und am Horizont glitzern die Gletscher wie eine ferne Verheißung – gewiss ein Paradies für Geologen, aber vor allem auch für Wanderer, Reiter und andere abenteuerlustige Naturen.

Berge

Die ältesten Gesteinsformationen in den Westfjorden wurden über Millionen von Jahren von Gletschern glattgeschliffen (besonders schön: die Klippe **Hornbjarg** in Hornstrandir, S. 311), während die jüngeren Berge im Osten noch zackig und zerklüftet in den Himmel ragen. Vulkanausbrüche erschufen verschiedenste Bergformationen im Hochland – je nachdem, welche Art Magma ausgeworfen wird.

Die höchsten Berge sind **Hvannadalshnjúkur** (2110 m), **Bárðarbunga** (2000 m) und **Kverkfjöll** (1920 m). Sie liegen alle im Gletscherbereich des Vatnajökull. Besonders farbenprächtig sind die Berge bei **Landmannalaugar** (S. 567) und die „Altweiberberge" **Kerlingarfjöll** (S. 583). Berühmt ist auch der von einem Gletscher gekrönte **Snæfellsjökull** (S. 252), an dem Jules Verne seinerzeit den Eingang zum Inneren der Erde vermutete. Und eine Zeitlang in aller Munde war der **Eyjafjallajökull**, als er 2010 mit einem Vulkanausbruch eine ganze Woche lang den Flugverkehr in Europa lahmlegte (s. auch Kasten S. 518).

Berg-Fans sollten auch dem **Kirkjufell** (S. 263) einen Besuch abstatten: Die perfekte konische Form macht ihn zu einem tollen Fotomotiv, und zudem lassen sich an ihm gut verschiedene Stadien der Entstehungsgeschichte des Landes ablesen – eine Hinweistafel am Parkplatz an der Straße gibt Auskunft.

Fotografen lieben auch den ungewöhnlichen Anblick des **Hvítserkur** (S. 336) im Nordwesten: Der ist zwar nur 15 m hoch, steht aber im Meer und ist von unten so stark unterspült, dass sich zwei Bögen ergeben. Ähnlich dramatisch sind die Felsen **Reynisdrangar** (S. 508) bei Vík.

Wüsten

Die ungezählten Vulkanausbrüche der letzten Jahrtausende haben ausgedehnte Wüstengebiete erschaffen, die z. T. völlig vegetationslos sind – bei der Durchquerung des Hochlandes auf der Straße F26 fährt man z. B. stundenlang durch die graue Einöde **Sprengisandur** (S. 584). Auch im Gebiet nördlich der Askja liegt ein großes Wüstengebiet: die **Ódáðahraun** („Missetäter-Wüste", s. S. 588). Nur dort, wo Flüsse oder Bäche sich durch die Einöde winden, findet sich ein bisschen Grün – das leuchtet im Kontrast dann umso intensiver. Wer ein solches Gebiet durchqueren möchte, sollte auf jeden Fall gut ausgerüstet sein; mit genug Wasser und Nahrung, ausreichend Sprit im Tank (bzw. Heu in den Satteltaschen), zuverlässigem Navigationsgerät und – starken Nerven: Die Auswirkungen dieser kargen, weiten Landschaften auf das eigene Empfinden können überraschend sein.

Gletscher

Mehr als ein Zehntel der Landesfläche Islands ist mit Gletschern bedeckt. Sie alle sind in der letzten Eiszeit entstanden und seither immer wieder mal gewachsen oder geschrumpft – je nachdem, in welcher Wärmeperiode sich die Welt gerade befand. Gegenwärtig sind sie auf dem Rückzug, was manchen Wissenschaftlern große Sorgen bereitet, da sich dadurch der Druck auf die Erdkruste verringert und die Gefahr von Vulkanausbrüchen steigt.

Fünf isländische Gletscher sind so groß (über 150 km^2), dass sie zu den arktischen Inlandeisfeldern zählen: Der an manchen Stellen fast 1 km dicke **Vatnajökull** (mit 8300 km^2 größer als alle Gletscher Kontinental-Europas zusammen), der **Langjökull** (953 km^2), der **Hofsjökull** (925 km^2), der **Mýrdalsjökull** (596 km^2) und der **Drangajökull** (160 km^2).

Der Vatnajökull

Wer im Flugzeug im Landeanflug über Island auf der rechten Seite sitzt (und gutes Wetter hat), hat das Privileg, den Vatnajökull in seiner ganzen Pracht zu genießen. Mit 8300 km^2 bedeckt er 8 % der Gesamtfläche des Landes.

Wie eine riesige Zuckergusshaube, deren Ränder mal mehr und mal weniger weit auf den Erdboden geflossen sind, erstreckt er sich 150 km von West nach Ost und 100 km von Nord nach Süd. Die Infotafeln des Vatnajökull-Nationalparks, die jeweils genau erklären, was zu sehen ist, finden sich auf einem riesigen Gebiet. Im Südosten, im Hochland, im Norden und nahe der Ostfjorde gleitet das kühle Eis hinab. Zahlreiche Straßen führen zu den vielen **Gletscherzungen**, die alle einen eigenen Namen haben: So sind Svínafellsjökull, Heinabergsjökull, Skálafellsjökull und all die anderen Jökulls im Grunde nur Finger des großen Riesen Vatnajökull. Jede Menge Berge verbergen sich unter dem bis zu 950 m dicken Eis, aber auch ein riesiges Tal und zahlreiche aktive Vulkane: Grímsvötn, Bárðarbunga, Kverkfjöll, Esjufjöll, Öræfajökull und der höchste Berg Islands, der Hvannadalshnúkur.

Im Südosten ist es besonders einfach, bis ans und mit Gletschertouren auch aufs Eis zu gelangen (S. 493). Der Gletscher präsentiert sich hier von seiner besten Seite. Die bizarren, blau schimmernden Eisschollen der Gletscherlagune **Jökulsárlón** (S. 489) gehören zu den Island-Bildern, die viele Besucher nie vergessen werden.

Gewässer

Island ist ein enorm wasserreiches Land. Riesige Mengen sind in den Gletschern gespeichert, die 11 % der Landesfläche bedecken. Aus ihnen entspringen die meisten Flüsse, die dann wild wirbelnd und immer wieder über steile Klippen fallend Richtung Ozean rauschen. Einige speisen große Seen, und fast alle warten mit tosenden Wasserfällen auf.

Flüsse

Der längste Fluss ist die **Þjórsá** (230 km). Sie wird gespeist vom Gletscher Hofsjökull und windet sich südwärts durch Schluchten im Hochland, ehe sie im Tiefland von der in sie mündenden **Tungnaá** noch Verstärkung erhält. Der Fluss ist stark genug, um unterwegs fünf Kraftwerke zu speisen; drei weitere sind geplant.

Der zweitlängste Fluss trägt den klangvollen Namen **Jökulsá á Fjöllum** und ist 206 km lang. Er ergießt sich aus einer Eishöhle am Nordrand des Vatnajökull-Gletschers, fließt dann in nördlicher Richtung durch das Lavafeld Ódáðahraun und versetzt auf seinem Weg Richtung Grönland-See den Besucher mit einigen der großartigsten Wasserfällen des Landes in Erstaunen.

Viele begeisterte „Zuschauer" hat auch der **Hvítá**-Fluss (185 km), der wie die Þjórsá im Hofsjökull entspringt und den Wasserfall **Gullfoss** speist – eine der Haupt-Attraktionen für Kurzbesucher, die von Reykjavík aus eine kleine Runde durchs Land unternehmen.

Seen

Einen wirkungsvollen Kontrast zu den oft wilden Flüssen bilden die stillen Seen, die sich in Island gebildet haben: Teils auf natürliche Weise, teils durch Menschenhand. Der **Þórisvatn** im Hochland ist der größte: Je nach Jahreszeit bedeckt er bis 88 km². Vorhandene Wasserflächen wurden hier durch Dammbau erheblich vergrößert. Der **Þingvallavatn**, der im Südwesten liegt, landet mit 83 km² nur noch auf Platz zwei: Seinem wichtigen Platz in der Geschichte des Landes (an seinen Ufern wurde ab 930 das Alþing abgehalten) tut das aber keinen Abbruch.

Viele Touristen pilgern zum **Mývatn** 50 km südlich von Húsavík; nicht etwa wegen der vielen Mücken, die ihm seinen Namen gaben („Mückensee"), sondern wegen der reizvollen Umgebung mit ihren skurrilen Lavaformationen (Dimmuborgir, s. S. 421) und dem aktiven Vulkangebiet der Krafla (S. 420). Im Osten des Landes liegt der **Lagarfljót** (S. 451), der über einen sonst seltenen, weitflächigen Wald und sogar über ein eigenes Seeungeheuer verfügt.

Viele der Seen sind äußerst fischreich. So werden im Þingvallavatn bis zu 15 kg schwere Forellen gefangen. Der Name der Seenkette **Veiðivötn** im Süden Islands bedeutet sogar: Angelseen. Hobby-Angler sollten sich aber nicht zu früh freuen: Es sind Angellizenzen erforderlich, die nicht gerade preiswert sind (s. auch S. 63 Angeln).

Wasserfälle

Zahllose spektakuläre Wasserfälle schmücken die Landschaft Islands, darunter einige der größten und schönsten Europas. Der vielleicht bekannteste ist der **Gullfoss** („Goldener Wasserfall", S. 201), der gar nicht weit von Reykjavík entfernt liegt (2 Std. Fahrzeit) und daher zum Pflichtprogramm so ziemlich jedes Besuchers gehört. Er gab der „Touristen-Rennstrecke" Golden Circle seinen Namen (dazu gehören noch Stopps in Þingvellir und Geysir). Der **Glymur** (S. 222), der sich ebenfalls in der Nähe der Hauptstadt, im Hvalfjörður, befindet, galt mit seinen 198 m Fallhöhe lange als Islands höchster Wasserfall. 2007 musste er seinen Spitzenplatz allerdings an den neu entdeckten **Morsárfoss** (228 m) abgeben, ein nur per professionell geführten, mehrstündigen Gletscherwanderung zu erreichendes Naturschauspiel im südlichen Bereich des Vatnajökull-Nationalparks. Der **Hengifoss** (128 m, S. 453) im Osten in der Nähe von Egilsstaðir und der **Háifoss** (122 m, S. 542) im Süden im Fossárdalur liegen auf Platz drei und vier.

Längst nicht so hoch (45 m), aber dafür 100 m breit ist der **Dettifoss** (S. 413), der mächtigste Wasserfall Europas. Tausende Tonnen Wasser donnern hier jede Sekunde hinab. Er liegt im Nordosten und ist gut vom nahegelegenen Mývatn aus zu erreichen.

Lohnend ist auch ein Besuch am **Seljalandsfoss** (S. 516): Dieser Wasserfall unweit der

Zurechtgerückte Perspektive am 60 m hohen und 25 m breiten Skógafoss im Süden der Insel

Ringstraße ist nicht nur leicht zu erreichen, es führt auch ein Weg einmal drum herum – und zwar hinter ihm durch. So kann man diesen Fall auch von seiner Rückseite betrachten. Eine Besonderheit sind auch die **Hraunfossar** (übersetzt „Lavafälle", s. S. 238) im Westen bei Húsafell: Kein Fluss scheint die Ansammlung kleiner Fälle zu speisen; sie entspringen „aus dem Nichts" auf halber Höhe eines Canyons. Tatsächlich ist es ein unterirdischer Fluss, aus dem sie ihr Wasser beziehen.

Zur „Bestenliste" zählen gewiss auch noch der legendäre **Goðafoss** im Nordosten, in dem im Jahr 1000 die heidnischen Götterbilder versenkt worden sein sollen (S. 400), der bekannte **Skógafoss** (S. 514) im Süden des Landes, der 100 m hohe **Dynjandi** (S. 300) in den Westfjorden, der eine Felswand entlangfließt und sich dabei von 30 auf 60 m verbreitet, der von schwarzen Basaltsäulen eingerahmte **Svartifoss** (S. 497) im Vatnajökull-Nationalpark sowie der **Aldeyjarfoss** (S. 402) im Nordosten; Startbzw. Endpunkt einer Hochland-Fahrt auf der F26. Doch es gibt noch viele weitere, kleinere, nicht weniger dramatische, an denen zudem weniger Betrieb ist – jedem Leser sei es überlassen, seinen eigenen, persönlichen Lieblingswasserfall zu entdecken.

Heiße Quellen und Geysire

Nicht nur schmelzende Gletscher und ergiebige Niederschläge sorgen für Nachschub an Wasser an Islands Oberfläche: Auch die Erde selbst gibt einiges her. Dabei kommt es zu einer Erscheinung, die für Island so typisch ist wie das Islandpferd und der gestrickte Wollpulli mit dem ethno-authentischen Kragenmuster: Heiße Quellen (Hot Pots), bei denen versickertes Regenwasser durch geothermische Aktivitäten erhitzt an die Oberfläche steigt. An einigen Stellen ist das Wasser kochend heiß, an anderen jedoch mit um die 40 °C angenehm temperiert. Überall im Lande gibt es kleine Pools, oft natürlichen Ursprungs (oder der Mensch hilft mit ein paar Steinen und ein bisschen Beton nach), in denen sich manch herrliches Bad nehmen lässt. Die **Blaue Lagune** (S. 179) auf der Halbinsel Reykjanes ist ein weltberühmtes Beispiel – allerdings trotz des stolzen Preises kaum das Beste, denn hier badet man in den Abwässern eines Geothermie-Kraftwerkes.

Authentischer sind die heißen Bäder, die mitten in der Natur liegen. Bei Hveragerði, kaum eine Autostunde von Reykjavík entfernt, liegt beispielsweise das **Reykjadalur** („dampfendes Tal"), durch das sich ein warmer Fluss schlängelt (S. 558); eine tolle Badestelle. Berühmt (und viel genutzt) ist auch die **heiße Quelle von Landmannalaugar** (S. 567); eine prima Erholung nach einer Wanderung in der faszinierenden Bergwelt. Doch wer durchs Land reist, wird noch viele weitere, kleinere und größere Hot Pots entdecken – und es sei empfohlen: Am besten in jeden hineinsetzen!

Abstand halten muss man hingegen von **Geysiren**. An diesen Quellen sprudelt das Wasser nicht gleichmäßig an die Erdoberfläche, sondern es schießt alle paar Minuten eine meterhohe Fontäne heißen Wassers in die Höhe.

Bei einem Geysir führt ein enger, senkrechter mit Wasser gefüllter Schacht zu einem Wasserreservoir in einigen Metern Tiefe. Das Wasser dort wird durch Erdwärme erhitzt. Wegen des höheren Drucks siedet es – genau wie in einem Dampfdrucktopf – erst bei höheren Temperaturen als 100 °C. Schließlich entstehen die ersten Dampfblasen, diese verdrängen einen Teil des Wassers im Schacht – oben schwappt dann etwas Wasser in den Teich. Dadurch nimmt der Druck im Reservoir ab (Dampf ist leichter als eine Wassersäule), der Siedepunkt im Reservoir wird geringer, und das gesamte jetzt überhitzte Wasser im Reservoir verdampft schlagartig. Die Dampfexplosion reißt das restliche Wasser aus dem Schacht mit nach oben, und schießt als Wasser- und Dampffontäne in die Höhe.

Danach füllt sich das System wieder mit etwas kühlerem Wasser, und es dauert etwa 10–15 Minuten bis zum nächsten Ausbruch.

Der namensgebende Große Geysir ist übrigens schon seit einigen Jahren nicht mehr regelmäßig aktiv, sein benachbarter kleinerer Bruder, der **Strokkur**, sprudelt allerdings zur Freude der Besucher alle 10–15 Minuten eine hübsche, im Durchschnitt ungefähr 20 m hohe Wassersäule in die Luft (S. 201).

Flora und Fauna

Pflanzenarten: Moose, Flechten, Pilze; etwa 600 höhere Arten wie Blütenpflanzen und Bäume

Waldfläche: 2 % der Landesfläche

Naturschutzgebiete: 18 % der Landesfläche

Tierarten: 1 endemischer Landsäuger (Polarfuchs), Wale (12 Arten), Robben (4 Arten), mehrere Haus- und Nutztierarten, ca. 300 Vogelarten

Bedrohte Tierarten: keine

Die karge, in weiten Abschnitten von großen Wüsten und Gletschern bedeckte Landschaft Islands ist der Grund, dass sich in Island nur relativ wenige Tier- und Pflanzenarten ansiedeln konnten. Vor der Ankunft des Menschen lebte hier nur eine einzige Säugetierart: der Polarfuchs. Widerstandsfähigkeit gegen das kalte Klima zeichnet ihn aus – ebenso wie die Pflanzen, die so weit im Norden noch siedeln können: Auch ein langer, dunkler Winter und kräftige Winde dürfen ihnen nichts ausmachen. So kommt es, dass vornehmlich kleine, krautige, maximal strauchgroße Gewächse die Insel bewachsen. In jüngster Zeit wird versucht, kleine Teile der Insel aufzuforsten. Mit kleinen Birken-Wäldern wurden bereits erste Erfolge erzielt.

Flora

Die meisten Pflanzen finden sich im Hinterland der Küsten und in geschützten Tälern in etwas höheren Lagen. Auf den flachen **Sanderflächen** der Küstengebiete leben ausschließlich krautige Pflanzen, die eine hohe Salzkonzentration vertragen können, wie Strandwegerich, Echtes Löffelkraut oder Arktischer Meersenf.

Die grünen **Wiesen** dahinter sind je nach Jahreszeit bunt getupft mit Löwenzahn, Habichtskraut, Glockenblumen und Schafgarbe. Auf feuchten Wiesen fühlt sich das Wiesen-Schaumkraut wohl, und auf moorigen Böden im Westen findet sich sogar der Rundblättrige Sonnentau. Wollgras und die Behaarte Fetthenne sind auf feuchten Böden ebenfalls weit verbreitet, und an den Ufern von Flüssen und Seen findet man oft die erstaunlich hoch wachsende Engelwurz mit ihren beeindruckenden Dolden. An einigen trockenen Hängen im Norden wachsen zudem Stiefmütterchen. Mitunter sieht man auch hübsche, blau-violett leuchtende Lupinenfelder. Die zur Bodenverbesserung und als Erosionsschutz eingesetzte, anspruchslose Pflanze breitet sich jedoch stark aus und verdrängt z. T. andere Arten.

In größeren Höhen und trockeneren Lagen finden sich **Heidelandschaften** mit eher drahtigen, zähen, bodennah kriechenden Pflanzen. Heidelbeeren wachsen hier, ein beliebtes Sammelobjekt und eine prima Zutat für den einheimischen „Joghurt" Skyr (S. 47, Essen), aber auch die Schwarze Krähenbeere; ebenfalls essbar. Doch Vorsicht, die Beeren enthalten etwas Andromedotoxin und wirken leicht berauschend (daher der Zweitname „Rauschbeere").

Wälder sind selten in Island. Der einzige nennenswerte Wald (aus mitteleuropäischer Sicht) ist der Hallormstaðaskógur am Ufer des Lagarfljot in Ostisland (S. 451). Der alte Witz „Was machst du, wenn du dich in Island im Wald verlaufen hast?" – „Aufstehen!" verliert hier seine Gültigkeit. Auch im Vaglaskógur (S. 399) und in Þórsmörk (S. 519) sind noch relativ große Areale von Wald bedeckt. Doch tatsächlich sind die kleinen Birkengehölze, die an anderen geschützten Stellen wachsen, oft sehr niedrig: Sie wirken fast, als würden sie sich vor dem rauen Klima wegducken.

Ein für Island typischer und für Besucher ungewohnter Anblick sind die ausgedehnten **Mooslandschaften**, die sich auf alten Lavafeldern angesiedelt haben. Fast 1000 verschiedene Moose und Flechten bilden ein sensibles Ökosystem – ein Fußabdruck reicht aus, um es an dieser Stelle zu vernichten. Daher ist das Betreten solcher Gebiete streng verboten. Am Tjarnagígur an den Laki-Kratern (S. 576) kann man Spuren solcher Zerstörungen sehen – und der Bemühungen, die Stellen wieder „aufzumoosen". Das grau-grüne „isländische Moos" *Cetraria islandica*, das so viele Lava-Landschaften in geheimnisvolles Troll-Land verwandelt, ist eigentlich gar keins: Es gehört in die Familie der Flechten.

Sag niemals Pony

In Deutschland ist die offizielle Unterscheidung zwischen Pferd und Pony pragmatisch: Alles, was eine Rückenhöhe von 147,5 cm übersteigt, ist Pferd, was drunter bleibt, ist Pony (die Größe eines Pferdes wird am sogenannten Widerrist gemessen, jener Stelle der Wirbelsäule zwischen der Senke im Rücken, in der normalerweise der Reiter sitzt, und dem Halsansatz). Nach dieser Definition gäbe es in ganz Island so gut wie keine Pferde.

Für einen Isländer aber ist es eine nicht wieder gut zu machende Beleidigung, wenn sein Ross als Pony bezeichnet wird. So, als würde man einen Kampfhund der Sorte American Staffordshire „Schoßhündchen" nennen, einen millionenteuren modernen Flachbungalow in Passivbauweise „Hütte" oder einen dicht über der Straße schwebenden Ferrari „Möhre". Islandpferde aber sind Ferraris, Wertgegenstände und Kämpfer – und zwar alles gleichzeitig.

Feinmotorische Überlebenskünstler

Vermutlich kamen die ersten Pferde mit den Wikingern auf die unwirtliche Insel. Sie fanden nur wenig Nahrung, mussten sich im Winter mit wenigen gelblichen Grasbüscheln zufriedengeben, die sie aus dem Schnee ausgruben. Gleichzeitig vollbrachten sie beim Transport Höchstleistungen. Wanderer können sich gut vorstellen, wie es sein muss, die steinigen isländischen Wege und sumpfigen Feucht-

Fauna

Dass eine abgelegene, unwirtliche Insel wie Island vor allem Vögeln eine Heimat bietet, leuchtet auf den ersten Blick ein. Tatsächlich war der Polarfuchs der einzige „höhere" Landbewohner, ehe der erste irische Mönch das Land betrat. Vermutlich wurde er auf einer Eisscholle angeschwemmt (der Fuchs, nicht der Mönch). So geht es noch heute alle Jahre wieder manchem armen Eisbären, der seinen Aufenthalt auf der Insel dann allerdings nicht lange überlebt – ein Rücktransport ins Polargebiet wäre aufwendig und teuer; die Kugel im Gewehr des Jägers ist die einfachere Lösung (s. auch Kasten „Das isländische Eisbärenproblem", S. 332).

wiesen mit Gepäck auf dem Rücken zu überwinden, das ein Drittel des eigenen Gewichts ausmacht, schlecht verteilt ist und sich zudem noch unrhythmisch bewegt. Nur die stärksten Pferde überlebten. Einige, wahrscheinlich aus England importierte Exemplare beherrschten aufgrund einer Genmutation eine spezielle Lauf-Technik, die sie Moore und Schneefelder besser überqueren ließ: Immer nur ein Fuß berührt den Boden, und auch das nur ganz kurz. Bevor die Schwerkraft ihr Werk tut und das Tier einsinkt, ist der Fuß schon wieder in der Luft. Das geht natürlich nur bei ausreichend hohem Tempo. Diese spezielle Gangart ist der **Tölt**.

Ein Pferd, das den Tölt beherrschte, hatte größere Überlebenschancen, konnte sich vermehren. Auch heute gibt es noch Islandpferde, die nur drei Gangarten beherrschen: Den Schritt, den Trab, und den Galopp. Die meisten aber sind so genannte Vier-Gänger, die zusätzlich noch tölten können. Und einige haben sogar noch mehr drauf. Anders als beim Trab, bei dem immer ein gegenüberliegendes Beinpaar den Boden berührt (also die Hufe vorne rechts und hinten links gleichzeitig, dann die Hufe vorne links und hinten rechts), laufen sie, wie z. B. Elefanten es tun: Beide Beine einer Seite fußen gleichzeitig. Das Resultat ist ein leicht schaukelnder Gang, der **Pass**. Korrekt ausgeführt, ermöglicht die lange Flugphase den Pferden ein Renntempo, das mit bis zu 50 km höher ist als im Galopp. Isländische Pferderennen finden deshalb im Pass statt. Ein Video, in dem die fünf Gangarten im Zeitraffer zu sehen sind, gibt's auf 🖥 www.horsesoficeland.is.

Zucht und Haltung

Schon früh wurde ein Importverbot ausgesprochen – per Gesetz seit 1909 – um die Rasse rein zu halten, aber auch um die halbwild lebenden Tiere vor eingeschleppten Krankheiten zu schützen. Pferde, die Island einmal verlassen haben, dürfen nie wieder zurück auf die Insel. Das macht einen Leistungsvergleich zwischen isländischen Islandpferden und Islandpferden, die in anderen Teilen der Welt gezüchtet und geritten werden, extrem schwierig. Dann und wann treten isländisch gezogene Pferde auch bei internationalen Wettbewerben an. Anschließend werden sie verkauft. Für welche Summen solche Ausnahmepferde den Besitzer wechseln, ist nicht bekannt. Man spricht aber von bis zu 1,5 Mio. €.

Über 77 000 Pferde leben auf Island, viele als Sportpferde. Vor allem im Süden, wo es mehr Weideland gibt als im Norden, werden die Tiere aber auch als Fleischlieferanten gezüchtet. In Ställen, wie wir sie aus Deutschland kennen, leben nur die wenigsten. In Freiheit aber auch nicht. Entgegen landläufiger Meinung werden weder Pferde noch Schafe „einfach so" im Frühjahr freigelassen bzw. in die Berge oder ins unbewohnte, zaunlose Hochland getrieben, wo sie dann ungestört den Sommer verbringen und sich unkontrolliert vermischen können. Schon allein um die Ausbreitung von Schafkrankheiten zu verhindern, gibt es Zäune und auch ausgewiesene Weidegebiete, die sogenannten Abseitsweiden. Jeder Bauer bekommt das Gebiet zugewiesen, auf dem er seine stolzen Tiere grasen lassen darf. So vermischen sich nur die Bestände einer Region auf einer Abseitsweide. Im September werden die Tiere beim Pferde- und Schafabtrieb (Réttir) wieder in die Täler getrieben, wo sie in großen Pferchen auseinandersortiert werden; so hat jeder Bauer seine eigenen Tiere im Winter wieder bei sich auf dem Hof.

Säugetiere

Das bekannteste Säugetier Islands ist gewiss das **Islandpferd**. Für den Besucher ist es allgegenwärtig: In kleinen Herden säumt es die Straßen und Wege, und manch Reisender kommt eigens für dieses Pferd nach Island: Denn auf ihm durch die wilde Natur zu reiten, ist für viele ein Lebenstraum. Tatsächlich sind auch die Isländer sehr stolz auf ihre Pferdchen. Und wenn man mal so richtig ins Fettnäpfchen treten will, dann fragt man einen stolzen Pferdebesitzer nach seinen „Ponys" (s. Kasten).

An einigen Stellen an der Küste lassen sich **Robben** beobachten. Meist sieht man gewöhnliche Seehunde *(Phoca vitulina)*, wie sie auch auf den Sandbänken der deutschen Nordseeinseln

liegen, doch auch die größeren Kegelrobben *(Halichoerus grypus)* werden gesichtet.

In den Gewässern um Island tummeln sich viele **Meeres-Säuger**: Vor allem Zwergwale, Schweinswale und Finnwale. Wer richtig Glück hat, kann bei einer Walbeobachtungs-Tour sogar auf Killerwale (Orcas), Buckelwale oder Blauwale treffen. Weißschnauzendelfine werden ebenfalls gesichtet.

Ein ebenso typischer Anblick wie das Islandpferd sind gewiss die **Schafe**, die durch Island streifen. Seit der Besiedlung vor über 1000 Jahren haben sie als Fleisch- und Wolllieferanten das Überleben der Menschen auf der Insel ermöglicht. Aus ökologischen Gründen wurde ihre Zahl inzwischen begrenzt. Das jährliche Zusammentreiben der Schafe, um sie über den Winter in den Stall zu bringen (oder zu schlachten), zählt zu den wichtigsten Traditionen im Land. Dabei kommt übrigens auch der **Isländische Schäferhund** zum Einsatz: Ein zäher Bursche, den seinerzeit die ersten norwegischen Siedler mit ins Land gebracht haben.

Andere „Mitbringsel" des Menschen sind Kaninchen, Hauskatzen und Feldmäuse – sowie Nerze (die aus Zuchtfarmen entkommen sind und nun das ganze Land bevölkern) und **Rentiere** (die im 18. Jh. aus Norwegen eingeführt wurden und jetzt frei durch Gebiete im Osten streifen).

Vögel

Etwa 300 Vogelarten machen Island zu einem Paradies für Ornithologen. Vor allem die Steilküsten sind interessant, denn dort befinden sich die bedeutendsten Brutgebiete für viele Seevögel. Bei **Látrabjarg** (S. 292) in den Westfjorden ragt der größte Vogelfelsen der Welt empor. Dort brütet im Sommer nicht nur die größte **Tordalken**-Kolonie der Welt, sondern auch **Möwen**, **Lummen** und der beliebte, putzige **Papageitaucher**; Islands heimlicher Nationalvogel. Alle brüten gemeinsam nebeneinander – oder besser: untereinander: Denn die Klippe ist in Stockwerke aufgeteilt. Unten sitzen die Krähenscharben, darüber die Eissturmvögel, noch weiter oben die Silbermöwe, hier mischen sich Trottellummen und Tordalken dazwischen. Ganz oben schon an der Graskante, hocken die Papageitaucher – zur Freude der Fotografen. Mit ihren Bruthöhlen unterminieren sie allerdings die Kante des Kliffs; deswegen sollte man nie zu nah an den Abgrund gehen. Auch auf den **Westmännerinseln** und an vielen anderen Stellen an der Küste lassen sich große Vogel-Kolonien beobachten.

Über den Küsten kreisen außerdem majestätische **Seeadler**, die man nicht allzu oft zu Gesicht bekommt. Häufiger sind Begegnungen mit den graubraunen **Skuas** (Raubmöwen) und den hübschen, aber zur Brutzeit äußerst angriffslustigen **Seeschwalben**.

Auf den **Wiesen und Heiden** findet man **Schnepfen** sowie viele Entenarten. Am Mývatn wohnen 15 verschiedene; die größte Artenvielfalt brütender **Enten** in Europa. Das seltenere **Schneehuhn** bewohnt dann die höheren Lagen, in denen der große **Kolkrabe** das Regiment führt und der größte Falke Europas, die **Gerfalke**, seine einsamen Kreise zieht.

Umwelt

Die Isländer lieben ihre einzigartige Natur und nehmen den Naturschutz ernst. Immer wieder entstehen neue Initiativen, sei es gegen den Bau eines Staudamms (s. S. 594, Hochland, Kárahnjúkar) oder die Benutzung von Plastiktüten – zumindest mal einen Monat, wie es die Initiative *Plastlaus September* (plastikfreier September) fordert. Der erste **Nationalpark** (Þingvellir) wurde schon vor fast 100 Jahren eingerichtet. Seit 1990 gibt es ein **Umweltministerium**, das inzwischen eine ganze Reihe von Gesetzen zum Schutze der Umwelt erlassen hat. Die letzte Erweiterung des 2008 eingerichteten Vatnajökull-Nationalparks liegt erst wenige Jahre zurück (mehr zu den Nationalparks auf S. 59). Doch zwischen dem Schutz der Natur und ihrer kommerziellen Nutzung (bis hin zur Ausbeutung) wird nach wie vor gefochten.

Island wird oft als „grüne" Insel beschrieben, und tatsächlich hat es einen relativ geringen CO_2-**Ausstoß** aufgrund der Energiegewinnung durch Wasserkraft und Geothermie. Indirekt trägt das Land jedoch durch seinen hohen Konsum importierter Güter erstaunlich stark zur Produktion klimaschädlicher Gase bei und liegt im internationalen Vergleich direkt hinter den USA und Singapur.

Müll wird in Island bisher nur in Ballungsgebieten getrennt. Offizielle Zahlen sprechen aktuell von einer Recyclingquote von 67 % (1995: 13 %). Problematisch ist allerdings der zusätzliche Müll, der durch den stetig wachsenden Tourismus entsteht (s. Kasten).

Zukunftsweisende Technologien werden von den Isländern gerne angenommen. In Reykjavík fahren einige Busse, die mit Wasserstoffzellen ausgestattet sind. Die Zahl der zugelassenen **Elektroautos** hat sich von 2016 bis 2017 verdreifacht – ein explosionsartiger Anstieg, der vor dem Hintergrund preiswerter elektrischer Energie im Land absolut sinnvoll erscheint.

Nicht ganz so ruhmreich ist Islands Rolle beim Thema Artenschutz: Dass isländische Schiffe seit 2006 wieder zum kommerziellen **Walfang** auslaufen, löst bei Naturschützern empörte Proteste aus. Das Fleisch wird in Spezialitätenrestaurants (v. a. für Touristen) zubereitet oder ins Ausland verkauft. 2017 wurden allerdings insgesamt nur 17 Minkwale erlegt; die geschätzte Anzahl dieser nicht vom Aussterben bedrohten Tiere in den isländischen Gewässern liegt bei 40 000. Nach Ansicht von Ökonomen müssten 220 Wale erlegt werden, damit die Jagd überhaupt rentabel ist. So viel Fleisch braucht der Markt jedoch nicht. So bleibt die Waljagd in geringem Umfang wohl einfach weiter ein Teil des traditionellen isländischen Selbstverständnisses. Die meisten Touristen fahren sowieso lieber auf Booten hinaus und schauen sich die Tiere in freier Wildbahn an. Einige besonders strenge Tierschützer beklagen inzwischen allerdings auch die **zunehmende Walbeobachtung**: Die Tiere würden aufgescheucht und beim Fressen gestört.

Die Touristen und ihr Müll

Island ist noch nicht lange eine Destination des Massentourismus. Und während Gästehäuser und Campingplätze wie Pilze aus dem Boden schießen und immer mehr Straßen asphaltiert werden, gibt es für viele der Probleme, die der schnell ansteigende Touristenstrom schafft, noch keine brauchbaren Lösungen. Das Thema **Müll** ist beispielsweise ein echtes Sorgenkind. Immer mehr Isländer beklagen hier die Unwissenheit und Rücksichtslosigkeit der Touristen. Manche Wanderer sind es z. B. aus anderen Ländern gewohnt, organische Abfälle zu vergraben. Sie suchen im steinigen Boden lange nach Möglichkeiten, Löcher zu graben und schädigen damit die empfindliche dünne Humusschicht. Außerdem sind die Wärmeperioden viel zu kurz, als dass ein Verwesungsprozess, wie wir ihn kennen, überhaupt in Gang käme. Auch organische Abfälle gehören also in die Mülltonnen. Was zum nächsten Problem führt: Es gibt zwar – vor allem an der Ringstraße – jede Menge Parkplätze mit Picknickplätzen, allerdings keine Mülleimer. Den Müll mit in die nächste Ortschaft zu nehmen, ist aber auch keine Lösung. An immer mehr Tankstellen und Supermärkten weisen neuerdings Schilder darauf hin, hier bitte nicht den gesamten Abfall abzuladen. Und auch die vor einigen Jahren noch verbreiteten großen Abfallcontainer am Straßenrand, sind mittlerweile vielerorts verschwunden. Denn die waren nicht für Touristen bestimmt, sondern für die Anwohner, deren Höfe und Häuser nicht von der öffentlichen Müllabfuhr angefahren wurden. Jetzt kommt die Müllabfuhr auf dem Land zumindest alle paar Wochen (im Winter seltener) und es gibt sogar Wertstofftonnen. Trotzdem ist kein Gästehausbetreiber erfreut, wenn die Reisenden den gesammelten Müll der letzten Tage bei ihnen entsorgen. Mehr darüber, wie Touristen zum Schutz der Umwelt beitragen können, im Abschnitt Fair reisen, S. 48.

Bevölkerung und Gesellschaft

Einwohner: 338 349 (1.1. 2017)
Bevölkerungswachstum: 1 %
Lebenserwartung: 83 Jahre
Anteil Stadtbevölkerung: 94 % (2016)
Bevölkerungsdichte Raum Reykjavík: 188 Einw./km²
Bevölkerungsdichte Landesdurchschnitt: 3,1 Einw./km²
Immigranten: 10,6 % (1.1. 2017), vor allem aus Polen (39 %), Litauen (5 %) und von den Philippinen (4,5 %)

Zahlenspiele dieser Art sind auf der Insel übrigens sehr beliebt. Isländer lieben Statistiken – und die sich daraus ergebenden Vergleiche. So ist Island z. B. die Insel mit der weltweit **größten Nobelpreisträgerdichte pro Einwohner**, seit Halldór Laxness im Jahre 1955 den Nobelpreis für Literatur verliehen bekam. Damit stieg die Anzahl der Nobelpreisträger im Land von null auf eins – was aber ausreichte, um diesen Titel einzuheimsen. Im Sommer 2018 dann der letzte aktuelle Superlativ: Island nimmt zum ersten Mal an einer Fußball-WM teil – als kleinstes Land, das jemals dort gespielt hat. Über all diese (und viele weitere, ähnliche) Zahlenspiele und Vergleiche definiert sich ein großer Teil des isländischen Nationalbewusstseins: Zwar am Rand der Welt zu leben, aber etwas ganz, ganz Besonderes zu sein.

Lebensqualität in Zahlen

Laut einer Studie der Organisation Social Progress Imperative liegt Island weltweit auf Platz drei in Sachen **Lebensqualität** (Gesundheit, Bildung und Soziales machen 25 % des Staatshaushaltes aus) und auf Platz eins in Bezug auf **Toleranz** und Inklusion: Laut Studie sind Diskriminierung und Gewalt gegen Minderheiten so gut wie unbekannt. Dafür gibt es ein starkes „community safety net" – hier wird niemand so schnell allein gelassen. Stolz sind die Isländer auch darauf, seit neun Jahren (Stand 2017) die Weltrangliste bezüglich der **Gleichstellung der Geschlechter** anzuführen (nachzulesen im *Global Gender Gap Index* des World Economic Forum). Anlässlich des Weltfrauentages 2017 wurde die gleiche Bezahlung unabhängig von Geschlecht und Nationalität bis 2022 beschlossen.

Auch den **Global Peace Index** führt Island an: Als friedlichstes Land der Welt – ununterbrochen seit 2008.

Vorreiter sind die Isländer außerdem in Sachen **Kommunikation**: 98 % der Bevölkerung nutzen regelmäßig das Internet: Das kleine Land am Rande der Arktis hat damit Ende 2017 den Tigerstaat Südkorea als Nummer eins im Bereich **Informationsgesellschaft** abgelöst. Im Durchschnitt besitzt jeder Isländer ein Smartphone: vom Säugling bis zur Urgroßmutter.

Herkunft

Auch wenn sich alle Isländer gerne für Wikinger oder zumindest deren Nachfahren halten: Blond und blauäugig sind sie nun wirklich nicht alle. Tatsächlich sind für die Herkunft der Isländer zwei Volksgruppen festzumachen: Neben den **Norwegern** (den Wikingern) auch die **Kelten**: Schotten und Iren, die als Arbeitssklaven ins Land geholt wurden, und v. a. keltische Frauen, die geraubt wurden und auf den isländischen Höfen als Sklavinnen oder Ehefrauen lebten.

Die überschaubare Bevölkerungszahl legt den Schluss nahe, dass in Island ziemlich viele Leute miteinander verwandt sein müssen. Und das ist auch der Fall. Es zählt zu den Lieblingsbeschäftigungen der Isländer, diesen Verwandtschaftsverhältnissen auf die Spur zu kommen.

Das war schon immer ein ganz großes Thema in Island. Bereits in der ältesten Handschrift des *Landnámabók* („Landnahmebuch") aus dem 13. Jh. findet sich eine lange Abhandlung zum Thema Abstammung und Familienzugehörigkeit – 400 Siedler sind dort namentlich aufgezählt, samt Wohnorten und Nachkommen. Natürlich führt sich jeder Isländer gerne auf einen der ursprünglichen Siedler zurück – am besten gleich auf einen der berühmten Helden aus den Sagas. Und so ist die Kunst der **Ahnenforschung** tief verwurzelt, und der eigene Stammbaum wird akribisch erforscht. Das geht so weit, dass 1998 per Regierungsbeschluss das erst 1996 gegründete, private Reykjavíker Pharmaunternehmen DeCODE Genetics ermächtigt wurde, flächendeckend die Gesundheitsdaten aller Isländer einzusammeln, um daraus eine umfassende genetische Datenbank zu erstellen. Der höchste Gerichtshof *Hæstiréttur* erklärte das zwar 2003 für nicht verfassungskonform, doch waren bis dahin bereits unzählige Informationen gesammelt. Dass das Unternehmen dann 2009 Bankrott ging und inzwischen mit all seinen Daten zum US-Gen-Riesen Amgen gehört, ist wohl nur eine weitere Fußnote der Geschichte.

Alltag und Freizeit

Mit etwa drei Einwohnern pro Quadratkilometer hat Island die niedrigste Bevölkerungsdichte Europas. In diesem Mittelwert sind aber die großen unbewohnbaren Wüsten- und Gletscherlandschaften des Inselinneren mitgerechnet. Zwei Drittel aller Isländer leben im Großraum Reykjavík, das verbleibende Drittel verteilt sich auf die Siedlungen entlang der Küste. Die Straßen in den Städten sind gut ausgebaut, und das müssen sie auch sein, denn es gehört zum Selbstverständnis der Isländer, auch den kleinsten Weg auf den eigenen vier Rädern zurückzulegen. Dabei darf der eigene Wagen gern groß oder auch sehr groß sein – ein aufgemotzter Toyota Landcruiser mit extra großen Reifen ist schließlich äußerst praktisch, wenn es einmal hinausgeht aufs Land. Na ja, und vor dem Supermarkt oder dem Baumarkt sieht er auch gut aus.

Tatsächlich gehört es landesweit zu den Lieblingsfreizeitbeschäftigungen, nach dem langen dunklen Winter hinauszufahren in die Natur: Das merkt jeder, der in Island mit dem Zelt unterwegs ist. Kaum wird es „Sommer" (also draußen einigermaßen annehmbar, etwa ab April), füllen sich die Campingplätze mit isländischen Familien, die übers Wochenende oder länger der Stadt entfliehen. Mit Campinganhänger und Grill ist der Isländer in seinem Element: Von links und rechts duftet es nach brutzelndem Lammfleisch, es zischen die Verschlüsse der Bierdosen – und dem hungrigen Wanderer dazwischen, der mit seiner Tütensuppe vor dem Wurfzelt sitzt, läuft das Wasser im Munde zusammen.

Ein weiterer Fluchtpunkt aus dem Arbeitsalltag sind (und waren schon immer) die Schwimmbäder und Hot Pots. Hier sitzen Jung und Alt zusammen, und mit den Kleidern fallen auch die letzten Klassenunterschiede. Legendär ist die Geschichte von dem amerikanischen Touristen, der im Schwimmbad eine nette Dame kennengelernt hatte: „Und, was machen Sie so beruflich?", soll er gefragt haben. „Och, ich bin Präsidentin", sagte die Frau. „Ach, interessant, von welcher Firma denn?" fragte der Mann weiter. Die Antwort: „Na, von diesem Land hier."

Familie

Die Familie ist die wichtigste soziale Institution im Land. Das gilt nicht nur für das klassische Vater-Mutter-Kind-Modell, das auch in Island etwas erodiert, sondern ebenso für alle möglichen Formen von Patchwork-Miteinander, das sich durch Trennungen und neue Verbindungen ergibt – wobei sich alte und neue Partner ob der geringen Bevölkerungszahl oft schon kennen. Vor allem in ländlichen Regionen wohnen oft genug noch drei Generationen unter einem Dach, und Kinder sind überall willkommen: Im Sommer sieht man sie nicht selten bis Mitternacht herumtoben. Zwei Kinder bekommt die isländische Frau im Durchschnitt; die allgemeine Akzeptanz und die guten staatlichen Versorgungseinrichtungen machen es möglich.

Bildung und Schulsystem

Früherziehung und Vorschule gibt es für Kinder von einem bis sechs Jahren. Anschließend warten zehn Jahre Grundschule; die Schulpflicht endet mit 16. Danach ist es sofort oder nach einer Pause möglich, vier Jahre eine weiterführende Schule zu besuchen, um sich für eine der acht Universitäten des Landes zu qualifizieren. Die landesweit größte und älteste Universität in Reykjavík besteht seit 1911 und bietet elf Fachbereiche. Viele der jungen, gut ausgebildeten Leute zieht es ins Ausland – doch die meisten kommen nach einiger Zeit zurück: Schließlich stammen sie ja aus dem, und da sind sie sicher, schönsten Land der Welt.

Geschichte

Isländer, so sagen manche, sind genau wie ihre Ponys: zäh, widerstandsfähig und eigensinnig. Etwas ganz Besonderes. Vielleicht ist ja was Wahres dran, und wenn, dann ist das sicherlich zum großen Teil der Geschichte geschuldet, die so manche Härte für das kleine Völkchen am Rande des Polarkreises bereithielt.

Erste Siedler

Als erste Siedler in Island gelten irische Mönche, die sich hier Mitte bis Ende des 7. Jhs. niederließen. Damals hieß die Insel noch „Thule": Der Name stammt vom griechischen Reisenden Pytheas von Massalia, der um 330 v. Chr. wohl bis nach Norwegen und auf die Shetland-Inseln (aber wahrscheinlich nicht bis Island) vorstieß. „Ultima Thule" war seitdem, bis ins Mittelalter, der Begriff für den „höchsten Norden". Was die **irischen Mönche** hier, so weit ab von der Welt, gesucht haben, kann nur vermutet werden (Abgeschiedenheit?); ebenso, wie viele es waren. Jedenfalls waren noch einige von ihnen auf der Insel, als die Wikinger kamen – und tatsächlich sind deren Berichte von den *papar* (Priestern), die auf der Insel wohnten, die einzigen Hinweise auf ihr Dasein: Andere Spuren der frühen irischen Besiedlung wurden bisher nicht gefunden.

Die **Wikinger**: Hinter diesem mit allerlei Klischees behafteten Begriff verbergen sich nordische Seefahrer, die sich ab dem 6. Jh. auf Entdeckungsfahrten begaben und sich ab dem ausgehenden 8. Jh. vor allem mit Beutezügen einen (schlechten) Ruf machten: Schon da fielen sie nicht nur regelmäßig in Großbritannien und vor allem in Irland ein, sondern drangen bis Südeuropa vor. In diese Zeit fällt die Entdeckung Islands durch norwegische Seefahrer: Reste eines 2016 vom Archäologen Bjarni F. Einarsson in den Ostfjorden entdeckten Langhauses im nordischen Stil legen nahe, dass schon um 800 n. Chr. vereinzelte Außenposten der Wikinger auf der Insel bestanden. Weitere Ausgrabungen haben Reste von Siedlungen zutage gefördert, die im 7. und 8. Jh. auf den Westmännerinseln bestanden haben – vermutlich Einwanderer aus Südwestnorwegen. Richtig bekannt wurde das neue Land jedoch erst, nachdem 860 der Wikinger Naddoður und kurz ihm darauf der Schwede **Garðar Svarvasson** durch Stürme hierher verschlagen wurden – Svarvasson kommt die Ehre zuteil, Island als erster umrundet und damit als Insel erkannt zu haben.

Einen ersten ernsthaften Siedlungsversuch (mit Vieh und Gesinde) unternahm dann 865 der Norweger **Flóki Vilgerðarson** (s. auch Kasten S. 163). Nach zwei Jahren musste er aufgeben, doch nun verbreitete sich allerorts die Kunde von dem Land, dem Flóki den Namen „Island" gegeben hat: das „Eisland". Flóki kehrte übrigens Jahre später zurück, und ließ sich im Norden endgültig nieder, im heute nach ihm benannten Flókadalur, Flókis Tal.

Und er war nicht der einzige, der kam. Ab 870 nahm die Besiedlung an Schwung auf.

Landnahmezeit (870–930)

Ab etwa dem Jahr 870 kamen die ersten Siedler nach Island, die sich hier dauerhaft niederlassen wollten. Mit ihnen beginnt die heute in

ZEITLEISTE	Um 700	874
	Irische Mönche lassen sich auf der Insel nieder.	„Offizieller" Beginn der Besiedlung Islands durch den norwegischen Wikinger Ingólfur Arnarson

der isländischen Geschichtsschreibung so genannte Landnahmezeit. Dem berühmten **Ingólfur Arnarson** und seiner Fau Hallweig wird die Ehre zuteil, als erste richtige Siedler zu gelten. Im Jahr 874 ließen sie sich im Raum Reykjavík nieder. 400 Familien aus Norwegen folgten ihm. Die meisten stammten von der Westküste Norwegens, manche jedoch auch aus anderen Teilen Skandinaviens und aus Wikinger-Siedlungen auf den britischen Inseln, sowie einige aus Irland. Von einigen der Siedler heißt es, sie seien hochrangige norwegische Adlige gewesen: König Harald I. „Schönhaar" einte zu dieser Zeit Norwegen mit harter Hand zu einem zusammenhängenden Königreich, und viele Adlige mussten von dort fliehen. Fundstücke und Grabbeigaben legen allerdings nahe, dass es sich bei den meisten Siedlern wohl einfach um Bauern auf der Suche nach Land handelte. Wie auch immer: Etwa um 930 fand diese erste Besiedlungswelle ihr Ende – und der größte Teil des nutzbaren Landes war verteilt.

Das alte Gemeinwesen (930–1262)

Nach Abschluss der Landnahme entwickelten sich in allen Landesteilen lokale Versammlungen, bei denen sich einzelne Goden (Adelige oder Großbauern) trafen. Diese Entwicklung zog immer weitere Kreise, wobei der Sohn des ersten Siedlers, Þorsteinn Ingólfsson, eine treibende Kraft gewesen sein soll. Schließlich entstand der Wunsch nach einer losen Vereinigung der Godentümer zu einer Art Republik – mit einer einzigen zentralen Generalversammlung. So wurde der Weise Úlfljótur nach Norwegen entsandt, um entsprechende Ideen zu sammeln. Nach drei Jahren kehrte er zurück und präsentierte sein Konzept: Das **Alþing** war geboren. Diese jährlich stattfindende Ratsversammlung gilt als eines der ältesten Parlamente der Welt, und die Isländer sind sehr stolz darauf. Es hat die Jahrhunderte überdauert (auch wenn es nicht immer die gleiche Bedeutung hatte) und kann getrost als Kern der isländischen Nation bezeichnet werden.

Austragungsort der ersten Ratsversammlung im Jahr 930 war Þingvellir („Versammlungsebene"), heute für die Isländer ein fast heiliger Ort (und für Touristen ein Must-See, s. S. 192). Wenn die Goden mit ihrem Gefolge anreisten, müssen hunderte von Menschen die Ebene bevölkert haben. Mehrere Tage lang wurden Gesetze aufgesagt (die Gesetzessprecher mussten alle Texte auswendig lernen) und Streitfälle besprochen. Man kann aber davon ausgehen, dass trotz aller wichtigen Staatsgeschäfte an den Rändern eine heitere Jahrmarktatmosphäre herrschte – für viele junge Leute war Alþing auch ein Heiratsmarkt.

Die Rechtsprechung auf dem Alþing war allerdings nicht ohne Probleme: Denn es fehlte an einer Exekutive. Mörder wurden für vogelfrei erklärt und in die Verbannung geschickt oder (im wahrsten Sinne des Wortes) in die Wüste gejagt, aber kompliziertere Fehden zwischen zwei Clans waren oft nicht durch reine Rechtsprechung zu lösen. Dies führte einige Jahrhunderte später zum Verfall des ersten Gemeinwesens.

Das Zeitalter der Entdeckungen

In die Zeit um die Jahrtausendwende fallen auch die großen Entdeckungsfahrten, bei denen Wikinger aus Island bis an die Küsten **Grönlands** und **Nordamerikas** vorstießen. Eiríkur Þorvaldsson, besser bekannt als **Erik der Rote**, segelte

875–930	930	982–1000
Weitere Einwanderer kommen aus Skandinavien und von den Britischen Inseln.	Das Alþing wird gegründet – das erste europäische Parlament.	Entdeckungsfahrten bis nach Grönland (Erik der Rote) und Nordamerika (Leif Eriksson)

in Jahr 982 von Breiðafjörður aus nach Westen und gründete schließlich mit seinen Gefolgsleuten Siedlungen an der Westküste Grönlands. Es wurden Spuren von 330 Bauernhöfen gefunden, auf denen um 3000 Menschen lebten. Diese Siedlungen bestanden lange Zeit und hielten bis mindestens ins 15. Jh. Kontakt zum Mutterland. Dann wurden sie vermutlich aufgrund des Klimawandels im Mittelalter aufgegeben („kleine Eiszeit", s. S. 88).

Eriks Sohn **Leif Erikkson** wird die Ehre zuteil, Amerika entdeckt zu haben. Im Jahr 1000 landete er an einer fruchtbaren Küste, die er *Vinland* nannte („Weideland", wegen der üppigen Wiesen). Zwei Siedlungen wurden gegründet, deren Spuren man in den 1960ern in L'Anse aux Meadows und in Point Rosee, Neufundland entdeckte. Der Siedlungsversuch wurde jedoch wegen Konflikten mit der indianischen Urbevölkerung aufgegeben.

Christianisierung

Das Jahr 1000 markiert eine besondere Zeitenwende in Island: Das Jahr, in dem alle Isländer auf einen Schlag zum Christentum übergetreten sind. Und das kam so: Zwar war das Christentum schon seit einiger Zeit durch irische Sklaven bekannt, doch erst in den 990er-Jahren sickerten christliche **Missionare aus Norwegen** nach Island ein – dahinter stand u. a. der zum Christentum bekehrte norwegische König Olaf Tryggvason. Nachdem einer seiner Missionare den bedeutenden isländischen Goden Gissur Teitsson den Weißen getauft hatte (was weitere Missionierungen nach sich zog), zerfiel das Land mehr und mehr in zwei Gruppen: Anhänger des alten Glaubens, der den überlieferten nordischen Göttern Odin, Thor, Freia usw. huldigte, und Anhängern des „neuen" Christentums. Deutlich wurde diese Spaltung vor allem beim Alþing, und ebendort einigte man sich im Jahr 1000, den weisen Gesetzessprecher **Þorgeir** mit der Lösung des Konfliktes zu betrauen. Die isländische Überlieferung erzählt, dass der sich für drei Tage zum Nachdenken zurückzog, und anschließend seine Lösung präsentierte – allerdings, so verlangte er, müsse diese akzeptiert werden, egal wie sie ausfiele. Nachdem ihm das versichert worden war, verkündete er, alle Isländer seien nun ab sofort Christen – allerdings sei es weiterhin erlaubt, den alten Göttern (diskret) zu huldigen und die alten Gewohnheiten zu pflegen: z. B. Pferdefleisch zu essen und Neugeborene in der Wüste auszusetzen. Alle wurden getauft, als symbolischer Akt wurden zudem einige Götterbilder im Goðafoss (S. 400) versenkt, und fertig war die Konversion.

In den folgenden Jahren begann sich die christliche Kirche zu institutionalisieren. Der Sohn Gissurs des Weißen, Ísleifur, wurde in Herford zum Priester ausgebildet und 1056 zum Bischof von Island geweiht. Weitere Diözesen entstanden, und „der Zehnte" (eine Kirchensteuer) wurde eingeführt. Eine typisch isländische Ausprägung bildete sich heraus: Viele Kirchen entstanden auf Privatgrundstücken der Goden und reicher Bauern. Diese wurden mehr oder weniger privat verwaltet und vererbt – z. T. bis in die heutige Zeit. Wer durch Island reist, wird auf viele dieser kleinen und kleinsten Kirchen stoßen, die wie selbstverständlich gleich neben dem Bauernhaus und dem Stall stehen.

Die Konversion im Jahr 1000 blieb nicht der einzige von oben verordnete Glaubenswechsel: Ein halbes Jahrtausend später verordnete ein dänischer König den Wechsel zu evangelisch-lutherischer Konfession (s. S. 116).

1000	Ca. 1100–1200	1180–1262
Auf Druck des norwegischen Königs wird landesweit das Christentum eingeführt.	Entstehung der Sagas und der Edda – das große Zeitalter der isländischen Literatur	Sturlungen-Zeit: blutige Fehden zwischen den einzelnen Familien und Clans

Niedergang der alten Ordnung (1180–1262)

Die relativ egalitäre Gesellschaft der Landnahmezeit, in der etwa 400–500 Goden und reiche Bauern mit ihrem Gefolge das Land bestellten und auf Fischfang gingen, geriet im Laufe der Generationen zunehmend ins Ungleichgewicht. Die ersten 200 Jahre Landesgeschichte verliefen noch recht friedlich. Einzelne Goden häuften jedoch mehr und mehr Macht an, was unter anderem auch an ihrer Doppelfunktion als weltliche und religiöse Führer (die Kirchensteuer kassieren) lag. Konflikte konnten vom Alþing mangels Exekutive (Polizei oder Militär gab es nicht) nicht beigelegt werden. Das führte zu teils langwierigen Auseinandersetzungen zwischen einzelnen Goden und Sippen, über die in den Sagas lang und breit berichtet wird (S. 120). Da ein Gode über mehrere Godentümer gebieten konnte, kam es zu verstärkter **Machtkonzentration**. Am Ende lag die Macht in den Händen von nur noch acht größeren Herrschern, die zum Teil auch noch miteinander verwandt waren. Ab 1180 brach dann das Chaos aus: blutige **Fehden** zwischen den herrschenden Familien zerrütteten das Land und stürzten es zeitweise in bürgerkriegsähnliche Zustände.

Hinzu kam, dass spätestens um 1220 die Könige von Norwegen immer wieder versuchten, im Land Einfluss zu gewinnen und es ihrem Reich einzuverleiben. Vor allem dem norwegischen König Håkon Håkonarson kamen die ungeordneten Zustände gerade recht: Er spielte die einzelnen Parteien geschickt gegeneinander aus. Junge Isländer aus vornehmen Familien lebten oft für einige Zeit am norwegischen Königshof. Dort schworen sie dem norwegischen König einen Treueeid, an den sie auch nach ihrer Rückkehr gebunden waren. Einer dieser jungen Leute war **Snorri Sturluson**, der Verfasser der berühmten Snorri-Edda und bedeutendste mittelalterliche Geschichtsschreiber seines Landes (S. 120). Sein Clan, die Sturlusons, gehörte zu den mächtigsten Familien dieser Epoche des Niedergangs (die daher oft auch **Sturlungen-Zeit** genannt wird). Zwar nutzte Snorri seinen Aufenthalt am norwegischen Königshof zum Studium von Sitten, Gebräuchen und Gesetzen, erwies sich aber nicht unbedingt als loyaler Norweger-Freund: Weshalb er und seine Söhne von Anhängern des norwegischen Königs 1241 in seinem Heimatdorf Reykholt (S. 236) ermordet wurden. Durch solcherlei Gewalt und Diplomatie gewann Norwegen mehr und mehr Einfluss. Freigewordene Bischofssitze wurden mit Norwegern besetzt, und ein Handelsembargo übte weiteren Druck aus. Schließlich musste Island nachgeben: Im *Alten Vertrag* von 1262 verlor die Insel faktisch ihre Unabhängigkeit, und ein von Norwegen eingesetzter Herrscher übernahm die Macht im Lande.

Norwegische Herrschaft (1262 bis 1397)

Die norwegische Herrschaft bescherte den Isländern ihr erstes schriftliches Gesetzbuch, das nach seinem Verfasser benannte **Jónsbók**. Auf norwegischem Recht beruhend, wurde es speziell an die isländischen Verhältnisse angepasst und hatte für Jahrhunderte Gültigkeit. Das Alþing wurde entmachtet und die alten Godentümer durch Verwaltungsbezirke ersetzt.

1262	1397	1402–04
Treueeid an den norwegischen König – Island verliert seine Unabhängigkeit.	Im Zuge der Gründung der Kalmarer Union wird Island Teil des dänischen Königreiches.	Die Pest tötet ein Drittel der Bevölkerung.

Ehemalige Goden stritten sich um Posten in der Verwaltung; in besonders schlechter Erinnerung ist Gissur Þorvaldsson, auf dessen Konto schon die Ermordung von Snorri Sturlusson (s. o.) gehen soll.

Gleichzeitig wuchs die Macht der Kirche, die im Laufe der Zeit beträchtliche Reichtümer ansammelte. Da die Bischöfe, eingesetzt von Rom und Norwegen, meist Ausländer waren, die zu ihrem eigenen Vorteil wirtschafteten, litt die Bevölkerung mehr und mehr. Dazu kamen heftige **Naturkatastrophen**: 1341 zerstörte ein gewaltiger **Vulkanausbruch der Hekla** zahlreiche Höfe und landwirtschaftliche Nutzflächen, was zu einer Mini-Eiszeit und anhaltenden Hungersnöten führte.

Da weite Landesteile nun nicht mehr zu bewirtschaften waren, wandten sich viele Isländer wieder dem Fischfang zu – und entwickelten ihren ersten Exportschlager: **Stockfisch**. In englischen Importregistern wird er erstmalig im Jahr 1307 erwähnt. Auch in deutsche Hansestädte wurde getrockneter isländischer Fisch geliefert; als beliebte Speise in der Fastenzeit. Weitere **Exportgüter** waren **Fischöl** und **Schwefel**.

Zwischen 1376 und 1380 erbte in Norwegen ein Kind die Krone; sowie zudem die Herrschaft über Dänemark. Der Kind-König Olav „regierte" nur bis 1387, doch seine Mutter, die Königin Margarethe, trieb die Idee eines vereinten nordischen Reiches voran, was schließlich 1397 in einem Abkommen zwischen Norwegen, Schweden und Dänemark in der schwedischen Stadt Kalmar gipfelte. Die neue **Kalmerer Union** wurde fortan von Dänemark aus regiert. Island wurde Teil des dänischen Herrschaftsgebietes – und blieb es bis 1944.

Dänische Herrschaft (1397–1944)

Unter der Herrschaft der dänischen Krone änderte sich für die Isländer im praktischen Leben zunächst nicht viel. Dramatischer waren da schon die Auswirkungen zweier **Pestepidemien**, die das Land von 1402–04 und 1494–95 heimsuchten und große Teile der Bevölkerung dahinrafften. Bis heute unbekannt ist der Übertragungsweg, denn bis ins 18. Jh. hinein gab es in Island keine Ratten, die als Keimträger in Frage gekommen wären.

Das englische und das deutsche Jahrhundert

Im 15. Jh. begannen englische Schiffe vor den Küsten Islands aufzutauchen; 1412 wurde das erste gesichtet. Anschließend kamen pro Jahr etwa zehn Schiffe mit Händlern; wenig verglichen mit den etwa 100 riesigen Fangschiffen, die mit jeweils über 100 Mann Besatzung Jagd auf Fisch machten. Die Engländer gründeten einen befestigten Handelsposten auf den Westmännerinseln und versuchten, auch auf der Hauptinsel Einfluss zu gewinnen; die Rede ist von Mord und Kindesraub.

Nach dem von Engländern 1467 begangenen Mord am isländischen Gouverneur Björn Þorleifsson kam es zu einem fünfjährigen Krieg, an dessen Ende sich die Engländer schließlich zurückzogen. Mitten in den Konflikt stießen deutsche Seefahrer der Hanse, die teilweise vom dänischen König unterstützt wurden und sich blutige Auseinandersetzungen mit den Engländern lieferten. Doch auch ihr Aufenthalt auf Island war nicht von Dauer; end-

1494–95	1541–51	1662
Zweite Pestwelle	Reformation. 1550 Hinrichtung des letzten katholischen Bischofs von Skálholt, Jon Arason	Island wird gezwungen, die absolute Macht des dänischen Königs anzuerkennen.

Die Statue von Ingólfur Arnarson, dem ersten Siedler Islands, vor dem Nationaltheater in Reykjavík

gültig Schluss mit der mittelalterlichen Partnerschaft war, als 1544 alle 65 deutschen Fangschiffe beschlagnahmt wurden. Immerhin brachten Engländer und Deutsche viele Dinge auf die Insel, die bisher dort unbekannt waren: Textilien, neue Waffen, Gewürze, Wein … den Isländern war kurz ein Blick in die weite Welt vergönnt.

Als die Deutschen und die Engländer sich jedoch zurückzogen, endete dieser Einfluss von außen – und während in Europa die Geschichte an Tempo aufnahm und viel Neues brachte, stand der kleinen Insel eine Zeit in totaler Isolation als unbedeutendes, abgelegenes Territorium der dänischen Krone bevor.

Schwierige Zeiten

Die Dänen errichteten Anfang des 17. Jhs. ein **Handelsmonopol**, interessierten sich ansonsten allerdings recht wenig für das abgelegene Land. Völlig schutzlos lag es zum Beispiel da, als 1627 **Piraten aus Algerien** die Westmännerinseln überfielen und 300 Frauen und Jugendliche verschleppten und in die Sklaverei verkauften: Als „Türkenüberfall" (*Tyrkjaránið* – Algerien gehörte damals zum Osmanischen Reich) ist der Raub in die Geschichte eingegangen. Durch das Handelsmonopol wurden zudem viele Waren des täglichen Bedarfs knapp und teuer – zu Lasten der einfachen Bevölkerung. Immer wieder sorgten **Vulkanausbrüche** für neues Leid

1707–09	1783–84	1918
Eine Pockenepidemie tötet 18 000 der 50 000 Bewohner.	Eruption in den Laki-Kratern und darauffolgende Hungersnot. Mindestens 10 000 Isländer sterben an den Folgen.	Das Unionsgesetz garantiert Souveränität unter dänischer Krone.

(Katla 1660, 1721 und 1755, Hekla 1693 und 1766, Öræfajökull 1727). Eine Pockenepidemie im Jahr 1707 forderte 18 000 Todesopfer und senkte die Bevölkerungszahl auf nur noch 30 000. Fast jeder zweite Hof lag unbewirtschaftet brach. Als sich das Land halbwegs davon erholt hatte, wurde es 1783 und 1784 beim **Ausbruch der Laki-Krater** (s. auch S. 576) bereits von einer weiteren Katastrophe heimgesucht, in die Geschichte eingegangen als *Móðuharðindin* („Nebelnot"). Der acht Monate währende Vulkanausbruch und der einhergehende Ascheregen vernichteten große Teile des Viehbestandes und sorgten für eine große Hungernot, bei der 10 000 Isländer starben – etwa ein Fünftel der Bevölkerung. Am dänischen Hof wurde ernsthaft überlegt, aufgrund der schlechten Lebensbedingungen die komplette isländische Bevölkerung nach Dänemark zu evakuieren. Das war natürlich nicht möglich, aber immerhin wurde das Handelsmonopol gelockert. Doch es ging auch in der Folgezeit nicht wirklich bergauf. Im Jahr 1800 schafften die Dänen dann das sowieso schon bedeutungslose Alþing endgültig ab. Die Napoleonischen Kriege in Europa reduzierten den Schiffsverkehr nach Island erheblich, was zu weiteren Versorgungsengpässen führte. Als sich dann in der zweiten Hälfte des 19. Jhs. die Möglichkeit ergab, wanderten viele Isländer aus: Auf nach Nordamerika!

Entstehung von Reykjavík

Im Sommer 1751 schlossen sich auf dem Alþing 13 Isländer unter der Führung von **Skúli Magnússon** (1711–94) zusammen, um gemeinsam eine industrielle Wollproduktion aufzuziehen. Standort war ein Anwesen des dänischen Königs in Reykjavík – ein Flecken, der seit Ankunft des legendären ersten Siedlers (S. 103) keine besondere Bedeutung hatte. Mit den ersten Holzhäusern, die hier zum Spinnen und Verarbeiten der Wolle errichtet wurden, war jedoch der Grundstein gelegt für den zunächst sehr zögerlichen späteren Aufstieg Reykjavíks zur Hauptstadt. Als Gründungsdatum der Stadt gilt der 18. August 1786: Damals wurden sechs Handelszentren in Island errichtet. Reykjavík war der einzige dieser Standorte, der seine Bedeutung ununterbrochen beibehielt. Besonders groß war die „Stadt" allerdings zu dieser Zeit nicht: Um 1800 gab es gerade einmal etwa 300 Einwohner und fünf Geschäfte. Dennoch war ein erster wichtiger Schritt in Richtung Moderne getan. Und Skúli Magnússon, der „Vater von Reykjavík", wird heute mit einer großen Statue im Stadtpark geehrt (S. 138).

Es dauerte bis etwa 1920, bis Reykjavík rund 20 000 Einwohner erreichte – und seitdem ist in Island die städtische Bevölkerung größer als die ländliche.

Nationalismus und Unabhängigkeitsbestrebungen

In der ersten Hälfte des 19. Jhs. brachten junge Isländer, die in Kopenhagen studiert hatten, nationalistische Ideen mit auf die Insel, die auf dem europäischen Festland zu dieser Zeit große Aufmerksamkeit fanden. Reykjavík entwickelte sich zu einem intellektuellen Zentrum; es wurde diskutiert, gestritten, eine Zeitung herausgegeben … Immer deutlicher begann sich eine nationale Bewegung zu etablieren. Als deren Führer setzte sich **Jón Sigurðsson** (1811–79) durch; ein Pragmatiker, der großen Anteil daran hatte, dass nach einen Vorschlag Königs Christians VIII. von Dänemark im Jahr 1845 das

1944	1949	1955
Eine Volksabstimmung führt zur Loslösung von Dänemark.	Nato-Beitritt	Hálldor Laxness erhält den Literaturnobelpreis.

Alþing wieder eingesetzt wurde – zwar nur mit beratender Funktion für den König, aber als ordentliches Parlament nun in Reykjavík ansässig: Womit die Stadt nun als Hauptstadt anerkannt war. Die von Jón Sigurðsson eigentlich angestrebte Unabhängigkeit lag zwar noch in weiter Ferne, aber immerhin erhielt das Alþing 1874 legislative Rechte und konnte eigene Gesetze erlassen.

Die erste Hälfte des 20. Jhs.

In der ersten Hälfte des 20. Jhs. setzten in Island endlich ein Aufschwung und eine **Modernisierung** ein. Weitere Industriebetriebe entstanden, die Infrastruktur wurde verbessert und der Fischfang ausgebaut. 1902 stattete ein 16-jähriger Junge das erste der etwa 2000 zur Fischerei genutzten Ruderboote mit einem Motor aus – 30 Jahre später bestand die Flotte nur noch aus 170 Ruderbooten, aber 1000 motorgetriebenen Fangschiffen. Auch größere Fangschiffe („Trawler") fuhren nun vermehrt auf See. Insgesamt verfünffachte sich der Fischfang in den ersten 30 Jahren des 20. Jhs. Die Zahl der Arbeitsplätze in diesem Sektor stieg um 50 %. Auch in anderen Bereichen ging es voran: 1906 wurde ein Seekabel verlegt, das Island telegrafisch an den Rest der Welt anschloss. 1907 folgte die Einführung der allgemeinen Schulpflicht. 1908 nahmen die ersten Isländer an der Olympiade teil. 1911 öffnete die erste Universität in Reykjavík ihre Pforten. 1915 erhielten die Frauen das Wahlrecht. Und am 1. Dezember 1918 wurde der **Unionsvertrag** mit Dänemark unterzeichnet, der Island für weitere 25 Jahre lose mit Dänemark verband – anschließend solle ein Volksentscheid über die Unabhängigkeit des Landes entscheiden.

Hatten die Isländer vom **Ersten Weltkrieg** durch den Export von Fisch und Wolle eher profitiert, so war der **Zweite Weltkrieg** für das kleine, neutrale Land weniger erfreulich: Am 10. Mai 1940 besetzten britische Truppen die Insel; angeblich, um es vor einer deutschen Besatzung zu schützen. Am 7. Juli des Folgejahres lösten die Amerikaner dann die Briten ab – immerhin ein halbes Jahr vor offiziellem Kriegseintritt. Für die wirtschaftliche Entwicklung war dies jedoch positiv: Zahlreiche Arbeitsplätze entstanden für den Bau von Armee-Anlagen.

Nachdem Dänemark am 9. April 1940 von Deutschland besetzt wurde, übernahm das Alþing vollständig die Kontrolle über das Land. Bis zur Unabhängigkeit war es nun nicht mehr weit. Im Mai 1944 fiel der **Volksentscheid über die Unabhängigkeit** eindeutig aus: Und so rief der Sprecher des Parlaments am 17. Juni 1944 die Republik aus – Island war nach vielen Jahrhunderten unter ausländischer Kontrolle wieder ein selbständiger Staat.

Unabhängige Republik Island (1944–heute)

Schnell fand der junge isländische Staat Anschluss an den Rest der Welt: Am 19. November 1946 trat es der Uno bei, anschließend 1948 der OEEC (Organisation für europäische wirtschaftliche Zusammenarbeit, aus der 1961 die OECD hervorging), und 1949 gehörte es zu den Gründungsmitgliedern der Nato und des Europarates. Nach langen Diskussionen genehmigte die Regierung 1951 die Stationierung US-amerikanischer Truppen im Land – was vielen Isländern

1951–2006	2008	2010
Die USA unterhalten einen Militärstützpunkt in Keflavík.	Die Finanzkrise führt zum Zusammenbruch der größten Banken.	Im Frühjahr bricht der Eyjafjallajökull aus und legt mehrere Tage den Flugverkehr über Europa lahm.

überhaupt nicht gefiel. Es flogen Steine, doch die im Geheimen mit der US-Regierung getroffenen Absprachen waren nicht mehr rückgängig zu machen. Etwa 5000 US-Soldaten rückten ein, vor allem im Luftwaffenstützpunkt Keflavík. Erst nach dem Ende des Kalten Krieges in den 1990er-Jahren verloren die USA das Interesse an dieser Basis und zogen schließlich 2006 ab. Seitdem steht das Land wieder ohne bewaffnete Kräfte da. Ende 2017 zeichnete sich allerdings ab, dass die USA in geringerer Truppenstärke zurückkehren könnten, um nach russischen U-Booten Ausschau zu halten.

Bedeutend war auch die stufenweise **Ausweitung der Seegrenzen**, von zunächst drei auf vier Seemeilen (1952), dann auf zwölf Meilen (1958), 50 Seemeilen (1972) und schließlich auf 200 Seemeilen (1976). Jedes Mal gab es Ärger mit den Nationen, deren Fischtrawler in diesen Gebieten unterwegs waren – vor allem mit den Engländern, mit denen es zu handfesten Auseinandersetzungen mit zerschnittenen Netzen und gerammten Schiffen kam, die als **Kabeljaukriege** in die Geschichte eingegangen sind. Spätestens als die EU ihre Seegrenzen ebenfalls auf 200 Seemeilen ausdehnte (völkerrechtlich anerkannt seit 1982), ist aber Ruhe und die Isländer befischen ihre Gewässer seither ungestört selbst.

Der 1974 vollendete **Ausbau der Ringstraße**, mit dem auch entlegene Gegenden an die Infrastruktur angeschlossen wurden, und die **Inbetriebnahme von Kraftwerken** wie die bei Krafla und Svartsengi brachten das Land weiter voran.

Auch dem 1994 gegründeten **EWR** trat Island bei (Europäischer Wirtschaftsraum, bestehend aus der EU und den Efta-Staaten Island, Norwegen und Liechtenstein). Das damit verbundene Freihandelsabkommen führte zu Handelsausweitungen, sowohl in Waren als auch mehr und mehr in Finanzdienstleistungen. Im März 2001 trat Island auch dem **Schengener Abkommen** bei.

2003 wurde ein weniger ruhmvolles Kapitel aufgeschlagen, als Island den **Walfang** wieder zuließ: zuerst nur zu „wissenschaftlichen Zwecken" (Kulinarik mal anders interpretiert), dann ab 2006 ganz offen zu kommerziellen Zwecken. Das freut die Konsumenten in Japan und anderswo, sowie wohl auch manchen Touristen in den einschlägigen Restaurants auf der Insel. Der größte Teil der Weltöffentlichkeit ist jedoch empört. Es liegt aber nicht in der isländischen Natur, darauf Rücksicht zu nehmen: „Wir lassen uns doch von denen da draußen nicht reinreden!"

Einen tiefen historischen Einschnitt brachte die weltweite **Finanzkrise** von 2008, die das gesamte isländische Wirtschaftssystem in Mitleidenschaft zog (mehr dazu auf S. 115, Wirtschaft). Auch die politische Landschaft veränderte sich in der Folgezeit stark (s. S. 111, Politik).

Mit zwei weiteren Ereignissen machte Island dann im gegenwärtigen Jahrzehnt Schlagzeilen: dem **Ausbruch des Eyjafjallajökull** im Frühjahr 2010 (Kasten S. 518), dessen Aschewolken den Flugverkehr in Europa für sechs Tage lahmlegten, und zuletzt 2016 mit der Teilnahme an der **Fußball-Europameisterschaft**, bei der der Kampfgeist der Nationalmannschaft und die Begeisterung ihrer Fans überall auf große Sympathie gestoßen sind.

Im Juni 2018, gleichzeitig mit dem ersten Erscheinen dieses Buches, spielt Island zum ersten Mal bei einer Fußball-WM mit: ein Datum für kommende Geschichtsbücher!

2010–14	2014	2018
Der Anarchist und Comedian Jón Gnarr regiert als Bürgermeister von Reykjavík.	Die Zahl der Touristen pro Jahr knackt zum ersten Mal die Millionen-Marke.	Island qualifiziert sich erstmals für die Teilnahme an einer Fußball-WM.

Regierung und Politik

Staatsform: parlamentarische Republik
Hauptstadt: Reykjavík
Staatsoberhaupt: Guðni Th. Jóhannesson (Präsident seit 25.6. 2016)
Regierungschefin: Katrín Jakobsdóttir (Premierministerin seit 30.11. 2017)

Als parlamentarische Republik hat Island ein vom Volk gewähltes Staatsoberhaupt, den Präsidenten (bzw. die Präsidentin). Er hat große Vollmachten, beschränkt sich jedoch meist eher auf repräsentative Aufgaben. Die Legislative wird ausgeübt vom 63-köpfigen Parlament mit einem Premierminister (seit Ende 2017 einer Premierministerin) und elf Ministern an der Spitze. Sie sitzen zusammen im Alþing (Parlament). Gewählt wird alle vier Jahre. Zum Zeitpunkt der Drucklegung dieses Buches regierte eine Drei-Parteien-Koalition unter der Führung von Katrín Jakobsdóttir (S. 113).

Parteienlandschaft

In Island herrscht ein Mehrparteiensystem, und in den vergangenen 100 Jahren sind immer wieder neue Parteien entstanden, und andere haben sich aufgelöst. Von den 1960er-Jahren bis in die späten 90er haben vier große Parteien die politische Landschaft dominiert. Führend war meist die konservative **Unabhängigkeitspartei** (Sjálfstæðisflokkur), die in wechselnden Koalitionen mit der bäuerlich-liberalen **Fortschrittspartei** (Framsóknarflokkur), der **Sozialdemokratischen Partei** (Alþýðuflokkurinn) und der sozialistischen **Volksallianz** (Alþýðubandalagið) regierte. Die beiden letztgenannten, linken Volksparteien versuchten Ende des Jahrtausends, gemeinsam eine neue Linke Partei aufzubauen, was jedoch zu Zerwürfnissen führte und zur Bildung zweier neuer Parteien führte: der **Sammlungsbewegung** (Samfylkingin) und der **Links-Grüne-Bewegung** (Vinstri hreyfing-Grænt framboð). Sie traten das Erbe der beiden linken Volksparteien an.

In den letzten Jahren ist die Parteienlandschaft jedoch weiter zersplittert. Aktuell sind im Alþing acht Parteien vertreten, darunter vier relativ junge Neugründungen: Die **Piraten** (Píratar, gegründet 2012), die EU-freundliche **Reformpartei** (Viðreisn, gegründet 2016), die populistische **Partei der Leute** (Flokkur fólksins, gegründet 2016), und die ebenfalls populistische, Anti-EU eingestellte **Zentrumspartei** (Miðflokkurinn, gegründet 2017).

Aktuelle Politik (ab 2008)

Nach einigen mehr oder weniger ruhigen Jahren zu Beginn des Jahrtausends, als die politische Landschaft nach Umsortierung der Linken wieder einigermaßen ruhig geworden war, wirbelte dann 2008 die Finanzkrise das politische System in Island mächtig durcheinander. Monatelange Proteste erschütterten Ende 2008 die Hauptstadt – sie sind heute bekannt als **Kochtopf-Revolution**, weil zum Krachmachen Töpfe, Pfannen und Kochlöffel eingesetzt wurden. Premierminister Geir Haarde musste im Januar 2009 zurücktreten. Ihm folgte eine Frau ins Amt: **Jóhanna Sigurðardóttir** (nebenbei die erste lesbische Premierministerin der Welt) begann als Lehre aus der Krise den EU-Beitritt ihres Landes voranzutreiben. 2010 starteten die Beitrittsverhandlungen, wurden dann jedoch 2013 von der neuen Regierung um Premierminister Sigmundur Davíð Gunnlaugsson auf Eis gelegt. Bis heute ist der überwiegende Teil der Isländer gegen einen EU-Beitritt, und es wurde sogar über einen Austritt aus dem Schengen-Abkommen nachgedacht – der das Reisen nach Island ohne Grenzkontrollen beenden würde.

Insgesamt führte die Finanzkrise zu einem großen Misstrauen der Bevölkerung gegen „die da oben". Ein Resultat war z. B. 2010 die Wahl des Komikers Jón Gnarr zum Bürgermeister von Reykjavík (s. Kasten S. 112). Dass der ehemalige Premierminister Geir Haarde für seine Rolle im der Finanzkrise zwar verurteilt, aber nie bestraft wurde und 2015 sogar zum Botschafter in den USA avancierte, sorgt zusätzlich dafür, dass das Ansehen der Politikerklasse immer noch ziemlich schlecht ist.

Jón Gnarr

Als Jón Gnarr im Jahr 2010 für das Bürgermeisteramt kandidierte, war das so ähnlich, als würde bei uns Hape Kerkeling Bundeskanzler werden wollen. Oder Martin Sonneborn, ehemaliger Satiriker von *Titanic* und Die Partei-Vorsitzender. Mit einem großen Unterschied: In Island wurde Jón Gnarr, einer der bekanntesten Komiker des Landes, tatsächlich mit deutlicher Mehrheit gewählt. Jón ist seither nicht mehr „ein isländischer Komiker, Musiker und Schriftsteller", sondern „ein isländischer Komiker, Musiker, Schriftsteller und Politiker". Gemeinsam mit seiner überhastet gegründeten, vor allem aus Künstlern bestehenden Partei „Besti Flokkurinn" – der „Besten Partei" – hatte er ein außerordentlich detailliertes Wahlprogramm ausgearbeitet: Außer dem Versprechen, wie alle Reykjavíker Bürgermeister vorher äußerst korrupt zu sein, standen nur ein paar Spaßfloskeln drin, von denen die Forderung nach kostenlosem Eintritt für alle in die öffentlichen Schwimmbäder (inkl. Handtüchern) noch am ernstesten wirkte.

Anarchie in Reykjavík?

Trotzdem erreichte die Partei zum Erstaunen aller fast 35 % der Stimmen, und von einem Tag auf den anderen war Jón einer der wichtigsten Staatsmänner Islands. Ein Ex-Punk und Anarchist ohne Schulabschluss, ein Kreativer aus dem Freundeskreis der Sugarcubes, war nun zuständig für Kunst und Kultur. Schnell war auch ein Koalitionspartner gefunden, nachdem der Vorsitzende der sozialdemokratischen Allianz in die Bedingung eingewilligt hatte, sich alle Staffeln der US-Serie *The Wire* anzuschauen …

Auch als Bürgermeister setzte Gnarr immer wieder auf spaßige Aktionen und zeigte sich z. B. als Drag-Queen auf der Gay-Parade oder sendete als Darth Vader verkleidet Grüße an die Bevölkerung. Ansonsten nahm er seine Arbeit aber sehr ernst und erreichte einige realpolitische Erfolge, obwohl sein Etat ebenso gering wie bei seinen Vorgängern war und das mit den Handtüchern bis heute nicht geklappt hat. Doch sanierte die Beste Partei mit Hilfe von Uni-Beratern die Energieversorgung, indem sie beim überbürokratisierten städtischen Elektrizitätswerk Stellen abbaute und den korrupten Vorstand auswechselte, der das Unternehmen durch Spekulationen und jahrelange Misswirtschaft in die Krise gestürzt und verschuldet hatte. Gnarrs Vorteil war sicherlich, dass er relativ frei von strategischen Zwängen agierte, da er an einer Wiederwahl nicht das geringste Interesse hatte. In seiner Amtszeit setzte er sich immer wieder öffentlich für Pazifismus, Menschenrechte und mehr Bürgerbeteiligung durch direkte Demokratie im Internet ein. In diese Richtung geht auch die preisgekrönte Webseite „Besseres Reykjavík", auf der jeder Bürger Vorschläge zu Gemeindeprojekten machen kann, über die dann diskutiert und abgestimmt wird (die Ideen mit der größten positiven Resonanz werden im Rathaus vorgebracht).

Dass Gnarr einen guten Job gemacht hat, zeigten auch die Umfragen, denen zufolge er gute Chancen auf eine Wiederwahl gehabt hätte. Bei den Reykjavíkern gilt Jón bis heute als einer der beliebtesten Bürgermeister aller Zeiten.

Buchtipp: *Hören Sie gut zu und wiederholen Sie!!! Wie ich einmal Bürgermeister wurde und die Welt veränderte.* Klett-Cotta, Stuttgart 2014.

Der 2013 gewählte Premierminister stolperte 2016 über seine Verstrickungen in die Panama-Papers, was zum Fall der Regierung führte – Neuwahlen wurden fällig. Doch auch die neu gewählte Regierung blieb wegen eines Skandals (versuchte Rehabilitierung eines wegen Kindesmissbrauchs verurteilten Pädophilen durch den Vater des neuen Ministerpräsidenten) nicht lange im Amt. Im **Oktober 2017** mussten die Wähler also noch einmal an die Urnen. Wieder sortierte sich das isländische Polit-Puzzle neu, und zustande kam eine neue, komplizierte Koalition. Bändigen muss das fragile Konstrukt die junge, charismatische **Premierministerin Katrín Jakobsdóttir**, Chefin der Links-Grünen Bewegung. Sie genießt weit über die Parteiengrenzen hinweg großes Vertrauen in der Bevölkerung. Die in sie gesetzten Hoffnungen sind allerdings ebenso groß wie die Unsicherheiten, die ihre Koalition birgt.

Verwaltungsgliederung

Island ist in acht Verwaltungseinheiten (Landsvæði) eingeteilt: die Hauptstadtregion Höfuðborgarsvæðið, Suðurnes (die Reykjanes-Halbinsel), Vesturland (Westen), Vestfirðir (die Westfjorde), Norðurland vestra (Nordwesten), Norðurland eystra (Nordosten), Austurland (Osten) und Suðurland (Süden). Traditionell sind diese noch untergliedert in über 20 Landkreise und 20 kreisfreie Gemeinden.

Diese Einteilungen entstammen einer langen Tradition: Schon im Jahr 965 fand die erste Untergliederung in vier Landesviertel statt (die sich an den Himmelsrichtungen orientierten). Praktisch haben die Landsvæði jedoch in der Gegenwart kaum noch Bedeutung: Die Gerichtsbezirke orientieren sich an ihnen, und zudem so manche Broschüre, der beim jeweiligen Touristenbüro verfügbar ist. Alle wichtigen Entscheidungen werden jedoch in Reykjavík gefällt.

Wirtschaft

BIP pro Kopf: 73 092 US$ (2017, geschätzt)
Durchschnittl. Jahreseinkommen: 75 000 € (pro Haushalt)
Inflationsrate: 1,84 % (2017)
Export: 4012 Mio. € (2016)
Import: 4819 Mio. € (2016)

Islands Wirtschaft weist in den letzten Jahren stets stabile Zuwachsraten auf; ein ökonomischer Boom, der dem Land half, mit den Auswirkungen der Finanzkrise von 2008 (s. Kasten S. 115) klarzukommen. 2017 lag die Zuwachsrate um die 6 % (2016: 7,2 %), und mindestens bis 2019 werden weitere positive Zahlen erwartet. Dazu trägt vor allem der **Tourismus** bei, der inzwischen zur wichtigsten Einnahmequelle für das Land aufgestiegen ist. Doch auch die **Landwirtschaft** hat weiter große Bedeutung, und im Bereich der **Industrie** beginnt Island, mit großen Schritten aufzuholen: Ein Resultat der preiswerten **Energiegewinnung** im Land.

Tourismus

Nach der Finanzkrise 2008 hielten es die meisten Isländer für eine gute Idee, den Tourismus etwas anzukurbeln, damit Devisen ins Land flössen – doch was sie damit ausgelöst haben, hatten sie sich wohl im Traum nicht vorgestellt. Waren es seinerzeit noch knapp eine halbe Million Besucher im Jahr, so hat sich zehn Jahre später die Zahl vervielfacht: Fast 1,8 Mio. im Jahr 2016, und etwa 2,3 Mio. 2017. Seit 2013 liegen die jährlichen **Zuwachsraten** zwischen 20 und 30 %; 2017 sogar bei knapp 35 %. Von 2010 bis 2017 hat sich die Zahl der Beschäftigten im Tourismus verdoppelt – etwa jeder zehnte Isländer (Kleinkinder und Großeltern mitgerechnet) arbeitet inzwischen in dieser Branche. Noch ist kein Ende des Booms in Sicht, und mahnende Stimmen, dass die durch den Aufschwung stark gewordene isländische Krone und damit die weitere Verteuerung des Reisens am Ende zu einem Rückgang der Einnahmen führen könnten, werden bisher nur selten vernommen.

Stattdessen geht der **Ausbau** dieses Wirtschaftszweiges weiter voran. Vor allem die Zahl der Flugverbindungen stieg massiv an. Konnte Island 2007 von 18 Flughäfen in Europa und Nordamerika direkt angeflogen werden, so waren es 2016 bereits 46 Airports und 2017 sogar 78. Ein großes Angebot von Billigflügen (besonders aus den USA) sorgt für rege Nachfrage, auch für Kurztrips übers Wochenende.

Sorgen bereitet vielen Isländern jedoch die **Auswirkung** des Besucheransturms auf ihre Heimat. In den Städten mehren sich die glitzernden Fassaden neuer Hotels und verändern das urbane Bild nachhaltig. Party-People, die Reykjavík für ein nordisches Ibiza halten, taumeln nachmittags betrunken durch die Innenstadt und pinkeln in die Parks, Wild-Camper hinterlassen braune Häufchen auf Privatgrundstücken, durchs ganze Land wehen weiße Klopapier-Fähnchen, Geländewagen-Fahrer zerstören die Moosdecke mit Offroad-Eskapaden ... die Liste ließe sich fortsetzen. Mehr als die Hälfte der Bevölkerung will die Einnahmen durch den Tourismus nicht missen, aber drei Viertel machen sich Sorgen um die Natur des Landes. Mit diesen Herausforderungen angesichts weiter steigender Besucherzahlen umzugehen, wird eine wichtige Aufgabe für die Zukunft sein.

Landwirtschaft

Bis weit ins 20. Jh. hinein war Island ein agrarisch geprägtes Land – wobei die Bauern oft gleichzeitig auch Fischer waren; je nachdem, was die Jahreszeit anbot. Heute betreiben noch etwa 4000 Bauern auf ungefähr 20 % der Landesfläche (zwischen Hochland und Küste) Landwirtschaft. Dabei geht es vornehmlich um **Fleisch und Milchwirtschaft** – hier kann sich das Land fast vollständig selbst versorgen.

Fischerei
Die Fischerei war jahrhundertelang einer wichtigsten Erwerbszweige der Insel, und vor ein paar Jahrzehnten hat Fisch noch 70 % aller Exporte aus Island ausgemacht. Entsprechend hoch war die Abhängigkeit der Bevölkerung von diesem Wirtschaftszweig, und entsprechend verbissen wurde von 1952 bis 1976 in den Kabeljaukriegen um die Vergrößerung der Hoheitsgewässer gekämpft (S. 110; Geschichte). Heute liegen die Exporteinnahmen um die 40 %, aber Island zählt noch immer zu den 20 wichtigsten Fischereinationen der Welt. Kabeljau und Krabben gehören zu den am meisten gefangenen Meeresbewohnern – doch selbst Wale werden noch gejagt (S. 99 und S. 110).

Schafzucht
Die Schafzucht ist nicht nur ein sehr wichtiger Wirtschaftsfaktor (Wolle und Fleisch), sondern fast schon ein kulturelles Erbe: Was wäre der Isländer ohne handgestrickten Islandpulli und Lammkotelett auf dem Grill? Der jährliche Schafsabtrieb (Réttir) im September ist ein gesellschaftliches Großereignis, und das die Straße kreuzende Mutterschaf, hinter dem erst eins, und dann ganz eilig noch ein zweites Lämmchen hinterhergaloppiert, eine alltägliche Begegnung für jeden Automobilisten.

Um der Überweidung vorzubeugen und die Bodenerosion einzudämmen, wurde der Schafsbestand heute auf 450 000 Tiere beschränkt.

Gemüseanbau
Die Geothermie macht's möglich: Paprika, Tomaten und Gurken wachsen in Island in **Gewächshäusern**, und das ganze Jahr über kann geerntet werden. Die Gesamtanbaufläche beträgt etwa 200 000 m^2. Vor allem seit der Finanzkrise ist die Nachfrage an einheimischem Gemüse gestiegen. Reisende finden unterwegs immer wieder Hinweisschilder zu Höfen mit Direktverkauf – eine prima Art, die mitgebrachten Vorräte durch Frischwaren anzureichern. Wer will, kann im Sommer sogar selber Erdbeeren ernten.

Industrie

Erst in jüngerer Zeit hat sich in Island nennenswerte Industrie angesiedelt; vor allem energieintensive Werke, die Rohstoffe auf dem Seeweg einführen und im Land weiterverarbeiten.

Aluminium
Schlagzeilen gemacht haben die **Aluminiumschmelzen** – eine sehr energieintensive Technik, die 70 % des in Island erzeugten Stromes verbraucht. Das Kraftwerk des umstrittenen Staudammes Kárahnjúkar im östlichen Hochland (S. 594) wurde eigens zur Versorgung einer Aluminiumschmelze errichtet, und seit 2008 werden nun mit dieser Energie in der Anlage bei Reyðarfjörður (S. 463) jährlich etwa 350 000 t Aluminium produziert. Weitere Werke stehen bei Hafnarfjörður und bei Grundartangi. Das schafft immerhin einige hundert (manche sagen: ungesunde) Arbeitsplätze für die Einwohner der jeweiligen Region. Betreiber dieser Werke sind jedoch meist Konzerne aus Übersee: Die Gewinne fließen also zum großen Teil ins Ausland ab.

Silizium

Ein neu errichtetes und 2018 in Betrieb gehendes Siliziumwerk im Industriegebiet Bakki bei Húsavík zeigt, in welche Richtung es mit der weiteren Industrialisierung des Landes gehen könnte. Auch hier werden die Rohstoffe aus dem Ausland geliefert (immerhin „nur" aus Polen, wohingegen das Bauxit für die Aluminiumschmelzen zum großen Teil aus Australien stammt), und auch hier exportiert man das Endprodukt ins Ausland. In diesem Fall übrigens nach Aussagen des in Duisburg beheimateten Betreibers PCC nach Deutschland (s. auch Kasten S. 407).

Geothermie

Sowohl bei Know-How als auch Nutzung von Geothermie, also dem Anzapfen der Wärme des Erdinneren, liegt Island weltweit auf Platz eins. Neun Zehntel aller Haushalte beziehen ihre Wärme für Heizung und Warmwasser durch Geothermie, und 25 % des landesweit verbrauchten Stroms werden daraus gewonnen: zwei Drittel der in Island insgesamt verbrauchten Energie. Und welches Land außer Island kann es sich sonst schon leisten, im Winter Gehwege und Straßen von unten zu beheizen, um sie schneefrei zu halten?

Grund ist natürlich die Lage auf dem Mittelatlantischen Rücken mit seinen aktiven Vulkansystemen. Andernorts steigen die Temperaturen Richtung Erdinneres pro Kilometer durchschnittlich um 30 °C – in Island um 150 °C! Mit Bohrungen zapft man in der Erdkruste gespeichertes, bis zu 340 °C heißes Wasser an, das mit gut isolierten Rohren dann verteilt wird. Ist es „verbraucht", d. h. auf etwa 30–40 °C abgekühlt, wird es z. T. noch in Schwimmbäder geleitet oder zur Eisfreihaltung unter Gehwegen durchgeführt.

Einiges, aber nicht alles, wird auch unter hohem Druck zurück in die Erdkruste gepresst, um den Wasserkreislauf aufrechtzuerhalten. Denn zu 100 % nachhaltig (bzw. „erneuerbar") ist auch diese Energiegewinnung nicht: Im Frühjahr 2013 machten Meldungen die Runde, dass im Kraftwerk Hellisheiði (S. 185), das Reykjavík versorgt, seit vier Jahren ein stetiger Produktionsrückgang feststellbar ist. Die unterirdischen Dampfreservoirs erschöpfen sich, und neue Bohrlöcher müssen her, um weitere heiße Kammern anzuzapfen. Auch dem Zurück-Pumpen verbrauchten Wassers wird in Zukunft wohl steigende Bedeutung zukommen.

Zukunftsweisend ist auch das *Iceland Deep Drilling Project*, bei dem etwa 5 km tief in die Nähe von vulkanischem Gestein gebohrt werden soll. Hier ist es so heiß und der Druck so hoch, dass Wasserdampf in den sogenannten „überkritischen Zustand" übergeht und erheblich mehr Energie speichern kann. Schätzungen zufolge lässt sich aus einem solchen Bohrloch etwa die zehnfache Energiemenge von einer normalen Bohrung gewinnen. Seit 2006 sind schon mehrere Versuche gescheitert, doch An-

Die Finanzkrise 2008

Als im Jahr 2008 die internationale Finanzkrise weltweit die Märkte erschütterte, gehörte auch Island zu den Opfern. Die Privatisierung der drei größten Banken, übermütige Spekulationen von fast als Volkshelden gefeierten „Expansionswikingern" und der massive Zufluss ausländischen Kapitals hatten in den Jahren zuvor zu einem völlig überhitzten Geldmarkt geführt. Die isländische Krone war stark, ausländische Produkte entsprechend günstig, und Kredite wurden großzügig vergeben. Von der Großbank bis zum Kleinsparer war fast jeder im Land total verschuldet. Das ging gut, solange frisches Kapital ins Land floss. Als in Folge der globalen Krise dieser Kapitalfluss jedoch abrupt versiegte und die Krone stark an Wert verlor, platzten viele Kredite und sorgten für einen Rückschlag, der die gesamte Gesellschaft erfasste. Nur mit Hilfe des IWF und weiteren Krediten aus Nordeuropa konnte die Staatspleite verhindert werden. Die Großbanken wurden wieder verstaatlicht, doch das brachte den Kleinsparern wenig. Bis heute gab es keinen Schuldenerlass, und die Krise brachte sogar neue Wortkreationen hervor: *Skuldahali*, „Schuldenschweif" heißen z. B. die kurz vor dem wirtschaftlichen Zusammenbruch gekauften und oft bis heute nicht abbezahlten Wohnanhänger, mit denen die Isländer so gerne am Wochenende aufs Land fahren.

fang 2017 erreichte das Team aus Forschern und Ingenieuren eine Tiefe von 4659 m – dort herrschen 427 °C und 340 Bar Druck.

Sollte es gelingen, diese gewaltigen Drücke und Temperaturen zu beherrschen, könnte eine weitere Vision isländischer Wirtschaftslenker Wirklichkeit werden: Der Energieexport nach Europa via Unterseekabel. Technisch bereits denkbar, könnten steigende Energiepreise in Europa hier neue Perspektiven für die isländische Wirtschaft eröffnen.

Religion

Evangelisch-lutherisch (Church of Iceland): 70 %
Freikirchen u. Ä.: 6 %
Katholiken: 3 %
Neue Heiden (Ásatrú): 1 %
Sonstige (Humanisten, Buddhisten, Baha'i etc.): 5 %
Konfessionslos und unregistrierte Religionen: 15 %

Christentum

Christliche Mönche aus dem keltischen Raum (Irland und Schottland) waren wohl die ersten Bewohner der Insel, doch die Wikinger, die nach ihnen die vollständige Besiedlung der Insel übernahmen, brachten ihren nordischen Götterglauben mit. Auf Druck des norwegischen Königs wurden jedoch im Jahr 1000 alle Isländer von einem Tag auf den anderen Christen (S. 104). Obwohl es jedermann freigestellt war, in seinen eigenen vier Wänden den alten Göttern zu dienen, sollten alle Inselbewohner getauft werden. Aber die Isländer wären keine Isländer, wenn sie nicht auch hier einen leicht kauzigen Sonderweg gegangen wären: Nach Verkündung des Beschlusses in Þingvellir verweigerten sie die Taufe vor Ort wegen des zu kalten Wassers und pilgerten stattdessen zu einer ca. 50 km entfernten heißen Quelle, die seitdem „Krosslaug" (Kreuzquelle, s. S. 234) heißt.

Mehr als 500 Jahre später folgte ein zweiter „von oben" verordneter Glaubenswechsel: Nach der Reformation auf dem europäischen Kontinent bestimmte Christian III. von Dänemark 1536, dass auch in seinem Land (sowie in Island, Norwegen und auf den Färöer-Inseln) zukünftig die **evangelisch-lutherische Konfession** gälte. Ganz uneigennützig war das gewiss nicht: Er wurde damit zum Kirchenoberhaupt und Verwalter sämtlicher kirchlicher Güter und Besitztümer. Der wichtige Bischofssitz in Skálholt wurde mit einem Protestanten besetzt, der zügig die neue Auslegung des Christentums verbreitete. Der katholische Bischof Jón Arason vom Bischofssitz Hólar versuchte zwar, das zu verhindern und eine Gegenreformation anzuzetteln. Das misslang jedoch, und er wurde, zusammen mit zwei Söhnen, in Skálholt hingerichtet. Das erstickte weiteren Widerstand im Keim: Katholizismus war verboten. Auch heute sind nur 3 % der Isländer katholisch, doch kam es zu einer etwas ungewöhnlichen **Mischung der Rituale**: Die Isländer verehren den Heiligen Þorlák, den vom Papst ernannten Schutzheiligen der Insel, machen Pilgerreisen, sie knien zur Kommunion nieder und in ihren Kirchen finden sich Bilder der Mutter Gottes. „Lutherisch mit katholischem Einschlag" könnte man das nennen (s. auch Kasten S. 382).

Ásatrú – die neuen Heiden

Auch sonst ist das religiöse Leben in Island „irgendwie anders": So wurde 1972 die **Ásatrú** („Vertrauen in die Götter") als offizielle Religion anerkannt. Die Ásatrú-Gemeinde glaubt an die pragmatischen Lebensweisheiten der Wikinger sowie an die alten Götter Thór und Odin und an die Göttinnen Frigg und Freya. Die Bezeichnung Ásatrú gibt es erst seit dem 19. Jh., die heidnischen Bräuche aber sind tief in den Isländern verwurzelt. Seit der Zeit der ersten Besiedlung hat sich hier ein gewisser Animismus erhalten, ein Naturglaube. Inzwischen gehören rund 3000 Isländer der Ásatrú-Gemeinde an, das ist etwa ein Prozent der Bevölkerung. Tendenz: steigend.

Anführer der Bewegung (ihr „Gode") ist der bekannte Filmmusiker **Hilmar Örn Hilmarsson**. Für ihn ist Ásatrú eigentlich eher eine praktische Lebenshilfe als eine Religion. „Es geht uns in erster Linie darum, das Leben möglichst aufrichtig und rechtschaffen zu führen. Und der Natur den Respekt entgegenzubringen, den sie verdient." Die Rückbesinnung auf das alte, einfache Wertesystem der Wikingerzeit hat oberste Priorität: Ehrlichkeit, ein hoher moralischer Standard, Offenheit und Respekt: für andere Menschen und auch für deren Glauben. Sogar für die, die nicht an Götter, sondern an Elfen glauben: „Ja, in gewissem Sinne kann man sagen, dass die Elfen vielleicht die moderne Form der alten Natur-Götter sind", sagt Hilmarsson. „Aber es ist auch wichtig, zu wissen, dass wir in Island keine industrielle Revolution hatten, wie sie im 19. Jahrhundert in Europa stattfand. Wir hatten keine Aufklärung, keinen Rationalismus und auch das wissenschaftlich geprägte Weltbild kam erst spät zu uns herüber. Wir sind aus unseren Torfhütten in die Städte gezogen und haben unsere folkloristischen Ansichten einfach mitgenommen. Dann haben wir den Anpassungsprozess, der in Europa 200 Jahre dauerte, im Eiltempo innerhalb von weniger als 50 Jahren aufgeholt. Aber im Grunde genommen sind wir immer noch die Bauern von damals." Und deren alte Werte- und Glaubenssysteme versucht Ásatrú in die Gegenwart zu retten.

Volksglaube

Als im Sommer 2016 auf einer Baustelle bei Siglufjördur im Norden des Landes plötzliche Erdrutsche die Arbeiten erschwerten, sich dann ein Arbeiter verletzte und ein Bagger ausfiel und schließlich noch der herbeigeeilte Lokalreporter im Schlamm versank, da war klar: Nicht die vorausgegangenen starken Regenfälle waren die Ursache: Nein, es müssen Elfen gestört worden sein! Elfenkundige aus der Gegend fanden dann auch die Lösung: Bei den Bauarbeiten war der Alfkonusteinn verschüttet worden – ein Stein, um den sich viele lokale Geschichten ranken, in denen Elfen eine wichtige Rolle spielen.

Der Stein wurde ausgegraben, mit einem Hochdruckreiniger gesäubert und ordentlich zurückgelegt – und die Arbeiten konnten ungestört beendet werden.

Geschichten dieser Art passieren in Island immer wieder. Nach einer Untersuchung eines Volkskundlers, der an der Uni Reykjavík lehrt, glauben 10 % der Bevölkerung fest an Elfen; weniger als 50 % glauben nicht an ihre Existenz. Der Rest wollte sich nicht festlegen; man kann ja nie wissen …

Die Straßenbaubehörden sind inzwischen auf solche Zwischenfälle eingestellt. Mal wird ein Stein mit einem Kran umgesetzt, mal eine Kurve um den von Elfen bewohnten Hügel gebaut. Warum auch nicht? Folklore ist ein schützenswertes Gut. Und die Geschichten von Elfen und Trollen, mit denen man früher die Kinder erschreckte, werden heute den Touristen erzählt. Die Menschen verdienen Geld, die Elfen haben ihre Ruhe, und alle sind glücklich. Liebenswertes Island!

Kunst und Kultur

Als kleines, abgelegenes Land am Rande Europas, dessen wenige Bewohner oft hauptsächlich mit dem Überleben beschäftigt waren, hat sich in Island viele Jahrhunderte kulturell eher wenig getan. Eine Ausnahme bildet die **Literatur**; die umfangreichen Sagas und die Snorri-Edda gehören definitiv zum zentralen Erbe gesamteuropäischer Identität.

Erst in den letzten Jahren und Jahrzehnten macht Island kulturell international von sich reden. Das betrifft vor allem die **Musik** – die Sängerin Björk ist zum gefeierten Weltstar avanciert. Aber auch in anderen Bereichen erregt Island Aufmerksamkeit: 2013 heimste das Land mit dem Mies-van-der-Rohe-Award einen wichtigen Architekturpreis für seine Vorzeige-Konzerthalle Harpa in der Hauptstadt ein.

Architektur

Gras und Erde – das waren für viele Jahrhunderte die Baustoffe, mit denen die Isländer vorlieb nehmen mussten. Holz war selten und vor allem für die Errichtung von Kirchen reserviert. So entwickelte sich in Island eine Architektur, die vor allem von pragmatischen Gesichtspunkten geleitet war. Und bis heute ist: Die Verwendung von Wellblech ist allgegenwärtig (und – in bunten Farben gestrichen – gar nicht so hässlich, wie man vielleicht denkt). Im Verlauf des 20. Jhs. zeigte sich aber, dass es inzwischen durchaus eigenständige, kreative Ansätze gibt.

Vom Torf zum Beton

Als sich die ersten Wikinger dauerhaft in Island niederließen, bauten sie ihre Häuser aus Torf und Erde, Steinen, Treibholz und den kleinen Bäumen, die sie vorfanden: vor allem Birken. Die Feuerstelle war das Zentrum des Hauses; je nach Größe gingen von einem Gang mehrere Räume ab. Von den ersten Siedlungen sind nur noch an wenigen Orten einige Grundmauern erhalten; einen guten Eindruck bekommt der Besucher in Museumshof **Glaumbær** (S. 347), einem originalgetreu restaurierten Gehöft aus dem 14. Jh. im Norden des Landes. Auffällig bei diesen niedrigen Gehöften sind die Grasdächer, die schon von außen Assoziationen zu den Tolkien'schen Hobbithöhlen aufkommen lassen. Weitere beeindruckende Rekonstruktionen älterer Bauten befinden sich in Südisland in den Freilichtmuseen **Keldur** (S. 531) und **Þjóðveldisbærinn** (S. 542).

Erst im 18. Jh. wurden erste langlebigere **Gebäude aus Steinen** gebaut: Eines der ältesten Gebäude in dieser Technik ist das Viðeyjarstófa auf der Insel Viðey bei Reykjavík. Anfang des 19. Jhs. kam das (teure) Holz als Baumaterial auch für Wohn- und Handelshäuser dazu (teils als zusammensetzbare „Fertighäuser" aus Norwegen importiert), und ab etwa 1870 **Wellblech**. Beständig, wasser- und feuerfest, eignete es sich ideal für Wände und Dächer.

Anfang des 20. Jhs. fand schließlich Beton mehr und mehr Verwendung: Dessen Haltbarkeit sorgte dafür, dass er sich bald zum wichtigsten Baustoff mauserte. Nach einem großen Brand in Reykjavík 1915 wurde Holz als Baustoff in Städten komplett verboten: Das **Betonzeitalter** war endgültig angebrochen. Aber der neue Werkstoff ermöglichte neue Gestaltungsmöglichkeiten, und damit die Entwicklung einer eigenen architektonischen Identität.

Moderne Architektur

Einer der Wegbereiter der isländischen Architektur ist gewiss der 1920 zum Staatsarchitekten ernannte **Guðjón Samúelsson** (1887–1950). Er baute zwischen 1933 und 1951 in der Hauptstadt die Hallgrímskirche (Bauzeit: 40 Jahre, s. S. 130), das Nationaltheater Þjóðleikhúsið (S. 153), und die katholische Kirche Landakotskirkja (S. 138). Sein besonderes Verdienst: Er griff Motive aus der isländischen Natur auf, z. B. die Basaltsäulen an der Hallgrímskirche. Vielen Nachwuchsarchitekten diente er als Vorbild, die eigene isländische Handschrift weiter auszuarbeiten.

Die Finanzkrise 2008 bescherte der modernen Architektur allerdings einen Rückschlag: Für aufwändige Großgebäude fehlte einfach das Geld. Immerhin: Das Konzerthaus Harpa in Reykjavík mit seinen auffälligen Kristallfenstern, einem 1800 Sitzplätze großen Konzertsaal, drei kleineren Konzertsälen, Konferenzsaal, Kino usw. wurde fertiggestellt (s. auch S. 142) und zeigt, wozu die isländische Architektur inzwischen fähig ist.

Bildende Kunst

Gemälde, Schnitzereien und andere Kunst hat es in Island gewiss schon zur Zeit der ersten Siedler gegeben, einzig: Überliefert ist davon nichts. Erst mit dem Beginn der Neuzeit machen einzelne Künstler auf sich aufmerksam.

In der **Malerei** gilt **Þórarinn B. Þorláksson** (1867–1924) als erster moderner Maler des Landes. Der Landschaftsmaler, ein gelernter Buchbinder, der in Kopenhagen Malerei studiert hatte, zeigte im Jahr 1900 seine Werke auf der ersten Bilderausstellung, die es in Island gab. Bis 1911 folgten jährlich weitere Ausstellungen. 1913 war er Mitglied im fünfköpfigen Komitee, das die Landesflagge gestalten sollte. Leben konnte er von seinen Werken allerdings nicht; er lehrte Kunst in verschiedenen Institutionen in Reykjavík und betrieb zudem noch einen kleinen Laden. Einer der berühmtesten Maler ist **Guðmundur Guðmunsson** (geb. 1932), vor allem als **Erró** bekannt. Nach seinem Studium in Reykjavík und Oslo erlernte er Mitte der

Die expressionistische Hallgrímskirche in Reykjavík ist die größte des Landes.

50er-Jahre in Florenz die Kunst der Freskomalerei und sammelte auf Reisen weitere Inspirationen, die er u. a. von der New Yorker Pop-Art-Szene bekam. Seit 1958 lebt Erró, in dessen collageartige Werke oft Comic-, Horror- und Science-Fiction-Elemente einfließen, in Paris. Vielfach kritisiert der Künstler die Gewalt in der Moderne (z. B. durch Diktaturen) oder entgrenzte Konsum- und Technikgläubigkeit und die Konfusion, die sie in den Menschen erzeugt. Einen guten Eindruck vermittelt das Reykjavík Art Museum (s. Kasten S. 141).

Auch die **Bildhauerei** nimmt ihren Anfang im späten 19. Jh., als Künstler bei Auslandsaufenthalten zum ersten Mal Zugang zu gut formbarem Material bekamen (das isländische Gestein ist entweder zu hart oder zu bröckelig). **Ásmundur Sveinsson** (1893–1982) ist einer der ersten Künstler des Landes, die auch international Beachtung fanden. Seine Skulpturen orientieren sich am Alltagsleben und der Natur, aber auch an den Sagas. Sein abstraktes Werk *Sonatorrek* (in Borg á Mýrum bei Borgarnes) ist ein Beispiel dafür: Es zeigt den Sagahelden Egill, der seinen toten Sohn betrauert. Sveinsson befürwortete sehr die Aus- bzw. Aufstellung seiner (und anderer) Werke an öffentlichen Orten: Kunst, so seine Überzeugung, ist nicht nur für ein paar Gönner, sondern für alle da.

Heute müssen junge Künstler nicht mehr ins Ausland reisen, um sich weiterzubilden. Mit der *Listaháskóli Íslands* hat Reykjavík seit 1998 seine eigene **Kunstakademie** mit den fünf Fachbereichen Bildende Kunst, Tanz und Theater, Design und Architektur, Musik sowie Kunsterziehung. Gelehrt werden soll **fortschrittliches Denken**, und das ruht nach Überzeugung der Akademie auf drei Pfeilern: Neugierde, Verständnis und Mut. Klingt spannend? Hier gibt es mehr Infos:
🖥 www.lhi.is/en.

Literatur

„Lieber barfuß als ohne Buch."
(Isländisches Sprichwort)

Im Bereich der Literatur hat Island Großes vorzuweisen: Schon im Mittelalter hat es mit der **Edda** einen wichtigen Beitrag zur europäischen

Kulturgeschichte geliefert und mit den **Sagas** einen ganzen Kosmos großangelegter Familiendramen erschaffen, die zu den wichtigsten literarischen Leistungen dieser Zeit zählen. Nach einigen Jahrhunderten mit weniger literarischem Output (in denen die Edda, die Sagas und andere Texte mündlich und schriftlich weitergegeben wurden und so viel zum Bestand der kulturellen Identität beitrugen), meldete sich das Land dann zurück, als **Halldór Laxness** 1955 mit dem Literaturnobelpreis ausgezeichnet wurde. In Island wird überdurchschnittlich viel gelesen: Gegenwärtig erscheinen dort etwa 1500 Bücher jährlich, und spätestens seit die Insel 2011 Gastland der Frankfurter Buchmesse war, ist das Interesse an isländischer Literatur auch im deutschsprachigen Raum groß – in fast jeder Buchhandlung findet sich eine Reihe übersetzter Island-Krimis.

Das Íslendingabók

Das erste wichtige Buch, das in Island geschrieben wurde, war ein Geschichtsbuch. Das „Isländerbuch" von **Ari Þorgilsson** (Ari dem Gelehrten) wurde um 1125 verfasst und erzählt die Geschichte des Landes von der Landnahmezeit bis ins Jahr 1118. Es erschien in isländischer Sprache – eine Besonderheit im Mittelalter, wo solche wissenschaftlichen Texte eigentlich durchgängig auf Latein verfasst wurden. So aber konnte jeder das Buch lesen, und seine Inhalte, wie z. B. die Entstehung und Bedeutung des Alþing, waren nicht nur den Gelehrten zugänglich.

Die älteste erhaltene Abschrift des Textes stammt aus dem 17. Jh. Sie wurde verfasst von **Jón Erlendsson** (für die Bibliothek des Bischofs von Skálholt). Erlendsson kopierte damals eine Version aus dem 12. Jh., die aber leider verlorengegangen ist.

Die Edda

Als Edda werden zwei Texte aus dem 13. Jh. bezeichnet, die als schriftliche Niederlegung und Zusammenfassung älterer mündlicher (vielleicht auch schriftlicher) Überlieferung gelten. Die **Lieder-Edda** (auch: Ältere Edda oder Poetische Edda) ist eine Sammlung von Dichtungen und Liedern, die um 1270 niedergeschrieben wurde. Als Stoff dienen germanische Heldensagen (u. a. das Nibelungenlied) sowie Motive aus der nordischen Mythologie – **Göttergeschichten**, die das alte Wissen über Thor, Odin, Loki und Co. überliefern. Die Version von 1270 ist die älteste bekannte – sie heißt *codex regius*, da sie lange in der königlichen Sammlung in Kopenhagen lag. 1971 wurde sie mit viel Tamtam an Island zurückgegeben und kann heute im Arnamagnäanischen Handschrifteninstitut in Reykjavík bewundert werden.

Die **Snorri-Edda** (auch: Jüngere Edda oder Prosa-Edda) ist das Werk von Snorri Sturlusson (S. 105) und diente als Lehrbuch für angehende Dichter („Skalden"). Die älteste erhaltene Handschrift stammt aus dem Jahr 1300. Sie enthält u. a. eine Sammlung altnordischer Überlieferungen, die als Themenpool gedacht war: Eine Stoffsammlung, aus der die Dichter dann Lieder und Geschichten formen konnten. Snorri fürchtete wohl nicht ganz zu Unrecht, dass durch die Christianisierung des Landes die alten heidnischen Geschichten und Motive verlorengehen könnten: Für seine Arbeit muss man ihm daher wohl heute noch danken.

Sagas

Die **Isländersagas** zählen nach der übereinstimmenden Meinung von Experten (und nicht nur solchen aus Island) zu den bedeutendsten literarischen Werken, die im mittelalterlichen Europa entstanden sind. Geschrieben wurden sie etwa zwischen 1200 und 1330, wobei sie wohl auf mündliche Überlieferungen zurückgriffen. Thema aller Sagas ist die Zeit in Island zwischen 930 (der Gründung des Alþing) und 1030 – die „Sagazeit".

Die Sagas beziehen sich auf historische Ereignisse und erzählen ausführlich, farbenfroh und oft genug auch reichlich blutrünstig die Geschichte der frühen Familienclans und einzelner Helden (und Anti-Helden), die mit der Gesellschaft in Konflikt kamen (s. auch die Kästen „Multimediale Erlebnisse mit Egill und Brak", S. 231, und „Auf den Spuren der Islandsagas", S. 532).

Generationsübergreifende Genealogien werden ausgerollt, und die Beziehungen zwischen den Clans oder Bewohnern einzelner Regionen treiben die Handlung voran. Wie im griechischen Drama steuert die Handlung auf einen zentralen Konflikt zu, der das Schicksal des (oder der) Protagonisten einschneidend verändert – dessen Lösung und der Umgang mit der Krise bilden den Sinn der Saga, die damit eine **gesellschaftliche Ordnung** tradiert.

Doch der Transport sozialer Normen war nur ein „Zweck" der Sagas. Noch wichtiger war wohl deren **identitätsstiftende Funktion**: Wer gehört zu welcher Familie, zu welchem Clan, in welche Region. Diese Fragen waren überaus wichtig und sind es bis heute: Ahnenforschung ist eine beliebte Beschäftigung im Land, und gerne führt man seinen Stammbaum bis auf eine der Familien in den Sagas zurück.

Und nicht zuletzt dienten die Sagas wohl auch zur **Unterhaltung**. In langen, dunklen Winternächten tausendfach wiedererzählt, haben sie sich tief ins isländische Bewusstsein eingegraben. Noch heute kennt jeder Isländer die Sagas (wenn auch vielleicht nicht alle), und viele lesen sie im Original: Denn die isländische Sprache hat sich im Laufe der Jahrhunderte nur wenig verändert (s. S. 596, Sprachführer).

Von der Reformationszeit bis ins 19. Jh.

Nach Einführung des lutherischen Glaubens musste die alte kirchliche Literatur verworfen und durch neue, von der Reformation geprägte ersetzt werden. Es war noch der letzte katholische Bischof von Island, Jón Arason, der 1530 die erste Druckerei auf der Insel einrichtete. Gedruckt wurde jedoch bald nur noch lutherische Gebrauchsliteratur, die aus Dänemark und aus norddeutschen Städten übernommen wurde. Guðbrandur Þorláksson übersetzte 1584 die Bibel ins Isländische – für eine geraume Zeit das letzte wichtige „isländische" Werk.

Im 19. Jh. kam es zu einem neuen literarischen Aufbruch, als die **Romantik** die Insel erreichte. Zwischen den Jahren 1835 und 1847 erschien mit der *Fjölnir* eine Literaturzeitung, die sich für die Erhaltung und Reinheit der isländischen Sprache einsetzte. Als erster „moderner" isländischer Roman gilt das 1850 erschienene Werk *Grasaferð* („Auf Moossuche") von Jón Thoroddsen.

20. Jh. und Gegenwart

Das Ende des 19. und der Anfang des 20. Jhs. sind dominiert von Dramen, die ihre Motive aus der isländischen Folklore schöpfen. Das ändert sich erst in der zweiten Hälfte des 20. Jhs., als 1955 **Halldór Laxness** mit dem **Literaturnobelpreis** ausgezeichnet wird. Isländische Autoren wie Gunnar Gunnarsson (1889–1975), Einar Kárason (geb. 1955) und Steinunn Sigurðardóttir (geb. 1950) erhalten in den Jahrzehnten danach internationale Aufmerksamkeit.

In den 1990er-Jahren startet dann in Island der Kriminalroman durch: Einer der Vorreiter dieses Genres ist Arnaldur Indriðason (geb. 1961). Heute stehen über 100 ins Deutsche übersetzte Island-Krimis zur Auswahl.

Werke wie das 1996 erschienene *101 Reykjavík* von Hallgrímur Helgason (geb. 1959) verschafften der isländischen Literatur dann weitere Aufmerksamkeit – ein Kultroman, der erfolgreich verfilmt wurde und dessen schräge Hauptfiguren eine unkonventionelle, oft schonungslose Sichtweise des Lebens in Island erlauben. Einen ernüchternden Blick auf die Tristesse in der isländischen Provinz gewährt z. B. sein 2010 in Deutschland erschienenes Werk *10 Tipps, das Morden zu beenden und mit dem Abwasch zu beginnen*.

Für weitere Romanempfehlungen s. S. 601, Bücher.

Musik

Statistisch gesehen hat kein Land eine höhere Musikerdichte und mehr international bekannte Bands pro Einwohner als Island. Bekanntester Musikexport des Landes ist wohl die Sängerin Björk – jeder kennt sie, und so mancher Isländer ist schon genervt, denn sie ist das Erste, was vielen beim Wort „Island" in den Sinn kommt. „Hast du schon mal Björk getroffen?" – angeblich gibt es kaum eine Frage, mit der man einen Isländer mehr auf die Palme bringen kann.

Der Aufstieg der isländischen Musik

Im Jahre 1965 begann eine Band namens Hljómar („Thor's Hammer") als Islands Antwort auf die Beatles so etwas wie die musikalische Neuzeit in Island einzuläuten. Aus den 70er- und 80er-Jahren sind auch heute noch Künstler wie Bubbi Morthens, KK, Stuðmenn, Megas, Magnús Þór Sigmundsson, Björgvin Halldórsson oder Vilhjálmur Vilhjálmsson mit ihren Songs populär oder einfach Kult.

Nach der Trennung von ihrer Indie-Band, den Sugarcubes, entwickelte sich **Björk** in den 1990er-Jahren zu Islands erstem internationalen Superstar. Eine ähnliche weltweite Aufmerksamkeit erreichte wenig später die Gruppe **Sigur Rós** – und beide machten isländische Musik mit teils sehr eigenwilligem Charakter im Ausland salonfähig. Musik abseits des Mainstreams wurde für Island zum Markenzeichen. Die isländischen Musiker gehen auch heute mit ihrer Bereitschaft, Neues auszuprobieren und sehr kreativ zu sein, diesen Weg weiter.

Aber isländische Musik ist heute weit mehr als der Erfolg von Sigur Rós oder Björk. Seit den späten 80er-Jahren zeigten sich vermehrt internationale Erfolge, und weltweite Auftritte von isländischen Musikern nehmen bis heute immer mehr zu. Hintergründe dafür sind auch wirtschaftliche Notwendigkeiten – für 5000 verkaufte Musikträger bekommt man in Island zwar schon eine Goldene Schallplatte, leben kann man davon jedoch nicht. Aus diesem Grunde haben die meisten Musiker einen regulären Zweitjob und müssen zunehmend für den internationalen Markt auf Englisch singen. Dafür unterstützt Iceland Music Export (IME) inzwischen mit staatlicher Hilfe gezielt isländische Bands im Ausland, und aus dem Icelandic Music Fund fließt von staatlicher Seite eine Art zeitlich begrenzter Lohn an eine breite Palette von Künstlern. Islandweit ertönt trotz aller Auslandskonzerte zum Glück weiter das ganze Jahr über Livemusik in Bars, Cafés, auf Konzerten sowie Festivals.

Rock, Pop, Indie und Co.

Einzelne Künstler oder **Gruppen** hervorzuheben, ist angesichts der großen Anzahl und Vielfalt wirklich schwierig.

International am bekanntesten dürften **Of Monsters and Men** sein, die mit Superhits wie *Little Talks* die internationalen Charts stürmten und auch Songs für Film-Großproduktionen wie *Die Tribute von Panem* und die Serie *The Walking Dead* schrieben.

Auch **Emilíana Torrini**, die den emotionalen *Gollum's-Song* für *Herr der Ringe* beisteuerte, ist spätestens seit ihrem Hit *Jungle Drum* in aller Munde. Ehemals war sie Mitglied von **Gus-Gus**, die ebenso wie **FM Belfast** und **Múm** elektronische Musik machen.

International bekannter sind auch die Bluesrock-Band **Kaleo**, die mit *Way down we go* in den Charts weit nach oben kletterte, die isländische Pop-Ikone **Páll Óskar**, der Komponist **Jóhann Jóhannsson**, der 2015 für seine Musik zum Film *The Theory of Everything* für einen Oscar nominiert wurde und einen Golden Globe gewann und **Jóhanna Guðrún**, die 2009 den zweiten Platz beim ESC für Island belegte.

Und natürlich der Sänger und Gitarrist von Sigur Rós, der als **Jónsi** solo unterwegs ist und zu dessen Markenzeichen es gehört, die Gitarre mit einem Cellobogen zu bespielen. Oder Komponist **Ólafur Arnalds**, dessen instrumentelle Stücke stark von Klassik geprägt sind, und der mit seinem anderen Projekt Kiasmos (elektronische Musik) zeigt, wie vielseitig er ist.

Eine Legende ist **HAM**, die Metal-Rockband mit aktiven Politikern als Bandmitgliedern. Rock der härteren, aber melodisch-stimmungsvollen Sorte haben sich auch Dimma, Sólstafir und Agent Fresco verschrieben. Indierock bis Indiepop, z. T. mit starken Folkeinschlägen, spielen Árstíðir, Dikta, Mammút und der Solokünstler Ásgeir. Eythor Ingi singt vor allem Pop-Balladen. Sehr angesagt sind Mugison, der verschiedenste Stile miteinander mischt, Júníus Meyvant mit seinem beschwingten Folk-Pop, Sóley mit ihrem sphärischen Piano-Sound, das Trio Vök, bei dem Gitarren, Synthie-Beats und Saxofon zusammentreffen und der Songwriter Svavar Knútur, der sich selbst als Troubadour bezeichnet und auf der Bühne auch als Geschichtenerzähler glänzt.

Weitere Künstler mit ihrem ganz eigenen, atmosphärischen Stil sind z. B. Sin Fang, Ragga Gröndal, Úlfur und Sverrir Bergman (einfach mal reinhören, z. B. im tollen Plattenladen 12 Tónar in Reykjavík, s. S. 156).

Jedes Jahr machen neue, junge Künstler auf sich aufmerksam. Wer sich dafür interessiert, sollte die einschlägigen Medien im Internet verfolgen (s. u.) sowie die entsprechenden Suchbegriffe auf Youtube oder Spotify eingeben. Immer wieder einen aktuellen Überblick verschaffen auch die empfehlenswerten Sampler von **Ladyboy Records** (🖳 www.ladyboyrecords.bandcamp.com). Aktuell besonders angesagt sind z. B. die Auftritte von **DJ Flugvél Og Geimskip** mit ihrem schrägen Space-Girl-Pop (ihr zweites Album *Nótt á hafsbotni*, „Nacht am Grunde des Ozeans", erschien 2017) sowie die All-Girl-HipHop-Combo Reykjavíkurdætur („Töchter von Reykjavík"). Weitere aktuelle Rap-Acts sind GKR, Cyber, Cell 7 und Avia Islandia. Sie geben der jungen Musik ganz neue, „post-Björk"-Akzente.

Klassik und Chormusik

Die Tradition, gemeinsam zu singen, ist noch sehr ausgeprägt: Es gibt über das ganze Land verteilt ca. **300 Chöre**. Zu den bekanntesten gehören der Motettenchor der Hallgrímskirkja in Reykjavík, der Chor der Lindakirkja aus Kópavogur, der Kammerchor Hljómeyki, der Karlakórinn Heimir aus Skagafjörður oder der Gospelchor Reykjavík.

In Reykjavík finden sich mit der Kirche **Hallgrímskirkja** sowie der modernen **Konzerthalle Harpa** auch die vielleicht besten Konzertorte. Und in der Harpa ist eines der besten Symphonieorchester der nordischen Länder beheimatet.

Konzerte und Festivals

Infos über Konzerte oder Livemusik in Island finden sich neben den Webseiten der einzelnen Künstler z. B. unter 🖳 www.icelandmusic.is – unter dem Link „Live" sind auch die geplanten Auslandskonzerte von isländischen Musikern über die nächsten Monate zu sehen – unter 🖳 www.grapevine.is, 🖳 www.reykjavikonstage.com, und 🖳 https://en.harpa.is. Außerdem informieren die Festivalwebseiten von **Airwaves Iceland** (immer im Oktober/November mit Veranstaltungsorten überall in Reykjavík und seit 2017 zusätzlich in Akureyri), **Sónar** (im Februar/März in der Harpa in Reykjavík), **Secret Solstice** im Juni in Reykjavík sowie mit speziellen Events im Südwesten Islands, dem Festival **Eistnaflug** im Juli in Neskaupstaður in den Ostfjorden mit Islands berühmt-berüchtigter Metal-Szene, sowie die Webseiten von Kirchen und Chören mit meist auch englischsprachigem Internetauftritt. So kann man auf der Website der Hallgrímskirkja z. B. über Orgelkonzerte oder den kostenlosen Auftritt von Kinderchören vor Ostern stolpern.

Tickets islandweit über 🖳 www.tix.is, 🖳 www.enter.is und 🖳 www.midi.is.

IM HERZEN VON REYKJAVÍK; © MARK MARKAND

Reykjavík und Reykjanes

Reykjanes, die Region rund um die Hauptstadt, zeigt auf relativ engem Raum, was Island ausmacht: Die Insel ist jung, sie lebt, verändert sich jeden Tag. Sie raucht, qualmt und bebt. Und im übertragenen Sinne gilt all das auch für Reykjavík: In dieser dynamischen Stadt fehlen zwar herausragende alte Bauwerke, doch ist hier alles bunt und in ständiger Bewegung, sodass selbst die „Altstadt" eigentlich „Jungstadt" heißen müsste.

Stefan Loose Traveltipps

1 **Reykjavíks Zentrum** Beim Bummel durch die Straßen lässt sich das Flair der „Metropole" aufnehmen. S. 130

Höfði Islands Beitrag zum Weltfrieden: In diesem Haus trafen sich „Gorbi" und Reagan, um das Ende des Kalten Krieges einzuläuten. S. 143

Elfenschule Hier lernt man vielleicht nichts Praktisches, dafür aber abgefahrene Geheimnisse über das „Huldufólk". S. 144

Gunnuhver Die heißen Quellen von Islands größtem Schlammquellengebiet verströmen nicht nur Dampf, sondern auch einen Hauch Grusel. S. 177

Seltún Im Hochtemperaturgebiet geht es heiß her, und das Patchwork an bunten Farben ist ein Hingucker. S. 181

Krýsuvíkurbjarg Hoch hinaus und tief hinunter bei einer Wanderung entlang der Steilküste. S. 183

SCHWIMMEN IM MEER BEI REYKJAVIK; © ANDREA MARKAND

HOCHTEMPERATURGEBIET SELTÚN; © ISTOCK.COM / BETHWOLFF43

Wann fahren? Das ganze Jahr über

Wie lange? Reykjavík ist an einem Tag erkundet, Reykjanes an einem Tag umrundet, aber auch nach Wochen hat man noch nicht alles gesehen.

Beste Feste Secret Solstice (Mitte oder Ende Juni), Nationalfeiertag am 17. Juni, Reykjavík Pride (Mitte Aug), Iceland Airwaves (Anfang Nov)

Bekannt für die nördlichste Hauptstadt der Welt; die Blaue Lagune; einen Unesco-Geopark mit Hochtemperaturgebieten, aktiven Vulkanen, Stränden und Steilküsten

Reykjavík und Reykjanes

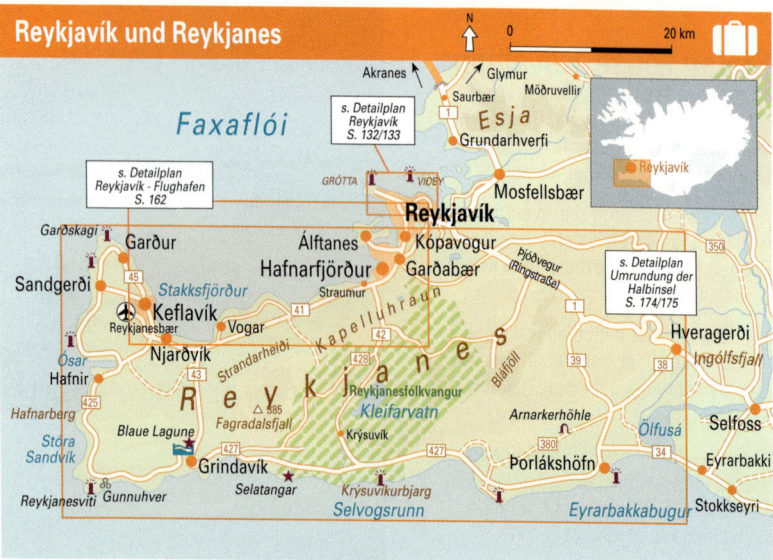

Geröll, Lava, Schutt: Island begrüßt Ankommende am Flughafen von Keflavík mit einer fast vegetationslosen, flachen Einöde. Und wer von hier aus gleich auf die autobahnähnliche **Straße 41** nach Reykjavík auffährt, wird diesen ersten enttäuschenden Eindruck bestätigt finden: keine niedlichen kleinen Grassoden-Häuschen, keine Wasserfälle am Straßenrand, keine wild umherstreifenden Islandpferde. Es sieht aus wie auf einer riesigen, tristen Baustelle.

Dabei liegt der ideale Island-Einstieg so nahe: An den Küsten westlich und südlich des Flughafens, vor allem entlang der **Straße 427**, zeigt sich die Halbinsel Reykjanes von ihrer schönsten Seite (S. 172). Nirgendwo sonst findet man auf so engem Raum derart viele große Lavafelder, schroffe Klippen, flach abfallende Strände, straßennahe Vulkane und aufregende Geothermalgebiete wie hier. In keiner anderen Region bebt die Erde häufiger. Denn in Reykjanes beginnt die „Spalte", die Amerika von Europa trennt (s. auch „Die Entstehung der Insel", S. 87).

Man kann hier noch richtig was entdecken, Abenteuer erleben. Etwa von steilen Klippen den Blick schweifen lassen und durch eine Lavawüste streifen. Heiße Dampfquellen bestaunen oder auf Matsch- und steilen Bergpisten Rallye-Luft schnuppern. Und vor allem sollte man die Wanderschuhe schnüren: Von gemütlichen Spaziergängen über markierte Rundwanderrouten bis zum mehrtägigen Trekking auf alten Fernwanderwegen geht hier alles. Weite Teile von Reykjanes sind noch nicht überlaufen. Also: Diese Region bloß nicht links – beziehungsweise vom Flughafen aus gesehen rechts – liegen lassen!

Reykjavík

Gemessen an den Metropolen anderer Länder ist Reykjavík überschaubar, doch nach einer Rundreise durch die einsamen Weiten der Insel kommt es einem riesig vor. Doch was aufgrund der dichten Besiedlung wie eine Stadt mit zahlreichen Vororten wirkt, sind in Wirklichkeit mehrere unabhängige Städte: Nämlich **Reykjavík** (über 123 000 Einw.), **Kópavogur** (über 35 000 Einw., nach Reykjavík die zweitgrößte Stadt), **Garðabær** (14 000 Einw.), und **Mosfellsbær** (knapp 10 000 Einw.). In der gesamten Hauptstadtregion leben fast 217 000 Menschen, also zwei Drittel der Gesamtbevölkerung von Island.

Auf den ersten Blick wirkt Reykjavík nicht besonders attraktiv: Viele gesichtslose Neubauten, kühl-funktionale Bürotürme und verkehrsreiche Straßen prägen das Bild von Islands bedeutendstem Wirtschaftsstandort. Doch im Zentrum zeigt Reykjavík ein anderes, hübscheres Gesicht. Historische Statusbauten machen sich zwar rar, doch säumen viele helle, kleine Häuser die Straßen der **Altstadt**, darunter einige mit pittoreskem Anstrich. Vor allem aber beeindruckt die Kreativität, die sich in Graffitis, Galerien, Designerlädchen, coolen Cafés und einer besonders am Wochenende regen Livemusikszene ausdrückt. Und bei schlechtem Wetter kann man in zahlreichen **Museen** interessante Stunden verbringen – von Gletscher-, Vulkan-, Saga- und Kunstmuseen bis hin zu skurrilen Exoten wie dem Penis- oder Punkmuseum ist hier alles vertreten.

Die meisten Reisenden allerdings begnügen sich damit, einen halben oder ganzen Tag in der Hauptstadt zu verbringen – wenn sie sie nicht ganz außen vor lassen. Viel zu verlockend sind die Naturschönheiten des Landes. Vor allem aber Gäste ohne Mietwagen sind mit einer Unterkunft in Reykjavík gut beraten. Denn es locken nicht nur **Ausflüge** zu den Inseln in der Bucht und zum 914 m hohen Hausberg-Massiv Esja, sondern auch ein gut ausgebautes Bussystem mit jeder Menge Tagestouren (s. S. 156, Aktivitäten und Touren).

Geschichte

Auch wenn Reykjavík heute über reichlich Großstadtflair verfügt: Die Stadt ist vergleichsweise jung. Und zum Zentrum für Bildung, Kultur, Politik und Wirtschaft wurde sie erst nach und nach. So stand bis 1786 die bedeutendste Schule in Skálholt, wo auch der Bischhof residierte. Das Parlament Alþing tagte bis 1799 im 40 km entfernten Þingvellir. Reykjavík war ein Dorf. Und das merkt man – manchmal – auch heute noch.

Reykjavík gilt als erster dauerhaft besiedelter Ort Islands. Der erste, der sich in der heutigen Hauptstadt häuslich niederließ, war 874 n. Chr. der Norweger **Ingólfur Arnarson** (s. auch S. 103, Land und Leute). Er lebte auch vorher schon in Island (bei Ingólfshöfði im Südosten), machte sich aber nach einem Zerwürfnis mit seiner Familie auf die Suche nach einem neuen Wohnsitz. Nicht wirtschaftliche Überlegungen, sondern der Zufall führte ihn nach Reykjavík. In Norwegen soll es damals nämlich üblich gewesen sein, Hochsitzplanken seines ehemaligen Wohnhauses ins Meer zu werfen und ihnen dann per Schiff zu folgen. Wo sie angeschwemmt wurden, ließ man sich nieder. Egal, ob der Ort geeignet war oder nicht. Reykjavík erwies sich aber aufgrund der geschützten Lage in der Bucht Faxaflói und der vorhandenen Erdwärme als eine gute Wahl. Trotzdem dauerte es, bis die Siedlung rund um Ingólfurs Hof zur Stadt heranwuchs. Während die Zentren anderer europäischer Städte wie Köln oder Paris schon fast so aussahen wie heute, grasten im Zentrum von Reykjavík Kühe. Erst Anfang des 16. Jhs. wurde ein **Handelsplatz** nachgewiesen, erst Mitte des 18. Jhs. wurde das Dorf zur Kleinstadt.

Dann aber nahm die Stadtentwicklung Fahrt auf. „Schuld" war **Skúli Magnússon**, der seit 1749 Landvogt war und trotz des dänischen Handelsmonopols erste Ansätze eines Gewerbes aufbaute (s. auch S. 108, Land und Leute). Im Jahr 1786 erhielt Reykjavík den Stadttitel. Nach und nach zogen Bischofssitz, Schule und Alþing hierher. Die Industrielle Revolution fand trotzdem ohne Island statt. Stattdessen konzentrierte man sich ab Anfang des 20. Jhs. auf den **Hafenausbau** und die technologische Entwicklung der **Fischerei**. Den Durchbruch zur Moderne brachte aber erst die Stationierung **britischer und US-amerikanischer Truppen im Zweiten Weltkrieg**. Plötzlich gab es Blue Jeans und andere Konsumgüter, und ein Kaufrausch setzte ein. Die Fischer und Bauern waren schlagartig ins 20. Jh. katapultiert worden. Seither ist die Geschichte Reykjavíks die Geschichte Islands: Immer mehr Menschen zog es vom Land in die Stadt – ein Trend, der sich bis heute fortsetzt. Zeiten der Goldgräberstimmung wechselten sich ab mit Krisen. Hering-, Trawler-, Start-up- und Aktien-Boom machten Reykjavík zur Hauptstadt der Super-Jeeps. Dann die Ernüchterung im Jahr 2008: **Finanzkrise**, Bankencrash, Kochlöffel-Revolution. Mehrfach folgten auf Wahlen schon bald wieder Neuwahlen, z. T. mit über-

Angekommen – und jetzt?

Wer mit einer gebuchten Tour kommt, kann diesen Kasten getrost überlesen, doch alle, die Island möglichst günstig bereisen wollen, sind gut beraten, sich auf die Ankunft vorzubereiten. Denn die meisten Flugzeuge aus Deutschland landen im Sommer zu einer sehr unpässlichen Zeit zwischen Mitternacht und ein Uhr morgens. In Deutschland ist es dann aufgrund der Zeitumstellung schon zwei Stunden später … der Körper würde also gerne in die Tiefschlafphase eintreten.

Doch ist das Übernachten direkt am Flughafen verboten, und die Hotels der näheren Umgebung sind wahnsinnig teuer. Spätestens jetzt beneidet man diejenigen, die abgeholt und zu ihrer Unterkunft kutschiert werden. Denn nur Hartgesottene nutzen die hellen Sommernächte und starten direkt nach der Ankunft das Besichtigungsprogramm. Für Individualreisende heißt es in jedem Fall, nach der Ankunft noch ein paar Dinge zu organisieren:

Geldwechsel
Am Flughafen tauscht eine Bank in der Abflughalle Bargeld, was aber wegen des schlechten Umtauschkurses nicht ratsam ist. Die einfachste Lösung: Die Geldautomaten in der Ankunftshalle, die alle gängigen Kredit- und Girokarten akzeptieren.

Autovermietungen
Die Auswahl ist riesig. Hertz, Europcar und Avis haben Schalter in der Ankunftshalle. Wer einen Wagen vorgebucht hat, muss hier ebenso warten wie alle, die sich spontan entscheiden. Die Stationen der günstigeren Vermieter liegen zumeist nicht direkt am Flughafen, sondern weiter östlich oder in Keflavík (S. 171), bieten aber Shuttleservice. Die Fahrer warten in der Ankunftshalle, bis sie genug Gäste für einen Sammeltransport haben; mindestens eine halbe Stunde zusätzlich einplanen (weitere Details bei „Travelinfos von A bis Z", S. 69).

Busse
Wer Island per Bus erkunden möchte, kann einen der zahlreichen Flughafenbusse (alle mit WLAN, Teenager von 12–15 Jahren zahlen meist die Hälfte, Kinder fahren kostenlos) nehmen. Sie fahren zuverlässig nach jeder Ankunft (auch nachts) und steuern in gut 45 Minuten Hafnarfjörður (40 km) und Reykjavík (50 km) an.

Öffentliche Strætó-Busse fahren über Keflavík nach Reykjavík und zu den nahegelegenen Campingplätzen in Garður, Sandgerði und Grindavík – allerdings erst morgens und nicht besonders oft (s. u.).
Flybus (Reykjavík Excursions), ☏ 580 5400, 🖥 www.re.is, zum BUSBAHNHOF BSÍ, für 2950 ISK, mit Weitertransport zum Stadtflughafen Reykjavík, zum Campingplatz und zu den meisten Hotels und Gästehäusern, für 3950 ISK. Auf Anfrage (12 Std. im Voraus buchen) auch Transport nach HVERAGERÐI und SELFOSS oder nach HELLA und HVOLSVÖLLUR.

---

raschenden Ergebnissen wie dem Aufstieg von Jón Gnarr, einem Komiker und Punk, zum Bürgermeister der Stadt (s. auch S. 112, Regierung und Politik). Zurzeit besinnt man sich Reykjavík auf die Kunst. Und auf den Tourismus. Die Stadt wächst schnell, Preise und vor allem Mieten steigen. Wie lange der derzeitige Boom andauert, und ob auch diesmal wieder ein Crash folgt? Das weiß niemand.

Orientierung
Die meisten Sehenswürdigkeiten, Restaurants, Cafés und Kneipen und auch zwei Busbahnhöfe (BSÍ und Hlemmur) liegen zentral und fußläufig rund um den **Stadtsee Tjörnin** und den alten **Hafen** (zahlreiche Bootsausflüge). Einen wunderbaren Ausblick aufs Zentrum hat man vom Turm der Hallgrímskirkja. Die **Einkaufsstraßen Laugavegur** und **Skólavörðustígur** laden mit klei-

Airport Express (Gray Line), ℡ 540 1313, 🖳 www.airportexpress.is, zum BUSTERMINAL HOLTA-GARÐAR (ungefähr 5 km weiter östlich als BSÍ), für 2400 ISK, mit Weitertransport zum Stadtflughafen Reykjavík, zum Campingplatz und zu den größeren Hotels und Gästehäusern für 2900 ISK.
Airport Direct, ℡ 497 8000, 🖳 www.airportdirect.is. Flughafentransfer im orangefarbenen Bus für 2390 ISK (im Stundentakt) über den Busbahnhof Hlemmur zur Endstation am Hafen, Fiskislóð 16. Für 5490 ISK bringt ein Kleinbus Fahrgäste vom Umsteigen zum Hotel.
Shuttleservice ℡ 852 9509, 🖳 www.shuttle.is. Bietet u. a. 1x stdl. Transfer von und zu vielen Hotels und Gästehäusern in Keflavík, für 1000 ISK p. P. Ein Sammeltaxi nach Grindavík für 1–4 Pers. kostet 9000 ISK. Andere Ziele auf Anfrage. Treffpunkt am Schalter der Touristeninformation im Flughafengebäude, Reservierung empfehlenswert.
Strætó (Linie 55), ℡ 540 2700, 🖳 www.straeto.is/en/timatoflur. Öffentlicher Linienbus über Keflavík (Stadt), Hafnarfjörður (Fjörður) und weitere Zwischenstopps nach Reykjavík (BSÍ). Verkehrt tagsüber etwa alle 2 Std., Fahrzeit ca. 10 Min. bis Keflavík (1 Zone, 460 ISK), 1 1/4 Std. bis Reykjavík (4 Zonen, ISK 1840). Außerhalb der Hauptverkehrszeiten nur bis Hafnarfjörður (Fjörður), dort Umstieg in Stadtbus-Linie 1 Richtung Hlemmur. In Keflavík (Miðstöð) Anschluss an Linie 89 nach Garður und Sandgerði.

Fahrrad

Wer gleich losradeln will: Fahrräder können im BikePit-Container vor dem Ankunfts-Ausgang ausgepackt und montiert werden. Dort beginnt auch ein Radweg in die Stadt Keflavík. Gepäckaufbewahrung (Fahrradkartons etc.) ist bei Bílahótel (🖳 www.luggagestorage.is) am Flughafen möglich, für Gäste auch bei Alex (Motel) sowie auf den Campingplätzen von Sandgerði und Reykjavík. Die andere, insbesondere bei schlechtem Wetter bessere Alternative ist es, das verpackte Fahrrad im Bus mit nach Reykjavík zu nehmen und dort auf dem Campingplatz zu starten.

Taxi

Nach Keflavík ab 3000–5000 ISK, nach Reykjavík ab 15 000–20 000 ISK (je nach Anbieter):
Airport Taxi, ℡ 420 1212, 🖳 www.airporttaxi.is; **BSR**, ℡ 561 0000, 🖳 www.bsr.is;
Borgarbílastöðin, ℡ 552 2440, 🖳 www.borgarbilastodin.is; **City Taxi**, ℡ 422 2222, 🖳 www.citytaxi.is;
Hreyfill Bæjarleiðir, ℡ 421 4141, 🖳 www.hreyfill.is.

Fluginformationen

℡ 425 0777 und 505 0500, 🖳 www.kefairport.is.

Duty-free-Laden

Auch bei der Einreise ist es möglich, im Duty-free-Shop (bei den Kofferbändern) einzukaufen.

---

nen Geschäften und Galerien zum Bummeln ein. Nach Osten führt die Miklabraut zum Einkaufszentrum Skeifan und schließlich zur Ringstraße. Gleich südlich des Zentrums schließen sich der **Inlandflughafen** und der **Stadtstrand Naútholsvík** an.

Vom nördlichen Hafen führt die **Uferpromenade Sæbraut** an den berühmten Sehenswürdigkeiten Harpa, Sólfarið und Höfði vorbei nach Osten in Richtung des Campingplatzes und bekanntesten Schwimmbades Laugardalslaug, ehe sie südwärts abbiegt zum dritten, in Kópavogur gelegenen Busbahnhof (Mjódd). Eine weitere wichtige Verbindungsstraße nach Süden ist die **Kringlumýrarbraut (Straße 40)**, die nach Kópavogur führt, von wo aus es über die Straße 41 weiter nach Südwesten zum internationalen Flughafen Keflavík geht.

Das Zentrum

Das Zentrum lässt sich in wenigen Stunden (ohne Besichtigungen) gut zu Fuß erkunden und lockt mit einer Vielzahl unterschiedlichster Sehenswürdigkeiten. Einen guten Überblick über die Museen und Galerien gibt's auf 🖥 www.visitreykjavik.is/reykjavik-arts-culture.

Rund um die Hallgrímskirkja

Die meisten Besucher beginnen ihre Stadterkundung auf dem Hügel Skólavörðuholt, da man von hier aus einen wunderbaren Blick über die Stadt genießt, von einer der imposantesten Kirchen Islands.

Die Hallgrímskirkja

Die höchste Kirche mit der größten Orgel, entworfen von dem berühmtesten Architekten Islands (s. u.) – hier ragt weithin sichtbar ein Gotteshaus der Superlative empor. Für Viele ist die Hallgrímskirkja das **Wahrzeichen von Reykjavík**, obwohl sie nicht einmal die Hauptkirche der Hauptstadt ist, denn diesen Titel, verbunden mit der Bezeichnung Kathedrale, trägt die wesentlich kleinere Domkirkja neben dem Parlament.

Das kontert die Hallgrímskirkja aber locker mit ihrem Panoramablick auf Reykjavík: 74 m ist ihr **Turm** hoch, und da die Kirche über der Stadt thront, ist die Aussicht von hier oben nicht zu toppen. Mit dem Aufzug geht es geschwind hinauf – zumindest, wenn die Schlange nicht allzu lang ist.

Musikliebhaber kommen vor allem wegen der 25 Tonnen schweren **Orgel**, die vom Deutschen Orgelbauer Johannes Klais aus Bonn gebaut wurde. Sie ist wirklich beeindruckend, allemal dann, wenn sie sich Gehör verschafft. Neben den regulären Gottesdiensten und unzähligen Spontan-Konzerten kommt sie z. B. von Mitte Juni bis Mitte August viermal pro Woche zum Einsatz. Dann nehmen Kulturbeflissene auf den 1200 Sitzen Platz und lauschen den Klängen in beeindruckender Atmosphäre und Akustik. Eintrittskarten gibt es eine Stunde vor Beginn der Veranstaltung oder auf 🖥 www.midi.is.

Geweiht ist die Kirche dem Prediger und Poeten **Hallgrímur Pétursson** (1614–74). Die Isländer lieben diesen Mann, der sich auch als Kirchenlieddichter einen Namen machte. Sein Psalmen-Buch ist bis heute ein Kassenschlager und das meistverkaufte Buch Islands.

Auch den Architekten dieses Bauwerks, **Guðjón Samúelsson** (1887–1950), kennt in Island jeder. Der Bau der Hallgrímskirkja war nach dem Nationaltheater, der Kirche in Akureyri (S. 382) und dem Museum in Kópasker (S. 429) sein letztes und größtes Werk. 1937 legte er die Baupläne vor, aber erst fast 50 Jahre später, im Jahr 1986, konnte das Kirchenschiff geweiht werden (wer jetzt an das Großprojekt des Flughafens Berlin Brandenburg denkt, liegt richtig, denn auch beim Bau der Hallgrímskirkja lief so einiges schief ...). Samúelsson's Stil: formschön und schnörkellos. Der Kirchenraum gleicht in seiner Schlichtheit einer gotischen Kathedrale, von außen erinnert der weiß-graue Beton-Prachtbau an Gletscher und Basaltsäulen. ⊕ Mai–Sep tgl. 9–21, Okt–April 9–17 Uhr, Messen So 11 und Mi 8 Uhr; auf Englisch am letzten So des Monats um 14 Uhr, Eintritt frei, Turmbesteigung 900 ISK, Kinder 100 ISK. Spenden für die Instandhaltung der Orgel sind höchst willkommen.

Leifur Eiríksson-Statue

Da steht er und schaut versonnen über Reykjavík hinweg in Richtung Nordamerika: Leifur Eiríksson, der den Kontinent im Jahr 1000 – fast 500 Jahre vor Kolumbus – entdeckt haben soll. Die Bronzestatue ruht auf tonnenschweren Granitblöcken, die das Schiff Leifurs versinnbildlichen sollen. Die Inschrift verrät, dass sie ein Geschenk der Vereinigten Staaten von Amerika zum 1000. Geburtstag des Alþing ist, geschaffen im Jahr 1930 vom Bildhauer Alexander Stirling Calder. Zwei Jahre später fand sie ihren Platz hier auf dem Berg Skólavörðuholt. Ganz ohne Streit ging das allerdings nicht ab. Schon im Vorfeld gab es Ärger mit Norwegen, das immer noch behauptete, der Wikinger Leifur sei kein Isländer, sondern ein Norweger gewesen. Dann forderten Isländer, einem Geschenk aus den USA nicht ausgerechnet den prominentes-

Pönk's not dead

Mitten im Zentrum von Reykjavík führt eine Treppe in den Untergrund – vorbei an einem großen „WC"-Schild, das amateurhaft durchgestrichen wurde. Hier, in einer wahrlich abgerockten Location, liegt das einmalige **Punkmuseum** (Pönksafn Íslands), Bankastræti 2, ✆ 568 2003, 💻 auf Facebook. Chronologisch – von Kloabteil zu Kloabteil – erlebt der Besucher anhand von old-school schreibmaschinengeschriebenen Papierabrissen auf Englisch und Isländisch, wie sich der Punk – isländisch „Pönk" – auf der Insel verbreitet hat. Im Jahr 900 zur Landnahmezeit? No Pönk. Später, als sich die Musikszene zu entwickeln begann? Immer noch kein Pönk.
Dann 1978 die Stranglers-Tournee: 2 % der Isländer kamen zum Konzert. Trotzdem sollte es noch einige Jahre dauern, bis mit Bubbi Morthens auch der echt isländische Pönk Einzug hielt. Der spätere Bürgermeister Jón Gnarr (s. Kasten S. 112) schrieb Texte. Später drehte sich das Pönk-Karussell hauptsächlich um die Ikone: Björk. Und nach 1982 war der Pönk wieder weg. Hier im Museum werden die alten Geschichten wieder lebendig. Es gibt alte Konzertplakate, Lederjacken, eine misshandelte Barbiepuppe und Musik aus von der Decke baumelnden Kopfhörern. Pönk lebt in den Herzen der Isländer und in diesem Museum weiter. ⏱ tgl. 12–22 Uhr, Eintritt 1000 ISK.

ten Standort der Stadt zu gewähren. Sollten die Amerikaner ihr Denkmal doch behalten. Man einigte sich schließlich darauf, den höchsten Punkt des Berges für die damals noch nicht gebaute Hallgrímskirkja freizulassen und die Statue etwas weiter westlich zu positionieren.

Einar Jónsson-Skulpturengarten und -Museum

Eine gewisse Patina ist nicht zu übersehen – denn die Kunstwerke, die der bekannte Bildhauer Einar Jónsson (1874–1954) der Stadt schenkte, sind aus dem letzten Jahrhundert. Einige der Werke im Museum und im umgebenden Garten sind rührend, andere mystisch-verstörend. Der Zugang zum **Skulpturengarten** befindet sich in der Freyjugata (von der Hallgrímskirkja aus zweimal links um die Ecke), der Eingang des **Museums** Listasafn Einars Jónssonar, ✆ 551 3797, 💻 www.lej.is, liegt in der Eiríksgata 3. ⏱ Di–So 10–17 Uhr, Eintritt Skulpturengarten frei, Museum 1000 ISK, Kinder unter 18 Jahren frei.

Reykjavík

■ ÜBERNACHTUNG
1. Reykjavík Campsite
2. Reykjavík City HI Hostel
3. Galaxy Pod Hostel

■ ESSEN
1. Veitingahúsið Lauga-ás
2. Gló
3. Café Flóran
4. Gló
5. Nauthóll

■ SONSTIGES
1. Vínbúðin
2. Apotheke
3. Krónan
4. Vínbúðin
5. Vínbúðin
6. Vínbúðin
7. Supermarkt Hagkaup
8. Bónus
9. Österr. Generalkonsulat

■ TRANSPORT
1. Viðey Ferry Terminal
2. Reykjavik Cars
3. Gray Line Bus Terminal Holtagarðar, Avis
4. BSÍ Bus Terminal
5. Hertz
6. Kringlan Free Shuttle Bus Stop
7. Europcar
8. Green Motion, Busbahnhof Mjódd

Von der Skólavörðustígur zur Lækjargata

Schnurgerade führt die Straße Skólavörðustígur vom Kirchenhügel hinunter ins Herz der Stadt. Oben kann man sich nochmal im 24-Std.-Krambúð-Supermarkt oder der Brauð & Co-Bäckerei um die Ecke (Frakkastígur 16) mit Wegzehrung eindecken. Unterwegs fordern tolle Geschäfte Beachtung (wir könnten stundenlang vor dem Fotoladen **Fótógrafí** die alten Bilder anschauen, und der Plattenladen **12 Tónar** ist sowieso ein Zeitfresser, s. Einkaufen S. 156).

Unten mündet die Straße in eine weitere schöne Einkaufsstraße, den **Laugavegur**, auf dem sich viele nette Restaurants, Cafés und Clubs befinden. Doch auch die weniger belebten Sträßchen westlich der Skólavörðustígur führen vorbei an niedlichen kleinen Läden. Hier beginnt das eigentliche historische Zentrum, das voller kleiner Details ist, mit denen die

Isländer ihre Hauptstadt verschönern. **Street-Art** in allen Facetten: Autofahrer werden in den Sommermonaten nicht durch eine öde Schranke davon abgehalten, in die Fußgängerzone zu fahren, sondern durch eine Installation, deren Kern ein Fahrrad ist. Auf den Straßenschildern sitzen kleine Figürchen, viele Straßenschild-Masten sind eingehäkelt.

An oder nahe der Hauptstraße Lækjargata liegen das **Punkmuseum** (s. Kasten S. 131), der begrünte Hügel Arnarhóll mit der eindrucksvollen **Ingólfur Arnarson-Statue** und die **Menntaskólinn í Reykjavík**, eine Schule, die so bedeutend ist, dass sie den 500 ISK-Schein ziert. Nicht, weil das ehemals größte Bauwerk Reykjavíks von 1845–81 als Versammlungsort des Parlaments diente, sondern weil es sich um die älteste und wichtigste Bildungseinrichtung Islands handelt: 1056 in Skálholt (S. 209) gegründet, 1786 nach Reykjavík verlegt. Zwar ist das

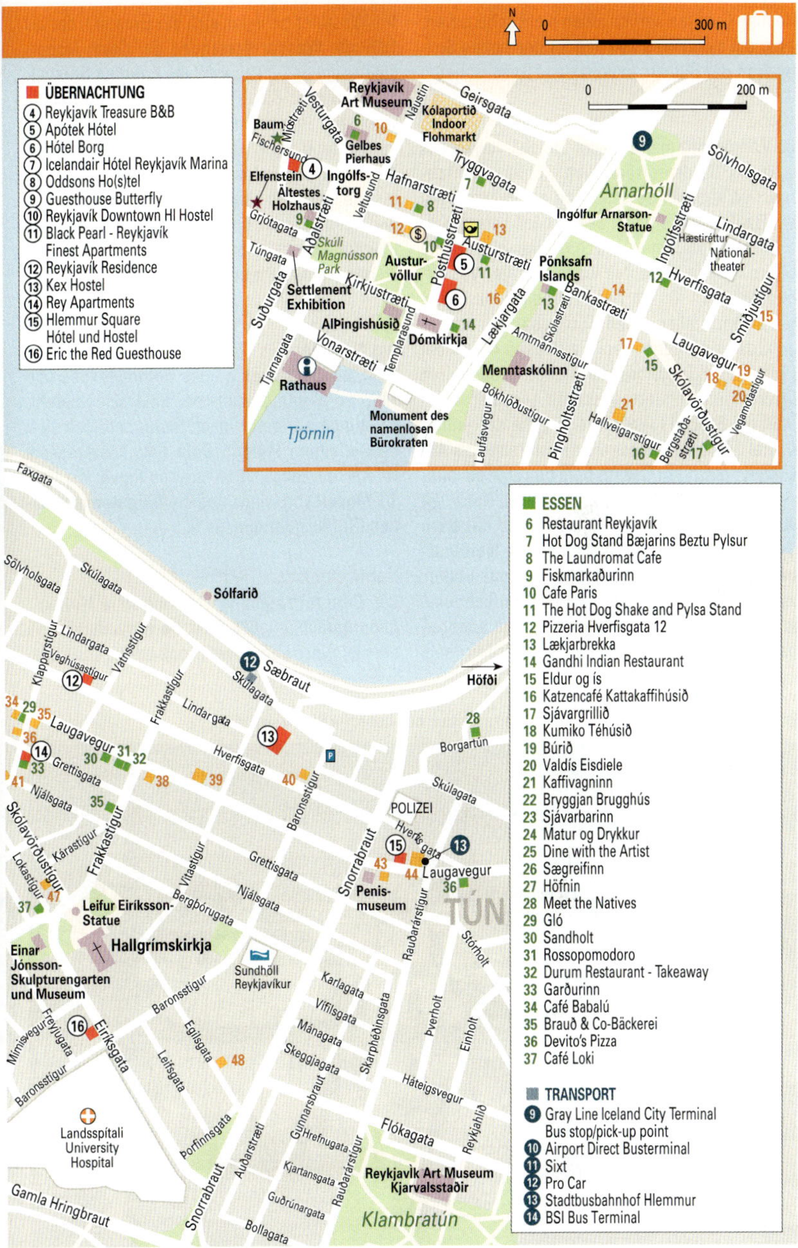

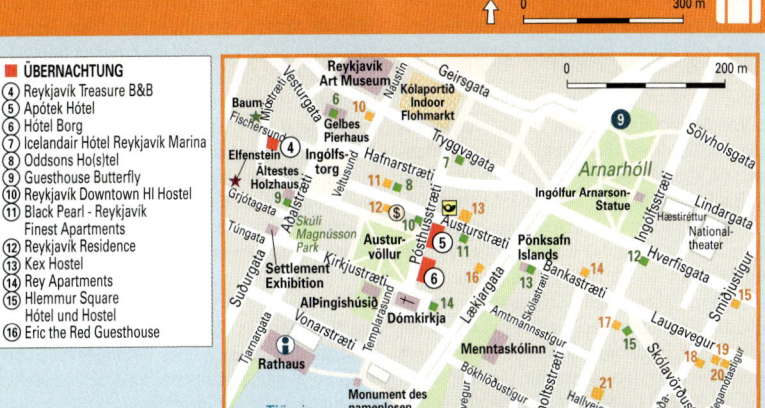

ÜBERNACHTUNG

- (4) Reykjavík Treasure B&B
- (5) Apótek Hótel
- (6) Hótel Borg
- (7) Icelandair Hótel Reykjavík Marina
- (8) Oddsons Ho(s)tel
- (9) Guesthouse Butterfly
- (10) Reykjavik Downtown HI Hostel
- (11) Black Pearl - Reykjavik Finest Apartments
- (12) Reykjavik Residence
- (13) Kex Hostel
- (14) Rey Apartments
- (15) Hlemmur Square Hótel und Hostel
- (16) Eric the Red Guesthouse

ESSEN

- 6 Restaurant Reykjavík
- 7 Hot Dog Stand Bæjarins Beztu Pylsur
- 8 The Laundromat Cafe
- 9 Fiskmarkaðurinn
- 10 Cafe Paris
- 11 The Hot Dog Shake and Pylsa Stand
- 12 Pizzeria Hverfisgata 12
- 13 Lækjarbrekka
- 14 Gandhi Indian Restaurant
- 15 Eldur og ís
- 16 Katzencafé Kattakaffihúsið
- 17 Sjávargrillið
- 18 Kumiko Téhúsið
- 19 Búrið
- 20 Valdís Eisdiele
- 21 Kaffivagninn
- 22 Bryggjan Brugghús
- 23 Sjávarbarinn
- 24 Matur og Drykkur
- 25 Dine with the Artist
- 26 Sægreifinn
- 27 Höfnin
- 28 Meet the Natives
- 29 Gló
- 30 Sandholt
- 31 Rossopomodoro
- 32 Durum Restaurant - Takeaway
- 33 Garðurinn
- 34 Café Babalú
- 35 Brauð & Co-Bäckerei
- 36 Devito's Pizza
- 37 Café Loki

TRANSPORT

- (9) Gray Line Iceland City Terminal Bus stop/pick-up point
- (10) Airport Direct Busterminal
- (11) Sixt
- (12) Pro Car
- (13) Stadtbusbahnhof Hlemmur
- (14) BSI Bus Terminal

www.stefan-loose.de/island

REYKJAVÍK | Cityplan

heutige Gymnasium von innen nicht sehenswert, aber ein sichtbares Zeichen für den hohen Stellenwert der Bildung in Politik und Gesellschaft.

Rund um den See Tjörnin

Im Winter trifft man sich am „Teich", Reykjavíks wahrem Stadtzentrum, zum Schlittschuhfahren, und auch im Sommer sind an Sonnentagen die Bänke rund um den See schnell belegt. Kinder füttern die Enten und Schwäne, obwohl die Eltern wissen, dass das weder für die Wasserqualität noch für die Tiere zuträglich ist. Mitarbeiter der umliegenden Bürogebäude und Geschäfte verbringen hier ihre Pausen mit einem Coffee to go. Die Umrundung lohnt, ist aber nicht in wenigen Minuten geschafft – selbst wenn man die Brücke (Skothúsvegur), die das untere Drittel des Sees optisch vom Rest trennt, als Abkürzung nutzt. Am Ostufer befinden sich die hübsche weiße **Fríkirkja** mit ihrem grünen Dach, die **Nationalgalerie** (s. Kasten S. 141) und das **Büro des Präsidenten**, südwestlich das **Nationalmuseum** (s. u.), die **Universität** und das Kulturzentrum **Norræna Húsið**, 🖳 www.nordichouse.is, das die Bindungen Islands zu den anderen nordischen Ländern pflegen und fördern soll.

Am Westufer befinden sich der Brunnen, der bis 1909 die Wasserversorgung der Stadt sicherstellte und der verwunschene **Friedhof Hólavallagarður** von 1838, auf dem schöne alte Bäume wachsen. Sehenswert ist auch Magnús Tómassons Statue am Beginn der Fußgängerbrücke, die einen **namenlosen Bürokraten** mit Aktentasche auf dem Weg zum Rathaus zeigt. Da, wo eigentlich der Kopf sein müsste, prangt ein überdimensionaler Steinklotz. Rund um den See stehen weitere Statuen.

Rathaus

Am Nordufer des Tjörnin ist das Rathaus (City Hall), ein modernes graues Betongebäude von 1992, so angelegt, dass der Eindruck entsteht, es stünde auf einer Insel. Innen befinden sich neben einem kleinen **Café** (mit kostenlosem WLAN) ein tolles, 70 m² großes **topografisches 3D-Modell** von Island und die **Touristeninformation** (S. 158, Informationen).

Nationalmuseum (Þjóðminjasafn)

Die Dauerausstellung „Making of a Nation", Suðurgata 41, ✆ 530 2200, 🖳 www.thjodminjasafn.is, führt über zwei Stockwerke chronolo-

Rund um den idyllischen See Tjörnin erstreckt sich das hübsche Stadtzentrum.

gisch durch die isländische Geschichte von den ersten Siedlern bis zur Gegenwart. Die beeindruckende Vielfalt an Exponaten wird noch durch Multimedia-Informationen in Form von Filmen, Grafiken oder Audioelementen bereichert (in Englisch, Audioguide auch in deutscher Sprache). Für Kinder gibt es eine Wikingerecke, wo sie sich mittelalterliche Kleider überziehen und selbst erfahren können, wie schwer zum Beispiel so ein Kettenhemd war. Im Erdgeschoss stellt das **Nationale Fotomuseum** (Ljósmyndasafn Íslands) in wechselnden Ausstellungen seine Kollektion an Fotografien, Drucken, Zeichnungen und Grafiken aus. Dazu finden sich hier ein Souvenirshop mit größerer Bücherecke sowie ein Café mit Tagessuppe, kleinen Gerichten und Kuchen, das auch Isländer gerne besuchen. Spezielle Veranstaltungen zu isländischen Sitten und Bräuchen finden zum Beispiel in der Adventszeit statt. ⏲ Di–So 10–17 Uhr, Eintritt 2000 ISK.

Am Austurvöllur

Sternförmig angeordnete Fußwege teilen den begrünten Platz **Austurvöllur**, der früher als Weide und Lagerplatz für Viehhändler diente, in vier Rasen-Trapeze. In der Mitte thront eine Statue **Jón Sigurðssons** (s. S. 108, Land und Leute). Genauso wie der noch heute verehrte, mit leichter Patina begrünte Freiheitskämpfer, schaute wiederholt auch das isländische Volk prüfend sowohl auf den Dom als auch aufs Parlamentsgebäude. Zuletzt bei der sogenannten „Kochlöffel-Revolution" zur Jahreswende 2008/2009, bei der mehr als 10 000 Menschen wochenlang samstags gegen die Politik demonstrierten, indem sie mit Kochlöffeln auf Töpfe trommelten, um sich Gehör zu verschaffen. Ihr Protest war erfolgreich, die Regierung trat zurück und es gab Neuwahlen (s. S. 111, Regierung und Politik). **The Black Cone**, die vom spanischen Bildhauer Santiago Sierra geschaffene Skulptur eines gespaltenen Steines, symbolisiert seit 2012 den zivilen Ungehorsam.

Alþingishúsið

Ein großes Parlament für eine kleine Nation – das war wohl der Plan der Bauherren, die 1879–81 das neue **Parlamentsgebäude** design-

Reykjavík per pedes

Citywalk, ☎ 787 7779, 🖥 www.citywalk.is. Ein junges Historiker-Team bietet neben themenbezogenen Führungen wie „Walk the crash" (3500 ISK p. P.), wo es zu den Schauplätzen der Finanzkrise geht, auch einen kostenlosen, 2 km langen Stadtrundgang, auf dem man nicht nur geschichtliche Details, sondern auch viel über Leben und Weltanschauung der Isländer erfährt. Die Touren (fünf Tage im Voraus buchbar, per Mail anmelden, tgl. um 10, 11, 12 und 14 Uhr) beginnen vor dem Parlament und enden zwei Stunden später im Rathaus, wo der Klingelbeutel rumgeht. Jeder gibt, was ihm die Führung wert war.

Reykjavík Haunted Walk, ☎ 893 7821 🖥 www.hauntedwalk.is. Buh! Eine Gruselgeschichte am alten Friedhof gefällig? Seit 2006 bietet der Historiker Óli Kári Ólason Mitte Juni–Ende Aug Sa–Do um 20 Uhr Geisterspaziergänge durchs Zentrum (ca. 2,5 km, 1 1/2–2 Std., 2500 ISK, Kinder gruseln sich kostenlos), Treffpunkt an der Kreuzung Aðalstræti/Vesturgata.

Dark Deeds in Reykjavík. Was den Deutschen ihr *Erlkönig*, ist den Isländern die blutige *Grettir-Saga*. Oder Yrsa Sigurðardóttir's Roman *Silence of the Sea* von 2014. Passagen dieser und anderer Grusel- und Geistergeschichten werden beim literarischen Stadtrundgang (Juni–Aug immer Di um 15 Uhr, 1 1/2 Std., kostenlos) verlesen, organisiert vom Team der Nationalbibliothek, Tryggvagata 15, ☎ 411 6100, 🖥 www.literature.is. Virtuelle Rundgänge fürs Smartphone zum Download auf 🖥 www.cityofliterature.is.

ten. Eigentlich hätte es schon 1874 – genau 1000 Jahre nach der Besiedlung durch Ingólfur Arnarson – fertig sein sollen, aber es gab finanzielle Schwierigkeiten (die ursprüngliche Idee, den Bau über Spenden zu finanzieren, scheiterte mangels Beteiligung) und einen langandauernden Streit um den perfekten Standort. Schließlich entschied man sich für den Backsteinbau aus grauem Dolerit-Vulkangestein, der direkt neben der Domkirche am Austurvöllur steht. Ihn zieren Abbilder der vier **Landvættir** aus der nordischen Mythologie, die das Land vor äußeren Bedrohungen schützen sollen: Der Adler bewacht den Norden, der Ochse den Westen, der Drache die Ostfjorde und der Riese die Halbinsel Reykjanes. Und den Süden? Den verteidige allein die gefährliche Brandung, sagt man. Die Krone auf dem Dach ist dem damaligen dänischen König gewidmet, Christian IX. Deshalb die Inschrift „C9".

Bis 1973 residierte der isländische Präsident im Alþingishúsið (heute in Bessastaðir, s. S. 151). Das für ihn und das Parlament viel zu große Gebäude teilte er sich mit der Nationalbibliothek, mit der Nationalgalerie, dem Nationalmuseum und mit Studenten der Uni. Das Haus ist von innen nicht zu besichtigen, aber der hübsche Garten dahinter ist seit 1893 ein frei zugänglicher öffentlicher Park.

Dómkirkja

Nicht in der Hallgrímskirkja, sondern im kleinen Dom von Reykjavík, vis-à-vis dem Parlament, residiert der evangelisch-lutherische Bischof Islands. In der weiß-grauen Kirche aus dem Jahr 1847 mit ihren schlichten Holzbänken, der reich verzierten Kanzel und den hübschen Emporen finden nicht nur Gottesdienste, sondern auch Konzerte statt. ⏲ Mo–Fr 10–16 Uhr, Messe So 11 Uhr.

An der Aðalstræti

Am **Skúli Magnússon-Park** steht das Denkmal einer der wichtigsten Personen der Stadtgeschichte. Es gibt mehrere Personen, die Anspruch auf den Titel „Vater Reykjavíks" erheben. Skúli Magnússon (1711–94, s. auch S. 108, Geschichte) ist einer davon. Als Magistrat oder Sheriff ließ er um 1750 zahlreiche Gebäude errichten, die Reykjavík zu einer echten Stadt mit einer Hauptstraße – der Aðalstræti – machten. Selbst bei Schnee behält er trockene Füße, denn das Denkmal des Stadthalters steht von Bäumen umgeben auf einem unterirdisch beheizten Platz.

Die **älteste Ruine** Reykjavíks befindet sich in der Aðalstræti 16. Die Reykjavíker möchten gern glauben, dass sich hier damals das Wohnhaus des ersten Siedlers Ingólfur Arnarson befand, was sich allerdings nicht belegen lässt. Das Alter der Mauerreste wird mit „871 +/- 2" relativ exakt angegeben, und so lautet auch der Name der Ausstellung **The Settlement Exhibition (871 +/- 2)**, 🖥 www.borgarsogusafn.is/en/the-settlement-exhibition, die in dem gelben Gebäude mit den auffälligen Erkertürmchen untergebracht ist. Sie veranschaulicht die Besiedlungsgeschichte und vermittelt einen guten Eindruck, wie die ersten Siedler im damals noch ländlichen Reykjavík lebten (bevor sie den ganzen Wald abholzten). ⏲ tgl. 9–18 Uhr, Führungen im Juni/Aug um 11 Uhr, Eintritt 1600 ISK, Kinder unter 17 Jahren frei.

Nebenan steht in der Aðalstræti 10 Reykjavíks **ältestes Holzhaus** (aus dem Jahr 1762). Das aufwändig restaurierte dunkelbraune Gebäude mit roter Tür und weißen Fenstern beherbergt eine Ausstellung über die Stadtwerdung zu Zeiten von Sheriff Magnússon.

Der **Ingólfstorg** (Ingolfsplatz) erinnert an den ersten Siedler Ingólfur Arnarson (s. auch S. 103, Geschichte). Als er auf seiner Flucht vor dem norwegischen König Harald die Küste Islands erreichte, soll er laut Landnahmebuch zwei Hochsitzplanken mit den Worten „wo die angetrieben werden, will ich mich niederlassen" ins Meer geworfen haben. Drei Jahre später wurden sie in Reykjavík angeschwemmt. Die beiden 3 m hohen Basaltsäulen stehen symbolisch für dieses Ereignis, doch seit kein künstlich erzeugter Rauch mehr aus ihnen strömt, fristen sie ein Schattendasein und dienen den Skatern als Übungshindernisse. Im Dezember stehen auf dem Ingólfstorg die Weihnachtsmarkthäuschen, und eine künstliche Eisfläche lädt zum Schlittschuhlaufen ein.

Abstecher über die Túngata

Freunde von Kirchen, Elfen und schönen Bäumen wenden sich am gelben Settlement-Haus nach Westen und gehen bergauf zur 1929 geweihten neugotischen katholischen Kathedrale **Landakotskirkja**, die ein schöner Park umgibt. Sie geht ebenso wie die Halgrímskirkja auf das Konto des berühmten Architekten Guðjón Samúelsson. Für den Rückweg bietet sich der kleine Umweg durch die Garðastræti und die Grjótagata an. Hier befindet sich auf einer kleinen Grünfläche, über die ein Fußpfad führt, ein Stein. Ihn zu fotografieren soll den Zorn der **Elfen** auf sich

Vulkan-Kinos

An drei Orten in Reykjavík kann man sehr ähnliche Filme auf Englisch (beim Volcano House auch auf Deutsch) über die gleichen Vulkanausbrüche anschauen:

Volcano House, Tryggvagata 11, ☏ 555 1900, 🖥 www.volcanohouse.is. Der im Eckhaus mit unscheinbarem Seiteneingang gezeigte, zweiteilige Film zieht nicht umsonst die Massen an. Er handelt von den Ausbrüchen des Eldfell auf den Westmännerinseln (1973) und des Eyjafjallajökull (2010, s. Kasten S. 518) und verdeutlicht auf eindrückliche Weise, auf was für einer Art von Insel man unterwegs ist: In Island kann jederzeit irgendwo ein Vulkan ausbrechen. Vor allem aber werden der Mut und die Einsatzbereitschaft der Isländer dargestellt: Als im Januar 1973 auf der größten Westmännerinsel, auf Heimaey, der Ausbruch des Eldfell begann (s. auch S. 524), mussten 5000 Menschen evakuiert werden. Ein Helferteam blieb und machte sich daran, die noch unversehrten Häuser zu retten. Sie schaufelten z. B. Asche von den Dächern, damit diese nicht unter der Last zusammenbrachen. 400 Gebäude wurden trotzdem verschüttet. Dieser Teil des Films ist aus altem Material zusammengeschnitten, während der zweite über den Eyjafjallajökull mit bestechend scharfen Bildern glänzt. Im Vorraum zum Kino sind ein Souvenirshop und eine geologische Ausstellung mit Schlacken, Lava und Aschen zum Anfassen. ⏰ tgl. 10–21 Uhr, einstündiger Film auf Englisch jeweils zur vollen Stunde, auf Deutsch tgl. 18 Uhr (nur 15. Juni–15. Sep), Eintritt 1900 ISK, Kinder 7–14 Jahre 1000 ISK.

Red Rock Cinema, Hellusund 6A, ☏ 845 9548. Das Kino für Menschen mit viel Zeit und einem Sinn für Originale: Villi Knudsen dokumentiert wie sein Vater alles, was in Island so ausbricht. Man verbringt im roten Holzhaus mindestens zwei Stunden, lernt dabei den Produzenten persönlich kennen und darf Fragen stellen. Eintritt 2000 ISK. Die Filme:
- alle Ausbrüche seit 1947 hintereinander – die neuen Eruptionen 2010 und 2014 fehlen bisher
- Heimaey 1973 – dem Film im Volcano House ähnlich, aber besser
- Surtsey – die Bilder sind gut, der Ton leider nicht

Cinema No. 2, Geirsgata 7b, ☏ 898 6628, 🖥 www.thecinema.is. Hier geht es ein bisschen improvisierter, aber auch gemütlicher zu. Zur Auswahl stehen lange und kurze Filme, außerdem wird manchmal ein kurzer Film der Bárðarbunga-Eruption 2014/2015 (S. 592) als Bonus-Track gezeigt (hier hinken die anderen Kinobetreiber noch hinterher). Allerdings gibt es keine langfristig geplanten Start-Zeiten. Die findet man aktuell nur auf der Facebook-Seite. Eintritt für die langen Filme 1800 ISK, für die kurzen 1200 ISK, für beide zusammen 2400 ISK, Kinder 6–16 Jahre zahlen die Hälfte.

ziehen, die hier wohnen. Wir vermuten aber, dass diese Geschichte von den Besitzern des nahegelegenen Wohnhauses verbreitet wurde, die sich durch die menschlichen Besucher mehr gestört fühlen als durch die elfischen Nachbarn. Auf der Mjóstræti wachsen alte, schöne **Bäume** – jener an der Kreuzung Fischersund soll sogar mal einen Preis gewonnen haben.

Vom Ingólfstorg zum Hafen

Das sofort ins Auge fallende **gelbe Pierhaus** beherbergt heute das Restaurant Reykjavík, 🖥 www.restaurantreykjavik.is, mit schöner Holzterrasse und Eiscafé. 1836 erbaut, war das Haus in der Vesturgata 2 lange eines der wichtigsten Gebäude Reykjavíks, genutzt als Lagerhaus, Poststation und Willkommensstation für Seereisende. Als man 1888 damit anfing, in Reykjavík Hausnummern zu verteilen, bekam das Pierhaus die allererste, witziger Weise die Nummer zwei. Alle Nummerierungen begannen und beginnen hier: Die der West-Straße Vesturgata, die der Süd-Straße Suðurgata und die der Oststraße, der heutigen Einkaufsmeile Austurstræti. Eine Nord-Straße gibt es nicht, da das Pierhaus bis 1913, als die Aufschüttungen im

Wofür braucht die Welt ein Penismuseum?

„Phallologie ist eine antike Wissenschaft, die bisher in Island kaum Beachtung fand …", heißt es auf der deutschsprachigen Internetseite des wohl einzigen Penismuseums der Welt. Der deutsche Künstler Wolfgang Müller hat ihm einen witzigen **Song** mit dem bestechend einfachen Text „Pe-pe-pe-nis-nis-nis-mu-mu-mu – das Penismuseum von Reykjavík" gewidmet, s. 🖥 www.youtube.com/watch?v=0yioGgOGs0Y. Ist das Museum mit seinen über 200 Phallen und Phallusteilen von fast allen Land- und Meeressäugetieren die spinnerte Idee von Freaks? Nur auf den ersten Blick.

Das **Penismuseum**, Laugavegur 116, ✆ 561 6663, 🖥 www.phallus.is, wurde 1997 in Reykjavík gegründet, befand sich von 2004–2010 in Húsavík und kehrte 2011 wieder in die Hauptstadt zurück. Der **Gründer Sigurður Hjartarson** gab den Kurator-Job an seinen Sohn Hjörtur Gísli Sigurðsson ab und setzte sich zur Ruhe.

Als wir ihn treffen, sitzt er noch einmal höchstpersönlich am Empfang und öffnet den hölzernen Kasten in Phallusform, der als Kasse dient. Hinter ihm an der Wand ein Penistelefon, von ihm selbst entworfen und geschnitzt, neben ihm diverse Penislampen. Seniorenermäßigung? Erklärungen in Englisch oder Spanisch? Kein Problem, denn schließlich war der Ex-Kurator bis zu seiner Pensionierung Geschichts- und Spanischlehrer. Mit einem Faible für Statistiken. So führt er akribisch Buch über Nationalität, Alter und Geschlecht seiner Besucher. Bisher waren es über 15 000, mehr als die Hälfte davon weiblich. „Warum? Ist doch klar …?" sagt der Penissammler und zwinkert den deutschen Touristinnen zu, die sich kichernd im Raum umsehen.

Schaulaufen entlang der Prachtstücke

282 Exemplare zieren die **Ausstellung**: Schrumpelpenisse, Glibberpenisse, Trockenpenisse – die meisten davon in der isländischen Sektion. Geschlechtsteile von 17 Walarten, allen einheimischen Robben- und Walrössern, Mäusen, Füchsen etc. wetteifern um Aufmerksamkeit. Der größte stammt von einem Pottwal und ist 75 kg schwer und 1,70 m lang. Jedes Ausstellungsstück ist fein säuberlich im Katalog aufgelistet. Mit Fundort, Datum und wenn möglich auch der Todesart. Beim Pottwal zum Beispiel war es eine Darmverstopfung. Dann, an prominenter Stelle: ein Ochsenziemer, wegen seiner besonderen Konsistenz schon seit dem Mittelalter als Pferdepeitsche höchst beliebt und Sigurðurs erstes Sammlerstück aus Kindheitstagen. Später, erzählt er verschwörerisch, kamen die ersten Walpenisse dazu – in den 70er-Jahren, als er in Akranes als Schuldirektor tätig war, als Scherz-Geschenke mitgebracht von Lehrer-Kollegen, die während der langen Schulferien in der nahegelegenen Walfangstation arbeiteten. Sigurður hob sie auf und begründete damit die einzigartige Sammlung. Auf seine weiteren Favoriten angesprochen, reagiert der Penissammler ein kleines bisschen kapriziös: „Du fragst doch auch keine Mutter, welches ihrer Kinder sie am liebsten hat, oder?" Der Penisknochen des vor mehr als 15 000 Jahren ausgestorbenen Höhlenbären aus Rumänien gehöre aber definitiv dazu, sagt er direkt im nächsten Satz. Genauso wie der – natürlich unsichtbare – Elfenpenis in der Folklore-Abteilung.

Bei Besuchern besonders beliebt sind die in Silber gegossenen Nachbildungen der Penisse der Mitglieder der isländischen Handballnationalmannschaft. Und wer sich fragt, warum die so groß sind, dem ist nicht zu helfen. Genauso wie der 1941 geborene Sigurður glänzt das gesamte Museumskonzept durch eine Mischung aus großer Ernsthaftigkeit und leichtem Spleen. ⏱ tgl. 10–18 Uhr, Eintritt 1500 ISK, Kinder unter 13 Jahren in Begleitung Erwachsener frei.

Hafenbecken begannen, noch direkt ans Meer grenzte.

Heute stehen dagegen im Norden das **Reykjavík Art Museum** (s. Kasten) und nebenan der große **Kólaportið Indoor Flohmarkt** (S. 156) und der berühmte **Hot Dog Stand Bæjarins Beztu Pylsur** (grob übersetzt: „Der Stadt beste Würstchen"), Tryggvagata 1, ⏱ Mo–Do 10–1, Fr, Sa

10–4.30, So 10–24 Uhr. Ein weiterer Hot Dog-Stand befindet sich direkt um die Ecke auf der Austurstræti, und irgendein kluger Marketing-Stratege hat den Besitzern wohl dazu geraten, ihn „The Hot Dog Stand" zu nennen. Fragt man also, wo denn *der* Hot Dog-Stand sei, landet man u. U. beim falschen (aber die Wurst soll dort auch sehr lecker sein).

Am alten Hafen

Zum Hafen kommt, wer sich auf eine **Walbeobachtungstour** (S. 157) macht, wer ebendiese Tiere in einem der vielen kleinen und guten Restaurants essen oder – erstaunlicherweise machen das viele – nacheinander beides tun will. Dabei tischen die Restaurants hier diverse andere Gerichte auf (z. B. Hummersuppe). Den Hunger auf Kultur stillen dagegen die vielen Museen am Hafen.

Saga Museum

In dieser Ausstellung, die man am besten mit einer Führung per Audioguide (auch auf Deutsch) besucht, lassen lebensgroße Puppen die alten Island-Sagas wieder aufleben. Weil z. T. etwas blutrünstig, ist das Museum, Grandagarður 2, ✆ 511 1517, 🖥 www.sagamuseum.is, für Kinder nicht geeignet. Neben einem Souvenirshop gibt es die Möglichkeit zum Fotoshooting in Wikingerkleidung sowie ein sehr empfehlenswertes Restaurant mit isländisch inspirierter Küche (Matur og Drykkur, s. Essen). ⏰ tgl. 10–18 Uhr, Eintritt 2100 ISK, Kinder (6–12 Jahre) 800 ISK.

Aurora Reykjavík

Wer nicht das Glück hat, echte Nordlichter zu sehen, kann das in der Grandagarður 2, ✆ 780 4500, 🖥 www.aurorareykjavik.is, nachholen. Es gibt Informationen zum Naturphänomen, eine Nordlichtshow in Slow Motion, den Schnellkurs „Wie fotografiere ich am besten Nordlichter?" (s. dazu auch Kasten S. 52), einen Souvenirshop und ein Café. ⏰ tgl. 9–21 Uhr, Eintritt 1600 ISK, Kinder 6–18 Jahre 1000 ISK.

Reykjavík Maritime Museum

Als Haupteinnahmequelle der Isländer verdient natürlich auch der Fisch sein eigenes Museum, Grandagarður 8, ✆ 411 6340, 🖥 www.borgarso

Hohe Kunst

Das **Reykjavík Art Museum**, Tryggvagata 17, ✆ 411 6400, 🖥 www.artmuseum.is, umfasst gleich drei Ausstellungen an verschiedenen Orten: Das **Hafnarhús** (Tryggvagata 17) zeigt Zeitgenössische Kunst, darunter Guðmundur Guðmundssons (auch Erró genannt) oft sozialkritische Werke, deren Stil von Surrealismus bis Pop-Art reicht. Moderne Kunst von einem weiteren großen Künstler, Jóhannes Sveinsson Kjarval (mystische Naturgemälde voller Symbolismen) gibt es südöstlich in **Kjarvalsstaðir** (Flókagata 24) zu sehen. Die Skulpturen des berühmten Bildhauers Ásmundur Sveinsson (1893–1982, s. auch S. 119, Kunst und Kultur) im größtenteils vom Künstler selbst entworfenen **Ásmundarsafn** (Sigtún) runden den Kunstgenuss ab. ⏰ im Sommer meist tgl. 10–17 Uhr, im Winter unterschiedlich, Eintritt für alle drei Museen 1600 ISK.

In der **Nationalgalerie**, Fríkirkjuvegur 7, am Tjörnin, ✆ 515 9600, 🖥 www.listasafn.is, dem größten und bedeutendsten Kunstmuseum Islands sorgen wechselnde Ausstellungen dafür, dass es immer etwas Neues zu entdecken gibt. Mit dem Eintritt von 1500 ISK sind auch die Kunstsammlungen Ásgrímur Jónsson (Landschafts- und Folkloregemälde) in der Bergstaðastræti 74 und Sigurjón Ólafsson (Skulpturen), ca. 4 km östlich am Laugarnestangi 17, frei zugänglich (sonst je 1000 ISK). Mit Café und Souvenirshop. ⏰ Nationalgalerie im Sommer tgl. 10–17, Mitte Sep–Mitte Mai Di–So 11–17 Uhr, bei den anderen Ausstellungen s. Website.

gusafn.is/en/reykjavik-maritime-museum. Wer sich für Fangquoten, Fischereirechte, die drei Kabeljaukriege, Matrosen, Seefahrerinnen und die Geschichte der Fischindustrie interessiert, kann hier Stunden zubringen. Weniger Versierte bestaunen hauptsächlich die alten Schiffe und kehren anschließend in das moderne Restaurant Messinn mit der schönen Terrasse ein. Äußerst beliebt sind auch die Führungen auf Óðinn, einem ehemaligen Schiff der Küstenwache, Baujahr 1959. ⏰ tgl. 10–17 Uhr,

Eintritt 1600 ISK, Kinder frei; Schiffsführungen tgl. 13, 14 und 15, im Sommer auch um 11 Uhr, 1300 ISK, mit Museum 2400 ISK.

Walmuseum

Durch die große, spannend gemachte Ausstellung, Fiskislóð 23-25, ℡ 571 0077, 🖥 www.whalesoficeland.is, kann man sich mittels Audioguide (als Download aufs eigene Handy) führen lassen, vorbei an lebensgroßen Modellen aller 23 Walarten, die um Island vorkommen. Wer echte Walskelette bestaunen will, besucht aber besser das Museum in Húsavík (S. 406), denn im Hauptstadtmuseum sind die Modelle aus Plastik. Die gut gemachte Website ist eine gute Einstimmung, hier findet man auch die Geschichte von Free Willy Star Keiko, der 2002 in der Nähe der Westmännerinseln in die Freiheit entlassen wurde. Von hier aus schwamm er nach Norwegen, wo er 2003 starb, ohne sich jemals einer festen Orca-Schule angeschlossen zu haben. ⏱ tgl. 10–17 Uhr, Eintritt 2900 ISK, Kinder 1500 ISK.

Living Art Museum und Þúfa

Das **Living Art Museum**, Grandagarður 20, ℡ 551 4350, 🖥 www.nylo.is, ist eher ein Kulturzentrum mit Ausstellungshalle als ein Museum, wartet aber immer mit ausgefallenen Aktionen und Installationen auf (aktuelles Programm s. Website). ⏱ Di–So 12–18 Uhr (Do bis 21 Uhr).

Weiter südlich erheben sich vor der Kulisse des Bergmassivs Esja ein Mini-Leuchtturm und das Kunstwerk **Þúfa** (von 2013) der isländischen Künstlerin Ólöf Nordal. Þúfa bedeutet so viel wie „Grashöcker"; Þúfur (im Plural) heißen auch die typischen, durch Frosteinwirkung entstandenen grasbewachsenen Buckel auf den Wiesen. Ein schmaler Weg führt in einer Spirale das Kunstwerk hinauf bis zu einer Mini-Bretterhütte, in der Fisch zum Trocknen hängt. Die Aussicht von hier ist schön, unterscheidet sich aber nicht wesentlich von jener, die man von der Harpa aus genießt.

Von der Harpa nach Osten

Seit 2011 erfreut die **Harpa**, eine architektonische Meisterleistung des Künstlers Ólafur Elíasson die Touristen – bei der Bevölkerung war die Konzerthalle dagegen wegen der hohen Baukosten zunächst umstritten. Die Glasfassade der 43 m hohen „Harfe" – so die Übersetzung – erstrahlt je nach Tageszeit und -licht in unterschiedlichen Farben. Als Sitz des **Symphonieorchesters** und der **Oper** ist die Harpa, Austurbakki 2, 🖥 www.harpa.is, einer der bedeutendsten Orte der Stadt für kulturelle Veranstaltungen (s. S. 153, Unterhaltung und Kultur. Auch der Design-Shop Epal, der Buch- und Blumenladen Upplifun, das schicke Restaurant Kolabrautin und das Café-Restaurant Smurstöðin haben hier eine Heimat gefunden. ⏱ tgl. 8–24 Uhr, frei zugänglich, mehrmals tgl. Führungen (30 Min.) für 1500 ISK, Kinder unter 16 Jahren frei.

Weiter östlich zieht an der Uferstraße Sæbraut die Sonnenschiff-Skulptur **Sólfarið** die Blicke an. Das stilisierte Wikingerschiff, mit dem Jón Gunnar Árnason 1986 den Skulpturen-Wettbewerb zur 200-Jahr-Feier Reykjavíks gewann, ist vom Meister selbst eher als Versprechen für die Zukunft gedacht: Es gibt noch viel zu entdecken, scheint das wasserdurchlässige glänzende Metallschiff zu sagen, während es seine Spitze begierig der Sonne entgegenstreckt. Árnason erlebte die Einweihung der meistfotografierten Skulptur Islands an ihrem Standort auf der eigens für sie errichteten Marmorplatte nicht mehr. Er starb 1989 mit nur 58 Jahren. Sein 2,6 Tonnen schweres Vermächtnis bleibt.

Noch weiter östlich wartet an der Sæbraut das geschichtsträchtige Haus **Höfði** (s. u.). Krimifans können zuvor an der südwärts abzweigenden Snorrabraut zumindest von außen ein Blick aufs **Polizeipräsidium** werfen, in dem Kommissare wie Arnaldur Indriðasons Erlendur ihre Arbeit tun bzw. taten. Hier liegen auch das Busbahnhofsviertel **Hlemmur** (Nahverkehr, S. 159), die **Markthalle** (Essen, S. 147) und das skurrile **Penismuseum** (S. 140).

Außerhalb des Zentrums

Zwar gibt es in den zentrumsfernen Regionen nicht mehr so viele, dafür aber umso ausgefallenere Sehenswürdigkeiten. Vor allem locken einige interessante Halbtages- bis Tagesausflugsziele (s. Kasten S. 150).

Höfði

Das kleine weiße Haus auf einer Wiese fast am Meer wirkt zwischen den modernen und hohen Gebäuden rundherum ein wenig deplatziert: irgendwie niedlich, aber gleichzeitig auch verloren. Aber das Häuschen aus dem Jahr 1909 ist weltberühmt: Hier trafen sich 1986 Mikhail Gorbatschow und Ronald Reagan zu den Abrüstungsverhandlungen, die das **Ende des Kalten Krieges** einläuteten. Auch sonst kann das Gebäude, das heute leider nur von außen zu bestaunen ist, einige kuriose Geschichten erzählen: So soll es der französische Konsul Brillouin aus Zeitnot in einem norwegischen Fertighauskatalog bestellt haben. Trotzdem verliebte sich ein reicher Japaner beim Verfolgen der Fernsehberichte so sehr in das Haus, dass er eine baugleiche Kopie in Japan erstellen ließ. Im heute unbewohnten Innern werden übrigens immer wieder Bewegungen wahrgenommen – auch in Höfði geht der Spuk um.

Perlan

Reykjavíks wohl hübschester **Warmwasserspeicher** gehört zu den **Wahrzeichen** der Stadt. Eine riesige, weithin sichtbare Glaskuppel beschirmt seit 1991 sechs Tanks – fünf davon beinhalten 20 Mio. Tonnen 85 °C heißes Wasser, das über eine Pipeline vom Hellisheiði-Kraftwerk (S. 185) in die Perlan (die Perle) und von hier aus weiter in die Haushalte der Stadt fließt. Wegen der exponierten Lage auf dem Hügel Öskjuhlíð funktioniert das sogar ohne die Hilfe von Pumpen.

Der sechste Tank beherbergt seit 2017 das **Museum der Naturwunder Islands**, 🖥 www.perlanmuseum.is, mit dem einzigen Indoor-Eistunnel der Welt (Achtung: der Tunnel ist zwar künstlich, aber kalt ist es trotzdem. Warme Jacken können ausgeliehen werden). Ein Stockwerk höher gibt es eine Vatnajökull-Multimedia-Ausstellung. Weitere Präsentationen und ein Planetarium sind geplant. Wer nur den herrlichen Rundumblick von der **Aussichtsplattform** aus genießen will, zahlt 490 ISK p. P. (Museumsbesucher dürfen umsonst staunen). ⏲ tgl. 9–19 Uhr, 2900 ISK Kinder 6–15 Jahre 1450 ISK.

Das **Restaurant Út í bláinn** (eine Redewendung für „ins Blaue hinein"), 🖥 www.utiblainn.is, lockt im 5. Stock unter der Glaskuppel, ⏲ tgl. 11.30–22 Uhr. Einfache Snacks und Kaffee gibt's im **Kaffitár Café**, ⏲ tgl. 9–23 Uhr. Die Filiale des Rammagerðin **Wollpullover- und Souvenirshop** öffnet und schließt die Pforten zeitgleich zum Museum. Ein kostenloser Shuttlebus bringt Besucher tgl. zwischen 9 und 16.30 Uhr kostenlos von und zur Konzerthalle Harpa.

Ásatrú-Gemeindezentrum

Nicht im engeren Sinne eine Sehenswürdigkeit, weil von außen ein ganz normales Haus, verdient das **Ásatrúarfélagið**, Síðumúli 15, ✆ 561 8633, 🖥 www.asatru.is (leider bisher nur auf Isländisch), trotzdem Erwähnung. Hier, am Stadtrand, trifft sich nämlich die heidnische Ásatrú-Gemeinde (s. S. 116, Religion), bis ihr Tempel auf dem Hügel Öskjuhlíð fertig ist und sie in eine angemessenere Location umziehen kann. Touristen sind bei den Gottesdiensten (Sa 14–16 Uhr) willkommen, und wer ernsthaftes Interesse bekundet, kann sich auch von Priester Hilmar Örn trauen lassen. Ein Angebot, das vor allem gleichgeschlechtliche Paare nutzen.

Húsdýragarðurinn

Vor allem bei Familien sehr beliebt ist der herrliche, große Park mit Botanischem Garten, Teich und dem „Zoo" – falls man den Húsdýragarðurinn (Haustiergarten), Múlavegur 2, im Laugardalur, ✆ 411 5900, 🖥 www.mu.is, mit Kühen, Schweinen, Pferden, Schafen, Rentieren, und Seehunden als Zoo durchgehen lässt. ⏲ im Sommer tgl. 10–18, im Winter tgl. 10–17 Uhr, Eintritt 860 ISK, Kinder (5–12 Jahre) 650 ISK.

Das hübsche **Café Flóran**, Grasagarðinum Laugardal, ✆ 553 8872, 🖥 www.floran.is, in einem Gewächshaus bietet eine Außenterrasse und leckeren Kuchen und ist trotzdem nicht überfüllt. ⏲ tgl. 10–22 Uhr.

ÜBERNACHTUNG

Vom abgerockten Airbnb-Zimmer mit Matratze auf dem Boden (das aber für eine Mütze Schlaf nach der späten Ankunft oder vor der frühen Abreise gerade noch taugt), einigen Hostels und Jugendherbergen, großen Hotels, schnuckeligen Zimmern in heimeligen kleinen Gästehäusern (leider relativ wenige), elegan-

Wenn du glaubst, du hast schon alles gesehen, geh in die Elfenschule

„Da war … ein Junge … im Skagafjörður …, der hatte sich verlaufen und ist in einem Elfenhaus gelandet …" – der Mann, der die Elfengeschichte erzählt, ist Magnús H. Skarphéðinsson, der „Headmaster" der einzigen **Elfenschule** der Welt. Seit vielen Jahrzehnten reist der Historiker mit Schreibblock und Kassettenrekorder bewaffnet durch Island und sammelt Elfengeschichten. Vor allem in Altenheimen wird er oft fündig, denn jüngere Menschen behalten die Erinnerungen an Elfenbegegnungen lieber für sich – man will ja nicht als Freak dastehen. In Magnús' kleiner Akademie kann man für 54 € pro Person

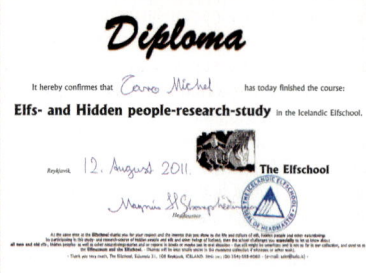

für einen Nachmittag in Elfengeschichten eintauchen. Als Arbeitsunterlagen erhält jeder ein Heft mit ausgesuchten Elfengeschichten und Cartoons, und zum Schluss bekommt man ein **Elfendiplom**.
In Island passieren ständig Dinge, für die man keine vernünftige Erklärung findet – und die Elfenschule, Síðumúli 31, (2. Etage), ✆ 588 6060 und 894 4014, 🖥 www.theelfschool.com, ist da keine Ausnahme. Bewacht von einem überdimensionalen Gartenzwerg, liegt sie in einem Reykjavíker Vorort in einem unauffälligen Apartment zwischen einer Zahnklinik und dem örtlichen Hundezüchterverein. Der Headmaster begrüßt uns in Gummischlappen, Trainingshose und Jackett und gibt sich freudig überrascht, dass auch heute wieder Schüler aus dem Nichts auftauchten. Dabei ist seine Elfenschule seit mehr als 25 Jahren jeden Freitag geöffnet. Und immer gut besucht.

„Elfenkunde" für Anfänger
„Zu den 54 % der Isländer, die streng an Elfen glauben, kommen 36 %, die nicht so ganz dran glauben, aber nicht ausschließen, dass es sie geben könnte." Magnús erzählt von seinem Bruder, Össur Skarphéðinsson, der zu seiner Amtszeit als Umweltminister niemals Bauprojekte an Orten genehmigt hat, an denen Elfen wohnen könnten. „Nein-nein-nein. Niemand von uns glaubt an Elfen", hatte der

---

ten Apartments bis hin zu Lofts in Luxushotels findet in Reykjavík jeder die passende Unterkunft. Nur wirklich billige Schlafplätze fehlen, vom einzigen Campingplatz abgesehen. Selbst für ein Bett in einem großen Schlafsaal zahlt man in der Hochsaison mindestens 50 €.
Wir haben je Preisklasse nur einige wenige Unterkünfte ausgewählt, die exemplarisch für das breitgefächerte Angebot stehen. Karte S. 134/135, sofern nicht anders angegeben.

Gästehäuser
Eric the Red Guesthouse, Eiríksgata 6, ✆ 552 1940, 🖥 www.ericthered.is. Gemütliches Gästehaus direkt gegenüber der Hallgrímskirkja. Mit einfachen DZ im UG (man muss mit dem Koffer eine Außentreppe herunter, die im Winter gerne mal vereist ist). Klasse Frühstück gibt's im gemütlich-großen Raum im EG. Nichts für Tierhaarallergiker, denn der pummelige rote Hauskater inspiziert die Zimmer, wenn man nicht aufpasst. Die Gast-geber Edda und Rúnar liefern wertvolle Tipps, bieten Tagestouren an und organisieren auf Wunsch Individual- und Gruppenreisen. ❸–❹

Guesthouse Butterfly, Ránargata 8a, ✆ 894 1864, 🖥 www.butterfly.is. Gemütliches Gästehaus in einer ruhigen Seitenstraße in Hafennähe. Hinter der auffälligen grünen Fassade mit dem roten Schmetterling verbergen sich Einzel-, Doppel-, Dreibett- und Familienzimmer. Außerdem vermieten die Betreiber Apartments (ab 29 000 ISK). ❸

Minister damals verkündet. „aber unserem Ministerium ist bekannt, dass bei Bauarbeiten an solchen Orten überdurchschnittlich viel schiefgeht: Arbeiter werden krank, es gibt Unfälle, schlechtes Wetter, die Maschinen überhitzen und und und ..." Soll heißen: Die Arbeiten werden nicht aus Angst oder Respekt vor den Elfen an andere Orte verlegt, sondern aus statistischen Gründen. Aha. **21 Elfenarten** gibt es, die jeder Isländer mühelos auseinanderhalten kann, erklärt Magnús weiter. Kleine Elfen, große Elfen, Feen, Gnome, Zwerge. Sie leben in einer anderen Dimension, in einem Paralleluniversum, und einige davon sind von normalen Menschen optisch nicht unterscheidbar. Sie sehen genauso aus wie wir, sind genauso gekleidet, gehen ähnlichen, wenn nicht gar den gleichen, Berufen nach, sie leben in einer industrialisierten Gesellschaft (es gibt sogar Elfen-Produktions-Genossenschaften) – sie bleiben einfach nur vor unseren Blicken verborgen. Doch Elfen sind anders: Sie achten die Natur mehr als die Menschen. Wir lernen, dass Elfenbetriebe weniger CO_2 ausstoßen und trotzdem besseren Weizen produzieren. Während des im Kurspreis inbegriffenen Waffelessens kramt Magnús voller Stolz eine Tüte mit kleinen Steinchen und einen Blechtopf hervor. Dies sind die bisher einzigen Exponate des „Mini-Elfenmuseums" in der Elfenschule. Sachen, die Elfen einmal im Menschenland vergessen haben. „Eine Familie war umgezogen, hatte aber das Kochutensilien vergessen. Und bekam von einer netten Elfenfrau eben diesen Topf geliehen. Als sie ihn wieder zurückgeben wollten, sagte die Elfe „ihr könnt ihn als Reserve behalten". Dann führt Magnús uns zu einem großen Stein hinter dem Haus, in dem ziemlich sicher Elfen wohnen. Hier stand in den 40er-Jahren eine große Legebatterie. Man plante, diese zu erweitern und noch mehr Hühner auf noch engerem Raum zu halten, und für den benötigten Platz sollte auch der **Elfenstein** weichen. Daraufhin traten die Hühner in Streik, wahrscheinlich angestiftet von den Elfen. Ganz Reykjavík musste zwei Monate lang ohne Eier auskommen. Die Firma kam in ernsthafte finanzielle Schwierigkeiten, und die Erweiterungspläne wurden ad acta gelegt.
Also: Wer will schon ernsthaft riskieren, den Elfenzorn auf sich zu ziehen? Außerdem sind Elfen eine unantastbare moralische Instanz, an der sich viele Isländer gerne orientieren. Und als bestmögliche Universalausrede ungemein praktisch: Denn wenn in Island irgendetwas nicht funktioniert, dann ist immer sofort klar, wer schuld ist. Unser Tag in der Elfenschule geht zu Ende. Stolz hält jeder sein Elfendiplom in der Hand. Wir sind nicht nur um eine skurrile isländische Erfahrung reicher, auch ist uns klar geworden, welche wichtigen Aufgaben die Elfen in der isländischen Gesellschaft erfüllen.

Reykjavík Treasure Bed and Breakfast, Fischersund 3, ℡ 864 0944, 🖥 auf Facebook. Der Name „Schatz" ist zutreffend, und die hohe Bewertung bei booking.com verdient: Jedes der 7 DZ, von denen 2 mit Zusatzbetten als 4er-Zimmer genutzt werden können, ist anders möbliert. Ausgefallenes Design und tolles Frühstück (im Preis inkl.) in uralten, aber liebevoll restaurierten Holzhaus in einer ruhigen Seitenstraße direkt im Zentrum. Mit lauschigem Garten hinterm Haus. ❸–❹

Hostels
Galaxy Pod Hostel, Laugavegur 172, s. Karte S. 132/133 ℡ 511 0505, 🖥 www.galaxypodhostel.is. Betont schlicht, modern, mit Neonlicht und ohne Schnickschnack. Es gibt normale Etagenbetten, aber auch Schlafsäle mit „Pods" (kleine Kabinen, die aussehen wie überdimensionale Waschmaschinen). Hier macht man Tür bzw. Vorhang zu und ist ganz für sich. Mit Schließfach für Wertsachen. Gemeinschaftsküche und Bar. Bett im 18er-Schlafsaal 7000 ISK, Pod im 8er-Schlafsaal 8500 ISK.
Hlemmur Square Hotel und Hostel, Laugavegur 105, ℡ 415 1600, 🖥 www.hlemmursquare.com. Die Idee, Hostel- und Hotelgäste unter einem Dach unterzubringen, ist hier konsequent umgesetzt: Im 3. und 4. Stock gibt es Schlafsäle, Gemeinschaftsküchen und sehr einfache Badezimmer, im 5. Stock dann 18 schicke Hotelzimmer, alle mit eigenem Bad – und tagsüber sitzen die Gäste gemeinsam im EG, wo es Sofaecken und das kleine Café-

Restaurant Pylsa gibt, das neben dem Frühstück (1450 ISK p. P.) u. a. Bratwurst mit Kartoffelsalat und Sauerkraut serviert, ⏱ tgl. 15–23 Uhr (warme Küche 16–22 Uhr). Um zum Aufzug im Nachbargebäude aus dem Jahr 1930 zu gelangen, muss man seine Koffer durch die gesamte Lobby rollen und durch ein Treppenhaus bugsieren, wo es dann doch Stufen zu überwinden gilt. Ein Handtuch bekommen Hostelgäste für 750 ISK, Schlafsäcke werden nicht benötigt. Super ist die Busanbindung denn der Bahnhof Hlemmur ist direkt um die Ecke. Bett im Schlafsaal 5500–7900 ISK (14-er bis 4er-Schlafsaal), Fr und Sa teurer. Studio-Apartment 36 500 ISK. ❺
Kex Hostel, Skúlagata 28, ☏ 561 6060, 🖥 www.kexhostel.is. Hier ist Party zu jeder Tages- und Nachtzeit. Es gibt große Schlafsäle mit Etagenbetten, aber auch DZ (einige auch größer und mit eigenem Bad) und Familienzimmer mit 6 Betten für 46 200 ISK. Bett im 16er-Schlafsaal für 5150 ISK, im 4er-Schlafsaal für 9350 ISK, Bettwäsche und Handtücher 1100 ISK p. P., Frühstück 1690 ISK p. P. ❺–❻
Oddsson Ho(s)tel, Hringbraut 121, ☏ 511 3579, 🖥 www.oddsson.is. Ein Lagerhaus aus den 40ern, umgebaut zum stylischen Hostel mit Meerblick. Witzig: Mitten im hauseigenen Bazaar-Restaurant kann man Karaoke singen. Die anderen Gäste können einen sehen, aber nicht hören. Gemeinschaftsküche und Schlafsäle für 2–12 Personen. Bett im 12er-Schlafsaal 6000 ISK, Deluxe-Hotelzimmer mit Meerblick 63 000 ISK. ❺–❻

€ **Reykjavík City HI Hostel**, Sundlaugavegur 34, Karte S. 132/133, ☏ 553 8110, 🖥 www.hostel.is. Der Name trügt: Die Jugendherberge liegt nicht in der City, sondern etwa 4 km östlich im Laugadalur, beim Campingplatz und dem großen Schwimmbad. Aber hier lässt sich's gut aushalten. Neben einfachen Schlafsälen und Privatzimmern für 2, 3 und 4 Personen, alle mit eigenem Bad, finden sich gemütliche Sitzbereiche, ein Stauraum für Gepäck und 2 gut ausgestattete Gemeinschaftsküchen in Pavillons mit Glasfronten, die gemeinsam mit dem Haupthaus ein hufeisenförmiges Ensemble mit windgeschützten Picknickbänken in der Mitte ergeben.

Das **Downtown HI Hostel** liegt zentral in der Vesturgata 17, ☏ 553 8120, 🖥 www.hostel.is. Schlafsackunterkunft ab 4350 ISK p. P. Nicht-Mitglieder zahlen 800–1500 ISK p. P. und Nacht zusätzlich. Frühstück ca. 12 € p. P. ❸–❹

Luxusklasse
Black Pearl - Reykjavik Finest Apartments, Tryggvagata 18A, ☏ 527 9600, 🖥 www.blackpearlreykjavik.com. Gäste wohnen hier in modernsten Design-Apartments zwischen Altstadt und Hafen. ❽
Hótel Borg und Apótek Hótel (Keahotels), Pósthússtræti 11, ☏ 551 1440, 🖥 www.keahotels.is. Von außen wie ein Palast, der auch in London stehen könnte, innen etwas bescheidener mit teils kleinen Zimmerchen, Spabereich und Fitnessraum. Endscheidend hier: Lage, Lage, Lage: direkt am Austurvöllur ist diese unschlagbar. Unmittelbar daneben, Austurstræti 16, liegt das nicht minder beliebte **Apótek Hótel**, das ebenso zur Kea-Kette gehört. Es ist etwas teurer, hat aber größere Zimmer und Suiten. In beiden Häusern ergattern Frühbucher ein DZ schon mal locker für 100 € pro Nacht weniger. Hótel Borg ❼–❽, Apótek Hótel ❽
Icelandair Hótel Reykjavík Marina, Mýrargata 2, ☏ 560 8000, 🖥 www.icelandairhotels.com. Das Hotel nimmt mit seiner eigenwilligen halbrunden Form die halbe Straße ein, beginnend an der Hafenstraße Ægisgata. Moderne Zimmer, Studios und Apartments mit schlichter Eleganz. Frühstück im Kaffislippur 3000 ISK p. P. extra. ❺–❽
Reykjavík Marina Residence (gehört zum Icelandair Hotel nebenan), Mýrargata 14-16, ☏ 560 8500, 🖥 www.reykjavikmarinaresidence.is. Luxus pur in 2 restaurierten Häusern am alten Hafen. Günstige Last-Minute-Preise. ❽

Apartments
Rey Apartments, Grettisgata 2a (Klapparstigur), ☏ 771 4600, 🖥 www.rey.is. Von außen nicht gerade ansprechend, sind die modernen Apartments innen mit viel Platz ausgestattet und bieten vom DVD-Spieler über die Spülmaschine bis zur stylischen Sofagarnitur alles, was Gast sich wünscht. Im Zentrum, einige

Zimmer mit Blick auf die Hallgrímskirkja. Was fehlt, ist ein Aufzug. Apartments für 2–8 Personen im Sommer 200–500 €, im Winter 100–170 €.

Reykjavík Residence, Hverfisgata 45, ☎ 561 1200, 🖥 www.rrhotel.is. Die Nummer 1 bei Tripadvisor und nicht ein Hotel, sondern viele 4-Sterne-Apartments in verschiedenen Gebäuden der Innenstadt (101 Reykjavík). Vom kleinen Studio für zwei ab 300 € bis zu den beiden Royal Suites für bis zu vier Personen für 800 € pro Nacht ist alles zu haben. Am beliebtesten ist die wunderschöne alte weiße Villa selbst. Ein Frühstückskorb wird bereitgestellt, und morgens sind wie durch Zauberhand frische Brötchen da.

Camping

Laugardalur, Sundlaugavegur 32, s. Karte S. 132/133 ☎ 568 6944, 🖥 www.reykjavikcampsite.is. Der einzige Campingplatz Reykjavíks liegt etwa 3 km östlich des Zentrums, vor der Tür sind aber die Bushaltestellen Brunavegur und Laugardalslaug (Linie 14). Auf dem riesigen Platz erstrecken sich verschiedene Areale, auch Wiesen, auf denen nur Zelte und keine Autos zugelassen sind. In der Mitte liegt das Servicezentrum in verschiedenen Gebäuden: Ein großes Sanitärhaus mit Duschen und WCs, davor Spülen und ein großer Gemeinschaftsgrill (beide überdacht) sowie Waschmaschine und Trockner. Das Küchenhaus ist wenig gemütlich, aber zweckmäßig und gut ausgestattet. Hier stehen auch übriggebliebene Nahrungsmittel zum allgemeinen Verbrauch und zum Mitnehmen. Im Haus gegenüber steht ein Regal mit weiteren Verschenk-Artikeln: Schuhe, Luftmatratze, Gaskartusche, Mütze: alles da. Es sind Schließfächer vorhanden, und man kann Gepäck zwischenlagern, beides aber nur gegen Gebühr. Eine Liste mit Angeboten und Gesuchen für Mitfahrgelegenheiten hängt aus, außerdem fahren fast alle Ausflugsbusse (Reykjavik Excursions, Sterna, Trex) den Campingplatz an oder bieten einen Transfer. Es gibt auch Hütten für 2–3 Personen (mind. 3 Nächte) und einen Fahrradverleih: 5 Std. 3900 ISK, 1 Tag 4900 ISK, ab 3 Tagen Mietdauer 3500 ISK pro Tag. Camping je 2400 ISK für die erste und zweite Nacht, 2300 ISK für Nacht 3–6 und ab der 7. Nacht 2000 ISK. Kinder unter 13 J. kostenlos. Strom 1000 ISK. Frühstück (7–9.30 Uhr) 1650 ISK. ❶–❷

ESSEN

Bei den Einheimischen, vor allem bei der Jugend, steht **Veggie- und Gesund-Food** hoch im Kurs. Die neue Markthalle am Busbahnhof Hlemmur (**Hlemmur Mathöll**) z. B. ist stolz auf ihre Stände mit frischem Gemüse. Hier schlürft man vor oder nach dem Kaffee gern schnell noch einen Smoothie. Und sonst? Experimentiert man mit einem Essens-Lieferservice per Drohne und anderen ausgefallenen Restaurant-Ideen. Wikingerstil-Restaurants, in denen Wal und Papageitaucher verzehrt werden, sind eher Touristen vorbehalten. Wer günstig satt werden will, greift zum **Hot Dog** auf die Hand. Eine gute Option sind auch die **Buffets**, die manche Restaurants anbieten. Vor allem mittags (deutlich geringere Preise als abends) stimmt meist das Preis-Leistungs-Verhältnis. Karte S. 134/135, sofern nicht anders angegeben.

Isländische Küche

Bryggjan Brugghús, Grandagarður 8, ☎ 456 4040, 🖥 www.bryggjanbrugghus.is. Der eine Teil könnte fast als Hafenkneipe durchgehen, allerdings etwas feiner und oft mit Livemusik (Jazz). Beliebt ist das selbstgebraute Bier, vor allem das rote. Hier bestellt man an der Bar, Snacks und Sandwiches werden zu den Tischen gebracht. Im Restaurant dann – wenig überraschend – eine große Auswahl an frischem Fisch, aber auch Veggies gehen nicht hungrig heim (interessant: American Pancakes als vegane Nachtisch-Option). Große Glasfenster mit Brauereiblick. ⊕ Mo–Mi 11–24, Do–So 11–1 Uhr.

🌳 **Garðurinn**, Klapparstígur 37, ☎ 561 2345, 🖥 www.kaffigardurinn.is. Sehr kleines, sehr gutes vegetarisches Café-Restaurant. ⊕ Mo–Fr 11–18.30, Sa 12–17 Uhr.

🌳 **Gló**, s. Karten S. 132/133 und S. 134/135, 🖥 www.glo.is. Vom Smoothie bis zum Burger bietet die Gló-Kette Streetfood und gesunde, hippe Vollwerternährung zu erträglichen Preisen in 4 Filialen. Laugavegur 20b/Klapparstígur (101 Reykjavík), Fákafen 11 (108 Reykjavík), Engjateigur 19 (105 Reykjavík), Hæðasmári 6 (200 Kópavogur). ⏱ meist tgl. 11–21 Uhr.

Höfnin, Geirsgata 7c, ☎ 511 2300, 💻 www.hofnin.is. Das blau-türkise Haus liegt, wie der Name „Höfnin" schon sagt, im alten Hafen und ist bei Touristen äußerst beliebt. Zu Recht, denn die Fischgerichte sind exzellent, wenn auch nicht gerade preiswert. ⏱ tgl. 11.30–14, 17–22 Uhr.

Kaffivagninn, Grandagarður 10, ☎ 551 5932, 💻 www.kaffivagninn.is. Verhältnismäßig günstiges, charmantes Fischrestaurant mit Hafenblick und kleiner Außenterrasse. Fish 'n' Chips mit 3 verschiedenen Soßen, Tagessuppe (oft vegetarisch), kostenloser Kaffee zum Essen. ⏱ Mo–Fr 7.30–18, Sa, So 9.30–18 Uhr.

Lækjarbrekka, Bankastræti 2 (Lækjartorg), ☎ 551 4430, 💻 www.laekjarbrekka.is. Gutes gemütliches Restaurant mit traditionellen Fisch- und Fleischgerichten (auch Walfleisch ...) im historischen schwarz-weiß-roten Holzhaus, allerdings etwas gediegener. Als vegetarisches Gericht gibt's eine Art Bratling mit Brokkoli. ⏱ tgl. 11.30–22 Uhr.

Sægreifinn, Geirsgata 8, ☎ 553 1500, 💻 www.saegreifinn.is. Wie das Höfnin liegt auch dieses sehr gute Fischrestaurant am Hafen nahe der Whalewatching-Boote, ist ebenfalls türkis-blau und ebenfalls nicht billig. ⏱ tgl. 11.30–22 Uhr.

Sjávarbarinn, Grandagarður 9, ☎ 517 3131, 💻 www.sjavarbarinn.is. In dem kleinen, im künstlerisch-maritimen Look eingerichteten Restaurant kann man sich u. a. am leckeren Fischbuffet (mittags 2290 ISK, abends 3900 ISK) laben. Der freundliche Betreiber Magnús hat ein eigenes Kochbuch geschrieben (auch auf Englisch, im Restaurant erhältlich). ⏱ Mo–Sa 11–21, So 15–21 Uhr.

Sjávargrilliđ (Seafood Grill), Skólavörđustígur 14, ☎ 571 1100, 💻 www.sjavargrillid.is. Die Nudeln sind lecker, aber die besondere Empfehlung kriegt der Kinderteller mit superzarten Lammfiletstreifen. ⏱ tgl. 11–22.30 Uhr.

Veitingahúsiđ Lauga-ás, Laugarásvegur 1 (bei Campingplatz und Jugendherberge), Karte S. 132/133, ☎ 553 1620, 💻 www.laugaas.is. Nicht besonders schön, dafür mit Lokalkolorit und für isländische Verhältnisse günstig. Traditionelle Gerichte mit Fisch und Lamm, aber auch Veggie-Angebote. ⏱ Mo–Fr 11–14, 17–21, Sa, So nur 17–21 Uhr.

Internationale Küche

Fiskmarkađurinn, Aðalstræti 12, ☎ 578 8877, 💻 www.fiskmarkadurinn.is. Der „Fischmarkt" ist ein originelles japanisches Restaurant mit Lava-Sushi, Lakritz-Beeren-Mus und Vulkan-Toppings, serviert in bis zu 9 Gängen. Auf fragwürdige Angebote mit Papageitaucher und Wal sollte man verzichten (wie es auch die meisten Isländer tun). ⏱ So–Do 18–22.30, Fr, Sa 17–22.30 Uhr.

Gandhi, Pósthússtræti 17 (am Tjörnin), ☎ 511 1691, 💻 www.gandhi.is. Etwas schickeres indisches Souterrainrestaurant, das keine Wünsche offenlässt. Besonders sind die Gerichte mit Lachs. ⏱ tgl. 17.30–22 Uhr.

Hverfisgata 12, ☎ 437 0203, 💻 auf Facebook. Die „Pizzeria ohne Namen", wie sie oft genannt wird, hat noch mehr im Angebot als Pizza, z. B. Cocktails. Aber für die Pizza ist sie berühmt. Zum Wochenendbrunch (ab 11.30 Uhr) gibt es auch Frühstückspizza mit Nüssen, Schinken und Eiern. Obwohl sich der heimelige Trend-Laden der Betreiber von Kex Hostel und Dill Restaurant über 3 Etagen erstreckt, ist hier oft kein Platz zu bekommen. ⏱ Mo–Do 17–1, Fr–So 11.30–1 Uhr.

Rossopomodoro, Laugavegur 40a, ☎ 561 0500, 💻 www.rossopomodoro.is. Klassischer Italiener mit vorzüglicher Holzofenpizza, gemütlich und modern zugleich, allerdings oft voll und dann auch laut. ⏱ Mo–Do 11.30–22, Fr, Sa 11.30–23, So 16.30–22 Uhr.

Cafés und Eisdielen

Anders als in isländischen Kleinstädten, wo es Brot und Kuchen meist nur in den Supermärkten gibt, glänzt Reykjavík mit einer Vielzahl toller Bäckereien:

Sandholt, Laugavegur 36. Preisgekrönt. ⏱ tgl. 6.30–21 Uhr.

Wenn die Sonne lacht, strömt halb Reykjavík in die Straßencafés.

Brauð & Co, Frakkastígur 16. Im bunt angemalten Haus. ⏲ Mo–Fr früh bis 18, Sa, So früh bis 17 Uhr.

Café Babalú, Skólavörðustígur 22, ✆ 555 8845. Super Kuchen und Crêpes, auch veganer Karottenkuchen, dazu gratis WLAN in gemütlicher, fantasievoll gestalteter Umgebung: nicht umsonst hochgelobt. ⏲ tgl. 11–23 Uhr.

Café Loki, Lokastígur 28, ✆ 466 2828, 🖥 www.loki.is. Nettes ruhiges Café mit einfachen Speisen und Blick auf Hallgrímskirkja. ⏲ Mo–Sa 9–21, So 11–21 Uhr.

Cafe Paris, Austurstræti 14, ✆ 551 1020, 🖥 www.cafeparis.is. Kaffeehaus mit Glasfront und Außengastro, hip und gerade schwer angesagt. Das Essen ist sehr gut, aber man wird nicht unbedingt satt. ⏲ So–Do 3.30–22, Fr, Sa 8.30–23 Uhr.

Eldur og ís, Skólavörðustígur 2, ✆ 770 3061, 🖥 auf Facebook. Tolles Eis und normale und glutenfreie, vegane Crêpes mit allem drauf, was das Herz begehrt: Die süßen, z. B. mit Erdbeeren und Sahne, schmecken lecker, aber vor allem die herzhaften sind der Hit: Es gibt sie mit Rucola und Ei, getrockneten und frischen Tomaten, Pilzen und vielem mehr. Außerdem 3 köstliche Soßen zur Auswahl. Es gibt nur 2 Sitztische, ansonsten sitzt man im Bar-Style auf Bänken und Hockern in sehr angenehmer Atmosphäre. Der Gimmick ist das Elfenbild ganz hinten im Flur, das man unter keinen Umständen fotografieren darf (möglicherweise bleiben sonst die Elfen im Foto gefangen). ⏲ Mo–Sa 8.30–23, So 10–23 Uhr.

The Laundromat Café, Austurstræti 9, ✆ 587 7555, 🖥 www.thelaundromatcafe.com. Im isländischen Ableger der Waschsalon-Kette gibt's neben den Waschmaschinen auch noch jede Menge Bücher. Das Essen (einfache Standardgerichte, isländisch und international) ist nicht außergewöhnlich, aber man wird einigermaßen günstig satt und trifft nette Leute. ⏲ So–Do 8–23, Fr, Sa 11–24 Uhr.

Valdís Eisdiele, Grandagarður 21, 🖥 www.valdis.is. 2013 eröffnete Valdís die Eisdiele direkt am Hafen, begann mit exotischen Sorten herumzuexperimentieren. „Lakritz salzig" gehört da noch zu den normaleren Kreationen. Sie macht nicht nur das Eis selbst, sondern auch die Waffeln und das vegane Sorbet. Preis für eine Kugel 450 ISK. ⏲ tgl. 11.30–23 Uhr.

Ausflugsziele rund um Reykjavik

Viele reizvolle Ausflugsziele liegen gleich vor den Toren der Stadt (detaillierte Busverbindungen siehe 🖥 www.straeto.is/en/timatoflur).

Im Norden

Das nur 1,6 km² große **Naturschutzgebiet der Insel Viðey** (Karte S. 126) ist zwar nicht spektakulär, lohnt an windstillen Tagen (kaum Windschutz) aber für einen Tagesausflug zu Fuß oder zu Pferde. Für Reittouren werden im Sommer Pferde der Farm Laxnes bei Mosfellsbær auf die Insel gebracht, ✆ 566 6179, 🖥 www.laxnes.is/videy-island. Auf dem kleinen Eiland steht **Yoko Onos Imagine Peace Tower**, aus dem vom 9. Oktober bis 8. Dezember (Geburts- und Todestag John Lennons) eine Lichtsäule emporstrahlt, die dann in ganz Reykjavík zu sehen ist. Das **Viðeyjarstófa Café**, in dem heute leckere Waffeln gemampft werden, war der Amtssitz des „Sheriffs" Skúli Magnússon (S. 108, Geschichte). ⏱ Mitte Mai–Mitte Sep tgl. 11.30–17, Okt–Mitte Mai Sa, So 13.30–16 Uhr. Die **Kirche** aus dem Jahr 1774, ebenfalls in seinem Auftrag erbaut, ist das zweitälteste noch existierende Gotteshaus in Island. Weitere Infos zur Insel unter ✆ 533 5055 und 🖥 www.videy.com. **Anfahrt:** Fähren von Skarfabakki beim Sundahöfn-Hafen Mitte Mai–Mitte Sep von 11–17 Uhr stdl. für 1500 ISK (Kinder 750 ISK), Abfahrtszeiten unter 🖥 www.elding.is. Zur Anlegestelle kommt man mit Strætós Linie 16, Haltestelle Klettagarðar. Im Sommer fährt die Fähre außerdem ca. 2x tgl. auch direkt ab altem Hafen.

Ganz im Nordwesten der Seltjarnarnes-Halbinsel, um die ein Fuß- und Radweg herumführt, ist die nicht bewohnte Vogelinsel **Grótta** (Karte S. 126) bei Ebbe für Fußgänger erreichbar (s. 🖥 www.tide-forecast.com/locations/Reykjavik-Iceland/tides/latest). Während der Brutzeit (1. Mai–15. Juli) ist das Betreten verboten. Am Strand sieht man Eiderenten, Alpenstrandläufer, Einsiedlerkrebse und Muscheln. In klaren Nächten ist das Eiland ein besonders guter Ort zum Beobachten von Polarlichtern (keine Straßenlampen). **Anfahrt:** Vom alten Hafen aus folgt man den Straßen Eiðsgrandi und Norðurströnd etwa 4,5 km nach Nordwesten. Oder man nimmt Strætó-Linie 11.

Im Sommer und bei Sonnenschein zieht es viele Isländer auf „ihren Berg" **Esja** (Karte S. 126). Esja heißt allerdings das ganze Massiv, während die bekanntesten Punkte die Namen Steinn (605 m) und Þverfellshorn (780 m) tragen. Der Parkplatz (Mógilsá) ist oft voll und manche joggen sogar hoch, doch ist die etwa Tour (hin und zurück etwa 7 km) nicht ohne und im Winter und bei schlechtem Wetter sogar gefährlich. Selbst im Sommer kann oben, auf fast 800 m Höhe Schnee liegen. Weitere Infos unter 🖥 www.besthiking.net/mount-esja-trail-hiking-iceland. **Anfahrt:** Man folgt der Ringstraße nach Norden und biegt etwa 6 km nördlich von Mosfellsbær rechts zum Parkplatz ab (Fahrzeit ca. 20–30 Min.). Strætó-Linie 57/58 fährt bis zur Haltestelle Esjuraetur Hiking Center. Hier steht auch ein beliebtes Café-Restaurant, ✆ 565 3200, 🖥 www.esjustofa.is. ⏱ im Sommer Do, Sa, So ab ca. 12 Uhr.

Im Süden

Bei Minustemperaturen im Meer baden? Im mit Parkplätzen, WC, Duschen und Umkleiden ausgestatteten **Naturstrandbad Nauthólsvík** (Karte S. 132/133) in der gleichnamigen Bucht geht sogar das, denn hier wird laufend warmes Wasser ins Meer geleitet. Aber Achtung: Das Wasser hier ist bestenfalls lauwarm, weshalb die meisten Touristen nur schnell ein Selfie schießen und sich dann zu den zahlreichen Isländern gesellen, die zu jeder Tageszeit den niedrigen rechteckigen warmen Sitz-Pool weiter oben bevölkern. Hier lässt es sich wunderbar aushalten, bei einem netten Plausch und der Aussicht auf die tapferen Menschen, die in nassen Badesachen im Affenzahn über den aufgeschütteten goldgelben Sandstrand rennen, um sich fotogen ins seichte Nass zu stürzen. ⏱ im Sommer tgl. 10–20, im Winter Mo und Mi 11–14, 17–20, Fr 11–14, Sa 11–16 Uhr, Eintritt im Sommer (Mitte Mai–

Mitte Aug) frei, im Winter 600 ISK. Etwas weiter östlich serviert das nicht ganz billige, aber empfehlenswerte **Bistro-Restaurant Nauthóll**, Nauthólsvegur 106, ℡ 599 6660, 🖥 www.nautholl.is, u. a. tollen Apfelkuchen. ⊕ tgl. 11–22 Uhr. Wanderwege führen von hier aus Richtung Perlan (S. 143) auf den Berg Öskjuhlíð und zum modernen Ásatrú-Asentempel (Anfang 2018 noch im Bau). **Anfahrt**: Das Bad liegt nur 2,5 km südlich des Zentrums in Richtung Stadtflughafen. Dort der Straße Nauthólsvegur folgen, die am Strand endet. Hin fährt auch Strætó-Linie 5.

Im Kombination mit dem Strand bieten sich ein Spaziergang oder eine Radtour **entlang der Südküste** an, von der Ægisíða über Skerjafjörður und Nauthólsvík bis zur Bucht Fossvogur (Karte S. 132/133): Kein Verkehrslärm, Sonnengeglitzer auf dem Wasser, kleine Strände mit Muscheln und Schnecken, Eiderenten. Ein Riesenalk steht auch im Felswatt, aber nur als Denkmal – die letzten dieser pinguinähnlichen Vögel wurden 1844 getötet. Auf dem mittleren Uferabschnitt zwischen Ægisíða und Skeljanes gibt es keine Straßenlampen, weshalb dies in Reykjavík neben Grótta einer der besten Orte zum Beobachten von Polarlichtern ist. Vom Fossvogsdalur könnte man eine Radtour noch gut bis ins Elliðaárdalur (s. u.) fortsetzen. **Anfahrt**: mit Strætó-Linien 13 oder 15 (Ægisíða), 12 (Skeljanes) oder 5 (Nauthóll). Oder mit dem Fahrrad – dies ist eine der schönsten Radstrecken in der Stadt.

Etwa 13 km südwestlich vom Zentrum residiert in **Bessastaðir** auf der Halbinsel Álftanes (s. Karte S. 162) der isländische Präsident in einem herrlichen weißen Prachtbau mit eigener Kirche, die 1777 aus Stein errichtet wurde. Ein passender Ort für das Staatsoberhaupt, blickt Bessastaðir doch auf eine lange historisch-politische Tradition zurück: Hier hatten im 13. Jh. schon Snorri Sturluson (S. 105, Land und Leute) und danach königliche Verwalter ihren Sitz. **Anfahrt**: über die Kringlumýrarbraut in die Stadt Kópavogur und dann weiter über den Hafnarfjarðarvegur und den Álftanesvegur. Per Bus geht es mit Strætó-Linie 1 bis Garðabær (Haltestelle Ásar) und von dort zu Fuß weiter bis zur Haltestelle Ásabraut (ca. 3 Min.), wo man in die Linie 23 umsteigt.

Im Osten

Wildwasser, Lava und Wald – und das fast noch in der Stadt (nur 8 km südöstlich des Zentrums). Ausflüge in das idyllische, windgeschützte Naherholungsgebiet **Elliðaárdalur** (Karte S. 162) rund um den Lachsfluss Elliðaá sind bei den Isländern äußerst beliebt. Es gibt allerdings weder Verpflegung noch Toiletten. Im Winter lockt bei ausreichend Schnee eine nette Rodel- und Ski-Abfahrt für Kinder und Anfänger mit kostenlosem Schlepplift, Rafstöðvarvegur beim alten Wasserkraftwerk, 🖥 www.reykjavik.is/stadir/skidalyftan-i-artunsbrekku.

Gleich nördlich vom Elliðaárdalur bietet sich im Anschluss ein Besuch des **Árbæjarsafn** an (s. Karte S. 162, Kistuhylur, etwa 8 km südöstlich des Zentrums), ℡ 411 6304, 🖥 www.borgarsogusafn.is. Im Zentrum des Freilichtmuseums steht der Hof Árbaer, der bereits 1464 erstmals erwähnt wurde, bis 1948 bewohnt und bewirtschaftet war und dem Museum auch den Namen verlieh. Um diesen Hof wurden seit der Museumseröffnung 1957 nach und nach alte Höfe sowie Häuser aus ganz Island sowie eine Torfkirche neu aufgebaut. In einem historischen Gebäude, dem „Dillonshaus", das auch früher schon als Gasthaus diente, befindet sich ein Café. Und wie haben die Isländer früher gelebt? Mit Fischhaut-Schuhen an den Füßen zum Beispiel. Kinder lieben es, mit den alten Tierknochen zu spielen, die schon vor Urzeiten andere Kids erfreut haben, außerdem gibt es Pferde zum Streicheln und freilaufende Hühner. Wechselnde Ausstellungen und Veranstaltungen je nach Jahreszeit (Infos auf der Webseite). ⊕ im Sommer tgl. 13–17 Uhr, sonst nach Absprache, Führung um 13 Uhr, 1650 ISK. **Anfahrt**: mit dem Auto über die Miklabraut nach Osten, mit dem Fahrrad durchs Fossvogsdalur oder von der Suðurlandsbraut kommend, per Bus mit Strætó-Linie 12 (Elliðaárdalur, Blesugróf oder Árbæjarsafn) oder den Linien 5 und 15 bis Ártún.

Außergewöhnliches

Búrið, Grandagarður 35, ✆ 551 8400, 🖥 http://blog.burid.is/cheeseschool. Käseladen mit Skyr-Workshops. ⊙ Mo–Fr 11–18, Sa 12–17 Uhr.

Dine with the Artist, Brunnstígur 5, ✆ 551 6566, 🖥 www.dinewiththeartist.simplesite.com. Daði Guðbjörnsson ist Künstler, seine Frau Soffía leitet einen Kindergarten. Wer sie kennenlernen und dabei ausgefallen essen möchte, meldet sich über die Website, wo auch tolle Rezepte veröffentlicht sind.

🌳 **Katzencafé Kattakaffihúsið**, Bergstaðastræti 10a, 🖥 auf Facebook. Während die Gäste vegane und vegetarische Köstlichkeiten genießen, streichen heimatlose Katzen, die ein neues Zuhause suchen, um deren Beine. Idealerweise werden sie nach einer Zeit des Kennenlernens adoptiert und machen Platz für neue Tiere. ⊙ tgl. 9–18 Uhr.

Kumiko Téhúsið, Grandagarður 101, ✆ 517 2424, 🖥 www.kumiko.is. Ausgefallenes Teehaus und Café im japanischen Stil mit Mangas am alten Hafen, geführt von einer Schweizerin. Leider nicht ganz billig. ⊙ Mo–Fr 11–19, Sa, So 10–18 Uhr.

Matur og Drykkur, Grandagarður 2, ✆ 571 8877, 🖥 www.maturogdrykkur.is. In einer ehemaligen Fischfabrik aus dem Jahr 1924 am alten Hafen wird Nouvelle Cuisine mit isländischen Zutaten neu kombiniert und interessant aufgepeppt. Was soll man sich darunter vorstellen? Beispielsweise Heilbuttsuppe mit Muscheln, Äpfeln und Rosinen oder Lamm mit Rotkohl und Rhabarber. ⊙ Mo–Sa 11.30–15, 18–23, So 18–23 Uhr.

Meet the Natives, Borgartún 1, ✆ 551 7700, 🖥 www.thetincanfactory.eu. In einer ehemaligen Dosen- und heutigen Kulturfabrik erfahren Gäste drei Stunden lang etwas über Geschichte, Kunst und Sprache und essen dabei traditionell isländisch. Wer die Nachmittagssession um 13 Uhr bucht, bekommt Brot, Kaffee, Kuchen und Bier, wer abends um 18 Uhr kommt, isst ein Drei-Gänge-Menü mit Lammsuppe. Am Ende beider Veranstaltungen werden isländische Pfannkuchen in 40, 60 und 80 Jahre alten Pfannen gebacken.

Fast Food

Bæjarins Beztu Pylsur, s. S. 140

Durum Restaurant - Takeaway, Laugavegur 42. Leckere Wraps etc. für zwischendurch. ⊙ tgl. 9–20 Uhr.

Devito's Pizza, Laugavegur 126, ✆ 511 2244, 🖥 www.devitos.is. Fettig, aber günstig. Eigentlich ein Takeaway, aber man kann auch drinnen sitzen. Vorteil: Die große Pizza macht auch schon mal 2 Personen satt. ⊙ So–Do 10.30–1, Fr, Sa 10.30–2 Uhr.

Domino's Pizza Restaurant, ✆ 581 2345, 🖥 www.dominos.is. Pizzablitz mit 22 Filialen, in denen man mehr oder weniger gut sitzen kann. ⊙ meist 11–24 Uhr.

UNTERHALTUNG UND KULTUR

Der Großteil des Reykjavíker Nachtlebens spielt sich draußen ab. Das abendliche „Schau-Fahren" mit dem Auto ist überaus beliebt. An den Haupt-Ausgehtagen **Freitag und Samstag** wimmelt es auf den Straßen außerdem von leicht bekleideten (auch im Winter!) Jugendlichen, die – nach dem geldsparenden Vorglühen zuhause – von Bar zu Bar ziehen. Reine Discos gibt es erstaunlich wenige, doch reiht sich am Laugavegur eine Bar an die andere, und auch in den umliegenden Seitenstraßen kann man sich – falls man sich's leisten kann und will – prima betrinken. Einige Bars öffnen schon tagsüber und sind dann bis zum Abend ganz normale Cafés. An den normalen Wochentagen schaut man Fußball, schlürft sündhaft teure Cocktails oder das immer populärer werdende Bierchen. Einige Läden bieten auch eine **Happy Hour**.

Wo was abgeht, erfährt man unter 🖥 www.reykjavikknightlife.is und in den kostenlosen Veranstaltungsmagazinen **The Reykjavík Grapevine**, 🖥 www.grapevine.is, und **What's on in Reykjavík?** 🖥 www.whatson.is/magazine/.

Clubs

Austur, Austurstræti 7, 🖥 auf Facebook. Szeniger Tanztempel mit ziemlich teuren Getränken und wechselndem Musikprogramm (auch Techno und Hip-Hop). Die Party beginnt ab Mitternacht, wer nicht schick genug gekleidet ist, bleibt draußen. ⏰ Mo, Do 20–3, Fr, Sa 20–6 Uhr, Happy Hour (2 Drinks für den Preis von einem) von 21–23 Uhr.

Kneipen und Livemusik

Bar Ananas, Klapparstígur 38, 💻 auf Facebook. Strandbar ganz im Zeichen der beliebten Südfrucht. Aber auch die Fisch-Deko rockt mit. Oft Live-Konzerte und Indoor-Raucher-Lounge. ⏰ Mo–Do, So 16–1, Fr, Sa bis 3 Uhr.

B5, Bankastræti 5, 💻 www.b5.is. Tagsüber ein Café und Burger-Restaurant, abends öffnet der Tanzschuppen im Keller. Nicht allzu elitär, dafür eine Spontan-Konzerten und großer Auswahl an Alkoholika (Happy Hour 16–20 Uhr). ⏰ Mo–Mi 11–24, Do 11–1, Fr, Sa 12–4.30, So 13–22 Uhr.

Den Danske Kro, Ingólfsstræti 3, 💻 www.danski.is. Dänische Bar mit Livemusik und ohne Dresscode. Mit Bier ab 1100 ISK und Longdrinks um die 2000 ISK verhältnismäßig günstig (Happy Hour 16–19 Uhr). ⏰ Mo–Do, So 12–1, Fr, Sa bis 4 Uhr.

Hard Rock Café, Lækjargata 2a, 💻 www.hardrock.com. Großes, nicht gerade uriges Etablissement über 3 Stockwerke. Wenn der Bär steppt, dann tut er das unten im Keller, denn da finden die Konzerte statt. Im Restaurant gibt's American Style Fingerfood, Burger, Rippchen usw. ⏰ Mo–Mi 10–22, Do–Sa 10–23, So 11–22 Uhr.

Húrra Bar, Tryggvagata 22, Ecke Naustin, 💻 www.hurra.is. Fast jeden Tag ein Live-Konzert, oft schon um 20 Uhr, und gar nicht selten mit freiem Eintritt. ⏰ tgl. 18–1 Uhr.

Kaffibarinn, Bergstaðastræti 1, 💻 www.kaffibarinn.is (hier Link zur Facebook-Seite). Traditionsbar, bei Einheimischen und Touristen seit ewigen Zeiten gleichbleibend beliebt. Wenn keine Konzerte oder andere Specials stattfinden, legen hier DJs auf. Sie haben den Ruf, die besten der Stadt zu sein. ⏰ So–Do 15–1, Fr, Sa 15–4.30 Uhr.

Kiki Queer Bar, Laugavegur 22, 💻 www.kiki.is. Für den Fall, dass manche den Namen nicht richtig deuten, ist die stylishe Gay-Bar schon von außen in Regenbogenfarben angestrichen. Aber auch „Nicht-Merker" tanzen unbehelligt bis zum Abwinken. ⏰ Mi, Do, So 20–1, Sa 20–4.30 Uhr.

Lebowski Bar, Laugavegur 20b, 💻 www.lebowskibar.is. Nicht nur der Name erinnert an den Big-Lebowski-Film, auch das Interieur ist entsprechend. Nicht unbedingt ein Tanzlokal, sondern eines, wo man Fußball guckt. Happy Hour (16–20 Uhr) und in Papier servierte Burger und Pommes. ⏰ Mo–Do 11–1, Fr, Sa 11–4, So 11–24 Uhr.

The Celtic Cross, Hverfisgata 26, 💻 auf Facebook. Irish Pub im Herzen der Stadt. Hier isst man bei Fußball oder Livemusik bevorzugt eine Art scharfe Suppe, die in einem ausgehöhlten Brot serviert wird. ⏰ tgl. 11.30–1 Uhr.

Klassik und Theater

Harpa, Austurbakki 2, ☎ 528 5000, Ticket-Hotline ☎ 528 5050, 💻 www.harpa.is. Fast ebenso beeindruckend wie die prächtige Glasfassade ist das Kulturprogramm der „Harfe". Innen befinden sich 4 Säle, in dessen größtem die klassischen Konzerte des Symphonieorchesters und manchmal auch Rock- und Popkonzerte stattfinden. Neben Shows und Musicals hat hier auch die Oper regelmäßig Auftritte.

Nationaltheater (Þjóðleikhúsið), Hverfisgata 19, ☎ 551 1200 (Tickets), 💻 www.leikhusid.is. Das traditionsreiche, architektonisch interessante Theater (erbaut von Guðjón Samúelsson, s. S. 118) bietet ein breites Repertoire, von internationalen und isländischen Stücken über Konzerte und Musicals bis hin zu Tanzaufführungen.

FESTE

Januar bis März

Dark Music Days, Ende Jan, 💻 www.darkmusicdays.is: An den dunkelsten Tagen der dunklen Jahreszeit präsentieren Komponisten ihre Werke in der Konzerthalle Harpa.

Winter Lights Festival, am 1. Februarwochenende, 💻 www.winterlightsfestival.is: Winter adé? Noch lange nicht! Grund genug, der Dunkelheit mal zu richtig heimzuleuchten. Die Hauptstadt erstrahlt hell und bunt, es gibt eine

Die Fassade des Konzerthauses Harpa ist mit ihren wundervollen Lichteffekten ein echter Hingucker.

Museums- und eine Schwimmbadnacht, außerdem den Northern Lights Run (5 km) durchs Zentrum.
Sónar Reykjavík, Mitte Feb, 🖥 www.sonar reykjavik.com. Festival der experimentellen Musik und Multimediakunst (zeitgleich in Barcelona und in vielen anderen europäischen Städten).
Hönnunarmars und **Fashion Festival**, an vier Tagen im März, 🖥 www.designmarch.is und 🖥 www.rff.is: Es wird alles gefeiert, was im weiten Sinne mit Design und Mode zu tun hat.

Mai/Juni
Reykjavík Art Festival, im Mai oder Juni, 🖥 www.listahatid.is: Zwei Wochen im Zeichen der Kunst. Alles darf, nichts muss. Seit 1970 ein Großevent.
Hátíð hafsins / Sjómannadagurinn (Festival des Meeres / Seemannstag), am 1. Sonntag im Juni bzw. nach Pfingsten, 🖥 www.hatidhafs ins.is/english: Alle Schiffe, z. T. als Museen zugänglich, präsentieren sich im alten Hafen, um den herum ein großes Festprogramm stattfindet. Man kann Fische aller Arten und eine Rettungsshow bewundern.

Þjóðhátíðardagurinn, 17. Juni, 🖥 www.17juni.is/en: Nationalfeiertag mit Prozessionen, Darbietungen, Programm für Kinder etc. rund um Tjörnin.
Secret Solstice, Mitte oder Ende Juni, 🖥 www.secretsolstice.is: Viertägiges großes Musikfestival mit internationaler Besetzung.

August/September
Reykjavík Pride, um das 2. Augustwochenende, 🖥 www.pinkiceland.is: Das bunte, tolerante Reykjavík feiert sich selbst eine ganze Woche lang. Höhepunkte sind die Parade und das anschließende Open Air-Konzert.
Reykjavík Jazz Festival, im Aug oder Sep, 🖥 www.reykjavikjazz.is: Mit Künstlern aus Island und der ganzen Welt, nicht zeitgleich mit der Parade.
Reykjavík Marathon und Kulturnacht mit Feuerwerk, Aug, 🖥 www.marathon.is und 🖥 www.menningarnott.is: Eigentlich nicht eine, sondern direkt mehrere Laufveranstaltungen – z. B. der Fun Run und ein Kinder-Lauf -, aber der Höhepunkt ist zweifellos der „echte" Marathon: Beginnend am neuen Hafen geht es 42,2 km rund um die Stadt, meist entlang der Küsten.

Abends wird dann gefeiert. Hauptsächlich auf den Straßen, aber auch die meisten Museen haben geöffnet.
Reykjavík International Film Festival RIFF, ab Ende Sep, 🖥 www.riff.is: Elf Tage lang werden internationale Programmkinofilme junger Künstler gezeigt.
The Reykjavík International Literary Festival, alle zwei Jahre (1919, 1921 …) im Sep, 🖥 www.bokmenntahatid.is: Reykjavík liest gemeinsam (auf Englisch) mit Künstlern aus dem In- und Ausland.

Oktober/November
Iceland Airwaves, Ende Okt/Anf. Nov, 🖥 www.icelandairwaves.is: Das Festival-Highlight steht fünf Tage im Zeichen der Musik, seit 2017 auch mit Konzerten in Akureyri (S. 389). Jede noch so kleine Bühne wird besetzt – und die große in der Harpa selbstverständlich auch. Die Gäste reisen von weit her an, Hotelzimmer werden knapp.

EINKAUFEN

Sehen und gesehen werden – und dabei noch etwas möglichst Ausgefallenes einkaufen: Die Isländer lieben es, shoppen zu gehen (aber nicht vor 11 Uhr morgens). Im Viertel um die **Haupteinkaufsstraßen Laugavegur und Skólavörðustígur** gibt es das en masse, was wir in den meisten Großstädten der Welt oft vermissen: Niedliche kleine Lädchen, Boutiquen, Handarbeitsläden und Mini-Galerien (Schmuck, Fotokunst, Malerei, Töpferware und und und), die zum Bummeln einladen. Individualität wohin das Auge blickt, Shops von Allerweltsketten oder Ramschläden gibt es nicht. Okay, die Souvenirläden sind nicht alle originell, doch stöbern lohnt auch hier. Kaffee und gratis WLAN genießt man in den zahlreichen Buchläden, in denen es immer voll ist. Ein Wort zum Stichwort Pullover: Immer schön auf's Etikett schauen und im Zweifel nachfragen, denn viele Wollwaren „designed in Iceland" kommen tatsächlich aus China oder anderen Billiglohnländern. Empfehlenswert sind das kleine Handprjónasambandið (s. u.) und der Laden des Roten Kreuzes (s. u.). Musikliebhaber suchen und finden in den Platten- und CD-Läden rare Einzelstücke und nette Gesprächspartner zum Fachsimpeln.

Einkaufszentren
Kringlan, ca. 3 km südöstlich des Zentrums, ☎ 568 9200, 🖥 www.kringlan.is. Große Shopping-Mall mit 70er-Jahre-Beton-Parkhaus davor. Innen viel Glitzer und Modeketten, aber auch eine Näherei. Kostenloser Transfer ins Zentrum (Rathaus). 🕒 Mo–Mi 10–18.30, Do 10–21, Fr 10–19, Sa 10–18, So 13–18 Uhr.
Mjódd, im Einkaufszentrum rund um den Strætó-Überlandbusbahnhof (S. 160) finden sich viele praktische Adressen: großer Nettó-Supermarkt (🕒 Mo–Fr 7.30–19, Sa 9–17.30, So 10–17.30 Uhr), Apotheke (🕒 Mo–Fr 9–18.30, Sa 12–16 Uhr), Post mit Western Union (🕒 Mo–Fr 9–18 Uhr), Buchhandlung (🕒 Mo–Fr 10–18, Sa 11–16 Uhr), Schuster, Kofferladen und ein Ärztehaus (z. B. mit Augenarzt), außerdem Dominos und Subway.
Skeifan (Gewerbegebiet), Miklabraut, Ecke Grensásvegur. Hier sind für Reisende v. a. die Outdoor- und Fahrradgeschäfte interessant.
Smáralind, Hagasmári 1, ☎ 528 8000, 🖥 www.smaralind.is. Neueres Einkaufszentrum in Kópavogur. 🕒 Mo–Mi, Fr 11–19, Do 11–21, Sa 11–18, So 13–18 Uhr.

Supermärkte
Bónus, im Zentrum u. a. Hallveigarstígur 1, Laugavegur 59, Fiskislóð (Hafen); weitere Filialen in der Kringlan (s. o.) und unter 🖥 www.bonus.is/en. 🕒 Mo–Do 11–18.30, Fr 10–19.30, Sa 10–18, So 12–18 Uhr.
Krónan-Filialen, u. a. Fiskislóð 15-21, Nóatún 17. 🕒 tgl. 9–20/21 Uhr.
Nettó-24-Std.-Filialen, u. a. Fiskislóð 3, Þönglabakki 1 (Mjódd).
10–11 (24 Std.-Supermärkte), im Zentrum u. a. Austurstræti 17, Barónsstígur 3 und Birkimelur 1; weitere Filialen unter 🖥 www.10-11.is/en.
Vínbúðin-Alkoholläden, im Zentrum u. a. Austurstræti 10a; außerhalb: Borgartún 26, Kringlan 4-12 (s. o.), Skeifan 5 (s. o.), Skútuvogur 2. 🕒 meist Mo–Do und Sa 11–18, Fr 11–19 Uhr.

Souvenirs

Fótógrafí, Skólavörðustígur 22. Tolles Sammelsurium aus wundervollen Fotos und Kameras. Ein echter Hingucker! ⏲ Mo–Fr 11–19, Sa, So 12–19 Uhr.

Handprjónasambandið, Skólavörðustígur 19. Tolle Auswahl an Islandpullovern direkt von den Herstellern. ⏲ Mo–Sa 9–18, So 10–18 Uhr.

Kólaportið Flohmarkt, Tryggvagata 19. Riesiges Angebot in einer großen Halle beim Hafen. ⏲ Sa, So 11–17 Uhr.

Rauði krossinn, Laugavegur 12. Aus dem Second-Hand-Klamottenladen des Roten Kreuzes sind schon so manche Schätzchen herausgetragen worden. Zweigstelle am Laugavegur 116 (So nicht geöffnet). ⏲ Mo–Fr 10–18, Sa, So 12–16 Uhr.

12 Tónar, Skólavörðustígur 15. Legendärer kleiner Plattenladen mit guter Auswahl an isländischer Musik. In Sofas kann man gemütlich in neu entdeckte Schätze reinhören. ⏲ Mo–Sa 10–18, So 12–18 Uhr.

AKTIVITÄTEN UND TOUREN

Bootsfahrten

Mr. Puffin, Ægisgarður 5, ☎ 497 0000, 🖥 www.puffintours.is. Mit dem eher romantischen alten Holzboot oder mit dem Schnellboot geht's zu den kleinen Vogelinseln Akurey und Lundey, wo es außer den lustigen Papageitauchern noch jede Menge andere Vögel zu bewundern gibt. Die Inseln werden nicht betreten, aber man fährt mit dem Boot ganz nah ran. Mai–Aug zu unterschiedlichen Abfahrtszeiten, 1 Std., je nach Bootstyp 6500–10 000 ISK. Kinder zahlen die Hälfte, müssen aber in Begleitung Erwachsener, mind. 10 Jahre alt und 1,45 m groß sein.

Bustouren

Reykjavik Exkursions, Sterna und andere Busgesellschaften machen Tagesausflüge z. B. zum Golden Circle, nach Vík, Snæfellsnes, Landmannalaugar und Þórsmörk und bieten zudem im Winter Nordlichttouren in die nähere Umgebung der Hauptstadt, um die 6000 ISK (s. auch S. 61, Tourveranstalter). Die meisten touristischen Veranstalter bieten einen Shuttleservice z. B. von und zum Campingplatz.

Fahrradverleih und -touren

Reykjavik Bike Tours, Ægisgarður 7, ☎ 694 8956, 🖥 www.icelandbike.com und 🖥 www.reykjaviksegwaytours.com. Im roten Blechhaus am alten Hafen organisieren zwei Firmen unter gleicher Leitung Segwaytouren (Mitte Mai–Sep tgl. um 13 Uhr, 2 Std. für 14 900 ISK) oder Radausflüge, z. B. Golden Circle-Touren und Tagestouren auf den Westmännerinseln. Der Renner ist die 7 km lange Reykjavík-Rundfahrt, teilweise mit deutschsprachigen Guides (im Sommer tgl. um 10 Uhr, sonst meist Fr, Sa um 10 Uhr, 2 1/2 Std., 7500 ISK). Auch Fahrradverleih ab 3500 ISK für 4 Std., E-Bike 5000 ISK/Std., Tandem 7000 ISK für 4 Std. ⏲ Mitte Mai–Sep 9–17, Okt–Mitte Mai auf Anfrage.

Für Kurzzeitnutzung gibt es im Sommer an 8 Stationen in der Innenstadt pinkfarbene Leihfahrräder der Fluggesellschaft **Wowair**, 🖥 www.wowcitybike.com. Man bekommt einen Code, mit dem man das Rad aus dem Ständer befreit. Rückgabe ist an allen Stationen möglich (sofern ein Ständer frei ist). Die ersten 30 Min. kosten 350 ISK, weitere 30 Min. je 500 ISK (Zahlung per Kreditkarte). Auch der **Campingplatz** verleiht Räder (S. 147).

Inside the Volcano

In der Nähe des Bláfjöll-Skigebiets kann man mit einer Art Fensterputzer-Aufzug in den aktiven Vulkan Þríhnúkagígur fahren. Teuer, aber beliebt (Details auf S. 185).

Schwimmen

In der Stadt gibt es eine gute Auswahl an Schwimmbädern. Der Besuch kostet meist 970 ISK, Kinder (6–17 J.) zahlen 150 ISK, kleinere Kinder baden kostenlos. Es kann sich lohnen, eine Zehnerkarte zu kaufen (4400 ISK).

Árbæjarlaug, Fylkisvegur 9, etwa 9 km südöstlich des Zentrums, ☎ 411 5200. ⏲ Mo–Do 6.30–22, Fr 6.30–20, Sa, So 9–18 Uhr.

Breiðholtslaug, Austurberg, etwa 10 km südöstlich des Zentrums, ☎ 557 5547. ⏲ Mo–Fr 6.30–22, Sa, So 9–22 Uhr.

Grafarvogslaug, Dalhús, etwa 10 km östlich des Zentrums, ☎ 411 5300. ⏲ Mo–Do 6.30–22, Fr 6.30–20, Sa, So 9–18 Uhr.

Laugardalslaug, Sundlaugarvegur 30, ℡ 411 5100, 🖥 www.sundlaugar.is/sundlaugar/laugardalslaug. Etwa 3 km östlich des Zentrums befindet sich beim Campingplatz das größte und beliebteste Bad Reykjavíks. Vorne rechts locken ein größerer Hot Pot (oft voll) und ein flaches Becken. Sonst diverse klassische Hot Pots, ein großes Becken zum Bahnen schwimmen und eine Wasserrutsche (auch für Erwachsene). ⏰ Mo–Fr 6.30–22, Sa, So 8–22 Uhr.
Sundhöll Reykjavíkur, Barónsstígur 45a, ℡ 411 5350, 🖥 www.sundlaugar.is/sundlaugar/sundholl-reykjavikur. Traditionelles altes Hallenbad mit einigen Außen-Pots und einem neuen 25-m-Außenbecken mitten in der Innenstadt. 2017 renoviert und modernisiert. ⏰ Mo–Do 6.30–22, Fr 6.30–20, Sa 8–16, So 10–18 Uhr.
Sundlaug Kópavogs, Borgarholtsbraut 17, etwa 5 km südlich des Zentrums in Kópavogur, ℡ 570 0470, 🖥 www.sundlaugar.is/sundlaugar/sundlaug-kopavogs. Großes und modernes Schwimmbad mit Innen- und Außenpools. ⏰ Mo–Fr 6.30–22, Sa, So 8–20 Uhr, im Winter Sa, So nur 8–18 Uhr.
Vesturbæjarlaug, Hofsvallagata, ℡ 411 5150. Kleines, etwas abgelegeneres hübsches Bad im Westen mit gutem Windschutz, ideal zum Entspannen. ⏰ Mo–Fr 6.30–22, Sa, So 9–22 Uhr.

Stadtrundfahrten

Reykjavik Excursions, am BSÍ Busbahnhof, ℡ 580 5400, 🖥 www.re.is. Die beliebten einstündigen Hop on Hop Off-Touren mit dem roten Doppeldeckerbus beginnen und enden an der Konzerthalle Harpa. An allen wichtigen Innenstadt-Sehenswürdigkeiten kann aus- und wieder zugestiegen werden (Ticket für 4000 ISK ist 24 Std. gültig, Abfahrten alle 30 Min. zwischen 9.30 und 16.30 Uhr). Diese Tour kann über Internetportale gebucht und in Euro bezahlt werden (z. T. erhebliche Preisunterschiede).

Walbeobachtung

Am alten Hafen stehen entlang der Straße Ægisgarður die Verkaufshäuschen dicht gedrängt. Lange Touren, kurze Touren, gemütliche Touren, schnelle Touren, Winter-Nordlicht-Touren, Sommer-Papageitaucher-Wal-Kombi-Touren: alles ist möglich (meist zwischen 8–20 Uhr, ab 10 000 ISK, Kinder zahlen die Hälfte).
Es gibt bessere Orte für eine Walsafari, denn von hier aus fährt man erstmal ein ganzes Stück raus, bevor man den ersten Meeresriesen zu Gesicht bekommt. Dafür ist die Bucht Faxaflói seit kurzem ein Wal-Schutz-Gebiet (noch 2017 fuhren die großen Walfangschiffe manchmal quasi hinter den Beobachtungsschiffen her). Heute kursiert vermehrt der Slogan der Walschützer: „Meet us, don't eat us" (mehr Infos über die Kampagne unter 🖥 www.icewhale.is) – und auch wir hoffen, dass in Zukunft möglichst wenige Walsafaris in Restaurants enden, die diese beeindruckenden Tiere auf der Speisekarte haben.

Ambassador, ℡ 462 6866, 🖥 www.ambassador.is.
Elding, ℡ 519 5000, 🖥 www.elding.is.
Reykjavík by Boat, ℡ 841 2030, 🖥 www.reykjavikbyboat.is.
Special Tours, ℡ 560 8800, 🖥 www.specialtours.is.
Whale Safari, ℡ 497 000, 🖥 www.whalesafari.is.

Wandern

Siehe Kasten Ausflüge, S. 150.

SONSTIGES

Autovermietungen

Alle größeren Verleihfirmen haben Niederlassungen in Reykjavík, der Hauptsitz ist aber meist am oder beim Flughafen in der Stadt Keflavík (S. 171).

Am Stadt-Flughafen Reykjavík
Europcar Bílaleiga Akureyrar, ℡ 461 6000, 🖥 www.europcar.is.
Hertz, ℡ 522 4400, 🖥 www.hertz.is.
Sixt Rent a Car - Meet&Greet, ℡ 540 2220, 🖥 www.sixt.is.

In der Stadt
Avis, Holtavegur 10, ℡ 591 4000, 🖥 www.avis.is.

Europcar, Skeifan 9, ✆ 568 6915, 🖥 www.europcar.is.
Green Motion, Bæjarlind 4, 201 Kópavogur, ✆ 562 5888, 🖥 https://next.greenmotion.com.
Pro Car, Skúlagata 13, ✆ 551 7000, 🖥 www.procar.is.
Reykjavík Cars, Sundagarðar 8, ✆ 539 0618, 🖥 www.reykjavikcars.com.
Sixt, Fiskislóð 18, ✆ 540 2222, 🖥 www.sixt.is.

Botschaften und Konsulate

Deutschland, Laufásvegur 31, ✆ 530 1100, mobile Notfallnummer ✆ 663 7800, 🖥 www.reykjavik.diplo.de. ⏱ Mo–Fr 9–12 Uhr.
Österreich (Generalkonsulat), Orrahólar 5, ✆ 557 5464, ✉ arni-siemsen@simnet.is. ⏱ Mo–Do 9–16 Uhr.
Schweiz (Generalkonsulat), Laugavegur 13, ✆ 551 7172, ✉ reykjavik@honrep.ch.

Geld

Banken (s. die in den Stadtplänen eingezeichneten Symbole, ⏱ meist Mo–Fr 9–16 Uhr) und Geldautomaten befinden sich in der Altstadt, im Einkaufszentrum Kringlan und beim Busbahnhof Mjódd.

Informationen

Touristeninformation, Tjarnargata 11, im Rathaus, ✆ 519 7999 und 411 6040, 🖥 www.guidetoiceland.is/de und 🖥 www.visitreykjavik.is. Auch Veranstaltungsmagazine. Sehr kompetent, inkl. Info-Stand der Rettungsgesellschaft, bei der man Infos zu aktuellem Straßenzustand, Wetter auf Wanderrouten etc. bekommt. ⏱ tgl. 8–20 Uhr. Neben dieser „offiziellen" Information haben zahlreiche Büros von Tourveranstaltern ebenfalls Flyer und Folder ausliegen.
Im Internet: 🖥 www.inreykjavik.is. Interessanter Online-Reiseführer mit Stadtplan, von den Islandkennern Sabine Burger und Alexander Schwarz.

Medizinische Hilfe

Apotheken, Laugavegur 46, Laugavegur 16, Seljavegur 2, Egilsgata 3, Borgartún 28, Álfheimum 74, Álfabakka 14 (Mjódd), ⏱ meist Mo–Fr 9–18, Sa 11–16, die Filialen Lágmúla 5 und Smáratorg rund um die Uhr.
Gesundheitszentrum Glæsibær, Álfheimar 74 (südl. des Campingplatzes), 7. Stock, ✆ 510 6500, ✉ hv@hv.is. Im Sommer Service für ausländische Gäste (Terminvergabe, von 16–18 Uhr beschränkte Beratung ohne Anmeldung möglich). ⏱ Mo–Fr 9–16 Uhr.
Krankenhäuser (Landspítali) in der Hringbraut und in der Fossvogur, ✆ 543 1000 bzw. 543 2000, 🖥 www.landspitali.is. Letzteres mit 24 Std.-Notaufnahme für akute Notfälle.
Læknavaktin, Smáratorg 1, Kópavogur, ✆ 1770, 🖥 www.laeknavaktin.is. Ärztliche Versorgung auch abends und am Wochenende.

NAHVERKEHR

Auto

Autofahrer sollten die Innenstadt besser meiden. Die Straßen sind eng und kostenfreie **Parkplätze** rar. Einigermaßen günstig parkt man in Hafennähe oder an der Hallgrímskirkja. Gut zu wissen: Während man am Hafen per Kreditkarte zahlt, stehen westlich der Sæbraut und der Geirsgata noch alte Parkuhren, die ausschließlich Kleingeld schlucken. Sich darauf zu verlassen, dass nicht kontrolliert wird, ist keine gute Idee …

Fahrrad

Reykjavík lässt sich sehr gut mit dem Rad erkunden. Die Hauptrouten haben exzellente Radwege, und auch auf kleineren Straßen (sogar auf Gehwegen erlaubt) kann man

Reykjavík City Card

Die City Card gilt als Fahrausweis im Nahverkehr und auf den Fähren zur Insel Viðey (s. Kasten S. 150) und ermöglicht freien Eintritt in die städtischen Schwimmbäder und die meisten Museen. Viele Geschäfte, Tourveranstalter und Restaurants gewähren Rabatte zwischen 5 und 25 %. Die Karte ist in der Touristeninformation, bei zahlreichen Tourveranstaltern und in den großen Hotels und Hostels erhältlich und kostet 3800/5400/6500 ISK für 24/48/72 Std. Weitere Infos unter 🖥 www.visitreykjavik.is/city/reykjavik-city-card.

Fischrestaurants am alten Hafen

problemlos fahren. Radverleih s. S. 156, Aktivitäten und Touren.

Stadtbusse
Strætó betreibt 28 innerstädtische Buslinien (Routen unter 🖥 www.straeto.is/en/tima toflur, ab 460 ISK, Tickets beim Busfahrer passend in bar bezahlen, kein Wechselgeld). Wer innerhalb von 90 Min. umsteigen will, fragt den Fahrer nach einem Umsteige-Ticket (skiptimiði). 20er-Karte für 8300 ISK, Jugendliche (12–17 J.) 3000 ISK, Kinder (6–11 J.) 1300 ISK, erhältlich auch in 10/11-Supermärkten und Schwimmbädern. Ein Tagespass kostet 1700 ISK, ein Dreitagespass 4000 ISK, eine Monatskarte 12 300 ISK.
Wichtig ist vor allem die Verbindung zum Überlandbusbahnhof **Mjódd**, wo man aus den gelben Stadtbussen in die blauen Überlandbusse umsteigen kann. Hierhin fahren die Linien 2, 3, 4, 11, 12, 17, 21, 24 und 28.
Der innerstädtische Busbahnhof **Hlemmur** wird von den Linien 1–6 und 11–18 angefahren.

Taxis
A-stöðin, ☎ 420 1212 und 421 1515.

Bifreiðastöðin Hreyfill-Bæjarleiðir, ☎ 588 5522, 🖥 www.hreyfill.is.
BSR, ☎ 561 0000, 🖥 www.bsr.is.

TRANSPORT

Auto
Östlich von Reykjavík trifft die **Straße 41** (von und nach Keflavík) auf die Ringstraße. Wer nach Norden will, folgt den Schildern nach Mosfellsbær; in Richtung Süden bzw. Osten hält man nach den Schildern „1s" (s für Süd, auch wenn es nach Osten geht!) und „Vík" Ausschau.
Wer **in die City** will, stößt auf verwirrende Hinweisschilder (Reykjavík A, C und V): C steht für „Centrum", V für „Vestur", d. h. Reykjavík West (Vesturbær) und A für „Austur", d. h. Reykjavík Ost (alles östlich von Reykjanesbraut, also Grafarvogur, Árbær, Breiðholt).

Busse
Es gibt zwei große Überland-Busbahnhöfe: Der große **BSÍ** (Umferðamiðstöðin) des Veranstalters **Reykjavik Excursions**, auf dem aber manchmal auch andere Busunternehmen

Gäste ein- oder ausladen dürfen, liegt im Zentrum. Auch die Busse von **SBA-Norðurleið** starten und enden hier
Einige wenige Strætó-Überlandbusse dürfen auch dort abfahren, insbes. Linie 57 nach Akureyri So morgens, Linie 52 nach Landayjahöfn morgens und alle Extra-Busse nach Þorlákshöfn, falls die Fähre Herjólfur von dort verkehrt. Linie 55 nach Keflavík fährt von der Stadtbushaltestelle „BSÍ" etwa 100 m nördlich vom Busbahnhof an der Gamla Hringbraut ab.
Mjódd, der nicht weniger große Überlandbahnhof von **Strætó**, befindet sich etwa 7 km südöstlich des Zentrums, fast schon in Kópavogur, Breiðholt 109, 🖥 www.mjodd.is.
Die Busse von **Sterna** halten in Reykjavík am Campingplatz und an der Konzerthalle Harpa.

Zum Flughafen Keflavík
Direkt zum Flughafen fahren die Shuttlebusse von Reykjavik Excursions, Gray Line und Airport Direct (s. S. 128, Kasten „Angekommen – und jetzt?"). Etwas günstiger, aber auch erheblich länger (1 1/4 Std.) ist die Fahrt mit Strætós Linie 55 ab dem Busbahnhof BSÍ (alle 2 Std. von 6.21 bis 23.21 Uhr, in der Berufsverkehrszeit morgens und abends jede Stunde). Manchmal muss man erst bis Fjörður mit der Linie 1 fahren und dort umsteigen. Die Eingaben in die Suchmaske lauten BSÍ und KEF Airport.

Golden Circle
GULLFOSS, mit SBA-Norðurleið (Linie 610/610a) im Sommer tgl. um 8 Uhr, in ca. 2 1/2 Std. für 4800 ISK. Aufenthalt in GEYSIR 30 Min. Rückfahrmöglichkeit mit dem Bus aus der Gegenrichtung um 15.50 Uhr für 5000 ISK.

Nach Norden
AKUREYRI (über Ringstraße), mit Strætó (Linie 57) ganzjährig um 9 und 17.30 Uhr ab Mjódd (im Winter Sa nur um 9 Uhr), in ca. 6 1/2 Std. für 10 120 ISK (22 Zonen).
Über die **Kjölur-Hochlandroute** nach Akureyri geht es mit SBA-Norðurleið (Linie 610/610a) im Sommer tgl. um 8 Uhr in ca. 10 1/2 Std. für 17 900 ISK.

EGILSSTAÐIR, mit Strætó (Linie 57) aus Reykjavík 1x tgl. über AKUREYRI (Ankunft um 15.29 Uhr), von wo aus es mit Linie 56 um 15.35 Uhr weitergeht entlang der Ringstraße über LAUGAR und MÝVATN, im Winter nur Mo, Di, Fr, So, bis nach EGILSSTAÐIR in insgesamt ca. 10 Std. für 18 400 ISK (40 Zonen), nach MÝVATN ca. 8 Std., 12 880 ISK (28 Zonen).

Nach Osten
HÖFN, mit Strætó (Linie 51) über VÍK (dort umsteigen), im Sommer 2x tgl., im Winter 1x tgl. außer Sa, in 7 Std. für 13 340 ISK (29 Zonen). Ende Juni–Anfang Sep zusätzlich mit Sterna 1x tgl. in 10 Std. (inkl. Sightseeing-Stopps) für 14 100 ISK. Reykjavik Excursions fährt nur bis Skaftafell, von dort Weiterfahrt mit Sterna möglich. Während Strætó nur mit kurzen Halten verkehrt, legen die privaten Busse mancherorts längere Sightseeing-Stopps ein, z. B. am SELJALANDSFOSS, in SKAFTAFELL und am JÖKULSÁRLÓN.
LANDMANNALAUGAR, Sterna, Reykjavik Excursions und Trex bieten Fahrten ab Reykjavík über SELFOSS und HELLA, ca. 4 1/2 Std., 8500–9500 ISK.
SELFOSS, mit Strætó (Linien 51 und 52) mehrmals tgl. in 1 Std. für 1840 ISK (4 Zonen). Von Selfoss aus Weiterfahrt nach Stokkseyri und Eyrarbakki möglich.
ÞÓRSMÖRK, Sterna, Reykjavik Excursions und Trex bieten Fahrten ab Reykjavík über SELFOSS, HELLA und HVOLSVÖLLUR, ca. 4 1/2 Std., ab 8000 ISK. Weitere Details unter Travelinfos von A bis Z, S. 74.
VÍK, mit Strætó (Linie 51) im Sommer 2x tgl., im Winter 1x tgl. außer Sa, in 2 3/4 Std. für 6440 ISK (14 Zonen) ISK. Hält auch an Jökulsárlón und Skaftafell, aber keine Sightseeing-Stopps. Ende Juni–Anf. Sept zusätzlich mit Sterna 1x tgl. um 7 Uhr in ca. 5 Std. (inkl. 20 Min. Sightseeing-Stopp am SELJALANDSFOSS) für 6000 ISK und mit Reykjavik Excursions (Linie 20) in 5 3/4 Std.
WESTMÄNNERINSELN, mit Strætó (Linie 52) mehrmals tgl. bis LANDEYJAHÖFN (ca. 1 3/4 Std.), dann weiter mit der Fähre Herjólfur.

Weitere Ziele
BLAUE LAGUNE, mit Reykjavik Excursions stdl. Abfahrten ab BSÍ, Fahrzeit pro Strecke ca. 45 Min., hin und zurück 4500 ISK. Gray Line und Bustravel haben ebenfalls Badeangebote mit Transfer im Programm.
HAFNARFJÖRÐUR, Strætó-Stadtbus (Linie 1) fährt in gut 30 Min. mehrmals tgl., in den Stoßzeiten alle 10 Min. (in die App „Fjörður" als Haltestelle eingeben).

Flüge
Informationen zum **Internationalen Flughafen** in Keflavík und der Anfahrt dorthin s. o. „Busse" und Kasten S. 128.
Der **Inlandflughafen** liegt gleich südlich des Zentrums. Der **Air Iceland Connect Terminal** an der Westseite ist zu Fuß entlang der Njarðargata (gut 2 km) oder mit Buslinie 15 erreichbar. Der **Eagle Air Terminal** liegt an der Ostseite (Nauthólsvegur, zu Fuß oder Buslinie 5). Die Beschilderung für Autofahrer ist mäßig: das Terminal auf der Westseite ist an der Kreuzung Njarðargata/Hringbraut mit „Innanlandsflugstöð (Dom. Terminal)" beschildert. Der Wegweiser „Millilandaflugstöð (Intl. Terminal)" an der gleichen Kreuzung verweist nicht auf den Stadtflughafen Reykjavík, sondern auf den Internationalen Flughafen in Keflavík. Das Terminal von Eagle Air ist überhaupt nicht beschildert.
Die unten angegebenen Daten sind nur Orientierungswerte. Bei den Preisen haben wir, wo möglich, die gegen Gebühr umbuchbaren Semi-Flex-Preise angegeben.

Eagle Air Iceland, ✆ 562 4200,
🖥 www.eagleair.is.
Air Iceland Connect, ✆ 570 3000,
🖥 www.airicelandconnect.com.

Inlandflüge vom Stadtflughafen Reykjavík nach:
AKUREYRI (AEY), 3–5x tgl. , 45 Min., 120–160 €.
BILDUDALUR, Mo–Fr und So 1x tgl., 40 Min., 150–200 €.
EGILSSTAÐIR (EGS), 2–3x tgl., 1 Std., 140 €.
GJÖGUR, im Winter Di 1x tgl., Okt–Mai Di und Fr je 1x tgl., 45 Min., 175 €.
GRIMSEY (GRY), über Akureyri, unregelmäßig (🖥 www.norlandair.is/en/scheduled-flights), 1 1/2 Std., 215 €.
HÖFN, Mo, Mi, Do, Fr 2x tgl., So 1x tgl., (Juni–Aug gibt es auch Di und Sa einen Flug Höfn–Reykjavík, aber keinen Reykjavík–Höfn), 1 Std., 180–220 €. Zubringerbusse von/nach Djúpivogur.
HÚSAVÍK, Mo–Fr 2x tgl., So 1x tgl., Sa Juni–Aug 1x tgl., 50 Min., 150–210 €.
ÍSAFJÖRÐUR (ISJ), 2x tgl., 40 Min., 120–150 €.
ÞÓRSHÖFN (THO), über Akureyri und Vopnafjörður, Mo–Fr 1x tgl., 3 Std., 170 €.
VOPNAFJÖRÐUR (VPN), über Akureyri, Mo–Fr 1x tgl., 2 Std., 170 €.
WESTMÄNNERINSELN, Mo–Fr und So 2x tgl., Sa Juni–Aug 1x tgl., 25 Min., 100–150 €.

Von Reykjavík zum Flughafen

Die autobahnähnliche Straße 41 hat zwar keine Naturschönheiten zu bieten, ist aber trotzdem mehr als nur ein Transitraum. Schließlich strahlt unterwegs die „Elfenstadt" Hafnarfjörður, die zudem das Wikinger-Erbe pflegt, bereits einen Hauch der Mystik aus, die Island kennzeichnet. Auch zur Blauen Lagune ist es nur ein kurzer Abstecher nach Süden. Und selbst kurz vor dem Flughafen locken in Keflavík und Njarðvík noch interessante Museen.

Hafnarfjörður

Große **Schiffe**, **Wikingergeschichten** (s. Kasten S. 163) und **Elfen**: Das sind die drei Hauptgründe, nach Hafnarfjörður zu kommen. Nicht ohne Vorteil sind auch die gute touristische Infrastruktur und die Nähe zu Reykjavík. Mit dem Auto ist man zu verkehrsarmen Zeiten in 20 Minuten (10 km) an der Hallgrímskirkja. Mit knapp 29 000 Einwohnern ist Hafnarfjörður die **drittgrößte Stadt des Landes** und wegen seines bedeutenden Fischerei- und Industriehafens einer der wichtigsten Handelsplätze Islands. An die mehrere Jahrhun-

Von Reykjavík zum Flughafen

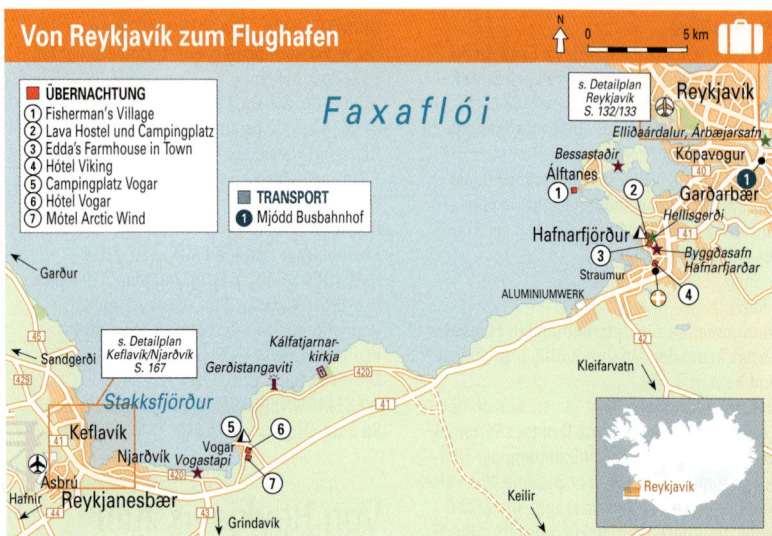

ÜBERNACHTUNG
1. Fisherman's Village
2. Lava Hostel und Campingplatz
3. Edda's Farmhouse in Town
4. Hótel Viking
5. Campingplatz Vogar
6. Hótel Vogar
7. Mótel Arctic Wind

TRANSPORT
1. Mjódd Busbahnhof

derte zurückreichende Handelstradition erinnern im **historischen Zentrum** noch einige schöne alte Häuser. Am westlichen Stadtrand zeigt Hafnarfjörður dagegen ein anderes Gesicht: Hier steht seit 1969 die Aluschmelze **Straumsvík**, die zuletzt wegen Umweltbelastungen und Sicherheitsmängeln heftig in die Kritik geraten ist.

Sehenswertes

Im kleinen botanischen Garten wachsen sogar die in Island sehr seltenen Buchen. Berühmt wurde der **Hellisgerði-Park** aber wegen seiner Lavafelsen, denn sie sind bewohnt, und zwar von Elfen, 🖥 www.elfgarden.is. In ganz Hafnarfjörður ist die Elfendichte hoch. Bis vor einigen Jahren war sogar ein Stadtplan erhältlich, auf dem die einzelnen Elfenwohnungen verzeichnet waren. Also immer schön auf den Wegen bleiben und bloß keinen Stein verrücken oder eine Grassode lostreten …

Im **Heimatmuseum Byggðasafn Hafnarfjarðar**, Strandgata 4, ✆ 585 5780, 🖥 http://museum.hafnarfjordur.is/de (auch auf Deutsch), steht im Gegensatz zu Reykjavíks Freilichtmuseum Árbær (S. 151), wo hauptsächlich das bäuerliche Leben dargestellt wird, der Handel im Vordergrund. ⏱ tgl. 11–17 Uhr, Sep–Mai nur am Wochenende.

ÜBERNACHTUNG

Edda's Farmhouse in Town, Vesturbraut 15, ✆ 565 1480 und 897 1393, 🖥 auf Facebook. Ein idyllisches Bauernhaus mit Hühnern und Kaninchen im Garten, aber so zentral gelegen, dass man alle Sehenswürdigkeiten von hier aus fußläufig erreicht. Edda kennt sich in der Umgebung, aber auch historisch, sehr gut aus und gibt ihre Tipps nur allzu gern weiter. Die Zimmer sind zwar nicht besonders groß, aber niedlich und geschmackvoll eingerichtet und zudem mit Fußbodenheizung und Kaffeemaschine ausgestattet. Tolles Frühstück mit selbstgebackenem Brot, Katzen und ein freundlicher Hund im Haus. ❸

Fisherman's Village / Hlið restaurant and lodging, Hliðsvegur 1, etwa 8 km nordwestlich von Hafnarfjörður, ✆ 565 1213, 🖥 www.vikingvillage.is. Das Wikingerdorf-Resort auf der Halbinsel Álftanes in Garðabær gehört zum Hótel Viking. Gäste betreten hier eine exklusive Parallelwelt abseits der Stadt. Fast alle der Häuschen haben Meerblick. Die Kombination aus auf alt gemachten Möbeln und Accessoires mit modernem Komfort ist gelungen, der Hot Pot auf dem Dach das besondere Bonbönchen. Großes, empfehlenswertes Á-la-carte-Restaurant. ❹–❺

Hótel Víking, Strandgata 55, ✆ 565 1213, 🖵 www.fjorukrain.is. Auffälliges schwarz-rotes 3-Sterne-Hotel mit 42 Zimmern im Wikingerstil. Am Wasser gelegen, aber auch an der viel befahrenen Küstenstraße. Hot Pot und Sauna. ❹–❺

Lava Hostel und Camping, Hjallabraut 51, ✆ 565 0900, 🖵 www.lavahostel.is. Einfache Zimmer mit 2–8 Betten, ab 5800 ISK p. P., Bettwäsche 1000 ISK, Handtücher 500 ISK. Campingplatz am Park (das Gelände ist relativ klein und oft rappelvoll) mit Duschen, Waschmaschine/Trockner und Trockenraum. Küche, Aufenthaltsraum und WLAN im Hostel. Camping 1700 ISK, Kinder (14–18 J.) 1000 ISK, zzgl. 330 ISK Steuer pro Zelt/Camper. Wer länger als 3 Nächte bleibt, zahlt 1400 p. P. ⏲ Camping nur Juni–Sep. ❷–❸

ESSEN

Fjörukráin Wikinger-Restaurant, s. Übernachtung. Bis zu 350 Menschen können sich hier ins 9. Jh. zurückversetzt fühlen – Wikingerleben zum Anfassen und Probieren. Menü mit Gammelhai und Black Death Schnaps, Lammkeule, Fischsuppe, Blaubeer-Skýr und einem Bier für 9560 ISK. Das kleinere Hlið nebenan ist exklusiver. Ausgefallene Deko über 2 Stockwerke; die Stühle aus auseinandergesägten Holzfässern sind bequemer, als sie aussehen. ⏲ tgl. 18–22 Uhr.

Norðurbakkinn, Norðurbakki 1, ✆ 511 1616, 🖵 www.nordurbakkinn.is. Das geräumige, moderne Kaffeehaus ist gleichzeitig eine Buchhandlung, sodass man bei gutem Licht (große Glasfronten) und leckeren Torten prima in den Büchern blättern kann. Hier findet auch einmal pro Monat die Deutsch-isländische Kaffeerunde statt (Gäste sind willkommen, Termine bei Facebook). ⏲ Mo–Fr 9–22, Sa, So 8–18 Uhr.

Súfistinn, Strandgata 9, ✆ 565 3740, 🖵 www.sufistinn.is. Nettes, modernes Café in der Fußgängerzone. Die besten Plätze sind im OG. Manchmal mit Livemusik. ⏲ Mo–Fr 8.15–23.30, Sa 10–23.30, So 11–23.30 Uhr.

Wie Island zu seinem Namen kam

Irgendwo im Nordatlantik solle es eine ganz tolle Insel geben, munkelte man Mitte des 9. Jhs. in Norwegen. Also machte sich der Wikinger **Hrafna-Flóki Vilgerðarson** auf den Weg. Um die Insel nicht versehentlich zu verpassen, hatte er auf den Färöern drei Raben gekauft, die ihm bei der Orientierung helfen sollten. Der erste flog, sobald er freigelassen wurde, zurück zu den Färöern, der zweite landete wieder auf dem Boot. Der dritte wies den Weg nach Island. Irgendwo in den Westfjorden landeten die Norweger an, schauten sich um und bezeichneten die unwirtliche Umgebung schnell als „Eis-Land" – Island hatte seinen Namen weg.

Ein Jahr später fuhren die verwegenen Segler wieder zur Insel. Diesmal versuchten sie ihr Glück weiter südlich und kamen in die Bucht von Reykjavík, die Faxi, einen von Flókis Begleitern, angeblich in lauten Jubel ausbrechen ließ. Die Bucht heißt nach ihm Faxaflói, Faxi-Bucht. An Land gingen „Raben-Flóki" und seine Begleiter dann – möglicherweise – an der kleinen, begrünten Halbinsel im Westen von Hafnarfjörður. Sie wird Hvaleyri (Wal-Landzunge) genannt, weil sie dort auf einen toten Wal gestoßen sein sollen.

Ob die Geschichte sich so zugetragen hat oder nicht: Seitdem ist Hafnarfjörður die Wikinger-Hochburg Islands, Treffpunkt für Möchtegern-Wikinger aus aller Welt. Man speist und schläft stilecht im Hótel Viking und trifft sich Mitte Juni zum viertägigen **Wikingerfest** (s. Feste).

AKTIVITÄTEN

Reiten

Íshestar, Sörlaskeiði 26, ✆ 555 7000, 🖵 www.ishestar.is. Mehrtagestouren z. B. in die Golden Circle-Gegend oder auf Snæfellsnes (6 Tage um die 2000 €), aber auch Tagestouren in der Hauptstadtregion (einstündige Ausritte inkl. Transfer von/nach Reykjavík 9200 ISK p. P., auch für Anfänger). Wer nur ein Stündchen mit den Pferden verbringen will, ohne zu reiten, bekommt für 3700 ISK eine kleine Vorführung.

Schwimmen

Ásvallalaug, Ásvellir 2, ℡ 512 4050, 💻 www.sundlaugar.is/sundlaugar/asvallaug. Modernes großes Hallenbad mit Innen- und Außen-Hot Pots. ⏱ Mo–Fr 6.30–21, Sa 8–18, So 8–17 Uhr.

Suðurbæjarlaug, Hringbraut 77, ℡ 565 3080, 💻 www.sundlaugar.is/sundlaugar/sudurbaejarlaug. Zentrales Freibad und Schwimmhalle. ⏱ Mo–Fr 6.30–21, Sa 8–18, So 8–17 Uhr.

SONSTIGES

Bibliothek

Bókasafn Hafnarfjarðar, Strandgata 1, 💻 www.bokasafnhafnarfjardar.is. Mit großer Sammlung deutscher Bücher, CDs, DVDs und Unterrichtsmaterialien. Auch Basare, Ausstellungen, Lesungen u. v. m. ⏱ Mo–Do 10–19, Fr 11–17, Sa 11–15 Uhr.

Einkaufen

Neben diversen Läden mit Wikinger-Devotionalien und dem Einkaufszentrum Fjörður (mit Post) gibt es auch ganz profane Supermärkte:

Bónus, Helluhraun und Ásbraut. ⏱ Mo–Fr 11–18.30, Fr 10–19.30, Sa 10–18, So 12–18 Uhr.

Krónan, Hvaleyrarbraut 3 und Helluhraun. ⏱ tgl. 10–21 Uhr.

Nettó, Hjallabraut. ⏱ tgl. 10–21 Uhr.

10–11, Reykjavíkurvegur 58 und Einkaufszentrum Fjörður. ⏱ 24 Std.

Vínbúðin, Helluhraun 16-18. ⏱ Mo–Do, Sa 11–18, Fr 11–19 Uhr.

Feste

Wikingerfest, Mitte Juni, 💻 www.fjorukrain.is/en/viking-festival-2017: Vier Tage lang dreht sich alles um die Nordmänner, auch Wikingermarkt und viel Musik. Wer Glück hat, darf in der Stabkirche einer Wikinger-Hochzeit oder -Taufe beiwohnen.

Der **Weihnachtsmarkt** ist familiärer als in Reykjavík, aber nicht weniger kitschig.

Geld

Landsbankinn, Fjarðargata 9, und **Íslandsbanki**, Strandgata 8-10, mit ATM, Flatahraun 12. ⏱ beide Mo–Fr 9–16 Uhr.

Begehrter Wohnraum: Die Lavafelsen im Hellisgerði-Park in Hafnarfjörður sind bei Elfen beliebt.

Medizinische Hilfe

Apotheke, Selhella 13 und im Einkaufszentrum Fjörður. ⏱ Mo–Fr 9–18.30, Sa 10–16 Uhr.
Krankenhaus St Jósefsspítali, Suðurgata 41, ✆ 555 0000.

TRANSPORT

Auto

Hafnarfjörður liegt an der Straße 41 nach Keflavík. Ins Zentrum von Reykjavík geht's über die Straße 40. Achtung: Wer nicht nach Reykjavík rein, sondern auf der Ringstraße weiterfahren will, bleibt auf der Straße 41. Die Straße 42 führt südwärts ins Geothermalgebiet und zum Kleifarvatn.

Busse

Die zentrale Bushaltestelle heißt in der Strætó-App nicht wie zu erwarten Hafnarfjörður, sondern einfach Fjörður.
KEFLAVÍK/FLUGHAFEN, mit Strætó (Linie 55) 1x stdl. zu unterschiedlichen Zeiten in 3/4 Std. Auch die schnelleren Flughafenbusse von Reykjavik Excursions und Gray Line halten bei Bedarf am Restaurant Fjörukráin/Hótel Víking.
REYKJAVÍK, mit Strætó-Stadtbus (Linie 1) mehrmals tgl. zum Busbahnhof Hlemmur, in den Stoßzeiten alle 10 Min., gut 1/2 Std.

Vogar

Etwa 1000 Menschen leben in dem kleinen Küstenort mit dem geschützten Hafen und der befahrbaren langgezogenen Mole. Sehenswert ist die **Kálfatjarnarkirkja** aus dem Jahr 1893, eine der ältesten und größten Holzkirchen Islands, die mitten auf einem riesigen Golfplatz 7 km nordöstlich des Ortes empor ragt.

Südwestlich liegen die 80 m hohen **Vogastapi-Klippen** mit schönen Aussichtspunkten. Noch zu Vogar gehört auch der Berg **Keilir** (378 m) im Südosten, für viele das Wahrzeichen von Reykjanes. Die holperige Zufahrt (an der Straße 41 ausgeschildert) führt etwa 8 km nach Süden, die Wanderung vom Parkplatz zum Gipfel (ca. 8 km) dauert mindestens drei Stunden.

ÜBERNACHTUNG

In Vogar übernachten Reisende, die Ruhe und Abgeschiedenheit genießen und trotzdem schnell am Flughafen oder in Reykjavík sein wollen.
Campingplatz, ✆ 440 6200. Einfacher kostenloser Campingplatz neben dem Schwimmbad.
Hótel Vogar (früher Mótel Best), Stapavegur 7, ✆ 866 4664, 🖥 www.hotelvogar.is. Das gelbe Haus-Ensemble mit den eigenwilligen Giebeln liegt ruhig im Nichts. Topmodern ist anders, aber die 38 ebenerdigen Zimmer sind sauber und günstig und mit separaten Eingängen, Fußbodenheizung und zumeist eigenem Badezimmer ausgestattet. Frühstücksbuffet im hauseigenen Western-Stil-Restaurant im Preis eingeschlossen. 3 Familien-Apartments mit je 2 Schlafräumen 36 500–53 000 ISK. ❹–❺

Mótel Arctic Wind, lðndalur 2, ✆ 859 5588, 🖥 www.arcticwind.eu. Vom Namen nicht in die Irre führen lassen: Das Arctic Wind ist eher eine niedliche Pension als ein anonymes Motel. Ruhig gelegene Villa mit modern eingerichteten Zimmern (alle mit privaten Bad) und Gemeinschaftsküche. Tee und Kaffee zur freien Verfügung, auf Wunsch Frühstück. Familienzimmer mit 2 Schlafzimmern 185 €. Günstige Preise, vor allem Okt–März. ❸

ESSEN

Gamla Pósthúsið, Tjarnargata 26, ✆ 424 6800. Im alten Posthaus werden Gäste von Úri und Guðrún liebevoll umsorgt. Sowohl die Pizza als auch die Tagesgerichte mit frischem Fisch sind sterneverdächtig. ⏱ Mi–So 17–21 Uhr.
Jón Sterki, Hafnargata 17a. Pizza-und-Grill-Schnellimbiss im roten Häuschen beim Schwimmbad. ⏱ tgl. 10–21 Uhr.

AKTIVITÄTEN

Kajak

Reykjanes Seakayak, Þórustaðir, ✆ 421 3025, 🖥 www.seakayak.is. In Kleingruppen werden die ruhigen Küstengewässer erkundet, meist übers offene Meer bis zum Leuchtturm

Gerðistangaviti und dann küstennah zurück (2 Std., 12 000 ISK p. P.). ⏱ Mai–Sep.

Schwimmen
Schwimmbad, Hafnargata 17, ☎ 440 6220, 🖥 www.vogar.is/thjonusta/ithrottamidstod. Niedliches kleines Freibad (16 x 8 m).
⏱ im Sommer Mo–Fr 8–21, Sa, So 10–16, im Winter Mo–Fr 6.30–20.30 (von 8–16 Uhr reserviert für Schulkinder), Sa, So 10–16 Uhr.

SONSTIGES

Die Grundversorgung sichert die N1-Tankstelle löndalur 2, mit kleinem Laden, Schnellimbiss **ATM**, **Post** und kleiner **Touristeninformation**. 🖥 www.vogar.is. Hier gibt's auch den Dorfplan mit Fußwegen zum Download: 🖥 www.vogar.is/Sveitarfelagid/Gotukort.

TRANSPORT

Auto
Die Küstenstraße 420 ist die deutlich attraktivere Alternative zur parallel verlaufenden großen Straße 41.

Busse
Strætó (Linie 87) fährt Mo–Fr zwischen 7 und 18 Uhr in 5 Min. vom Gamla Pósthúsið zur Haltestelle Vogafleggjari, wo Anschluss an die Linie 55 REYKJAVÍK–KEFLAVÍK besteht.

Reykjanesbær: Keflavík, Njarðvík und Ásbrú

Schon seltsam: Auf Google Maps sieht es so aus, als sei Reykjanesbær eine ziemlich große Küstenstadt östlich des Flughafens. Wer aber vom Flughafen aus in diese Richtung aufbricht, wird große Augen machen: Einen Wegweiser nach Reykjanesbær gibt es nämlich ebenso wenig wie eine Stadt dieses Namens. Reykjanesbær ist nur der Name einer **Gemeinde**, zu der seit 1994 die Orte **Keflavík**, **Njarðvík**, **Ásbrú** und **Hafnir** gehören. In der Unterkunftsbuchung steht daher als Adresse der Stadt-Name „Reykjanesbær", doch vor Ort müssen Reisende ihr Zimmer in Keflavík, Njarðvík, Ásbrú und Hafnir suchen. Reykjanesbær ist weitläufig und reicht von der größeren Stadt Keflavík an der Ostküste bis zum 15 km entfernten Dörfchen Hafnir an der Westküste der Halbinsel. Wer hier eine Unterkunft gebucht hat und dachte, er könne zu Fuß hinlaufen, schaut dumm aus der Wäsche.

Reisende, die mehr wollen als nur ein Bett, sollten immer nachfragen, in welchem Ort der Gemeinde Reykjanesbær die Unterkunft wirklich liegt. „7 Minuten Fahrt zum Flughafen" kann nämlich sowohl „direkt an der belebten Hafenpromenade im Zentrum von Keflavík" heißen, als auch „irgendwo in Nirgendwo", z. B. direkt an der Straße 41 und fernab von jeglichen Verpflegungsmöglichkeiten.

Ásbrú liegt scheinbar am dichtesten am Flughafen dran, grenzt es doch direkt an die südlichen Landebahnen. Doch bis zum Passagierterminal auf der Nordseite ist es sogar weiter als von Keflavík und Njarðvík.

Keflavík
Die Stadt Keflavík ist keinesfalls eine Trabantenstadt des nahen Internationalen Flughafens. Keflavík gab es schon zu Zeiten (ab dem 16. Jh.), als der Mensch vom Fliegen nur träumen konnte. Die Stadt blickt auf eine lange Handelstradition, die sich rund um den Hafen noch erspüren lässt. Heute ist **Islands sechstgrößte Stadt** (rund 8000 Einw.) nach deutschen Maßstäben eine niedliche Kleinstadt mit Hafen, schmucken Einfamilienhäusern und einer hübschen Promenade.

Den Hafen schmücken eine auffällige Ankerskulptur von Ásmundur-Sveinsson und ein alter Fischkutter, den man über einen Steg betreten kann. An der Hafen-Nordseite wohnt in der Höhle Skessuhellir eine **Riesin** in einem Holzhaus, die Kinder regelmäßig in Angst und Schrecken versetzt (einfach den aufgemalten Fußspuren auf dem Asphaltweg folgen). Von hier aus lohnt es sich, bei gutem Wetter, auf die Klippen hinter dem Hótel Berg zu steigen und die Aussicht zu genießen. Hier beginnen auch Wanderwege.

Die Hafnargata lädt zum Bummeln ein. In der Nähe von Promenade und Duushús gibt es eine Goldschmiede und einige Galerien, am bekann-

Keflavík und Njarðvík

■ ÜBERNACHTUNG
1. Hótel Berg
2. Guesthouse 1X6
3. Guesthouse Núpan
4. Alex Guesthouse/Motel
5. Airport Hotel Aurora Star
6. B&B Guesthouse
7. Fithostel
8. Blue View Bed and Breakfast
9. Base Hótel
10. Bed and Breakfast Keflavík Airport
11. Campingplatz Víkingaheimar

■ ESSEN
1. Kaffi Duus
2. Ráin
3. Fernando's Pizza
4. Thai Keflavik
5. Fish'n'Chips-Wagen

■ SONSTIGES
1. Whale Watching
2. Samkaup Strax
3. Anglerbedarf und Ausrüstung
4. Bónus
5. H 30
6. Apotheke
7. Paddy's Irish Pub
8. 10-11
9. Mini Market
10. Lyfja
11. Vínbúðin
12. Nettó
13. Krónan, Hagkaup, Bónus, Apotheke
14. 10-11

■ TRANSPORT
1. Camper Iceland/Ice Rental
2. Green Motion, Iceland 4X4 Car Rental
3. Miðstöð – Bus 55
4. Zentraler Busbahnhof
5. Geysir Car Rental
6. Bílar og Hjól und Adventure Car Rental
7. Happy Campers

---

testen ist das **Svarta Pakkhúsið** in der Nummer 2 mit einem wechselnden Angebot aus Gemälden, Skulpturen und Töpferwaren, ⏰ tgl. 13–17 Uhr. Hier versteckt sich auch eine empfehlenswerte Eisdiele. Auch der Laden mit Angelzubehör weiter südlich ist witzig, denn er ist gleichzeitig ein Kramladen.

Etwas weiter nördlich zieht ein riesiges, toll restauriertes Gebäude aus dem Jahr 1877 die Blicke an. So ein Lagerhaus möchte man auch mal haben! Es gehörte einst dem dänischen Kaufmann Hans Peter Duus und beherbergt neben der Touristeninformation das **Museum Duushús**, eines der schönsten Heimatmuseen

Islands, Duusgata 2-8, ✆ 420 3245, ✉ duushus @reykjanesbaer.is. Von der Wohnzimmereinrichtung über eine 50er-Jahre-Küche und eine Seilwinde bis zu einer Wellblechhütte ist alles zu sehen, was das Leben der Isländer prägte. Schon allein der sorgsam restaurierte Dachstuhl lohnt den Besuch. In dem Nebenraum sind unzählige Schiffsmodelle in Glaskästen ausgestellt. Das Duushús ist gleichzeitig Kulturzentrum (wechselnde Ausstellungen und Konzerte) und Kunstmuseum von Reykjanes. ⏰ tgl. 12–17 Uhr, Eintritt 1500 ISK.

Njarðvík

Die funktionale Stadt wirkt auf den ersten Blick nicht besonders attraktiv, wartet aber mit einigen Attraktionen auf:

Am bekanntesten ist die moderne Dauerausstellung des Museums **Víkingaheimar** (ausgeschildert als „Viking World"), Víkingabraut 1, ✆ 422 2000, 🖥 www.vikingaheimar.is, mit Spielplatz, Streichelzoo, Souvenirshop und Café. Hier steht das 23 m lange Wikingerschiff Íslendingur, die Nachbildung eines Schiffs aus der Zeit Leifur Eiríkssóns (s. auch S. 104). Mit so einem Schiffstyp könnte Leifur um das Jahr 1000 nach Amerika gesegelt sein. Weitere Infotafeln berichten über die Kultur der Wikinger, und ein Audioguide führt in ihre alte Götterwelt ein. ⏰ tgl. 7–18 Uhr, Frühstücksbuffet 7–10.30 Uhr, Eintritt 1500 ISK (unserer Meinung nach zu viel für das, was geboten wird), für Kinder unter 14 Jahren ist der Eintritt in Begleitung Erwachsener frei. Bei Online-Buchungen 10 % Rabatt.

Nur etwa 300 m südwestlich von Víkingaheimar breitet sich **Stekkjarkot**, ein hübsches Ensemble aus Häusern mit Grassodendächern (von 1855–1924) aus. Im Sommer kann man sie von 13–17 Uhr auch von innen besichtigen.

Die tolle Küste an der äußersten „Nase" im Ostteil des Ortes (Njarðvíkurbraut) ist fast noch ein Geheimtipp. Hier ist die 1886 erbaute steinerne **Innri-Njarðvíkurkirkja** der ideale Ausgangspunkt für einen Spaziergang auf der asphaltierten, meist menschenleeren **Promenade** rund um ein kleines Kap mit herrlichen Aussichten auf Keflavík und das offene Meer.

Zur Eröffnung des **Rock'n'Roll Museums**, Rokksafn Íslands, Hjallavegur 2, ✆ 420 1030, 🖥 www.rokksafn.is, im Jahr 2014 wurde Keflavík als „Liverpool des Nordens" bezeichnet. Ja, nicht Reykjavík, sondern Keflavík! Mit den auf der Airbase stationierten Amerikanern schwappte nämlich auch die Rockmusik von hier aus über die gesamte Insel. Der Museumsbesuch ist ein wilder Ritt durch die Rock- und Popgeschichte Islands von den 1960ern bis heute, mit ipad-Guide in fünf Sprachen. Damit's nicht langweilig wird, können die Besucher auch selbst Gitarre oder Bass spielen oder Karaoke singen. Wer sich von der enormen Menge an Schallplatten und Gitarren erschlagen fühlt, setzt sich erstmal in Ruhe hin, trinkt einen Kaffee und hört Musik. Oder kauft CDs und T-Shirts im Souvenirshop. ⏰ tgl. 11–18 Uhr, Eintritt 2000 ISK.

Ásbrú

Ásbrú kann weder mit Naturwundern noch mit einer Altstadt punkten, Ásbrú ist eine Betonwüste. Trostlos reihen sich gleichförmige, abgerockte Wohnblöcke aneinander. Bewohner sieht man selten, denn die **ehemalige Nato-Luftwaffen-Basis** ist ein Zuhause für Reykjavík-Pendler geworden, die hier einigermaßen günstigen Wohnraum suchen.

Hier waren von 1951 bis 2006 US-Streitkräfte stationiert, die den Westen im Kalten Krieg stärken sollten. Wer durch die (heute stets geöffnete) Schranke vorbei am Wachturm nach Ásbrú fährt, sieht sich auch mit Islands jüngster Vergangenheit konfrontiert. Denn es gibt Pläne, den Stützpunkt wieder zu eröffnen (s. S. 110, Geschichte). Das zwiespältige Verhältnis der Isländer zu den US-Truppen kommt gut in Arnaldur Indriðasons Buch *Into Oblivion/Tage der Schuld* (s. S. 601, Bücher) zum Ausdruck. Im Krimi, der 1978 spielt, geht es um Mord und Militärgeheimnisse, aber auch um den Wohlstand, den die Besatzer nach Island brachten. Ásbrú ist sehr realistisch beschrieben; die Schauplätze findet man auch heute noch.

ÜBERNACHTUNG

Reykjanesbær ist teures Pflaster, doch viele Hotels bieten kostenlosen Flughafentransfer, sodass es lohnen kann, den Mietwagen schon am Vorabend der Abreise zurückzugeben und hier zu nächtigen. Leider ist bei allen Unterkünften wegen der Vielzahl der Gäste, die spät ankommen oder früh abreisen, mit Remmidemmi und Türenknallen zu rechnen. In Flauten-Monaten wie November oder Februar sind die Zimmer erheblich billiger.

Am Flughafen
Airport Hotel Aurora Star, Blikavellir 2, am Flughafen, ✆ 595 1900, 🖥 www.hotelairport.is. Direkt in der Pole-Position und damit ideal für Menschen, die spät ankommen oder früh abfliegen. Von außen wenig attraktiver Klotz mit grau-roter Fassade, innen schick, mit 72 Zimmern mit Bad. Den Fluglärm können leider selbst die besten Fenster nicht völlig abschirmen. Hohe Rabatte im Winter. Inkl. Frühstück ❺–❻

In Keflavík
Alex Guesthouse/Motel, Aðalgata 60, ✆ 421 2800, 🖥 www.alex.is. Der große Vorteil dieses Gästehauses ist zugleich der größte Nachteil: Die Nähe zum Flughafen ist toll (kostenloser Transfer), aber direkt an der Straße 41 und abseits der Stadt gelegen, ist es laut und die Umgebung ist äußerst unattraktiv. Reisende mit eigenem Rad können den Packkarton kostenlos einlagern. Am günstigsten sind die DZ mit Gemeinschaftsbad, am teuersten die Blockhäuser. Es gibt auch Familienzimmer. Im Winter deutlich günstiger. Inkl. Frühstück ❸–❹

B&B Guesthouse, Hringbraut 92, ✆ 421 8989 und 867 4434 🖥 www.bbguesthouse.is. Für Lage und Service gibt es eine glatte Eins: Sowohl der Hafen als auch viele Restaurants und Supermärkte sind fußläufig in wenigen Minuten erreichbar. Die Zimmer sind ein wenig gesichtslos, aber mit kleinem Waschbecken ausgestattet (WC und Dusche im Gemeinschaftsbad). Hier ist man auf Gäste spezialisiert, die spät abends anreisen oder morgens früh zum Flughafen müssen: Der kostenlose Transfer ist gut organisiert, und das Frühstück steht zum Selbstzubereiten in der Küche bereit. ❷–❸

🧳 **Guesthouse 1X6**, Vesturbraut 3, ✆ 857 1589, 🖥 www.1X6.is. Von einem Schweizer Ehepaar geführtes, umweltfreundliches Gästehaus mit 6 Zimmern in der Altstadt. Der Innenbereich wurde von einem lokalen Künstler hauptsächlich aus recycelten Materialien und Treibholz gestaltet. Wellnessbereich mit Hot Pot im Garten. Frühstück mit selbstgebackenem Brot. Kinder willkommen. ❸–❹

Guesthouse Núpan, Aðalgata 10, ✆ 565 3333, 🖥 www.hotelnupan.com. Weißgraue Villa im Südstaatenstil, aber äußerlich ohne Schnickschnack. Einige der Zimmer für 1–4 Personen haben Blümchentapete und Ohrensessel, andere sind mit weißen Wänden sehr karg. Pluspunkte gibt's für den Hot Pot im Garten und die Nähe zum Zentrum. Flughafentransfer 2100 ISK. ❸

🧳 **Hótel Berg**, Bakkavegur 17, ✆ 422 7922, 🖥 www.hotelberg.is. So familiär wie ein Gästehaus, so luxuriös wie ein Hotel. Wie selbstverständlich drucken die freundlichen Mitarbeiter für ihre Gäste seitenlange Dokumente aus, bestätigen Rückflüge oder machen die Mietwagen-Rückgabe klar. Super ist auch die Lage direkt am Hafen, oberhalb der „Riesin" (s. o.). Oft gibt's Sonderangebote für die grandiose Honeymoon-Suite, und im Winter purzeln die Preise. ❹–❻

In Njarðvík
🧳 **Blue View Bed and Breakfast**, Klettás 21, ✆ 868 4495. Fünf Gästezimmer mit Gemeinschaftsbad im Wohnhaus der freundlichen Gastgeberin Ingigerður, interessantes Design mit spektakulärer Glasfront (Meer-, Berg- oder Gartenblick), gemütlichem Aufenthaltsraum (keine Kochmöglichkeit) und Hot Pot. Flughafentransfer gegen Aufpreis. ❸

Camping Víkingaheimar, Víkingabraut 1, ✆ 422 2000. Neuer Campingplatz beim Wikingerschiff-Museum in Njarðvík. Bisher ohne Ausschilderung und nur provisorische Duschen/WC-Einheit. Frühstück und Kaffee im Museum erhältlich.

Fithostel, Fitjabraut 6b Ecke Njarðarbraut, ✆ 421 8889, 🖥 www.fithostel.is. Einfaches Hostel mit allem, was ein Backpacker braucht, und sogar noch einem Whirlpool. Kein Frühstück, aber einige Küchen. Kostenlosen Flughafentransfer genießt jedoch nur, wer über das

Hostel einen Mietwagen bucht. Es gibt Einzelbetten im 6er- oder 8er-Schlafsaal (5440 ISK, Bettwäsche und Handtücher 1000 ISK extra) und einfache DZ mit Gemeinschaftsbad. Recht günstig sind die 4er-Zimmer. ❷–❸

In Ásbrú

€ **Base Hótel**, Valhallarbraut 756-757, ℡ 519 1300, 🖳 www.basehotel.is. Der Name trügt: „Das Base" ist nicht nur Hotel, sondern auch Hostel: Wer nur ein Bett braucht, findet hier die preiswerteste Lösung: Bett im 6er-Schlafsaal in der Nebensaison schon ab 25 €, sonst um 6000 ISK. Es gibt zudem DZ ohne eigenes Bad. Frühstück 10 € extra. Selbstversorger finden 2 Gemeinschaftsküchen. Der einzige Nachteil des 121-Zimmer-Klotzes im „Milka-Look" (lila-dunkelblau-gefleckt): Er liegt auf dem Gelände der ehemaligen Nato-Basis – also weitab von allem, außer dem Flughafen (Transfer kostet extra). Darüber hinweg tröstet das günstige Bier. ❸–❹

Bed and Breakfast Keflavík Airport, Keilisbraut 762 (Nähe Valhallarbraut), ℡ 426 5000, 🖳 www.bbkeflavik.com. 58 komfortable Zimmer, alle mit eigenem Bad und TV. Das Haus ist recht groß und relativ anonym und liegt ein wenig abseits auf dem Gelände der ehemaligen Nato-Base (unbedingt den Lageplan studieren oder das Navi benutzen, hier sehen alle Häuser und Straßen gleich aus). Frühstücksbuffet (auch mitten in der Nacht) und Flughafentransfer sind im Preis inbegriffen. ❹

ESSEN

In der Altstadt von Keflavík finden sich ausreichend Restaurants und Imbissbuden. Für den kleinen Hunger empfehlen wir den **Fish 'n' Chips-Wagen** vor dem Krónan-Supermarkt an der Straße 41 in Njarðvík. Der Fisch ist zwar nicht gerade günstig, dafür weich, weiß und frisch, und die Portionen reichen durchaus für 2 Personen.

Fernando's Pizza, Hafnargata 28, ℡ 557 1007, 🖳 auf Facebook. Sieht von außen ein bisschen aus wie ein Schnellimbiss, ist aber innen sehr gemütlich. Die Pizza und die Spaghetti Bolognese (nicht auf der offiziellen Karte) sind lecker. ⏲ Mo–Mi 11–22, Do–Fr 11–23, Sa 13–23, So 15–22 Uhr.

Kaffi Duus, Duusgata 10 (Duushús), ℡ 421 7080, 🖳 www.duus.is. Leider ziemlich teuer, dafür mit Blick auf den schönen kleinen Hafen. Bemerkenswerte Auswahl, von traditioneller isländischer Küche mit Fisch und Lamm bis hin zu indischen Tandoori-Gerichten. ⏲ tgl. 11–22 Uhr.

Ráin, Hafnargata 38, ℡ 421 4601, 🖳 www.rain.is. Das recht große Restaurant mit der ausgedehnten Fensterfront erinnert durch das Schiffsambiente und den Meerblick an den Speisesaal eines in die Jahre gekommenen Kreuzfahrtschiffes. Wenn dann noch eine Band spielt, ist die Illusion perfekt. Gute isländische und internationale Küche. ⏲ Mo–Do 11–1, Fr, Sa 11–3 Uhr.

Thai Keflavík, Hafnargata 39, ℡ 421 8666, 🖳 www.thaikeflavik.is. Köstliches Thaifood zu annehmbaren Preisen (Buffet Mo–Fr 11.30–14 Uhr für 1790 ISK). Wetterfeste sitzen draußen. ⏲ Mo–Fr 11.30–22, Sa, So 16–22 Uhr.

UNTERHALTUNG

Im **Club H30** (H30 steht für Hafnargata 30) ist Fr und Sa von 24–4 Uhr Party angesagt, ein gepflegtes Bierchen in angenehmer Atmosphäre trinkt man in **Paddy's Irish Pub** (neben Fernando's). ⏲ tgl. ab 18, Fr, Sa schon ab 13 Uhr bis spät nachts.

EINKAUFEN

Die **Supermärkte** Bónus, Krónan und Hagkaup und ein Rund-um-die-Uhr-Markt der Kette 10–11 befinden sich neben der Tankstelle an der Straße 41 (Fitjar). In Keflavíks Altstadt zudem ein weiterer Bónus (Túngata 1, ⏲ Mo–Do 11–18.30, Fr 10–19.30, Sa 10–18, So 12–18 Uhr) und viele kleinere Lebensmittelläden. Ein Nettó und eine Vínbúðin (⏲ Mo–Do 11–18, Fr 11–19, Sa 11–16 Uhr) im **Einkaufszentrum** (Krossmói, auch Bank, Geldautomat, Western Union) runden das Angebot ab. In Ásbrú gibt es keine Läden.

AKTIVITÄTEN UND TOUREN

Schwimmen
Vatnaveröld Wasserwelt, Sunnubraut 31, Keflavík, ✆ 420 1500, 🖥 www.reykjanesbaer.is/is/mannlif/afthreying-utivist/sundlaugar. Riesiger Spiel- und Spaßtempel für die ganze Familie mit Innen- und Außenbecken. ⏲ Mo–Do 6.30–20, Fr 6.30–19, Sa, So 9–17 Uhr.
Njarðvík Schwimmbad, Norðurstíg 2, ✆ 421 2744 und 421 4567, 🖥 www.sundlaugar.is/sundlaugar/reykjanesbaer-njardvik. Kleines 16 m-Hallenschwimmbecken, Hot Pots draußen. ⏲ Mo–Fr 6.30–21.30, Sa 13–17, So 8–12 Uhr.

Touren
Travice, Birkidalur 10, ✆ 786 2400, 🖥 www.travice.is. Reykjanes-Tagestour und Flughafentour, für Reisende, die nur zwischenlanden und in kurzer Zeit möglichst viel sehen wollen (12 700 ISK p. P.). Reykjanes per ATV (Quad) und Allrad für 29 900 ISK. Auch Whale Watching, Reiten usw. werden vermittelt.

Walbeobachtung
Whale Watching Reykjanes, ✆ 779 8272, 🖥 www.whalewatchingreykjanes.is. Die Station befindet sich in einem Container am Hafen in Keflavík, von wo aus auch das Schiff Margrét startet. Außer den „normalen" Walbeobachtungstouren (3–4 Std., für 10 900 ISK p. P.) gibt es auch Ausgefalleneres, z. B. Nordlicht- oder Angeltouren mit anschließender Verköstigung des selbstgefangenen Fisches im Duus Café.

SONSTIGES

Autovermietungen
Fast alle Autovermieter haben Niederlassungen direkt am oder nahe des Flughafens. Nur wo? Die Antwort auf diese Frage hat Kunden schon an den Rand des Wahnsinns getrieben. Die Abhol- und vor allem Rückgabestationen in Keflavík nehmen nämlich 2 komplette Straßenzüge am Stadtrand (nahe der Straße 41) ein. Sehr tricky sind hier z. B. die kleinen Stichstraßen Flugvellir und Flugvallarvegur, die viele Navis nicht finden und die auch bei Google Maps nicht bzw. falsch verzeichnet sind. Man könnte ja durchaus denken, eine Firma mit dieser Adresse befände sich direkt am Flughafen. Tut sie aber nicht. Also: Obacht! Einige Vermieter teilen sich außerdem Büros, ohne das auszuschildern, sodass es vor allem frühmorgens, wenn alle hektisch auf der Suche nach ihrer Rückgabestation sind, zu regelrechten Staus kommt. Tipp: Mindestens eine halbe Stunde mehr Zeit einplanen und bei der Abholung des Autos unbedingt ein Foto von der Station machen – v. a. bei Regen und im Dunklen wird man dafür wenige Wochen später sehr dankbar sein.

Am Flughafen
Avis/Budget, ✆ 591 4000.
Europcar, ✆ 425 0300.
Hertz, ✆ 522 4430.
Blue Car Rental, Blikavellir 3, ✆ 773 7070.
SADcars, Arnarvelli 4b, ✆ 577 6300.

In Keflavík
Camper Iceland/Ice Rental, Vesturbraut 10a, ✆ 421 1933.
Green Motion, Flugvellir 6, ✆ 562 5888.
Iceland 4x4 Car Rental, Flugvellir 6, ✆ 535 6060.

In Njarðvík
Adventure Car Rental, Njarðarbraut 11a, ✆ 786 0900.
Bílar og Hjól, Njarðarbraut 11d, ✆ 421 1118.
Geysir Car Rental, Holtsgata 56, ✆ 893 4455.
Happy Campers, Stapabraut 21, ✆ 578 7860.

Informationen
Reykjanes Touristeninformation, im Duus Museum, Duusgata 2-8, Keflavík, ✆ 420 3246 und 860 7881, 🖥 www.visitreykjanes.is. Wahrscheinlich die beste Touristeninformation Islands, die man i. d. R. mit Tüten voller Prospekte und vielen nützlichen Tipps im Kopf verlässt. Sogar detaillierte (kostenlose!) Wanderkarten. ⏲ im Sommer Mo–Fr 9–17, Sa, So 12–17, im Winter tgl. 12–17 Uhr.

Medizinische Hilfe
Apótekarinn Fitjum, Fitjar 2, Njarðvík. ⏲ Mo–Do 10.30–18.30, Fr 10.30–19, Sa 11–15, Sa, So 10–12, 16–18.

Apótekarinn Keflavík, Suðurgata 2.
🕐 Mo–Fr 9–19, Sa, So 10–14 Uhr.
Lyfja Reykjanesbær, Krossmói 4, Keflavík.
🕐 Mo–Fr 9–19, Sa 10–16, So 12–16 Uhr.
Krankenhaus/Gesundheitszentrum Heilsugæsla Suðurnesja, Skólavegur, Keflavík,
📞 422 0500 (außerhalb der Öffnungszeiten 422 1700), 💻 www.hss.is. 🕐 Mo–Fr 8–16 Uhr.

NAHVERKEHR

Es gibt 4 Strætó-Linien, die alle vom zentralen **Busbahnhof Miðstöð** (beim Nettó-Supermarkt im Einkaufszentrum Krossmói) aus starten und wieder zu diesem zurückkommen, sodass man hier prima umsteigen kann, auch in Strætós Linie 55 zum Flughafen.

TRANSPORT

Auto

Um von Keflavík auf die **Straße 41 zum Flughafen** zu kommen, verlässt man das Zentrum über die Straßen Aðalgata oder Þjóðbraut. Von Ásbrú aus führt die Grænásbraut auf die 41 (oder alternativ weiter als Grænásvegur nach Keflavík), und von Njarðvík aus fährt man auf der Seylubraut bis zur Tankstelle (Fitjar), die an der 41 liegt.
Keflavík und Njarðvík sind über die **Hauptstraße Njarðarbraut** verbunden, die als Verlängerung von Keflavíks Straßen Hringbraut und Hafnargata südwärts zunächst durch Ytri-Njarðvík (das äußere Njarðvík) führt, um sich dann in Innri-Njarðvík (im inneren Njarðvík, das bei Google Maps leider falsch auf dem Gebiet des äußeren Njarðvík angezeigt ist) zu verästeln und schließlich aufzulösen. In Richtung Meer passiert man der Reihe nach: Stekkjarkot, Víkingaheimar, Kirche, Promenade. Von hier aus geht's direkt auf die **Straße 41** weiter Richtung Reykjavík. Wer es nicht so eilig hat, kann auch einen Umweg über die schönere Straße 420, vorbei an der Ortschaft Vogar, machen.

Busse

Alle Linien starten vom **Busbahnhof Miðstöð**, beim Nettó-Supermarkt im Einkaufszentrum Krossmói.

FLUGHAFEN (Kürzel zur Suche in der Strætó-App KEF-Airport), mit Strætó (Linie 55) 1x stdl. in 9 Min. Manchmal muss man in Hafnarfjörður (Fjörður) in die Linie 1 umsteigen.
GRINDAVÍK, mit Strætó (Linie 88) zu unterschiedlichen Zeiten, aber mind. 2x tgl. in 25 Min.
REYKJAVÍK, mit Strætó (Linie 55) 1x stdl. von 6–23 Uhr, in 1 1/4 Std. Manchmal muss man in Fjörður in die Linie 1 umsteigen.
SANDGERÐI, mit Strætó (Linie 89) mehrmals tgl., über GARÐUR, in 20 Min.

Über Reykjanes' West- und Südküste nach Reykjavík

Wer den Reiz von Reykjanes genauer erspüren will, sollte die Halbinsel entgegen dem Uhrzeigersinn erkunden. 5 km östlich des Flughafens liegt **Keflavík**, von wo aus die Straße 45 in Richtung Norden nach **Garður** (10 km) oder die Straße 429 gen Nordosten nach **Sandgerði** (8,5 km) führt. In den beiden angenehmen Küstenörtchen gibt es Campingplätze, Restaurants und Gästehäuser. Die Nordwestspitze der Halbinsel Reykjanes ist flach und im Sommer auch grün bzw. grün-lila wegen der riesigen Lupinenfelder, die hier zur Bodenverbesserung und zum Schutz vor Erosion angepflanzt wurden. Über die Straßen 45 und 425 gen Süden wird die Landschaft zunehmend schroffer und vulkanischer. An der Westküste führen Wanderwege entlang, auf denen man teilweise gut Vögel beobachten kann, und am tektonischen Graben von der kleinen **Brücke zwischen den Kontinenten** und an den heißen Schlammquellen von **Gunnuhver** zeigt sich die beeindruckende Kraft der Natur. Eine gute Basis für Ausflüge an der abwechslungsreichen Südküste ist der Fischerhafen **Grindavík**, der mit der **Blauen Lagune** das wohl bekannteste Bad des Landes vor der Haustür liegen hat. Aber auch zum wilden Geopark mit der eindrucksvollen Steilküste von **Krýsuvíkurbjarg** (im Sommer mit riesiger Vogelkolonie) und den blubbernden und dampfenden Quellen von **Seltún** ist es über die Straße 427 nicht weit. Zahlreiche Wanderwege durchziehen das Naturreservat, etwa um den strahlendblauen **Kleifarvatn** (in dem man sogar tauchen kann) oder zum grünen **Grænavatn** wenige hundert Meter weiter, zur Hochebene, auf der wahrscheinlich Neil Armstrong für die Mondlandung trainiert hat. Weiter östlich kann man kilometerlang entlang der Lavaküste von der sagenumwehten **Strandarkirkja** bis nach **Þorlákshöfn** laufen. In Richtung Reykjavík vermittelt das **Geothermiekraftwerk Hellisheiði** interessante Einblicke in Islands Energiegewinnung, und mit dem **Þríhnúkagígur** lässt sich sogar ein Vulkan von innen bestaunen. Die kleine Halbinsel hat es wirklich in sich!

Garður und Garðskagi

Das unauffällige Dorf hat Reisenden außer der Nähe zum Flughafen wenig zu bieten, doch locken nur 3 km nordwestlich auf der äußersten Landspitze Garðskagi zwei **Leuchttürme** aus den Jahren 1897 und 1994. Die Nordlichtfotos von hier sind legendär, und an stürmischen Tagen ist auch die Brandung herrlich. Vogelfreunde kommen bei einer Küstenwanderung Richtung Westen auf ihre Kosten.

ÜBERNACHTUNG

Camping Garðskagi, Skagabraut, ☎ 422 7220, ✉ gardskagi@simnet.is. Einfacher Campingplatz mit WC und Warmwasser. 1000 ISK p. P.
Camping Garður, ☎ 440 6200. Kostenlose Campingwiese beim Schwimmbad.
€ **Disa's Homestay**, Lyngbraut 12, 🖥 auf booking.com. Kleines Gästehaus im Ort mit Gemeinschaftsküche und -bad, Terrasse und Hot Pot. Frühstück 5 € p. P. ❷
Guesthouse Garður, Skagabraut 46 und 62a, ☎ 660 7894, 🖥 www.guesthousegardur.is. 6 Apartments und ein Blockhaus mit 2 Schlafzimmern. ❸–❹
Hótel Lighthouse Inn, Norðurljósavegur 2, ☎ 433 0000. Modernes, neues Hotel in Holzoptik. Die DZ bieten viel Platz (nach einem mit Leuchtturmblick fragen). Suiten für 4 Personen ab 225 €. ❹

ESSEN

Röstin Restaurant/Old Lighthouse Café, Skagabraut 100, ☎ 893 8909. Leuchtturm-Restaurant/Bar mit Fischgerichten, Fast Food und herrlichem Meerblick. ⏰ im Sommer tgl. 11.30–20.30 Uhr.

SONSTIGES

Einkaufen
Am Supermarkt **Samkaup Strax**, Sunnubraut 4, befinden sich auch **Post** und **ATM**. ⏰ Mo–Fr 9–19, Sa, So 12–18 Uhr.

Schwimmen
Schwimmbad, Garðbraut 94, ☎ 422 7300, 🖥 www.sundlaugar.is/sundlaugar/sundlaugin-gardi. Hübsches kleines Freibad mit Hot Pots. ⏰ 1. Juni–25. Aug Mo–Fr 6.30–20.30, Sa, So 10–16; 26. Aug–31. Mai Mo–Fr 6–8 und 15–20.30 Uhr.

TRANSPORT

Auto
Die N1-Tankstelle liegt an der Straße Heiðartún 1. Nur 5 km südwestlich von Garður liegt Sandgerði, und im Südosten erreicht man nach jeweils 10 km den Flughafen und Keflavík.

Busse
KEFLAVÍK, mit Strætó (Linie 89) bis Hringbraut/Norðurtún mehrmals tgl. in 10 Min.

Sandgerði

Das verschlafene Fischerdorf (1500 Einw.) ist wegen seiner Nähe zum Flughafen vor allem bei Campern beliebt, die spät ankommen und/oder früh wieder abfliegen. Doch auch die Lage am Meer ist reizvoll. Bei gutem Wetter kann man von hier aus den Snæfellsjökull sehen.

Das marine **Naturzentrum der Uni Þekkingarsetur Suðurnesja**, Garðvegur 1, ☎ 423 7458, 🖥 www.thekkingarsetur.is, beherbergt eine naturgeschichtliche Ausstellung mit ausgestopften

Umrundung der Halbinsel Reykjanes

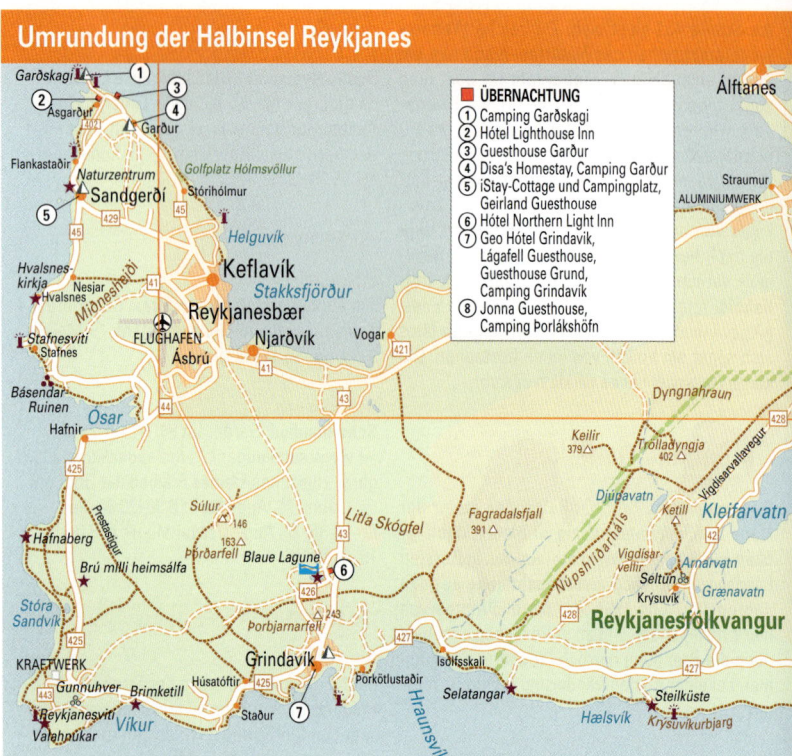

Tieren und einheimischen Pflanzen. Eine weitere dreht sich um Leben und Wirken des Franzosen Jean-Baptiste Charcot, der zu Beginn des 20. Jhs. Antarktis und Arktis erforschte. Er kam 1936 bei der Strandung seines Forschungsschiffes vor Island (bei Borgarnes) ums Leben. ⏲ Mai–Sep Mo–Fr 10–16, Sa, So 13–17; Okt–April Mo–Fr 10–14 Uhr.

ÜBERNACHTUNG

Camping iStay-Cottages (Campingkarte), Byggðavegur, ☎ 854 8424, 🖥 www.istay.is. Kleiner netter Platz, meist ohne Platzwart. Auch ein paar kleine rustikale Holzhütten. Keine extra ausgewiesenen Bereiche für Zelte oder Wohnmobile. Gute kostenlose Duschen, WLAN kostenlos rund ums Servicehaus, Spüle außen, aber überdacht. Sachen zum Mitnehmen bzw. Platz zum Dalassen von übriggebliebenem Essen/Klopapier u. Ä. Wer abends fliegt, kann hier solange stehen, wie er mag ... das kontrolliert keiner. Camping 1000 ISK, Kinder unter 16 J. kostenlos, Strom 700 ISK, Waschmaschine/Trockner je 500 ISK. ❶

€ **Geirland Guesthouse**, Suðurgata 9, ☎ 888 2909, 🖥 auf Facebook. Toll, was Siggi und Anne hier versuchen: Obwohl die Preise ringsum fast schon unverschämt sind, bleiben sie bescheiden und bieten bezahlbare Unterkünfte in Flughafennähe an. Ihren großen Schatz an wertvollen Reisetipps geben sie gern weiter. Leider gibt es nur 3 DZ, also frühzeitig buchen. Falls nicht ausgebucht ist, kann man sich evtl. auf Anfrage für ein paar Stunden zum ermäßigten Preis ausruhen. ❶

ESSEN

Mamma Mía Pizzeria, Tjarnargata 6, ☎ 423 7377, 🖥 auf Facebook. ⏱ Di–So 17–21 Uhr.
Vitinn Restaurant, Vitatorg 7, ☎ 423 7755, 🖥 www.vitin.is. Nicht billiges Hafenrestaurant mit isländischer Küche, über die die Meinungen auseinandergehen. ⏱ Mo–Sa 11.30–14, 18–21 Uhr.

SONSTIGES

Einkaufen
Samkaup Strax, Miðnestorg 1. Supermarkt mit ATM. ⏱ Mo–Fr 9–21, Sa 10–21, So 12–19 Uhr.

Feste
Sandgerðisdagar, Ende Aug: 4-tägiges Dorffest.

Schwimmen
Sportzentrum, Skólastræti 2, ☎ 420 7510, 🖥 www.sundlaugar.is/sundlaugar/sandgerdi. Modernes Freibad mit Hot Pots, Rutsche und Dampfbad. ⏱ Mo–Fr 7–21, Sa, So 10–16 Uhr.

TRANSPORT

Auto
Bis zum Flughafen fährt man 8 km auf der Straße 429 nach Südosten. Nach Süden Richtung Grindavík geht's auf der Küstenstraße 45.

Busse
KEFLAVÍK, mit Strætó (Linie 89) Mo–Do 11x tgl. Fr 12x tgl., Sa 4x tgl. und So 3x tgl. in 20 Min. ab der Haltestelle am Schwimmbad.

Von Sandgerði nach Grindavík

Etwa 6 km südlich von Sandgerði lohnt an der Küstenstraße 45 die pittoreske schwarze Steinkirche **Hvalsneskirkja** von 1887 mit ihrem relativ großen Friedhof. Auch der leuchtend orange Leuchtturm **Stafnesviti** weitere 2 km südlich ist ein tolles Fotomotiv. Zu seinen Füßen kann man wunderbar picknicken. Hier beginnt der gut 10 km lange Küstenwanderweg zum Mini-Örtchen **Hafnir**, vorbei an den bis auf wenige Mauerreste verfallenen Ruinen des einst bedeutenden Handelsortes **Básendar**, der 1799 durch eine Sturmflut zerstört wurde. Diese Básendaflóð, die auch in anderen Regionen Südwest-Islands großen Schaden und Überschwemmungen anrichtete, war die stärkste und höchste Sturmflut in der Geschichte des Landes. Der weder markierte noch deutlich erkennbare Weg führt über Stock und Stein und auch durch feuchtes Marschland. Südlich von Hafnir beginnt dann der ebenfalls nicht markierte **Prestastígur**, ein alter Pfad durch die Lava, der nach 13 km an der südlichen Küstenstraße 425, etwa 3 km westlich von Grindavík, endet. Ein weiterer (diesmal namenloser) Wanderweg führt auf den 146 m hohen Berg Súlur.

Hafnaberg

Die Wanderung zu den **40 m hohen Klippen** in Hafnaberg lohnt am ehesten zur **Vogel-Brutzeit** im Mai bis Juni/Juli. Ansonsten gibt es einfachere, kürzere Wege zur Steilküste (z. B. von Gunnuhver aus, s. S. 177). Der Wegweiser an der Straße suggeriert einen nur kurzen Fußmarsch, aber das täuscht. Die gut 3 km (eine Strecke) durch die eintönige Lavawüste und losen Sand ziehen sich ganz schön. Und an der Küste angekommen, geht es noch einmal einen gut erkennbaren Trampelpfad nach rechts fast 1,5 km an der Küste entlang. Die Chancen sind übrigens recht gut, hier Wale zu sehen.

Brú milli heimsálfa

Lust auf etwas „Kontinent-Hopping"? Einmal von der alten in die neue Welt spazieren? Einfacher als hier kann man dieses Erlebnis wohl kaum haben. Denn tektonisch gesehen führt dieses kleine Brückchen von Europa nach Amerika!

Gut, dass Fotos geruchslos sind: Gunnuhver

Die sogenannte **Brücke zwischen den Kontinenten** spannt sich über einen Graben, der Teil des Mittelatlantischen Rückens ist, der die eurasische und nordamerikanische Kontinentalplatte voneinander trennt und jedes Jahr etwa 2 cm weiter auseinanderdriftet.

Gunnuhver und Umgebung

Bei Gunnuhver befindet sich das **größte Schlammquellengebiet Islands**, und ein Teil des Geländes kann über einen Bohlen-Rundweg begangen werden. Weithin sichtbar steigt der weiße Wasserdampf empor, und es stinkt gar fürchterlich nach Schwefel. Je nach Windrichtung sieht man mehr oder weniger große Teile des **Suðurnes-Kraftwerks**, das die Energie des Hochtemperaturgebietes zur Stromerzeugung nutzt.

Seinen Namen verdankt das Gebiet **Guðrún Önundardóttir (Gunna)**, die vor rund 300 Jahren hier lebte. Um sie ranken sich viele Geschichten, die z. T. stark voneinander abweichen. Die Gemeinsamkeiten: Gunna suchte nach ihrem Tod diejenigen heim, die ihr zu Lebzeiten übel mitgespielt hatten. Ein Richter und seine Frau starben auf unerklärliche Weise, Menschen verschwanden spurlos. Erst durch einen hinterhältigen Trick konnte Gunna schließlich in die Quelle verbannt werden. Wer genau hinschaut, sieht sie wütend auf dem Kraterrand tanzen.

Etwas, das auch weniger fantasiebegabte Menschen „live" mitverfolgen können, ist die ständige Veränderung. Das ganze System ist in ständiger Bewegung, die Erde lebt. Im September 2014 z. B. ließen Erdbeben praktisch über Nacht einen neuen **Schlammgeysir** entstehen.

Von der Straße 425 zweigt eine 1,5 km lange, löcherige und einspurige (Gegenverkehr!) Schotterpiste zum Gunnuhver-Parkplatz ab. Ein weiterer Parkplatz befindet sich an der Westseite, erreichbar über die Straße 443, die von Hafnir aus kommend ein ganzes Stück weiter nordwestlich von der Straße 425 abzweigt und die hinter dem Kraftwerk zuletzt leider in sehr schlechtem Zustand war. Wer sich und seinem Auto diese Rallye zumuten will, kann am **Leuchtturm Reykjanesviti** vorbei bis zur Küste fahren. Hier locken Wanderwege mit Blick auf den Felsen Karl und die **Vogelinsel Eldey**, die als Schutzgebiet nicht zugänglich ist. Die spektakuläre Klippe **Valahnúkur** war zuletzt wegen Einsturzgefahr gesperrt, kann aber aus sicherer Entfernung weiter bestaunt werden. Vom Gunnuhver-Hauptparkplatz aus kann man nicht mit dem Auto zum Leuchtturm fahren. Die kurze Fahrstraße zwischen den beiden Parkplätzen ist durch Pöller und große Steine versperrt und nur für Fußgänger passierbar.

Brimketill

Eine warme Badestelle direkt am Meer? Lange hielt sich das Gerücht, Brimketill wäre so ein geheimer Naturpool. Der Bau einer Zufahrtsstraße mit Parkplatz und Aussichtsplattform im Sommer 2017 hat jedoch einen der meistgesuchten Hotspots in Reykjanes seiner Mystik beraubt. Jetzt ist jedem sofort klar: Das in Lava eingelassene Schwimmbecken Brimketill (übersetzt „Brandungs-Kessel") ist weder eine lauschige Badestelle noch mit warmem Wasser gespeist. Die Trollfrau Oddný, die hier immer gebadet haben soll, muss ganz schön hart im Nehmen gewesen sein. Es ist trotzdem eine Freude, aus sicherer Entfernung mit anzusehen, wie die Brandung um die Felsen peitscht. Bei Sturm ein echtes Spektakel! Aber Vorsicht: Die Wellen sind unberechenbar. Man wird ziemlich sicher nass, und es ist nicht ausgeschlossen, dass man ins Meer oder in den Lavakessel gerissen wird (Verletzungs- oder sogar Lebensgefahr).

Grindavík

Die gut 3000 Einwohner zählende Stadt stand schon im 16. Jh., als in der Region Machtkämpfe zwischen englischen, deutschen und dänischen Händlern entbrannten, ganz im Zeichen des Fischfangs. Bis heute ist Grindavík einer der **wichtigsten Fischereihäfen Islands** und hat zudem eine gute touristische Infrastruktur, darunter die nur wenige Kilometer entfernte Blaue Lagune (S. 179). Wissenswertes über die Geschichte der Fischerei erfährt man im **Salzfischmuseum Saltfisksetur** im Kulturzentrum Kvikan, Hafnargata 12a, ✆ 420 1190, 🖥 www.grindavik.is/kvikan. ⊙ tgl. 10–17 Uhr (im Winter manchmal nur Sa, So), Eintritt 1200 ISK.

ÜBERNACHTUNG

€ Camping Grindavík, Austurvegur 26, ☎ 420 1100, 🖥 www.tjalda.is/en/grindavik. Ein empfehlenswerter 3-Sterne-Campingplatz mit großem Serviceangebot. Toll auch die Reste-Ecke mit Lebensmitteln und Gaskartuschen. Abends schließt das Servicehaus pünktlich um 22 Uhr, wer dann noch nicht gekocht hat, muss zum Gaskocher greifen oder den großen Grill am Spielplatz nutzen. 1400 ISK zzgl. 111 ISK Steuer pro Zelt/Caravan, Strom 1020 ISK, Waschmaschine/Trockner 510 ISK. Jede vierte Übernachtung ist kostenlos.

Geo Hótel Grindavík, Víkurbraut 58, ☎ 421 4000, 🖥 www.geohotel.is. Das erst 2015 eröffnete Hotel an der Hauptstraße neben dem Supermarkt hat 36 Doppel- und Familienzimmer, alle mit eigenem Bad und Wasserkocher. Spezialisiert auf ankommende und abreisende Gäste, es gibt Gepäckwagen, eine Kofferwaage und Schränke zum Trocknen von Kleidung. Eine Terrasse mit Hot Pots ist geplant. ❻

Guesthouse Grund, Víkurbraut 8, gleiche Besitzer wie das Lágafell Guesthouse. Die Zimmer sind liebevoller dekoriert und z. T. mit eigenem Bad ausgestattet. ❸

Lágafell Guesthouse, Víkurbraut 34, ☎ 774 7477, 🖥 auf Facebook. Das Frühstück machen die Gäste selbst. Alles, was sie dazu brauchen, steht im Kühlschrank bzw. in der Gemeinschaftsküche. Bäder auf jeder Etage. ❷–❸

ESSEN

Bryggjan Kaffihús, Miðgarði 2, ☎ 426 7100, 🖥 auf Facebook. Gemütliches Café-Restaurant mit Außenterrasse. Es gibt Kuchen, Fischgerichte (viele loben die Hummersuppe) und vor allem wertvolle Insidertipps für die Weiterreise. Gutes Preis-Leistungs-Verhältnis, und wenn nicht gerade Busgruppen da sind, lässt sich hier ein ganzer Nachmittag verbringen. ⏱ tgl. 7–23 Uhr.

Hjá Höllu, Víkurbraut 62 ☎ 896 5316, 🖥 www.hjahollu.is. Bei Google Maps als vegetarisches Restaurant verzeichnet, was aber nur teilweise stimmt, denn hier landet viel Fisch auf den Tellern. Man kann der Besitzerin und Köchin Halla (Hjá Höllu heißt „bei Halla") oder ihrer Mutter beim Kochen zusehen. Tolle Kleinigkeiten und Kuchen, auf Anfrage auch Picknick-Pakete. ⏱ Mo–Fr 8–17, Sa 11–17 Uhr.

AKTIVITÄTEN UND TOUREN

Buggy-, Quad- und Mountainbike-Touren
4x4 Adventures, Tangasund 1, ☎ 857 3001, 🖥 www.4x4adventuresiceland.is. Mit dem Quad am Lavastrand cruisen oder die Gegend um Grindavík erkunden? Oder doch lieber umweltfreundlich mit dem Mountainbike? Die Veranstalter bieten Action-Touren unterschiedlicher Länge (z. B. Quad-Tour für 2 Personen auf einem Fahrzeug ab 13 900 ISK für 1 Std.) und verleihen auch Räder (4 Std. für 9900 ISK, Tagesmiete 14 900 ISK).

Reiten
Arctic Horses, Hópsheiði 16, ☎ 848 0143, 🖥 www.arctichorses.is. Kürzere Touren (1/2–2 1/2 Std.) in der Kleingruppe, auch für Anfänger geeignet. Die meisten buchen die Tour zum Leuchtturm (1 1/2 Std. für 9000 ISK p. P.).

Schwimmen
Schwimmbad, Austurvegur 1, ☎ 426 8244, 🖥 www.sundlaugar.is/sundlaugar/sundlauggrindavikur. Schönes Freibad mit Rutsche und Hot Pots am Sportzentrum. ⏱ Mo–Fr 6–21, Sa, So im Juli–Aug 9–18, Sep–Juni 9–16 Uhr.

Wandern
Geotoursiceland, ☎ 893 9169, ✉ geotoursice@gmail.com. Bei Einar kann man sich Geologiewissen erwandern. Zum Ausgangsort geht's mit dem Jeep und von da an ca. 15 km über Stock und Stein (2–6 Teilnehmer, 16 900 ISK p. P.).

SONSTIGES

Einkaufen
Zwei grau-weiße Betonklötze gegenüber der Tanke stellen das Servicezentrum des Ortes dar: Im größeren Nettó (⏱ Mo–Fr 10–19, Sa 10–18, So 12–18 Uhr) findet sich ein Sortiment

mit viel frischem Gemüse und Gebäck, im Nachbarhaus befinden sich der Alkoholladen (🕐 Mo–Do 14–18, Fr 11–19, Sa 11–14 Uhr), die Apotheke (🕐 Mo–Fr 10–18 Uhr) und das Restaurant Hjá Höllu (s. Essen).

Geld
Bank mit Western Union und **Post**, Víkurbraut 56. 🕐 Mo–Fr 9.15–16 Uhr.

Informationen
Touristeninformation, im Gemeindezentrum Kvikan, Hafnargata 12a, ☎ 420 1190, 🖥 www.visitgrindavik.is. 🕐 im Sommer tgl. 10–17 Uhr. Auch das Team des Campingplatzes hilft gern und kompetent weiter.

TRANSPORT

Auto
Nordwärts führt die **Straße 43** zur Blauen Lagune und zur Flughafen-Reykjavík-Straße 41. In Richtung Osten führt die sehr gute **Küstenstraße 427** in 58 km von Grindavík nach Porlákshöfn (wenige Rastplätze): Mit Ausnahme des einen steilen Anstiegs kurz hinter Grindavík (Vorsicht beim Runterfahren: die Serpentinen haben es in sich!), geht es auf ebener Strecke parallel zur Küste geradeaus.

Busse
Nach KEFLAVÍK und REYKJAVÍK mit Strætó-Linie 88 (umsteigen in Bus 55 an der Haltestelle Grindavíkurafleggjari, bei der Kreuzung zur Straße 41), mehrmals tgl. in 20 Min. (Keflavík).

Die Blaue Lagune (Bláa Lónið)

In diesem riesigen, 2017 nochmals vergrößerten Bade- und Wohlfühltempel, 5 km nördlich von Grindavík, ☎ 420 8800, 🖥 www.bluelagoon.com, badet man für viel Geld im milchigen Abwasser des Svartsengi-Kraftwerks. „Ein unvergleichliches Erlebnis" schwärmen die einen, „es gibt schönere Badestellen", meinen die anderen. Fest steht jedenfalls, dass das Wasser Heilkraft hat und vor allem *Psoriasis* (Schuppenflechte) deutlich lindert. Für Haare und Silberschmuck ist das Wasser allerdings eine Zumutung, also möglichst nicht untertauchen und Ringe und Ketten ablegen. Wegen des starken Andrangs müssen Besucher im Internet vorausbuchen, wobei ihnen ein Zeitfenster zugeteilt wird. Wer nicht erscheint, hat Pech gehabt. Von der per Aufzug erreichbaren Aussichtsterrasse des noblen Restaurants können auch alle, die keinen Eintritt bezahlt haben, sich das bunte Treiben in der Lagune von oben anschauen, allerdings gegen Entgelt. 🕐 Juli, Aug tgl. 7–24 Uhr, sonst meist 8–22 Uhr, ab 6990 ISK (nur Eintritt und Gesichtsmaske, am günstigsten sind die Termine in den Abendstunden) bis 53 000 ISK (mit Bademantel, Schönheitspflege, einem Glas Wein u. v. m.).

ÜBERNACHTUNG UND ESSEN

Hótel Northern Light Inn, Norðurljósavegur 1, etwa 5 km nördlich von Grindavík an der Straße 43, ☎ 426 8650, 🖥 www.nli.is. Luxushotel mit Wellnessbereich und schicker Lounge inmitten von moosbedeckten Lavafeldern. Nachmittags kann man sich selbst Waffeln backen. Ansonsten tischt das hauseigene **Max's Restaurant**, ☎ 426 8650, 🖥 www.nli.is, traditionelle isländische Küche, günstiger auf als erwartet. 🕐 tgl. 7–21.30 Uhr. Kostenloser Transfer zur Blauen Lagune, Flughafentransfer 13 € p. P. und Strecke. ❼–❽

TRANSPORT

Wer den Transfer mit den stündlich zwischen Lagune und Reykjavík pendelnden **Bussen** von Reykjavik Excursions und Gray Line gemeinsam mit der Eintrittskarte kauft, zahlt hin und zurück zusätzlich 4500 ISK.

Entlang der Südküste durchs Naturreservat

Als Herzstück des 825 km² großen **Unesco-Geoparks**, 🖥 www.reykjanesgeopark.is/en, beginnt etwa 12 km östlich von Grindavík das 300 km² große **Naturschutzgebiet Reykjanesfólkvangur**, meist kurz als „Naturschutzgebiet Krýsuvík" be-

Moonwalk: auf den Spuren Neil Armstrongs

„Probably the most moon-like of the field areas", soll im Anhang der offiziellen Nasa-Dokumentation zu den beiden Island-Exkursionen in den 60er-Jahren stehen. Und auch, wenn es widersprüchliche Aussagen darüber gibt, wo genau welche Astronauten des Apollo-Programms für die Mondlandung geübt haben, so wird die Gegend rund um Krýsuvík doch immer wieder als möglicher Schauplatz genannt. Nehmen wir einfach an, es wäre so. Schon allein, weil es eine nette Vorstellung ist, wie Neil Armstrong und Konsorten mit all der schweren Ausrüstung und in voller Montur den schmalen Trampelpfad vom Parkplatz in Seltún hochgestiegen sein mögen.

Auf dem Ketilstígur zum Arnarvatn

Heute ist der Wanderweg zum See Arnarvatn und weiter in Richtung des Berges Ketill zumindest konditionell keine allzu große Herausforderung: Es geht zwar stetig bergauf, aber ohne allzu steile Anstiege. Am schwierigsten ist es (wie so oft), den richtigen Einstieg zu finden. Nicht der weithin sichtbare, ausgetretene Trampelpfad, der hinter den heißen Quellen steil den Berg hochführt (auch ein schöner Spaziergang – allerdings endet der Weg irgendwann im Nichts) führt zum Ziel, sondern der unscheinbare, durch orangefarbene Metallpöller markierte Pfad, der direkt rechts hinter dem WC startet (Wegweiser: **Ketilsstígur**, „Ketills Weg", Gehzeit inkl. 15-minütigem Abstecher: knapp 1 1/2 Std.).

Schon nach wenigen Metern erfreut der Blick auf den Kleifarvatn im Tal, und nach spätestens einer halben Stunde ist nach einem leichten Aufstieg über Schotter und Moos der hübsche, kleine **Arnarvatn** erreicht. Links geht's über eine malerisch grüne Wiese in einer Viertelstunde zum Aussichtsfelsen in Richtung Südküste und auf die grüne Ebene **Vigdísarvellir** (Wegweiser „Hettu"). Wer sich rechts hält, beamt sich direkt zum Mond, denn hier endet ziemlich abrupt die Vegetation. Wie auf einem breiten Highway führt der Weg den „Moonwalker" nun nordwärts am See vorbei durch eine faszinierend karge Steinwüste. Es lohnt sich, den orangefarbenen Pflöcken noch ein Stück links die leichte Anhöhe in Richtung Ketill hinauf zu folgen, denn die Aussicht ins Tal und bis fast nach Hafnarfjörður ist grandios. Wer nicht zum Parkplatz zurückkehren muss, kann hier die Wanderung verlängern und den Hang runter zur Jeep-Piste 428 gehen, die rechts zur Straße 42 und in Richtung Nordküste führt (ggfs. von der Straße 42 aus zum Parkplatz zurück trampen; alle südwärts fahrenden Autos kommen an Seltún vorbei). Ansonsten geht's auf dem gleichen Weg zurück, der aber jetzt, mit direktem Blick auf die gewaltigen Felsen, die wie schlafende Drachen am Ende des Tales liegen, noch viel imposanter wirkt.

---

zeichnet. Ein Wanderparadies mit Vulkanen, z. T. mondartiger Lavalandschaft, Seen, Vogelfelsen und einem tollen Geothermalgebiet (Wanderkarten, sofern vorrätig, in der Touristeninformation in Keflavík, s. S.171).

Selatangar

Eine etwa 1,5 km lange, löcherige Zufahrtspiste führt von der Straße 427 südwärts zu einem kleinen Parkplatz. Von hier aus geht es zu Fuß in fünf Minuten zu einem durch Felsen geschützten Strand. In den Augen vieler ist er sehenswerter als Selatangar, eine mittelalterliche, seit 1884 still vor sich hin verfallende Ansammlung von Fischerhütten, in denen es spuken soll. Vom Parkplatz aus lohnt es sich, nördlich in die Lavaformationen aufzusteigen, die bis zur Küste reichen. Tolle, unerforschte Höhlen warten hier nur wenige hundert Meter von der Straße entfernt darauf, erkundet zu werden. Weil es keine gut sichtbaren Wege durch das Gebiet gibt, unbedingt Orientierungspunkte merken, sonst ist das Verlaufen garantiert.

Rund um Krýsuvík

Von der einstigen kleinen Siedlung Krýsuvík ist nur noch ein Bauernhof übriggeblieben. Heute steht die Region mit einem Geothermalgebiet, mondartiger Vulkanlandschaft und malerischen Seen wie dem Grænavatn und Kleifarvatn ganz im Zeichen der Natur.

Seltún

Es brodelt, es blubbert, es zischt und es gurgelt. Das **Geothermalgebiet** Seltún ist ein Kleinod, das sich je nach Wetter, Niederschlagsmenge und Windrichtung immer wieder anders präsentiert. Heiß ist es immer, weshalb man unter gar keinen Umständen den Finger in eine Blubberquelle oder gar in einen heißen Bach halten darf. Der nicht mittels Geländer gesicherte Bohlen-Rundweg führt vom Parkplatz (mit WC) gemächlich bergauf, vorbei an beige-gelben Hügeln, grauen Schlammquellen und Ablagerungen in giftiggelb, orange, grün und rot. Wer mag, folgt dem Weg, der nun zum rutschigen Trampelpfad wird, weiter den Berg hoch, bis die Spur irgendwann endet – man muss auf dem gleichen Pfad wieder zurück.

Kleifarvatn

Von Hügeln und einer steilen Gebirgsflanke umrahmt, leuchtet der See tiefblau in der kargen Landschaft, etwa 8 km² groß und stellenweise fast 100 m tief. Hier, wo es bei Sonnenschein oft extrem windig ist, locken zahlreiche gut ausgeschilderte **Wanderwege**. Das Gewässer ist auch ein beliebter **Tauchspot** (6-stündige Tour April–Mitte Okt, für 44 900 ISK, Mindestalter 17 J., ✆ 578 6200, 🖥 www.dive.is).

TRANSPORT

Die südliche **Küstenstraße 427** führt durchs Schutzgebiet weiter ostwärts in Richtung Þorlákshöfn. Unterwegs weisen am Straßenrand einige unbeschriftete Schilder auf Sehenswürdigkeiten hin, ohne jedoch über deren Art oder die Entfernung bis dorthin zu informieren. Die meisten der nicht-asphaltierten Wege führen zu alten Fischersiedlungen, bzw. zu deren Ruinen.
In Richtung Norden zweigt die teilweise nicht asphaltierte, aber mit normalem Auto gut befahrbare **Straße 42** von der Straße 427 ab und führt über Seltún und den Kleifarvatn nach Hafnarfjörður.

Die einzige weitere Straße, die diesen Namen verdient, ist die äußerst reizvolle, unbefestigte und oft sehr schlammige **Straße 428 (Vigdísarvallavegur)**, die über den See Djúpavatn wieder in Richtung Nordküste führt, aber nur mit Allradfahrzeugen befahrbar ist. Es locken verwunschene Täler, herrliche Wanderwege und einsame Plätze für ausgiebige Ruhepausen. Außerdem, nicht nur für Geocacher interessant: Der „Palace of the elves", dessen Standort hier natürlich nicht verraten wird. Eine aussagekräftige Bildergalerie zur Fahrt über die 428: 🖥 www.nordbilder.com/reiseberichte-island/westisland.

Strandarkirkja in Selvogur

Früher soll hier ein blühender Ort namens Strönd gewesen sein – heute ist nur noch die malerische kleine graue **Kirche** von 1888 geblieben. Laut Legende errichteten in einen Sturm geratene Seeleute den ersten Kirchenbau schon um das Jahr 1200, nachdem ihnen ein Engel geholfen hatte, an dieser Stelle sicher anzulanden. Lange wurden dem Gotteshaus besondere Kräfte nachgesagt, sodass es einst zu den bedeutendsten der Insel zählte. Ein Deich schützt die Kirche vor der Brandung. An der Zufahrtstraße zum Leuchtturm beginnt ein Wanderweg, der oberhalb der Küste nach Osten bis Þorlákshöfn führt. Die 20 km sind zu Fuß allerdings eine Tagestour (auf dem Schild steht 15 km, aber das ist arg geschönt).

In Selvogur befinden sich zwei Campingplätze: Gata (kostenlos) und T-Bær (1000 ISK p. P.), beide mit einfachen WCs, Duschen und Grillplatz. Im Kaffihús gibt es Kaffee, selbstgebackenen Kuchen und leckere Waffeln, im gelben Container Kunsthandwerk. **Kaffihús und Camping T-bær**, ✆ 483 3150, 🖥 www.tjalda.is/en/t-baer. ⏰ im Sommer tgl. 10–22 Uhr.

Þorlákshöfn

Zahlreiche, weit verstreute Wohnhäuser und Pferdeställe und der **großen Hafen**, von dem aus im Winter die Fähre zu den Westmännerinseln fährt, prägen das Bild der Stadt (knapp 1500 Einw.). Þorlákshöfn selbst ist zwar nicht gerade attraktiv, aber von einer reizvollen Küstenlandschaft umgeben.

Unzählige Felsentore aus schwarzer Lava trotzen der unberechenbaren, rauen Brandung, doch die vielen Lavablöcke, die man 30 m weiter unten liegen sieht, zeigen deutlich, wie bröckelig die ganze Angelegenheit ist (Vorsicht an der Kante). Immer wieder mal sorgen außergewöhnlich hohe Wellen für eine unerwartete Dusche. Hier kann man kilometerweit Richtung Westen wandern, ohne andere Menschen zu treffen, unter den Füßen bizarre, wie Seile verschlungene Stricklavaformationen, direkt angrenzend eine seichte Dünenlandschaft. Vor der Küste schwimmen Seehunde und manchmal auch Wale, und auf den Felsen sitzen schon im März unbeweglich wie Statuen unzählige Kormorane und Krähenscharben, die einträchtig aufs Meer schauen. Die Kormorane trocknen sich hier, denn sie haben kein Fett im Gefieder und werden daher, anders als z. B. Enten oder Alken, im Wasser nass. Dadurch können sie besser tauchen (weniger Auftrieb).

Der einfachste Zugang zur **Steilküste** befindet sich ungefähr 1 km westlich der Stadt: Hier endet die Asphaltstraße an einer Fabrik und geht in eine löcherige, nicht nummerierte Straße über, die aber (sehr vorsichtig) auch mit einem normalen Auto befahrbar ist. An einem Gestell, an dem Fisch malerisch in der Sonne trocknet, kann das Auto stehen bleiben – von hier aus sind es nur noch wenige Meter bis zur Küste.

Im Südosten der Landspitze, auf der Þorlákshöfn liegt, ist die Küste seichter; ein Damm aus Lavablöcken schützt den Ort vor etwaigen Sturmfluten. Oben auf dem Damm (am Ortsausgang dem Sehenswürdigkeiten-Schild folgen) steht ein blechernes Wikingerschiff zu Ehren **Auðurs der Tiefsinnigen** (Auður djúpúðga). Sie war die einzige Frau ihrer Zeit, die um 900 n. Chr. ohne männliche Begleitung mit ihren Kindern per Boot Richtung Island aufbrach, um dort zu leben, s. auch 🖥 www.historyhoydens.blogspot.de/2007/05/life-and-times-of-aud-deep-minded.html.

Vom Denkmal und vom Leuchtturm aus kann man etwas für Island extrem Ungewöhnliches sehen: **Surfer**! Wie in Hawaii rudern sie auf ihren Brettern ins Meer hinaus, um sich auf einer Welle reitend wieder zurückbringen zu lassen. Nicht ganz ungefährlich wegen der Steine, weswegen vorsichtigere Surfer, die sich noch nicht an den eigentlichen Surf-Hotspot kurz vor dem Leuchtturm trauen, auf den schwarzen, seichten Sandstrand ausweichen, der vom Fähranleger in wenigen Minuten zu Fuß erreichbar ist (nach Norden, nicht ausgeschildert).

ÜBERNACHTUNG

Camping Þorlákshöfn (Campingkarte), Skálholtsbraut, ☏ 480 3890, ✉ ragnar@olfus.is. Nicht viel mehr als eine Wiese zwischen Sportzentrum und Kirche. Warmes Wasser, aber keine Duschen. Der Pluspunkt ist das Schwimmbad nebenan. 1100 ISK, Kinder unter 16 J. kostenlos, Strom 1100 ISK. ⏰ Mitte Mai–Aug.

Jonna Guesthouse (auch Hjá Jonna), Oddabraut 24, ☏ 483 5292, 🖥 www.jonnaguesthouse.is. Hochgelobtes familiäres 9-Zimmer-Gästehaus mit Reit- und Surfangebot. Jonna-Gäste dürfen kostenlos ins Schwimmbad und werden auf Wunsch von Gastgeber Jón, der als Fischer arbeitet, bekocht. Im Aufenthaltsraum Kühlschrank, Wasserkocher und Mikrowelle, aber sonst keine Kochmöglichkeit. ❸

ESSEN

Hendur í Höfn, Unubakki 10-12, ☏ 848 3389, 🖥 www.hendurihofn.is. Hübsches Café mit Atelier, in dem es ausgefallene Glaskunst zu bestaunen und auch zu kaufen gibt. Ein Schmuckstück mit originellen Außentischen aus hölzernen Kabeltrommeln, das man hier in der ziemlich trostlosen Hafenumgebung (direkt hinter der Tankstelle mit Schnellimbiss) nicht erwartet hätte. ⏰ im Sommer Mo–Fr 10–19, Sa, So 10–17 Uhr, im Winter Mo geschl.

Meitillinn Veitingahús, Selvogsbraut 41, ☏ 483 5950, 🖥 www.meitillinn.net. Leicht abgerocktes Pizzeria-Restaurant, in dem man hauptsächlich Einheimische trifft. Die jeweils aktuelle Tageskarte gibt's im Internet. ⏰ tgl. 11.30–21 Uhr.

Krýsuvíkurbjarg: Vogelfelsen, Steilküste und Leuchtturm

„Krýsuvíkurbjarg" steht auf dem gelben Hinweisschild, das von der Straße 427 in Richtung Küste weist. Keine Entfernungsangabe und kein Hinweis darauf, wer oder was Krýsuvíkurbjarg (auch Krýsuvíkurberg) ist. Gut 3,5 km sind es bis zur Steilküste Krýsuvíkurbjarg (wörtl. übersetzt „Steilküste von Krýsuvík"). Die dorthin führende Piste ist mal grau, oft aber eindrucksvoll orange bis rot gefärbt und gegen Ende leider schlecht bis katastrophal. Etwa nach der Hälfte der Strecke kreuzt ein kleiner Fluss die Fahrspur und versperrt normalen Autos die Weiterfahrt. Hier stellt man den Wagen ab (Achtung: höchstens Platz für zwei Kleinwagen) und läuft den Rest der Strecke zu Fuß. Tipp: Wer nicht der Fahrspur folgt, sondern geradeaus über den Berg wandert, trifft auf die Ruinen einer alten Siedlung und hat zudem den schöneren Weg gewählt. Jeep-Fahrer können weiterfahren bis zur Küste, wo sich ein kleiner Parkplatz befindet.

Als Lohn des Abstechers winkt der Anblick einer beeindruckenden, etwa 50 m hohen Steilküste: Krýsuvíkurbjarg begeistert mit Vogelfelsen, die sich zudem teilweise im farbenprächtigen quergestreiften Muster-Look präsentieren. Vom Parkplatz aus führt ein steiler Weg hinauf bis zu einem eigenartigen Metallgestell, dessen Funktion zunächst Rätsel aufgibt: Zieht man von hier mit einer Seilwinde Schiffe an Land? Nein. Die würden sofort an den Klippen zerschellen. Nein, dieses Gerät erleichterte früher Eierdieben die Arbeit: In einer Art Geschirr ließen sie sich hier aufhängen und waagerecht schwebend zu den Nestern schwenken. Man folgt hier weiter der Küstenlinie nach Osten und schon der nächste Felsen ist der bunte (Achtung, nicht zu nahe an der bröseligen Abbruchkante laufen). **60 000 bis 70 000 Vögel** veranstalten hier im Sommer ein beeindruckendes Spektakel, unter ihnen auch Papageitaucher.

Wer weiter der Küste Richtung Osten folgt (zu Fuß, das Auto unbedingt am Parkplatz stehen lassen), kommt nach ungefähr einer Stunde zu einem hübschen, einsamen orange-roten **Leuchtturm**. Der Weg war mal eine Fahrspur, die mit der Zeit immer tiefer eingesunken ist. Mit Matsch ist zu rechnen, aber hier ist so wenig los, dass man auch einfach neben dem Weg auf dem Gras laufen kann, ohne Schaden anzurichten. Von hier schweift der Blick kilometerweit die Küste entlang Richtung Osten.

Und es gibt sie doch: die Arnarkerhöhle

Irgendwo in der Nähe von Þorlákshöfn sollte sie sein, die Arnarkerhöhle. Immer wieder wurde ich danach gefragt, und immer wieder hatte ich mich auf die Suche gemacht. Vergeblich. Die Arnarkerhöhle blieb unauffindbar, ein Mysterium. Ich fragte Einwohner, fuhr jede Straße ab, die in Frage kommen könnte. So fand ich im Niemandsland zwischen Þorlákshöfn und der Bergkette ein herrliches Wandergebiet, durchzogen von sandigen Pfaden. Hier wird Motorcross gefahren, stellte sich heraus. Ich fand die Fabrik, wo das isländische „Glacial Water" in Flaschen abgefüllt wird. Dort endet die Asphaltstraße 380 („Hliðarendavegur") an einem „Durchfahrt verboten"-Schild. Ich versuchte es schließlich „andersherum" und fuhr von der Strandarkirkja aus die holprige alte Verbindungsstraße (wie ich später herausfand, trägt auch sie die Nummer 380, aber es gibt kein Hinweisschild) nach Þorlákshöfn.

Und nach 9 km stehe ich vor dem Schild „Arnarker". Von hier aus führt ein mit gelbroten Pflöcken markierter Weg ungefähr 200 m in Richtung Bergkette bis zu Höhle. Es geht über eine Metallleiter hinunter. Unten liegt Schnee. Die Steine, über die man zum Höhleneingang klettern muss, sind von Eis überzogen, denn die warme Frühlingssonne hatte die Eisstalagtiten geschmolzen und das Wasser war hier unten sofort wieder zu spiegelglattem Eis gefroren. Trotzdem kann man reinklettern in die riesige, 5000 Jahre alte Höhle. 510 m führt sie unterirdisch durch das Lavafeld Leitahraun, aber es eiskalt unter der Erde. Außerdem frage ich mich, wer mich hier finden wird, falls ich mir den Fuß breche. Hier sollte man keinesfalls alleine runtergehen und schon gar nicht ohne die passende Ausrüstung (Helm, geeignete Schuhe, Taschenlampe, Handschuhe). Ich begnüge mich also mit einer wenigen Meter langen Höhlentour. Und freue mich, dass ich diesen versteckten unterirdischen Schatz endlich gefunden habe.

SONSTIGES

Einkaufen
Supermarkt Kjarval, Selvogsbraut 12, ℡ 585 7595. ⏲ Mo–Fr 10–19, Sa 10–18, So 10–16 Uhr.
Vínbúdin, Selvogsbraut 41. ⏲ Mo–Do 16–18, Fr 13–18 Uhr.

Geld
Landsbankinn mit Western Union und **Post**, Hafnarberg Kreuzung Selvogsbraut. ⏲ Mo–Fr 9.15–16 Uhr. Außerdem Geldautomat im Laden der Tankstelle.

Informationen
Rathaus, Hafnarberg 1, ℡ 480 3830, 🖥 www.olfus.is. Bibliothek mit Infos und kostenlosem WLAN, auch kleines Heimatmuseum. ⏲ Mo–Fr 12.30–17.30 Uhr.

Medizinische Hilfe
Apotheke, Selvogsbraut 41. ⏲ Mo–Fr 13.30–17.30 Uhr.

Gesundheitszentrum, Selvogsbraut 24, ℡ 480 5240.

Schwimmen
Schwimmbad, Hafnarberg 41, ℡ 480 3890, 🖥 www.sundlaugar.is/sundlaugar/thorlakshofn. Großes familienfreundliches Bad im Sportzentrum mit Außen- und Innenbecken, 2 Hot Pots und 2 attraktiven Rutschen. ⏲ Mo–Fr 7–21 Uhr, Sa, So im Winter 10–17, im Sommer 10–18 Uhr.

TRANSPORT

Auto
Nach Westen führt die Küstenstraße 427 – gern auch als breitester Radweg von Island bezeichnet – in 58 km bis nach Grindavík. Nordwärts stößt die Straße 38 auf die beiden Passstraßen Þrengsli (Straße 39) und Hellisheiði.

Busse
Strætó (Linie 71) fährt Mo–Fr 4x tgl. nach HVERAGERÐI, wo man in die Busse nach REYKJAVÍK und SELFOSS/VÍK umsteigen kann.

Fähre zu den Westmännerinseln

Þorlákshöfn ist der Ausweich-Hafen für die Fähre Herjólfur, wenn der neuere Hafen Landeyjahöfn (S. 79) wegen hohen Seegangs oder Versandung nicht angelaufen werden kann, was insbesondere im Winter oft der Fall ist. Die Fahrzeit erhöht sich dann von ca. 35 Min. auf gut 3 Std. Aktuelle Infos am Ticketschalter der Herjólfur auf den Westmännerinseln, ✆ 481 2800, 🖥 www.saeferdir.is.

Über Þrengsli und Hellisheiði nach Reykjavík

Von Þorlákshöfn führen zwei Passstraßen (siehe S. 187, Transport) mit einigen reizvollen Sehenswürdigkeiten in die Hauptstadt zurück.

Þrengsli

Þrengsli (wörtl. übersetzt „Enge"), auch Þrengslavegur oder Straße 39 genannt, ist der landschaftlich schönere und weniger befahrene der beiden Pässe. Leider gibt es nur wenige Möglichkeiten für Stopps, sodass die Schönheit der kargen Bergwelt und die Aussicht bis hin aufs Meer leider meist nur aus dem Autofenster heraus genossen wird. Ein Besuch der 1,3 km langen Lavahöhle **Raufarhólshellir** mit dem kreisrunden Loch in der Decke lohnt besonders im Winter und Frühjahr, wenn sich im Inneren eindrucksvolle Eisformationen gebildet haben. Bis 2017 war die Höhle frei zugänglich, heute bietet **The Lava Tunnel**, 🖥 www.thelavatunnel.is, vor der Höhle Touren an (1 Std. für 6400 ISK, mit Transfer von/nach Reykjavík 11 400 ISK). ⊙ tgl. 10–17 Uhr.

Hellisheiði

Nach dem serpentinenartigen Aufstieg und einem letzten Blick ins Reykjadalur hinter Hveragerði (Infos zum Wandergebiet, S. 559) ist die Umgebung abgesehen von einem kleineren Wasserfall rechts der Fahrbahn zunächst unspektakulär, die breite Straße führt einfach geradeaus.

Bereits wenige Kilometer weiter westlich aber weisen die ersten Dampfwolken auf die starke vulkanische Aktivität der Region hin. Diese macht sich das **Geothermiekraftwerk Hellisheiðarvirkjun** zunutze, das größte und modernste seiner Art in Island. Mit einer momentanen Standardleistung von 303 Megawatt Strom und 133 Megawatt Heißwasser ist es sozusagen der Ferrari unter den Kraftwerken. Sehr empfehlenswert ist die kurze Rundfahrt mit dem eigenen Auto über das Kraftwerksgelände und ein Stück den Berg hinauf (unbedingt vorher nachfragen, ob das gerade gefahrlos möglich ist). In der sehr sehenswerten Multimedia-Ausstellung, 🖥 www.geothermalexhibition.com, vermitteln Erdbeben vom Band eine erste Ahnung davon, auf was für einem Berg man gerade steht. Hengill ist nämlich ein aktiver Vulkan, ohne den es nicht möglich wäre, so gewaltige Strommengen zu erzeugen. Die Methode der Strom- und Heißwassererzeugung hier ist mehr als ungewöhnlich, und der Transport der beiden begehrten Güter in die Hauptstadt ist selbst für isländische Verhältnisse einzigartig. Man bohrt gerade mal 3 km tief, und schon schießen bis zu 350 °C heiße Wasserdampffontänen aus den Bohrlöchern. Die Anlage trennt das heiße Wasser vom Dampf, der zur Stromerzeugung genutzt wird, während das heiße Schwefelwasser dazu dient, Grundwasser zu erhitzen. Eine von der Straße aus klar erkennbare oberirdische Doppel-Pipeline leitet Wasser und Strom bergab (keine Pumpen sind nötig) bis zu Reykjavíks Warmwasserspeicher Perlan (S. 143), von wo aus es ins Heizungssystem eingespeist und in die Haushalte weitergeleitet wird. ⊙ Mo–Fr 8–17, Sa, So 9–17 Uhr, Führung 1450 ISK, Kinder unter 12 Jahren frei.

An der Straße 417

Etwa 20 km südöstlich von Reykjavík zweigt die Straße 417 von der Ringstraße nach Süden ab. Hier lohnen einige Orte einen Abstecher.

Mit einer Art Aufzug für Fensterputzer frei schwebend in einen aktiven Vulkan fahren? Für Leute mit Höhenangst das blanke Grauen, für andere das Erlebnis ihres Lebens. Beim Bláfjöll-Skigebiet wird die Tour **Inside the Volcano**, 🖥 www.insidethevolcano.com, angeboten (Mitte Mai–Mitte Okt um 8, 10, 12 und 14 Uhr, Verweildauer in 200 m Tiefe: 35–40 Min., 42 000 ISK p. P. inkl. Transfer ab Reykjavík, Kaffee und warmer Suppe, Mindestalter 12 Jahre). An der

Energie als Exportschlager?

Wer auf der Fahrt durch Reykjanes die drei großen Geothermie-Kraftwerke (Suðurnes bei Gunnuhver, Svartsengi bei der Blauen Lagune und Hellisheiði auf dem gleichnamigen Pass) sieht, der fragt sich unweigerlich: Was machen die Isländer eigentlich mit der ganzen Energie? Und tatsächlich fragen sich die Inselbewohner das auch.

Was tun? Sie verschwenden die Energie gnadenlos. Tag und Nacht bleibt das Licht an, auch im Sommer, wenn es hell ist, die Heizung läuft bei geöffnetem Fenster, die auch im Winter geöffneten Freibäder haben 40 °C Wassertemperatur, und einige Fußgängerzonen und Bürgersteige bleiben dank eines unterirdischen Warmwassersystems den ganzen Winter schneefrei. Außerdem betreibt die Insel Aluminiumschmelzen und Server im Auftrag ausländischer Firmen (S. 114, Wirtschaft).

Islands großer Traum ist es aber, Energie zu exportieren. Das ist nicht so einfach, selbst wenn immer mal wieder diskutiert wird, durch ein 700-Megawatt-Unterseekabel nach Schottland „grünen" isländischen Strom direkt nach Europa zu verkaufen. Geschätzte Kosten (von Siemens) alleine für das Kabel: rund 1,5 Mrd. €. Allerdings könnte sich die Investition schon in 20 Jahren rechnen, wenn die Preise in Europa weiter steigen. Eine andere Option: gar nicht die Energie selbst zu Geld zu machen, sondern das Know-how. So soll Island z. B. zusammen mit der Weltbank diverse ostafrikanische Staaten rund um das „Great Rift Valley" in die Lage versetzen, mithilfe der unter dem Valley liegenden Energie bis zu 150 Mio. Menschen mit Strom zu versorgen.

Ganz und gar „grün" ist auch diese Energie nicht. Die Betreiber des Kraftwerks Hellisheiði werden z. B. für *man-made earthquakes*, also von Menschen verursachte Erdbeben, verantwortlich gemacht, die entstehen, wenn das warme Wasser wieder zurück in die Erde gepumpt wird.

Eine neuere Doktorarbeit hat gezeigt, dass Menschen, die in der Nähe von Geothermalgebieten leben, einem erhöhten Krebsrisiko ausgesetzt sind. Und die Konzentration von Schwefelwasserstoff, Radon, Arsen, Bor und Quecksilber wird durch das Rauf- und Runterpumpen von heißem Wasser noch vervielfacht.

Hinzu kommt: Erdwärme ist zwar „regenerativ", aber trotzdem nicht unerschöpflich. Schon jetzt kühlen einige Geothermalfelder ab, sodass erste Geologen wie Sigmundur Einarsson vom Institut für Naturgeschichte mahnen: „Wir sollten unseren Kindern Reserven lassen."

Hütte Breiðablik startet eine kurze Wanderung (3/4 Std.) bis zur Spitze des Vulkans **Þríhnúkagígur**, wo sich der Einstieg befindet. Dann Helme auf und los. Rotglühendes Magma gibt es nicht zu sehen, denn der letzte Ausbruch war vor über 4000 Jahren. Der Vulkan „schläft", ist aber als aktiv eingestuft. Warum genau die Magmakammer leergelaufen ist, weiß niemand. Dass das eine Rarität ist, ist hingegen unumstritten. Im Winter, wenn der Aufzug abgebaut ist, ist eine Wanderung zum Krater äußerst reizvoll, denn dann hat man den Vulkan meist ganz für sich alleine. Man kann vorsichtig hineinschauen und -leuchten, und die Aussicht bis hinunter nach Reykjavík ist grandios.

Das **Skigebiet Bláfjöll**, 30 km südöstlich der Hauptstadt und 13 km südlich der Ringstraße an der Straße 417, 530 3000, www.skidasvaedi.is, ist sowohl landschaftlich als auch ski-technisch sehr lohnend, mangels Bäumen allerdings oft windig. Es gibt einen Skiverleih (alpin und Langlauf), eine Hütte mit Hotdogs, Kaffee etc., diverse Skilifte und Pisten sowie Langlauf-Loipen. Nach telefonischer Voranfrage wird ggf. auch Ski-Unterricht angeboten. ⏰ Mo–Fr 14–21, Sa, So 10–17 Uhr (immer vorher abchecken, ob tatsächlich offen), Eintritt 1 Std. 1850 ISK, Tagespass 3550 ISK.

Anfahrt: Ein brauner Linienbus von Teitur, www.skidasvaedi.is/upplysingar/rutuaaetlun, fährt von der Olís-Tankstelle bei Reykjavíks Busbahnhof Mjódd Mo–Fr um 16.15 Uhr und Sa, So um 12.40 Uhr zum Skigebiet (Rückfahrt Mo–Fr um 21.05 Uhr, Sa, So um 17.05 Uhr), ca. 40 Min., ISK 2000 p. P. für Hin- und Rückfahrt, in bar, keine Reservierung notwendig.

ESSEN

Café Energy, die Caféteria im Hellisheiði-Kraftwerk hat nicht so viel Charme wie die Litla Kaffistofan, dafür aber mehr Sitzplätze. Hier kann man Kaffee oder Bier kostenlos im Internet surfen und so lange sitzen bleiben, wie man will. Leckere Waffeln mit Marmelade und Sahnehäubchen. ⊕ Mo–Fr 8–17, Sa, So 9–17 Uhr.

Litla Kaffistofan, Suðurlandsvegi, 5 km nordwestlich des Kraftwerks, ☏ 557 7601, 🖵 auf Facebook. Die Tankstelle mit Café erstrahlt schon von Weitem in den Olís-Farben grün, weiß und gelb. Hier gibt's den besten Kaffee weit und breit, außerdem in Plastikfolie verpackte Sandwiches, Toasts und Salate. Das Essen sieht nicht allzu appetitlich aus, ist aber köstlich. Im Winter oft der wichtigste Platz in der Umgebung, denn hier stranden die Autofahrer, wenn der Pass gesperrt ist. Dann bleibt die Café-Raststätte die ganze Nacht über geöffnet. ⊕ Mo–Fr 7–18, Sa, So 8–18 Uhr.

TRANSPORT

Auto

Die Passstraßen sind durchgehend asphaltiert, haben jedoch ihre Tücken. Nicht umsonst steht just am Pass Hellisheiði das große Kreuz mit dem zerbeulten Auto obendrauf, und eine Anzeigetafel erinnert an die Zahl der Verkehrstoten im aktuellen Jahr. Über Þrengsli (Straßennummer 39) sind es 46 km bis nach Reykjavík, über Hellisheiði 59 km (Straßennummer 1, von Þorlákshöfn aus über Hveragerði fahren, dann im Kreisverkehr links abbiegen). Achtung: Beide Pässe sind im Winter öfter gesperrt, und man hängt in diesem Fall mangels Ausweichrouten einfach fest. Wer zum Flughafen muss, sollte sich vorsichtshalber immer am Tag vor dem Abflug auf den Weg über den Pass Richtung Reykjavík machen. Im Sommer versinken beide Pässe oft im dichten Nebel, und es kann extrem windig sein. Ungefähr 20 km östlich von Reykjavík laufen die beiden Passstraßen wieder zusammen, um gemeinsam als Ringstraße bergab nach Nordwesten zu führen.

Busse

Über Þrengsli verkehrt kein öffentlicher Bus, über Hellisheiði fahren die Strætó-Ringstraßenbusse 51 und 52 (Details bei Hveragerði, S. 563, bzw. Reykjavík, S. 160).

Wanderung am Krater Eldborg

Direkt an der Straße 417 informiert ein grünes Schild über eine Kraterreihe namens Eldborg (dieser Name, „Feuerburg", ist häufig in Island; hier handelt es sich eher um ein kleines Eldborg). Fußwege führen auf den vorderen Krater hinauf und in ca. 30 Min um den größeren Krater herum. Spaziergänger erwartet ein Traum in Neongrün, Hellgrün, Orange und Rot – besonders schön im Herbst, wenn sich die Blaubeerbüsche auch noch in bunte Kleidchen gehüllt haben.

KERID-KRATER; © ISTOCK.COM / TECHNOTR

Der Golden Circle

Island ohne Golden Circle ist wie Paris ohne Eiffelturm. Der mächtige Gullfoss, der in zwei Stufen in die Tiefe stürzt, der Geysir Strokkur, der alle paar Minuten gewaltige Heißwasserfontänen in die Luft pustet, und Þingvellir, das Tal, wo nicht nur zwei Kontinentalplatten auseinanderdriften, sondern sich auch das älteste noch bestehende Parlament der Welt zusammenfand: Jede Attraktion für sich ist schon einzigartig, doch zusammen sind sie unschlagbar.

Stefan Loose Traveltipps

2 **Þingvellir** Ein ganz besonderes Tal, das sowohl Geologen als auch Historiker gefangen nimmt. S. 192

Brúarfoss Mit seinen fotogen herabstürzenden Kaskaden ist der Wasserfall längst kein Geheimtipp mehr. S. 198

3 **Vom Geysir bis zum Gullfoss** Die beiden berauschend schönen Naturgewalten sind die beeindruckendsten Vertreter ihrer Art und liegen nur einen Katzensprung auseinander. S. 201

Flúðir und Secret Lagoon In wohlig warme Quellen eintauchen und die Seele baumeln lassen. S. 205

Vom Þingvallavatn ins Hengill-Gebiet Von der wenig besuchten Südwestseite des Sees starten Wanderungen ins reizvolle Gebirge. S. 214

SECRET LAGOON; © CAROLINE MICHEL

ÞINGVELLIR; ISTOCK.COM / ANYABERKUT

Wann fahren? Die Region ist ganzjährig stark besucht und sowohl im Sommer als auch im Winter spektakulär.

Wie lange? Ohne Wanderungen, Raften, Reiten oder Tauchen als Tagestour machbar, aber 2–3 Tage sind besser

Bekannt für die berühmtesten Naturspektakel und historischen Orte des Landes

Unbedingt probieren Vom Gullfoss aus entlang der Hvítá-Schlucht spazieren

Abseits ausgetretener Pfade Waldspaziergang im Haukadalur, Wanderung durch das Lupinenmeer an der Ostseite des Gullfoss

Werbebroschüren preisen Island fast schon inflationär als „Land der Gletscher und Geysire" an, und wer Letztere sucht, wird vor allem in dieser Region fündig. Die durch den übertriebenen Slogan geweckten hohen Erwartungen erfüllt inselweit keine andere Springquelle so sehr wie der **Geysir Strokkur** auf dem Golden Circle, der Hauptreiseroute des Landes. Dieser bietet ein Naturspektakel erster Güte und spuckt lautstark und zuverlässig wie ein Schweizer Uhrwerk meterhohe Fontänen in die Luft. Der benachbarte **Große Geysir**, Namensgeber aller Geysire, ist dagegen in einen „Dämmerschlaf" verfallen und lässt sich nur äußerst selten zu einem Ausbruch herab. Wer ihn und seinen äußerst aktiven kleinen Bruder besuchen will, muss sich, ebenso wie 10 km weiter östlich am beeindruckenden Wasserfall **Gullfoss**, auf großen Andrang einstellen. Und im Westen des „Goldenen Kreises" steht **Þingvellir** mit seiner naturräumlichen wie historisch-politischen Bedeutung ebenfalls ganz oben auf der Liste der Island-Reisenden. Aber wer die Hauptroute verlässt, mal auf einer kleineren Straße weiterfährt oder ein Stück zu Fuß geht, entdeckt auch im besucherreichen Gebiet rund um den Golden Circle noch Schätze, die er ganz allein genießen kann.

Von Reykjavík nach Þingvellir

Dort, wo die Ringstraße 10 km nördlich von Reykjavík die Stadt Mosfellsbær verlässt, zweigt in einem Kreisverkehr rechts die Straße 36 nach Þingvellir ab. Zunächst geht es durch ein grünes, von Bergen eingerahmtes Tal, ehe die Vegetation nach und nach karger wird. Unterwegs locken auch kulturell interessante Orte.

Mosfell

In Island haben viele Orte etwas zu erzählen. Mosfell ganz besonders, soll doch laut der berühmten *Egills-Saga* der Held **Egill Skallagrímsson** (S. 231) hier im 10. Jh. gemeinsam mit seinen Töchtern seine letzten Lebensjahre verbracht und angeblich in den hiesigen Bergen Islands berühmtesten Silberschatz vergraben haben. Man erzählt sich, dass der damals greise Egill, der seinen Nachkommen wohl kein Erbe gönnen wollte, eines Abends zwei Bedienstete zu sich rief. Schwer mit allerlei Säcken bepackt, machten sich die drei auf in die Berge – und Egill kam am nächsten Morgen allein zurück. Wahrscheinlich habe er die Diener seinen Schatz vergraben lassen und die beiden anschließend ermordet, sagt man. Ob die Geschichte stimmt,

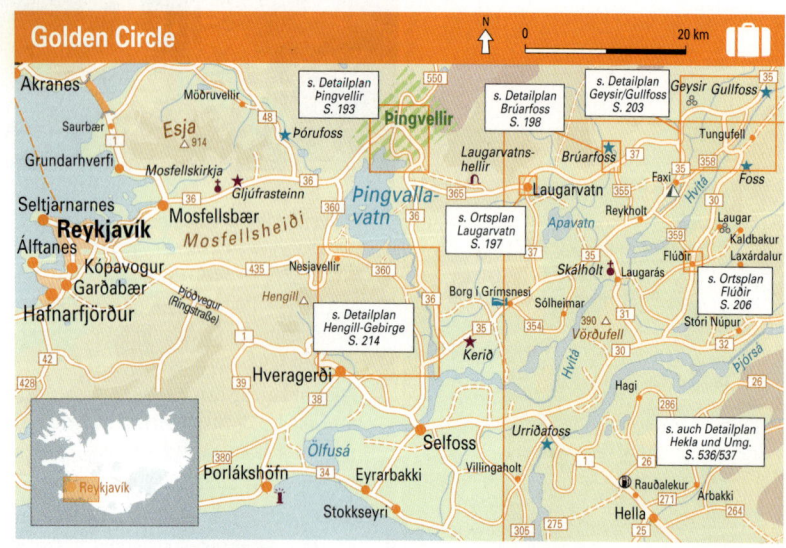

Unterwegs im Golden Circle

Mit dem Auto
Das Wichtigste zuerst: „Den einen Goldenen Kreis" gibt es ebenso wenig wie die eine Route, auf der man ihn abfährt. „Golden Circle" ist einfach ein werbewirksamer Name für die größten Attraktionen der Region nordöstlich von Reykjavík, den sich irgendwer (keiner weiß, wer) irgendwann einmal ausgedacht hat. Mit Ausnahme des Parkplatzes an der Gullfoss-Ostseite sowie dem Abstecher nach Stöng und Gjáin (s. u.) sind alle im Kasten beschriebenen Orte mit einem normalen Pkw erreichbar.

Die klassische Runde
Viele Tourveranstalter beginnen ihren „Zirkel" in **Reykjavík**, fahren auf durchgehend asphaltierten Straßen über **Þingvellir** und **Laugarvatn** nach **Geysir** und zum **Gullfoss** und dann vorbei am **Krater Kerið** bis nach **Selfoss**, von wo aus es über den Pass **Hellisheiði** zurück nach Reykjavík geht (Gesamtdistanz 246 km bzw. 178 km ohne Reykjavík).

Weitere Abstecher
Bei einem Umweg über **Flúðir** mit dem Schwimmbad **Secret Lagoon** erhöht sich die Fahrtstrecke auf insgesamt 305 km. Von Flúðir aus ist eine weitere reizvolle Schleife als Circle-Erweiterung möglich: Wer über die Straße 32 Richtung Hochland fährt und dort beim **Wasserkraftwerk Sigalda** auf die Straße 26 wechselt, passiert das alte Torfgehöft **Stöng**, die vegetationsreiche Schlucht **Gjáin**, die Wasserfälle **Háifoss**, **Þjófafoss** und **Hjálparfoss**, und den Vulkan **Hekla**, bevor er nordwestlich von Hella auf die Ringstraße stößt. Diese Route (insgesamt 125 km) ist ab S. 535 näher beschrieben. Auch wer vom Golden Circle aus nach Landmannalaugar oder zur Sprengisandur-Hochlandpiste (F26) will, nimmt die Straße 32.

Mit dem Bus
Mit dem Reisebus geht alles – mit dem Linienbus geht (fast) gar nichts. Der einzige Anbieter von regulären Bussen ins Geysir-Gullfoss-Gebiet ist **SBA-Norðurleið** (die Buspässe von Reykjavik Excursions gelten). Die Gesellschaft bedient während der Sommermonate 1x tgl. morgens ab Reykjavík mit ihrer Linie 610/610a die **Hochlandroute Kjölur** und fährt über Geysir und Gullfoss, mit jeweils einer halben Stunde Aufenthalt. Aus der Gegenrichtung zurück zur Hauptstadt werden die beiden Attraktionen am Nachmittag passiert. Þingvellir liegt nicht auf dieser Route.
Die **Linien 72 und 73** von **Strætó** verkehren 1–3x tgl. von Selfoss aus Richtung Flúðir. Die 72 beschreibt einen Kreis über Laugarás und Reykholt, die 73 fährt in der Gegenrichtung und hält zusätzlich in Laugarvatn.

---

weiß niemand, doch begeben sich immer mal wieder Isländer auf Schatzsuche. Angeblich gibt es sogar eine genaue Schatzkarte, irgendwo hinten in einem Buch. Aber eben nur angeblich, denn auch die einheimischen Schatzsucher tappen weitgehend im Dunkeln.

Mosfell und die nördlich angrenzenden Berge sind trotzdem einen Besuch wert, allein der grandiosen Aussicht wegen. Im Jahr 2001 wurden hier die Reste einer Stabkirche ausgegraben, in deren Umkreis man mehr als 20 Skelette und ein großes leeres Grab fand. Vielleicht das von Egill? Auch das weiß man nicht so genau. Zu besichtigen gibt es heute eine hübsche neuere Kirche, die **Mosfellskirkja**, und ein Infoschild über die **Egills-Saga**. Nördlich der Kirche führt ein gut erkennbarer Trampelpfad auf den Berg und endet in einer Schlucht. Wer weiß – vielleicht sieht man es unterwegs ja irgendwo glitzern …

Laxness-Museum Gljúfrasteinn
Das Haus, in dem Halldór Laxness, der isländische Nobelpreisträger von 1955 (s. Land und Leute S. 121 und Bücher S. 601), bis zuletzt mit

seiner Familie lebte, ist heute das Museum Gljúfrasteinn, Mosfellbær, ✆ 586 8066, 🖥 www.gljufrasteinn.is. Es fühlt sich an, als könnte der Meister jeden Moment zurückkommen, im Garten spazieren gehen und sich in seine Bibliothek begeben. In einer Multimediapräsentation erfahren Besucher alles über Leben und Werk des wohl berühmtesten isländischen Schriftstellers (auch auf Englisch). Und an jedem Sonntag von Juni bis August finden Konzerte statt – so wie es zu Lebzeiten des Autors üblich war. Bücher mit Museums-Stempel sind im Souvenirladen erhältlich. ⏱ Juni–Aug tgl. 9–17, Sept–Okt und März–Mai Di–So 10–16, Nov–Feb Mo–Fr 10–16 Uhr, Eintritt 900 ISK, Kinder unter 18 Jahren frei.

2 HIGHLIGHT

Þingvellir

Umgeben von Hügeln und Vulkansystemen erstreckt sich dieser geologisch hochaktive Ort am Þingvallavatn, dem größten Binnensee Islands (84 km²). Mehrere tektonische Spalten durchziehen die weitläufige Talsenke Þingvellir, die ebenso wie der See Teil des Mittelatlantischen Rückens ist, der die eurasische von der nordamerikanischen Kontinentalplatte trennt.

Hier kann man fast zuschauen, wie sich das „geologische Baby" Island verändert. Vor gut 10 000 Jahren befand sich hier nämlich noch kein Tal, sondern eine geschlossene Lavaebene. Dann begann die Erde auseinanderzubrechen. Langsam aber stetig, etwa 1–2 cm pro Jahr. Es entstanden erst Risse, dann Felsspalten und schließlich die mehrere Kilometer breite **Grabenbruchzone**, in der heute viele Spalten verlaufen. Die größten sind die **Almannagjá** im Westen und die **Hrafnagjá** im Osten, zwischen denen sich der abgesunkene, etwa 5 km breite Grabenbruchbereich erstreckt.

Wegen seiner tektonischen Aktivität und seines Artenreichtums (u. a. 172 Pflanzen-, 52 Vogel- und einige außergewöhnliche Fischarten, s. Kasten S. 196) wurde das Gebiet 1928 zum **Nationalpark** erklärt. 2004 folgte der **Weltkulturerbe**-Titel. Denn Þingvellirs politische Bedeutung ist nicht minder spektakulär, wurde hier doch im Jahr 930 das **älteste Parlament der Welt** gegründet (s. Kasten S. 194).

Im Zentrum des Tals

Erste Einblicke vermittelt das Infozentrum Hakið am oberen Parkplatz etwa 1 km östlich der Straße 36, wo spannende Filme über die Geologie im Tal und die Fischwelt im See (s. Kasten s. 196) gezeigt werden und man einen Übersichtsplan von Þingvellir bekommt. Von einer **Aussichtsplattform** lässt sich das Talpanorama am besten genießen.

Vom Parkplatz aus gesehen links geht es runter in die **Almannagjá**, deren enge Felswände schnell ein echtes Spalten-Feeling aufkommen lassen. Nach etwa 500 m zweigt rechts ein Weg in eine zerklüftete Fels- und Graslandschaft ab, die als eindrucksvolle Kulisse für *Game of Thrones*-Kampfszenen diente. Von hier kann man direkt ins Tal und zum See absteigen, aber der Hauptweg führt weiter geradeaus, vorbei am geschichtsträchtigen **Versammlungsplatz** mit der Islandflagge vor dem *Lögberg* weiter zum **Öxarárfoss**, der scheinbar aus dem Nichts kommt und sich malerisch in die Spalte ergießt. Wer hier nicht hingeht, ist selbst schuld.

Seit der Einführung des Christentums steht im Tal eine **Kirche**. Die heutige aus dem Jahr 1859 kann täglich zwischen 9 und 17 Uhr von innen besichtigt werden. Die beste Perspektive für ein Foto von ihr und dem fünfgiebeligen malerischen Haus daneben findet man auf der Aussichtsplattform.

Reizvoll sind auch die zahlreichen Spalten und Tümpel rund um das Gotteshaus, die ihren vollen Zauber aber erst bei Sonnenschein entfalten, wenn das Wasser türkis und golden glitzert (leider haben viele Besucher verbotenerweise Geldstücke hineingeworfen). Eine der bekanntesten ist die **Silfra-Spalte**, die sich jährlich um 7 mm verbreitert und südöstlich der Kirche in den See mündet. Sie wird gespeist vom Gletscher Langjökull, dessen Schmelzwasser sich seinen Weg durch gut 50 km Lavastein bahnen muss, bevor es hier nach 30 bis 100 Jahren rein und gefiltert wieder zum Vorschein kommt. Mit ihrem glasklaren Wasser begeistert die tiefe

Þingvellir

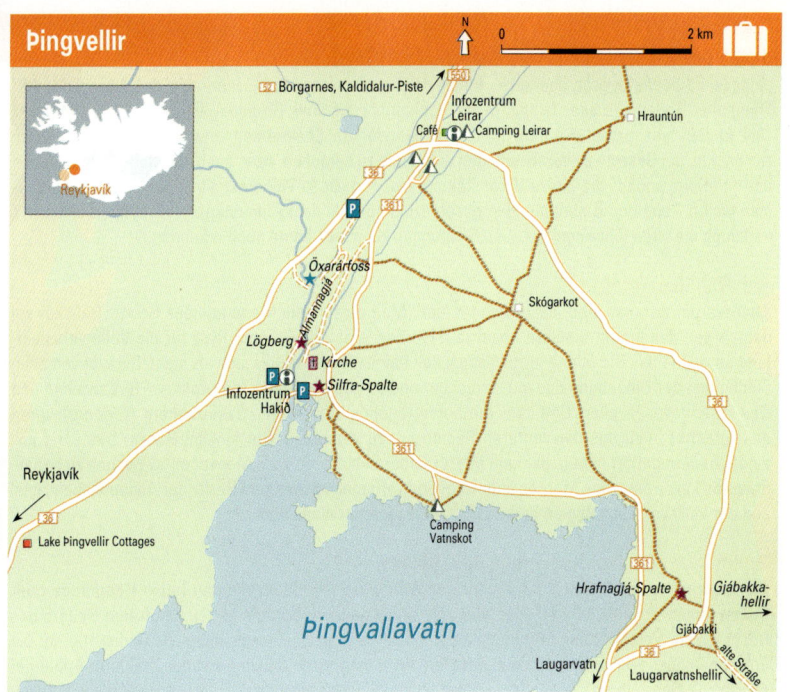

Spalte vor allem Taucher (s. Aktivitäten), während Spaziergänger, die die eindrucksvollen Fotos der Tauch- und Schnorchel-Veranstalter im Kopf haben, oft enttäuscht werden, zumindest bei schlechtem Wetter. Denn man darf als Nicht-Taucher nur zum Start- und Endpunkt der Taucher-Route – und da gibt es in der Nähe andere „Spalten", die viel schöner sind.

Wandern im Nationalpark

Am Ende der oben beschriebenen „Touristenroute" kann man den Tag am Seeufer ausklingen lassen. Am besten erfühlen lässt sich der Reiz dieses ganz besonderen Tals aber auf einem der zahlreichen markierten Wanderwege (unter www.map.is, detaillierte Karte mit allen Straßen, Wegen und Pfaden ansonsten für 500 ISK erhältlich im Infozentrum Leirar). Sich einfach mal auf ein Moosbett setzen, vorsichtig in eine Spalte oder Höhle lugen und die lose herumliegenden Steine in die Hand nehmen. Denn nur so merkt man, wie empfindlich, wie brüchig die Erde hier ist. Und wie schwer es die zahlreichen Birken haben, hier dauerhaft Fuß zu fassen.

Der populärste Wanderweg beginnt beim nördlichen Campingplatz Leirar (der Straße 36 etwa 200 m nach Osten folgen bis zum etwas versteckten Wegweiser) und führt auf einem holprigen Pfad durch eine Heide-Stein-Landschaft zu den Ruinen der Höfe **Hrauntún** (2 km nach Osten), **Skógarkot** (weitere 3 km nach Süden, mit Überquerung der Straße 36) und **Vatnskot** (nochmal 2 km nach Süden). Wem das zu weit ist, der sollte bei Skógarkot in nordwestlicher Richtung abbiegen und auf einem Trampelpfad durch die Lava direkt zum Campingplatz zurückgehen (2,5 km). Kurz vor dem Ziel trifft man völlig überraschend auf eine tolle Dünenlandschaft, die hier so gar nicht hinzupassen scheint. Für die Runde über Skógarkot sollten drei Stunden eingeplant werden. Vom Campingplatz bis runter zum See nach Vatnskot

Das älteste bestehende Parlament der Welt

„Þingvellir" bedeutet grob übersetzt „Plätze der Volksversammlung". Hier tagte das Alþing, das All-Thing aller Goden von ganz Island. In der Hochphase von ihrer Gründung im Jahr 930 bis zum Jahr 1262 kamen hier einmal pro Jahr rund 5000 Isländer zur Sommersonnenwende für zwei Wochen zusammen, um **Gesetze zu verabschieden** und **Recht zu sprechen**. Aber auch, um sich auszutauschen und zu feiern, sodass die ganze Veranstaltung einem riesigen **Volksfest** glich, das niemand versäumen wollte. Zelte und Buden standen geschützt in der Schlucht Almannagjá („Allmännerschlucht"), und auch die alten Reitwege aus allen Richtungen kann man heute noch erkennen.

Die Wahl des Ortes

Aber warum traf man sich ausgerechnet hier? Man erzählt, ein Mann namens Grímur Geitskór sei damals von den ersten Siedlern beauftragt worden, einen geeigneten Platz für die **Volksversammlung** auszusuchen. Die Ebene nordwestlich des Þingvallavatn erwies sich als ideal: Sie war von allen Siedlungen der Umgebung aus gut erreichbar und es gab genügend Trinkwasser, Pferdeweiden und Gewässer voller Forellen. Und dank der hervorragenden Akustik am **Gesetzesberg** *(Lögberg)* waren die Sprecher auch aus den hinteren Reihen gut zu verstehen. Der einzige Haken: Das Land soll einem Bauern gehört haben, der kein Interesse daran hatte, so viele Menschen zu Besuch zu haben. Er wurde kurzerhand des Mordes angeklagt und verbannt, sodass sein Besitz der Allgemeinheit zufiel und der Volksversammlung an diesem Ort nichts mehr im Wege stand.

Funktionsweise und Bedeutung des Alþing

Stimmberechtigt im ältesten Parlament der Welt waren 48 Bauernfürsten (auch Häuptlinge oder **Goden** genannt), je zwölf aus jedem der vier Landesteile. Außerdem hatten alle freien Bauern das Recht, an der Versammlung teilzunehmen und über Regeln des Zusammenlebens zu diskutieren. Die Entscheidungsgewalt lag zwar bei den Goden, doch hing deren Stellung von der Zahl ihrer Anhänger ab. Und da diese „ihren" Goden frei wählen konnten, hatten sie indirekt auch etwas Einfluss auf des-

und über die Straße zurück braucht man fünfeinhalb Stunden.

Für weniger ausdauernde Wanderer bietet sich ein kurzer, durch blaue Pflöcke markierter Fußweg an, der an der weitgehend unbeachteten, aber wunderhübschen **Spalte Hrafnagjá** im Südosten der Senke entlangführt. Bereits wenige Meter von der belebten Straße entfernt laden ruhige, geschützte Plätzchen zum Picknick ein. Der Einstieg liegt etwas versteckt in einer Parkbucht auf der rechten Seite der Straße 361 nach Vatnskot am Nordostufer des Þingvallavatn.

ÜBERNACHTUNG

Einzige Unterkunft im Nationalpark ist der dort gelegene große Campingplatz und noch ein kleines Zeltareal direkt am See.
Camping, ☏ 482 2660, 🖥 www.thingvellir.is und www.tjalda.is/en/thingvellir. Þingvellir ist die Camping-Location schlechthin. Leider ist das aber kein Geheimtipp mehr, sodass es auf dem Campinggelände **Leirar** im Sommer ganz schön trubelig zugeht. Überall wird gegrillt, gelacht, gesungen und getrunken. Leirar setzt sich aus 4 Zonen zusammen, zwischen denen die Straßen 36/361/550 kreuzweise verlaufen. Die beiden größten Areale Nyðri und Syðri Leirar im Nordosten bzw. Südosten sind am besten ausgestattet und bieten auch Autos, Campinganhängern etc. Platz. Die beiden etwas kleineren Areale Hvannabrekka im Nordwesten und Fagrabrekka im Südwesten sind nur für Zelte und haben nur Kaltwasser und WC. Im Rezeptionsgebäude/Infocenter Leirar gibt es ein kleines **Café**, außerdem wird allerhand Nützliches (z. B. Spanngurte, Angelzubehör und Handschuhe) verkauft. Nachteil: Es gibt nur 2 Duschen – und die sind nicht

sen Verhalten. Das Konzept war also bestechend einfach und hat lange auch einigermaßen gut funktioniert. Dann aber stellte sich heraus, dass das Fehlen einer Exekutive doch so einige Probleme mit sich brachte. Was die Isländer da geschaffen hatten, war nämlich eine Art „parlamentarische Anarchie", in der es Sache des Klägers (meist eines Goden) war, darauf zu achten, ob und wie ein Urteil ausgeführt wurde. Jeder, der einmal die Saga vom weisen Njál (S. 532) gelesen und sich gewundert hat, warum Njál und Gunnar sich immer wechselseitig Schadenersatz gezahlt haben, wenn mal wieder ein Knecht des jeweils anderen ermordet wurde, der findet hier die Erklärung, warum das Þing-System innenpolitische Krisen nicht immer lösen konnte.

Äußere Einflüsse sorgten für zusätzliche Destabilisierung: Nachdem Ende des 10. Jhs. Missionierungsversuche des norwegischen Königs gescheitert waren, verhängte der Monarch eine Handelsblockade und setzte mächtige Goden unter Druck, indem er deren Angehörige als Geiseln nahm. Einige der Erpressten konvertierten daraufhin zum Christentum und richteten eigene Gerichtshöfe ein, was die Inselbewohner spaltete: Die **Streitigkeiten** untereinander wurden immer schlimmer, bis der angesehene Gesetzessprecher **Þorgeir** im Jahr 1000 im Interesse der Stabilität die landesweite **Einführung des Christentums** verkündete (s. Religion S. 116). Doch während die Befriedung auf der Insel nur phasenweise gelang, nahm der ökonomische und politische Einfluss des Nachbarn immer mehr zu, bis sich die durch ständige Fehden geschwächten Goden schließlich 1262 der norwegischen Krone unterwarfen. Ihnen wurden weiterhin einige Autonomierechte zugestanden, und das Alþing tagte auch nach der **Unterwerfung unter Norwegen**, später Dänemark, weiter jedes Jahr in Þingvellir. Seine „goldenen Zeiten" erlebte das Alþing in den ersten Jahren bis 1000, mit Abstrichen bis 1262. Von 1262–1799 war es dagegen deutlich in seiner Macht beschränkt, da immer mehr Gefolgsmänner des Königs Schlüsselpositionen besetzten, wurde aber weiterhin zur Rechtsprechung genutzt. 1799 erst lösten die Dänen das Alþing auf, das aber bereits 1844 in Reykjavík wiedergegründet wurde. Trotzdem blieb Þingvellir bis heute ein Ort mit hoher Symbolkraft, an dem weiterhin bedeutende nationale Ereignisse wie die Ausrufung der **Republik Island** am 17. Juni 1944 stattfanden.

immer warm. Ein weiterer, etwas ruhigerer Campingplatz (ebenfalls ohne Autos auf dem Gras, nur kaltes Wasser und WC) liegt bei **Vatnskot** am nördlichen Seeufer. Jeder Platz 1300 ISK plus 100 ISK Steuern, Kinder unter 13 J. kostenlos. ⏲ Leirar ganzjährig, Vatnskot Juni–Sep.

Lake Þingvellir Cottages, Heiðarás, 6 km südwestlich von Þingvellir, ☎ 892 7110, 🖥 www.lakethingvellir.is. 2 Blockhäuser für 2 Personen und 2 weitere für 4 Personen mit Seeblick auf dem platten Land, trotz der nahen Straße ruhig gelegen. Zwei der Cottages sind durch getrennte Schlafräume so aufgeteilt, dass auch Menschen, die weder verwandt noch befreundet sind, hier wunderbar zusammen wohnen können. 19 500 ISK für das Häuschen plus 2500 ISK p. P. für Bettwäsche und Handtücher. Im Juli/Aug 2 Tage Mindestaufenthalt.

ESSEN

Nur das kleine Café im Infocenter tischt ein paar einfache Speisen auf (es gab mal ein das Restaurant und Hótel Valhöll, aber das ist abgebrannt). Ansonsten müssen Hungrige ins 20 km entfernte Laugarvatn ausweichen.

AKTIVITÄTEN

Angeln
Die Angelerlaubnis (Veiðikortið oder Fishing Card) ist für 7900 ISK im Informationscenter (s. u.) am Campingplatz erhältlich.

Tauchen und Schnorcheln
Trotz des nicht ganz ungefährlichen, 2–4 °C kalten Wassers (es gab schon Todesfälle) ist die Silfra-Spalte ein absolutes Muss für Tauchfans (30–40 Min. Schnorcheln etwa 20 000 ISK,

Anders als die anderen: Fische im See Þingvallavatn

Die Fische, die im Þingvallavatn leben, sind außergewöhnlich. Einzigartig auf der Welt. Warum? Man vermutet, dass sie am Ende der letzten Eiszeit, als sich die Erde anhob, hier isoliert wurden. Sie heißen zwar ganz gewöhnlich Bachforelle, Saibling *(arctic charr)* und Dreistachliger Stichling, haben sich aber in den vergangenen 10 000 Jahren anders weiterentwickelt als ihre Artgenossen im Rest von Island. Sie sind deshalb der anschauliche Beweis dafür, dass die Anpassung an spezielle Lebensbedingungen ein wesentlicher Faktor der Evolution ist. Der konstante Zufluss von Grundwasser und die Tiefe von bis zu 114 m könnten hier eine entscheidende Rolle spielen, doch wirft der See noch viele Fragen auf und ist ein Eldorado für Forscher. Weitere Infos findet man auf 🖥 www.thingvellir.is.

2 Tauchgänge knapp 40 000 ISK). Die meisten Anbieter bieten Transfer von/nach Reykjavík. Weitere Infos u. a. unter 🖥 www.divesilfra.is, www.diveiceland.com, www.scuba.is, www.dive.is und www.adventures.is.

Wandern
Siehe „Wandern im Nationalpark", S. 193.

INFORMATIONEN

Beide Zentren verteilen kostenlose Übersichtspläne.
Visitor Centre am oberen Parkplatz (Hakið), 📞 482 3613. ⏰ Juni–Aug 9–20, Sep–Mai 9–18 Uhr.
Infozentrum beim Campingplatz (Leirar), 📞 482 2660, 🖥 www.thingvellir.is. Die Website ist weit gehaltvoller als andere Infoseiten. ⏰ Juni–Aug 9–20, Sep–Mai 9–17 Uhr.

TRANSPORT

Auto
Entlang der engen **Nationalparkstraße 361** (Tempolimit 50 km/h) gibt es viele asphaltierte oder geschotterte Parkbuchten (oft besetzt, damit rechnen, dass ein Auto unerwartet rückwärts raussetzt). Außerhalb der Parkbuchten ist Parken streng verboten, aber es gibt mehrere große Parkplätze (entlang der wichtigen Straße 36 z. B. an den Infozentren Hakið im Südwesten oder am Campingplatz Leirar im Norden). Das **Parkgebühr-Tagesticket** gilt für alle Parkplätze und kostet 500 ISK (zahlbar nur mit Kreditkarte).

Westwärts führt die **Straße 36** von Þingvellir nach Reykjavik (ca. 45 km). Vom Ostufer des Þingvallavatn geht es über die **Straßen 365 und 37** in Richtung Osten zum Laugarvatn (15 km), Geysir (44 km) und Gullfoss (54 km). Richtung Norden ist es nicht weit bis zur Hochland-Piste Kaldidalur (ca. 25 km).

Busse
Þingvellir ist nur als Teil von Golden-Circle-Exkursionen zu erreichen, die ganzjährig von zahlreichen Veranstaltern angeboten werden. Alle Busse halten meist auf dem Parkplatz an der Aussichtsplattform. Die Fahrgäste können dann zu Fuß durch die Almannagjá gehen und weiter nördlich am Parkplatz an der Straße 36 wieder einsteigen (oder umgekehrt). Der Aufenthalt bei den Pauschaltouren ist aber selten länger als eine Stunde – was der Schönheit Þingvellirs keinesfalls gerecht wird.

Laugarvatn und Umgebung

Laugarvatn ist ein hübsches kleines Örtchen (ca. 300 Einw.) am rund 2 km² großen gleichnamigen See. Man ist hier stolz auf die gute touristische Infrastruktur, die Hochschule und vor allen Dingen auf das große **Wellness-Bad** (s. u.). Rund um das Gewässer sprießt es für isländische Verhältnisse extrem grün. Flora und Fauna am Seeufer sind einzigartig, allerdings gibt es neben seltenen Gräsern und Enten auch Schwärme von Mücken (die zwar nicht stechen, aber nerven). Trotzdem sollte man unbedingt wenigstens ein kurzes Stück auf den schmalen, leider oft matschigen, Uferpfaden entlang laufen. Sportliche finden in der Umgebung außergewöhnlich viele **Wanderwege**, und an vielen Stellen stehen Übersichtskarten mit den entsprechenden Kilometerangaben. Die Schlechtwettervariante: Wer am Friedhof am Berg hoch läuft, gelangt über einen 1,3 km langen Trimmpfad oberhalb des Ortes und unterhalb des Laugarvatnsfjall bis zum Campingplatz. Auch ein Ortsrundgang lohnt sich, denn hier leben viele Künstler und Kreative, sodass man im Vorbeigehen auch schon mal einen Maler oder Bildhauer zu Gesicht bekommt, der gerade in seinem Garten werkelt.

Die Attraktion des Ortes ist das große Wellness- und Badezentrum **Fontana**, Hverabraut 1, ℡ 486 1400, 🖥 www.fontana.is. Aus dem warmen Hot Pot kann man direkt in den Laugarvatn springen, zu dem ein Steg führt. Keine Angst, es droht kein eiskaltes Bad, denn das warme Wasser wird in den See eingeleitet. ⏱ Mitte Juni–Mitte Aug tgl. 10–23, sonst tgl. 11–22 Uhr, Eintritt 3800 ISK, Jugendliche (13–16 J.) 2000 ISK, Familien 9500 ISK, Kinder frei.

Sehenswert ist auch die Schafhöhle **Laugarvatnshellir** 9 km westlich von Laugarvatn (zur Anfahrt s. Transport). Sie war über 100 Jahre lang bewohnt, sogar Babys kamen hier zur Welt. Unvorstellbar, wenn man sieht, wie klein die Höhle ist. Außerdem soll es hier spuken. Die beliebteste Geschichte: Vor langer, langer Zeit soll die Höhle noch um Einiges größer gewesen als heute. Irgendwann suchte hier ein junger Schäfer aus Laugarvatn Schutz vor einem Unwetter – bis ein Geist erschien und ihn samt seiner Schafe aus der Höhle jagte. Zum Glück, denn kurze Zeit später soll ein Großteil der Höhle durch ein fürchterliches Erdbeben eingestürzt sein. 2017 wurde in der Laugarvatnshellir das alte Wohnhaus rekonstruiert.

ÜBERNACHTUNG

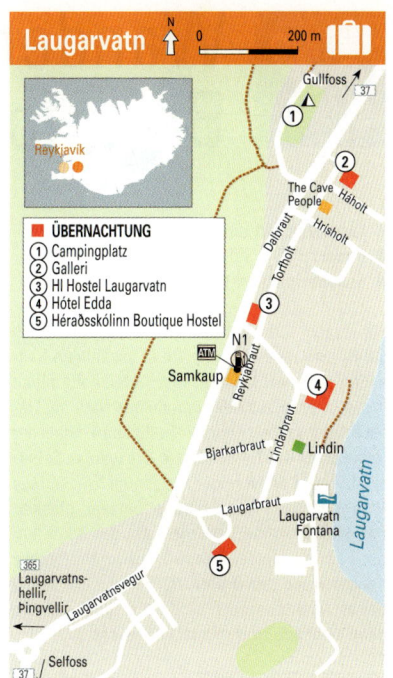

Camping, oberhalb des Ortes am Hang, ℡ 615 5848, 🖥 www.tjalda.is/en/laugarvatn. Einfacher, aber gepflegter großer Platz mit Grill, überdachter Spülstation, Spielplatz, WC- und Duschcontainer (Duschen im Preis inbegriffen). 1300 ISK, Kinder (6–16 J.) 600 ISK, Strom 900 ISK, Mückenschutznetz 700 ISK.

Galleri, Háholt 1 (direkt an der Straße vor dem nördlichen Ortsausgang), ℡ 486 1016 und 893 4656, 🖥 www.gallerilaugarvatn.is. Galleri ist nicht wirklich eine Galerie, sondern eher ein Souvenirshop, in dem es handgefertigte kleine Schafe aus Wolle, ausgefallene Kinder-T-Shirts und allerlei andere schön anzuschauende Dinge gibt, die niemand wirklich braucht, aber jeder trotzdem gern hätte. Das Café ist exzellent: Der Kuchen ist toll, die Einrichtung auch. Hier möchte man gar nicht wieder weg. Muss man auch nicht, denn Galleri bietet direkt neben dem Café in dem markanten Holzhaus-Komplex auch 5 Zimmer (mit und ohne Bad). Sie sind nicht allzu groß, aber modern und liebevoll eingerichtet. Besonderer Wert wird auf den Schlafkomfort gelegt: die Betten sind sehr bequem und es gibt sogar je 3 verschieden große Kopfkissen. Tolles Frühstücksbuffet (mit frischen Waffeln, im Preis inbegriffen) im

Wanderung zum Brúarfoss

- **Länge:** hin und zurück ca. 6,5 km
- **Dauer:** 1 1/2–2 Std.
- **Schwierigkeit:** mittel

Mit seinem türkisfarbenen Wildwasser, das sich durch eine metertiefe Spalte in unzähligen Kaskaden in einen kleinen, fast hufeisenförmigen Krater ergießt, zählt das sprudelnde Naturspektakel Brúarfoss trotz geringer Fallhöhe zu einem der Höhepunkte des Golden Circle. Die wahren Schätze aber sind die weniger bekannten Wasserfälle Hlauptungufoss und Miðfoss. Einsam, glasklar und wunderschön liegen sie am gut 3 km langen Fußweg von der Straße 37 bis zur Holzbrücke Kóngsbrú und zum Brúarfoss. Wanderschuhe und etwas Abenteuergeist sind gute Wegbegleiter, denn die Pfade sind schmal und feucht.

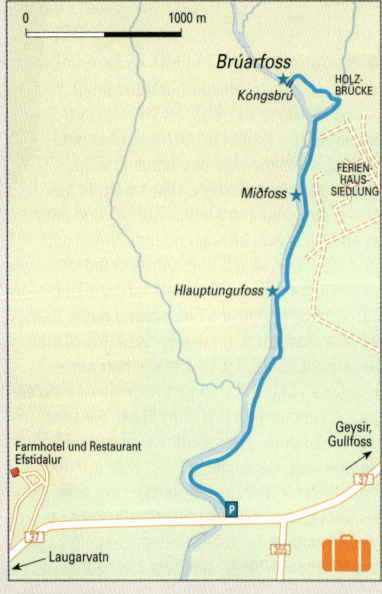

Die Route

Die Wanderung beginnt unspektakulär an einem Parkplatz unterhalb der Brúará-Brücke. Das Flussufer ist hier eine Baustelle, doch schon nach wenigen hundert Metern taucht man in eine wundervolle Naturlandschaft ein: Der anfangs noch breite Weg wird zu einem Trampelpfad, der durch Feuchtwiesen führt. Auch wenn Holzplanken einige der Bäche überbrücken, ist es selbst nach einer anhaltenden Trockenperiode nahezu unmöglich, diesen Teilabschnitt trockenen Fußes zu überwinden. Bald wird das Flussufer steiler und die nächste Herausforderung lässt nicht auf sich warten: Der schmale, oft rutschige Pfad führt durch dichtes Birkengestrüpp und kommt linkerhand dem Abgrund oft beängstigend nah (langsam und vorsichtig gehen, zur Not sind die fest verwurzelten Bäumchen stabile Haltegriffe). Etwa 1,5 km nördlich des Parkplatzes ist der rund 2 m hohe **Hlauptungufoss** erreicht. Wer vorsichtig über die beige-gelben, leicht bemoosten und begrasten Felsbrocken am Ufer steigt, kann seine Schönheit von unten bewundern, bevor er weiter dem Pfad folgend von oben bei gutem Wetter einen Regenbogen im tosenden, glasklaren Wasser entdecken kann. Bei so vielen reizvollen Perspektiven vergehen die Stunden wie im Flug. Nicht weniger attraktiv ist der Nachbar **Miðfoss**.

Von hier aus verläuft der Weg eben durch den nun leicht sandigen Untergrund und vorbei an einigen schmalen grauen Stränden, die von den Bewohnern der nahen Ferienhaussiedlung gern als Badestelle und Kinderspielplatz genutzt werden. Kurz vor dem Ziel, dem **Brúarfoss**, zwingt ein Fluss zu einem matschigen Umweg flussaufwärts nach Osten, bis man nach 300 m zur Holzbrücke mit dem Wegweiser „Kóngsbrú 0,5 km" kommt. Ab hier beginnt der Teilbereich der Wanderung, über den in den letzten Jahren heftig gestritten wird: Wie geht man mit den vielen Touristen um,

die mit Autos durch die Ferienhaussiedlung cruisen, um den Weg zum Brúarfoss abzukürzen? Sie stoßen nämlich hier zu der Handvoll Wanderer, die vom südlichen Parkplatz gestartet sind. Ob eine reguläre Zufahrt mit Parkplatz angelegt und der Weg befestigt oder ob das Befahren der Privatwege durch eine Schranke verhindert wird, ist noch unklar.

Einen weiteren Zugang zum Brúarfoss gibt es bisher nicht; der Weg westlich der Kóngsbrú wird zum Wanderweg nach Norden und der Trampelpfad, der am westlichen Brúará-Ufer ehemals zurück nach Süden und zur Straße 37 führte, ist heute zugewachsen (bitte meiden, um den empfindlichen Uferbewuchs nicht zu zertrampeln). Und noch etwas: Wir raten dringend davon ab, dem Brúarfoss unterhalb der Brücke entgegenzugehen. Die Steine hier sind glitschiger, als man denkt.

Übernachtung und Essen

Farmhotel, Kuhstall-Café und Restaurant Efstidalur, ca. 1 km westlich vom Parkplatz am Bruará-Fluss, ✆ 486 1186, 🖥 www.efstidalur.is. Mit Fußball spielenden Hunden, einer verschmusten Katze, Pferden und Kühen verströmt die v. a. bei Kindern beliebte Farm viel Bauernhofambiente. Sie ist weit über die Gemeinde hinaus für ihr selbst gemachtes Eis bekannt (man kann vom Café aus durch die Scheibe beim Melken zusehen). Wer über Nacht bleibt, findet gemütliche Zimmer (mit und ohne Bad) im alten Farmhaus oder im neueren einstöckigen Haus, wo jedes Zimmer eine kleine Terrasse hat. Eine Gemeinschaftsküche gibt es nicht, dafür ist das Essen im Restaurant einfach zu lecker. Familienzimmer für bis zu 7 Pers. 460 €, Frühstück 16 €. ⏲ Eisverkauf tgl. 10–22, Restaurant Mitte Mai–Mitte Sep tgl. 11.30–22, sonst meist tgl. 11.30–20 Uhr. ❹–❺

Café und extrem zuvorkommende, herzliche Gastgeber. ❸

Héradsskólinn Boutique Hostel, Héradsskóli, 537 8060, www.heradsskolinn.is. Wohlfühl-Hostel mit Privatzimmern und Schlafsälen in einer siebengiebeligen restaurierten alten Schule mit auffällig grünem Dach. Es gibt ein Bistro, ein Café, eine Bar, eine Küche für Selbstversorger und einen antik möblierten Gemeinschaftsbereich, in dem Entspannungsmusik läuft. Bett im gemischten Schlafsaal 5600 ISK, Frühstück 1900 ISK. ❸

Hótel Edda, 444 4810, www.hoteledda.is/de/hotels/hotel-edda-ml-laugarvatn. Riesiges Hotel und Restaurant ohne Adresse im Gebäude des Gymnasiums. Wie die meisten Edda-Hotels ein Traum in Beton, aber dafür mit exquisitem Seeblick. 101 Zimmer, davon 32 mit eigenem Bad, die anderen (aber nicht alle) mit eigenem Waschbecken. ⏱ Mitte Juni–Mitte Aug. ❸–❹

Jugendherberge/HI Hostel Laugarvatn, Dalbraut 37, Ecke Lindrabraut, 486 1215, www.laugarvatnhostel.is und www.hostel.is/Hostels/Laugarvatn. Der schlichte Gebäudekomplex bietet insgesamt 142 Schlafplätze in einem großen Schlafsaal, 19 Vierbett-, einigen Dreier- und 16 kleinen Doppelzimmern. 15 zusätzliche Zimmer mit eigenem Bad waren zum Zeitpunkt der Recherche geplant. Schlafsackunterkunft 5300 ISK (Mitgliederpreis 4600 ISK), Bettzeug 500 ISK, Frühstück 1700 ISK. ❸

ESSEN

Lindin, Lindarbraut 2, 898 9599, www.laugarvatn.is. Markantes graues Wellblechhaus mit zwei großen Außenterrassen. Hier gibt es Kaffee, Kuchen und Eis, aber auch Fisch- und Lammspezialitäten, Rentier-Burger und leckere Gemüseschnitzel mit hausgemachtem Tomatenpesto. ⏱ tgl. 12–22 Uhr.

AKTIVITÄTEN UND TOUREN

Angeln
Jeder darf ohne spezielle Erlaubnis im Laugarvatn angeln.

Höhlentouren
Laugarvatn Adventure/The Cave People, Háholt 2c, 862 5614, www.caving.is. Geführte Touren in der Kleingruppe, u. a. zur rund 9000 Jahre alten Lavahöhle Gjábakkahellir, 2–3 Std. 9900 ISK.

Basecamp Iceland, Hlemmur, Reykjavík, 777 0708 (ehemals Iceland Expeditions), 14 900 ISK ab Reykjavík.

SONSTIGES

An der Tankstelle gibt es einen **Geldautomaten**, einen **Briefkasten** und den gutsortierten **Supermarkt Samkaup** mit Schnellimbiss. ⏱ Mo–Fr 9.30–21 Uhr.

TRANSPORT

Auto
Die **Straße 37** führt gen Osten am Brúarfoss vorbei nach Geysir (29 km) und südwärts in Richtung Skálholt (25 km) oder Selfoss (40 km). Die Straße 365 ins westliche Þingvellir (27 km) ist gut, aber im Winter oft wegen Schnees gesperrt.

Wer Zeit und ein Auto mit Bodenfreiheit hat, kann nach 6 km auf der Straße 365 nach Norden zur Höhle Laugarvatnshellir abbiegen (noch 3 km). Hinter der Höhle führt die Straße namenlos und ohne Wegweiser linkerhand weiter den Berg hoch. Das ist die **alte Straße nach Þingvellir**, auf der sich trotz ihrer großen Schlaglöcher eine Fahrt lohnt, denn die Aussicht auf den See Þingvallavatn ist von hier oben grandios. Etwa 7 km westlich von Laugarvatnshellir folgt auf der rechten Straßenseite ein kleiner Parkplatz mit einem kurzen Pfad zu Lavahöhlen. Am bekanntesten ist die Gjábakkahellir (auch Helguhellir oder Stelpuhellir). Aber Achtung: Bitte nicht ohne Führer und ohne Helm hineingehen (hier fallen oft dicke Felsbrocken von der Decke), sondern eine Exkursion von Laugarvatn aus buchen (s. Aktivitäten). Ansonsten muss ein vorsichtiger Blick hinein von den Höhleneingängen aus genügen. Wer von hier aus nach Þingvellir weiter will, braucht einen guten Jeep, eine länger andauernde Trockenperiode und etwas Mut. Es gibt vor dem Erreichen der Asphaltstraße eine tiefe, matschige Senke. Wer sich hier festfährt, muss einen Abschleppwagen rufen.

Busse
AKUREYRI, mit SBA-Norðurleið (Linie 610) tgl. um 9.30 Uhr, über GEYSIR, GULLFOSS, HVITÁRNES, KERLINGARFJÖLL, HVERAVELLIR, SVARTÁ und VARMAHLIÐ, in 9 Std. für 14 100 ISK.
REYKJAVÍK, mit SBA-Norðurleið (Linie 610a) tgl. um 17 Uhr, über SELFOSS und HVERAGERÐI, in 1 1/2 Std. für 3500 ISK.
SELFOSS, mit Strætó (Linie 73) Mo–Fr um 17.16 Uhr, Sa um 19.41 Uhr und So um 17.37 Uhr, in 40 Min. für 1840 ISK.

 HIGHLIGHT

Vom Geysir bis zum Gullfoss

Diese beiden Naturgewalten zählen zu Recht zu den meistbesuchten Orten Islands und liegen so nahe beisammen, dass sie bequem „im Doppelpack" bestaunt werden können.

Geysir

„Dann setz ich mich schön in einen Geysir ..." ertönt es gar nicht so selten aus dem Mund von Island-Neulingen. Ein erster Blick auf das bekannteste Geothermalgebiet der Insel zeigt sehr schnell: Das wird nichts. Hier ist alles sehr heiß. So heiß, dass man immer schön auf den Wegen bleiben und es tunlichst vermeiden sollte, auch nur einen klitzekleinen Finger in eine der Blubberquellen zu halten, um das empirisch zu überprüfen. Stattdessen lieber Augen und Ohren aufgesperrt: In einer spektakulären Show spuckt Mutter Naturs „Hauptdarsteller", der Geysir **Strokkur**, ungefähr alle zehn Minuten Heißwasserfontänen in die Luft, bis zu 20 m hoch. Manchmal auch in kürzeren Abständen. Der Kreis der neugierigen Besucher ist meist dicht, „Uuuuhs" und „Ooohs" mischen sich mit Begeisterungsbekundungen in allen Sprachen. Trotzdem gibt es immer einen Teilabschnitt, der frei von Staunern bleibt – bloß nicht hingehen, egal, wie groß die Verlockung ist! Dort, auf der dem Wind abgewandten Seite, kommt nämlich mit ziemlicher Sicherheit die nächste Fontäne runter (die „Dusche" ist zwar nur warm, aber trotzdem unangenehm). Dreht einmal unerwartet der Wind, ist das Geschrei noch größer als es sowieso schon ist. Denn dann bespuckt der Geysir die auf der anderen Seite. Und man bekommt fast den Eindruck, er habe Spaß daran.

Ein Stückchen weiter den Hang hoch lohnt der Besuch der tief türkisfarbenen Quelle **Blesi** und nördlich lockt der **Große Geysir** höchstpersönlich. Bis ins 19. Jh. spuckte er ebenso zuverlässig wie Strokkur, was das Gebiet schon damals zu einer der größten Touristenattraktionen des Landes machte. Dann wurde er müde und fiel in einen jahrelangen Schlaf. Einige Male konnte er noch mit Hilfe von Waschpulver zu Ausbrüchen „überredet" werden, bis Umweltschützer ein Verbot erwirkten. Seit einigen Jahren aber meldet sich der gewaltige „Spucker" in unregelmäßigen Abständen zurück. Es lohnt sich also, immer mal wieder ein Auge auf ihn zu werfen, denn wer will nicht dabei sein, wenn der große Meister sich meldet?

Übrigens sind der Strokkur und der Große Geysir die einzigen beiden ihrer Art, die so hohe Fontänen ausspucken, während Islands andere Geysire nur dampfend vor sich hin blubbern. Zur Frage, wieso ein Geysir überhaupt ausbricht, s. S. 94.

Gullfoss

Der **„Goldene Wasserfall"** macht seinem Namen vor allem bei Sonnenschein Ehre, wenn Regenbögen strahlen und die goldfarbenen Sedimente besonders deutlich sichtbar werden. Denn anders als z. B. beim grau-trüben Dettifoss ist das Wasser, das hier in zwei Kaskaden der 32 m in eine enge Schlucht stürzt, ziemlich klar.

Dass sich der Katarakt auch heute noch bewundern lässt, ist der Bauerstocher **Sigriður Tómasdóttir** zu verdanken. Anfang des 20. Jhs. war hier, auf dem Land ihres Vaters Tómas Tómasson, nämlich der Bau eines Wasserkraftwerks geplant. Sigriður machte sich barfuß nach Reykjavík auf, um gegen den Bau zu klagen, und drohte, sich bereits beim ersten anrückenden

Baufahrzeug in die Fluten zu stürzen. Sie verlor, doch zum Glück waren die ausländischen Investoren in der Zeit des Baustopps in finanzielle Schwierigkeiten geraten, sodass sie das Projekt aufgeben mussten. Sigríðurs Sohn verkaufte den Wasserfall dem isländischen Staat, der ihn unter Naturschutz stellte. Die Tourismusindustrie sollte der Bauerstochter ein Denkmal setzen. Denn neben den Wassermassen strömen auch die Besuchermassen, selbst im Winter ist es voll.

Kein Wunder, denn selbst beim hundertsten Besuch präsentiert sich der Gullfoss immer wieder neu: im Sommer im Kontrast zu sattem Grün, im Frühjahr zu unwirklich schimmernden Gelb, im Winter herrlich vereist. An windigen Tagen weht die Gischt oft bis zur **oberen Aussichtsplattform**. Hier wurden zum Schutz der empfindlichen Vegetation Bohlenwege angelegt, die vom oberen Parkplatz am Gullfoss-

Durch die Wälder Haukadalurs

Nach dem Rummel im Geysir-Gebiet sehnen sich viele Besucher nach Ruhe und Einsamkeit. Nach einem kurzen Spaziergang, auf dem man sich nicht gegenseitig auf die Füße tritt. Die Rettung heißt Haukadalur und schließt gleich nördlich an das Geysir-Thermalgebiet an. Hier lockt neben einer hübschen Kirche auch eines **der größten Waldgebiete Islands**, durch das zahlreiche Wanderwege führen. Startpunkt ist ein kleines Holzhäuschen mit WC (einfach den Wegweisern „Gönguleiðir" zu den Wanderwegen folgen), wo eine Karte aushängt, die man am besten abfotografiert. Außerdem liegen auf der linken Hüttenseite in einem Kasten mit etwas Glück Wanderkarten zum Mitnehmen aus. Aber Achtung: Leider stimmen die beiden Karten sowohl in Bezug auf die Farbmarkierungen als auch auf die Routen der einzelnen Wanderwege nicht 100%-ig überein. Trotzdem lässt sich die Wegführung einigermaßen gut erschließen. Unbedingt empfehlenswert ist der kurze blaue Weg, der über romantische Pfade zu einem kleinen versteckten Wasserfall führt. Auch der rote Rundweg („Laugarvegur", 2,5 km, 1 1/2 Std.) mit der grünen Abkürzung ist gut zu finden und lohnenswert.

kaffi zu mehreren Aussichtspunkten führen. Wer noch näher an die Naturgewalt heran möchte, nimmt die steile Holztreppe bis zum „unteren Parkplatz", zieht wegen der sprühenden Gischt die Kapuze auf und läuft auf einem geschotterten Fußweg hinab bis zur markanten **Felsformation direkt am Wasser**. Im Winter ist dieser Weg aus Sicherheitsgründen oft gesperrt, im Sommer treten sich die Touristen hier auf die Füße. Ein genauerer Blick auf ebenjene Körperteile kann sehr amüsant sein: Asiaten in Zehensocken und Deutsche in Badelatschen fallen hier kaum mehr als besonders exotisch auf. Erstaunlich, wie viele Arten von unpassendem Schuhwerk es in den verschiedenen Erdteilen zu kaufen gibt!

Unbedingt empfehlenswert ist es, ein Stück nach Süden entlang der gewaltigen **Hvitá-Schlucht** zu spazieren. Der schmale Fußpfad startete früher direkt am unteren Parkplatz (heute steht dort zum Schutz der Wiese ein „Betreten verboten"-Schild) und beginnt heute ein Stück die Straße bergauf.

ÜBERNACHTUNG

Entlang der Straße 35 zwischen Geysir und Gullfoss liegen zahlreiche Unterkunftsoptionen, die hier von Westen nach Osten gelistet werden:

Etwas abseits vom großen Bruder, dem Traditionshotel **Hótel Geysir**, bietet das **Hótel Litli Geysir** 22 Zimmer in einstöckigen Häuschen, die direkt mit dem Auto angefahren werden können (der Traum eines jeden Isländers). 7 weitere Häuschen mit je 2 Schlafzimmern, die **Geysir Cottages**, liegen weiter von der Straße entfernt. Und ein riesiges neues Hotel mit Spa-Bereich ist im Bau. Kontakt jeweils über das Geysircenter (s. u.). ❸–❺

Camping Geysir, Haukadalur, ✆ 480 6800, 🖥 www.geysircenter.is und www.tjalda.is/en/geysir/. Großer, durch Büsche geschützter Platz mit allem, was der Camper braucht. 1700 ISK, Kinder (8–15 J.) 500 ISK, Strom 1000 ISK. ⏱ 15. Mai–15. Sep.

Camping Skjól (Campingkarte), Kjóastaðir 1, an der Kreuzung der Straßen 35 und 30, ✆ 899 4541, 🖥 www.skjolcamping.com. Die Besitzer

Geysir und Gullfoss

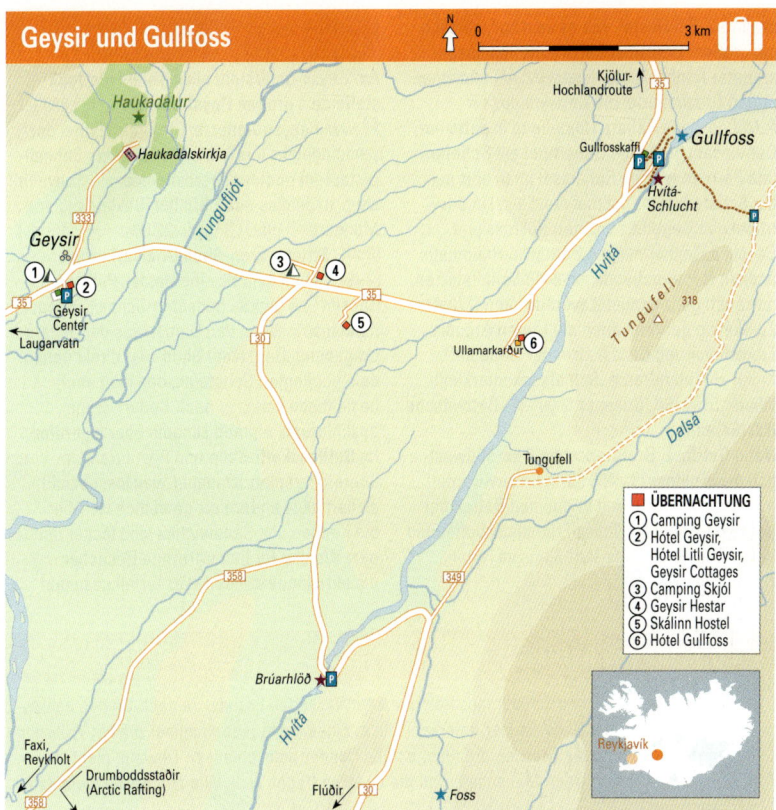

werben damit, sie seien „in the middle of nowhere", tatsächlich aber liegt die große Campingwiese direkt an der Gullfoss-Geysir-Verbindungsstraße. „Nowhere" meint in diesem Fall, dass es weit und breit keinen Ort gibt. Wohl aber ein Restaurant mit einfachem, aber gutem Essen. Eine tolle Idee sind die ausliegenden Instrumente, auf denen jeder spielen darf: „If you play three songs and get an applause, you´ll get a free beer on the house". Zelte findet man hier weniger – vermutlich wegen der vielen Wohnmobile und des nur mäßigen Windschutzes (falls man nicht bakterienbreit neben einem Womo zeltet). 1500 ISK, Kinder (5–15 J.) 600 ISK, Strom 1000 ISK. Mai–Okt 9–23, sonst 9–15, 13–23 Uhr.

Geysir Hestar, Kjóastaðir 2, an der Kreuzung der Straßen 35 und 30, ☏ 847 1046, 🖥 www.geysirhestar.com. Schöne Doppel- und Vierbettzimmer mit Gemeinschaftsbad und -küche in einem Haus namens Krummi. Vor allem Kinder lieben die vielen Tiere (Hunde, Katzen, Kaninchen, Schafe und Pferde), die sich bereitwillig streicheln lassen. Toller Aufenthaltsraum mit Blick auf die nie ganz schneefreien Berge in Richtung Hochland. EZ ab 70 €, Cottages für bis zu 6 Personen um die 300 €. ❸

Skálinn Hostel, Myrkholt (an der Straße 35 von Geysir in Richtung Gullfoss kurz hinter der Abzweigung der Straße 30 Richtung Flúðir), ☏ 486 8757, 🖥 www.gljasteinn.is/en/

skalinn-2. Ein Hostel, wie es sein soll, nämlich mit großem Gemeinschaftsraum, voll ausgestatteter Küche, kostenlosem WLAN und einer netten Gastgeberin, die Geheimtipps für Ausflüge in die nähere Umgebung in petto hat. Der einsam gelegene Bauernhof mit Schafen und Pferden ist eine Ruheinsel (man hört nur die Schafe und manchmal den Fluss) in der trubeligen Gegend zwischen Gullfoss und Geysir. 8 Zimmer mit je 4 Betten im Haupthaus und ein Nebengebäude mit 8–10 Schlafplätzen, das auch ganz gemietet werden kann (170 €). Zu Skálinn gehören auch die Hütten Árbuðir, Fremstaver und Gíslaskáli in der Nähe der Kjölur-Hochlandroute. Schlafsackunterkunft Winter 5000 ISK, Sommer 6000 ISK, Bettwäsche 900 ISK extra.

Hótel Gullfoss, Brattholt, etwa 5 km südwestlich des Gullfoss, ✆ 486 8979, 🖥 www.hotel gullfoss.com. 35 DZ mit bequemen Betten bei der Hvítá-Schlucht. Tolles Frühstücksbuffet und gutes Preis-Leistungs-Verhältnis im Hotel-Restaurant. ❹–❺

ESSEN UND EINKAUFEN

Am Geysir untersteht alles bis auf die **Tankstelle** dem großen **Geysircenter**, ✆ 480 6800, 🖥 www.geysircenter.is: Die Unterkünfte, der Campingplatz, das à la carte- und das Schnellrestaurant und der überdimensionale Souvenirshop, in dem es auch Bücher, Bekleidung und Modeartikel gibt. ⏰ tgl. 9–22 Uhr.

Strickwaren-Shop Ullamarkaðúr, neben dem Skálinn Hostel. Pullover, Socken und allerlei hübscher Schnickschnack, handgestrickt von den Damen aus der näheren Umgebung. Der kleine Shop liegt direkt neben dem gepflegten Schafstall, den man auch besichtigen kann. ⏰ nach Bedarf; wenn geschlossen, einfach klingeln oder laut rufen.

Im **Gullfosskaffi**-Shop und Restaurant am oberen Parkplatz ist immer was los, obwohl es dort alles andere als gemütlich ist. Aber die Kuchen und Sandwiches sind lecker und eine Wohltat für halberfrorene Besucher, die allzu lange auf den Wasserfall geschaut

Die Ostseite des Gullfoss

Der Gullfoss ist wahrscheinlich der meistfotografierte Wasserfall Islands. Je nach Wetter, Jahres- und Tageszeit sind die Bilder immer unterschiedlich. Eines bleibt jedoch immer gleich: Während sich an der Westseite die Massen drängen, ist das Ostufer menschenleer. Obwohl: nicht immer. Manchmal stehen dort doch Menschen. Und die anderen fragen sich: Wie mögen die wohl dahin gekommen sein?

Hier die Lösung: Die Straße 349 (Tungufellsvegur) zweigt südlich des Flusses Hvítá von der Straße 30 (Flúðir–Geysir/Gullfoss) nach Nordosten in Richtung Tungufell, einem 318 m hohen Berg am Ostufer der Hvítá, ab. Sie ist bis zur Farm Tungufell problemlos mit allen Autos befahrbar. Hinter der Farm wird sie zur Jeep-Piste durchs einsame Tungufellsdalur, die irgendwann auf den südöstlich gelegenen Haifoss und auf die Sprengisandur-Hochlandstraße trifft (nur mit einem Super-Jeep machbar und auch dann nicht ganz ungefährlich). Die ersten 5 km dieser Piste, nämlich die Zufahrt von der Farm Tungufell bis zum Gullfoss-Parkplatz, sind dagegen mit einem Jeep problemlos zu schaffen, auf den ersten Kilometern im Sommer sogar von normalen Pkw (vorsichtig fahren und ungefähr 3 km nordöstlich der Tungufell-Farm bei einem Ferienhaus parken). Nur die steile, steinige Kurve auf den letzten 2 km ist ausschließlich mit Allradantrieb oder zu Fuß zu bewältigen. Am Parkplatz startet eine schöne Kurzwanderung (1,5 km). Nachdem ein Zaun überklettert wurde, führt der schmale Pfad erst durch ein Lupinenmeer und dann durch steiniges, ebenes Gelände auf den Wasserfall zu. Markierungen braucht es hier nicht; die aufsteigende Gischt des Gullfoss ist weithin sichtbar. Und auch hier darf der erhobene Zeigefinger nicht fehlen: Der Buckel, von dem aus man den Wasserfall bewundern kann, ist steil und oft noch bis weit ins Frühjahr hinein vereist. Wer hier abrutscht, verschwindet auf Nimmerwiedersehen in den Fluten.

haben. Die Buch-Auswahl ist beachtlich, außerdem gibt's im Shop neben Tinnef made in Asia und teuren Outdoor-Markenklamotten auch nette, handgefertigte Souvenirs. Während der Recherche war eine Erweiterung des Café-Restaurants geplant. ⏲ tgl. 9–18 Uhr.

AKTIVITÄTEN

Reiten
Geysir Hestar, Kjóastaðir 2, ☏ 847 1046, 🖥 www.geysirhestar.com. An der Kreuzung der Straßen 30 und 35 zwischen Geysir und Gullfoss warten schon von weitem sichtbar gut 100 Reitpferde auf Ausflügler. Ihre Besitzer Ása und Hjalti bieten Reittouren zum Gullfoss oder in den Wald, auch für Anfänger (10 000 ISK/Std., Special für Kinder unter 8 Jahren: 20 Min. betreutes Reiten auf besonders braven Pferden für 5000 ISK). ⏲ April–Okt.

Wildwasser-Touren
Arctic Rafting, ☏ 562 7000, 🖥 www.arcticrafting.com. Wer nördlich vom Wasserfall Faxi (S. 208) die Straße 35 gen Osten verlässt, kommt nach Drumboddsstaðir, zum Drumbó Basecamp. Von hier starten die beliebten Raftingtouren im Hvítá-Canyon, einige Kilometer südlich des Gullfoss (tgl. um 10 und 14 Uhr, 4 Std., bei Transfer von/nach Reykjavík 7 Std., 13 990 ISK). Die beeindruckenden Felsen von Brúarhlöð sehen vom Wasser aus noch unwirklicher aus als von oben, das Wasser schimmert tief grün. Und wem die Wildwasserfahrt im Gummiboot noch nicht abenteuerlich genug ist, der springt vom Felsen aus ins eiskalte Wasser. Eine weitere Option ist eine Speedboat-Fahrt über die Stromschnellen (40 Min., 4x tgl., 15 900 ISK). Wer mag, duscht anschließend im Camp und genießt das Barbecue für 3490 ISK p. P. ⏲ Mitte Mai–Mitte Sep.

TRANSPORT

Auto
Der „kleine Goldene Kreis" führt vom Gullfoss über die Straße 35 in weniger als 10 Min. zurück zum Geysir (10 km) und von da aus in Richtung Süden weiter nach Reykholt (19 km). Die Straße 30, die 6 km westl. des Gullfoss von der Straße 35 nach Süden abzweigt, führt nach Flúðir (30 km). Die Straße 35 selbst wird nördlich von Gullfoss zur Hochlandpiste Kjölur (Kjalvegur), die in Nordwestisland wieder auf die Ringstraße trifft (S. 578).

Busse
Von Mitte Juni–Mitte Sep fahren folgende Linien:
AKUREYRI, mit SBA-Norðurleið (Linie 610) tgl. um 10.25 Uhr (Geysir) bzw. 11.10 Uhr (Gullfoss), über HVITÁRNES, KERLINGARFJÖLL, HVERAVELLIR, SVARTÁ und VARMAHLIÐ, in 7 1/2–8 Std. für 13 000–13 200 ISK.
REYKJAVÍK, mit SBA-Norðurleið (Linie 610a) tgl. um 15.50 Uhr (Gullfoss) bzw. 16.35 Uhr (Geysir), über LAUGARVATN, SELFOSS und HVERAGERÐI, in 2–2 1/2 Std. (jeweils 30 Min. Aufenthalt in Geysir und am Gullfoss) für 4800–5000 ISK.

Nach Flúðir und zur Secret Lagoon

Die Straße 30 vom Gullfoss nach Flúðir beginnt holprig und löchrig, ist aber schon nach etwa 4 km und einer schönen Holzbrücke über die Hvítá für den Rest der Strecke asphaltiert. Direkt hinter der Brücke lohnt an einer unscheinbaren, nicht beschilderten Einfahrt ein Stopp, denn schon wenige Meter bergab pressen die außergewöhnlichen Gesteinsformationen von **Brúarhlöð** den Fluss in eine enge Schlucht. Auf Rafting- und Speedboat-Touren (s. o.) lässt sich das Ambiente hier hautnah erspüren.

Nach einer scharfen Rechtskehre sieht man nach rund 2 km links im Hang den **Wasserfall Foss** und etwa 10 km weiter südlich einen Wegweiser nach Hruni (Straße 344). Wer ihm folgt und hinter der Bergkette links in einen Feldweg (Straße 3465) einbiegt, kommt zu einem normalerweise völlig touristenfreien Hochtemperaturgebiet inmitten eines Wohngebiets. Wie unzählige andere Orte mit heißen Quellen heißt er **Laugar**, übersetzt „warme Quellen".

Flúðir

Angeblich soll in Flúðir das beste Wetter von ganz Island herrschen. Wärmer ist es auf jeden Fall, im Sommer wurden schon 25 °C gemessen: Überall plätschern warme und auch kochend heiße Bäche, es dampft und brodelt. Wenig verwunderlich, dass es mehr Gewächs- als Wohnhäuser gibt. Außerdem locken sehr unterschiedliche Schwimmbäder:

Das liebevoll restaurierte uralte Steinschwimmbad **Gamla Laugin (Secret Lagoon)**, Hvammsvegur, ✆ 555 3351, 🖥 www.secretlagoon.is, liegt inmitten von blubbernden Quellen und wird durch einen heißen Bach gespeist. Hier kann man sich stundenlang einfach in eine der bunten Pool-Nudeln hängen und treiben lassen, Entspannung pur garantiert. Und zur Abkühlung bietet sich ein kleiner Rundgang über das Gelände an, auf dem sich neben dem malerischen alten Steinhaus, das früher als Umkleide gedient hat, sogar ein kleiner Geysir befindet. Allerdings ist das Schwimmbad trotz des Namens alles andere als geheim, sondern sehr beliebt und oft voll, vor allem in den frühen Abendstunden, wenn hier die zahlreichen Golden Circle-Busse halten. Wer morgens kommt, hat das Bad fast ganz für sich allein. ⊕ Mai–Sep 10–22, Okt–April 11–20 Uhr, Eintritt 2800 ISK, Senioren und behinderte Menschen 1400 ISK, Kinder (14 J. oder jünger) frei, 10 % Rabatt mit dem Jugendherbergsausweis.

Das **öffentliche Schwimmbad Flúðalaug**, ✆ 480 6625, bietet nette Außenpots und eine Dampfsauna, die mit Hilfe einer unterirdischen Quelle betrieben wird. ⊕ Mitte Juni–Mitte Aug Mo–Fr 10–21, Sa, So 10–18, sonst Mo–Fr 17–21, Sa, So 13–18 Uhr.

ÜBERNACHTUNG

In Flúðir

Camping, am Fluss Litla Laxá am Ortseingang, ✆ 618 5005, 🖥 www.tjaldmidstod.is. Ein sehr großer Campingplatz mit sauberen sanitären Anlagen, Kiosk, überdachtem Aufenthaltsraum und vielen Wohnwagen, die hier auch den ganzen Winter über stehen bleiben. 1500 ISK, ab der dritten Nacht 1200 ISK, Strom 1000 ISK, WLAN 500 ISK. ⊕ Für Durchreisende Mai–Sep.

Guesthouse Flúðir (ehemals Guesthouse Grund), Arnarsandur 3, ✆ 565 9196, 🖥 www.gistingfludir.is. Das weiße Haus mit Garten und kleiner geschützter Terrasse liegt in einem ruhigen Wohngebiet und ist bequem zu Fuß vom Kreisverkehr aus zu erreichen. Einige der Zimmer mit Bad und Balkon sind sehr klein, dafür serviert Björg ein super Frühstück mit selbstgebackenem Brot und Waffeln. ❺

Icelandair Hótel Flúðir, Vesturbrún 1, ✆ 444 4000, 🖥 www.icelandairhotels.com/de/hotels/fludir. Witzige Anlage aus vielen kleinen aneinander gepappten Häuschen, die in zwei gegenüberliegenden Reihen angeordnet sind. Die großen Zimmer sind aber nach hinten raus, und es gibt einen Sichtschutz zwischen den einzelnen Eingängen. Hotelgarten mit Hot Pots und Bar. Das Restaurant (tgl. 18.30–21 Uhr) verarbeitet ausschließlich lokale Produkte. ❺

■ ÜBERNACHTUNG
① Flúðir Camping
② Camping Álfaskeið
③ Guesthouse Saga
④ Icelandair Hotel Flúðir
⑤ Guesthouse Flúðir

■ ESSEN
1 Sindri Bakari
2 Restaurant Flúðir
3 Minilik

■ SONSTIGES
1 Samkaup Strax
2 Vínbúðin
3 Garðyrkjustöðin Silfurtúni (Gewächshaus)

An der Schotterstraße 340

Camping Álfaskeið (Campingkarte), Syðra Langholt, ☏ 772 1299, 🖥 www.campingkarte.is/alfaskeid. Sehr schön gelegen, aber nicht viel Komfort: Kein warmes Wasser, kein Aufenthaltsraum oder Dach. 1800 ISK. ⏱ Juni–Aug.

Guesthouse Saga, Auðholtsvegur/Syðra-Langholt, 9 km südwestlich von Flúðir, ☏ 772 1299, 🖥 www.guesthousesaga.is. Eingerahmt von Bergen, Wald und Fluss liegt das alte weiße Haus mit der schönen Holzveranda neben den Pferdeställen (hier kann man auch Reittouren buchen). Innen 12 große Zimmer ohne eigenes Bad in modernem, schlichten Ikea-Style. Hot Pot. ❹

ESSEN

Minilik, Skeiða- og Hrunamannavegur, ☏ 846 9798, 🖥 www.minilik.is. Wer hätte das erwartet? Ein äthiopisches Restaurant in einem kleinen isländischen Dorf? Einheimische wie Touristen lieben das ausgefallene Minilik, wo pürierte, oft vegetarische Köstlichkeiten auf Fladen und mit den Händen gegessen werden und die Tomaten für den phänomenalen Salat aus den umliegenden Gewächshäusern stammen. Das Interieur der blockhausartigen Hütte ist bunt und freundlich, das Betreiber-Ehepaar (sie kocht, er bedient) reizend, die Preise sind mehr als okay. Und wird nach Kaffee gefragt, bloß nicht nein sagen, denn sonst verpasst man die liebevoll zelebrierte Kaffee-Zeremonie. ⏱ Mo–Fr 17–21, Sa, So 14–21 Uhr.

Restaurant Flúðir (auch: Kaffihús Grund), beim Guesthouse Flúðir (s. o.). Gemütliches Restaurant im Pub-Stil mit einfachen Speisen (Gulaschsuppe, Burger) zu fairen Preisen. ⏱ wenn Gäste da sind.

Sindri Bakarí, Sneiðin, ☏ 859 5417, 🖥 bei Facebook. Ein handgemaltes Schild an der Straße 30 weist den Weg zu einer Bäckerei, die viel mehr ist als eine einfache Bäckerei: Es gibt die feinsten Törtchen weit und breit, handgemacht und immer frisch – aber auch ausgefallene Snacks wie z. B. Pilzsuppe, die auf der kleinen Außenterrasse besonders gut schmeckt. Freitags- und Samstagsabends trinkt man hier gepflegt Bier und Cocktails. Die Nachbarn vom Campingplatz können von der Straße aus zu Fuß durch ein Tor in der Hecke gehen, Gäste mit Autos fahren hintenrum. ⏱ tgl. 9–17 Uhr.

SONSTIGES

Alle Service-Einrichtungen befinden sich an der einzig nennenswerten Straßenkreuzung des Ortes: Eine **Selbstbedienungstankstelle**, die gleichzeitig auch **Bushaltestelle** ist und der **Supermarkt Samkaup Strax** (⏱ Mo–Fr 9–19, Sa 10–19, So 11–18 Uhr) mit **Schnellimbiss**, an dem außen ein **Geldautomat** angebracht ist.

Am westlichen Ortsrand steht im Sommer ein Selbstbedienungshäuschen, in dem man frisches Gemüse kaufen kann. Wer der Zufahrt weiter folgt, kommt zu einem **Gewächshaus** (Garðyrkjustöðin Silfurtúni). Hier werden viele der Gurken und Tomaten großgezogen, die es in den Supermärkten gibt. Außerdem warten Salate, Kräuter, Blumen, Marmeladen und selbstgebackenes Brot auf Käufer. Kleingeld bereithalten, denn bezahlt wird einzeln an den jeweiligen Anbieter in unterschiedliche „Kassen des Vertrauens".

TRANSPORT

Auto

Über die asphaltierte Straße 359 erreicht man gen Nordwesten Reykholt (9 km). Nach Norden stößt die Straße 30 vorbei an Pferdewiesen und einem Wasserfall namens Foss (S. 205) nach 25 km auf die Straße 35 zwischen Geysir und Gullfoss, gen Süden mündet sie nach 31 km östlich von Sellfoss in die Ringstraße.

Busse

SELFOSS, mit Strætó (Linie 73) Mo–Fr 3x tgl. und Sa, So 1x tgl., über REYKHOLT und LAUGARVATN, in 1 1/4 Std. Außerdem mit Strætó (Linie 72) Mo–Fr um 7.21 Uhr und ein weiteres Mal nachmittags (Di, Fr 15.50 Uhr, Mo, Mi 17.02 Uhr), So 1x tgl. um 19.21 Uhr, in 40 Min. entlang der Straße 30 für 2300 ISK.

Reykholt

Verdammt, ein weiteres Reykholt in der Reihe der vielen Reykholts, die Islandreisende und Navigationsgeräte zum Narren halten! Auch hier dampft die Erde (Reykholt heißt Dampf-Hügel), blubbert warmes Stinkewasser en masse. Die Besonderheit dieses Reykholts ist der niedrige, aber breite **Faxi-Wasserfall** (auch Faxafoss oder Vatnsleysufoss genannt) etwa 6 km nordöstlich. An seinem Fuße lassen sich Lachse bestaunen, die mit Hilfe der extra für sie angelegten Lachstreppe flussaufwärts hüpfen. Vom oberen Parkplatz an der Straße 35 aus führt ein empfehlenswerter Spazierweg mit Hilfe einer Holztreppe über einen Zaun durch ein gepflegtes kleines Waldgebiet zum Café am Campingplatz.

ÜBERNACHTUNG

Buubble, Hrosshagi, 5 km südwestlich von Reykjolt ℡ 861 19-14, -15, 🖥 www.buubble.com. Wer schon immer mal in einer durchsichtigen Plastikkugel gebettet auf Fellen schlafen wollte, kann das in der Gemeinde Bláskógabyggd tun. Die sogenannten Buubbles verstecken sich im Wald, und die Gastgeber Sigga und Gunnar machen aus dem genauen Standort ein großes Geheimnis. Die GPS-Koordinaten bekommt man erst nach der Buchung. Aber zur groben Orientierung: Autofahrer nehmen von der Straße 35 den Abzweig Hrosshagi. Die kleinste Buubble kostet 28 000 ISK. Achtung: An einigen Terminen nur buchbar als Teil der Luxus-Golden-Circle-Tour ab Reykjavík für 59 900 ISK p. P.
Camping Aratunga, ℡ 893 1434 und 847 5057, 🖥 www.aratunga.is. Netter Campingplatz im Ort beim Gästehaus Húsið. Modernes Servicehaus. 900 ISK, Kinder (12–16 J.) 300 ISK. ⏰ Mitte Mai–Mitte Sep.
Camping Við Faxa, Biskupstungnabraut, 6 km nordöstlich beim Faxafoss, ℡ 774 7440, 🖥 www.tjalda.is/en/faxa. Einfacher Campingplatz, schön am Ufer des Flusses Tungufljót gelegen. Kein warmes Wasser, keine Duschen, dafür viel Ruhe. Jugendliche unter 25 Jahre, die ohne Erwachsene kommen, werden offiziell abgewiesen, aber bei ruhigen Einzelreisenden oder Paaren macht man auch schon mal eine Ausnahme. Das kleine Café-Restaurant versorgt Campinggäste und vorbeikommende Besucher im Sommer in der Zeit von 10–21 Uhr mit Suppen, Kuchen und einer kleinen Auswahl an Hauptgerichten zu erschwinglichen Preisen. 1000 ISK, Strom 1000 ISK. ⏰ Mitte Mai–Ende Sep.
Húsið Guesthouse, Bjarkarbraut 26, ℡ 486 8680, 🖥 www.aratunga.is. Einfache Unterkünfte im gelben Haus mit gut ausgestatteter Gemeinschaftsküche, Gemeinschaftsbad und eigenem Hot Pot. Leckeres Frühstück.

ESSEN

Friðheimar, an der Hauptstraße, ℡ 486 8894, 🖥 www.fridheimar.is. Tomatencremesuppe vom Feinsten in einem schicken Restaurant mit Bar inmitten eines Gewächshauses: Nicht umsonst halten hier die Reisebusse. Und nicht umsonst sollte vorab einen Tisch reservieren, wer hier speisen will. Außer der berühmten Suppe, die mit Sauerrahm und selbstgebackenem Brot gereicht wird, gibt es noch Nudeln, Tortillas und Kuchen. Und flüssige Leckereien wie Tomatenschnaps. Informationstafeln klären über die Rolle der Gewächshäuser in der isländischen Wirtschaft auf, und in dem kleinen Shop warten ausgefallene Leckereien wie Gurkenpesto. Dabei ist Friðheimar im Hauptgewerbe eigentlich ein erfolgreicher Pferdezuchtbetrieb. ⏰ tgl. 12–16 Uhr.
Restaurant Mika, Skólabraut, ℡ 486 1110, 🖥 www.mika.is. Familienbetrieb mit Charme. Wenn der Hunger nicht für Chicken Wings, Meeresfrüchte-Nudeln und Riesenpizza reicht, lohnt der Besuch schon allein der hausgemachten Pralinen wegen. ⏰ tgl. 11.30–21 Uhr.

SONSTIGES

Einkaufen
Ein kleiner Laden an der Tankstelle versorgt mit dem Nötigsten.

Schwimmen
Reykholtslaug, Skólavegur/Miðholt, ✆ 486 8807. Ein ruhiges Bad ab vom Schuss im Grünen, aber mit 25 m-Becken und zwei schönen Hot Pots. ⏲ Ende Mai–Anfang Aug Mo–Do 10–21, Fr–So 10–18, sonst Mo, Mi 14–18, Di, Do 14–22, Sa 10–18 Uhr.

TRANSPORT

Auto
Die Asphaltstraße 35 verbindet Selfoss mit Geysir/Gullfoss. Über die Straße 359 sind es nur 10 km bis Flúðir. Eine Querverbindung zur Straße 37 (Laugarvatn und Brúarfoss-Wanderung) besteht in Form der holprigen Schotterstraße 355.

Busse
SELFOSS, mit Strætó (Linie 73) 1x tgl. nachmittags/abends, Mo–Fr zusätzlich um 7.15 Uhr, über LAUGARVATN, in 45 Min. für 2300 ISK. Außerdem mit Strætó (Linie 72) 1x tgl. (außer Sa) nachmittags, Mo–Fr zusätzlich um 7 Uhr, über FLÚÐIR, in 1 Std. für 2300 ISK.

Skálholt

Auf den ersten Blick wirkt der Gutshof, der aus einer schlicht-weißen modernen, aber für die ländliche Lage deutlich zu großen Kirche, einer ehemaligen Schule und ein paar Nebengebäuden besteht, nicht besonders aufregend. Und doch ist der Parkplatz größer als der Hof, Bustouristen treten sich gegenseitig auf die Füße. Warum dieser Rummel? Weil hier, am nach Þingvellir meistbesuchten historischen Ort Islands, Geschichte geschrieben wurde: Skálholt war der **erste Bischofssitz Islands**, hier begann die isländische **Reformation**, als 1540 das Neue Testament ins Isländische übersetzt wur-

Evangelisch? Katholisch? Egal!

Skálholt ist kein für Touristen errichtetes Museum. Die Isländer nutzen die Räume für Ausstellungen und Konzerte, aber auch die Kirchengemeinde ist äußerst aktiv. Beim sonntäglichen Gottesdienst um 11 Uhr sind auch neugierige Gäste gern gesehen. Man versteht zwar nichts von der Predigt, aber allein die bekannten Kirchenlieder auf Isländisch zu hören, ist ein Erlebnis. Und ganz so fremd klingen Begriffe wie **Inngöngusálmur** (Eingangspsalm), **Guðs lamb** (Lamm Gottes), **Lof sé þér Kristur** (Lob sei dir o Christe) und **Klukknahringing** (Glockengeläut) dann doch nicht.
Doch die **Andacht zu Ehren des Heiligen Þorlák** Ende Juli ist wirklich etwas sonderbar: Vor der Kirche stapeln sich Schuhe, Socken, Wanderstöcke und Rucksäcke – die Gläubigen auf den Bänken am Rand der Kirche sind barfuß. Sie sind zwei Tage hierher gepilgert und bester Laune. Manche waren sogar noch länger unterwegs, auf dem traditionelle Pilgerpfad vom Borgarfjord im Westen über Þingvellir bis nach Skálholt (S. 209). „Wer braucht schon Santiago de Compostela, wenn er von Þingvellir nach Skálholt pilgern kann?", scherzt der evangelische Bischof in der Predigt, winkt den kleinen Kindern, die immer wieder den Gottesdienst stören, freundlich zu und erzählt die Geschichte von Islands Schutzheiligem Þorlákur Þórhallsson (s. o.), dem dieser Gottesdienst gewidmet ist.
Der isländischen Gemeinde und auch ihrem Bischof ist es egal, dass sie einen evangelischen Gottesdienst zu Ehren eines vom Papst bestätigten katholischen Schutzheiligen feiern. Dass sie pilgern, wie es die Katholiken tun. „Früher sind die Menschen aus allen Teilen Islands hierher gewandert, um das Fest des Heiligen Þorlák zu feiern, und auch heute noch ist das Pilgern zu historisch und spirituell wichtigen Plätzen äußerst beliebt. Man wandelt auf den Spuren seiner Vorfahren und hat gleichzeitig die Möglichkeit, während des Wanderns einen engeren Kontakt zu Gott, zur Natur und zu seinem eigenen Glauben zu bekommen", sagt der evangelische Bischof und kniet zum Gebet nieder – wie es sonst nur Katholiken tun.

de, hier wurde im Jahr 1550 der letzte katholische Bischof hingerichtet. Kurz danach zog der erste evangelische Bischof ein. Insgesamt zehn Kirchen wurden nacheinander auf dem gleichen Fundament errichtet.

Was prädestinierte ausgerechnet diesen Bauernhof dazu, das wichtigste religiöse Zentrum der Insel zu werden? Gar nichts, es war reiner Zufall. Der erste Bischof von Island ließ sich hier im Jahr 1056 auf dem Gut seines Vaters nieder und gründete eine **Priester-Schule**, an der fortan die großen Gelehrten ausgebildet wurden. Die erste große **Holzkirche** wurde im Mittelalter errichtet, weil immer mehr Pilger anreisten, um Islands einzigem Heiligen **Þorlákur Þórhallsson** zu gedenken. Þorlákur, der 1178 Bischof in Skálholt geworden war, galt als Reformer, predigte aber gleichzeitig auch Bescheidenheit und Anstand. Mit der Reformation verlor der Þorlák-Kult an Bedeutung, weil in der reformierten evangelischen Kirche ja keine Heiligen mehr verehrt werden sollten.

Als 1801 der Bischofssitz nach Reykjavík verlegt wurde, versank Skálholt in der Bedeutungslosigkeit. In den 1960er-Jahren aber beschloss man, an diesem historisch wichtigen Ort eine große moderne Kirche zu bauen. Bekannte isländische Künstler beteiligten sich und gestalteten das Interieur und die auffälligen **Glasfenster**. Bei Ausgrabungen im Zuge des Neubaus fand man den **Steinsarg** eines mittelalterlichen Bischofs, der wie der unterirdische **Geheimgang**, der im 13. Jh. die Kirche mit der Schule verband, besichtigt werden kann. Außerdem beherbergt die Kirche eine Ausstellung des isländischen Nationalmuseums. ⏰ tgl. 9–18 Uhr, Eintritt 500 ISK (archäologische Zone vor der Kirche frei zugänglich).

ÜBERNACHTUNG UND ESSEN

Skálholtsskóli, ☎ 486 8870, 🖥 www.skalholt.is. Die ehemalige Schule beherbergt heute Gäste. „Das hier ist ein Hotel", sagen die Betreiber, aber wir finden das übertrieben. Die Zimmer versprühen spröden Jugendherbergscharme, ohne jeglichen Luxus und mit dem typischen Geruch nach Pfefferminztee. Sie sind nach wichtigen Spendern und Stiftern benannt, deren Lebensgeschichte jeweils aushängt. Gemütliches Wohnzimmer, Bibliothek und Wintergarten mit einladenden Korbsesseln. Schlafsackunterkunft mit Frühstück 9400 ISK. ❺–❻

Café und Restaurant Skálholtsskóli. An der Eingangstür hängt eine Speisekarte von 1746, und so viel hat sich seit damals gar nicht verändert. Das zweckmäßig eingerichtete Restaurant erinnert ein wenig an eine Kantine und tischt gute Fleischsuppe, kleine Fischgerichte, Brot und Kuchen auf. Auch hier ist Bescheidenheit Trumpf: Auf Deko und allen überflüssigen Schnickschnack wird verzichtet. Aber das Essen ist sehr lecker, wie man schon an den vielen hier einkehrenden Isländern sieht.

SONSTIGES

Feste
Neben dem interessanten **Gottesdienst** (s. Kasten S. 209) finden regelmäßig Vernissagen und Konzerte statt. Landesweit berühmt sind die **Sumartonleikar Festwochen** von Anfang Juli bis Anfang August, 🖥 http://en.sumartonleikar.is, mit zahlreichen Gratiskonzerten (Schwerpunkt auf zeitgenössischer und auf alter Musik mit traditionellen Instrumenten, Spenden willkommen).

Informationen
Mehr zur Kirche und Geschichte von Skálholt erfährt man unter 🖥 www.skalholt.is (auch auf Deutsch).

TRANSPORT

Auto
Etwa 7 km südwestlich von Reykholt biegen Selbstfahrer von der Straße 35 nach Südosten auf die Straße 31 ab und erreichen Skálholt nach 2,5 km und Laugarás nach weiteren 2 km.

Busse
Die Strætó-Linien 72 und 73 fahren an Skálholt vorbei (keine direkte Haltestelle, aber evtl. lässt einen der Busfahrer an der Zufahrt

Ökodorf Sólheimar

In **Islands erstem Ökodorf** (1930 gegründet) leben heute rund 100 Menschen mit und ohne Behinderung zusammen. Sie stellen Kunsthandwerk her, betreiben ökologischen Anbau und pflanzen in einem Wiederaufforstungsprojekt Bäume. Einige der über 30 000 Besucher pro Jahr bleiben längere Zeit (bis zu drei Monate) und nehmen an den Fortbildungen und Programmen des Ökodorfs teil. Wer mit ihnen ins Gespräch kommen will, ist hier richtig. Wer sich allerdings unter „Ökodorf" etwas wild-romantisches vorstellt, wird enttäuscht sein: Hier ist alles eher zweckmäßig als schön, das Ambiente erinnert ein wenig an ein Landschulheim.

Neben dem kleinen Öko-Laden **Vala** für Lebensmittel und Kunsthandwerk, ⏲ Mo–Fr 14–18, Sa, So 14–17 Uhr, gibt es ein Schwimmbad, einen Hot Pot und ein witziges Café im Gewächshaus **Græna Kannan**, ⏲ Sa, So 14–17 Uhr. Die beiden Gästehäuser **Brekkukot Guesthouse und Veghús**, Sólheimavegur, ✆ 480 4483, 🖥 www.solheimar.is, bieten insgesamt 16 Zimmer und 3 Apartments. Im Veghús ist auch Self-Check-Inn möglich. Man kann auch ein Mittag- oder Abendessen buchen. ❷–❸

Anfahrt: Etwa 9 km südwestlich von Skálholt zweigt von der Straße 35 die 354 nach Süden ab, der man noch ca. 5 km bis Sólheimar folgt.

---

aussteigen). Die nächste offizielle Haltestelle ist zu Fuß 2,5 km weiter südöstlich im Ort Laugarás erreichbar.

Laugarás

In Laugarás ist der Hund begraben. Außer einer beeindruckenden Hängebrücke über den Fluss Hvitá, einem kleinen Krankenhaus und einem nicht besonders empfehlenswerten Familienzoo hat der winzige Ort nicht viel zu bieten. Ganz in der Nähe lädt aber der „Hausberg" **Vörðufell** (s. Kasten S. 212) zu Ausflügen ein. Und Selbstversorger freuen sich über zahlreiche Gewächshäuser, von denen einige das frischeste Gemüse Islands verkaufen, z. B. **Engi Lífrænn Markaður**, ⏲ Fr–So 12–18 Uhr, und **Heiðmerkur Grænmeti**, mit Selbstbedienungs-Gewächshaus (man zahlt bar in eine Kasse des Vertrauens). Beide sind an der Hauptstraße ausgeschildert.

ÜBERNACHTUNG UND ESSEN

Laugarás Homestay B&B, Launrétt, ✆ 898 8779, 🖥 bei Airbnb. Das „rote Zimmer" ist ein Traum in zartrosa und ziemlich modern, das „braune Zimmer" sieht aus, als hätte es der schwer reiche Opa nur gerade mal kurz verlassen. Das dritte Zimmer wartet mit Betten in Überlänge und einer kleinen Sitzecke auf. Die Küche, in der auch das tolle Frühstück mit selbstgebackenem Brot und selbstgekochten Marmeladen serviert wird (keine Kochmöglichkeit – es ist aber möglich, bei den Gastgebern mitzuessen), zieren geschmackvolle Massivholzmöbel. Das Beste aber sind die Wirte: Anna und Allie sind Gastgeber aus Leidenschaft. Sie besitzen 3 Hunde, 3 Pferde und 3 Hühner. ❸

Kaffi Laugagerði, Skálholtsvegur. Winzig klein, aber toll: Neben hausgemachten Kuchen, köstlichen Waffeln und wechselnden Snacks und Suppen gibt es hier sogar Kinderspielzeug. Leider an den Wochenenden geschlossen. ⏲ Mo–Fr 10–18 Uhr.

SONSTIGES

Apotheke, Launrétt. ⏲ Mo–Do 10–16.30, Fr 10–13 Uhr.
Krankenhaus, Launrétt, ✆ 432 2770.

TRANSPORT

Auto
Von der Straße 31, an der Laugarás liegt, gelangt man schnell auf die Straßen 30 und 35. Zu den nördlichen Sights Geysir/Gullfoss ist Letztere günstiger, während es ins südliche Selfoss an der Ringstraße über beide Routen ungefähr 40 km sind.

Aufstieg auf den Vöröufell

Nicht viele Touristen verschlägt es auf den 390 m hohen **Tafelberg** rund 3 km südwestlich von Laugarás. Gut für die wenigen, die den Aufstieg trotzdem wagen und den tollen **Rundumblick** ganz alleine genießen können: Den Vulkan Hekla im Osten, die Flüsse Hvítá und Ölfusá im Westen und die schneebedeckten Berge bei Geysir ganz im Norden. Ganz oben auf dem Plateau liegt der große See **Úlfsvatn**.

Die Aufstiegsstellen

Leider gibt es weder Wegweiser noch Wanderwege. Und nur zwei Stellen, an denen ein Aufstieg überhaupt möglich ist:

Eine befindet sich an der nördlichen Flanke des Berges, nördlich der Sommerhaussiedlung, die 1,5 km südlich der Brücke von Laugarás an der Straße 31 liegt. Wer die nördliche der beiden Einfahrten nimmt, kann dort parken, wo die Straße den scharfen Linksknick macht. Von hier aus muss eine Kuhwiese überquert und deren Zaun überklettert werden. Parallel zum Zaun verläuft ein Trampelpfad südwärts in Richtung Ferienhäuser, der aber irgendwann im Nichts endet. Von hier aus muss man sich weglos bergauf nach Westen durchschlagen.

Die Alternativstrecke – weder leichter noch schwerer als die andere – befindet sich genau auf der entgegengesetzten, südlichen Bergseite. Von der Ringstraße kommend, biegt man auf der Straße 30 Richtung Flúðir in Brautarholt nach links ab (Schild „Vorsabær"). An der einzigen als solche erkennbaren Straßenkreuzung folgt man dem linken Weg bis zu einem kleinen Wäldchen und einem Wasserfall. Hier kann man aufsteigen.

Beide Aufstiege dauern gut zwei Stunden und bei beiden ist nicht sicher, dass man den See **Úlfsvatn** auch findet.

Hinweise

Anders als bei anderen Bergbesteigungen geht der Hinweg hier schneller als der Rückweg. Denn hin läuft man einfach immer der Nase nach steil bergauf. Wer aber exakt zum Ausgangspunkt zurück möchte, muss auf dem Rückweg lange nach geeigneten Abstiegsmöglichkeiten suchen, denn immer wieder tauchen aus dem Nichts Spalten und Abhänge auf, die umklettert werden müssen. Wanderer mit gutem Orientierungssinn sind klar im Vorteil. Doch das Tückischste an der Vöröufell-Besteigung sind die hier oft festhängenden Wolken. Wer in solch einen Nebel gerät, verliert unweigerlich die Orientierung, denn hier oben sieht alles gleich aus. Also diese Wanderung bitte **nur bei gutem Wetter** machen – und sollte sich doch eine größere Wolke nähern: schnell umkehren!

Busse

SELFOSS, mit Strætó (Linie 73) Mo–Fr um 7.24 Uhr, über LAUGARVATN, in 40 Min und mit Linie 72 1x tgl. in 50 Min. über REYKHOLT und FLÚÐIR für 1840 ISK.

Von Kerið zum Þingvallavatn

Zurück in Richtung Westen findet der Goldene Kreis hier mit einem traumhaften Kratersee und einer malerischen Panoramaroute, der Straße 360, einen würdigen Abschluss.

Krater Kerið

25 km südwestlich von Laugarás fordert direkt an der Straße 35 ein pittoreskes Naturphänomen zum Stopp auf. Im Schlackekrater Kerið sieht es aus, als hätte ein Trollkind mit Plakafarben gemanscht. Je nach Jahreszeit leuchtet es hellgrün, knatschgrün, dunkelrot, hellrot, orange und in allen Facetten von Beige. Der Kerið ist 55 m tief und mindestens 6500 Jahre alt und Teil der Kraterreihe Tjarnarhólar, die hier riesige Lavafelder hat entstehen lassen. Der Eingang zur gewaltigen Magmakammer des Kraters ist verschüttet, der Kessel mit grün schimmerndem Grundwas-

ser gefüllt. Der Vulkan lässt sich auf dem Kraterrand umrunden, aber bitte nirgendwo hinabsteigen, denn der Untergrund besteht aus losem Geröll und mit jedem kleinen Erdrutsch verliert Kerið an Höhe. Kerið gehört zu den wenigen isländischen Natur-Sehenswürdigkeiten, die Eintritt kosten (400 ISK, Kinder unter 12 Jahren frei).

Weiter zum Þingvallavatn

Die schnellste Route vom Kerið nach Þingvellir führt über die durchgängig asphaltierte Straße 36, am östlichen Seeufer entlang (insgesamt 43 km). Wir empfehlen aber wärmstens die landschaftlich spektakulärere Straße 360 („Nesjavallaleið") entlang des Westufers. Sie ist kaum länger (48 km), erfordert aber mehr Zeit, weil die Straße in einem Teilstück nicht asphaltiert und zudem extrem löchrig ist. Man passiert auf der Fahrt nach Norden die hübsche kleine Kirche am See **Úlfljótsvatn**, einen schmalen schwarzen Sandstrand, eine Steinwüste, das **Geothermiekraftwerk Nesjavellir**, skurril geformten Bergformationen (eine sieht aus wie ein Drachenrücken), saftig grüne Wiesen und ein Ufergebiet mit Strand und Wald, in dem Reiche nicht ohne Grund ihre Sommerhäuser haben.

ÜBERNACHTUNG

Úlfljótsvatn

Camping Úlfljótsvatn (Outdoor und Scout Center), am Südufer des Úlfljótsvatn, ℡ 482 2674 und 895 2409, 🖳 www.campiceland.com. Ein großer, gepflegter ganzjährig geöffneter Campingplatz und gleichzeitig gigantisch großer Abenteuerspielplatz an einem wunderschönen kleinen See: Man kann Tretboot fahren, segeln, klettern, angeln – und natürlich wandern. Ideal für Gruppen und Familien, aber definitiv nichts für Ruhesuchende. Das Team vermittelt u. a. auch Reit-, Bus- und Tauch- und Folkloretouren (detailliertes Programm auf der Website). 1500 ISK, Kinder (10–15 J.) 1100 ISK, Strom 1000 ISK, Frühstück 1400 ISK. Duschen und Angeln im See schon im Preis enthalten. Waschmaschine und Trockner je 750 ISK.

€ **Ljósafossskóli Hostel**, Þingvallavegur, ℡ 695 4099, 🖳 www.ljosafossskoli.is. Ehemalige, zum Hostel umgebaute Schule an der Straße 36, etwa 1 km nördlich der Stelle, an der die 360 auf die 36 trifft. Prima sind die bunte Küche und die Turnhalle (ideal zum Basketballspielen), eher mäßig die Anzahl der WCs und Duschen und Geschmackssache die Jesus-Bilder, die überall hängen. Gastgeber Ólafur ist ein ehemaliger Handballprofi. 18 Zimmer für insgesamt 50 Gäste. Frühstück 15 €. ❷

Nesjavellir

ION Luxury Adventure Hotel, direkt beim Kraftwerk, ℡ 482 3415, 🖳 www.ioniceland.is. Das Designhotel mit Thermalbad und Spa-Bereich sieht ein bisschen aus wie ein futuristischer Beton-Bunker, der sich beständig weigert, sich unauffällig in die Landschaft einzufügen. Innen ist dann alles „bio", nachhaltig und übermodern. Exklusives Tourangebot, z. B. Reittouren auf Pferden, die extra für die Tour zum Hotel gebracht werden für 100 000 ISK (Preis für 1–2 Pers., jeder weitere Teilnehmer zahlt 11 000 ISK). ❽

ESSEN

Camping Úlfljótsvatn, s. Übernachtung. Einfache, günstige Sattmacher (warmes Abendessen 3000 ISK, Burger 2200 ISK).

Restaurant Þrastalundur, an der Straße 35 nach Selfoss, ℡ 779 6500, 🖳 www.thrastalundur.is. Etwas altmodisch eingerichtetes Restaurant mit Terrasse und Blick auf den Fluss. Auf der Karte stehen Fischgerichte, Hühnchen, Lamm und Salate. ⏲ tgl. 9–22 Uhr.

Silfra Restaurant des Hotel ION, s. Übernachtung. Hier gibt's Slow Food vom Feinsten (5-Gänge-Menu 12 900 ISK). ⏲ tgl. 12–16, 18–22 Uhr.

TRANSPORT

In Richtung Þingvellir braucht man sowohl auf der Straße 36 als auch der Straße 360 ein eigenes Auto, denn es fahren keine Busse. Auch die meisten Tourveranstalter nutzen nur die größere Straße 36. Auf der Straße 35 erreicht man Selfoss vom Kerið aus in 15 (15 km).

Per pedes ins Hengill-Gebirge

- **Länge:** Ölfusvatn–Ölkelduhnúkur 10 km, Úlfljótsvatn–Aussichtsberg Álútur 9 km, Kombination beider Routen 25 km
- **Dauer:** hin und zurück ist jede Route eine Halbtagestour, für die Kombination beider Routen sollte man einen ganzen Tag einplanen.
- **Schwierigkeit:** Mittel. Das hängt allerdings vom Wetter ab. Je mehr Schneefelder- bzw. Schneefeldreste es zu überwinden oder zu umklettern gilt, desto schwieriger. Auf dem Álútur ist mit Schnee zu rechnen.

Rund um den Vulkan Hengill, der mittig zwischen der Ringstraße im Westen und dem Þingvallavatn im Osten liegt, erstreckt sich ein insgesamt 125 km langes Netz von markierten Wanderwegen. Die beiden hier beschriebenen beginnen an der Straße 360. Eine detaillierte Karte findet man unter www.or.is/sites/or.is/files/gonguleidir_a_hengillssvaedinu_og_nagrenni.pdf. Wer nicht zum Ausgangspunkt zurück muss, kann die Wanderung auch südwärts noch bis Hveragerði verlängern (s. u.).

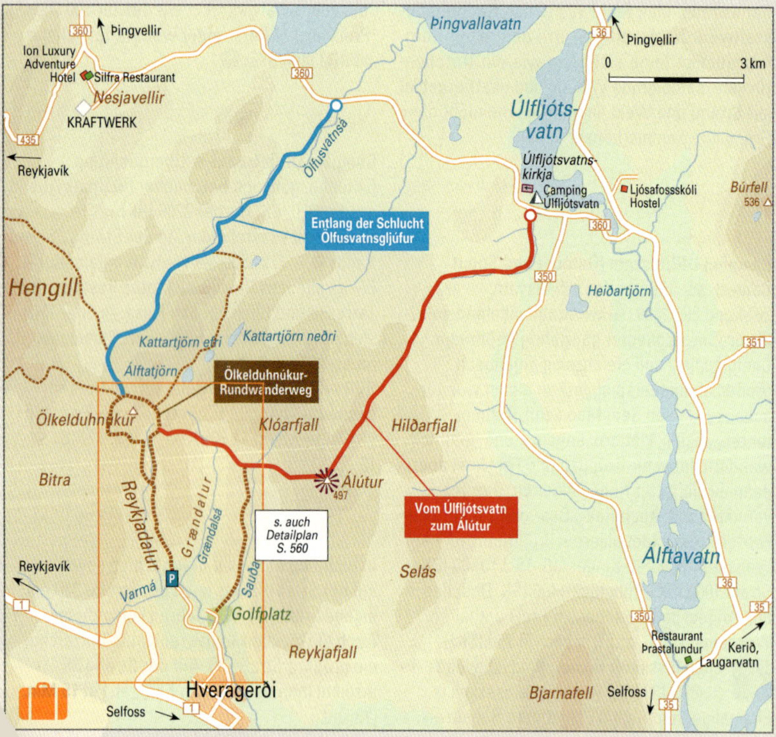

PER PEDES INS HENGILL-GEBIRGE

Entlang der Schlucht Ölfusvatnsgljúfur

Die nördlichere der beiden Routen hat breitere, bessere Wege. Vom Startpunkt am Fluss **Ölfusvatnsá** geht es für längere Zeit zunächst ohne größere Steigungen und Schwierigkeiten am rechten Ufer entlang in Richtung Südwesten, bis der Fluss nach etwa 2 km durchquert werden muss. Gut sichtbar führt der Weg nun weiter bergauf durch eine beeindruckende **Schlucht** und trifft nach etwa 10 km auf den **Rundwanderweg um den Ölkelduhnúkur**, von dem aus man auf dem bevölkerten Wanderweg ins Reykjadalur und nach Hveragerði absteigen könnte (weitere 6,5 km, s. S. 559).

Vom Úlfljótsvatn zum Álútur

Der zweite, mit blauen Holzpflöcken markierte Weg beginnt etwa 6 km weiter südöstlich am **Úlfljótsvatn** direkt südlich des Campingplatzes (Wegweiser Reykjadalur/Hveragerði). Er führt südwärts auf einem für Autos gesperrten Fahrweg bereits nach einer guten Viertelstunde (2 km) zum ersten Höhepunkt: einem wunderschönen **Wasserfall**. Hier führt eine kleine Holzbrücke über den Fluss und man steigt dann am rechten Ufer durch dichtes Birkengestrüpp ein Stück (ca. 300 m) am feuchten und rutschigen Hang bergauf. Das nächste Teilstück (700 m) über eine kleine Anhöhe ist einfach zu laufen, und auch der Weg runter ins furchtbare grüne Tal sollte kein Problem sein. Allerdings muss an der tiefsten Stelle des Tals der Fluss durchwatet werden, was je nach Wasserstand eine ganz schön matschige Angelegenheit ist. Der Weg führt nun in Richtung Südwesten über die Wiese, rechts vorbei an einer Hütte und dann steil den **Berg Álútur** hinauf. Aber der anstrengende Aufstieg auf den oft schneebedeckten Gipfel (497 m) lohnt sich: Der Panoramablick auf den Þingvallavatn ist großartig! Die Tour lässt sich bis nach Hveragerði fortsetzen (weitere 4,5 km auf dem direktem Weg bis zum Golfplatz oder 10,5 km über den Rundweg beim Ölkeldahnúkur und vorbei an der Badestelle, s. S. 559.

Kombination beider Routen

Wer vom **Álútur** zum Rundweg um den Ölkeldahnúkur weiterläuft (noch 4 km durch unwegsames Gelände) und so beide Wege kombiniert (Gesamtlänge knapp 25 km), hat sowohl Start- als auch Endpunkt seiner Wanderung an der Straße 360, nur ungefähr 6 km voneinander entfernt. Hier klappt es laut unserer Erfahrung ziemlich gut, zurück zum Auto zu trampen. Noch besser dran sind Gäste des Campingplatzes **Úlfljótsvatn**. Sie finden mit ziemlicher Sicherheit jemanden, der Richtung Norden fährt und sie am Einstiegspunkt absetzt – und von hier aus können sie ganz entspannt und ohne Zeitdruck „nach Hause" zurückwandern.

SNÆFELLSNES, ZWISCHEN ARNASTAPI UND HELLNAR; © SHUTTERSTOCK.COM / HANS ROODHORST

Snæfellsnes und der Westen

Der Gletscher Snæfellsjökull thront auf der Halbinsel Snæfellsnes, die sich innerhalb eines Tages umrunden lässt. In der Region Borgarfjörður, weiter im Landesinneren, ist es mal warm – an der größten Geothermalquelle Islands – und mal eiskalt – auf dem Gletscher Langjökull. Und wer in die Lavahöhlen der Umgebung hinabsteigt, spaziert durchs Innere erkalteter Magmaströme.

Stefan Loose Traveltipps

Wasserfall Glymur Die Wanderung zum Wasserfall bietet ein paar Herausforderungen. S. 222

Settlement Centre in Borgarnes Ein Multimedia-Erlebnis auf den Spuren der ersten Siedler S. 227

Hraunfossar und Barnafoss Die Wasserfälle sind ein Traum in Türkis. S. 238

Rauðfeldsgjá Eine Klettertour für Trittsichere. S. 248

4 Snæfellsjökull Nationalpark Der magische Gletscher lockt aufs Eis. S. 252

Geschichtenerzähler in Grundarfjörður Niemand kennt die Gegend besser. S. 263

MS Baldur Mit der Fähre geht es in die einsamen Westfjorde. S. 274

STEINFIGUR DES BÁRÐUR SNÆFELLSÁS IN ARNARSTAPI; © ROBIN KUHNHENNE

KIRKJUFELL; © SHUTTERSTOCK.COM / ALEXANDRA LANDE

Wann fahren? Hier ist das ganze Jahr über Hochsaison.

Wie lange? Für den Nationalpark Snæfellsjökull empfehlen sich 2 Tage. Wer auch die anderen Regionen sehen will, sollte 3–4 Tage einplanen.

Bekannt für Island-Typisches auf engstem Raum in Snæfellsnes

Unbedingt probieren Wanderung zum Glymur

Abseits ausgetretener Pfade Aufstieg auf den Aussichtsberg Drápuhlíðarfjall

Schöne Tagesausflüge Von Strand zu Strand im Snæfellsjökull-Nationalpark

Snæfellsnes und der Westen

Nimmt man die Ringstraße als Orientierungshilfe, dann reicht die Region **Vesturland** in etwa vom Hvalfjörður im Süden bis zur Holtavörðuheiði (mit der gleichnamigen Passstraße) im Nordosten und zum Gilsfjörður im Nordwesten (hier beginnen die Westfjorde). Die offiziellen Grenzen des Verwaltungsbezirks mit der Hauptstadt Borgarnes verlaufen minimal anders, aber das ist für Reisende ohne Bedeutung. Verkehrstechnisch ist die Region gut erschlossen und daher problemlos auch mit einem normalen Auto zu erkunden.

Von Süd nach Nord besucht man auf der Rundfahrt den malerischen **Hvalfjord** (möglichst mit Wanderung zum Wasserfall Glymur), dann die Stadt **Borgarnes** mit dem besten Multimedia-Museum Islands. Die „heiße" Region (Borgarfjörður) mit **Reykholt** und der Geothermalquelle **Deildartunguhver** erstreckt sich östlich von Borgarnes. Dort befinden sich auch die Wasserfälle **Hraunfossar** und **Barnafoss** und nordwestlich des Gletschers **Langjökull** eine raue Berglandschaft. Ganz im Westen liegt die Halbinsel **Snæfellsnes**, einer der landschaftlich schönsten Landstriche Islands, an die sich nördlich die liebliche Region **Dalir** anschließt, durch die man auf dem Landweg in die Westfjorde kommt.

Von Reykjavík Richtung Norden

Wer von Reykjavík entlang der Ringstraße nach Norden fährt, kommt zügig voran, denn es bieten sich kaum sehenswerte Zwischenstopps an. Es gibt nur wenige Parkplätze, und so bewundern meist nur die Beifahrer die hübschen, gar nicht mal kleinen Berge und die netten Küstenabschnitte. Wer am Steuer sitzt, konzentriert sich auf die Straße: Eine Vielzahl der gefürchte-

Unterwegs im Westen

Mit dem Auto
Die 150 km auf der **Ringstraße** von Reykjavík über Borgarnes, Bifröst und den Pass Holtavörðuheiði bis nach Staðarskáli können theoretisch in 2–3 Std. bewältigt werden. Diese sportliche Schätzung lässt aber keinen Raum für Pausen und solch eine rasante Tour kann teuer werden, denn hier hat der ein oder andere schon unfreiwillig von einem der vielen Blitzer am Straßenrand ein teures Schwarzweiß-Foto machen lassen.

Die Rundfahrt um die Halbinsel **Snæfellsnes** ist selbst von Reykjavík aus an einem Tag zu schaffen. Eine Wanderung oder Walbeobachtung passt dann zwar nicht ins Programm, einige Sehenswürdigkeiten, bei denen man nur kurz aussteigt, aber schon. Wir raten zu zwei Tagen, denn die Gegend ist zu schön, um durchzurasen.

Schwieriger zu kalkulieren sind die Fahrtzeiten im Ostteil der Region **Richtung Hochland**. Für die 65 km lange Strecke von Borgarnes über Reykholt nach **Húsafell** sollte inkl. der wichtigsten Besichtigungen ein halber Tag reichen. Die Weiterfahrt in Richtung Norden ist von hier aus nicht direkt möglich. Daher geht es für die meisten zurück zur Ringstraße, was knapp eine Stunde dauert.

Richtung Süden fahren Hochlandfans über die **Kaldidalur-Piste** (Straße 550/F550), die in der Vergangenheit nur für Allradfahrzeuge mit Bodenfreiheit befahrbar war, heute aber auf eigenes Risiko auch für normale Pkw möglich ist. Für die 70 km über die Piste bis nach Þingvellir sollte mindestens ein halber Tag eingeplant werden, weil man hier nur sehr langsam vorankommt. Auch über die **Straßen 518, 50 und 52** geht es Richtung Süden. Die Tour ist mit 111 km etwas länger als die Hochland-Alternative, aber bei gutem Wetter mit jedem Auto möglich.

Wer von Reykjavík nach Þingvellir will, gelangt von der Ringstraße aus auf der **Straße 36** dorthin.

Mit dem Bus
Für Busreisende haben wir eine schlechte Nachricht: Während die Strecke Reykjavík–Akranes–Borgarnes–Bifröst über die Ringstraße sehr gut bedient wird, sieht es im Ostteil der Region und auf der Halbinsel Snæfellsnes mit Busverbindungen mau aus.

Im Westen fährt der **Strætó-Bus 58** die Runde Borgarnes–Hvanneyri–Reykholt–Baula–Borgarnes an vier Tagen die Woche (1x tgl. und nur in dieser Richtung). Die Strecke Borgarnes–Stykkishólmur wird von Strætó (Linie 58) 2x tgl. bedient. An der Kreuzung 54/56 nahe Stykkishólmur ist es möglich, in den Bus 82 Richtung **Grundarfjörður**, Ólafsvík, **Rif**, **Hellissandur** (im Sommer 1x tgl bis Arnarstapi) umzusteigen. Nach **Búðir** gibt es keine Verbindung und auch an die Südküste fahren derzeit keine Busse (bitte aktuell immer auf der Website von Strætó checken).

Mit der Fähre
Von Stykkishólmur fährt die Autofähre *Baldur* in die Westfjorde. Zwischen Reykjavík und Akranes gab es im Sommer 2017 eine Personen- und Fahrradfähre; ob diese Route erneut befahren wird, ist aber nicht sicher.

---

ten zweispurigen Kreisverkehre sind zu meistern (zur Erinnerung: Hier hat der Fahrer auf der inneren Spur Vorfahrt!). Wer mit dem Bus fährt, reist wesentlich entspannter.

Nach ungefähr 10 km zweigt rechter Hand die Straße 36 über Mosfellsheiði nach Þingvellir ab. Einige Kilometer weiter steht links der Pfarrhof Saurbær (vor dem Südportal des Hvalfjörðurtunnels). Ein Stopp lohnt. Hier teilt sich der Weg: Die Ringstraße führt durch den 5,7 km langen mautpflichtigen **Hvalfjarðargöng-Tunnel**, der an seiner tiefsten Stelle 165 m unter dem Wasser liegt, auf die andere Seite des Fjords (Pkw 1000 ISK). Der Tunnel ist nicht ganz unproblematisch – hier herrscht oft „dicke Luft". Meist herrscht viel Verkehr, es gibt ein starkes Gefälle,

Steigungen und auch scharfe Kurven. Auf jeden Fall das Tempolimit von 70 km/h beachten und Abstand zum Vordermann halten. Für Radfahrer ist der Tunnel verboten; sie müssen auf der 60 km langen Straße 47 um den Fjord herum fahren, den Bus nehmen oder mit der Personenfähre – falls sie wieder fährt – von Reykjavík nach Akranes übersetzen. Auch für alle anderen mit genügend Zeit ist der landschaftlich schöne Umweg um den Fjord sehr lohnend.

Hvalfjord

Dieser Fjord ist der tiefste Islands; mit dem Auto dauert es knapp eine Stunde, ihn zu umrunden. Hvalfjord bedeutet übersetzt „Wal-Fjord", und seine Geschichte hat in zweifacher Hinsicht etwas mit diesem Tier zu tun: Zum einen soll der Legende nach einst ein bösartiger Wal hier sein Unwesen getrieben haben. Ein Priester lockte das Tier in den Hvalvatn-See, wo der Riese bis an sein Lebensende keinen Schaden mehr anrichten konnte. Zum anderen steht im Fjord eine **Walfangstation**. Noch immer dürfen hier gefangene Wale zerstückelt werden (mehr zum Thema Wale auf S. 99).

Es gibt noch mehr Unschönes in dieser beschaulichen Landschaft: das Aluminiumwerk in Grundartangi und das benachbarte Ferrosiliciumwerk. Diese Bauten der **Schwerindustrie** verschandeln nicht nur die Landschaft, mancher bringt sie auch mit der hohen Brustkrebsrate der Region in Verbindung. Bewiesen ist nichts, aber die Bürger haben eine Umweltgruppe ins Leben gerufen, die sich für eine Untersuchung einsetzt und dafür sorgen möchte, dass diese Industrien strenger kontrolliert werden. Der Gegenpol zu diesem industrialisierten Island zeigt sich aber ebenfalls auf der Fahrt um den Fjord. Es geht vorbei an Bergen, die den Fjord wie Wächter umrahmen, hübschen Halbinselchen, seichten Ufern und grasenden Kühen. Eine schöne Station auf der Umrundung ist die kleine **Landzunge Hvalfjarðareyri**. Das Vogelschutzgebiet ist für viele der erste Fotostopp.

Der **Bio-Bauernhof** Neðri Háls bei Kjós, einige hundert Meter nordöstlich der Straße 48, wird von Kristján und Dóra (einer Schweizerin) nach ökologischen Prinzipien bewirtschaftet. Hier wird Bio-Joghurt hergestellt; mehr Informationen 🖥 www.grillmarkadurinn.is/en (unter „Farmers"). Bio oder Industrie? Welcher Ansatz zukünftigen Lebens sich an diesem Fjord (und in ganz Island) durchsetzen wird, bleibt abzuwarten.

Kurz vor dem Biohof findet, wer genau hinguckt, in der Nähe von **Kjós** Überreste des im 14. Jh. vermutlich wichtigsten Handelsplatzes Islands. Und schließlich plätschert da, wo der Fahrweg in Richtung **Glymur** (s. Tour S. 222) abzweigt, ein netter kleiner namenloser Wasserfall, der zum Picknick einlädt, aber auch zum ernsthaften Pilgern: Der 6-tägige **Pilgerweg von Bær** (nordöstlich von Borgarnes) über Fitjar, Botnsdalur und Þingvellir bis nach Skálholt führt hier in die Nähe der Straße, sodass nicht ganz so fitte Pilger diese Stelle für einen verspäteten Einstieg nutzen. Von hier bis nach Skálholt läuft man drei Tage. Mehr zur Pilgerroute unter 🖥 www.pilagrimar.is/goumlngukort.html.

Im **War and Peace Museum**, 📞 433 8877, 🖥 www2.warandpeace.is, an der Nordseite des Fjords wird an die Geschichte der Jahre 1940–1945 erinnert – eine Zeit, in der das friedliche und abgeschiedene Island strategische Bedeutung für die kämpfenden Weltmächte bekam. Britische und amerikanische Truppen besetzten den Hvalfjord, und die 200 Einwohner der Region sahen sich Tausenden von Soldaten gegenüber, die darauf warteten, von hier aus die deutsche Invasion abzuwenden bzw. später Richtung Russland in See zu stechen (S. 109). ⏱ Mi, Do, Fr 13–17, Sa, So 10–17 Uhr.

ÜBERNACHTUNG

Campingplatz, beim War and Peace Museum, Félagsheimilið Hlaðir, 📞 660 8585 und 433 8877, 🖥 www.tjalda.is/en/hladir. 1000 ISK, Strom 1000 ISK. Wer von Do–So bleibt, zahlt nur für 2 Nächte. ⏱ 15. Mai–15. Sep.

Hótel Glymur, auf der nördlichen Fjordseite, 📞 430 3100, 🖥 www.hotelglymur.is. Hotel der gehobenen Preisklasse. 22 Executive Rooms, 30 m² große Maisonette-Wohnungen, eingerichtet mit italienischen Ledermöbel-Unikaten und entweder Meer- oder Bergblick

Hvalfjord und Umgebung

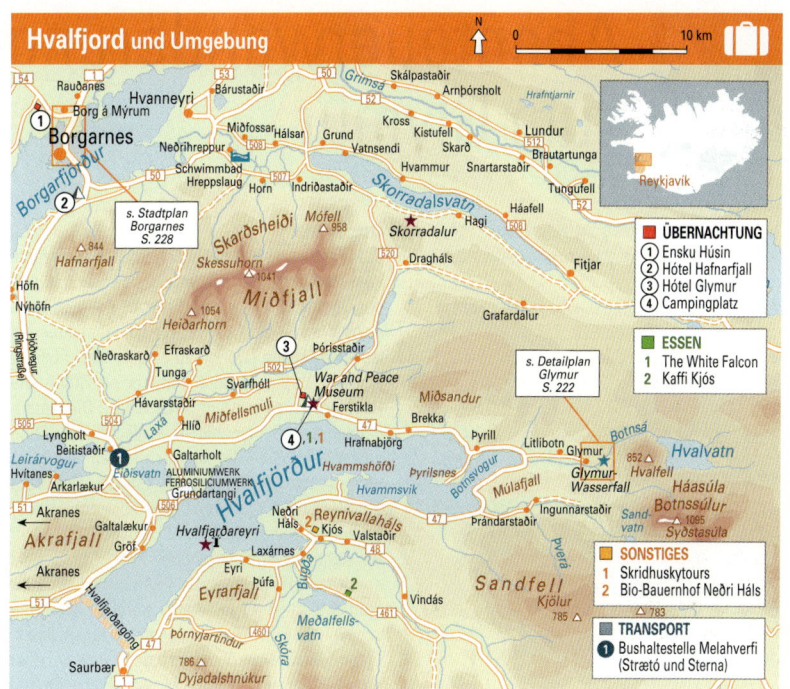

ÜBERNACHTUNG
1. Ensku Húsin
2. Hótel Hafnarfjall
3. Hótel Glymur
4. Campingplatz

ESSEN
1. The White Falcon
2. Kaffi Kjós

SONSTIGES
1. Skridhuskytours
2. Bio-Bauernhof Neðri Háls

TRANSPORT
1. Bushaltestelle Melahverfi (Strætó und Sterna)

(wobei der „Berg" nur der mit ein paar Bäumen bewachsene Hang hinter dem Hotel ist), 2 Suiten und 6 Villas. Zwei Hot Pots, Bibliothek u. v. m. Hauseigenes Restaurant und Café (s. u.). Das Hotel ist 20 km vom gleichnamigen Wasserfall entfernt. Villas ab 340 €. ❺–❻

ESSEN

Glymur Café und Restaurant, im Hotel Glymur, s. Übernachtung. Leckere Kuchen zu ortsüblichen Preisen (vielleicht auch etwas darüber) mit toller Aussicht auf den Fjord bietet das Café, ⏲ 13–17 Uhr. Das Restaurant lockt mit Buffet und À-la-carte-Auswahl Individualisten wie Gruppenreisende. ⏲ 18.30–21 Uhr.
Kaffi Kjós, Meðalfellsvegur, ✆ 566 8099, 🖥 www.kaffikjos.is. Das hübsche Holzhaus mit rotem Dach und Außenterrasse liegt malerisch am See Meðalfellsvatn, direkt an der Straße 461, 4 km vom Hvalfjord entfernt. Das Interieur im Eingangsbereich erinnert ein wenig an einen Tankstellen-Kiosk, aber der Gastraum ist gemütlich. Gute Küche und besonders leckerer Kuchen. ⏲ tgl. Juni–Juli 11–22, im Herbst unregelmäßig, im Winter nur Sa 12–20 und So 12–18 Uhr.
The White Falcon, im War & Peace Museum, Hlaðir, ✆ 433 8877, 🖥 www.warandpeace.is. Kann gemütlich sein, doch wenn Tourgruppen da sind und den großen Tisch in der Mitte besetzen, wird es voll und laut. Für eine Pause okay. ⏲ wie Museum.

AKTIVITÄTEN

Skridhuskytours, ✆ 777 8088, 🖥 www.skridhuskytours.jimdo.com. Hundefans und alle, die es werden wollen, aufgepasst: Mit dem Schlitten, gezogen von je zwei kraftvollen Huskys, geht es im Winter auf Tour (Nov–April), 22 500 ISK, Kinder zwischen 10–16 J. 14 000 ISK.

Abenteuerwanderung zum Glymur

- **Länge:** vom Parkplatz bis zum besten Aussichtspunkt ca. 2,5 km, ganze Runde ca. 7 km
- **Dauer:** 5 Std. mit Pausen (bzw. 1 1/2 Std. bis zum Aussichtspunkt)
- **Bester Zeitpunkt:** Juni–Sep

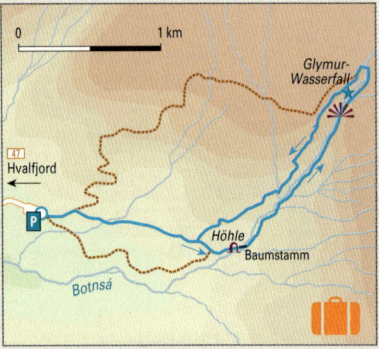

Bis 2011 dachte man, der Glymur sei mit 196 m Fallhöhe der höchste Wasserfall Islands. Heute weiß man, dass der Morsárfoss im Vatnajökull-Nationalpark mit 227 m noch höher ist. Das Wandervergnügen bleibt davon aber unberührt. Die Halbtagestour rund um den Glymur ist eine der schönsten und abwechslungsreichsten, die Island für einigermaßen fitte, trittsichere und schwindelfreie Gelegenheitswanderer zu bieten hat – also für Menschen ohne Kompass und spezielle Ausrüstung. Ein gehöriges Maß an Nervenkitzel ist hier gepaart mit einer sehr geringen Wahrscheinlichkeit, sich zu verlaufen.

Der Einstieg zur Wanderung liegt 2 km östlich der Straße 47 (steinige Piste). Für Menschen, die nicht wandern wollen, lohnt es sich übrigens nicht, hier abzubiegen: Weder vom Parkplatz aus noch vom Startpunkt der Wanderung an der Schlucht sieht man den Wasserfall.

Die Route

Die Wanderung beginnt beschaulich und einfach: Vom **Parkplatz** aus schlängelt sich der mit gelb angemalten Steinen und Pfosten deutlich markierte Weg für gut 1,5 km durch Lupinenfelder und lauschige kleine Täler bis zu einem Aussichtsplatz am Fluss Botnsá (rechter Hand ist ein Stück vom Hvalfjord zu sehen und links Wald). Die Versuchung ist groß, hier links dem Weg auf den Berg hinauf parallel zur Schlucht zu folgen. Wer dies tut, sieht zwar den Wasserfall, kann ihn aber nicht in voller Pracht erfassen. Dafür muss der Wanderer auf die andere Seite der Schlucht.

Der richtige Weg führt hinunter zum Fluss. Es geht durch eine **Höhle**, die allein schon den Weg bis hierhin wert ist. Etwas weiter nördlich endet der schmale Pfad. Hier wird der Fluss auf einem befestigten **Baumstamm** überquert, der ca. 30 cm über dem Wasser zu schweben scheint. Etwas Sicherheit bietet ein als Geländer dienendes Stahlseil. Die erste echte Herausforderung, denn wer hier in den Fluss fällt, für den ist die Wanderung zu Ende, bevor sie richtig begonnen hat. Auf der anderen Flussseite folgt dann direkt der schwierigste Teil der Runde: Es geht steil bergauf auf einem rutschigen Pfad. Die armen Kriechbirken hier haben es echt schwer, denn sie werden notgedrungen ständig als Haltegriffe missbraucht. Wer auch diese Hürde unfallfrei gemeistert hat, wird mit einem bequem zu laufenden Teilstück durch hübsches Zwergbirkengestrüpp belohnt. Und dann, nach ca. 2 km ist endlich der erste **Aussichtspunkt** erreicht. Die Schlucht mit ihren steil abfallenden Felswänden ist gigantisch schön – und von hier aus lässt sich rechts oben auch der mächtige Wasserfall erahnen. Der Weg folgt nun bergauf mehr oder weniger der Schlucht, und mit jedem Felsvorsprung wird die Aussicht besser.

Achtung: Wo unterwegs ein Seil, befestigt an zwei miniklelnen Holzpflöcken, den gut sichtbaren Pfad entlang der Schlucht versperrt, bitte auf keinen Fall weitergehen, sondern den Umweg rechter Hand am Hang in Kauf nehmen! Auf dem Rückweg, von der anderen Seite der Schlucht aus, sieht man nämlich den Grund für die Absperrungen: Unterhalb des Pfads bröselt nach und nach das Gestein ab und fällt in die tiefe Schlucht. Irgendwann wird auch der letzte Rest wegbrechen – hoffentlich dann, wenn gerade kein Wanderer auf dem schmalen Grat läuft. Anstatt über die Absperrung zu schimpfen, sollte man also den netten Menschen vom isländischen Wanderverein für den Hinweis dankbar sein. Hier verlängert sich die Wanderzeit – je nachdem welche Ausweichroute gerade empfohlen wird – um bis zu einer halben Stunde.

Weiter bergauf geht es nun über beige-gelbes Geröll, bis nach ca. 2,5 km das nächste Etappenziel erreicht ist: der **Top-Aussichtspunkt**, von dem aus man den ganzen Glymur in voller Pracht bewundern kann.

Hier kann sich der Wanderer zwischen drei Möglichkeiten entscheiden: Denselben Weg zurück zu gehen, weiter in Richtung des 852 m hohen Berges Hvalfell zu wandern (ohne Führer nicht unbedingt zu empfehlen) oder weiter hochzusteigen, um den Fluss oberhalb des Wasserfalls zu durchqueren und auf der anderen Seite zurück zu laufen. Unser Tipp ist die dritte Option: Es geht zu Fuß durch den breiten Flusslauf (toll, wenn man wasserdichte Stiefel anhat, aber es geht auch barfuß – ist zwar glitschig und kalt, aber gut machbar). Abgestiegen wird dann an der Ostseite (der matschige Teil des Pfads vom Hinweg ist schon bergauf eine Herausforderung, bergab kann man ihn so umgehen). Weiter geht es dann durch den Birkenwald zurück zum Parkplatz.

Touranbieter

Wer lieber eine organisierte Tour unternehmen möchte, findet Hilfe bei: **Extremeiceland**, ✆ 588 1300, 🖥 www.extremeiceland.is/en/activity-tours-iceland/hiking-tours/glymur-waterfall. Die 7-stündige Tour startet in Reykjavík und kostet 12 900 ISK. Ist der Parkplatz der Startpunkt, dauert die Tour 5 Std. und kostet 10 900 ISK. Kinder (10–14 J.) zahlen die Hälfte.

Trex, ✆ 562 700, 🖥 www.trek.is/en/our-tours/day-hikes/glymur-waterfall. Ab Reykjavík (Abholung von der Unterkunft gegen Aufpreis) in 6 Std. für 12 990 ISK, Kinder (9–15 J.) zahlen die Hälfte.

Im Hinterland des Hvalfjords

Wer hinter dem War and Peace Museum die Passstraße 520 nimmt, gelangt nach **Skorradalur** mit einem über 100 ha großen Waldgebiet. Seit 1951 wird hier mit großem Erfolg aufgeforstet. 28 immergrüne Bäume aus aller Welt wurden angepflanzt. Weiter auf der Straße 520 führt links die 507 zum **Schwimmbad Hreppslaug**. Das aus natürlichen heißen Quellen gespeiste Bad lockt seit 1928 Badefreunde an; es gehört zum offiziellen „kulturellen Erbe des Landes". ⏱ Juni–Mitte Aug Di–Fr 18–22, Sa, So 13–22 Uhr.

Im Sommer (Mai–Okt) werden die Tiere vor ein Fahrrad gespannt. Sommertouren starten um 11 Uhr und dauern 1 Std., Mindestalter 18 J., 13 000 ISK. Wer schwerer als 90 kg ist, darf leider nicht mitmachen.

TRANSPORT

Auto
Außer der Runde auf der **Straße 47** um den Fjord gibt es eine weitere landschaftlich schöne Strecke, nämlich die nicht asphaltierte Verbindungsstraße zwischen Þingvellir und dem Hvalfjord, die **Straße 48**. Sie führt durch ein von Bergen eingerahmtes Tal und danach vorbei am Wasserfall **Þórufoss**, der sich in einer Schlucht versteckt.

Busse
Öffentliche Busse, die um den Fjord fahren, gibt es nicht. Alle nutzen den Tunnel. Am Ende des Fjords, wo die 47 auf die Ringstraße trifft, befindet sich eine Haltestelle namens Melahverfi. Zu den Zielen im Fjord geht es dann aber nur noch per Anhalter oder zu Fuß.

Akranes

Akranes, die mit fast 7000 Einwohnern größte Stadt Westislands, liegt auf einer Halbinsel am Ende des Hvalfjords. So richtig schön ist es hier nicht, bisher kommen daher wenige Touristen. Dafür ist man hier mitten drin im ganz normalen Leben.

Strandfans aufgepasst: Akranes hat mit dem **Langisandur** einen Stadtstrand mit richtig hellem Sand, einen der schönsten und größten Sand-Badestrände Islands. Allerdings ist das Wasser meist sehr kalt. Bei Sonne aber sollte man sich einen Strandtag gönnen, auch wenn die Kulisse weniger schön ist, denn direkt hinter dem Strand steht das große Zementwerk, das seit 1958 ganz Island mit aus Muschelkalk hergestelltem Baustoff versorgte und mittlerweile stillgelegt ist. Es gibt seither zwei Baustile, die Akranes' Stadtbild prägen: einige schöne und gut in Schuss gehaltene alte kleine Häuschen im Stadtzentrum, die aus der Zeit vor dem Bau des Werkes stammen, und drum herum funktionale Wohnblocks, Geschäfts- und Industriegebäude aus Beton. Auch der große Industriehafen macht da keine Ausnahme.

Im großen weißen **Leuchtturm** kann man hinaufsteigen (Öffnungszeiten s. u., Informationen). Direkt dahinter liegt ein weiteres, etwas kleineres Exemplar. Beide zusammen posieren wunderbar auf zahlreichen Fotos. Ein paar Straßenzüge entfernt rostet außerdem ein alter **Stahlkutter** aus dem Jahr 1955 fotogen vor sich hin. Wind und Wetter ausgesetzt, erinnert er an die Zeiten, als Island seinen Wohlstand vor allem mit der Heringsfischerei erwirtschaftete.

Einen guten Einblick in das Leben der Fischer bekommt man im **Folk Museum Akranes**, ✆ 431 5566, 🖥 www.museum.is. Einige der ausgestellten Schiffe wurden bereits restauriert, für andere wird noch gesammelt. Jährlich Anfang Juni findet hier zudem ein Schmiedewettbewerb statt. Dafür wird auch die alte Wikingerschmiede in Betrieb genommen. ⏱ 15. Mai–15. Sep tgl. 10–17, 16. Sep–14. Mai Mo–Fr auf Anfrage, Eintritt 800 ISK, Kinder unter 18 J. frei.

ÜBERNACHTUNG

Viele kommen am Ende oder Anfang ihrer Reise vorbei. In Reykjavík sind die Zimmer und auch der Campingplatz teuer. In Akranes, nur etwa 45 Min. von der Hauptstadt entfernt, ist alles erschwinglicher.

Akranes

ÜBERNACHTUNG
1. Camping Akranes
2. Kirkjuhvoll Guesthouse
3. Apótek Hostel & Guesthouse

ESSEN
1. Galito Restaurant
2. Matarbúr Kaju & Café Kaja
3. Thai Santi
4. Gamla Kaupfélagið
5. Lesbókin Café

SONSTIGES
1. Bónus
2. Apotheke
3. Thors Photography
4. Vínbúðin
5. Krónan
6. Krambúð
7. Supermarkt 10-11
8. Gesundheitsstation und Krankenhaus
9. Bäckerei

TRANSPORT
1. Haltestelle Campingplatz
2. Brautin Car Rental
3. Tankstelle N1, Haltestelle Þjóðbraut (nur Strætó)
4. Haltestelle Bæjarskrifstofan
5. Busstation Akranes
6. Haltestelle Akratorg
7. Personenfähre Reykjavík

Apótek Hostel & Guesthouse, Suðurgata 32, ☎ 868 3332, 🖥 www.hostel.is/hostels/Akranes. Mitten im Zentrum in einer ehemaligen Apotheke ist das Hostel untergebracht. Geboten werden 25 Betten in 2-, 3- und 4-Bett-Zimmern. Es gibt 2 gut ausgestattete Küchen. Das große Plus für Wanderfreunde: Der Besitzer kennt die Umgebung in- und auswendig und teilt sein Wissen gern. „Green Hostel"-Zertifikat. ❸

Camping Akranes (Campingkarte), an der langen Zufahrtsstraße in den Ort, der Kalmansbraut, nach dem Schild zur Badestelle „Kalmansvík" Ausschau halten, ☎ 894 2500, 🖥 www.tjalda.is/en/akranes. Eine schöne, einsame Bucht und trotzdem ist die Stadt in greifbarer Nähe. Bei Windstille ein Traum, bei Regen und Sturm recht ungeschützt. Es gibt keinen Aufenthaltsraum (nur eine kleine Waschküche) und nur sehr wenige Stromanschlüsse. Schutz bei Regen bietet ein überdachter Platz (hier gibt es auch einen Grill). Die Campingkarte gilt nicht an den Irish Days (s. Feste). 1200 ISK, Kinder unter 16 J. kostenlos. Strom 900 ISK, Waschmaschine und Trockner je 400 ISK. ❶

Kirkjuhvoll Guesthouse, Merkigerði 7, ☎ 868 3332, ✉ info@stayakranes.is. 15 Betten in Doppelzimmern. Es gibt auch Familienräume und für die ganz Kleinen sogar Gitterbettchen. Freundliche Leute, sehr familiär. ❸

ESSEN

Galito Restaurant, Stillholt 16-18, ☎ 430 6767, 🖥 auf Facebook. Restaurant und Bar, für 80 Leute ausgelegt und daher nicht gerade heimelig – auch von außen eher weniger einladend. Das gute Essen (Pizza, Burger, Fleisch, Fisch) und der ansprechende Service sorgen aber für große Beliebtheit. Auch viele Tourgruppen machen hier Station. Ortsüblich teuer. ⏱ tgl. 11.30–22 Uhr.

Gamla Kaupfélagið, Kirkjubraut 11, ☎ 431 4343, 🖥 www.gamlakaupfelagid.is. Im schmucken weißen Haus gibt es Fisch und Suppe, Fleisch und Salat, und wer mal etwas Anderes essen mag, kann sich auch Gerichte im Wok braten lassen. ⏱ 11.30–21, Sa 12–22, So 17–21 Uhr.

Lesbókin Café, Kirkjubraut 2, ☎ 864 1476. Lust auf Apfelkuchen oder einen anderen kleinen Snack in Kaffeehaus-Atmosphäre? Kinder lieben den Blechkuchen mit Smarties. ⏱ tgl. 12–17 Uhr.

🌳 **Matarbúr Kaju & Café Kaja**, Kirkjubraut 54, ☎ 822 1669, 🖥 auf Facebook. Das bisher einzige in Island zertifizierte Biogeschäft. Ob vegan, glutenfrei oder einfach aus ökologischer Herstellung: Hier gibt's alles. Natürlich auch frisches Gebäck und leckeren Kaffee. ⏱ tgl. 10–18 Uhr.

Thai Santi, Stillholt 23, ☎ 431 2019. Thai-Restaurant mit kleiner Auswahl an typischen Gerichten. Von außen mutet es wie eine Imbissbude an, innen ist es ansprechender. Eine willkommene Abwechslung für alle, die es mal wieder schärfer brauchen. ⏱ Mo–Fr ab 11.30, Sa ab 12, So ab 14 Uhr, immer bis 20 Uhr.

AKTIVITÄTEN UND TOUREN

Fotografieren

Geführte Touren für Hobbyfotografen bietet **Thor Photography**, Esjubraut 9, ☎ 823 2331, 🖥 www.thor-photography.com. Zur richtigen Zeit am richtigen Ort: Auf den Touren geht es nicht nur zu tollen Fotospots, sondern dies auch beim richtigen Licht. Auch Tipps, wie die Natur am besten zur Geltung kommt, fehlen nicht. Wer noch mehr lernen will, macht einen der angebotenen Workshops mit.

Schwimmen

Wagemutige Naturen gehen am **Langisandur** schwimmen. Angenehmer temperiert ist das Schwimmbad im Fitnesscenter nahebei.

Jaðarsbakkalaug, Jaðarsbakkar/Innnesvegur, ☎ 433 1100, 🖥 www.sundlaugar.is/sundlaugar/jadarsbakkalaug. Großes Freibad mit 25-m-Becken, einer Wasserrutsche und 5 Hot Pots. ⏱ Mo–Fr 6.15–21, Sa, So 9–18 Uhr.

Wandern

Wanderer zieht es auf den nahe gelegenen Berg **Akrafjall**, von dem aus der Snæfellsjökull zu sehen ist. Der Akrafjall hat zwei Gipfel, die kürzere Wanderung zum südlichen, **Háihnúkur** (555 m), dauert hin und zurück zum Parkplatz des Wasserwerks etwa 6 Std. Die längere Variante führt auf den **Geirmundartindur** (643 m) und erfordert etwas mehr Zeit und Kondition. Außerdem gibt es einen etwa 13 km langen Rundwanderweg, der beide Gipfel zum Ziel hat.

SONSTIGES

Autovermietungen

Wer sich entscheidet, ein Auto zu mieten, findet Hilfe bei **Brautin Car Rental**, Dalbraut, ☎ 431 2157, 🖥 www.braut.is, ⏱ Mo–Fr 7.30–17.30 Uhr.

Einkaufen

Direkt am Ortseingang nahe dem Campingplatz gibt es alles, was Reisende so brauchen.

Brauða og Kökugerðin (Kallabakarí), Suðurgata, Bäckerei. ⏱ Mo–Fr 7–18, Sa, So 7–16 Uhr.

Vínbúðin, Þjóðbraut 13, ⏱ Mo–Do 11–18, Fr 11–19, Sa 11–16 Uhr.

Supermärkte

Bónus, Smiðjuvellir 32, ⏱ Mo–Do 11–18.30, Fr 10–19.30, Sa 10–18.30, So 12–18 Uhr.

Krambúð, Garðagrund 1, ⏱ Mo–Fr 8–23.30, Sa, So 9–23.30 Uhr.

Krónan, Dalbraut 1, ⏱ Mo–So 10–20 Uhr.

Supermarkt 10–11, Skagabraut 43, ⏱ Mo–Fr 7.30–23.30, Sa, So 9–23.30 (der Grill schließt um 21 Uhr).

Feste

Sehr viele Menschen in Akranes sind irischstämmig, denn die ersten Siedler, die hier etwa 880 n. Chr. ankamen, sollen Iren gewesen sein. Seit 2004 wird alljährlich Anfang Juli an

5 Tagen, den **Irish Days**, dieser Ursprünge gedacht und ausgiebig gefeiert: mit Musik, Wettkämpfen und vielem mehr. Rothaarige aufgepasst: Wer echt und ungefärbt rothaarig ist und sich frühzeitig anmeldet, kann an einem Wettbewerb teilnehmen: Gekürt wird die schönste Haarpracht in dieser typisch irischen Farbe. Der Campingplatz ist an diesen Tagen besonders voll. Die Campingkarte gilt dann zwar nicht, aber der Übernachtungspreis für die gesamte Zeit (4 Nächte) beträgt nur etwa 2500 ISK p. P.

Geld und Post
Abgesehen von zwei Banken gibt es eine **Post**, Smiðjuvellir, mit Western Union, ⏲ Mo–Fr 9–16.30 Uhr.

Informationen
Touristeninformation, Breiðin, beim großen Leuchtturm, 🖳 www.visitakranes.is. ⏲ 1. Mai–15. Sep, tgl. 11–18, 16. Sep–30. April Di–Sa 11–17 Uhr.

Medizinische Hilfe
Apotheke (Apótek), Smiðjuvellir 32, Ecke Kalmansbraut, ⏲ Mo–Fr 9–18, Sa 10–14, So 12–14 Uhr.
Krankenhaus und Gesundheitszentrum (HVE Akranes), Merkigerði, ☎ 432 1000 und 430 6000, 🖳 www.sha.is. Die Telefonzentrale ist an Werktagen von 7.45–19 Uhr erreichbar, die Unfallabteilung von 8–16 Uhr. Die Chirurgen sind 24 Std. im Einsatz.

NAHVERKEHR

In Akranes gibt es einen kostenlosen **Stadtbus**, 🖳 www.akranes.is/thjonusta/framkvaemdir/samgongur-straeto/innanbaejarstraeto.

TRANSPORT

Auto
Von Reykjavík kommend geht es am schnellsten auf der Ringstraße durch den Tunnel (1000 ISK Maut) und dann auf der Verlängerung Richtung Westen auf die 51. Diese Straße führt an der Küste entlang und später wieder auf die Ringstraße nach Borgarnes. Alternativ mit dem Auto um den Hvalfjord in 1 Std.

Busse
Akranes wird nur von Strætó bedient; die Busse halten u. a. am Campingplatz und am Bæjarskrifstofan (Rathaus). Akratorg wird fast nur von in Akranes endenden bzw. startenden Bussen bedient.
BORGARNES, mit Strætó-Linie 57, 12x tgl. zwischen 8 und 23.50 Uhr in 30 Min. für 920 ISK.
REYKJAVÍK (Mjódd), mit Strætó-Bus 57, 7x tgl. zwischen 6.20 und 22 Uhr in 1 Std. für 920 ISK.

Fähren
2017 wurde testweise eine Personen- und Fahrradfährverbindung von Akranes nach REYKJAVÍK (Alter Hafen) betrieben, Fahrzeit 30 Min., 2500 ISK (6–16 J. 1500 ISK). Die Fähre wurde mangels Nachfrage im November 2017 eingestellt; evtl. wird sie aber als reine Sommerroute wieder aufgenommen. Nähere Infos ggf. unter 🖳 www.ferry.is und 🖳 www.publictransport.is.

Borgarnes und Umgebung

Auf dem Weg nach Borgarnes führt die Ringstraße am Berg **Hafnarfjall** vorbei. Der erkaltete Vulkan besteht vorwiegend aus losem Basalt. Seine neun Gipfel, der höchste etwa 840 m hoch, sehen aus wie übergroße Kieshaufen. Während der Berg im Sommer vor allem nett anzusehen ist und der ein oder andere Wanderer ihn von der Nordseite her besteigt, machen die Fallwinde an seinen Hängen im Winter oft Ärger. Manchmal ist der Wind dann so stark, dass Autos fast weggeweht werden und die Ringstraße gesperrt werden muss.

Borgarnes
In die geschichtsträchtige Stadt Borgarnes, die auf einer kleinen, weit in den Borgarfjord hineinragenden Halbinsel steht, führt die längste Brücke Islands. Sie dient speziell ist die Wasserversorgung der Stadt: Das kalte Wasser wird von der anderen Fjordseite unter der Brücke hindurch geleitet. Das heiße Wasser stammt aus dem

Hochtemperaturgebiet bei Deildartunguhver (vgl. S. 235) 30 km östlich.

Heute ist Borgarnes das administrative Zentrum der Region. Früher war die Stadt ein strategisch wichtiger, hart umkämpfter Ort – und einer der ersten des Landes, die dauerhaft besiedelt wurden. Davon zeugt das empfehlenswerte **Settlement Center** (Landnahmezentrum) genannte Museum mit modernem Restaurant und Souvenirshop, Brákarbraut 13-15, ✆ 437 1600, 🖥 http://english.landnam.is. Mit viel Liebe zum Detail wurden hier die alten Sagas (s. Kasten S. 231) so aufbereitet, dass sich Erwachsene wie Kinder kaum losreißen können. Es gibt Schaukästen, einen Audioguide in 14 Sprachen und noch eine zweite Ausstellung, die ausschließlich die Geschichte der Besiedlung Islands zum Thema hat. Und die ist keineswegs langweiliger als der Ausflug in die Sagenwelt: Anhand von 3-D-Landschaftsmodellen lassen sich auf Knopfdruck die Orte und Farmen sichtbar machen, von denen in der Audioführung gerade die Rede ist. Außerdem toll: die Simulation der Fahrt auf einem Wikingerschiff (Achtung: Man kann seekrank werden). ⏱ Mo–So 10–21 Uhr, Eintritt 2500 ISK, Senioren, Studenten, Familien 1900 ISK p. P., Kinder unter 14 J. frei. Kostenloses WLAN.

Eine weitere sehenswerte Ausstellung beschäftigt sich mit dem Leben der Kinder Islands im 20. Jh. *(Children Thoughout a Century)*. Nebenan gibt es zudem eine Ausstellung zur Vogelwelt der Region namens *Oh to be a bird*. Beide Ausstellungen befinden sich im **Safnahus**, Bjormabraut 4-6, ✆ 433 7200, 🖥 www.safnahus.is, ⏱ Mai–Aug tgl. 13–17, Winter Mo–Fr 13–16 Uhr.

Bei gutem Wetter lohnt ein Spaziergang zur nahen Brücke, die zum Inselchen **Brákarey** hinüberführt. Wer mit kleinen Kindern unterwegs ist, kann den Spielplatz Bjössaróló besuchen. Seit 1979 gibt es diese Kinderwelt aus Schaukeln und Rutschen.

Borg

An der Straße 54 Richtung Snæfellsnes befinden sich **Borg á Mýrum**, der Hof von Skallagrímur, wo einst Egill aufwuchs (s. Kasten S. 231), und das Dorf Borg mit seiner weißen **Kirche** und der davor stehenden Skulptur *Der Söhne Verlust*, die der Bildhauer Ásmundur Sveinsson schuf (angelehnt an das gleichnamige Gedicht, in dem Egill den Tod seines Sohnes betrauert). Den Hof sieht man auch vom **Granastaðahóll**, einem Aussichtsberg in Borgarnes. Wer also nicht hinfahren möchte, kann zumindest von fern einen Blick darauf werfen.

ÜBERNACHTUNG

Camping Granastaðir, etwas außerhalb des Ortszentrums an der Ringstraße Richtung Norden (Achtung Verkehrslärm), ✆ 775 1012, 🖥 auf Facebook. Gut ausgestattet, durch Hecken geschützt und direkt am Meer. Ideal für beschauliche Abende und lange Spaziergänge. Wer mit dem Bus anreist, läuft ab der Haltestelle ca. 1 km. 1200 ISK ab 15 J. Strom 900 ISK.

Wohnen und speisen an Wasserfällen

Ensku Húsin – The English House, am Fluss Langá, etwa 6 km nordwestlich der Stadt, Karte S. 221, ✆ 437 1826, 🖥 www.enskuhusin.is. Das Haus liegt ein wenig abseits der Straße 54, dem Snæfellsnesvegur (kurz hinter der auffälligen Brücke geht es scharf links rein). Es heißt, dies sei das älteste Fischerhaus Islands, bereits 1884 wurde es erstmals bezogen. Im Eingangsbereich, im Wohnzimmer und im Speisesaal knarren die alten Holzdielen und es ist richtig urig hier. Die 10 Gästezimmer sind zweckmäßig eingerichtet. Nahebei befindet sich der Sjávarfoss, der „Meereswasserfall" – so genannt, weil hier das Süßwasser der Langá auf das salzige Meerwasser trifft (was auch erklärt, warum der Fluss bei Ebbe kleiner und bei Flut größer wird). Etwas weiter oberhalb lässt sich der Skuggafoss, der „Wasserfall der Schatten" erkunden. Und es gibt ein Wehr mit einer Lachstreppe – beachtlich, wie hoch die Tiere springen können. Aber obwohl es von Lachsen nur so wimmelt, wurden die, die allabendlich auf dem Teller landen, nicht hier gefangen. Der Fluss Langá ist einer der teuersten Lachsflüsse Islands, weshalb es selbst den Anwohnern nicht gestattet ist, hier zu fischen, ohne horrende Summen zu bezahlen (S. 63).

Englendingavík Homestay, Skúlagata 17, ✆ 840 0314, 🖥 www.englendingavik.is. Im alten Teil der Stadt befindet sich das sog. Englendingavík (Englishmen Cove). In einem alten Gebäude aus dem Jahr 1890 (Anfang des 21. Jhs. restauriert) gibt es charmante stilvolle Zimmer mit Flair zu angemessenen Preisen. Gegessen wird im einladenden Restaurant. Eine Küche steht Selbstversorgern offen. ❷–❸

HI Hostel, Borgarbraut 9-13, ✆ 695 3366, 🖥 www.hostel.is/Hostels/Borgarnes. Sehr zentral, fast gegenüber dem Settlement Center gelegene Jugendherberge. Zimmer mit Gemeinschaftseinrichtungen, 4 DZ mit Bad. Insgesamt 47 Betten, zwei Schlafsäle. Schlafsackunterkunft ab 46 € (im 12er-Schlafsaal). ❷–❹

Hótel Hafnarfjall, Hafnarskógur, Karte S. 221, ✆ 437 2345, 🖥 www.hotelhafnarfjall.is. An der Ringstraße direkt vor der Brücke nach Borgarnes unterhalb des Bergs Hafnarfjall in Alleinlage direkt am Strand inmitten einer Heide- und Buschlandschaft. Das Highlight ist der Hot Pot in den Dünen. Zum Essen muss man über die Brücke in die Stadt, denn das Hotel hat kein Restaurant (es ist aber eines geplant). Für den 2-Sterne-Standard ein gutes Preis-Leistungs-Verhältnis. ❸–❹

ESSEN

Café-Restaurant im Settlement Centre, Brakarbraut 13-15, ✆ 437 1600, 🖥 http://english.landnam.is. Ob Torten, Snacks, Lamm- und Fischgerichte, Tortillas, Salate oder nur einen (starken) Kaffee zum Aufwärmen: Das moderne und trotzdem gemütliche Café-Restaurant im 1. Stock über dem Shop lässt keine Wünsche offen. Originell ist auch der Einbau des Restaurants in den Felsen. Abends Reservierung empfohlen. ⏱ tgl. 10–21 Uhr.

Ensku Húsin, s. S. 229, auch bei auswärtigen Gästen als Restaurant beliebt: Es gibt jeweils 2 Hauptgerichte zu erschwinglichen Preisen, z. B. eine sehr gute Fischsuppe. ⏱ abends (am besten spätestens um 19 Uhr vor Ort sein).

Geirabakarí Kaffihús, Digranesgata 6, ✆ 437 1920, 🖥 www.geirabakari.is. Hier lassen sich (preiswerte!) Torten und Törtchen mit klasse Meerblick genießen. Filterkaffee zum Nachfüllen. Bonbon für Filmfreunde: Die Geirabakarí ist „Papa John's Pizza" aus *The secret life of Walter Mitty* mit Ben Stiller. ⏱ Mo–Do 7–17.30, Fr 7–18, Sa, So 8.30–16.30 Uhr.

La Colina Pizzeria, Hrafnaklettur 1b, ✆ 437 0110, 🖥 auf Facebook. Pizzeria mit guter Steinofenpizza. ⏱ Mo–Fr 17–21, Sa, So 12–21 Uhr.

AKTIVITÄTEN

Schwimmbad, am Ende der Skallagrímsgata, ✆ 433 71 40. Ziemlich großes, gepflegtes Bad mit Innen- und Außenbereich und großer Rutsche direkt am Meer. Die Schließfächer funktionieren mit 10-Kronen-Münzen, die man an der Rezeption bekommt. ⏱ Mo–Fr 6–22, Sa, So 9–18 Uhr.

SONSTIGES

Autovermietungen und Werkstätten

Bílatorg Car Rental, Brákarbraut 5, ✆ 437 1300, Mobil 692 5525, 🖥 auf Facebook. Der Familienbetrieb hat ein paar Autos zur Ausleihe, darunter Kleinwagen, Jeeps und auch einen 11-Sitzer. ⏱ Mo–Fr 8–12 und 13–17 Uhr.

Einkaufen

Von der Brücke über den Fjord aus direkt am Ortseingang liegen unübersehbar zwei Tankstellen, zwei Supermärkte, **Bónus**, ⏱ Mo–Do 11–18.30, Fr 10–19.30, Sa 10–18.30, So 12–18 Uhr, und **Nettó**, ⏱ Mo–So 10–19 Uhr, eine Bank und eine Bäckerei mit Café, Geirabakarí (s. Essen). Hier sollte, wer nicht in Borgarnes übernachtet, anhalten und sich mit Vorräten eindecken. Die nächsten Orte mit größeren Supermärkten sind weit entfernt.

Farmers Market, Brúartorg. Lokale kulinarische Produkte von Farmern und Handarbeiten aus der Region. ⏱ Mai–Ende Sep tgl. 10–18, im Winter 12–17 Uhr.

Vínbúðin, Þjóðbraut 13, ⏱ Mo–Do 10–18, Fr 10–19, Sa 11–16 Uhr.

Feste

Brák-Fest, letzter So im Juni, 🖥 www.brakarhatid.is: Zu Ehren der mutigen Kinderfrau

Mulitmediale Erlebnisse mit Egill und Brák

Egill, der Sagenheld und Wikinger-Poet Islands, wuchs in der Nähe von Borgarnes auf. Aber unter welchen Bedingungen wurde man damals groß – als Nachkomme der ersten Menschen, die den Mut hatten, sich im unwirtlichen Island niederzulassen? Genau um diese Frage dreht sich alles in der multimedialen **Egill-Ausstellung** im Settlement Center. Auch außerhalb des Museums ist Egill überall in der Stadt präsent: Alle Straßen haben Namen, die in Bezug zu den Saga-Helden stehen, sodass jeder die wohl bekannteste Egill-Geschichte aus dem Jahr 925 an den Originalschauplätzen nacherleben kann.

Die Handlung
Egill, damals neun Jahre alt, spielte da, wo heute der Sportplatz ist, mit einem Freund und seinem Vater, dem grimmigen **Skalla-Grímur**, Eishockey. Die Kinder waren schon in jungen Jahren so flink und stark, dass sie mühelos gegen den Vater gewannen. Der tobte. Und in seiner Wut erschlug er Egills Freund. Dann wandte er sich seinem Sohn zu, um auch ihm den Garaus zu machen. Jetzt kommt Þorgerður Brák, Egills Kindermädchen, ins Spiel. Sie erkannte die Gefahr und handelte: Sie stellte sich vor Skalla-Grímur und verhöhnte ihn, sodass der nicht anders konnte, als von Egill abzulassen und auf sie loszugehen. Sie rannte – wahrscheinlich über die Brákarbraut (übersetzt Brák-Straße) am Landnahmezentrum vorbei – Richtung Meer, sprang in ihrer Not ins Wasser und versuchte, zu der kleinen Insel zu schwimmen, die direkt vor der Küste liegt. Skalla-Grímur warf ihr einen dicken Stein hinterher und sie ward nie mehr gesehen. Seitdem heißt der Kanal **Brákarsund** und die Insel **Brákarey**.

Die Moral von der Geschicht
„Keine schöne Geschichte", sagt Þorleifur Geirsson, der Egill-Spezialist des Landnahmezentrums. Er hat es sich zur Aufgabe gemacht, die alten Sagas wieder ins Bewusstsein zu rufen, um Touristen, aber auch den Isländern selbst, vor Augen zu führen, was es bedeutet, Nachfahre der ersten Siedler zu sein. „Die Isländer waren von jeher verwegen und mutig, aber auch unberechenbar und stets bereit, das, was ihnen wichtig ist, mit allen Mitteln zu verteidigen." Eine Mentalität, die unter anderem zur Wirtschaftskrise im Jahr 2008 geführt habe. Die Banker seien wie Skalla-Grímur bereit gewesen, über Leichen zu gehen. Und andere Isländer mussten Opfer bringen – wie Þorleifurs Lieblingsheldin Brák.

Die kostenlose **App** *Locatify SmartGuide* steht jedem zum Download zur Verfügung. Hier gibt es u. a. eine Audio-Tour, gesprochen von dem bekannten Autor Arthúr Björgvin Bollason, die einen durch Borgarnes und zu den Schauplätzen der Egillssaga führt. Mehr zum Museum s. S. 229.

Egills (s. Kasten) wird ein großes Stadtfest mit einer Prozession gefeiert. Rosenmontagsgefühle werden wach, wenn die überdimensionale Brák-Puppe durch die Stadt getragen wird.

Informationen
West Iceland Information and Promotion Centre, im Einkaufszentrum, ☎ 437 2214, 🖥 www.west.is, ⌚ Juni–Aug Mo–Fr 9–17, Sa 10–16, So 12–16, Sep–Mai nur Mo–Fr 10–17 Uhr.

Medizinische Hilfe
Apotheke Lyfja, Borgarbraut 58, ⌚ Mo–Fr 10–18, Sa 10–14 Uhr.
Gesundheitszentrum (HVE Borgarnes), Borgarbraut 65, ☎ 432 1430, 🖥 www.hve.is, ⌚ Mo–Fr 8–16 Uhr.

TRANSPORT

Auto
Auf der Ringstraße fahrend erreicht man die Stadt nach der Brücke. Während die

Das kleine Städtchen Borgarnes am Borgarfjord

Ringstraße dann weiter Richtung Norden verläuft, führt die 54 von Borgarnes auf die Halbinsel Snæfellsnes.

Busse
Die Bushaltestelle befindet sich an der Ólis-Tankstelle.

Im Westen
HVANNEYRI, REYKHOLT, BAULA, mit Strætó-Linie 81, Mo, Di und Do um 18 Uhr ab Borgarnes, wo der Bus nach der Rundfahrt um 19.18 Uhr wieder ankommt. Gesamte Strecke 920 ISK; wer zwischendurch aussteigt, zahlt ebenfalls 920 ISK.
STYKKISHÓLMUR, mit Strætó-Linie 58 im Sommer tgl., im Winter nur Mo, Mi, Fr um 9.15 und 18.19, So gegen 10.30 und 18.19 Uhr, in 1 1/2 Std. für 2760 ISK.
GRUNDARFJÖRÐUR, ÓLAFSVÍK, RIF, HELLISSANDUR, und im Sommer auch ARNARSTAPI, 2x tgl. im Anschluss an Linie 58, dafür muss man an der Haltestelle Vatnaleið (18 km vor Stykkishólmur an der Kreuzung 54/56) in die Linie 82 umsteigen; im Winter nur Mo, Mi, Fr, So für 2500–4000 ISK.

Richtung Süden
REYKJAVÍK (Haltestelle Mjódd), mit Strætó-Linie 57 bis zu 7x tgl. in 1 1/2 Std. für 1840 ISK.

Richtung Nordosten
AKUREYRI (Haltestelle Hof), mit Strætó-Linie 57 gegen 10.30 und 19 Uhr, Sa im Winter nur morgens, in 5 Std. für 8280 ISK.

Richtung Westfjorde
HÓLMAVÍK (über Búðardalur), mit Strætó-Linie 59 am Mo, Mi und Fr 1x tgl. zu unregelmäßigen Zeiten in 2 1/4 Std. für 4600 ISK. Im Sommer besteht in Hólmavík Anschluss nach Ísafjörður, siehe 🖥 www.westfjords.is.

Zwischen Ringstraße und Langjökull

Die Gegend ist von zahlreichen Straßen durchzogen, und es gibt viele kleine Wege zu befahren, die immer wieder an schöne, wenig besuchte Plätze führen. Das östliche Ende des

Borgarfjords mit seinen unzähligen Bächen, Flüssen, kleinen Seen und fruchtbaren grünen Tälern ist so ein Platz. Auch Gebiete, in denen sich das Gras seltsam gelb oder tieforange färbt, sind nicht weit. Hier kommt das warme Wasser unbeachtet und ungenutzt an die Oberfläche; die klugen Kühe machen einen großen Bogen um diese Stellen und man sollte es ihnen gleichtun. Sehenswürdigkeiten der Region sind die magischen **Hraunfossar**, Wasserfälle, die auf einer Länge von gut 700 m aus schwarzer Lava hervorsprudeln, der größte zusammenhängende Birkenwald Islands bei **Húsafell** und schließlich das große karge Lavafeld **Hallmundarhraun** mit seinen spektakulären Lavahöhlen.

Bifröst

Die meisten fahren einfach nur durch dieses 250-Seelen-Örtchen hindurch, doch Bifröst ist durchaus eine Option für eine Übernachtung – freiwillig oder aus nebulösen Umständen. Denn wenn beide Passstraßen (die Straße 60 nach Búðardalur oder die Ringstraße nach Akureyri) wegen einer dichten Wolkensuppe gar nicht gut befahrbar sind, ist ein Halt eine gute Idee. Die nähere Umgebung des Ortes lädt zu Wanderungen ein. Es gibt kleine Wäldchen, den Krater **Grábrók** (den man auch besteigen kann), den Forellensee **Hreðavatn** und den Wasserfall **Glanni**. Letzterer ist bequem in wenigen Minuten vom Parkplatz am Golfplatz aus zu Fuß erreichbar. Hier lohnt es sich, den Weg am Fluss entlang noch weiter zu gehen. So gelangt man zu einem weiteren schönen Wasserfall, neben dem man Lachse über eine Treppe flussaufwärts springen sehen kann.

Und wer mal ein etwas anderes Studentenleben sehen will, der halte außerhalb der langen Sommerferien nach den Lernenden der Hochschule für Business und Wirtschaft Ausschau. Es heißt, die Uni habe etwa 1000 Studenten – die meisten studieren aber online.

Etwas weiter Richtung Norden steht unübersehbar die schöne **Baula**. Der 3 Mio. Jahre alte Rhyolith-Berg ist 934 m hoch. Erfahrene Wanderer mit guter Kondition und Trittsicherheit können ihn bezwingen.

ÜBERNACHTUNG

Grábrók Hótel and Holiday Homes, Hreðavatnsskáli (direkt hinter der Tankstelle), ℡ 421 1939 und 823 1933, 🖥 www.grabrok.is. „Für diese Unterkünfte viel Geld zu verlangen, gibt nur Ärger", sagt Mathieu, der Hredavatnsskáli im Jahr 2015 übernommen hat. Also fährt der Kosmopolit (ein in der Türkei geborener holländischer Schweizer, der schon fast überall gearbeitet hat, bevor es ihn nach Island verschlug) ein anderes Konzept: einfache Unterkünfte zu fairen Preisen. Das Bettlaken kann schon mal einen Fleck haben und die Fensterscheibe blind sein, aber die hauptsächlich jungen Leute, die hier absteigen, sind begeistert. Mathieu mit seinen langen grauen Haaren steht nämlich jedem mit Rat und Tat zur Seite. Es gibt frei laufende Hühner, Schweine in einem Auslauf und einen Hund. Die Zimmer sind direkt an der Straße, aber hier ist nachts nicht viel Verkehr. Das Haus hat mit dem Grábrók seinen eigenen Vulkan. Frühstück im Restaurant ab 10 Uhr möglich (2500 ISK p. P.). Bett in einem gemischten Schlafsaal oder im Sommerhaus inkl. Bettwäsche 40 €, Frühstück kostet 2500 ISK. ❷

Hótel Bifröst, ℡ 433 3030, 🖥 www.hotelbifrost.is. Einsam und verlassen steht das große gelbe Hotel mit dem roten Dach inmitten der im Sommer geschlossenen Universität. Große, schlicht eingerichtete Zimmer mit Kühlschrank und eigenem Bad, schönes Restaurant. ❹

Kompletter Straßenwirrwarr

In Island ist es in der Regel schwer, sich zu verfahren, weil es in den meisten Regionen nur wenige Straßen gibt. Hier, im Gebiet östlich der Ringstraße bis hinauf zum Gletscher Langjökull, ist das anders. Rund um die Mini-Ortschaft Hvanneyri etwa, gibt es unzählige kleine Straßen. Viele sind mit vierstelligen Nummern bezeichnet, andere sind weder durch Nummern noch Straßenschilder gekennzeichnet. Die besten Karten für die mobile Navigation haben die Webanbieter 🖥 www.ja.is und www.map.is.

Hraunsnef Country Hótel, an der Ringstraße, ✆ 435 0111, 🖥 www.hraunsnef.is. Man sieht die eigenwillige Holzkonstruktion, die an ein Fort erinnert, schon von der Straße aus. Das Landhotel mit Bauernhof hat liebevoll und individuell eingerichtete Zimmer, ein Restaurant (leckeres Frühstücksbuffet) und einen Außen-Hot-Pot mit Blick auf einen Bach und einen See. Frühstück 2500 ISK. ❺
Varmaland Campingplatz und Schwimmbad (Campingkarte), ✆ 775 1012, 🖥 http://tjalda.is/en/varmaland. Sehr einfacher Campingplatz (ohne Dusche, nur kaltes Wasser) am Ende der Straße 527 im Tal ohne eine Ortschaft in der Nähe, aber das in die Jahre gekommene Schwimmbad ist zu Fuß in wenigen Minuten erreichbar. 1200 ISK, Kinder unter 15 J. kostenlos, Strom 900 ISK. ⏰ Juni–Aug, Schwimmbad tgl. 9–18 Uhr.

ESSEN UND SONSTIGES

Hreðavatnsskáli, an der Ringstraße im Ort, mit kleiner, aber feiner Karte (hauptsächlich isländische Küche, aber auch hausgemachte Nudeln, Pizza, Pommes und Rösti) und einer Bar, die ein wenig an eine deutsche Kneipe erinnert. Außerdem gibt es im hinteren Teil des Restaurants einen kleinen **Laden**. ⏰ tgl. 10–21.30 Uhr.

TRANSPORT

Auto
Das Dorf liegt direkt an der Ringstraße.

Busse
Die **Strætó-Bushaltestelle** befindet sich am Haupteingang der Hochschule in Bifröst.
AKUREYRI, mit Strætó-Linie 57 um 10.54 und 19.24, Sa im Winter nur 10.54 Uhr, in 4 1/2 Std. für 7820 ISK.
HÓLMAVÍK, mit Strætó-Linie 59 am Mo, Mi und Fr 1x tgl. zu unregelmäßigen Zeiten über BÚÐARDALUR in 2 1/4 Std. für 4140 ISK.
REYKJAVÍK mit Strætó-Linie 57 um 14.52 und 20.57, Sa im Winter nur 20.57 Uhr, in 1 1/4 Std. für 2760 ISK.

Von Borgarnes nach Reykholt

Auf dem Weg von Borgarnes nach Reykholt bieten sich einige Stopps und Abstecher mit schönen Übernachtungsmöglichkeiten abseits der Massen an.

Hvanneyri
In diesem 260-Seelen-Ort befindet sich die Landwirtschaftsuniversität – und auch ein Museum zum Thema: **Landbunaðarsafn**, ⏰ Mitte Mai–Mitte Sep. tgl. 11–17, im Winter erst ab 13 Uhr. Ansonsten gibt es im Ort außer ein paar Wanderwegen vor allem Ruhe. Wer richtig entspannen will, ist hier richtig.

Badestelle Krosslaug
Nach 17 km auf der Straße 50 zweigt rechts die Straße 52 in Richtung Süden ab. Gut 22 km weiter befindet sich auf der linken Seite, nur 50 m von der Straße 52 entfernt, ein kleiner Hot Pot, die Badestelle Krosslaug. Dieser kleine Pool, so unscheinbar und bescheiden, wie er daherkommt, ist von großer historischer Bedeutung. Hier nämlich ließen sich die ersten Isländer im Jahr 1000 christlich taufen (S. 104). Aber warum ausgerechnet hier im Nirgendwo? Die Geschichtsschreibung berichtet Folgendes: Längere Zeit schon hatte es in Island Diskussionen darüber gegeben, ob es nicht klug sein könnte, das Christentum anzunehmen. Nicht, weil man sich als Teil dieser Religion fühlte, sondern vor allem, um des wirtschaftlichen Vorteils willen. So könnte der norwegische König gnädig gestimmt werden und zu Zugeständnissen bereit sein. Per Beschluss wurde dann tatsächlich beim jährlichen Althing (isländisch: Alþingi, s. S. 103) in Þingvellir festgelegt, dass alle Isländer Christen werden sollten, und zwar sofort. Statt den eiskalten Þingvallavatn als Taufbecken zu wählen, ritten die Isländer bis zur 42 °C warmen Quelle, die seither den Namen Krosslaug, übersetzt „Kreuz-Bad" trägt.

Die Straße 52 führt auf direktem Weg weiter nach Þingvellir, allerdings über ziemlich hohe Berge. Wer diese Strecke mit dem Auto fährt, was in den Sommermonaten möglich ist (im Winter wird die Straße nicht geräumt), staunt nicht selten darüber, welchen Weg die neuen Christen auf sich nahmen.

Zwischen Ringstraße und Langjökull

ÜBERNACHTUNG
1. Hraunsnef Country Hótel
2. Grábrók Hótel and Holiday Homes, Hótel Bifröst
3. Varmaland
4. Hótel Húsafell, Camping Húsafell
5. Fosshótel Reykholt, Þórishús
6. Hverinn Bed and Breakfast und Campingplatz
7. Fossatún Country Hótel, Guesthouse

ESSEN
1. Hreðavatnsskáli
2. Brúarás Geo Center
3. Hálsakot við Hraunfossa
4. Hverinn
5. Restaurant in Fossatún
6. Skemman Kaffihús

Fossatún

Wieder (oder immer noch) auf der Straße 50 kommt bald Fossatún in Sicht, wo ein kleines witziges „Land der Trolle" erschaffen wurde. Mit Troll-Skulpturen überall und einem eigenen Troll-Pfad ist es vor allem für Kinder eine Attraktion. Endlich macht herumwandern auch den Laufmuffeln unter ihnen Spaß. Hier im Borgarfjord soll es einst viele dieser unheimlichen Gestalten gegeben haben. Steinar Berg, der Besitzer des Troll-Landes, hat gemeinsam mit dem Zeichner Brian Pilkerton (bekannte Bücher von ihm sind *Flumbra* und *Die isländischen Weihnachtsmänner*) ein Buch veröffentlicht. *Der letzte Troll* ist in vielen Sprachen, auch in Deutsch, für 2900 ISK an der Rezeption des Country Hotels zu erwerben. Auch wanderfaule Kinder finden Spaß daran, auf den Troll-Wegen die Region zu erkunden, und es geht sich gleich viel leichter zu den **Wasserfällen** oder dem See **Blundsvatn** als sonst. Der Besuch des Troll-Landes ist kostenlos.

Deildartunguhver

15 km weiter, ebenfalls direkt an der Straße 50 (36 km von Borgarnes aus), wartet eine heiße Attraktion: Deildartunguhver, die größte Geothermalquelle Islands. Die Quelle und einige Springbrunnen, deren Fontänen auch schon mal bis zu 3 m in die Höhe geschossen sein sollen, speisen einen kleinen heißen Bach. Damit sich niemand die Beine verbrennt, gibt es natürlich Sicherheitsabsperrungen. Angeschlossen sind große Rohre, die die Energie für den Menschen nutzbar machen. Von hier aus fließt das kochend heiße Wasser durch eine unterirdische Leitung bis nach Borgarnes und Akranes. Und auch direkt vor Ort wird die Hitze zur Lebensquelle: In großen Gewächshäusern wachsen Tomaten, die im Selbstbedienungssystem (300 ISK pro Beutel) verkauft werden. Da Hitze jedoch nicht Sonne bedeutet, sind die Tomaten recht hellhäutig – aber dennoch eine gute Option, den ansonsten so gemüsearmen Speiseplan Islands etwas aufzufrischen.

Auch hier hält der Tourimus Einzug: Zum Zeitpunkt der Recherche war nur 70 m oberhalb der Quelle ein Schwimmbad mit Saunen und Outdoor-Spa-Bereich namens **Krauma** schon fast fertig. Ein Restaurant und ein Souvenirshop waren ebenfalls im Bau. Aktuelle Informationen unter 🖥 www.krauma.is.

Reykholt

Weiter geht es auf der Straße 518, die rechter Hand der Straße 50 nach Reykholt abbiegt. Wie der Name („reykur" heißt „Rauch") vermuten lässt, gibt es auch hier heiße Quellen, allerdings handelt es sich nur um ein Niedrigtemperaturgebiet ohne darunter schlummernde Magmakammer. Ausgrabungen lassen vermuten, dass hier schon im Mittelalter mit dem warmen Wasser Fußbodenheizungen betrieben wurden. Sicher ist, dass eine solche Heizung ab 1908 ihren Dienst tat.

Im Ort leben heute etwa 350 Menschen. Man fragt sich allerdings, wo sie sich verstecken – so klein wirkt das Dorf. Es gibt weder Supermarkt noch Tankstelle, dafür aber gleich zwei Kirchen. Alt und neu treffen hier aufeinander: Die moderne, alles dominierende Kirche **Reykholtskirkja**, wurde im Jahr 1996 geweiht. Ein Besuch lohnt vor allem im Juli, wenn hier alljährlich am Wochenende Konzerte stattfinden. Unweit entfernt steht eine große **ehemalige Schule** (die in den Jahren 1930–1997 als eine der besten des Landes galt und in der heute Vorträge über isländische Kultur gehalten werden) und ein großes Fosshótel.

Direkt hinter der imposanten Kirche stehen Zeugen des alten Reykholt: Eine kleine blau getünchte **Holzkirche** inmitten eines fotogenen Friedhofs und einige Ausgrabungsplätze legen Zeugnis ab von früheren Epochen. Die Kirche aus dem Jahr 1886 wurde Anfang des 21. Jhs. in liebevoller Kleinarbeit restauriert. Es ist, als wäre die Zeit stehen geblieben, und es würde niemanden wundern, wenn Menschen in Trachten hineinkämen, um inbrünstig Kirchenlieder zu singen. Wäre Michel nicht aus Lönneberga, wäre er hier in die Kirche gegangen. Ein kleiner Picknickplatz mit Grillmöglichkeit nebenan lädt zur Rast.

Linker Hand des Parkplatzes führt ein Weg zu einem **alten Stall**. Hier soll ein Künstler ausgestellt haben – zur Zeit der Recherche gab es allerdings keine Anzeichen für aktuelle Ausstellungen in diesem originellen Atelier.

Weiter dem Pfad entlang gelangt man zu einem kleinen **Birkenwald**, einem von zahlreichen Wäldern, die seit 1948 in ganz Island entstehen. Dieser hier ist noch recht jung: Er stammt aus dem Jahr 2000.

Neben all diesem Sehenswerten ist Reykholt aber vor allem wegen eines ehemaligen Einwohners bekannt: Hier wohnte und starb Snorri Sturluson (1179–1241, ab 1206 wohnhaft in Reykholt und dort ermordet), einer der bedeutendsten Politiker und Dichter des Mittelalters. Sehr wahrscheinlich schrieb der auch als Homer des Nordens bekannte Autor hier die Prosa-Edda und die Egills-Saga (S. 120). Snorri berichtet auch von einem heißen Bad im Ort, das bereits im 10 Jh. in Betrieb war und dessen Nachbau, **Snorralaug** (Snorris Bad), heute als touristisches Highlight gilt. Leider darf hier keiner mehr im Wasser entspannen. Im **Museum Snorrastofa** mit Touristeninformation, ✆ 433 8000, 🖥 www.snorrastofa.is, unterhalb der neuen Kirche gibt es eine sehenswerte Snorri-Ausstellung. Es geht um seine Schriften, aber auch allgemein um das blutigste Kapitel der Geschichte Islands, das Zeitalter der Sturlungen, das das Ende der Wikinger-Ära markiert. Im Eingangsbereich des Museums ist ein Buchladen untergebracht, in dem Freunde von Snorri, den Wikingern und den isländischen Sagas zahlreiche Bücher finden (auch vergriffene Exemplare sind hier teilweise noch zu haben). ⏲ April–Sep tgl. 10–18, Okt–März Mo-Fr 10–17 Uhr, Eintritt 1200 ISK p. P., mit Führung (15 Min./30 Min.) 1500 ISK/2000 ISK. WC-Benutzung für Nicht-Besucher 100 ISK.

ÜBERNACHTUNG

Außer der großen Ferienanlage in Fossatún gibt es das Fosshótel direkt in Reykholt, sonst einige kleinere Gästehäuser und außerdem ansprechende Angebote für einzelne Zimmer und Sommerhäuser bei Buchungsportalen.

Camping Hverinn, Kleppjárnsreykir, ✆ 571 4433 und 863 0090, 🖥 tjalda.is/en/hverinn und 🖥 www.hverinn.is. Großer, moderner Campingplatz (100 Plätze) in der

Nähe von Deildartunguhver. Freibad, Restaurant und Laden liegen nur wenige Meter entfernt. Eine ausgefallene Idee ist das Hobbit House: zwei mithilfe von Geothermalenergie beheizte Folientunnel mit Grasboden, auf dem man kleine Zelte aufschlagen kann. So bleibt man auch bei Regen trocken und warm. In einem der Gewächshäuser steht ein Tisch mit Stühlen. 1500 ISK (im Hobbithaus 2000 ISK), Kinder unter 14 J. frei, Strom 1100 ISK, Waschmaschine, Trockner je 500 ISK. ⏱ Mai–Sep.

Fossatún, ☎ 433 5800, 💻 www.fossatun.is. Die vielen Gebäude liegen so großzügig über das Land verteilt, dass man nicht auf den ersten Blick erkennt, dass Fossatún eine ausgedehnte Ferienanlage ist. Es gibt ein **Country Hotel**, ein **Guesthouse**, 3 Gartenhäuschen und 5 hölzerne Campingtonnen (Schlafsack mitbringen). Die WCs und die Gemeinschaftsküche liegen separat bei den 3 Hot Pots und den dazugehörigen Duschen, die für Gäste kostenlos sind. ❷–❹

Fosshótel Reykholt, Hálsasveitavegur, ☎ 435 1260, 💻 www.fosshotel.is/hotels/fosshotel-in-the-west/fosshotel-reykholt. Mit 118 Betten in 53 Zimmern ein ziemlich großes Hotel, in dem auch Konferenzen abgehalten werden. Die 3 Sterne sind verdient, denn die Zimmer sind groß und modern. Von außen sieht das Ganze allerdings nicht nach Hochglanz aus. Hauseigenes Restaurant und Außen-Hot-Pot. Manchmal Last-Minute-Sonderangebote. Inkl. Frühstück. ❺

Hverinn Bed and Breakfast, Bragi Geir Gunnarsson, der Betreiber von Restaurant und Campingplatz, bietet auch 5 Zimmer mit Gemeinschaftsbad und -küche in einem Gästehaus, zudem 2 Apartments. ❷–❸

Þórishús, Tröðin 1, Reykholt, Buchung ausschließlich über 💻 www.booking.com. Mit Fernseher und DVD-Spieler, gemütlichem Wohnzimmer und Hot Pot. Außerdem super Frühstück und schlechtes WLAN. ❸

ESSEN

€ **Hverinn**, Kleppjárnsreykir (bei Deildartunguhver, s. S. 235). Burger, Pizza und Suppe, vom freundlichen Besitzer selbst serviert. Vieles aus den nahen Gewächshäusern („Hot Spring Salad"), auf Wunsch auch vegan zubereitet. Empfehlenswert: *Hverasúpa*, eine Art Gemüsesuppe mit Ingwer und Knoblauch. Außerdem All-you-can-eat-Suppe mit Brot und Kaffee für 1600 ISK. ⏱ tgl. 10.30–21 Uhr.

Restaurant in Fossatún, mit kleinem, aber feinem Angebot (Lammfilet, Fisch, Pizza und natürlich *Trollburger*) zu fairen Preisen, Livemusik und einer riesigen Schallplattensammlung, aus der auf Wunsch auch aufgelegt wird. Rätselhaft bleibt die Herkunft der goldenen Schallplatten an den Wänden. Die Öffnungszeiten richten sich nach den Gästen.

Skemman Kaffihús, Hvanneyri, ein niedliches Häuschen, nur zu Fuß zu erreichen: Wer vor der Kirche steht und das Landwirtschaftsmuseum im Rücken hat, folgt dem kleinen Pfad links von der Kirche, ☎ 868 8626, 💻 auf Facebook. Ein Café mit Süßem wie Waffeln und Käsekuchen, aber auch herzhaften Kleinigkeiten (auch Waffeln, aber mit geräuchertem Lachs) und Gemüsesuppe. ⏱ nur im Sommer und nur nachmittags.

AKTIVITÄTEN UND TOUREN

Reiten

Sturlureykir, ☎ 691 0280, 💻 www.sturlureykirhorses.is. Hier werden edle Turnierpferde gezüchtet und trainiert. Man ist eingeladen, sie zu bewundern. Natürlich darf sich der Pferdefreund auch in einen Sattel schwingen. Die Reitpferde für jedermann sind zwar nicht ganz so wertvoll, aber gut erzogen.

Schwimmen

Sundlaugin Kleppjárnsreykjum, nahe Reykholt, ☎ 435 1140. Niedliches kleines Freibad mit nur einem Schwimmbecken und zwei Hot Pots. ⏱ Fr–Mo 13–18 Uhr.

Touren

Coldspot, Lóuflöt 8, ☎ 869 1033, 💻 www.coldspot.is. Mal raus aus dem Stress, offline unterwegs sein? Diese Agentur hat dafür genau die richtigen Angebote: Stressless-Touren in die Natur. Fachmännisch angeleitet, wird professionell abgeschaltet. Detox in der Natur: mal anstrengend auf einer Wanderung, mal total entspannt auf der Wiese liegend oder am Wasserfall dem Rauschen lauschend. Stille genießen – so geht das nur auf Island.

EINKAUFEN

Es gibt einen kleinen Laden im Restaurant **Hverinn** in Kleppjárnsreykir, ⏱ Mo–Sa 11–19, So 11–17 Uhr, und eine **Tankstelle** mit Lebensmittelangebot und Schnellimbiss hinter Reykholt.

Bücher, auch auf Deutsch, verkauft der Buchladen in Reykholt im Eingang des Museums Snorrastofa (S. 236).

The tiny little craftstore, Smátún, bietet Kunsthandwerk. Wer hinter dem Schwimmbad in Kleppjárnsreykir auf einer kleinen Holzbrücke den dampfenden Fluss überquert, kommt zum Wohnhaus von Eva Lind. Sie verkauft in einem kleinen Nebengebäude Selbstgestricktes und selbst gemachten Silber- und Perlenschmuck. In Zukunft will sie ihr Repertoire noch erweitern. ⏱ unregelmäßig.

TRANSPORT

Auto

Wer bei Borgarnes über die Brücke zurück Richtung Süden fährt und dahinter sofort links in die entgegengesetzte Richtung abbiegt, hat zwar nicht die schnellste Strecke nach Reykholt gewählt, aber die schönere mit einigen sehenswerten Umwegen.

Busse

Strætó-Linie 81 fährt die Runde BORGARNES, Hvanneyri, Reykholt, Baula, Borgarnes, 1x tgl. am Mo, Di und Do für 920 ISK. Abfahrt in Borgarnes um 18 Uhr, in Reykholt um 18.40 Uhr, erneute Ankunft in Borgarnes um 19.18 Uhr. Die Haltestelle in Reykholt liegt außerhalb des Ortes an der N1-Tankstelle.

Wer eine Tagestour ab Reykjavík bucht, um zu den Hraunfossar, den Lavahöhlen und Húsafell zu fahren, kommt meist auch zum Hochtemperaturgebiet Deildartunguhver, Anbieter s. S. 61.

Hraunfossar und Barnafoss

Islandbesucher, die es bis hierhin geschafft haben, haben schon unzählige große und kleine Wasserfälle gesehen. Doch 18 km hinter Reykholt wartet ein ganz besonderer Augenschmaus, der in Staunen versetzt: mehrere hundert Fontänen, die sich scheinbar aus dem Nichts kommend aus großer Höhe seitlich in einen Gletscherfluss ergießen! Das ist selbst für isländische Verhältnisse einzigartig. Die **Hraunfossar**, übersetzt Lava-Wasserfälle, sind streng genommen gar keine Wasserfälle, denn ein dazugehöriger Fluss, der sich hier in die Tiefe stürzen würde, ist nicht zu sehen. Das Wasser sprudelt aus der schwarzen Lava in den Fluss hinunter. Ein Wunder? Das hat man lange Zeit geglaubt. Doch das Schauspiel lässt sich ganz einfach erklären: Der Fluss Hvítá, der die Fälle speist, fließt ziemlich weit entfernt. Ein Teil seines Wassers versickert im Lavagestein und fließt unterirdisch kilometerweit, bis es sich hier über eine Länge von 700 m wieder in den Fluss ergießt, aus dem es ursprünglich stammt. Die beste Zeit, um die Hraunfossar zu besuchen, ist der Herbst. Denn dann sind die vielen Sträucher am Ufer orange, rosa und gelb – ein wunderbarer Kontrast zum türkisfarbenen Wasser.

Ein typischer Wasserfall ist der nahe gelegene **Barnafoss**. Eine tragische Geschichte gab dem „Kinderwasserfall" seinen Namen. Früher einmal soll es einen Steinbogen über dem tosenden Wasserfall gegeben haben, der als Brücke diente. Bis zu dem Tag, an dem die Bewohner der Farm Hraunsás ohne ihre beiden Kinder zur Weihnachtsmesse fuhren. Als sie zurückkamen, waren die Kinder verschwunden, ihre Spuren verloren sich am Steinbogen. Sehr wahrscheinlich sind sie in den Fluss gefallen und ertrunken. Ihre Mutter ließ den Bogen einreißen, damit sich so ein tragischer Vorfall nie mehr wiederholen kann. Heute steht hier eine Fußgängerbrücke, die es Besuchern ermöglicht, auf die andere Seite des Canyons zu gelangen. Mehr als Fotos kann man dort aber nicht machen, da der Verbindungsweg nach Norden aus Naturschutzgründen geschlossen wurde. Leider klettern immer wieder Menschen auf die durch Seile abgesperrten hervorstehenden Fel-

Das Wasser der Hraunfossar strömt, unsichtbar gespeist, aus den Lavafelsen.

sen, um noch näher ans Wasser zu gelangen. Damit ignorieren sie nicht nur Naturschutzmaßnahmen, sondern spielen auch mit ihrem Leben.

Oberhalb des Parkplatzes steht ein privat betriebenes WC-Häuschen (Benutzung 100 ISK, passend in eine Kasse des Vertrauens einzuwerfen).

ESSEN

Brúarás Geo Center, ungefähr 2 km westlich der Wasserfälle an der Straße 518, ℡ 435 1270, 💻 auf Facebook. Der futuristisch anmutende Betonbau mit grünem Grasdach beherbergt ein Restaurant mit Touristeninformation und Souvenirshop. Wechselnde Tagesgerichte und Suppen, Salate, Waffeln und selbst gebackener Kuchen. Gästefavorit ist der Geocenter-Burger mit Pommes, die fantasievoll in einem Miniatur-Frittierkorb serviert werden. ⏱ tgl. 11–17 Uhr.

Hálsakot við Hraunfossa, ℡ 435 1155, 💻 www.hraunfossar.is (noch im Aufbau). Das Holzhaus ist innen spartanisch eingerichtet. Toller Blick aus der großen Glasfront, und bei Sonne lassen die Gäste es sich auf der Außenterrasse gut gehen. Tagessuppe, warmes und kaltes Buffet mit Salatbar. Kleines Geschäft und Souvenirshop. ⏱ im Sommer tagsüber.

TRANSPORT

Auto
Anreise über die 518 aus Reykholt bzw. Húsafell. Ein großer Parkplatz steht zur Verfügung, ist aber v. a. gegen frühen Abend relativ voll, wenn Bus-Touristen hier ihren Tagesausflug beenden. Morgens findet sich schneller ein Platz.

Busse
Keine Linienbusse, aber als Tagesausflug ab Reykjavík in Kombination mit anderen Zielen der Region machbar. Beispiele für Touren s. S. 243.

Über Húsafell ins Lavagebiet Hallmundarhraun

Die 32 km lange Sightseeingtour über Húsafell und das karge Lavafeld Hallmundarhraun bietet ungeahnte Einblicke unter die Erde. Die Route endet kurz hinter Hraunfossar, wo sie wieder auf die Straße vom Hinweg trifft.

Húsafell

Der Weg führt zunächst zu einem von Bergen eingefassten Kessel, in dem sich der größte zusammenhängende Birkenwald Islands befindet. Dann ist Húsafell erreicht, ein modernes Touristendorf mit Schwimmbad, Hotel, Restaurants, Golfplatz, Bars mit Unterhaltungsprogramm und vielen kleinen Sommerhäuschen. Wer es eher einfach mag, kann auf den angrenzenden Campingplatz ausweichen. Es gibt ein gut ausgebautes Netz von markierten (oder anderweitig kenntlich gemachten) Wanderwegen. Die Übersichtskarte über die acht Hauptwanderungen mit Zeitangabe und Kurzbeschreibung findet man im Hotel. Uns hat die Wanderung rund um die **Schlucht Bæjargil**, die an den Pinien im Tal beginnt, gut gefallen (Gehzeit ca. 2 Std., Abkürzung mit zwei Flussüberquerungen möglich). Húsafell ist auch der Treffpunkt für alle, die in das Herz des Gletschers Langjökull (s. u.) vordringen oder an Höhlentouren teilnehmen wollen.

Ins Herz des Gletschers

Der **Langjökull**, mit 925 km² Islands zweitgrößter Gletscher, könnte schon in weniger als 80 Jahren weggeschmolzen sein. Schuld sind neben der globalen Erderwärmung auch Treibhausgase. Das und mehr erfährt, wer eine Führung auf und in den Gletscher bucht. Hier befindet sich auch eine von Menschen geschaffene Touristenattraktion: Im Jahr 2015 wurde eine 500 m lange Eishöhle in den Gletscher gegraben, der größte Eistunnel Europas, blau-weiß schimmernd und beworben als „Herz des Gletschers".
Die einfache Tour, durchgeführt mit einem speziellen Truck, dauert 2–4 Std., 🖥 www.intotheglacier.is. Es gibt aber jede Menge Kombi-Angebote (ab Reykjavík, mit dem Schneemobil, mit dem Hubschrauber und und und). Im Winter ab Húsafell, im Sommer ab Klaki, 19 500 ISK, Jugendliche (12–15 J.) zahlen die Hälfte.

Ausflug durch das Kaldidalur ins Hochland

Hinter Húsafell zweigt die Straße 550 (auch F550) in das „kalte Tal" (isl. Kaldidalur) ab. Die Strecke dorthin eignet sich hervorragend für einen kleinen Test: Bin ich ein Hochland-Fan oder finde ich das eigenartig tote Land im Inneren Islands eher deprimierend? Hier scheiden sich nämlich die Geister: Was für die einen nichts als eine öde, karge Wüstenlandschaft ist, ist für andere ein Traum in Orange, Grün, Grau und Blau und damit der Höhepunkt ihrer Reise. Die 40 km lange Straße ist jedenfalls (sofern sie nicht gesperrt ist) mit einem normalen Auto zu schaffen. Aber Achtung: Viele Autovermieter schließen diese Route ausdrücklich aus (S. 72, Travelinfos vom A bis Z). Wer sich ins Hochland verliebt, kann bis nach Þingvellir fahren (es gibt keine Furten zu meistern). Ratsam ist, diese Strecke nur bei wirklich gutem Wetter in Betracht zu ziehen. Denn was bei Sonnenschein eine herrliche Fahrt zwischen Gletschern verspricht, ist bei Nieselregen deprimierend und bei Starkregen oder dichtem Nebel nicht ungefährlich.

Wer aus dem fruchtbaren Þingvellir kommt, erlebt den Kontrast zwischen dem grünen Island und dem kargen Hochland besonders intensiv. Wenn sich dann, kurz nach dem Abzweig der Straße zum Langjökull, das erste zarte Grün zeigt, wird die Natur wieder lebendig. Viele kleine Vögel sind unterwegs, die aus irgendeinem Grund besonders gern im Tiefflug über die Asphaltstraße düsen. Also Vorsicht!

Lavafeld Hallmundarhraun

52 km lang und 200 km² groß ist das Lavafeld Hallmundarhraun, das um das Jahr 1000 bei einer Eruption in der Nähe des Langjökull entstanden sein soll. Die Lava floss durch die ganze Ebene bis nach Reykholt, vorbei an den Hraunfossar. Von dort aus konnte man das Feld bis vor wenigen Jahren noch durchwandern und die riesigen Stricklavaflächen bewundern. Wer im Buchladen in Reykholt das Buch *25 Wanderungen im Borgarfjörður* gekauft hat, wird enttäuscht: Die beschriebene 3,7 km lange Wanderung vom nördlichen Teil der Straße 518 aus über Hraunfossar und Barnafoss übers Lavafeld ist nicht mehr möglich.

Die Lavahöhlen Surtshellir und Víðgelmir

Die bekanntesten Höhlen im Hallmundarhraun heißen Surtshellir und Víðgelmir. Letztere wird professionell vermarktet und nur noch „The Cave" genannt.

Víðgelmir – The Cave
The Cave ist mit 148 000 m³ die größte Höhle Islands und eine der größten Lavahöhlen weltweit. Je nachdem wie die Wände angeleuchtet werden, schimmern sie in den tollsten Farben. Es gibt Stalagmiten und Stalaktiten zu bestaunen. Die Höhle ist nur auf einer **Tour**, ausgerüstet mit Helm, Lampe und einem Führer, zu besichtigen, ✆ 783 3600, 🖥 www.thecave.is. 1 1/2 Std. für 6500 ISK (Teenager 12–15 J. 3500 ISK), 3–4 Std. für 39 000 ISK; Reservierung nicht nötig, i. d. R. gibt es genug freie Plätze. Im Winter nur zwischen 10–15 Uhr, im Sommer bis 18 Uhr. Am Parkplatz befindet sich ein kleines Haus mit Glasfront, in dem man im Trockenen warten kann, bis die Tour losgeht.
Anfahrt: Ab Húsafell 10 km auf der Straße 518, dann 2 km auf der löchrigen Zufahrtsstraße.

Surtshellir und Stefánshellir
Inmitten von Stricklava auf einem gelb schimmernden Moosbett liegt die tiefste Lavahöhle Islands. Surtshellir ist 1,5 km lang und gehört wie die benachbarte Stefánshellir zu einem komplexen Höhlensystem. Es gibt mehrere Eingänge, die vom Parkplatz aus auf einem markierten Pfad alle der Reihe nach zu erreichen sind. Surtshellir ist der vorletzte, Stefánshellir der letzte Eingang. Die Höhlen sind für alle zugänglich. Es ist etwas unheimlich, und wer nur in Schlappen und ohne Helm unterwegs ist, sollte sich nicht zu tief hineinwagen. Es gilt, über große Steine zu klettern. Wer das Gleichgewicht verliert, kann sich schnell verletzten. Vor allem auf Kinder sollte gut achtgegeben werden. Führungen sind möglich.
Anfahrt: Wie The Cave, ein paar hundert Meter vor der Höhle rechts auf die Schotterstraße F578 (Straße zur Arnarvatnsheiði) abbiegen. Auf den 8 km bis zu den Höhlen sind keine Flüsse zu überqueren. Die Straße ist gut, doch wegen des Fs im Namen dürfen die meisten Mietwagenfahrer sie noch immer nicht befahren. Wer direkt zur Stefánshellir will, biegt nicht zum Surtshellir-Parkplatz ab, sondern fährt weiter geradeaus bis zu einem entsprechenden Wegweiser. Zur Stefánshellir sind es dann noch 250 m.

Mittlerweile wurden alle Wege, die an Touristen-Hotspots grenzen, aus Naturschutzgründen gesperrt. Hier oben aber, wo es Richtung Hochland geht, darf jeder noch laufen, wie und wo er will. Es ist spannend, irgendwo auszusteigen und die Stricklava mit den Händen anzufassen. Das lässt ein Gefühl dafür entstehen, auf welchem Untergrund man gerade fährt. Denn was aussieht wie ein grauer Acker, ist ein gigantisch großes Lavafeld. Hier hat, glaubt man den Sagas, mal der Troll Hallmundur gemeinsam mit seinen Töchtern in einer Höhle gewohnt. Und der Sagenheld Grettir soll sogar einen Winter lang dein gelebt haben. Ob die besagte Höhle noch existiert, ob es sich vielleicht sogar um die **Surtshellir** oder die **Víðgelmir** handelt, ist nicht überliefert.

ÜBERNACHTUNG

Húsafell ist ein bei Isländern äußerst beliebtes Urlaubsziel, das in einer großen Anlage alles bietet, was der Tourist braucht. Selbst bei schlechtem Wetter sind Restaurant, Bistro und Schwimmbad voll. Und auch auf dem riesigen Campingplatz im Birkenwald, der den ganzen Hang einnimmt, ist ordentlich was los. Ein großes Lagerfeuer wärmt jeden Samstag alle Anwesenden.
Camping Húsafell, ✆ 435 1556, 🖥 www.husafell.is. Mehrere durch Hecken voneinander getrennte Campingwiesen im bewaldeten Ferienhausgebiet. Restaurant, Bistro und Schwimmbad sind nur wenige Meter entfernt. Die Ausstattung ist komfortabel, so verfügt

etwa das ansprechend in Holz gehaltene Küchenhaus über Kühl- und Gefrierschrank, Herd und Backofen sowie Toaster und Kaffeemaschine. Im Außenbereich lockt ein überdachter Grill. Die Kleinen toben auf dem Spielplatz mit Trampolin, und wer mag, spielt Basketball oder verausgabt sich auf dem Beachvolleyballplatz. 1700 ISK (Duschen und Waschmaschinenbenutzung inkl.), Kinder (7–17 J.) 800 ISK, Strom 1100 ISK. Wer länger als eine Nacht bleibt, bekommt Rabatt.
Ein zweiter, etwas günstigerer Campingplatz liegt 2 km entfernt in Reyðarfellskógur. Hier gibt es keine Stromversorgung und der Platz ist nicht jedes Jahr geöffnet.

Hótel Húsafell, 435 1551, www.husafell.is. Sehr schönes Hotel mit 39 Standard- und 6 Deluxezimmern, 2 Suiten und einem Sommerhaus für 5 Personen. ❼–❽

ESSEN

Zur Anlage gehört ein schickes **Restaurant** (das nicht nur wegen der vor sich hin dudelnden Lounge-Musik an ein deutsches Nobelhotel-Restaurant erinnert), in dem man sehr fein und leider auch entsprechend teuer speist. ⏱ im Sommer tgl., im Winter nur am Wochenende, 12–14 und 18–22 Uhr, Dez und Jan geschlossen.

Gäbe es nicht das noble Restaurant nebenan, würde das **Bistro** sicherlich Restaurant heißen. Es gibt Pizza und Salate und man sitzt dicht gedrängt, aber die Tische sind stilvoll mit Wein- und Wassergläsern und Stoffservietten eingedeckt. Alles andere als ein billiges Schnellrestaurant, aber das Essen ist seinen Preis wert. ⏱ im Sommer tgl. 11–21 Uhr.

SONSTIGES

Einkaufen
Mini-Markt, in Húsafell. Hier gibt es neben Lebensmitteln auch Gebrauchsgegenstände, z. B. Windeln. ⏱ tgl. 9–21 Uhr.

Floaten
Zwei 90 cm tiefe Schwimmbecken, ein 39–43 °C heißer Hot Pot, eine Rutschbahn und ein ungewöhnlich trichterförmig zulaufender, etwas kühlerer Pool, dazu der herrliche Blick auf die Berge: Das **Freibad in Húsafell** ist zu Recht äußerst beliebt. Bahnen schwimmen kann allerdings schwierig werden, denn durch zu heftige Wasserbewegungen fühlen sich schnell jene Menschen gestört, die auf dem Rücken liegend reglos durchs Nass treiben. Solange „Floating" im Trend liegt, heißt es hier: chillen. Eine luftgefüllte Kopfhaube und zwei mit Klettverschlüssen um die Knie gewickelte Auftriebshilfen bekommt man für 2500 ISK am Eingang. Im Schwimmbad gibt es einen Fön, aber keine Schließfächer. Wertsachen können an der Kasse abgegeben werden. 1300 ISK, Kinder (6–14 J.) 400 ISK. ⏱ offiziell Mo–Fr 13–20, Sa, So 11–20 Uhr, im Sommer aber oft tgl. 10–22 Uhr.

TRANSPORT

Auto
Achtung: Laut den Straßenschildern und auch bei Google Maps trägt sowohl die Straße zu den Hraunfossar als auch ihre Fortsetzung als Rundweg die Nummer **518**. Auf der isländischen Website www.já.is wird sie ab Húsafell mit der Ziffer **523** versehen. Der Rückweg Richtung Borgarnes führt entweder auf der Asphaltstraße 518 zurück oder auf der nicht asphaltierten Straße 523 auf der anderen Flussseite. Hier finden sich schöne einsame Bauernhöfe, die oftmals idyllisch neben ihrem hauseigenen Wasserfall liegen.

Wer die Runde in die Gegenrichtung fahren will, muss schon vor den Hraunfossar links abbiegen, dort wo die Straße ein einziges Mal als **519** ausgeschildert ist und dann doch als 518 weitergeht. Das hört sich schlimmer an, als es ist, denn in Wirklichkeit fährt man einfach geradeaus.

Busse
Es gibt keine Linienbusse auf dieser Strecke. Busreisende sind auf den Transport von Tagestour-Anbietern angewiesen, entweder in Kombination mit dem Besuch einer der beiden Lavahöhlen oder der Reise in den Langjökull-Gletscher. Ab Reykjavík (i. d. R. mit Stopp an

den Hraunfossar (S. 238) und Deildartunguhver (S. 235). Beispiele:
Gray Line, 🖥 www.grayline.is. Reykjavík–Víðgelmir-Höhle–Schwimmbad in Húsafell für 21 400 ISK.
Into the Glacier, 🖥 www.intotheglacier.is/tours. Reykjavík–Eistunnel–Víðgelmir-Höhle für 39 990 ISK.
Reykjavik Excursions, 🖥 www.re.is/day-tours. Reykjavík–Hraunfossar–Húsafell–Víðgelmir-Höhle (21 500 ISK) oder auch in die Eishöhle Langjökull (29 900 ISK).

Snæfellsnes

Die Halbinsel Snæfellsnes ist in Touristenkreisen auch als Miniatur-Island bekannt, denn alle für Island so typischen Landschaftsformen gibt es hier auf engstem Raum zu sehen. Alle, die nur wenig Zeit haben, drehen hier eine Runde. Viele machen diese Tour als Tagesausflug und erleben so Island im Zeitraffer. Das ist zwar besser als nichts, aber die tiefe Ruhe und vor allem Magie, die dieses ganz besondere Stück Land ausstrahlt, bleibt dann auf der Strecke.

Die Halbinsel ist 80 km lang und zwischen 10–20 km breit. Die Einwohnerzahl liegt bei knapp unter 4000 Menschen, verteilt auf fünf Fischerdörfer und unzählige kleine Farmen. Die Straße 54, der **Snæfellsnesvegur**, führt einmal rund um die Halbinsel. Den Kreis im äußersten Westen beschreibt die Straße 574. Es gibt vier Passstraßen, die Nord- und Südküste verbinden – sie sind allerdings immer mal wieder wegen winterlicher Straßenverhältnisse selbst im Sommer gesperrt.

Der Gletscher und Vulkan **Snæfellsjökull**, der 2001 Mittelpunkt eines eigens nach ihm benannten Nationalparks wurde, ist 1446 m hoch und das Markenzeichen der Region.

Nördlich und südlich von Snæfellsnes liegen unzählige kleine Inseln. Zu sehen sind zahlreiche Vögel – darunter auch Adler –, im Meer tummeln sich Wale und an den Stränden dösen Seehunde in der Sonne. Die Region begeistert außerdem mit einem weit verzweigten Höhlensystem, einer bröseligen und felsigen Steilküste, allen erdenklichen Arten von Stränden, Lavafeldern und vielen kleinen und größeren Wasserfällen. Und auch ein paar heiße Quellen sprudeln hier.

Im Norden grenzt Snæfellsnes an den **Breiðafjord**, dessen Ökosystem ebenfalls geschützt ist. Wer mag, kann die Fahrt in die Westfjorde um etliche Kilometer abkürzen und mit einer Fähre übersetzen.

Von Borgarnes über Eldborg nach Búðir

Kurz hinter Borgarnes beginnt an einem Kreisverkehr die Straße 54 (die Snæfellsnesvegur), die der Küstenlinie bis kurz vor Arnarstapi folgt.

Eldborg und Gerðuberg
Ein Höhepunkt der Strecke ist der 60 m hohe Lavaring **Eldborg** („Feuerburg"), der letztmalig vor etwa 6000 Jahren ausgebrochen ist. Wer mag, kann den Krater von der **Farm Snorrastaðir** aus erwandern. Die Farm liegt ca. 2,5 km südlich von

> **Einmal rund um Snæfellsnes**
>
> Die 290 km lange Rundtour beginnt in Borgarnes und führt im Uhrzeigersinn einmal um die Halbinsel Snæfellsnes herum bis nach Búðardalur. Von hier aus ist die Weiterreise nach Norden Richtung Westfjorde, nach Staðarskáli im Nordosten (wo man wieder auf die Ringstraße trifft) oder die Rückreise über Bifröst (S. 233) zurück Richtung Reykjavík möglich. Die Tour kann natürlich auch in entgegengesetzter Richtung gefahren werden.
>
> Wichtige Info für alle **Selbstversorger**: Die letzte Einkaufsmöglichkeit vor Beginn dieser Runde besteht in Borgarnes. Der nächste größere Supermarkt findet sich erst wieder an der Nordküste. An der Südküste und im Nationalpark gibt es nichts: keine Tankstellen mit Shops und/oder Schnellimbiss (eine Tankstelle gibt es bei Vegamót, aber der dazugehörige Shop war zum Zeitpunkt der Recherche geschlossen), keine Läden und nur wenige Restaurants (z. B. in Arnarstapi, Hellnar und Búðir).

Snæfellsnes

Eldborg. Von hier führt der Wanderweg über das Lavafeld mit lilafarbenem Gestrüpp bis zum Fuß des Eldborg. Es geht steil, aber relativ sicher hinauf. Nach etwa einer Stunde erreichen die meisten Wanderer den oberen Rand des ebenmäßig geformten, 50 m tiefen und 200 m breiten Kraters. Bitte vorsichtig sein: Es geht sehr steil hinauf und hinab; nicht über Absperrungen treten!

Campingplatz und Hotel mit dem Namen Eldborg befinden sich weiter im Westen nahe der Straße 54. Kurz vor der Abzweigung zum Hotel geht es rechter Hand der Straße zu den Farmen Gerðuberg und Ytri Rauðamelur. Hier stehen die imposanten Basaltfelsen **Gerðuberg**, deren höchste Säule 14 m hoch ist – ein lohnender kurzer Stopp.

Landbrotalaug

Weiter auf der Straße 54 lockt ein erholsames Plätzchen. Der steinerne Hot Pot Landbrotalaug mitten im Nichts mit grandiosem Bergblick ist noch relativ unbekannt. Kurz nach der Straßenkreuzung 54/55 führt eine Piste nach links etwa 1,8 km Richtung Stóra Hraun. Linker Hand weist ein Schild zu den Hot Springs und einem Parkplatz. Zwei Fußwege führen zu zwei Hot Pots. Links direkt unter dem Rohr, aus dem das warme Wasser sprudelt, befindet sich ein recht großer Pool. Geradeaus über den Bach lädt ein kleiner, intimer Hot Pot zum Bade. Es gibt etwas Wind- aber keinen Regenschutz. Kleidung also, wenn Regen nicht ausgeschlossen ist, immer in Tüten einpacken.

Abzweig zur Passstraße 56 (Vatnaleið)

Weiter auf der Straße 54 fährt man auf die ersten höheren Berge zu. Rechts Berge, links Küste und ab und zu ein Bauernhof – viel mehr bekommt man lange Zeit nicht zu sehen. Rechts geht an einer Straßenkreuzung mit Tankstelle (Vegamót 54/56) die Passstraße 56 Richtung Nordküste ab. Hier verlässt auch der Bus nach Stykkishólmur die Südküstenstraße. Autofahrer, die diese Passstraße nehmen, sollten kurz nach Erreichen des Scheitelpunkts des Passes, wenn es schon wieder bergab geht, links auf dem Parkplatz anhalten und querfeldein schräg links zu einem von der Straße aus nicht sichtbaren schönen **Wasserfall** spazieren. Es gibt kein Schild, aber ein Trampelpfad weist den Weg. Hier oben verlaufen viele weitere lohnende Wanderwege, z. B. zum und um den See **Baulárvallavatn**.

Ölkelda

13 km nach der Kreuzung Vegamót führt von der Küstenstraße rechter Hand eine kleine Straße zur Farm Ölkelda. Hier gibt es eine Mineralquelle, deren rostrot gefärbtes Wasser besondere Heilkräfte haben soll (so ziemlich gegen jedes Leiden). Trinkbecher stehen bereit, aber hygienischer ist es natürlich, seine eigene Trinkflasche dabeizuhaben.

Seehundkolonie bei Ytri Tunga

Faul und bräsig liegen sie in der Sonne und lassen sich bereitwillig fotografieren, die Seehunde am Strand südlich der Farm Ytri Tunga. Allerdings liegen sie nicht direkt am Strand, sondern draußen auf den schwarzen Steinen. Man muss also ein Stückchen über Steine kraxeln und die Augen offenhalten. Die Seehunde sind gut getarnt, die Farbe der Steine und ihr Fell sind perfekt aufeinander abgestimmt. Oft erkennt man sie nur an den großen Kulleraugen. Und auch dies nur bei Ebbe, denn bei Flut sind die Steine überspült und es wird geschwommen, nicht gefaulenzt. Ein dritter, wichtiger Punkt für alle, die Seehunde sehen wollen, ist das Wetter: Denn auch ein Seehund sonnt sich nur bei Sonne. Ist man aber zur richtigen Zeit am richtigen Ort, kann man den doch ziemlich großen Tieren sehr nahekommen.

An der Küste lohnt ein ausgiebiger Strandspaziergang Richtung Westen. Wer so ausdauernd ist, dass er von der Farm aus ungefähr 15 km weit durch Sand und Dünen läuft, kommt zum breiten langen weißen Strand östlich von Búðir, der von der Straße aus nicht zugänglich ist und deshalb selten besucht wird.

Bjarnafoss

Fans von Wasserfällen stoppen am 566 m hohen Bjarnafoss (auch Bjarnafoss), der sich gut von der kleinen Brücke aus fotografieren lässt. Vom Parkplatz ist es kein weiter Weg. Es ist auch möglich, ganz hinauf zu klettern und die eindrucksvollen schwarzen Basaltsäulen aus nächster Nähe zu betrachten. Aber bitte nur mit festem Schuhwerk und nicht, wenn es gerade geregnet hat: Dann ist der Pfad zu glitschig und vor allem das Runtersteigen wird zum Problem.

Búðir

Kurz hinter dem Wasserfall wird die Straße 54 zur Passstraße, die weiter nach Norden führt, während die links weiterführende Straße 574

Axlar-Björn, der Travellerkiller

Rechts der Straße 574 liegt der 433 m hohe Berg Axlarhyrnar und links der Straße das **Guesthouse Öxl**. Im 16. Jh. war es keine gute Wahl, hier zu wohnen, denn der wohl bekannteste Massenmörder der isländischen Geschichte trieb in dem Haus sein Unwesen. Ein denkbar schlechter Herbergsvater war der 1555 geborene Björn. Statt seine Gäste zu verwöhnen, erschlug er sie hinterrücks mit seiner Axt und versenkte ihren Leichnam in einem Teich im Lavafeld. Pferde, Geld und Kleidung behielt er als Bezahlung ein. Wie viele Reisende er auf dem Gewissen hatte, ist nicht bekannt. Mindestens 18 sollen es gewesen sein. Sicher ist, dass er seine Taten mit dem Leben bezahlte: 1596 wurde er hingerichtet.
Axlar-Björn hieß Björn übrigens nicht wegen seiner Tötungsmethode (auch wenn das oft behauptet wird), sondern wie damals üblich wegen seines Wohnorts, der Farm Öxl (Axlar ist der Genitiv von Öxl).
Heute ist das Guesthouse, ✆ 771 7356, 🖥 www.oxlguesthouse.com, zum Glück mit freundlichen Gastgebern, tollem Hund und Sonnenterrasse gesegnet. Hier gilt „außen pfui, innen hui". Aber auch das Äußere soll bald aufgehübscht werden. DZ ab 120 €, veganes Frühstück 15 €.

Snæfellsnes Südküste

ÜBERNACHTUNG
① Guesthouse Öxl
② Hótel Búðir
③ Pferdehof Lýsuhóll
④ Guesthouse Hof
⑤ Camping Á Eyrunum und Guesthouse
⑥ Eldborg Hótel und Camping

TRANSPORT
① Haltestelle Strætó-Bus

einmal im Bogen um Snæfellsjökull durch den gleichnamigen Nationalpark verläuft.

Nach wenigen Metern auf der 574 zweigt links der Weg nach Búðir ab. Die schwarze Holzkirche, ein Überbleibsel eines bis 1930 bedeutenden Handelsplatzes, ist schon von Weitem sichtbar. Heute gibt es hier neben dem Gotteshaus samt Friedhof nur noch ein Hotel. Die Kirche ist nicht wirklich antik, aber nach einem Brand zumindest originalgetreu nachgebaut worden. Die Existenz des recht großen Friedhofs ist ein Indiz dafür, dass hier einmal viele Menschen lebten. Sind die wirklich alle weggezogen? Die neblige, auf eigenartige Weise leicht gruselige Krimi-Stimmung, die hier oft herrscht, lässt auch andere Spekulationen zu – vor allem nach dem Lesen der Geschichte von Axlar-Björn (S. 245). Aus eigenem Erleben können wir von mysteriösen Begegnungen berichten: Bei einer Wanderung durchs Lavafeld stand plötzlich wie aus dem Nichts ein verschrobener alter Isländer vor uns. Er raunte uns zu, dass hier etwas nicht mit rechten Dingen zugehe. Ständig verschwänden auch heute noch Menschen, aber das werde von den Behörden vertuscht. Wir sollten niemandem trauen, der plötzlich vor uns stünde und uns anspräche ... Dann war er, so plötzlich wie er gekommen war, wieder verschwunden. Ein bisschen Gänsehautfeeling gibt es also auch heute noch. Menschen, die sich gerne gruseln, sind in Búðir definitiv gut aufgehoben. Die Kombination aus Hotel, abgefackelter und wiederaufgebauter Kirche, Friedhof und Lavafeld bietet jedenfalls die ideale Kulisse für Kopfkino aller Art.

Spaziergänge rund um Búðir

Das große Lavafeld rund um Búðir lädt zum Spazierengehen ein: Man hat die Wahl zwischen dem weißen Sandstrand in Richtung Osten, der aufregenden Felsküste, die direkt hinter dem kleinen Friedhof beginnt, und einer ausgedehnten Wanderung quer durch das riesige Lavafeld in Richtung Arnarstapi. Hier geht es durch Burgen und Schlösser aus roter, grauer, gelber und schwarzer, manchmal auch bemooster Lava zunächst in Richtung des braun-blau-hellgrünen Vulkankraters **Búðaklettur**, dann links um ihn herum und über eine kleine Anhöhe, hinter der sich der Eingang zum Höhlensystem **Búðahellir** verbirgt. Hier ist der einfachste, weil größte Einstieg in die weit verzweigte Unterwelt. Es gibt zahlreiche weitere Ein- bzw. Ausgänge, die aber aus gutem Grund nicht als solche gekennzeichnet sind. Denn die unterirdischen Gänge sind teilweise einsturzgefährdet und so zahlreich, dass man sich schnell verirren kann. Menschen

sollen hier im Erdboden verschwunden und erst in Surtshellir (S. 241) und sogar auf Reykjanes (S. 172) wieder ans Tageslicht gekommen sein. Wer also irgendwo im Lavafeld ein Loch mit einem befestigten Seil findet, kann zwar daran herunterklettern (Achtung: Die Lava ist hier so scharf, dass man sich schnell schneidet, und auch Platzwunden am Kopf sind nicht selten), wir raten aber dringend davon ab, unter der Erde ohne ortskundigen Führer weiterzulaufen.

ÜBERNACHTUNG UND ESSEN

Eldborg

Eldborg Hótel und Camping (Campingkarte), Laugagerðisskóli, ℡ 435 6602, 🖥 www.hoteleldborg.is/deutsch. Nur in den Sommerferien (5. Juni–20. Aug) ist diese Schule ein Hotel. Die 26 einfachen Zimmer sind recht günstig, zudem gibt es in der Turnhalle eine Schlafsack-Unterkunft (dort Küche und sehr heruntergekommene Duschen, aber ein toller großer Aufenthaltsbereich – perfekt für Jugendgruppen). Rundherum ist nichts außer schöner Natur und Strand. Der Campingplatz ist einfach, es gibt ein paar Bänke, aber nur minimalen Windschutz. Im EG des Schulhauses befinden sich im Heizungsraum eine Kochstelle und ein Waschbecken, zudem zwei WC nebenan. Es gibt keine Duschen für Camper, Gäste zahlen 500 ISK und gehen ins Schwimmbad. Der Aufenthaltsbereich im Eingang des Hotels ist beheizt und allen zugänglich. Das Restaurant bietet je nach Auslastung mehr oder weniger viel Auswahl. Camping 1000 ISK, Kinder ab 6 J. 500 ISK, Strom 1000, Waschmaschine und Trockner je 800 ISK. Bett im Schlafsaal 34 €, Frühstück kostet extra. ❷–❸

Nahe Ytri Tunga

Camping Á Eyrunum und Guesthouse / Restaurant Traðir, ℡ 421 5252 und 693 4739, 🖥 www.tradirguesthouse.net. Das ganzjährig geöffnete Guesthouse mit einfachem Restaurant bietet 6 funktionale DZ und 2 Dreibettzimmer sowie Reittouren (s. Aktivitäten). Frühstück ist im Zimmerpreis enthalten. Der Campingplatz nebenan, eine freie Fläche mit Toilettenhaus, ist nur im Sommer offen. Camping 1200 ISK, Kinder unter 12 J. kostenlos, Strom 1000 ISK. DZ ❷

Guesthouse Hof, Hofgarðar, ℡ 846 3897, 🖥 www.gistihof.is. Direkt an der Straße 54 in Alleinlage. Das längliche gelbe Haus mit Grasdach ist aufgeteilt in 6 Einzelhäuser, die jeweils mehrere unterschiedlich große Zimmer und Gemeinschaftsräume mit Küche beherbergen. Alle Häuser haben Meerblick und einen eigenen Hot Pot auf der Terrasse. Es sind nur wenige Gehminuten bis zum Strand, von dem aus man in ungefähr 30 Min. zu Fuß zu den Robben in Ytri Tunga spazieren kann. Frühstück extra. ❷–❸

Lýsuhóll

Lýsuhóll, Snæfellsnesvegur, ℡ 435 6716, 🖥 www.lysuholl.is. Ein Pferdehof (s. Aktivitäten) mit Reithalle, einem kleinen Restaurant-Café und unterschiedlich großen Blockhäusern: Urig und gemütlich sind die 3 kleineren, älteren Häuschen. Die größeren, moderneren Häuser bieten mehr Komfort und Platz. Ausstattung (in den größeren im Ikea-Stil, in dem kleineren alt-isländisch mit moderner Küchenausstattung) und Aussicht sind bestens und die nette Gastgeberfamilie (Jóhanna, Agnar und ihr Sohn) steht mit Rat und Tat, aber auch mit wertvollen Tipps zur Region zur Seite. Gäste dürfen im hauseigenen Fluss Forellen angeln, und das öffentliche Schwimmbad ist fußläufig erreichbar. Frühstück und Abendessen kosten im Ferienhaus extra, im DZ Frühstück inkl. ❺

Búðir
Hotel Búðir & Restaurant, nahe der kleinen schwarzen Kirche mit Friedhof, ✆ 435 6700, 💻 www.hotelbudir.is. Stilvoll wohnen ist in den auf luxuriös-alt gemachten Suiten mit toller Aussicht auf das Lavafeld und den Gletscher Programm. Insgesamt 28 Zimmer, die Standardzimmer sind etwas einfacher und moderner eingerichtet. Wenn es mal etwas Feines zum Essen geben soll, z. B. Meeresfrüchte oder Lamm, ist das Hotelrestaurant definitiv die erste Wahl. Auch Gäste, die nur die Tagessuppe konsumieren, werden gern und zuvorkommend bedient. ❻

AKTIVITÄTEN

Reiten
Lýsuhóll, s. Übernachtung. Die Familie hat das erklärte Ziel, Pferde mit besonders gutmütigem Charakter zu züchten, sodass man sich nicht mehr so sehr aufs Reiten konzentrieren muss, sondern auch die spektakuläre Umgebung bewundern kann.
Das Angebot reicht von kurzen, geführten Ausritten am Strand oder über Lavafelder bis zu mehrtägigen Touren. Erste Stunde 7000 ISK, jede weitere 6000 ISK, Tagesritt (inkl. Lunchpaket) 27 000 ISK.
Stóri Kambur, Útnesvegur (bei Búðir), ✆ 852 7028, 💻 www.storikambur.is. Der Familienbetrieb bietet vom 1. Juni bis zum 15. Sep u. a. 2-stündige Reittouren mit einem Storyteller, dessen Lieblingsgeschichte die Saga um Björn Breiðvíkingakappi ist, einen Wikinger, der in Snæfellsnes geboren wurde und einer der ersten Europäer gewesen sein soll, der (um das Jahr 1000) seinen Fuß auf nordamerikanischen Boden setzte.
Traðir Horse Rental, s. Übernachtung nahe Ytri Tunga. Reittouren, u. a. an den nahe gelegenen Strand, von Mai–Okt, 6000 ISK p. P. für 1 Std.

Schwimmen
Lýsuhólslaug, 💻 auf Facebook. Ein tolles Naturerlebnis ist das wunderschöne kleine Thermalbad mit zwei Hot Pots, gespeist von einer natürlichen Mineralquelle. Das Wasser ist nicht gechlort, der Boden daher wegen Grünalgenbewuchs glitschig. Keine Schließfächer für Wertsachen. ⏱ Juni–Aug 16–19 Uhr. Es gibt Pläne, den Pool zu renovieren und ganzjährig zu öffnen. Eintritt 3000 ISK, Kinder 1000 ISK.
Das **Schwimmbad beim Eldborg-Hotel** ist sehr einfach und älteren Datums, zum Schwimmen zu klein und ohne Hot Pot, aber als Duschmöglichkeit und für kurzen Badespaß okay. 500 ISK.

TRANSPORT

Auto
Die Strecke ist ganz einfach auf der Straße 54 zu bewältigen. Diese Route ist auch eine beliebte Fahrradstrecke.

Busse
Es gibt leider keine Busanbindung. Man kann sich von der Haltestelle Vegamót (Kreuzung 54/56) abholen lassen oder trampen.

Die Südküste um Arnarstapi und Hellnar

Kurz vor dem kleinen Dorf Arnarstapi befindet sich ein geologischer Abenteuerspielplatz für Erwachsene. Es ist nass, kalt und doch wunderschön in der **Rauðfeldsgjá** am Botnsfjall. Was aussieht wie ein kleiner Durchlass zwischen zwei Felsen, entpuppt sich schnell als aufregende Tour in eine schöne Schlucht. Man folgt dem Bach und kann – je nach Mut – unterschiedlich weit in die Schlucht hineinklettern. Achtung: Während die ersten Meter mit etwas Geschick von Stein zu Stein hüpfend noch trockenen Fußes überwunden werden können, versperrt schon bald ein großer Stein den Weg, an dem das Wasser rechts und links vorbeifließt. Klettern ist möglich, doch der Durchlass eng und

Wanderpause auf der Sonnenterrasse im Ausflugslokal von Hellnar

man wird ziemlich sicher nass. An der nächsten Kletterstelle durch die Klamm kann man ein Seil zu Hilfe nehmen. Und der Lohn für all die Mühe? Ein wunderschöner versteckter Wasserfall!

Arnarstapi

Im kleinen Fischerort an der Küste leben heute nur noch sehr wenige Menschen. Im Sommer werden es mehr, denn dann reisen Fischer an, die von hier aufs Meer hinausfahren. Im frühen 18. Jh. gab es noch 28 Höfe mit fast 150 Bewohnern. Es war die Zeit, als die Dänen in Arnarstapi ihr Handelsmonopol ausübten. Wer sich heute nicht im Fischfang verdingt, versucht mit dem Tourismus etwas Geld zu verdienen. Das Hotel dominiert den Platz.

Unübersehbar und gerne fotografiert ist die imposante Steinfigur des Sagenhelden **Bárður Snaefellsás**, der hier einst gelebt haben soll. Neben einem hübsch anzuschauenden roten Haus mit Grasdach (gehört zum Arnarstapi-Center) weist ein großes Hinweisschild auf den Beginn einer langen Wanderung, die zum **Mittelpunkt der Erde** führt. Jules Vernes Geschichte fasziniert Leser seit der Erstauflage 1886 bis heute, auch wenn die geologische Theorie, die hinter der Idee steckt, längst überholt ist (mehr zum Buch s. S. 253).

Viele Wanderer kommen vor allem im Sommer hierher und begeben sich auf die sehr beliebte **Tour von Arnarstapi nach Hellnar**. Der Weg ist aus gutem Grund populär: Das schwarze, stark erodierte Gestein bildet eine sehenswerte Steilküste, die Heimat zahlreicher Vögel ist. Der einfach zu wandernde Weg führt von Arnarstapi zunächst zum **Gatklettur**. Dieses Felstor ist ein Muss für Vogelbeobachter. Bekannt in der Welt ist der Platz seit Langem, denn bereits 1810 berichtete der reisende Schotte Sir George Mackenzie, der als Mineralienforscher auf Island unterwegs war, in seinem Buch *Travels in the Island of Iceland* über dieses Naturschauspiel. Ihn faszinierte der Fels mehr als die Vögel. Weiter geht der Weg leicht auf und ab durch Lavaformationen an der Küste entlang bis nach Hellnar. Je Strecke 2,5 km, Gehzeit 45 Min.

Hellnar

Auf Snæfellsnes war man schon immer offen für Spiritualität – und Hellnar, an der südlichsten Südspitze gelegen, war und ist die Hochburg dieser Lebensanschauung. Hier gibt es

Elfenalarm!

Hier im Westen und insbesondere in dieser Ecke von Snæfellsnes glauben besonders viele Leute an Elfen. Auf der Suche nach der Ursache haben wir die selbst ernannte Elfenexpertin Ólína Gunnlaugsdóttir in ihrem Zuhause südlich von Hellnar besucht und Erstaunliches erfahren: Tatsächlich ist es in einem Land wie Island gar nicht so dumm, an Elfen zu glauben. Und es wäre besser, wenn die vielen Touristen das auch täten.

Das verborgene Volk

„Als ich Kind war, lebte man hier in Hellnar völlig isoliert", erzählt Ólína „und trotzdem gab es die gleichen Elfengeschichten wie überall sonst auf der Insel." Für sie ein Beweis der Authentizität, denn woher hätten die Bewohner von Hellnar erfahren sollen, dass andere Personen in anderen Teilen Islands auch Elfenbegegnungen hatten? Auch wenn Ólína selbst nie eine Elfe gesehen hat, so ist sie doch felsenfest davon überzeugt, dass die Elfen da sind – und dass sie uns Menschen und unser Verhalten der Natur gegenüber genauestens im Auge haben. In Hellnar jedenfalls sei man schon immer davon ausgegangen, dass es noch andere vernunftbegabte – wenn nicht gar vernünftigere – Lebewesen auf der Erde gebe. „Es gibt das verborgene Volk, das sind Menschen wie du und ich, die in den Bergen leben", erklärt sie, „und Elfen, die alle möglichen Formen haben können: Manche sind klein, andere größer, und sie leben im Gras und in kleinen Hügeln. Sie sind völlig real, nur eben nicht für alle sichtbar. Trolle dagegen gehören in den Bereich der Märchen." Ihr Wissen habe sie von einer sehr angesehenen, inzwischen verstorbenen Nachbarin, die die besondere Gabe hatte, nicht nur „verborgene Menschen" und Elfen, sondern sogar Tote zu sehen. Ólína ist nicht die Einzige, die diese Fähigkeit nicht anzweifelte. Im Gegenteil: Es war üblich, diese Frau bei allen wichtigen Entscheidungen um Rat zu fragen. „Es gibt hier nämlich Stellen, an denen man das Gras nicht mähen darf, weil dort Elfen leben – zum Beispiel rund um den See **Bárðarlaug** an der Straße 574. Hier darf man auch nicht einfach außerhalb der Pfade auf der Wiese rumtrampeln oder Löcher graben." Andere solche Plätze liegen rund um **Lóndrangar**. Und die Einwohner machen, wenn möglich, einen großen Bogen um sie. Sie behandeln derartige Orte damals wie heute mit größtem Respekt. „Hier geht man nicht einfach zum Spaß spazieren oder klettert auf einen Felsen – und das erklären wir auch unseren Kindern!" Man achtet die Natur und ist immer bemüht, möglichst wenig kaputt zu machen. Sonst wird man von den Elfen bestraft. Und die Touristen, die oft wenig sorgsam mit Moosen und Grassoden umgehen? „Die haben hier sehr oft Unfälle."

Wir verstehen: Elfen sind also eine Art höhere Instanz, die überprüft, ob wir uns der Natur und anderen Wesen gegenüber angemessen oder rücksichtslos verhalten. Sie sind aktive Umweltschützer, die zwar unsichtbar, aber trotzdem immer da sind. Außerdem helfen sie dabei, Kinder von gefährlichen Orten fernzuhalten. Also, Urlauber, aufgepasst: Tatsächlich wirken die von Ólína beschriebenen Orte auf seltsame Weise unberührt, ursprünglich und verlassen. Seid so nett und respektiert das, so wie die Einwohner es tun.

Weitere schützenswerte Elfenplätze rund um Hellnar

Stapafell, der 526 m hohe Palagonit-Pyramidenberg liegt südlich des Snæfellsjökull. Der Gipfelfelsen, Fellskross genannt, wurde schon zu Wikingerzeiten verehrt.

Die **Elfenkirche**, eine Felsformation bei Svalþúfa-Þúfubjarg (bei Lóndrangar), und die Umgebung der verlassenen **Farm Hólahólar** gilt es ebenfalls mit Respekt zu behandeln.

Am See **Laugarvatn** westlich von Hellnar, direkt an der Straße, leben möglicherweise nicht nur unsichtbare Menschen, sondern auch unsichtbare Fische: Man sieht deutlich Wasserbewegungen, aber auch wer ganz genau guckt, sieht nur glasklares Wasser.

Elfenhügel und eine magische, niemals versiegende Quelle. Lífslind Hellnamanna (dt. „Quelle des Lebens") hieß sie einmal, heute wird sie **Maríulind** (dt. „Marienquelle") genannt. Es wird gemutmaßt, dass diese Umbenennung auf eine Marienerscheinung des Bischofs Guðmundur des Guten 1230 zurückgeht. Oberhalb der Quelle steht heute eine hübsche weiße Marienstatue. Der Weg dorthin beginnt am Hotel Hellnar. Erst geht es auf den Wanderweg Richtung Arnarstapi, dann aber links nach Nordwesten Richtung Skjaldartröð. Ein paar hundert Meter rechts den Berg hinauf liegt die Marienquelle.

Auf dem Parkplatz am alten Hafen ist meist viel los, etwas weniger voll ist es an der etwas oberhalb gelegenen schönen Kirche. Auch hier kann das Auto geparkt werden, und wer Glück hat, erlebt auf den Stufen der Kirche mit Blick aufs Meer besinnliche Minuten ohne andere Gäste. Die kleine Kirche stammt aus dem Jahr 1945 und ist leider meist verschlossen.

ÜBERNACHTUNG UND ESSEN

Arnarstapi

Außer einem großen Hotel, das de facto den ganzen Ort beherrscht, gibt es in der näheren Umgebung noch einige Cottages und Häuser, die man mieten kann.

Arnarstapi Center, ✆ 435 6783. Alles in einer Hand: 36 Zimmer im Arnarstapi Hotel, 10 Cottages in moderner Holz-Glas-Optik und 19 einfache 2-, 3- und 4-Bett-Zimmer im Arnarstapi Guesthouse (früher Snjófell). Camping ist auch möglich, der Platz allerdings teuer und ohne Regen- und Windschutz und auch nur mit kaltem Wasser ausgestattet (der deutlich bessere Platz für Camper, Á Eyrunum, ist in Traðir, 37 km weiter östlich, s. S. 247). ❸–❹, Cottage (nur April–Okt) ❺

Restaurant Snjófell, im Arnarstapi Center. Hier gibt's Kaffee und Kuchen, aber auch Herzhaftes wie Burger. ⏱ tgl. 10–22 Uhr.

Monsvagninn, auf der anderen Straßenseite, ✆ 089 1416, 🖥 auf Facebook. Ein für seine Fish 'n' Chips berühmter Imbisswagen mit Bänken.

Café Stapinn, etwas weiter Richtung Meer. Einladend mit Innen- und Außenbereich. Auch hier gibt es Kaffee und Kuchen, zudem Eis.

Hellnar

Fosshótel Hellnar, Brekkubær, ✆ 435 6820, 🖥 www.fosshotel.is/hotels/fosshotel-in-the-west/fosshotel-hellnar. Schickes und wegen seines nachhaltigen Ansatzes mehrfach ausgezeichnetes Hotel mit fast 40 Zimmern, viele in kleinen Cottages. Wunderschön am Hang gelegen mit fantastischem Meerblick (von der Terrasse des Restaurants sind oft Wale zu sehen). Zwei nachteilige Dinge sind zu beachten: Die einfachen Zimmer sind etwas klein und z. T. mit Blick auf den Parkplatz, und das Frühstücksbuffet wird sehr pünktlich abgeräumt. Wer erst um halb zehn erscheint, kriegt nichts mehr. Das **Restaurant** bietet gehobene feine Küche, zubereitet mit regionalen Zutaten aus meist biologischem Anbau. Die Tagesgerichte sind nicht immer typisch isländisch, es gibt auch schon mal indische oder asiatische Küche – und dazu ein Bio-Bier. Direkt hinter dem Hotel beginnen einige Wanderwege. ⏱ im Winter teils geschlossen, teils weniger Zimmer, sicher offen April–Ende Okt. ❻

Fjöruhúsið Café, in Hellnar, direkt am Kieselstrand (hier endet bzw. beginnt der Wanderweg zwischen Hellnar und Arnarstapi),

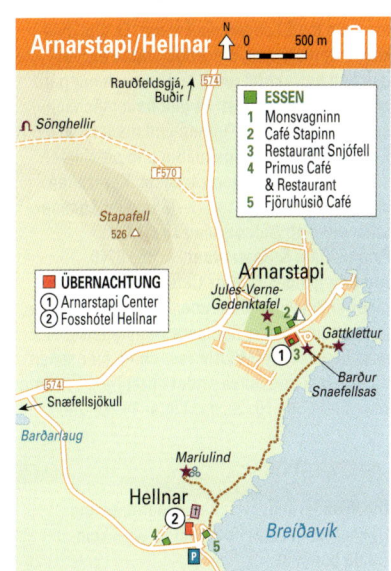

Arnarstapi/Hellnar

ESSEN
1. Monsvagninn
2. Café Stapinn
3. Restaurant Snjófell
4. Primus Café & Restaurant
5. Fjöruhúsið Café

ÜBERNACHTUNG
1. Arnarstapi Center
2. Fosshótel Hellnar

> **Schwimmen an den Stränden ist tabu**
>
> Leider gibt es noch keine schauerliche Elfengeschichte, die Kinder (und Touristen) zur besonderen Vorsicht an den Stränden westlich von Hellnar ermahnt. Dann würden möglicherweise weniger Unfälle passieren. Die Brandung bei Malarrif und Djúpalónssandur kann ähnlich tückisch sein wie die am berüchtigten Reynisfjara-Strand bei Vík. Also Vorsicht und auf keinen Fall schwimmen gehen! Ob mit oder ohne Einfluss von Elfen: Die Gefahr ist real.

✆ 435 6844. Manchmal sieht es aus, als sei das kleine Café in dem urigen halbverfallenen Holzhaus geschlossen, und immer wieder gibt es Gerüchte, es sei tatsächlich für immer zu. Auch wenn das Haus verschlossen aussieht: Wer beherzt die Klinke runterdrückt, wird mit einem ganz besonderen Erlebnis belohnt: Genauso könnte ein isländisches Café vor hundert Jahren ausgesehen haben. Es ist, als sei dieser Platz aus der Zeit gefallen. Er ist nicht extra für Touristen so gemacht, sondern so authentisch wie die Betreiberin Sigríður. Innen nur wenige Tische, aber urige Außenterrasse mit Blick auf die Felsen. Es gibt eine kleine Speisekarte, die jedoch nicht als verbindlich betrachtet wird, sodass sich nur ganz allgemein sagen lässt: Es gibt hauptsächlich selbst gebackenen Kuchen und manchmal auch Fischsuppe. ⏰ unregelmäßig und oft einfach so, wie es Sigríður gerade passt. Kernzeiten sind im Winter tgl. 12–18 und im Sommer (also etwa ab Anfang Mai) 10–21 Uhr.

Primus Café & Restaurant, ✆ 865 6740. Ansprechendes großes Café mit Terrasse in einer ehemaligen Scheune. Kaffee und Kuchen, Suppen und etwas üppigere Hauptspeisen. Es wird bewusst auf WLAN verzichtet, hier sollen die Gäste lieber miteinander sprechen. ⏰ Mitte Mai–Ende Sep 10–20, im Winter 11–15 Uhr.

AKTIVITÄTEN

Die **Wanderung** zwischen Arnarstapi und Hellnar ist gut machbar und es wird kein Guide benötigt.

Go West, in einem kleinen Holzhaus nahe dem Campingplatz des Arnarstapi Centers, ✆ 695 9995, 🖥 www.gowest.is. Bietet anspruchsvollere Touren, etwa auf den Snæfellsjökull. Es sind auch Rad- und Bootstouren im Programm. Weitere Filialen befinden sich in Stykkishólmur und im Snæfellsjökull-Nationalpark. ⏰ ganzjährig.

Snjófell Travel Service, ✆ 435 6783, gehört zum Arnarstapi Center. Mit Jeep und Schneemobil geht es für Lauffaule auf den Gletscher. ⏰ April–Ende Okt.

TRANSPORT

Auto

Wer mit dem Auto von Arnarstapi an die Nordküste nach Ólafsvík will, hat ab hier drei Möglichkeiten: Die **Passstraße 54** ist die schnellste, allerdings ist es auf dem Berg meist neblig; die **570**, vorbei am Gipfel des Snæfellsjökull, ist die gefährlichste (den größten Teil des Jahres unbefahrbar); die Straße **574** ist am einfachsten zu fahren, kostet aber am meisten Zeit.

Busse

Immer mal wieder gibt es Versuche, die Dörfer an der Südküste mit dem Bus an die Nordküste anzubinden, zuletzt 2017, als der Strætó-Bus 82 von hier über Ólafsvík nach Stykkishólmur fuhr. Aktuelle Infos bitte checken (🖥 www.staeto.is). Ggf. per Anhalter ab/nach der Haltestelle Vegamót (Weggabelung 54/56). Dort besteht die Möglichkeit, in die Strætó-Busse zu steigen.

4 HIGHLIGHT

Der Snæfellsjökull-Nationalpark

An klaren Tagen sieht man ihn schon vom Flughafen in Keflavík aus: Majestätisch und geheimnisvoll thront der Gletscher und Vulkan **Snæfellsjökull** mit einer Höhe von 1446 m auf der westlichen Spitze der nach ihm benanntten Halbinsel Snæfellsnes. Ins Deutsche übersetzt, bedeutet dies sinnfällig: Der Schneeberg-Gletscher gibt der Schneeberg-Halbinsel ihren Namen.

Der 170 km² große Snæfellsjökull-Nationalpark beginnt hinter Hellnar und endet vor Hellissandur. Hier gibt es keine Läden, keine Gästehäuser, keine Restaurants (noch nicht mal Imbissstände), und selbstverständlich ist auch Campen nicht erlaubt. Besucher wohnen in Hellar, Arnarstapi, Hellissandur oder Rif.

Die ganze Küste entlang führt ein Wanderweg (mal besser, mal schlechter zu erkennen), fast parallel zur asphaltierten Straße 574.

45 km sind es durch den Snæfellsjökull-Nationalpark von **Hellnar** im Süden bis nach **Ólafsvík** im Norden. Das ist gut eine Stunde reine Fahrtzeit, immer im Schatten des mächtigen Snæfellsjökull. Auch wer nicht auf den Gletscher fährt oder läuft, wird in diesem Nationalpark Unvergessliches erleben. Es lohnt, sich zwei Tage Zeit zu nehmen.

Snæfellsjökull

Der Snæfellsjökull ist, obwohl nicht der größte Gletscher Islands, so etwas wie der Chef unter den Eisriesen. Glaubt man Esoterikern, gibt es hier ein ganz besonderes Kraftfeld, das – glaubt man richtig überzeugten Esoterikern – einen besonders geeigneten Ufo-Landeplatz markiert. Auch wer ohne Hang zu solchen Ideen hierher reist, bestätigt, dass diesen Berg eine besondere Aura umgibt.

Meist ist es, als gäbe es diesen Berg überhaupt nicht, denn er versteckt sich gern in einer Hülle aus Wattewolken, um dann, manchmal sogar während es in Strömen regnet, einen kleinen Teil seiner Krone in strahlendem Sonnenschein aufblitzen zu lassen. An anderen Tagen gibt es mandel- oder linsenförmige Lenticularis-Wolken (lat. linsenförmig), die am oder über dem Berg schweben und mitunter in Regenbogenfarben erstrahlen und – zugegeben – an Ufos denken lassen.

Kein Wunder, dass hier zahlreiche Sagas spielen, außerdem der Roman *Am Gletscher*, ein bedeutendes Werk des isländischen Nationaldichters Halldór Laxness, der die besondere Mystik, die diesen Gipfel umgibt, hervorragend

Die Reise zum Mittelpunkt der Erde

Professor Otto Lidenbrock und sein Neffe und Assistent Axel machen sich von Hamburg-Altona aus auf die Suche nach dem Mittelpunkt der Erde. Der Einstieg wird auf dem Snæfellsjökull vermutet, und richtig: Die beiden gelangen von hier ins Erdinnere und landen schließlich – mit der Lava des gerade ausbrechenden Vulkans Stromboli – auf der gleichnamigen italienischen Insel nördlich von Sizilien. Zu Jules Vernes Zeiten glaubten viele Menschen an ein die gesamte Erde durchziehendes Höhlensystem. Heute ist diese Theorie wissenschaftlich widerlegt. Der Vulkan-Gletscher Snæfellsjökull mit den ihn umgebenden verbundenen Höhlen lassen diese Vorstellungen aber plötzlich gar nicht so absurd erscheinen.

beschreibt (mehr zu diesem Autor s. S. 191). Und auch Jules Vernes *Reise zum Mittelpunkt der Erde* von 1864 (in deutscher Sprache 1873 erschienen) spielt hier. In dem Roman befindet sich genau im Snæfellsjökull der Eingang ins Innere der Erde (mehr zum Buch s.o., Kasten).

Strände und Steilküsten

In Hellnar hören die bizarren Lavaformationen, die die Küste ab Arnarstapi verschönern, unvermittelt auf. Das Ufer wird flach und manch einer fühlt sich an die Nordsee erinnert. Und plötzlich sind sie wieder da, die hohen Klippen, die bröselige, nur ganz oben mit Gras bewachsene Steilküste. Sie ist ein idealer Nistplatz für Seevögel, die hier im Sommer zu Tausenden ihre Jungen aufziehen. Noch weiter westlich dominiert wieder die bizarre Lavaküste.

Lóndrangar und Malarrif

Die beiden markanten Felsnadeln **Lóndrangar** sind ein beliebter Fotostopp und Pilgerziel für Elfenfans. Die 75 m bzw. 61 m hohen Felsnasen sind Überreste eines sehr alten Kraters. Nur die Schlote stehen noch, den Rest des alten Vulkans haben Wind und Brandung abgefressen. Es heißt, an diesem Ort leben Elfen, die die Schlote als Kirche nutzten (Kasten S. 250). Wer von hier aus dem Küstenpfad folgt, trifft auf verwundbares Moos. Bitte nicht betreten!

Ein Fußweg (etwa 2,2 km) verbindet Lóndrangar mit **Malarrif**. Nahe dem gleichnamigen Leuchtturm befindet sich das Visitors Centre des Nationalparks. Direkt nördlich liegt ein ruhiger sehenswerter Strand mit wunderschönen, glatt geschliffenen schwarzen Kieseln, zwischen denen sich manchmal feuerrote Spinnen tummeln.

Djúpalónssandur und Dritvík

Weiter Richtung Westen, über die Straße 572 zu erreichen, erstreckt sich der schwarze Strand **Djúpalónssandur**. Wer mag, kann auch von Malarrif laufen (knapp 8 km).

Im Sand, direkt am Zugangsweg, locken **Kraftmesssteine** nach alter Wikingerart zum Muskeltest. Wollten Männer einst auf den Ruderbooten anheuern, mussten sie beweisen, dass sie die Kraft besaßen, der Urgewalt des Meeres Stand zu halten. Wer den „Volle-Kraft-Stein" (154 kg) und den „Halbe-Kraft-Stein" (100 kg) heben konnte, durfte anheuern. Wer nur den „Schwächling" (54 kg) oder gar nur den „Nutzlosen" (23 kg) schaffte, galt als ausgemustert (zur Zeit der Recherche gab es nur drei Steine, zu heben gab es aber auch damit genug).

Den Strand zieren rostende **Bootsreste**. Sie stammen vom englischen Trawler *Epine*, der hier am 13. März 1948 auf Grund lief. Es stürmte und die See schäumte wild, als einige Isländer von Land aus beobachteten, wie die Menschen sich auf dem kenternden Schiff zu retten versuchten. Einer hatte sich an den Mast gebunden, ein anderer ans Steuerhaus. Viele Männer ertranken, nur einer hatte Glück und wurde unversehrt an den Strand gespült. Sobald der Sturm etwas nachließ, begannen die Isländer aufs Meer zu rudern und die letzten vier Überlebenden der einst 13-köpfigen Besatzung zu bergen. Die Wrackteile sind Zeugnisse dieser Geschichte und es wird ausdrücklich darum gebeten, sie nicht zu entfernen. Für Rollstuhlfahrer und alle, die nicht auf Sand gehen können oder wollen, wurde ein gut ausgebauter Pfad mit der **Aussichtsplattform** (isl. *útsýni*) nahe dem Parkplatz gebaut. Bitte unbedingt die Absperrungen beachten, sie dienen zum Menschenschutz:

Hier kann der Fels einfach abbrechen. Das stört Fels und Vögel wenig, den Fallenden aber kann es das Leben kosten.

Etwas weiter nördlich liegt die **Bucht Dritvík**, die über einen kurzen Wanderweg auf den Klippen mit Djúpalónssandur verbunden ist. Von hier starteten früher zahlreiche Fischerboote. Vom 16. bis Mitte des 19. Jhs. war in dieser windgeschützten Bucht von Anfang April bis Mitte Mai richtig viel los: Um die 40–60 Boote mit 200–600 Mann belebten die Bucht. Heute kann man zu jeder Jahreszeit stundenlang Leute beobachten und lustige Fotoserien aufnehmen: Menschen kämpfen mit dem scharfen Küstenwind, kommen mit hochgeschlagenen Kragen und Mütze mit Kapuze drüber ins Blickfeld, gehen runter zum Strand und sitzen wenige Minuten später im T-Shirt in der Sonne. Im Süden der Bucht steht der Felsen **Tröllakirkja**. Es heißt, er sei eine Troll-Kirche. Also Vorsicht, bitte niemals den Versuch unternehmen, hinaufzuklettern. Gucken reicht, wer will schon auf Trolle treffen, die über ungebetene Gäste sicherlich nicht erfreut sind? Ebenso respektvoll gilt es die nahe gelegene verlassene Farm Hólahólar (S. 250) zu behandeln, denn hier leben Elfen.

Von Beruvík über Öndverðarnes nach Skarðsvík

Von nun an wechseln sich farbenfrohe Klippen mit Lavaformationen, Wiesen und seichten Stränden ab. In der Bucht **Beruvík**, von der Hauptstraße aus über eine kleine Zufahrtsstraße (fast) mit dem Auto zu erreichen, finden sich einige am Wegesrand liegende Ruinen aus der Zeit der Kelten. Der Strand davor erfreut als flache Gras-Stein-Sand-Idylle.

Dann wird die Küste wieder steiler, um beim **Leuchtturm Svörtuloftaviti (Skálasnagi)** eine wahrhaft schwindelerregende Höhe zu erreichen. Noch bis Mitte des 20. Jhs. wurden viele Vögel Opfer von Jägern und Eierdieben. Die Männer der Region besserten den Speisezettel auf, indem sie sich jeden Mai in der Brutzeit an selbst gebauten Seilsystemen am Fels hinabließen: für alle Beteiligten kein Spaß. Die Versorgung mit Essen ist mittlerweile auch hier so sichergestellt, sodass niemand mehr solche Abenteuer für ein Omelette wagen muss.

Snæfellsjökull

Weiter an den Klippen entlang gelangen Wanderer und Autofahrer (die Straße ist recht schlecht, es braucht Bodenfreiheit) zur Landspitze **Öndverðarnes**. Ein kleiner Leuchtturm weist auch hier den Weg. Ein paar Meter entfernt liegt die unterirdische Quelle **Fálki** (S. 256).

Weiter an der Küste entlang wartet das Strandhighlight für alle, die sonst eher in wärmere Gefilde fahren: die Sandbucht **Skarðsvík**, ein Strand mit gelbem Sand und dazu Meeresrauschen. Leider kann man auch hier nicht entspannt schwimmen, die Brandung ist zu stark.

Lust auf einen Tag am Strand: In Skarðsvík lockt gelber Sand.

Doch mit Glück scheint die Sonne und ein Bad in ihren warmen Strahlen im Windschutz der Felsen ist mindestens genauso schön.

Ruinen, Krater und Höhlen

Neben dem Snæfellsjökull und den Stränden gibt es ein paar weitere sehenswerte Ziele im Nationalpark. Ausgeschildert sind Überreste der **keltischen Besiedlungszeit**. Ein paar Steine meist nur – doch bei dem ein oder anderen Stopp durchaus unterhaltsam. Wanderer passieren z. B. das **Labyrinth**, das einst allein dem Zeitvertreib gedient haben soll, auf dem Weg zwischen Djúpalónssandur und Dritvík (S. 254).

Die interessante Quelle **Fálki** befindet sich an der Landspitze Öndverðarnes. Der Name bedeutet Gerfalke *(Falco rusticolus)*, die weltweit größte Falkenart, die hier zahlreich brütet. Das Besondere dieser Quelle hat aber mit diesem Namen, der Großes erahnen lässt, nichts zu tun. Fálki ist klein, aber fein. Es ist nicht nur die einzige Quelle der Region Öndverðarnes, sondern vermutlich auch die einzige, aus der sowohl einfaches als auch heiliges Wasser und sogar Bier sprudelt. Die Quelle liegt ein paar Stufen im Erdinneren, dort ist es dunkel und etwas unheimlich. Kinder sollten daher lieber nicht alleine hinabsteigen, nicht etwa wegen des möglichen Alkoholmissbrauchs, sondern weil sie hineinfallen könnten. Nach Einbruch der Dunkelheit ist es für alle ratsam, keinen Tropfen aus dem Brunnen zu holen, denn das, so warnt die Infotafel, bringt nur Unglück.

Die Höhle **Vatnshellir** liegt rechter Hand der Straße 570 zwischen Malariff und Djúpalónssandur. Die 8000 Jahre alte Lavahöhle ist vermutlich durch eine Eruption im nahe gelegenen Krater entstanden. Als die Lava den Berg herunterfloss, kühlte sich die Oberfläche schnell ab. Die Lava darunter floss aber weiter und zurück blieb eine leere Höhle, ein Lavagang. Lange Zeit konnten Besucher ohne Guide ins Erdinnere, dies wurde aber unterbunden. Die Führungen sind einfach sicherer für Natur und Mensch. Ausgerüstet mit Helm und Taschenlampe und begleitet von einem sachkundigen Führer, geht es auf einer Wendeltreppe hinab ins Erdinnere. Wandertechnisch ist die Tour wenig anspruchsvoll. Das Gefühl, so tief unter der Erde zu sein, wo einmal Lava floss, ist atemberaubend. Touren finden stdl. statt und auch in der Hochsaison sind sie i. d. R. spontan buchbar über **Summitguides**, ✆ 787 0001,

🖳 www.vatnshellir.is. Mai–Sep immer zur vollen Stunde 10–18 Uhr, Okt–April 11–15 Uhr, 3250 ISK, Senioren und Studenten 2600 ISK, Teenager (12–17 J.) 1000 ISK, Kinder kostenlos.

Der relativ kleine **Krater Saxhóll** ist ganz bequem von der Straße zu erreichen. Direkt am Parkplatz geht es gut ausgebaute Stufen hinauf zum Kraterrand, vorbei an loser Lava, die teilweise frappierend gehärteten Kuhfladen ähnelt. Bitte unbedingt auf dem Weg bleiben, denn das Geröll ist rutschig und sehr locker.

ÜBERNACHTUNG UND ESSEN

Im Nationalpark gibt es keine Läden, keine Gästehäuser und keine Restaurants – nicht mal Imbissstände sind zugelassen. Auch jede Form von Camping ist nicht erlaubt. Wer länger bleiben will als nur für eine Tagesvisite, wohnt in Hellissandur, Rif oder Ólafsvík oder an der Südküste in Hellar oder Arnarstapi.

TOUREN

Arctic Aventures, ✆ 562 7000, 🖳 www.adventures.is, www.adventures.is/iceland/day-tours/hiking/snaefellsjokull-glacier. Touren ab Reykjavík von April–Aug für 34 990 ISK.

🌳 **Go West!**, Grandavegur 42 F, Reykjavík (Niederlassungen auch in Arnarstapi und Stykkishólmur), ✆ 695 9995, 🖳 www.gowest.is. Viele Touren, u. a. eine Downhill-Skitour. Die Betreiber Jon Joel und Maggy haben diverse Nachhaltigkeits-Zertifikate bekommen und legen besonderen Wert auf naturnahes und umweltschonendes Reisen (Schneemobiltouren gibt es daher nicht). Beliebt ist die Gipfeltour *Wear the crown* (im Winter 10–12 Std., im Sommer 7–8 Std.) für 22 000 ISK, Teenager 16 000 ISK. Die kürzere Route, bei der man die Krone nur berührt *(Touch the crown)* dauert im Winter 5–6 Std., im Sommer 4–5 Std., und kostet 16 000 ISK. Besonderheit: Für 4000 ISK extra kann man die Abfahrt zügig mit dem Rad meistern. Das ist aber nur was für erfahrene Downhill-Fahrer. 2-tägige Radtour mit vielen Extras: 58 000 ISK, Teenager 45 500 ISK.

Summitguides (Firmenname: Hellaferðir), Gufuskálar, ✆ 787 0001, 🖳 www.summitguides.is. Wanderungen zum Gipfel als private Tour inkl. Transport mit dem Schneemobil von verschiedenen möglichen Treffpunkten aus (4–10 Std.), ganzjährig ab 94 000 ISK. Kürzere Wanderung inkl. Transport (2–3 Std.), je nach Wetter Juli–Sep, 13 900 ISK, Teenager (12–17 J.) 8900 ISK. „Midnight Sun Hikes" (insgesamt 5 Std., davon 3 Std. Wanderzeit) im Juni–Juli, 22 900 ISK, 12–17 J. 9900 ISK. Schneemobiltour (3 Std., davon 1 1/2 Std. mit dem Schneemobil) im späten Winter und im Frühling. Fahrer (18+) 39 900 ISK, Mitfahrer 21 900 ISK. Zudem führt die Agentur die Abstiege in die Höhle Vatnshellir durch (S. 256).

INFORMATIONEN

Snæfellsjökull Visitor Centre (Gestastofa) in Malarrif, ✆ 436 6860, 🖳 www.ust.is/snaefellsjokull-national-park. Kleine, recht unspektakuläre Ausstellung, aber gute Informationen. Die gute Wanderfaltkarte zum Park wird hier für 400 ISK verkauft. Einen Überblick gibt auch die Karte zum kostenlosen Download auf der o. g. Webseite. 🕐 Nov–April Mo–Fr 11–16, Mai–Okt tgl. 10–17 Uhr (die WCs sind immer offen).

TRANSPORT

Auto
Von der 574 gibt es jeweils Stichstraßen zu den Stränden. Meist ist ein kostenfreier Parkplatz vorhanden und die Zugangs- und Wanderwege sind gut ausgeschildert. Stichstraßen führen z. B. nach Malarrif, zum Djúpalónssandur, nach Beruvík, nach Öndverðarnes und Skarðsvík. Auf allen Straßen können Kleinwagen fahren, eine Ausnahme ist die 6 km lange **Straße 579** zwischen dem Leuchtturm Skálasnagi und Öndverðarnes, diese Straße ist recht holprig. Hier muss, wer mit dem Kleinwagen unterwegs ist, etwas vorsichtiger fahren. Von der 574 zum Strand Skarðsvík ist die Straße asphaltiert.

Busse
Es fahren keine Linienbusse. Individualisten gehen also zu Fuß (s. u.) oder mieten sich ein

Zu Fuß oder mit dem Geländewagen auf den Berg

Der Snæfellsjökull lässt sich besteigen, und nicht immer braucht es dazu einen Guide. Lange Touren sollten Wanderfreunde allerdings am besten mit Führer machen, denn bei aufziehendem Nebel ist der Weg schnell verloren.

Für einen Abstecher ins Eis eignet sich der südliche Abschnitt der steinigen Straße F570 am besten. Los geht es bei **Arnarstapi**. Links ein Steilhang, rechts ein beschaulicher Bach mit kleinen Wasserfällen, immer stramm bergauf, so erreicht man nach knapp 2 km die **Sönghellir**, die sogenannte Echohöhle. Lustig ist es, hier dem nachhallenden Klang der eigenen Stimme zu lauschen und die eingravierten Namen mit Jahreszahl früherer Besucher zu entziffern. Einige datieren in die 1950er-Jahre, andere sind noch weitaus älter. Bis hierhin kann man im Sommer – vorsichtig! – mit einem einfachen Auto fahren. Danach braucht es ein Allradfahrzeug mit großer Bodenfreiheit.

Fußgänger und alle mit Geländewagen folgen der immer schlechter werdenden Straße weiter bergauf, bis linker Hand der **Gipfel** des Gletschers zu sehen ist. Hier steigen auch Autofahrer aus, wenn sie zum Gletscher wollen. Zu Fuß geht es weiter über Geröllflächen, deren Untergrund zwar fest aussieht, der aber unter den Füßen nachgibt und sich wie Treibsand anfühlt, manchmal auch wie Sumpf. Vorsicht: Bitte nicht die Schneefelder überqueren, denn darunter können sich tiefe Spalten befinden, in die man im schlimmsten Fall auf Nimmerwiedersehen verschwindet.

Ein Relikt vergangener Zeiten ist das **verlassene Skigebiet** mit Skilift-Überresten und einer genauso verlassenen Hütte. Es sieht aus, als seien die Menschen nur eben mal kurz rausgegangen – und doch fährt hier schon sehr lange niemand mehr Ski.

Spätestens hier sollten nicht geführte Gletscherbesteigungen zu Ende sein, denn weiter oben wird es schlicht zu gefährlich. Abenteuerlustige Wanderer mit dickem Geldbeutel und guter Kondition haben aber die Möglichkeit, eine **geführte Tour** zu buchen. Und Menschen, die nicht gerne laufen, können einen Teil des Wegs mit der Schneekatze oder dem Schneemobil fahren – definitiv ein unvergleichliches Erlebnis!

Mit einem guten Geländewagen ist es möglich, am Gletscher vorbei zu fahren und auf der anderen Hangseite wieder ins Tal zu gelangen. Richtung Norden trifft die F570 nahe Ólafsvík wieder auf die gut befestigte 574. Auf halber Strecke können bei gutem Wetter sichere Geländefahrer auch linker Hand über eine abenteuerliche Piste in den Westen abbiegen (dieser Weg mündet nördlich vom Saxhóll wieder auf die befestigte Straße).

Auto. Busreisenden bleibt nur die Möglichkeit, eine **Tagestour** zu buchen. Reykjavik Excursions, 🖥 www.re.is/day-tours/the-wonders-of-snaefellsnes, z. B. bietet solche Touren das ganze Jahr an. Ab REYKJAVÍK nach Snæfellsness (Stopps auch in Hellnar und Arnarstapi) für 18 900 ISK, Kinder von 11–15 J. zahlen die Hälfte, darunter kostenfrei. Mit den Buspässen kommt man leider nicht in den Nationalpark.

Zu Fuß oder als Tramper

Es ist theoretisch möglich, die gesamte Nationalparkküste zu Fuß abzuwandern. Man muss sich allerdings abends immer wieder abholen lassen, denn Campen ist im Nationalpark streng verboten. Die sehr empfehlenswerte Karte *Wanderwege im Snæfellsjökull Nationalpark* gibt es im Visitors Centre und in Grundarfjöður für 400 ISK.

Achtung: Anders als in den meisten Regionen Islands gibt es im Nationalpark nur wenig Trinkwasser – also ausreichend **Wasser** auf eine Tour einpacken.

Tramper haben wir bisher im Park kaum gesehen. Alle, die mit dem Auto kommen, stoppen so oft, dass sie nicht in Erwägung zu ziehen scheinen, jemanden mitzunehmen. Ggf. kann man aber in den Ortschaften vor dem Park Kontakte knüpfen und die gesamte Strecke inkl. Stopps trampen.

Hellissandur und Rif

Die beiden benachbarten Örtchen Hellissandur (400 Einwohner) und Rif (150 dauerhaft hier lebende Menschen) werden meist in einem Atemzug genannt. Denn obwohl sie 3 km auseinanderliegen, gehören sie gefühlt irgendwie zusammen. An einer ruhigen Küste mit Stein- und Sandstränden gelegen, markieren sie vor allem das Ende bzw. den Beginn des Nationalparks. Hier gibt es wieder (bzw. noch) eine Einkaufsmöglichkeit, ein Hotel und einen einladenden Campingplatz – und die größte Kolonie von **Küstenseeschwalben** Islands. Die Tiere leben genau in der Mitte der beiden Orte. Aussteigen und sie besuchen sollte man aber lieber nicht. Zumindest im Sommer, wenn die Elternvögel extrem angriffslustig ihre Jungen verteidigen, kann das schmerzhaft enden. Wer allerdings einmal Hitchcocks *Die Vögel* nachspielen will, kann sich hier von Tausenden aggressiven Vögeln in Endzeitstimmung versetzen lassen.

In Hellissandur fällt direkt am Eingang zum Nationalpark der etwa 412 m hohe **Sendemast** ins Auge. Er wurde 1959 erbaut und gilt bis heute als höchstes Bauwerk Islands. Bis in die 1990er-Jahre war hier das US-Militär präsent und nutzte den Platz zur Flugnavigation. Heute finden manchmal Trainings für Rettungskräfte statt, meist sind die Türen aber verschlossen. Älter ist die **Kirche** von 1903, sie gilt als das erste aus Beton erbaute Gotteshaus Islands.

ÜBERNACHTUNG

Camping Hellissandur (Campingkarte), ☎ 433 6929, 🖥 www.tjalda.is/en/hellissandur. Kleiner, liebevoll angelegter Platz mitten im Lavafeld direkt am Nationalpark. Wer auf den kleinen Hügel hinter dem Platz steigt, blickt über die Lavalandschaft auf die schneebedeckten Berge oder die untergehende Sonne über dem Meer. Kleiner Indoor-Bereich mit Spüle, aber ohne Herd. 3 WCs, kostenlose Duschen (bitte nur 5 Min., damit genug heißes Wasser für alle da ist). 1000 ISK, Kinder unter 12 J. kostenlos, Strom 700 ISK. Die Campingkarte gilt nicht während des jährlichen Stadtfestes (s. u.). ⏲ 1. Juni–15. Sep.

The Freezer Hostel, Hafnargata 16, Rif, ☎ 865 9432, 🖥 www.thefreezerhostel.com. Eine alte Fischfabrik, umgebaut zu einer Location, in der auch Veranstaltungen (Theater, Workshops und Konzerte) stattfinden. 4-, 6- und 8-Bett-Zimmer mit Stockbetten (und Bettwäsche). Gelungen und an sich schon die Reise wert. Wer kein Bett mehr bekommt (oft lange im Voraus ausgebucht) sollte abends ab 20 Uhr vorbeischauen, denn im großen Aufenthaltsbereich mit Bar ist eigentlich immer etwas los und jeder Gast ist willkommen. Tolle Küche für alle Selbstversorger. Bett je nach Saison ab 38 €. ❷

Welcome Hótel Hellissandur, Klettsbúð 9, ☎ 487 1212. Funktionale, etwas angejahrte

Zimmer, auch für 4 Pers. Kinder unter 12 J. zahlen nichts, wenn sie im Bett der Eltern schlafen. Danach zählen sie als Erwachsene. Relativ spartanisches Frühstück. Gute Lage. ❸–❺

ESSEN UND EINKAUFEN

Kaffihús Gamla Rif, Háarif 3, Rif, ☏ 436 1001. Das vielgelobte Café-Restaurant wird von einer einheimischen Fischerfamilie geführt, die ihre Kundschaft mit Kuchen und der besten Fischsuppe weit und breit verwöhnt. Außenterrasse. ⏱ tgl. 12–20 Uhr.

Viðvík Restaurant, nahe dem Campingplatz von Hellissandur, ☏ 436 1026, 🖥 auf Facebook. Richtig gute und vielgelobte Küche in ansprechendem Ambiente. Ob Hummer, Muscheln oder Lamm: Den Gästen schmeckt es. ⏱ ab 17.30 Uhr bis abends, je nachdem wie viele Gäste da sind.

Supermarkt, an der N1-Tankstelle. Wer abends auf dem Campingplatz mit seiner Tütensuppe unglücklich und dem Wahnsinn nahe ist, weil der gut vorbereitete isländische Nachbar mit duftendem Grillgut den gesamten Campingplatz in Neid versetzt, der kann hier alles bekommen, was er braucht, um zum Nachmacher zu werden. Vom Einmalgrill bis zum Fleisch ist alles zu haben. Gemüsefans müssen aber tapfer bleiben, für sie gibt es i. d. R. kaum oder gar keine Auswahl. ⏱ tgl. 10–20 Uhr. Und wer charmant morgens am Hafen von Rif mit den Fischern ein Schwätzchen hält, bekommt auch schon mal etwas vom Fang ab.

Verslunin Blómsturvellir, Munaðarhóll, kleines Modegeschäft. ⏱ Mo–Sa 13.30–18 Uhr.

SONSTIGES

Sandara-og Rifsaragleðin, am 1. Juliwochenende (Do–So): Das Stadtfest von Rif wird mit Konzerten, Markt und massig Aktionen speziell für Kinder veranstaltet. Auch in Ólafsvík gibt es dann ein Programm.
Ansonsten lohnt immer ein Blick auf die Veranstaltungen im **Freezer Hostel**, hier ist im Sommer nahezu jeden Abend ab 20 Uhr etwas los.

TRANSPORT

Auto

Mit dem Auto erreicht man die beiden Orte über die 574 sowohl vom Nationalpark als auch aus Richtung Ólafsvík.

Busse

BORGARNES, mit Bus 82 Richtung Stykkishólmur (s. u.), Umstieg an der Haltestelle VATNALEIÐ um 8.05 und 16.58 Uhr in die Linie 58 Richtung Borgarnes.
Fahrtzeit bis Borgarnes dann ca. 2 1/2 Std.
STYKKISHÓLMUR, mit Strætó-Linie 82 Mo, Mi, Fr und So um 7.06 und 16 Uhr ab Hellissandur, 4 Min. später in Rif. Über ÓLAFSVÍK, GRUNDARFJÖRÐUR und VATNALEIÐ (dort Anschluss an Linie 58 nach Borgarnes); So fährt der erste Bus 20 Min. später los.

Ólafsvík

Nach Ólafsvík kommen Gäste vor allem, um Wale zu sehen. In der Gegend gibt es mehr Pottwale als anderswo, und in der Zeit zwischen April und Juni tummeln sich hier auch jede Menge Orcas.

Ólafsvík ist ein ruhiger Fischerort mit vielen bunten Häuschen, schönem Hafen und allem, was man als Reisender so braucht. Der beschauliche Ort hat etwa 1000 Einwohner. Man kann wunderbar durch die kleinen Straßen des Wohngebiets schlendern und dabei den Anwohnern in die Gärten schauen. Wer ein bisschen mehr über den Ort erfahren möchte, besucht das **Heimatmuseum** mit angeschlossenem Kunsthandwerksladen, Ólafsbraut 12, ☏ 433 6930, im 2. Stock des **Pakkhús**. Das hölzerne ehemalige Lagerhaus stammt aus dem Jahr 1844 und ist auch von außen einen Blick wert. ⏱ 15. Mai–15. Sep. tgl. 12–17 Uhr.

Architekturfans aus aller Welt kennen die kleine **Dorfkirche**, die 1967 als erste sogenannte „moderne" Kirche auf Island entstand. Sie war und ist stilgebend für viele isländische Kirchenneubauten. In der ganzen Welt hat die Kirche, die nur aus dreieckigen Formen besteht, für Aufsehen gesorgt. ⏱ tgl. 10–17 Uhr.

Auch für Modellbauer hält der Ort einen kleinen Schatz bereit: Nahe dem Zeltplatz steht ein **altes Fischerboot** an Land mit einer Infotafel, auf der genau gezeigt wird, wie ein solches Boot konstruiert ist: Nachbauen ist also möglich.

Oberhalb des Ortes verlaufen mehrere Wanderwege, u. a. ein **Rundweg**, der in gut einer Stunde zu schaffen ist. Hinter der Kirche geht es Richtung Fluss und dann den Fußgängerweg am rechten Ufer hinauf. Schon hier belohnt die Aussicht auf das Dorf und den Fjord die Mühen des Aufstiegs. Der Wanderweg führt weiter bergauf, wendet sich nach rechts, um dann parallel zum Hang wieder in Richtung Norden, zum Meer und zur Hauptstraße zurück zu führen.

ÜBERNACHTUNG

€ **Apartment bei Ragnheiður Víglundsdóttir**, Skálholt 6, ☎ 867 9407, ✉ ragvig@simnet.is. Voll ausgestattete ansprechende kleine Wohnung mit 2 Schlafzimmern und einer prima Küche in einem zentralen, dennoch ruhigen Wohngebiet. Die freundliche Vermieterin wohnt oben, aber es gibt einen separaten Eingang. Preisgünstige Alternative für Alleinreisende, denn die Betten werden mit etwa 44 € einzeln berechnet. ❷

€ **Camping Ólafsvík** (Campingkarte), Dalbraut (von Grundarfjörður aus gesehen am Ortseingang), ☎ 433 6929, 🖥 www.tjalda.is/en/olafsvik. Einfache ansprechende Campingwiese direkt am Wasserfall. Kleines Haus mit Küche und Dusche/WC. Zudem ein Spielplatz für kleine Gäste. 1000 ISK, Kinder unter 12 J. kostenlos, Strom 500 ISK. Campingkarte gilt nicht während des Stadtfestes von Rif (Sandara- og Rifsaragleðin); einige Aktionen finden nämlich auch in Ólafsvík statt. ⏱ 15. Mai–15. Sep.

Guesthouse Náttskjól, Brautarholt 2, ☎ 867 8807, ✉ nattskjol1@gmail.com. 2 einfache Familienzimmer mit 4 bzw. 6 Etagenbetten aus Metall; Küche und Badezimmer teilt man sich, Kaffee und Tee stehen immer bereit. Vierbettzimmer für 160 €. ❸

North Star Hótel Ólafsvík, Ólafsbraut 20, ☎ 436 1650, 🖥 http://olafsvik.northstar.is. Einfaches Hotel mit Check-in-Terminal (also ohne Rezeption oder Personal vor Ort) direkt an der Hauptstraße. Alle Zimmer mit Bad; ohne Frühstück. ❸

€ **Við Hafið Guesthouse**, Ólafsbraut 55, ☎ 436 1166, 🖥 auf Facebook. Einfache, aber nette Pension am Meer. Doppel-, Dreibett- und Familienzimmer für insgesamt 44 Gäste. Kein Frühstück, aber es gibt eine gut ausgestattete Gemeinschaftsküche, in der Grundnahrungsmittel vorhanden sind. Tee, Kaffee und Zugang zum Schwimmbad kostenlos. Mit Glück sieht man aus dem Fenster im Frühstücksraum sogar Wale. Bett im gemischten 8er-Schlafsaal 35 € (Bettwäsche und Handtücher gegen Aufpreis), inkl. Frühstück. ❸

Im Kombipack

Ein unterschätztes Juwel versteckt sich auf dem Weg zwischen Rif und Ólafsvík. Wer kann, sollte einen kurzen Fotostopp beim **Svöðufoss** in Betracht ziehen. Das Motiv: ein rauschender Wasserfall vor dem Gletscher. Einmalig! Anfahrt: 2 km nach Rif bzw. 5 km vor Ólafsvík rechts auf eine 1,6 km lange gute Schotterpiste abbiegen.

ESSEN

Es gibt eine Tankstelle mit Schnellimbiss, einige Cafés und das Restaurant **Hraun Veitingahús**, Grundarbraut 2, ☎ 431 1030, 🖥 auf Facebook. Im Holzhaus werden hauptsächlich Fish 'n' Chips, Burger und Pizza kredenzt. Es gibt aber auch Muscheln aus dem Breiðarfjord und eine ganze Reihe vegetarischer (und nicht vegetarischer) Kleinigkeiten, z. B. frittierte Mozarellasticks. Außerdem fantasievolle Kuchen und Nachtischkreationen wie „Skyramisu". Reservierung angeraten, wenn möglich im unteren Teil, denn von dort hat man die bessere Aussicht. ⏱ tgl. 12–22 Uhr.

AKTIVITÄTEN UND TOUREN

Schwimmen

Kleines **Schwimmbad**, Ennisbraut 11, ☎ 433 9910, 🖥 www.sundlaugar.is/sundlaugar/

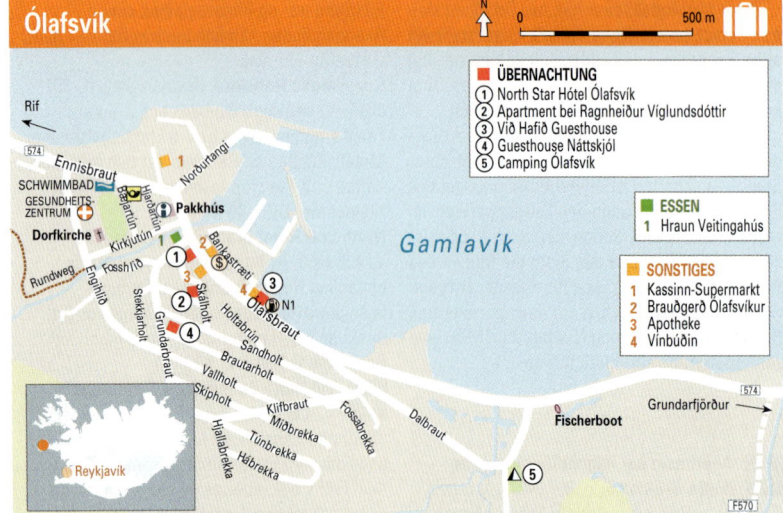

olafsvik/?lang=en, mit Innen- und Außenbereich. ⏱ Sommer Mo–Fr 7.30–21, Sa, So 10–17, im Winter nicht durchgängig, sondern immer mal morgens, mittags und abends. Bitte auf der Website oder vor Ort aktuelle Zeiten checken.

Walbeobachtung

Láki Tours, im Nachbarort Grúndarfjörður (S. 266), einige Touren beginnen in Ólafsvík und dauern etwa 3 Std., 9900 ISK, Kinder (7–15 J.) 4950 ISK, kleine Kinder kostenlos. Tgl. Abfahrten ab 15. Juni–19. Aug um 10 und 14 Uhr, 1. April–14. Juni und 20. Aug–15. Sep jeweils 13 Uhr.

SONSTIGES

Einkaufen

Brauðgerð Ólafsvíkur, Ólafsbraut 8, Bäckerei. ⏱ Mo–Fr 7–17 Uhr.
Kassinn-Supermarkt, Ólafsbraut (halb links über die Ennisbraut hinweg). Für den kleinen Ort ein ziemlich großer Supermarkt, in dem es außer Lebensmitteln auch Dinge des täglichen Bedarfs – also z. B. Socken – gibt. ⏱ Mo–Do 9–18, Fr 9–20, Sa, So 13–17 Uhr.

Vínbúðin, Ólafsbraut 55, ⏱ Mo–Do 14–18, Fr 13–19, Sa 11–14 Uhr.

Geld und Post

Abgesehen von einer Bank gibt es eine **Post**, Bæjartún 5, mit Western Union, ⏱ Mo–Fr 10–16 Uhr.

Informationen

Im **Gemeindezentrum**, Olafsbraut, Ecke Kirkjutún, ☎ 433 6929, 🖥 www.atthagastofa.is, ⏱ Sommer Mo–Fr 9–17, Winter Mo–Do 14–18 Uhr.

Medizinische Hilfe

Apotheke (Apótek), Ólafsbraut 24, ⏱ Mo–Fr 9–12 und 13–16 Uhr.
Gesundheitszentrum, Engihlíð 28, ☎ 432 1360, 🖥 www.hve.is, ⏱ Mo–Fr 8–12 und 13–16 Uhr.

TRANSPORT

Auto

Auf der 574 gelangt man über Rif/Hellissandur in den Nationalpark. Richtung Stykkishólmur geht es kurz hinter Ólafsvík auf die 54. Wer an die Südküste von Snæfellsnes möchte, biegt rechts auf die 54 ab.

Busse
RIF und HELLISSANDUR, mit Strætó-Bus 82 um 10.43 und 16.47 Uhr in ca. 1/4 Std. (im Sommer 1x tgl. bis Arnarstapi).
STYKKISHÓLMUR, mit Strætó-Bus 82 Mo, Mi, Fr um 7.23 und 16.16 Uhr über GRUNDARFJÖRÐUR in 1 Std. In VATNALEIÐ Anschluss an Linie 82 Richtung Borgarnes.

Grundarfjörður und Umgebung

Dieser Ort sieht so ähnlich aus wie Ólafsvík, doch ist er ein bisschen größer. Auch Grundarfjörður liegt in einer kleinen Bucht und wird vom Hafen beherrscht. Bekannt ist der Ort vor allem wegen des nahe gelegenen Berges, des **Kirkjufell**. Von weither kommen die Menschen nach Grundarfjörður, um ein ganz bestimmtes Foto zu machen. Es zeigt den Berg und davor den Wasserfall **Kirkjufoss**. Möglicherweise ist es das meistfotografierte Motiv des Landes. Bekannt wurde es durch massenhaftes Teilen in sozialen Netzwerken. Das erste online zu findende Bild stammt von Guðmundur Ó. Sigmarsson, der es am 9. Juli 2006 ins weltweite Netz hochlud. Tausende Netzwerker sind seinem Beispiel gefolgt – nicht zur Freude der Anwohner und schon gar nicht zur Freude der Landbesitzer. Denn ständig parkten Autos auf Privatland, Weidezäune wurden beim Übersteigen eingerissen, Wiesen plattgetrampelt oder plattgezeltet. Und die Anwohner mussten den Müll einsammeln und unangenehme „Hinterlassenschaften" beseitigen. Eine Anwohnerin besonders in Rage. Als wütende „Touristen-Scheuche" machte sie von sich reden und wird seither von allen nur noch die „angry woman from Kirkufell" genannt. Entgegen den Wünschen der Anwohner beschloss die Gemeinde, einen Bohlenweg zum Wasserfall und zur idealen Fotoposition zu bauen. Auch ein Parkplatz wurde angelegt und Mülleimer aufgestellt. Die Touristen verscheucht heute niemand mehr – schade, denkt sich, wer kein Bild machen kann, weil immer einer dieser Touristen im Wege steht.

Doch das wirklich Besondere dieses Ortes sind nicht Naturwunder, sondern die Menschen, die hier in langer Tradition **Geschichten erzählen**. Reisende treffen auf den Straßen nicht selten auf verkleidete Erzähler. Da nahezu jeder Einwohner des Dorfes sich als Erzähler versteht, trifft man sie auch in zivil im Supermarkt oder im Hot Pot. Oft wird auf Isländisch geplaudert, doch wenn Besucher zuhören, wird die Geschichte nicht selten auf Englisch fortgesetzt. Wer nicht auf ein zufälliges Treffen warten

Ingi Hans, das Original von Grundarfjörður

Er ist einer der bekanntesten Geschichtenerzähler Islands, außerdem Geschichtsprofi und Spielzeugsammler. Ihn interessieren die Geschichten, die hinter den Dingen stecken. Und die erzählt er dann weiter – mit Herzblut und Sachverstand. Kommt er einmal ins Reden, ist er kaum mehr zu bremsen. Wer das Glück hat, ihn zu treffen, kann danach aus einem großen Fundus neuer Erkenntnisse schöpfen. Ingi Hans weiß Aktuelles ebenso gekonnt zu kommentieren, wie aus der Vergangenheit zu berichten. Wer richtig Glück hat, ist vor Ort, wenn er mit seinem selbst gezimmerten Puppentheater zur Kinderbelustigung durch die Straßen von Grundarfjörður zieht. Dann ist der Mann so richtig in seinem Element.
Zusammen mit seiner Frau betreibt er die **Storytellers Lodge**, 🖥 www.storytelling.is, ein ehemaliges Restaurant, das heute als eine Art Kulturzentrum und Museum dient. Im lichtdurchfluteten modernen Haus finden sowohl Laurel und Hardy als auch isländische Skulpturen ihren Platz. Antike Bücher und uralte Holztruhen teilen sich den Raum mit Klimper-Kronleuchtern von Ikea. Weiter hinten im Haus gibt es noch ein Zimmer mit historischem Spielzeug, das musealen Charakter hat.
Leider zieht Ingi sich aus gesundheitlichen Gründen immer mehr zurück. Natürlich gilt es, dies zu akzeptieren: Fünf Herzinfarkte hat er überstanden, kein weiterer soll folgen. Audienzen auf gut Glück! Und wer ihn nicht antrifft, findet im Netz auf You Tube und Vimeo einige Filme.

Von Grundarfjörður nach Stykkishólmur

ÜBERNACHTUNG
1. Suður-Bár Guesthouse
2. Setberg Guesthouse & Camping
3. Bjarg Apartments, Grundarfjörður HI-Hostel, Grundarfjörður Camping
4. Grund í Grundarfirði

ESSEN
1. Kaffi Emil, 59 Bistro Bar, Láki Harbour Café

TRANSPORT
1. Haltestelle Strætó

und/oder einen Erzähler in seinem Zuhause besuchen will, kontaktiert Ragnhildur Sigurðardóttir und lässt sich einen Geschichtenerzähler vermitteln: **Local Storytellers**, 848 2339, www.peopleoficeland.is.

Insel Melrakkaey

Melrakkaey heißt übersetzt Polarfuchsinsel. Ob es auf der kleinen Insel, die ungefähr 5 km nördlich von Grundarfjörður liegt, heute noch Füchse gibt, ist nicht bekannt, denn die Insel steht seit 1972 unter Naturschutz und darf nicht mehr betreten werden. Mit dem Boot führen Touren allerdings ganz nah heran, und so können Besucher vom Wasser aus die Vogelwelt bestaunen. Hier nisten auch Papageientaucher. Soweit wir wissen, ist das ihr einziger Brutplatz auf Snæfellsnes.

Láki Tours, Nesvegur 5, 546 6808, www.lakitours.com, fährt tgl. ab Grundarfjörður, 1. Juni–20. Aug 20 Uhr, 16. Juni–20. Aug auch 14 Uhr (im Winter beginnen die Touren in Ólafsvík), 1 Std kostet 5900 ISK, Kinder 2950 ISK, kleine Kinder kostenlos. Warme Kleidung nicht vergessen!

Wanderung auf den Aussichtsberg Klakkur

Am Ostufer des Grundarfjords führt die gut befahrbare Straße 576 bis zur Nordspitze einer Landzunge. Ab hier lohnt eine Wanderung auf den 352 m hohen **Eyrarfjall**. Einfacher zu laufen, besser markiert und vor allem abwechslungsreicher ist aber die Wanderung auf den 380 m hohen Berg **Klakkur**. Dieser Wanderweg beginnt etwa 500 m nördlich von Suður-Bár (von hier aus gibt es auch geführte Wanderungen). Nach einem Wasserfall geht es zunächst bergauf zum See **Ytra-Bárvatn**. Wer in einer Mittsommernacht kommt, wird möglicherweise einem Wunder beiwohnen. Es heißt, dass dann auf der Oberfläche des Sees Wunschsteine erscheinen können. Weiter geht es auf einem gut sichtbaren Weg über Geröll mit kleinen Mooshügeln. Es folgt das schwierige letzte Stück bis zum Gipfel, das der ein oder andere auf allen Vieren zurücklegt. Der Aufstieg wird belohnt mit einem Panoramablick über zwei Fjorde und auf den Kirkjufell. Die Bucht schimmert blau, und viele meinen, Wale zu erkennen. Ganz in der Ferne glitzert die schneebedeckte Kappe des Snæfellsjökull in der Sonne (nicht immer, aber wer einen Wunschstein findet und sich Sonne wünscht, darf hoffen). Die Wanderung ist ca. 6 km lang und mittelschwer. Die Wanderzeit wird in der Touristeninformation mit 3 Std. angegeben. Wir haben diese Zeit allein für den Hinweg gebraucht. Was vielleicht auch daran gelegen hat, dass wir so oft stehen geblieben sind, um zu schauen und zu staunen. Tipp: Im Sommer spätabends ist es hier am schönsten.

Die komplette Umrundung der Halbinsel ist mit einem Pkw nicht möglich. Nur wer ein Allradfahrzeug mit genug Bodenfreiheit hat, fährt einmal drum herum – alle anderen nehmen die Straße einfach wieder zurück.

ÜBERNACHTUNG

Im Ort
Bjarg Apartments, Kapitänshaus Grundargata 8, ℡ 438 1700. Anders als der Name es vermuten ließe, handelt es sich nicht um mehrere, sondern nur um ein Apartment, in dem 4 Personen Platz haben. Eine tolle, voll ausgestattete Wohnung mit Meerblick. ❹

Grundarfjörður Camping, Borgarbraut 19, ℡ 430 8564. Wiese direkt hinter dem Swimmingpool und unter einer Hochspannungsleitung. Nur 2 Toiletten und ohne Duschen. 1000 ISK, Kinder unter 16 J. kostenlos, Strom 500 ISK. ⏲ 15. Mai–15. Sep.

€ **Grundarfjörður HI-Hostel**, Hlíðarvegur 15, ℡ 895 6533 und 562 6533, 🖥 www.hostel.is/hostels/Grundarfjordur. Eher ein Guesthouse mit Gemeinschaftsküche und -bädern als ein Hostel, denn die Möglichkeit, einfach mit den eigenen Schlafsack vorbeizukommen, besteht nicht. Alleinreisende zahlen ein Doppelzimmer, es sei denn sie bekommen das einzige EZ (6000 ISK). Es gibt ein rotes und ein grünes Haus. Die Zimmer sind ansprechend und sauber. Je 3–4 Zimmer teilen sich eine Küche und ein Bad. JH-Mitgliederpreise ohne Frühstück ❷

Außerhalb
Grund í Grundarfirði, 3 km außerhalb, ℡ 438 1400 und 840 6100, 🖥 www.resthouse.is. Das hübsche rot-weiße Wellblechhaus liegt sehr ruhig in Alleinlage. Die 6 Zimmer (4 Doppelzimmer, ein Dreibett- und ein Familienzimmer) haben Meer- und Bergblick (manche auch beides), aus dem Küchen- und Wohnzimmerfenster sieht man auf Grundarfjörður und den Kirkjufell. Gut ausgestattete Küche und zusätzlicher Esstisch im Wohnzimmer. Gemeinschaftsbäder, außerdem separate Duschen. Die Gastgeberin Ingibjörg ist freundlich, spricht allerdings nur schlecht Englisch. Frühstück ist im Preis nicht enthalten, es gibt aber Kaffee, Tee und Toastbrot, außerdem Butter, Streichkäse und Milch im Kühlschrank, an dem man sich bedienen darf. ❷

Setberg Guesthouse & Camping, Landvegur, ℡ 438 6817, abseits des Hauptorts an der Straße 576. Das besondere Plus ist die Aussicht auf Grundarfjörður und den Berg Kirkjufell. Zimmer im Gästehaus gibt es auch. Camping um 1500 ISK. ❷–❸

Suður-Bár Guesthouse, Suður-Bár 350, ℡ 438 6815, 🖥 www.sudur-bar.is. Hübsches Gästehaus mit Garten, WLAN, Outdoor-Grill und toller Aussicht auf das Meer, auf Grundarfjörður und den Berg Kirkjufell. Das üppige Frühstück gibt's im großen Wintergarten, der auch als Aufenthaltsraum dient (mit Kaffee und Tee zur freien Verfügung). Kochen ist möglich, wenn der Andrang nicht zu groß ist, sonst nur in den „Studios" mit eigener Küchenzeile im separaten Holzhaus. Im Winter ideal zur Nordlichtbeobachtung, weil es keine anderen Lichtquellen in der Umgebung gibt. Tipp für Tierfreunde: Wer freundlich fragt, wird von den Gastgebern zu den „hauseigenen" Seehunden geführt. ❹

ESSEN

Kaffi Emil, Grundargata 35, ℡ 897 0124. Ein echtes Alleskönner-Café: Bibliothek, Foto- und Sagamuseum, Kino mit alten Bildern und Touristeninformation. Ein einladendes Café mit Tischen und Stühlen und einer gemütlichen Sofaecke. Ganz hinten finden sich noch eine Spielzeugecke und ein Spielzeugverkauf. Das extrem freundliche Personal serviert hauptsächlich Kaffee, Kuchen und Törtchen (auch vegan). Es gibt aber auch herzhafte Kleinig-

keiten wie Quiche und Fischsuppe. ⏲ Mai–Sep tgl. 8–18, Okt–April 10–18 Uhr.
59 Bistro Bar (ehemals Rúben), Grundargata 59, ☎ 438 6446, 🖥 www.59bistro.com. Kleine Karte mit Suppen, Salaten, Burgern, Sandwiches und Snacks. Gutes Preis-Leistungs-Verhältnis (z. B. Pommes für 659 ISK). ⏲ Winter Mo–Do 12–14 und 17–22, Fr abends 1 1/2 Std. länger, Sa 12–21, So 12–20 Uhr, Sommer Mo–Do 11.30–23, Fr–Sa bis 1, So nur bis 21.30 Uhr (auf der Internetseite stehen andere Öffnungszeiten – die stimmen aber nicht).
Láki Harbour Café, Nesvegur 5/Norðurgarður pier, ☎ 546 6808, 🖥 www.lakitours.com. Bekannt für Pizza und Panini; es gibt auch Suppe, Salat, Eis und Kuchen. ⏲ tgl. 10–16 Uhr.

AKTIVITÄTEN UND TOUREN

Schwimmen
Schwimmbad, Borgarbraut 19, ☎ 430 8564. Sehr einfach: zwei Hot Pots, ein Außenschwimmbecken. ⏲ Mo–Fr 7–21, Sa, So 10–17 Uhr.

Touren
Láki Tours, Nesvegur 5, ☎ 546 6808, 🖥 www.lakitours.com. Walbeobachtungstouren und Bootstrips für Angelfreunde. Besonderes Highlight sind die winterlichen Schwertwalsafaris von Nov–März (Dauer 2–3 Std.). Im Sommer sind die Bootsausflüge zu den Papageientauchern v. a. bei Familien beliebt. Und da bei dieser Tour zudem geangelt wird, ist das Abendessen gesichert.
Snafellsnes Excursions, Sólvellir 5, ☎ 616 9090, 🖥 www.sfn.is. Private und organisierte Touren zu Lavahöhlen und ins Eis mit einem Bus oder Jeep. Natürlich geht es auch in den Nationalpark.

Wandern
Rund um Grundarfjörður gibt es viele Wanderwege, die man gefahrlos auch ohne Karte laufen kann. Eine einfache Übersichtskarte hängt in der Touristeninformation.

SONSTIGES

Einkaufen
Samkaup úrval, Grundargata 38, ☎ 438 6700. Supermarkt mit Schnellimbiss. ⏲ Mo–Sa 9–20, So 10–20 Uhr.
Vínbúðin, Grundargata 38 (rechts um die Ecke), ⏲ Mo–Do 16–18, Fr 13–19 Uhr.

Geld und Post
Post und **Geldautomat**, Grundargata (neben dem Supermarkt), ☎ 580 1200, ⏲ Mo–Fr 11–14 Uhr.

Informationen
Touristeninformation im Kaffi Emil, Grundargata 35, ☎ 438 1881. Die beste Touristeninformation weit und breit: Das freundliche Personal kennt jeden und weiß alles. Außerdem gibt es Ordner, in denen alles verzeichnet ist, was das Besucherherz erfreuen könnte. Zahlreiche Aushänge und Prospekte, die auch außerhalb der Öffnungszeiten zur Verfügung stehen. Wanderkartenverkauf. ⏲ im Sommer Mo–Fr 9–17, im Winter Mo–Do 13–17 Uhr.

Medizinische Hilfe
Apotheke, Grundargata 38 (neben dem Supermarkt), ⏲ Mo–Fr 12–18 Uhr.
Gesundheitszentrum, Hrannarstígur 7, ☎ 432 1350, 🖥 www.hve.is. ⏲ Mo–Fr 8–12 und 13–16 Uhr.

Ein Fjord voller Heringe

Im **Kolgrafafjord** an der Straße 54 kam es von Dezember 2012 bis Februar 2013 zu einem Massenandrang: Heringe suchten in dem kleinen Fjord zu Abertausenden Schutz (wahrscheinlich vor Fressfeinden) – und starben. Vermutlich reichte der Sauerstoff durch längere windstille Perioden in jenem Winter für so viele Fische nicht aus. Statt Wasser waren nur noch tote Fischleiber zu sehen. An zwei Tagen verendeten hier insgesamt 52 000 Tonnen Heringe. Drei Wochen später, als es bereits unsäglich stank, kamen zahlreiche Helfer und transportierten die Heringe ab. Heute steht am Parkplatz eine einladende Bank, ein wunderbarer Picknickplatz.

Wer isst denn so was?

Hákarl, zu Deutsch Gammelhai, ist eine echt isländische Spezialität, die ohne jegliche Gewürze als Snack zwischendurch oder in Kombination mit dem scharfen Schnaps **Brennivín** genossen wird (das eine geht nicht ohne das andere: Der Brennivín geht nur runter, wenn die Speiseröhre vorher ordentlich gefettet wurde, und nach dem Hai muss etwas richtig Scharfes her, das den Ammoniakgeschmack aus der Kehle brennt).

Gammelhai wird seit Jahrhunderten in Island hergestellt, heute weniger als früher, aber immer noch ist der Familienbetrieb bei **Bjarnarhöfn** gut im Geschäft. Grönlandhaie werden nicht mehr aktiv gejagt, aber oft gehen sie als Beifang ins Netz. 60 bis 80 Haie pro Jahr landen so auf diesem Hof, wo sie von Kopf und Rückgrat befreit und in handliche Stücke zerteilt werden. Früher wurden sie dann in der Erde vergraben, heute nur noch in Kisten gepackt, um einige Wochen vor sich hinzugammeln. Danach hängen sie für ein paar Monate hinter dem Haus zum Trocknen. Das stinkt zugegebenermaßen erbärmlich. Doch nur durch diese Fermentierung wird das Fleisch genießbar und das im Fleisch vorhandene Ammoniak abgebaut. Da die Tiere keine Nieren haben, können Schadstoffe nämlich nicht ausgeschieden werden und verbleiben im Körper. „Köstlich" ist trotzdem anders: Was hier als Delikatesse oder als Touristen-Ekel-Spektakel verkauft wird, ist nämlich im Grunde nichts anderes als weißes, schmieriges Ammoniakfett.

Im **Bjarnarhöfn Shark Museum**, ✆ 438 1581, 🖥 www.bjarnarhofn.is, gibt es noch mehr zu sehen als Hai-Würfel: Denn das **Gammelhai-Museum** ist – typisch isländisch – ein Sammelsurium aus ausgestopften Tieren, Fischereiwerkzeugen, Überresten von Walen, Eisbären, Fischen, die aus den Haimägen geborgen wurden, und anderem Nippes. Informativer als das Museum ist die Diashow. Einer aus der Familie – manchmal der 80-jährige Hildibrandur Bjarnason, meist aber dessen Sohn oder Maria (die mit den anderen zwar nicht blutsverwandt ist, sich aber seelenverwandt fühlt) – kommentiert die Bilder. Die Geschichte geht so: Früher wurden Grönlandhaie ausschließlich wegen des Öls in ihrer Leber getötet. Den Rest der Tiere vergrub man irgendwo, wo er möglichst wenig Gestank verbreiten konnte. Irgendwann – keiner weiß genau, wann – muss jemand in großer Not vergammelten Hai ausgegraben und gegessen haben. Der Erstesser überlebte und begründete so die isländische Gammelhai-Tradition.

Ein paar Probierhappen sind im Museumseintrittspreis enthalten. Wer es wagt, kann sich anschließend ein T-Shirt mit der Aufschrift „I survived Icelandic Hákarl" kaufen. Geplant ist ein Restaurant. Dort soll es u. a. auch Haifischflossensuppe geben. In Asien müssen für diese Suppe Haie qualvoll sterben (die Flosse wird oft einfach abgeschnitten und das Tier wieder ins Meer geworfen), hier sind die Flossen bisher ein Abfallprodukt. Die Familie sammelt sie schon seit Jahren in einer Tiefkühltruhe – einfach, um sie nicht wegwerfen zu müssen.

Beste Besuchszeit für das Museum ist der Winter, im Sommer sieht das Trockengestell sehr gerupft aus. Es sind nur noch alte, weniger geruchsintensive Fleischstücke aufgehängt. Aktiv fermentierender Hai in der Sommersonne würde einfach unverantwortlich intensiv stinken. ⏲ tgl. 9–18 Uhr, Eintritt 1200 ISK.

Anfahrt: An der Straße 54 steht ein metallener Hai, der den Weg weist. Von hier aus sind es noch etwa 4 km. Der Ort wird oft in einem Tagesausflug von Stykkishólmur aus besucht.

TRANSPORT

Auto

Auf der **Straße 54** geht es Richtung Stykkishólmur. Wer mag (und ein entsprechend hochgelegtes Auto hat), kann auch den Schlenker um die Halbinsel auf der **576** unternehmen. Folgt man der **Straße 56** weiter entlang der Westküste (anstatt nach Stykkishólmur Richtung Norden abzubiegen), geht es viele Kilometer später auf die **60** Richtung Westfjorde bzw. Richtung Süden. Etwa auf halber Strecke

Richtung Stykkishólmur biegt auch die 56 Richtung Süden nach Borgarnes ab.

Busse
BORGARNES, mit Strætó-Linie 82 Richtung Stykkishólmur bis VATNALEIÐ, dort umsteigen in die 58, für 2760 ISK.
HELLISSANDUR, RIF und ÓLAFSVÍK, mit Strætó 82 Mo, Mi, Fr und So 10.43 und 19.47 Uhr, So fährt der erste Bus fast 1 Std. später los, in knapp 40 Min. für 460–920 ISK.
STYKKISHÓLMUR, mit Strætó 82 Mo, Mi und Fr um 7.44 und 16.37 Uhr, So etwas später, in 40 Min. für 920 ISK.

Stykkishólmur

Stykkishólmur ist ein niedliches Städtchen mit vielen alten (und auf alt gemachten), bunt bemalten Holz- und Wellblechhäusern, in denen etwa 1000 Menschen leben. Im Sommer sind es deutlich mehr, denn dann urlauben hier auch viele Isländer. Durch die vorgelagerte Basaltinsel Súgandisey (S. 269) bietet der geschützte Hafen ideale Bedingungen für die Seefahrt. Das wussten schon die deutschen Hansekaufleute zu schätzen und nutzten den natürlichen Hafen ab 1550 für ihre Geschäfte. 1602 fiel die Stadt unter das dänische Handelsmonopol und ist seither die bedeutendste Hafenstadt im Westen.

Stykkishólmur ist die größte Stadt in Snæfellsnes. Zusammen mit anderen kleineren Gemeinden der Region wurde sie mit dem Nachhaltigkeitszertifikat *Earth check* (mehr dazu siehe 🖥 www.earthcheck.org) ausgezeichnet. Es war der ersten Stadt Islands, in der Müll getrennt wurde, und auch im Hafen soll besonders auf umweltschonendes Verhalten geachtet werden. Persönlich konnten wir allerdings keinen Unterschied zu anderen Städten feststellen.

Stykkishólmskirkja

Das Wahrzeichen der Stadt ist die 1990 geweihte Kirche Stykkishólmskirkja, die auf einem Hügel über der Stadt thront. Die Kirche wurde von Jón Haraldsson entworfen. Mit dem Bau wurde bereits 1975 begonnen; die Fertigstellung erlebte der Architekt nicht mehr, er verstarb ein Jahr vor der Einweihung. Von weitem sichtbar ist der moderne Glockenturm. Innen beeindruckt eine riesige Orgel, die aus der berühmten deutschen Orgelbauwerkstatt Johannes Klais aus Bonn stammt und seit 2012 für wunderbare Klänge sorgt. Immer wieder finden Konzerte statt, und auch wer das Glück hat, dabei zu sein, wenn hier tagsüber geübt wird, ist verzaubert. ⏱ tgl. 10–17 Uhr.

Museen

In diesem Ort wird es selbst bei Regen nicht langweilig, denn es gibt drei Museen, die einen Besuch lohnen. Wer alle drei besucht, kann sich einen Museumspass kaufen.

Das Holzhaus **Norska Húsið**, Hafnargata 5, 📞 433 8114, 🖥 www.norskahusid.is, 1832 aus Norwegen importiert (daher der Name), war das erste Haus der Insel mit zwei Stockwerken. Mit viel Liebe zum Detail wurde es restauriert und mit ebenso viel Liebe wird das heute hier untergebrachte Heimatmuseum betrieben. Es gibt wechselnde Ausstellungen zeitgenössischer Künstler, im Obergeschoss eine Dauerausstellung zum Thema *Leben der städtischen Oberschicht im Island des 19. Jhs.* sowie einen einladenden Souvenir- und Süßigkeitenshop. ⏱ im Sommer tgl. 11–18 Uhr, im Winter hängen die Öffnungszeiten an der Tür des Nebeneingangs aus (meist 14–17 Uhr), Eintritt (ab 18 J.) 1000 ISK.

Vatnasafn, Bókhlöðustígur 17, 🖥 www.libraryofwater.is, bedeutet übersetzt Wasserbibliothek, und genau das ist hier zu sehen: ein Langzeitprojekt mit Wasser. 24 Glassäulen hat die amerikanische Objektkünstlerin Roni Horn in einer ehemaligen lichtdurchfluteten Bibliothek aufgestellt. Gefüllt sind sie mit Wasser der großen isländischen Gletscher. In den vergangenen Jahren haben sich bereits Sedimente am Boden abgesetzt. In den folgenden Jahren werden sich die Objekte weiter verändern. Der je nach Sonnenstand wechselnde Lichteinfall macht diese Kunstinstallation lebendig. Eintrittskarten im Vulkanmuseum. Wer einen Museumspass hat, kann u. U. das Museum auch außerhalb der Öffnungszeiten besuchen. ⏱ Sommer tgl. 11–17, Winter Di–Sa 11–17 Uhr, Eintritt (ab 17 J.) 500 ISK.

Die Sammlung des Vulkanologen Professor Haraldur Sigurðsson im **Eldfjallasafn (Volcano**

Die wohl bekannteste Bude am Hafen von Stykkishólmur: immer gut für einen Snack

Museum), Aðalgata 6, ✆ 433 8154, 🖥 www.eldfjallasafn.is, in einem Ort, in dem es weit und breit keinen aktiven Vulkan gibt, besteht vor allem aus Zeichnungen. Das Museum ist also verglichen mit anderen isländischen Vulkanmuseen ziemlich theoretisch. Dafür gibt es hier Detailinformationen, die man woanders nicht bekommt, und da der Professor oft selbst vor Ort ist, auch Erklärungen aus erster Hand. Auch über Vulkane in Mexiko, Südamerika und Italien. ⏲ Sommer tgl. 11–17, Winter Di–Sa 11–17 Uhr, Eintritt (ab 17 J.) 1000 ISK.

Ausflüge in die Umgebung

In Stykkishólmur lohnt ein Spaziergang durch die Gegend, beispielsweise westlich des Hafens zu einer romantischen Bucht, in der idyllisch ein halbverfallenes Haus und ein Neubaugebiet liegen.

Breiðafjord

Stykkishólmur ist ein perfekter Startpunkt für Ausflüge in den mit einer reichen Vogelwelt gesegneten Breiðafjord. Einen ersten Blick auf die Inselwelt des Fjords bietet ein Aussichtspunkt am Leuchtturm auf der dem Hafen vorgelagerten Basaltinsel **Súgandisey**. Vom Hafen führen Treppenstufen hinauf. Die Schärenwelt des Fjords erkunden Bootsausflüge. Einige wählen die Autofähre für die Überfahrt in die Westfjorde (S. 273), andere fahren nur im Rahmen einer Tagestour aufs Meer hinaus. Es geht vorbei an bizarren Felsformationen und Tausenden Vögeln, darunter Seeadler, Kormorane, Eiderenten, Papageientaucher und Dreizehenmöwen. Auch Wale und Seehunde leben hier. Der Grund für die großen Populationen liegt im Nahrungsangebot, das dank der starken Strömungen im Fjord besonders reichhaltig ist. Mehr zu den Tagestouren auf S. 272.

Helgafell

Für Reisende, die an Volksmythen glauben, bietet sich ein Ausflug zum etwa 4 km südlich der Stadt gelegenen Basaltberg Helgafell an. Dem heiligen Berg (mit 73 m Höhe eher ein Hügel) werden seit jeher magische Kräfte nachgesagt. Einst soll hier ein dem Gott Thor geweihter Tempel gestanden haben. Heute findet man die Ruinen eines Klosters, eine hübsche Kirche und das Grab von Guðrún Ósvífursdóttir. Von ihr berichtet die 1250 verfasste *Laxdæla Saga* (die

Stykkishólmur

ÜBERNACHTUNG
1. Harbour Hostel
2. Fransiskus Hótel and a Spiritual
3. Egilsen Hótel
4. Breiðafjöður Hótel
5. Camping Aðalgata

ESSEN
1. Finsens Fish and Chips
2. Sjávarpakkhúsið Restaurant
3. Narfeyrarstofa
4. Stikkið Pizzagerð
5. Meistarinn
6. Nesbrauð Bäckerei

SONSTIGES
1. Stykkishólmur Slowly
2. Bókaverzlun Breiðafjarðar
3. Vínbúðin und Apotheke
4. Bónus
5. Autowerkstatt

TRANSPORT
1. Fährterminal nach Flatey
2. Tickets für Fähre, Office Seatours

Saga von den Bewohnern des Lachswassertals), sie sei die erste Nonne Islands gewesen. Geht man von ihrem Grab aus den Berg hinauf (was rund 10 Min. dauert), hat man drei Wünsche frei. Das sagt zumindest der Volksglaube. Man muss allerdings reinen Herzens sein, darf sich nicht umdrehen und mit niemandem über seine Wünsche sprechen. Noch ist die Besteigung kostenlos, die Landbesitzer planen aber, Eintritt zu erheben, um mit dem Erlös Wege und Umgebung zu schützen.

Wanderung auf den Drápuhlíðarfjall

Die etwa 3 km lange Wanderung beginnt am Parkplatz an der Straße 54 – aus Stykkishólmur kommend findet man den Parkplatz problemlos, aus der Gegenrichtung verfährt man sich leicht. Wer also aus Richtung Grundarfjörður kommt, muss dort, wo die Vorfahrtsstraße 54 im Bogen nach links Richtung Stykkishólmur führt und zur 58 wird, rechts abbiegen, um weiter auf der 54 zu fahren (dann auf Schotter). Der zunächst gut sichtbare Wanderweg führt direkt vom silbernen Tor auf den 527 m hohen vulkanischen Berg Drápuhlíðarfjall, von dem aus man sowohl den Brciðafjord als auch die Gegend rund um Bjarnarhöfn hervorragend überblicken kann. Es geht entlang eines Baches ca. 500 m bis zu einer Fahrspur, der man nach links einige Meter folgt, dann weglos über loses Geröll hinauf auf den Berg. Der Vulkan hat außer einer tollen Aussicht noch mehr zu bieten: Hier findet man besonders viel Rhyolith, aber auch Basalt und versteinerte Reste von Bäumen, die dereinst von der glühend heißen Lava eingeschlossen wurden, verbrannten und nun als Fossilien erhalten sind. Interessanterweise wurden auch Walknochen gefunden, die dafür sprechen, dass das Land hier einmal viel tiefer lag – oder der Meeresspiegel höher.

ÜBERNACHTUNG

Breiðarfjöður Hótel, Aðalgata 8, ℡ 433 2200. Funktional in hellem Holz eingerichtete Zimmer. Beliebt und in der Saison oft ausgebucht. Wer Bargeld braucht, findet hier auch einen Geldautomaten. Inkl. Frühstück. ❹

Egilsen Hótel, Aðalgata 2, ℡ 554 7700, 🖥 www.egilsen.is. In diesem über 150 Jahre alten, rot getünchten Haus gibt es seit einigen Jahren 10 einladende Zimmer mit Bad. Sanfte Farben tragen zum Wohlfühl-Ambiente bei. ❻

Harbour Hostel, Hafnargata 4, ℡ 517 5353, 🖥 https://harbourhostel.is. Das Hostel in bester Lage direkt am Hafen ist eine ehemalige Werkstatt und im dazu passenden Shabby-Chic eingerichtet. Die Duschen sehen aus, als falle gleich der Putz von den Wänden, doch sie sind neu und voll funktionsfähig. Gleiches gilt für die Küche und die Gemeinschaftsräume. Die Doppelzimmer sind liebevoll eingerichtet, die Mehrbettzimmer zweckmäßig mit Etagenbetten. Insgesamt 30 Schlafplätze, Bettwäsche ist im Preis inbegriffen. Bett im 12er-Schlafsaal knapp über 40 €. DZ mit Gemeinschaftsbad ❸

Stykkishólmur Camping, ℡ 438 1075, 🖥 www.tjalda.is/en/Stykkishólmur. Die große, durch einige wenige Sträucher geschützte Wiese liegt in der Stadt, zwischen Tankstelle und Schwimmbad, und gehört zum Golfclub. Hierher kommen viele Isländer am Wochenende. Es gibt zwei nach oben offene Duschen (bei Regen weniger spaßig), ohne Ablagen und nur mit zwei Haken ausgestattet. Einige saubere Toiletten und eine überdachte Spüle. Im Clubhaus des Golfclubs steht ein Toaster, kochen darf man hier aber nicht. Auch Kleidung trocknen ist nicht erlaubt. 1400 ISK, Kinder unter 16 J. kostenlos, Strom 900 ISK.

ESSEN

Finsens Fish and Chips, am Hafen, ℡ 821 4265, 🖥 auf Facebook. Die gelbtürkisfarbene Snackbude ist nicht nur ein willkommener Farbtupfer, sie bereitet auch leckere günstige Küche zu – zum Mitnehmen (bzw. an einem Tisch mit Bank zu verzehren). ⏱ tgl. 12–20 Uhr.

Meistarinn, Aðalgata, ℡ 848 0153, 🖥 auf Facebook. Bock auf Bockwurst? Auch in Stykkishólmur gibt es natürlich Hotdogs. ⏱ tgl. 12–15 und 18–20 Uhr.

Narfeyrarstofa, Aðalgata 3, ℡ 533 1119, 🖥 www.narfeyrarstofa.is. In dem niedlichen Haus kurz vor dem Hafen rechts servieren freundliche Servicekräfte feine Hauptgerichte mit Lachs und Lamm. Es gibt aber auch Burger und gute Fish 'n' Chips und natürlich das, was in keinem isländischen Restaurant fehlen darf: leckeren, kalorienreichen Kuchen. Bemerkenswert ist die liebevolle Deko in einer Mischung aus Alt und Neu. ⏱ Mo–Do 11.30–14 und 18–21, Fr bis 23, Sa 12–23, So 12–21 Uhr.

Nesbrauð, Nesvegur 1. In der Bäckerei mit Café gibt es nicht nur den besten und günstigsten Kaffee weit und breit und dazu ausgefallene Brotsorten (toll ist z. B. das Brot mit Sauerkirschen), sondern auch die Möglichkeit, die gerade gekauften Brote und Teilchen gemütlich sitzend zu verzehren. ⏱ Mo–Fr 7.30–20.30, Sa, So 8–20.30 Uhr.

Wohnen mit christlichem Beistand

Eine Kirche, ein Krankenhaus, ein Hotel – ursprünglich wohnten hier die Franziskanerschwestern und sorgten für die Menschen im Krankenhaus nebenan. Dann wurde das Krankenhaus verstaatlicht, seitdem kümmern sich die freundlichen Schwestern nur noch um die Seelsorge der Patienten. Sie nennen sich *The Servants of the Lord and the Virgin of Matará* und heißen lustigerweise alle Maria: Wer Franziskanerschwester wird, darf sich einen neuen Namen geben, und hier haben sich alle Maria ausgesucht. Das Kloster haben die Marias zum Hotel umgerüstet – von den Einnahmen können sie leben: **Fransiskus Hótel and a Spiritual**, Austurgata 7, ℡ 422 1101, 🖥 www.fransiskus.is.

Die **Chapel of our Lady of perpetual Help**, direkt hinter der Lobby, steht nach wie vor jedem offen (Messen Sa 18.30 und So 10 Uhr). ❺–❻

Sjávarpakkhúsið Restaurant, Hafnargata 2, ☎ 438 1800, 🖥 www.sjavarpakkhusid.is. Beliebtes Haus mit viel Seafood. Vegetarier werden von den leckeren Salaten und dem angebratenen Gemüse satt. ⏰ tgl. 12–22 Uhr.
Stykkið Pizzagerð, neben dem Bónus-Supermarkt, ☎ 438 1717, 🖥 auf Facebook. Pizza auf die Hand. ⏰ tgl. 17–20.30 Uhr.

AKTIVITÄTEN UND TOUREN

Bootstouren
Iceland Ocean Tours, ☎ 8200 350, 🖥 www.icelandoceantours.is. 2-stündige Bootsfahrt ab Stykkishólmur im Juli und Aug tgl. um 11.30, 14 und 18 Uhr, im Mai, Juni und Sep startet die Abendfahrt früher. 11 250 ISK, Kinder unter 12 J. zahlen die Hälfte.

Seatours, Smiðjustígur 3, direkt am Hafen, ☎ 433 2254, 🖥 www.seatours.de. Tagestouren in die Schärenwelt. Lohnend sind die „Viking Sushi"-Touren: Unterwegs wird geangelt und das frische Seafood direkt an Ort und Stelle zu leckerem Sushi verarbeitet. Frischer geht's nicht! Die Gesellschaft betreibt zudem die Fähre nach Brjánslækur (s. Transport), eine weitere gute Option, den Breiðafjord zu sehen.

Kajak
Arctic Adventures, Office in Reykjavík, ☎ 562 7000, 🖥 www.adventures.is. Macht auch eine 2-Tage-Tour mit Übernachtung im Zelt möglich (79 900 ISK). Letzteres ist eher etwas für erfahrene Kajakfahrer.
Seakayak Iceland, ☎ 690 3877, 🖥 www.seakayakiceland.com. Inselhopping im wunderschönen Breiðafjord – ein Abenteuer auch für Anfänger. Buchungen online.

Kulinarische Ausflüge
Stykkishólmur Slowly, Hafnargata 4 (im Harbour Hostel), ☎ 766 0996, 🖥 www. stykkisholmurslowly.com. Wie lernt man Einheimische am besten kennen? Indem man sie trifft und trinkt mit ihnen. Genau das ist das Konzept dieses Anbieters. Mit Picknickkorb bepackt geht es in die Natur, kulinarische Köstlichkeiten der Region immer dabei.

Schwimmen
Sundlaugin Stykkishólmur, Borgarbraut 4, ☎ 422 8150. Ziemlich großes Schwimmbad mit Hot Pots und Rutsche. Das Wasser ist ungechlort und kommt direkt aus der Quelle. Es ist sehr mineralhaltig, daher wird ihm eine besondere regenerative Kraft zugesprochen. ⏰ Juni–Aug Mo–Do 7–22, Fr 7–19, Sa, So 10–18, Sep–Mai Mo–Fr 7–22, Sa, So 10–17 Uhr.

SONSTIGES

Autoreparaturen
Autowerkstatt (beim TÜV), Nesvegur 5, ☎ 570 9239.

Einkaufen
Tankstellen und die Bäckerei, der Bónus, die Apotheke und der Alkoholladen – der auch Fahrräder und ein kleines Baumarktsortiment bietet – befinden sich direkt am Ortseingang. Alle, die neben Büchern auch Wolle, Geschenkartikel, Speicherkarten und Handykabel suchen, finden eine kleine Auswahl im **Bókaverzlun Breiðafjarðar**, Hafnargata 1, ☎ 438 1121, ⏰ Mo–Do 12–18, Sa 13–16 Uhr.
Bónus, Aðalgata, ⏰ Mo–Do 11–18.30, Fr 10–19.30, Sa 10–18, So 12–18 Uhr.
Vínbúðin, Aðalgata 24, ⏰ Sep–April Mo–Fr 14–18, Mai–Aug Mo–Do 14–18, Fr 13–19, Sa 11–14 Uhr.

Feste
Danskir dagar (Dänische Tage), Aug: Stykkishólmur war unter der Herrschaft der Dänen eine bedeutende Handelsstadt und dieser wirtschaftlichen Bedeutung gedenken die Menschen bis heute. Am Sonntag dieser Festtage wird nur Dänisch gesprochen (die meistgelehrte Fremdsprache nach Englisch).

Geld und Post
Abgesehen von einer Bank gibt es eine **Post**, Aðalgata 31, mit Western Union, ☎ 580 1200, ⏰ Mo–Fr 9–16.30 Uhr.

Informationen
Eine Touristeninformation gibt es nicht mehr. Es heißt, die Informationen im **Internet**,

www.west.is, reichten aus, und WLAN ist gratis (s. u.).

Internet
Im ganzen Ort ist das städtische WLAN kostenlos, und es ist auch nicht notwendig, sich namentlich anzumelden. Die Datenrate ist allerdings recht gering.

Medizinische Hilfe
Apotheke Lyfja, Aðalgata 24, ⊙ Mo–Fr 12–18 Uhr.
Krankenhaus, St. Fransiskusspítali Stykkishólmi, Austurgata 7, ☏ 432 1200, 🖳 www.hve.is. Die Telefonzentrale ist an Werktagen von 8–16 Uhr erreichbar.

TRANSPORT

Auto
Die Straße 54 geht in die Str. 58 über und führt direkt in die Stadt. Die schnellste Verbindung nach Rekjavík geht über den Pass Vatnaleið (Straße 56).

Busse
BORGARNES, mit Strætó-Linie 58 im Sommer Mo–Fr 7.47 und 16.40, Sa, So 8.20, 16.40 Uhr, in 1 1/2 Std. für 2760 ISK. Im Winter zu denselben Zeiten nur Mo, Mi und So. In Borgarnes besteht Anschluss an die Linie 57 nach REYKJAVÍK.
HELLISSANDUR, mit Strætó-Linie 82 Mo, Mi, Fr und So um 10.06 und 19.10 Uhr über GRUNDARFJÖRÐUR (920 ISK), ÓLAFSVÍK (1380 ISK) und RIF (1840 ISK) in 1 1/4 Std. für 2300 ISK. So fährt der erste Bus erst um 11.19 Uhr.

Fähren
Die *Baldur* von **Seatours**, Smiðjustígur 3, ☏ 433 2254, 🖳 www.seatours.is, fährt über die kleine Insel Flatey in die Westfjorde. Am *Sjómannadagurinn (Seemannstag)* kein Fährverkehr. Jugendliche 15–20 J. zahlen immer den halben Fahrpreis.
BRJÁNSLÆKUR, Juni–Aug tgl. 9 und 15.45 Uhr in 2 1/2 Std. für 5760 ISK. Sep–Mai tgl. außer Sa um 15 Uhr für 4460 ISK, Autos je nach Größe ab 5760 ISK. Die komplette Preisliste unter 🖳 www.seatours.is/ferry-baldur/prices.

Der Transport von Fahrzeugen muss vorgebucht werden.
FLATEY, 1 1/2 Std., je Fahrt im Winter 3060, im Sommer 3920 ISK. Vorsicht: bisher ab 4. Sep keine Hotelzimmer, nur Camping. Wer mag, kann den Trip zur Insel von Stykkishólmur aus auch als Tagesausflug machen.

Flatey

Flatey, die „flache Insel", ist eine Oase der Ruhe. Mit einer höchsten Erhebung von gerade mal 20 m und einer Größe von 2,8 km² ist sie nicht nur flach, sondern auch wirklich klein. Hier gibt es nichts außer Natur, einer Handvoll Häuschen und einem natürlichen Hafen. Keine Autos, keine Busladungen anderer Touristen, kein WLAN, keine Sehenswürdigkeiten. Einst war Flatey ein wichtiger Hafen, doch das ist lange her. Im Sommer hält hier die Fähre, dann ist auch das Hotel bewohnt und es kommen einige Sommergäste. Fest leben nur zwei Familien vor Ort.

Hier, mitten im Breiðafjord, sind die Gezeiten, die für den großen Artenreichtum verantwortlich sind, besonders deutlich sichtbar. Der Wasserspiegel schwankt so stark, dass bei Ebbe viele Boote in der sandigen Hafenbucht auf dem Trockenen liegen. Bei Flut hingegen steigt der Pegel wieder um bis zu 6 m an und die Boote schaukeln in der Strömung.

Ein **Wanderweg** führt an der Küste entlang – hier sieht man im Sommer jede Nacht viele Touristen, die, mit Fotostativ bepackt, auf der Suche nach einem guten Platz für ein ganz besonderes Mitternachtsfoto sind. Hier geht die Sonne

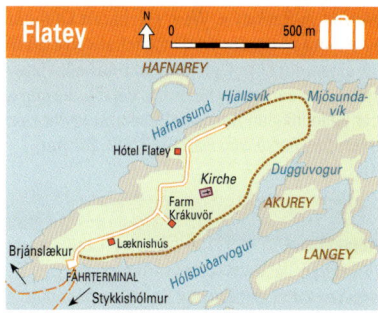

Auf der Baldur von Stykkishólmur über Flatey in die Westfjorde

Die Fähre namens *Baldur* fährt von Stykkishólmur mit einem Zwischenstopp auf der Insel Flatey nach Brjánslækur in den Westfjorden. Das spart nicht nur den weiten Weg rund um den Breiðarfjord, sondern ist zum einen eine bequeme Möglichkeit, den Fjord mitsamt der beeindruckenden Vogelwelt zu sehen, und zum anderen die perfekte Einstimmung auf die einsamen Westfjorde. Auf den unzähligen kleinen Inseln, von denen Flatey die einzige bewohnte ist, tummeln sich Küstenseeschwalben, Dreizehenmöwen, Eissturmvögel, Teisten, Krähenscharben, Basstölpel, Kormorane und Papageientaucher, und manchmal sieht man von der Fähre aus sogar kleinere Wale. Auch bis zu 5 kg schwere Seeadler leben hier – allerdings verabscheuen sie die lärmende Fähre und umfliegen sie meist weiträumig (mehr Optionen, den Breiðarfjord zu besuchen, s. S. 269).
Achtung: Flatey ist autofrei. Wer mit dem Auto unterwegs ist, übergibt die Autoschlüssel vor dem Übernachtungsstopp vertrauensvoll in die Hände des Bordpersonals. Diese bringen die Autos dann auf die Parkplätze in Stykkishólmur oder Brjánslækur.

vor der Küste der Westfjorde unter, um kurz darauf im Nordosten wieder zu erscheinen und den neuen Tag einzuleuchten. Dieses Bild gilt für viele Berufs- und Hobbyfotografen als eines der „Must-Makes". Eine Rundwanderung ist im Hochsommer, wenn die Vögel brüten, nicht möglich, denn dann sind große Teile des Wanderwegs gesperrt. Die Brutzeit variiert, meist ist aber von Mitte Mai bis Mitte Juli das nordöstliche Gebiet unter Naturschutz und gesperrt. Den Eiderenten sei die Ruhe gegönnt. Wanderer sind in diesem Monat hier schnell gelangweilt, für sie lohnt ein Stopp nur außerhalb der Brutsaison.

Über Flatey ist viel Wissen erhalten, denn das Manuskript *Flateyjarbók*, die umfangreichste isländische Handschriftensammlung aus dem Mittelalter überhaupt, wurde hier lange aufbewahrt. Die Annalen der Insel und die darin enthaltene Saga-Sammlung waren lange Zeit im Besitz des dänischen Königs. Erst 1971 kam die Handschrift nach Island zurück. Sie steht heute in der Universität in Reykjavík. Wem solcherart Literatur zu altbacken ist, der wird möglicherweise Spaß an einem Krimi finden, der nicht nur auf Flatey spielt, sondern sich auch mit der Suche nach der bedeutenden Handschrift befasst (mehr zum Buch *Das Rätsel von Flatey* s. S. 601, Bücher).

ÜBERNACHTUNG UND ESSEN

Hótel Flatey, ☎ 555 7788, 🖥 www.hotelflatey.is. Hübsches, liebevoll restauriertes Holzhaus mit winzigen Zimmern und Gemeinschaftsbad. Sind oben alle Duschen belegt, begeben sich Kenner des Hauses in den Keller – dort gibt es weitere Duschen. Das freundliche Personal wartet an der Fähre und bringt das Gepäck zum Hotel. Ohne Gepäck sind die 10 Min. Fußmarsch für keinen Gast ein Problem. Das Hotel gilt als eines der zehn besten Häuser Islands. Auch das Restaurant hat einen ausgezeichneten Ruf. Die Portionen sind klein, aber fein. Die Vorspeisen-Fischplatte des 4-gängigen Abendmenüs etwa besteht aus einer Achtelscheibe Toastbrot mit einem Fischfilet, einem Achtelstück Ei mit Kaviar und einem Teelöffel rosafarbenen Rogens. Doch da die meisten nur eine Nacht bleiben und Frühstück im Zimmerpreis enthalten ist, reißt dieses Luxushäppchen nur ein kleines Loch in die Reisekasse. 4-Gänge-Abendmenü (ohne Getränke) 9700 ISK. ⏱ 30. Mai–4. Sep. ❺
Zwei Höfe bieten ebenfalls Unterkunft.
Die **Farm Krákuvör**, ☎ 438 1451, hat sowohl Zimmer als auch eine Campingwiese, und auch im **Læknishús**, ☎ 438 1476, gibt es Zimmer.

TRANSPORT

Nach Flatey gelangt man mit der **Baldur**, 🖥 www.seatours.is. Am *Seaman's Holiday* kein Fährverkehr. Jugendliche (15–20 J.) zahlen die Hälfte.
BRJÁNSLÆKUR, Juni–Aug tgl. 10.30 und 17.50 Uhr in 1 Std. für 1270 ISK. Im Winter nur 1x tgl. und nicht am Sa.

STYKKISHÓLMUR, um 13.15 und 20 Uhr in 1 1/2 Std. für 3920 ISK. Im Winter fährt eine Fähre um 19.30 Uhr für 3060 ISK. Tagesausflüge aus Stykkishólmur sind im Winter eine gute Option (Hinfahrt um 15 Uhr, zurück um 19.30 Uhr). Zu beachten ist, dass die Fähre im Winter nicht immer, sondern nur bei Bedarf, in Flatey hält. Man sollte das auf jeden Fall vorher abklären, sonst dauert der Aufenthalt u. U. länger als geplant.

Dalir

Die Region Dalir umfasst die Südküste des Breiðafjords und endet bei den Westfjorden. Zahlreiche Vögel und Seehunde bestimmen die Fauna. Hierher kommen nur ganz wenige Touristen – gerade dieser Umstand begeistert alle, die den Weg hierher gefunden haben.

Von Snæfellsness nach Dalir

Entlang der nicht asphaltierten Straße 54 gibt es zunächst eine beschauliche Mischung aus Nichts und Garnichts – außer ab und zu etwas Heidekraut, einigen Wasserfällen, die oft bis ins tiefe Frühjahr hinein eingefroren sind, und natürlich der wundervollen Aussicht auf den **Breiðafjord** mit seinen vielen kleinen Inseln. Dann und wann taucht eine Kirche auf, von der man sich fragt, wer überhaupt hingeht. Wenn das Land flacher wird, zweigt eine kleine Straße (der Wegweiser zeigt nach Seljaland) in ein fruchtbares, idyllisches Tal ab. Hier grasen Pferde auf saftigen Wiesen vor einem gewaltigen Bergpanorama. Schließlich endet die Straße 54 an einer T-Kreuzung: Rechts führt die Straße 60 Richtung Süden nach Bifröst (S. 233), links geht es Richtung Westfjorde nach **Búðardalur**.

Eiríksstaðir

Wie die Isländer wohl vor 1000 Jahren lebten? Bei einem Abstecher nach Eiríksstaðir (auch Eríksstaðir) gerät der Gast in die Vergangenheit. Hier auf dem Hof laufen die Menschen herum wie in jenen Zeiten; sie benutzen das Handwerkszeug von damals, und auch die Häuser sind so korrekt wie möglich nachgebaut. Im **Living Museum Eiríksstaðir**, Haukadalur, ✆ 661 0434 und 434 1118, 🖥 www.eiriksstadir.is, wird sie greifbar, die Zeit des Leif Eriksson, der um 970 das Licht der Welt erblickte. Er, der den Beinamen „der Glückliche" trug, war es, der um 1000 n. Chr. herum Neufundland (also Amerika) entdeckte – lange bevor Kolumbus einen Fuß auf dieses Land setzte. Die Nachbildung eines Wikingerschiffs aus jener Zeit kann im Museum Vikingaheimar in Njarðvík (S. 168) bestaunt werden. Schon Leifurs Vater, der norwegisch-isländische Seefahrer Erik der Rote, war ein großer Entdecker. Er war es, der 982 mit seiner Mannschaft Grönland besiedelte.

Das Museumsdorf liegt knapp 8 km von der Straße 60 entfernt, ⏱ Juni–Aug tgl. 9–18 Uhr, Eintritt 1250 ISK p. P.

Búðardalur

Dieser kleine Ort, direkt an der Straße 60, wird oft als Versorgungszentrum der Region bezeichnet – er ist tatsächlich nicht viel mehr als das. Es gibt ein nettes Café mit einer kostenlosen Ausstellung über Leifur Eiríksson (s. Eiríksstaðir und S. 276), eine Pizzeria, ein paar Gästehäuser und einen Einkaufsladen. Am Strand liegt jede Menge Strandgut, u. a. Fischernetze, Bojen und andere Gebrauchsgegenstände, die hier eigentlich nichts zu suchen haben. Wer Platz im Auto hat und solche Fundstücke schätzt, kann hier wunderbar auf die Suche nach einem etwas anderen Mitbringsel gehen.

ÜBERNACHTUNG

Búðardalur Camping, Vesturbraut, ✆ 767 2100, 🖥 www.tjalda.is/en/budardalur. Der Platz auf der etwas trostlosen, aber windgeschützten Campingwiese liegt zwischen Hauptstraße und Schule in Sichtweite von Vínbúð und Supermarkt und hat ganzjährig geöffnet. 1200 ISK, Kinder unter 18 J. frei, Strom 1000 ISK (ab 2. Tag nur 500 ISK), Waschmaschine und Trockner je 500 ISK, warme Dusche für Gäste kostenlos.

Castle Guesthouse, Brekkuhvammur 1, ✆ 865 3382, ✉ thecastle370@gmail.com, 🖥 auf Facebook. Das kleine Haus bietet eine

Wohnen auf dem Bauernhof

Wer die Straße 60 Richtung Bifröst nimmt, die später zur nicht zu unterschätzenden Passstraße Brattabrekka („steiler Abhang") wird, kommt an zahlreichen Farmen vorbei. Einige bieten Zimmer – authentischer wohnen geht kaum.

Ein Traum auf dem Land ist das **Sauðafell Guesthouse** (Sauðafell í Dölum), Dalasýsla, an der Straße 60, ☏ 846 6012, 🖥 auf Facebook. Finnbogi und seine Frau haben aus dem 120 Jahre alten Haus ein echtes Schmuckstück gemacht; mit voll eingerichteter Küche, herrlicher Aussicht und Wandermöglichkeiten. Man sollte allerdings kein Problem mit Tieren haben, denn das Gästehaus befindet sich auf einer Schaffarm. Inkl. Frühstück ❸.

Einen Stopp wert für **Eis- und Pralinenfans** ist die **Farm Erpsstaðir**, ☏ 868 0357, 🖥 www.erpsstadir.is. Der Gast darf nicht nur hinter die Kulissen schauen und den Kühen, Schafen und Hasen guten Tag sagen. Bekannt ist die hier lebende 7-köpfige Familie v. a. für ihre selbst gemachten Produkte: Die Milch vom Hof wird frisch zu leckerem Käse, himmlischen Skyr-Pralinen und – der Renner! – Eiscreme verarbeitet. Wer mag, kann hier auch wohnen. Schöne rustikale Doppelzimmer gibt es in einem kleinen Farmhaus. ⏲ Juni–Sep 13–17 Uhr. ❸

Eine gute Wahl ist auch **Seljaland í Höröudal**, ☏ 434 1116 und 894 2194, 🖥 auf Facebook. Sowohl der weit abgelegene Bauernhof als auch die Einrichtung der 6 Zimmer im Haupt- und Nebenhaus sind richtig gemütlich und angenehm altmodisch – mit Blümchen-Tagesdecken auf den Betten und Plastikblumen in den Vasen. Frühstück und Abendessen auf Anfrage. Nur Barzahlung. 3 Cottages mit Schlafsackunterkünften für 3 Personen ab 70 €, (Bettwäsche 1500 ISK p. P.). ❷

Handvoll Zimmer mit Gemeinschaftsbad, einige mit Meerblick, einen Raum für 4 Pers. und ein kleines Einzelzimmer. Im Vorplatz stehen 3 Blockhäuser mit Doppelbett, einer kleinen Küchenzeile (Kühlschrank, Mikrowelle) und eigenem Bad. Frühstück auf Anfrage. ❸–❹

Dalakot Guesthouse, Dalbraut 2. Einladendes Haus mit meist geräumigen Zimmern und durchweg ansprechender Einrichtung, z. T. mit Bad. Freundliche Leute und gute Lage, denn viele Zimmer bieten Meerblick. Morgens gibt es ein im Zimmerpreis enthaltenes Frühstücksbuffet. Vor allem für Familien mit kleinen Kindern eine gute Wahl, denn nahebei befindet sich der Spielplatz des Kindergartens, der nachmittags allen Kleinen offensteht. ❸–❹

ESSEN

Dalakot Pizzeria, im gleichnamigen Guesthouse, s. o. Pizza satt! Wenn die Sonne scheint, bietet es sich an, sie draußen vor dem Haus zu verspeisen. Auch im Restaurant gibt es einige Tische mit Meerblick. ⏲ tgl. 12–21 Uhr.

Museumscafé und Restaurant Leifsbúð, Búðarbraut 1, Búðardalur, ☏ 823 0100, 🖥 www.leifsbud.is. Das Museumscafé ist der Hit. Ein reizendes Paar serviert traditionelle (Lamm) und ausgefallene Speisen sowie großartigen Kuchen. Es gibt außerdem eine Touristeninformation und eine kostenlose Ausstellung zum Leben von Leifur Eiríksson. ⏲ tgl. außer Di, 13. April–30. Sep Mi–Mo 12–22, im Winter 17–21 Uhr.

Tankstellen-Grill, nahe der Bushaltestelle. Der Schnellimbiss direkt am Eingang des Supermarkts ist beliebt und relativ preisgünstig. Hier gibt es Burger und Pommes, Eis und Kaffee – für Durchreisende und Gäste vom Campingplatz, die keine Lust haben, zu kochen. ⏲ tgl. 11.30–20 Uhr.

Veiðistaðurinn – The Fishing Spot, Vesturbraut 12a, ☏ 434 1110, 🖥 auf Facebook. Fish 'n' Chips-Restaurant mit frischem Fisch vom Tagesfang. Kinder-Sandwich ab 990 ISK. Das Restaurant befindet sich in einer Halle, richtig gemütlich ist es nicht. ⏲ tgl. 12–22 Uhr, im Winter oft erst ab 18 Uhr.

Das kleine **Café Blómalindin** nahe der Tankstelle hatte zum Zeitpunkt der Recherche nur Kaffee zu bieten, denn es wurde renoviert. Im „Blumencafé" gab es auch keine Blumen. Doch das wird sich ändern. Eine Speisekarte ist ebenfalls in Planung. Die Inneneinrichtung

wurde selbst gebaut und ist sehr einladend. Hier lassen sich Stunden verbringen, obwohl drum herum alles eher ungemütlich ist. ⏱ noch unklar – wird sich nach den Bedürfnissen der Gäste richten. Also sprecht mit der freundlichen Besitzerin und lasst sie wissen, was gefällt.

AKTIVITÄTEN

Dalahestar Horse Rental, kurz vor Búðardalur, ☎ 767 1400, 🖥 www.dalahestar.is. Eine Stunde auf der Weide mit dem Pferd Kontakt aufnehmen ist hier ebenso möglich wie ein ein- oder zweistündiger Ausritt. Erwachsene ab 5000 ISK, Kinder ab 3000 ISK. Alle Gästehäuser helfen bei der Vermittlung. ⏱ 10. Juni– 20. Aug.

SONSTIGES

Autoreparaturen
KM Þjónustan – Tow Car Garage and Store, Vesturbraut 20, ☎ 434 1611, wer nach den regulären Öffnungszeiten anruft, wählt ☎ 898 8883 (mit Service-Charge). ⏱ Mo–Fr 8–12 und 13–17 Uhr.

Einkaufen
Samkaup Strax, direkt neben der Tankstelle. Großes Sortiment, u. a. gibt es Gummistiefel und warme Kleidung. Und wer gerne strickt, findet eine große Auswahl an Wolle. ⏱ Mo–Fr 9–10, Sa, So 10–20 Uhr.

Geld und Post
Post und **Arionbanki**, Miðbraut 13, ⏱ Mo–Fr 10–14 Uhr.

Medizinische Hilfe
Heilbrigðisstofnun Vesturlands Búðardal, Gunnarsbraut 2, ☎ 432 1450, 🖥 www.hve.is/islenska/budardalur. Krankenhaus/Gesundheitszentrum. ⏱ Mo–Fr 9–12 und 13–16 Uhr. In dem gleichen Gebäude befindet sich die **Apotheke** (Lyfja), ⏱ Mo–Fr 10–17 Uhr.

TRANSPORT

Auto
Das Dorf liegt direkt an der Straße 60 (bitte Tempolimit von 50 km/h einhalten!). Die Straße ist gut. Die Tankstelle vor Ort hat nicht immer Benzin vorrätig.

Busse
BORGARNES, mit Strætó-Bus 59 über BIFRÖST Mo und Mi um 19.12, Fr 20.17, So 16.55 Uhr, in 1 Std. für 2300 ISK. In Borgarnes Anschluss an die Linie 57 nach REYKJAVÍK.
HÓLMAVÍK, mit Strætó-Bus 59, Mo und Mi um 19.09, Fr 18.07, So 13.17 Uhr in 1 Std. für 3220 ISK.
Im Winter fährt die 59 nur Fr und So – Zeiten checken. Die Haltestelle ist an der Tankstelle.

Laugar in Saelingsdal

Laugar bedeutet übersetzt „heiße Quellen". Der kostenlose öffentliche steinerne Hot Pot mit der kleinen niedlichen Umkleidehütte am Hang ist für viele ein Grund zum Bleiben. Laugar besteht ansonsten aus einem Hotel, einem dazugehörigen Campingplatz, einem Schwimmbad und einem schönen Spielplatz. Es gibt vier Wanderwege unterschiedlicher Schwierigkeitsgrade und ansonsten Ruhe und noch mehr Ruhe. Kinder sind begeistert von dem kleinen Abenteuerspielplatz **Lillulundur**. Klettergerüste aus Holz laden hier zum Balancieren ein.

ÜBERNACHTUNG UND ESSEN

Gegessen wird im Hotel oder Selbstgekochtes. Es gibt keine Einkaufsmöglichkeit, also immer genug Essen mitbringen!

€ **Camping Laugar** (Campingkarte), gehört zum Hotel. Sehr schön gelegener Campingplatz mit kleinen Ecken hinter Hecken an einem niedlichen Flusslauf. Einfache saubere Sanitäranlagen (4 WC und 1 Dusche). Spüle, leider kein Aufenthaltsbereich oder Küche, dennoch eine gute Wahl. 1200 p. P., Strom 1000 ISK. Anmeldung in der Hotellobby zwischen 8–23 Uhr.

Hótel Edda, ✆ 444 3810, 🖥 www.hoteledda.is/is/hotels/hotel-edda-ml-laugarvatn. Großes Hotel in einer Schule direkt neben dem Schwimmbad. Ansprechende Lage. Das Hotel bietet ein öffentliches WLAN-Netz, in das sich auch Gäste des Campingplatzes einloggen können. Der Speisesaal ist die Schulmensa. 🕒 6. Juni–18. Aug. ❷–❸

SONSTIGES

€ Das **Schwimmbad**, ✆ 434 1465, bietet eine 25-m-Bahn und ist für die Größe und Ausstattung sehr günstig. Auch hier gibt es einen kleinen Hot Pot – warm, aber ohne Flair. 🕒 im Sommer i. d. R. 10–22 Uhr, im Winter seltener (die aktuellen Zeiten hängen aus), Erwachsene 550 ISK, Kinder 250 ISK.

TRANSPORT

Auto
Ein kurzer ausgebauter Weg geht links von der Straße 60 ab. Das Hotel/die Schule mit dem großen Schwimmbad ist nicht zu übersehen.

Busse
Mit Strætó-Bus 59 nach HÓLMAVÍK (S. 321) bzw. BORGARNES (S. 227). Kurz hinter bzw. vor Búðardalur stoppt der Fahrer i. d. R. auf Anfrage. Wer ab Laugar zusteigen will, sollte bei Strætó anrufen (lassen), damit der Busfahrer Bescheid weiß.

Die Halbinsel Klofningsnes

Die Halbinsel ist landwirtschaftlich geprägt. Es ist still und ruhig, von den Hängen plätschern kleine Wasserfälle, die Küste ist ein Vogelparadies. Rastplätze mit Blick auf die vorgelagerten Schären und auf die vielen kleinen, grün bewachsenen Inseln, die zum Greifen nah vor der Küste liegen, laden zum Verweilen ein. Doch richtige Sehenswürdigkeiten, die man als Islandreisender unbedingt gesehen haben muss, gibt es auf Klofningsnes nicht.

Wer von Süd nach Nord fährt, passiert an der 590 zuerst die **Hólar-Farm** mit Streichelzoo,

✆ 897 1674, 🖥 auf Facebook. Wer mit kleinen Kindern reist, sollte nicht lange überlegen und hier stoppen. Zu den vielen Tieren gehören die liebenswerten Islandpferde, riesige Enten und noch imposantere Puten, dicke Schweine und Kühe. Alle zum Anfassen – wenn die Tiere einen lassen. ⏱ Juni–Aug tgl. außer Di 10–16 Uhr, Eintritt 1500 ISK, Kinder ab 2 J. bis zur Volljährigkeit 1000 ISK.

Nach der Farm steht links auf einem Hügel, dem niedrigen **Krosshólaborg**, ein auffälliges Kreuz. Die Geschichte dazu steht auf einer Infotafel, doch kaum jemand wird sie beim ersten Lesen verstehen. Wichtig ist: Auður, eine kämpferische Witwe, von der die *Laxdaela Saga* berichtet, soll hier immer hinaufgestiegen sein, um mit Blick auf den schönen Breiðafjord zu beten. Sie hatte das ganze fruchtbare Land von Dalir in Besitz genommen und später unter ihren Anhängern aufgeteilt. Ketill wohnte in Ketilsstaðir, Hörður in Hörðudalur, Hundi in Hundadalur usw. So kamen die Höfe hier zu den Namen, die sie noch heute tragen.

Ganz im Westen der Halbinsel steht ein Wegweiser zur Kirche **Dagverðarneskirkja**. Die gut 4 km lange, schweißtreibende Fahrt auf der sehr schlechten Straße kann sich für Vogel- und Seehundbeobachter, Fotografen und Freunde halbverfallener Bauwerke durchaus lohnen. Auch fantasievolle Menschen kommen hier auf ihre Kosten. Vor der weißen Wellblechkirche mit Friedhof, die mitten im Nichts an einem lauschigen kleinen See nahe der Küste steht, fragt sich so mancher: Wer mag hier wohl früher zum Gottesdienst gekommen sein? Wem mag das wohl eingerichtete graue Nebengebäude gehören, wo man durchs Fenster Teller sieht, die zum Abtropfen auf ein Gitter gestellt wurden? Wer mag zum letzten Mal das Plumpsklo benutzt haben? Die Kirche ist verschlossen, ein dicker Mühlstein liegt vor der Tür. Vielleicht ist sie einsturzgefährdet. Vielleicht aber kommt immer noch jemand regelmäßig hierher, denn neben den Kirchenbänken steht ein Klappstuhl aus Plastik, der auf jeden Fall neueren Datums ist.

Kurz vor Ende der Rundfahrt kann der Wasserfall **Arnarfoss** bestaunt werden. Ein Fußweg führt beim Hinweisschild „Röðull" durch ein hölzernes Tor und zum Fluss Búðarlsá, der hier in eine felsige Schlucht gepresst wird, deren westliche Seite rotgefärbt ist. Trittsichere können den steinigen Abhang herunterkraxeln und stehen schließlich auf einem Felsen mitten im Fluss, direkt vor dem Wasserfall.

ÜBERNACHTUNG

Camping Á á Skarðsströnd, 371 Búðardal, ✆ 663 1420 oder 434 1420, 🖥 www.tjalda.is/a-skardsstrond. Die große Wiese liegt direkt an der Straße, WCs und Waschbecken mit warmem Wasser im unbewohnten alten Bauernhaus nebenan. 2500 ISK pro Zelt oder Wohnmobil. Strom 700 ISK, einzuwerfen in eine Kasse des Vertrauens. ⏱ nur im Sommer.

Guesthouse Nýp, 371 Dalabyggð, ✆ 896 1930 und 891 8674, 🖥 www.nyp.is. Zwei sonnige Gästezimmer mit Gemeinschaftsbad und Küche bei den Künstlern Þóra und Summi, die immer für spannende Projekte zu haben sind. Sie experimentieren z. B. seit einiger Zeit mit essbaren Seealgen. ❸

Vogur Country Lodge, Fellsströnd, ✆ 435 0002, 🖥 www.vogur.org. Landhotel mit großen Zimmern auf einem ehemaligen Bauernhof in absoluter Alleinlage, fernab von allem. Mit Außenpool. Umfangreiches Frühstücksbuffet und traditionell isländisches Abendessen der gehobenen Preisklasse. Frühstück 19 € p. P. ❹

TRANSPORT

Entlang der Straße 590 (Klofningsvegur) dauert die Rundfahrt auf der nicht asphaltierten Straße, die auf der Landkarte nur wie ein kleiner Schlenker aussieht, mindestens 2 Std. – mit einigen Stopps sogar 3 Std. Eine Busverbindung gibt es nicht.

BREIÐAVÍK; © STEPHAN ROBERTZ

Die Westfjorde

„Die Westfjorde beginnen da, wo der Handyempfang aufhört", sagen die Menschen, die hier leben. Das stimmt zwar nur bedingt, aber das Gefühl bleibt: Die Westfjorde sind nicht nur räumlich vom übrigen Island getrennt – es gelten auch andere Regeln. Mit konkreten Öffnungszeiten tun sich die Menschen hier genauso schwer wie mit festen Terminzusagen. Man sagt: „Það kemur í ljós" – das ergibt sich. Und meist tut es das.

Stefan Loose Traveltipps

Þingmannaá Eine Wasserfallparade wie im Märchen. S. 287

Rauðasandur Einer der schönsten Strände Islands. S. 290

5 Látrabjarg Auf zu den Papageitauchern! S. 292

Bíldudalur Bizarr: das Skrímslasetur-Seeungeheuermuseum. S. 298

Dynjandi Ein Riese unter den Wasserfällen. S. 300

Arctic Fox Center in Súðavík Die Füchse Ingi und Móri sind Publikumslieblinge. S. 317

Küstenwanderung zum Möngufoss Bislang noch ein Geheimtipp. S. 321

MUSEUM SAMÚEL JÓNSSON, SELÁRDALUR; © CAROLINE MICHEL

ÞINGMANNAÁ; © CAROLINE MICHEL

Wie lange? Wer weniger als 4 Tage Zeit hat, schenkt sich die Umrundung und macht stattdessen einen Tagesausflug nach Hólmavík.

Wann fahren? Die kurze Saison geht von Juni–August. Reisen zu anderen Jahreszeiten sind möglich, aber nicht gut planbar.

Bekannt für einsame Fjorde, Weite und Ruhe, aber auch für Scharen von Kreuzfahrtreisenden

Abseits ausgetretener Pfade Küstenwanderung zum Möngufoss

Westfjorde

Ein Post-it-Zettel mit einer gezeichneten Sonne besagt: Das Museum bleibt heute geschlossen, „due to the weather". So gesehen im Museum für Alltagsgegenstände in Ísafjörður an einem unerwartet sonnigen Nachmittag und völlig normal für einen Ort in den Westfjorden. Mal ist auf, mal nicht. Mal fährt der Bus, mal nicht. Das muss man nicht aushalten können, das muss man lieben. Die Westfjordianer sind eben so unberechenbar wie das Wetter, dafür aber meistens gut gelaunt.

Und noch ein Wort zur vielgepriesenen Einsamkeit der Westfjorde: Die Orte sind – zumindest im Sommer – nicht immer da, wo man sie vermutet. Das Wikingerdorf **Þingeyri** z. B., vor wenigen Jahren noch ein verschlafenes Nest, wird mehrmals wöchentlich von Reisegruppen heimgesucht, die für Wind und Wetter völlig unzureichend gekleidet sind – Tagestouristen, die mit dem Kreuzfahrtschiff nach **Ísafjörður** gekommen sind und zum Wasserfall **Dynjandi** gekarrt werden. Wer als Individualreisender das Pech (oder Glück) hat, an einem solchen Tag frühmorgens am Wasserfall zu sein, wird Zeuge eines obskuren Spektakels. Um 10 Uhr sind hier in der Regel nur wenige Menschen anzutreffen, meist so zehn Camper oder Radfahrer, die an den Holztischen sitzen, Kaffee trinken und das Panorama genießen. Oben am Wasserfall hat man die Chance, der einzige Stauner und Fotograf zu sein. Das Ende der Ruhe wird meist von einem Super-Jeep eingeläutet, der in rasanter Geschwindigkeit über die schmalen Straßen brettert und mit quietschenden Reifen schlingernd zum Stehen kommt. Ein Aufseher oder eine Chefin steigt aus und läuft hektisch auf und ab. Dann trudeln Transporter ein, deren Besatzung Plastikkisten mit Pappbechern und Pick-

Unterwegs in den Westfjorden

Mit dem Auto
Das Autofahren in den Westfjorden hat es in sich: Im Sommer sind die Straßen meist passierbar, was aber nicht heißt, dass sie schlaglochfrei oder gar durchgängig asphaltiert wären. Für die „zweistelligen" Straßen braucht man in den Monaten Juni–Sep aber kein Auto mit Allradantrieb. Die **Hauptstraßen** tragen die Nummern 60 und 61. Beide verbinden Búðardalur und Ísafjörður – die 60 auf der Westroute, die 61 auf der Ostroute. Die Straße 68 sichert von Hólmavík aus den Anschluss an die Ringstraße bei Staðarskáli. Die Klippen von Látrabjarg und den „roten Strand" Rauðasandur erreicht man über **Schotterpisten**.

Mit dem Bus
Leider ist es nicht ganz so einfach, die Westfjorde per Bus zu bereisen, aber es ist möglich. Strætó fährt ganzjährig von **Borgarnes** aus mit der Linie 59 in ca. 2 Std. nach **Hólmavík** (im Sommer Mo, Mi, Fr und So, im Winter nur Fr und So). Von dort aus gibt es im Sommer Zubringerbusse nach Ísafjörður (weitere 3 Std., telefonische Voranmeldung erforderlich). Von Ísafjörður aus erreicht man die Orte **Suðureyri, Flateyri,** Þingeyri und **Bolungarvík**. Informationen zu Preisen und Abfahrtszeiten findet man auf ⌨ www.isafjordur.is, allerdings nur auf Isländisch. Wichtige Info: *frá* heißt „von", *til* heißt „nach".
Der Reiseveranstalter **Westfjord Adventures**, ⌨ www.wa.is, fährt im Juni–Aug 1x tgl. von Patreksfjörður über den Fähranleger Brjánslækur, Flókalundur, Dynjandi und Þingeyri nach Ísafjörður und zurück. Außerdem hat er eine Rundtour im Programm, die vom Fähranleger in Brjánslækur aus nach Patreksfjörður, Látrabjarg, Rauðasandur und wieder zurück zum Fähranleger geht. Aufenthalt in Látrabjarg 1 1/4 Std., in Rauðasandur 45 Min.
Tálknafjörður (20 Min) und **Bíldudalur** (45 Min) sind von Patreksfjörður aus erreichbar. Preise und Abfahrtszeiten ⌨ www.vesturbyggd.is/thjonusta/almenningssamgongur (leider nur auf Isländisch) oder unter ☏ 848 9614.

Mit der Fähre
Die Autofähre *Baldur*, ⌨ www.seatours.is, verbindet die Westfjorde (Brjánslækur) mit der Halbinsel Snæfellsnes (Stykkishólmur) mit Zwischenhalt auf der Insel Flatey.

Mit dem Flieger
Verbindungen mit Air Iceland Connect nach Reykjavík von Ísafjörður, 2x tgl., ⌨ www.airicelandconnect.com; mit Eagle Air, ⌨ www.ernir.is, nach **Bíldudalur**, 1x tgl., und **Gjögur**, im Sommer 1x wöchentl. Di, im Winter 2x wöchentl. Di und Fr.

---

nicktellern auspackt und mithilfe eines lärmenden mitgebrachten Generators Strom für die Kaffeemaschinen erzeugt. Dann trudeln die Reisebusse ein, manchmal fünf bis sechs gleichzeitig. Es wimmelt und wuselt, die Schlangen vor den überforderten kleinen WC-Häuschen werden länger und länger. Gäste, die hinten anstehen, müssen sich entscheiden: Picknick oder Wasserfall? Denn beides geht nicht, die Zeit ist knapp bemessen. Dann ist der Spuk vorbei und die Busse fahren wieder ab. Wer Spaß am Beobachten von Menschengruppen unterschiedlicher Nationalitäten hat, wird also auf seine Kosten kommen. Alle anderen sollten das Weite suchen und sich nach einem ruhigen schönen Platz in der Nähe umschauen.

Ruhige schöne Plätze gibt es in den Westfjorden viele und auch beschauliche kleine Dörfer mit wenigen Touristen. In **Bíldudalur** z. B. hat sogar mangels Nachfrage das Hostel zugemacht; es gibt nur noch ein einziges Gästehaus. Einfach, weil der Ort nicht an der Haupt-Reiseroute liegt.

Ähnlich geht es **Tálknafjörður**, **Flateyri**, **Suðureyri** und **Bolungarvík**. Auf der Straße 635, die am Nordufer des Fjords **Ísafjarðardjúp** entlang führt, kann man die entgegenkommenden Fahrzeuge an einer Hand abzählen. Hier befindet sich auch das Wandergebiet, in das die Isländer ausweichen, denen es im bequem mit der Fähre erreichbaren Teil des unbewohnten Naturschutzgebiets **Hornstrandir** zu voll geworden ist.

Die touristischen Highlights der Westfjorde sind neben dem Dynjandi die Klippen von **Látrabjarg** im äußersten Westen, in denen im Sommer zahlreiche Papageitaucher brüten, die „Hauptstadt" **Ísafjörður** und der niedliche Ort **Hólmavík** im Osten. Auch die Küste rund um den Fährhafen in **Brjánslækur** ist wegen der zahlreichen Hot Pots und Strand-Schwimmbäder beliebt.

Über Reykhólar und Flókalundur nach Látrabjarg

Wer aus Richtung Dalir kommt, wird hinter dem Damm über den Gilsfjörður freundlich begrüßt: Hier ist alles friedlich, ruhig und beschaulich. Zwischen Reykhólar und Flókalundur findet man Wanderwege, auf denen nie jemand läuft, Straßen, auf denen nie jemand fährt, Buchten, in denen nie jemand schwimmt, und Täler, in denen niemand wohnt. Das Angebot an Unterkünften und Verpflegungsmöglichkeiten ist nicht allzu üppig.

Reykhólar

Mit über 100 Einwohnern ist Reykhólar der größte Ort weit und breit. Er liegt auf warmem Boden, deshalb der Name: „Rauch-Hügel". Die wenigen Häuser stehen weit auseinander. Am Meer endet die Straße mit dem Hafen, über den die Stadt z. B. mit Lebensmitteln versorgt wird. Auf einer kleinen vorgelagerten Insel, durch eine Landbrücke mit dem Festland verbunden, steht die Salzfabrik Norðursalt. Bekannt ist der Ort für seinen Reichtum an Seevögeln und das Geothermalschwimmbad Grettislaug.

Obwohl die Kirche den Ort dominiert, liegt das „Zentrum" weiter landeinwärts: Im kleinen Tante-Emma-Laden **Hólakaup**, Hellisbraut 72, an der Tankstelle trifft sich die Bevölkerung. Es gibt hervorragenden Kaffee, der an einem (!) kleinen Tisch im Eingangsbereich eingenommen werden kann. ⏲ offiziell Mo–Fr 10–18, Sa 11–16 Uhr.

Im nächsten Gebäude ist neben der **Touristeninfo** ein weiteres kleines Café, das Bátakaffi, und das Bootsbaumuseum **Bátasafn**, ✆ 434 7830, 🖥 www.batasmidi.is. ⏲ Juni–Aug tgl. 11–17 Uhr, Eintritt 750 ISK, Kinder unter 15 J. frei.

Im **Schwimmbad Grettislaug** soll ehemals der Sagenheld Grettir gebadet haben (genauso wie in dem gleichnamigen heißen Pool nördlich von Sauðárkrókur – Grettir scheint sehr gern und oft gebadet zu haben). Die Original-Grettir-Quelle ist inzwischen versiegt, aber daneben steht ein Freibad mit drei Schwimmbahnen, auf das die Einwohner von Reykhólar sehr stolz sind. ⏲ Juni–Aug tgl. 9–21, Sep–Mai Mo, Di, Do 16–19, Sa 14–18 Uhr.

Im leicht heruntergekommenen Holzhaus westlich der Kirche befindet sich ein kleines, spartanisch eingerichtetes Café, daneben die Sanitäranlagen, die auch den Campern auf der Wiese nebenan zur Verfügung stehen. Davor zwei blaue **Hot Pots**, ✆ 859 8877, 🖥 www.sjavarsmidjan.is, einer ist mit klarem Wasser gefüllt, einer mit grün-braunem Seetangschlamm. Die von den Besitzern persönlich aus dem Meer gezogenen Wunder-Algen enthalten Vitamine, Antioxidantien und Eisen. Ihnen wird nachgesagt, sie seien die Ursache dafür, dass Vögel und Fische im Breiðafjord größer und kräftiger sind als anderswo. Auch für Menschen soll das Bad extrem gesund sein – glaubt man dem Besuchereintrag auf der Internetseite, verschwinden sogar graue Haare. ⏲ nach Absprache, Eintritt 3900 ISK, Kinder (14–16 J.) 2000 ISK.

ÜBERNACHTUNG

Im Ort
Campingplatz Grettislaug (Campingkarte), ✆ 434 7738, 🖥 www.tjalda.is/en/grettislaug. Winzige rechteckige Wiese mit zwei Holz-

Webcam-Blick ins Nest im White-tailed Eagle Center

Nur noch wenige Seeadler leben und brüten in Island, aber es werden wieder mehr. Wurden in den Jahren 1920–1960 nur noch um die 20 Paare gezählt, sind es inzwischen bereits rund 70. Und die größten Chancen, sie zu sehen, hat man in den Westfjorden. An welchen Orten man öfter mal nach oben schauen sollte, wird im **Seeadlerzentrum**, Króksfjarðarnes, ✆ 894 1011, 🖥 www.visit reykholahreppur.is, verraten. Wer nicht darauf warten will, die Könige der Lüfte in natura zu sehen, stimmt sich mit einem Film entsprechend ein. In manchen Jahren erlaubt eine Webcam auch einen Live-Blick ins Nest. Wer ein echtes Nest findet, ist übrigens verpflichtet, den genauen Standort für sich zu behalten. Wer näher rangeht als 500 m, macht sich strafbar. Das kleine Museum ohne unnötigen Multimedia-Schnickschnack hat einen kleinen Laden und die Bushaltestelle vor der Tür. ⏱ Mitte Juni–Mitte Aug 11–17 Uhr.

bank-Ensembles zwischen Schwimmbad und Meer. Im kleinen Servicehaus 2 Toiletten und ein Waschbecken. Achtung: Manchmal gibt es nur warmes Wasser – gut zum Waschen und Zähneputzen, als Trinkwasser aber gewöhnungsbedürftig. Einzelcamper zahlen 1700 ISK, 2–4 Personen in einem Zelt/Caravan 2200 ISK.
Camping Sjávarsmiðjan, ✆ 577 4800, 🖥 www.sjavarsmidjan.is. Wer sich nach dem entspannenden Seetangbad nur noch in seinen Schlafsack kuscheln will, kann für 1500 ISK p. P. auf der angrenzenden Campingwiese nächtigen. Duschen auch ohne Seetangbad oder Übernachtung möglich. 500 ISK.
HI Hostel Reykhólar, Álftaland, ✆ 892 7558 und 863 2363, 🖥 www.hihostels.com/de/hostels/reykholar-hostel. Etwas abgerocktes Haus, das aber genau deshalb hervorragend in den Ort passt, der ja auch etwas aus der Zeit gefallen zu sein scheint. Der Hot Pot steht etwas lieblos hinterm Haus, aber immerhin gibt es 2 Gemeinschaftsküchen, einen gemütlichen Aufenthaltsraum sowie kostenlos Tee und Kaffee. Bett im Schlafsaal 47 €, Privatzimmer für 2–4 Personen mit Gemeinschaftsbad 110–170 €. ❸

Außerhalb

Camping und Guesthouse Miðjanes, 5 km westlich des Ortes, ✆ 894 5883 und 690 3825, 🖥 www.tjalda.is/en/midjanes. Geschützte kleine Wiese im Grünen mit niedlichem Servicehaus, das fast an ein kleines Wohnzimmer erinnert. Schöner und geschützter als die Zeltplätze in Reykhólar, dafür aber ohne Schwimmbad in der Nähe. Wanderweg zum Heyárfoss, den man von der Straße aus sieht (1,5 km). 1700 ISK (je länger man bleibt, umso günstiger wird's, 2 Nächte 3000 ISK usw.), Kinder unter 18 J. kostenlos, Strom 1000 ISK. Seit 2018 auch 4 günstige DZ mit Gemeinschaftsbad. Im Aufenthaltsraum stehen Möbel, die man wohl übrig hatte, aber Aussicht und Küche sind prima. ❷
Hótel Bjarkalundur und Restaurant, 15 km nördlich von Reykhólar an der Straße 60, ✆ 434 7762/434 7863/695 2091, 🖥 www.bjarkalundur.is. Das älteste Sommerhotel Islands mit Tankstelle, Restaurant, kleinem Laden, 6 Blockhäusern und Campingplatz. Zum Zeitpunkt der Recherche stand es zum Verkauf, soll aber als Hotel fortgeführt werden. Hoffentlich bleibt unter neuer Leitung alles, wie es ist, denn das Restaurant ist – wie die Zimmer – zwar altmodisch eingerichtet, aber das Essen ist hervorragend. Die beiden Serviceräume, die zum Campingplatz gehören, sind außergewöhnlich gut ausgestattet, es gibt sogar einen Fön. 1300 ISK p. P., Strom 1500 ISK, Waschmaschine und Trockner je 1500 ISK, Duschen 5 Min. 500 ISK.

ESSEN

Wer nichts mitgebracht hat, kann sein Glück beim **Campingplatz Sjávarsmiðjan** oder im **Bootsbau-Café** versuchen. Ansonsten muss mit Chips aus dem **Supermarkt** überbrückt und auf das **Hótel Bjarkalundur** gehofft werden.

Westfjorde Südküste

ESSEN
1 Franska Kaffihúsið Kirkjuhvammur

ÜBERNACHTUNG
① Hænuvík Cottages
② Hnjótur Guesthouse und Campingplatz
③ Hótel Breiðavík und Campingplatz
④ Kárnafit Camping
⑤ Hótel Flókalundur und Camping
⑥ Bjarkarholt
⑦ Camping Melanes
⑧ Rauðsdalur Guesthouse
⑨ Hótel Bjarkalundur und Campingplatz
⑩ Camping und Guesthouse Miðjanes
⑪ Camping Sjávarsmiðjan
⑫ HI Hostel Reykhólar, Campingplatz Grettislaug

Richtung Búðardalur gibt es noch das **Hótel Ljósaland** mit Mini-Markt und Restaurant (Skriðuland), im Westen ist bis Flókalundur hungern angesagt.

SONSTIGES

Feste
Bootsbauertage, meist am 1. Juli-Wochenende, 🖥 www.batasmidi.is.
Reykhóladagar, 3 Tage Ende Juli, 🖥 www.reykholar.is: Dorffest mit vielen Konzerten, einem Lauf rund um den Ort und Tanz in der Sporthalle.

Informationen
Im **Bootsbaumuseum**, ✆ 434 7830, 🖥 www.reykholar.is, www.visitreyholahreppur.is.

Medizinische Hilfe
Gesundheitszentrum und Apotheke, Hellisbraut 39, ✆ 432 1460.

Wandern
Zahlreiche Wanderwege, u. a. ein 2,3 km langer Spazierweg, der unterhalb des Schwimmbads bis zu einer Vogelbeobachtungsstation führt. Eine einfache Karte hängt am Campingplatz aus, genaueres Material gibt's im Hólakaup, in der Touristeninformation und im Hótel Bjarkalundur.

TRANSPORT

Die Straße 607 endet ca. 10 km hinter dem Ort. Es gibt keine Busanbindung.

Flókalundur und Umgebung

Nachdem man mit Reykhólar die einzige Ortschaft der Südküste hinter sich gelassen hat, sieht man auf den folgenden 109 km entlang der Küste höchstens ab und zu einen Bauernhof in der Ferne. Die Straße 60 ist nicht überall asphaltiert, aber meist in gutem Zustand.

Im dampfenden Tal **Djúpidalur** wartet dann in einem abgeschiedenen Holzhaus ein winziges Hallenbad. Die Gebühr von 400 ISK wird beim Bauern nebenan bezahlt, anschließend bekommt man den Code für das Zahlenschloss an der Eingangstür.

Ein Stopp lohnt auch an der auffälligen orangefarbenen Schutzhütte Klettsháls, der schönen Aussicht mit Blick in den Canyon **Kollafjarðarheiði** wegen. Hier zweigt die Hochlandpiste F66 Richtung Norden ab – nur bei gutem Wetter und nur mit großen Jeeps passierbar.

Gíslahellir

Diese Höhle ist das perfekte Versteck, denn niemand würde sie inmitten des dichten Birkenwalds vermuten. Der Sagenheld Gísli, ganze 14 Jahre auf der Flucht, soll sie eine Zeitlang genutzt haben. Zur Gíslahellir führen vom Parkplatz aus zwei markierte Wanderwege: ein 100 m langer und ein 400 m langer. Beide Pfade enden am selben Höhleneingang, der 400-m-Weg beschreibt einen Umweg über eine felsige Anhöhe mit Aussicht auf den Fjord. Die Kletterpartie hier hoch ist unbedingt empfehlenswert, und wer Zeit hat, steigt weglos noch weiter bergan. Die Höhle selbst ist über einen schlammigen Eingang zugänglich. Allerdings passen hier nur kleine, schlanke Menschen durch. Kinder werden ihre Freude daran haben, durch das kleine Erdloch hinabzurutschen – Eltern auch, denn die Klamotten müssen danach in die Wäsche.

Wasserfälle am Fluss Þingmannaá

Viele finden die Südküste der Westfjorde unspektakulär bis langweilig. Allerdings waren diese Menschen garantiert nicht bei den Wasserfällen an dem Fluss mit dem witzigen Namen Þingmannaá. Die Þingmannaá fließt durch das Tal Þingmannadalur im Naturschutzgebiet Vatnsfjörður, aber das muss man eigentlich gar nicht wissen. Man muss lediglich wissen, wo sich dieser Naturschatz befindet, denn die sensationellen Wasserfälle, die hintereinander in vielen Kaskaden Auge und Herz erfreuen, sind nicht als solche ausgeschildert. Nur das Wort „Þingmannaá" steht auf dem Wegweiser, daneben ein Wanderwegsymbol. Das heißt unmissverständlich: Ab hier soll gewandert werden. Und es gibt auch kleine Parkbuchten, in denen man sein Fahrzeug gefahrlos abstellen kann. Viele fahren auf der steinigen Piste trotzdem weiter. Dabei ist der Fußweg zum ersten Wasserfall in 15 Min. zurückgelegt. Hier sollen schon mehrere Filme gedreht worden sein, u. a. *Nonni und Manni*. Man könnte ewig sitzen bleiben und staunen. Allerdings wäre es schade, denn flussaufwärts folgt ein Wasserfall auf den nächsten. Ein mit roten Pflöcken markierter Weg führt durch Birkengestrüpp bergauf und trifft bald wieder auf die Jeep-Piste, auf der man nicht fahren soll. Wanderzeit bis zum letzten Wasserfall: 1 Std. inkl. Fotostopps. Der Rückweg auf der Piste dauert dann nochmal 15–20 Min. Für Wasserfall-Fans ein unbedingtes Muss!

Hellulaug und Flókalaug

Ein Geheimtipp ist der steinerne Pool **Hellulaug** direkt am Meer unterhalb des Hótel Flókalundur schon lange nicht mehr. Mit zehn Badegästen ist die Kapazität erschöpft, weshalb man schon mal anstehen muss. Aber für die Badefreude nehmen das die meisten gern auf sich. Umkleiden gibt es nicht, dafür eine Steinmauer, hinter der man sich aus- und wieder anziehen kann. Um eine Spende zur Instandhaltung wird gebeten. Wer nicht nur baden, sondern schwimmen will, nutzt das Schwimmbad **Flókalaug**, 300 m hinter dem Hótel Flókalundur in Richtung Fähranleger. Hier schwimmt man windgeschützt hinter großen Glasscheiben mit Blick aufs Meer. Eine Liegewiese gibt es nicht – nur einen grünen Teppich mit ein paar Plastikstühlen drauf. ⏲ im Sommer tgl. 10–20 Uhr.

Wanderung zum Bergsee Helluvatn

Nur 3 km entfernt vom Hótel Flókalunder liegt ein wunderschöner See mit glasklarem Wasser, in dem sich die umliegenden Berge spiegeln. Aber Achtung: Der See liegt in 300 m Höhe. Gleich nach dem Start hinter dem Campingplatz wird klar: Das wird anstrengend. Die Tour taugt nicht als kurzer Verdauungsspaziergang nach dem Abendessen, ist aber gerade in hellen Sommernächten sehr zu empfehlen. Das fahle Licht der Mitternachtssonne lässt die Stimmung am See nämlich noch mystischer erscheinen, als sie sowieso schon ist. Auf dem Rückweg unbedingt auf die Pflöcke achten, sonst erwischt man schnell die falsche Schlucht und landet anstatt am Ausgangspunkt im Nebental. Mindestens drei Stunden einplanen!

ÜBERNACHTUNG UND ESSEN

Hótel Flókalundur und Camping, ☏ 456 2011, 🖥 www.flokalundur.is. Großes Hotel mit Restaurant, überdachter Terrasse, Tankstelle und Shop. Der Hot Pot Hellulaug ist über einen Fußweg erreichbar (ca. 400 m), Hartgesottene schlurfen im Bademantel (aber mit Wanderschuhen an den Füßen) rüber. Die Campingwiese 300 m in der Gegenrichtung ist ebenfalls durch einen Trampelpfad mit dem Hotel verbunden. Gute sanitäre Anlagen, aber keine Kochgelegenheit. Bei den Waschbecken steht ein Wasserkocher, sodass einem Tee, Nescafé oder Tütensüppchen nichts im Wege steht. Kaffee *to go* gibt's auch an der Hotelrezeption im Pappbecher und für 320 ISK – und hier ist wahrscheinlich der einzige Ort in Island, an dem man vom kostenlosen Nachfüllen des Kaffeebechers noch nie gehört hat. Camping (Campingkarte) 1500 ISK p. P., Strom 1000 ISK. ⏲ 10. Mai–20. Sep. ❹–❺

TRANSPORT

Auto
In einer Region, in der sonst meist nur eine einzige Straße zur Verfügung steht, hat man hier ausnahmsweise mal die Qual der Wahl: Die **Straße 60** nach Norden Richtung Dynjandi nehmen oder die **Küstenstraße 62** zum Südwestzipfel der Westfjorde und nach Patreksfjörður? Der Zeitplan diktiert die Antwort.

Busse
Nur im Sommer verkehrt 1x tgl. ein Bus von **Westfjords Adventures**, 🖥 www.wa.is, von und nach PATREKSFJÖRÐUR, LATRÁBJARG und zum Fähranleger Brjánslækur. Telefonische Anmeldung erforderlich, ☏ 456 5006.

Brjánslækur und Umgebung

Badelustige finden in dem verschlafenen, landwirtschaftlich geprägten Gebiet mit vergleichsweise seichter Küstenlinie zahlreiche Pools und Hot Pots, die meist zwischen Straße und Meer liegen. Am Strand sieht man hier manchmal Seehunde, vor allem aber Schafe.

Fähranleger Brjánslækur

Brjánslækur besteht aus dem Fähranleger und zwei bis drei Bauernhöfen in der Umgebung. Wer sich die Wartezeit auf die Fähre *Baldur* vertreiben möchte, findet nur die kleine Raststätte **Flakkarinn**, in der im Sommer auch die Fährtickets und einige handgestrickte Pullover verkauft werden. Einfaches Kaffee- und Kuchenangebot, außerdem Tagessuppe mit Brot für 1500 ISK. ⏱ tgl. 10–19 Uhr.

Schwimmbad in Birkimelur

Das türkis angestrichene Schwimmbecken aus dem Jahr 1948 liegt unterhalb der Häuseransammlung **Birkimelur** direkt am Meer – jedenfalls bei Flut. Bei Ebbe liegt es am Watt. Denn die Bucht, in die das warme Wasser aus dem Becken abfließt, ist extrem seicht. Wenn man in warmem Meerwasser schwimmen will, ist dies der richtige Ort dafür. Zwischen Becken und Meer bzw. Watt liegt etwas versteckt ein weiterer Pool, diesmal ein natürlicher kreisrunder, der am Rand von einigen Steinen eingefasst wurde und **Krosslaug** genannt wird.

Außerhalb der Öffnungszeiten sind Dusche und Umkleide abgeschlossen. Die Pools nutzen kann man trotzdem – für 700 ISK p. P., zahlbar in eine Kasse des Vertrauens. Das Schwimmbad liegt auf Gemeindeland und gehört somit allen Einwohnern gemeinsam. Reihum werden Anwohner und Bauern mit der Wartung und Säuberung beauftragt. Deshalb nicht wundern, wenn mal um 12 Uhr niemand parat steht. Dann hatte der Bauer gerade was anderes vor und die Umkleide bleibt geschlossen. ⏱ 1. Juni–15. Aug tgl. 12–21 Uhr.

Wasserfälle im Mórudalur

Nördlich von Birkimelur locken Wanderungen zu den Wasserfällen im Tal der Flüsse Móra und Þverá, aber es gibt keine markierten Wege. Rögnvaldur vom Gästehaus Bjarkaholt kennt die Stellen, wo die Flüsse trockenen Fußes überquert werden können. Wanderwillige klopfen einfach an seine Tür und lassen sich den Weg erklären.

ÜBERNACHTUNG UND ESSEN

Bjarkarholt, ✆ 456 2025, 🖥 www.bjarkarholt.is. In schönster Lage und mit Schwimmbad, dem Krosslaug Hot Pot und dem Meer direkt gegenüber. Das Haupthaus ist etwas in die Jahre gekommen und die Zimmer könnten eine Modernisierung gut vertragen. Dafür sind die Schlafsackunterkünfte günstig, und wenn möglich, bekommt jeder Gast ein eigenes Zimmer. In den Holzhütten sind einfache, aber saubere Apartments (3 für 6 Leute, eins für 8), die man komplett mieten kann. In der Gemeinschaftsküche im Haupthaus findet man Utensilien, die es in anderen Hostelküchen garantiert nicht gibt, sogar ein Waffeleisen. Der Aufenthaltsraum wird vom netten Besitzer Rögnvaldur auch als Büro genutzt. Hier liegt eine eingeschweißte Wanderkarte der Umgebung. Man darf alles anschauen, alles ausleihen, alles benutzen. Manchmal muss man sein Bett selbst beziehen, aber das ist hier eben so. 3 DZ, ein Familienzimmer. Gemachtes Bett 6000 ISK p. P., Schlafsackunterkunft 4500 ISK (nur außerhalb der Hochsaison), Blockhaus 170 €.

Rauðsdalur Guesthouse, ✆ 456 2041, 🖥 www.raudsdalur.is. Eine Schaffarm, eine Autowerkstatt, ein Wasserfall, ein kleiner Kinderspielplatz und ein holzverkleidetes Gästehaus mit Jugendherbergscharme einige Meter weiter westlich. 40 Betten in 17 Zimmern – und zur Not ist auch noch Platz für die ein oder andere zusätzliche Isomatte auf dem Boden. Schlafsackunterkunft 5000 ISK, gemachtes Bett 6500 ISK, im Einzelzimmer 7500 ISK. Frühstück gibt's für 1700 ISK, aber nur im Juni–Aug.

Strönd-Market (Strandmarkt), bei Krossholt, Hier gibt es hauptsächlich frische Lebensmittel, zum Beispiel frische Milch, Biofleisch, frischen und geräucherten Fisch und Eier der isländischen Landnahmehühner (eine besonders kleine, widerstandsfähige Rasse), aber auch Wollprodukte und ein wechselndes Kunsthandwerksangebot. ⏱ im Sommer tgl. 15–19 Uhr. Wer außerhalb der Öffnungszeiten einkaufen will, ruft Þórður und Silja unter ✆ 848 1062 an.

TRANSPORT

Auto
Hier verläuft nur die Küstenstraße 62.

Busse

Busse von **Westfjords Adventures**, 🖳 www.wa.isur, verkehren nur im Juni–Aug 1x tgl. um 12 Uhr nach PATREKSFJÖRÐUR und LATRÁBJARG (als Tagesausflug 14 500 ISK). Telefonische Anmeldung erforderlich, ☎ 456 5006. Mo, Mi, Fr außerdem um 11.30 Uhr u. a. über FLÓKALUNDUR und DYNJANDI in 3 1/4 Std. nach ÍSAFJÖRÐUR.

Fähren

Die *Baldur* von **Seatours**, 🖳 www.seatours.is, fährt über die kleine Insel Flatey nach STYKKISHÓLMUR. Am Sjómannadagurinn (Seemannstag) kein Fährverkehr. Jugendliche 15–20 J. zahlen immer den halben Fahrpreis. STYKKISHÓLMUR, Juni–Aug tgl. 12.15 und 19 Uhr in 2 1/2 Std. für 5760 ISK, Sep–Mai tgl. außer Sa um 18 Uhr für 4460 ISK, Autos je nach Größe ab 5760 ISK. Die komplette Preisliste unter 🖳 www.seatours.is/ferrybaldur/prices.
Der Transport von Fahrzeugen muss vorgebucht werden.
FLATEY, 1 Std., je Fahrt 3920 ISK. Vorsicht: bisher ab 4. Sep keine Hotelzimmer, nur Camping.

Rauðasandur

Der kilometerlange Sandstrand ist nicht so rot, wie der Name es verspricht (Rauðasandur oder Rauðisandur heißt „roter Sand"), sondern eher gelb mit rötlichem Einschlag, aber trotzdem ein echter Hingucker. Der 1,5 km lange Fußweg zum Strand beginnt bei der schwarzen Holzkirche mit rotem Dach und Giebel, vor der malerisch eine Islandflagge weht (tolles Fotomotiv). Der ebene Wiesenweg sollte in 15 Minuten zu schaffen sein, allerdings sind während der Brutsaison Attacken von Küstenseeschwalben möglich.

Noch schöner, wenn auch ohne Kirche, ist es an der Ostseite der Bucht hinter Melanes. Hier locken Wanderwege (z. B. zu den Felsen von Skarfastapi weiter südlich), und der Strand ist leichter zugänglich.

Die 10 km lange Anfahrt zum Rauðasandur hat es in sich: In Serpentinen geht es steil bergauf und genauso steil wieder herunter. Leider besteht unterwegs keine Möglichkeit, anzuhalten und ein Foto zu machen, ohne mitten auf der Straße stehenzubleiben. Die Aussicht von hier ist gigantisch: gelber Sand, roter Sand, grün bewachsene Klippen und in der Ferne das Meer.

ÜBERNACHTUNG UND ESSEN

Camping Melanes, ☎ 783 6600, 🖳 auf Facebook. Im Rücken die Berge, nach vorn der Blick auf den Strand: Wer die Straße zum Rauðasandur nicht rechts in Richtung Café und Kirche fährt, sondern nach links abbiegt, kommt zu einem Campingplatz mit hervorragender Aussicht. Die Anlage in absoluter Alleinlage ist für viele Campinggäste konzipiert, zum Zeitpunkt der Recherche war sie aber gerade erst neu eröffnet, sodass keine Gäste da waren. Es gibt eine Holzhütte mit WCs, eine mit behindertengerechter Dusche (die aber nicht immer warmes Wasser ausspuckt), eine mit einer kleinen Küche (zwei Herdplatten, ein Wasserkocher, eine Mikrowelle, kein Geschirr) und Waschmaschine, deren Benutzung im Preis inbegriffen ist. Eine weitere Hütte dient als Rezeption (besetzt ab 20 Uhr) und kleiner Laden mit Pulloververkauf. Am Campingplatz beginnen Wanderwege zum Strand und entlang der Küste. 1500 ISK, Kinder unter 16 J. kostenlos. Strom 1000 ISK.

Franska Kaffihúsið, Kirkjuhvammur, ☎ 770 2161, 🖳 www.franskakaffihusi.einfalt.is. Das Café heißt Franzosencafé, weil der Besitzer (der aber nie vor Ort ist) Franzose ist. Die Stühle seien auch aus Frankreich, heißt es. Außerdem gibt es französische Schokokuchen und leckere Waffeln mit Sahne und Marmelade, Brot mit isländischem Lachs und eine Tagessuppe. ⏰ im Sommer tgl. 12–18 Uhr.

TRANSPORT

Auto

Anfahrt über die löchrige und oft rutschige Serpentinenstraße 614. Nach ca. 8 km kommt ein Wegweiser. Nach rechts geht's zur Kirche und zum Franzosencafé, nach links zu den schönen Klippen von Melanes.

Rauðasandur: Der rote Strand macht seinem Namen alle Ehre.

Busse
Der Sommer-Ausflugsbus von Westfjords Adventures (S. 290) hält für 45 Min. an der Kirche.

Nach Látrabjarg

Jenseits des Passes Kleifaheiði erreicht man den Patreksfjörður und das westliche Ende Islands, Látrabjarg. Das Meer rund um die Südwestspitze der Westfjorde ist für Schiffe ein gefährliches Gewässer. Unzählige sanken vor den Steilküsten, aber auch im Fjord selbst. Die Gegend hier unten ist sehr abwechslungsreich. Es locken goldene Strände und schroffe Steilklippen, aber auch einige grüne Wiesen.

Wrack Garðar BA 64
Malerischer kann ein Schiff kaum daliegen: den Blick in Richtung Land, rostet die Schönheit langsam, aber sicher vor sich hin, während sie immer weiter im sandigen Untergrund versinkt, als wäre sie hier auf Grund gelaufen. Ist sie aber nicht. Der ehemalige Walfänger aus dem Jahr 1912 wurde 1981 offiziell in Rente geschickt und per Lkw hierhin gebracht. Das Wrack liegt direkt am Fjordeingang, keine 3 km von der Stelle entfernt, an der die Küstenstraße 612 die breitere 62 verlässt. Es ist bei Fotografen so beliebt, dass es sogar eine eigene Internetseite hat, 🖥 www.atlasobscura.com/places/gardar-ba-64.

Museumskomplex Hnjótur
Als nach dem Zweiten Weltkrieg die englischen und amerikanischen Truppen in Island Einzug hielten (S. 109), kam es im ganzen Land zu einem Modernisierungswahn. Viele noch funktionsfähige Werkzeuge und Gebrauchsgegenstände wurden durch neue ersetzt. **Egill Ólafsson** (1925–1999) hat die ausrangierten Sachen gerettet. Wahrscheinlich war er ein Messie, sagt der junge Museumsführer. Jedenfalls kamen immer mehr Leute, um Dinge, die sie nicht mehr brauchten, hier abzuladen. Manche vermachten Egill ihren gesamten Nachlass. So hängen im Museum heute hundert Jahre alte Hosen aus Schafsleder neben dem ehemaligen Altar der Kirche von Breiðavík. Sogar ein ausgestopfter Adler baumelt von der Decke.

Im Nebengebäude dann ein ganz anderes Museum: Hier geht es um eine großangelegte

Seenotrettung aus dem Jahr 1947. Ein englischer Trawler war vor den Klippen von Látrabjarg in Seenot geraten. Die gesamte Bevölkerung beteiligte sich an der Bergungsaktion. Zwölf von fünfzehn Menschen konnten gerettet werden. Und gerade als ein Filmteam eingetroffen war, das Interviews mit Rettern und Geretteten führen wollte, sank ein weiteres Schiff, diesmal auf der anderen Seite der Bergkette. Diese Rettung wurde auf Film dokumentiert.

Das dritte Museum, das aus einem improvisierten Hangar und einem halb auseinandergefallenen **US-Flugzeug** besteht, gehört Krístinn Þór Egilsson, dem Sohn des Sammlers Egill, der nebenan das Gästehaus betreibt. Das Flugzeugwrack hat Þór 2006 den abziehenden amerikanischen Soldaten abgekauft. Über Land wurde es hierhin gebracht. Seitdem wartet es darauf, dass Þór Zeit findet, es zu restaurieren. Oberhalb des Museumskomplexes steht eine futuristische Metallkonstruktion zum Gedenken an die vielen Menschen, die hier bei Schiffsunglücken ums Leben kamen.

Nettes Museumscafé, ⏲ wie die Museen tgl. 10–20 Uhr.

Breiðavík

Zu Breiðavík gehört neben dem populären Hotelrestaurant mit Campingplatz auch eine sehenswerte kleine Kirche. Bemerkenswert ist der goldgelbe Strand, der zu langen Spaziergängen einlädt. Hier kann, wer länger als einen Tag bleibt, Zeuge eines außergewöhnlichen Naturschauspiels werden: Die gewaltige Düne, möglicherweise abends noch an der westlichen Seite des Strands aufgetürmt, kann am nächsten Morgen spurlos verschwunden sein. Man reibt sich die Augen und schaut zum östlichen Strandende – und da ist sie wieder. Der Wind kommt jetzt aus der anderen Richtung und hat viele Kubikmeter Sand über Nacht einmal von rechts nach links über den kilometerlangen Strand getrieben.

Leuchtturm Bjargtangar

Lange als der westlichste Punkt Europas beworben, musste die äußerste Westspitze Islands diesen Rang dann doch an die Azoren abtreten. Trotzdem ein schöner Leuchtturm!

5 HIGHLIGHT

Vogelfelsen bei Látrabjarg

Vom Parkplatz aus den Berg hoch und schon sitzen sie da: Hunderte von Papageitauchern brüten hier in Höhlen unterhalb der Grassoden. Entlang der 14 km langen Steilküste geht es teilweise mehr als 400 m in die Tiefe, und die Grassoden direkt an der Abbruchkante sind äußerst instabil. Das scheinen die lustigen Vögel zu wissen, denn sie bleiben völlig ungerührt sitzen, egal wie nah die Besucher mit ihren Teleobjektiven an sie herankommen. Aber Achtung: Immer wieder gibt es hier Unfälle, teils mit tödlichem Ausgang.

ÜBERNACHTUNG UND ESSEN

Hænuvík Cottages, an der Straße 615, 8 km hinter der Abzweigung nach Látrabjarg ☎ 456 1574, ✉ haenuvik@mi.is. 4 Cottages, alle unterschiedlich, auf einem Bauernhofgelände in einer ruhigen Bucht. Die Schafe sind überall und Gäste dürfen auch die Hühner, Tauben und Hasen in ihren Ställen besuchen. Ideal für Familien, Wanderer, Vogelfreunde und Menschen, die die Einsamkeit suchen. 90–400 €, Bettwäsche und Handtücher gegen Aufpreis.

Hnjótur Guesthouse und Campingplatz, an der Straße 615, ☎ 456 1596, 💻 www.hnjotur travel.is. Eine Dauerbaustelle, aber der herzige Besitzer Þór gibt sich alle Mühe, es seinen Gästen recht zu machen. Die Sommerhäuser neben dem Haupthaus, an denen er ständig weiterbaut, sollen einmal kleine Reisegruppen beherbergen. Die Isolierung fehlt noch, aber auf Anfrage werden die Unterkünfte auch halbfertig schon günstig vermietet. Campinggäste können die gut ausgestattete Küche nutzen und auch den gemütlichen Aufenthaltsraum, allerdings nur, falls gerade keine Gruppen da sind. Ansonsten dürfen sie sich im Haupthaus aufhalten, wo der Besitzer auch hervorragendes Abendessen (Lamm- und Fischgerichte) serviert. WLAN funktioniert nur in der oberen Etage und auch das nur manchmal. 10 einfache Zimmer für insgesamt

24 Gäste im Haupthaus, auf Anfrage auch als Schlafsackunterkünfte. Preise sind Verhandlungssache, Þór will sich da nicht festlegen. Camping 2000 ISK, Schlafsackunterkunft 40 €. ❸

Hótel Breiðavík Gästehaus/Restaurant/Campingplatz, 12 km entfernt von Látrabjarg, ✆ 456 1575, 🖥 www.breidavik.is. Übernachtungsmöglichkeit für insgesamt 64 Personen, teilweise im Haupthaus mit Gemeinschaftsbad, teilweise in Containern. Die sehen zwar nicht allzu schön aus, aber die Zimmer haben Bäder und Aussicht auf den Strand. Benutzung der Küche und des Speisesaals möglich. DZ ohne eigenes Bad 21 500 ISK, als Schlafsackunterkunft für 2 Personen 11 500 ISK. Frühstück 2000 ISK. Camping 2000 ISK, Kinder unter 12 J. kostenlos. Strom, Dusche, Waschmaschinenbenutzung, Kaffee, Tee und WLAN inkl. ❸–❺

Das **Restaurant im Hótel Breiðavík** mit traditioneller isländischer Küche (Lamm, Fisch, Blaubeerskyr) ist besonders beliebt als Kaffee-und-Kuchen-Stopp auf dem Rückweg von den Vogelfelsen, nachmittags kann es voll sein.

Kárnafit Camping, kostenloser Campingplatz am Meer in Hvallátur. Hier steht vermutlich das westlichste Klo Islands.

TRANSPORT

Auto

Auch wenn's auf der Karte nach einem Katzensprung aussieht: Die Fahrt auf der oft schlechten Piste zieht sich. Unterwegs sind auch nicht unwesentliche Steigungen zu überwinden, die Kleinwagen schon mal an ihre Grenzen bringen. Im Winter ist die Piste meist nicht geräumt.

Busse

Im Sommer 1x tgl. mit dem Ausflugsbus von **Westfjords Adventures**, 🖥 www.wa.is, von und nach PATREKSFJÖRÐUR und zur Fähre in BRJÁNSLÆKUR.

Patreksfjörður

Zwei Hotels, zwei kleine Supermärkte, ein Campingplatz am Ortsrand und eine vielbesuchte Autowaschstation, an der die Reisenden ihre Autos vom Dreck befreien können: Der größte Ort der Region ist ans und ins Meer gebaut und hat ungefähr 700 Einwohner. Interessant ist der Alltag im Fischereihafen, aber das große Plus dieses Ortes bleibt die Nähe zu den Attraktionen der südlichen Westfjorde.

Von nachdenklichen Papageitauchern

Tapptapptapp geht's vom Parkplatz aus auf dem Trampelpfad bergan. Nach etwa 5–10 Min. sieht man die ersten Papageitaucher. Einer sitzt ganz still, blickt aufs Meer. Gedankenverloren. Was mag wohl in seinem Kopf vorgehen? Ein Mann, ausgerüstet mit einem riesigen Teleobjektiv, legt sich flach auf den Bauch, robbt immer weiter an den Steilhang heran, blickt nur durch die Linse, den Vogel im Blick – den Rest vergessen? Der Papageitaucher blickt sich um, legt den Kopf schräg. Sekundenlang blicken sie sich in die Augen. Jetzt sieht man, was der Vogel denkt: Er fragt sich ganz offensichtlich, ob dieser Mensch dort weiß, was er tut. Weiß er, dass es unter ihm ganz steil bergab geht? Hmm. Er blickt zurück aufs Meer, überlegt kurz, wackelt dann los, um nachzusehen, ob er dem Mann Bescheid sagen kann, dass Steilküsten wie diese für Vögel zwar super, für Menschen aber eher nicht so gut sind. Hmm, der Typ reagiert nicht genug, robbt noch näher heran. Da plustert Mr. Puffin sich auf ... nicht aus Angst, nein, er hat genug von so viel Dummheit. Ein letzter mitfühlender Blick und er fliegt davon. Etwas unbeholfen zwar, aber doch in jedem Fall besser ausgestattet für diese Aufgabe, als der Mann es je wäre.

Unser Tipp: Die Papageitaucher kommen aufs Gras, sie haben keine Scheu vor uns Menschen. Sie sind neugierig und lassen sich gern fotografieren. Es ist daher absolut unnötig, sich so weit vorzuwagen.

Den 419 m hohen Hausberg Brellur – Teil des Bergmassivs **Lambeyrarháls** – kann man von dem Friedhof aus besteigen (rauf 1 Std., runter 45 Min.). Ein weiterer schöner Weg führt durchs **Litlidalur-Tal** östlich des Orts.

ÜBERNACHTUNG

Für den verhältnismäßig kleinen Ort gibt es viele Hotels und Gästehäuser, aber kein Hostel.
Campingplatz, ✆ 450 2360 und 456 2380, 🖥 www.tjalda.is/en/patreksfjordur. Einfache Campingwiese oberhalb des Ortes. Hervorzuheben sind die gut ausgestattete Küche mit Sofa- und Tischensemble sowie die außerordentlich sauberen Sanitäranlagen im großen Gebäudekomplex des Gemeindezentrums. 1600 ISK (je länger man bleibt, desto billiger wird's), Kinder unter 15 J. kostenlos, Strom 1250 ISK, Waschmaschine 1200 ISK.
Hotel WEST, Aðalstræti 62, ✆ 456 5020 und 892 3414, 🖥 www.hotelwest.is. Im Gebäude eines ehemaligen Ladens direkt an der Straße und damit fast am Fjord. 17 Zimmer, davon 9 Standard-Doppelzimmer, 5 bessere DZ, 2 Einzelzimmer und ein Familienzimmer, alle mit Bad. ❹–❺
Litli Krókur, Strandgata 19, ✆ 868 3915. Niedliches Einzimmerapartment mit Veranda und Fjordblick in einem kleinen, frei stehenden Holzhaus, das man ganz für sich alleine hat. Im Ikea-Stil, aber mit viel Liebe und persönlicher Note eingerichtet. Kochgelegenheit, Espressomaschine, Doppelbett und Schlafsofa. Die Besitzer wohnen im Haus nebenan. Sie haben viel zu erzählen, denn Ásgeir arbeitet ehrenamtlich für die Such- und Rettungsorganisation Landsbjörg und seine Frau Birna ist Lehrerin. Weil die vier Söhne mehr Platz brauchen, überlegt das Paar, umzuziehen und ihr Wohnhaus in das Hostel umzuwandeln, das man in Patreksfjörður bisher vermisst. In der Hochsaison manchmal Mindestaufenthalt von 2 Nächten, dann bei Belegung als DZ 264 €, als Familienzimmer 440 €.

Stekkaból Guesthouse, Stekkar 19 und 21, ☎ 864 9675, 🖥 www.stekkabol.net. DZ- und Familienzimmer bei einer netten Familie. Keine privaten Badezimmer, dafür witzige Outdoor-Duschen. Schöne Terrasse, tolles Frühstück mit Waffeln und allem Pipapo (1500 ISK). ❸

ESSEN

€ Albína, Aðalstræti 89, ☎ 456 1667. Günstige Kleinigkeiten, Pommes, Eis und massig Kuchen im Vorraum des Supermarkts. ⏲ tgl. 8–22 Uhr.

Fjall og Fjara, Aðalstræti 100, ☎ 456 2004, 🖥 auf Facebook. Modernes Restaurant im Fosshotel Westfjords, spezialisiert auf Fischgerichte. Lecker, aber mit übersichtlichen Portionen. ⏲ tgl. 8–21 Uhr.

Grillskálinn, Aðalstræti 110, gut besuchter Schnellimbiss an der Tanke.

Stúkuhúsið, Aðalstræti 50, ☎ 456 1404, 🖥 www.stukuhusid.is. Tagsüber genießt man ausgefallene Kleinigkeiten (liebevoll angerichtete Salate und Tartes) und Kuchen, abends frisch gefangenen Fisch und Lamm. Auf der schönen Terrasse sitzt man windgeschützt und genießt den Fjordblick durch Fensterscheiben. ⏲ tgl. 11–21 Uhr.

AKTIVITÄTEN UND TOUREN

Fahrradverleih
Westfjords Adventures, s. Tourveranstalter, 4 Std. ab 3500 ISK, Tagesmiete ab 7200 ISK.

Schwimmen
Sport Center Brattahlíð, Aðalstræti 55, Freibad mit Hot Pots, Kinderpool und Sauna. ⏲ 15. Mai–15. Sep Mo–Fr 8–21.30, Sa, So 10–18, 16. Sep–14. Mai Mo–Do 8–9 und 16–21, Fr 8–9 und 16–19.30, Sa 11–15 Uhr.

Tourveranstalter
Umfar, ☎ 929 9227 und 456 1511, bietet geführte Wanderungen, z. B. in Látrabjarg und Rauðasandur.

Westfjords Adventures, Þórsgata 8a, ☎ 456 5006, 🖥 www.wa.is. Große Agentur, die quasi alles vermittelt: Bus-, Super-Jeep-, Boots-, Wander-, Walbeobachtungs- und Fahrradtouren. Mitte Juni–Aug auch kostenlose 45-Min.-Spaziergänge durch den Ort, immer Di–Do.

SONSTIGES

Autoreparaturen
Smur og dekk, Aðalstræti 3, ☎ 456 1144, ✉ palli@patro.is. ⏲ Mo–Fr 8–18 Uhr.

Autovermietungen
Europcar/Westfjords Adventures, s. Tourveranstalter.

Einkaufen
Albína, Aðalstræti 89, kleiner Supermarkt und Bäckerei. ⏲ tgl. 8–22 Uhr.
Fjölval, Supermarkt, Þórsgata 10. ⏲ Mo–Fr 9–19, Sa, So 11–18 Uhr.
Vínbúðin, Þórsgata 10. ⏲ Mo–Do 14–18, Fr 13–19, Sa 11–14 Uhr.

Informationen
Westfjords Adventures, Þórsgata 8a (im selben Gebäude wie Vínbúðin), ☎ 456 5006, 🖥 www.wa.is. ⏲ Mitte Mai–Mitte Sep Mo–Fr 8–17, Sa, So 10–12, Mitte Sep–Mitte Mai Mo–Fr 9–12 Uhr.

Medizinische Hilfe
Apotheke Lyfja, Aðalstræti 6, ☎ 456 1222. ⏲ Mo–Fr 12–17.30 Uhr.
Gesundheitszentrum, Stekkar 1, ☎ 450 2000, 🖥 www.hvest.is.

TRANSPORT

Auto
Látrabjarg liegt 60 km entfernt, Bíldudalur 30 km, und bis zum Fähranleger Brjánslækur sind es 56 km.

Busse
Im Juni–Aug bietet **Westfjord Adventures**, ☎ 456 5006, 🖥 www.wa.is, tgl. um 12.50 Uhr eine Tour nach LÁTRABJARG, RAUÐASANDUR und zum Fähranleger in BRJÁNSLÆKUR. Zurück nach Patreksfjörður bringt einen dieser

Bus allerdings nicht. Ein weiterer Bus fährt Mo, Mi, Fr um 10.45 Uhr über Brjánslækur (Anschluss zur Fähre), Dynjandi und Þingeyri nach ÍSAFJÖRÐUR und zurück (je Strecke 4 Std., 9900 ISK).
Zum Flughafen in BÍLDUDALUR verkehrt der Flybus, ℡ 893 2636. Außerdem fährt 3x tgl. ein regulärer Bus (45 Min.).

Von Tálknafjörður nach Ísafjörður

Die Attraktion in dieser Gegend ist der höchste Wasserfall der Westfjorde, der **Dynjandi**. Die Orte Þingeyri, Flateyri und Ísafjörður sind im Sommer gut besucht, während Tálknafjörður, Bíldudalur und Suðureyri abseits der Touristenrouten liegen.

Tálknafjörður

Wie die vielen Reusen zeigen, lebt die Bevölkerung von Fischfang und -zucht. Es gibt einen großen Hafen und eine Fischfabrik. In Tálknafjörður arbeiten heute viele Einwanderer aus Polen und anderen Ländern, und dank junger Familien herrscht wieder mehr Leben im Ort.

Das Dorf umfasst einen kleinen Supermarkt an der Tankstelle, zwei Restaurants, ein Gästehaus und die große, moderne **Tálknafjarðarkirkja**, in der auch katholische Gottesdienste stattfinden. Bemerkenswert ist das **Schwimmbad**, das für den kleinen Ort überdimensioniert erscheint. Hier finden regelmäßig Schwimmwettkämpfe statt. 3,5 km nordwestlich gibt es heiße Quellen. Die drei Geothermalpools **Pollurinn**, auf die die Einwohner so stolz sind, sind niedrige, türkisfarben angestrichene quadratische Becken, die auch schon mal voller grüner Algen sein können – dafür kostenlos und mit Umkleidekabine.

ÜBERNACHTUNG

Camping (Campingkarte), Strandgata, ℡ 456 2639, 🖳 www.tjalda.is/en/talknafjordur. Großer Platz rund ums große Schwimmbad, mit extra Zeltwiesen, Kinderspielgeräten, Minigolfplatz und überdachtem Grillpavillon. Die Duschen befinden sich im Schwimmbadgebäude (300 ISK), genauso wie die Küche, die in der Zeit zwischen 9 und 20.30 Uhr genutzt werden darf. 1550 ISK, Kinder unter 16 J. 900 ISK, Strom 1000 ISK, Internet 500 ISK p. P.

Guesthouse Bjarmaland, Bugatún, ℡ 891 8038, 🖳 www.guesthousebjarmaland.is. Das erste Haus am Platze ist zugleich das einzige. Nicht viele Besucher kommen in diesen winzigen Ort. Das Gästehaus, gegründet von Ordensschwestern, ist einfach, aber gemütlich. Die 21 Betten verteilen sich auf insgesamt 11 Zimmer, die Gemeinschaftsküche ist groß und hat alles, was der Koch braucht. Bei gutem Wetter wird draußen auf der großen Terrasse gegrillt. Achtung: Man kann das Haus zwar von der Tankstelle aus sehen und von dort auch hinlaufen – aber wer direkt mit dem Auto vorfahren will, muss einen ziemlich weiten Umweg über den Hrafnadalsvegur in Kauf nehmen. Günstige handgestrickte Pullover, Frühstück 1500 ISK. ❸

ESSEN

Improvisiertes **Fischverkaufsbüdchen** am Hafen. Der Fisch – Heilbutt, Lachs, Kabeljau, Forelle und die typisch isländischen Fischbällchen – ist hygienisch eingeschweißt, aber fangfrisch und günstig. Bezahlt wird in eine Kasse des Vertrauens.

Cafe Dunhagi, ℡ 662 0463, 🖳 www.cafedunhagi.is. Wenn die Einheimischen sich mal was gönnen wollen (was ziemlich oft der Fall ist), tun sie das hier, gerne nach dem Schwimmbadbesuch. Obwohl das Lokal erst um 15 Uhr öffnet, ist es kein reines Restaurant, sondern auch Kuchen-Café, Wirtshaus, Ausstellungsraum und Konzertbühne. Hochgelobt sind – einmal darf man raten – die frischen Fischgerichte. 500 ml Krombacher Pils für 1350 ISK. 🕘 tgl. 15–22 Uhr.

Hópið, Hrafnadalsvegur, ℡ 456 2777, 🖳 auf Facebook. Riesenpizzas und Hamburger zu erschwinglichen Preisen. Auch der Fisch

Westfjorde West

ÜBERNACHTUNG
1. Einarshúsið, Campingplatz
2. Fisherman Hótel Suðureyri, Campingplatz
3. Grænhöfði Cottages, Litlabyli Guesthouse, Síma Hostel, Campingplatz
4. Camping Tungudalur
5. Camping Súðavík
6. Swanfjord Guesthouse
7. Guesthouse Kirkjuból
8. Hótel Sandafell, Við Fjörðinn, Þingeyraroddi Camping
9. Bildo Guesthouse, Harbour Inn
10. Campingplatz Bíldudalur
11. Guesthouse Bjarmaland, Camping Tálknafjörður

soll nicht schlecht sein. Witzige Hütte mit Terrasse in der Nähe der Kirche. ⊙ Mo–Fr 12–23, Sa, So 13–23 Uhr.

AKTIVITÄTEN

Kajak
Kristinn Hilmar Marinósson, ✆ 823 9987, 💻 auf Facebook, nimmt Gäste mit auf den Fjord, und zwar nach seiner Arbeit, also in den schönen Abendstunden von 19–24 Uhr.

Schwimmen
Großes **Freibad** mit 5 Schwimmbahnen, mehreren unterschiedlich warmen Pots, Rutsche und Bergblick, ✆ 456 2639. ⊙ im Sommer tgl. 10–21 Uhr, im Winter meist Mo–Fr 8–12 und 16–21, Sa, So 11–14 Uhr.

SONSTIGES

Hjá Jóhönnu (bei Johanna), kleiner Supermarkt an der Tankstelle, ⏱ Mo–Fr 9–18, Sa 11–15 Uhr.

TRANSPORT

Die Straße 617 geht hinter dem Ort noch 10 km als Küstenpiste weiter (u. a. an den heißen Quellen und Hot Pots Pollurinn vorbei), endet aber im Nichts.

Bíldudalur und Umgebung

Ein weiterer kleiner Ort, in den es nicht viele Besucher verschlägt. Sogar das Hostel musste unlängst mangels Gästen schließen. Dabei ist der kleine Ort mit seinen bunten alten Häusern und einem schönen Hafen eigentlich ganz hübsch.

Die Hauptattraktion ist das skurrile **Skrímslasetur-Seeungeheuermuseum**, Strandgata 7, ✆ 456 6666, 🖥 www.skrimsli.is. Hier geht es nicht nur um Seeungeheuer, sondern generell um das Unbekannte, Furchteinflößende. Kinder sollten also besser nicht rein. Das im Jahr 2009 eröffnete Museum soll auch gar nicht in erster Linie Touristen erfreuen. Es ist ein groß angelegtes Kunstprojekt. Fünf ortsansässige Künstler hatten Langeweile – und abgesehen vom Schwimmbad keinen Treffpunkt, kein Restaurant, keine Kneipe, keinen Gemeindesaal. Also wurde gebastelt und gewerkelt, bis dieses einzigartige Museum vollendet war. Vom gemütlichen Café, das auch als Tanzsaal dient, geht es durch einen dunklen Tunnel ins Reich der Fantasie. „Was wäre, wenn …?", ist hier die meistgestellte Frage. Was wäre z. B., wenn wir Menschen nicht alles erforscht und kategorisiert hätten und es doch noch Lebensformen gäbe, von deren Existenz wir nicht wissen? In Bíldudalur hat man in einem ersten Schritt Erfahrungsberichte von denjenigen gesammelt, die schon einmal mit einem Seeungeheuer zusammengetroffen sind. Entstanden ist ein sehenswerter Film, in dem Zeitzeugen eindrucksvoll ihre Erfahrungen beschreiben. Wer sich danach nicht gruselt, ist echt hart im Nehmen. Doch in erster Linie appelliert das Museum daran, den Horizont zu erweitern, Dinge zu hinterfragen. Wer also schon immer mal ein Mähnen- oder Muschelmonster, den Seejungmann oder den heimtückischen Strandschleicher kennenlernen wollte, wird großen Spaß haben. Außer dem kleinen Kino gibt es noch eine Sammlung von Büchern, eine Multimedia-Installation – den sogenannten interaktiven Monster-Tisch – und einen kleinen Souvenirshop im Vorraum. ⏱ Mitte Mai–Mitte Sep 10–18 Uhr, Eintritt 1000 ISK.

Und dann glänzt der Ort noch mit dem Musikmuseum **Tónlistarsafn Jóns**, Tjarnarbraut 5, ✆ 456 2186. Definitiv nur etwas für Freunde des schrägen Humors. Die (vielen) Schallplatten an den Wänden und die (wenigen) Instrumente werden nämlich nicht näher erklärt – und das Personal spricht nur Isländisch. ⏱ Juni–Sep Mo–Fr 13–18 Uhr oder wenn jemand da ist.

Selárdalur

Wer nach dem Monster-Museum noch nicht genug hat: Nicht minder skurril ist das 25 km entfernte verlassene Örtchen Selárdalur. Hier steht im Freilichtmuseum **Listasafn Samúels** eine extravagante Kirche neben einer weiß-rosafarbenen Villa à la Pippi Langstrumpf und schwer zu beschreibenden Installationen, die aussehen, als seien sie aus Modelliermasse. Besonders die Tiere – eine Mischung aus Pony, Löwe, Schwein und Seeungeheuer – sind der Hit. Aber wie kommt das alles ans Ende der Straße 619, quasi ans Ende der Welt? Der von Gaudí inspirierte Bauer Samúel Jónsson wohnte hier bis kurz vor seinem Lebensende im Jahr 1969. Er versorgte sich am Strand mit Muschelkalk, aus dem er seine Kunstwerke zu fertigen pflegte. Der Bau einer Kirche war ursprünglich nicht geplant. Samúel hatte einen Holzaltar entworfen, den er der Kirche schenken wollte. Als die Gemeinde sein Ansinnen ablehnte, baute er kurzerhand eine kleine Kirche um den Altar herum. Lange war dieses Kunstwerk mitsamt seiner eigenwilligen Entstehungsgeschichte in Vergessenheit geraten, bis im Jahr 1998 eine Stiftung zu ihrem Erhalt gegründet wurde. Die Restauration wurde unter der Leitung von Gerhard König von zahlreichen, meist deutschen Freiwilligen übernommen. Eintritt 500 ISK, einzuwerfen in eine Kasse des Vertrauens, Kinder frei.

Direkt neben Samúels Kirche befindet sich eine kostenlose Campingwiese, gegenüber das kleine Servicehäuschen mit Toilette und kaltem Wasser. Richtung Strand stehen noch kleine Hütten. Auch sie werden nach und nach von den Einheimischen wieder instand gesetzt. Sie sind schließlich fast 100 Jahre alt. So alt sind nur wenige Bauwerke in Island.

Weniger bekannt als die Geschichte vom verrückten Künstler-Bauern Samúel ist die von Gísli. Nein, nicht die vom Gísli aus den Sagas, sondern die von einem anderen Einsiedler gleichen Namens. Dieser Gísli hatte sich von Freunden und Familie zurückgezogen und lebte viele, viele Jahre in einer Hütte tief im Selárdalur. Mit der Zeit verlor er die Fähigkeit zu sprechen, aber je weniger er sprach, umso besser schrieb er, erzählt man sich in Bíldudalur. Wer das **Wohnhaus des Dichter-Gísli** besichtigen will, braucht einen guten Jeep – oder er geht eine halbe Stunde zu Fuß. Ein lohnender Spaziergang, der auch an der echten, geweihten Kirche des Dörfchens vorbeiführt. Gíslis Haus ist das letzte im Tal. Selbstverständlich entweiht man dieses Bauwerk nicht durch eine stinknormale Renovierung. Bei unserem letzten Besuch war es eine Ruine mit brandneuen doppelverglasten Fensterscheiben und ebenso neuen Stromleitungen. Welche Pläne man damit hat, entzieht sich unserer Kenntnis. Der schöne **Wasserfall** am Talende ist das einzige, was an diesem schrägen Ort „normal" zu sein scheint. Man erreicht ihn in ca. 15 Minuten über einen Trampelpfad, der bei Gíslis Haus beginnt.

Anfahrt nach Selárdalur: 25 km auf der Straße 619. Auf dem Weg durch die „Kesseltäler" (Ketildalir) passiert man einen fabelhaften goldenen **Strand** ohne Menschen und ohne Müll. Er ist vermutlich deshalb so unberührt und einsam, weil in der Nähe Küstenseeschwalben brüten, die jeden attackieren, der hin will.

ÜBERNACHTUNG UND ESSEN

Seitdem das Hostel geschlossen ist, gibt es nur noch eine einzige Unterkunft, die ganzjährig geöffnet hat, ein Sommer-Gästehaus und den Campingplatz. Außerdem das **Vegamót Café** in der Tjarnarbraut 2 an der Tanke, mit Burgern und frischem Fisch auf der Karte. Witzige Mischung aus Restaurant, Lottoannahmestelle, Schnellimbiss und Supermarkt mit Briefkasten. ⏲ Mo–Fr 10–22, Sa, So 12–22 Uhr.

Bildo Guesthouse, Dalbraut 14, ☎ 864 1864, 🖳 www.bildoguesthouse.is. Zwei Doppel- und ein Dreibettzimmer mit Gemeinschaftsbad und -küche in einem kleinen Haus am Ortseingang. Die Besonderheit ist die bis ins Detail durchgestylte 60er-Jahre-Ausstattung. Die Besitzer betreiben auch das Butterfly Guesthouse in Reykjavík, deshalb hier nur Sommerbetrieb. 3er-Zimmer 18 000 inkl. Frühstück. ⏲ Juni–Aug. ❸

Campingplatz, ☎ 450 2354, 🖳 www.tjalda.is/bildudalur. Einfacher Platz zwischen Fjord und Schwimmbad, wo auch bezahlt wird. 1600 ISK (je länger man bleibt, umso günstiger wird's), Kinder unter 15 J. kostenlos, Strom 1250 ISK.

Harbour Inn, Dalbraut 1, ☎ 662 8446. Empfehlenswertes, liebevoll eingerichtetes Gästehaus mit gemütlichem Aufenthaltsbereich und leckerem Frühstücksbuffet im Gebäude des ehemaligen Stiklur Steppin' Stones Guesthouse. Bisher haben Frida und Gummi (die auch das Guesthouse Kirkjuból in Bjarnardalur, S. 305, betreiben) sich auf die Renovierung des Inneren beschränkt, aber auch das unansehnliche Äußere soll bald schon aufgehübscht werden. Tee und Kaffee zur freien Verfügung. Einige der 12 Zimmer mit Hafenblick. ❸–❹

AKTIVITÄTEN

Westfjords Adventures (S. 295) bietet Walbeobachtungs- und Angeltouren an, außerdem mittwochs eine Abenteuertour auf den Spuren der Gísli-Saga. Preise auf Anfrage.

TRANSPORT

Auto
Auf der 619 geht es nach Selárdalur, auf der 63 in Richtung Dynjandi (65 km).

Busse
Bus zum Flughafen Bíldudalur, ☎ 893 2636, und regulärer Bus 3x tgl. nach PATREKSFJÖRÐUR.

Flüge
Der Flughafen ist ca. 8 km entfernt. Autovermietung über **Hertz**, ✆ 522 4400, 🖥 www.hertz.is.
Nach REYKJAVÍK mit **Eagle Air**, 🖥 www.ernir.is, 1x tgl. zu unterschiedlichen Zeiten ab 150 € (einfache Strecke).

Dynjandi und Umgebung

Direkt neben der kaum befahrenen Küstenstraße 63 lockt 20 km hinter hinter Bíldudalur und 45 km vor Dynjandi eins der schönsten Umsonst-und-draußen-Schwimmbecken Islands, das **Reykjafjarðarlaug**. Türkis, rechteckig, mit Blick aufs Meer und kilometerweit entfernt vom nächsten Ort. Die dazugehörende heiße Quelle ist auch schnell gefunden: Hinter den parkenden Autos verstecken sich in der Wiese zwei unterschiedlich warme natürliche **Hot Pots**. Gegenüber befindet sich ein Not-Zeltplatz für Wanderer und Radfahrer (ohne WC, Trinkwasser vom Fluss in 300 m Entfernung).

Später geht die Fahrt höher und höher ins vegetationslose Bergland der Dynjandisheiði. Die kurvenreiche Schotterstraße wird im Winter nicht geräumt.

Die meisten fahren vorbei, aber auf dem kleinen Parkplatz mit der schönen Aussicht stehen Infotafeln, die von der letzten Schlacht des Sagenhelden Gísli künden. Von hier aus führt die Straße wieder steil und schnell hinunter in Richtung Fjord und Wasserfall.

Dynjandi

Der Hingucker schlechthin ist der „dröhnende Wasserfall" (so in etwa die Übersetzung) – 100 m hoch und bis zu 60 m breit. Dabei läuft das Wasser über mehrere Stufen. Ein Fußweg führt vom Parkplatz aus in ca. 10 Min. hinauf, an mehreren kleinen Wasserfällen vorbei – dem Bæjarfoss, dem Hundafoss und dem Hrísvaðsfoss. Ein tolles Fotomotiv ist der kleine Wasserfall im Vorder-, der große im Hintergrund. Tipp: Es kann ratsam sein, abends oder vor 10.30 Uhr hier zu sein, denn wenn die Reisebusse mit den Kreuzfahrtschiffspassagieren aufschlagen, was meist gegen 10.45 der Fall ist, ist es gerappelt voll.

Zelten ist nur für Radfahrer und Wanderer erlaubt. Zwei WCs und zwei Spülbecken im Freien mit kaltem Wasser stehen zur Verfügung. Campervans und andere Autofahrer dürfen nicht mehr dort übernachten, auch wenn dies oft zu beobachten ist.

Hrafnseyri

Safn Jóns Sigurðssonar in Hrafnseyri, ✆ 456 8260, 🖥 www.hrafnseyri.is, ist das Geburtshaus des isländischen Freiheitskämpfers Jón Sigurðsson. Bis zu seinem 22. Lebensjahr hat er hier gelebt, wurde von seinem Vater, der wie sein Vater vor ihm Pfarrer in der kleinen Kirche war, unterrichtet und konnte schließlich die Universität besuchen. Später und bis zu seinem Tod lebte Jón in Kopenhagen. Zur Zusammenkunft des Althing reiste er alljährlich mit dem Schiff von Dänemark an. Einmal musste er wegen Sturms umkehren und traf erst in Island ein, als das Althing schon zu Ende war.

Das Museum ist vor allem bei Menschen beliebt, deren Land gerade die Unabhängigkeit anstrebt. Denn die Dänen vertraten zur Zeit von Jón Sigurðsson den Standpunkt, Island sei zu klein, um unabhängig zu sein (S. 108). Er hat sie überzeugt und eines Besseren belehrt. Das Museum selbst besteht nur aus dem Raum, in dem auch die Kasse steht. Im Nebenraum, der „Kapelle", gibt es einen 45-Minuten-Film über den Freiheitskämpfer zu sehen (auf Isländisch mit englischen Untertiteln). ⏰ Juni–Anfang Sep tgl. 11–18 Uhr, Eintritt 800 ISK.

Das große Museumsgebäude wird außerdem als Sommeruni genutzt und für Symposien und Tagungen aller Art. Der gute Geist des Hauses ist Valdimar, der im Sommer auch hier wohnt. Er macht die Führungen, sitzt aber gern im Café und lässt sich Löcher in den Bauch fragen, über Jón Sigurðsson, aber auch über das Leben in Island im Allgemeinen.

Im rechten der drei schwarzen **Grasdachhäuschen** befindet sich ein Café, in dem es nur Süßes gibt: Schokokuchen Happy-Marriage-Cake und Skyrkuchen mit Blaubeeren. Bei gutem Wetter kann man wunderbar auf den Holzbänken sitzen und im Fjord Wale beobachten (wir haben tatsächlich welche gesehen). Wer einen neugierigen Blick in die anderen beiden

Grasdachhäuser wirft, wird außer den WCs noch ein weiteres, nirgends angekündigtes kostenloses Museum finden: Die Häuser sind nämlich originalgetreu rekonstruiert und möbliert.

TRANSPORT

35 km südöstlich von Bíldudalur trifft die Straße 63 auf die Straße 60, die aus Richtung Flókalundur kommend wieder mehr Autoverkehr mitbringt. Auf der auffällig roten Schotterstraße in der Dynjandisheiði ist selbst im Sommer mit Schnee zu rechnen. Weiter von Hrafnseyri nach Þingeyri geht es auf der Straße 60 über Hrafnseyrarheiði. Die Schotterstraße ist besonders auf der Nordseite steil und bei Nässe oft schmierig. Die beiden Pässe auf dem Weg sind im Winter nicht geräumt. Die 68 km von Flókalundur nach Þingeyri sind die letzte Hauptstraße mit originaler Trassierung und Schotteroberfläche. In wenigen Jahren wird man dort nicht mehr regulär fahren können, ein Tunnel zwischen Arnar- und Dýrafjörður ist in Bau und eine neue Asphaltstraße über Dynjandisheiði in Planung. Dann gibt es erstmals eine wintersichere Verbindung zwischen den südlichen und den nördlichen Westfjorden, aber ein Stück „altes Island" weniger.

Þingeyri

Þingeyri (240 Einwohner) hat sich in den vergangenen Jahren verändert. Man hat sich auf die Busgruppen eingestellt, die mit der Fähre in Ísafjörður ankommen und auf ihrem Weg zum Dynjandi hier haltmachen. Neben dem **Musikmuseum** und der **alten Schmiede** aus dem Jahr 1913, die man auch von innen besichtigen kann (Eintritt 1000 ISK), zählt der auffällige **Kunsthandwerksladen Koltra** in einem Holzhaus, in dem sich auch die Touristeninformation befindet, zu den Attraktionen.

Direkt gegenüber steht das **Wikingermuseum Skálinn**, Hafnarstræti 2, ℡ 893 8653, 🖥 auf Facebook. Hier gibt es handgefertigte Wikingerkleidung, in die man sich für 1500 ISK hüllen kann. Ausgestattet mit den passenden Schwertern und Schildern sitzt man dann je nach Wetter auf Schaffellen im Innenraum und schreibt seinen Namen in uralten Runen oder draußen vor dem Haus am offenen Feuer, in dem die traditionellen Flatkökur-Fladen gebacken werden. Manchmal, wenn die Busgruppen einen gegen Zeitplan haben, wirft sich auch die Familie der Museumsbesitzerin Borgný Gunnarsdóttir selbst in Schale. Passanten dürfen dann Fotos machen, ohne Eintritt zu bezahlen. ⏲ unregelmäßig.

Der Wikinger-Rummel basiert übrigens auf einer Saga aus dem 10. Jh.: Gísli Súrsson soll sich 13 Jahre in der Gegend versteckt haben. Im Jahr 2003 wurde die West Vikings Association gegründet, die alte Wikingertraditionen wieder aufleben lässt, 🖥 www.sagatrail.is/en/historical-sites/saga-gisli-surson.

Den Hausberg **Sandafell** (374 m) kann man auf einem Weg besteigen, der ein Stück weiter oben an der Straße von Hrafnseyri beginnt. Man kann auch mit dem Auto raufrumpeln, aber als Fahrweg ist die Piste nicht besonders geeignet.

Die Küstenstraße Svalvogaleið

Immer wieder hört man von angsteinflößenden Straßen in den Westfjorden, die einfach ohne Leitplanken oder Ähnliches in einen Hang gemeißelt wurden. Die Jeep-Piste 622 ist eine davon. Auf der einen Seite die hohen Berge, von denen immer wieder große Steine herunterrollen, auf der anderen der Abgrund. Die Straße ist löcherig und es gibt große Steine, trotzdem ist sie mit einem Fahrzeug mit Allradantrieb problemlos passierbar (es sei denn, man ist nicht schwindelfrei). Nur unterwegs wenden geht nicht, und bei Gegenverkehr werden die Handflächen schwitzig.

Die Straße führt zum Leuchtturm **Svalvogaviti**. Jenseits des Leuchtturms wird es noch abenteuerlicher: Mutige Jeepfahrer, Mountainbiker und Wanderer können von hier aus an der Südseite der Halbinsel weiter in Richtung Dynjandi fahren bzw. laufen. Auf der Strecke gibt es schwarze Strände, aber auch mehrere unberechenbare Flüsse, die es zu überwinden gilt. Der Rückweg über die alte Straße, die direkt nach Þingeyri zurückführt, ist dann nur noch zu Fuß oder mit dem Mountainbike zu schaffen. Einmal pro Jahr zum Sommeranfang findet auf dieser 45-km-Runde der Þingeyri-Lauf statt. Die Stre-

Jeep-Piste Svalvogaleið bei Þingeyri

cke ist auch eine beliebte (lange) Tagestour für Mountainbiker. Alternativ kann man am Ufer bis Hrafnseyri weiterfahren und über die Straße 60 nach Þingeyri zurück.

Eine einfache Karte mit mehr Wanderwegen gibt es für 1200 ISK in der Touristeninfo. Sie hängt aber an der Straße 622 öffentlich aus, und zwar an der Stelle, an der die großen hölzernen Wegweiser stehen. Weitere Wanderstrecken in der Umgebung auf 🖥 www.thingeyri.is/english.

Ziergarten Skrúður und Hof Núpur

Auf der Nordseite des Dýrafjörður gegenüber von Þingeyri hat sich ein naturbegeisterter Priester „ausgetobt": Im Jahr 1909 errichtete Sigtryggur Guðlaugsson hier einen Ziergarten, der seinesgleichen sucht – mit Gewächshaus, einem Springbrunnen und einem Torbogen aus zwei riesigen Walfischzähnen. Außerdem findet man Kräuter, Blumen und Gewächse, die deutschn Schrebergärtner vor Neid erblassen lassen. Blühender Schnittlauch steht neben Maggikraut, Johannis- und Erdbeeren, dahinter ein auffällig geformter grauer Hügel mit Felsmütze. Im Gewächshaus, das ein Mini-Museum ist (300 ISK, zahlbar in eine Kasse des Vertrauens), erfährt man: Sigtryggur hat den Garten nicht nur zu seinem Vergnügen angelegt. Er diente als Lehrgarten der Schule in **Núpur** direkt nebenan. Einst die größte Schule der Umgebung, ist Núpur heute ein Hotel mit Campingplatz und Kirche. Die Betreiber wollen das Haus allerdings bald verlassen, einen Nachfolger gibt es bisher nicht. Direkt hinter dem Hotel steht ein kleines Häuschen, in dem sich ein Museum befindet, das allerdings nur manchmal geöffnet hat. Man kann aber durch die Fenster schauen und die altertümliche Einrichtung bewundern.

ÜBERNACHTUNG

Hótel Sandafell, Hafnarstræti 7, ☎ 456 1600, 🖥 www.hotelsandafell.com. Vielleicht ein wenig anonym, ohne persönliche Note, aber alle Zimmer entsprechen dem etwas gehobeneren Hotelstandard – auch die mit Gemeinschaftsbad. 21 Zimmer, davon 6 Familienzimmer. Wer Glück hat, bekommt ein Zimmer mit Fjordblick. Einfaches, großes Restaurant mit vielen Fenstern. Pizza-Karte, aber auch Cocktails. Familienzimmer 200–270 €, je nachdem ob mit Bad oder ohne. ❸–❺

Þingeyraroddi Camping (Campingkarte), Hrunastígur, ✆ 450 8470, 🖥 www.tjalda.is/en/thingeyraroddi. Zum Schwimmbad und durch Hecken geschützt, mit einigen Bänken und kleinem Servicehaus. Einfacher, aber großer Aufenthaltsraum im Schwimmbad. 1600 ISK plus 110 ISK Übernachtungssteuer (die 4. Nacht kostenlos), Strom und Waschmaschine (im Schwimmbad neben der Rezeption) je 700 ISK.

Við Fjörðinn, Aðalstræti 26, ✆ 456 8172, 🖥 www.vidfjordinn.is. Ein Gästehaus, das nur sehr schwer einer Kategorie zuzuordnen ist, denn die 9 Zimmer und 3 Apartments sind sehr unterschiedlich: Es gibt einfache, zweckmäßig eingerichtete Zimmer mit Gemeinschaftsbad im von außen nicht besonders hübschen Haus an der Straße, aber auch Luxus-Apartments mit teuren Unikatmöbeln im begrünten Innenhof mit Teich. Bemerkenswert ist der liebevoll dekorierte Frühstücksraum im riesigen Wintergarten. Der niedliche Hund der Tochter kommt oft zu Besuch, deshalb sind keine anderen Hunde erlaubt. Preise auf Anfrage.

ESSEN

Simbahöllin Coffeehouse, Fjarðargata 5, ✆ 899 6659, 🖥 www.simbahollin.is. Das Café im lindgrünen Haus mit dem ausrangierten und zum Gastraum umfunktionierten Linienbus und der großen Holzterrasse ist weithin bekannt für köstliche Belgische Waffeln mit Sahne und Rhabarbermarmelade, aber die Muffins sind auch nicht ohne. An herzhaften Speisen gibt es nur die Tagessuppe und abends manchmal Lamm. ⏲ Mitte Juni–Ende Aug tgl. 10–22, Mitte Mai–Mitte Juni und erste Septemberwoche 12–18 Uhr.

AKTIVITÄTEN

Mountainbikeverleih
Simbahöllin, s. Essen. Halber Tag (ab 13 Uhr) 7500 ISK, ganzer Tag 10 000 ISK. Mehr Informationen im Café.

Reiten
Simba Horses, Fjarðargata 5 (Büro), ✆ 869 5654, 🖥 www.westfjords-horseriding.com. Die 2-stündige Standardtour für Anfänger und Familien am Fluss Sandaá beginnt tgl. um 10 und um 13 Uhr. 9900 ISK. Längere Ausritte auf Anfrage.

Schwimmen
Großes **Hallenbad**, Þingeyraroddi, ✆ 450 8470, in halbrunder Halle mit Indoor-Pool und Sauna. ⏲ Mo–Fr 8–21, Sa, So 10–18 Uhr.

SONSTIGES

Autoreparaturen
Véla- og bílaþjónusta Kristjáns, Hafnarstræti 14, ✆ 456 8331.

Einkaufen und Informationen
Kleiner Laden und Imbiss an der N1-Tankstelle, Sjávargata 4, ⏲ Mo–Fr 9–22, Sa, So 10–22 Uhr.
Interessante Exponate und Wollpullover findet man in der **Gallerí Koltra**, Hafnar-stræti 7, wo sich auch die **Touristeninformation** befindet.

Feste
Großes **Wikinger-Fest** am ersten Juliwochenende: Der Open-Air-Festplatz bei Haukadalur, 7 km westlich vom Ort, ist der Haupt-Veranstaltungsort der sog. Dýrafjarðar-Tage. Festival-Tickets kosten zwischen 3000 und 5000 ISK.

Geld
Bank (Landbanki), Fjarðargata 5, ⏲ nur Di 13–14 Uhr.

Medizinische Hilfe
Apotheke Lyfja, Vallagata 4, ⏲ Mo–Do 13.30–17 Uhr.

TRANSPORT

Auto
An der Straße 60 in Richtung Ísafjörður wird die Fahrt um den Fjord durch eine lange Brücke verkürzt.

Busse
Pendelbusse nach ÍSAFJÖRÐUR fahren 3x tgl. (1 Std.).

Flateyri

Der Handelsplatz und Fischereiort hat weniger als 200 Einwohner, liegt auf einer kleinen Halbinsel, die in den Fjord ragt und verfügt über einen vergleichsweise großen Hafen und den größten **Lawinenschutzwall** der Welt, nachdem eine Schneelawine im Jahr 1995 20 Menschen tötete und 30 Häuser zerstörte. Ein Gedenkstein steht neben der Kirche.

Flateyri ist wohl der isländischste der kleinen Orte in den Westfjorden. Wer nicht nur Isländer kennenlernen will, die auf irgendeine Art und Weise mit der Tourismusbranche verbandelt sind, der komme um die Mittagszeit (12 Uhr) ins **Gunnu Kaffi** in der Hafnarstræti 11. Hier wird werktags für die arbeitende Bevölkerung gekocht, im Winter auch für die örtliche Schule. Das ist einfachste isländische Küche, ausgerichtet auf die Bedürfnisse von Handwerkern und Fischern – und die stehen z. B. auf Fleischklopse. Je mehr, desto besser, und ohne unnötige Beilagen oder Petersilie auf dem Tellerrand. Auf Anfrage oder falls etwas übrig geblieben ist, darf man auch mitessen. Der Preis? Verhandlungssache – wie so ziemlich alles in Flateyri. Das Café beherbergt auch die **Handverksgalleri Purka** und eine „internationale" Puppenausstellung. Neben den Exponaten hängt auch der Fahrplan für den Bus, der direkt vor der Tür hält bzw. dort halten soll. Mal kommt er, mal kommt er nicht, wurde uns gesagt. Trampen ginge ohnehin viel besser. Auch das Café ist mal auf, mal nicht. Mal funktioniert das WLAN, mal nicht. Na und? ⊕ vielleicht tgl. 11–17 Uhr.

Über einen separaten Eingang um die Ecke gelangt man ins **Museum der verrückten Dinge** (Dellusafnið), ✆ 893 3067, über dem Café. Aber egal, was auf dem Öffnungszeiten-Schild steht: Mal hat es auf, mal nicht. Diesmal nicht. Die „crazy things" in der Handverksgalleri müssen reichen. Wir kaufen selbst gehäkelte Bierdosenwärmer. Die sollen nicht das Bier aufwärmen, sondern die Hände, die die Dose halten, und sind eine Art Handschuh mit Halterung. ⊕ Museum: Juni–Aug tgl. 11–17 Uhr (so steht es auf dem Schild), Eintritt 1000 ISK.

Die Attraktion von Flateyri ist die alte Buchhandlung **Verslun Bræðurnir Eyjólfsson/The old bookstore**, Hafnarstræti 3-5, ✆ 840 0600, 🖥 auf Facebook, seit 1906 ein Laden, seit 1914 eine Buchhandlung. Hier gibt es Neuware (wie Reiseführer), aber auch antiquarische Bücher, die mit einer museumsreifen Handwaage abgewogen und pro Kilo bezahlt werden. Hinterm Tresen steht meist Eyþór Jóvinsson, früher Fischer, heute Filmproduzent und Buchautor. Als Buchhändler ist es einfach, einen Verlag zu finden, und die tollen Fotos für seine Bücher bekommt er von Freunden. Unbedingt das Buch mit den Hochglanz-Polarfuchsbildern anschauen! Eyþór erzählt, dass einer der Gründer – die Bræðurnir Eyjólfsson waren drei Brüder, alle Söhne eines Mannes namens Eyjólf – sein Urgroßvater war. Seitdem hat sich nicht viel verändert im Laden. Außer dass die Buchhandlung heute offiziell ein Museum ist. Eyþór schloss den Laden eines Abends als Buchhandlung ab und öffnete ihn am nächsten Morgen als Museum. So einfach geht das in Flateyri. Dann erweiterte er eines Tages das Angebot um ein Café mit selbst gebackenen Waffeln. Das stellte sich aber als zu zeitaufwendig heraus, denn wer Waffeln bäckt, kann nicht gleichzeitig in einem anderen Raum Bücher verkaufen. Also gibt es heute mal Waffeln und mal nicht. Die handschriftlichen Aufzeichnungen, in denen man auf den Tag genau ablesen kann, welche Bücher vor hundert Jahren verkauft wurden, gibt es immer zu sehen. Video auf Isländisch 🖥 www.youtube.com/watch?v=soGzfkRdDEE. ⊕ Juni–Aug vielleicht tgl. 11–17 Uhr, Eintritt frei, aber eine Spende von 500 ISK p. P. wäre toll.

ÜBERNACHTUNG

Camping Litlabyli, zwischen Lawinenschutzwall und N1-Tankstelle am Ortsrand, ✆ 848 0920, 🖥 www.litlabyli.com/camping. Kleines geschütztes Zelt-Areal mit Kinderspielplatz, auf der anderen Seite des Wegs dann eine Mehrzweckwiese. Keine Duschen. 1300 ISK. ⊕ Mitte Mai–Mitte Sep.

Grænhöfði Cottages, Ólafstún 7, ✆ 456 7762 und 863 7662, 🖥 auf Facebook. Die gut ausgestatteten Cottages des örtlichen Kajaktour-Veranstalters (s. u.) stehen zwischen Tankstelle und Hauptstraße auf einer Wiese, und wenn

keine mehrtägigen Touren anstehen, werden die Häuser vermietet. Preise auf Anfrage.
Litlabyli Guesthouse, Ránargata 2, ✆ 848 0920, 🖥 www.litlabyli.com. Gemütliches Gästehaus mitten im Ort mit Gemeinschaftsküche und Aufenthaltsraum. Die 5 DZ sind geschmackvoll eingerichtet, die antiken Holzmöbel ein toller Kontrast zum sonst dominanten Weiß. ❸

€ **Síma Hostel und Apartments**, Ránargata 1, ✆ 897 8700, 🖥 www.icelandwestfjords.com. Günstige Unterkünfte in metallenen Etagenbetten und einfachen DZ direkt an der Hauptstraße. Aufenthaltsraum/Wohnzimmer und Gemeinschaftsküche. Voll ausgestattete Apartments 240–300 €. ❷

Außerhalb

Guesthouse Kirkjuból, in Bjarnardalur (zwischen Þingeyri und Flateyri), Vestfjarðarvegur, ✆ 456 7679, 🖥 www.kirkjubol.is. Einsames Gästehaus auf dem Land an der Straße 60, schon seit ewigen Zeiten von Frida und Guðmundur betrieben. Entlang des schmalen Flurs befinden sich ebenerdig 6 gemütliche Doppelzimmer, 4 davon mit eigenem Bad. Aufwendig gestaltetes Frühstücksbuffet (es gibt sogar selbst gemachte Skyrspeisen mit Obst und Müsli, appetitlich in Gläsern präsentiert) im großen Gemeinschaftsraum mit alten und neuen schönen Möbeln. Wanderer freuen sich über die wenig frequentierten Routen in die umliegenden Berge, die direkt am Gästehaus beginnen. ❸–❹

ESSEN UND EINKAUFEN

Fast jeder verkauft hier Kaffee und Kuchen, nur mit „richtigem Essen" sieht es schlecht aus. Das Traditionsrestaurant **Vagninn**, Hafnarstræti 19, ✆ 456 7751, 🖥 auf Facebook, hatte zur Zeit der Recherche geschlossen. Bleiben noch das einfache **Gunnu Kaffi**, Hafnarstræti 11, und der **Schnellimbiss** an der N1-Tankstelle am Ortseingang. Hier gibt es auch einen kleinen Laden für das Nötigste. ⏲ Mo–Fr 10–20, Sa, So 11–20 Uhr.

Kaffi Sól, Neðri Breiðadalur, außerhalb, ✆ 866 7706, 🖥 auf Facebook. Tolles Café auf einem Bauernhof an der Straße 64, knapp 1 km von der Abzweigung der Hauptstraße 60 nach Ísafjörður entfernt. Die Besitzerin zaubert selbst gebackenes Rugbrauð, Pfannkuchen, Fisch und sensationell leckere selbst gemachte Zimtschnecken (150 ISK pro Stück!), die nichts mit den ziemlich trockenen aus dem Supermarkt gemein haben. Die Preise sind günstig, der Wintergarten im Anbau ist gemütlich, die Terrasse sonnig. Was will man mehr? ⏲ im Sommer tgl. 13–20 Uhr.

AKTIVITÄTEN

Angeln
Iceland Pro Fishing, Hafnarstræti 9, ✆ 456 6667, 🖥 icelandprofishing.com, bietet von April bis Sep Angelwochen mit Übernachtung in kleinen Häuschen am Hafen, auf Anfrage aber auch 4–8-stündige Hochseeangeltouren unter deutscher Leitung.

Kajak
Grænhöfði, s. Übernachtung. 2–3-stündige geführte Anfängertouren, aber auch Tages- und Wochentouren für Fortgeschrittene.

Schneemobiltouren
Litlabýli, s. Übernachtung, 🖥 www.litlabyli.com/litlabyli-adventures. Bietet im Winter auf Anfrage Touren in die umliegenden Berge, die allerdings nichts für Angsthasen sind.

Schwimmen
Flateyrarlaug, Tjarnargata 1, ✆ 450 8460. Modernes Hallenbad mit Outdoor-Hot Pots und günstigen Eintrittspreisen (550 ISK p. P.). ⏲ Mo–Fr 10–20, Sa, So 11–17 Uhr.

TRANSPORT

Auto
Die **Straße 64** endet in Flateyri. Auf einer Schotterpiste kann man noch ein Stück an der Küste entlang nach Nordwesten fahren. Hier bekommt man einen Eindruck davon, was Erdrutsche so alles anrichten können: Am Ende der Piste begann einmal ein schöner Küstenwanderweg. Heute endet er abrupt an einem Abhang.

In Richtung Ísafjörður führt die **Straße 60** durch einen langen Tunnel, der die im Winter oft unpassierbare Passstraße ablöst. Mitten im Tunnel gibt es eine Kreuzung, an der man nach Suðureyri abbiegen kann. Die Tunnelarme von Flateyri (4 km) und Suðureyri (3 km) sind einspurig mit Ausweichbuchten für eine Fahrtrichtung; nur die letzten 2 km nach Ísafjörður sind zweispurig.

Busse
Pendelbusse nach ÍSAFJÖRÐUR fahren 3x tgl. in 30 Min.

Taxis und Kleinbuscharter
Mit dem Taxi zum Dynjandi? Kein Problem mit **BS-Tours Björgvin Sveinsson**, ✆ 778 5080, 🖥 www.bstours.is. Tour zum Wasserfall für 1–17 Personen ab 90 000 ISK, 5–6 Std. Kürzere Sightseeing-Tour in die Umgebung ab 6500 ISK p. P., 2 Std.

Suðureyri

Das Dorf wird von einer Fischfabrik dominiert – und das nicht nur optisch. Der ganze Ort riecht nach Fisch, sogar im Schwimmbad mit heißer Quelle, dem einzigen Freibad weit und breit, gibt es kein Entkommen. Hier fischt man nachhaltig, was auf den zahlreichen Infotafeln vor dem **Fisherman Café** mit seinen knallorangefarbenen Plastikstühlen auf dem Gehsteig auch auf Deutsch nachzulesen ist.

Eine häufig verwendete und besonders nachhaltige Fangmethode ist das **Leinenfischen**. Dabei werden die Leinen pro Ausfahrt mit bis zu 10 000 Haken versehen, die von Hand mit Ködern bestückt werden. Das Schiff fährt raus, legt das Seil am Meeresboden aus und holt es zwei Stunden später wieder ein. So vermeidet man Beifang. Aber weggeworfen wird hier sowieso nichts: Die Fischköpfe werden mit Erdwärme getrocknet und nach Nigeria verkauft, wo sie als Delikatesse gelten; die Abfälle gehen an eine Tierfutterfabrik. Keine 36 Stunden nach dem Fang, so steht es zu lesen, stehe der Fang in den Fischtheken in ganz Europa zum Verkauf bereit. Man kann ihn auch direkt hier essen.

Food-Tasting-Führungen durch den Ort mit Besuch der Fischfabrik werden vom Fisherman Café vermittelt (5000 ISK, Kinder gratis). Es gab auch mal das Angebot, mit einem Fischerboot mitzufahren, aber das wurde kaum angenommen. Nur etwa zwei Touristen pro Saison nahmen es auf sich, um 4 Uhr morgens an Bord zu gehen und zwölf Stunden auf einem schaukelnden Fischerboot zu verbringen, um den Alltag der Fischern zu erleben. Auf Wunsch kann das aber auch heute noch über das Fisherman Hótel Suðureyri organisiert werden.

Nördlich des Ortes, zu erreichen über eine steinige Piste, steht ein kleines **Holzhaus mit Grasdach**. Hier kamen früher die Familien des Ortes zusammen, um die Fischer mit warmem Essen zu empfangen, wenn sie erschöpft zurückkamen. Hier beginnt auch ein **Wanderweg nach Flateyri** (4–5 Std.), der genaue Verlauf ist auf einer der besagten Informationstafeln vor dem Café beschrieben.

ÜBERNACHTUNG UND ESSEN

Fisherman Hótel Suðureyri, Aðalgata 14-16, ✆ 450 9000, 🖥 www.fisherman.is. Interessantes Hotel mit Café-Restaurant, das gleichzeitig als **Touristeninformation** fungiert. Man sitzt anstatt auf Bänken auf Unikaten aus aufgeschichteten alten Zeitungen, in den Regalen stehen Pappkartons mit sonnengetrocknetem Seetang, Meersalz, Seeteufelleber und Trockenfisch der hauseigenen Marke Fisherman (ja, das Hotel gehört zum gleichnamigen in Reykjavík). Und man isst leckere Fischsuppe, Sandwiches und Törtchen. Das Hotel hat insgesamt 18 Zimmer, einige davon im Haus gegenüber, in dem sich auch das **Talisman** befindet: Ein uriges, etwas schickeres Abendrestaurant mit beschränktem Angebot: Auf der Tageskarte steht jeweils ein Gericht mit Lamm und ein vegetarisches. Ansonsten gibt es Fisch. ⏲ Mai–Sep tgl. 7.30–22 Uhr. ❹-❺

Der **Campingplatz** ist nicht mehr als eine einfache Zeltwiese zwischen Fjord und Supermarkt (in dem sich auch die Toiletten befinden). Infos und Bezahlung im Hótel Fisherman. 1500 ISK, Strom 1000 ISK. ⏲ nur im Sommer.

SONSTIGES

Gesundheitszentrum, Túngata, ✆ 450 4570. So etwas kann es nur in Orten wie diesem geben: Das örtliche Ärztezentrum ist gleichzeitig auch Geschäft für Pullover- und Schnickschnack. Sprechstunde ist nämlich nur Di 9–10.45 Uhr, der Zahnarzt kommt einmal im Jahr. Hálldora und Ásta bieten hier Mo–Fr und So zwischen 13–18 Uhr ihr Kunsthandwerk feil.
Schwimmbad, Suðureyrartún/Túngata, ✆ 450 8490. Eines der wenigen Freibäder in den Westfjorden. Mit zwei Hot Pots und Bergblick. ⏰ Sommer tgl. 11–19, Winter Di–Fr 16–19 Sa, So 10–15 Uhr.
Verslunin Súgandi, gar nicht mal so schlecht ausgestatteter Tankstellen-Supermarkt. ⏰ tgl. 10–21 Uhr.

TRANSPORT

Die Straße 65 ist eine Sackgasse. Sie endet 2 km nördlich des Ortes. Pendelbusse fahren 4x tgl. in 30 Min. nach ÍSAFJÖRÐUR.

Ísafjörður

Dieser Ort ist der größte der gesamten Region, und die etwas mehr als 2500 Einwohner stellen über die Hälfte der gesamten Bevölkerung der Westfjorde. Ísafjörður, was übersetzt Eisfjord bedeutet, ist klein und kompakt, doch es strahlt städtisches Flair aus. Ein Spaziergang durch den Stadtkern führt vorbei an zahlreichen bunten Holz- und Wellblechhäusern, die vielfach noch aus dem 19. Jh. stammen und von einer Zeit künden, als die Bewohner durch den Fang und die Verarbeitung von Fisch zu Wohlstand gelangten.

Die Lage der Stadt ist bemerkenswert, denn sie liegt auf einer natürlichen Landzunge, die den Hafen vom rauen Meer abschirmt. Drumherum erheben sich die steilen Hänge des Eyrarfjall und des Kirkjubólsfjall.

Der erste Siedler soll sich hier um 940 niedergelassen haben. Er hieß Helgi Hrólfsson; seinem Hof gab er den Namen Eyri, was übersetzt „Sandbank" bedeutet. Den Fjord nannte er Skutulsfjörður, nachdem er eine *skutull*, eine „Harpune", am Strand gefunden hatte. Über 600 Jahre später kamen reisende Niedersachsen in den Fjord, denn die Hanse aus Stade trieb hier Handel. Nachdem die Dänen 1603 ihr Handelsmonopol auf Island ausgeweitet hatten, übernahmen sie auch die Geschäfte in Ísafjörður. Die Stadt wurde zu einer bedeutenden Handelsmetropole und wuchs bis 1900 mit über 1000 Bewohnern zur zweitgrößten Stadt des Landes heran. Diese Stellung hat sie eingebüßt, doch bis heute ist Ísafjörður das Zentrum der Westfjorde.

Der Hafen dominiert den Ort noch heute, waren es früher vor allem Fischkutter, die hier ihre Ladung ausluden, so sind es heute im Sommer die zahlreichen Kreuzfahrtschiffe. Der Tourismus als neuer Wirtschaftszweig boomt. Kommt ein solches Schiff, dann wird die sowieso schon recht lebhafte Stadt zu einem großen Rummelplatz. Lange Schlangen bilden sich an der Eisdiele – zumindest bei Sonnenschein –, und durch das kleine Zentrum ziehen Reisegruppen im Gänsemarsch. Aber so schnell wie sie gekommen sind, sind die Kreuzfahrer wieder in See gestochen. Dann haben die Einheimischen und die vergleichsweise wenigen Touristen die Stadt wieder für sich.

Angelfreunde kommen hier voll auf ihre Kosten – nicht selten wird auf dem Campingplatz Fisch für alle gegrillt. Im Gegensatz zu den Flüssen darf hier nämlich jeder seine Angel ins Wasser halten, und die Fische sind riesig. (Wer Angeln aus Deutschland mitbringen will, muss diese jedoch aufwendig desinfizieren, s. S. 43.)

Es ist herrlich, in einem der Cafés zu sitzen und es sich gutgehen zu lassen. Manchmal kommen ohne große Ankündigung Musiker vorbei und geben ein Gratiskonzert. Und natürlich gibt es ein paar sehenswerte Museen. Doch so richtig glücklich sind hier Outdoor-Fans. Denn in und um Ísafjörður kann man viel unternehmen: Mountainbike fahren, zur Walbeobachtung rausfahren, mit dem Boot ins Naturschutzgebiet nach Hornstrandir übersetzen, reiten, Kajak fahren … Kaum eine Stadt hat so viele Outdoor-Angebote (S. 311).

Byggðasafn Vestfjarða

Neðstikaupstaður, das Heimatmuseum der Westfjorde, ✆ 456 3293, 🖥 www.nedsti.is, befindet

sich in einem der vier restaurierten Häuser aus dem 18. Jh. im alten Siedlungskern ganz am Ende des Hafens. Die Ausstellung widmet sich der Fischerei. Sehenswert ist das gesamte Ensemble des Geländes. Wer Glück hat und bei Sonnenschein hier ist, taucht ein in das Leben von einst. Ein Fischrestaurant ist neben dem Museum in einem alten Speicher aus den 1780er-Jahren untergebracht. Das urige Restaurant lädt drinnen und draußen zur Rast, was viele Reisegruppen nutzen. Individualisten sind aber herzlich willkommen (s. Essen). ⏲ 15. Mai–15. Sep tgl. 9–18 Uhr, Eintritt ins Museum 1000 ISK, Grundschulkinder frei.

Edinborg Húsið

In diesem alten Haus von 1907, einst das größte der Stadt, sind heute die Touristeninfo und ein Restaurant untergebracht. Zudem gibt es im Ausstellungsraum Slunkaríki oft lohnende (i. d. R. kostenlose) Ausstellungen. Einen guten Überblick über die besondere Lage der Stadt auf der Sandbank geben die alten Fotografien im Eingangsbereich. ⏲ und Adresse wie Touristeninformation, bei Veranstaltungen länger geöffnet, siehe aktuelle Ankündigungen.

Ísafjarðarkirkja

749 tönerne Vögel, geformt von den Mitgliedern der Gemeinde, zieren das Altarbild der recht neuen Kirche aus dem Jahr 1995. Für Fans von Kirchen einen Besuch wert.

Skóbúðin – Museum of everyday life

Gefallen gefunden an der leicht schrulligen isländischen Museumskultur? Neben Monster- und Hexereimuseum das dritte Muss in den Westfjorden: das Museum der Alltagsgegenstände, Hafnarstræti 5, ☏ 694 4266, 🖥 auf Facebook. Den Alltag lebendig ins Museum zu bringen, ist eine ausgefallene Idee. Hier sind die Themen nicht die Fischerei oder das harte Leben von einst. Zwar geht es auch um Vergangenes, die Gegenwart kommt aber nicht zu kurz. „Take a walk in our shoes" und „Hear the sound of the kitchen" sind gekonnt inszenierte Einblicke in das Alltägliche. Die blauen Gummisandalen haben ebenso eine Geschichte zu erzählen wie die Gummistiefel. In der Küche wird gemurmelt, Geschirr klappert. Auch wenn man nicht alles versteht, ist die Ausstellung auf jeden Fall erlebenswert. ⏲ Mo–Fr 11–18, Sa 11–14 Uhr, Eintritt 500 ISK oder wahlweise 4 €.

ÜBERNACHTUNG

Camping Tungudalur (Campingkarte), ☏ 864 8592. Ein wirklich toller Campingplatz am Fluss mit Blick auf den Wasserfall. Viele Stellplätze, teils separiert, teils auf einer Wiese. Super Servicehaus mit Kochstelle und viel Platz. Große Dusche (behindertengerecht). Gutes Management. 1700 ISK, die 3. Nacht ist kostenlos, Kinder bis 18 J. frei. Strom 1000 ISK, Trockner und Waschmaschine, zudem stehen Grills bereit. Bis zur Stadtmitte sind es 4,5 km; Bónus und Bushaltestelle erreicht man schon nach 1,5 km.

Der Campingplatz **Kagrafell** am Hafen ist zwar zentraler gelegen, wir können ihn aber nicht empfehlen: Er hat kein richtiges Servicehäuschen, und wenn der Wind bläst, weht alles davon, denn hier gibt es keinerlei Windschutz (Kosten ab 13 J. 1500 ISK p. P.). Beide ⏲ 15. Mai–15. Sep.

Gamla Guesthouse, Mánagata 5, ☏ 456 4146, 🖥 www.isafjordurhotels.is/gamla. Das Guesthouse bietet Platz für 19 Gäste (8 DZ, ein Dreibettzimmer). Eine schöne große Küche für alle und gemütlich eingerichtete Zimmer auf zwei Stockwerken befinden sich in einem Haus, das bereits Ende des 19. Jhs. erbaut wurde. Alle Zimmer mit Gemeinschaftsbad. Auch rollstuhlgerechte Zimmer gibt es. Sofern niemand an der Rezeption ist, bitte im Hotel Ísafjörður Torg melden. Inkl. Frühstücksbuffet. ❹

Gentle Space Apartments und Guesthouse, Hlíðarvegur 14, ☏ 892 9282, 🖥 www.gentlespace.is. Zwei Doppel- und ein Dreibettzimmer, alle mit Wasserkocher, Mikrowelle, Kühlschrank, TV und WLAN. Der Garten (mit Gasgrill ausgestattet) steht allen Gästen offen. Es werden außerdem 3 Apartments vermietet (im Sommer je um 200 €). ❷–❸

Hótel Edda, Torfnes, ☏ 444 4960, 🖥 www.hoteledda.is. Nahe dem Sportplatz gelegene Schule, die im Sommer zum Hotel wird und 33 Zimmer zur Verfügung stellt. Wer ein wenig sparen will, verzichtet auf Bettwäsche und schläft im Schlafsack (bitte vorher nachfragen). Frühstücksbuffet. Es gibt auch die Möglichkeit zu campen; die zentrale Lage ist praktisch, sonst ist Tungudalur aber schöner. ⏲ nur während der Sommerferien. ❺

Hotel Ísafjörður Horn, Austurvegur 2, ☏ 456 4111, 🖥 www.isafjordurhotels.is/horn. Modernes Hotel im Zentrum. Mit Rundumblick aus zahlreichen Fenstern. Moderne Einrichtung. Alle Zimmer mit eigenem Bad. Sofern bei Ankunft niemand vor Ort ist, bitte im Hotel Torg einchecken. Frühstücksbuffet von 7.30–10 Uhr. ❻

Hotel Ísafjörður Torg, Silfurtorg 2, ☏ 456 4111, 🖥 www. hotelisafjordur.is. Mitten im Zentrum gelegenes Haus mit Standard- und Deluxe-Zimmern. Sauber und funktional eingerichtet. Gutes und von vielen gelobtes Frühstücksbuffet. Kinderfreundlich. Auf Anfrage sind auch Gäste mit Haustier willkommen. ❼–❽

€ **Mánagisting Guesthouse**, Mánagata 4, ☏ 615 2014, 🖥 auf Facebook. Die Zimmer sind zwar nicht riesig, aber sauber und ansprechend. Das Preis-Leistungs-Verhältnis ist gut. Schlafsaalbetten ab 50 € p. P., zudem einfache DZ mit Gemeinschaftsbädern und etwas teurere Apartments (recht klein und mit schrägen Wänden, aber mit Mikrowelle, Wasserkocher und Bad ausgestattet). ❸–❹

Rammagerð Isafjarðar, Aðalstræti 14, ☏ 690 2241. Zwei kleine Apartments, schön eingerichtet und zentral gelegen. Im blauen Haus bietet die Couch ggf. bis zu 2 Kindern zusätzlich Platz. ❸–❹

ESSEN

Bræðraborg Café, Aðalstræti 22b, ☏ 456 3322, 🖥 www.boreaadventures.com/cafe. Das alteingesessene beliebte Café gehört zu Borea Adventures (s. Touren). Hier gibt es, wie so oft in Island, neben süßem Gebäck und Kaffee auch Herzhaftes auf der Speisekarte. ⏲ tgl. 9–18 Uhr.

Edinborg, ☏ 456 8335, 🖥 www.edinborg.is. Café, Bar, Restaurant im sogenannten Edinborg Centre, in dem sich auch die Touristeninformation befindet. Modern und großzügig. Zur breiten Palette an diversen Gerichten, wie Huhn à la Tikka Masala, fangfrischem Fisch oder einem Burger, gibt es Kaffee, Cocktails und Bier. Bei Sonne lohnt es sich, draußen Platz zu nehmen. ⏲ im Sommer tgl. 10–23 Uhr.

Gamla bakaríið, Aðalstræti 24, ☏ 456 3226, 🖥 auf Facebook. Die beliebte „alte Bäckerei" mit einer großen Auswahl an Gebäck und Kuchen ist immer gut besucht. ⏲ Sommer Mo–Fr 7–18, Sa, So nur bis 14 Uhr, im Winter nur werktags.

Hamraborg, Hafnarstæti 7, ☏ 456 3166, 🖥 auf Facebook. Große Snackbar mit Fast Food: Fish-Finger, Burger, Hotdogs und Pizza (ab 1400 ISK) auf die Hand und zum Verspeisen vor Ort. Bei gutem Wetter kann man draußen sitzen. Beliebt v. a. bei Kids und Jugendlichen. ⏲ tgl. 10–21 Uhr, im Winter oft kürzer. Hier befindet sich auch die örtliche Eisdiele Ísbúð.

€ **Húsið**, Hrannargata 2, ☏ 456 5555. Tagsüber Café, abends Restaurant. Einfache gute Küche, viel Fisch – vor allem die Fischsuppe überzeugt mit einem guten Preis-Leistungs-Verhältnis. Nicht so gut sind Kritikern zufolge all jene Gerichte, die nicht fischig sind; das Pitabrot zum Beispiel gilt als schlechte Wahl. In der Saison sollte man einen Tisch reservieren. ⏲ tgl. 11–1, Fr, Sa bis 3 Uhr.

€ **Thai Koon**, Neisti Shopping Center, ☏ 456 0123. Lust auf Thaiküche? Dann auf in dieses kleine Restaurant! Per Fingerzeig kann sich hier jeder ein Curry auswählen oder auch ein frisch im Wok gebratenes Gericht bestellen. Drei Sorten Curry auf Reis gibt es für 1500 ISK. Sehr viel teurer als in Asien, aber lecker und eine willkommene Abwechslung für die Geschmacksnerven. ⏲ tgl. 11–21 Uhr.

Thai Tawee, Schnellimbiss im Neisti Shopping Center, ☏ 686 9404. Snack ab 400 ISK, ein Mittagsmenü zwischen 11–13-30 Uhr kostet 1500 ISK.

Tjöruhúsið, beim Heimatmuseum, ☏ 456 4419, 🖥 auf Facebook. Leckeren Fisch essen, nachdem man sich im Museum über die Tradition des Fischfangs schlaugemacht hat, das hat hier Tradition, und so wird es vor allem voll, wenn Tourgruppen die Stadt besuchen. Es gibt in diesem Familienbetrieb kein festes Menü, gekocht wird, was gefangen wurde. Mittags gibt es immer Fischsuppe und ein paar Gerichte, die dann auf einer Tafel stehen, abends Buffet. Es ist sehr sinnvoll, in der Hauptsaison mindestens 3 Tage im Voraus zu buchen. ⏲ Ostern bis Ende Okt tgl. 12–14 Uhr (Mittagstisch) und 19–21 Uhr (Abendmenü). Wer zu Beginn oder am Ende der Saison kommt, fragt bitte noch mal nach, denn dann wird oft früher geschlossen oder später geöffnet.

Við Pollinn, Hótel Ísafjörður Torg, s. Übernachtung, ✆ 456 3360, 💻 www.isafjordurhotels.is/vid_pollinn. Gutes Hotelrestaurant, stilvoll und sowohl auf individuelle Gäste als auch auf Reisegruppen eingerichtet. Gruppen bestellen i. d. R. ein Menü für um die 8000 ISK; wer alleine kommt, kann für 2300 ISK das Tagesmenü bestellen, sich einen Hamburger gönnen oder für knapp 4000 ISK ein Lammfilet verspeisen. ⏲ 1. April bis 15. Okt tgl. außer So 11–21 Uhr, im Winter Mo–Mi nur bis 14 Uhr. Im Dezember gibt es besondere Öffnungszeiten, bitte aktuell auf der Website checken.

EINKAUFEN

Baumärkte
Húsamiðjan, am Hafen. Wer hier anlandet und dringend warme regensichere Kleidung braucht, findet im Baumarkt eine bezahlbare Auswahl. ⏲ Mo–Fr 10–18, Sa nur bis 14 Uhr.

Lebensmittel und Alkohol
Bónus, Skutulsfjarðarbraut, 💻 www.bonus.is. Der große Bónus befindet sich nicht im Ortskern, sondern am Fjordende an der Kreuzung der Straßen 60 und 61. ⏲ Mo–Do 11–18.30, Fr 10–19.30, Sa 10–18, So 12–18 Uhr. In dem gleichen Gebäude gibt es bei **Sam** allerlei aus Fernost und dem Balkan. Günstig und eine beliebte Alternative. ⏲ Mo–Do 11–18.30, Fr 10–18 Uhr.

Nettó, im Neisti Shopping Center, Hafnarstræti 9-11. Im Gebäude sind zwei Thai-Snackläden untergebracht; auch im Nettó wird

spürbar: In der Stadt leben einige Asiaten. Auch der Tourist fühlt sich unweigerlich zu den exotischen Früchten hingezogen: Wo, wenn nicht hier, kauft man Kokosnüsse, die für ein Heidengeld über die Ladentheke gehen. ⏲ tgl. 10–19 Uhr.

Vínbúðin, Skipagata, ✆ 456 3455. ⏲ Mo–Do 11–18, Fr 11–19, Sa 11–16 Uhr.

Souvenirs
Karitas, Aðalstræti, Ecke Skipagata, ✆ 456 3834. Und sie stricken und stricken und stricken. Pullis, Pullover und mehr von den strickenden Damen des Ortes. ⏲ Mo–Fr 11–18, Sa 11–16 Uhr.

Rammagerð Ísafjarðar, s. Übernachtung. In ihrer kleinen Boutique verkauft Dagný Þrastardóttir selbst gemachte und angekaufte kleine Souvenirs mit dem gewissen Extra. Viele Glasarbeiten, denn das ist Dagnýs Passion. ⏲ tgl. 13–17 Uhr.

Verbúðin, Aðalstræti, ✆ 849 2006. Souvenirs und Kleidung. Die Shirts, Kappen und Tassen stammen aus eigenem Design und sind nur hier zu kaufen. Wikingerkleidung und Souvenirs für Touristen, designed in Ísafjörður. ⏲ Mo–Fr 13–18 Uhr.

AKTIVITÄTEN UND TOUREN

Bootsausflüge ins Naturschutzgebiet Hornstrandir
Im Sommer fahren einige Boote ins weitgehend unbewohnte, 580 km² große Naturparadies im Norden der Westfjorde. Auch mehrtägige Wandertouren sind äußerst beliebt. So beliebt, dass sich viele Wanderfreaks schon längst nach Alternativen umgeguckt haben. Der Vorteil in Hornstrandir: Weil die Gegend früher bewohnt war, gibt es Häuser, die heute zu einfachen Sommerunterkünften für Wanderer umfunktioniert wurden. Allerdings gibt es (fast) keine Läden o. Ä., weshalb die Tour eine extrem gute Vorbereitung erfordert.

Tickets für den Bootstransfer gibt es bei West Tours (s. u.), bitte Abfahrtszeiten immer unter 💻 www.westtours.is/trip-categories/boat-schedules checken!

Aðalvík, mit dem Boot von West Tours Mo um 9, Sa um 15.30 Uhr für 10 600 ISK in 70 Min. Mit dem Boot von Borea Do und Fr um 9 Uhr für 11 000 ISK in 1 Std.
Grunnavík, mit West Tours Sa um 9 Uhr für 10 200 ISK, mit Borea Mi, Fr und So um 17 Uhr für 9500 ISK in 1 Std.
Hornvík, mit West Tours im Sommer Di um 9 Uhr für 16 700 ISK in 3 Std., mit Borea Di und Sa um 9 Uhr für 14 500 ISK in 1 1/2 Std.
Hesteyri, mit West Tours Mo, Sa um 9, Di um 17.30, Mi, Fr, So um 13 Uhr für 10 200 ISK in 1 Std., mit Borea Mo um 12, Mi um 9, Do, So um 17 Uhr für 10 000 ISK in 1 Std.
Veiðileysufjörður, mit West Tours Mo, Sa um 9 Uhr für 12 600 ISK (das Boot fährt auch nach Hesteyri; wer beide Fjorde anfahren will, zahlt 16 800 ISK), mit Borea Mi, Fr um 9 und 17, Do, Sa, So nur 17 Uhr für 11 000 ISK in 1 Std.
Auf Anfrage organisiert Borea Adventure auch Transporte nach Lónafjörður, Hrafnfjörður, Slétta und Höfði. Ebenfalls auf Anfrage fährt West Tours nach Fljótavík, Hlöðuvík und Hornbjargsviti.

Quad fahren
ATV Ísafjörður, in einem schwarzen Container am Hafen nahe der Touristenformation, ✆ 899 4091, 🖥 auf Facebook. Geführte Touren mit dem Quad. Los geht's in der Stadt, die Touren werden den Wünschen der Gäste angepasst. Dauer 1–6 Std.

Ski fahren
Im Winter lockt das direkt hinter dem Campingplatz Tungudalur liegende Skigebiet Wintersportler aus ganz Island an. Es gibt insgesamt etwa 9 km Abfahrten für Snowboarder und Skifahrer. Die meisten Routen sind einfach, aber immerhin 2 km erfordern mehr Können. Ein Tagespass für die drei Lifte kostet 2650 ISK, Kinder 1130 ISK. ⏱ je nach Schneelage, im Winter i. d. R. von 11–16 Uhr.
Auch Skilangläufer kommen auf ihre Kosten: Es gibt Loipen und eine Langlaufhütte im Seljalandsdalur. Ende April findet **Fossavatnsganga**, das größte Skilanglaufevent Islands, statt, mit Streckenlängen zwischen 5 und 50 km, 🖥 www.fossavatn.com.

Stadtrundgänge
Ísafjörður Guides, ✆ 845 0875, 🖥 www.isafjordurguide.is. Helga Ingeborg Hausner hatte es satt, in Deutschland als Grundschullehrerin zu arbeiten. Jetzt ist sie schon seit vielen Jahren als Fremdenführerin tätig. Gemeinsam mit ihr oder ihren Kolleginnen Arný, Nína oder Dorothee geht es z. B. zu Fuß durch Ísafjörður. Die vier Frauen wissen viel zu erzählen und geben einen Einblick in den Alltag der Isländer. Die 2-stündigen Touren starten tgl. um 10, 14 und 17 Uhr (im Winter nur um 14 Uhr) an der Touristeninformation und enden an der Kirche. Wer mag, kann sich auch wie die Führerinnen in der lokalen Tracht aus dem 19. Jh. kleiden. 8500 ISK p. P., Kinder unter 16 J. kostenlos.

Touren
Die Touranbieter haben meist alle ein ähnliches Programm, bei geringer Nachfrage wird auch kooperiert. Rad oder Kajak fahren, wandern, Jeep-Touren: Es gibt viel zu erleben in den Westfjorden. Viele Touren werden allerdings nur in den Sommermonaten durchgeführt.
Borea Adventures, Bræðraborg House, Aðalstræti 22b, ✆ 456 3322, 🖥 www.borea.is. Der auf die Westfjorde spezialisierte Anbieter organisiert Kajak-, Reit- und Wandertouren.
West Tours, Aðalstræti 7, in der Touristeninformation, ✆ 456 5111, 🖥 www.westtours.is. Zu Fuß, mit dem Kajak, auf dem Pferderücken, dem Fahrrad oder im Jeep – bei dem vielfältigen Angebot ist für jeden etwas dabei. Dieser Anbieter ist seit langem etabliert; Ausflüge zur

---

Wander- und Radtouren

Wer sich auf eigene Faust auf den Weg machen möchte, kann sich in der Touristeninfo eine grobe Übersichtskarte der Region, die **Outdoor Recreation Map**, schnappen und los geht's. Verzeichnet sind Fußwege in vielen Schwierigkeitsgraden. Zur Zeit der Recherche war eine Downhill-Strecke für Mountainbiker nahe dem Skigebiet in Arbeit. Ob sie schon befahrbar ist, bitte vor Ort erfragen.

Insel Vigur sind besonders beliebt. Besucher begeistern sich nicht nur für die unzähligen Vögel, u. a. Papageitaucher, sondern auch für die einzige erhaltene Windmühle Islands. 3-stündige Touren bietet West Tours von Juni–Aug tgl. 14 Uhr, 11 000 ISK, Kinder (4–12 J.) 5500 ISK.

Wild Westfjords, im Neisti Shopping Center, ℡ 456 3300, 🖥 wildwestfjords.com. Unter der Leitung des Deutschen Rico Bittner. Vielfältiges Angebot: Kajak fahren, an abgelegene Orte mit dem Jeep oder längere Trekking- und Wandertouren. In der Saison ist spontan nicht immer noch ein Platz frei, daher sollte sich, wer Interesse hat, vorher kundig machen.

Walbeobachtungen
Westfjords Safari, Container am Hafen vor der Touristeninformation, ℡ 895 7131, 🖥 www.westfjordssafari.is. Walbeobachtungstouren, buchbar auch über Borea Adventures und West Tours (s. o.).

SONSTIGES

Autovermietungen
Wer in den Westfjorden unterwegs ist, kommt i. d. R. mit dem eigenen Auto, denn die Reise mit dem Bus ist zwar möglich, aber recht aufwendig. Wer ohne Auto ankommt, kann sich eines mieten (das ist aber teurer als an anderen Orten). Man kann hier auch sein Mietauto nach der Rundfahrt abgeben und die Reise mit dem Flieger fortsetzen.
Bílaleiga Akureyrar Europcar Iceland, Suðurtangi 2, ℡ 840 6074.
Am Flughafen befinden sich Stationen der Anbieter **Hertz**, ℡ 522 4490, und **Avis**, ℡ 660 0617.

Fahrradverleih
West Tours, s. Touren, verleiht Fahrräder. 1500 ISK pro Std., 8000 ISK für 24 Std., Kinder zwischen 8–12 J. zahlen die Hälfte. Kleinere Mitreisende können im Anhänger Platz nehmen, den es für 7500 ISK pro 24 Std. bzw. 5000 ISK für 4 Std. zu mieten gibt. Wer nicht allein fahren will, kann auch eine Tour buchen.

Feste
Jedes Jahr zu Ostern strömen Menschen aus ganz Island in die Stadt. Grund ist das Rockfestival **Aldrei fór ég suður**, wörtlich übersetzt „Nie fuhr ich in den Süden". „Süden" meint in diesem Zusammenhang Reykjavík. Sinngemäß also: Wir in den Westfjorden können mindestens genauso gut feiern – wenn nicht besser – als die im großen Reykjavík. Rockstars der Stadt und aus dem ganzen Land geben sich dann hier ein Stelldichein. Zimmer sind schnell ausgebucht und die Campingplätze voll.

Informationen
Touristeninformation, Aðalstræti 7, ℡ 450 8060, 🖥 www.westfjords.is. Die Information ist am Hafen in einem großen Gebäude des Edinborg Centres untergebracht, in dem es auch immer mal wieder Ausstellungen gibt (s. o.). ⊕ Sommer Mo–Fr 8–18, Sa 8–15, So 10–15, in den restlichen Monaten Mo–Fr 8–16 Uhr.

Medizinische Hilfe
Ísafjörður hat die beste medizinische Versorgung in den Westfjorden.
Apotheke Lyfja, Pollgata 4, ⊕ Mo–Fr 10–18, Sa 10–13 Uhr.
Krankenhaus, Torfnes, ℡ 450 4500.

Schwimmen
Hallenbad, Austurvegur 9, ℡ 450 8480. Mit Hot Pot und Sauna. ⊕ Sommer Mo–Fr 10–21, Sa, So 10–17, Winter Mo–Fr 7–8 und 18–21, Sa, So 10–17 Uhr.

NAHVERKEHR

Busse
Flughafenbus, Transport vom Hotel zum Flughafen und in die Stadt nach telefonischer Anmeldung, ℡ 850 1417. Haltestellen liegen unterhalb des Campingplatzes Tungudalur (10 Min. Fußmarsch vom/zum Campingplatz), am Hótel Edda und in der Pollgata (nahe der Touristeninformation). Zudem gibt es tgl. zwischen 9.20 und 17 Uhr 5 **Busse**, 🖥 www.isafjordur.is/is/thjonusta/samgongur/straetisvagnar, die zwischen Zeltplatz und Pollgata

einige Haltestellen in der Stadt abfahren. Ticket jeweils 350 ISK.

Taxis
Zentrale, ℡ 456 3518. Direkt können die Fahrer Rúnar Þór Brynjólfsson unter ℡ 895 3595 und Ólafur Halldórsson unter ℡ 865 3709 erreicht werden.

TRANSPORT
Auto
Die beiden Hauptrouten ab Ísafjörður aus den Westfjorden heraus führen über die **Straße 61** nach Hólmavík (220 km) und weiter über die Straße 68 nach Staðarskáli, wo nach insgesamt 335 km die Ringstraße erreicht wird, oder über die **Straße 60** vorbei am Dynjandi zur Südküste bei Flókalundur. Von hier aus ist es nur ein Katzensprung zur Fähre über Breiðafjörður. Über die einsame Küstenstraße (immer noch die 60) erreicht man nach insgesamt 295 km Búðardalur. Diese Kilometer-Differenz verdeutlicht, wie weit der Weg rund um die vielen Fjorde östlich von Ísafjörður ist. Luftlinie sind es von hier nach Hólmavík nämlich keine 80 km.

Busse
Aktuelle Preise und Zeiten auf 🖳 www.westfjords.is, 🖳 www.isafjordur.is und 🖳 www.westfjordsadventures.com/our-services/bus-schedule checken.
HÓLMAVÍK, Mo und Mi 15.30, So 12 Uhr für 7000 ISK, Kinder 5500 ISK, in 3 Std. Wichtig: 4 Std. vorher unter ℡ 893 1058 anmelden! In Hólmavík Anschluss an Strætó-Linie 59 nach Borgarnes, dort Anschluss an Linie 57 nach Reykjavík.
PATREKSFJÖRÐUR im Juni–Aug mit Westfjords Adventures Mo, Mi, Fr um 15.30 Uhr für 9900 ISK über ÞINGEYRI (an 16.10, ab 16.15 Uhr, 2000 ISK), DYNJANDI (an 17, ab 17.30 Uhr), FLÓKALUNDUR (an 18.20, ab 18.25 Uhr), BRJÁNSLÆKUR (an 18.30, ab 18.45 Uhr, 8400 ISK), Ankunft in Patreksfjörður um 19.30 Uhr. In Brjánslækur besteht Anschluss an die Fähre nach Stykkishólmur (S. 268), Weiterfahrt von dort mit Strætó-Linie 58 und 57 nach Reykjavík erst am nächsten Tag.

SUÐUREYRI, 4x tgl. ab Pollgata über Hotel Edda und Campingplatz. Genaue Zeiten bitte vor Ort erfragen! Das gilt auch für die 3 Busse, die ab Pollgata nach FLATEYRI und ÞINGEYRI fahren. Diese Busse halten nicht planmäßig am Campingplatz. Fahrplan (nur isländisch) auf 🖳 www.isafjordur.is/is/thjonusta/samgongur/straetisvagnar.

Flüge
REYKJAVÍK, mit Air Iceland Connect, 🖳 www.airicelandconnect.com, Mo–Fr gegen 10 und 17.30, Sa nur 13.20, So 13.20 und 17.30 Uhr in 40 Min.
Ísafjörður ist Islands anspruchsvollster Flughafen. Flüge fallen wegen schwieriger Windverhältnisse sehr oft aus. Manchmal wird stattdessen in Þingeyri gelandet, dann wird ein Bustransfer angeboten.

Bolungarvík und Umgebung

Der Hausberg Traðarhorn scheint das niedliche kleine Dorf Bolungarvík regelrecht zu bewachen. Allerdings schickt er manchmal auch Lawinen ins Tal, sodass die Errichtung eines großen Schutzwalls erforderlich war. Im Ort selbst sind die südlich des Zentrums etwas außerhalb gelegene Kirche **Hólskirkja** und der von Schülern liebevoll gestaltete **Botanische Garten** interessant.

Wer sich für die Tierwelt Islands, für ausgestopfte Vögel, Mineralien und Steine interessiert, sollte unbedingt die 1000 ISK Eintritt für das **Naturkundemuseum Náttúrugripasafn Bolungarvíkur**, Vitastígur 3, ℡ 456 7005, 🖳 www.nabo.is, investieren, denn eine größere Sammlung wird er kaum finden. ⏱ Juni–Aug Mo–Fr 9–17, Sa, So 10–17, sonst meist Mo–Fr 9–16 Uhr.

Fischerei-Freilichtmuseum
Vor dem Tunnel nach Ísafjörður zweigt links eine kleine Straße (Ósvegur) ab. Sie führt zu einem Freilichtmuseum direkt am Meer, dem **Sjóminjasafnið í Ósvör**, ℡ 892 5744, 🖳 www.osvor.is. Zu sehen gibt's eine Fischfang- und -trockenstation mit niedlichem Hafen aus dem 19. Jh., liebevoll restauriert und voller toller Fotomotive. ⏱ Juni–Mitte Aug Mo–Fr 9–17, Sa, So 10–17, Mitte Aug–

Fischerhütte von anno dazumal bei Bolungarvík

Sep Mo–Fr 11–16 Uhr, Eintritt 950 ISK, Kinder unter 16 J. frei.

Es lohnt sich, der Straße noch 1 km zu folgen, denn so kommt man in den Genuss der schönen Aussicht beim **Leuchtturm Óshólaviti**. Hinter dem Leuchtturm ist die alte Straße gesperrt, mit dem Fahrrad oder zu Fuß kommt man aber weiter bis nach Hnífsdalur und Ísafjörður – eine wunderschöne Küstenstrecke.

Bolafjall

Die Straße auf den 634 m hohen Bolafjall westlich von Bolungarvík ist 9 km lang und im Sommer auch für Pkw freigegeben. Erst geht es 3,5 km in Richtung Skálavík, dann 3,5 km in Serpentinen den Berg hoch (nur im Sommer mit dem Auto möglich). Bei den Einheimischen ist dieses letzte Stück eine beliebte Joggingstrecke. Oben dann selbst im Sommer noch Schneereste und eine auffällige Kugelkonstruktion, ehemals eine Radarstation der Nato, heute von der Küstenwache genutzt. Die Hauptattraktion ist aber die Aussicht auf das Naturschutzgebiet Hornstrandir. Grönland ist dagegen trotz entsprechender Gerüchte nicht zu sehen – aufgrund der Erdkrümmung liegt es unter dem Horizont.

Skálavík

Eine einsame Bucht, wie sie im Buche steht, 7 km von Bolungarvík entfernt: grauer Kieselstrand, strahlend blaues Meer, rechts und links Berge, davor grünes Gras, Wege aus feinem grauen Sand und eine orangefarbene Nothütte geben ein beliebtes Fotomotiv ab. Außer dem Strand findet man hier einige wenige Sommerhäuser, einen Bauernhof und eine kostenlose Campingwiese mit kaltem Wasser und Dixiklo. Im hinteren Teil des Tals gibt es noch einen Wasserfall.

ÜBERNACHTUNG UND ESSEN

Ein Campingplatz, ein Gästehaus mit Restaurant, ein **Imbiss mit Eisverkauf** an der Tankstelle (Puríðarbraut 13) – das war's.
Camping (Campingkarte), Höfðastígur, 456 7381, www.tjalda.is/en/bolungarvik. Einfacher, aber schöner Platz mit Bergblick beim Schwimmbad. Verschiedene Areale, die durch Büsche voneinander getrennt sind. Bisher nur mit 2 WCs und einer Waschecke, aber man baut eifrig an einem Aufenthaltshaus mit Kochmöglichkeit. 1200 ISK, Wohnmobile 2100 ISK, Strom 1000 ISK.

Einarshúsið, Hafnargata 41, ✆ 456 7901/864 7901. Das helle Wellblechhaus mit Islandfahne versprüht den Charme vergangener Zeiten – innen wie außen. Überall stehen alte Möbel und Antiquitäten, an den Wänden im Gastraum hängt die Ahnengalerie des freundlichen Besitzers Benedikt, der mindestens einmal am Tag zur Gitarre greift und seine Gäste mit isländischem Liedgut erfreut. Das Essen ist lecker, die Zimmer im Obergeschoss sind einfach, aber gemütlich. ❸

SONSTIGES

Einkaufen und Informationen
Drymla, Vitastígur 1, ✆ 456 7525. Pullover im traditionellen Strickmuster der Westfjorde, das die freundliche Besitzerin auch gern erklärt, selbst gemachte Marmelade in ausgefallenen Geschmacksrichtungen und Kunstobjekte aus der Glasbläserei nebenan: Hier kann man lange stöbern. Auch die örtliche **Touristeninformation** ist hier untergebracht, ✆ 450 7010 🖥 www.bolungarvik.is. ⏱ Mo–Fr 12–17, Sa 13–16 Uhr.
Kjörbúðin-Supermarkt, Vitastígur 3, ⏱ Mo–Fr 9–19, Sa 10–18, So 12–18 Uhr.

Geld und Post
Landsbankinn mit Geldautomat, Aðalstræti 14, ⏱ Mo–Fr 10–12 und 12.30–15 Uhr.
Post, Aðalstræti 14, ⏱ Mo–Fr 10–15 Uhr.

Medizinische Hilfe
Gesundheitszentrum mit Notapotheke, Höfðastígur 15, ✆ 450 45 90.

Schwimmen
Hallenbad, Höfðastígur 1, ✆ 456 7381, mit Hot Pots und Rutsche im Außenbereich vor spektakulärer Bergkulisse. ⏱ Mo–Fr 6.15–21, Sa, So 10–18 Uhr.

TRANSPORT

Auto
Die Straße 61 führt durch einen 5-km-Tunnel von und nach Ísafjörður (16 km). Eine offiziell ausgeschilderte **Einsammelstelle für Tramper** befindet sich am Ortsausgang von Ísafjörður. Um Beteiligung am Spritgeld wird gebeten.

Busse
Nach ÍSAFJÖRÐUR Mo–Fr 5x tgl. um 7.30, 13, 14.30, 16.30 und 18.30 Uhr für 500 ISK. Informationen: ✆ 893 8355, 🖥 www.bolungarvik.is/ferdir.
Zusätzlich Flybus zum Flughafen Ísafjörður.

Von Ísafjörður nach Strandir

Obwohl jeder der vielen Fjorde einen eigenen Namen hat, ist der große Fjord, an dessen Küste man für viele Kilometer entlangfährt, **Ísafjarðardjúp** oder kurz Djúp. Die asphaltierte, aber teilweise sehr enge kurvige Straße wird von den Einheimischen oft als Rennstrecke missbraucht. Schafe nutzen den warmen Asphalt an Sonnentagen gern als Schlafplatz. Die größte Gefahr sind hier aber Touristenautos, die mangels Parkbuchten oft für Fotostopps einfach mitten auf der Straße abgestellt werden. Eine der wenigen Parkmöglichkeiten befindet sich bei **Hvítanes**. Zunächst unauffällig, entpuppt sie sich schnell als *die* Touristenattraktion, denn hier lebt eine große **Seehundkolonie** sozusagen direkt neben der Straße. Ferngläser, die gegen eine Spende ausgeliehen werden können, befinden sich in einem Kasten am Parkplatz (manchmal stehen hier auch Gläser mit selbst gemachter Marmelade, die man kaufen kann). Nur 1 km entfernt befindet sich **Litli Bær**, ein liebevoll restauriertes Grassodenhäuschen aus dem Jahr 1895, mit Waffelbäckerei, ✆ 894 4809, ⏱ im Sommer tgl. 10–17 Uhr.

Súðavík

Der Mini-Fischerort hat eine tragische Geschichte: Nach einem schweren Lawinenunglück im Jahr 1995, bei dem 14 Menschen zu Tode kamen, wurde das komplette Dorf anderthalb Kilometer nach Süden verlegt. Das war

Westfjorde Ost

ÜBERNACHTUNG
1. Dalbær Café, Campingplatz und Herberge
2. Urðartindur Guesthouse, Cottages und Camping
3. Hotel Reykjanes, Campingwiese
4. Hótel Djúpavík
5. Heydalur Guesthouse und Camping
6. Hótel Laugarhóll
7. Malarhorn Guesthouse, Campingplatz
8. Kirkjuból
9. HI Hostel Broddanes

günstiger, als einen Schutzwall zu bauen. Das frühere Dorf darf jetzt nur noch im Sommer bewohnt werden. Viele Hausbesitzer vermieten ihre ehemaligen Wohnstätten an Touristen, denn Kaufinteressenten bleiben aus – und was will man mit einem Sommerhaus, das nur einen Katzensprung vom Hauptwohnhaus entfernt ist?

The Arctic Fox Center

Im alten Teil von Súðavík befindet sich ein Familienpark mit Klettergerüsten und The Arctic Fox Center, Eyrardalsbærinn, ✆ 456 4922/862 8219, 💻 www.arcticfoxcentre.com. „Wer trägt denn so was?", mag sich fragen, wer die niedlichen beiden Polarfüchse im Außengehege beobachtet. Aber die meisten Polarfüchse werden in Island nicht irgendeiner Pelzindustrie wegen gejagt, sondern um Haus- und Hoftiere zu schützen oder aus purer Lust an der Jagd. So kommt es, dass oft elternlose Jungtiere aufgefunden werden, z. B. Ingi und Móri, die seit 2015 ihr Zuhause im Polarfuchszentrum haben und wegen ihrer Gewöhnung an Menschen nicht mehr ausgewildert werden können.

Niemand weiß genau, wie viele Füchse in Island leben. Man schätzt ihre Zahl aber auf um die 7000. Die meisten leben in den Westfjorden, schon allein der vielen Vogelfelsen wegen. In der kleinen Ausstellung im Fuchszentrum gibt es neben zahlreichen Erklärungstafeln auch ausgestopfte Exemplare, die ganz anders aussehen als Móri und Ingi. Man erfährt: Es gibt „weiße" und „blaue" Füchse. Die weißen sind im Winter schneeweiß und im Sommer braun oder gescheckt. Die blauen sind im Winter braun und im Sommer tiefschwarz. Oft ist ihr Fell aber von der Sonne ausgebleicht, sodass man die beiden Unterarten um diese Jahreszeit nicht ohne Weiteres auseinanderhalten kann. Nur 10 % der weltweiten Population sind „blau", in den Westfjorden dagegen sind es 80 %. Und das ist es, was Ingi und Móri so besonders macht: Sie sind beide Vertreter der blauen Unterart. Angeschlossen ist das kleine Rebbakaffi (s. Essen). Juni–Aug tgl. 9–18, Mai, Sep tgl. 10–16, sonst Mo–Fr 10–14 Uhr, Eintritt ins Museum 1200 ISK, Kinder unter 15 J. frei.

Wanderung zur Schlucht Valagil

Anders als vermutet, ist die ausgeschriebene Valagil nicht die Schlucht mit Wasserfall, die man vom Parkplatz aus am Ende des Tals sieht, sondern eine Schlucht mit Wasserfall ein Stück weiter westlich. Der Weg hierhin (2 km) ist nicht eindeutig markiert, aber trotzdem leicht zu finden. Startpunkt der Wanderung ist ein Parkplatz 9 km südlich von Suðavík am Fjordende in der Nähe der Farm Seljaland.

ÜBERNACHTUNG

Campingplatz, 848 7959, www.tjalda.is/en/sudavik. Empfehlenswerter Platz am Ende der Túngata. Es gibt je eine Wiese für Wohnmobile und für Zelte, ein außergewöhnlich gepflegtes Servicehaus mit Duschen und eine tolle offene Grillhütte mit Bänken. 1100 ISK, Kinder unter 12 J. kostenlos, Strom 900 ISK.

Swanfjord Guesthouse, 865 8865, www.swanfjord.wordpress.com. Einsam gelegenes Wellblechhaus auf der vorgelagerten Halbinsel Langeyri 1 km südlich des Ortes. Einfache Zimmer, dafür 1a Aussicht. Gemeinschaftsbad und voll ausgestattete -küche. Preise (auch Schlafsackunterkünfte) auf Anfrage.

ESSEN

Amma Habbý, 456 5060. Beliebte Imbissbude mit Bankgarnituren davor. Auf die Frage nach den Öffnungszeiten zuckte der freundliche Wirt mit den Schultern und lachte. Im Internet steht: 11–22 Uhr.

Rebbakaffi, im Arctic Fox Center, Eyrardal, 456 4922. Im Café mit schöner Außenterrasse sind Waffeln der Renner, aber es gibt auch andere Süßigkeiten, außerdem Gemüsesuppe und *plokkfiskur*, eine Art Fischauflauf.

AKTIVITÄTEN

Arnarneshlaup, Mitte Juli, www.hlaupahatid.is: 10-km-Lauf und Halbmarathon nach Ísafjörður als Teil des Westfjords Running Festivals.

SONSTIGES

Álftaver Service Center, Grundarstræti 3, 893 0472. Mit Gesundheitszentrum, 456 4966, Bank (Landsbankinn) und Post. Die Räumlichkeiten bei der Orkan-Tankstelle gegenüber der Kirche, in der sich auch die offizielle Touristeninformation befindet, wechseln demnächst den Besitzer, der auch das Restaurant wieder aufmachen möchte. Vielleicht profitiert auch der Laden davon, der im Moment nicht mehr als Gebäck und einige Grundnahrungsmittel im Angebot hat. Lustig: am Eingang stehen Einkaufswagen. Ob die wohl jemals jemand benutzt? Mo–Fr 10–12 und 13–15 Uhr.

TRANSPORT

Auto
Es gibt nur eine Asphaltstraße: die 61.

Busse
Im Sommer verkehrt 3x wöchentl. ein Bus nach ÍSAFJÖRDUR und HÓLMAVÍK (3 Std., Anschluss an Strætó-Linie 59), ✆ 893 1058. Eine lokale Buslinie nach Ísafjörður gibt es nicht mehr.

Am Djúp: Reykjanes und Heydalur

Bei unserem ersten Besuch in Reykjanes dachten wir fälschlicherweise, der Ort sei verlassen und es gäbe außer einer Selbstbedienungstankstelle nichts zu sehen. Heute wissen wir: Das baufällige große Hotel ist in Betrieb – sogar mit Restaurant –, und hinter dem Bretterzaun verbirgt sich ein über 50 m langes **Schwimmbecken** aus dem Jahr 1925 (Eintritt 700 ISK, zahlbar im Hotel). Außerdem versteckt sich zwischen Hotel und Meer ein Campingplatz. Wer sich von hier nach Süden wendet und leicht bergauf einem Trampelpfad folgt, findet einen **warmen Teich** (nicht heiß, aber lauwarm), die frühere Badestelle.

Die Häuschen am Wasser gehören zur Firma **Saltverk**, Djúpvegur, ✆ 519 6510, 🖥 www.saltverk.com. Hier wird das populäre, oft aromatisierte Salz hergestellt, das es überall in Island zu kaufen gibt (das schwarze Lavasalz passt super zu Bratkartoffeln). Die jungen Betreiber haben es mit ihrem Start-up schon oft in die deutschen Medien geschafft, denn die Idee, Meerwasser durch natürliche Bodenwärme aufzuheizen und dann das zurückgebliebene Salz einzusammeln, ist ebenso bestechend einfach wie ungewöhnlich. Führungen tgl. 10–17 Uhr für 2000 ISK p. P. Wer wenig Zeit oder Geld hat, schaut durchs Fenster rein.

Weil Sehenswürdigkeiten hier dünn gesät sind, bekommt die Kirche **Vatnsfjarðarkirkja** aus dem Jahr 1913 mit ihrem ungewöhnlichen kreisrunden Friedhof hier eine Erwähnung. Das bessere Fotomotiv ist aber der fotogene Grassoden-Schuppen am Meer. Weiter oben am Hang ist eine Steinwarte (Steinehaufen), die angeblich der Sagaheld Grettir errichtet hat.

ÜBERNACHTUNG UND ESSEN

Country Hotel Heydalur, Mjóifjörður, ✆ 456 4824/892 0809, 🖥 www.heydalur.is. Der Beiname „Adventure Valley" ist dann doch etwas übertrieben, aber man kann hier reiten, Kajak fahren und im Tal wandern. Außerdem gibt es ein Hallenbad, zwei Außen-Hot Pots und einen weiteren einsam gelegenen tollen natürlichen Hot Pot, dem besondere Heilkräfte nachgesagt werden – wer hier hingelangen will, muss ein Stück zu Fuß gehen und einen gar nicht mal kleinen Fluss überqueren. Es liegen zwar Steine im Wasser, aber trotzdem holen sich viele hier nasse Füße. Die Zimmer im Hotel sind sehr unterschiedlich: Es gibt 9 alte mit Gemeinschafts- und 10 neue mit Privatbad und Fußbodenheizung. Außerdem 2 tolle einsame Cottages weiter vorne im Tal. Der Aufenthalt ist nichts für Menschen, die keine Tiere mögen: Im Frühstücksraum steht der Käfig mit dem Maskottchen des Hofs, einem Graupapagei, den der Sohn des Hauses im Jahr 2000 in Reykjavík in einer Zoohandlung erstanden und dann seiner Mutter Stella (die gute Seele des Hauses und trotz hohen Alters eine wanderlustige Dame) geschenkt hat; im Eingangsbereich muss man oft über die beiden Hunde steigen, deren bevorzugter Schlafplatz genau im Durchgang liegt; draußen laufen Ponys frei herum und im Sommer auch Polarfuchswaisenkinder, die hier aufgepäppelt und später wieder in die Freiheit entlassen werden. Das Frühstück (1900 ISK) ist phänomenal, das Essen im **Restaurant** köstlich, aber nicht billig. **Campinggäste** bekommen für ihr Geld Platz auf einer windgeschützten Wiese, kostenlose Hot-Pot- und Schwimmbadbesuche, aber nur einfache sanitäre Anlagen und Duschen und weder Küche noch Aufenthaltsraum. WLAN gibt's nur im Frühstücksraum/Restaurant. Camping 1200 ISK, Kinder unter 12 J. kostenlos, Strom 750 ISK. Cottages für 4–10 Personen 22 600–27 600 ISK. ❸–❹

Hótel Reykjanes, ✆ 456 4844/854 0747, 🖥 www.rnes.is. Aus der Zeit gefallenes Gebäude, das

Assoziationen an das von den Eagles besungene *Hotel California* auslöst. Große Teile stehen leer bzw. befinden sich im Dauer-Umbau. Der riesige Speisesaal erinnert stark an eine Kantine. Aber die Zimmer sind ordentlich – und auch nicht so teuer. Schlafsackunterkunft für 5200 ISK p. P. möglich. Eine schöne **Campingwiese** mit großem Servicehaus und überdachter Grillstation liegt zwischen Hotel und Meer. 2700 ISK pro Zelt oder Camper, jede weitere Nacht 1500 ISK, Strom 1000 ISK. Hotelgäste dürfen das Schwimmbad, die Sauna und den Fitnessraum unentgeltlich nutzen, Camper müssen zahlen. ❸–❹

Ögur Café und Restaurant, ☎ 857 1840, 🖥 www.ogurtravel.com. Süppchen und Törtchen im ehemaligen Gemeindehaus mit Fjordblick. ⏰ Sommer tgl. 10–18 Uhr.

TRANSPORT

Entlang der Straße 61: Kurve für Kurve, Fjord für Fjord. Wer nach Heydalur will, nimmt die Straße 633, die einmal rund um den Mjóifjörður führt.

Drangajökull und Snæfjallaströnd

Viel wurde über die furchteinflößenden und schlechten Straßen der Westfjorde gesagt und geschrieben. Die weitgehend ebene Schotterstraße 635 entlang der Westküste des **Ísafjarðardjúp** ist da eine Ausnahme. Von hier aus erkennt man gut, wie gleichmäßig die Fjorde gegenüber strukturiert sind: als hätte ein Trollkind mit Toblerone-Tafeln gespielt und sie parallel und jeweils um das genau gleiche Maß gegeneinander versetzt aufgereiht und dann vergessen. Die Enden zeigen alle in die gleiche Richtung: zum Meer.

Der erste Pflichthalt kommt schon nach 4 km: Das **Steinshús** in Nauteyri, ☎ 822 1508, 🖥 www.steinnsteinarr.is, ein Museum mit freiem Eintritt zu Ehren des bekannten isländischen Schriftstellers Steinn Steinarr, außerdem ein bei den Einheimischen beliebtes Café mit Erdbeer-Crunch-Kuchen, Sofasitzecke und Bücherregal. Die wahre Sensation ist aber Siggi, der hier der Manager ist. Er verkauft nämlich selbst gemachte Drangajökull-Seifen, aber auch einen selbst gebrauten Anti-Aging-Trunk und eine grüne Anti-Falten-Creme aus vier verschiedenen Kräutern. Ein Gespräch mit ihm und seiner Frau über das Leben hier in der Einsamkeit ist mehr als lohnend.

Der Höhepunkt der Fahrt ist dann nach weiteren 25 km erreicht: der **Drangajökull**, der einzige Gletscher der Westfjorde. 925 m hoch erstreckt er sich über knapp 200 km². Von der Bucht **Kaldalón** aus kann man ihn bestaunen und bei gutem Wetter auch zur ca. 5 km entfernten Gletscherzunge laufen.

Am offiziellen Ende der Straße 635 findet sich die einzige Verpflegungsmöglichkeit: Im **Dalbær Café, Campingplatz und Herberge**, Snæfjallaströnd, ☎ 868 1964, 🖥 auf Facebook, gibt es Frühstück, Kaffee, selbst gebackenen Kuchen und manchmal auch warme Kleinigkeiten; Abendessen auf Vorbestellung. Hier trifft man die Wanderer, denen selbst das einsame Naturschutzgebiet Hornstrandir nicht mehr einsam genug ist. Eine drei- bis viertägige 60 km lange Tour entlang der Küste und über den Bergrücken zurück zum Café ist hier die Standardrunde.

Welche Laufrichtung die geeignetste ist, hängt von Wind und Wetter ab. Das Cafépersonal steht gern beratend zur Seite und verrät auch den Standort der einfachen Campingplätze auf dem Weg (die netterweise von Einheimischen per Boot in Schuss gehalten werden).

ÜBERNACHTUNG

Dalbær verfügt über eine geschützte Campingwiese. Die 2 WCs im Haus teilt man sich mit den Tagesausflüglern. Schlafbereich im Obergeschoss. Ein Doppelzimmer, ansonsten werden so viele Klappbetten aufgestellt, wie nötig sind. Als Schlafsackunterkunft 5500 ISK p. P., gemachte Betten im DZ 9500 p. P., Camping 1500 ISK, Frühstück (empfehlenswert) 2200 ISK.

AKTIVITÄTEN

Svaðilfari, ☎ 456 4858, 🖥 www.svadilfari.is oder www.strandir.is/svadilfari/de/index_de.htm. Als touristisch völlig unbe-

Wanderung zum Möngufoss

In gut zwei Stunden ist vom Café Dalbær aus der herrliche **Möngufoss** erreicht. Mit 60 m Fallhöhe ist er weder klein noch unspektakulär, aber trotzdem so gut wie immer ohne Besucher. Dabei ist schon allein die Küstenwanderung die weite Anreise wert. Der Steinstrand sucht an Idylle vergeblich seinesgleichen, auf der Hälfte der Strecke gilt es, einen malerischen namenlosen Wasserfall zu umklettern, und die Aussicht auf die gegenüberliegende Fjordseite und die niedlichen grasbewachsenen Inselchen vor der Küste ist auch nicht schlecht. Markierungen oder Ähnliches gibt es nicht. „Bleibt so nah wie möglich am Strand, dann werdet ihr die Spur schnell finden", lautet die Anweisung aus Dalbær. Aber Achtung: Es gibt nicht nur einen Trail, sondern mehrere. Verlaufen kann man sich trotzdem nicht. Nach ca. 10 km und 1 1/2 Std. taucht rechts am Hang der Wasserfall auf. Nach weiteren 2 km steht man zu seinen Füßen. Auch hier gibt es über die feuchte Wiese weder einen Wanderweg noch einen Trampelpfad. Auf dem Rückweg lohnt sich, kurz bevor die Straße 635 erreicht wird, ein Abstecher nach links ins **Unaðsdalur**. Hier steht nämlich eine niedliche kleine **Kirche bei Unaðsdalur**.

leckt stellen sich die Betreiber der Pferdefarm Laugarholt heraus – und gerade das macht dieses Kleinod so empfehlenswert. Der Hof liegt in einem herrlich grünen Tal an der Straße 638 nach Laugaland. 2x im Jahr findet eine 9-tägige **Reittour** ins Umland des Drangajökull und weiter nach Norden statt, die es in sich hat: Ohne Luxus oder Duschen, ohne Wander- oder Reitwege und meist auch ohne anderen Menschen zu begegnen, erlebt man Natur und Abgeschiedenheit pur (2400 €). Auf dem Hof gibt es ein schönes Apartment für bis zu 10 Personen, das auf Anfrage vermietet wird.

TRANSPORT

Von der Kreuzung der Straßen 61 und 635 sind es bis zum Dalbær Café 40 km Fahrt auf einer erstaunlich guten Schotterstraße, die im Sommer auch für Pkw kein Problem darstellt.

Hólmavík

Östlich der Hochfläche Steingrímsfjarðarheiði liegt die Region **Strandir**, mit Hólmavík (500 Einwohner) als größtem Ort. Manchmal sieht man

Hólmavík

ÜBERNACHTUNG
1. Finna Hótel Guesthouse
2. Guesthouse Steinhúsið
3. Iceland Visit Hostel
4. Kríukot
5. Campingplatz

ESSEN
1. Café Riis
2. Restaurant Galdur

SONSTIGES
1. Supermarkt Kaupfélag Steingrímsfjarðar, Vínbúðin

TRANSPORT
1. Bushaltestelle

vom Land aus Wale. Die Attraktion dieses kleinen Hafenorts ist das Hexereimuseum, außerdem gibt es eine große Kirche, die über dem Ort thront, und viele alte Häuschen. Das Versorgungszentrum mit zwei Tankstellen, einem gut sortierten Supermarkt, dem Schwimmbad und dem Campingplatz liegt direkt an der Hafnarbraut, die Altstadt fast 1 km weiter unten am Hafen. Hier hat man Sinn für das Schöne und Ungewöhnliche: Wer den Ort zu Fuß erkundet, findet neben Sitzbänken auf einer Wiese am Hafen und einer silbern glänzenden modernen Brunnenskulptur einen kleinen Kunsthandwerksladen, in dem es eingehäkelte Glaskugeln und die als Mitbringsel beliebten geschnitzten Holzvögel gibt. Sehenswert sind außerdem der Schlumpfgarten direkt gegenüber und die große moderne Kirche, die ein wenig abseits am Hang über der Stadt thront.

ÜBERNACHTUNG

Camping, Norðurtún, ℡ 451 3560, 🖳 www.strandabyggd.is/thjonusta/tjaldsvaedi.
Schöner Platz oben auf dem Hügel, direkt neben dem Schwimmbad. Durch natürliche und künstliche Mauern und Wälle ist man vor dem Wind geschützt. Zwischen 8.30 und 20.30 Uhr darf man die Küche und die Aufenthaltsräume im Gemeindezentrum nutzen. 1240 ISK, Kinder unter 14 J. kostenlos, Strom 1240 ISK, Waschmaschine und Trockner je 670 ISK.

Finna Hótel Guesthouse, Borgabraut 4, ℡ 451 3136, 🖳 www.finnahotel.is. Die Hotel-Gästehaus-Kombi im Namen ist irreführend: „Das Finna ist ein Gästehaus, das plant, ein Hotel zu werden", ist die offizielle Aussage dazu. 17 Zimmer mit Bad, einige ziemlich klein, auf Anfrage auch Schlafsackunterkünfte. Zur Ostseite schöne Aussicht. Das gelbe und beige Wellblechhaus steht am ruhigen Ortsrand hinterm Gesundheitszentrum nahe der Kirche. ❹–❺

Iceland Visit Hostel, Hafnarbraut 25, ℡ 860 6670. Im Bett und im Schlafanzug fernsehen? Kein Problem, denn jede Schlafkabine hat einen großen Fernseher, der am

Fußende angebracht ist. Ein Budget-Hostel ohne Personal direkt an der Hauptstraße unterhalb der Kirche. Die Tür wird mittels eines Codes geöffnet. Gemeinschaftsküche im UG. Schlafkojen je 43–63 €.

Kríukot, Hafnarbraut 17, ✆ 892 6737. Man mietet eins der 3 Zimmer und hat eine ganze Wohnung für sich, weil sonst keine Gäste da sind. Kommt öfter vor, als man denkt. Eher Privatzimmer als Hotel, mit freundlicher Besitzerin, die im Haus wohnt. ❸

Steinhúsið, Höfðagata 1, ✆ 856 1911, 🖥 www.steinhusid.is. Kleines gemütliches Häuschen im Zentrum, das zum Finna Hótel gehört, wo auch der Check-in erfolgt. 2 DZ mit Gemeinschaftsbad und -küche, 1960er-Jahre-Einrichtung und Wohnzimmer. ❸

ESSEN

Café Riis, Hafnarbraut 39, ✆ 451 3567/ 897 9756, 🖥 www.caferiis.is. Ausgefallene isländische Spezialitäten wie Gellur – Muskelfleisch vom Kinn eines Speisefisches – mit Kartoffeln für 3690 ISK stehen hier genauso auf der Karte wie Hamburger, Pizza, Lamm und Fisch. Im schönen grünen Wellblechhaus aus dem Jahr 1897 ist es so urig, wie das Äußere es verspricht. ⏲ tgl. 11.30–21 Uhr.

Restaurant Galdur, im Hexereimuseum. Einfache isländische Kost mit Lamm und Fisch, aber auch leckere vegane Aufläufe und Suppen. ⏲ Winter tgl. 9–18, Sommer 9–21 Uhr (die Küche schließt jeweils 30 Min. früher). Wenn keine Gäste da sind, schließt das Restaurant aber auch schon mal um 20 Uhr.

AKTIVITÄTEN

Schwimmen
Jakobínutún, schönes, modernes Freibad mit Hot Pots im Sportzentrum am Campingplatz. ⏲ Mo–Do 9–21, Fr 9–16, Sa, So 11–18 Uhr.

Walbeobachtung
Laki Tours, ✆ 546 6808, 🖥 www.lakitours.com. 2-stündige Fahrt aufs offene Meer für 6900 ISK p. P. Mitte Juni–Mitte Aug tgl. um 9.30, 14 und 16.30 Uhr.

Wandern
Sieben empfehlenswerte Westfjorde-Wanderkarten, darunter eine mit der Region Strandir, gibt's im Hexereimuseum oder im Onlineshop: 🖥 www.strandagaldur-museum-of-icelandic-sorcery.myshopify.com/collections/hiking-maps.

SONSTIGES

Einkaufen
Das **Kaupfélag Steingrímsfjarðar**, Höfðatúni 4, an der N1-Tankstelle und Bushaltestelle ist alles in einem: Laden, Alkoholshop und Schnellimbiss. ⏲ tgl. 9–22.30 Uhr, Imbiss schließt um 22 Uhr, Vínbúðin ⏲ Mo–Do 16–18, Fr 13–19, Sa 12–14 Uhr.

Feste
An irgendeinem langen Wochenende im Sommer finden die **Happy Days** statt, 🖥 www.hamingjudagar.is, ein Familienfest mit Remmidemmi, Sport, Musikprogramm und vielen Ausstellungen. Sehr niedlich, aber nicht international besetzt: Im Kindergarten werden Bilder ausgestellt. Außerdem gibt es einen Wettbewerb um den leckersten Kuchen.

Informationen
Touristeninformation im Hexereimuseum, Höfðagata 8-10, ✆ 451 3111, 🖥 www.holmavik.is/info.

Medizinische Hilfe
Krankenhaus/Gesundheitszentrum, Borgarbraut 6-8, ✆ 432 1400, ⏲ Mo–Fr 9–12 und 13–16 Uhr, mit **Apotheke**, ⏲ Mo–Fr 12.30–16 Uhr.

TRANSPORT

Auto
Die Straße 61 aus Ísafjördur (220 km) führt nicht durch den Ort, sondern 1,5 km westlich daran vorbei. Nach Drangsnes sind es von Holmavík 32 km.

Busse
BORGARNES, mit Strætó-Linie 59 ganzjährig via Búðardalur in ca. 2 Std. (im Sommer Mo, Mi, Fr und So, im Winter nur Fr und So).

ÍSAFJÖRÐUR, nur im Sommer im Anschluss an den Bus 59 aus Borgarnes in 3 Std., telefonische Voranmeldung erforderlich, ✆ 893 1058, 🖥 www.westfjords.is.

Drangsnes

Nach Drangsnes kommt man wegen der berühmten drei blauen **Hot Pots** direkt am Meer. Sie sind durch einen Steinwall von der Straße getrennt. Autofahrer aufgepasst: Die Duschen befinden sich auf der anderen Straßenseite, es muss daher mit in Handtücher gehüllten Menschen gerechnet werden, die unvermittelt aus dem Duschhäuschen kommen und ohne auf den Verkehr zu achten auf die andere Straßenseite sprinten. ⏱ immer zugänglich, nur nicht Mo–Fr 9–10.30, wenn sie gereinigt werden; Eintritt frei.

In Drangsnes gibt es ein Hotel mit Restaurant, einen Campingplatz, einen kleinen Laden mit Post an der Tankstelle (Borgargata 2), eine versteinerte Trollfrau (Kerling), die durch einen Graben die Westfjorde vom Festland abtrennen wollte, und ein schönes Freibad, ⏱ tgl. 11–18 Uhr. Tgl. um 9 und 13.30 Uhr finden **Papageitaucher-Touren** zur vorgelagerten Insel Grímsey statt, wo um die 250 000 Paare anzutreffen sind – nur nicht am letzten Samstag im Juli, dann ist nämlich Puffin-Jagd. Eine isländische Tradition, die Reisende meist verstört zurücklässt.

Die Hexer von Strandir

Das **Museum of Icelandic Sorcery & Witchcraft**, kurz: Hexereimuseum, Höfðagata 8-10, ✆ 451 3525 und 897 6525, 🖥 www.galdrasyning.is, ist ein typisch isländisches Museum. Was zum einen bedeutet, dass es sehr fantasievoll gestaltet ist, zum anderen aber auch, dass man nicht alles ernst nehmen sollte. Wir haben Sigurður Atlason, den Gründer und Geschäftsführer, um ein Gespräch gebeten und ihn gefragt, warum es ausgerechnet in Strandir so viele Hexer gegeben habe. Zwei Dinge kamen zusammen: Man hatte keine Ärzte, lebte vor allem im Winter völlig isoliert, und man hatte etwas, das in Island fast so wertvoll war wie Gold: Holz.

Verdächtig viel Holz …

„Aufgrund der isolierten Lage wurden hier alte Bräuche intensiver und länger praktiziert als anderswo. Man versuchte mit magischen Ritualen, das Wetter zu beeinflussen, das Gras zum Wachsen zu bringen und Krankheiten zu heilen." Das war schon suspekt. Und wenn man dann auch noch so wohlhabend war wie die Einwohner von Strandir, war klar: Hier konnte es nicht mit rechten Dingen zugehen. Dabei war die Erklärung dafür, dass man hier – auf einer so gut wie baumlosen Insel – immer genügend Holz hatte, für das man Wucherpreise verlangen konnte, ganz einfach: An der Küste von Strandir wird jede Menge Treibholz aus Sibirien angeschwemmt. Damals wie heute. Den Bewohnern aber wurde unterstellt, schwarze Magie zu praktizieren. So wurden unzählige der meist männlichen Hexen und Zauberer kurzerhand auf Scheiterhaufen verbrannt. Glücklich war da, wer sich unsichtbar machen konnte. „Mein Lieblingsexponat ist der ‚unsichtbare Junge'", meint Atlason. „Ich habe ihn noch nie gesehen, aber ich weiß, dass er da ist – und ich glaube, er ist der einzige unsichtbare Junge der ganzen Welt." Unsichtbar geworden sei der Junge mittels eines komplizierten geheimen Hexer-Rituals, damals an der Tagesordnung, heute leider verloren gegangen. Jedenfalls, behauptet Atlason, sei der „Junge", von dem niemand weiß, wie alt er ist, im Jahr 2000 einfach mir nichts dir nichts in den Glaskasten in der Mitte des Museums eingezogen. „Hier steht er, man kann seine Fußabdrücke im Sand erkennen. Manche Menschen können ihn auch wirklich sehen. Und natürlich muss er manchmal auf die Toilette gehen, sodass er nicht immer hier ist." Also: Wenn der Junge wider Erwarten mal nicht anwesend sein sollte, ist klar, wo man nachsehen sollte …

ÜBERNACHTUNG UND ESSEN

Campingplatz, Aðalbraut, ☎ 844 8701, 🖥 www.tjalda.is/en/drangsnes. Relativ ungeschützte Wiese am Ortsrand mit Klohäuschen. Küche, Duschen und Aufenthaltsraum im Gemeindezentrum gegenüber. Wenn das Gemeindezentrum vermietet ist, stehen Zelter und Camper im Regen. 1100 ISK, Kinder unter 15 J. kostenlos, Strom 1000 ISK. ⏱ Mai–Okt.

Malarhorn Guesthouse, Grundargata 17, ☎ 853 6520, 🖥 www.malarhorn.is. 21 sehr unterschiedliche Zimmer. Bemerkenswert die 10 witzigen in schwer zu beschreibenden holzverkleideten Pavillonreihen. Jedes Zimmer hat einen separaten Eingang und eine Art Wintergarten bzw. Mini-Terrasse hinter Glas. Familienzimmer um die 250 €, Apartment mit 2 Schlafzimmern je nach Belegung 250–350 €. ❸–❺

Restaurant Malarhorn, im gleichnamigen Guesthouse. Schöne Terrasse mit Blick aufs Meer, im Innenraum ist es leider etwas dunkel. Traditionelle isländische Küche mit Fisch und Lamm. ⏱ tgl. 18–21 Uhr.

TRANSPORT

Wer nach Drangnes oder an die einsame Küste im Norden will, biegt von der Straße 61 aus Richtung Ísafjörður kommend 10 km vor Hólmavík nach links ab auf die Straße 643 (später die 645).

… und Reichtum

Gleich daneben die nächste Kuriosität: die *nábrók*, wörtlich „Leichenhose", hergestellt aus der Haut eines Toten. Wer sie in seinem Besitz hat, soll mithilfe übernatürlicher Kräfte Reichtum anhäufen können. Wenn man seine eigene Leichenhose anfertigen will, muss man die Einwilligung eines anderes Mannes haben, dass man nach dessen Tod seinen Körper wieder ausgraben darf, um ihn dann von der Taille an abwärts zu häuten. Der Zauberer steigt in die Haut, die sofort eins mit seiner eigenen wird, und stiehlt sodann eine Münze von einer alten Witwe – entweder an Weihnachten, Ostern oder Pfingsten – und bewahrt sie im Hodensack auf. Die Münze wird dann das Geld von lebenden Personen anziehen und der Hodensack niemals leer sein. Allerdings ist das Seelenheil des Zauberers gefährdet, falls er sich nicht der Leichenhose entledigt, bevor er stirbt, denn dann wird er direkt nach seinem Tod von Läusen befallen werden. Der Zauberer muss deshalb jemanden finden, der bereit ist, sein Bein in das rechte Hosenbein zu stecken, bevor er selbst aus dem linken Hosenbein fährt. Die Leichenhose wird so weiterhin Generationen von Besitzern Geld einbringen.

Sigurður, der Zauberer

Alle Ausstellungsstücke in Sigurdurs Museum sind Nachbildungen, nichts ist echt. Und ein wenig wirr sind seine Geschichten zugegebenermaßen auch. Aber das liegt in der Natur der Sache. Sigurður musste sich nämlich bei der Einrichtung des Museums auf sehr, sehr alte Quellen verlassen. „Wir haben nur die magischen Bücher. Durch sie bekommen wir die Informationen, und dann müssen wir unsere Vorstellungskraft bemühen, um die Exponate herzustellen. Weil damals alles verbrannt oder sonstwie zerstört wurde." Auch wenn vieles der Fantasie entspringt, wird durch das Hexereimuseum das Wissen um die alten Bräuche bewahrt. Und das ist die Hauptsache. Auch Sigurður ist auf seine Art ein Zauberer: „Wenn mir zum Beispiel das Wetter nicht gefällt, kann es passieren, dass ich mit einigen Ritualen versuche, es zu ändern. Bisher hat es manchmal funktioniert und manchmal nicht." Dass er – als Besitzer der Leichenhose – mit seinem Museum „das Geld von lebenden Personen anzieht", ist jedenfalls unbestritten. Aber: Man gibt es ihm gern.

⏱ Winter tgl. 9–18, Sommer tgl. 9–19 Uhr (Information bis 18 Uhr, Restaurant s. Essen), Eintritt 950 ISK, Kinder unter 15 J. frei.

Djúpavík und Norðurfjörður

Einsamer als einsam und im Winter oft von der Außenwelt abgeschnitten: Die wenigen Menschen, die nördlich von Hólmavík wohnen, haben sich das bewusst so ausgesucht.

Der Mini-Ort **Djúpavík** mit Strand und Wasserfall ist heute eine Oase der Ruhe. Früher aber wohnten und arbeiteten hier viele hundert Menschen. Eine erste Fischfang- und -verarbeitungsstation gab es schon im Jahr 1917. Die große Fabrik entstand dann in den Jahren 1934/35. Bis der große Heringsboom 1944 endete, florierte hier das Geschäft. An diese goldenen Zeiten erinnern im Sommer tgl. ca. einstündige empfehlenswerte Führungen durch die aufwendig restaurierten Hallen um 10 und 14 Uhr (2000 ISK p. P., Anmeldung im Hotel Djúpavík).

Der nördlichste Ort hier ist **Norðurfjörður** mit ca. 40 Einwohnern, einem Hafen, dem Kaffi Norðurfjörður und einem kleinem Laden an der Tankstelle. Gut 3 km hinter Norðurfjörður endet die Piste 6401 an einem Schwimmbad, das seinesgleichen sucht: Das **Krossneslaug**, ✆ 451 4048, aus dem Jahr 1954 ist ein rechteckiges Schwimmbecken mit Hot Pot direkt am Meer. Eintritt 500 ISK, im Winter in eine einfache Dose einzuwerfen.

ÜBERNACHTUNG

Hótel Djúpavík, Árneshreppur, ✆ 451 4037, 🖥 www.djupavik.com. Dieses Hotel kann man mit gutem Recht „niedlich" nennen: Das toll restaurierte Haus aus dem Jahr 1930 strahlt Gemütlichkeit aus. 8 einfache DZ im Hotel selbst (über dem Restaurant), 2 weitere in der roten Hütte Lækjarkot direkt am Meer (hier teilt man sich das Bad). Eine weitere Hütte mit Namen Álfasteinn befindet sich weiter oben am Hang. Wenn keine Gruppen da sind, werden die Zimmer vermietet. Achtung: Oft sind alle Zimmer von freiwilligen Helfern belegt, die bei der Restaurierung der alten Heringsfabrik mithelfen. ❸–❹

Hótel Laugarhóll, Bjarnarfjörður, ✆ 451 3380/ 698 5133, 🖥 www.laugarholl.is. Unterkunft in einer ehemaligen Schule, was bedeutet: Die Zimmer sind sauber, aber einfach. Dafür ist die Lage spitze, auch wenn man von hier das Meer nicht sieht. Direkt neben dem Hotel gibt es ein **Schwimmbecken**, einen steinernen **Hot Pot** daneben und einen Spazierpfad zur „**Hexer-Hütte**", die auch von innen bestaunt werden kann. Hier haben sich die Hexer von Strandir damals verkrochen und so vor ihren Verfolgern in Sicherheit gebracht. Ob der Hot Pot schon vorher da war oder er flugs (mittels eines heute unbekannten Rituals) herbeigehext wurde, ist nicht überliefert. Laugarhóll liegt abgeschieden in den Bergen an der Straße 643. Tolle Wandermöglichkeiten! ❹–❺

Urðartindur Guesthouse, Cottages und Camping, Norðurfjörður, ✆ 843 8110, 🖥 www.urdartindur.is. 4 Zimmer mit Hotelcharakter und Privatbad in einer umgebauten Scheune, 2 niedliche Blockhäuser für je 4 Erwachsene (um die 170 €) und ein Campingplatz. Kochmöglichkeit und Aufenthaltsbereich in der Scheune. Camping 1200 ISK, Kinder kostenlos. ⏲ Juni–Mitte Sep. ❸

ESSEN

Hótel Djúpavík, s. Übernachtung. Viel zu viele Tische und Stühle stehen auf engstem Raum – und das macht das Ganze so gemütlich. Leckere Hausmannskost und geniales Kuchenbuffet.

Hótel Laugarhóll, s. Übernachtung. Hier gibt es ein Buffet, das seinesgleichen sucht: Die wechselnden Hilfskräfte des Hotels kochen nämlich selbst. So gibt es interessante Kombinationen, z. B. aus isländischem Fischauflauf, afrikanischem Reissalat und indischem Linsengericht.

Kaffi Norðurfjörður, Strandavegur, ✆ 451 4034, 🖥 www.nordurfjordur.is. Zwei großgewachsene Mittvierzigerinnen zaubern Kuchen und Suppen vom Feinsten, manchmal gibt es auch Graupensuppe. ⏲ Juni–Aug.

TRANSPORT

Auto- und Radfahrer nehmen die kurvige Schotterstraße 643 (von Hólmavík bis zum Schwimmbad Krossneslaug 110 km). Achtung: Steinschlag!

Im Winter ist das Flugzeug oft die einzige Verbindung. **Eagle Air**, ✆ 562 4200, 🖳 www.ernir.is, bringt Reisende Di, im Winter Di und Fr in 40 Min. von REYKJAVIK nach Gjögur, ✆ 451 4033.

Nach Süden Richtung Ringstraße

Vergleichsweise unspektakulär führt die Straße 68 durch landwirtschaftlich geprägtes Gebiet. Einige größere grasbewachsene Klippen im Hinterland und einsame Buchten laden zum Wandern ein. Sehenswert ist das **Schafmuseum Sævangur** mit Café, leicht zu erkennen an lustigen gemalten Comic-Schafen auf Holztafeln am Straßenrand, ✆ 451 3324, 🖳 www.strandir.is/saudfjarsetur. ⏱ im Sommer tgl. 10–18 Uhr, Eintritt 800 ISK, Kinder frei.

ÜBERNACHTUNG UND ESSEN

HI Hostel Broddanes, 35 km südlich von Hólmavík, ✆ 618 1830, 🖳 www.hostel.is/hostels/broddanes-hi-hostel. Der Betonklotz steht idyllisch auf einer kleinen Landzunge, umgeben von Bauernhöfen. Im Erdgeschoss befinden sich die Schlafsäle und eine kleine, einfache Küche, im Obergeschoss, wo die Doppelzimmer sind, ein großer Aufenthaltsbereich mit Bibliothek und gut ausgestatteter geräumiger Küche. Schön sind die vielen Fenster, ideal zur Vogelbeobachtung. Es liegt sogar ein Fernglas bereit. Kein oder nur sehr schlechtes WLAN. Schlafsackunterkunft 42 € p. P., Privatzimmer für 2–6 Personen 110–260 € (Mitgliederpreise). ⏱ Mitte Mai–Mitte Sep. ❸

Kirkjuból, 12 km südlich von Hólmavík (kurz hinter dem Schafmuseum), ✆ 451 3474. 8 Zimmer, 4 davon im Haupthaus, die anderen im Nebengebäude mit gut ausgestatteter kleiner Gemeinschaftsküche. Hier ist es richtig ruhig, und wer Glück hat, kann springende Wale direkt vor der Haustür beobachten. Schlafsackunterkunft 4800 ISK, Frühstück 1700 ISK. ❸

TRANSPORT

Von Hólmavík bis zur Raststätte Staðarskáli an der Ringstraße sind es ca. 110 km auf der guten Schotterstraße 68. Eine Busanbindung besteht nicht.

SIGLUFJÖRÐUR; © CAROLINE MICHEL

Der Nordwesten und Akureyri

Im Nordwesten Islands gibt es keine aktiven Vulkane und auch die großen Gletscher haben sich schon vor langer Zeit zurückgezogen. Sie hinterließen beeindruckende Basaltformationen und weite, fruchtbare, nahezu liebliche Täler – ideal für die Zucht von Islandpferden. Es locken einsame Strände, versteckte Wasserfälle, glitzernde Bergseen und atemberaubende Steilküsten.

Stefan Loose Traveltipps

Hvítserkur Der Basaltfelsen ist möglicherweise ein im Meer stehendes versteinertes Nashorn und in jedem Fall das Fotomotiv der Region. S. 336

6 Reiten in Varmahlíð … und anschließend den Moment genießen, in dem die Mitternachtssonne die Berge in rotem und orangefarbenem Licht badet. S. 343

Hólar Als Bischofssitz einst der wichtigste Ort im Nordwesten, erwacht die geschichtsträchtige Siedlung langsam aus ihrem Dornröschenschlaf. S. 355

Siglufjörður Eine Stadt wie aus dem Bilderbuch – mit bunten Häusern und malerischem Hafen. S. 363

Hrísey Auf der Insel nördlich von Akureyri sollen nicht nur Vögel, sondern auch Menschen ihren Frieden finden können. S. 375

7 Akureyri Am Eyjafjord, dem größten Fjord Islands, liegt die bunte „Stadt mit Herz": Akureyri. Hier sind sogar die Ampeln freundlich und leuchten herzlich. S. 380

DER FLUSS BRIMNESÁ BEI DALVÍK, © CAROLINE MICHEL

ISLANDPFERD VOR DER VINDHEIMAR-ARENA, © CAROLINE MICHEL

Wann fahren? Im Herbst ist es tagsüber noch warm genug für eine Wanderung oder eine Walbeobachtungstour, abends zeigen sich die ersten Nordlichter.

Wie lange? Mind. drei Tage (je einer für Akureyi, Tröllaskagi und Skagi)

Bekannt für den großen Schaf- und Pferdeabtrieb Anfang September

Abseits ausgetretener Pfade Fahrt über die alte Passstraße Lágheiði auf der Tröllaskagi-Halbinsel.

Der Nordwesten

Im Nordwesten ist das ganze Jahr über Betrieb. Dick eingemummelte Fotografen auf Nordlichtjagd machen im März/April, wenn in Deutschland der Schnee schon zur Neige geht, Platz für Skifahrer. Fast gleichzeitig treffen in den Tälern schon die ersten Wanderer ein. Hochsaison ist dann die Zeit zwischen Juli und August, wenn Reit- und Raftingtouren stattfinden und die Ausflugsbusse fahren. Obwohl der nördliche Polarkreis dicht vor der isländischen Nordküste verläuft, herrscht hier kein arktisches, sondern nur kühles Kontinentalklima. Die Durchschnittstemperatur in Akureyri beträgt im Juli 9,8 °C, im kalten Januar -3,5 °C. Nicht so eisig wie erwartet, oder? Im Winter ist es vor allem dunkel. In manchen Tälern zeigt sich die Sonne wochenlang nicht. Der Frühling beginnt wesentlich später als in anderen Teilen Islands, der Winter dafür früher. Wenn es im Mai im Süden schon grünt, sind hier die Wiesen nach der gerade erst überstandenen Schneeschmelze noch matschig und schmutzig-gelb. Im Sommer – in der kurzen Zeit zwischen Ende Mai und Anfang September – ist aber auch der Nordwesten grün. Die fruchtbare, besiedelte Streifen zwischen der Basaltküste im Norden und dem Hochland im Süden ist schmal. Alles, was es an Infrastruktur gibt, liegt entlang oder in der Nähe der Ringstraße. Schon wenige Meter rechts und links der Straße ist die Gegend nahezu unbewohnt. Hierher verirrt sich nur selten ein Tourist. Und dann ist da noch **Akureyri**, die sogenannte Hauptstadt des Nordens. Mit nur etwas mehr als 18 000 Einwohnern ist sie hinter Reykjavík, Kópavogur und Hafnarfjörður (die beide zum Großraum Reykjavík gehören) zwar nur die viertgrößte Stadt der Insel, aber Akureyri ist cool. Es wimmelt nur so von Museen, Künstlern und Freaks.

Húnaflói: Vom Hrútafjord bis nach Varmahlíð

Kurz hinter dem Verkehrsknotenpunkt bei Staðarskáli sehen Reisende, die aus dem Süden kommen, nach langer Zeit zum ersten Mal wieder das Meer. Sie passieren auf ihrem Weg Richtung Akureyri die Fjorde Hrútafjord, Miðfjord und Húnafjord und die drei Halbinseln Heggstaðanes, Vatnsnes und Skagi, die alle gemeinsam den Meerbusen Húnaflói, die größte Bucht Islands, formen. An den Küsten warten Eissturmvögel und Robben auf Tierfreunde und Wanderer, im landwirtschaftlich geprägten Hinterland gibt es außer einigen Schluchten und Seen nichts zu sehen. Zumindest was spektakuläre Sehenswürdigkeiten angeht, ist die Fahrt von Staðarskáli über Laugarbakki, Hvammstangi und Blönduos bis nach Varmahlíð eine ziemliche Durststrecke. Einzig der Basaltfelsen **Hvítserkur** auf der Halbinsel Vatnsnes zählt zu den Top-10-Fotomotiven Islands.

Hrútafjord

Staður ist nicht mehr als eine kleine Kirche mit ein paar Häusern in der Nähe. Bekannter bei Reisenden ist dagegen die Raststätte **Staðarskáli**. Strategisch günstig an der Ringstraße auf halber Strecke zwischen Reykjavík und Akureyri gelegen, hält hier fast jeder, um zu tanken und seinen Hunger zu stillen. Landschaftlich ist die Gegend eher unspektakulär, aber schon wenige Kilometer weiter nördlich, an den Ufern des Hrútafjords, locken weitaus schönere Plätze. Das Westufer der Halbinsel **Heggstaðanes** zum Beispiel ist für eine ausgedehnte Picknickpause mit Blick auf die Westfjorde geradezu prädestiniert.

ÜBERNACHTUNG

Camping Borðeyri, direkt am Meer, ☏ 849 7891, 🖥 www.tjalda.is/en/bordeyri. Einfache, ruhige Campingwiese am Meer ohne Windschutz. Keine Duschen, kein Aufenthaltsraum,

Unterwegs im Nordwesten

Mit dem Auto
Für Autofahrer ist die Planung der Route zwischen Staðarskáli im Westen und Akureyri im Osten einfach: Als Hauptverkehrsstraße führt die **Ringstraße** parallel zur Küste von West nach Ost. Nördlich liegen zahlreiche große und kleinere Halbinseln, die umrundet werden können. Für den größten Umweg, nämlich die Fahrt um die Halbinsel **Tröllaskagi** (90 km länger als der direkte Weg über die Ringstraße), sollte mindestens ein halber, besser ein ganzer Reisetag eingeplant werden.

Die nur im Sommer befahrbare **Hochlandstraße 35** (Kjölur, S. 578) verlässt die Ringstraße zwischen den Orten Blönduós und Varmahlíð in Richtung Süden. Die meisten Vermieter verbieten das Befahren dieser Piste mit Autos ohne Allradantrieb.

Mit dem Bus
Die **Linie 57** von **Strætó** verkehrt ganzjährig 2x tgl. (Sa im Winter nur 1x) zwischen Reykjavík und Akureyri über Staðarskáli, Blönduós, Sauðárkrókur und Varmahlíð. Zubringerbusse bieten Anschluss von und nach Hvammstangi, Skagaströnd, Hólar und Hofsós – manche davon allerdings nur 1x tgl. und nur nach telefonischer Vorbestellung (mehr dazu in den jeweiligen Kapiteln).

Die **Linie 78** von Strætó fährt mehrmals tgl. von Akureyri über Dalvík und Ólafsfjörður nach Siglufjörður.

Von Akureyri kann man mit Strætó weiter nach Húsavík oder Egilsstaðir fahren.

Linie 610 von **SBA-Norðurleið** fährt im Sommer von Reykjavík durchs Hochland über die Kjölur-Route nach Varmahlíð und weiter nach Akureyri.

Mit dem Flieger
Vom Stadtflughafen in Reykjavík kann man sommers wie winters mehrmals tgl. nach Akureyri fliegen. Von Akureyri bestehen regelmäßige Flüge nach Grímsey, Þórshöfn und Vopnafjörður.

keine Kochgelegenheit, aber Warmwasser und Picknickbänke mit Fjordblick. Kaffee gibt's zwischen 14 und 17 Uhr im Handwerkermarkt nebenan. 1000 ISK, Kinder unter 14 J. kostenlos, Strom 600 ISK. ⏰ Juni–Aug.

North Star Hotel Staðarflöt, hinter der Kirche in Staður, ✆ 487 1212, 🖥 www.greatnorth.is. Das einfache Hotel mit 26 Doppelzimmern und 80 Essensplätzen ist wegen seiner Größe und der verkehrsgünstigen Lage eine ideale Anlaufstelle für Busreisende (aber die sind meist sehr früh morgens wieder weg) und für Menschen, die es gern anonym haben: Das Hotel verfügt über einen Checkin-Automaten und auch sonst muss man hier – sofern man nicht will – mit niemandem sprechen. Auch das etwas ältere Gebäude neben dem Haupthaus gehört noch zum Hotel. ⏰ Mai–Sep. ❷–❸

€ **Sæberg HI Hostel (Jugendherberge)**, Reykjaskólavegur, ✆ 894 5504, 🖥 www.saeberghostel.com. Direkt am Fjord gelegener Bauernhof mit Schafen und Kühen, liebevoll umgebaut zu einer Jugendherberge mit Campingmöglichkeit und Ferienhäuschen. Besonderes Highlight: der Hot Pot mit Fjordblick. Wer mit dem Linienbus unterwegs ist, steigt an der Ringstraße aus und läuft 1 km (für den Rückweg vorher bei Strætó anrufen, damit der Busfahrer Bescheid weiß). Außerdem dran denken, Vorräte mitzubringen, denn Restaurants oder Läden gibt es hier nicht. Schlafsackunterkunft 3600 ISK, Mitgliederpreise. Wer keinen Jugendherbergsausweis hat oder hier erwirbt, zahlt einen Aufschlag von 700–1400 ISK p. P. ❷

Tangahús, Borðeyri, ✆ 849 9852, 🖥 www.tangahus.is. Eher eine Jugendherberge als ein Gästehaus, denn in den Mehrbettzimmern kann man auch Einzelbetten und sogar Schlafsackunterkünfte buchen. Das rote Haus liegt auf einer Landspitze am Ende der Mini-Ortschaft Borðeyri, 8 km nördlich von Staður am Westufer des Hrútafjord. Einfache Zimmer mit großer Küche und Aufenthaltsraum. Sind die Betreiber nicht da, liegt der Zimmerschlüssel in einer Schlüsselbox. Schlafsackunterkunft 6000 ISK, mit Bettwäsche 7500 ISK. Beliebt sind die Vierbettzimmer ab 160 € (Bettwäsche und Handtücher extra).

Das isländische Eisbärenproblem

In Island gibt es keine Eisbären. Die Exemplare, die ausgestopft in nordwestisländischen Heimatmuseen ausgestellt werden, sind aus Grönland eingewandert. Das kommt nicht oft vor, aber wenn, dann haben die Isländer ein Problem. So passiert im Juli 2016. Mitten in der Touristensaison wurde in der Nähe von Sauðárkrókur eine ausgewachsene Bärin gesichtet. Nicht vorzustellen, was passiert wäre, wenn sie ihren Hunger z. B. auf einem Campingplatz gestillt hätte. Die Idee, das Tier zu betäuben und per Schiff an einen sicheren Ort zu bringen, wurde als zu teuer und zu riskant abgelehnt. Ein ausgewachsener Eisbär sei kein Teddybär, hieß es. So wurde die Bärin erschossen. Die Folge waren heftige Proteste seitens der Bevölkerung, die nach einem Plan verlangt, wie in Zukunft in solchen Fällen vorzugehen sei. Sollte das Tier nämlich nicht die 600 km von Grönland nach Island geschwommen sein, sondern den Großteil der Reise auf einem schwimmenden Eisberg getrieben sein, könnte sich das Eisbärenproblem aufgrund der Klimaerwärmung in Zukunft verschärfen. Je mehr Eisberge in Richtung Island treiben, umso wahrscheinlicher, dass einer von ihnen einen hungrigen Passagier an Bord hat.
Mehr Infos: 🖥 www.grapevine.is/news/2016/09/15/icelands-policy-of-killing-polar-bears-harshly-criticised.

ESSEN UND SONSTIGES

Staðarskáli, ✆ 451 1150, N1-Tankstelle, an der auch die Strætó-Linienbusse 30-minütige Pausen einlegen. Wer außerhalb der Stoßzeiten kommt, kann sich am Geldautomaten mit Bargeld und im kleinen Supermarkt mit Grundnahrungsmitteln und Schokoriegeln versorgen. Das Essen im immer gut besuchten großen Schnellrestaurant ist ordentlich und nicht allzu teuer. Die Fleischsuppe *(kjötsúpa)* steht warm in einem Topf bereit. ⏰ tgl. 8–23.30 Uhr.

TRANSPORT

Auto

Die Ringstraße verläuft über Staðarskáli und das Ostufer des Hrútafjörður zwischen Weiden und Pferdehöfen, teilweise mit Aussicht auf Strandir, die östliche Küstenregion der Westfjorde. Von Staðarskáli sind es nach Süden 150 km bis Reykjavík und nach Norden 220 km bis Akureyri.

Zu den Brutplätzen der Eissturmvögel

- **Länge**: ca. 10 km
- **Dauer**: rund 8 Std., inkl. Aufenthalt am Kap und Fotostopps

Die **Halbinsel Heggstaðanes** ist touristisch völlig unerschlossen. Es gibt keine Cafés, keine Gästehäuser, keine Campingplätze. Rund um die Nordspitze existiert nicht einmal ein Fahrweg. Dafür gibt es einen herrlich einsamen Kiesstrand, tolle Felsen, Seehunde und vor allem Tausende Vögel, die hier völlig ungestört brüten. Aber Achtung: Wer den Eissturmvögeln zu nah kommt, wird gern mal mit Magenöl bespuckt, also „angekotzt" (was mehr als eklig ist, wie wir aus eigener Erfahrung berichten können).

Anfahrt und Wegbeschreibung

Die Zufahrt erfolgt über die Straße 702. Am Ostufer der Halbinsel dem Feldweg bis zum Bauernhof Heggsstaðir folgen, wo der Fahrweg endet und die Wanderung beginnt (bitte nicht auf dem Bauernhof, sondern vorher an der kleinen Weggabelung parken). Der Trampelpfad führt über eine Wiese und am Strand entlang, wo man ein wenig im reichlich vorhandenen Treibgut stöbern kann. Er endet an der Nordspitze der Halbinsel. Hier bei **Fagravík** befinden sich die Klippen mit den Brutplätzen der Eissturmvögel. Auch Robben und Kormorane sind manchmal zu sehen. Schwindelfreie Wanderer berichten, sie hätten die gesamte Halbinsel entlang der Küste umwandert. Einfacher und ungefährlicher ist es, von hier aus entweder auf dem gleichen Weg zurückzugehen oder sich in südlicher Richtung die steilen Klippen hochzukämpfen. Hier geht es auf einem Grasstreifen zwischen zwei Klippenabschnitten stramm bergauf bis auf fast 200 m Höhe. Die Aussicht ist herrlich.

An der **Westküste** gibt es dann auch wieder einen kleinen Pfad, dem man parallel zum Wasser folgen kann. Ausdauernde Wanderer gehen bis zur Straße 702 und folgen dem Fahrweg zurück. Die wesentlich kürzere Alternativstrecke führt, kurz bevor die Farm Bálkastaðir erreicht wird, den Hang hinauf, wo es einen Zaun zu übersteigen gilt. Von der Anhöhe aus ist bald die Farm Heggstaðir zu erkennen, und mit schönster Aussicht auf den Fjord und das gegenüberliegende Hvammstangi geht's zurück zum Auto. **Achtung**: Das letzte Teilstück führt durch ein feuchtes Sumpf-Moos-Gebiet. Hier holt man sich schnell nasse Füße.

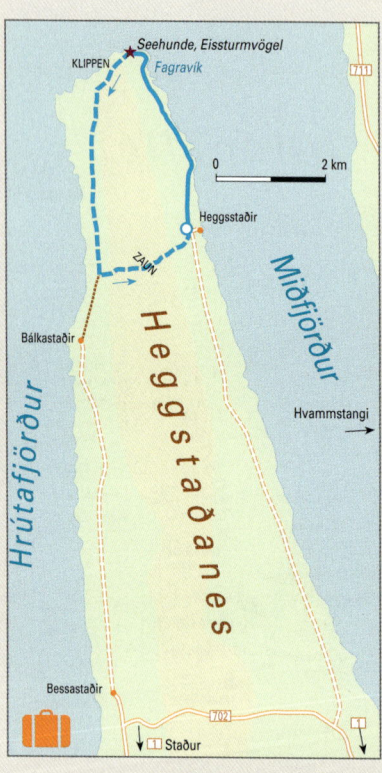

Busse
Nach Süden
REYKJAVÍK, mit Strætó-Linie 57, ganzjährig
2x tgl. um 14.04 und 20.09 Uhr (im Winter Sa nur
20.09 Uhr) in 2 1/2 Std. für 4600 ISK (10 Zonen).

Nach Norden
AKUREYRI, mit Strætó-Linie 57, ganzjährig
2x tgl. um 12.12 und 20.42 Uhr (im Winter Sa nur
12.12 Uhr) in 3 1/4 Std. für 5520 ISK (12 Zonen).

Laugarbakki

Ein aus der Zeit gefallener, auf seltsame Art und Weise verschrobener Ort südlich der Ringstraße mit nur noch 50 Einwohnern. Hier hat der Tourismus noch nicht Einzug gehalten, selbst die heißen Quellen werden bislang noch nicht gewinnbringend vermarktet. Zentrum und gleichzeitig Hauptattraktion des Ortes ist eine Tankstelle. „Dies ist keine normale Tankstelle", steht sinngemäß auf dem Schild an der Tür des dazugehörigen Tankstellenhäuschens. Und das ist nicht übertrieben. Freunden des schrägen Humors und Menschen, die ausgefallene Mitbringsel suchen, sei dringend geraten, hier einzutreten. Drinnen gibt es Kaffee, Softdrinks und – wenn die Besitzerin gut gelaunt ist – auch Waffeln. Außerdem um die 100 unterschiedliche Weihnachtsmannfiguren, selbst gemachte Marmeladen, selbst gestrickte Eierwärmer, Kaffeefilterhalter aus Stoff, Metallschilder mit tiefsinnigen Sprüchen, Schnitzarbeiten, Gummihexen, bemalte Steinmännchen und jede Menge andere Dinge, die niemand braucht, die aber trotzdem schön anzusehen sind. Nicht zum Verkauf stehen die roten Zierfische hinten im Laden.
⏱ 1. Juni–15. Aug tgl. 10–20 Uhr.

ÜBERNACHTUNG

Brekkulækur, ☎ 451 2938, 🖳 www.abbi-island.is. Arinbjörn Jóhannsson, kurz „Abbi", und seine deutsche Frau Claudia leiten den abseits gelegenen Pferdehof, knapp 10 km Fahrt von der Ringstraße Richtung Süden auf der Straße 704, schon seit vielen Jahren und organisieren Reit- und Wandertouren. Ihr Gästehaus ist genau das Richtige für Menschen, die Ruhe, Frieden und Familienanschluss suchen. Die Gäste wohnen größtenteils mit der Familie im Haupthaus, und wer mag, darf auch mitessen, das heißt dann offiziell „Sommer-Restaurant". Einfache Zimmer mit Gemeinschaftsbad, aber auch moderne Doppelzimmer mit Fußbodenheizung und Apartments. Abholung an der Bushaltestelle Hvammstangi möglich. Abendessen 30 €. ❸–❹

Hotel Laugarbakki, ☎ 519 8600. 🖳 www.hotellaugarbakki.is. Großes Hotel etwas abseits in einer ehemaligen Schule. In der früheren Aula finden manchmal Tanzveranstaltungen statt, die Turnhalle ist noch gut in Schuss und die Hotelgäste nutzen sie gern und ausgiebig. Schlicht, aber modern eingerichtete große Zimmer, hochgelobtes Frühstücksbuffet und Hot Pots aus Plastik auf der Terrasse. ❻

Langafit Camping und Guesthouse, Laugarbakki, ☎ 892 8487. Einfache Campingwiese hinter besagter Tankstelle. Sehr einfache Zimmer mit Gemeinschaftsküche. Schlafsackunterkunft 4000 ISK p. P., gemachtes Bett 7000 ISK p. P., Camping 1000 ISK. Die beiden Plastik-Hot Pots, deren Benutzung im Preis eingeschlossen ist, sind gar nicht so einfach zu finden. Sie verstecken sich hinter einer Holzwand; der nicht markierte Zugang erfolgt durch ein Nebengebäude, das auch als Gemeindehaus genutzt wird. ⏱ 1. Juni–15. Aug.

ESSEN

Restaurant Bakki, im Hotel Laugarbakki. Spezialisiert auf die Verpflegung von Reisegruppen, aber auch Einzelreisende sind stets willkommen. Auf der Speisekarte stehen drei Fischgerichte, Lamm, Steak, Nudeln und verschiedene Burger. Snacks und Suppen gibt es von vormittags bis zum frühen Abend; das Abendessen wird zwischen 18–21.30 Uhr serviert.

TOUREN

Brekkulækur, s. Übernachtung. Abbi bietet neben langen und kurzen Ausritten (keine

Anfänger, 1 Std. ab 50 €, 8-tägige Touren um die 2000 €) ganzjährig Natur- und Wanderreisen an. Beispielsweise eine 9-tägige ornithologische Rundreise und eine kombinierte Natur- und Sportreise mit Höhlentour und Schluchtdurchquerung durch den Westen. Erwähnenswert sind die Winter- und Nordlichttouren, denn so etwas bietet hier in der Gegend sonst niemand an: 6 Tage (mit Vollverpflegung, aber ohne Flug) 1290 €.

SONSTIGES

Am ersten Augustwochenende kommen mehr als 40 Bands zum **Punkfestival Norðanpaunk**, 🖥 www.nordanpaunk.org. Der Campingplatz gleicht dann einem Schlachtfeld. Tickets gibt's nur über die Website.

TRANSPORT

Von der Ringstraße aus läuft oder fährt man 1 km auf der Straße 704 bis nach Laugarbakki. Eine reguläre Bushaltestelle gibt es nicht, aber man kann darum bitten, an der Ringstraßenkreuzung rausgelassen zu werden. Wer hier zusteigen will, verabredet das am besten telefonisch mit der Busgesellschaft. An der Straße stehende Winkende werden u. U. vom Busfahrer erst als Fahrgäste erkannt, wenn es zum Anhalten zu spät ist (aus Richtung Akureyri kommende Busse müssen die Straßenseite wechseln). Von den bei Staður angegebenen Abfahrtszeiten (S. 335) ungefähr eine halbe Std. abziehen bzw. dazurechnen!

Hvammstangi und Umgebung

Hvammstangi

Hvammstangi ist als Islands „Hauptstadt der Seehunde" bekannt. Aufgrund dieses Titels und eines entsprechenden Hinweisschildes in Seehundform direkt an der Ringstraße kommen ständig Menschen nach Hvammstangi und suchen im Hafen nach Seehunden, wollen im Seal Center wie in einer deutschen Seehundstation niedliche verwaiste Heuler mit der Flasche füttern. Aber ein bisschen Zeit muss man schon mitbringen. Die drei größten Kolonien der Region findet man 20 und 25 km weiter nördlich im und am Mittel-Fjord Miðfjörður und rund um den Felsen Hvítserkur im Osten der Halbinsel, zu erreichen mit dem Auto oder dem Ausflugsboot. Im kleinen **Robbenmuseum Selasetur**, Brekkugata 2, ✆ 451 2345, 🖥 www.selasetur.is, gibt's dann die begleitenden Infos: Man lernt, Seehund- bzw. Robbenarten auseinanderzuhalten, erfährt viel über die Geschichte der Seehundjagd, die Naturschutzbemühungen der Region und die anderen Tiere, die auf der Halbinsel leben (Füchse, Enten und Vögel). Zu sehen gibt's ausgestopfte Tiere und einen Informationsfilm auf Englisch. 🕓 Mai–Sep tgl. 9–16, Okt–April Mo–Fr 10–15 Uhr, Eintritt 950 ISK, Kinder (12–16 J.) 650 ISK.

Touren zu den Seehundbänken in einem hölzernen Fischerboot namens *Brimill*, in dem insgesamt 30 Leute Platz finden, bietet **Selasigling**, Höfðabraut 13, Hvammstangi, ✆ 897 9900, 🖥 www.sealwatching.is, für 8500 ISK, Kinder (7–15 J.) 4500 ISK, 1 3/4 Std., Mitte Mai–Sep regelmäßige Abfahrten 10, 13 und 16 Uhr. Auf Anfrage Mitternachtssegeln um 23 Uhr.

Basaltfelsen Hvítserkur

Nashorn, Monster oder Dinosaurier? Er ist ca. 15 m hoch und platt, hat ein großes und ein kleineres Loch, sieht aus wie ein versteinertes Tier,

Wer robbt hier?

Jedes Jahr im Juli werden an den Küsten von Vatnsnes und Heggstaðanes Robben gezählt. Um die 1000 sind es immer. Die meisten sind einfache Seehunde *(Phoca vitulina)* und Kegelrobben *(Halichoerus grypus)*. Aber dazwischen werden auch immer wieder Sattelrobben *(Phoca groenlandica)*, Bartrobben *(Erignathus barbatus)*, Mützenrobben *(Cystophora cristata)* und Ringelrobben *(Phoca hispida)* gesichtet. Ganz selten zeigt sich auch mal ein Walross *(Odobenus rosmarus)*.

Freiwillige mit guter Konstitution sind gern gesehene Helfer beim Seehund-Zählen. Weil man u. U. weit laufen muss, dürfen Kinder unter 5 Jahren nicht mit. Nähere Informationen im Robbenzentrum.

Mal mehr, mal weniger tief im Wasser: der Basaltfelsen Hvítserkur

das gerade trinkt, und ist das Fotomotiv der Region. Ob vor der untergehenden Sonne oder mit Nordlichtern im Hintergrund: Ein Foto vom Hvítserkur sollte in keinem Islandalbum fehlen. Jedenfalls scheinen das die meisten Reisenden zu denken, denn auf der Aussichtsplattform ist immer was los. Vom Parkplatz aus muss man wenige hundert Meter laufen; ein Trampelpfad führt dann weiter zum Strand. Tipp für Fotografen: Es ist sinnvoll, sich im Vorfeld nach den Gezeiten zu erkundigen. Bei Ebbe steht der Felsen nämlich manchmal auf dem Trockenen. Das kann ein reizvolles Motiv sein, aber wer den Felsen von Wasser um- und unterspült ablichten möchte, kommt bei Flut. Gezeitenvorhersage z. B. auf 🖥 www.tide-forecast.com.

Festung Borgarvirki

Teils natürlich, teils menschengemacht ist Borgarvirki an der Straße 717, dem Borgarvegur, ein einziges großes Rätsel. Wer hat hier warum den natürlichen Schutz durch die hohen Basaltsäulen genutzt und sogar noch durch aufgetürmte Steine verstärkt? Es existieren unterschiedliche Theorien. Aber den meisten Besuchern ist das egal. Sie genießen von hier die Aussicht.

Trollfrauenschlucht Kolugljúfur

Eine Trollfrau namens Kola soll sie ausgehoben haben, um geschützt unten am Wasser zu wohnen: die **Kolugljúfur**, die 1 km lange und 40–50 m tiefe Kola-Schlucht. Ziemlich sicher wird sie sich dabei den ein oder anderen Fingernagel abgebrochen haben, aber dafür hat Island heute eine weitere Touristenattraktion, nämlich den fotogenen Wasserfall **Kolufossar**, der sich wunderbar von einer kleinen Brücke aus fotografieren lässt. Vielleicht war es ein Scherz, aber im Jahr 2017 machte eine Zeitungsmeldung die Runde, in der es hieß, die Kolugljúfur sei eine Gefahrenstelle. Es müsse dringend eine Lösung her, die verhindere, dass staunende Touristen auf der schmalen Brücke über den Fluss Víðidalsá von vorbeifahrenden Autos erfasst würden. Immerhin seien auch zwei (!) Lkw pro Tag gezählt worden. Fakt ist, dass die Schlucht bei Touristen beliebt ist, passiert ist aber bisher keinem etwas. Um die Vegetation zu schützen, wurden kurze Wanderwege angelegt. Eine Wiese neben der Brücke ist als Parkplatz ausgewiesen.

Die Schlucht ist ab der Ringstraße ausgeschildert. Es gibt zwei nicht asphaltierte, aber einigermaßen schlaglochfreie Zufahrtsstraßen, die beide die Nummer 715 tragen, aber 6 km auseinander liegen.

ÜBERNACHTUNG

Camping Kirkjuhvammur (Campingkarte), ℅ 899 0008, 🖥 www.tjalda.is/en/kirkjuhvammur. Gut ausgestatteter Campingplatz, oberhalb von Hvammstangi bei der kleinen grauen Kirche, geschützt in einer Senke an einem kleinen Fluss gelegen. Mit Schutzhütte, Duschen, Kochmöglichkeit und Aufenthaltsraum. 1200 ISK, Kinder unter 15 J. kostenlos, Strom 700 ISK.

Hótel Hvammstangi, Norðurbraut 1, ℅ 855 1303, 🖥 www.hotelhvammstangi.is. Kleines Hotel mit nur 11 Zimmern in zentraler Lage. Es gibt eine Terrasse, einen Gemeinschaftsraum mit Sesseln, Tischen, Stühlen und Kaffeeautomaten. Die Benutzung des öffentlichen Schwimmbads ist für Hotelgäste kostenlos. ❺

Ósar HI Hostel, Vatnsnes, ℅ 862 2778, 🖥 www.hostel.is/hostels/Osar. Ósar liegt direkt am großen Robben- und Eiderentenstrand und auch zum Felsen Hvítserkur kommt man zu Fuß. Außer den beiden Schlafsälen gibt es noch 11 Doppel-, 5 Dreibett- und ein Vierbettzimmer. Sehr einfache Ausstattung (die Holzoptik muss man mögen) und weit und breit weder Laden noch Café. Der Besitzer spricht Deutsch und hilft bei der Vermittlung von Reittouren. Entfernung zur Ringstraße: 25 km. Einen Busanschluss gibt es nicht. Bett im Schlafsaal 6300 ISK. Wer keinen Jugendherbergsausweis hat oder hier kauft, zahlt 700–1400 ISK p. P. und Nacht zusätzlich). ⏱ Mai–Sep. ❸

ESSEN

Geitafell Seafood Restaurant, ℅ 861 2503, 🖥 www.geitafell.is. Hier soll nur frischer Fisch aus der Region auf den Tisch kommen. ⏱ Mai–Mitte Okt 11–22 Uhr.

Hlaðan Kaffihús, Brekkugata, ℅ 451 1110, 🖥 auf Facebook. Das gemütliche gelbe Café mit der kleinen Außenterrasse in der Nähe des Robbenmuseums ist ein ehemaliger Stall. Außer Kuchen (große Auswahl!) gibt es auch Suppe. ⏱ tgl. 9–22 Uhr.

Sjávarborg Restaurant, Strandgata 1, ℅ 451 3131, 🖥 www.sjavarborg-restaurant.is. Innen- und Außengastronomie mit Fjordblick in einem modernen Restaurant. Angeboten werden Burger, Fisch und Steaks und auch vegane Gerichte, z. B. mit Süßkartoffeln. ⏱ Mo–Do 11–21, Fr–So 11–21.30 Uhr.

AKTIVITÄTEN

Reiten
FLHestar, Kirkjuhvammur (in der Nähe des Campingplatzes), ℅ 865 8174, 🖥 auf Facebook. Ausritte auf freundlichen, braven Pferden ab 30 Min.

Schwimmen
Schwimmbad und Sportzentrum, Hlíðarvegur 6, ℅ 451 2532. Einfaches, aber hübsches Freibad mit 25-m-Becken, Hot Pots und Dampfbad. ⏱ Juni–Aug Mo–Fr 7–21, Sa, So 10–18, Sep–Mai Mo–Do 7–20.30, Fr 7–19, Sa, So 10–14 Uhr.

SONSTIGES

Autoreparaturen
Kfz- und Reifendienst an der Tankstelle, Hvammstangabraut.

Einkaufen
Kaupfélag vestur Húnvetninga, Supermarkt in der Nähe des Robbenmuseums, ⏱ Mo–Do 9–18, Fr 9–19, Sa 10–18, So 11–16 Uhr.
Vínbúðin, Strandgata 1, Alkoholshop. ⏱ Mo–Do 16–18, Fr 13–19, Sa 12–14 Uhr.

Feste
Eldur í Húnaþing (Feuer in Húnaþing), 5 Tage Ende Juli: Der ganze Bezirk Húnaþing rockt und tanzt bei diesem Festival. Die Programmpunkte sind von Jahr zu Jahr unterschiedlich, aber ein großes Open-Air-Konzert in Borgarvirki am Freitag ist eigentlich immer dabei. Mehr Infos 🖥 www.eldurihun.is/en/program.

Geld und Post
Bank, Höfðabraut 6, ⏱ Mo–Fr 9–16 Uhr.

Post (mit Western Union), Lækjargata 2,
⏰ Mo–Fr 9–16 Uhr.

Informationen
Auskünfte geben die Mitarbeiter im Robbenzentrum und die Internetseite 🖥 www.visithunathing.is.

Medizinische Hilfe
Apotheke Lyfja, neben der Ambulanz,
⏰ Mo–Di 13–17, Mi–Fr 11–17 Uhr.
Krankenhaus mit Notfallambulanz, Spítalastígur/Nestún, ☎ 432 1300, ⏰ Mo–Fr 8–12 und 12.30–16 Uhr.

TRANSPORT

Auto
Die Rundfahrt um die Halbinsel ist 80 km lang. Die Straße 711 ist nicht asphaltiert und in schlechtem Zustand. Vor allem die Fahrt entlang der Nordküste zieht sich in die Länge.

Busse
Strætó-Linie 83 verkehrt 4x tgl., aber nur nach telefonischer Voranmeldung mind. 2 Std. im Voraus unter ☎ 540 2700, in 6 Min. zwischen Hvammstangi und der Haltestelle **Hvammstangavegur** an der Ringstraße, wo direkter Anschluss an die Linie 57 von/nach REYKJAVÍK und AKUREYRI besteht.
Details zu den Bussen auf der Ringstraße auf S. 331, Staðarskáli; Abfahrtszeiten bei Hvammstangavegur ca. 22 Min. früher/später.

Blönduós

Blönduós ist ein Versorgungszentrum mit knapp 900 Einwohnern und einer kleinen historischen Altstadt. Der Fluss Blanda, dem Blönduós seinen Namen verdankt (in etwa „da, wo die Blandá mündet"), ist mit 125 km Länge der längste **Lachsfluss** Islands. Seine Quelle liegt an der südwestlichen Seite des Gletschers Hofsjökull, kurz vor der Mündung in Blönduós ist er fast lieblich und lädt zu beschaulichen Spaziergängen am Ufer ein.

Die hübsche Altstadt ist etwas heruntergekommen, aber an einer Verschönerung wird gearbeitet. Die kleine weiß-grüne **Holzkirche** aus dem Jahr 1895 ist schon jetzt ein echter Hingucker. Wenn die Restaurationsarbeiten auch im Innenraum abgeschlossen sind, soll sie zum Kulturzentrum umfunktioniert werden. Die moderne Kirche **Blönduóskirkja** in der Nähe der Ringstraße ist das genaue Gegenteil: Hier ist nichts niedlich oder verspielt. Die Kirche ist ein Traum in grauem Beton. Sie erinnert manch einen an willkürlich zusammengefügte Bauklötze, andere sind von der Komposition begeistert. Das Meisterwerk des Architekten Magnús Jónsson hat ebenso viele Fans wie Kritiker.

Und sonst? Hochgelobt wird Blönduós für den Picknickplatz und die Wanderwege auf der unter Naturschutz stehenden **Insel Hrútey**, die über eine kleine Fußgängerbrücke erreichbar ist. Handarbeitsfans werden außerdem am **Heimilisiðnaðarsafnið**, dem einzigen Textilmuseum Islands, Freude haben, Árbraut, ☎ 452 4067, 🖥 www.textile.is. Jedes Jahr im Juni findet hier ein großes Strickfestival statt. ⏰ Juni–Aug tgl. 10–17 Uhr, Eintritt 1200 ISK, Kinder unter 16 J. frei.

Unbehandelte Vliese, also Schaffelle, kauft man zu günstigen Preisen auf der **Farm Hvammshlíð**. Die Deutsche Caroline Kerstin Mende lebt hier mit ihren Schafen, Pferden und einem Border Collie. Sie weiß alles über Wolle und gibt dieses Wissen in Workshops weiter (auch in Deutschland). Schaf-Fans buchen die 5-Tage-Woll-Woche in Island. Als Abwechslung zur Arbeit mit den Vliesen werden Museen, Bauernhöfe und eine Wollwaschstation besucht. Außerdem können Border Collies in Aktion mit den besonders klugen sogenannten Anführerschafen (über die Caroline auch ein Buch geschrieben hat, s. S. 434) bestaunt werden. Im Seminarpreis von rund 100 000 ISK sind Nachmittagsimbisse und warmes, typisch isländisches Abendessen enthalten, Anreise und Übernachtung nicht, 🖥 www.islandwollprojekt.wordpress.com.

ÜBERNACHTUNG

€ **Camping Blönduós**, unterhalb der Hauptstraße, ☎ 820 1300, 🖥 www.gladheimar.is. Ein großer Platz, der zur Ferienhaussied-

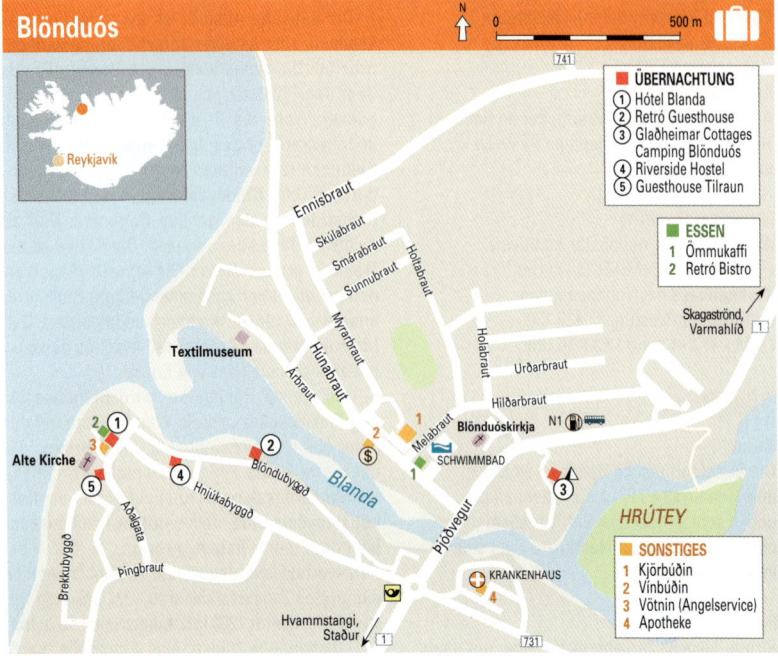

lung Gladheimar (s. u.) gehört. Das freundliche Personal hilft, wo es kann, organisiert Angelausflüge und Mitfahrgelegenheiten für gestrandete Tramper. Die Rezeption ist im Sommer gleichzeitig die Touristeninformation des Ortes. Hier findet man Unterschlupf bei Regen; Küche und/oder Aufenthaltsraum gibt es nicht. Waschmaschinen und Duschen sind vorhanden, Handys und Computer dürfen im Rezeptionsgebäude Kraft tanken. Sehr guter Windschutz – sowohl durch die Lage im Tal, als auch durch die Bepflanzung mit Büschen. Über die Preise wird im Einzelfall entschieden: Radfahrer mit klitzekleinem Iglozelt zahlen 1000 ISK, die Großfamilie mit Wohnmobil ein Vielfaches.

Glaðheimar Cottages, Brautarhvammur, direkt am Campingplatz und damit am Fluss, ✆ 820 1300, 🖥 www.gladheimar.is. Ein hölzernes Sommerhaus neben dem anderen – und es werden immer mehr, denn den Besitzern gehört das ganze Land zwischen Ringstraße und Flussufer. Größe und Ausstattung der Häuser ist sehr unterschiedlich: Einige Gäste finden ein Badezimmer und einen eigenen Hot Pot auf der Terrasse vor, andere müssen die Duschen des Campingplatzes benutzen. Cottage als DZ ab 105–200 €.

Guesthouse Sturluhóll, Sturluhóll 1, 7 km Richtung Skagaströnd, s. Karte S. 333, ✆ 452 4460, 🖥 www.sturluholl.is/the-guesthouse.html. Modernes 4-Zimmer-Wellblech-Gästehaus mit Gemeinschaftsküche auf dem Land. Einige Zuchtstuten mit ihren Fohlen grasen in den Sommermonaten direkt vor dem Gästehaus. Die Besitzer wohnen mit ihren Pferden, Schafen, Hühnern und Hunden ganz in der Nähe und sind rührend um ihre Gäste bemüht. Vom Haarshampoo über Hausschuhe bis zu Gewürzen in der Küche ist alles da, und manchmal wartet sogar ein selbst gebackener Kuchen auf Neuankömmlinge. ❸

Guesthouse Tilraun, Aðalgata 10, ✆ 583 5077 und 848 7218, 🖥 auf Facebook. Das kleine weiße Haus neben der Kirche war das erste

Wohnhaus aus Beton in Blönduós (Baujahr 1908). Bevor es originalgetreu restauriert wurde, fungierte es eine Zeitlang als Schule. Innen 3 liebevoll dekorierte kleine Gästezimmer, je mit einem Waschbecken. Es gibt ein Gemeinschaftsbad und eine einfach möblierte, aber gut ausgestattete Gemeinschaftsküche. ❸–❹

Hótel Blanda, Aðalgata 6, ✆ 452 4205 und 840 0314, 🖥 www.hotelblanda.is. Man wirbt damit, dass hier viele Prominente, z. B. Eric Clapton, abgestiegen seien. Das ist aber schon etwas her. Zum Zeitpunkt der Recherche wurde gerade groß renoviert. Zusätzlich zu den besseren Zimmern in der 1. Etage gibt es noch einfache Zimmer im EG neben dem Restaurant Retró Bistro. ❺

Húnaver Guesthouse und Camping, Húnavatnshreppur, an der Ringstraße zwischen Blönduós und Varmahlíð, s. Karte S. 333, ✆ 452 7110, 🖥 www.tjalda.is/en/hunaver. Große Campingwiese an einem Wäldchen, in dem sich noch einmal 15 lauschige Kleinstlichtungen verstecken, in denen man Zelte aufschlagen kann. Eine kleine Kirche liegt ganz in der Nähe, außerdem gibt es einen Sportplatz. Neben den Servicehäuschen (in einem befindet sich auch eine kleine Küche) steht ein großes Zelt, das als Aufenthaltsraum genutzt werden kann, aber die Gäste dürfen auch den großen Aufenthaltsbereich im Haupthaus nutzen, wo auch die Duschen sind. Im oberen Stockwerk des Hauses gibt es 5 Doppelzimmer und 2 Familienzimmer. Camping 1400 ISK inkl. Dusche und WLAN. DZ inkl. Frühstück, aber ohne Kochgelegenheit. ❷–❸

Retró Guesthouse, Blöndubyggð 9, ✆ 519 4445, 🖥 auf Facebook. Vielversprechendes neues Kleinst-Resort am schönen Flussufer. Mit gelbem Rezeptionshäuschen, adretten kleinen Blockhäusern und einer großen hölzernen Wohn-Tonne mit Holzterrasse zum Fluss hin. Fernsehen und WLAN vorhanden, aber kein Vergleich zur Aussicht. ❸

Riverside Hostel, Blöndubyggð 10, ✆ 452 4205 und 840 0314, 🖥 www.hotelblanda.is. Kein Hostel mit Schlafsackunterkünften und Schlafsälen, sondern 12 bezahlbare moderne Zimmer im alten Posthaus, einige davon mit Flussblick. Frühstück 17 € p. P. ❸

ESSEN

Ömmukaffi, Hunabraut 2, ✆ 452 4040, 🖥 auf Facebook. Das Café im hübschen gelben Haus direkt neben dem Schwimmbad ist kein reines Kaffee-und-Kuchen-Café, auch wenn der Name „Oma-Café" das nahelegt. Kredenzt werden auch Burger, Pizza, Panini und Tagessuppe mit selbst gebackenem Brot. Die Einrichtung ist im EG altmodisch, im 1. Stock modern. ⏱ im Sommer tgl. 9–21, sonst Mo–Do 9–18, Fr 9–20, Sa 11–20, So 12–18 Uhr.

Retró Bistro, Aðalgata 6, ✆ 519 5454, 🖥 auf Facebook. Auf Burger spezialisiertes Restaurant direkt am Meer. ⏱ tgl. 11–21 Uhr.

AKTIVITÄTEN

Angeln

Vötnin, Aðalgata 8, ✆ 862 0474, 🖥 www.anglingservice.com. Im Laden für Angelzubehör werden alle Fragen rund ums Angeln in der Umgebung beantwortet, egal ob es um Lizenzen, begleitete Touren oder Angeln zum Ausleihen geht. Eine Stunde Anfänger-Angeln unter Anleitung kostet 5500 ISK. ⏱ im Sommer Mo–Sa 10–21, im Winter Di–Sa 13–17 Uhr.

Schwimmen

Riesiges **Freibad**, Melabraut, ✆ 452 4178, mit Hot Pots, Kinderbecken und Rutschen, mal in der Röhre, mal mit Wind um die Nase. ⏱ Juni–Aug Mo–Fr 8–21, Sa, So 10–20, Sep–Mai Mo 6.30–21, Di 7.45–21, Mi 6.30–21, Do 7.45–21, Fr 6.30–17, Sa 10–16 Uhr.

SONSTIGES

Autoreparaturen

Die Tankstelle direkt an der Ringstraße bietet Kfz- und Reifendienst.

Einkaufen

Großer **Supermarkt Kjörbúðin** in der Melabraut gegenüber dem Schwimmbad. ⏱ Mo–Fr 9–19, Sa 10–18, So 12–18 Uhr. Auf der anderen Seites des Parkplatzes (Húnabraut) **Geldautomat** und **Vínbúðin**, ⏱ Mo–Do 14–18, Fr 12–19, Sa 11–14 Uhr.

Geld und Post
Post mit **Western Union**, Hnjúkabyggð 32, ⏲ Mo–Fr 10–16 Uhr.

Informationen
Touristenformation, am Campingplatz, ☎ 452 4520. Leider ist die Rezeption nur im Sommer besetzt. Wintergäste müssen mit der Servicekarte aus dem Internet vorliebnehmen, 🖥 www.northwest.is/thjonustukort_Ahun_2014.pdf.

Medizinische Hilfe
Ein großes **Krankenhaus** mit **Apotheke** befindet sich in der Flúðabakka 2, ☎ 455 4100. ⏲ Apotheke Mo–Do 10–17 Uhr.

TRANSPORT
Auto
Achtung: Rund um Blönduós wird besonders häufig geblitzt.
Von Blönduós aus geht's auf der **Ringstraße** auf direktem Weg nach Varmahlíð. Nach ungefähr 25 km zweigt die **Hochlandpiste Kjölur** (F35) ab. Die Passstraße vor Varmahlíð ist im Winter meistens eine der ersten, die zuschneit.
Die **Straße 74** führt nach Norden in Richtung Skagaströnd. Wer nach Sauðárkrókur will und Lust auf ein kleines Abenteuer hat, folgt ihr für 6,5 km und nimmt dann die wenig befahrene asphaltierte **Passstraße 744** – so einsam und oft neblig, dass es schon ein bisschen gruselig ist.

Busse
Die Busse starten von der Haltestelle an der N1-Tankstelle im Ortszentrum.
AKUREYRI, mit Strætó-Bus 57 um 13.15 und 21.45 Uhr (im Winter Sa nur 13.15 Uhr) in 2 1/4 Std. für 3220 ISK (7 Zonen).
REYKJAVÍK, mit Strætó-Bus 57 um 12.31 und 18.36 Uhr (im Winter Sa nur 18.36 Uhr) in 4 1/4 Std. für 7360 ISK (16 Zonen).
SKAGASTRÖND, mit Strætó-Pendelbus (Linie 84) Mo–Fr um 13.16, 18.38 und 21.47 Uhr in 10 Min. für 920 ISK (2 Zonen). Spätestens 2 Std. vor Reiseantritt reservieren unter ☎ 540 2700.

Skagaströnd und die Halbinsel Skagi

Eine Schotterstraße, malerische Klippen, einige Bauernhofruinen, Vögel und Seehunde, viele tolle Wanderwege, die querliegenden Basaltformationen rund um den Leuchtturm beim verlassenen Ort **Kálfshamarsvík** und die 10 km lange Steilküste bei **Króksbjarg**: Skagi ist abgeschieden und ruhig. Sehr ruhig.

Skagaströnd
Das Dorf mit seinen etwa 520 Einwohnern war wirtschaftlich schon mal besser dran. Doch erst verschwand der Handel, dann der Hering und schließlich auch noch die weithin bekannte Countrybar – die zumindest am Wochenende ein paar Menschen anlockte. Geblieben ist heute nur (noch) eine Krabbenfabrik.

Interessant ist die moderne weiße Kirche **Hólaneskirkja** aus dem Jahr 1991. Das dreieckige Kirchenfenster hinter dem Altar wirft bei Sonnenschein wunderschöne Lichter ins Gotteshaus. Gegenüber blicken ein paar fotogene Schrottskulpturen aufs Meer. Die meisten Touristen kommen nur, um hier zu übernachten. Der Campingplatz, Teil des Campingcard-Angebots, ist beliebt.

Wer Zeit hat und Übernatürliches zu schätzen weiß, besucht das Wahrsagermuseum (Museum of Prophecies) **Spákonuhof**, Oddagata 6, ☎ 861 5089 und 452 2726, 🖥 auf Facebook. Die fantasievolle Ausstellung um die Wahrsagerin Þórdís, die hier im späten 10. Jh. gelebt haben soll, ist etwas für Menschen, die schräge Geschichten lieben. Wer mag, kann sich hier auch heute noch die Zukunft voraussagen lassen. ⏲ im Sommer Di–So 13–18 Uhr, Eintritt 1000 ISK.

ÜBERNACHTUNG UND ESSEN

Camping Skagaströnd (Campingkarte), ☎ 848 7706, 🖥 www.tjalda.is/en/skagastrond. Der angenehme Campingplatz mit kleinen abgeschirmten Ecken und einem großen Kinderspielplatz bietet ein schönes hölzernes Servicehaus mit Küche, Sitzbereich, Toiletten und Waschmaschine. Einige Steckdosen stehen bereit, es gibt WLAN, und da alles beheizt wird, ist hier ein guter Treffpunkt. 1700 ISK pro Platz (nicht Person), geplant ist eine Personengebühr von etwa 1200 ISK, Kinder frei, Strom 500 ISK, Dusche 500 ISK, günstige Waschmaschine und Trockner. ⏲ Juni–Aug.

Borgin Restaurant, Hólanesvegur 11, ✆ 553 5550, 🖥 auf Facebook. Das kleine Restaurant bietet verschiedene Tagesgerichte. Manchmal finden zur Zerstreuung an langen Winterabenden Konzerte statt. ⏲ tgl. 11–23 Uhr, manchmal über Mittag geschlossen.

SONSTIGES

Einkaufen
Supermarkt Kjörbúðin Bogabraut 1, ⏲ Mo–Fr 9–19, Sa 10–18, So 12–18 Uhr.

Schwimmen
Das kleine **Schwimmbad** bietet ein schönes Außenbecken. Direkt daneben steht der Hot Pot. Wer mag, kann sich hier im warmen Wasser sitzend einen Kaffee schmecken lassen. ⏲ Mo–Fr 10–20, Sa, So 13–17 Uhr.

Wandern
Eine Karte mit den wichtigsten Wanderwegen der Halbinsel Skagi gibt es auf der Website 🖥 www.northwest.is/gongukort/index.html. Favorit in Skagaströnd-Nähe ist der Berg Spákonufell (639 m).

TRANSPORT

Auto
Von Blönduós Richtung Norden auf der 74. Der Campingplatz befindet sich vor dem Ortskern auf der rechten Seite.

Busse
BLÖNDUÓS, mit Strætó-Bus 84 3x tgl., in 1/2 Std. für 920 ISK. Nur nach vorheriger telefonischer Anmeldung (mind. 2 Std. vor Abfahrt) unter ✆ 540 2700. Die Busse fahren dann Mo–Fr und So um 12, 18 und 21.13, Sa um 12.43 und 18.04 Uhr. In Blönduós besteht Anschluss nach Reykjavík und Akureyri.

Skagafjord

Braune Pferde, graue Pferde und fuchsrote Pferde mit goldenen Mähnen und Schweifen, daneben schneeweiße und pechschwarze Pferde – in der fruchtbaren Ebene am südlichen Ende des Skagafjord sieht man sie alle, sogar Schecken in den unterschiedlichsten Farbvariationen. Der Skagafjord ist zwar ein beliebtes Reit-Reiseziel, in erster Linie aber Zuchtgebiet. Die größte Stadt ist **Sauðárkrókur** mit 2500 Einwohnern im Nordwesten. **Hólar** im Nordosten ist heute eine Art Museumsdorf mit Hochschule, in dem außer den Studenten, den Museumsangestellten und einigen Touristen niemand wohnt. Als Bischofssitz war es einmal das Zentrum ganz Nordwestislands. **Varmahlíð**, das durch zahlreiche Sportangebote überzeugt, liegt an einem bewaldeten Hügel am Rand der Ebene. Drumherum wohnen Pferdezüchter. In keiner Region Islands gibt es mehr Pferde pro Einwohner als hier.

Doch im Pferdeparadies herrscht nicht nur eitel Sonnenschein: Wer aus Richtung Blönduós über den Pass kommt, findet an einem Parkplatz, von dem aus man fast den gesamten herrlichen Skagafjord überblickt, neben einem nicht näher erklärten Denkmal eine Infotafel. Die Skagfirðingar (die Bewohner von Skagafjord) protestieren hier gegen die Pläne, Überlandleitungen mit 30 m Höhe aufzustellen, und weisen nachdrücklich darauf hin, dass nicht sie, sondern nur internationale Firmen, z. B. die Betreiber von Aluminiumhütten, von diesem Energieweg profitieren. Sie fordern, dass die neuen Stromleitungen, wenn überhaupt, unterirdisch durch ihren schönen Fjord verlegt werden sollen.

6 HIGHLIGHT

Rund um Varmahlíð

Das kleine Örtchen Varmahlíð ist Aktivität pur. Hier wird gerafted, gewandert, geangelt und vor allem geritten.

Reiten um Varmahlið

Touristen, die Reitausflüge machen wollen, haben vier Optionen:

- Sie buchen explizit eine **Anfängertour**. Die dauert i. d. R. 1–2 Std. und es werden ruhige, erfahrene Pferde ausgesucht. Meist geht es im Schritt auf Schotter- oder Wiesenwegen durch landschaftlich schöne Gebiete, je nach Mut der Reiter wird auch getöltet oder galoppiert. Einen einstündigen Ausritt gibt es ab 6000 ISK.
- **Menschen mit Reiterfahrung** sollten das bei der Buchung kundtun. Dann kommen sie in eine separate Kleingruppe. Für sie geht die Tour oft durch steiniges Gelände, es werden Flüsse durchquert und weitere Strecken im Tölt oder Galopp zurückgelegt.
- Für **Reiterferien auf einem Hof** mit täglich wechselnden Tagesausflügen sind die Zeiten im Herbst, wenn Schafe und Pferde aus den Bergen in die Täler zurückgetrieben werden, besonders beliebt. Die Touristen reiten dann inmitten der Bauern der Umgebung. Reiterfahrung und gute Kondition werden vorausgesetzt.
- Bei **längeren Reittouren** wird unterwegs in Gästehäusern, Schafställen oder Zelten übernachtet. Vor allem wenn die Reise ins Hochland geht, ist ein Abbrechen unterwegs oft nicht möglich bzw. mit großem Aufwand verbunden, denn die Touren führen meist durch Gegenden, in denen es keine Straßen gibt. Eine Hochlandtour kostet um die 700 000 ISK.

Die Pferde

Die meisten für die Reittouren ausgesuchten Pferde sind ruhige, freundliche Gesellen. Unfälle passieren selten. Trotzdem geht es meist etwas flotter und unbeschwerter zu, als wir es aus Deutschland gewohnt sind. „Reitest du deutsch?", fragen deshalb manche Veranstalter im Scherz. Eine typisch deutsche Reitweise gibt es nämlich nicht. Gemeint ist die Sorge der deutschen Reiter, sie könnten ihre Pferde nicht anhalten. „Die fragen nach dem Anhalten, noch bevor sie überhaupt losgeritten sind!", sagen die Isländer verwundert. Aber anders als beim Autofahren, wo es durchaus klug ist, sich vor der Abfahrt mit der Funktionsweise der Bremsen vertraut zu machen, ist das beim Reiten isländischer Pferde anders. Die Tiere sind es gewohnt, im Herdenverband zu leben. Stoppt das Leittier, laufen auch die anderen nicht freiwillig weiter – nicht weit jedenfalls.

Die Anbieter

Hestasport, ☏ 453 8383, 🖥 www.riding.is, Magnús' Team ist spezialisiert auf mehrtägige Touren auf gut trainierten Pferden, z. B. quer durchs Hochland. Je nach Anspruch und Streckenlänge läuft eine Herde von bis zu 60 Pferden frei nebenher, sodass jeder Teilnehmer pro Tag 2–3 Pferde reiten kann. Beliebt sind auch die Budget-Touren, bei denen man nicht verpflegt, sondern abends wieder in die Cottages (s. o.) gebracht wird, wo man selbst kochen kann. Ein Leckerbissen für Könner ist das Angebot „Isländisch Reiten: Tagestour mit Handpferd" (für Nicht-Reiter zur Info: Ein Handpferd ist ein zweites Pferd, das nebenher läuft. Den Strick hält man – wenn man alles richtig macht – immer fest in der Hand). Ganzjährig auch kurze und mehrstündige Ausritte. Wer deutschsprachige Beratung wünscht, fragt nach Katja.

Lýtingsstaðir, ☏ 453 8064, 🖥 www.lythorse.com, bietet Reittouren, Reiterferien und Ausritte in familiärer Atmosphäre und mit deutscher bzw. deutschsprachiger Leitung. Highlight ist der Schaf- und Pferdeabtrieb im Herbst.

Rafting auf Austari-Jökulsá und Vestari-Jökulsá

Gemütlich Schlauchbootfahren? Eher nicht. Wer südlich von Varmahlið raftet, wird mit ziemlicher Sicherheit nass, und es ist auch nicht unwahrscheinlich, dass das Boot kentert und alle Insassen im eisigen Wasser landen. Beim isländischen Raften geht es nicht um einen schönen Tagesausflug, es geht um die Adrenalinausschüttung. Und da hilft natürlich eine Wildwasserwelt, wie sie z. B. der Fluss **Austari-Jökulsá** (Östlicher Gletscherfluss) bietet: Steile, schwarze Felswände bilden unten einen schmalen Canyon, spitze graue Steine teilen den Strom aus gefährlich grau-trübem Gletscherwasser in sprudelnde Kaskaden. Es gibt jede Menge Stromschnel-

Skagafjord

ESSEN
1 Undir Byrðunni Restaurant

SONSTIGES
1 Hestasport Reittouren
2 Viking Rafting

ÜBERNACHTUNG
1 Gästehaus Reykir, Camping Grettislaug
2 Hólar Cottages und Apartments, Camping Hólar
3 Hofstaðir Guesthouse
4 Hótel Varmahlíð
5 Hestasport Cottages und Camping
6 Hunaver Guesthouse und Camping
7 Bakkaflöt Guesthouse und Camping
8 Lýtingsstaðir

len, und wie tief der Fluss an welcher Stelle ist, ist nie zu erkennen. Dem Austari-Jökulsá wird nachgesagt, einer der tollsten Rafting-Flüsse der Welt zu sein (Stufe 4+). Sich hier alleine mit einem Boot auf den Weg zu machen ist alles andere als ratsam. Ernste Unfälle sind unseres Wissens bei geführten Touren in Island noch nicht vorgekommen, allerdings haben schon mehrmals ältere Menschen einen Herzinfarkt erlitten.

Auch der Fluss **Vestari-Jökulsá** (Westlicher Gletscherfluss) kommt vom Gletscher Hofsjökull in den Skagafjord herunter. Er ist aber bei Weitem nicht so gefährlich wie sein östlicher Kon-

Riðum, Riðum ... zu Pferde durch Island

Für viele Islandbesucher gehört eine Tour zu Pferde zu den Höhepunkten ihrer Reise. Hier im Nordwesten bieten sich vor allem Reitausflüge Richtung Süden an, ins unbewohnte Hochland. Die Kjölur-Route beginnt westlich von Varmahlíð. Die wohl bekannteste Nord-Süd-Reitroute Islands, Sprengisandur genannt, beginnt direkt am südlichen Ende des Skagafjord. Motorisierte Fahrzeuge nehmen meist die östliche Zufahrt, die am Goðafoss beginnt, Reiter starten in Varmahlíð.

Reittour durchs Hochland – ein Erfahrungsbericht

Zehn bis zwölf Menschen und 60 Pferde machen sich auf den Weg. Für die nächsten sechs Tage werden sie eine feste Gemeinschaft bilden. Eine/r achtet auf den anderen, denn wenn eine/r schlappmacht oder ein Pferd aus der Herde verloren geht, hat die ganze Gruppe ein Problem. Jeder Reiter hat drei Reitpferde, die seinen Wünschen entsprechend ausgewählt wurden. Ängstliche Reiter bekommen erfahrene Pferde, Menschen mit Rückenproblemen, die, auf denen man am bequemsten sitzt, und forschen Reitern werden oft junge Pferde zugeteilt, auf denen sie ihre Reitkünste unter Beweis stellen können. Zweimal pro Tag werden die Pferde gewechselt, denn für ein Pferd ist es viel anstrengender, mit einem Reiter auf dem Rücken im sowieso schon kräfteraubenden Tölt als einfach frei im selbst gewählten Tempo nebenher zu laufen. Ungefähr sechs Stunden pro Tag wird geritten, meist hintereinander und im Tölt, denn wo überhaupt Wege vorhanden sind, handelt es sich oft um schmale Schafpfade. Weil im Tölt immer nur ein Pferdefuß den Boden berührt, können die Tiere hier gut laufen. Wie Models setzen sie einen Fuß vor den anderen. Das ist ja der eigentliche Vorteil der Gangart Tölt: Die Pferde kommen schneller und sicherer voran als z. B. im Trab. Dass im Tölt der Reiter bequem sitzt, ist nur ein angenehmer Nebeneffekt.

So geht es still, aber stetig voran. Man hört nur das Trampeln und Schnauben der Pferde, Gesprächsfetzen würden vom rauen Wind davongetragen. Flussüberquerungen gehören zum Standardprogramm. Manchmal können die Tiere einfach gegen die Strömung ankämpfend im Kiesbett vorankurrent, weshalb die einfacheren Raftingtouren meist hier stattfinden. Für Babys, Opas und Hasenherzen sind aber auch die sogenannten Familientouren nicht geeignet, denn auch hier schaukelt's ganz schön. Für Kinder ab 12 J. ist es aber ein herrliches Vergnügen.

Anbieter

Viking Rafting, Hafgrímsstaðir, ✆ 823 8300, 🖥 www.vikingrafting.com, ist eine noch junge Firma, deren erfahrene Guides gleichzeitig die Chefs sind. Familien-Rafting 3–4 Std. für 14 990 ISK, Kinder (6–12 J., nur in Begleitung Erwachsener) 9990 ISK, tgl. um 15 Uhr. White-Water-Tour 6 Std. 24 990 ISK, nur für Erwachsene, tgl. 9 Uhr. 3-Tage-Tour 189 990 ISK (inkl. Fahrt über die Sprengisandur-Hochlandpiste zum Startpunkt).

Bakkaflöt Rafting (s. Übernachtung) bietet Familien-Rafting: 2 1/2–3 Std. (plus 20 Min. Anfahrt) für 14 990 ISK, Kinder (nur in Begleitung Erwachsener, Mindestalter 12 J.) 9990 ISK, tgl. 9.30 und 13 Uhr; Extrem-Rafting: 4–5 Std. 24 990 ISK, nur für Erwachsene, tgl. 9 und 15 Uhr. 10 % Rabatt für Teilnehmer, die im Gästehaus übernachten.

Reykjafoss und Hot Pot Fosslaug

8 km südlich von Varmahlíð liegen auf Privatland die beiden meistbesuchten Sehenswürdigkeiten der Region: der versteckte Wasserfall Reykjafoss und wenige Meter daneben, direkt am Fluss, der natürliche Hot Pot Fosslaug.

Wir bitten alle Besucher, die hierherkommen, zusammen mit dem freundlichen Landbesitzer, der die unentgeltliche Benutzung des natürlichen Hot Pots immer noch erlaubt, auch in Zukunft die Tore hinter sich zu schließen, ihren Müll wieder mitzunehmen und die Wiese neben dem Wasserfall nicht als Klo zu missbrauchen. Wer dem nicht 100 % zustimmt, der überspringe die nächsten Zeilen.

stapfen, oft müssen sie schwimmen. Spätestens jetzt wird klar, warum die teuren Lederstiefel zu Hause bleiben sollten und Gummistiefel mitmussten, denn die Reiterbeine hängen bis zu den Knien im Wasser. Regenkleidung in Müllmannorange gehört übrigens zur Standardausstattung jeder Tour. Die Isländer wissen, dass die hochgelobten Funktionsjacken und -hosen nur begrenzte Zeit durchhalten und teilen von vornherein wasserdichte Gummikleidung aus. Picknick gibt's, wenn es Zeit für den Pferdewechsel wird. Die Gruppe kommt um die Ecke und – welch ein Luxus! – alles ist schon vorbereitet. Warmer Kaffee wurde zusammen mit belegten Broten, Kuchen und Obst per Jeep oder Unimog von einem Mitarbeiter an eine mit dem Auto erreichbare Stelle gebracht. Gegessen wird im Gras oder auf einem Stein sitzend (wenn's regnet, bleibt man natürlich besser stehen), denn man hat ja kein Kaffeekränzchen, sondern ein Outdoor-Abenteuer gebucht.

Das Hochland ist vom Pferderücken aus erlebt noch mal eine ganz andere Erfahrung. Wüsten aus Steinen und Sand wechseln ab mit Wüsten aus Sand und Steinen, sonst passiert stunden- und kilometerlang gar nichts. Wer hier nicht zur Ruhe kommt, dem ist nicht mehr zu helfen. Es wird laut gegen den Wind angesungen, meist isländische Lieder, bei denen jeder einfach mitsingt, so gut wie er eben kann. Nach so viel Grau erscheint der erste Grashalm, der nach langer Zeit wieder gesichtet wird, giftgrün. Ein Symbol des Lebens, könnte man sagen, wenn das nicht so kitschig klänge.

Übernachtet wird da, wo die Pferde etwas zu fressen haben. Oft wird nur ein mobiler Stromzaun irgendwo im Nichts aufgebaut, in dem die Tiere die Nacht verbringen, und die Zelte der Hochlandreiter stehen direkt daneben (auch ein Küchenzelt ist immer dabei: Im Regen draußen essen, das wäre dann doch zu viel Outdoor). An manchen Stopps gibt es aber auch Hütten, wenn man Glück hat sogar mit eigenem Hot Pot. Apropos: Die Körperhygiene hat oft zu leiden bei Hochlandtouren zu Pferd. Aber das macht die warme Dusche nach der Rückkehr ja nur umso attraktiver. Und durch das dicke Gummi der Wetterjacken dringt sowieso kein Geruch nach draußen. Und falls doch, dann trägt ihn der Wind davon ...

Anfahrt: Von Varmahlíð aus folgt man der Straße 752, biegt nach ca. 5 km auf die Straße 753 ab (Hinweisschild nach Vindheimar) und überquert eine Brücke. Es geht leicht bergauf, und in der nächsten Linkskurve zweigt rechts ein kleiner Fahrweg ab. Das Tor steht meist offen. Die Piste endet an einem Zaun; auf der Wiese davor kann man das Auto abstellen. Von hier aus dem Weg nach rechts folgen. Am Fluss gibt es eine Brücke, die auf eine kleine Flussinsel führt. Zum Wasserfall geht's sofort nach rechts, zum Hot Pot ein Stück geradeaus und dann erst nach rechts.

Museumsdorf Glaumbær

Wie lebten isländische Bauern Anfang des 19. Jhs.? Darum geht es in diesem Museumsdorf, 453 6173, www.glaumbaer.is, ungefähr auf halbem Weg zwischen Varmahlíð und Sauðárkrókur an der Straße 75. Die seit 1948 als Museum genutzte alte Torffarm wird durch zwei schöne Holzhäuser im norwegisch-isländischen Stil und eine Kirche nebst Friedhof ergänzt.

Seit 900 Jahren existiert hier eine Farm. Natürlich wurden die Häuser im Laufe der Jahrhunderte immer wieder erneuert und umgebaut. Es ist spannend, im **Torfhaus** in die niedrigen Gemächer und den Stall, die Handwerkstätten und die Wohnstube zu schauen und dem Leben von einst nachzuspüren. Viele Gegenstände stammen nicht original von dieser Farm, sondern aus der Sammlung des Dorfmuseums.

Die Kirche mit Friedhof nebenan ist neueren Datums. Die 1860 erbaute Torfkirche wurde erst durch eine Holzkirche und 1926 durch die heute weiß getünchte **Steinkirche** ersetzt.

Auf der anderen Seite der Torfhausfarm sind zwei große Häuser aus Holz zu bestaunen. Sie standen ursprünglich nicht hier, sondern haben einen langen Weg hinter sich. Das graue **Gilstofa**, in dem heute ein kleiner Laden und das offizielle Büro des Museums untergebracht sind,

Einsichten in das bäuerliche Leben zu Beginn des 19. Jhs. im Freilichtmuseum Glaumbær

stammt ursprünglich aus dem Jahr 1849 und wurde erstmalig in Espihol (nahe Akureyri) errichtet. Mehrmals zog es um. Erst 1997 wurde das Haus an der heutigen Stelle aufgebaut und als eines der wenigen erhaltenen derart wertvollen Häuser ausgestellt. Auch das gelbe **Áshús** stammt aus dem 19. Jh. und hat eine längere Odyssee hinter sich. Heute beherbergt es ein kleines feines Teehaus, das **Áskaffi**, ✆ 453 8855 und 699 6102. Hier gibt es hausgemachte Speisen und Kuchen, die nach uralten Rezepten hergestellt werden, z. B. den isländischen „Christmas Cake", eine geschichtete Kalorienbombe mit Kardamom, Zitrone und Pflaumenfüllung. ⌚ Juni–Aug tgl. 9–18, Mai, Sep tgl. 11–17, Feb–April Sa, So 11–16 Uhr. Im Obergeschoss befindet sich eine kleine Ausstellung.

Nur wer ins Torfhaus und in die Ausstellung will, muss Eintritt zahlen. Viele wandeln nur um die Häuser herum und nutzen den schönen Rasen als Picknickplatz.

⌚ 20. Mai–20. Sep tgl. 9–18, April–19. Mai und 21. Sep–20. Okt Mo–Fr 10–16 Uhr, im Winter nur auf Anfrage, Eintritt 1600 ISK, Kinder unter 18 J. frei.

ÜBERNACHTUNG

Im Ort Varmahlíð

Camping Varmahlíð, ungefähr 500 m abseits von Bushaltestelle und Hauptstraße, ✆ 899 3231, 🖥 www.tjoldumiskagafirdi.is. In einem geschützten Waldgebiet gelegen (guter Windschutz, kurzer Weg zum Schwimmbad. Zelte und Wohnmobile stehen getrennt voneinander. 1300 ISK für die erste Nacht, 1000 ISK für jede weitere. Plus 111 ISK Übernachtungssteuer pro Zelt/Wohnmobil. Kinder unter 12 J. kostenlos. Strom 800 ISK. ⌚ Mitte Mai–Mitte Sep (je nach Wetter auch früher bzw. länger geöffnet).

€ Die **Campingplätze** von Sauðárkrókur (S. 354), Hofsós (S. 361) und Varmahlíð arbeiten zusammen. Wer auf einem der Plätze übernachtet, bekommt bei den anderen beiden einen Preisnachlass auf die nächste Übernachtung.

Hestasport Cottages, am Ende von Varmahlíð, hinter dem Schwimmbad den Berg hinauf, ✆ 453 8383, 🖥 www.riding.is/en/cottages. 7 unterschiedlich große Blockhäuser (für 2–6 Pers.), kreisförmig angeordnet um einen Hot Pot. Ein Haus steht unter dem Motto Pferd, ein anderes ist mit Schaf-Accessoires dekoriert. Ruhe und Einsamkeit mit beeindruckendem Panoramablick und allem Komfort. Das Büro von Hestasport, in dem man die Schlüssel bekommt, liegt 2 km entfernt an der Ringstraße (einige Meter in die Straße 752 reinfahren). Cottage als DZ Mitte Mai–Mitte Okt 25 000 ISK, sonst 18 000 ISK, Frühstück 2500 ISK p. P.

Hótel Varmahlíð, Laugavegur 1, direkt oberhalb der Tankstelle, ☎ 453 8170, 🖥 www.hotelvarmahlid.is. Die Zimmer haben alles, was ein Hotelzimmer haben muss: gemütliche Betten, gepflegte, moderne Bäder, Fernseher. Außerdem kann man Kaffee und Tee auf dem Zimmer zubereiten. Nur eins fehlt leider: die persönliche Note. ❺

Südlich von Varmahlíð

Bakkaflöt Guesthouse und Camping, ☎ 453 8245 und 453 8099, 🖥 www. bakkaflot.com. 10 km von Varmahlíð auf der Straße 752, dann links auf der 754 den Berg hinauf und noch mal rechts. Und dort, wo man denkt, es käme nichts mehr, liegt diese trubelige Unterkunft mit 22 Gästezimmern, 2 Sommerhäusern, einem Aufenthaltsraum mit Kaffeeausschank, einem sauberen Mini-Freibad mit Hot Pot direkt hinter dem Hauptgebäude, einem ziemlich großen Campingplatz ein Stück weiter unten, direkt am Flussufer, und einer Paintballanlage. Klara und Sigurður kennen alles, was Spaß macht – und das Wenige, das sie mit ihrem Travel Service nicht selbst anbieten, vermitteln sie über andere Anbieter. WLAN im Hauptgebäude. ❸

Islandpferdegestüt Lýtingsstaðir, ☎ 453 8064, 🖥 www.lythorse.com. Die 19 km lange Fahrt (gemessen vom Abzweig der Ringstraße) auf der Straße 427 lohnt sich. Bei der Deutschen Evelyn lässt es sich nicht nur hervorragend reiten, sondern auch abgeschieden in 3 gemütlichen, voll ausgestatteten Cottages wohnen. Die liebevoll restaurierten alten Torfhausställe können auch von Nicht-Gästen besichtigt werden, es gibt einen Audioguide auf Deutsch, Eintritt 750 ISK p. P., Kinder unter 12 J. frei. Cottage für 1–5 Personen als DZ 12 500 ISK (mit 5 Personen belegt 15 000 ISK pro Nacht). Bettwäsche und Handtücher einmalig 1500 ISK. ⊕ Mai–Sep.

ESSEN

Hótel Varmahlíð, s. Übernachtung. Auf Touristengruppen spezialisiertes Hotelrestaurant mit Bar. Das Essen ist ordentlich. Geöffnet, solange Gäste da sind.

Imbiss an der Tankstelle, mit großem Sitzbereich innen und außen. Das Fastfood ist beliebt; hier ist es oft rappelvoll. ⊕ tgl. 9–22 Uhr (manchmal auch kürzer).

AKTIVITÄTEN

Kajak
Bakkaflöt, s. Übernachtung, bietet 2-stündige Touren (ab 12 J.) auf dem Fluss Svartá.

Schwimmen
Einfaches, in die Jahre gekommenes Schwimmbad ohne jeglichen Schnickschnack, direkt neben der Schule, ☎ 453 8824. ⊕ Mo–Fr 10.30–21, Sa, So 10.30–18 Uhr.

SONSTIGES

Einkaufen
Supermarkt an der Tankstelle, ⊕ tgl. 9–23 Uhr (manchmal auch kürzer, diese Öffnungszeiten ändern sich von Jahr zu Jahr).

Feste
Sæluvika (Woche der Freude), Ende April/Anfang Mai: Kulturfestival mit wechselndem Programm. Der Schwerpunkt liegt aber immer auf Musik. Überall im Skagafjord finden Konzerte statt.

Geld und Post
Geldautomat an der Tankstelle. Die Bank und die Post, die es früher einmal gab, sind geschlossen.

Informationen
Touristeninformation, im Holzhaus mit Grasdach links der Tankstelle, ☎ 455 6161,

Zum Aussichtsberg Mælifellshnjúkur

- **Länge:** ca. 7,5 km
- **Dauer:** mind. 4 Std.

Mit einer Höhe von 1147 m ist der Mælifellshnjúkur (nicht zu verwechseln mit dem Berg Mælifell weiter westlich) der höchste Berg weit und breit. Wer auf dem Gipfel steht, sieht folglich in alle Richtungen: die braun-lilafarbenen kleineren Berge und Hügel ringsumher, das fruchtbare, grüne Tal, die Flüsse, die es zerschneiden, das Meer im Norden und das Hochland im Süden.

Aufstieg

Hat man einmal die Zufahrt und den Parkplatz gefunden, ist der Weg auf den Berg mit dem unaussprechlichen Namen nicht schwer zu finden: Vom Parkplatz aus geht es erst geradeaus in Richtung Berg, dann aber nach Süden, denn von dieser Seite ist der Aufstieg erheblich leichter. So geht es zunächst über einen Bergrücken, dann in ein feuchtes Tal mit kleinen Bächlein und grellgrünem Moos, in dem manchmal Schafe zu finden sind. Weiter bergan wird die Vegetation immer weniger bis sie schließlich ganz verschwindet. Der letzte Teil des Wegs führt über größere Steine und jede Menge loses Geröll – hauptsächlich Tuff und Lava. Über einen Grat wandert man auf rostrotem Boden geradewegs auf den Gipfel zu. Hier oben wehen oft raue Winde und es gibt keine Möglichkeit zum Festhalten (also keine Sträucher usw.). Wer nicht ins Tal geweht werden will, kehrt bei schlechtem Wetter besser rechtzeitig um.

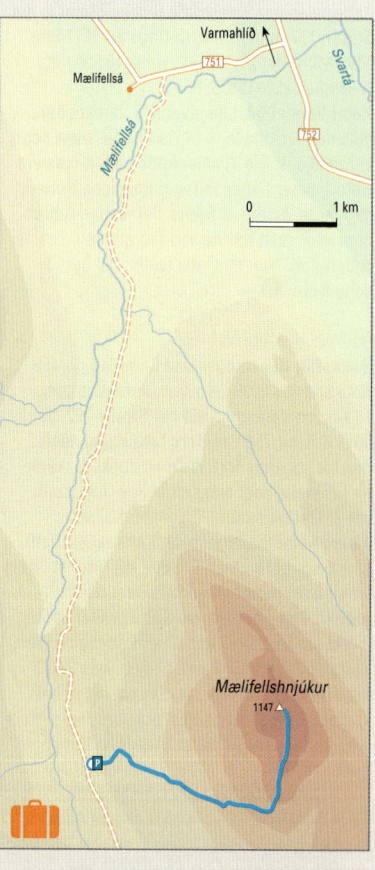

Anfahrt

Die Straße 751 verlässt die größere Straße 752 kurz hinter Varmahlíð in Richtung Süden, aber nur, um ca. 10 km später wieder zu ihr zurückzuführen. Wenn möglich also erst die Kreuzung weiter südlich nehmen. Hier geht kurze Zeit später eine Piste nach Süden ab, die von den Einheimischen auch als Rallyestrecke genutzt wird. Sehr vorsichtig kann man sie aber auch mit einem normalen Pkw befahren. Nach rund 10 km beginnt an einem kleinen Parkplatz der mit grün-gelben Pflöcken markierte Wanderweg.

🖥 www.visitskagafjordur.is. Massig Infomaterial, kompetente Beratung sowie Souvenir- und Pulloververkauf: Was will man mehr? ⏰ Mai–Sep tgl. 9–18, Okt–April tgl. 12–16 Uhr.

TRANSPORT

Auto
Nach Norden geht's über die Straße 75 nach Sauðárkrókur. Wer auf der Ringstraße nach Osten weiterfährt, muss sich nach 5 km entscheiden: Über Straße 76 nach Norden Richtung Hólar und Hofsós und dann um die Troll-Halbinsel oder auf der Ringstraße über den Pass Öxnadalsheiði auf direktem Weg nach Akureyri?

Busse
Von der Haltestelle an der großen Tankstelle im Ortszentrum:
AKUREYRI, mit Strætó-Bus 57 um 14.18 und 22.48 Uhr (im Winter Sa nur 14.18 Uhr) in 1 Std. für 2720 ISK.
REYKJAVÍK, mit Strætó-Bus 57 um 11.18 und 17.33 Uhr (im Winter Sa nur 17.33 Uhr) in 5 1/4 Std. für 7820 ISK.
Mitte Juni–Anfang Sep fährt SBA Norðurleid mit der Linie 610/610a (auch über Sterna und Reykjavík Excursions buchbar bzw. Teil ihrer Buspässe) die Strecke Reykjavík–Akureyri über die **Kjölur-Hochlandroute 35** (S. 578). Um 17.20 Uhr stoppt der Bus nach AKUREYRI, um 9.20 Uhr der nach REYKJAVÍK (gut 9 Std.; 13 700 ISK) in Varmahlíð.

Sauðárkrókur

Mit mehr als 2500 Einwohnern ist Sauðárkrókur die größte Stadt der Region. Die kleine Altstadt mit Holzkirche rund um die Hauptstraße Aðalgata ist hübsch anzusehen und lädt zum Einkaufsbummel ein. Ansonsten gibt es drum herum weniger schöne Wohnblöcke, Lagerhallen, Werkstätten und Fabriken. Eine ganz normale Stadt, in der gelebt und gearbeitet wird.

Sauðárkrókur ist ein idealer Ausgangspunkt für Ausflüge in die Umgebung. Die Stadt selbst ist in wenigen Stunden besichtigt, als Hauptattraktionen gelten das **Minjahúsið Folk Museum** (mit ausgestopftem Eisbär), ⏰ Juni–Aug 13–19 Uhr, Eintritt 1000 ISK, und Europas einzige Fischhautgerberei, **Sútarinn**, Borgarmýri 5, ☎ 512 8025, 🖥 auf Facebook. Die Fischhäute kommen hauptsächlich aus Dalvík (S. 369), werden hier gegerbt und an Designer weiterverkauft, die daraus Taschen, aber auch Kleidung herstellen. Eine kleine Auswahl davon gibt's im Shop. ⏰ Gerberei Mo–Fr 10–14 Uhr, Shop Anfang Juni–Mitte Sep Mo–Fr 11–16, Sa 8–12 Uhr.

Café am Islandfjord

Eine ideale Vorbereitung auf den Besuch in Sauðárkrókur ist die zweiteilige ZDF-Reality-Doku *Das Café am Islandfjord*, zwar schon aus dem Jahr 2015, aber so beliebt, dass sie oft wiederholt wird (zuletzt im Oktober 2017); außerdem sind die Filme bei YouTube abrufbar. Worum geht es also? Vordergründig um vier deutsche Junggastronomen, die im **Kaffi Krókur**, Aðalgata 16, ☎ 453 6299, 🖥 www.kaffikrokur.is, ihr Können unter Beweis stellen und das Café für einige Wochen eigenständig bewirtschaften sollen. Zum Renner aber wurde die Sendung durch die tollen Islandbilder und den Realitätsbezug. Die jungen Köche beteiligen sich am alljährlichen Pferdeabtrieb, sie fangen Fisch am Hafen, machen Ausflüge mit dem Jeep, baden im Hot Pot Grettislaug und im örtlichen Schwimmbad, sitzen dort Seite an Seite mit den Einwohnern. Im Film wird schnell klar, wie dörflich die Strukturen in Sauðárkrókur sind, auch wenn der Ort offiziell eine Stadt ist. Die Köche nehmen teil am Leben der Dörfler, erfahren auch allerhand Privates von der Wirtin Kristín, dem Ladenbesitzer Bjarni und den vielen namenlosen Einwohnern, die sie in kürzester Zeit sehr gut kennenlernen – und die Zuschauer mit ihnen. Es ist ein wenig voyeuristisch, aber irgendwie auch schön, dass man, wenn man endlich persönlich hier angekommen ist, sofort Menschen trifft, die man kennt (wenn auch nur aus dem Fernsehen).
⏰ So–Mi 11.30–23, Do 11.30–1, Fr, Sa 11.30–3 Uhr (mit Livemusik).

Grettislaug

Unerschrocken? Abgehärtet, wetterwest und somit extrem islandtauglich? Nein? Dann ab ins Schwimmbad des Sagenhelden Grettir. Das Bad in dem warmen Pool nördlich von Sauðárkrókur soll nämlich übernatürliche Kräfte freisetzen. Vielleicht nicht bei jedem, der darin badet, aber bei einigen schon. Der geächtete Sagenheld Grettir ist das prominenteste Beispiel. Auch wenn man sich nicht ganz einig ist, wie sich die Geschichte zugetragen hat, die das Loch mit dem warmen Wasser direkt an der Küste zu Grettislaug („Grettirs Bad") machte, so spielt doch immer die **Felseninsel Drangey** eine Rolle, auf der sich Grettir während der letzten Jahre seines Lebens versteckt gehalten haben soll. Die 7,5 km eiskalter Ozean zwischen der Insel und dem Festland soll Grettir schwimmend überwunden haben, und zwar mindestens zweimal. Mal heißt es, er sei an Land geschwommen, um Feuer zu holen, mal, er hätte sich auf einen Raubzug begeben. Auf jeden Fall soll er es nur mit knapper Not an Land geschafft haben. Hinein in den rettenden Pool. Hier wurde er stärker und stärker. Er konnte ohne jegliche Probleme zur Insel zurückschwimmen, je nach Geschichte sogar mit Beute oder einer Fackel in der Hand. Egal, ob er sein Schicksal nur einmal so herausgefordert hat oder dieses Wagnis regelmäßig auf sich genommen hat, um das Land viele Jahre lang in Angst und Schrecken zu versetzen: Es war eine beachtliche Leistung. Auch heute noch soll es Jungen zu „richtigen" Männern machen, wenn sie von Drangey aus an Land schwimmen, am besten mit einer Fackel in der Hand und die Nationalhymne singend. Allerdings hat das schon lange kein junger Mann mehr versucht. Zuletzt haben im Sommer 2017 zwei Schwimmerinnen die Strecke zurückgelegt. Nach eigenen Angaben hatten sie vorher ein Jahr dafür trainiert.

Im Jahr 2006 wurde ein zweiter Pool gebaut, später auch eine Art Umkleide. Nach langer Zeit des freien Eintritts kostet der Besuch der Hot Pots jetzt 1000 ISK p. P., die in bar entrichtet werden müssen. Nebenan gibt es einen einfachen Campingplatz, ein Gästehaus und ein kleines Café/Restaurant, außerdem einen kleinen Pier. Hier starten die beliebten Bootsausflüge nach Drangey, wo Papageitaucher bestaunt werden können.

Ob es sich lohnt, für Grettislaug 16 km auf einer schlechten Straße zurückzulegen (die 748 hat viele Schlaglöcher und ist bei Regen sehr rutschig), hängt nicht zuletzt von der aktuellen Wetterlage ab. Hinweis für Navibenutzer: Es gibt noch ein anderes Grettislaug, das aber in den Westfjorden liegt.

Wanderung zum Tindastóll

20 km lang, 8 km breit und 995 m hoch ist der beeindruckende Berg **Tindastóll** aus Basalt und Liparit, der wie ein König über dem Westufer des Fjords thront. Ca. 1,5 km hinter dem Abzweig nach Grettislaug beginnt an der Straße 744 hinter der Farm Skarð an einem Weidetor ein 6 km langer unmarkierter Wanderweg, an einer Schlucht entlang und dann steil den Berg hinauf. Weiter oben soll es einer alten Legende zufolge bunte „Wunschsteine" geben, die immer am letzten Juniwochenende auf wundersame Weise oben auf dem Bergrücken aus einem kleinen See emporsteigen. Aber wer sagt, dass das an diesem magischen Ort nicht auch an anderen Tagen und mit ganz normalen Steinen funktioniert?

Wer sich nur ein bisschen die Beine vertreten will, macht nicht die ganze Wanderung, sondern bleibt links von der Schlucht und gelangt nach ca. 45 Min. auf einen Bergrücken mit richtig tollem Rundumblick: auf den Tindastóll, das Meer und das Tal in Richtung Blönduós.

Ein zweiter Wanderweg auf den Tindastóll beginnt an der Straße 745 bei der Farm Skíðastaðir.

Búminjasafnið Lindabær

Das Museum für Landwirtschaftsmaschinen und Traktoren liegt in Sæmundarhlíð an der Straße 762, 18 km von Sauðárkrókur, 20 km von Varmahlíð. Sigmar sammelt seit über 25 Jahren alte Landmaschinen. Auf seinem Hof stehen mehr als 20 Traktoren und jede Menge altertümliche Werkzeuge und Maschinen, z. B. Butterfässer, Scherenschleifer, Sensen, Pferdekutschen usw. ⏲ Mitte Juni–Mitte Aug tgl. 13–17 Uhr, Eintritt 1000 ISK.

ÜBERNACHTUNG

Campingwiese Drangeyjarferðir, Reykir, bei Grettislaug, ℡ 841 7313, 🖳 auf Facebook. Ungeschützte Wiese mit Spielplatz, Küchen- und Sanitärhäuschen. Noch ohne Duschen, aber die sind in Planung. 1000 ISK p. P.

Camping Sauðárkrókur (Campingkarte), ℡ 899 3231, 🖳 www.tjoldumiskagafirdi.is. Eine einfache, ungeschützte Wiese direkt neben dem Schwimmbad, mit neuem, behindertengerechtem und beheiztem Servicecenter (Duschen, aber keine Kochgelegenheit). Rechts davon ist man dem Wind ausgesetzt. Linker Hand hinter dem Schwimmbad ist es windstiller. Blickt man vom Zelt Richtung Straße, ist es hier alles andere als heimelig. Wendet man sich jedoch in die entgegengesetzte Richtung, erfreut sich das Auge an einem lieblichen Wald. Es gibt Waschmaschine und Trockner, Duschen 250 ISK. Kein Strom für Wohnmobile. Sofern niemand zum Kassieren kommt, bitte das Geld in die Box des Vertrauens einwerfen. 1300 ISK für die erste Nacht, 1000 ISK für jede weitere, zzgl. 111 ISK Übernachtungssteuer pro Zelt/Wohnmobil. ⏱ Mitte Mai–Mitte Sep (je nach Wetter auch früher bzw. länger geöffnet).

Guesthouse Reykir, bei Grettislaug, Karte S. 345, ℡ 841 7313, 🖳 auf Facebook. Ein Holzhaus mit moderner Gemeinschaftsküche und Aufenthaltsbereich. 4 kleine Doppelzimmer. ❸

🧳 **Hótel Tindastóll**, Lindargata 3, ℡ 453 5002, 🖳 www.arctichotels.is. Das 1884 in Einzelteilen aus Norwegen importierte grüne Haus am nördlichen Ortsrand ist eines der ältesten erhaltenen Holzhäuser Islands. Innen als Romantikhotel eingerichtet, mit Möbeln im Bauernstil. Die Zimmer im weißen Nebengebäude (Annex) sind zweckmäßig und schlicht. Hot Pot auf der Terrasse. ❻–❼

€ **Microbar & Bed**, Aðalgata 19, ℡ 467 3133. Jugendlich eingerichtete Zimmer im rot gestrichenen Haus von 1896, mit Gemeinschaftsküche und kostenloser Waschmaschinenbenutzung. Unten im Haus eine Bar mit großer Bierauswahl, ⏱ ab 21 Uhr. Die dazugehörige Brauerei kann gegen einen kleinen Obolus besichtigt werden. ❸

ESSEN

Nachdem das Restaurant Ólafshús geschlossen hat, gibt es nicht mehr viele Alternativen in Sauðárkrókur. Etwas Besonderes ist das **Kaffi Krókur** (Kasten S. 351).

Hard Wok Café, Aðalgata 5, ℡ 453 5355, 🖳 www.hardwokisland.simplesite.com. Ein Imbissrestaurant, das alles in einem bietet: Fish 'n' Chips, Burger, asiatische Wok-Gerichte, mexikanische Quesadas und Take-away-Pizza. ⏱ Juni–Aug tgl. 11.30–21.30, sonst Mo–Fr 11.30–14 und 18–21.30, Sa, So 11.30–21.30 Uhr.

Sauðárkróks Bákari, Aðalgata 5, ℡ 455 5000, 🖳 www.saudarkroksbakari.net. Weit über die Stadtgrenzen hinaus für tollen Kuchen bekannte Bäckerei. ⏱ Mo–Fr 7–18, Sa 8–16, So 9–16 Uhr.

Im **Schnellimbiss an der N1-Tankstelle** gibt es Kaffee und das übliche Fastfood, außerdem kostenfreies WLAN.

AKTIVITÄTEN UND TOUREN

Bootsfahrten

Drangey Tours, Reykir, ℡ 821 0090, 🖳 www.drangey.net. Bootsfahrten (3 1/2 Std.) zur Felseninsel Drangey und Angeltouren. Juni–Mitte Aug, tgl. 10 Uhr, Abfahrt ab Reykir/Grettislaug. Erwachsene 12 500 ISK, 7–14 J. 6900 ISK, Kinder unter 6 J. kostenlos.

Schwimmen

Geothermalbad, Skagfirðingabraut, ℡ 453 5226, 🖳 www.sundlaugar.is. Mit 25-m-Außenschwimmbecken und zwei Hot Pots mit Massagedüsen. Wenig lauschig, aber besser als gar kein Schwimmbad. Sauna und Solarium innen. ⏱ im Sommer Mo–Fr 6.50–21, Sa, So 10–17, im Winter Mo–Do 6.50–20.30, Fr 6.50–20, Sa, So 10–17 Uhr.

Skifahren

Tindastóll Skigebiet, ℡ 453 6707, 🖳 www.skitindastoll.is. Hier gibt es Lifte, eine Skischule und einen Ski- und Snowboardverleih, aber alles nur unter Vorbehalt, denn je nach Wetterlage ist Skifahren nicht möglich. ⏱ Dez–Mai Mi–Fr 14–19, Sa, So 11–16 Uhr.

SONSTIGES

Autovermietungen
Budget Car Rental, Raftahlíð, ☏ 562 6060, 🖥 www.budget.is.

Einkaufen
Supermärkte: Hlíðarkaup, Akurhlíð 1, ⏲ Mo–So 9–22 Uhr, **Kaupfélag Skagfirðinga**, Ártorg 1, ⏲ 8–12 und 13–16 Uhr.
Verslun Haraldar Júlíussonar, Aðalgata 22. Der tolle kleine Kram- und Elektroladen existiert schon seit 1919. Viel verändert hat sich seitdem nicht.
Vínbúðin, Smáragrund 2a, ⏲ Mo–Do 12–18, Fr 11–19, Sa 11–14 Uhr.

Geld und Post
Neben zwei Banken gibt es im Ort eine **Post** mit Western Union, Ártorg 6, ⏲ Mo–Fr 9–16.30 Uhr.

Informationen
Touristeninformation, Minjahúsið, ☏ 453 6870, ⏲ im Sommer tgl. 13–19 Uhr.

Medizinische Hilfe
Apotheke, Hólavegur 16, ⏲ Mo–Fr 10–18, Sa 11–13 Uhr.
Krankenhaus, Spítalastígur, ☏ 455 4000.

TRANSPORT

Auto
Wer etwas Zeit hat, sollte sich die Küstenfahrt entlang der Straße 75 (östlich von Sauðárkrókur in Richtung Tröllaskagi) nicht entgehen lassen. Die äußerste Landspitze im Skagafjord heißt **Landsendi**. Zum hiesigen orangefarbenen Leuchtturm Hegranesviti kommt man nicht mit dem Auto, aber es gibt einen Fußweg.

Busse
Die Bushaltestelle liegt an der N1-Tankstelle am Ortseingang.
AKUREYRI, mit Strætó-Bus 57 um 13.56 und 22.16 Uhr (im Winter Sa nur 13.56) in 1 1/2 Std. für 2720 ISK.
REYKJAVÍK, mit Strætó-Bus 57 um 11.55 und 17.55 Uhr (im Winter Sa nur 17.55) in 5 Std. für 7820 ISK (17 Zonen).
Nach HÓLAR und HOFSÓS fährt Strætó-Linie 85 Mi, Fr, So jeweils spätnachmittags und abends für 920 ISK. Voranmeldung mind. 2 Std. vorher erforderlich unter ☏ 540 2700.

Flüge
In der Wintersaison 2017/18 (Dez–April) flog Eagle Air nach längerer Pause wieder von und nach REYKJAVÍK, Mo, Di, Fr in 40 Min. ab 21 900 ISK. Ob das Angebot bestehen bleibt, ist unklar. Aktuelle Infos auf 🖥 www.ernir.is.

Hólar

Von 1106 bis 1798 war Hólar – mit vollständigem Namen Hólar í Hjaltadal – der bedeutendste Ort Nordislands, denn hier residierten damals die Bischöfe des Nordens (S. 116). Das Tal bot Schutz, der Fluss Wasser, die Nähe zur Küste machte die Versorgung einfach. Kultur, Wissen und vor allem Geld gab es mehr als genug. 1806 wurde Hólar mit Skálholt zu einem Bistum vereinigt. Es gab nur noch einen Bischofssitz, formal in Skálholt, alsbald aber in Reykjavík. Die Schule von Hólar wurde geschlossen, das Land ver-

Geschichtspfad

Weil derzeit keine Führungen angeboten werden, wurde ein Faltblatt mit den wichtigsten Informationen zu den Sehenswürdigkeiten in Hólar erstellt, das kostenlos in der Hochschule ausliegt. Der empfohlene Rundgang dauert etwa eine Stunde und umfasst die folgenden Sehenswürdigkeiten: Bischofsgarten, Pfarrsitz (ein Aussichtspunkt oberhalb des Ortes), Lateinschule und Befestigungswall (zu sehen sind nur noch Überreste), Auðuns Haus (ein Nachbau des Holzhauses, das der norwegische Bischof Auðun der Rote im 14. Jh. errichten ließ), Gvendarbrunnen, Druckerei und Farmgebäude, Tunnel (Überreste), Domkirche und Glockenturm, Hochschule, Nýibær-Torfhäuser, Islandpferdemuseum, Bierzentrum.

Mit einer fliegenden Stute fing alles an

Im Skagafjord stehe die Wiege des Islandpferds, wird oft behauptet. Es gibt überdurchschnittlich viele Pferde hier, das stimmt. Gemeint ist aber: Hier wurde dank einiger Zufälle und mehrerer Quäntchen Glück die Grundlage für die erfolgreiche isländische Pferdezucht gelegt.

Es war einmal … eine Stute, die zum Symbol der Hoffnung wurde

Die Stute Fluga, das erste Pferd, das namentlich in den Sagas erwähnt wird, kam mit einem Wikingerschiff nach Island. In der Nähe von Kolkuós sprang sie von Bord und verschwand in den Wäldern von Brimsnes (damals war der Skagafjord noch dicht bewaldet). Ein Bauer namens Þorir Dúfunef hatte ihre Flucht beobachtet. Für ihn stand fest: Dieses Pferd muss ich haben! Die Wikinger willigten in den Kauf ein, vor allem, weil sie daran zweifelten, Fluga jemals wieder einfangen zu können. Der Bauer habe die Hoffnung gekauft, sagen die Leute aus dem Skagafjord gern. Die Hoffnung darauf, Fluga zu finden und sie zu zähmen. Das Unwahrscheinliche gelang (wie er es geschafft hat, die Stute einzufangen, ist nicht überliefert). Der arme Bauer war allein durch Glück und seinen Mut, ein finanzielles Wagnis mit ungewissem Ausgang einzugehen, zum Besitzer des wertvollsten Pferdes weit und breit geworden. Fluga war nämlich schnell. Einmal sollen Fluga und ihr Besitzer zu einem Passrennen auf der Kjölur-Route angetreten sein. Fluga kam ihrem Konkurrenten schon wieder entgegen, als der gerade mal die Hälfte der Strecke geschafft hatte. Der unterlegene Reiter, Örn, stieg vom Pferd und stürzte sich vom nächsten Berg. Der heißt seitdem Arnarfell (der Berg von Örn), der Weg Dúfunefsskeið (Dúfunefs Passrennstrecke).

Fluga hatte viele Fohlen, die ihre Schönheit, Klugheit und Schnelligkeit erbten. Die meisten von ihnen blieben im Skagafjord. Fluga soll in hohem Alter spurlos im Moor Flugumýri (dem Fluga-Moor) verschwunden sein. Vielleicht versteckt sie sich da heute noch und schaut wohlwollend auf ihre zahlreichen Ururenkel.

… ein Geschäftsmann, der sich gehörig verspekulierte

Als im Jahr 1798 der Bischofssitz in Hólar geschlossen wurde (S. 355), wurden die Ländereien verkauft und fielen später an einen Mann namens Benedikt. Der hatte drei Töchter, die aus unbekanntem Grund alle im gleichen Jahr starben, und einen Sohn, der im selben Jahr geboren wurde. Aus Angst, auch ihn zu verlieren, sollen seine Eltern ihn bis zu seinem zwölften Lebensjahr im Haus eingesperrt haben. Einfachen Gemüts und als Geschäftsmann eine Niete, war der überbehütete Jón Benediktsson aber ein großer Tierfreund. Jahrelang reiste er quer durch Island, kaufte die schönsten und schnellsten Pferde und ließ sie nach Hólar bringen. Dann ging ihm das Geld aus. Seine Schulden bei den benachbarten Bauern beglich er in Naturalien: Er überließ ihnen seine edlen Rösser. Doch welchen Nutzen hat ein Farmer von einem Rennpferd? Gar keinen. Viele fanden aber Gefallen an den edlen Tieren. Sie behielten sie einfach zum Spaß und ritten mit ihnen aus. So wurden die einst armen Bauern im Skagafjord zu ambitionierten Reitern und Hobbyzüchtern.

Ein Bauer kaufte die Hoffnung, viele andere kamen durch Zufall günstig an ihre Lieblinge. Das schlug sich in der Mentalität nieder. Die Reiter aus dem Skagafjord fühlen sich auch heute als Glückskinder, vom Schicksal begünstigt und mit tollen Pferden beschenkt. „Bei gutem Wetter machen die Bauern in den Nachbarfjorden Heu oder reparieren ihre Zäune – wir, die Bauern aus dem Skagafjord, satteln unsere Pferde und haben Spaß!", ist einer ihrer Lieblingssprüche.

kauft und der ehemalige Bischofssitz versank in der Bedeutungslosigkeit, ein Imageverlust, von dem sich der kleine abgeschiedene Ort erst in den letzten Jahrzehnten langsam erholt.

Das heutige Hólar beherbergt neben der Kirche ein kleines Grassodenhausensemble (Nýibær) und die Landwirtschaftliche Hochschule. Hier wird neben Ackerbau und Viehzucht auch Fisch- und Pferdezucht gelehrt, außerdem gibt es die Studiengänge Tourismus und Reiten. Weiter hinten im Tal liegen die Pferdeställe und das Turniergelände, auf dem 2016 auch das große Pferdefestival Landsmót stattfand (S. 358). Sommerurlauber können während der Semesterferien in den Studentenzimmern wohnen. Es gibt ein Freibad, ein Pferdemuseum und ein Bierzentrum, betrieben von einem privaten Bierbrauerverein. Rummelig ist es in Hólar selten. Ab und an kommen Reisebusse, aber die sind schnell wieder weg und der Ort gehört dann wieder denen, die die beschauliche Ruhe zu schätzen wissen.

Domkirche und Glockenturm

Die auffällige, schon von Weitem sichtbare Domkirche aus dem Jahr 1763 ist das Wahrzeichen von Hólar. Erbaut aus dem roten Gestein des 1091 m hohen Hólabyrða ist sie wahrscheinlich die älteste noch erhaltene Steinkirche Islands. Der weiße, fast 30 m hohe Glockenturm kam erst im Jahr 1950 dazu – als Denkmal für den letzten katholischen Bischof Hólars. Als Jón Arason im Jahr 1550 in Skálholt im Süden Islands hingerichtet wurde, soll nämlich, so erzählt man sich, die alte Kirchenglocke in Hólar so lange geläutet haben, bis sie zersprang.

Museum zur Geschichte des Islandpferdes

Ein Muss für Pferdefreunde ist das **Sögusetur Íslenska Hestsins**, ✆ 455 6300, 🖥 www.sogusetur.is, denn hier hängen Fotos der berühmtesten Islandpferde aller Zeiten an den Wänden, inklusive Stammbaum und der dazugehörigen Lebensläufen. Das Museum ist aber auch für Laien interessant. Hier wird aufgezeigt, wie unverzichtbar die Pferde für die Geschichte Islands waren und sind. Sie waren Arbeitstiere, Lastenträger und Transportmittel – und bis heute sind sie eine wichtige Einnahmequelle. Islandpferde sind teuer, und die Isländer verdienen viel Geld mit dem Export hochgezüchteter Sportpferde. Ein Reitpferd kostet ab 500 000 ISK, ein Turnierpferd ab 800 000 ISK, nach oben ist die Skala offen. Ein Fohlen von prämierten Hengsten wie Spuni frá Vesturkoti (der höchstbewertete isländische Hengst kommt nicht aus dem Skagafjord, sondern aus der Nähe von Selfoss) kann auch schon mal eine Million ISK wert sein. Aufgrund der isolierten Lage und des Importverbots ist das Islandpferd reinrassig. Weder Vollblut- noch arabische Pferde wurden jemals eingekreuzt. Der erste Zuchtberater wurde 1902 angestellt, die erste Zuchtorganisation gründete sich 1904 und die erste Zuchtschau fand 1906 statt.

🕐 Juni–Aug Di–So 10–18 Uhr (unter Vorbehalt. Sind keine Besucher da, geht das Personal früher in die Winterpause), Eintritt 900 ISK, Kinder unter 16 J. frei.

Buchtipp: *The Icelandic Horse*, Gísli B. Björnsson und Hjalti Jón Sveinsson, erhältlich in den Buchläden oder bei 🖥 www.edda.is.

ÜBERNACHTUNG

Camping Hólar, ✆ 899 3231, 🖥 www.tjalda.is/en/holar. Der Campingplatz liegt mitten im Nadelwald. Stünde hier kein Wegweiser, würde man denken, man sei falsch. Entlang des Fahrwegs durch das Aufforstungsgebiet sind links und rechts kleine versteckte Lichtungen, auf denen jeweils nur wenige Zelte/Autos Platz haben. Absolut einsam und ruhig, mit kleinem Servicehaus (WCs und Spülbecken, nur kaltes Wasser, keine Duschen). Ein schöner Fußweg durch einen Mischwald führt in 10 Min. nach Hólar. 1300 ISK für die erste Nacht, 1000 ISK für jede weitere, zzgl. 111 ISK Übernachtungssteuer pro Zelt/Wohnmobil. 🕐 Mitte Mai–Mitte Sep (je nach Wetter).

Hofsstaðir Guesthouse, 25 km südlich von Hofsós an der Straße 76, ✆ 453 7300, 🖥 www.hofsstadir.is. Die drei grünbraunen Holzhäuser, in denen sich insgesamt 14 exzellente Doppel- und Dreibettzimmer befinden, stehen in unmittelbarer Nähe zur Straße 76 und doch in ruhiger Alleinlage. Die Entfernung nach Hofsós im Norden und Varmahlíð im Süden beträgt jeweils etwa 25 km und es gibt rundherum rein gar nichts, außer einigen hübsch restaurierten Grassodenhäuschen und einer Aussicht, die es in sich hat: Man schaut auf das weite, ebene Mündungsdelta des Flusses Héraðsvötn (auch Norðurá genannt), auf den Skagafjord, die umliegenden Berge und bei guter Sicht auch

Landsmót – das Festival der Pferde

Tausend Pferde, 600 Reiter und bis zu 15 000 Besucher: Das Landsmót, 🖥 www.landsmot.is, ist die größte Islandpferdeveranstaltung der Welt – und ein Volksfest, das seinesgleichen sucht. Seit dem ersten Landsmót 1950 in Þingvellir treffen sich alle zwei Jahre im Juni/Juli Reiter, Züchter und Pferdefreunde aus aller Welt, um die besten Pferde zu prämieren. Es gibt Reitturniere, die viele Stunden dauern, aber auch ein spektakuläres Pass-Wettrennen, in dem die 20 schnellsten Pferde Islands gegeneinander antreten. Früher fand das Landsmót hauptsächlich im Skagafjord statt, z. B. in der Arena Vindheimar. Einfach, weil hier die meisten Züchter zu Hause sind. Weil aber die Anreise für die Teilnehmer aus den anderen Landesteilen so weit ist, wird mittlerweile zwischen Austragungsorten im Süden und im Norden abgewechselt. Reykjavík, Hella und Hólar stehen als Veranstaltungsorte hoch im Kurs. Vor, während und nach dem mehrtägigen Festival sind die Unterkünfte lange im Voraus ausgebucht, auf den Straßen und vor allem vor den Tankstellen gibt es – für Island extrem ungewöhnlich – lange Staus. Nicht-Pferdefreunden wird geraten, sich rechtzeitig nach den jeweiligen Landsmót-Terminen zu erkundigen und die betreffende Gegend dann weiträumig zu umfahren.

---

auf die Insel Drangey. Es gibt „moderne" und „alte" Zimmer, aber das bezieht sich nur auf die Möbel, denn alle Zimmer haben oberen Hotelstandard, mit privaten Badezimmern und allem Schnickschnack vom Fön bis zum Satelliten-TV. Frühstücksbuffet ganzjährig, Abendessen im Restaurant nur April–Okt. ❺–❻

Hólar Cottages und Apartments, Hólar, ☎ 455 6333, 🖥 www.visitholar.is. Neben den Studentenzimmern, die nur im Sommer zur Verfügung stehen, gibt es Apartments und Holzhäuschen für 2–12 Personen, die ganzjährig an Touristen vermietet werden. DZ im Cottage ab 17 500 ISK, Apartment ab 22 400 ISK, in der Nebensaison deutlich günstiger. Schlafsackunterkünfte auf Anfrage.

ESSEN

Undir Byrðunni Restaurant, im Gebäude der Hochschule. Hier hält sich niemand mit überflüssiger Deko auf. Der Sitzbereich im großen Wintergarten erinnert an ein deutsches Ausflugslokal der 1960er-Jahre. Aber das Essen ist gut, und manches ist erstaunlich günstig. Kaffee 150 ISK, Eis 500 ISK, Tagessuppe 900 ISK, All-you-can-eat-Mittagsbuffet 1900 ISK. Abends einfache Küche: Sandwiches und Burger, Hähnchensalat und ein wechselndes Fleischgericht. Frische Forelle aus den Fischteichen im Tal. ⏱ Juni–Aug 8–21, sonst nur 8–14 Uhr.

AKTIVITÄTEN

Schwimmen
16-m-Freibad mit Hot Pots direkt neben der Hochschule, ☎ 453 6333, ⏱ tgl. 16–20 Uhr.

Wandern
Zahlreiche markierte und unmarkierte Wanderwege sind auf einer aushängenden Karte verzeichnet, außerdem beginnt hier der Fernwanderweg nach Dalvík (S. 369).

SONSTIGES

Feste
Zum Pferdeabtrieb am letzten Septemberwochenende kommen mehr als 3000 Gäste.

Informationen
In der Hochschule, ⏱ tgl. 8–16 Uhr, oder auf 🖥 www.holar.is.

TRANSPORT

Auto
10 km sind es von der Küstenstraße 76 bis zur Abzweigung nach Hólar. Die Sackgassenstraße 767 führt ab hier durch ein malerisches Tal, eingerahmt von hohen Bergen.

Busse
SAUÐÁRKRÓKUR, mit dem Pendelbus von Strætó am Mi, Fr, So jeweils spätnachmittags und abends. Um die gleiche Zeit kommt man

mit dem Bus in die entgegengesetzte Richtung nach HOFSÓS. Fahrtzeit jeweils 25 Min., Kosten je 920 ISK (2 Zonen). Anmeldung mind. 2 Std. vorher erforderlich unter ✆ 540 2700.

Ein Tagesausflug mit dem Bus von Sauðárkrókur aus ist nicht möglich. Wer aber unbedingt hin will, ohne zu übernachten, kann den Bus nehmen, der um 17.25 Uhr in Hólar eintrifft und sich um 21.55 Uhr wieder abholen lassen. Ob der Aufwand lohnt, muss jeder selbst wissen.

Halbinsel Tröllaskagi

Der direkte Weg von Varmahlið nach Akureyri führt mit der Ringstraße über den Bergpass Öxnadalsheiði (S. 377) und ist in 1 1/2 Std. geschafft. Die Küstenfahrt rund um die Halbinsel Tröllaskagi über den östlichen Skagafjord und den westlichen Eyjafjord verlängert die Reise um einen oder sogar um mehrere Tage. Ein Umweg, der sich lohnt. Am östlichen Ufer des Skagafjords wartet das kleine Städtchen **Hofsós** mit seinem schönen Hafen und dem ausgefallenen Schwimmbad, auf der Weiterfahrt entlang der Küste wird eine schwindelerregende Steilküste und ein beklemmend enger einspuriger Tunnel passiert. Die uralten Bergzüge rund um das verspielt-gepflegte Bilderbuchstädtchen **Siglufjörður** ganz im Norden und den wesentlich bodenständigeren Nachbarort **Ólafsfjörður** sind über 1000 m hoch. Östlich beginnt der **Eyjafjord**, mit 70 km Länge der größte Fjord Islands. In Höhe der Insel Grímsey, die auf dem Polarkreis liegt, trifft ein Ableger des warmen Golfstroms auf kalte arktische Gewässer. Das machte und macht die Fischer im Eyjafjord reich, denn hier leben Kabljau, Schellfisch und Rotbarsch unter idealen Bedingungen. Außerdem gibt es viele Wale, die mit etwas Glück auch vom Land aus zu sehen sind. Vorbei an **Dalvík** und der **Vogelinsel Hrísey** fahren Halbinsel-Umrunder dann wieder Richtung Süden nach Akureyri.

Hofsós

Wer nach Hofsós kommt, tut das hauptsächlich wegen des Schwimmbads. Aber auch Elfenfreunden hat der Ort etwas zu bieten: Die Hauptstadt aller Elfen Islands soll hier liegen,

Für die Schwimmer im Becken geht das Blau nahtlos ins Meer über.

verborgen in den spektakulären Basaltformationen in der Bucht Staðarbjargarvík. Die Elfenkönigin soll im abgelegenen Bakkagerði im Nordosten Islands Hof halten (S. 455), aber die einfache Bevölkerung wird hauptsächlich hier, in der Trabantenstadt, gesichtet. Ein Pfad führt vom Schwimmbad aus in die Bucht hinunter. Man sieht keine Häuser und Straßen? Wie alle Elfenstädte ist auch diese für die meisten Menschen unsichtbar.

Schwimmbad Hofsós

Die Architektin, die auch für die Blaue Lagune verantwortlich zeichnet, hat sich hier etwas ganz Besonderes einfallen lassen. Das warme Außenschwimmbecken ist Islands erster und bisher einziger Infinity-Pool, Suðurbraut, Ecke Hofsósbraut, ✆ 455 6070, 💻 bei Facebook. Er ist so konstruiert, dass der Eindruck entsteht, man könne in die Unendlichkeit hinausschwimmen – vorbei an der Insel Drangey direkt ins offene Meer Richtung Nordpol. Wer in den großen Hot Pots sitzt, sieht den Rasen hinterm Schwimmbeckenrand und auch, dass es bis zum Meer steil hinuntergeht. Der hervorragende Blick auf das Meer und die Berge am gegenüberliegenden Fjordufer bleibt der gleiche. Einziges Manko der Wohlfühloase: Die Schließfächer für Wertsachen sind winzig. ⏰ Juni–Aug 7–21, im Winter Mo–Fr 7–13 und 17–20, Sa, So 11–15 Uhr, Eintritt 900 ISK, Kinder von 7–18 J. zahlen 300 ISK.

Nachts mal auf dem Rücken treibend in die Mitternachtssonne schauen oder Polarlichter beobachten? **Floating** macht dieses einmalige Erlebnis möglich (falls das Wetter mitspielt und man nicht im Nieselregen vor sich hindümpelt), ist aber mit 3500 ISK p. P. nicht ganz billig, ✆ 867 2216, 💻 www.infinityblue.is. ⏰ im Juni–Aug tgl. 22–1 Uhr, im Winter Mo–Fr 14–16 und 21–24 Uhr.

Þórðarhöfði

Aus der Ferne sieht es aus, als liege nördlich von Hofsós eine Insel. Weil die Klippen rund um den 174 m hohen Berg Þórðarhöfði aber an zwei Seiten mit dem Land verbunden sind, gilt das Inselchen als Festland, mit dem Wasser dazwischen als See (Höfðavatn). Der Fußweg dorthin lohnt sich wegen der grün-orange-grauen Klippen, in die die Brandung Höhlen gefräst hat. Au-

Skiregionen in Nordwestisland

Skifahren ohne Pisten oder Loipen – das sogenannte „Cross-Country-" oder auch „Off-track-Skifahren" wird immer beliebter. Abfahrtsläufer finden aber auch fünf klassische Skigebiete, die von November bis Mai geöffnet sind, und zwar in Sauðárkrókur, Siglufjörður, Ólafsfjörður, Dalvík und Akureyri. Skifahren im Flutlicht und ohne lästige, im Weg stehende Bäume verspricht die Werbung. Eine Schneegarantie gibt es allerdings nicht. Deshalb unbedingt vorher nachfragen, ob das Fahren tatsächlich möglich ist (oft ist auch der Wind zu stark).
Ein 5-Tage-Skipass, gültig für alle fünf Gebiete kostet 140 € p. P. und ist in jedem der Gebiete ohne Vorausbuchung erhältlich, 💻 www.northiceland.is/ski-iceland.

ßerdem ist hier laut Aussage der Einheimischen der weit und breit beste Ort für spektakuläre Sonnenuntergangsfotos. Der südliche Wanderweg beginnt hinter der Farm Bær á Höfðaströnd (bis hierhin kann man mit dem Auto fahren), der nördliche bei der Farm Höfði, direkt an der Straße 76, etwa 8 km nördlich von Hofsós. Man spaziert über eine Art Strandwall aus grauen Kieselsteinen quasi direkt durchs Wasser auf die vermeintliche Insel und sollte für diesen Ausflug mindestens 2–3 Std. einplanen.

Museum für alte Autos

Direkt an der Straße 76, 10 km südlich von Hofsós stehen fast 300 alte Autos – Schrottmühlen wie wertvolle Oldtimer – und Traktoren im Freien. Die, die schon restauriert sind, ziehen um ins Innere der Halle, ins Automuseum, Stóragerði, ✆ 845 7400, 💻 www.storagerdi.is. Hier steht sogar ein VW Käfer. Wer mag, isst anschließend im kleinen Café Waffeln in Traktorform. ⏰ Juni–Sep 11–18 Uhr, Eintritt 1500 ISK inkl. Kaffee, Kinder unter 12 J. frei.

ÜBERNACHTUNG

Im Ort
Camping, ✆ 899 3231, 💻 www.tjoldumiskagafirdi.is. Einfacher Campingplatz neben der

Schule. Es gibt ein Servicehaus mit WCs und Duschen und einen Spielplatz, aber keine Rezeption. Ein Mitarbeiter kommt morgens und abends zum Kassieren vorbei. 1300 ISK (ab der 2. Nacht 1000 ISK) zzgl. 111 ISK Tourismusabgabe pro Zelt/Wohnmobil. ⏱ Mitte Mai–Mitte Sep (je nach Wetter auch früher bzw. länger geöffnet).

Guesthouse Sunnuberg, Suðurbraut 8, ✆ 893 0220 und 861 3474. Gästehaus mit Gemeinschaftsküche, aber ohne Frühstücksangebot. Ein Einzel- und 4 Doppelzimmer mit eigenem Bad. Nach einem Zimmer mit Meerblick fragen! Gehört wie das Prestbakki Guesthouse zum Emigration Center. ❸

Prestbakki Guesthouse, Suðurbraut 27, ✆ wie Sunnuberg. Einfaches Gästehaus neben der blau-weißen Kirche am Ortseingang, gegenüber dem Schwimmbad. 3 einfache Doppelzimmer, Gemeinschaftsküche und -bad und großes Wohnzimmer, eingerichtet mit Sofagarnituren, die weder zueinander noch zu den großen bunten Ölgemälden an den Wänden passen. ❸

An der Küste

Lónkot Rural Resort, 13 km nördlich von Hofsós an der Straße 76, ✆ 453 7432, 🖥 www.lonkot.is. In dem unscheinbaren ehemaligen Bauernhaus direkt am Meer auf einer kleinen Landzunge befindet sich ein gepflegtes Hotel. Einfache, auf altmodisch getrimmte Zimmer und ein fantasievoll gestaltetes Apartment mit kojenartigen Betten mit Vorhängen. Unter dem Dach gibt es noch ein Familienzimmer mit 5 Betten, Bad und eigenem Eingang. Auf Anfrage darf man hier auch zelten. Familienzimmer als DZ 38 500 ISK, als Familienzimmer 54 900 ISK. Es lohnt sich, bei Buchungsportalen nach Sonderangeboten zu schauen. ⏱ Ende Mai–Ende Sep. ❸–❻

Sólgarðar í Fljótum, 31 km nördlich von Hofsós an der Straße 76, ✆ 867 3164, 🖥 www.solgardar.com. Auf ihrem abgelegenen Hof bieten Kristín und Alfreð zwei 3-Bett und ein 5-Bett-Zimmer, außerdem betreiben sie ein kleines Café und ein Freibad. 3-Bett-Zimmer 13 500 ISK. ⏱ Juni-Mitte Aug, Mo, Mi–Fr 16–22, Sa, So 12–18 Uhr (Di wird das Schwimmbad gereinigt).

Warum die Isländer einst nach Amerika auswanderten

Die schwarzen Museumsholzhäuser am malerischen kleinen Hafen von Hofsós sind ein beliebtes Fotomotiv. Außerdem gibt es Bänke, auf denen man picknicken und dabei aufs Meer schauen kann. Aber warum sollte man als Tourist eine Ausstellung besuchen, in der es um Isländer geht, die Anfang des 20. Jhs. in die USA und nach Kanada auswanderten? Weil man viel über die Lebensbedingungen in Nordisland vor den Zeiten des Tourismus und der Vernetzung via Internet erfährt. Heute können auch Webdesigner, Künstler und Museumsbetreiber hier ihr Auskommen finden. Damals gab es nur Bauern, die nicht von dem leben konnten, was sie produzierten. Grafarós, einer der ältesten Handelsplätze Islands und ca. 1,5 km nördlich des heutigen Hofsós gelegen, hatte längst an Bedeutung verloren. Es gab keine Industrie, keine Arbeit, viele Menschen hungerten. Man schätzt, dass zwischen 1870 und 1914 etwa 16 000–20 000 Menschen aus Verzweiflung nach Nordamerika auswanderten, ungefähr ein Viertel der damaligen Bevölkerung. Die Ausstellung im **Kvosin Emigration Center**, ✆ 453 7936, 🖥 www.hofsos.is, porträtiert damalige Auswanderer, zeigt aber auch, welche Realität sie in Amerika vorfanden. Denn auch hier hatten sie zu kämpfen. Vor allem aber plagte sie Heimweh. Das erfahren Besucher von den Nachkommen, die hier im Sommer an der Rezeption sitzen und sozusagen lebendige Ausstellungsstücke sind. Ein staatliches Programm bietet nämlich Studenten aus Nordamerika mit isländischen Wurzeln die Möglichkeit, eine Zeitlang im Land ihrer Vorfahren zu leben, die isländische Sprache zu lernen, das Land zu bereisen und – wie hier – anderen Menschen von ihren Erlebnissen und Gefühlen zu erzählen. Matthew, der kanadische Austauschstudent, den wir hier im Sommer 2017 angetroffen haben, fasste seine Zerrissenheit zwischen der alten und der neuen Heimat eindrucksvoll in Worte: Im Herzen sei er immer noch Isländer, das habe er jetzt gemerkt. Er überlegt, auszuwandern. Nach Island.

⏱ Juni–Aug 11–18 Uhr, Eintritt 1500 ISK. Kinder kommen selten, aber wenn, zahlen sie keinen Eintritt.

ESSEN

Im Dorf lädt das **Veitingastofan Sólvík**, Sudurbraut, ℡ 861 3463, 💻 auf Facebook, zu Fisch und Burgern. Das Restaurant im charmanten blauen Holzhaus aus dem Jahr 1903 bietet zum Essen einen schönen Blick auf den Hafen und den Fjord. Gute Fish 'n' Chips mit Sweet Chili und Gartensalat. ⊙ Mo–So 10–22 Uhr.
Etwas außerhalb liegt das **Lónkot** (auf dem gleichnamigen ehemaligen Bauernhof, s. o.). Geschmackvoll eingerichtetes Nobelrestaurant, in dem nach Slowfood-Grundsätzen gekocht wird. Hier genießt man Muschelsuppe, Kaviar, Lamm- und Fischgerichte, mit Blumen garniertes Eis und selbst gebackenes Brot mit Butter, die auf einem angewärmten Stein serviert wird. ⊙ Ende Mai–Ende Sep 8–21.30 Uhr.

SONSTIGES

Einkaufen
Gut bestückter **Supermarkt** mit **Cafeteria** und Eisverkauf an der Tankstelle. ⊙ Mo–Fr 9.30–21.30, Sa 10–20, So 11–20 Uhr.

Informationen
Im **Emigration Center** ist man gern behilflich.

Segeln
Ingvar Daði Jóhannsson, Sailing in Skagafjörður, Suðurbraut 15, ℡ 849 2409, 💻 www.hafogland.is. Im 19-Personen-Boot geht's tgl. um 9.30 Uhr ab Hofsós nach Staðarbjargvík, Bæjarklettar, Þórðarhöfði und Málmey. Die 2-std. Tour kostet 8500 ISK p. P. Zusätzliche Fahrten auf Anfrage.

TRANSPORT

Auto
Das 170-Einwohner-Dorf lässt sich bequem zu Fuß erkunden. Wer zum Campingplatz will, muss nicht durch den Ort fahren. Es gibt eine kleine zweite Zufahrtsstraße weiter nördlich. Unbedingt (z. B. vor dem Restaurant- oder Schwimmbadbesuch) einen Stopp beim Aussichtspunkt oberhalb der malerischen Buchten (kurz vor dem Ortseingang links)

Pass-Straße nach Ólafsfjörður

Bei gutem Wetter kann es sich lohnen, bei Ketilás, da wo die Küstenstraße eine scharfe Linkskehre macht, nach rechts abzubiegen und den Weg bis nach Ólafsfjörður auf der alten, nicht asphaltierten Straße 82 über die **Lágheiði** zurückzulegen. Das ist für umsichtige Fahrer auch mit einem „normalen" Auto möglich. Vorbei am See **Stifluvatn** geht es zunächst leicht bergab, später einigermaßen steil hinauf in die Berge und vorbei an hohen Bergen und unbewohnten Tälern wieder hinunter nach Ólafsfjörður. Hierhin verirrt sich kaum ein Tourist. Die Fahrstrecke ist mit gut 40 km zwar rein rechnerisch 2–3 km kürzer als die Alternative entlang der Steilküste, man braucht aber deutlich mehr Zeit.

einlegen und sich vorstellen, wie hier einst geschäftiges Treiben herrschte. In Grafarós befand sich ehemals einer der ältesten Handelsplätze Islands.

Busse
Haltestelle an der Tankstelle, gegenüber dem Schwimmbad.
SAUÐÁRKRÓKUR, über HÓLAR nach Voranmeldung unter ℡ 540 2700, Mi, Fr, So jeweils spätnachmittags und abends mit dem Strætó-Bus 85 in 50 Min. für 920 ISK. Wer von Sauðárkrókur aus nach AKUREYRI will, hat Anschluss an Strætó-Bus 57, Abfahrt in Sauðárkrókur um 22.16 Uhr.
Wer nach REYKJAVÍK will, strandet in Sauðárkrókur und muss dort bis zum nächsten Morgen auf den Bus warten.

Siglufjörður

Der Ort liegt wie gemalt am Ende des Fjords und verzaubert mit gepflegten, bunt angestrichenen Häuschen. Scheint auch noch die Sonne, ist es hier wirklich toll. Die Plätze in den Cafés am geschützten Hafen sind dann schnell besetzt. Gut, dass auch die benachbarten öffentlichen Bänke einen Platz in der Sonne bieten. Hier lässt es sich auch mit Kaffee und Sandwich *to go* gut aushalten. Touristen, die länger als einen Tag bleiben, kommen wegen der zahlreichen Wanderwege, im Winter auch zum Skifahren. Seit die beiden Tunnel die Anfahrt aus Richtung Osten erleichtern, kommen immer mehr Gäste.

Es fällt schwer, sich vorzustellen, dass das verschlafene Siglufjörður einmal eine Industriestadt war. Heute hat Siglufjörður gut 1200 Einwohner, zu Zeiten des Heringsbooms zu Beginn des 20. Jhs. waren es über 3000. In großen Fabriken wurde der Sigló-Fisch verarbeitet und in Dosen konserviert. Buchhalter, Disponenten, Ärzte und Ladenbesitzer hatten mehr als genug Arbeit. An diese gloriosen Zeiten erinnert das Herings-Ära-Museum. Noch heute spielt der Fischfang eine große Rolle, doch auch der Tourismus wird immer bedeutender.

The Herring Era Museum

In einer Vitrine sind Konservendosen ausgestellt. Darüber prangt ein uraltes Werbeschild. Der Schriftzug „Sigló" auf der Dose war damals eine Qualitätsgarantie. Im Museum, Snorragata 15, am Ortsende in Richtung Ólafsfjörður, ✆ 467 1604, 🖥 www.sild.is, können Büroräume von damals, eine Küche und ein Schlafraum besichtigt werden. Man besucht keine Produktionsstätte mit nach Fisch müffelnden Verarbeitungsmaschinen, sondern das ehemalige Verwaltungsgebäude. Die Fabriken sind längst abgerissen. Wer sich für Fisch und für die Arbeiter auf See und in den Fabriken interessiert, besucht besser die alte Heringsfabrik in Djúpavík in den Westfjorden (S. 326).

⏰ Juni–Aug tgl. 10–18, Mai, Sep tgl. 13–17 Uhr, sonst auf Anfrage, Eintritt 1800 ISK, Senioren und Jugendliche (16–20 J.) 1000 ISK, kleinere Kinder frei.

Volksmusikmuseum (Þjóðlagasetur)

Ein Mann spielt für wenige Besucher auf uralten isländischen Instrumenten und singt dazu. Alltag im Volksmusikzentrum von Siglufjörður, Norðurgata 1, ✆ 467 2300, 🖥 www.siglo.is/setur. Gründer und Kurator Gunnsteinn Ólafsson hat hier eine Sammlung von unschätzbarem historischem Wert zusammengetragen. Auf die Ausstellungsbesucher warten kuriose Instrumente mit den dazugehörenden Geschichten. Das Museum ist Bjarni Þorsteinsson (1861–1938) gewidmet, der sich zeitlebens für die Bewohner von Siglufjörður einsetzte. Er war Priester, Politiker, Komponist, außerdem der Erste, der Volksliedtexte sammelte und als Buch herausgab. Ihm zu Ehren findet hier alljährlich in der ersten Juliwoche das **Volksmusikfest** statt, mit Tanzveranstaltungen und Vorträgen, vor allem aber mit viel Musik. ⏰ Juni–Aug tgl. 12–18 Uhr, Eintritt 1800 ISK, Senioren und Jugendliche (16–20 J.) 1000 ISK, kleinere Kinder frei. Die Tickets gelten auch für das Heringsäramuseum und umgekehrt.

ÜBERNACHTUNG

€ **Camping Siglufjörður** (Campingkarte, außer während des Heringsfests), Gránagata 24, ✆ 464 9100, 🖥 www.tjalda.is/en/siglufjordur. Der geschotterte Campingplatz liegt mitten im Ort, eine Dusche ist vorhanden, die WCs sind öffentlich. 1200 ISK zzgl. 111 ISK Übernachtungssteuer pro Zelt/Wohnmobil, Kinder unter 16 J. kostenlos, Strom 800 ISK. ⏰ Mitte Mai–Mitte Okt. Wesentlich schöner liegt der zweite Campingplatz am Südende des Ortes, **Stóri Bóli**. Allerdings gibt es hier keine Duschen und nur kaltes Wasser und der Platz ist nicht Teil des Campingkartenangebots. Preise wie auf dem Haupt-Campingplatz.

Sigló Harbour Hostel and Apartments, Tjarnargata 14 und Aðalgata 10, ✆ 897 1394, 🖥 sigloharbourhostel.is. Ein gelb-grünes großes Holzhaus und ein weißer Betonbau direkt um die Ecke, in dem sich das eigentliche Hostel befindet. Hinter dem Garagentor rechts verbirgt sich eine Autowerkstatt, links ist die kleine Totenkopf-Rezeption (der Besitzer Thomas sammelt Flaschen und Werbeplakate von Black-Death-Bier und -Wodka), unterm Dach ein witziger Aufenthaltsraum mit Möbeln, die nicht zusammenpassen, dazwischen 5 einfache Zimmer ohne jeglichen Schnickschnack, eine kleine Gemeinschaftsküche und eine Kammer mit Waschmaschine. Seit das Hostel keine Jugendherberge mehr ist, sondern ein Gästehaus, gibt es keine zusätz-

lichen Schlafsäle mehr, sondern große, voll ausgestattete Apartments. ❸
Sigló Hótel, Snorragata 3, ✆ 461 7730, 🖥 www.siglohotel.is. Das wohl auffälligste Gebäude der Stadt. Das khakifarbene Holzhaus mit den weißen Dächern und Fensterrahmen bietet viele Zimmer mit Hafenblick, und die Menschen, die am Hafen sitzen, haben – ob sie wollen oder nicht – Hotelblick. Die 68 Zimmer sind liebevoll eingerichtet. Elegant, aber nicht protzig. Es gibt ein Schwimmbad im Freien und das hoteleigene Restaurant Sunna. Die vier Sterne trägt das Haus zu Recht. ❼–❽

Siglunes Guesthouse, Lækjargata 10, ✆ 467 1222, 🖥 www.hotelsiglunes.is. Bis ins kleinste Detail liebevoll ausgestattetes Retro-Hotel. Die minimalistischen Badezimmer sind ein toller Kontrast zu den auf alt gemachten Oma-Sesseln und den Holztonnen, die als Sitzmöbel bereitstehen. Charleston-Feeling in Siglufjörður – wer hätte das gedacht? Frühstück 2000 ISK extra. ❸

ESSEN

Harbour House Café, Gránugata, ℡ 659 4809, 🖵 auf Facebook. Eine einfache grüne Hütte direkt am Hafen. Weil der Sitzbereich draußen durch große Glaswände vor Wind schützt, sind die Tische hier oft besetzt, sobald die Sonne durch die Wolken lugt. Gäste essen meist den Fisch des Tages mit Folienkartoffel und Salat. ⏱ abhängig vom Wetter.

Kaffi Rauðka, Gránugata 19, ℡ 461 7733, 🖵 www.kaffiraudka.is. Günstig ist anders, aber in dem hübschen roten Holzhaus direkt am Hafen ist immer Remmidemmi. Auf der Karte steht hauptsächlich Fisch, aber es gibt auch Burger, Panini, Nachos, Veggie-Quiche und leckeren Kuchen. Richtig voll wird es bei Sonnenschein vor dem Haus: Wer hier einen Sitzplatz ergattert, geht so schnell nicht wieder weg. ⏱ tgl. 11.30–22 Uhr.

🧳 **Restaurant im Guesthouse Siglunes**, s. Übernachtung. 6x pro Woche wird vom Freund der Gästehausbesitzerin marokkanisch gekocht. ⏱ Di–Do 18–21, Fr–So 18–22 Uhr.

Torgið Restaurant, Aðalgata 32, ℡ 467 2323, 🖵 www.torgid.net. Ein bei Einheimischen beliebtes Restaurant. Es gibt Pizza und Burger mit lustigen Namen wie „Ehefrau", „Tante" und „entfernter Cousin". Mittagsbuffet mit wechselnden Speisen. „Mit allem, was uns in die Hände fällt", heißt es auf der Website. ⏱ Mo–Do 17–21, Fr 17–1, Sa 12–1, So 12–21 Uhr.

EINKAUFEN

Aðalbakarinn, Aðalgata 28. Freunde des schrägen Humors machen vor dieser Bäckerei ein Foto vom Namensschild (was genau daran schräg ist, muss jeder selbst herausfinden). ⏱ Mo–Fr 7–17, Sa 9–16, So 9–14 Uhr.

Fiskbúð Fjallabyggðar, Aðalgata, Fischgeschäft. ⏱ Mo–Fr 11–17 Uhr.

Kjörbúðin, Suðurgata 2-4, ℡ 467 1201, Supermarkt. ⏱ Mo–Fr 9–19, Sa 10–18, So 12–18 Uhr.

Vínbúðin, Eyrargata 25, ℡ 467 1262, ⏱ Mo–Do 11–18, Fr 11–19, Sa 11–14 Uhr.

AKTIVITÄTEN UND TOUREN

Schwimmen
Schwimmbad, Hvanneyrarbraut 52, ℡ 464 9170, 🖵 www.swimminginiceland.com/ north-of-iceland/192-siglufjordur-sundlaug. Schwimmhalle mit Hot Pot im Freien. ⏱ im Sommer Mo–Do 6.30–19.45, Fr 6.30–18.45, Sa, So 14–18 Uhr, im Winter unregelmäßig geöffnet und oft über Mittag geschlossen.

Skifahren
Skarðsdalur, ℡ 467 1806, 🖵 www.skards dalur.is. Skigebiet mit insgesamt 5,5 km Abfahrten und vier Liften, die meisten Pisten einfach. Die schwarze Piste ist kurz. Beliebt bei Skifahrern und Snowboardern. Tagestickets 3500 ISK, Kinder 1000 ISK. ⏱ Dez–Mai 10–16 Uhr.

Tourveranstalter
The Empire, Grundargata 16, ℡ 781 4966, 🖵 www.theempire.no. Menschen mit dickem Geldbeutel buchen hier Snowboard-, Schneemobil- und Skitouren sowie Helikopterflüge.

Wandern
Eine **Karte** mit den Wanderwegen rund um Siglufjörður gibt's unter 🖵 www.visittrollaskagi. is/static/files/gotukort_isl_2015_2016.pdf.

SONSTIGES

Feste
Heringsfest, mehrere Tage Anfang Aug: Von den ortsansässigen Gastronomen organisiert, wird bei gutem Wetter im Freien gegrillt und musiziert.

Super-Troll-Abfahrtslauf, Anfang Mai: Zum Ende der Skisaison verkleiden sich alle als Trolle.

Geld und Post
Arionbanki mit Geldautomat, Túngata 3.
Post (mit Western Union), Aðalgata 24, ⏱ Mo–Fr 10–16 Uhr.

Informationen
Im **Rathaus**, Gránugata 24, ℡ 464 9100 und 4649 120, ⏱ Mo–Fr 9–17, Sa, So 11–15 Uhr.

Medizinische Hilfe
Apotheke, Aðalgata 34, ⏰ Mo–Fr 10–17, Sa 13–15 Uhr.
Krankenhaus, Hvanneyrarbraut, ☎ 467 2100.

TRANSPORT

Auto
Nordwestlich des Orts führt die Straße durch einen einspurigen Tunnel (Achtung: Geschwindigkeitskontrollen!). Wer auf der Seite fährt, auf der sich die durch ein „M" kenntlich gemachten Haltebuchten befinden, muss ausweichen bzw. rückwärts zur nächsten Bucht zurückfahren. Die beiden Tunnel, die Siglufjörður mit Ólafsfjörður verbinden, sind eng, aber zweispurig. Auch hier stehen Blitzer.

Busse
Die Busse halten an der Ólis-Tankstelle. AKUREYRI, mit Strætó-Bus 78 Mo–Fr 6.40, 9.30 und 15, So 14.02 Uhr über ÓLAFSFJÖRÐUR und DALVÍK in ca. 80 Min. für 2760 ISK (6 Zonen).

Ólafsfjörður

Der Ort, eher zweckmäßig als hübsch, schielt auf die Popularität des benachbarten Siglufjörður. „Was haben die, was wir nicht haben?", fragt man sich und versucht, ausgefallene neue Touristenattraktionen zu schaffen. PR-Maßnahme eins: Eine Ausstellung im Naturgeschichtlichen Museum, **Pálshús**, ☎ 466 2255, über die Sehnsucht des Menschen, fliegen zu können, ⏰ tgl. 10–16 Uhr. Maßnahme zwei: die Häuser anmalen (weil bunt jeder kann, von Künstlerhand). Nach und nach sollen alle Fassaden mit Trollgemälden verschönert werden. Der Clou: Die Trolle werden die Gesichtszüge der jeweiligen Hausbewohner tragen. Die Besitzerin des Kaffi Klara, ihr Ehemann und ihr Sohn sind schon bildlich verewigt. Er als Koch, sie als Grýla, die Trollmutter der isländischen Weihnachtsmänner, und der Sohn als Trollkind. Als Nächstes ist der Schulleiter dran.

Im März, wenn sich für wenige Stunden die Sonne wieder zeigt, steigt Ólafsfjörður auf der Beliebtheitsskala. An den Hängen des Berges Tindaöxl liegt ein bekanntes **Skigebiet**, ☎ 466 2527, 🖥 http://skiol.fjallabyggd.is, mit 1,3 km Piste und Skilift (⏰ Dez–Mai 13–17 Uhr, Tagesticket 470 ISK, Kinder 270 ISK), aber auch in den umliegenden Bergen lässt es sich herrlich Skifahren, ohne Loipen, Pisten und Bäume, die den Blick versperren, dafür mit atemberaubenden Aussichten aufs Meer. Eine mehr als ausreichende Entschädigung für den drei- bis vierstündigen Aufstieg. Die 15 m Sprungschanze mitten im Ort ist reparaturbedürftig und außer Betrieb.

Der deutsche Reiseanbieter **Alpine Welten – Die Bergführer**, ☎ +49-7344-929 1440, 🖥 www.alpinewelten.com/die-bergfuehrer, bietet in den Monaten März und April 8-tägige All-inclusive-Touren inkl. Bergführer und Flug ab München (2400 €).

ÜBERNACHTUNG

Die Übernachtungspreise sind – wenn man es einmal bis hierhin geschafft hat – für isländische Verhältnisse günstig.

Brimnes Hotel & Cabins, Bylgjubyggð 2, ☎ 466 2400, 🖥 www.brimnes.net. Ein in die Jahre gekommener Betonklotz mit Hotelrestaurant neben der Tankstelle am Ortsrand. Die Holzhäuser (2 große, 2 mittelgroße, 4 kleine) bieten einen schönen Blick auf den See. Leider liegen sie aber ziemlich dicht nebeneinander und (was man auf den Internet-Fotos nicht sieht) recht nah an Tankstelle, Parkplatz und Straße. Jede Hütte hat einen eigenen Hot Pot. Ein Grill kann ausgeliehen werden, Fahrrad- und Kajakverleih im Hotel. Blockhäuser, ⏰ Feb–Nov, ab 240 €, Hotel ⏰ ganzjährig, ❸

€ **Camping Olafsfjörður** (Campingkarte), Aðalgata, ☎ 466 4044 und 464 9100, 🖥 www.tjalda.is/en/olafsfjordur. Der Campingplatz liegt sehr zentral neben dem Sportzentrum, was Vor- und Nachteile hat: kurze Wege, das Schwimmbad direkt um die Ecke, aber dafür ist die Lage eben nicht allzu idyllisch. 1300 ISK, Kinder unter 16 J. kostenlos, Strom 800 ISK, Waschmaschine 800 ISK. ⏰ Mitte Mai–Mitte Okt.

€ **Gistihús Klara** (ehemals Jóa), Strandgata 2, ☎ 466 4044, 🖥 www.kaffiklara.is. 5 einfache Zimmer (ein Einzel-, zwei Doppel-, ein Dreibett- und ein Familienzimmer) mit Gemeinschaftsbad im Obergeschoss des Kaffi Klara (s. Essen). Keine Kochgelegenheit.

ESSEN

Man merkt, dass der Massentourismus in Ólafsjörður noch nicht eingezogen ist. Die wenigen Restaurants im Ort sind nicht für Touristen hübsch herausgeputzt, sondern so, wie die Isländer Restaurants gewöhnt sind: praktisch eingerichtet und mit gutem, einfachem Essen.

Höllin, Hafnargata, ✆ 466 4000. Eine Mischung aus Pizzeria und Pommesbude, nicht besonders gemütlich, aber man kann Kontakt zu Einheimischen knüpfen und das Essen ist okay. ⏲ Mo–Fr 11.30–14 und 17–21, Sa, So 17–21 Uhr.

Kaffi Klara (s. Übernachtung Gisthús Jóa). Das Gebäude ist ein ehemaliges Postamt: Sowohl der in die Wand eingelassene Tresor mit der schweren Stahltür als auch zwei Telefonkabinen zeugen davon. In der einen werden Putzmittel aufbewahrt, in der anderen hängen originale uralte Telefone. Wer fragt, darf die Tür öffnen und Relikte aus alten Zeiten ausgiebig bestaunen. Klara serviert Suppe, Kuchen, Omelettes, Wraps und andere herzhafte Kleinigkeiten sowie ein täglich wechselndes Hauptgericht. Außerdem gibt es einen Sonntagsbrunch und Eis, das bei den Einheimischen sehr beliebt ist. Bei schönem Wetter sitzt man auf den Holzbänken vor dem Café und schaut auf die Straße. Dann und wann finden Lesungen und kleinere Konzerte statt. ⏲ Mo–Fr 9.30–18, Sa, So 11–18 Uhr (im Winter nur am Wochenende geöffnet).

AKTIVITÄTEN

Schwimmbad, Tjarnarstígur 1, ✆ 464 9250, 🖥 www.swimminginiceland.com/north-of-iceland/191-sundlaugin-olafsfirdi. Ein kleines hübsches Freibad mit einer weithin sichtbaren Riesenrutsche. ⏲ Mo–Do 6.30–19.45, Fr 6.30–18.45, Sa, So 14–18 Uhr, im Winter nur unregelmäßig offen und oft über Mittag geschlossen.

SONSTIGES

Einkaufen
Kjörbúðin-Supermarkt, Aðalgata 2-4 (an der Hauptstraße kurz vor dem Ortsausgang Richtung Dalvík), ⏲ Mo–Fr 9–19, Sa 10–18, So 12–18 Uhr.

Feste
Darkness Festival, Ende Jan: Künstler aus aller Welt präsentieren, was sie in den langen, dunklen Monaten zuvor geschaffen haben. Eine kleine eingeschworene Gemeinschaft kommt jeden Winter nach Ólafsfjörður, um gemeinsam an Liedern, Bildern, Fotoausstellungen und Skulpturen zum Thema „Winter in Ólafsjörður" zu arbeiten. Manche der hier geborenen Ideen überdauern die dunkle Jahreszeit.

Geld und Post
Bank mit Geldautomat, Aðalgata 24, ⏲ Mo–Fr 13–16 Uhr.
Post im Supermarkt.

Informationen
Touristeninformation, Ólafsvegur 4, ⏲ Mo–Fr 13–17, Sa 11–15 Uhr.

TRANSPORT

Auto
Ein 3,4 km langer einspuriger Tunnel führt direkt an die Ostküste der Halbinsel. Hier eröffnet sich ein erster Blick auf den prächtigen Eyjafjord. Wer aus dem Tunnel kommend nicht sofort nach links auf den kleinen Parkplatz abbiegt, findet lange Zeit weder eine Möglichkeit zu wenden noch einen weiteren Aussichtspunkt.

Busse
Die Haltestelle befindet sich am nördlichen Ortsausgang (Múlavegur).
AKUREYRI, mit Strætó-Bus 78 Mo–Fr um 6.56, 9.46 und 15.16, So 14.18 Uhr in knapp 1 Std. für 2300 ISK (5 Zonen).
REYKJAVÍK, mit Strætó über Akureyri.
SIGLUFJÖRÐUR, mit Strætó-Bus 78 Mo–Fr um 9.10, 14.10 und 17.25, So 16.35 Uhr in 15 Min. für 920 ISK (2 Zonen).

Dalvík und Umgebung

Das beschauliche 1500-Seelen-Örtchen punktet mit einem schönen Hafen, gut markierten Wanderwegen, einer kleinen Kirche oberhalb des Ortes, einem skurrilen Heimatmuseum und einem Freibad mit freier Sicht auf die Berge oberhalb des Tals Svarfaðardalur, dem das Städtchen seinen Namen verdankt: Dal-vík heißt nämlich Tal-Bucht. Von Dalvík aus fährt eine Fähre zur Insel Grímsey, wo eine 8 t schwere Betonkugel den nördlichen Polarkreis markiert.

Heimatmuseum Byggðasafnið Hvoll

Eine überdimensionale weiße Gartenbank an der Hauptstraße, die als Wegweiser dient – wem könnte sie als Sitzplatz gedient haben? Die Antwort lautet: Jóhann Pétursson, 1913 hier geboren und seinerzeit mit einer Größe von 2,34 m der größte Mann der Welt. Er wog 163 kg und seine Füße fanden in Schuhen der Größe 63 Platz. Jóhann, in Deutschland als „der nordische Riese Olaf" bekannt, wurde Zirkusdarsteller und Performer. Die letzten 20 Jahre seines Lebens verbrachte er in Florida. Seine Größe war sein Kapital. Einem breiteren Publikum wurde er als Schauspieler bekannt, z. B. im 1950 gedrehten Streifen *Prehistoric Women*, in dem er, wie sollte es anders sein, die Rolle des Riesen verkörperte. Dem großen Mann ist im Heimatmuseum Byggðasafnið Hvoll, Karlsrauðatorg, ✆ 466 1497, 🖥 www.dalvik.is/byggdasafn, ein Zimmer gewidmet, ansonsten bestaunt man hier viele ausgestopfte Vögel und Säugetiere, darunter ein Eisbär. ⊕ Juni–Aug tgl. 11–18, Sep–Mai Sa 14–17 Uhr, Eintritt 900 ISK.

Bjórböðin in Árskógssandur

12 km südöstlich von Dalvík, in Árskógssandur, befinden sich eine Brauerei und ein etwas anderes Spa, Ægisgata 31, ✆ 414 2828 und 699 0715, 🖥 www.bjorbodin.com. Hier badet der Gast in großen Biertrögen. Schade, dass man das Gebräu nicht trinken kann! Es soll aber der Haut Gutes tun und so den Leib, wenn schon nicht von innen, dann immerhin von außen laben. Und ein Bier gibt's zum Bade dazu, zumindest wenn man über 20 Jahre alt ist. Insgesamt sind es sieben Tröge (für max. 14 Pers.). Alle stehen in einzelnen Zimmern. Auch der Hot Pot auf der Terrasse (für bis zu 8 Leute) kann genutzt werden. 25 Min. Bad und weitere 25 Min. im Ruheraum kosten 6900 ISK p. P., Paare zahlen 13 000 ISK. ⊕ Badezeiten Sommer tgl. 14–20, Sa bis 21 Uhr, Winter Mo–Do 15–19, Fr–Sa 11–21, So 12–19 Uhr.

Zur Brauerei, die man für 2000 ISK besichtigen kann, gehört ein recht großes Restaurant. Das Selbstgebraute kann man also auch nur trinken und dazu lecker essen. Den Blick auf den Hrísey gibt's kostenlos dazu. ⊕ Mo–Do 15–20, Fr–Sa 11–21, So 12–10 Uhr.

ÜBERNACHTUNG

In Dalvík

Camping, Svarfaðarbraut, ✆ 625 4775, 🖥 www.tjalda.is/en/dalvik. Das Campinggelände liegt direkt beim Schwimmbad, dessen Personal auch für den Campingplatz zuständig (und damit nur während der Schwimmbad-Öffnungszeiten erreichbar) ist. Prima Servicehaus mit Küche und Aufenthaltsraum. 1800 ISK pro Zelt, 2600 ISK pro Wohnmobil/Camper, Strom 1000 ISK. ⊕ Mai–Mitte Sep. Wer nett fragt, darf hier aber auch im Winter übernachten.

Dalvík Hostel (auch bekannt als Hostel Gimli), Hafnarbraut 14, ✆ 466 1060, 🖥 www.hostel.is/Hostels/Dalvik. Das freundliche Personal schafft ein herzliches Gemeinschaftsgefühl und schnell ist vergessen, dass das Hostel wenig einladend an der Hauptstraße liegt. Großer Gemeinschaftsraum, prima Küche mit schöner Aussicht. Einige Zimmer mit antiken Möbel. Bett im 6er-Schlafsaal 50 €. ❸

Hótel Dalvík, Skíðabraut 18, ✆ 466 3395, 🖥 www.hoteldalvik.com. Nicht ganz so modern wie vergleichbare Häuser, aber immer noch eindeutig Hotelstandard. Einige Zimmer haben kein eigenes Bad. ❹

Im Svarfaðardalur

Karte S. 360

€ Gästehaus Skeið, am Ende des Tals (ca. 18 km auf der Straße 805), ✆ 466 1636, 🖥 www.skeid.net. Ganz weit draußen. Eine eigene kleine Welt mitten im Wanderparadies. Man schläft in urigen Etagenbetten aus Holz, im schicken Apartment oder draußen im Zelt. Küchenmitbenutzung 2 €, auf Wunsch wird man auch bekocht. Einziger Nachteil: nicht mit öffentlichen Verkehrsmitteln erreichbar. Schlafsackunterkunft ab 30 €, Camping 10 €. Preise werden in € angegeben und nach Tageskurs abgerechnet. ❷

Húsabakki Camping (Campingkarte), 5 km südlich von Dalvík, ✆ 859 7811, 🖥 www.tjalda.is/en/husabakki. Campingplatz mit Grill-, Spiel- und Minigolfplatz. 1100 ISK, Kinder unter 12 J. kostenlos, Strom 750 ISK, Waschmaschine 450 ISK, Duschen inkl.

Zwischen Dalvík und Akureyri
Karte S. 360

Arnarnes Paradís, 24 km nördlich von Akureyri, ✆ 894 5358, 🖥 www.arnarnesparadis.com. 6 Zimmer im Hauptgebäude, 3 im Blockhaus, außerdem 2 ausrangierte Uralt-Kastenwagen und ein alter Wohnwagen, in dem 2 Personen bequem nächtigen können. Man bemüht sich hier, so ökologisch wie möglich zu sein: Es gibt Fairtrade-Bettwäsche, Frühstück und Abendessen sind mit frischem Fisch aus dem See und Tee aus selbst gesammelten Kräutern sowohl regional als auch saisonal ausgerichtet. Das Gästehaus ist dem Projekt „Responsible Tourism" angeschlossen. Wer mag, kann eigenwillige Elfen-und-Feen-Gemälde kaufen. Unterkunft im Van 85 € inkl. Frühstück. ❸ – ❺

ESSEN

Basalt Café und Bistro, Goðabraut 8, ✆ 868 1202, 🖥 www.basaltbistro.is. Das Café ist Touristeninformation, Bücherei, Treffpunkt und WLAN-Hotspot. Leckere Kuchen und Suppen, kostenlose saubere WCs. ⏰ Di–Fr 10–17, Sa 12–17 Uhr.

Gísli, Eiríkur, Helgi - Kaffihús Bakkabræðra, Grundargata, ✆ 666 3399, 🖥 auf Facebook. Witzig gemacht mit allerlei Schnickschnack. Schon allein die Sättel, die über der Veranda hängen, können als Indiz dafür gedeutet werden, dass man hier kreativ ist und nicht alles bierernst nimmt. Die Renner sind die Fischsuppe mit hausgemachtem Brot und der Skýr-Kuchen. Bei Sonnenschein sind die wenigen Außensitzplätze schnell besetzt. ⏰ Juli–Aug tgl. 11–22, sonst 12–22 Uhr.

Blick auf Dalvík und Hrísey: Rückweg der Kofi-Wanderung

© CAROLINE MICHEL

Dalvík

ÜBERNACHTUNG
1. Dalvík Hostel
2. Camping
3. Hótel Dalvík

ESSEN
1. Gregor's
2. Basalt Café und Bistro
3. Gísli, Eiríkur, Helgi - Kaffihús Bakkabræðra

SONSTIGES
1. Samskip
2. Kjörbúðin
3. Vínbúðin
4. Apotheke
5. Arctic Sea Tours

TRANSPORT
1. Fähre nach Grimsey

Gregor's, Goðabraut 3, ℅ 847 8846, 🖥 auf Facebook. Pub mit kleiner Auswahl (meist 2 Fischgerichte und ein Fleischgericht, oft Lamm), aber großen Portionen. ⏱ tgl. 18–23 Uhr, am Wochenende auch länger.

AKTIVITÄTEN UND TOUREN

Reiten
Tvistur Horse Rental, ℅ 861 9631, 🖥 www.tvistur.is. Sveinbjörn und seine Frau Elín bieten 1–4-stündige Ausritte durch das Svarfaðardalur und in die angrenzenden Berge. Ausgangspunkt ist das **Pferdesportzentrum Hringsholt**, wo es auch eine kleine Turnierarena gibt. Reitgäste werden auf Wunsch in Dalvík abgeholt. 1 Std. 6000 ISK, 4 Std. 16 000 ISK.

Schwimmen
Schwimmbad im Sportcenter, am Ende der Svarfaðarbraut, ℅ 466 3233. Modernes Freibad mit Hot Pots und Rutsche und Aussicht auf die beeindruckende Bergkulisse. Eines der schönsten öffentlichen Schwimmbäder Islands. ⏱ Mo–Do 6.15–20, Fr 6.15–19, Sa, So 9–17 Uhr.

Skifahren
Im Sommer ist das vom Stadtzentrum aus zu erreichende **Skigebiet Böggvisstaðafjall** so gut wie unsichtbar. Man sieht keine Schneisen, weil es keine Bäume gibt, die abgeholzt hätten werden müssen. Auf dem harten, steinigen Untergrund hinterlassen auch Raupenfahrzeuge keine bleibenden Spuren. Im Winter aber, wenn alles per Flutlicht erhellt wird, ist das Skigebiet unübersehbar und bietet Wintersportlern einen herrlichen Anblick. Es gibt zwei Skilifte und mehrere Abfahrtsstrecken, die längste ist 1,2 km lang. Weil das Gebiet nicht hoch in den Bergen liegt, ist das Wetter oft besser als in den anderen Skigebieten Tröllaskagis, sagen die Einheimischen. Wenn andere Lifte z. B. wegen Sturms geschlossen werden,

ist hier oft noch Betrieb. Bei Schneemangel wird auf Kunstschnee zurückgegriffen. Mehr Informationen unter ✆ 466 1010 und 🖥 www.skidalvik.is.

Walbeobachtungen
Je weiter im Norden eines Fjords man sich auf Walsafari begibt, desto mehr Wale bekommt man zu sehen. Einfach wegen der kürzeren Fahrtzeit bis zum offenen Meer, wo sich die großen Tiere bevorzugt aufhalten. Arctic Sea Tours operiert von Dalvík aus, North Sailing Hjalteyri verlässt den Hafen in der Mini-Ortschaft Hjalteyri, 24 km südlich von Dalvik.
Arctic Sea Tours, Hafnarbraut 22, ✆ 771 7600, 🖥 www.arcticseatours.is. 3 Std. 9900 ISK, Jugendliche (7–15 J.) 4950 ISK, kleinere Kinder kostenlos. Außerdem gibt es eine 1 1/2-stündige Tour mit dem Speedboat. ⏲ März–Nov.
North Sailing Hjalteyri, in Hjalteyri, an der Straße 82 nach Akureyri, ✆ 840 7250, 🖥 www.whalewatchinghjalteyri.is. 2 Std. 9900 ISK, Jugendliche (7–15 J.) 4000 ISK, kleinere Kinder kostenlos. ⏲ Mitte Mai–Mitte Sep.

SONSTIGES

Einkaufen
Supermarkt Kjörbúðin, Hafnartorg (direkt gegenüber dem Hafen), ⏲ Mo–Fr 9–19, Sa 10–18, So 12–18 Uhr.
Vínbúðin, Hafnarbraut 7, ⏲ Mo–Fr 11–18, Sa 11–14 Uhr.

Feste
The Great Fish Day, 2. Augustwochenende, 🖥 www.fiskidagurinnmikli.is: All-you-can-eat-Stadtfest. Die Übernachtungspreise sind dann wesentlich höher als sonst. Die Stellplätze auf dem Campingplatz werden mit Kreide auf dem Rasen markiert, um möglichst viele Gäste möglichst platzsparend unterzubringen. Die Campingkarte gilt an diesen Tagen nicht.

Geld und Post
Ein **Geldautomat** steht beim Rathaus, eine **Bank** und die **Post** mit Western Union befinden sich in der Hafnarbraut 26, ⏲ Bank Mo–Fr 10–14, Post bis 16 Uhr.

Informationen
Infozentrum im Café im Kulturzentrum Menningarhúsið Berg, Goðbraut 8, ✆ 846 4928, 🖥 www.northiceland.is/en/what-to-see-do/service/dalvik-district-information-office. Eines der besten Infozentren der Region mit vielen Prospekten, einer Bibliothek und kostenfreiem WLAN – und vor allem mit sehr fähigem und freundlichem Personal. ⏲ Mo–Fr 10–17, Sa 12–16 Uhr.

Medizinische Hilfe
Apotheke (links neben der Touristen-information), Goðabraut 4, ✆ 466 1234, ⏲ Mo–Fr 10–17 Uhr.
Gesundheitszentrum, Hólavegur, ✆ 466 1500, 🖥 www.hgdalvik.is. Mit 24-Std.-Ambulanz.

TRANSPORT

Auto
Die Küstenstaße 82 verbindet Dalvík mit Ólafsfjörður im Norden und mit Akureyri im Süden. Die Straßen 805 und 807 führen ins Svarfaðardalur.

Busse
AKUREYRI, mit Strætó-Bus 78 Mo–Fr 7.10, 10 und 15.30, So 14.32 Uhr in 50 Min. für 1840 ISK (4 Zonen).
SIGLUFJÖRÐUR, mit Strætó-Bus 78 Mo–Fr 8.50, 13.50 und 17.05, So 16.15 Uhr in 35 Min. für 1380 ISK (3 Zonen).

Fähren
Die Fähre **Sæfari** fährt von Dalvík zur Insel GRÍMSEY, und zwar Mo–Do und So um 9 Uhr, zurück ab Grímsey Mo, Mi und Do um 17, Di um 14 und So um 16 Uhr. Im Sep entfällt die Sonntagsfahrt und die Fähre fährt schon um 16 bzw. um 13 Uhr zurück. In den Monaten Okt–Mai wird die Rückfahrt angetreten, sobald das Schiff fertig ent- und wieder beladen ist, und die Fähre verkehrt nur Mo, Mi und Fr. Es ist in jedem Fall ratsam, sich im Vorfeld nach den genauen Ab- bzw. Rückfahrzeiten zu erkundigen.
Die Überfahrt dauert 3 Std. und ist wegen der oft rauen See für Menschen mit empfindlichen

Wandern im Hobbitland

Hohe Berge, idyllische Flüsschen, tiefe Schluchten, grüne Wiesen, sumpfiges Feuchtgebiet mit Wollgras, Vogelbrutplätze, steinige Hochebenen, kleine Wasserfälle und ein milchig-grüner Bergsee. Wer nach Dalvík kommt und keine Wanderung macht, ist selbst schuld. Zumal hier die Wege extrem gut markiert sind und ein Verlaufen somit fast unmöglich ist. Rund um Dalvík geht es so beschaulich zu, dass es niemanden wundern würde, wenn plötzlich ein Hobbit um die Ecke käme. In der Touristeninformation gibt es ein kostenloses Faltblatt mit Karte und Kurzerklärungen zu zehn Wanderstrecken – im Folgenden eine kleine Auswahl. Besonders hilfreich sind die durch Wanderschuhsymbole gekennzeichneten Schwierigkeitsgrade. Das Wanderwegenetz rund um Dalvík gibt's zum Download unter 🖥 www.dalvikurbyggd.is/static/files/Adalvefur/Annad/dalvikurbyggd-gongukort.pdf.

Zur Schutzhütte Kofi
- **Länge:** 8,5 km Rundwanderung
- **Dauer:** 5 Std. mit vielen Pausen
- **Schwierigkeit:** leicht
- **Strecke:** westlich von Dalvík, auf dem Faltblatt die Nr. 7

Der Pfad führt parallel zum Fluss Brimnesá stetig leicht bergauf bis zur Schutzhütte Kofi, wo der Fluss auf einer kleinen Holzbrücke überquert wird. Zurück geht's parallel zum Berg Böggvisstaðafjall mit schöner Aussicht auf den Ort und den Fjord. Ausgangspunkt ist die **Kirche** in Dalvík, vor der sich ein großer Parkplatz befindet. Anders als im Faltblatt eingezeichnet, beginnt die Wanderung nicht südlich, sondern nördlich der Kirche. Am Beginn der Schotterstraße folgt man dem Wegweiser „Reykjaheiði/Grímubrekkur". Ein schmaler, nicht markierter Grasweg – die erste Möglichkeit, den Hauptweg nach rechts zu verlassen – führt zum Fluss Brimnesá und auf einer **Steinbrücke** mit Geländer über ihn hinweg. (Wer stattdessen weiter geradeaus geht, kommt direkt zum Endpunkt der Wanderung am schönen Picknickplatz.) Der Pfad trifft bei einem **Betongebäude mit Picknickbank** auf den breiten Weg, auf dem es von nun an weitergeht. Erst weg vom Fluss, durch eine Heidelandschaft mit Blaubeerfeldern, später durch bunt blühende Wiesen wieder zurück zum nördlichen Brimnesá-Ufer. Jetzt nur noch ein Trampelpfad, verläuft der Weg leicht bergauf parallel zu Hang und Fluss, vorbei an den Bergen

Bærjarfjall, Selhjnúkur und Systrahnjúkur. Hier wäre ein idealer Drehort für die Filmversionen des Tolkien-Klassikers *Der kleine Hobbit*, so friedlich und idyllisch ist es. Hätte man große, behaarte Hobbitfüße mit etwas Hornhaut, könnte man sogar barfuß durchs Gras und Gestrüpp laufen, so wenig gemeine spitze Steine liegen auf dem Weg. Wenn die kleine Schutzhütte Kofi in Sicht kommt, langsam, aber stetig über die feuchte **Wollgraswiese** in Richtung Ufer wandern (der Hauptweg führt weiter ins Grímudalur, auf der Dalvík-Wanderkarte der Wanderweg Nr. 4). Hier besteht die Möglichkeit, den Fluss auf einer Holzbrücke trockenen Fußes zu queren und auf den Picknickbänken vor der **Hütte** die Halbzeitpause einzuläuten. Die Hütte selbst, eher ein Wellblechcontainer als ein niedliches Häuschen, ist leider ziemlich ungepflegt. Innen eine Holzpritsche mit Hängematte, zwei Plastikstühle, ein kleiner Tisch und ein Gästebuch. Ein WC steht hier nicht. Am südlichen Flussufer entlang erfolgt der einfache **Abstieg** zurück in Richtung Dalvík, das sich von hier oben von seiner schönsten Seite präsentiert. Bei gutem Wetter sieht man aus ständig wechselnden Perspektiven auf den Ort, auf die Insel Hrísey und die gegenüberliegende Seite des Fjords. Zum Abschluss noch ein Blick in den Canyon, den die Brimnesá geschaffen hat – hier unten, im steinigen Abschnitt, erscheint der kleine Fluss um einiges wilder als weiter oben –, dann kann die Halbtageswanderung auf dem schönen, geschützten Picknickplatz einen würdigen Abschluss finden.

Zum Nykurtjörn
- **Länge**: 10 km (5 km je Strecke)
- **Dauer**: ca. 4 1/2 Std.
- **Schwierigkeit**: mittel
- **Strecke**: auf dem Faltblatt die Nr. 3

Die Wanderung führt auf einsamen Pfaden hinauf zu einem verwunschenen Bergsee, der 700 m über dem Meeresspiegel liegt.

Der auf der Dalvík-Wanderkarte vorgeschlagene **Startpunkt** liegt 10 km südlich an der Straße 805 in der Nähe der Farm Steindyr. Hier gibt es allerdings keinen Parkplatz, also dort nachfragen, wo das Auto stehen kann (ggf. darf man das Auto an der Einfahrt zur Kuhwiese parken, wo auch der Wanderweg beginnt). Der gut sichtbare Pfad folgt steil bergauf dem Lauf des Flusses Þverá, wo schon bald der 15 m hohe **Steindyrafoss** bewundert werden kann (es soll möglich sein, hinter dem Wasserfall hindurch zu gehen, was jedoch nur trittsicheren Bergsteigern bei gutem Wetter empfohlen wird). Der mit roten Holzpflöcken markierte Weg macht da, wo ein zweiter Fluss in die Þverá mündet, eine Kehre in Richtung Norden. Immer den Berg Brennihnjúkur und einen weiteren Wasserfall im Blick, der sich von dort oben seinen Weg malerisch durch Steinterrassen bahnt, führt die Wanderung lange Zeit stetig leicht bergauf durch üppige Wiesen. Schöne Aussichten ergeben sich ins Delta des Flusses Svarfaðardalsá und auf die gegenüberliegende Bergkette, deren Gipfel nie ganz schneefrei sind. Dann wird der Untergrund feuchter, das Laufen im tiefen Boden beschwerlicher, was den hier oben nur langsam abschmelzenden Schneefeldern geschuldet ist. Ein fast vegetationsloser **rotbrauner Berg** wird sichtbar. Er dient als Orientierungshilfe, denn auf diesem Teilstück fehlen viele Markierungspflöcke. Zur Not einfach steil bergauf auf diesen Berg zu laufen. Und irgendwann, wenn man schon fast die Hoffnung aufgegeben hat, dass hier noch irgendwo der versprochene **See** auftaucht, steht man direkt davor. Am Ufer ist das Wasser glasklar, in der Mitte milchig-grün.

Für den **Rückweg** hält das Faltblatt einen Pfad in Richtung Húsabakki bereit (die ganze Wanderung ist dann 7,7 km lang). Wenn aber das Auto am Bauernhof Steindyr steht, ist es sinnvoller, den gleichen Weg zurückzugehen.

Die beste Jahreszeit für diese Wanderung ist der September, denn dann sind die Frühlingsblumen gerade aus dem Winterschlaf erwacht, die Wiesen zart-hellgrün und üppig.

Wanderung nach Hólar
(nicht auf dem Faltblatt)

20 km südlich von Dalvík, am Ende des Tals Svarfaðardalur, beginnt der uralte Fernwanderweg nach Hólar í Hjaltadal (s. Karte S. 360). Je nachdem, welchen Start- und Endpunkt man für seine Wanderung über die **Heljardalsheiði** wählt (zur Auswahl stehen die Farmen Melar oder Skeið oder einfach das Ende der Straße 805), ist die Wanderung 20–25 km lang. Geübte Wanderer laufen die Strecke in 8–9 Std.

Mägen nicht empfehlenswert. Sie kostet 4830 ISK, Kinder (12–15 J.) zahlen 2415 ISK, kleinere Kinder dürfen kostenlos mit. Es wird empfohlen, 30 Min. vor der Abfahrt am Ticketschalter zu sein.

Nach HRÍSEY verkehrt Sæfari im Juni–Aug Di um 18.30 und Fr um 13.15 Uhr (in den anderen Monaten abweichende Zeiten). Die Fahrt dauert 30 Min. und kostet 1230 ISK, Kinder (12–15 J.) 610 ISK. Die Fähre ab Lítli Árskógssandur ist mit 1500 ISK für Hin- und Rückfahrt deutlich billiger (S. 376).

Mehr Infos bei **Samskip**, Ránarbraut 2b, ✆ 458 8900 und 458 8970, 🖥 www.samskip.is/ innanlandsflutningur/saefari/saefari/ english-book-now.

Vogelinsel Hrísey

Hrísey – in Werbeprospekten fast schon inflationär als „die Perle des Eyjafjords" angepriesen – ist mit 6,5 km Länge und gut 2 km Breite nach der Westmännerinsel Heimaey die zweitgrößte aller isländischen Inseln. Sie hat weniger als 200 Einwohner und ist weitestgehend autofrei. Traktoren zählen nicht als Autos, also fährt man hier gern und oft mit dem Traktor. Direkt am Hafen stehen einige wirklich interessante Exemplare. Über 40 Vogelarten leben hier, es gibt mehr Küstenseeschwalben als irgendwo sonst in Island. Die Bedingungen sind ideal: Jagen und Eiersammeln ist verboten, natürliche Feinde wie Füchse, Minks (auch bekannt als amerikanischer Nerz), Mäuse oder Ratten existieren nicht. Zu sehen gibt es außer Vögeln und einem niedlichen kleinen Ort mit gepflegten Häuschen und einer typisch isländischen Dorfkirche streng genommen gar nichts. Und genau das wird hier ausgiebig zelebriert. Alle sind aufgefordert, dieses Nichts mit allen Sinnen zu genießen, die Augen zu schließen, den Vögeln zuzuhören und darauf zu achten, wie sich Ruhe und Frieden im Inneren ausbreiten.

Wer an die Kraft der Natur glaubt und etwas Spiritualität mitbringt, sucht die zweitgrößte **Energiequelle** Islands auf. Das dazugehörige Schild erklärt: „On this spot, dear traveller, you are located at the second most powerful energy source in this beautiful country". Nach dem Gletscher Snæfellsjökull soll hier, im Ostteil von Hrísey, von wo aus man den bildhübschen vulkanischen Berg Kaldbakur auf der gegenüberliegenden Fjordseite im Blick hat, der zweite mächtige spirituelle Kraftort Islands sein. Die heilende Energie soll alle schlechten Gedanken und Alltagssorgen ausradieren. Wer nicht nur Ruhe, sondern auch Einsamkeit sucht, pausiert an einem der kleinen Strände in Hafennähe. Und mit etwas Glück zeigen sich außer Vögeln sogar noch Seehunde und Wale.

Ein Weg führt vom Hafen nach Norden zum **Leuchtturm** (Fußweg ca. 1 Std.). Markierte Wanderwege von 2–5 km Länge durchziehen den Südostteil der Insel und führen zu Aussichtsplätzen, von denen aus man den Eyjafjord in seiner ganzen Pracht bestaunen kann, zu Brutplätzen, aber auch zu einer geheimnisvollen Serie von Höhlen am Meer, **Castle Rock** genannt. Hier sind die normalerweise aufrecht stehenden Basaltsäulen horizontal, die Lavaformationen dagegen vertikal. So als habe jüngere Lava die älteren Basaltsäulen umgerissen. Waagerechte Basaltsäulen entstehen, wenn die Abkühlungsfläche senkrecht ist, z. B. zum umliegenden Gestein in einem Vulkanschlot, Wenn das umliegende Gestein weicher ist und später verwittert, sieht man die horizontalen Basaltsäulen frei.

Hrísey war nicht immer Vogelinsel, sondern lange Jahre vor allem eine Fischinsel. In den Jahren 1930–1950 wurden hier fast so viele Heringe gefangen und verarbeitet wie in der Heringsstadt Siglufjörður. Die Fischindustrie boomte auf der Insel schon Ende des 19. Jhs. Der Industrielle Jörundur Jónsson, seiner Vorliebe für Hai wegen „Hai-Jörundur" genannt, errichtete hier die erste große Fabrik. Dafür wird er von den Einheimischen bis heute verehrt. Sein Wohnhaus, das älteste Haus der Insel, beherbergt das **Heimatmuseum Hákarla-Jörundar**, Norðurvegur 3, ✆ 695 0077, und die Touristeninformation. 🕐 Ende Juni–Ende Aug 13–17 Uhr.

ÜBERNACHTUNG

Campingplatz, ✆ 461 2255, 🖥 www.tjalda.is/ hrisey. Einfacher Campingplatz, direkt am Meer in der Nähe des Schwimmbads, wo auch

bezahlt wird. Nur kaltes Wasser und keine Duschen, dafür schöne Aussicht. 1100 ISK, Kinder unter 14 J. kostenlos, Strom 700 ISK. ⏱ nur im Sommer.
Visithrísey Holiday Homes, Norðurvegur 17, ☎ 892 8033. Verschiedene Unterkünfte vom Apartment bis zu einem ganzen Haus. Beliebt sind die Doppelzimmer mit Gemeinschaftsküche und -bad in einem niedlichen grauen Haus mit Hot Pot und dem Meer gleich vor der Tür. ❸
Wave Guesthouse, Austurvegur 9, ☎ 695 2277, 🖥 www.waveguesthouse.com. 4 ansprechende Doppelzimmer (ohne eigenes Bad, dafür aber mit Küchenbenutzung) am ruhigen Ortsrand. ❸

ESSEN

Im kleinen namenlosen Bistro im Vorraum des Supermarkts gibt es Suppe und Sandwiches. Das einzige Restaurant der Insel ist **Verbúðin 66**, direkt am Hafen, ☎ 467 1166, 🖥 auf Facebook. Weil die meisten Besucher nur Tagesausflügler sind, die maximal ein Stück Kuchen oder einen Burger essen, bleibt der fangfrische Fisch oft liegen. Schade. ⏱ Juni–Aug tgl. 11–20.30, Sep–Mai nur Fr 18–20.30 und Sa 16–20.30 Uhr.

AKTIVITÄTEN

Schwimmen
Schwimmbad, Austurvegur 25, ☎ 461 2255. Schönes kleines Geothermal-Schwimmbad mit Hot Pot und Kinderbecken. ⏱ Mitte Juni–Mitte Aug Mo–Fr 10.30–19, Sa, So, 10.30–17, Mitte Aug–Mitte Juni Di–Do 15–19, Fr 15–18, Sa, So 13–16 Uhr.

Traktorfahrten
Die Touristeninformation (s. u.) organisiert etwa 40-minütige Fahrten über die Insel.

SONSTIGES

Einkaufen
Supermarkt Hríseyarbúðin, Norðurvegur 7. Hier gibt es Grundnahrungsmittel, aber auch ein kleines Café. ⏱ Mo–Fr 12–13.30 und 15.30–18, Sa 13–16 Uhr.

Feste
Wenn 200 Menschen feiern, kann es schon mal hoch hergehen. Beim Hrísey Festival Anfang Juli erfreuen die Einheimischen sich gegenseitig mit einem Bühnenprogramm, es gibt mehrere Konzerte, manchmal auch eine Schnitzeljagd, und immer wieder geht es mit großem Hallo mit dem Traktor einmal die Straße rauf und wieder runter.

Informationen
Im **Heimatmuseum**, Norðurvegur 3, ☎ 695 0077, 🖥 www.visithrisey.is. ⏱ Ende Juni–Ende Aug 13–17 Uhr.

TRANSPORT

Fähren
Hrísey ist dank der kleinen Fähre Sævar mehrmals tgl. mit dem Festland verbunden. Die Fahrt dauert nur 15 Min. und ist mit 1500 ISK (12–15-jährige Kinder zahlen 750 ISK) für Hin- und Rückfahrt günstig. Sævar pendelt zwischen Hrísey und ÁRSKÓGSSANDUR, nicht viel mehr als ein kleiner Fährhafen, neuerdings mit Brauerei und Restaurant (s. S. 369, Dalvík).
Abfahrtszeiten von Árskógssandur nach Hrísey: 7.20, 9.30, 11.30, 13.30, 15.30, 17.30, 19.30, 21.30 und 23.30 Uhr. Zurück aufs Festland geht's um 7, 9, 11, 13, 15, 17, 19, 21 und 23 Uhr. Sa, So und im Winter fällt die erste Fähre u. U. aus.

Weiterfahrt ab Árskógssandur
Die 33 km nach Akureyri schafft man mit dem Auto in knapp 30 Min., die 12 km nach Dalvík in 10 Min. Die Bushaltestelle liegt 2,5 km oberhalb an der Straße 82, der Fußweg vom und zum Fähranleger dauert ungefähr 30 Min. AKUREYRI, mit Strætó-Bus 78 Mo–Fr 7.21, 10.11 und 15.41, So 14.43 Uhr in etwa 40 Min. für 1380 ISK (3 Zonen).
SIGLUFJÖRÐUR, in die Gegenrichtung über DALVÍK Mo–Fr 8.34, 13.45 und 17, So 16.10 Uhr in 40 Min. für 1840 ISK (4 Zonen).

Von Varmahlið über die Öxnadalsheiði nach Akureyri

Was sehen und erleben Reisende, die sich gegen die Rundfahrt um die Tröllaskagi-Halbinsel entschieden haben und stattdessen auf der Ringstraße gen Akureyri fahren? Zunächst das südliche Ende des Skagafjords, eine von Bächen und Flüssen durchzogene feuchte Ebene mit sandigem Untergrund. Ein Picknickplatz, Ásgarður, lädt zum Verweilen ein. Auch Wanderfreunde kommen auf ihre Kosten. Der **Wasserfall bei Bóla** beispielsweise, der sich hoch aus den Bergen kommend in die malerische Schlucht Bólugil ergießt, ist von der Ringstraße aus in weniger als einer halben Stunde erreicht (man parkt beim Schafspferch und folgt von dort aus dem deutlich erkennbaren Wiesenpfad). Weiter südlich lockt dann die **Schlucht Kotagil**.

Es folgt ein für seine schlechten Wetterbedingungen berühmt-berüchtigter Bergpass über die Hochebene **Öxnadalsheiði**. In neun von zehn Fällen ist es zumindest auf einigen Teilabschnitten nebelig, oft reicht die Sicht nur wenige Meter. Manchmal fällt auch im Sommer Schnee. Falls es aber doch mal trocken ist, lohnt es sich, an einem Parkplatz südlich der Straße anzuhalten. Ein Trampelpfad führt von hier bergab zu einem Aussichtspunkt. Zu sehen gibt es eine beeindruckende Schlucht und die äußerst fotogene Holzbrücke über den Fluss Króká. Es ist nicht ratsam, von hier aus den steilen, steinigen Pfad zum Fluss hinunterzuklettern, auch wenn deutlich sichtbare Spuren beweisen, dass viele Menschen dies tun. Die Gefahr ist vor allem nachfolgenden Kletterern geschuldet, die Steine lostreten, die dann den Hang hinunter kullern, der Vorhut möglicherweise auf den Kopf. Über einen Pfad weiter westlich, vom Parkplatz aus gesehen rechts, kommt man sicher und ohne größere Schwierigkeiten zum Flussufer hinunter. Hier im Kiesbett in der Mittagssonne picknicken: Ein Traum!

Die Fahrt geht weiter ins **Öxnadalur**. Nördlich taucht dann vor beschaulicher Bauernhofkulisse die markante Felsnadel **Hraundrangi** auf (1175 m).

ÜBERNACHTUNG

Karte S. 360

Afrikanisches Safarizelt mitten im Grünen, Öxnadalur, direkt an der Ringstraße, in der Nähe der Farm Engimýri. Für Freunde ausgefallener Unterkünfte die perfekte Wahl. Das mannshohe khakifarbene Safarizelt mit Plastikfenstern und Heizöfchen steht mitten in einem kleinen Wald. Zu diesem versteckten Plätzchen geht es mit dem Jeep der Gastgeber Sif und Óli. Hier auf der Doppel-Liege zu liegen und zum Zelteingang herauszuschauen ist wirklich ein besonderes Erlebnis. Mit Toilette. Im Tal gibt es ein Restaurant. Buchbar über Airbnb. Einzelbelegung 52 €, 2 Pers. 77 €.

Auðnir Bed and Breakfast, Öxnadalur, direkt an der Ringstraße, unterhalb der auffällig gezackten Berge, ☎ 847 9309 🖥 www.audnir1.wixsite.com/audnir. Die hübsche Farm mit den blauen Dächern sieht man schon von der Straße aus. Im rechten Gebäude wohnen die Bauern, im linken befinden sich drei einfache, aber gemütliche Dreibettzimmer, ein Wohnzimmer, das kleine Gemeinschaftsbad und die große, gut ausgestattete Gemeinschaftsküche mit Sitzbereich. Das Frühstück wird von der netten und unkomplizierten Gastgeberin Sirry am Vorabend in den Kühlschrank gepackt, sodass jeder frühstücken kann, wann er will. Die Räume heißen Blue Room, Brown Room und Green Room, entsprechend sind die Kühlschrankfächer farblich gekennzeichnet. Zur Farm gehören drei überaus freundliche Hunde, die immer zu einem Ball- oder Stöckchenspiel bereit sind. Günstige Preise für Einzelreisende. Kein WLAN. EZ 52 €. ❷–❸

Engimýri Guesthouse, Öxnadalur, ☎ 462 7518 und 852 7080, 🖥 www.engimyri.is. Wunderschön gelegenes Holzhaus gegenüber dem Hraunsvatn mit 8 Doppelzimmern und einem kleinen, aber feinen Restaurant für Hausgäste. Das besondere Highlight ist der überdachte Hot Pot. Jeep- und Reittouren möglich. Frühstück 2000 ISK. ❹

Gistihúsið Himnasvalir, Norðurárdalur, auf der Farm Egilsá, Achtung: das Gästehaus ist bei Google auch mitten in Varmahlíð verortet, dort ist aber nur der Firmensitz,

Wanderung zum Bergsee Hraunsvatn

- **Länge:** 7 km
- **Dauer:** reine Gehzeit mit Seeumrundung ca. 3 Std.
- **Entfernung von Akureyri:** 30 km
- **Hinweis:** Audio-Slide-Show mit der gesamten Wanderbeschreibung im Kommentar unter www.caroline-michel.de/hraunsvatn/

Die Wanderung beginnt bei der **Farm Háls**, direkt an der Ringstraße. Hier bitte an der Brücke parken und nicht bei den Bewohnern vor dem Fenster. Der Weg führt rechts um das Farmhaus herum, dann durch hohes Gras. Ab jetzt ist der Weg durch orangefarbene Pflöcke markiert. Wer sie gefunden hat, hat die größte Schwierigkeit schon gemeistert. In Schlangenlinien geht es steil den Berg hinauf. Rechter Hand in einer Senke sieht man einen kleinen Tümpel, eine Verbreiterung im Flüsschen **Hraunsá**, dem Abfluss des Hraunsvatns. Der Weg folgt dem Bachlauf nach Westen, also nach links. Da es weiterhin leicht bergauf geht, bleibt der Hraunsvatn für den Wanderer so lange unsichtbar, bis er direkt am Ufer steht. Dort, wo der kleine Fluss den See verlässt, versammeln sich zahlreiche Forellen, und im glitzernden Seewasser spiegeln sich bei gutem Wetter die umliegenden Berge. Wer nur wenig Zeit hat, gibt sich damit zufrieden, von der kleinen Anhöhe aus Erinnerungsfotos zu machen, und geht auf dem gleichen Weg zurück (Wanderzeit bis hierhin 1 Std.).

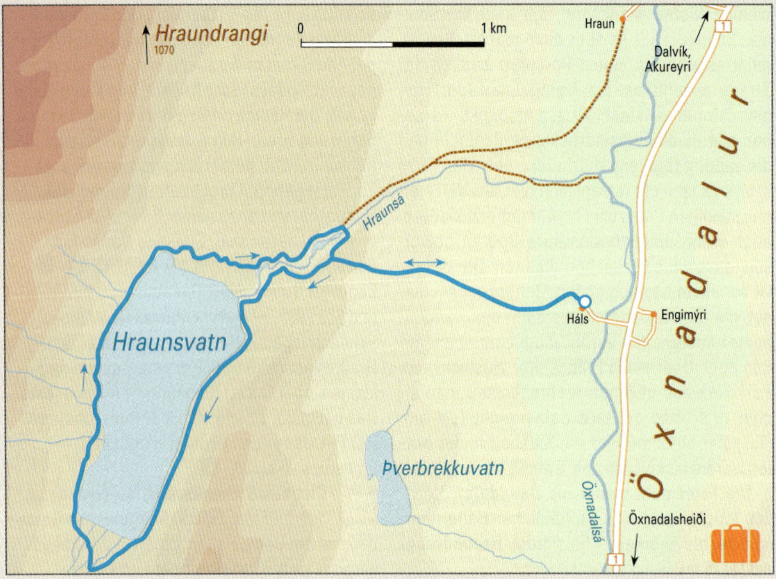

In einer weiteren Stunde ist der 1,5 km lange und 700 m breite **See** auf einem gut sichtbaren Trampelpfad im Uhrzeigersinn umrundet. Genau am

gegenüberliegenden Seeufer, wo sich bei einem kleinen Kiesstrand der zweite Foto-Hotspot der Wanderung befindet (das Motiv hier: See mit der Felsnadel Hraundangi im Hintergrund), gilt es, einen etwas größeren Bach zu überspringen bzw. zu durchwaten. Das westliche Ufer ist dann nicht mehr so steil wie das östliche, der Weg ist breiter und damit wesentlich einfacher zu gehen.

Nach der Seeumrundung kann man sich an einem kleinen **Strand** erholen. Hier beginnt ein weiterer Wanderpfad, diesmal nicht mit orangefarbenen, sondern mit roten Pflöcken markiert. Er führt leicht bergauf, später oberhalb des Baches Hraunsá in nordwestliche Richtung. Hier kann man im Herbst Blaubeeren pflücken. Die Aussicht ins Tal, im Vordergrund bizarre Lavaformationen, ist grandios. Wer sieht den versteinerten Troll, der wie ein Wächter grimmig ins Tal hinunterschaut? Würde man diesem Weg weiter folgen, käme man bei der Farm Hraun wieder ins Tal und auf die Ringstraße. Wer wieder zurück zum Ausgangspunkt der Wanderung bei der Farm Háls will, verlässt den markierten Pfad, nachdem er die Tümpel vom Hinweg passiert hat (jetzt sieht man, dass hinter dem größeren noch ein kleinerer liegt) in südlicher Richtung. Hier fehlen Markierungspflöcke und es kann feucht und matschig sein. Die grobe Marschrichtung: Durch die Senke nach Süden, dann auf festem Grund wieder zurück in Richtung Hraunsvatn. Irgenwann stößt man unweigerlich auf den orange markierten Pfad, der zurück zum Auto führt.

Forellenangeln im See organisiert die Farm Engimýri (quasi gegenüber vom Startpunkt Háls, nur wenige Meter weiter nördlich an der Ringstraße).

Wichtig: Während und nach dem Schafabtrieb Anfang September ist diese Wanderung nicht mehr zu empfehlen. Die Hufe der Reitpferde und der unzähligen Schafe haben dann deutlich sichtbare Spuren hinterlassen, und die Wege können extrem matschig sein.

die Unterkunft liegt 20 km weiter in Richtung Akureyri, 5 km von der Ringstraße entfernt, ✆ 453 8219 und 892 1852, 🖥 www.jrjsuperjeep.com. Eine Farm mit Schafen und Pferden in Alleinlage auf dem Land mit fantastischem Talblick. In den 7 freundlich eingerichteten großen Zimmern (5 Doppel-, ein Drei- und ein Vierbettzimmer) finden insgesamt 19 Gäste Platz. Jóhann und seine Frau servieren Frühstück und betreiben ein nettes Wohnzimmer-Restaurant. Auf der Karte stehen ein Fisch-, ein Lamm- und ein Burger-Gericht, außerdem Waffeln und Kuchen. ❸

AKTIVITÄTEN UND TOUREN

Schwimmen
Das Schulschwimmbad **Jónasarlaug Þelamörk Laugaland**, ✆ 460 1780, liegt zwar etwas versteckt (von der Straße aus nicht zu sehen), aber trotzdem direkt an der Ringstraße, etwa 10 km nördlich von Akureyri. Ein bei Familien beliebtes modernes Freibad mit Hot Pots und Rutsche. ⏱ im Sommer So–Do 11–22, Fr, Sa 11–18, im Winter Mo–Do 17–22.30, Fr 17–20, Sa 11–18, So 11–22.30 Uhr.

Super-Jeep-Touren ins Hochland
JRJ Super Jeep Travel, auf der Farm Egilsá (s. Übernachtung, Gistihúsið Himnasvalir), ✆ 453 8219 und 892 1852. Wohin die Reise geht, bestimmen die Gäste.

Akureyri und Umgebung

Akureyri ist jung und bunt. Noch mehr als in Reykjavík hat man hier ein Herz für Freaks und deren Spleens. Auch was Feste angeht, sind die Einwohner sehr erfinderisch: Es gibt mehr als 40 verschiedene Festivals und jeder noch so kleine Gedenktag wird zum Anlass für irgendeine Art von Aktion. Es gibt eine „Donald Duck Ski Competition" im April, den „Aviation Day" beim Flugzeugmuseum, den „Artic Run" auf der Insel Grímsey und unzählige Kunst- und Musikfestivals. Faszinierend sind auch die vielen Museen, darunter ein Museum voll mit altem Spielzeug und das Museum der 1000 Kleinigkeiten (oft missverständlich auf Deutsch als „Museum der kleinen Dinge" angepriesen) weiter südlich im Eyjafjord. Wo anders als hier könnte es ernsthaft ein Museum geben, in dem die Plastikkugelschreibersammlung eines Messies als Ausstellungsstück gilt? Auch andere „Sehenswürdigkeiten" sind in dieser Region mit besonderer Vorsicht zu genießen. Da gibt es z. B. Gásir, eine bedeutende archäologische Zone nördlich von Akureyri. Wer sich aufmacht, diesen ehemals bedeutenden Handelsplatz für Schwefel zu besuchen, stellt nach einer längeren Fahrt über eine rumpelige, löcherige Straße fest: Die Hauptattraktion ist hier neben einigen Steinen eine durch einen Zaun gesicherte Freilauffläche für Hunde. Ja, so ist das in Akureyri. Und das mag man – oder man mag es nicht.

7 HIGHLIGHT

Akureyri

Bunt, freundlich, optimistisch und weltoffen. So will Akureyri daherkommen. Und die Bewohner geben alles, um das kleine Städtchen für sich und Gäste gleichermaßen attraktiv zu gestalten. Jedes Haus ist anders. Manche sind bunt angestrichen und haben kleine Giebelchen, Erker und Balkone, andere sind modern mit viel Glas und ausgefallener Architektur. Und dazwischen stehen alte, niedliche Holz- und Wellblechhäuschen, an denen ständig herumrenoviert wird. Im Süden der Stadt geht es besonders beschaulich zu. An der Wasserseite lockt eine fotogene moderne, stilisierte **Segelschiffskulptur**, auf der anderen Seite der Ringstraße das ruhige Museumsviertel mit vielen alten Holzhäuschen: Das **Laxdalshús**, das älteste Haus Akureyris aus dem Jahr 1795, das **Friðbjarnarhús**, das heute das Spielzeugmuseum beherbergt, das **Nonnahús** mit einer Fotowand davor, durch die Besucher ihre Köpfe stecken können, die hölzerne Museumskirche **Minjasafnskirkja** aus dem 19. Jh., die ursprünglich auf der anderen Fjordseite stand, und noch einige mehr. Das Innere der Museen ist Geschmackssache, die gepflegten Häuschen mit Gärten und Bänken davor sind klasse.

Immer positiv denken und immer das Schöne herausstellen: Das scheint hier generell die Devise zu sein. Ein weithin sichtbares Zeichen für diese Lebenseinstellung sind die Verkehrsampeln. Wer warten muss, sieht zwar rot, aber das Rotsignal ist herzförmig. Wer da nicht lächelt, dem ist nicht mehr zu helfen. Die freundlichen Ampeln erinnern noch heute an die Kampagne „Smile with your heart", die anlässlich der Finanzkrise im Jahr 2008 ins Leben gerufen wurde. Damals wurde die ganze Stadt mit roten Herzen dekoriert und die Einwohner pinselten tiefsinnige Sprüche an Hauswände, die alle mehr oder weniger den gleichen Inhalt hatten: Wer mit offenen Augen und offenem Herzen durch die Welt geht, lebt besser als ein Miesepeter.

Das Zentrum von Akureyri liegt gegenüber dem Hafen auf der anderen Seite der großen Hauptstraße. Tagsüber trifft man sich in der Buchhandlung Eymundsson oder im stets gut besuchten **Botanischen Garten**, nach Feierabend im **Schwimmbad**. Hier stehen auch für Touristen die Chancen gut, mit „echten Isländern" ins Gespräch zu kommen. In den vielen Bars, Restaurants und Kneipen ist das eher schwierig, denn die gehören – zumindest tagsüber – ganz den Besuchern aus dem Ausland. Vor allem im Sommer, wenn die großen Kreuzfahrtschiffe im Hafen liegen und die Passagiere die Stadt lawinenartig überrollen, oder im Juni, wenn das große Golfturnier Arctic Open stattfindet, ist in Akureyri richtig was los. Trotzdem bleibt es ein beschauliches Städtchen mit Charme und Herz.

Orientierung

Mit 18 000 Einwohnern ist Akureyri eine Kleinstadt, die sich gut zu Fuß erkunden lässt. Nur die großen Supermärkte liegen in der Nähe der Neubauwohngebiete im Norden der Stadt. Alles, was sonst für Reisende interessant ist, befindet sich in Zentrums- bzw. Hafennähe. Wer von dem **Infozentrum im Menningarhús**, wo sich auch die beiden Bushaltestellen befinden, in Richtung Kirche spaziert, findet Banken, die Buchhandlung und das Backpackers gegenüber – beide mit kostenlosem WLAN, das bis auf die Straße reicht –, Restaurants, Cafés, Imbissbuden und Pubs.

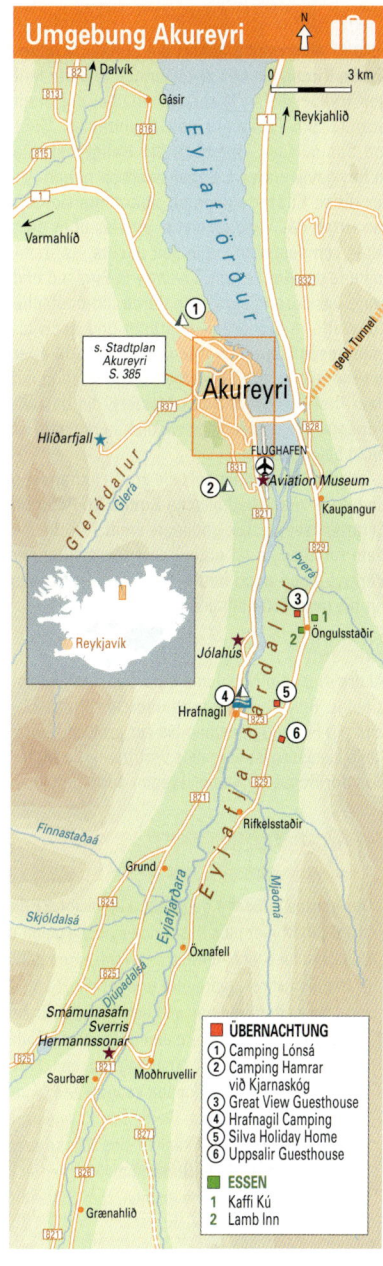

Umgebung Akureyri

ÜBERNACHTUNG
① Camping Lónsá
② Camping Hamrar við Kjarnaskóg
③ Great View Guesthouse
④ Hrafnagil Camping
⑤ Silva Holiday Home
⑥ Uppsalir Guesthouse

ESSEN
1 Kaffi Kú
2 Lamb Inn

Kirchen

1940/41 eingeweiht, gehört die auffällige **lutherische Kirche** mit den zwei Türmen und der langen Treppe, die als Wahrzeichen über der Stadt thront, zum Frühwerk des Architekten Guðjón Samúelsson, der auch die Hallgrímskirkja in Reykjavík entwarf. Sehenswert ist neben der für diese Kirche eigentlich überdimensionierten Orgel das viktorianische Fenster über dem Altar, von dem man lange Zeit dachte, es stamme aus der Kirche von Coventry in England und wäre vor deren Zerstörung durch die deutsche Luftwaffe in Sicherheit gebracht und nach Island geschmuggelt worden. Im Jahr 2014 aber veröffentlichte die BBC eine Dokumentation mit dem Titel *The Great Glass Mystery*, die das widerlegte. Wo das Fenster wirklich herkommt, ist nicht belegt.

Weniger Beachtung als die große lutherische findet die kleine katholische **Kirche St. Pétur** im Eyrarlandsvegur. Die gepflegte weiße Kirche mit dem roten Dach ist entgegen anderslautender Vermutungen auch heute noch ein Gotteshaus für die etwa 280 Katholiken von Akureyri.

Museen

Akureyri ist ein Museums-Eldorado. Vom klitzekleinen Spielzeugmuseum über ein Industrie- und ein Flugzeugmuseum bis zur großen Kunsthalle Listasafn ist hier alles vertreten. Die Mehrheit der Besucher kommt wegen des Nonnahús. Die meisten Museen liegen im alten Teil Akureyris am südlichen Ende der Stadt und sind fußläufig erreichbar (oder mit Bus 3). Die einzige Ausnahme ist das Torfhausmuseum Laufás, das zwar zu den Akureyri-Museen gehört, sich aber 30 km entfernt auf der anderen Fjordseite befindet (S. 397).

Eine 24-Std.-Karte für die öffentlichen Museen (Akureyri Museum, Kunsthalle, Nonnahús, Davíðshús, Sigurhæðir und Freilichtmuseum Laufás) ist für 2000 ISK in allen Museen und Touristeninfos erhältlich. Jedes Museum einzeln kostet 1500 ISK p. P., Kinder unter 18 J. frei.

Into the Arctic – Norðurslóð

Wie mag es wohl gewesen sein, auf einem Schlitten die Arktis zu erkunden? Landkarten, Schiffsmodelle, alte Filme und Regale über Regale voller ausgestopfter Tiere erzählen in diesem Museum, Strandgata 53, ✆ 588 9050, 🖥 auf Facebook, ihre Geschichten. Mit Café und Souvenirshop. ⏱ Mo–Fr 11–18, Sa, So 11–17 Uhr, Eintritt 2000 ISK, Kinder unter 12 J. frei.

Sigurhæðir und Davíðshús

Matthías Jochumsson schrieb die isländische Nationalhymne, Davíð Stefánsson war Poet, Schriftsteller und Kunstsammler. Jedem der beiden ist ein Gedenkmuseum gewidmet, das **Davíðshús** in der Bjarkarstígur 6, ✆ 462 7498, ⏱ Juni–Aug Mo–Fr 13–14.30 Uhr, und das **Sigur-**

Katholisch und Island – geht das?

Der einzige in Island geborene katholische Priester im Land heißt Hjalti Þorkelsson. Umgerechnet 210 € pro Monat plus Kost und Logis bekommt ein katholischer Priester in Island für seine Dienste. Das kann man sich nur leisten, wenn man noch andere Einkünfte hat oder – wie Hjalti – Rentner ist. Er hat als Lehrer gearbeitet und lebt jetzt von seiner Pension. Aber er will nicht aufs Abstellgleis, sondern weiter predigen und unterrichten. Er spricht hervorragend Deutsch, hat im Auftrag des Bistums Reykjavík in Freiburg und Regensburg katholische Theologie studiert und auch einige Urlaubsvertretungen in Deutschland übernommen. Einen Monat war er damals in Meppen, mit rund 34 000 Einwohnern immerhin doppelt so groß wie Akureyri. Dass er zu Hause meist vor leeren Bänken predigt, nimmt er mit Humor. Da die fünf Karmeliterinnen, die in Akureyri einen Kinderhort betreiben, es seit jeher gewohnt sind, täglich eine Messe zu feiern, tut Hjalti ihnen den Gefallen. Am Wochenende (Fr und Sa um 18, So 11 Uhr) kommen immerhin 35 % der Katholiken aus der Diözese, viele von ihnen Einwanderer von den Philippinen, zum Gottesdienst – eine solche Quote wird in anderen Städten in Europa wohl selten erreicht.

hæðir in der Eyrarlandsvegur 3, ✆ 462 6648, ⏲ Juni–Aug Mo–Fr 15–17 Uhr.

Kunsthalle
Die Kunsthalle und das dazugehörige Art Museum in der Kaupvangsstræti 8-12, ✆ 461 2610, 🖥 www.listasafn.akureyri.is, zeigen moderne Kunst mit zeitlichem Bezug, oftmals auch Performances. Das Programm finden Interessierte auf der Website. Zur Zeit der Recherche fand eine Renovierung statt, im Sommer 2018 wird die Ausstellungsfläche größer sein. ⏲ tgl. außer Mo 12–17 Uhr.

Spielzeugmuseum
Eine Puppe mit filigranem Porzellankopf ist das Highlight des Spielzeugmuseums, Aðalstræti 46, ✆ 863 4531. Kinder der Jetzt-Zeit toben besser im für sie bestimmten Nebenzimmer. ⏲ Juni–Aug tgl. 13–17 Uhr, sonst auf Anfrage.

Nonnahús
Beim Nonnahús, Aðalstræti 54, ✆ 462 3555, 🖥 www.nonni.is, handelt es sich um das Wohnhaus, in dem der Autor Jón Sveinsson aufwuchs. Der Jesuitenpater Sveinsson schrieb das in Deutschland noch heute vor allem bei der älteren Generation beliebte Kinderbuch *Nonni und Manni*. Als Buch wegen der altertümlichen Sprache und der detaillierten Beschreibung des brutalen Umgangs mit Tieren für Kinder nur begrenzt geeignet, war die TV-Serie um die beiden Jungs, die im Island des 19. Jhs. Abenteuer erleben, der Renner. Sie wurde 1988 im ZDF als Weihnachtsserie ausgestrahlt. ⏲ Juni–Aug tgl. 10–17, Sep–Okt nur Do–So.

Akureyri Museum
Neben Alltags- und Einrichtungsgegenständen aus den vergangenen Jahrhunderten werden in dem kleinen Museum, Aðalstræti 58, ✆ 462 4162, 🖥 www.minjasafnid.is, uralte Landkarten und Kleidungsstücke der Präsidentin Vigdís Finnbogadóttir gezeigt. ⏲ Juni–Mitte Sep tgl. 10–17, Mitte Sep–Mai tgl. 13–16 Uhr.

Industriemuseum
Was hat eine alte Nähmaschine mit Schuhen zu tun? Beide stammen, wie die anderen Exponate hier, aus einer Produktionsstätte des 20. Jhs., Krókeyri, ✆ 462 3600. ⏲ im Sommer tgl. 10–17, im Winter Sa 14–16 Uhr, Eintritt 1000 ISK, Kinder unter 18 J. frei.

Motorradmuseum
Gepflegte Motorrad-Oldtimer auf über 800 m². Das Museum, Krókeyri 2, ✆ 462 3600, 🖥 www.motorhjolasafn.is, ist dem Onkel des Museumsgründers gewidmet: Heiðar Þ. Jónsson kam 2007 bei einem Motorradunfall ums Leben. ⏲ im Sommer tgl. 13–17, im Winter Sa 14–16 Uhr, Eintritt 1500 ISK.

Icelandic Aviation Museum
Auf über 2200 m² sind in einer großen Halle am Flughafen, ✆ 460 4400, 🖥 www.flugsafn.is, große und kleine Flugzeuge zu bewundern – die meisten mit den technischen Daten versehen. Vor allem Fans der Luftfahrt sind begeistert. ⏲ 1. Juni–30. Sep tgl. 11–17, im Winter 14–17 Uhr und nach Vereinbarung, Eintritt 1500 ISK, Kinder bis 12 J. frei.

ÜBERNACHTUNG

Gästehäuser und Hostels
Acco Accommodation Akureyri, ✆ 547 2226, 🖥 www.acco.is. Apartments und Fremdenzimmer in verschiedenen Gebäuden im Zentrum rund um den Rathausplatz: Skipagata 2, Skipagata 4 (Café Berlin), Brekkugata 3 (über dem T-Bone Steak House). ❸

Akureyri Backpackers, Hafnarstræti 98, ✆ 571 9050, 🖥 www.akureyribackpackers.com. Sehr einfache Zimmer für alle, die gern zentral mitten im Geschehen wohnen. Kostenlose Sauna, Gemeinschaftsküche, Schließfächer. Günstige Übernachtungsmöglichkeit in 4-, 6- und 8-Bett-Zimmern, Doppelzimmer preislich in der Norm. Frühstück und Federbett kosten extra. Einfaches, aber günstiges Restaurant im EG. Frühstück 1170 ISK. ❸

ÁS Guesthouse, Eyrarlandsvegur 33, ✆ 863 3247, 🖥 auf Facebook. Ein niedliches, in den Hang gebautes Haus mit Garten und Holzbalkonen in der Nähe des Botanischen Gartens. 4 Zimmer im OG, 2 davon können als Suite genutzt werden, eins hat ein eigenes

Bad. Im EG neben einem weiteren Zimmer ein Wohnzimmer und ein Gemeinschaftsbad. Keine Kochmöglichkeit. Es gibt Fahrräder zur Ausleihe. ❸–❹

€ **Hafnarstræti Hostel**, Hafnarstræti 99-101, ✆ 774 8855, 🖳 auf Facebook. Modernes Hotel im alten Haus in sehr zentraler Lage. Die Zukunft lässt grüßen: Geschlafen wird in Kapseln, blau ausgeleuchtet, etwas gruselig und wenig heimelig, aber mal was anderes. Einzelkapsel ab 55 €, Doppelkapsel ab 100 €. Frühstück inkl.

Hótel KEA, Hafnarstræti 87-89, ✆ 460 2000, 🖳 www.keahotels.is. Zentraler geht es kaum, denn das Hotel liegt direkt am Fuße der Treppe, die zur Kirche hinaufführt. Das hat Vor- und Nachteile, denn u. U. ist es vor allem am Wochenende etwas laut. Das Hotel ist schon etwas älter, dementsprechend sind die Zimmer okay, aber nicht hochmodern. ❼–❽

Icelandair Hotel Akureyri, Þingvallastræti 23, ✆ 444 4000, 🖳 www.icelandairhotels.com. Das sehr moderne, aber trotzdem gemütliche Hotel liegt oberhalb des Ortskerns noch hinter dem Schwimmbad. Gäste begeistern die modernen Bäder und das opulente Frühstücksbuffet sowie die Bar und das Essen im Restaurant. ❺–❼

Jugendherberge, Stórholt 1, ✆ 894 4299, 🖳 www.hihostels.com/de/hostels/akureyri. Komplett renovierte und mit 49 Schlafplätzen eher kleine Jugendherberge in Familienbesitz. Mit viel Charme, aber leider ein wenig außerhalb (15 Min. Fußweg zum Zentrum), aber dafür mit dem Supermarkt Bónus um die Ecke. Die Anzahl der Bäder und Toiletten ist sehr knapp kalkuliert. Frühstück in der nahe gelegenen Bäckerei. Schlafsackunterkunft ab 5000 ISK, ab Ende Aug günstiger (Sonderpreise für Mitglieder). ❸

Camping

Camping Þórunnarstræti, ✆ 462 3397, 🖳 www.hamrar.is. Stadtcampingplatz direkt hinter dem Schwimmbad. Autos sind eigentlich auf dem Gelände nicht erlaubt, nur zum Be- und Entladen darf man kurz auf den Platz fahren. Leider wird das aber nicht immer kontrolliert, sodass Reisende mit kleinen Zelten diese am besten so dicht an andere kleine Zelte stellen, dass keine Autos mehr dazwischen passen. Sonst stellt sich schnell das Gefühl ein, auf einem Parkplatz zu zelten. Die sanitären Anlagen sind so lala, WLAN gibt es nicht. 1500 ISK, Kinder unter 18 J. kostenlos, Strom 900 ISK, Duschen 300 ISK (5 Min.), Waschmaschine und Trockner je 400 ISK. 🕘 Juni–Mitte Sep.

Camping Hamrar við Kjarnaskóg, s. Karte S. 381, ✆ 461 2264, 🖳 www.hamrar.is. Der schönste der Campingplätze, aber nicht in der Stadt, sondern 5 km südlich des Zentrums (hinter dem Flughafen der Straße 821 folgen, dann rechts den Berg hinauf). Ein riesiger, in Einzelareale aufgeteilter Campingplatz mit Küche und Aufenthaltsraum, WLAN und

---

■ **ÜBERNACHTUNG**
① Jugendherberge (Akureyri HI Hostel)
② Icelandair Hotel Akureyri
③ Camping Þórunnarstræti
④ AS Guesthouse
⑤ Acco Accommodation (Café Berlin)
⑥ Hafnarstræti Hostel
⑦ Akureyri Backpackers
⑧ Hótel KEA

■ **ESSEN**
1 Greifinn
2 Bryggjan
3 Café Laut - Lystigarðinum
4 Brynja
5 Ísbúðin Akureyri
6 Krua Siam
7 Sjanghæ
8 T-Bone Steak House
9 Kaffi Ilmur
10 Strikið
11 Bláa Kannan Café
12 La Vita è Bella
13 Rub 23

■ **SONSTIGES**
1 Bónus
2 Hagkaup
3 Einkaufszentrum Glerártorg, Nettó
4 Into the Arctic
5 Einkaufszentrum Kaupangur
6 Apotheke
7 Krambúð
8 Bónus
9 Vínbúðin
10 Sjallinn
11 Elding Whale Watching
12 Café Amour
13 Bar R5
14 Icewear
15 Pósthúsabarinn
16 66 North
17 Ambassador Whale Watching
18 Linda Ola - Studio & Gallery
19 Pedromyndir Fotoladen
20 Apotheke
21 Götubarinn
22 Saga Travel Iceland
23 Eymundsson
24 North Iceland Marketing Office
25 Flóra

■ **TRANSPORT**
❶ Akureyri Rent a Car
❷ Bílaleiga Akureyrar/Europcar
❸ Haltestelle Strætó
❹ Haltestelle SBA Norðurleid

Spielplätzen. Viele Familien, daher nicht immer ruhig. Zwei Sanitärhäuschen mit Rollstuhlzugang, insgesamt mehr als 40 WCs, Duschen im Preis inbegriffen. Keine Supermärkte in der Nähe, keine Busanbindung. 1500 ISK, Kinder unter 18 J. kostenlos, Strom 900 ISK. ⏱ ganzjährig.

Camping Lónsá (Campingkarte), s. Karte S. 381, ✆ 462 5037, 🖥 www.tjalda.is/en/lonsa. Einfacher Campingplatz 3 km nördlich des Zentrums, in der Nähe der Ringstraße, Busreisende können hier aussteigen und nach Voranmeldung auch wieder einsteigen. Beheiztes Servicehäuschen, aber ohne Küche. Stromanschlüsse für Campervans. Abwaschbecken nur unter freiem Himmel. 1000 ISK, Kinder unter 16 J. kostenlos, Strom 500 ISK. ⏱ Juni–Mitte Sept.

ESSEN

Eisbude, Burrito-Take-away, Hotdog-Stand, Sushi-Express-Schnellimbiss, dazwischen Restaurants mit isländischer und internationaler Küche: In Akureyri muss niemand hungrig ins Bett.

Restaurants

€ **Akureyri Backpackers**, s. Übernachtung. Bar-Restaurant, über das die Meinungen auseinandergehen. Vergleichsweise günstig sind die Burger, Sandwiches und Suppen auf jeden Fall. Abends sitzt man aber meist nur bei einem oder mehreren Kaltgetränken beisammen. ⏱ tgl 7.30–23 Uhr.

Bryggjan, Strandgata 49 (am Hafen in der Nähe der Kreuzfahrtschiff-Anleger), ✆ 440 6600, 🖥 www.bryggjan.is. Auffälliges weißes Haus mit 3 Speisesälen, in denen 220 Leute Platz haben. Traditionelle isländische Küche, aber auch Pizza. Das Pizzabuffet zwischen 11 und 13.30 Uhr für 2000 ISK ist eine gute Lunch-Option. ⏱ So–Do 11.30–21, Fr, Sa 11.30–22 Uhr.

Greifinn, Glerárgata 20, ✆ 460 1600, 🖥 www.greifinn.is. Großes Restaurant an der Ausfallstraße, nahe der Jugendherberge, spezialisiert auf Pizza. ⏱ tgl. 11.30–23 Uhr.

Krua Siam, Strandgata 13, ✆ 466 3800, 🖥 www.kruasiam.is. Thailändisches Essen mit Lamm? Traditionell ist das nicht, aber den Leuten schmeckt's. Auch Lieferservice. ⏱ Mo–Fr 11.30–13.30 und 17–21.30, Sa, So 17–21.30 Uhr.

Blick von Westen auf die lutherische Akureyrarkirkja aus den 1940er-Jahren

© CAROLINE MICHEL

La Vita è Bella, Hafnarstræti 92, ✆ 461 5858, 🖥 www.lavitaebella.is. Pasta, Pizza, Risotto, Salat, Fisch. Klassischer Italiener in zentrumsnaher Bestlage. 🕐 tgl. 18–22 Uhr.

Rub 23, Kaupvangsstræti 6, ✆ 462 2223, 🖥 www.rub23.is. Das wohl meistbeworbene Restaurant Akureyris. Im oft gerappelt vollen roten Haus an der Straße zwischen Kirche und Hafen gibt es Fisch, Fisch und Fisch (auch – sehr beliebt und lecker – als Sushi) und einige Fleischgerichte. 🕐 Mo–Do 11.30–14 und 17.30–22, Fr 17.30–22, Sa 17.30–23 Uhr.

Sjanghæ, Strandgata 7, ✆ 562 6888, 🖥 www.sjanghae.is. Ein Chinatempel, wie er auch in einer deutschen Stadt stehen könnte. Besonders beliebt ist das Mittagsbuffet. Alle Gerichte auch zum Mitnehmen. 🕐 tgl. 11.30–22 Uhr.

Strikið, Skipagata 14, ✆ 462 7100, 🖥 www.strikid.is. Ein Restaurant im Zentrum mit Aussicht über die Skyline von Akureyri. Das exklusive, im wahrsten Sinne „abgehobene" Strikið liegt im 5. Stock und hat eine hübsche Außenterrasse mit Korbsesseln. Neben Fisch und Lamm gibt's auch Papageitaucher, Wal und Rentier auf der Speisekarte. Ob das gegessen werden muss, überlassen wir dem Gewissen jedes Einzelnen. 🕐 Mo–Fr 11.30–21.30, Fr, Sa 11.30–23 Uhr.

T-Bone Steak House, Brekkugata 3, ✆ 469 4020, 🖥 www.tbone.is. Wie der Name erwarten lässt, steht viel Fleisch auf der Karte, aber es gibt auch ein Fischgericht. Veggies müssen hungern oder Bier trinken. Eher gehobene Preisklasse, dafür gemütliches Ambiente. Draußen stehen einige Bistrostühle. 🕐 tgl. 11.30–14 und 17–22 Uhr.

Cafés und Eisdielen

Bláa Kannan Cafe (früher Café Paris), Hafnarstræti 96, ✆ 461 4600. Das liebevoll dekorierte Café im auffälligen blauen Haus bietet Snacks, Sandwiches, aber auch richtige Mahlzeiten und ein phänomenales Kuchenbuffet. Der Kuchen namens Sara ist ein Traum in Schoko. 🕐 im Sommer 8.30–23.30 Uhr, im Winter erst ab 9, an den Wochenenden ab 10 Uhr.

Café Laut, Spítalavegur 21, ✆ 461 4601, 🖥 auf Facebook. Auch ein auffälliges Haus, aber ganz anders als die in der Altstadt: Das hochmoderne Café-Gebäude mit holzdurchzogener Glasfront und toller Außenterrasse liegt mitten im Botanischen Garten. Aufgetischt werden neben Kaffee und Kuchen auch Suppen, Salate und andere Kleinigkeiten. 🕐 tgl. 10–20 Uhr.

Kaffi Ilmur, Hafnarstræti 107b, ✆ 862 4258, 🖥 www.kaffiilmur.is. Das große gelbe Haus ist eines der ältesten Gebäude Akureyris. Serviert werden Kaffee und Kuchen. Es gibt auch Suppe und eine gute Salatbar, außerdem ein Mittagsbuffet. 🕐 Mo–So 8–23 Uhr.

Eisdielen

Wer das sehr süße isländische Speiseeis zu schätzen weiß, das meist mit Schokohaube und allerlei noch süßeren Zuckerstreusel-Toppings genossen wird, wird in der **Ísbúðin Akureyri**, Geislagata 10, und im Softeistempel **Brynja**, Aðalstræti 3, fündig.

UNTERHALTUNG

Wer mal wieder Lust hat, zu feiern und zu tanzen, der nutze hier die Gunst der Stunde. Am Kreisverkehr beim Rathaus findet man die beliebte Bar R5 und direkt auf der anderen Straßenseite das Café Amour. Konzerte und Partys finden regelmäßig in einigen Bars und Clubs statt, die nur an den Wochenenden geöffnet haben.

Bar R5, Ráðhústorg 5, ✆ 462 1400, 🖥 www.r5.is. Mit großer Bierauswahl. 🕐 So–Do 17–1, Fr 15–3, Sa 17–3 Uhr.

Café Amour, Ráðhústorg 9, ✆ 461 3030, 🖥 auf Facebook. Mit Livemusik und Disco, auf isländisch Diskó. Happy Hour tgl. 18–21 Uhr. 🕐 So–Do 18–1, Fr 18–4, Sa 13–4 Uhr.

Götubarinn, Hafnarstræti 96, ✆ 462 4747, 🖥 gotubarinn.is. Eher eine Bar als ein Club. Wenn der Pianomann loslegt, artet das auch schon mal in fröhliches Rudelsingen aus. 🕐 Do–Sa 17–4 Uhr.

Pósthúsbarinn, Skipagata 10, ✆ 866 6186 und 896 3093, 🖥 auf Facebook. Disco mit wechselnden DJs und Konzerten, oft unter einem Sternenzelt aus dem Beamer. 🕐 Fr, Sa 23–4 Uhr.

Sjallinn, Geislagata 14, ✆ 897 7070, 🖥 www.sjallinn.is. In dem Szeneclub trat sogar schon die Popikone Páll Óskar auf. 🕐 nach Bedarf.

EINKAUFEN

Im Norden der Stadt steht das große **Einkaufszentrum Glerártorg** mit dem Supermarkt Nettó, dem Schnellimbiss Subway und einer Eisdiele mit leckerem Soft- und Kugeleis. Zudem gibt es ein Sportgeschäft, Handyläden, ein Reformhaus und den Technikmarkt Tölvulistinn. Die komplette Liste der Läden unter 🖥 www.glerartorg.is/en/shops–services/services.

Bücher
Eymundsson, Hafnarstræti 91-93, 📞 540 2180. Buchhandlung mit Café und WLAN. 🕐 Mo–Fr 9–22, Sa, So 10–22 Uhr.

Kleidung
Wer teure Outdoorklamotten mag, wird sich bei **Icewear**, Hafnarstræti 106, und **66 North**, Skipagata 9, die Nasen plattdrücken.

Lebensmittel und Alkohol
Der große **Bónus**, Langholt 1, 🖥 www.bonus.is, liegt nicht im Zentrum, sondern ein ganzes Stück weiter nördlich nahe der Jugendherberge. Eine weitere Filiale befindet sich in der Kjarnagata 2, südlich des Zentrums. 🕐 Mo–Do 11–18.30, Fr 10–19.30, Sa 10–18, So 12–18 Uhr.
Hagkaup, Grenivellir 26. Kaufhaus. 🕐 tgl. 8–24 Uhr.
Wer in der City Grundnahrungsmittel kaufen will, geht zur **Krambúð** beim Campingplatz: Krambúð/Samkaup Strax, Byggðavegur 98, 🕐 Mo–Fr 9–23, Sa, So 10–23 Uhr.
Wer spät (oder früh) dran ist, nutzt die 24-Std.-Filiale an der Borgarbraut.
Nettó, Hrísalundur 5, weitere Filiale im Westen der Stadt. 🕐 tgl. 10–21 Uhr.
Vínbúðin, Hólabraut 16, 🕐 Mo–Do 11–18, Fr 11–19, Sa 11–18 Uhr.

Souvenirs
Neben den üblichen 08/15-Souvenirshops erfreut die entzückende Boutique **Flóra** in der Hafnarstræti 90 mit ausgefallenen Mitbringseln.
Freunde von Blumengemälden und handgefertigten Schmuckstückchen werden im **Linda Ola - Studio & Gallery**, Hafnarstræti 97, fündig.

AKTIVITÄTEN UND TOUREN

Rundflüge
Myflug, am Flughafen, 📞 464 4400, 🖥 www.myflug.is. Rundflüge z. B. nach Grímsey und zum Polarkreis, über das Mývatn-Gebiet oder bis zum Vatnajökull.

Schlittschuhlaufen
In der **Eishalle Skautahöllin** am südlichen Ortsrand, 📞 461 2440, 🖥 www.sasport.is, 🕐 Sep–Mai Fr 13–16, 19–21, Sa, So 13–16 Uhr, Eintritt 800 ISK, Kinder (6–16 J.) 600 ISK.

Schwimmen
Schwimmbad, Þingvallastræti 21 (zwischen Kirche und Campingplatz gelegen), 📞 461 4455. Familien rutschen händchenhaltend nebeneinander auf der breiten Rutsche, müde Wanderer liegen im warmen Liegebecken mit dem künstlichen kleinen Wasserfall (für die entspannende Nackenmassage), Sportbegeisterte ziehen in den beiden großen Außenschwimmbecken ihre Bahnen. Die restlichen Badegäste verteilen sich auf die unterschiedlich warmen Hot Pots. 🕐 Mo–Fr 6.45–21, Sa, So 9–18.30 Uhr.

Skifahren
Das **Skigebiet Hlíðarfjall**, 📞 462 2280, 🖥 www.hlidarfjall.is, mit 8 Skiliften und 5 Langlaufloipen (1,2 bis 10 km) ist eines der größten Skigebiete Islands. Die Abendfahrten im Flutlicht sollen spektakulär sein. Es gibt eine Ski- und Snowboardschule für Kinder (5–12 J.) und einen Skiverleih. Die Tickets für die Lifte sind etwas teurer als anderswo, sie starten bei 1050 ISK für eine Fahrt, über 4900 ISK für den Tagespass bis zum 8-Tage-Pass für 25 800 ISK (kein Refund, wenn es keinen Schnee gibt). Saison ist meist von Weihnachten bis Ostern, die Lifte fahren unterschiedlich lang, Kernzeit ist meist 10–16 Uhr, bitte aktuelle Infos und Zeiten auf der Website checken. Es gab in den letzten Jahren einen Skibus, der 3x tgl. (aber nicht an jedem Tag) durch die Stadt und dann hoch zum Hlíðarfjall fuhr – nicht unwichtig, da die Talstation des Skigebiets 490 m hoch liegt, zu Fuß dauert das.

Touren mit Bus oder Super-Jeep
North Travel, ℡ 566 4000, 🖥 www.northtravel.is. 3-tägige Super-Jeep-Tour Askja–Kverkfjöll–Holohraun, Juli–Aug Mo um 8.05 Uhr ab Akureyri. 58 500 ISK zzgl. Übernachtung (Hütte 7500 ␣. P. und Nacht, Camping 1800 ISK).
SBA–Norðurleið, ℡ 550 0700, 🖥 www.sba.is. Ausflugstouren mit großen Bussen, z. B. Akureyri–Mývatn–Dettifoss–Ásbyrgi–Húsavík–Akureyri, 10-std. Tagestour Abfahrt Mitte Juni–Aug um 7.50 Uhr ab der Haltestelle Oddeyrarbót. 22 500 ISK p. P.

Walbeobachtungen
Anders als etwa in Húsavík ist im Eyjafjord die See meist ruhig. Wer schnell seekrank wird, ist daher mit einem Start von Akureyri aus gut beraten. Los geht's am Hafen.
Elding, Oddeyrarbót 2, ℡ 497 1000, 🖥 www.elding.is, fährt direkt beim Kulturzentrum Hof ab. Touren im Juni–Aug bis zu 16x tgl., 3 Std. für 10 990 ISK, Teenager (7–15 J.) 5595 ISK, kleinere Kinder kostenlos. Vom Flughafen und von vielen Gästehäusern kann man sich für 2200 ISK p. P. abholen lassen. ⏰ Mitte Mai–Mitte Aug (manchmal auch länger).
Ambassador, Torfunefsbryggja, ℡ 462 6800, 🖥 www.ambassador.is, Abfahrt etwa 200 m weiter südlich. Tour mit dem Speedboat, 2 Std. für 14 990 ISK, Teenager (10–15 J.) 9990 ISK, kleinere Kinder kostenlos. ⏰ Mai–Okt.

SONSTIGES

Autovermietungen
Am Flughafen sind die großen internationalen Namen zu finden:
Hertz/Icelandair Car Rental, ℡ 461 1005, **Budget**, ℡ 660 0629 und **Avis**, ℡ 824 4010, und **Europcar/Bílaleiga Akureyrar**, ℡ 461 6000. Innerstädtisch findet man eine weitere Niederlassung von **Bílaleiga Akureyrar/Europcar**, Tryggvabraut 12, ℡ 461 6000, und **Akureyri Rent a car**, Tryggvabraut 22, ℡ 862 5131.

Feste
In Akureyri wird oft und gerne gefeiert. Meist draußen und umsonst. Aber es gibt auch einige sehr beliebte Groß-Events:

Iceland Winter Games, März, 🖥 www.icelandwintergames.com: Eine Woche voller Ski- und Snowboardwettkämpfe im Hlíðarfjall-Skigebiet.
Akureyri Food Festival, Ende Sep–Anfang Okt: Essen satt. Die eigentliche Messe findet im Sportzentrum (Skólastígur, am Schwimmbad) statt, aber so gut wie alle Firmen, die im weitesten Sinne mit Nahrung zu tun haben, machen mit und verwandeln die Stadt in ein Schlemmermekka. Einige Restaurants haben Motto-Speisekarten, es gibt geführte Touren, Kochkurse, Kochwettbewerbe und Schau-Koch-Veranstaltungen. Einige Molkereien und fischverarbeitenden Betriebe öffnen ihre Türen.
Iceland Airwaves, Okt/Nov: Das Musikfestival, seit vielen Jahren Publikumsmagnet in Reykjavík, wird entzerrt und nach Akureyri ausgedehnt. 2017 fanden erstmals zeitgleich Konzerte in den Clubs von Reykjavík und Akureyri statt. Ermöglicht wird das durch die Sponsoren Icelandair und Air Iceland.
Weitere Feste sind das **Donald-Duck-Skirennen** für Kinder im April, die **Arctic Open** für Golfer im Juni und das Familienfest **Ein með öllu** („mit allen") am sogenannten Kaufmannswochenende Anfang Aug.

Geld
Alle Banken haben Filialen im Zentrum, weitere **Geldautomaten** stehen im Konferenzzentrum am Hafen und im Einkaufszentrum Glerártorg. Die **Landsbankinn**, Strandgata 1, hat einen Western-Union-Service. ⏰ alle i. d. R. Mo–Fr 9–18 Uhr.

Informationen
Kultur- und Konferenzzentrum/Menningarhús Hof, Strandgata 12, ℡ 450 1050, 🖥 www.visitakureyri.is. Offizielle Touristeninformation im imposanten Bau, mit kompetenter Beratung, kostenlosem WLAN, Souvenirshop und Bibliothek. ⏰ Mo–Fr 8–16 Uhr.
North Iceland Marketing Office, Hafnarstræti, ℡ 462 3300, 🖥 www.northiceland.is, ⏰ Mo–Fr 8–16 Uhr.
Saga Travel Iceland, Kaupvangsstræti, ℡ 558 8888, 🖥 www.sagatravel.is. Eigentlich

ein Reisebüro, aber hier finden Rat- und Inspirationssuchende eine ganze Regalwand voller Flyer, und das freundliche Personal ist auch Menschen behilflich, die nichts bei ihnen buchen. ⏰ Mo–Fr 8–18, Sa, So 11–15 Uhr.

Medizinische Hilfe
Krankenhaus, Eyrarlandsvegur, ✆ 463 0100, 🖥 www.sak.is, ⏰ durchgehend.

Apotheken
Akureyrarapótek, Kaupangur, Mýrarvegur, ✆ 460 9999, ⏰ Mo–Fr 9–18, Sa 10–16, So 12–16 Uhr.
Apótekarinn, Hafnarstræti 95, ✆ 460 3452, ⏰ Mo–Fr 9–17.30 Uhr.
Apótek Hagkaups, Furuvellir 17, im Supermarkt Haugkaup, ✆ 461 3920, ⏰ Mo–Fr 9–18, Sa 10–16 Uhr.
Lyf og heilsa, Glerártorg, ✆ 461 5800, ⏰ Mo–Fr 10–18.30, Sa 10–17, So 13–17 Uhr.

NAHVERKEHR

Auto
Wer nicht gerade einen Großeinkauf machen will, braucht in Akureyri kein Auto. Die erlaubte Parkzeit beträgt maximal 15 Min., auf den größeren Parkplätzen (z. B. gegenüber dem Menningarhús Hof am Busbahnhof) darf man bis zu 2 Std. kostenfrei stehen. Zeitüberschreitungen werden peinlich genau überwacht und mit Strafzetteln quittiert. Wer keine Parkscheibe hat, sollte sich bei der Einfahrt in die City an einer der Tankstellen eine besorgen. Parkscheibenfreie Parkplätze gibt es am Hafen.

Busse
Es gibt einige kostenlose **Stadtbusse**, die allerdings auf die Bedürfnisse der Einwohner abgestimmt sind. Stoßzeit ist morgens zwischen 6 und 7 Uhr, tagsüber fahren die Busse meist stündlich, und spätestens um 18.30 Uhr ist Schluss. Am Wochenende verkehren die Busse nicht. Eine Ausnahme ist die **Linie 6**, die vom Busbahnhof Miðbær aus rund um die Stadt fährt und dort wieder endet, auch abends und am Wochenende zwischen 12 und 18 Uhr, tagsüber meist jede halbe Stunde. **Karten und Abfahrtszeiten** auf der Website von Strætó, 🖥 www.straeto.is.

Taxis
Taxis der Firma **BSO**, ✆ 461 1010, stehen am Flughafen und Hafen. Angeboten werden auch Touren zu den nahe gelegenen Sehenswürdigkeiten Mývatn und Goðafoss. Nicht billig, aber für Spontanreisende mit etwas dickerem Geldbeutel durchaus eine Option.

TRANSPORT

Auto
Die Ringstraße führt von Nord nach Süd durch die Stadt. Fast alle Sehenswürdigkeiten befinden sich rechts und links davon.

Busse
Akureyri wird von verschiedenen Busgesellschaften angefahren. Die Haltestelle des ganzjährig operierenden Unternehmens **Strætó** befindet sich am Parkplatz vor dem Kulturzentrum Menningarhús Hof an der Strandgata, die Haltestelle von **SBA-Norðurleið** ca. 100 m südlich der Strætó-Haltestelle in der Oddeyrarbrót 2 (in der Nähe der Eldey Whale Watching Station). Die Busse von SBA-Norðurleið fahren aber nur Ende Juni–Anfang Sep. Es gelten die **Buspässe** von Reykjavik Excursions.

Nach Süden
REYKJAVÍK, mit Strætó-Linie 57 ganzjährig um 10.15 und 16.20 Uhr (im Winter Sa nur um 16.20) in ca. 6 1/2 Std. für 10 120 ISK (22 Zonen).
Über die **Kjölur-Hochlandroute** nach Reykjavík geht es mit SBA-Norðurleið-Linie 610/610a im Sommer tgl. um 8 Uhr in ca. 10 1/2 Std. für 17 900 ISK.

Nach Norden
SIGLUFJÖRÐUR, mit Strætó-Bus 78 über DALVÍK und ÓLAFSFJÖRÐUR Mo–Fr 8.15, 13.15 und 16.30, So nur um 15.40 Uhr, Sa keine Verbindung, in ca. 70 Min. für 2760 ISK (6 Zonen).

Nach Osten
EGILSSTAÐIR, Strætó-Bus 57 aus Reykjavík (Ankunftszeit 15.29 Uhr) fährt als Linie 56 um 15.35 Uhr entlang der Ringstraße über LAUGAR und MÝVATN, im Winter nur Mo, Di, Fr, So, in ca. 3 1/2 Std. für 8280 ISK (18 Zonen), nach MÝVATN ca. 1 1/2 Std., 2760 ISK (6 Zonen).
HÖFN, im Juli–Aug unterhält SBA Norðurleið eine Direktverbindung. Der Bus startet tgl. um 8 Uhr und fährt bis EGILSSTAÐIR (ca. 5 Std., 10 100 ISK) über die Ringstraße, dann weiter über die Ostfjorde nach Höfn in 9 1/2 Std. für 20 000 ISK.
HÚSAVÍK, mit Stætó-Bus 79 Mo–Fr 8.21, 14.54 und 18, Sa 15.40, So 9.21 und 19.27 Uhr in ca. 1 1/2 Std. für 2640 ISK (6 Zonen).
ÞÓRSHÖFN, mit dem Strætó-Bus bis HÚSAVÍK Mo–Fr um 8.21 und So um 9.21 Uhr für 7140 ISK (17 Zonen). Der Bus fährt im Sommer 1x tgl. über ÁSBYRGI und KOPASKER weiter bis nach Þórshöfn. Gesamtfahrtzeit 4 1/2 Std.

Weitere Ziele
DETTIFOSS, während die Ringstraßenbusse den Wasserfall Dettifoss nicht anfahren, sondern nur an der Kreuzung Ringstraße/Straße 862 Fahrgäste aufnehmen bzw. absetzen (Entfernung zum Dettifoss noch ca. 20 km), brachte **SBA–Norðurleiðs 641** Ausflügler noch im Jahr 2017 über Goðafoss, Húsavík, Ásbyrgi und Vesturdalur zum Wasserfall und nach 1 Std. Aufenthalt auf der gleichen Strecke wieder zurück. Seit 2018 ist diese Tour nur noch als Tagesausflug buchbar. Ein Ein- und Ausstieg unterwegs ist nicht mehr möglich!

Flüge
Der **Flughafen** von Akureyri befindet sich etwa 3 km südlich der Stadt, eine Stadtbusanbindung war zum Zeitpunkt der Recherche in Planung
KEFLAVÍK Internationaler Flughafen, mit Air Iceland Connect als Anschlussflüge zu den Icelandair-Flügen aus/nach Europa. Im Winter Mo, Mi, Do, Fr, So um 4.30 Uhr (Anschluss an die Icelandair-Morgenflüge nach Europa). Zurück ab Keflavík um 17.15 Uhr (Anschluss an die Icelandair-Flüge aus Europa).

Im Sommer seltener (2x wöchentl.) und andere Zeiten.
REYKJAVÍK Stadtflughafen (RVK), mit **Air Iceland Connect**, ✆ 460 7000, 🖳 www.airicelandconnect.com, 3–5x tgl. in 45 Min. für 120–160 €.
VOPNAFJÖRÐUR (VPN) und ÞÓRSHÖFN (THO) mit Norlandair Mo–Fr 1x tgl. mit kleinen Maschinen in 2 bzw. 3 Std. für rund 50 €. Der Anschluss an die Flieger von und nach Reykjavík funktioniert gut. Auch diese Flüge werden über Air Iceland Connect gebucht. Bitte aktuelle Zeiten auf der Website der Airline checken.

Eyjafjarðarsveit

Die weite Ebene am südlichen Ende des Eyjafjords ist landwirtschaftlich geprägt. Touristisch interessant ist neben den beiden ungewöhnlichen Museen die schnörkelige rote Kirche in **Grund**, die Grundarkirkja, deren Bau im Jahr 1905 von einem einzigen wohlhabenden Bauern finanziert worden sein soll. Die einzige nennenswerte Ortschaft heißt **Hrafnagil**. Hier gibt es ein großes Freibad und einen Campingplatz.

Weihnachtshaus und Wunschbrunnen
„In Island gibt es dreizehn Weihnachtsmänner", das weiß man als gut vorbereiteter Tourist (wenn nicht, schnell auf S. 422 nachlesen). Aber kennt man auch deren Mutter Grýla und deren Vater Leppalúði? Falls nicht, kann man das im **Jólahús**, Sveinsbær, Hrafnagil, an der Straße 821, ✆ 463 1433, schnell nachholen. Hier werden die Tage bis Weihnachten runtergezählt – bei passender Musik, die aus einem Lautsprecher irgendwo in den Bäumen kommt. Ein rotes, überdimensionales Lebkuchenhaus macht den Eindruck einer Parallelwelt dann perfekt. Benedikt Ingi Grétarsson, der Besitzer, ist meist selbst vor Ort und plaudert aus dem Nähkästchen. Für die Ausstellungs- und Verkaufsräume mit allerlei Schnickschnack wird kein Eintritt erhoben. ⏲ Weihnachtsgarten Juni–Aug 10–21, Sep–Dez 14–21, Jan–Mai 14–18 Uhr, Laden Bakgarður („Tante Grethe") Juni–Aug 10–18, Sep–Mai 14–18 Uhr.

Direkt neben dem Weihnachtshaus versteckt sich zwischen all dem lustigen Glöckchengeklingel ein Kunstwerk mit tiefem Sinn: Der **Wunschbrunnen**, ein Mosaik der Künstlerin Heiðdís Pétursdóttir. Er dient dazu, noch ungeborenen Kindern gute Wünsche für ihren Lebensweg mitzugeben. Passenderweise direkt daneben: ein angemalter Baum mit an den Astenden befestigten Sternen. Je nach Interpretation ein Sinnbild für die Verästelungen des Lebens oder den Weg der Sterne zu unserem tiefsten Inneren. Ob es eine spirituelle Verbindung der Sterne zum Weihnachtshaus gibt? Das herauszufinden, bleibt der Fantasie der Besucher überlassen.

Smámunasafn Sverris Hermannssonar (Museum der tausend Kleinigkeiten)

Gesamtkunstwerk oder Müll? Sverrir Hermannsson, einer der bedeutendsten Restauratoren Akureyris, hatte einen ausgeprägten Sammelzwang. Er sammelte und archivierte alles, von Plastikkugelschreibern über Schraubenzieher bis hin zu Haustürschlüsseln. Davon sind Hunderte – alte, neue und mittelalte – im Museum, Sólgarður, an der 821, zu bewundern, ✆ 863 1246 und 463 1261, 🖳 www.esveit.is/smamunasafnid. Genauso wie der andere nutzlose Kram, den das Museum von Sverrir (der 2008 verstarb) übernommen hat. Ohne erklärenden Kommentar liegt der ganze Trödel da, und das ist zugegebenermaßen ein wenig befremdlich, andererseits aber auch so schräg, dass es schon wieder gut ist. Denn der Sammler machte keinen Unterschied zwischen wertvollen und wertlosen Dingen: Für ihn hatte jeder Gegenstand seinen ganz eigenen Wert. „In Wirklichkeit existieren auf der Welt keine zwei Sachen, die genau gleich sind". So gesehen ist dieser Ort ein philosophisches Museum, das zum Nachdenken über Verschwendung und Gedankenlosigkeit anregt. Aber es ist auch ein lebendiger Teil von Akureyris Stadtgeschichte, denn Sverrir hatte es sich angewöhnt, von jedem Haus, bevor er es restaurierte, ein Stück Holz aufzubewahren und einige Original-Nägel einzuschlagen. Unbedingt den alten Schwarz-Weiß-Film über Sverrir ansehen, der im Hinterzimmer gezeigt wird! Der ist zwar auf Isländisch, aber wen stört das schon in einem – zumindest vordergründig – sinnlosen Museum?
🕐 Mitte Mai–Mitte Sep tgl. 11–17 Uhr, Eintritt 1000 ISK.

ÜBERNACHTUNG

Great View Guesthouse, Jódísarstaðir 4, ✆ 898 3306. Gästehaus auf dem Land bei kinderfreundlichen Gastgebern. Mit kleinem Hot Pot, Gemeinschaftsküche, Kinderspielplatz und umfangreichem Frühstücksbuffet. Aussicht in die Berge oder weiter Blick ins Tal. ❸
Hrafnagil Camping, Hrafnagilsskóla, ✆ 464 8140, 🖳 www.tjalda.is/en/hrafnagil. Mitten im Ort, zwischen Schule und Schwimmbad, mit Waschmaschine. 1200 ISK für die 1. Nacht, 800 ISK für jede weitere, Kinder unter 15 J. kostenlos, Strom 700 ISK. Zzgl. 111 ISK Übernachtungssteuer pro Zelt/Camper. 🕐 Juni–Sep.
Silva Holiday Home, Syðra-Laugaland Efra, ✆ 851 1360, 🖳 www.silva.is. 2 kleine Wellblech Sommerhäuser und ein größeres mit 2 Schlafzimmern. Alle Cottages haben Fußbodenheizung, eine kleine Küche, eine geschützte Veranda und eine schöne Aussicht. Den Hot Pot mit Talblick nutzen alle Gäste gemeinschaftlich. Ab 230 €.

Uppsalir Guesthouse, Uppsalir 1, ✆ 857 1589, 🖳 www.uppsalir.net. Familiengeführtes Kleinst-Gästehaus (max. 10 Gäste) mit Aufenthaltsraum und Gemeinschaftsküche. Geschmackvoll eingerichtete Zimmer, wahlweise mit Berg- oder Talblick. Es gibt Schafe, Hunde, Katzen und Pferde. Wer will, kann einen Ausritt buchen oder einfach am Alltag auf einem Bauernhof teilhaben. ❷–❸

ESSEN

Holtsel, an der Straße 824, aber die Straße 821 ist fast noch in Sichtweite, ✆ 861 2859, 🖳 www.holtsel.is. Ein Bauernhof, auf dem Speiseeis produziert wird, das schon viele Preise eingeheimst hat. Wer nett fragt, darf probieren.
Kaffi Kú, Garður, ca. 10 km südlich von Akureyri an der Straße 829, ✆ 867 3826, 🖳 www.kaffiku.is. Cafés in, über, bei und neben

Kuhställen gibt es in Island einige – das Kuh-Café hier behauptet aber, über dem größten und modernsten Kuhstall des ganzen Landes zu liegen. Die Sitzplätze befinden sich in einer Art Wintergarten direkt unter dem Dach des Hightech-Stalls. Es gibt Kaffee und Waffeln, aber z. B. auch Gulaschsuppe. Fleischverkauf. ⏲ tgl. 10–18 Uhr.

Lamb Inn, Öngulsstaðir III, ✆ 463 1500, 🖥 www.lambinn.is. Die Spezialität? Lamm, so viel man will, natürlich! Ein 6-Zimmer-Gästehaus (mit Hot Pot mit toller Aussicht) gehört dazu. ⏲ Mai–Sep tgl., die genauen Öffnungszeiten am besten telefonisch erfragen.

🌳 **Silva**, s. Übernachtung. Kleines veganer- und vegetarierfreundliches Restaurant, allerdings außerhalb der Saison (Juni–Aug) oft nur für Übernachtungsgäste oder auf Vorbestellung geöffnet. Im Winter kann man jeden 2. Fr in der Zeit von 18–20 Uhr Glück haben. Aktuelle Termine auf der Internetseite. ⏲ tgl. 17–21 Uhr.

AKTIVITÄTEN UND TOUREN

Reiten
Reittouren ins Tal und in die Berge bieten die Besitzer des Uppsalir Guesthouse (s. Übernachtung), 1 oder 2 Std. für 7500 ISK bzw. 12 000 ISK.

Schwimmen
In **Hrafnagil**, an der Straße 821, ✆ 464 8140. Behindertengerechtes Schwimmbad mit einer riesigen Rutsche direkt an der Schule. ⏲ Mo–Fr 6.30–21, Sa, So 10–17 Uhr.

SONSTIGES

Alles muss in Akureyri besorgt werden – es gibt keine Einkaufsmöglichkeit.

TRANSPORT

Auto
Am Südrand von Akureyri, wo die Ringstraße die Brücke über den Fjord nimmt, zweigen die kleinen Straßen 821 (Westseite) und 829 (Ostseite) ab. Hrafnagil liegt an der 821, es gibt dort aber eine Brücke zur 829.
Am äußersten Talende vereinigen sich die beiden Straßen wieder, um kurz hinter der Abzweigung nach Leynishólar zur F821 zu werden, zum nördlichen Zubringer der **Sprengisandur-Hochlandpiste F26** (S. 584). Reisende ohne Allradfahrzeuge müssen hier umdrehen.

Busse
Busreisende haben Pech gehabt, denn es fahren keine Linienbusse ins Tal.

HAFRAGILSFOSS UND DIE SCHLUCHT JÖKULSÁRGLJÚFUR; © CAROLINE MICHEL

Nordosten und Diamond Circle

Aktive Vulkane, rauschende Wasserfälle, rot schimmernde Berge, faszinierende Schluchten und das nicht weniger beeindruckende Ödland dazwischen buhlen um die Gunst der Besucher. Als hätte die Natur sie nur erschaffen, um sie in einem Wettkampf gegeneinander antreten zu lassen. Der sogenannte Diamond Circle kann es durchaus mit seinem südlichen Konkurrenten, dem Golden Circle, aufnehmen.

Stefan Loose Traveltipps

Aldeyjarfoss Der Wasserfall an der Grenze zum Hochland ist ein Traum in Basalt. S. 402

8 Húsavík Trotz oft rauer See der beliebteste Ausgangspunkt für Walbeobachtungsfahrten. S. 405

9 Ásbyrgi und Dettifoss Die hufeisenförmige Schlucht und der wasserreiche Dettifoss sind die touristischen Highlights der Region. S. 410

10 Mývatn Rund um den See lockt eine vielfältige Natur. S. 416

Mývatn Nature Baths Die Alternative zur Blauen Lagune. S. 419

Raufarhöfn Spaziergang zum nördlichsten Leuchtturm Islands. S. 430

Bakkafjörður Bleiben, wo sich Fuchs und Wal gute Nacht sagen. S. 436

KÜSTE NÖRDLICH VON HÚSAVÍK, © STEPHAN ROBERTZ

BAKKAFJÖRÐUR, © CAROLINE MICHEL

Wann fahren? Der Dettifoss ist nur in den Sommermonaten zugänglich; Sparfüchse und Hardcore-Einsamkeitssucher kommen trotzdem außerhalb der Saison.

Wie lange? Wer nur einen Tag zur Verfügung hat, bleibt auf der Ringstraße und macht einen kurzen Abstecher zum Dettifoss.

Für Entdecker Der Canyon Jökulsárgljúfur – natürliche Felsbrücken, Schluchten, skurrile Basaltformationen und Wasserfälle, die noch in keinem Reiseführer stehen.

Abseits ausgetretener Pfade Noch einsamer als einsam: der Leuchtturm von Bakkafjörður

Nordosten und Diamond Circle

ÜBERNACHTUNG
① Húsey Hostel
② Möðrudalur Camping & Cottages
③ Guesthouse Skjöldólfsstaðir

Nach der eher beschaulichen Reise durch den Nordwesten werden Reisende im Nordosten mit Top-Sehenswürdigkeiten beglückt, wie es sie so nur in Island gibt. Im **Goðafoss** wurden einst Götterbilder versenkt, der **Dettifoss** ist einer der wasserreichsten Wasserfälle Europas und die **Jökulsárgljúfur** (Gletscherflussschlucht) wurde durch scharfes Lavagestein, das von Wassermassen mitgerissen wurde, förmlich in den Boden gefräst. Rund um den See **Mývatn** lockt ein nicht im übertragenen Sinne buntes Sammelsurium aus von Vulkanen geschaffenen Naturdenkmälern. Der aktive Vulkan **Krafla**, die Krater **Víti** und **Hverfjall**, das Hochtemperaturgebiet bei **Námaskarð**, die aus der Fernsehserie *Game of Thrones* bekannte warme Badehöhle **Grótagjá**, das **Dimmuborgir** genannte Labyrinth aus Lava, in dem die 13 isländischen Weihnachtsmänner die Sommermonate verbringen sollen, und, und, und. Wer sich nach so vielen Sensationen nach etwas Ruhe sehnt, ist in den kleinen Örtchen **Kópasker**, **Raufarhöfn**, **Þórshöfn**, **Bakkagerði** und **Vopnafjörður** ganz im Nordosten Islands goldrichtig. Nur wenige Kilometer südlich des Polarkreises erwartet Reisende hier eine – verglichen mit dem, was sie in anderen Teilen Islands geboten bekommen – wenig aufregende, eher flache Landschaft, deren Erkundung Zeit kostet. Der Reiz dieser Region verbirgt sich im Detail. Wer „nur mal eben" schauen will, wie es hier so aussieht, wird ihn nicht erfassen können. Wanderfreunde und Liebhaber von liebevoll umgesetzten kleinen Kunstprojekten dagegen kommen auf ihre Kosten. Und wo man keine Sehenswürdigkeiten hat, da baut man eben welche: Der Steinkreis **Arctic Henge** ist die moderne Version des archaischen Stonehenge.

Eyjafjörður (Ostufer) und Vaglaskógur

„Zwischen Akureyri und dem Goðafoss gibt es nichts von touristischem Wert", sagen einige beim schnellen Blick auf die Landkarte. Und sie haben gar nicht so unrecht: Wer wenig Zeit hat und nur möglichst schnell möglichst viele der Hauptattraktionen Islands abklappern will, dem sei angeraten, dieses Gebiet einfach ohne anzuhalten auf der Ringstraße zu durchqueren. Er verpasst in nördlicher Richtung das **Freilichtmuseum Laufás**, das niedliche Fischerdorf **Grenivík**, ein Wanderparadies im unbewohnten Norden der Halbinsel Flateyjarskagi und eine Fahrt durch ein einsames Tal, das **Fnjóskadalur**, auf der Straße 835, eingerahmt von bunten Bergen. Südlich der Ringstraße versäumt er das riesige Waldgebiet **Vaglaskógur**. Demnächst bleibt noch mehr ungesehen, denn dann bietet ein 7 km Tunnel, der Vaðlaheiðargöng, eine schnelle Alternative zur Passstraße Víkurskarð, die jetzt noch als einzige Verbindungsstraße auf einer Höhe von 325 m um die Berge östlich des Eyjafjörður herumführt.

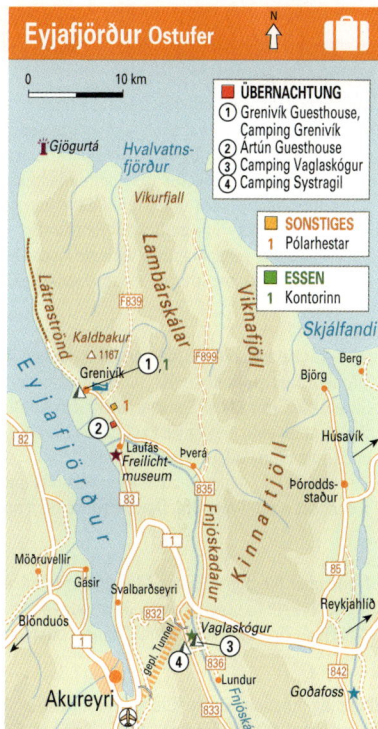

Grenivík und Umgebung

„Niedlich" ist die treffende Bezeichnung für das Dörfchen Grenivík, nicht viel mehr als eine Ansammlung von Wohnhäusern mit einer Kirche, einem kleinen Schwimmbad, einem Campingplatz und einem Restaurant-Supermarkt an der Tankstelle. Hier ist die Welt noch in Ordnung, man könnte stundenlang einfach dasitzen und auf den ruhigen Fjord schauen. Wer Glück hat und lang genug ausharrt, sieht Wale. Nach Grenivík kommen Menschen, denen in Akureyri zu viel los ist – und Wanderer. Die Besteigung des 1167 m hohen **Kaldbakur** (laut dem Infoschild auf der gegenüberliegenden Insel Hrísey ein hochenergetischer Kraftort, s. S. 375), dessen Gipfel nie ganz schneefrei ist, ist nur etwas für Fortgeschrittene. Unerfahrenere Wandersleute können zur Bucht **Hvalvatnsfjörður** im Norden der unbewohnten Halbinsel entlang der sehr schlechten Piste F839 laufen (eine Strecke ca. 30 km) oder entlang der Küste nördlich von Grenivík, nach der verlassenen Farm Látrar **Látraströnd** (Látrar-Strand) benannt.

Das **Fischereimuseum** kann Mitte Juni–Mitte Aug in der Zeit von 13–17 Uhr kostenlos besichtigt werden.

In dem staatlichen **Freilichtmuseum Laufás**, 895 3172, www.minjasafnid.is, 10 km südlich des Orts an der Küstenstraße 83, gibt's vorbildlich restaurierte Torfhäuser und eine kleine Holzkirche zu sehen, und wer an einer Führung teilnimmt, erfährt spannende Details über das Leben der Bauern im 19. Jh. Mit Café und Souvenirshop. ⏰ Juni–Aug tgl. 9–17 Uhr, Eintritt 1200 ISK, Kinder unter 17 J. frei.

ÜBERNACHTUNG

Ártún Guesthouse, 896 2275, www. artun.is. Drei Doppel- und zwei Dreibettzimmer mit gemeinsamem Bad unterm Dach des Farmhauses. Außerdem gibt es einen Bungalow für Selbstversorger. Das im Preis enthaltene Frühstück wird gelobt, allerdings finden einige Gäste das Haus zu hellhörig. Ártún liegt zwischen Grenivík und dem Freilichtmuseum auf dem Land. Hier ist auch

Unterwegs im Nordosten

Mit dem Auto
Goðafoss, Húsavík, Ásbyrgi, Dettifoss und Mývatn, so steht es auf der Wunschliste vieler Nordislandreisender. Auf dem sogenannten **Diamond Circle** – der 250 km langen „Diamantrunde" – kann man diese Sehenswürdigkeiten der Reihe nach abfahren.
Eine **Alternativstrecke** für Inselumrunder führt von Akureyri über Goðafoss zum Mývatn inkl. Abstecher nach Hverir und Krafla, dann von dort über den Kísilvegur (Straße 87) nach Húsavík, Ásbyrgi, Dettifoss – und zurück zur Ringstraße.
Die mit Abstand zeitsparendste Variante ist die, bei der von der Ringstraße aus nur ein **Abstecher zum Dettifoss** (21 km eine Strecke) eingeschoben wird. Die Straße 862 ist bis zum Dettifoss asphaltiert.

Mit dem Bus
Die Strecke entlang der **Ringstraße** zwischen Akureyri und Egilsstaðir ist im Sommer ziemlich gut mit dem Bus zu überwinden, und selbst im Winter funktioniert es einigermaßen. 1x tgl. bedient Strætó die Strecke, im Sommer auch SBA Norðurleið. Beide Gesellschaften halten am Mývatn.
Der Hochlandbus Reykjavík Excursions Linie 14 verkehrt im Sommer 2x wöchentl. zwischen Mývatn und Landmannalaugar (via Goðafoss).
Strætó fährt ab Akureyri auch nach **Húsavík** und im Sommer 1x tgl. (außer samstags) über Ásbyrgi weiter bis nach **Þórshöfn**. Der **Dettifoss** wird nur von Ausflugsbussen angefahren.

Mit dem Flugzeug
Norlandair fliegt mit kleinen Maschinen 1x tgl. die Strecke Akureyri (AEY)–Þórshöfn (THO)–Vopnafjörður (VPN)–Akureyri. Von Akureyri aus kommt man mit Air Iceland Connect weiter nach Reykjavík. Alle Flüge sind über Air Iceland Connect buchbar, ✆ 460 7000, 🖥 www.airicelandconnect.com.

Camping möglich. Kleine Küche und Aufenthaltsraum. 1200 ISK, Strom 800 ISK. ⏱ nur in den Sommermonaten, aber auf Anfrage werden Ausnahmen gemacht. ❸
Camping Grenivík, ✆ 414 5421, 🖥 www.tjalda.is/en/grenivik. Hübscher Campingplatz am Ortsrand, geschützt durch kleine Hecken. Mit behindertengerechtem Servicehaus. Das Schwimmbad liegt direkt um die Ecke. Wer drei Nächte bleibt, zahlt nur für zwei. 1500 ISK, Kinder unter 16 J. kostenlos, Strom 800 ISK. ⏱ Ende Mai–Anfang Sep.
Grenivík Guesthouse, Miðgarðar 2, ✆ 861 2899, 🖥 auf Facebook. Wäre da nicht diese kleine Straße, läge das moderne Gästehaus direkt am Meer. 4 Zimmer mit Bad, Kühlschrank und Fernseher. Frühstücksraum mit Meerblick im kleinen Anbau, gleichzeitig Aufenthaltsraum und Gemeinschaftsküche. Schnelles Internet und prima Frühstück mit Marmelade, die die Mutter des freundlichen Gastgebers selbst einkocht. Wer Glück hat, bekommt auch selbst gebackenen Kuchen. Hot Pot mit Aussicht auf den Fjord. Achtung: Die Schlüssel holt man im Guesthouse Ártún ab (7 km südlich von Grenivík). ❹

ESSEN UND EINKAUFEN

Die Tankstelle, die (fast) alles kann, versorgt mit dem Nötigsten. Als Draufgabe gibt's Törtchen, Bleistifte und (den neuesten) Tratsch aus dem Dorf.
Kontorinn, ✆ 571 7188, 🖥 auf Facebook. Mehr als der übliche Tankstellen-Schnellimbiss: Es gibt eine große Auswahl an tollen Kuchen, aber auch Burger, die sehr gelobt werden. Täglich wechselndes preisgünstiges Tagesgericht, z. B. Grillteller mit Lamm, Kartoffeln, Salat und/oder Pilzen. ⏱ tgl. 8.30–21 Uhr.
Jónsabúð, im Gebäude an der Tankstelle. Kleiner Kramladen mit Grundnahrungsmitteln, aber z. B. auch Schreibwaren. ⏱ Mo–Fr 9–18, Sa 12–16, So 13–15 Uhr.

AKTIVITÄTEN UND TOUREN

Reiten
Pólarhestar, Grýtubakki 2, ✆ 463 3179, 🖳 www.polarhestar.is. Im Programm sind 5 verschiedene Mehrtagestouren, aber auch kurze Ausritte. Die kürzeste Tour dauert 1 Std. und kostet 6000 ISK, ein Tagesritt schlägt mit 18 000 ISK zu Buche.

Schwimmen
Im Sommer geöffnetes kleines **Schwimmbad** östlich der Kirche mit Hot Pot und Sauna. ⏲ Mo, Mi, Fr 9–18, Di, Do 6–18, Sa, So 10–16 Uhr.

Touren auf den Kaldbakur
Zweistündige Touren mit zwei Schneekatzen-Raupenfahrzeugen für max. 52 Passagiere. Tägliche Abfahrten Jan–Mai um 10, 13 und 16 Uhr. Näheres unter ✆ 867 3770, 🖳 www.kaldbaksferdir.com.

Wandern
Fjörðungar, ✆ 463 3236, 🖳 www.fjordungar.com (Website leider nur auf Isländisch), organisiert Wandertouren nach Látraströnd.

TRANSPORT

Man erreicht Grenivík über die schöne Uferstraße 83. Es ist aber auch möglich, den Ort über die Straße 835 von Osten aus anzufahren. Für Reisende, die aus Richtung Akureyri kommend am Westufer des Eyjafjords nach Grenivík und später über die nicht asphaltierte 835 wieder zur Ringstraße zurückkehren, ist es ein Umweg von 29 km. Eine Busanbindung gibt es nicht.

Vaglaskógur

Die Szenerie erinnert ein wenig an das Wiedtal im rheinischen Westerwald: Entlang eines Flusses, malerisch in einen Birkenwald eingebettet, stehen Wohnwagen und Wohnmobile, die hier feste Stellplätze haben. In diesem 690 ha großen Waldgebiet verbringen Isländer ihre Ferien, aber auch Touristen auf der Durchreise finden ein freies Campingplätzchen.

Der Fluss Fnjóská ist der längste Fluss Islands, der aus einer Quelle gespeist wird (somit also kein Gletscherfluss ist). Die Bogenbrücke (heute nur noch für Fußgänger, früher Teil der damals noch nicht vollendeten Ringstraße) aus dem Jahr 1908 war seinerzeit die längste Stahlbetonbogenbrücke Skandinaviens. Und der Wald? Nicht der größte, aber immerhin einer der größten zusammenhängenden Wälder im Land – und der erste, der offiziell geschützt wurde (1905). Seit 1909 gibt es einen Ranger. In zwei Baumschulen werden Weihnachtsbäume großgezogen, die nach Akureyri verkauft werden.

ÜBERNACHTUNG UND ESSEN

Camping Vaglaskógur, ✆ 860 4714, 🖳 www.tjalda.is/en/vaglaskogur. Aufgeteilt in 5 Campingbereiche, einige Servicehäuschen haben Duschen und sind behindertengerecht. 1400 ISK (zzgl. 100 ISK Übernachtungssteuer pro Zelt/Wohnmobil), Kinder unter 14 J. kostenlos, Strom (wo vorhanden) 900 ISK, Dusche 400 ISK. ⏲ Anfang Juni–Anfang Sep.

Camping Systragil, an der Straße 833, ✆ 860 2213, 🖳 www.systragil.is. Der kleine Campingplatz auf der gegenüberliegenden Flussseite am Hang gehört nicht zum großen Vaglaskógur-Areal. Er überzeugt durch ein gepflegtes kleines Servicehäuschen und einen Kinderspielplatz. 1500 ISK (zzgl. 100 ISK Übernachtungssteuer pro Zelt/Wohnmobil), Kinder unter 16 J. kostenlos, Strom 700 ISK, Dusche für 5 Min. 100 ISK, Waschmaschine 400 ISK. ⏲ Juni–Mitte Sep.

Restaurant Stekkur, beim Golfplatz Lundur, 3 km südlich der Autobrücke auf der östlichen Flussseite.

SONSTIGES

Einkaufen
Auf dem Campingplatz Vaglaskógur gibt es einen Mini-Laden mit Kaffeeausschank in einem Blockhaus. ⏲ Mo–Do 11–17, Fr 9–12 und 16–21, Sa, So 11–18 Uhr.

Schwimmen
Freibad mit Hot Pot in Illugastaðir, ✆ 462 6199, ⏲ im Sommer tgl. 10–19 Uhr.

TRANSPORT

Vaglaskógur wird über die Straßen 833 (westlich des Flusses) und 836 (östlich des Flusses) von Norden aus angefahren. Diese beiden Straßen sind durch eine Brücke, die ca. 1 km südlich der historischen Fußgängerbrücke steht, miteinander verbunden, sodass sich eine Rundfahrt anbietet. Nächste Linienbushaltestelle ist Fnjóskárbrú (an der heutigen Brücke der Ringstraße über die Fnjóská); von dort sind es 5 km zu Fuß bis in den Wald.

Diamond Circle

Die Bezeichnung „Diamond Circle" hört sich nach der Erfindung einer Marketingagentur an. Trotzdem haben die Highlights entlang der gut 260 km langen Rundroute diesen Namen mehr als verdient. Beginnend am Wasserfall **Goðafoss**, geht es über die „Wal-Stadt" **Húsavík** zur Schlucht **Ásbyrgi** und von hier aus in südlicher Richtung zum gewaltigen **Dettifoss**, dann auf der Ringstraße vorbei am Vulkan **Krafla** zum See **Mývatn** – und wieder zurück zum Goðafoss. Von Akureyri aus ist diese Tour an einem Tag zu schaffen, allerdings ohne Wanderungen oder Walbeobachtung.

Goðafoss

Wahrlich der Götter würdig stürzt der mächtige Goðafoss („Götterfall") in die Tiefe. 30 m breit, 12 m tief und in einer herrlichen Mischung aus Weiß und Türkis. Seinen Namen hat er einer Geschichte zu verdanken, die im Jahr 1000 spielt. Der Gode Þorgeir Ljósvetningagoði, zu jener Zeit Lögsögumaður und damit „Vorsitzender" des Alþings, war mit der Aufgabe betraut worden, das Alþing zu organisieren, in dem entschieden werden sollte, ob Island christlich werden sollte oder nicht (S. 104). Þorgeir war in großer Sorge, denn schon im Vorfeld hatte es blutige Auseinandersetzungen gegeben. Er fürchtete nicht zuletzt um seinen eigenen Kopf. Er selbst hing dem Christentum nicht an, fand aber nach einem Tag Bedenkzeit die Lösung, die alle Beteiligten zufriedenstellte: Island wurde offiziell christlich, aber im stillen Kämmerlein durften die alten Götter weiterhin angebetet werden. Die von Þorgeir befürchteten Ausschreitungen blieben aus. Alle ließen sich bereitwillig taufen und gingen dann nach Hause. Aus Erleichterung und Dankbarkeit soll Þorgeir all seine Götzenbilder im Goðafoss versenkt haben. So müsste der Götterfall eigentlich Gottfall heißen, denn nach dem Ereignis, das ihm seinen Namen gab, glaubte man in Island offiziell nur noch an einen Gott.

Die Frage, warum Þorgeir ausgerechnet diesen Wasserfall auswählte, mehrere Tagesritte vom Ort des Alþing entfernt, ist schnell beantwortet: Þorgeir wohnte hier im Norden, am See Ljósavatn, ca. 10 km westlich des Goðafoss an der Ringstraße. Der Name Þorgeir Ljósvetningagoði bedeutet nämlich „Þorgeir, der Gode vom Hellen See", und der helle See ist der Ljósavatn. Da war der Goðafoss einfach die schnellste Möglichkeit, etwas auf Nimmerwiedersehen verschwinden zu lassen.

ÜBERNACHTUNG UND ESSEN

Am Goðafoss gibt es zwei Parkplätze. Wer den östlichen anfährt, steht direkt vor einem kleinen Laden mit Schnellimbiss und Toiletten. Direkt dahinter liegt das Fosshóll Guesthouse mit Restaurant.
Fljótsbakki Farm Hotel, Bárðardalsvegur eystri, ℡ 865 1934, 🖥 www.fljotsbakki.is. Wer Schafe, Hühner, Hunde, Katzen und Einsamkeit mag und es trotzdem gern komfortabel hat, ist hier richtig: Die 12 Gästezimmer von Emil und Mæja liegen in einem alten Kuhstall, der mit viel Liebe zum Detail zum Hotel umgebaut wurde. Entfernung zum Goðafoss 4 km. Achtung: Wegen der abgeschiedenen Lage gibt es keinen Internetanschluss! ❺–❻
Fosshóll Guesthouse und Restaurant, ℡ 464 3108, 🖥 www.fossholl.is. Das schmucke knallgelbe Haus ist schon von außen ein Hingucker. Innen befinden sich neben dem Restaurant auch einige Gästezimmer (manche mit Blick auf den Wasserfall), möglicherweise wird man aber auch in der Dependance ein Stück

Diamond Circle

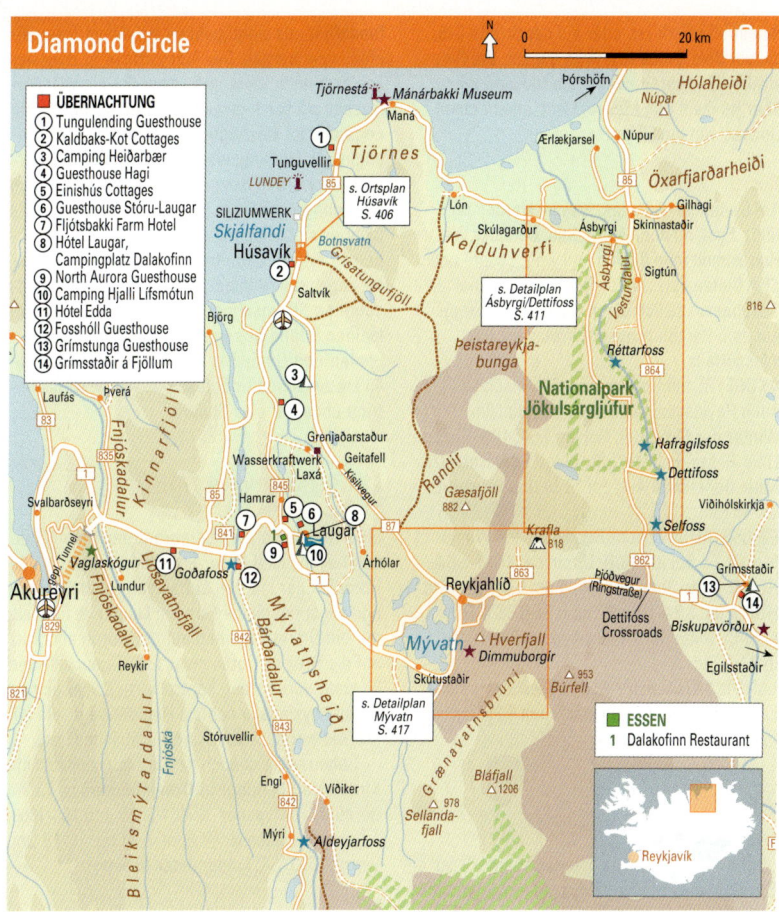

ÜBERNACHTUNG
1. Tungulending Guesthouse
2. Kaldbaks-Kot Cottages
3. Camping Heiðarbær
4. Guesthouse Hagi
5. Einishús Cottages
6. Guesthouse Stóru-Laugar
7. Fljótsbakki Farm Hotel
8. Hótel Laugar, Campingplatz Dalakofinn
9. North Aurora Guesthouse
10. Camping Hjalli Lífsmótun
11. Hótel Edda
12. Fosshóll Guesthouse
13. Grímstunga Guesthouse
14. Grímsstaðir á Fjöllum

ESSEN
1. Dalakofinn Restaurant

---

weiter hinten einquartiert. Hier ist es ruhiger und die Zimmer sind komfortabler, aber man sieht den Wasserfall nicht. Es ist auch Camping möglich (nur einfache sanitäre Anlagen). ⏲ Mitte Mai–Mitte Sep, Restaurant 7.30–22 Uhr. ❹

Hótel Edda, Stórutjarnir, ☎ 444 4890, 💻 www.hoteledda.is/is/hotels/hotel-edda-storutjarnir. Ein modernes Internat an der Ringstraße, westlich des Sees Ljósavatn. 41 Zimmer, einige davon mit Bad, in den meisten gibt's nur ein Handwaschbecken. Mit Außenschwimmbecken und großem Kinderspielplatz, abends dient der Speisesaal als À-la-carte-Restaurant. Pool, Frühstücksbuffet, Frühstück 2300 ISK p. P. ⏲ in den Schulferien, Juni–Mitte Aug. ❸

TRANSPORT

Auto

Am Goðafoss müssen Autofahrer sich entscheiden, ob sie nach Norden Richtung Húsavík abbiegen oder der Ringstraße Richtung Mývatn folgen.
Nach Húsavík geht's entweder auf der Straße 85, die westlich vom Goðafoss die

Ringstraße verlässt, oder auf der Straße 845, die vor dem Ort Laugar links abgeht. Die Ringstraße führt geradewegs zum Mývatn. Wer über Húsavík zum Mývatn fährt, macht einen Umweg von gut 50 km.

Busse

Am Goðafoss hält alles, was im Nordosten fährt. Egal, ob nach Nord, Süd, Ost oder West: Hier kommt man gut hin und weg. Strætó und SBA halten kurz an der Tankstelle Fosshóll; SBA hat zusätzlich einen Sightseeing-Stopp auf dem Parkplatz auf der Westseite des Wasserfalls.
AKUREYRI, mit Strætó-Linie 56 (Anschluss nach Reykjavík über Ringstraße) tgl. (im Winter nur Mo, Di, Fr, So) um 11.55 Uhr; Strætó-Linie 79 Mo–Fr 3x tgl., So 2x tgl. SBA-Linie 62a Mitte Juni–Ende Aug um 16.30 Uhr. Fahrtzeit ca. 45 Min.
EGILSSTAÐIR, Strætó-Bus 56 tgl. (im Winter Mo, Di, Fr, So) um 16.20 Uhr in ca. 3 Std. SBA-Bus 62 Mitte Juni–Ende Aug um 9 Uhr in 4 Std.
HÖFN, mit SBA-Linie 62 über EGILSSTAÐIR (4 Std.), Mitte Juni–Ende Aug um 9 Uhr in 8 1/2 Std.
LANDMANNALAUGAR, Reykjavík Excursions Linie 14 im Sommer Mi und Fr um 9.35 Uhr in 8 1/2 Std.

Aldeyjarfoss

„Schade, der liegt ja im Hochland…", ist ein Spruch, den man oft hört, wenn vom Aldeyjarfoss die Rede ist. Ein Blick auf die Landkarte zeigt aber: Es sind gerade mal 3 km, die auf einer nur für Allradfahrzeuge zugelassenen F-Straße zurückzulegen sind. Und die kann man bequem laufen (wir haben den Daumen rausgehalten und wurden sofort mitgenommen). Die Zufahrtsstraße 842, die vom Goðafoss bis zur Farm Mýri führt, wo man den Pkw parken kann, ist eine ganz normale Schotterstraße. Entlang der F26 wandern Fußgänger zunächst ins Tal, wo der Fluss Mjódalsá überquert wird (hier lockt auch ein schöner Picknickplatz am Ufer), dann in leichten Serpentinen bergan. Zum Wasserfall selbst, den man vom Westufer des **Skjálfandafljót** aus sieht, geht es auf einem Trampelpfad leicht bergab. Der Aldeyjarfoss ist zwar nur ca. 20 m hoch, aber dafür donnern die Wassermassen mit solch gewaltigem Getöse durch eine Engstelle im Basaltgestein, dass er unser persönlicher Lieblingswasserfall ist. Um die Mittagszeit werden Sonnenscheinfotos von einem Regenbogen gekrönt. Südlich des Wasserfalls lohnt es sich, einem weiteren Pfad Richtung Süden zu folgen, denn touristisch völlig unbeachtet liegen nur wenige 100 m weiter die wunderschönen Stromschnellen des **Ingvararfoss**. Ein kleiner Strand aus grauem Sand lädt zum Verweilen und Genießen ein. Die Fahrtzeit für die 43 km zwischen Goðafoss und Aldeyjarfoss beträgt ungefähr eine Stunde.

Laugar (Reykjadalur)

Eine Tankstelle mit Restaurant und einem kleinen Laden, abseits der Straße das große weiße Hótel Laugar mit den auffälligen roten Dächern und sonst nur einige Farmen: **Laugar** ist für viele nur ein Ort, in dem man auf der Durchfahrt kurz auf die Bremse treten muss (das Tempolimit von 50 km/h wird streng kontrolliert). Dabei gibt es im Tal Reykjadalur schöne Wanderwege, ein tolles Geothermalfreibad und zutrauliche Elfen.

Sehenswert ist auch das Torfhausmuseum mit Kirche und Friedhof in **Grenjaðarstaður**, 15 km nördlich von Laugar ✆ 464 3688 und 464 1860, 🖥 www.husmus.is. ⏱ Juni–Aug tgl. 10–18 Uhr, Eintritt 1500 ISK, Kinder unter 18 J. frei.

ÜBERNACHTUNG

Camping Dalakofinn, bei der Sportarena, die Campingwiese am Fluss gehört zum Restaurant/Laden, ✆ 464 3344, 🖥 www.dalakofinn.is. Die Gäste können das große Haus nutzen, das zur Sportarena gehört. Im Erdgeschoss zwei Duschen und die WCs, im Dachgeschoss eine gut ausgestattete Küche, ein Aufenthaltsraum mit großem Esstisch, Schreibtisch und Sofaecke, außerdem liegen hier Matratzen, die gern von erschöpften Radfahrern als Schlafgelegenheiten genutzt werden. 1500 ISK inkl. Dusche und WLAN auf

Immer einen Stopp wert: Aldeyjarfoss

dem gesamten Gelände, Kinder unter 14 J. kostenlos, Strom 500 ISK, Waschmaschine und Trockner je 500 ISK.
Camping Hjalli Lífsmótun, 2 km außerhalb, ✆ 864 8790, 🖥 www.tjalda.is/en/lifsmotun. Großes Gelände, durch Hecken in verschiedene Areale aufgeteilt. Jeder Camper hat ein Anrecht auf mindestens 40 m² Stellfläche. Duschen und 2 Kochplatten im kleinen Servicehaus. Außerdem wird eine Hütte vermietet, in der bis zu 7 Personen Platz finden, ohne Dusche und WC, laut Betreiber als „überdachtes Zelt" gedacht. 1000 ISK, Kinder (10–17 J.) 500 IKS, Strom 1000 ISK. Wer länger als eine Nacht bleibt, bekommt 20 % Rabatt.
Einishús Cottages, Einarsstaðir 2, ✆ 865 4910, 🖥 www.einishus.com. 3 km von Laugar entfernt, in der Nähe der Kirche Einarsstaðir aus dem 19. Jh., stehen die modernen Bungalows auf einer Wiese. Geschickte Raumaufteilung mit großen Fensterfronten. Schön sind auch die kleinen überdachten Terrassen. ❺
Guesthouse Stóru-Laugar, ✆ 464 2990, 🖥 www.storulaugar.is. Liebevoll eingerichtete, große Zimmer (4 Zimmer mit Waschbecken im Zimmer und Gemeinschaftsbad, 7 Zimmer mit eigenem Bad) in 2 Häusern auf einer Pferdefarm 1 km vom Schwimmbad entfernt. Mit eckigem Hot Pot aus Beton und tollem Frühstück mit frischem Obst. Abendessen auf Anfrage. ❻
Hótel Laugar, ✆ 466 4009, 🖥 www.hotel laugar.is. Ein Hotel, das auch aussieht wie eines: Weiß, mit auffällig roten Dächern thront das mehrgieblige Haus über dem Ort. Mit 57 Doppelzimmern verteilt auf 3 Gebäude kann es mehr Gäste beherbergen als der Ort Einwohner hat. Außerhalb der Sommermonate dient es als Schule. Geschmackvolle Einrichtung, großzügiger Aufenthaltsbereich mit modernen Sofas. Aus dem Speisesaal blickt der Gast durch eine große Fensterfront ins Tal. Zur Anlage gehört ein 100-Sitze-Kino. Sind Interessenten da, wird hier tgl. um 21 Uhr ein isländischer Film mit englischen Untertiteln gezeigt (kostenlos auch für Nicht-Gäste; Popcorn gibt's ebenfalls). ❺–❻
🌳 **North Aurora Guesthouse**, Lautavegur 8, ✆ 860 2206, 🖥 www.auroraguest house.is. Jedes der 5 Doppelzimmer ist anders möbliert, aber alle Räume sind nach Feng-Shui-Maßgaben designt. Der Gast hat die Qual der

Die Seherin Bryndís und die Heilenergie der Elfen

Einfach eins sein mit der Natur, die Gewalten spüren, die leicht zitternde Erde, die Kraft des Wassers, den freien Blick gen Himmel: Das ist es, was für viele Reisende den Islandbesuch zu einem ganz besonderen Erlebnis macht. Aber woher kommt dieses intensive Gefühl, das hier häufiger wahrgenommen wird als anderswo? Für Bryndís Pétursdóttir ganz klar von den Elfen, die uns zu jeder Gelegenheit darauf hinweisen wollen, wie viel schöner es ist, im Einklang mit der Natur zu leben als sie zu beherrschen. Wer das einmal verstanden hat, lebt glücklicher. So die Kurzfassung der jahrelangen Studien, die die Isländerin u. a. in Zusammenarbeit mit der Universität in Akureyri durchgeführt hat.
Seit ihrer Kindheit kann Bryndís Elfen sehen und mit ihnen sprechen. Und in Laugar hat sie einen Platz gefunden, wo sie ihnen ganz nah ist. Nur 200 m oberhalb ihres Wohnhauses am Hang befindet sich „ihr" Elfenstein. Ein kleiner Trampelpfad führt direkt hinauf. Die Elfen, jede ungefähr so groß wie ein sechsjähriges Kind, haben seit Jahrhunderten die Möglichkeit perfektioniert, Energie zu verdichten, erklärt Bryndís. Das ermöglicht es ihnen, telepathisch mit anderen Elfen überall auf der Welt zu kommunizieren, aber auch mit uns Menschen. Sie schicken uns das schöne Gefühl der Naturverbundenheit, damit wir es im Herzen einschließen und mit nach Hause in unsere Heimatländer nehmen. In der Hoffnung, dass wir ihr uraltes Wissen weitertragen und uns künftig z. B. im Naturschutz engagieren. So ganz uneigennützig machen die Elfen das nicht. Sie unterstützen damit nämlich ihre Elfenkollegen, die anderswo in arger Bedrängnis leben. Elfen brauchen, um ihre Kraft entfalten zu können, nämlich Orte, die seit Hunderten – besser noch seit Tausenden – Jahren unangetastet geblieben sind. Sie heilen unsere abgestumpften oder verletzten Seelen mit ihrer Energie und wir helfen ihnen im Gegenzug durch aktive Umweltarbeit. Ein schöner Gedanke.
Wer mehr über die Elfen und über energetische Störfelder erfahren möchte, der klopfe bei Bryndís. Auskünfte gibt die Gartenbaumeisterin und Heilerin gern und umsonst – und auch der Pfad, auf dem der Elfenstein in einer Viertelstunde erreicht ist, steht jedem offen, der sich an die Regeln hält und dort weder Müll noch schlechte Schwingungen hinterlässt. Wer von ihr persönlich zum Stein geführt werden möchte, bucht eine Führung für 6000 ISK p. P. (für Übernachtungsgäste im North Aurora Guesthouse kostenlos). Auch Elfenfiguren, die eine Künstlerin so geschnitzt hat, wie Bryndís ihr die Elfen beschrieben hat, sind käuflich zu erwerben.

Wahl: Sicherheit im Lava-Zimmer, Freude und Romantik im Sonnenuntergangszimmer oder doch lieber den realen Blick auf die Nordlichter aus dem Aurora-Zimmer? In der gemütlichen Küche kann man drauflos kochen, aber Bryndís kocht auch für Kleingruppen (18 € p. P.). Frühstück mit Eiern von glücklichen Hühnern und selbst gemachtem Brot mit ausgefallenen Marmeladen, alles bio. Und Yogi-Tee darf auch nicht fehlen. ❹

ESSEN UND EINKAUFEN

Dalakofinn Restaurant und Supermarkt, an der Tankstelle/Bushaltestelle, ☏ 464 3344, 🖥 www.dalakofinn.is. Eine Raststätte mit angeschlossenem, gut bestücktem kleinen Supermarkt. Innen hat man den Eindruck, als säße man in einer in die Jahre gekommenen deutschen Kneipe. Und auch der Sitzbereich im Wintergarten könnte schöner sein. Einfache Speisen und Tagessuppe (die Spargelsuppe ist lecker), kostenfreies WLAN. ⏰ tgl. 9–22 Uhr.
Hôtel Laugar, s. Übernachtung. Tagessuppe, geräucherter Lachs mit Pfeffer und Ananas und Sommersalat als Vorspeise, dann je ein Lamm-, ein Fisch- und ein Hühnergericht als Hauptgang, außerdem Spaghetti und Hamburger für die Kleinen. Frühstücksbuffet auch für die Gäste des nahe gelegenen Campingplatzes, 1900 ISK.

SONSTIGES

Geld und Post
Bank und Post in einem Gebäude neben der Tankstelle, ⏰ Mo–Fr 9–16 Uhr.

Schwimmen
Freibad, ✆ 862 3822, 🖥 https://sundlaugar.is/
sundlaugar/sundlaugin-laugum. Ein modernes,
freundliches Bad, direkt aus einer heißen
Quelle gespeist, mit wettkampftauglichem
50-m-Becken und zwei großen Hot Pots (37 und
40 °C). ⏱ im Sommer 10–21, sonst Mo–Fr 7.30–
9.30 und 16–21, Fr 7.30–9.30, Sa 14–17 Uhr.

TRANSPORT

Auto
Über die 845 geht's nach Norden Richtung
Húsavík (ca. 30 km), über die Ringstraße nach
Südosten zum Mývatn (ca. 25 km).

Busse
AKUREYRI, mit Strætó-Linie 56 tgl. (im Winter
Mo, Di, Fr, So) um 11.45 Uhr in 1 Std.
EGILSSTAÐIR, mit Strætó-Linie 56 tgl. (im
Winter Mo, Di, Fr, So) um 16.30 Uhr in 2 1/2 Std.
SBA-Linie 62/62a (Akureyri–Egilsstaðir) hat
keinen fahrplanmäßigen Halt mehr in Laugar,
kann aber nach Voranmeldung ggf. stoppen.

Húsavík und Umgebung

Húsavík ist ein Fischerort, wie er im Buche steht:
Die Häuschen sind bunt angestrichen, im vorderen Teil des Hafens dümpeln Jachten, weiter
draußen liegen riesige Trawler. Flanierfreunde
finden eine lange Promenade, an der sie ent-
langspazieren können, und den malerisch am
Flüsschen Búðará gelegenen Park **Skrúðgarðu-
rinn**. Im Zentrum des 2200-Einwohner-Orts befindet sich eine sehenswerte **Holzkirche** im norwegischen Baustil aus dem Jahr 1907, die von
Juni–Aug außerhalb der Gottesdienstzeiten besichtigt werden kann.

Walbeobachtung
Nach Húsavík kommt man, um Wale zu sehen.
Das touristische Leben findet rund um den hübschen Hafen statt, wo die großen und kleinen
Kutter anlegen. Die Touren unterscheiden sich
in Dauer, Preis und Bootsgröße. Der Ablauf ist
immer gleich: Man fährt aufs Meer hinaus und
sucht nach Walen. Werden welche gesichtet,
was meistens innerhalb der ersten Stunde passiert, drosselt das Boot die Geschwindigkeit und
fährt vorsichtig näher ran. Dann sieht man die
großen Meeressäuger überall: Sie springen vor
dem Boot, hinter dem Boot und neben dem Boot,
tauchen ohne Scheu drunter durch. Und manchmal gerät das Schiff bedenklich ins Wackeln …
Welche Arten von Walen man antrifft, bleibt immer eine Überraschung, aber am häufigsten
trifft man hier auf **Buckel**- und **Minkwale**, außerdem auf **Weißschnauzendelfine** und **Tümm-
ler**. Orcas, Pilotwale und Blauwale zu sehen ist
unwahrscheinlich, aber nicht ausgeschlossen.

Die kürzesten Touren auf Holzbooten dauern
um die drei Stunden, eine halbe Stunde zusätzlich brauchen Schiffe, die auch „Puffin Island",
die kleine vorgelagerte Papageitaucher-Insel
Lundey, mit im Programm haben (nur Mitte April–
Mitte Aug). Außerdem gibt es ein besonderes
Angebot für Verliebte: Man kann sich nämlich
auch auf einem Whale-Watching-Boot trauen
lassen. Fahrten mit Speedbooten werden ebenfalls angeboten, sie sind etwa doppelt so teuer.

Meist ist bei den Touren ein warmes Getränk
(Kaffee oder Kakao) im Preis enthalten, außerdem warme Overalls und Regenjacken, die –
wenn nötig – ausgeteilt werden.

Achtung: Húsavík ist zwar *der* Walbeobachtungs-Hotspot, aber hier ist die See oft besonders rau und viele Whale-Watcher werden seekrank. Die Saison geht von April–Nov. Kinder
unter 7 J. fahren immer kostenlos mit.

Gentle Giants, ✆ 464 1500, 🖥 www.
gentlegiants.is. 3-Std.-Tour 10 500 ISK,
Kinder (7–15 J.) 4500 ISK.
Húsavík Adventures, ✆ 853 4205, 🖥 www.
husavikadventures.is. 2-Std.-Tour mit dem Speed-
boot 15 900 ISK, Kinder (8–15 J.) 11 900 ISK.
Norðursigling, ✆ 464 7272, 🖥 www.north
sailing.is. 3-Std.-Tour 10 500 ISK, Kinder
(7–15 J.) 4500 ISK.
Salka Whale Watching, Garðarsbraut 7,
✆ 464 3999, 🖥 www.salkawhalewatching.is.
3-Std.-Tour 10 500 ISK, Kinder (7–15 J.) 4200 ISK.

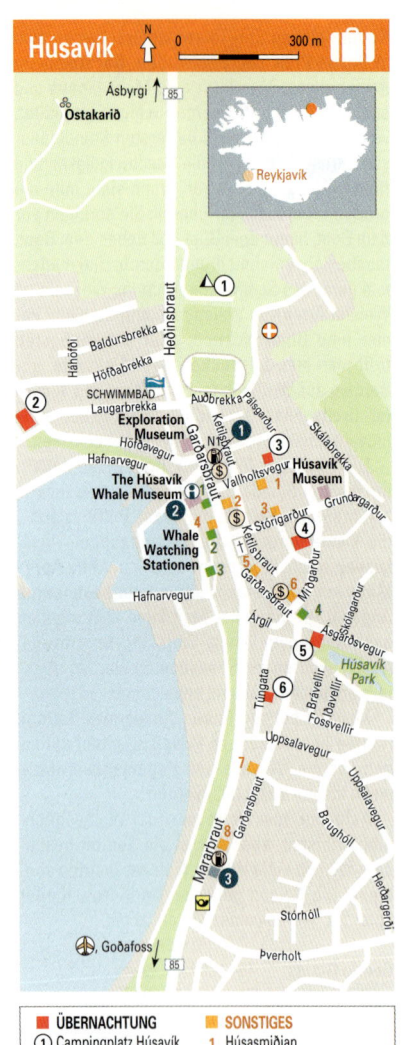

Museen

Nachdem das Penismuseum nach Reykjavík verlegt wurde, gibt es in Húsavík nur noch drei große Museen – alle drei sind sehenswert.

The Húsavík Whale Museum, Hafnarstétt, ✆ 414 2800, 💻 www.whalemuseum.is. Fast nirgends sonst auf der Welt gibt es ein Museum, das nur den Walen gewidmet ist. In Island findet man gleich zwei: eins in Reykjavík (S. 142) und eins in Húsavík. Neben tonnenweise Infos gibt es hier riesengroße echte Skelette (die im Walmuseum in Reykjavík sind aus Plastik) eines Buckelwals, eines Schwertwals, zweier Minkwale, eines Narwals und eines Pottwals. Das Walmuseum ist sehr groß und nicht zu übersehen. ⏰ Mai–Sep 8.30–18.30, Okt–April 9–14 Uhr, Eintritt 1900 ISK (für Whale-Watching-Gäste 1400 ISK), Kinder 500, Familien 4000 ISK.

Das **Exploration Museum (Forschermuseum)**, Héðinsbraut 1, ✆ 463 3399, 💻 www.explorationmuseum.com, sollte ursprünglich ganz allein dem Mond gewidmet sein. Heute gedenkt man hier außerdem aller Entdeckungsreisenden: Wikingern, Polarforschern und Astronauten. ⏰ Mai–Sep 9–17, Okt–April Do, Sa, So 13–16 Uhr, Eintrittspreis nach eigenem Ermessen.

Das **Húsavík Museum**, Stórigarður 17, ✆ 464 1860, 💻 www.husmus.is, mit Café und Museumsshop umfasst die Ausstellung „Mensch und Natur", eine Meeresausstellung und wechselnde Kunstausstellungen. ⏰ Juni–Aug 10–18, Sep–Mai 10–16 Uhr, Eintritt 1000 ISK, Kinder unter 16 J. frei.

Metall-Pool Ostakarið

Nördlich der Stadt, ungefähr je 500 m entfernt von der Straße 85 und dem westlich verlaufenden Höfðavegur, befindet sich irgendwo im Nirgendwo (GPS: N66°03.324 W17°21.079) der „Secret Hot Tub" Ostakarið. Das Wasser der Thermalquelle wird in zwei kleine Metall-Pools (einer warm, einer kalt) geleitet. Mit Umkleidekabine und Meerblick. Manchmal ab 23 Uhr geschlossen. Man wird gebeten, 300 ISK für die Instandhaltung zu spenden.

Nördlich von Húsavík

Während es schon südlich von Húsavík schöne einsame Strände gibt, an denen man entlang-

■ ÜBERNACHTUNG
1. Campingplatz Húsavík
2. Húsavík Cape Hotel
3. Húsavík Hostel
4. Fosshotel Húsavík
5. Árból
6. Guesthouse Sígtún

■ ESSEN
1. Salka Restaurant
2. Hvalbakur Grill & Cafe
3. Fish & Chips
4. Naustið

■ SONSTIGES
1. Húsasmiðjan
2. Kaskó
3. Salvía
4. Buchhandlung Eymundsson
5. Heimabakarí
6. Vínbúðin
7. Autowerkstatt
8. Nettó

■ TRANSPORT
1. Straeto-Bushaltestelle
2. SBA-Bushaltestelle
3. Autovermietung Bílaleiga

wandern und den herrlichen Blick auf die gegenüberliegende Küste genießen kann, ist das, was sich Reisenden nördlich von Húsavík präsentiert, Romantik pur: ein fast endloser hellbeiger Sandstrand, eingerahmt von saftig grünen Klippen. Von Bucht zu Bucht kommt man meist einfach am Wasser entlang. Sind Klippen im Weg, gibt es Wanderwege, die zur nächsten Bucht führen. Wer vom großen Strand aus in südlicher Richtung loswandert, gelangt bald zu einem namenlosen grauen Steinstrand mit Treibgut und angeschwemmten Walknochen.

Mánárbakki Museum

Eine Reise in die Vergangenheit macht, wer das Mánárbakki Museum an der nördlichsten Spitze der Halbinsel Tjörnes besucht, Mánárbakki, Tjörneshreppur (23 km nördlich von Húsavík), ✆ 464 1957. Der Besitzer Aðalgeir ist schon über 80 Jahre alt. Was er hier mit großer Liebe zusammengetragen hat, ist beachtlich: alte Möbel und Haushaltsgegenstände in einem alten Haus. Hier fühlt man sich nicht in die Vergangenheit zurückversetzt, hier steht man inmitten der Vergangenheit! Und damit der Gast nicht sein Zeitgefühl verliert, stehen vor dem Haus überlebensgroße, bunt angemalte Holzfiguren aktueller Künstler. Das etwas neuere gelbe Haus am Meer und die kleinen bezaubernden alten Häuschen mit den Grassodendächern sind auf jeden Fall einen Stopp wert. ⊙ Juni–Aug tgl. 9–16 Uhr.

ÜBERNACHTUNG

Húsavík

Árból, Ásgarðsvegur 2, ✆ 464 2220, 🖥 www.arbol.is. Hübsch restauriertes Haus aus dem Jahr 1903 mit 10 Gästezimmern, darunter 2 Drei-Bett- und ein Vier-Bett-Zimmer. Eine Kochmöglichkeit gibt es nicht, aber wer Zimmer mit Halbpension bucht, speist in den örtlichen Restaurants zum Sonderpreis. Gute Lage am Fluss Búðará beim Stadtpark. ❹

Campingplatz Húsavík, Héðinsbraut, direkt im Ort, ✆ 464 4300, 🖥 www.tjalda.is/en/husavik. Eine nette, durch Hecken und Bäume geschützte Wiese hinter dem Sportplatz mit 2 Duschen und WCs im kleinen Servicehaus. 1400 ISK für die erste Nacht, danach je 1000 ISK, Kinder unter 15 J. kostenlos, Strom 700 ISK, Waschmaschine 500 ISK. ⊙ 15. Mai–30. Sep.

Fosshótel Húsavík, Ketilsbraut 22, ✆ 464 1220, 🖥 www.fosshotel.is. Zentraler geht es kaum: Von außen ein 100-Zimmer-Klotz, von innen im Fosshótel-Stil, also stylisch mit viel bearbeitetem Holz und Lichteffekten. Wenn möglich, nach Zimmern mit Blick auf die Kirche und den Hafen fragen. ❼-❽

🧳 **Guesthouse Sigtún**, Túngata 13, ✆ 864 0250, 🖥 www.guesthousesigtun.is. Wer in Island das Mediterrane vermisst, ist hier goldrichtig (obwohl die Betreiber aus Deutschland kommen). Stylisch, aber doch

Das (deutsche) Siliziumwerk – Umweltsauerei oder Segen?

Auf ihrer Website beschreibt die Firma PCC BakkiSilicon das, was wenige Kilometer nördlich von Húsavík entsteht, als „eine der weltweit modernsten und umweltfreundlichsten Produktionsanlagen für Siliziummetall". Wer weiterliest, erfährt: In Polen wird Quarzit abgebaut. Das soll per Schiff hierher gebracht werden, wo es mithilfe grüner Energie aus Island (S. 115) zu Siliziummetall verarbeitet wird. Die Isländer selbst haben keine Verwendung dafür, also wird das Metall, das u. a. für die Herstellung von Solarzellen unverzichtbar ist, wieder abtransportiert. Die Mutter der PCC BakkiSilicon, der internationale Chemie- und Logistikkonzern PCC, hat seinen Sitz in Deutschland, deutsche Banken sind an der Finanzierung beteiligt, die Bundesregierung gibt eine Exportkreditgarantie, den Bau übernimmt eine Firma aus Düsseldorf. Ein Vorzeigeprojekt, das ausgiebig bejubelt wird. Neben Holzkirche und Walmuseum hätten Besucher bald einen weiteren Grund, Húsavík zu besuchen, schreibt die KfW-Bankengruppe in der Werbebroschüre. Eine Riesenfabrik, die nicht nur hässlich, sondern auch umstritten ist. Kritiker rechnen mit schädlichen Emissionen, außerdem halten sie den Standort in einer vulkanisch aktiven Gegend für denkbar ungeeignet.

gemütlich, sind die 7 im Mittelmeer-Landhaus-stil eingerichteten Zimmer, groß und gut ausgestattet die Küche (mit Kaffeeautomat), und dazu gibt's noch eine Waschmaschine. 2 Bäder und ein separates WC für alle. Sonderangebote in der Nebensaison. Frühstück im Port Guesthouse gegen Aufpreis. ❸–❹

Húsavík Cape Hotel, Laugarbrekka 26, ✆ 463 3399, 🖥 www.husavikhotel.com. 19 geräumige Zimmer, verteilt auf 2 Häuser im Norden der Stadt an der Promenade Höfði. ❻

€ **Húsavík Hostel**, Valholtsvegur 9, ✆ 463 3399, 🖥 www.husavikhostel.com. Zentral gelegenes, eher kleines Hostel mit 21 Betten unter italienischer Leitung mit gut ausgestatteter, aber kleiner Gemeinschaftsküche. Inkl. WLAN. Schlafsackunterkunft im 6er-Saal 6600 ISK. ❸

Außerhalb
Karte S. 401

Camping Heiðarbær (Campingkarte), 20 km südlich von Húsavík an der Straße 87, ✆ 464 3903, 🖥 www.heidarbaer.is. Großer Platz, in dessen Mitte sich ein kleiner Minigolfplatz befindet, neben Spielplatz vorne am Eingang. Für Zelte gibt es einen eigenen Platz. Neben dem Zeltplatz und zum Haus gehörend: ein Schwimmbad mit Hot Pot (kostenpflichtig 500 ISK); Duschen darf man umsonst. Schlafsackunterkunft in nur mit Stellplatten voneinander getrennten Betten in der Turnhalle. Abends wird es auf dem Campingplatz schnell voll. Zwei Gemeinschaftsküchen: eine kleinere für die Campinggäste, eine größere für die Gäste der Schlafsackunterkunft. Hier gibt es auch Tische und Stühle. Im großen Servicehaus kostenpflichtige Waschmaschine und Trockner. Die Anmeldung befindet sich im Haupthaus, in dem auch das Restaurant untergebracht ist. Vor allem die Burger sind beliebt; das Preis-Leistungs-Verhältnis ist gut. Vorsicht: Im Restaurant liegen Teebeutel, daneben gibt es heißes Wasser. Während dieses Angebot auf anderen Plätzen oft umsonst ist, wird man hier eher uncharmant zur Kasse gebeten. In der Erntesaison steht an der Straße gegenüber dem Platz ein Selbstbedienungshäuschen mit Gemüse aus den mithilfe warmer Quellen betriebenen Gewächshäusern. 1250 ISK p. P. (Kinder kostenlos) zzgl. 333 ISK Übernachtungssteuer pro Zelt/Camper. Strom 700 ISK, WLAN 250 ISK.

Guesthouse Hagi (auch Hagi 1), Aðaldalur (östlich der Straße 845), ✆ 464 3526, 🖥 www.guesthousehagi.com. Etwas abseits der Farm Hagi an einem kleinen idyllischen See, umgeben von grünen Wiesen. Auch der Fluss Laxá í Aðaldal ist ganz in der Nähe. Gäste, die Ruhe und Abgeschiedenheit suchen, sind hier bestens aufgehoben. Die Betreiber wohnen nicht im Haus, sondern auf der Farm. Hübscher Frühstücksraum im EG, aber keine Kochgelegenheit. Einen Engpass stellt das einzige Badezimmer im 1. OG dar, das die Bewohner der 4 Doppelzimmer sich teilen müssen. Kleine Handwaschbecken in allen Zimmern. Wer das Sommer-Blockhaus für bis zu 4 Pers. bucht, hat eine eigene Küche und auch ein Bad. DZ 188 € inkl. Frühstück, Cottage 230 € zzgl. 22 € p. P. für Bettzeug. ❹

€ **Kaldbaks-Kot Cottages**, Kaldbakur, ✆ 892 1744, 🖥 www.cottages.is. 10 Häuschen unterschiedlicher Größe und Ausstattung an zwei Seen – und nur 500 m vom Meer entfernt. Innen nicht topmodern, sondern in Holzoptik (auch die Bäder). Nicht alle Häuser bieten Seeblick, trotzdem stimmt das Preis-Leistungs-Verhältnis. Das bescheidenste Hüttchen für 4 Pers. kostet weniger als 100 €, 10 Personen nächtigen in der Villa Kaldbakur für 499 €. Es gibt einen Hot Pot und Frühstück im urigen alten Stall (gegen Aufpreis).

Tungulending Guesthouse, ✆ 896 6948, 🖥 www.tungulending.is. Ausgefallene Unterkunft unter deutscher Leitung an der Straße 85, 13 km nördlich von Húsavík direkt am Meer. Die alte Fischfabrik (mit Hafen!) wurde mithilfe von Crowdfunding liebevoll in ein Gästehaus umgebaut und bietet 9 unterschiedliche 2- und 3-Bett-Zimmer verteilt auf 2 Etagen. Mit kleinem Café und Restaurant. Frühstück 1600 ISK. ❸–❹

ESSEN

Hier steht ein nettes Restaurant neben dem anderen und viele haben Tische und Bänke

draußen, sodass man die Leute, die gerade vom Whale-Watching-Boot wanken, ausgiebig beobachten kann: Wer lacht und strahlt? Wer ist grün im Gesicht?
Eisdiele Ísbúð Húsavíkur, Garðarbraut 7. Eis auf die Hand beim Restaurant Salka.
Fish & Chips, direkt am Hafen, ✆ 464 2099. Eine der beliebtesten Pommesbuden überhaupt, obwohl die „Fish 'n' Chips"-Gerichte in Styroporverpackungen über die Theke gehen und auf wenig gemütlichen Bänken verzehrt werden sollen. ⏱ tgl. 8–18 Uhr.
Hvalbakur Grill & Café, Garðarbraut 8, ✆ 464 7278. Café-Grill-Restaurant im hübschen Holzhaus-Trio mit Außengastronomie Richtung Hafenpromenade. Das Essen wird an der Theke bestellt und zu den Tischen gebracht. ⏱ im Sommer tgl. 9–21 Uhr.
Naustið, Ásgarðsvegur 1, ✆ 464 1520. Meeresfrüchterestaurant in einem urigen gelben Fischerhaus mit Plätzen draußen unter Bäumen. Große Auswahl an Fischgerichten, die hübsch angerichtet auf Tellern in Fischform serviert werden (das Auge isst ja mit). ⏱ tgl. 12–22 Uhr.
Salka, Garðarbraut 7 (gegenüber dem Walmuseum), ✆ 464 3999, 🖥 www.salkarestaurant.is. Niedliches kleines Café-Restaurant im Bistro-Stil mit kleiner Karte und einheimischer Küche (Lamm, Fisch und sogar geräucherte Papageitaucher), aber auch Burger und Pizza. Zu empfehlen ist der Fisch des Tages. Die Fischsuppe mit extra Sahnehäubchen hat als echte Kalorienbombe ebenfalls viele Fans, genau wie das Eis. ⏱ tgl. 11.30–21 Uhr.

EINKAUFEN

Alkohol und Backwaren

Bäckerei Heimabakarí, Garðarbraut 15, ✆ 464 2900, 🖥 www.heimabakari.is. Wer deutsches Körnerbrot vermisst, ist hier genau richtig. Auch Freunden der typisch isländischen „Bolla"-Teilchen hüpft das Herz: Hier strotzt alles nur so vor Schokolade, Sahne, Cremefüllung und Zuckerguss. ⏱ Mo–Do 7–17, Fr 7–17.30, Sa 8–14 Uhr.
Vínbúðin, Garðarbraut 21, ⏱ Mo–Do 11–18, Fr 11–19, Sa 11–16 Uhr.

Ausrüstung

Húsasmiðjan, Vallholtsvegur, Baumarkt mit Outdoor-Abteilung. ⏱ Mo–Fr 9–18, Sa 10–14 Uhr.

Bücher und Geschenkartikel

Eymundsson, Garðarbraut. Bücher auch auf Englisch und Deutsch, außerdem Landkarten und Geschenkartikel. ⏱ Mo–Fr 9–18, Sa 11–16 Uhr.
Salvía, Stórigarður 11, ✆ 898 8328. Geschenkartikel und Design. Ausgefallene Kleinigkeiten (leicht gesundheitsbewusst/ esoterisch angehaucht), Wohnungsdeko, aber z. B. auch Schaffellhausschuhe. ⏱ Mo–Fr 11–17 Uhr.

Supermärkte

Kaskó, Garðarbraut 5, gleich oberhalb des Hafens. ⏱ Mo–Do 9–18.30, Fr 10–19, Sa 10–18 Uhr.
Nettó, Garðarbraut 64. ⏱ tgl. 9–19 Uhr.

AKTIVITÄTEN

Reiten

Saltvík, ✆ 847 9515, 🖥 www.saltvik.is. Das umfangreiche Angebot reicht von 1–2-stündigen Ausritten an der Küste entlang (9500 ISK p. P., Kinder von 10–15 J. 7000 ISK) bis zu 9-tägigen Reittouren ins Hochland. Eine zweite Niederlassung befindet sich am Mývatn.

Schwimmen

Hallenbad, Laugarbrekka 2/Héðinsbraut, ✆ 464 6190. Altes, aber gut in Schuss gehaltenes Gebäude direkt am Campingplatz. Drei große Hot Pots und Kinderpool. ⏱ Mitte Juni–Mitte Aug Mo–Fr 6.45–21, Sa, So 10–18, Mitte Aug–Mitte Juni Mo–Do 6.45–9.30 und 14.30–21, Fr 6.45–9.30 und 14.30–19, Sa, So 10–18 Uhr.

Wandern

Eine Wanderkarte gibt's in der Touristeninformation. Beliebt ist die Wanderung um den See Botnsvatn, die ca. 1 1/2 Std. dauert und für die man keine Karte braucht.

SONSTIGES

Autoreparaturen
Bílaþjónustan, Garðarsbraut 52, ✆ 464 1122.

Autovermietungen
Bílaleiga Akureyrar/Europcar, Garðarsbraut 66 (beim Supermarkt Kaskó), ✆ 840 6073, 🖥 www.holdur.is.
Bílaleiga Húsavíkur, Garðarsbraut 66, ✆ 464 1888, ✉ b.h.@simnet.is.
Budget am Flughafen, ✆ 562 6060, 🖥 www.budget.is.

Feste
Skirennen, April, 🖥 www.orkugangan.is/english: 25 km, Endpunkt Húsavík.
Stadtfest Mæradagar (Zucker-Tage), letztes Juliwochenende (Do–So): das Programm wechselt; Ausstellungen, Konzerte, Sportwettkämpfe (Beachvolleyball- und Fußball), auch Fressbuden sind immer dabei.

Informationen
Húsavíkurstofa, im Walmuseum, Hafnarstétt 1, ✆ 464 4300, 🖥 www.visithusavik.is. Gut sortierte Touristeninformation mit hilfsbereitem Personal und Souvenirs. Zudem aktuelle Infos an einem schwarzen Brett. ⏰ Mai–Sep 8.30–18.30, Okt–April 9–14 Uhr.

Medizinische Hilfe
Apotheke Lyfja, Garðarsbraut 5, beim Supermarkt Kaskó, ⏰ Mo–Fr 10–18, Sa 10–14 Uhr.
Krankenhaus, Auðbrekka 4, ✆ 464 0500, 🖥 www.hsn.is/husavik.

Touren
Fjallasýn Rúnars Óskarssonar, ✆ 464 3941 und 464 3940, 🖥 www.fjallasyn.is. Zahlreiche Tages- und Mehrtagestouren, außerdem Shuttleservice zum und vom Dettifoss.

TRANSPORT

Auto
Südlich von Húsavík geht es auf der Straße 87 in weniger als 1 Std. (55 km) zum Mývatn. Die schnellste Strecke nach Akureyri führt über die Straße 85 und die Ringstraße (insgesamt fast 100 km). Der Weg bis nach Þórshöfn im Osten (160 km) zieht sich – am besten mind. 3 Std. einplanen.

Busse
Strætó hält an der N1-Tankstelle gegenüber dem Exploration Museum, Héðinsbraut 2, SBA am Hafen, in der Nähe des Walmuseums, Hafnarstétt.
AKUREYRI, mit Strætó-Linie 79, im Sommer Mo–Fr 6.24, 10.24, 16.24, Sa 10.24, So 7.24, 17.25, im Winter Mo–Fr 6.24, 12.30, 16.07, So 11, 15.50 Uhr in 1 1/2 Std. für 2760 ISK.
ÞÓRSHÖFN, mit Strætó-Linie 79 im Sommer tgl. außer Sa in 2 1/2 Std.

Flüge
Nach REYKJAVÍK mit Eagle Air (Flugfélagið Ernir), 🖥 www.ernir.is, Mo–Fr 2x tgl., So 1x tgl., Sa Juni–Aug 1x tgl., 50 Min., 150–210 €.

9 HIGHLIGHT

Ásbyrgi und Dettifoss

Oft werden sie in einem Atemzug genannt: Ásbyrgi und Dettifoss. Das klingt, als lägen diese beiden sehr unterschiedlichen Touristenattraktionen – die bewaldete Ebene in Hufeisenform und der wasserreiche Wasserfall – direkt nebeneinander. Tatsächlich aber trennen sie 40 Straßenkilometer, die man westlich oder östlich der Schlucht Jökulsárgljúfur zurücklegen kann (eine Entscheidung, die vor Beginn der Tour getroffen werden muss, denn es gibt keine Brücke für einen Seitenwechsel. Außerdem ist wichtig, mit was für einem Fahrzeug man unterwegs ist, s. Transport). 32 km wandert man auf dem beliebten Fernwanderweg durch den **Jökulsárgljúfur-Nationalpark**, den nördlichen Bereich des zweigeteilten Vatnajökull-Nationalparks (meist in zwei Etappen). Viele Sehenswürdigkeiten, die hier am Wegesrand liegen, sind für Autofahrer nicht erreichbar. Andere können zwar angefahren werden, aber ganz ohne Laufen geht's auch hier nicht. Selbst zum Dettifoss muss man das letzte Stück zu Fuß gehen.

Im Nationalpark gibt es zwei Campingplätze, aber weder ein Café noch andere Übernachtungs- oder Versorgungsmöglichkeiten (und ein Handynetz hat man auch nicht überall).

Ásbyrgi

Wie kann dieses Tal wohl entstanden sein? Óðinns achtbeiniges Pferd Sleipnir muss hier im Vorbeigaloppieren einmal aufgesetzt und einen Hufabdruck hinterlassen haben. Das ist jedenfalls die populärste Erklärung für das, was es am Eingang zum Nationalpark zu bewundern gibt: Ásbyrgi, die „Asenburg", ist eine bewaldete Schlucht, 3,5 km lang und 1,1 km breit, seltsam eingedrückt, fast wie ausgestanzt in ein Tal eingraviert, begrenzt von senkrechten Felsen. In der Mitte dann das, was man beim Pferdehuf den „Strahl" nennt: ein 25 m hoher länglicher Berg, der **Eyjan** (Insel) genannt wird. Wie diese Naturschönheit, die so schwer zu beschreiben ist, wirklich entstanden ist, darüber rätselt man noch heute. Wahrscheinlich steht man hier im ursprünglichen Flussbett der **Jökulsá á Fjöllum** und Eyjan war tatsächlich einmal eine Insel. Dann gab es zum Ende der letzten Eiszeit Vulkanausbrüche unter dem kilometerdicken Eis des Vatnajökull. Das geschmolzene Eis floss in gewaltigen Flutwellen über 200 km Richtung Meer und riss Steine und Lavabrocken mit sich. Nach mindestens zwei dieser gefürchteten Gletscherläufe veränderte sich die Landschaft: Der Fluss verläuft heute 2 km weiter östlich, Ásbyrgi blieb wasserlos zurück.

Eyjan

Der Eyjan ist ungefähr 25 m hoch und ein beliebter Aussichtspunkt. Nach Norden sieht man bei gutem Wetter bis zum Meer, nach Süden überblickt man die hufeisenförmige halbrunde Mauer, die Ásbyrgi vor dem Wind schützt. Der Wanderweg beginnt am Campingplatz und verläuft zunächst unterhalb der Felswände Richtung Norden, wo nach einer scharfen Kehre ein gemächlicher Aufstieg möglich ist, der auch für unerfahrene Wanderer keine besondere Herausforderung darstellt. Der gut markierte Pfad wird an der südlichen Spitze des Plateaus zu einem kleinen Rundweg, sodass man die Aussicht nach allen Seiten bewundern kann, bevor man auf dem Pfad vom Hinweg wieder zurückgeht. Gesamtlänge ca. 4,5 km, Wanderzeit mindestens 1 1/2 Std.

Spaziergang zum Botnstjörn

Am südlichen Ende von Ásbyrgi, exakt an dem schmalsten Ende des Hufabdrucks, befindet sich ein Kleinod, das so lieblich ist, dass es für Reisende, die sich gerade erst an die raue, schroffe, oft vegetationslose Landschaft Islands

Deutlich zu erkennen: der Hufabdruck

gewöhnt haben, fast ein Schock ist: Es gibt Bäume, Blumen, Beeren, Bächlein, die friedlich vor sich hinplätschern, und einen kleinen See, auf dem Enten schwimmen und in dem sich die Kontur der umgebenden „Mauer" spiegelt. Damit man sich im Gewirr der ungewohnt hohen Bäume nicht verläuft, steht am Parkplatz ein Schild mit einer Wanderkarte. Wer die kleine Runde im Uhrzeigersinn läuft, kommt zunächst zum See, wo sich eine hölzerne Plattform mit einer Bank befindet. Rechter Hand, also westlich, kann man anschließend ein kleines Stückchen zum Rand der Mauer hochlaufen. Von oben hat man eine schöne Aussicht auf den See, aber auch auf die Schlucht und die „Insel" Eyjan. Die etwa 3 km lange Straße ist bis zum Parkplatz asphaltiert.

Die Westroute über den Dettifoss zum Selfoss

Wer auf der Straße 862 parallel zur Jökulsá-Schlucht Richtung Süden fährt, erreicht nach 13 km den Abzweig ins Tal **Vesturdalur**. Hier befindet sich neben einem schönen, geschützten Campingplatz auch ein Parkplatz (mit WC). Von hier aus werden über einen kurzen, ebenen Schotterwanderweg die bizarren Basaltberge **Hljóðaklettar** erreicht. Wer anschließend weiter zu den roten Geröllbergen **Rauðhólar** will, muss nochmal gut 3 km laufen. Eine Möglichkeit, direkt mit dem Auto hinzufahren, gibt es nicht.

Echofelsen Hljóðaklettar

Aufrecht stehende Basaltsäulen, liegende Basaltsäulen und Basaltsäulen, die aussehen, als würden sie jeden Moment umkippen – die sogenannten Echofelsen sind keine glatten Felswände, die Schall reflektieren, sondern gewaltige Lavaformationen, die man auf einem 3 km langen steinigen Pfad durchklettern kann. Man kommt vorbei an Burgen und Labyrinthen, an versteinerten Trollen, an Treppenstufen, die man benutzen könnte, wenn man die Gesetze der Schwerkraft außer Kraft setzen und mit dem Kopf nach unten laufen könnte, und sogar an einer Kirche, der „Kirkja". Es lohnt sich, die Basaltsäulenenden, wo es möglich ist, von Nahem zu betrachten: Manchmal sind Muster auf den Endstücken, die wie Siegel aussehen. Ob man hier tatsächlich irgendwo das Echo seiner eigenen Stimme hören kann, haben wir nicht rausfinden können. Was man aber deutlich hört, ist das Echo des Flussrauschens, das von den dahinter liegenden Felsen widerhallt.

Der Weg, auf dem es lose Steine zu überklettern gilt, verläuft oft nah am Abgrund, und auch wer brav auf dem markierten Weg bleibt, sollte vorsichtig sein. Hier ist im Sommer 2017 ein junger Tourist tödlich verunglückt. Am nördlichen Ende des Rundwegs schließt sich ein weiterer Rundweg an, der zu den roten Hügeln, den Rauðhólar, führt.

An jedem Sommer-Samstag um 14 Uhr führt ein Ranger des Nationalparks in 1 1/2 Std. durch das Gebiet der Echofelsen (Näheres im Infozentrum in Ásbyrgi).

Rauðhólar

Langsam, aber sicher bröckeln sie weg, die 6000 Jahre alten roten Hügel am Rande der Jökulsá-Schlucht. Noch schnell mal raufgehen, bevor die Pracht ganz dahin ist, scheint hier das Touristenmotto zu sein. Schade, denn es ist nicht auszuschließen, dass es Besuchern bald untersagt wird, sich auch nur in die Nähe dieser empfindlichen Naturschönheit zu begeben. Bislang hat man sich damit begnügt, den Weg „isländisch abzusperren": Man hat zwei Pflöcke eingeschlagen und ein Seil quer über den Pfad gespannt. Der am stärksten gefährdete der fotogenen, von Gesteinsnasen und -spitzen durchzogenen hellrot-dunkelrot-grauen Hügel sei damit ausreichend geschützt, dachten die Isländer. Eine Infotafel mit Fotos von 1987 und 2002 daneben weist auf Isländisch und Englisch darauf hin, dass das rote Tephragestein (*tephra* ist griech. für „Asche") loses Material ist, das nur allzu leicht losgetreten und auf Nimmerwiedersehen im Fluss verschwinden kann. Wie sich der Grat in den letzten 15 Jahren verändert hat, erkennt jeder mit bloßem Auge. Zwei ausgeschilderte und gut markierte Wanderwege führen durch eine Birken-Heide-Landschaft bergauf zu den Rauðhólar. Der landschaftlich schönere ist eine Fortsetzung des Hljóðaklettar-Wanderwegs und mit 3 km länger als der direkte Weg (2 km), der westlich an den Echofelsen vorbeiführt. Auf einem oft schmalen Pfad nähert man sich auf dem längeren Weg den roten Hügeln von der Flussseite aus und sieht witzige kleine Elfenburgen im roten Sand.

Dettifoss

Er ist weder der höchste noch der wasserreichste Wasserfall Islands, aber durch die Kombination aus Höhe und Kubikmeterzahl schafft der Dettifoss es doch in die Superlative: Er ist der leistungsstärkste Wasserfall Islands. Man liest, seine Leistung läge bei 85 Megawatt. Ein Kraftwerk ist hier aber nicht geplant, denn der Dettifoss ist ein Publikumsmagnet. Der große Parkplatz an der Westseite war bei unserem letzten Besuch so voll, dass wir auf einen freien Parkplatz warten mussten. Menschenmassen stehen an den verschiedenen Aussichtsplätzen (ganz oben gibt's auch eine größere Holzplattform), lassen sich von der Gischt nass spritzen und starren gebannt in die grauen Wassermassen. Anders als z. B. der Gullfoss ist der Dettifoss schmutzig. Das vom Gletscher mitgebrachte Sediment wird verwirbelt und verleiht dem Wasserfall eine Aura des Unheimlichen. Dem Gefühl der Ehrfurcht kann man sich nicht entziehen – egal, wie viele Menschen neben einem stehen. Hören kann man die Besuchermassen in direkter Dettifoss-Nähe ohnehin nicht: Der Gigant unter den Wasserfällen macht gehörigen Lärm. Man erreicht ihn vom Parkplatz aus über einen 800 m langen Fußweg. Am Parkplatz steht ein WC-Häuschen mit Rampe, zum Wasserfall schaffen es Rollstuhlfahrer wegen der großen Steine auf dem Weg aber nicht.

Selfoss

Gäbe es den berühmten Nachbarn nicht, wäre der Selfoss hier die Top-Sehenswürdigkeit. Wer aber mit dem Bus gekommen ist und nur eine Stunde Aufenthalt hat, muss sich entscheiden: Dettifoss oder Selfoss? Und da zieht der Selfoss dann meist den Kürzeren. Genau genommen gibt es *den* Selfoss gar nicht, der Name ist eine Art Sammelbezeichnung für unzählige kleinere Wasserfälle, die hier seitlich ca. 10 m tief in die Schlucht rauschen. Dieses Schauspiel lässt sich allerdings nur unzureichend im Bild festhalten. Wer den Selfoss in voller Schönheit sehen will, wählt den Zugang über die Ostseite der Jökulsárgljúfur. Von der westlichen Seite ist der Selfoss über einen sandigen Weg erreichbar, der vom Hauptweg kurz vor dem Dettifoss nach Süden abzweigt.

Die Ostroute über den Dettifoss zum Selfoss

Die Schotterstraße 864, die parallel zum östlichen Ufer der Jökulsá verläuft, schlängelt sich ohne große Steigungen durch eine karge Sand-Stein-Wüste. Hübsch anzusehen sind einige rote Berge, wie die Rauðhólar (s. o.). Auch die Straße selbst ist in einigen Abschnitten rot gefärbt. Ein weiterer Vorteil dieser Strecke: die Zufahrt zum 27 m hohen **Hafragilsfoss**, 2 km flussabwärts, aus Norden kommend also noch vor dem Dettifoss. Vom Parkplatz aus führt ein ausgetretener Trampelpfad zu einem tollen Aussichtspunkt mit Weitblick auf die Schlucht bis fast zum Dettifoss (hier verläuft auch ein Wanderweg am Ufer entlang). Der Zugang zum **Dettifoss** vom Parkplatz (mit WC-Haus) aus ist kürzer als auf der Westseite, dafür steiler und steiniger. Darüber, von welcher Seite aus der Wasserfall schöner anzusehen ist, gehen die Meinungen auseinander. Von der Westseite ist die Perspektive besser, dafür kann man an der Ostseite näher ran, fast bis ans Wasser. Der Wanderweg von hier zum **Selfoss**, durch gelbe Pflöcke markiert, führt vorbei an einem grauen Mini-Strand. Es gibt größere Steine, die über- bzw. umklettert werden müssen. Man kommt, immer am Schluchtrand entlang und dann über einige Steine, ganz nah ans Wasser bis zu der Stelle, an der die riesige Schlucht Jökulsárgljúfur, der man jetzt knapp 30 km gefolgt ist, mit einem ganz kleinen Riss im Flussbett beginnt.

ÜBERNACHTUNG

Im Nationalpark

Camping Ásbyrgi, ℡ 470 7100, 🖥 www.tjalda.is/en/asbyrgi-2. Für uns einer der schönsten Campingplätze Islands. Er liegt nämlich windgeschützt direkt „im Huf", neben der großen Steinformation Eyjan. Hier ist folglich alles grün, kleine Hecken dienen als zusätzlicher Windschutz. Das Servicehaus mit Duschen und Waschmaschine (aber ohne Aufenthaltsraum) liegt zentral, das Infocenter mit der Rezeption hingegen ein Stück weit entfernt. Duschen kostet 500 ISK und geht nur mit passender Münze zum Einwerfen. 1700 ISK, Jugendliche (13–16 J.) 800 ISK, Kinder kostenlos. Strom 1000 ISK, Waschmaschine und Trockner je 500 ISK. ⏱ Mitte Mai–Mitte Sep.

Campingplatz Vesturdalur, ℡ 470 7100, 🖥 www.tjalda.is/vesturdalur. In mehrere Einzelareale aufgeteilter, idyllisch gelegener Grasplatz mit 2 WC-Häuschen, kaltem Trinkwasser und ein paar wenigen Picknickbänken. Bis zum Jökulsárgljúfur und zu den Echofelsen läuft man nur wenige Minuten. Die Rezeption befindet sich in einem Holzhaus südlich des Campingplatzes. Sehr schlechter bis gar kein Handyempfang. 1700 ISK, Jugendliche (13–16 J.) 800 ISK, Kinder kostenlos. ⏱ Mitte Mai–Mitte Sep.

Nördlich des Nationalparks

Campingplatz Lundur Öxarfirði, ℡ 869 7672, 🖥 www.tjalda.is/en/lundi-oxarfirdi. Die zum Schwimmbad gehörende Campingwiese befindet sich auf der anderen Straßenseite, auf der Rückseite des Dettifoss-Gästehauses. Ein hölzernes Nurdachhaus fungiert als Servicehaus (WC, warmes und kaltes Wasser, keine Duschen) und bietet Schutz vor Regen. Schön wären noch zusätzliche Bänke. 1200 ISK, Kinder unter 14 J. kostenlos, Strom 700 ISK. Nur im Sommer geöffnet.

Dettifoss Guesthouse, Skinnastaðir, ℡ 869 7672, 🖥 bei booking.com. Obwohl der Name das suggeriert, liegt das Gästehaus eben nicht am Dettifoss, sondern 7 km östlich von Ásbyrgi an der Straße 85. Von hier aus sind es noch 45 km bis zum Dettifoss. Ansonsten aber eine schöne, moderne Unterkunft mit schicken Gemeinschaftsbädern, einem Aufenthaltsraum und einer gut ausgestatteten Gemeinschaftsküche. Ein wenig irritierend ist das Frühstückskonzept, denn Gäste, die ein Frühstück gebucht haben, speisen am gleichen Tisch wie die, die ihr eigenes Essen dabeihaben. Die Zimmer sind klein und zweckmäßig, das einzige Manko ist das Schließsystem, denn die Türen knallen laut. 19 Betten in 11 Zimmern, nur im Sommer (Juni–Mitte Sep) geöffnet. EZ 60 €. ❸

River Guesthouse, Skúlagarður, aus Húsavík kommend, noch vor Ásbyrgi links der Straße 85. Das lang gezogene blaue Gebäude mitten im Nichts wirkt etwas deplatziert, ein bisschen wie ein Gefängnis. Von innen ist es aber okay, mit zweckmäßigen Zimmern und Gemeinschaftsküche. Deko und jeglichen Schnickschnack sucht man vergeblich. Das Gästehaus mit 30 Zimmern gehört zum 500 m entfernten Hotel. Ohne Bettwäsche 4000 ISK günstiger. Frühstück 1000 ISK. ❷–❸

Skúlagarður Hótel, Skúlagarður, ✆ 465 2280, 🖥 www.skulagardur.com. 17 Doppelzimmer, eins davon behindertengerecht, außerdem 4 Familienzimmer, in einer ehemaligen Schule. Für Gäste gibt's ein Hotelrestaurant. Frühstück 1800 ISK. ❹

Südlich des Nationalparks

Grímsstaðir á Fjöllum, 3,5 km von der Ringstraße entfernt, ✆ 464 4292, 🖥 www.grimsstadir.is. Gästehaus mit Familienanschluss. 10 Schlafsackunterkünfte und 3 DZ, außerdem besteht die Möglichkeit zu campen. Camping 750 ISK, Schlafsackunterkunft 6000 p. P. Frühstück 1800 ISK. ❸–❹

Grímstunga Guesthouse, Víðirhóll, ✆ 464 4294, und 899 9991, 🖥 www.grimstunga.is. 26 Schlafmöglichkeiten verteilt auf 4 Häuser mit Gemeinschaftsbad und -küche. Das vierte Haus, Hólssel, befindet sich 6 km entfernt im Nirgendwo an der Straße 864. Frühstück 13 € p. P. ❸

EINKAUFEN

Am besten alle Vorräte aus Húsavík, Akureyri oder Egilsstaðir mitbringen, denn hier gibt es nur einen klitzekleinen **Laden** an der Tankstelle an der Straße 85 bei Ásbyrgi, der Reisende mit einigen Grundnahrungsmitteln und Schokoriegeln versorgt. ⏲ im Sommer tgl. 9–21 Uhr.

SONSTIGES

Feste

Dettifoss Trail Run, am 2. Sa im Aug, 🖥 www.runninginiceland.com/dettifoss-trail-run-jokulsarhlaup: Rennen über 13, 21,2 und 32,7 km. Die Läufer werden mit dem Bus zum Startpunkt gebracht und rennen durch Jökulsárgljúfur zurück nach Ásbyrgi.

Informationen

Gljúfrastofa Visitor Center, in Ásbyrgi, ✆ 470 7100, 🖥 www.vatnajokulsthjodgardur.is/english/operation/visitor-centre/gljufrastofa. Modernes, großes Informationszentrum mit Sanitäranlagen, Kaffeeverkauf und freundlichem Personal, das nicht müde wird, immer wieder die gleichen Fragen zu beantworten: Wie sind die Straßen? Wo sind die Wanderwege und wie lange braucht man für welche Tour? Man kann hier eine kleine Wanderkarte kaufen und die kostenlose Ausstellung zu Flora, Fauna und den geologischen Besonderheiten im Nationalpark besuchen. Berühren erlaubt: Man wird ermutigt, die Exponate anzufassen und zu ertasten. Geführte Kurzwanderung mit einem Ranger tgl. an jedem Sommer-Samstag um 14 Uhr. ⏲ Mai–Sep tgl. 9–19 Uhr, in der Nebensaison kürzer, Dez und Jan geschlossen.

Schwimmen

Lundur (Lundi), kleines Geothermal-Freibad mit Hot Pot 5 km östlich von Ásbyrgi an der Straße 85 nach Kópasker. ⏲ Mo–Fr 16–21, Sa, So 11–17 Uhr.

Wandern

Die Wanderwege im Nationalpark befinden sich fast alle auf der westlichen Seite der Schlucht. Entlang des Ufer-Fernwanderwegs sieht man noch viele kleinere Wasserfälle, z. B. den Réttarfoss und den Vígarbjargsfoss, außerdem gibt es einen 9-km-Rundwanderweg vom Dettifoss zum Hafragilsfoss. Eine detaillierte Wanderkarte gibt es für 1000 ISK im Visitor Center in Ásbyrgi.

TRANSPORT

Auto

Von der Straße 85 gehen drei Straßen ab: Auf der mittleren, der **861**, kommt man nach 3 km zum Besucherzentrum von Ásbyrgi, wo die Straße endet. Die beiden äußeren führen zum **Dettifoss**. Welche also nehmen? Das hängt vom Wetter, vom Zustand der Straßen (unbedingt im Besucherzentrum nachfragen) und vor allem von der Art des Autos ab –

und natürlich davon, was man unterwegs besichtigen bzw. erwandern möchte.

Die **Straße 864**, die Ostroute (ca. 57 km), ist eine einfache Schotterstraße. Sie kann Löcher haben und, wenn es geregnet hat, auch rutschig sein, aber mit größeren Hindernissen ist nicht zu rechnen.

Die **Straße 862**, die Westroute (ca. 54 km), ist immer noch zweigeteilt: Der nördliche Teil ist eine Jeeppiste (die manchmal unbefahrbar ist), der südliche Teil ist ab dem Dettifoss, der ungefähr auf der Hälfte der Strecke liegt, asphaltiert. Das heißt: Der nördliche Teilabschnitt der Route ist kaum befahren, auf dem südlichen trifft man auf Dutzende Reisebusse und außerdem jede Menge Pkw, die von der Ringstraße aus zum Dettifoss hoch und wieder zurück fahren. Aber das wird nicht mehr lange so bleiben, denn die alte Straße soll nach und nach durch eine neue Asphaltstraße ersetzt werden, die weiter östlich verläuft. Der erste Teilabschnitt ist schon freigeben. Wer aus Richtung Ásbyrgi kommt, fährt also 3 km auf einer Asphaltstraße. Die restlichen 29 km bis zum Dettifoss werden dann auf einer Piste zurückgelegt, die augenscheinlich nicht mehr gewartet wird. Autos mit wenig Bodenfreiheit haben wir zwar angetroffen, die Fahrer sahen allerdings nicht besonders glücklich aus, denn es gab ziemlich große Löcher und Senken.

Beide Straßen sind im **Winter** oft und lange gesperrt bzw. nicht befahrbar. Unbedingt vorher in der Touristeninformation in Akureyri oder direkt in Ásbyrgi anrufen. Die Mitarbeiter wissen immer gut Bescheid und sind an die vielen Anrufer gewöhnt.

Busse

Im **Winter** geht mit dem Bus in der Dettifoss-Region gar nichts. Der einzige Bus, der dann noch in der Gegend fährt, ist der Ringstraßenbus von Strætó (Linie 56 Akureyri–Egilsstaðir). Er hält allerdings nicht am Dettifoss, sondern an der Haltestelle *Dettifoss Crossroads*, gut 20 km südlich vom Dettifoss. Hier hält auch der Sommerbus 62 von SBA-Norðurleið. Wer von hier aus zum Dettifoss will, muss laufen oder trampen.

Im **Sommer** gibt es noch eine Strætó-Linie entlang der Nordküste: Bus 79 (Akureyri–Húsavík) fährt 1x tgl. (außer samstags) weiter nach Þórshöfn und hält unterwegs in Ásbyrgi.

Ásbyrgi

Die Haltestelle befindet sich an der Tankstelle. Von hier läuft man noch 500 m bis zum Infozentrum und gut 1 km bis zum Campingplatz.
AKUREYRI, mit Strætó-Linie 79 über Húsavík, im Sommer Mo–Fr 15.28, So 16.28 Uhr (Sa kein Bus!) in 2 1/4 Std.
ÞÓRSHÖFN, mit Strætó-Linie 79 im Sommer Mo–Fr 10.40, So 11.40 Uhr (Sa kein Bus!) in 2 Std.

Dettifoss (Westseite)

Keine Busanbindung, aber alle großen Anbieter unternehmen Tagesausflüge dorthin. Zur Ostseite kommt man nur mit dem eigenen Auto, mit dem Fahrrad oder zu Fuß.

Kreuzung Str. 1 / 862 (Haltestelle Dettifoss Crossroads)

AKUREYRI, mit Strætó-Bus 56 tgl. (im Winter Mo, Di, Fr, So) um 10.41 in 2 Std. SBA-Bus 62 1. Juni–10. Sep um 14.40 Uhr in 2 1/2 Std.
EGILSSTAÐIR über Mývatn, mit Strætó-Bus 56 tgl. (im Winter Mo, Di, Fr, So) um 17.34 Uhr in 1 1/2 Std., Mitte Juni–Aug SBA-Bus 62 um 10.20 in 2 1/2 Std.
HÖFN, mit SBA-Bus 62 über EGILSSTAÐIR, Mitte Juni–Aug um 10.20 Uhr in 7 Std.

Mývatn

Burgen und Schlösser aus rotgrauer Lava, 150 m hohe Krater, bunte Solfatarenfelder und ein noch heute aktives Vulkangebiet, dazwischen lauschige Inselchen und seltene Vögel und Enten: Das Gebiet rund um den Mývatn ist an Vielseitigkeit kaum zu überbieten.

Der Mývatn (deutsch Mückensee) bedeckt eine Fläche von 37 km². Mit einer Tiefe von maxi-

Mývatn und Umgebung

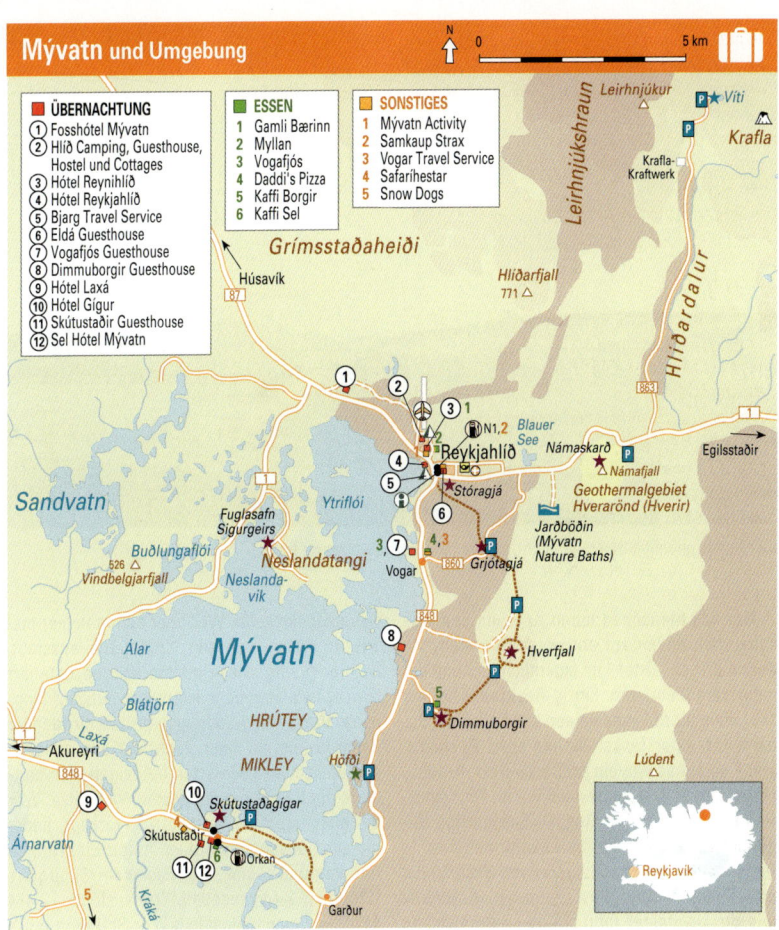

mal 4 m ist er extrem flach. Mehr als 50 Inseln und Inselchen – viele von ihnen grasbewachsen, andere fotogene Stein- und Lavaformationen – lugen aus dem Wasser und bieten den zahlreichen Vögeln sichere Brutplätze. Mindestens zwei Vulkanausbrüche vor 3500 und vor 2000 Jahren blockierten durch ihre Lavaströme den Abfluss des Wassers aus der Senke und schufen so diesen einzigartigen überdimensionalen Stausee mit wenig Wasserbewegung und großer Nährstoffdichte, der sich im Sommer schnell erwärmt. Ein Paradies nicht nur für Fische, Vögel und Mücken, sondern auch für Blaualgen, die zunehmend zum Problem werden. Schuld ist vermutlich eine Belastung des Wassers durch Überdüngung, über deren Ursache heftig gestritten wird. Die Bauern beschuldigen die Tourismusindustrie und unzureichende Kläranlagen, die Tourismusindustrie beschuldigt die Bauern. Auch eine Schadstoff-Altlast verursacht durch ein längst stillgelegtes Kieselgurwerk in der Nähe von Reykjahlíð ist nicht auszuschließen. Der gesamte See steht seit 1974 unter Naturschutz.

Hier hat es gewaltig Blubb gemacht, als die Lava aufs Seewasser traf.

Nur 425 Menschen leben rund um den Mývatn, viele davon auf entlegenen Farmen, sodass man von „Orten" im eigentlichen Sinne gar nicht sprechen kann. Einzig **Reykjahlíð** ist mit 166 Einwohnern, einer kleinen Kirche, einem Supermarkt, einer Tankstelle und einer Bushaltestelle so etwas wie ein größeres Dorf. Arbeitsplätze gibt es fast ausschließlich im Tourismus. Und der boomt in der Region. Einzigartige Sehenswürdigkeiten wie die Lavaformationen in Dimmuborgir, die Pseudokrater von Skútustaðir, das Solfatarenfeld Hverarönd (auch Hverir) und die Lavafelder rund um den Zentralvulkan Krafla haben der Region zu einem Platz auf der Unesco-Welterbeliste verholfen. Das touristische Angebot reicht von Rundflügen über geführte Jeep-, Reit- und Fahrradtouren bis hin zu Schneeschuhwanderungen und Hundeschlittenfahrten im Winter. Die meisten Sehenswürdigkeiten erkundet man aber am besten und kostengünstigsten zu Fuß.

Fuglasafn Sigurgeirs

Das Westufer des Mývatn, an dem die Ringstraße vorbeiführt, ist flach, bis auf vereinzelte Bauernhöfe unbewohnt und einigermaßen unspektakulär. Wer aber schon immer mal wissen wollte, wie eine Spatelente aussieht, ist hier richtig. Diese höchst seltene Entenart (*Bucephala islandica*; isländisch *húsönd*, englisch *Barrow's goldeneye*) brütet nirgendwo sonst in Europa. Aber auch fast alle anderen einheimischen Vogelarten beteiligen sich lautstark am Kampf um die besten Nistplätze. Wer die ausgestopften Varianten bevorzugt, findet sie alle hübsch angeordnet in den Glasvitrinen des **Vogelmuseums**, des Fuglasafn Sigurgeirs (Sigurgeir Bird Museum), Ytri-Neslönd, ✆ 464 4477, 🖥 www.fuglasafn.is. Zur Stärkung gibt's Waffeln, Kuchen, belegte Brote und Suppe im Panoramacafé. Außergewöhnlich gut schmeckt der warme Pfirsichkuchen. ⏰ Juni–Aug tgl. 9–18, Mai, Sep, Okt 12–17, Nov–April 14–16 Uhr, Eintritt 1200 ISK, Kinder (7–14 J.) 600 ISK.

Grjótagjá und Stóragjá

Gjá ist die isländische Bezeichnung für eine Spalte, Kluft oder Schlucht, und davon gibt es in den Lavafeldern östlich des Mývatn viele. Einer dieser Risse in aufgetürmter Lava allerdings gelangte zu Weltruhm: Hier nämlich, im türkisfarbenen Wasser einer versteckten warmen

Badehöhle, feierten John Snow und die rotblonde „Wildlingdame" Ygritte in der Serie *Game of Thrones* ihre einzige (verbotene) Liebesnacht. Die Badestelle liegt an der Straße 860 (Grjótagjárvegur), auch mit einem Pkw einfach erreichbar. Der Riss namens **Grjótagjá** ist wesentlich größer als man vermuten würde, wenn man an der Badestelle steht. Er zieht sich – mal besser, mal weniger gut sichtbar – durch das gesamte Gebiet östlich des Mývatn. Auch nördlich von Garður, mehr als 10 km südlich der Badestelle, gibt es einen Zugang zur Grjótagjá.

Weniger bekannt ist die **Stóragjá** (die große Schlucht), die nur einen Katzensprung südlich von Reykjahlíð zu finden ist. Auch hier gibt es eine Badestelle und auch hier ist – wie in der Grjótagjá – das Baden verboten.

Pseudokrater in Skútustaðir

Auch wenn sie so aussehen: Pseudokrater sind keine Vulkankrater. Sie entstanden vor vielen tausend Jahren, als Lava aus Richtung Krafla über das feuchte Sumpfland floss und das im Boden gespeicherte Wasser mit einem Schlag verpuffte. Die frische Lava, aber auch das, was ehemals eine kühle Feuchtwiese war, wurden durch die Explosion in die Höhe geschleudert und kamen als Krater rund um das in die zähflüssige Lava gesprengte Loch wieder herunter. Mehrere Wanderwege führen durch das Gebiet der Skútustaðagígar, der Krater von Skútustaðir. Der kürzere (1,5 km) führt über befestigte Wege, der längere (3 km) rund um den See **Stakhólstjörn** ist nur in Teilabschnitten geschottert. Eine Wanderkarte hängt am Parkplatz vor dem Hotel Gígur aus.

Achtung Google-Fans: Nicht nach Skútustaðir suchen, das ist falsch verortet. Stattdessen Skútustaðagígar als Suchbegriff verwenden.

Entlang der Ringstraße nach Osten
Jarðböðin (Mývatn Nature Baths)

Ein Freiluftbad in ungechlortem warmem Schwefelwasser, das sich nicht nur wohligweich anfühlt, sondern auch noch wirksam gegen Hautkrankheiten und Asthma sein soll, gehört zu jedem Islandbesuch. Das Wasser der Lagune, die hier ganz in der Nähe der Ringstraße angelegt wurde, ist etwas weniger türkis als in der berühmten Blauen Lagune, aber dafür ist die Aussicht auf die umliegenden Berge weitaus schöner als in der südisländischen Schwesterlagune. Außerdem sind erheblich weniger Besucher da und niemand muss im Voraus buchen. Mit einem Fassungsvermögen von 3,5 Mio. Litern ist das Bad, Jarðsbaðshólar, ℡ 464 4411, 🖥 www.myvatnnaturebaths.is, recht groß. Das Wasser kommt direkt aus dem 1 km entfernten Kraftwerk Bjarnarflag. Des schönen Anblicks wegen, aber auch um das 130 °C heiße Wasser ein wenig abzukühlen, hat man kleine künstliche Springquellen und Mini-Wasserfälle geschaffen. Unentschlossene pausieren bei Kaffee und Hotspring-Brot mit geräuchertem Lachs (900 ISK) im Glasfront-Restaurant, bevor sie entscheiden, ob Badevergnügen und Dampfbadgenuss ihnen 4300 ISK wert sind oder nicht. Jugendliche (13–15 J.) zahlen 1600 ISK, kleinere Kinder baden kostenlos, außerdem bieten viele Hotels und Gästehäuser Eintrittskarten zu ermäßigtem Preis an. Außer-

---

Mücken oder keine Mücken?

Wir waren schon oft am Mückensee und haben schon viel gesehen, sogar Schnee im Juli. Überdurchschnittlich viele Mücken waren nie da. Im August 2017 aber kamen wir in den Genuss, Mývatn an einem windstillen, warmen Sonnentag zu besuchen. Es war die Pest! Mücken in den Augen, Mücken in der Nase, Mücken unter der Kleidung, Mücken im Auto. Alle Fotos voller schwarzer Punkte, wegretuschieren eine Mammutaufgabe. Jetzt wissen wir, warum hier so viele Vögel leben. Schnell ein paar Bilder von vermummten Touristen gemacht und weg waren wir. Übernachtet haben wir wenige Kilometer entfernt in Laugar. Anzahl der Mücken dort: Null. Einen Brutkalender, der die Plage am Mückensee zuverlässig vorhersagt, gibt es nicht. Ist es sonnig, trocken und windstill, sind sie mit hoher Wahrscheinlichkeit da, bei Sturm und Regen verkriechen sie sich. Insofern: nicht auf den Kalender, sondern auf die Wettervorhersage schauen. Der einzige Trost: Die Mývatn-Mücken stechen nicht, sie nerven nur.

halb der Hauptsaison (Mitte Mai–Ende Sep) sind die Preise niedriger (3800 bzw. 1200 ISK). Im Winter kommen Gäste von weit her, um hier den unverbauten Blick auf Sternenhimmel und Polarlichter ausgiebig auszukosten. ⏱ Mitte Mai–Ende Sep 9–24, Okt–Mitte Mai 12–22 Uhr, Kaffi Kvika 12–10 Uhr.

Hochtemperaturgebiet Námaskarð/Hverarönd

Früher wurde hier Schwefel für die Herstellung von Schießpulver abgebaut – heute ist das Fumarolen- und Solfatarengebiet nur noch Touristenattraktion. Es brodelt, blubbert und stinkt gewaltig. Die vorherrschende Grundfarbe ist ein golden schimmerndes Orange-Braun, aber dazwischen finden sich graue Schlammquellen und ungesund aussehende weiß-gelbe und hellblaue Ablagerungen. Wer mag, steigt auf den 400 m hohen ockerfarbenen Bergrücken **Námafjall** und sieht sich das Schauspiel von oben an. Und immer schön dran denken: Bloß nicht auf die gelben Stellen treten, denn das sind die Schwefelrückstände. Wer hier einsinkt, verbrennt sich gehörig die Füße.

Rund um den Zentralvulkan Krafla

Darüber, wie groß das 200 000 Jahre alte Vulkangebiet ist, gibt es widersprüchliche Aussagen. In jedem Fall ist es riesig. Mindestens 10 km in Ost-West- und um die 100 km in Nord-Süd-Richtung. Zum Haupt-Vulkan, der eigentlichen Krafla, gibt es keinen Zugang, wohl aber zum dazugehörigen Kraftwerk **Kröflustöð** (auch Kröfluvirkjun) und zum Lavafeld beim Vulkan **Leirhnjúkur**. Vom Parkplatz an der Straße 863 sind die immer noch leicht dampfenden Ausbruchsstellen aus den Jahren 1975–1984 auf einem Fußweg in rund einer Stunde erreichbar (eine detaillierte Wanderkarte hängt aus). Schneller ist man am Krater **Víti**, der mit seinem türkisfarbenen Wasser ein beliebtes Fotomotiv darstellt. Víti (Hölle) hat einen Durchmesser von 300 m. Er entstand am 17. Mai 1724 im Rahmen der großen Ausbruchsserie der Jahre 1724–1729, den sogenannten Mývatn-Feuern. Víti kann auf einem Pfad am Kraterrand in einer guten halben Stunde umrundet werden. Hier oben weht oft ein eisiger Wind, sodass Wanderer mit Mütze und Schal klar im Vorteil sind. Eine kostenlose Ausstellung im Besucherzentrum informiert über die Arbeit des Kraftwerks, aber auch über die vergangenen Ausbrüche. ⏱ Mo–Fr 12.30–15.30, Sa, So 13–17 Uhr. Eine Infobroschüre auf Deutsch gibt es unter 🖥 www.landsvirkjun.com/media/enska/operations/Krafla_leaflet_german.pdf.

ÜBERNACHTUNG

Die Sommerpreise rund um den Mývatn haben sich gewaschen, aber das Preisgefälle zwischen Haupt- und Nebensaison ist enorm. Schon wer im Mai oder Oktober kommt, zahlt erheblich weniger als die Sommergäste.

Rund um Reykjahlíð

Campingplatz Bjarg Travel Service, ✆ 464 4240. Zelte stehen auf der schönen großen Wiese am See, die dazugehörigen Autos und Camper auf dem geschotterten Parkplatz. Direkt daneben unter freiem Himmel: die Mülltonnen und 6 Spülbecken. Es gibt 2 Servicehäuser mit heißen Duschen und eine Gemeinschaftsküche. Das Wasser hier riecht nach Schwefel. Fahrradverleih und Souvenirshop an der Rezeption, wo man Ruderboote und Fahrräder leihen und auch Ausflüge buchen kann. Tipp: Wer hier übernachtet, bekommt bei fast allen Tourveranstaltern rundherum und auch im Naturbad großzügige Preisnachlässe. Eine offizielle Preisliste gibt es nicht. Begründung: Die Preise könnten sich jederzeit ändern. Evtl. lohnt es sich, in Euro zu zahlen, zuletzt betrugen die Preise 1800 ISK oder 10 € p. P. ⏱ Mai–Sep/Okt.

Eldá Guesthouse, Helluhraun 9, ✆ 464 4220, 🖥 www.elda.is. Einfache Zimmer für 1–3 Personen in mehreren Gebäuden (Helluhraun 7, 9 und 15) nahe der Bushaltestelle und dem Supermarkt. Gemeinschaftsküche und -bäder. Frühstück 13 €. ❸

Fosshótel Mývatn, Grímsstaðir, ✆ 453 0000, 🖥 www.fosshotel.is/hotels/fosshotel-in-the-north/fosshotel-myvatn. Das flache, futuristische Holzgebäude mit den großen Fensterfronten liegt mitten in einem schwarzen Lavafeld. Kein Gebäude trübt die Aussicht auf den See. 92 schicke Zimmer mit allem Pipapo,

Das Mývatn-Gebiet zu Fuß erkunden

Von Reykjahlíð nach Dimmuborgir

In Reykjahlíð, an der Kreuzung der Straßen 848 und 1, beginnt ein 14 km langer Wanderweg, der an der Badehöhle der Grjótagjá und dem Krater Hverfjall vorbei bis nach Dimmuborgir führt. Die mit 3–4 Stunden angegebene Wanderzeit ist allerdings unrealistisch, denn der Teilabschnitt bis zum Krater ist mit Vorsicht zu genießen: Hier verläuft man sich oft, kraxelt und stolpert weglos durch Lavaformationen, obwohl der Krater als Orientierungspunkt weithin sichtbar ist. Der Pfad vom Südrand des Kraters bis nach Dimmuborgir dagegen ist nicht zu verfehlen. Beschreibungen und Karten zu diesem und zu elf weiteren Wanderwegen im Mývatn-Gebiet auf 🖥 www.visitmyvatn.is/en/see-and-do/hiking-routes.

Auf den Krater Hverfjall (Hverfell)

Die kurze Rundwanderung auf dem Kraterrand des ca. 90–150 m hohen Kraters Hverfjall gehört zum Mývatn-Pflichtprogramm, denn die Aussicht von hier oben ist atemberaubend. Beim Hverfjall handelt es sich um einen Tuffring aus Lockermaterial, entstanden vor ca. 2500 Jahren durch gewaltige Wasserdampfexplosionen. Der Aufstieg an der niedrigeren Krater-Nordseite, wo sich auch der große Parkplatz befindet, ist auch für ungeübte Wanderer keine große Herausforderung. Der durch Seile gesicherte Pfad an der Südseite dagegen führt durch Sand und Steine und ist entsprechend anstrengend. Wenige hundert Meter südlich dieses Wegs beginnt der Wanderweg nach Dimmuborgir.

Dimmuborgir

„Das hier könnte eine Kirche sein, das hier eine Schlafhöhle – und hier: Das sind doch eindeutig versteinerte Trollkinder, die neugierig um die Ecke lugen …" Der Fantasie sind beim Spaziergang durch die „dunklen Burgen", die das Resultat eines Zusammentreffens von glühender Lava und kaltem Wasser vor ca. 2000 Jahren sind, keine Grenzen gesetzt. Auch die Lavaformationen von Dimmuborgir lassen sich nur zu Fuß erkunden. Es gibt markierte Rundwege unterschiedlicher Länge. Der beliebteste endet an einem Lava-Tor mit kreisförmigem Loch, durch das man hindurchsteigen kann. Hier beginnt der Wanderweg zum Hverfjall. Zwischen den Brocken herumklettern darf man nicht mehr. Die empfindliche Lava und die Birkengehölze dazwischen würden dem Touristenansturm nicht standhalten. Tgl. um 10 Uhr bieten die Mývatn-Ranger eine kostenlose Führung an (1 Std.). Treffpunkt ist der Eingang des Lavagebiets beim großen Parkplatz.

Höfði

Gut gepflegte Spazierwege führen durch das bewaldete Halbinselchen, das so idyllisch ist, dass es glatt als Park durchgehen könnte. Zahlreiche Bänke laden zum Verweilen ein.

UNTERWEGS ZUM HVERFJALL; © STEPHAN ROBERTZ

Die dreizehn isländischen Weihnachtsmänner

Der alte Mann im roten Mantel bringt die Geschenke. Das haben auch isländische Kinder so gelernt. Aber er ist nur einer von insgesamt 14 Weihnachtsmännern, der zugereiste, nur sehr entfernte Verwandte, der streng genommen nicht dazugehört. Oft auch nur ein Fake, ein ganz normaler Mensch mit angeklebtem Rauschebart. Seine 13 Kollegen dagegen sind echt – und uralt. Seit Jahrhunderten kommen sie im Winter aus ihren dunklen Höhlen und versetzen die Menschen in Angst und Schrecken. Der eine knallt die Türen zu, der andere stiehlt Kerzen, aber die allermeisten stibitzen Nahrung. Je dunkler es wird, desto mehr. Und möglicherweise waren sie schon da, als man von Weihnachten noch nie etwas gehört hatte. Aber die Isländer sind da flexibel. Was nicht passt, wird eben passend gemacht.

Stekkjastaur, der erste Weihnachtsmann, der sich im Schutz der Dunkelheit aus seinem Versteck traut, wird erstmals am 12. Dezember gesichtet. Bis er am 25. Dezember wieder in die Berge zurückkehrt, vergreift er sich an Schafsmilch. Sein Bruder **Giljagaur** folgt ihm am 13. Dezember und treibt bis zum 26. sein Unwesen in Kuhställen. Es folgen **Kochlöffelschlecker**, **Skyr-Räuber**, **Fensterglotzer** und **Türschlitzschnüffler**, und genau am 24. Dezember sind alle 13 Brüder gleichzeitig da. An diesem Tag sollte man also am besten zu Hause bleiben und seine Vorräte bewachen. Für kleine Kinder ist das Rausgehen besonders gefährlich, denn irgendwo in den Bergen lauert auch noch die Mutter der Weihnachtsmänner. Die **Riesin Grýla** gibt sich nicht mit harmlosem Schabernack zufrieden. Unartige Mädchen und Jungen landen sofort im großen Suppenkessel, in dem Grýla schon seit Jahrhunderten geduldig rührt. An ihrer Seite kauert **Jólaköttur**, die ewig schlecht gelaunte, gefräßige Weihnachtskatze, die möglicherweise auch vor unvorsichtigen Wanderern nicht haltmacht. Also, Reisende, die Island im Winter besuchen: Gebt fein acht und entfernt euch nicht zu weit von den Ortschaften! Und wenn ihr eine riesige alte Frau mit einer Katze im Schlepptau seht, macht kein Foto, sondern rennt, so schnell ihr könnt! Geschenke bringen die beiden sicherlich nicht.

P.S. Pädagogen verbreiten mittlerweile eine frohe Botschaft: „Nú er hún gamla Grýla dauð" (Jetzt ist die alte Grýla tot). Sie sei wohl verhungert, weil es keine ungezogenen Kinder mehr gab. Und auch die Weihnachtsmänner sind heute netter geworden – sie klauen nicht mehr, sondern stecken nachts Kleinigkeiten in die Stiefel.

außerdem gibt es ein Restaurant und eine Bar. Eröffnet wurde das wegen möglicher Missachtung von Umweltauflagen umstrittene Luxushotel im Sommer 2017. ❻–❽
Hlíð Hostel, Guesthouse und Cottages, ☎ 464 4103, 🖳 www.myvatnaccommodation.is. Zwischen Flugplatz und See (aber nicht am See) stehen unterschiedlich große Holzhütten und ein länglicher roter Flachbau am Rande eines Lavafelds. Hier befinden sich Doppelzimmer und ein 6er-Schlafsaal. Bett im gemischten Schlafsaal (Schlafsack muss mitgebracht werden) im Sommer ab 45 €/5000 ISK, in der Nebensaison 35 €. Frühstück 18 €. Blockhaus ab 230 €/20 000–36 500 ISK. ❺
Zur Anlage gehört auch ein großer, moderner **Campingplatz** mit einem Zelt, das bei Regen als Gemeinschaftsraum und Küche genutzt werden kann. Komfortabel. Servicehaus mit vielen WCs, sauberen Duschen, Umkleide und Fön. Hübsch sind die über leiterartige Holzstiegen zu erreichenden Gras-Terrassen, die für Zelte reserviert sind (man schaut in Richtung See, aber leider auch auf den Parkplatz). Von der westlichsten Picknickbank aus sieht man schon die kleine Kirche von Reykjahlíð. Zum Supermarkt mit Bushaltestelle 10 Min. Fußweg. 1750 ISK p. P., Kinder unter 15 J. kostenlos, Strom 700 ISK, Waschmaschine/Trockner je 1000 ISK, Frühstück 2000 ISK. Duschen inkl. Wer an der Rezeption sein Handy laden will, zahlt 100 ISK. WLAN.
Hótel Reykjahlíð, Kísilvegur, ☎ 464 4142, 🖳 www.myvatnhotel.is. 5 etwas kleinere und 4 große Zimmer im weiß-grauen Haus mit rotem Dach direkt am Seeufer. ❺–❻

Hótel Reynihlíð, ✆ 464 4170, 🖥 www.myvatnhotel.is. 4-Sterne-Hotel mit 41 Zimmern, die diesem Standard entsprechend, aber etwas altmodisch eingerichtet sind. Großzügige Lobby mit Sitzecke, Sofas, Bar und Souvenirshop. ❺–❻

In Vogar

Dimmuborgir Guesthouse, Geiteyjarströnd 1, ✆ 464 4210, 🖥 www.dimmuborgir.is. Blockhaussiedlung nicht direkt im rummeligen Dimmuborgir, sondern inmitten einer mit Lavabrocken gespickten Wiese ruhig am See. Die Hütten sind einfach, aber gemütlich, einige haben Küchenzeilen und Hot Pots. Für Gäste, deren Hütten keine Kochgelegenheit haben, steht eine Gemeinschaftsküche zur Verfügung. Im schönen Frühstücksraum mit Seeblick wird ein außergewöhnlich umfangreiches Frühstücksbuffet mit Obst und Lachs geboten. Hütte ab 28 500 ISK.

Vogafjós Guesthouse, ✆ 464 3800, 🖥 www.vogafjosfarmresort.is. Ein wenig abseits von Kuhstall-Café und Bauernhof stehen drei lange Holzhäuser, in zwei davon befinden sich jeweils 10 moderne Doppelzimmer mit separatem Eingang, im dritten auch Familienzimmer. Frühstück im Kuhstall-Café. ❺–❻

Vogar Travel Service, ✆ 464 4399, 🖥 www.vogahraun.is. Insgesamt 18 Zimmer unterschiedlichen Standards: Doppelzimmer mit privatem oder Gemeinschaftsbad, aber auch einfache Dreibett- und Familienzimmer mit Etagenbetten. Gemeinschaftsküche, Fernsehraum und Terrasse. Günstig in der Nebensaison. Ganzjährig geöffneter Campingplatz, auf dem die Autos neben den Zelten stehen dürfen. 1500 ISK p. P. zzgl. 1500 ISK pro Wohnmobil und 500 ISK pro Zelt oder Minicamper. Strom 500 ISK, Duschen inkl. Die vierte Nacht ist kostenfrei. Preise für Schlafsackunterkunft auf Anfrage. Frühstück 14 €. ❸–❺

In Skútustaðir

Hótel Gígur (Keahotels), Skútustaðir, ✆ 464 4455, 🖥 www.keahotels.is. In der Nähe der Krater seeseitig gelegen und betont modern und stylisch. Alle Zimmer mit Bad. Restaurant mit herrlichem Seeblick. ❻–❼

Sel-Hótel Mývatn, ✆ 464 4164, 🖥 www.myvatn.is. Wenig einladend liegt der graue Klotz direkt in Skútustaðir an der Straße. Die geräumigen Zimmer sind mit Badewannen und Fernsehern ausgestattet. Einige haben Seeblick. Gelobt wird v. a. das umfangreiche Frühstücksbuffet. Wer sich in eine Liste einträgt, wird geweckt, sobald sich Polarlichter zeigen. ❼

 Skútustaðir Guesthouse, ✆ 464 4212, 🖥 www.skutustadir.is. Neubau-Bauernhof mit einfachen Zimmern in mehreren Gebäuden, einige davon mit Krater-Blick. Wer selbst kochen will, findet hier die einzige Möglichkeit in der näheren Umgebung, deshalb ist die Küche gut ausgelastet. Liebevoll zubereitetes Frühstücksbuffet. Wer mag, darf auch im Kuhstall mithelfen. Verglichen mit den Hotels drumherum günstig. ❹

Außerhalb

Hótel Laxá, Olnbogaás, ✆ 464 1900, 🖥 www.hotellaxa.is. Ein wenig abseits oberhalb des Sees auf einem Hügel thront das moderne 3-Sterne-Luxus-Neubauhotel. Noch an der Straße 848, aber „mal eben nach dem Abendessen zum See laufen" wird von hier aus eher zur Wanderung. Die mit dunklem Holz verkleideten Flachbauten haben mit Gras begrünte Dächer, sodass sie für die, die im oberen Stockwerk sitzen, so gut wie unsichtbar sind. Eine tolle Location für Nordlichtfotos mit See. Alle Zimmer mit Sitzecke, Wasserkocher, Fön und Kosmetiksortiment. Abends lockt eine kleine Bar. Tipp: In der Nebensaison kann man manchmal zu Schäppchenpreisen übernachten. ❺–❻

ESSEN

Ein günstiges Restaurant zu finden scheint hier noch schwieriger zu sein als anderswo in Island. Gäste mit kleinem Geldbeutel begnügen sich mit dem Schnellimbiss beim Supermarkt.

Rund um Reykjahlíð

Gamli Bærinn, gegenüber dem Hótel Reynihlíð, ✆ 464 4270. Eine Mischung aus Café, Bistro, Restaurant und Schnellimbiss, die sich größter Beliebtheit erfreut. Außer Hauptgerichten mit Fisch und Lamm isst man hier Burger, Nachos,

Vom Mývatn nach Egilsstaðir entlang der Ringstraße

Die 165 km von Reykjahlið am Mývatn bis nach Egilsstaðir kommen vielen endlos vor. Tatsächlich aber geht es schnell voran, weil es direkt am Straßenrand so gut wie nichts anzuschauen gibt. Wer ohne Pause durchfährt, schafft die Strecke in 3 Std.

Es gibt jedoch Reisende, für die die Fahrt durch das weitgehend unbewohnte bergige Ödland östlich des Mývatn ein intensives Entspannungserlebnis ist. Im Süden liegt die vegetationslose Stein- und Geröllwüste **Ódáðahraun**, nicht umsonst auch Missetäter-Lavafeld oder Missetäter-Wüste genannt – Bösewichte wurden hier früher einfach ausgesetzt. Das fast 5000 km² große Lavafeld reicht bis zum Vatnajökull.

Für Geschichtsinteressierte spannend sind die **Biskupavörður**, der Bischofstreffpunkt direkt nördlich der heutigen Ringstraße. Hier verlief nach der Trennung im Jahr 1106 die Grenze zwischen dem kleinen Bistum des Nordens und dem viel größeren des Südens. Eine Infotafel informiert darüber, was es mit den Steinhaufen und Mauerresten am Parkplatz auf sich hat: Hier sollen einst eilig Unterkünfte gebaut worden sein, als sich die beiden Bischöfe trafen, um einen Streit über den genauen Verlauf der Grenze beizulegen. Die Landkarte zeigt detailliert, welche Reit-Routen Stéfan Jónsson (1491–1518) aus Skálholt und Gottskálk Nikulásson (1496–1520) aus Hólar bis hierher genommen haben sollen.

Fjalladýrð

Der höchstgelegene Hof Islands (469 m) im Tal Möðrudalur zwischen Mývatn und Egilsstaðir an der Straße 901, ☏ 471 1858, 🖳 www.fjalladyrd.is, liegt ganz nah an der Ringstraße und doch irgendwo im Nirgendwo. Keine weiteren Anzeichen von Zivilisation umgeben den Ort, nur Berge ringsum: Herðubreið, Kverkfjöll (der aus dem großen Gletscher Vatnajökull hervorragt) und Víðidalsfjöll.

Fjalladýrð (Pracht der Berge) eignet sich perfekt für alle, die ins Hochland aufbrechen oder von dort kommen. Es ist eine kleine Welt für sich. Ein Campingplatz, ein paar kleine Hütten, ein Restaurant, das Fjallakaffi, ⏲ tgl. 7.30–22 Uhr, eine ehemalige Tankstelle (zur Zeit der Recherche konnten wir hier nicht tanken, aber wenn Benzin da ist, ist allein das Tanken ein besonderes Erlebnis) und eine kleine Kirche. Alles so niedlich, dass jederzeit Frodo und Mr. Beutlin aus dem *Herrn der Ringe* um die Ecke kommen könnten – lustig ein Liedchen pfeifend.

Kleine gepflegte Häuschen aus Torf und Holz ducken sich in die Erde, grasbewachsene Dächer bieten Schutz. Von der Terrasse des Restaurants blicken Gäste entspannt auf ein wunderschönes Bergpanorama, innen ist es urgemütlich wie auf einer Berghütte. Campinggäste können bei schlechtem Wetter hier oder in der gemütlichen Kochhütte des Platzes Schutz suchen. Der Campingplatz (Campingkarte) bietet leider kaum Windschutz, aber bei gutem Wetter gehört er definitiv zu den schönsten in ganz Island. 1350 p. P., kein Strom, Duschen kosten extra. ⏲ 20. Mai–10. Sep.

Waffeln und Kuchen – und *Mývatn Hotspring Bread* mit Lachs für 950 ISK. Günstig ist anders. ⏲ tgl. 10–23, in der Nebensaison 11–22 Uhr.
Myllan, im Hótel Reynihlíð, s. Übernachtung. Schickes, vielleicht ein wenig seelenloses Restaurant mit vielen Sitzplätzen und umfangreicher Speisekarte. ⏲ tgl. 18.30–21 Uhr.

Our own Balú, hinter dem Mývatn-Infozentrum. Leckere Wraps und Waffeln *to go* werden aus dem Fenster eines Wohnwagens gereicht.

In Vogar

Daddi's Pizza, ☏ 773 6060, 🖳 www.vogahraun.is. Die Mini-Pizzeria im Blockhaus hat ausschließlich Pizza (groß, mittel, klein) auf der Karte, darunter aber ausgefallene Kreationen, beispielsweise eine mit Forellen aus dem See und Pinienkernen oder die scharfe Námaskarð. ⏲ tgl. 12–23, im Winter 12–22 Uhr.
Kaffi Borgir, Mývatns Market, Dimmuborgir, ☏ 464 1144, 🖳 www.kaffiborgir.is. Große

Neben zwei Torfhäusern am Campingplatz gibt es seit 2017 dreizehn weitere Zimmer nahe der Kirche und auch Schlafsackunterkünfte (insgesamt finden 70 Personen ein Dach über dem Kopf). Die Hütten kosten mit eigenem Schlafsack ab 10 800 ISK, mit Bettzeug ab 16 000 ISK. ⏱ ganzjährig.
Die freundlichen und kompetenten Betreiber vermitteln zudem Helikopterflüge ab Möðrudalur über Holuhraun, die Askja und Kverkfjöll, und auch Jeeptouren starten von hier.
Anfahrt auf der Straße 901, die ungefähr bis zum Jahr 2000 die Ringstraße war: 8 km von der westlichen Seite, 30 km von der östlichen.

Torfhausmuseum Sænautasel
Kein Strom, keine Duschen, kein WLAN, oft kein Handynetz, eine einfache Spüle vor dem Haus stellt die Frischwasserversorgung sicher und zu den Toiletten muss man durchs Freie: Im fast 100 Jahre alten Grassodengehöft von Sænautasel, ☎ 853 6491, ist die Zeit stehen geblieben. Genau das lässt Besucher hierher kommen. Die meisten besichtigen das Torfhaus, trinken im moderneren Teil der Anlage eine Tasse Kakao, essen *kleinur* oder Pfannkuchen, spazieren zum nahen See **Sænautavatn**, kaufen vielleicht noch einen handgestrickten Pulli und fahren weiter. Wer will, kann aber auch übernachten oder auf der Wiese zelten. Abends tischt Besitzerin Lilja frische Forellen aus dem See auf (Angellizenz bei ihr erhältlich). Für Tierhaarallergiker ist Sænautasel nichts: Es gibt Hunde, Schafe und jede Menge Katzen.
Anfahrt über die Straße 901, die Straße zur Farm trägt zwar ein „F" im Namen (F907), ist aber bis zur Farm auch ohne Allradantrieb befahrbar. ⏱ Mitte Juni–Ende Aug tgl. 10–18.30 Uhr (manchmal auch länger), Eintritt 500 ISK. ❸

Skjöldólfsstaðir
Überall tote Tiere: Das muss man mögen. In der ehemaligen Schule an der Ringstraße, umfunktioniert zur Unterkunft, Á Hreindýraslóðum, ☎ 471 1085, 💻 www.ahreindyraslodum.is, stehen jedenfalls die Zeichen ganz auf Rentier. Die schon renovierten und sonst minimalistisch eingerichteten Zimmer im EG haben Vorhänge aus Rentierfell und Kleiderhaken aus Geweihspitzen. Im Frühstücksraum/Restaurant blicken starre Augen aus ausgestopften Köpfen auf die servierten Kuchen und Suppen. Das große Plus ist das Schwimmbad draußen. Hier steht bei einer Campingwiese mit Sanitärcontainer und Schaukel eine Art Tipi aus Holz für gemütliche Abende, mit Rentiergeweihen, Fellen und einer Feuerstelle. Auch wer nicht hier wohnt, darf gern einen neugierigen Blick reinwerfen. Wer noch keinen isländischen Gammelhai probiert hat, kann das hier nachholen. An der Verkaufstheke des Kiosks gibt's ein Häppchen der isländischen Spezialität mit *brennivín* (isländischem Branntwein) für 750 ISK. Für Auskünfte auf Deutsch steht die nette Sonja bereit, die hier seit vielen Jahren arbeitet. Camping 1500 ISK, Strom 500 ISK. 22 2- und 3-Bett-Zimmer, 10 davon mit eigenem Bad. Schlafsackunterkünfte auf Anfrage. ❸–❹

Auswahl an traditionell isländischen Fleischgerichten, aber auch Salat- und Gemüsefans finden hier sicher etwas Passendes. Wenn der Busparkplatz voll ist (also meistens), ist der Andrang groß, und auch im Tax-free-Souvenirshop treten sich die Gäste auf die Füße. Der Verkaufsrenner ist neben dem Dimmu-Burger das „Bread in a bucket" zum Mitnehmen: Brot im Plastikeimerchen, das für 24 Std. in warmer Erde eingegraben war. ⏱ Juni–Aug tgl. 9–22 Uhr.

Vogafjós, s. Übernachtung. Noch nie warme Milch getrunken, die eben noch im Euter war? Im Kuhstall-Café kein Problem! Fast alles hier stammt aus eigener Produktion: der Mozzarella, das im warmen Boden gebackene Geysir-Brot, die Kuchen und die Lammfilets. Ein Blick in den nur durch eine Glasscheibe vom Restaurant getrennten Kuhstall ist Pflicht, lockt allerdings vor allem zu den Melkzeiten um 7.30 Uhr und 17.30 Uhr Menschenmassen an. Im kleinen Shop können

Andenken erworben werden. ⏰ tgl. 7.30–22, im Winter 10–22 Uhr.

In Skútustaðir

Hótel Laxá, s. Übernachtung. Das Essen ist 1a, die Preise leider auch. Abendbuffet 7000 ISK.
Kaffi Sel, ✆ 464 4164. Der hintere Teil des Cafés erinnert etwas an einen Speisewagen der Deutschen Bahn, und der Kaffee könnte auch in Tassen statt in Pappbechern ausgeschenkt werden, aber dank der vielen Busreisenden ist das kleine Café mit Souvenirshop, Briefkasten und Seeblick im vorderen Teil vor allem an Regentagen stets gut besucht. *Kjötsupa* (mit Lamm und Rüben) für 1800 ISK. ⏰ tgl. 8–21 Uhr.
Sel-Hótel, s. Übernachtung. Mittagsbuffet für 3500 ISK von 12–14 Uhr, Abendessen à la carte von 18.30–21 Uhr.

EINKAUFEN

Souvenirs, Schaffelle und Wollpullover gibt's im **Blockhaus-Kiosk** in Reykjahlíð (Gallery Dyngja). ⏰ tgl. 13–19 Uhr.
Samkaup Strax, Supermarkt, Reykjahlíð, ⏰ tgl. 9–21 Uhr.

AKTIVITÄTEN UND TOUREN

Fahrradverleih
Hlíð, Reykjahlíð, ✆ 464 4103. 4500 ISK pro Tag.
Mývatn Activity (Hike & Bike), ✆ 899 4845, 🖥 www.hikeandbike.is. 5000 ISK pro Tag, 2-Std.-Touren mit dem Fatbike 21 000 ISK. Auch das Hótel Reynihlíð und Bjarg Travel Service verleihen Räder.

Hundeschlittentouren
Snow Dogs, ✆ 847 7199, 🖥 www.snowdogs.is. Südlich des Mývatn leben 25 sibirische Huskys auf der abgelegenen Farm Heiði. Jeweils 7–8 von ihnen ziehen einen Schlitten, auf dem neben dem Guide noch 2 Gäste Platz haben. Die 1-std. Tour (Gesamtdauer 2–3 Std.) kostet 30 000 ISK p. P., 5000 ISK pro Kind (unter 12 J.). Wer nur mit den Hunden schmusen will, kann das für 3500 ISK p. P. ⏰ Nov–Mai.

Reiten
Safaríhestar, Álftagerði III, ✆ 464 420, 🖥 www.safarihestar.is. Auf der Farm des Familienunternehmens am Südufer, westlich von Skútustaðir, werden Ausritte auf selbst gezüchteten Pferden angeboten. 1 Std. 7000 ISK, 2 Std. 10 500 ISK. Reservierung nicht erforderlich.
Saltvík, Reykjahlíð, ✆ 847 6515, 🖥 www.saltvík.is. Das Team bietet Ein- und Mehrtagestouren ab Húsavík, aber im Juli/Aug auch 90-minütige Ausritte ab Reykjahlíð (ca. 200 m vom Infozentrum) für 9500 ISK p. P.

Rundflüge
Myflug, ✆ 464 4400, 🖥 www.myflug.is. Sechs feste Routen im Angebot, z. B. 20-minütige Rundflüge (17 000 ISK p. P.) und 2-Std.-Touren zum Polarkreis (1 Std. Aufenthalt auf Grímsey, 44 000 ISK p. P.) ⏰ Mai–Sep.

Schwimmen
Das kleine Freibad in Reyjahlíð war zum Zeitpunkt der Recherche geschlossen, und es sah nicht so aus, als würde es bald wieder öffnen.

Skifahren und Schneeschuhwandern
Mývatn Activity (s. u.) bietet 1-std. Langlauftouren für 21 500 ISK p. P. Eine ebenfalls 1-std. Schneeschuhwanderung in Dimmuborgir kostet 13 500 ISK.

Touren zur Lofthellir-Lavahöhle
Mývatn Activity (s. u.) bietet von Mai–Okt eine 5-std. Tour in die Lofthellir-Lavahöhle. Die Tour beginnt jeweils um 8, 9.30 und 15 Uhr in Reykjahlíð und kostet 22 900 ISK. Warme Jacken sind unbedingt erforderlich, denn die Temperatur in der Höhle liegt um den Gefrierpunkt. Das letzte Teilstück bis zur Höhle ist zu Fuß zurückzulegen, Dauer ca. 30 Min.
Auch als Tagestour von Akureyri aus buchbar, z. B. bei **Sagatravel**, ✆ 558 8888, 🖥 www.sagatravel.is, für 28 900 ISK p. P.

Tourveranstalter
Geotravel, Geiteyarströnd, ✆ 464 4442, 🖥 www.geotravel.is. Das Familienunternehmen bietet zahlreiche Sommer- und Wintertouren rund um den Mývatn, aber z. B. auch

zum Dettifoss. Tagestour zur Askja mit dem Minibus 24 900 ISK, mit dem Super-Jeep 34 900 ISK p. P., 2-Tage-Tour zur Askja und Kverkfjöll 95 000 ISK p. P.
Mývatn Activity, in Reykjahlíð gegenüber dem Hótel Reynihlíð, ✆ 899 4845, 🖥 www.myvatn activity.is. Fatbikes, Hike and Bike, geführte Wandertouren u. v. m. Jeeptour zum Dettifoss 25 000 ISK p. P., Tour zur Askja 24 000 ISK p. P. ⏲ Juni 9–18, Juli/Aug 8–18 Uhr, sonst nur auf Verabredung.
Mývatn Tours, ✆ 464 1920, 🖥 www.myvatn tours.is. Tagestouren (11–12 Std.) zur Askja Mitte Juni–Mitte Sep tgl. 8 Uhr ab Touristeninformation in Reykjahlíð für 23 000 ISK p. P.

SONSTIGES

Autoreparaturen und Reifenservice
An der Tankstelle in Reykjahlíð, ✆ 464 4117 und 848 2678.

Autovermietungen
Six60, Múlavegur 1, Reykjahlíð, ✆ 858 2660, 🖥 www.six60.is. Spezialisiert auf Jeep- und SUVs, die entweder in Reykjahlíð oder an den Flughäfen Akureyri oder Húsavík in Empfang genommen werden können.

Feste
Im Juni findet der **Mývatn Marathon** statt, im Nov/Dez gibt es zahlreiche Veranstaltungen mit den isländischen **Weihnachtsmännern**, z. B. in Dimmuborgir und im Naturbad.

Geld und Post
Post/Bank (Sparisjóðurinn Reykjahlíð) mit Geldautomat hinter dem Supermarkt. ⏲ Mo–Fr 9–16 Uhr.

Informationen
Mývatn Center, Hraunvegur 8, Reykjahlíð, ✆ 464 4390, 🖥 www.visitmyvatn.is. Mit kleiner, aber interessanter Geologieausstellung (Eintritt frei). ⏲ tgl. 8–18 Uhr.

Medizinische Hilfe
Gesundheitszentrum, Helluhraun 17, Reykjahlíð, ✆ 464 0500.

TRANSPORT

Auto
37 km sind es einmal rund um den See. Im Westen verläuft die Ringstraße, im Osten die asphaltierte Straße 848, an der die meisten Sehenswürdigkeiten liegen. Die Strecke ist auch als Tagestour mit dem Fahrrad sehr beliebt. Es gibt allerdings keine Radwege; auf der Ostseite des Sees wird es auf schmaler Straße mit viel Touristenverkehr und unübersichtlichen Kurven manchmal eng.

Busse
Die hier angegebenen Fahrtzeiten gelten für **Reykjahlíð** (Tankstelle). In Skútustaðir halten die Busse 10–15 Min. früher bzw. später.
AKUREYRI, mit Strætó-Linie 56 tgl.
(im Winter Mo, Di, Fr, So) um 11.10 Uhr,
SBA 62a Mitte Juni–Aug um 15.25 in 1 3/4 Std.
EGILSSTAÐIR, mit Strætó-Linie 56 tgl.
(im Winter Mo, Di, Fr, So) um 17.05 Uhr in 2 Std.
HÖFN, mit SBA-Bus 62 über Egilsstaðir, Mitte Juni–Aug um 10 Uhr, in 7 1/2Std.
LANDMANNALAUGAR, Reykjavík Excursions Linie 14 im Sommer Mi und Fr um 8 Uhr in 10 Std.

Taxis
Þuríður Helgadóttir, ✆ 464 4399/893 4389, 🖥 www.vogahraun.is.

Entlang der Nordküste

Touristenboom in Island. „Prima", dachten auch die Menschen im Nordosten. Touristen bringen Arbeitsplätze, Arbeitsplätze bringen Kaufkraft. Sie träumten von schnuckeligen Städtchen mit Blumenkästen vor den Fenstern, Ausflugslokalen, Supermärkten und Reitbetrieben, von einem Ende der Landflucht. Doch der erhoffte Aufschwung blieb bisher aus. Im Gegenteil: Immer mehr junge Menschen ziehen aus den kleinen Dörfern weg, mindestens nach Egilsstaðir, besser noch gleich nach Reykjavík. Und die Touristen? Fahren bestenfalls mal durch. Wer postet schon Selfies von sich vor einem halbverrotteten Fischöltank, wenn er einen Wasserfall als

Nordküste

■ ÜBERNACHTUNG
① Gistihúsið Hreiðrið (The Nest Guesthouse), Hótel Norðurljós, Camping Raufarhöfn
② Kópasker Hostel, Campingplatz, Viðihóll
③ Ytra Lón
④ Guesthouse Lyngholt, Camping
⑤ Fell Cottages
⑥ Hvammsgerði B&B
⑦ Guesthouse Hvammur, Hótel Tangi, Mávahlíð Guesthouse, Camping

■ ESSEN
1 Báran
2 Kaupvangskaffi
3 Hjá Okkur
4 Hjáleigan Café

Hintergrund haben kann? Gerade die Nähe zu den Attraktionen des Diamond Circle macht den kleinen Dörfchen im Nordosten zu schaffen. Andererseits fühlt man sich als Tourist noch herzlich willkommen. Die Menschen haben Zeit für Gespräche, erzählen gern und ausführlich von ihrem Leben. Mehrere Stunden ganz allein mit hundert Papageitauchern? Im Nordosten kein Problem. Mit einem Fischer reden? Einem Schichtarbeiter aus der Fischfabrik? Dito.

Abgesehen vom **Leuchtturm am nördlichen Polarkreis** und dem Steinensemble **Arctic Henge** liegen die Attraktionen hier eher im Kleinen. An menschenleeren Stränden im Treibgut stöbern und zwischen Walknochen und rostigen Schiffsteilen nach angespülten Schuhen suchen z. B. kann äußerst entspannend sein. Und wenn man dank dieser Aktion binnen Minuten und ganz selbstverständlich ein Mitglied der aktiven Kunstszene eines Mini-Örtchens wird: noch dreimal besser (S. 431). Im Nordosten wird man weder ausgenommen wie eine Weihnachtsgans noch von überbemühten Animateuren bespaßt. Man wird Teil eines Ganzen.

Kópasker

Kreativ und innovativ – und nicht etwa von hinterm Mond – so möchten die Kópaskeraner und Kópaskeranerinnen gern wahrgenommen werden. Auch die Künstlerin Sigurlína J. Jóhannesdóttir lebt hier, die Mutter der beliebten Treibgutfiguren, die überall rund um die Halbinsel Melrakkaslétta stehen. Eine gut angezogene Dame mit Bojengesicht, Krone und überdimensional großen, rot gemalten Lippen steht am Ortseingang, aber auch ohne sie wäre der 100-Einwohner-Ort mehr als nur ein hübsches Dorf am Meer mit grauem **Stadtstrand**, einem unauffälligen Hafen – weder besonders schön noch besonders hässlich –, einem Supermarkt mit Außengastronomie und einer Lammfleischfabrik. In Kópasker stehen nämlich viele Gebäude nicht an den Plätzen, an denen man sie vermuten würde. Die **Kirche** z. B. liegt nicht im Ort, sondern 1 km südlich an der Straße 870, daneben das **Heimatmuseum Snartarstaðir** mit Shop und Museumscafé, ✆ 465 2171 und 464 1860, 🖥 www.husmus.is, fast größer als die Kirche und vom Reißbrett eines der berühmtesten Architekten Islands. Guðjón Samúelsson hat die Stadtkirche in Akureyri entworfen, die Hallgrímskirkja in Reykjavík – und auch das Heimatmuseum von Kópasker. ⏲ Juni–Aug 13–17 Uhr, Eintritt frei.

Wer nach Kópasker reinfährt, landet zuerst auf dem Campingplatz. Man hat ihn nicht irgendwo außerhalb angelegt, sondern direkt an der kleinen Zufahrtsstraße, sodass Besucher kurz am WC anhalten können. Das wahrscheinlich teuerste Baugrundstück an der Westseite des Ortes liegt brach. Hier steht eine einzelne Picknickbank. Das mit Abstand auffälligste Gebäude der Stadt ist die viel zu große **Grundschule**. In dem rot-graublau verkleideten modernen Flachbau finden in den Sommerferien Ausstellungen statt, 2017 z. B. war das Erdbeben von Kópasker 1976 Thema. Nie davon gehört? Vielleicht wird die Ausstellung demnächst wieder eröffnet oder an anderem Ort gezeigt. Die Erdbebengefahr ist heute nicht groß, denn Kópasker liegt auf dem Mittelatlantischen Rücken, wo die Kontinentalplatten sich auseinanderschieben, quasi am Rand der Spalte, die sich einmal quer durch Island zieht.

ÜBERNACHTUNG

Campingplatz, Austurtröð 4, ✆ 864 3013/898 2180, 🖥 www.tjalda.is/en/kopasker. Geschützte Wiese direkt an der Einfahrtsstraße in den Ort. Einfaches Servicehaus mit warmem und kaltem Wasser und sauberem WC. Das Häuschen wird als Touristeninformation genutzt: Hier hängen alle wichtigen Infos zu Öffnungszeiten und Veranstaltungen aus. Tolle Holzterrasse mit Windschutz, auf der mit Blickrichtung nach Nordnordwest bevorzugt die Vegetarier sitzen, denn nach Westen schaut man direkt auf die Lammfleischfabrik Fjallalamb. Leider hat eine Dusche, und das Schwimmbad ist geschlossen. Es gibt aber einen Auto-Abspritzplatz mit kaltem Wasser, also zur Not … 1200 ISK, Kinder unter 16 J. kostenlos, Strom 700 ISK.

€ **Kópasker Hostel** (auch Kópasker Guesthouse), Akurgerði 7, ✆ 465 2314, 🖥 www.hostel.is/kopasker. Eins der wenigen isländischen Hostels, das diesen Namen noch verdient und kein normales B&B ist. Hier gibt es Schlafsäle, Gemeinschaftsküchen und große Aufenthaltsräume, in denen man gemeinsam isst. Das Hostel erstreckt sich über drei Gebäude. Der freundliche Benedikt führt das Unternehmen als Einmannbetrieb; als Koch, Rezeptionist, Putzmann und Chef ist er ständig irgendwo vor Ort. Wer einen Jugendherbergsausweis hat, zahlt weniger, wenn er über die Hostel-Seite bucht. Schlafsackunterkunft 36 €. ❷–❸

Viðihóll, Klifagata 8, ✆ 869 8166, 🖥 www.vidiholl.com. Zwei Apartments, die auch tageweise und/oder als Schlafsackunterkünfte angemietet werden können. Einfach möbliert, aber zentral, günstig und mit gut ausgestatteter Küche. Preise auf Anfrage.

ESSEN UND EINKAUFEN

Kleiner **Supermarkt Skerjakolla** an der Tankstelle, Bakkagata 10. Das Hinweisschild auf die Öffnungszeiten am Campingplatz wurde handschriftlich noch um die Worte „good coffee" und „tasty pizza" ergänzt. Wir hätten beinah noch „tolle Fischsuppe" und „angenehme Atmosphäre" dazugeschrieben. Vor der Tür der Café-

Pizzeria stehen Stühle und Tische mit Mittagssonne. ⏲ Mo–Fr 10–20, Sa 12–20, So 12–18 Uhr. Im gleichen Gebäude gibt's auch eine **Vínbuðin**, ⏲ Mo–Do 16–18, Fr 13–18 Uhr.

SONSTIGES

Autoreparaturen
Röndin, Röndin 5, ✆ 465 2124, mit Reifenservice.

Geld
Bank, Bakkagata 8, ⏲ Mo–Fr 12–16 Uhr.

Informationen
Eine Tafel mit Wanderwegen steht am Ortseingang, ansonsten muss man auf die Aushänge am Campingplatz schauen oder im Supermarkt nachfragen.

Medizinische Hilfe
Gesundheitszentrum und Apotheke, Akurgerði 13, ✆ 464 0640, ⏲ Apotheke Mo–Mi, Fr 10–12, zusätzlich Di, Fr 13–16 Uhr.

Tourveranstalter
Die Initiatoren der Erdbebenausstellung organisieren einen einstündigen **History Walk** durch den Ort, ✆ 845 2454, 1500 ISK p. P., Mindestteilnehmerzahl 4.

TRANSPORT

Auto
Kópasker liegt an einem asphaltierten Abzweig der Straße 85. Nördlich des Ortes führt die nicht asphaltierte Küstenstraße 870 einmal um die Halbinsel Melrakkaslétta herum (54 km), vorbei am nördlichsten Punkt Islands. Wer nach Raufarhöfn will, ist aber über die neue Straße 85 deutlich schneller (43 km).

Busse
Strætó-Linie 79 hält im Sommer an der Tankstelle.
AKUREYRI, Mo–Fr 14.56, So 15.56 Uhr in 2 3/4 Std.
ÞÓRSHÖFN, Mo–Fr 11.11, So 12.11 Uhr in 1 1/4 Std.

Raufarhöfn

Früher gab es hier eine große Fischölproduktion, die großen Tanks stehen heute noch im Ort und rosten still vor sich hin. Insgesamt erscheint Raufarhöfn ein wenig angerostet. Man sieht: Hier haben mal viele Menschen sehr hart gearbeitet. Und heute? Weiß man noch nicht so recht, wo die Reise hingeht. Das Traditionscafé an der Tankstelle kommt etwas traurig daher, und auch an der Wellblechfront des Nest-Guesthouse haben schon Feuchtigkeit und der Zahn der Zeit genagt. Der schöne Naturhafen, geschützt durch die vorgelagerte Halbinsel mit dem orangefarbenen Leuchtturm, erfreut dagegen wie eh und je. Und im Dorf ist auch so etwas wie Aufbruchsstimmung spürbar. Mal wird ein Straßenschild mit einer Blumengirlande verschönt, mal bekommt ein Laternenpfahl ein wärmendes Häkelmäntelchen angezogen. Fantasievolle Treibholzdekorationen sind sowieso eine der einfacheren Übungen für die Raufarhöfianer. Das Schöne daran: Man hat den Eindruck, das alles wird nicht für Touristen gemacht.

Arctic Henge

72 Zwerge und ein Polarsonnenkreis: Das sogenannte Arctic Henge, ein modernes Stonehenge, ist der Stolz der Einwohner, auch wenn sich Sinn und Zweck des großen **Freiluftkunstwerks** aus dem 21. Jh. nicht jedem vollständig erschließen werden. 50 m Durchmesser soll der Steinkreis haben, der hier auf einer Anhöhe am Rande des nördlichen Polarkreises steht. Vier 6 m hohe Tore aus Basaltquadern markieren die vier Himmelsrichtungen, in der Mitte eine Art Vierfachsäule. Den Kreis vervollständigen kleinere Steine, insgesamt 68. Ein Spiel mit der Mitternachtssonne soll das Ganze sein. Je nachdem, um welche Uhrzeit man an welchem Ort steht, soll man sie aus verschiedenen Winkeln durch die einzelnen Tore hindurchlugen sehen. Die kleineren Steine am Rand bilden einen Mittagskreis: Exakt zur Mittagszeit werfen alle ihre Schatten in Richtung des inneren Zirkelpunkts. Aber das ausgeklügelte System aus Licht- und Schattenspielen ist noch nicht alles: Zum Gesamtkunstwerk gehören auch noch Zwerge

Street-Art auf Isländisch

Wer die Augen aufhält, sieht sie überall: kleine Kunstwerke am Weges- bzw. Straßenrand, ohne Hinweis auf den Namen der Künstler und ohne Erklärung, wie das Dargestellte zu deuten ist. Kunst eben. Geschaffen von namhaften isländischen Künstlern, aber auch von Bauern oder vorbeireisenden Touristen. Auf dem Campingplatz in Bakkafjörður z. B. hängt seit Jahren eine Vogelzeichnung, die ein mit dem Fahrrad reisender Deutscher mal als Dankeschön dagelassen hat. Irgendjemand stellt immer frische Blumen daneben. Beliebte Fotomotive sind auch die lebensgroßen Figuren von **Sigurlína J. Jóhannesdóttir** mit den typisch gelben Bojen-Köpfen: Die in Kópasker trägt ein Prinzessinnen-Outfit und hat eine Art Pistole in der Hand. In Raufarhöfn sitzt ein Wanderer mit Fernglas versteckt hinter einem Windschutz in einem roten Ledersessel. Die Bauarbeiter- oder Wasserskifahrer-Figur nördlich von Raufarhöfn ist augenscheinlich schon älter als die beiden anderen: Die Arbeitshose hat schon Risse.

Unser persönliches Lieblingskunstwerk ist ein Holzstoß in einer kleinen Bucht zwischen Þórshöfn und Bakkafjörður. Daran mit Nägeln befestigt: Schlappen, Flipflops, Wanderschuhe, ein einzelner Gummistiefel. Und man fragt sich: Sind diese vielen Schuhe tatsächlich alle hier an Land gespült worden? Und wenn ja: Wie sind sie ins Meer gekommen? Der Projektor im Kopfkino nimmt sofort die Arbeit auf: Gestrandete Schiffe tauchen auf, Sturmfluten, Familienfehden, barfuß weiterlaufende Wanderer … Der Fantasie sind keine Grenzen gesetzt. Selbstverständlich haben auch wir uns sofort auf die Suche gemacht und tatsächlich der Sammlung einen Turnschuh hinzufügen können. Der Nebeneffekt und wahrscheinlich Sinn der Aktion: Wer aufmerksam nach Schuhen suchend den Strand entlang geht und im Treibholz wühlt, dem fällt erst auf, wie viel Plastikmüll eigentlich am Strand rumliegt. Kunst zum Mitmachen mit ernstem Hintergrund – aber ohne erhobenen Zeigefinger.

aus verschiedenen Teilen der *Edda*, nach denen die Steine und Säulen benannt sind. Sie brachte wohl ein geschichtsinteressierter Pastor ins Spiel, aber welche Rolle sie genau spielen, das erklärt die Infotafel vor Ort leider nur unzureichend. Kunst eben. Wir haben nur so viel verstanden: Vier der Zwerge heißen Nord, Süd, Ost und West.

Arctic Henge ist eine interessante Kombi aus Kunst und Natur – und noch lange nicht fertig. Der Masterplan des „The Hawk" (der Habicht) genannten Künstlers Haukur Halldórsson steht zwar nach wie vor, aber er ist nicht statisch, sondern dynamisch. Wer will, kann sich jederzeit einklinken und eigene Ideen einbringen. Die Ursprungsidee, an diesem abgelegenen Ort etwas Großes, Einzigartiges zu schaffen, kam aus der Bevölkerung: Erlingur Thoroddsen, der inzwischen verstorbene damalige Besitzer des Hótel Norðurljós, beteiligte sich aktiv an Planung und Umsetzung.

Leuchtturm Hraunhafnartangi

Es wäre so schön gewesen, sagen zu können: „Wir waren am nördlichen Polarkreis". Aber der nördliche Polarkreis liegt noch 3 km weiter nördlich als die nördlichste Spitze Islands. Und die nördlichste Spitze Islands ist auch nicht da, wo man sie lange Zeit vermutete. Sie ist nämlich nicht am Leuchtturm auf der Landspitze Hraunhafnartangi, sondern auf der benachbarten Landspitze Rifstangi 68 m weiter nördlich. Aber immerhin steht in Hraunhafnartangi der nördlichste **Leuchtturm** Islands, und das ist ja auch was. Den Besuch kann man sich in der Schreibstube der Stadtverwaltung von Raufarhöfn bescheinigen lassen (man muss nicht beweisen, dass man wirklich da war, aber hier nicht zu lügen, ist wohl Ehrensache). Von dem mittelalterlichen Hafen, dem die Landspitze ihren Namen verdankt, ist so gut wie nichts mehr zu sehen. Besucher kommen hierher, um auf ihren GPS-Geräten die Zahl aufleuchten zu sehen, die das Logo der bekanntesten isländischen Firma für Outdoorkleidung ziert. Wir haben nachgemessen: 66,3 Grad Nord.

Weniger bekannt ist der **Grabhügel** des Sagahelden Þorgeir Hávarsson, der hier hingerichtet worden sein soll. Nett ist der Brauch, einen weiteren Stein auf den Grabhügel zu legen, ihn einmal schweigend zu umkreisen und dabei nicht etwa sich selbst, sondern allen anderen Menschen Glück zu wünschen.

Wer stramm geht, läuft die Strecke von der Straße 85 aus in einer guten halben Stunde. Man erreicht den weißen 19 m hohen Leuchtturm aus dem Jahr 1945 wirklich nur zu Fuß. In manchen Landkarten ist der steinige Weg als Straße verzeichnet, aber bitte glaubt uns: Selbst mit einem guten Jeep kommt man nicht weit. Natur und Auto leiden unnötigerweise.

ÜBERNACHTUNG

Camping, ℡ 465 1144, 🖥 www.tjalda.is/raufarhofn. Ein mannshoher Wall trennt den kleinen Campingplatz von der Welt ringsum. Wer ihn besteigt, sieht den schönen Leuchtturm, die nicht so schöne Schwimmhalle und in der Ferne das Ortszentrum. Von der Bushaltestelle läuft man 1,5 km entlang der Hauptstraße. Der Platz selbst ist gepflegt, in der Mitte steht ein auffälliger Grill. Steckdosen an den WCs, die Duschen sind sauber, das Wasser warm, der Wasserdruck lässt allerdings zu wünschen übrig. Waschmaschine und Trockner stehen im Schwimmbad, wo auch bezahlt wird. 1200 ISK, Kinder unter 14 J. kostenlos, Strom 800 ISK, Waschmaschine und Trockner je 800 ISK. ⏱ 1. Juni–15 Sep.

Gistihúsið Hreiðrið, The Nest Guesthouse, Aðalbraut 16, ℡ 472 9930, 🖥 www.nesthouse.is. Ein weißer Betonwürfel direkt an der Straße, innen aber okay. Das Haus soll einmal die Verwaltung der Fischölfabrik (Heringsfabrik?) beherbergt haben. Die Zimmer sind klein, aber sauber, je Etage eine gut ausgestattete Küche, großer Aufenthaltsbereich und zwei Bäder. Familien-Apartment 195 €. ❸

Hótel Norðurljós, Aðalbraut 2, ℡ 465 1233, 🖥 www.hotelnordurljos.is. Wohlwollend könnte man es „Vintage" nennen: 1970er-Jahre-Charme, gepaart mit klobigen Sofas und Fliesenboden, in den 15 Zimmern farbige Teppichböden. Die Holzterrasse dagegen ist modern, mit schöner Aussicht aufs Meer. Toll auch im Winter, denn das Hotel heißt nicht ohne Grund Hotel Nordlicht. Frühstück 18 €, DZ ohne Bad wesentlich günstiger als die mit. ❸–❹

ESSEN UND EINKAUFEN

Hótel Norðurljós, s. Übernachtung. Das Restaurant ist spezialisiert auf Fischgerichte. Der meiste Fisch soll sogar selbst gefangen

sein. Es gibt aber auch Lamm und Burger mit Pommes. ⏱ tgl. 11.30–13.30 und 18–20.30 Uhr.
Kaffi Ljósfang, Aðalbraut 26, ✆ 465 1115. Einfaches Café mit Pullover- und Souvenirverkauf an der Tankstelle. ⏱ Juni 13–21.30, Juli 11.30–21.30 Uhr (im übrigen Jahr kein Betrieb).

Kaupfélagið Raufarhöfn, Aðalbraut 24, ✆ 465 1115. Der riesige Plüscheisbär auf einem Bistrotisch vor der Tür kann als Symbol für das gewertet werden, was einen innen erwartet: Man dekoriert mit dem, was man gerade hat, und verkauft nebenbei noch handgefertigte Pullover und witzige Souvenirs. Hier macht das Stöbern Spaß. Gemütliche Sofaecke mit Treibholzdeko und Blick auf die Straße. Kaffee nimmt man sich selbst aus der großen Thermoskanne. Kleines Speisenangebot: Es gibt Kuchen, belegte Brote und Suppe. ⏱ Mo–Sa 11–21, So 11–18 Uhr.

Verslunin Urð, Aðalbraut 35. Gut sortierter Supermarkt, gar nicht so klein, wie man bei der Größe des Ortes vermutet hätte. ⏱ Mo–Fr 10.30–12 und 13–17 Uhr.

SONSTIGES

Feste
Am ersten Wochenende im Oktober findet eine große **Schafausstellung** statt.

Geld und Post
Landsbankinn, Aðalbraut 23, ⏱ Mo–Fr 12.15–15.30 Uhr.
Post, Aðalbraut 23, ⏱ Mo–Fr 9–15.45 Uhr.

Informationen
Kaffi Ljósfang, Aðalbraut 26, ✆ 465 1115.
Stadtverwaltung Norðurþing, Aðalbraut 23, ✆ 464 6100.

Medizinische Hilfe
Gesundheitszentrum und **Apotheke** im gleichen Haus, Aðalbraut 33, ✆ 464 0620 und 465 1145, ⏱ Mo 10–12 und 13–15, Mi, Do 10–12 und 13–16 Uhr.

Schwimmen
Einfaches **Hallenbad** oberhalb des Campingplatzes, Skólabraut, ✆ 465 1144. ⏱ Mitte Juni–Mitte Aug Mo–Fr 17–21, Sa, So 11–14, Mitte Aug–Mitte Juni Mo, Mi, Do und Sa 17–19.30 Uhr.

TRANSPORT

Auto
Die Straße 870 um die Halbinsel herum ist eine Schotterstraße, aber mit allen Autos problemlos zu meistern. Von Süden ist Raufarshöfn über die asphaltierte Straße 874 erreichbar.

Busse
Die Strætó-Linie 79 hält im Sommer an der Tankstelle.
AKUREYRI, Mo–Fr 14.18, So 15.18 Uhr in 3 1/2 Std.
ÞÓRSHÖFN, Mo–Fr 11.45, So 12.45 Uhr in 45 Min.

Þórshöfn und Langanes

Auf der Landkarte sieht die Halbinsel Langanes (die „lange Halbinsel") aus wie eine Ente oder Gans. Der „Schnabel" ist nur zu Fuß oder mit einem Super-Jeep erreichbar, „Kopf" und „Bauch" sind unbewohnt. Unterhalb des „Schwänzchens" befindet sich die einzige Ortschaft: Þórshöfn.

Þórshöfn

Nicht viel mehr als ein weiterer kleiner Ort im Nordosten, der zu Fuß in kurzer Zeit erkundet ist. Neben einigen älteren Holzhäusern die einzige Besonderheit: In kleinen Booten begeben sich Fischer auf die Jagd nach **Islandmuscheln**, einer speziellen Art der Venusmuschel, die es nur hier gibt. Man versucht, sie im Ausland als Delikatesse zu vermarkten.

Langanes

Mal eben schnell gucken, was es hier zu sehen gibt? Kein guter Plan. Wer nicht mindestens einen halben Tag Zeit hat, braucht sich gar nicht erst auf den Weg nach Langanes zu machen. Schon bis zur ersten Sehenswürdigkeit, der Aussichtsplattform über den Vogelklippen von **Skoruvíkurbjarg**, fährt man gut eine Stunde. Die Straße sei „neu gemacht" und in gutem Zustand, wurde uns gesagt. Aber „guter Zustand" heißt in diesem Fall nur: keine Furten und keine großen Felsbrocken auf dem Weg. Und die Aussicht von der Straße aus ist auf dem ersten Abschnitt mehr als bescheiden. Belohnt wird die zermürbende Fahrt durch den Blick von der Aussichtsplattform auf Islands größte Basstölpelkolonie. Die großen weißen Vögel mit den auffälligen schwarzen Flügelspitzen leben hauptsächlich auf einer kleinen Felseninsel, die gemessen an der Masse der Vögel geradezu winzig erscheint. Nah an der Küste, aber für Fressfeinde unerreichbar. Die Küken sind hässliche Entlein, unscheinbar und laut.

Wer vom Parkplatz zu Fuß der Küstenlinie in Richtung Südosten folgt, trifft auch auf Hunderte von **Papageitauchern** (isl. Lundi), die abseits des Tölpelgekreischs versteckt in den Klippen brüten. Besucher verirren sich so selten hierher, dass es noch nicht mal einen Trampelpfad zum Lundi-Wohngebiet gibt. Wer die putzigen Kerlchen beobachten möchte, ohne von Menschen mit Teleobjektiven umlagert zu sein, ist hier richtig.

Die Küstenstraße zur „Schnabelspitze" **Fontur** mit dem **Leuchtturm Langanesviti**, wegen der schönen Aussicht auch eine beliebte Wanderstrecke, war bei unserem letzten Besuch für Autos nicht passierbar. Die 10 km lange Piste zu den **Ruinen von Skálar** war dagegen mit dem Geländewagen leicht zu bewältigen. Das Fischerdorf Skálar, heute nicht mehr als ein paar Mauerreste, hatte noch zu Beginn des 20. Jhs. mehr als 100 Bewohner. Seit 1946 wohnen hier

Sind das noch Schafe?

Sie sind größer als ihre Artgenossen, athletischer gebaut, haben weniger Fell und vor allem sind sie klüger. Die sogenannten **Anführerschafe** wissen, wo es selbst im Winter Nahrung gibt, wie man vereiste Flüsse schadlos überquert, und sie halten ihre Herde besser zusammen als jeder Hütehund. Gehören diese Schafe also einer eigenen, ganz besonderen Schafrasse an? Darüber ist man noch uneins. Fakt ist, dass es diese besonderen Schafe tatsächlich gibt. Schon seit der Landnahmezeit nannten immer wieder Bauern solche Schätze ihr Eigen. Viele hatten Namen und man findet sie häufig auf alten Familienfotos. Im Kreise ihrer Lieben stehen sie wie selbstverständlich zwischen den Kindern und lugen verschmitzt in die Kamera. Heute nimmt man an, dass ungefähr 1500 der 480 000 Schafe Anführerschafe – *forystufé* – sind. Wie aber konnten sie sich so vermehren, dass ihr edles Blut über die Jahrhunderte nicht einfach im gemeinen Schafsbestand verloren ging? Hier tappt man noch völlig im Dunkeln, im Moment laufen allerdings groß angelegte genetische Studien.

Ein lebendes Exemplar dieser Wunderschafart sieht man im kleinen Anführerschafmuseum leider nicht. Dafür gibt es im **Museum Forystusetur**, ✆ 852-8899, 🖥 www.forystusetur.is, ausgestopfte Schafsköpfe an den Wänden, Fotos und einige Anekdoten. Interessant sind die Geschichten, die der Besitzer Daníel darüber zu erzählen hat, wie man auf die Idee kam, über diese besonderen Schafe zu forschen. Man schrieb Bauern an und fragte, wer ein Schaf habe, das anders sei als die anderen. Die Antworten kamen aus allen Landesteilen zurück. Die Menschen schickten Geschichten und Fotos, die im Museum ausgestellt sind. Es gibt ein kleines Café und einen kleinen Laden, in dem man Isländisch Moos in Tüten, handgestrickte Wollsocken und jede Menge ausgefallener Anführerschaf-Devotionalien kaufen kann. ⏱ feste Öffnungszeiten nur Juli–Aug, tgl. 11–18 Uhr, ansonsten auf Anfrage. Eintrittsgeld wurde zum Zeitpunkt der Recherche nicht verlangt.

Anfahrt: Die Mini-Ortschaft Svalbarð liegt 17 km Luftlinie westlich von Þórshöfn an der Straße 85 (es geht noch ein kleines Stück auf der Straße 897 weiter, Svalbarð ist aber ausgeschildert). Mit dem Auto sind es 25 km (Fahrtzeit etwa 20 Min.).

Buchtipp: *Forystufé – immer einen Schritt voraus: Die intelligentesten Schafe der Welt*, Caroline Kerstin Mende (Verlag Alpha Umi, 2015).

nur noch Vögel. Ein kleiner Campingplatz am Ende der Straße lädt zu Picknick und kostenlosem Übernachten ein. Achtung: Das Wasser im kleinen WC-Häuschen ist kein Trinkwasser!

Die einzige Einkehrmöglichkeit auf Langanes befindet sich in der letzten bewohnten Ecke, nur 8 km von Þórshöfn entfernt. Im Keller des **Heimatmuseums Sauðanes**, Sauðaneshús, ✆ 468 1430, 💻 auf Facebook, servieren ehrenamtlich arbeitende Studenten leckere Waffeln und Kaffee zu für Islandverhältnisse günstigen Preisen. Das Museumsgebäude, eines der ältesten Steinhäuser Islands, ist wie die kleine Pfarrkirche direkt nebenan schon fertig restauriert, das Museum selbst aber noch im Aufbau. Bauern und Handwerker der Region sind dazu aufgerufen, in Schuppen und Scheunen nach alten Gegenständen zu forschen, die als Ausstellungsstücke taugen könnten. Das beliebteste Fotomotiv der Region, ein rot-weißes Flugzeugwrack, das zum Schafstall umfunktioniert wurde, ist über einen Fußweg an der Küste zu erreichen. ⏱ unregelmäßig, Eintritt 1000 ISK.

ÜBERNACHTUNG

Camping, Fjarðarvegur 3, ✆ 468 1220 und 468 1515, 💻 www.tjalda.is/en/thorshofn. Mithilfe eines Bretterzauns vor dem Wind geschützte Wiese oberhalb des Hafens. Morgens und abends kommt jemand zum Kassieren vorbei; wer spät eintrifft oder früh abreist, wirft einfach Bargeld in den dafür vorgesehenen silbernen Briefkasten. 1200 ISK, Kinder unter 14 J. kostenlos, Strom 800 ISK, Waschmaschine und Trockner (im Sportzentrum) je 800 ISK. ⏱ 1. Juni–15 Sep.

Guesthouse Lyngholt, ✆ 468 1238, 897 5064, 💻 www.lyngholt.is. Nicht ein Gästehaus, sondern gleich drei: Das auffällige braune Holzhaus mit mehreren Veranden in der Ortsmitte (Langanesvegur 12) war zuerst da, dann kam ein Betonbau mit Hafenblick dazu (Eyrarvegur 2) und schließlich noch das kleine weiße Häuschen im Fjarðarvegur 12. Insgesamt 31 Gäste finden so komfortablen Unterschlupf mit Fernsehern, WLAN und allem Pipapo. Nur private Badezimmer gibt es nicht. Der Kauf zweier weiterer Häuser ist geplant. Im kleinen Café im Haupthaus werden nachmittags Waffeln und Suppen serviert, ⏱ tgl. 15–18 Uhr. ❸–❹

Ytra Lón, 13 km nordöstlich von Þórshöfn, ✆ 846 6448, 💻 www.ytralonhostel.com. Auf der Hostel-Seite noch gelistet, wird hier gerade auf noble Bauernhofromantik umgerüstet. Schon fertig ist ein interessantes längliches Haus mit Mittelgang. Hier befinden sich wie auf zwei Seiten einer Straße angeordnet 9 moderne Studios für je 2–3 Personen mit Korbsesseln und Blumentöpfen davor und 1a ausgestattet. Wer mag, bestellt sich für 4950 ISK das *Dinner Kit* für 2 Personen, bestehend aus Fleisch, Fisch und Salat aus dem Gewächshaus. Zubereiten muss er das Ganze selbst in der Kochnische oder der Mikrowelle, und dabei fernsehen kann er auch. Hot Pot und Grillbereich sind versteckt hinter dem Haus, quasi in der nächsten Querstraße. Im Hauptgebäude befinden sich ein gemütlicher Frühstücksraum, eine kleine Bar und ein großer Konferenztisch mit dicken Ledersesseln drumherum. Auf der Farm leben Schafe, Hühner und Hunde. Abholung vom Flughafen ist genauso möglich wie eine Landrovertour nach Langanes. ❹–❺

ESSEN

Báran, Eyrarvegur 3, ✆ 468 1250, 💻 www.baranrestaurant.is. Gemütliche Restaurant-Kneipe, in der sich das soziale Leben des Ortes abspielt. Wenn es Konzerte und sonstige Darbietungen gibt, finden sie hier statt. Die Karte bietet regionale Fisch- und Fleischgerichte, bei unserem letzten Besuch standen aber auch Isländer Schlange, die bei einem kühlen Getränk auf Holzofenpizza zum Mitnehmen warteten. Einen Schnellimbiss oder etwas in der Art gibt es im Ort nicht. ⏱ So–Do 11.30–22, Fr 11.30–1, Sa 17–3 Uhr.

AKTIVITÄTEN

Angeln
Arctic Angling, ✆ 868 9771, 💻 www.arcticangling.is. Mehrtägige Angeltouren, z. B. auf die Halbinsel Langanes.

Kajak
Þórshöfn Kayak, 🖥 www.baranrestaurant.is/en/thorshofn-kayak, hat Profitouren an die Küsten von Langanes im Angebot, aber auch 1-stündige Anfängerrunden für 4000 ISK p. P. Im Juni und Juli 3-stündige Mitternachtstouren. Weitere Auskünfte im Restaurant.

Schwimmen
Hallenbad im Sportzentrum, Langanesvegur 18b, ☎ 468 1515, ⏱ im Sommer Mo–Fr 8–20, Sa, So 11–17, im Winter Mo–Do 6–20, Fr 15–19, Sa 11–14 Uhr.

SONSTIGES

Autovermietungen
Bílaleiga Akureyrar/Europcar, auch Werkstatt, Stórholt 6, ☎ 840 6078, 🖥 www.holdur.is.
Hertz, Fjarðarvegur 11, ☎ 522 4400, 🖥 www.hertz.is.

Einkaufen
Kjörbúðin, Langanesvegur 2, Supermarkt. ⏱ Mo–Fr 9–19, Sa 10–18, So 12–18 Uhr.
Vínbúðin, im gleichen Gebäude, ⏱ Mo–Do 10–18, Fr 13–18 Uhr.

Geld und Post
Post mit **Geldautomat** (Landsbankinn), Fjarðarvegur 5, ⏱ Mo–Fr 10.15–16 Uhr.

Informationen
Auskünfte gibt's im **Sportzentrum**, Langanesvegur 18b, während der Öffnungszeiten, ☎ 468 1515.

Medizinische Hilfe
Gesundheitszentrum und **Apotheke Lyfja**, Miðholt 2, ☎ 464 0600. ⏱ Mo 10–16, Di 10–12, Do, Fr 10–16 Uhr.

TRANSPORT

Auto
Nach Þórshöfn geht es die Straße 85 entlang, auf die Halbinsel Langanes führt die 869.

Busse
AKUREYRI, mit Strætó-Linie 79 Mo–Fr 13.25, So 14.25 Uhr in 4 1/2 Std. Im Winter keine Busverbindung.

Flüge
Mit **Norlandair**, ☎ 414 6960, 🖥 www.norlandair.is, über Vopnafjördur nach AKUREYRI Mo–Fr 1x tgl. in 3 Std. für ca. 170 €. Von da aus Anschluss nach Reykjavík.

Bakkafjörður

Für manche ist dieser fast verlassene Ort der lebende Beweis dafür, dass sich die Reise in Islands Nordosten nicht lohnt, weil es hier „nichts gibt". Andere – wie wir – lieben den kleinen Ort mit der Fischfabrik, an dem man noch jedem Touristen zuwinkt. Und „nichts" ist schon ein kleines bisschen übertrieben. Es gibt die einsame Zapfsäule, die äußerst fotogen vor einem rostigen halbrunden Lagerhaus steht. Einen auffallenden, liebevoll gepflegten Garten, auf den die Besitzer so stolz sind, dass sie gern Gäste herumführen und auch mit Kaffee und Kuchen versorgen (der Mann, der als Schichtarbeiter in der Fischfabrik gegenüber arbeitet, überlegt gerade gemeinsam mit seiner Frau, ob man hier nicht ein kleines Café eröffnen könnte). Einen kostenlosen, gepflegten Campingplatz und die beiden Maskottchen des Ortes: zwei uralte Hühner, die niemandem gehören. Die beiden sind echt isländische Landnahme-Hühner, die besonders zäh und widerstandsfähig sein sollen. Früher waren sie mal zu sechst, aber die anderen wurden nach und nach von Füchsen gefressen. Der örtliche Hühnerstall, das kleine Gebäude am Fjordufer neben der Fischfabrik, ist baufällig, aber wenigstens noch nicht verlassen wie der Rest, sagen die Bewohner mit einem Augenzwinkern. Die meisten der kleinen Häuser seien unbewohnt oder nur noch Ferienhäuser. Die Schule ist seit dem Sommer 2017 geschlossen. Einen Supermarkt, ein Restaurant oder irgendeinen Ort, an dem man sich Nahrung besorgen kann, gibt es auch nicht mehr. Aber die letzten verbliebenen Einwohner (meist Polen, die in der Fabrik arbeiten) beteuern, sie

Spaziergang zum Leuchtturm auf der Halbinsel Digranes

Eigentlich wollten wir nur schnell das Fischtrockengestell und das reparaturbedürftige Holzboot fotografieren, das nordöstlich des Orts auf einer Wiese aufgebockt ist. Das Wetter war gut, also folgten wir einfach dem Fahrweg – neugierig, wo er wohl hinführen könnte. Ein kleines Hinweisschild („Steintún") versprach einen Leuchtturm, es gab aber weder einen Hinweis auf die Entfernung, noch auf Sehenswürdigkeiten, die einen auf dem einstündigen Spaziergang erwarten. Auf den ersten rund 3 km: nichts Besonderes; man sieht noch nicht mal den Fjord. Aber das Durchwandern der aussichtsarmen Durststrecke lohnt sich: Rechts vom Weg ein schöner kleiner Canyon, links folgt man dem Weg (jetzt nur noch ein Pfad) vorbei an Steinformationen mit Trollgesichtern bergab Richtung Wasser zum ersten der beiden **verlassenen Farmhäuser Steintún 1 und Steintún 2**. Wäre das Gebäude nicht extrem einsturzgefährdet, könnte man Steintún 1 prima als hippe Vintage-Unterkunft an Gäste vermieten. So aber sind hier Vögel eingezogen, die keinerlei Scheu vor Besuchern zeigen. Wahrscheinlich kommen nicht oft welche. Die verlassene Farm hinter dem verlassenen Ort ist ein Freilichtmuseum ohne Museumsstatus. Durchs Fenster sieht man den rostigen Herd und einen vor sich hin gammelnden Sessel. Einige neugierige Schafe weisen den Weg zum alten Haus, Steintún 2, dessen Grundmauern in einer Senke stehen. Hier, unter einem improvisierten Dach, scheint das Zuhause der inoffiziellen Museumswärter zu sein, überall hängen Wollfetzen. Ein Pfad führt zur Küste. Hier haben wir Enten aufgescheucht und einen Seehund gesehen – und **Wale**, die ziemlich nah an der Küste vorbeigeschwommen sind. Das ist nicht ungewöhnlich, haben wir später erfahren. Die Tiere schwimmen gern an der Westküste in die Bucht hinein, vorbei an Bakkafjörður, und an der Ostküste wieder hinaus. Warum sie das tun, bleibt rätselhaft, aber wer Wale vom Land aus beobachten will, ist hier an der richtigen Stelle. Der Pfad weiter zum Leuchtturm führt hinter dem „Vogel-Hotel" über eine nur notdürftig reparierte Holzbrücke ohne Geländer (schwergewichtige Menschen überqueren den kleinen Fluss besser weiter rechts, hier liegen größere Steine im Wasser). Den **Leuchtturm** selbst, auf vorgelagerten Felsen an der nördlichsten Landspitze (Svartanes) errichtet, erreicht man über eine weitere Brücke (diesmal eine gesicherte). Hier am Leuchtturm mit Blick nach Norden herrscht eine eigentümlich mystische Stimmung. Wäre die Erde eine Scheibe, würde sie hier, kurz hinter Bakkafjörður, enden. Für uns war der Spaziergang ins Nichts hinter Bakkafjörður eins der schönsten Island-Erlebnisse. Einfache Strecke 5 km.

wollen es den Hühnern gleichtun und möglichst lange durchhalten.

Vorsicht Verwechslungsgefahr: Bei unserem letzten Aufenthalt in Bakkafjörður haben wir auffällig viele Touristen angetroffen, die auf der Suche nach dem bekannten Papageitaucherfelsen waren – der liegt aber in Bakka-gerði (Borgarfjörður eystri) und nicht in Bakka-fjörður.

Skeggjastaðakirkja

An der Straße 85 steht 6,5 km südwestlich von Bakkafjörður die älteste Holzkirche von Ostisland, gebaut im Jahr 1845. Sehenswert ist hier vor allem die Giebelkonstruktion: der kleine schwarz-weiße Kirchturm steht nämlich auf Holzstelzen, die heute durch Stahlseile gesichert sind. Kirch- und Friedhof sind durch ein weißes Holztor immer zugänglich. Wer die Kirche von innen besichtigen will, fragt nebenan auf der Farm Skeggjastaðir nach dem Schlüssel.

ÜBERNACHTUNG

Campingplatz, Skólavegur, ✆ 468 1515. Für den kleinen Ort ein riesiger Campingplatz, mit zahlreichen Bänken und hölzernen Windschutzwänden. Einfaches Servicehaus, aber im großen sauberen und geheizten WC-Raum gibt es eine Steckdose und einen Wickeltisch. Das einzige Manko: nur kaltes Wasser.

Fell Cottages, außerhalb, 13 km vor Þórshöfn gelegen, ✆ 473 1696 und 822 1696, 🖥 www.fellcottages.is.

Smyrill (Merlin) und Fálki (Falke): So heißen die beiden niedlichen hölzernen Ferienhäuschen, die zur Pferdefarm Fell gehören. In liebevoller Kleinstarbeit ausgebaut und ausgestattet. Die Besitzer wollen nachhaltig sein, nichts wegwerfen, und es ihren Gästen trotzdem schön machen. Das Resultat ihrer Bemühungen überzeugt: Zusammengewürfeltes schönes Geschirr in den Regalen, alles Unikate, aus Treibholz selbst gebaute Kleinmöbel, dazu von der überdachten Terrasse aus eine herrliche Aussicht auf den Fjord (hier stehen auch die Treppengeländerabschlussbalken aus Treibholz, die wie Tierköpfe aussehen. Vor allem den Elch hätten wir gern mitgenommen). Wir finden's super, auch wenn Fálki keine Dusche hat. Smyrill ist für 4 Personen konzipiert, Fálki für zwei bis drei. Es sollen aber schon deutlich mehr Menschen hier gewohnt haben, eine Familie beispielsweise hat unterwegs noch Tramper aufgelesen, die auf eilig herbeigeschafften Zusatzmatratzen auf dem Boden im Esszimmer schlafen konnten. Smyrill 166 €, Fálki 231 €, Wochenrabatt 20 %.

TRANSPORT

Von der Straße 85 aus sind's noch 5 km. Die Straße endet hier. Eine Busanbindung gibt es nicht.

Vopnafjörður und Umgebung

Man könnte denken, Vopnafjörður sei mit seinen nur 700 Bewohnern ein weiteres kleines aussterbendes Nest im Nordosten. Wer sich aber die Zeit für einen Rundgang nimmt, merkt schnell: Hier gibt es einiges zu sehen. Es sind die kleinen Dinge, die entzücken: die Apotheke, die nicht mehr als ein Tresen im Supermarkt ist; die funktionstüchtige Telefonzelle an der Hauptstraße; der klitzekleine Laden, in dem man Blusen, aber auch Jogginganzüge kaufen kann. Und warum kann man nicht auch mal in einem isländischen Dorf zum **Frisör** gehen? Guðrún Anna, die Starfrisörin der Region, schnipselt Mo–Fr zwischen 10 und 16 Uhr in einem ehemaligen Postgebäude. Mitgebrachte Kinder spielen derweil in einer umgebauten Telefonzelle im Laden.

Ein historischer Stadtrundgang führt durch den Ort. Überall stehen Hinweisschilder, die über das Leben und Wirken von Personen aufklären, von denen der durchschnittliche Besucher noch nie gehört hat. Gleiches gilt für das **Museum Múlastofa**, ✆ 473-1331, 🖥 www.vopnafjordur.is. Der Namensgeber Jón Múli Árnason soll ein bedeutender Poet und Musiker gewesen sein; sein Bruder Jónas Árnason hat sich in der Politik verdient gemacht. Unsere Lieblings-Info: Beide waren bekennende Linkshänder. ⏱ Juni–Aug 10–22 Uhr, Eintritt 600 ISK, Kinder unter 16 J. kostenlos.

Ausländische Investoren als Umweltschützer

Ein britischer Milliardär soll kürzlich mehrere Bauernhöfe in der Nähe des **Lachsflusses Hofsá** gekauft haben. Was natürlich sofort besorgte Umweltschützer auf den Plan rief. „Was will der mit so viel nutzlosem Farmland?" Die offizielle Erklärung des jetzt mächtigsten Großgrundbesitzers der ganzen Region: Er käme schon seit vielen Jahren zum Angeln her. Als die Höfe zum Verkauf standen, habe er zugegriffen, um das Land und vor allem die Lachsflüsse vor Übergriffen durch Fremde zu schützen. Alles solle bleiben, wie es immer war. Das jedenfalls ließ er dem isländischen Nachrichtensender RÚV so ausrichten. Das Thema **Landverkauf an Ausländer** wird in Island zurzeit heiß diskutiert. Genauso wie die Frage, ob der isländische Staat öfter von seinem Vorkaufsrecht Gebrauch machen und schützenswertes Land, das zum Verkauf steht, selbst kaufen sollte. So geschehen im Fall der Gletscherlagune Jökulsárlón. Die gehört jetzt sozusagen der isländischen Bevölkerung. In der Nähe von Geysir wurde anders entschieden. Dem Verkauf eines Hochtemperaturgebiets an eine chinesische Firma wurde zugestimmt. Hier ist jetzt der Bau eines Vergnügungsparks geplant. Was mit der Schlucht Fjaðrárgljúfur bei Kirkjubæjarklaustur passiert, ist ungewiss. Auch sie ist in Privatbesitz und soll so bald wie möglich veräußert werden.

Das Museum befindet sich im **Kaupvangur**, einem großen gelben Holzhaus am schönen Naturhafen, in das auch Nicht-Museumsbesucher zumindest einen kurzen Blick werfen sollten. Der Eingangsbereich des Kulturzentrums – rechts geht's ins Museum, links ins Kaupvangskaffi – ist nämlich die zentrale Informationsstelle des Orts: Hier hängen Wanderkarten, in Vitrinen liegen Broschüren für Besucher aus, handgeschriebene Zettel informieren auf Isländisch über anstehende Feste und Veranstaltungen. Außerdem findet man einen Wollpullover- und Souvenirverkauf und eine rührend kleine Muschelkunstwerkausstellung, bestehend aus nur drei Exponaten.

Outdoor-Fotomotive in und um Vopnafjörður sind die **Segelschiffstatue** westlich des Kaupvangur, der geschützte niedliche **Naturhafen** und die weiß-rote **Kirche** von 1900 mit dem Schriftzug „Guð blessi þig" (Gott segne dich).

Wer über die Küstenstraße 917 in Richtung Süden weiter fährt, passiert den schwarzen Sandstrand der Bucht **Sandvík** und den Wasserfall **Gljúfursárfoss**. Die Straße 85 dagegen, die direkte Verbindung zur Ringstraße im Süden, führt durchs Lachsflusstal **Hofsárdalur**. In der Nähe des Bergs Bustarfell sollen Belege dafür gefunden worden sein, dass hier schon vor der letzten Eiszeit Säugetiere gelebt haben könnten. Sicher ist, dass die Gegend seit 1770 von Menschen bewohnt ist. Das **Torfhausmuseum Bustarfell**, Minjasafnið á Bustarfelli, ✆ 855 4511 und 844 1153, ist für viele eins der schönsten seiner Art – mit Spielplatz, einem Streichelzoo mit Bauernhoftieren, einem kleinen Café und einem Wanderpfad, der zu einem Elfenstein führt. ⏰ 10. Juni–10. Sep 9–17 Uhr, Eintritt 900 ISK, Kinder (9–12 J.) 200 ISK.

Selárdalslaug

Es war einmal … ein sehr schönes Geothermal-Freibad an einem noch schöneren Lachsfluss. Menschen aus dem 12 km entfernten Vopnafjörður und vorbeireisende Touristen saßen hier regelmäßig bis spät in die Nacht gemeinsam im Becken. Sie sangen und lachten und wer wollte, steckte ein wenig Kleingeld in eine „Kasse des Vertrauens". Alles war gut. Dann kamen die Behörden. Es sollte kein Wasser mehr aus der nahen Geothermalquelle ins Becken fließen, sondern Wasser aus der Leitung. Weil dieses Wasser aber kalt ist und erst aufgeheizt werden muss, bleibt es aus Energiespargründen länger im Becken als früher. Chlor soll helfen, es keimfrei zu halten. Als Nächstes wurde angeordnet, einen Zaun rund um das Schwimmbad zu ziehen. Damit war es vorbei mit dem Baden außerhalb der offiziellen Öffnungszeiten. So erzählen es die Personen, die jetzt gelangweilt im kleinen Kassenhäuschen sitzen, anstatt fröhlich im Hotpot. Und wenn sie nicht gestorben sind (oder das Bad ganz geschlossen wurde), dann chloren sie noch heute.

Anfahrt: Von Vopnafjörður aus 8 km auf der Straße 85 Richtung Norden, dann 3 km auf der ungeteerten, aber gut befahrbaren namenlosen Zufahrtsstraße. ⏰ Mai–Aug Mo–Fr 12–22 (manchmal auch 10–22), Sa, So 12–22, Sep–April Di–Fr 14–18, Sa, So 12–16 Uhr, 700 ISK, Kinder (13–16 J.) 350 ISK, kleinere Kinder kostenlos, ✆ 473 1499.

ÜBERNACHTUNG

Camping, Hamrahlíð 15, ✆ 473 1331 und 473 1300, 🖥 www.visitvopnafjordur.is. Weil der Campingplatz sehr klein ist, wird höflich darum gebeten, die Autos beim nahe gelegenen Spielplatz zu parken. Zur Zeltwiese kommt man mit dem Auto sowieso nicht, denn man muss eine fünfstufige Holztreppe erklimmen. Sehr saubere Duschen. 1300 ISK, Kinder (12–16 J.) 700 ISK, Strom 1000 ISK. Für Reisende, die länger bleiben, ist die dritte Übernachtung kostenlos. ⏰ 1. Mai–15. Okt.

Guesthouse Hvammur, Síreksstaðir, ✆ 473 1458, 🖥 www.sireksstadir.is. Ein hölzernes Gästehaus neueren Datums im schönen Sunnudalur, dem Sonnental. Die Zimmer (7 Doppel- und ein Dreibettzimmer) sind nicht riesig, aber alle mit Waschbecken, Fön und Wasserkocher ausgestattet. Keine Kochgelegenheit. Direkt neben dem Haupthaus stehen 2 Blockhäuser, eins davon mit Hot Pot, die auch vermietet werden. Frühstück 1700 ISK p. P. Cottage ab 200 € pro Nacht. ❸

Hótel Tangi, Hafnarbyggð 17, ✆ 473 1203 und 845 2269, 🖥 www.hoteltangi.com. Auf der

Karte sieht es so aus, als läge das Hotel direkt am Meer. Das stimmt auch, allerdings liegt zwischen dem Haus und dem Meer die riesige Fischfabrik. Ein kleiner Trost: Das Gebrumme der Maschinen hört man nicht, die Zimmer sind schallisoliert. 4 Zimmer mit allem Pipapo und Bad, 13 mit Gemeinschaftsbad. Wer nicht auf dem Zimmer fernsehen mag, geht ins Restaurant oder legt sich im Gemeinschaftswohnzimmer aufs Sofa. Behindertengerechte Zimmer vorhanden. ❹

Hvammsgerði B&B, 10 km nördlich von Vopnarfjörður am Fluss Selá (aber immer noch 4 km vom Schwimmbad entfernt), ☎ 588 1298, 💻 www.hvammsgerdi.is. Niedliches kleines B&B in einem Haus von 1930 auf dem Land. Steinunn und Þórður, erst kürzlich aus Reykjavík in diese Einöde gezogen, bemühen sich, so ökologisch wie möglich zu leben und möglichst wenig wegzuwerfen. Sie haben Katzen, Hunde, Hühner, Enten und Schafe. Man wohnt mit ihnen gemeinsam unter einem Dach. Wer nett fragt, darf die Küche nutzen. Frühstück 1800 ISK. 15 % Rabatt für Gäste, die länger als 2 Nächte bleiben. Schlafsackunterkünfte auf Anfrage für 5500 ISK. ❸

Mávahlíð Guesthouse, Hafnarbyggð 26, ☎ 695 2952, 💻 www. www.mavahlid.123.is. Dafür, dass es nur 5 Zimmer gibt, ist hier platzmäßig der Luxus ausgebrochen: Es stehen 2 Gemeinschaftsbäder und 2 große Gemeinschaftsküchen zur Verfügung. Schöner Aufenthaltsbereich mit Aussicht auf den Hafen. ❸–❹

ESSEN

Hjáleigan Café, Bustarfell, ☎ 844 1153. Gemütliches Kaffee-und-Kuchen-Café am Heimatmuseum. ⏰ 1. Juni–15. Sep 10–17 Uhr.

Hjá Okkur, Síreksstaðir, ☎ 473 1458 und 848 2174, 💻 www.sireksstadir.is. Lamm aus der eigenern Zucht, Forellen aus dem nahe gelegenen See, Kabeljau, gefangen von den Fischern im Dorf. So verspricht es die Speisekarte. Es wird nach Slow-Food-Regeln gekocht, und die entschleunigten Gäste bleiben noch nach dem Essen noch gern ein Weilchen im gemütlichen Restaurant sitzen. ⏰ Juni–Aug tgl. 18–21 Uhr, im Winter nur auf Anfrage.

Kaupvangskaffi, Hafnarbyggð 4a (wie die Touristeninformation), ☎ 473 1331 und 662 3588, 💻 www.kaupvangskaffi.com. Hier trifft sich der ganze Ort. Tagsüber bei Kaffee und Kuchen, Bagel oder Suppe, abends beim Kaltgetränk. Dann und wann wird das Klavier aufgeklappt und es gibt ein Konzert, manchmal treten auch Sänger und Bands auf. ⏰ tgl. 10–22 Uhr.

TOUREN

Síreksstaðir, s. Übernachtung (Guesthouse Hvammur). Ausgefallene Jeeptouren für Kleingruppen (bis zu 5 Teilnehmer), z. B. ins Lavafeld von Holuhraun (S. 592), wo nach dem Ausbruch im Jahr 2014 die Lava noch warm ist. Die Mitternachtstour führt in die nähere Umgebung, zu den Ruinen von Skálar auf der Halbinsel Langanes. Ab 40 000 ISK p. P.

SONSTIGES

Autovermietungen
Am Flughafen bei **Bílaleiga Akureyrar Höldur/Europcar**, ☎ 840 6076, 💻 www.holdur.is.

Autoreparaturen
Bílar og vélar, Hafnarbyggð 14a, ☎ 473 1333, ⏰ Mo–Fr 8–16 Uhr.

Einkaufen
Anný, Miðbraut 4, Bekleidungsgeschäft. ⏰ Mo–Fr 13–17 Uhr.
Kauptún, Hafnarbyggð 4, Supermarkt. ⏰ Mo–Fr 9.30–18, Sa 12–16 Uhr.
Ollasjoppa, Kramladen an der Ólis-Tankstelle, Kolbeinsgata 35, ⏰ tgl. 11–21 Uhr (im Winter nur bis 20 Uhr).
Vínbúðin, Hafnarbyggð 4, ⏰ Mo–Do 16–18, Fr 13–18 Uhr.

Geld und Post
Landsbankinn und **Post**, Kolbeinsgata 10 (gegenüber der Kirche), ⏰ Mo–Fr 12.30–16 Uhr.

Informationen
Prospekte usw. liegen im Kaupvangur-Eingangsbereich aus, kostenpflichtige Broschüren und Wanderkarten (z. B. die

> ### Húsey
>
> € Außer ein paar Bauern und der Familie des Jugendherbergsbetreibers Örn lebt niemand im flachen Mündungsdelta des Lagarfljóts mit dem herrlichen ausgedehnten Strand. Das liegt vor allem daran, dass dieser Strand so umständlich zu erreichen ist. Für denjenigen, der über den Pass aus Richtung Vopnafjörður kommt, sieht es aus, als könne man einfach geradeaus fahren, aber zwischen der Straße 917 und Húsey liegt noch der Fluss Jökla, mit vollem Namen Jökulsá á Brú. Man erreicht die Farm und Jugendherberge **Húsey Hostel**, ☎ 471 3010 und 695 8832, 🖥 www.husey.de, nur von der Ringstraße aus, über die Straßen 925/926, 20 km am Fluss entlang. Entfernung nach Egilsstaðir ca. 60 km. Hier übernachtet man i. d. R. länger als eine Nacht, angelt Lachse und Forellen oder macht zu Fuß oder zu Pferde einen Ausflug zu den Seehunden an der Küste (Touren tgl. 10 und 17 Uhr, 2 Std., 8500 ISK p. P.). Vor allem die einwöchigen Reiterferien sind beliebt, weshalb die auf 7 Zimmer und Schlafsäle verteilten 24 Betten schnell belegt sind. In den Wintermonaten dagegen ist es ruhig. Das Highlight dann: ein Ausritt zu den Rentieren, die hier immer häufiger gesichtet werden (2 Std., 8500 ISK). Frische Grundnahrungsmittel – vor allem geräucherter Fisch und Seehundfleisch – sind erhältlich. Frühstück 2000 ISK. Wohnmobile können für 500 ISK abgestellt werden, wer Küche und Bad nutzen will, zahlt 1600 ISK. Bett im Schlafsaal 4000 ISK (Mitglieder 3500 ISK). DZ 10 600 ISK (ohne Bettwäsche 8500 ISK). Abholung aus Egilsstaðir 19 200 ISK, von der Ringstraße 11 200 (pro Fahrt, nicht p. P.).

Informationsbroschüre zum Stadtspaziergang für 500 ISK) sind bei der **Stadtverwaltung**, Hamrahlíð 15, erhältlich. ⏱ Mo–Fr 10–15 Uhr. Auf der **Website** 🖥 www.visitvopnafjordur.is gibt es außerdem Apps zum Runterladen, die Besucher durch Vopnafjörður navigieren und auf ihren Wanderungen begleiten sollen.

Medizinische Hilfe
Krankenhaus, Laxdalstún, ☎ 470 3070, ⏱ Sprechstunde Mo–Fr 8–12, Mo–So auch 13–15 Uhr.
Mini-Apotheke im Supermarkt Kauptún, ☎ 473 1109, ⏱ Mo–Fr 10–16 Uhr.

TRANSPORT

Auto
Die schnellste Verbindung zur Ringstraße ist die **Straße 85** (50 km). Landschaftlich schöner ist es, auf der größtenteils ungeteerten **Straße 917** an der Küste entlangzufahren. Im Sommer ist das kein Problem, im Winter ist der Pass Hellisheiði oft unbefahrbar (die Straße wird im Frühjahr und Herbst 2x wöchentl. geräumt, im Winter gar nicht). Bei gutem Wetter sieht man vom Aussichtspunkt, kurz bevor es über eine beeindruckende Serpentinenstraße wieder ins Tal geht, nicht nur bis nach Húsey (s. Kasten), sondern bis zu den Bergen auf der anderen Seite der großen Bucht. Einmal im Tal, führt die Straße einigermaßen schlaglochfrei gen Süden. Entfernung von Vopnafjörður zur Ringstraße über diese Route gut 70 km.

Busse
Es gibt keine Busanbindung. Die Haltestelle, die „Vopnafjörður Crossroads" heißt, meint eine Straßenkreuzung, die 50 km südlich an der Ringstraße liegt.

Flüge
Die Kleinmaschine nach AKUREYRI fliegt Mo–Fr 1x tgl. Der Flug dauert 2 Std. und kostet um die 170 €. Der Anschluss nach Reykjavík funktioniert gut. Infos zu den Flugzeiten bei **Norlandair**, ☎ 414 6960, 🖥 www.norlandair.is.

PICKNICK AM AUSSICHTSPUNKT SJÓNARNIPA MIT BLICK AUF DEN SKAFTAFELLSJÖKULL; © MARK MARKAND

Der Osten

Weite Fjorde, sattes Grün und Wanderwege zwischen Wasserfällen und Feenhügeln – das ist Ostisland. Je weiter der Weg in den Süden führt, desto weißer werden die Berge. Der riesige Gletscher Vatnajökull streckt seine eisigen Finger bis an die Küste aus. Hier ist der Ort, wo das Eis die Herzen der Besucher zum Schmelzen bringt.

Stefan Loose Traveltipps

Seyðisfjörður Im Sommer in dem schmucken Städtchen einem klassischen Konzert lauschen. S. 459

Mjóifjord Totale Abgeschiedenheit am einsamen Fjord. S. 463

11 Jökulsárlón Am kalbenden Gletscher ist man dem Eis ganz nah. S. 489

Svínafellsjökull Auf einer Wanderung lässt sich das Gletschereis unter den Füßen spüren. S. 493

12 Skaftafell Ein Spaziergang im Naturschutzgebiet führt vom Wasserfall zum Gletscher. Mutige wagen sich mit Führer aufs Eis. S. 495

Fjaðrárgljúfur Die Schlucht bei Kirkjubæjarklaustur ist ein Traum in Hellgrün. S. 503

EISHÖHLE BEI SKAFTAFELL, © DIRK KRÜGER

IN DEN OSTFJORDEN BEI ESKIFJÖRÐUR, © DIRK KRÜGER

Wann fahren? In den Fjorden ist im Sommer alles satt grün, im Südosten ist es immer eisig.

Wie lange? Für die Ziele im Eis reichen 2–4 Tage. In den Ostfjorden sind Wanderer schon wochenlang von Fjord zu Fjord gezogen.

Bekannt für den König der Gletscher, den Vatnajökull

Für Entdecker Das „Tal der Wasserfälle" am Berufjord direkt an der Ringstraße

Unbedingt probieren Gletschertouren in der Nähe von Skaftafell

Schöne Tagesausflüge Bootsfahrt zu den Papageitauchern auf der Insel Papey

Der Osten

Reisende kommen hauptsächlich zum Wandern und natürlich wegen der Eisberge in den Osten. Die Region bietet so viele Wanderwege, die *off the beaten track* liegen, so viel Unerforschtes, dass man hier gut und gerne mehrere Wochen die Gegend erkunden kann. Auch wer sich abseits der Hotspots wie der Gletscherlagune Jökulsárlón und dem Wasserfall Svartifoss im Nationalpark Vatnajökull aufhält, findet Orte ohne viel Trubel.

Die stillen Ostfjorde, eingerahmt von beeindruckend hohen Bergen, sind das grüne Herz der Region. In Ostisland leben nur 4,2 % aller Isländer, also weniger als 11 000 Menschen, verteilt auf eine Fläche von 22 000 km². Nur zwei Personen teilen sich hier also rein rechnerisch den Quadratkilometer (in Berlin sind es fast 3950 Personen). Und da die Mehrheit der Bewohner in den kleinen Städten leben, ist das meiste Land unbesiedelt – aber nicht unbewohnt, denn es sind vor allem Schafe, die das Bild Ostislands prägen. Was in dieser isolierten Lage bis heute vor allem fehlt, sind Arbeitsplätze. Ob die Aluminiumschmelze in Reyðarfjörður und die steigenden Touristenzahlen langfristig zu einer stärkeren Besiedlung führen, bleibt abzuwarten. Bis heute sind die Orte hier so klein, dass sie oft nicht einmal einen eigenen Namen haben, sondern einfach nach dem Fjord benannt sind, an dem sie liegen.

Egilsstaðir und Umgebung

Der Ort Egilsstaðir ist Verwaltungszentrum und Verkehrsknotenpunkt der Region. Von hier geht es in die **Ostfjorde** und in das am Lagarfljót liegende Waldgebiet **Hallormsstaðaskógur** mit richtig hohen Bäumen und einem Duft, wie er sonst auf Island nicht zu finden ist. Im See wohnt ein Riesenwurm – gefährlich ist er wohl nicht, aber wer Geschichten dieser Art liebt, wird den Erzählungen vom isländischen Nessie gerne lauschen.

Egilsstaðir

2300 Menschen leben in Egilsstaðir und dem direkt gegenüber am See liegenden kleinen Ort Fellabær. Es gibt keine sehenswerte Altstadt (das erste Haus wurde erst 1947 gebaut) und auch keinen Meer- oder Fjordblick, sodass Egilsstaðir für die meisten Reisenden nur als Verpflegungs- und Durchgangsstation fungiert. Hier übernachten sie vor oder nach der Fährfahrt und decken sich mit Vorräten ein, bevor es weitergeht. Wer aber bleibt, genießt die Ruhe.

Die innerstädtischen Attraktionen sind eine große, moderne evangelische Kirche, eine katholische Kirche (die sich in einer ehemaligen Apotheke versteckt) und ein Heimatmuseum, in dem man mehr über die Region erfährt. Das **East Iceland Heritage Museum** (Minjasafn Austurlands), Laufskógar 1, ✆ 471 1412, 🖳 www.minjasafn.is, zeigt neben Exponaten aus der Natur Gegenstände aus dem Alltag der hier lebenden Menschen. ⏱ Juni–Aug Mo–Fr 11.30–19, Sa und So 10.30–18, Sep–Mai Di–Fr 11–16 Uhr, Eintritt 1000 ISK, unter 18 J. frei, kostenloses WLAN.

ÜBERNACHTUNG

Egilsstaðir
Birta Guesthouse, Tjarnarbraut 7, ✆ 860 2999, 🖳 www.gistihusbirtu.com. Familiengeführtes, liebevoll eingerichtetes kleines Gästehaus im Grünen (und dennoch in zentraler Lage). Gäste dürfen Küche und Terrasse nutzen. Frühstück zum Selbstzubereiten im zimmereigenen Kühlschrank. Ein zusätzliches Doppelzimmer mit Bad im Nebengebäude. Das rote **Gästehaus Olga**, Tjarnarbraut 3, hat dieselben Besitzer. Leicht plüschig und wegen der Bäume drum herum etwas dunkel. Frühstück 13 € p. P. ❸
Campingplatz, Kaupvangur 17, ✆ 470 0750, 🖳 www.tjalda.is/en/egilsstadir. Der große Campingplatz liegt oberhalb des Kaupvangur am Hang, von einer Seite durch Büsche und eine Felswand geschützt, was bedeutet: Bei Nord-, Nordost- und Ostwind recht geschützt (solange man am Nord- oder Ostrand zeltet). Bei Süd- und Westwind dagegen kaum Windschutz. Im Haus nebenan gibt es einen Aufenthaltsbereich, leider ohne Küche.

Rentieren auf der Spur

Im Osten des Landes leben Rentiere. Die ersten wurden Ende des 18. Jhs. nach Island importiert, wo sie auf Farmen gehalten werden sollten. Das klappte aber nicht, und so wurden die überlebenden Tiere freigelassen. Sie passten sich dem Klima an und vermehrten sich erfolgreich. Heute gibt es etwa 3000 Rentiere im östlichen Hochland, die meisten davon in der Hochlandebene **Fljótsdalsheiði** (Karte S. 452). Immer mehr Tiere ziehen aber neuerdings in die Ostfjorde. Das ist schlecht für das Ökosystem und führt selbst in diesem dünn besiedelten Landstrich zu Nahrungskonkurrenz mit den Nutztieren Schaf und Pferd. Der Mensch greift nun vermehrt zur Waffe, um die Rentierpopulation in Grenzen zu halten; jedes Jahr im August beginnt die Jagdsaison. Im Winter sieht man Rentiere auch in den Tälern und Fjorden, im Sommer begegnet man ihnen meist nur in der Region um den Berg **Snæfell**.

Unterwegs im Osten

Mit dem Auto
Leicht zu befahren ist die Strecke von **Nord nach Süd** auf der Ringstraße. Alle Fjorde an der Küste in einem Rutsch abzufahren ist hingegen nicht möglich. Viele Straßen sind Stichstraßen und somit Sackgassen. Wer beispielsweise von Seyðisfjörður zum nächsten größeren Ort im Süden (Neskaupstaður) will, muss über Egilsstaðir und Reyðarfjörður fahren, fast 100 km (Luftlinie wäre es ein Katzensprung).
Wichtiger Hinweis für Leute, die mit älteren Straßenkarten unterwegs sind: Im November 2017 wurde der Verlauf der Ringstraße verändert. Die frühere Ringstraße heißt jetzt Straße 95, die frühere 96 dient als neue Ringstraße.

Von Egilsstaðir nach Djúpivogur
Straße 95: Bis Oktober 2017 verlief hier die Ringstraße, am Straßenzustand hat sich mit der Umbenennung aber nichts geändert. Hinter dem Pass Breiðdalsheiði gibt es ein längeres, nicht asphaltiertes Teilstück. Dabei fährt man durch das größte und wahrscheinlich schönste Tal der Ostfjorde, das Breiðdalur. Insgesamt 148 km.
Straße 95 und Öxi-Pass (Straße 939): Die Passstraße 939, kurz „Öxi", Axt, genannt, scheint tatsächlich wie in den Berg gehauen. Nur zu Teilen asphaltiert, kürzt sie die Strecke um gut 60 km ab. Die Furten sind seit Jahren überbaut, sodass offiziell alle Autos hier fahren dürfen. Die Fahrt ist aber doch – vor allem bei schlechtem Wetter – recht schwierig und sowieso nur im Sommer möglich. Autofahrer, die nicht schwindelfrei sind oder deren Auto schnell auf nassem Schlamm rutschen könnte, sind gut beraten, lieber die Ringstraße zu nehmen. Insgesamt 86 km, davon 19 km auf der Passstraße.
Ringstraße über Reyðarfjörður und durch den Fáskrúðsfjarðargöng-Tunnel (6 km): Die Strecke auf der Ringstraße ist mit 156 km die längste, aber die Tatsache, dass die meisten Isländer sie nehmen, spricht dafür, dass sie die schnellste ist. Sind im Winter die beiden anderen Pässe gesperrt oder schlecht befahrbar, ist diese Route alternativlos. Das Plus für Reisende: Einige schöne Fjorde werden umrundet.

Mit dem Bus
Nach Norden Richtung Akureyri fahren ab **Egilsstaðir** das ganze Jahr Busse von Strætó. Nach Süden (Höfn) geht es nur von Ende Juni bis Anfang September mit den Bussen von SBA-Norðurleið via Reyðarfjörður, Fáskrúðsfjörður und Djúpivogur. Obwohl im Osten nicht so viele Reisende den Bus nutzen, macht es Sinn sich am Tag vor der geplanten Weiterreise um ein Ticket zu kümmern, dann erfährt

1500 ISK (Duschen inkl.), Kinder unter 12 J. kostenlos, Strom 900 ISK, Waschmaschine und Trockner 800 ISK (Automat), WLAN 400 ISK für 24 Std. ⏲ ganzjährig, Juni–Aug tgl. 7–23 Uhr, alle anderen Monate Mo–Fr vormittags (siehe auch „Informationen"). ❶
Hótel Edda, Tjarnarbraut 25, ✆ 444 4880, 🖥 www.hotheledda.is/en/hotels/hotel-edda-egilsstadir. 52 Zimmer im Gymnasium, deshalb nur in den Sommerferien (Mitte Juni–Ende Aug) geöffnet. Die Zimmer sind relativ klein und nur einfach ausgestattet. Obwohl viele Gäste für den Preis etwas mehr erwarten, sind sie am Ende doch zufrieden. Gelobt wird v. a. das Frühstück (2300 ISK). Hotelrestaurant ⏲ 18.30–21 Uhr. Kinder (6–12 J.) zahlen die Hälfte. ❺
Hótel Valaskjálf, Skógarlönd 3, ✆ 471 2400, 🖥 www.valaskjalf.is. Großes Hotel etwas abseits des Zentrums. Ruhig ist es trotzdem nicht, denn das Hotel ist gut besucht und regelmäßig finden Konzerte statt, u. a. das große Jazzfestival JEA. Die Einrichtung ist modern und bunt, der Speisesaal riesig. Einige Zimmer

man nicht nur den aktuellsten Abfahrtszeitpunkt, sondern hat auch einen Sitzplatz sicher. Hilfe findet man in den Gästehäusern und Touristeninformationen.

In **Höfn** muss immer eine Übernachtung eingeplant werden. Von hier ist wieder Verlass auf das öffentliche Busnetz von Strætó Richtung Reykjavik, und in den Sommermonaten gibt es weitere Busse von Reykjavik Excursions und Sterna. Während Strætó nur mit kurzen Halten verkehrt, legen die privaten Busse mancherorts längere Sightseeing-Stopps ein, z. B. am Jökulsárlón.

Die **Ostfjorde** haben ein eigenes Bussystem, genannt SVAust. Informationen dazu gibt's bei der Touristeninformation in Egilsstaðir, ✆ 471 2320, und online, 🖥 www.svaust.is. Die aktuellen Abfahrtszeiten sind auch über die StrætoApp verfügbar. Fahrplaninfos unter 🖥 www.austurfrett.is/svaust.

Wer mit der Fähre kommt, hat direkt Anschluss nach Egilsstaðir, doch viele bleiben erst einmal eine Nacht in Seydisfjöður.

Die Linien von SVAust im Überblick

- **Linie 1:** Norðfjörður (Neskaupstaður)–Egilsstaðir (häufig)
- **Linie 2:** Reyðarfjörður–Breiðdalsvík (häufig)
- **Linie 3:** Seyðisfjörður–Egilsstaðir
- **Linie 4:** Djúpivogur–Höfn
- **Linie 5:** Egilsstaðir–Borgarfjörður eystri (Mo–Fr 1x tgl.)

Fahrräder werden von SVAust nicht mitgenommen, mit Ausnahme bestimmter Fahrten der Linie 3 (Seyðisfjörður). In jedem Fall vorher telefonisch abklären.

Achtung: Der Abschnitt Breiðdalsvík–Djúpivogur wird nur im Sommer von SBA bedient, im Winter besteht dort eine 60 km lange Lücke, d. h. man kann Island im Winter nicht komplett mit Linienbussen umrunden.

Mit der Fähre

Die Fähre *Norröna* verkehrt ganzjährig jede Woche zwischen Seyðisfjörður, Tórshavn (Färöer) und Hirtshals (Dänemark), s. S. 42 und S. 462. Zwischen Neskaupstaður und Mjóifjörður fährt im Winter (Okt–Mai) 2x pro Woche das Boot *Anný*, da in dieser Zeit die Straße nach Mjóifjörður unpassierbar ist.

Mit dem Flieger

Egilsstaðir und Höfn haben einen Flughafen. Verbindungen bestehen jeweils nach Reykjavík. Wetterbedingte Flugausfälle kommen relativ selten vor. Mehr Infos auf S. 69 und S. 161.

---

sind sehr klein, das Frühstücksbuffet wird durchweg gelobt. Inkl. Frühstück. ❺

Laufás Guesthouse, Fagradalsbraut 9, ✆ 848 6185. Einfache, unterschiedlich große Zimmer ohne Schnickschnack im Gebäude der Post, gut ausgestattete Gemeinschaftsküche. Check-in und Schlüssel im Schwesterhotel gegenüber. Parkplatz und recht gutes WLAN (besonders im Gemeinschaftsbereich guter Empfang). Kostenloser Airport-Shuttle für Gäste. ❸

Lyngás Guesthouse, Lyngási 5-7, ✆ 471 1310, 🖥 www.lyngas.is. Der weiß-graue Betonkasten direkt an der Straße und gegenüber der Orkan-Tankstelle sieht nicht besonders einladend aus, innen ist aber alles hell, modern und sauber. Gut ausgestattete Gemeinschaftsküche, schöner Aufenthaltsbereich. ❷–❸

Fellabær

Der 400-Seelen-Ort Fellabær erstreckt sich 3 km nordwestlich von Egilsstaðir; zwischen beiden Orten liegt der Flughafen. Die hier genannten Unterkünfte befinden sich südlich

der Ringstraße in der Nähe der Straße 931 am Westufer des **Lögurinn**.
Skipalækur Guesthouse, Cottages & Camping, ✆ 471 1324, 🖥 www.skipalaekur.is. Zwei Gästehäuser, eins davon ohne Gemeinschaftsküche, dafür gibt es Wasserkocher und Kühlschränke in den Zimmern. Am Seeufer stehen kleine, gut ausgestattete Nurdachhäuser für 2–4 Personen. Preise auf Anfrage bzw. beim Vermittler Hey Iceland. Der dazugehörige schöne Campingplatz ist nur durch die Straße vom See getrennt. Es gibt einen großen Sanitärcontainer mit WCs und Dusche, aber leider weder Küche noch Aufenthaltsraum. 1500 ISK p. P. ❶

Vínland Gästehaus und Campinghütten, Vínland (in Ringstraßennähe), ✆ 615 1900, 🖥 www.vinlandhotel.is. Sechs schöne Zimmer mit eigenem Bad, Terrasse und Blick ins Grüne. Der Gastgeber Binni hat vor seiner Pensionierung am Flughafen gearbeitet und bietet kostenlosen Transfer dorthin. In der Nähe des Waldes stehen Campingtonnen für je 2–3 Pers und Campinghütten für 2 Pers. Mit Grillplatz und Aufenthaltsraum (Bettwäsche und Handtücher extra). ❶–❷

28 Traumziele für Wanderfreunde

Mit den **Perlur Fljótsdalshéraðs**, den Natur-„Perlen" rund um Egilsstaðir, hat der örtliche Wanderverein eine Broschüre mit 28 unterschiedlichen Wanderungen und Spaziergängen inklusive Bildern und Anfahrtsbeschreibungen erstellt, darunter populäre Ziele wie der **Hengifoss** (S. 453) und die Gegend rund um **Húsey** (S. 441), aber auch der Berg **Snæfell**. Dazu gibt's ein Wanderbuch, und überall steht ein Kasten mit einem Stempel, mit dem die Wanderer sich selbst bescheinigen können, dass sie ihr Ziel erreicht haben. Obacht: Was die Isländer noch als Spaziergang bezeichnen, kann für ungeübte Touristen zu einer echten Herausforderung werden. Daher sollte man es langsam angehen lassen. Stempelbuch und kostenlose Broschüre bekommt man im East Iceland Information Center in Egilsstaðir, im Visitor Center am Campingplatz und natürlich im **Büro des Wandervereins**, Tjarnarás 8, ✆ 863 5813, 🖥 www.ferdaf.is. Hier die Broschüre als Download: 🖥 www.ferdaf.is/index.php/en/2016-02-17-10-20-05/places-of-interest.
Zum Einstieg empfehlen wir die **Wanderung zum Fardagafoss**: Startpunkt ist ein Parkplatz an der Straße 93 nach Seyðisfjörður (4 km hinter dem Ortsende von Egilsstaðir). Immer am Flussufer entlang geht's zunächst zum Gufufoss-Wasserfall. Hier gibt es in der Schlucht eine im Fels verankerte Kette, die den weiteren Aufstieg erleichtert. Hinter dem Wasserfall findet man dann den Kasten mit dem Stempel. Wanderzeit: 1 1/2–2 Std.

ESSEN

Egilsstaðir

Café Nielsen, Tjarnarbraut 1, ✆ 471 2626, 🖥 www.cafenielsen.is. Etwas versteckt hinter Bäumen steht – von der Hauptstraße aus nicht zu sehen – neben der Post ein kleines, weißes altes Holzhäuschen. Der gemütliche Sitzbereich innen ist klein, ebenso wie die Auswahl der angebotenen Speisen: Es gibt Suppen, griechischen Salat mit Schafskäse und Oliven und Kuchen. Bei Sonne geht's raus in den großen Biergarten. ⏱ Mo–Fr 11.30–23, Sa, So 13–23 Uhr.

Glóð Steikhús Restaurant (im Hótel Valaskjálf), ✆ 471 1600, 🖥 www.glodrestaurant.is. Auf nobel getrimmtes À-la-carte-Restaurant: Steaks, Sushi und ausgefallene Kreationen aus Gemüse, Kräutern und Obst. Über den Service gehen die Meinungen auseinander; das Frühstücksbuffet wird durchweg gelobt. ⏱ Di–Sa 18–22 Uhr.

Kaffi Egilsstaðir, Kaupvangur 17, ✆ 470 0200. Einfaches, leicht auf Western getrimmtes Café-Restaurant am Campingplatz. ⏱ Restaurant tgl. 8–23 Uhr (Frühstück 8–10.30 Uhr), Bar Fr, Sa 11–3 Uhr.

Salt Café & Bistro, Miðvangur 2, 🖥 www.saltbistro.is. Hell und zentral. Manchmal kommt das Personal nicht ganz hinterher, doch das Warten lohnt. Die meisten Angestellten kommen aus dem Ausland und so wird hier recht wenig Isländisch gesprochen.

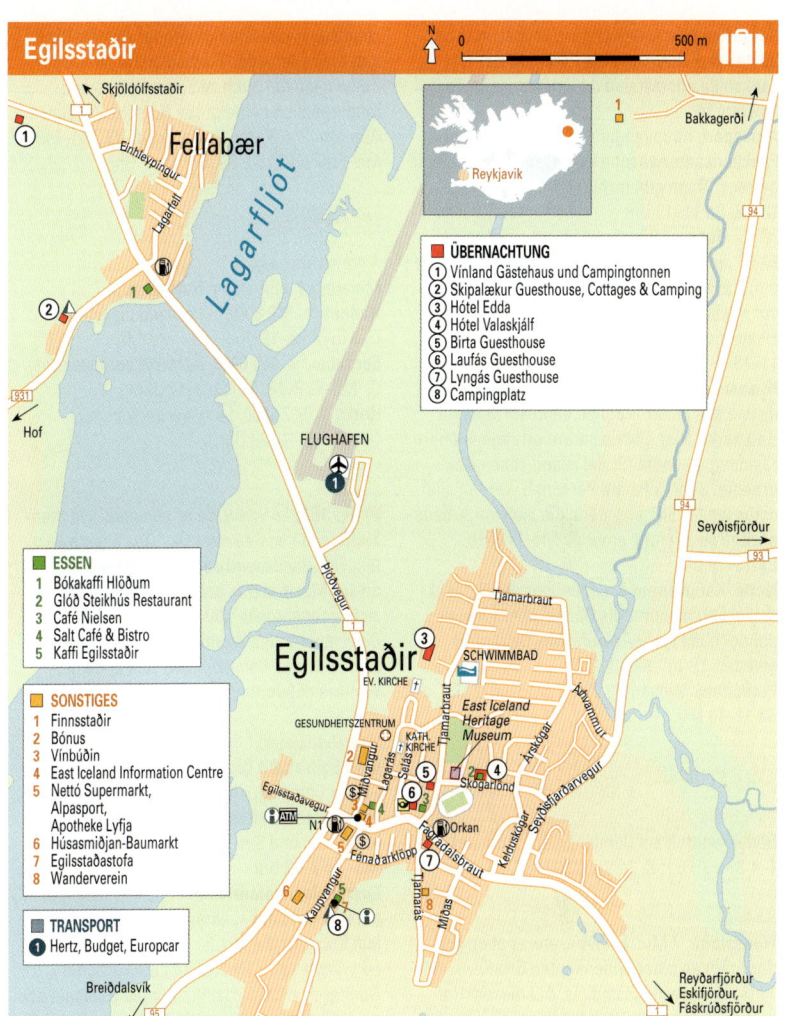

Man kann auch draußen sitzen, wenn die Sonne scheint. ⊕ tgl. 10–23 Uhr.

Fellabær

Bókakaffi Hlöðum, an der Lagarfjót-Brücke, Helgafell 2, ☏ 471 2255, 🖥 www.bokakaffi.is. In diesem Buchladen mit Café gibt es neben Lesestoff auch herzhafte Kleinigkeiten und Suppe. Besonders beliebt ist das günstige All-you-can-eat-Kuchenbuffet jeden Freitagnachmittag. ⊕ Mo–Fr 10–18 Uhr.

EINKAUFEN

Fast alle Geschäfte liegen zentral an der Kreuzung der Straße 95 und der Ringstraße

(Navi-Eingabe: Kaupvangur), sodass man am besten das Auto auf dem Parkplatz der N1-Tankstelle abstellt und die Erledigungen zu Fuß macht.

Alpasport, Kaupvangur 6. Sportbekleidung. Funktionsunterwäsche vergessen? Dicker Pulli gefragt? Dann gibt es hier Hilfe. ⏱ Mo–Fr 10–18, Sa 11–15 Uhr.

Bónus, Miðvangur 13, mit einem eigenen großen Parkplatz. Hier decken sich viele ein, die Richtung Süden fahren, denn bis kurz vor Reykjavik gibt es auf dieser Strecke keine Filiale dieses beliebten Discounters. ⏱ Mo–Do 11–18.30, Fr 10–19.30, Sa 10–18, So 12–18 Uhr.

Húsasmiðjan-Baumarkt, Sólvangur 7. Wenn es wie aus Eimern regnet, dann auf in einen Baumarkt! Hier gibt es garantiert regensichere Kleidung, gedacht für die isländischen Bauarbeiter. Sehr schmale Personen werden allerdings weiterhin nass, denn die meisten Arbeitsanzüge sind relativ groß. ⏱ Mo–Fr 9–18, Sa 10–15 Uhr.

Nettó, Kaupvangur 6, gegenüber der N1-Tankstelle. Etwas teurer als Bónus, aber für viele dennoch die erste Anlaufstelle, da zentral gelegen. ⏱ tgl. 10–19 Uhr.

Vinbúðinn, Miðvangur 2-4, ⏱ Mo–Fr 11–19, Sa 11–16 Uhr.

AKTIVITÄTEN

Fahrradverleih
Räder werden am Campingplatz vermietet. 1–4 Std. 2900 ISK, 24 Std. 3900 ISK.

Reiten
Finnsstaðir, 7 Min. Fahrzeit, etwas oberhalb der Stadt an einer unbenannten Straße, ✆ 982 1803, 🖥 www.finnsstadir.is. Auf diesem Hof (auf dem man auch wohnen kann) sind Kinder und Erwachsene, Reiterfahrene und Neulinge, gut aufgehoben. Zudem ist das Reiten relativ günstig: 7000 ISK für eine 1-stündige und 10 000 ISK für eine 2-stündige geführte Tour in schöner ruhiger Umgebung.

Schwimmen
Das öffentliche Schwimmbad, Tjanarbraut 26, ✆ 470 0777, 🖥 www.sundlaugar.is/sundlaugar/ sundlaugin-egilsstodum, eignet sich für Groß und Klein, denn das Freibad bietet neben der Schwimmbahn auch zwei Hot Pots, einen Kinderpool und eine große Rutsche. ⏱ Juni–Aug Mo–Fr 6.30–21.30, Sa, So 10–18, Okt–Mai Mo–Fr 6.30–20.30, Sa, So 10–17 Uhr.

SONSTIGES

Autovermietungen
Mietwagen gibt es am Flughafen.
Budget, ✆ 562 6060, 🖥 www.budget.is. ⏱ Mo–So 8–18 Uhr.
Europcar, ✆ 461 6000, 🖥 www.europcar.com. ⏱ Mo–Fr 8–18, Sa, So 9–18 Uhr.
Hertz, ✆ 522 4450, 🖥 www.hertz.com. ⏱ tgl. 8.30–19.30 Uhr.

Feste
JEA, 🖥 www.jea.is, an einem Wochenende im Sep oder Okt: Das älteste Jazzfestival Islands wird seit 1988 gefeiert. Wer mit dieser Musik etwas anfangen kann, sollte es sich nicht entgehen lassen.
Zwei mehrtägige **Stadtfeste** werden jeweils zum Ende des Sommers und zum Ende des Winters gefeiert.

Informationen
Visit Egilsstaðir (Egilsstaðastofa), Kaupvangur 17 (am Campingplatz), ✆ 470 07 50, 🖥 www.visitegilsstadir.is/en, ⏱ Okt–April Mo–Fr 8.30–12.30, Mai und Sep Mo–Fr 8.30–15, Juni–Aug Mo–So 7–23 Uhr.

East Iceland Information Centre, Miðvangur 1-3 (im Hús Handanna, einem Geschäft mit lokalem Kunsthandwerk), ✆ 471 2320 und 471 2433, 🖥 www.east.is. Eine recht gute Auswahl Bücher über Island, z. B. über die Geologie oder die Vogelwelt, zudem viele Karten. Im Gebäude gibt es auch einen Geldautomat. ⏱ Mai Mo–Fr 10–18, Sa 10–16, Juni–Aug Mo, Di, Do, Fr 8.30–18, Mi 8.30–20.30, Sa 10–16, So 13–18 Uhr.

Medizinische Hilfe
Apotheke Lyfja, Kaupvangur 6, ⏱ Mo–Fr 10–18.30, Sa 10–14 Uhr.
Gesundheitszentrum (Heilbrigðisstofnun Austurlands), Miðvangur, ✆ 432 2000,

🖥 www.hsu.is. 24-Std.-Ambulanz. Das nächste richtige Krankenhaus befindet sich in Neskaupstaður, etwa eine Autostunde entfernt (S. 468).

NAHVERKEHR

Stadtbusse
Ein kostenloser Stadtbus pendelt 17x tgl. zwischen Fellabær und Egilsstaðir.
Dieser Bus hält aber nicht am Flughafen.

Taxis
Jón Björnsson, Bjarkarhlíð 2, ✆ 898 26 25.
Guttormur Kristmansson, Brekkusel 1, ✆ 659 48 28.

TRANSPORT

Auto
Von hier nach Reykjavik ist die Fahrt auf der Ringstraße im oder gegen den Uhrzeigersinn etwa gleich weit: Die Nordroute über Akureyri ist 644 km lang, die Südroute am Vatnajökull entlang 638 km. Kleinere Straßen führen sternförmig in die Ostfjorde (s. S. 446 und Karte S. 455) und an den Lagarfljót.

Busse
Richtung Ostfjorde
Die SVAust-Linien 1–5 fahren das ganze Jahr über die Orte der Ostfjorde an. Das Bussystem ist auf die Arbeiter im Aluminiumwerk zugeschnitten; für Touristen gestaltet es sich daher mitunter schwierig, hier mit dem Bus zu reisen. Wer im Winter auf SVAust angewiesen ist, checkt am besten die aktuellen Zeiten auf 🖥 www.austurfrett.is/svaust.
BAKKAGERÐI, SVAust-Linie 5, Mo–Fr 12 Uhr in 1 Std. für 2000 ISK.
SEYÐISFJÖRÐUR, SVAust-Linie 3, Mo–Fr ab Flughafen 8.55 und 16.15 Uhr, Sa, So 10.45 Uhr in 40 Min. für 1050 ISK. Im Sommer zudem Do um 10.35 Uhr. Und im Frühling und Herbst auch Di im Anschluss an die Ankunft des Schiffes.

Richtung Westen
AKUREYRI, mit Strætó-Linie 56 um 9 Uhr ab Campingplatz in knapp 4 Std., 18 Zonen (8280 ISK), über DETTIFOSS (Kreuzung), MÝVATN und GOÐAFOSS. Juni–Anfang Sep fährt auf der gleichen Strecke auch noch um 13 Uhr ein Bus von SBA Norðurleið, Linie 62a, in 5 Std. für 10100 ISK.
REYKJAVÍK (über Nordisland), mit Strætó kann man mit Umsteigen in Akureyri an einem Tag bis Reykjavík fahren; mit SBA-Norðurleið muss man in Akureyri übernachten.

Richtung Süden
HÖFN, in fast 9 von 12 Monaten ist es nicht möglich, mit dem Bus von Egilsstaðir nach Höfn zu fahren. Von Juni–Anfang Sep verkehrt SBA Norðurleið. Die Linie 62 startet um 13 Uhr am Campingplatz und fährt über REYÐARFJÖRÐUR und DJÚPIVOGUR. Fahrtdauer bis Höfn 4 1/2 Std. für 9900 ISK.
REYKJAVÍK (über Südisland), nur mit Übernachtung in Höfn.

Flüge
Der **Flughafen** liegt an der Ringstraße zwischen Egilsstaðir und Fellabær, ✆ 424 4000, 🖥 www.isavia.is. Man kann auf dem Radweg bis zum Flughafen laufen (1,6 km) oder den Bus von/nach Seyðisfjörður (SVAust-Linie 3) nutzen, der am Campingplatz und am Flughafen hält. SVAust-Linie 1 von Norðfjörður fährt manchmal auch bis zum Flughafen. Einige Gästehäuser bieten auch Bring- und Holservice an.
REYKJAVÍK, mit Air Iceland Connect, ✆ 570 3000, 🖥 www.airicelandconnect.com. 3x tgl. in 1 Std. für etwa 100–250 €.

Lagarfljót und Lögurinn

Südlich von Egilsstaðir liegt der See Lögurinn. Auf der Landkarte ist er meist nur mit **Lagarfljót** beschriftet, denn das ist der Name des 140 km langen Flusses, der durch den See fließt, d. h. sowohl Zu- als auch Abfluss heißen Lagarfljót, der 53 km^2 große See dazwischen eigentlich **Lögurinn**. Hier soll das Ungeheuer vom Lagarfljót leben (der Lagarfljótsormurinn), ein Riesenwurm, der im 14. Jh. erstmals gesichtet wurde und bis heute die Menschen fasziniert.

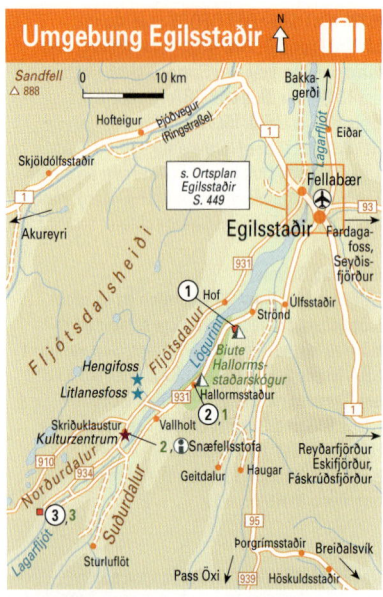

ÜBERNACHTUNG
① Mjóanes Home Accomodation East Iceland
② Hótel Hallormsstaður
③ Wilderness Center

ESSEN
1 Kol bar&bistro, Lauf Restaurant
2 Klausturkaffi
3 Wilderness Restaurant

2012 machte der Amateurfilmer Hjörtur Kjerúlf mit einem Video auf YouTube den Wurm weltberühmt. Eine isländische Wahrheitskommission beschloss: Das ist der berühmte Wurm, den jeder Isländer aus der Sage kennt. Ein Segen für den Tourismus, denn nun hat auch Island ein Seeungeheuer zu bieten. Die Wissenschaft indes rätselt weiter, worauf die Formen im Wasser zurückzuführen sein könnten. Vielleicht sind es aus der Tiefe kommende Strömungen, die verquirlte Sedimente an die Oberfläche transportieren. Vielleicht aber ist es wirklich ein Lebewesen – oder gar mehrere?

Eine weitere Besonderheit der Region: Am Ostufer des Sees gibt es einen Wald. Der **Hallormsstaðaskógur** ist mit einer Fläche von 740 ha der größte Wald Islands und der einzige, den von Waldgebieten verwöhnte Deutsche als Wald bezeichnen würden. Hier wird von staatlicher Seite getestet, was in der ansonsten von Wald immer noch nahezu freien Insel denn so wächst. Die Birken sollen ursprünglich von hier sein, andere Baumsorten haben sich erfolgreich eingelebt. In diesem grünen Dickicht verbringen Isländer gerne ihre Ferien. Am liebsten in einem kleinen privaten Sommerhaus (bitte die Zäune respektieren und nicht ungefragt Privatgelände betreten!) oder beim Camping. Der Großteil des Waldes steht jedem offen. Es gibt mehr als 40 km Wanderwege und schöne Uferbereiche, wo man sitzen kann.

Der Hallormsstaðaskógur ist von Egilsstaðir über die 931 erreichbar, die 11 km hinter Egilsstaðir von der 95 abzweigt. Die Straße am Ufer ist durchgehend asphaltiert.

Das **Skriðuklaustur-Kulturzentrum** befindet sich auf der Westseite des Sees. Wir finden die Ausstellung über den Schriftsteller Gunnar Gunnarsson, der einst hier lebte, nur wenig lohnend – das angeschlossene Café (s. u.) genießt aber einen ausgezeichneten Ruf. Vor dem weißen Haus, das von einem deutschen Architekten entworfen wurde, befinden sich die Ruinen eines Klosters aus dem 16. Jh. ⊙ Juni–Aug 10–18, Mai, Sep 11–17, April und 1.–15. Okt 12–16 Uhr, Eintritt 1100 ISK (ab 17 J.), Kinder nur in Begleitung der Eltern frei.

ÜBERNACHTUNG

Camping Hallormsstaðaskógur, ☎ 470 2070, 🖳 www.www.tjalda.is/hallormsstadaskogur. Kein großer Campingplatz, sondern viele kleine Areale im Wald, nicht alle sind an das Stromnetz angeschlossen. 1400 ISK, Kinder unter 14 J. kostenlos, Strom 900 ISK, Dusche (nur im Areal Höfðavík) 500 ISK (Automat, also 100-Kronen-Stücke bereithalten!), Waschmaschine und Trockner je 400 ISK. ⊙ 20. Mai–15. Sep. ❶

Hótel Hallormsstaður, Hallormsstaður, ☎ 471 2400, 🖳 www.701hotels.is. Recht großes Hotel mit 63 Zimmern (auch Cottages mit Seeblick), Wellnesscenter mit Hot Pot und finnischer Sauna. Direkt an der Straße und trotzdem im Wald. Cottage 206 €. ❻

Mjóanes Home Accomodation East Iceland (Gästehaus und Camping), 18 km südlich von Egilsstaðir, an der Straße 931

Aufstieg zum Hengifoss

Oft wird gesagt, der Hengifoss, der „hängende Wasserfall" am Ostufer des Lagarfljót, erinnere an den berühmten Svartifoss im Vatnajökull-Nationalpark, aber dieser Vergleich hinkt. Zwar ist auch der Hengifoss von Basaltsäulen umgeben, allerdings sind diese nicht schwarz, sondern grau und von rot schimmernden horizontalen Gesteinsschichten unterbrochen; außerdem sind die Umrisse der einzelnen Säulen nicht so klar definiert wie beim Svartifoss. Der größte Unterschied ist aber die Fallhöhe: Während der Svartifoss mit seinen 20 m bescheiden daherkommt, ist der Hengifoss mit gut 118 m (möglicherweise sind es auch „nur" 110 m) der **vierthöchste Wasserfall Islands**.

Bis zum Hengifoss sind es vom Parkplatz aus 2,5 km, die aber ganz schön lang werden, da es steil bergauf geht. Es wurden Bänke aufgestellt, auf denen man sich ausruhen kann. Tipp für Menschen mit wenig Kondition oder Zeit: Auf halber Strecke liegt, von der Straße aus nicht zu sehen, der **Litlanesfoss**, der kleine Bruder vom Hengifoss, der aber so klein gar nicht ist. Es lohnt sich bereits, bis hier zu wandern: Fotogen liegt der Litlanesfoss im Vorder- und der Hengifoss im Hintergrund.

Dauer: Oft wird behauptet, man könne diese Wanderung in etwa einer Stunde schaffen (manche sprechen sogar von nur 40 Min.). Wir haben länger gebraucht und raten, insgesamt mindestens 3 Std. für den Ausflug einzukalkulieren.

Anfahrt: Zum Parkplatz kommt man entweder über die östlich des Sees verlaufende Straße 931, vorbei an Hallormsstaður und über die Brücke über den Lögurinn, oder über die in wenigen Teilabschnitten noch geschotterte Straße auf der Westseite (die auch Straße 931 heißt). Die Entfernung von Egilsstaðir ist bei beiden Varianten annähernd gleich (35 km).

nach Hallormsstaður, 847 6509 und 896 7370, auf Facebook. Als Elsa und Magnús die Farm von Elsas Eltern übernahmen, beschlossen sie, den Farmbetrieb einzustellen und außer einigen Katzen und dem entzückenden Golden Retriever „Gulli" keine Tiere mehr zu halten. Sie bauten Haus und Hof um: Im Erdgeschoss ihres Wohnhauses gibt es jetzt 4 liebevoll eingerichtete Doppelzimmer, ein Badezimmer und eine kleine Gemeinschaftsküche (wer vorbestellt, bekommt auch Frühstück mit selbst gebackenem Brot). Weiter hinten auf dem Grundstück stehen 2 moderne rechteckige 24-m²-Häuschen aus

Holz mit Glasfront. WCs sind in den Häusern, zum Duschen müssen die Gäste auf den Campingplatz direkt gegenüber. Hier wurde eine riesige alte Scheune zum Service- und Aufenthaltshaus für Campinggäste umgestaltet. Innen ist fast alles aus Holz – größtenteils aus dem eigenen Wald und von Elsa selbst entworfen und gebaut. Camping 2000 ISK p. P. ❶–❸

Óbyggðasetur Íslands – Wilderness Center, Múlavegur í Fljótsdal, ℡ 440 8822, 🖥 www.wilderness.is. Sind andere Unterkünfte schon abgelegen, schlägt diese hier (fast) alle. Das Wilderness Center liegt bereits halb im Hochland, noch hinter dem Ende vom Lagarfljót an der Straße 934. Dem Motto „Sleep in a museum" wird das Haus gerecht. Schwups aus dem 21. ins 19. Jh. zurückgebeamt, schlafen Gäste hier im authentisch einfachen Interieur einer vergangenen Epoche. Auch Nichtgäste können das Museum besuchen (müssen dann aber 2500 ISK, Kinder ab 12 J. 1900 ISK Eintritt zahlen), ⏱ tgl. 11–18 Uhr. Außergewöhnlich sind auch die angebotenen Reit- und Wandertouren, wie Mitternachtsreiten oder eine Wanderung mit Flussüberquerung in einer an Drahtseilen befestigten Holzkiste. Frühstück 2200 ISK. ❸

ESSEN

Das **Kol bar&bistro** ist ein indisches À-la-carte-Restaurant, ⏱ Juni–Aug. Im **Lauf Restaurant** gibt es ein fischlastiges Abendbuffet (6900 ISK).

Schön sitzt es sich auf der Außenterrasse mit Blick auf den See. Beide befinden sich im Hótel Hallormsstaður (s. Übernachtung).

Klausturkaffi, Skriðuklaustur, ℡ 471 2992, 🖥 www.skriduklaustur.is. Das Museumscafé am Westufer des Lagarfljót bietet ein Mittags- und Kuchenbuffet, für das manche Schlemmerfreunde eine weite Anreise in Kauf nehmen. ⏱ Juni–Aug 10–18, Mai, Sep 11–17, April und erste Oktoberhälfte 12–16 Uhr.

Wilderness Center (s. Übernachtung). Hier legt man Wert darauf, möglichst alles selbst und frisch zuzubereiten – und dabei sind die Preise vergleichsweise günstig. Tagesgericht (Fleisch oder Fisch plus Tagessuppe) mittags 3300 ISK, abends 3500 ISK. Hoch gelobt werden aber auch die „Oma-Style"-Kuchen und Torten. ⏱ Okt– Mitte Mai tgl. 11–18, 15. Mai–Sep 8–22 Uhr.

INFORMATIONEN

Snæfellsstofa, ℡ 470 0840, 🖥 www.vjp.is. Infozentrum des Vatnajökull-Nationalparks mit Geologie-Ausstellung und Souvenirshop. ⏱ Mitte April–Ende Okt 9–17, April, Sep, Okt 10–17 Uhr, Eintritt frei. Im Winter einfach anrufen, dann lassen sich Termine vereinbaren. Hier arbeitende Ranger bieten immer mal wieder von Mitte Juni–Mitte Aug kostenlose Wanderungen zum Litlanesfoss und dem Hengifoss-Canyon an. Treffpunkt ist dann morgens am Hengifoss-Parkplatz. Bitte vorher nachfragen!

Mit dem Pkw ins Hochland

Oberhalb des Lagarfljót führt die Straße 910 in Richtung östliches Hochland. Kein Ruckeln, kein Schütteln – die Straße ist perfekt ausgebaut. In Serpentinen geht es kurvig recht steil bergauf, dann auf einer nahezu geraden Straße durchs Nichts. Hier bekommen auch Reisende mit Autos der kleinsten Klasse die Chance auf ein bisschen Hochland-Feeling: Der Weg führt durch Steinwüste, so weit das Auge reicht. Wer Glück hat, sieht sogar Rentiere. Und dann irgendwann, nachdem die Hütte und Luxus-Jugendherberge Laugarfell mit ihren lauschigen Hot Pots passiert wurde (nicht zu verwechseln mit der Badestelle Laugarfell oder dem warmen Wasserfall in Laugarvellir), kommt man nach etwa 60 km an den in Island besonders umstrittenen **Staudamm** des Kárahnjúkar-Kraftwerks. Das Überlaufwasser stürzt als atemberaubend schöner, künstlicher Wasserfall in die spektakuläre Schlucht **Hafrahvammaglúfur**. In der Gischt erscheint bei Sonnenschein ein Regenbogen. Mehr zu diesen Zielen und dem Staudammprojekt im Hochland-Kapitel, s. S. 594.

TRANSPORT

Die Straße 931 beschreibt einen Rundweg um den gesamten See. Auf der Höhe vom Hengifoss gibt es eine Brücke über den See. Die Entfernung von Egilsstaðir bis zum Wilderness Center beträgt 54 km. Eine Busverbindung gibt es nicht.

Die Ostfjorde

Die Ostfjorde sind ein grünes Wanderparadies und noch wenig besucht. Neben Wanderern sind es vor allem Mountainbiker, die hier schöne Routen finden. Bis in die 1980er-Jahre hinein gab es an manchen Orten noch keinen Strom, und auch die Straßen sind erst seit den 1960er-Jahren befestigt.

Bakkagerði (Borgarfjörður eystri)

In diesem rund 70 km von Egilsstaðir entfernten Örtchen leben etwa 110 Einwohner. Die Sehenswürdigkeit des Fjords ist der **Hafnarhólmi** beim kleinen Hafen, 3 km außerhalb des Ortes. Hier brüten im Sommer 10 000 bis 15 000 Papageitaucherpärchen. Vom Parkplatz aus läuft man nur wenige Meter. Hölzerne Treppen führen auf den kleinen Hügel, geradewegs vorbei an den Bruthöhlen, sodass man die lustigen Tierchen direkt auf Augenhöhe vor sich hat. Wer mag, kann auch ein kleines geschütztes Häuschen betreten und die Vögel durch die Glasscheibe beobachten (für die Instandhaltung wird um eine Spende von 1000 ISK gebeten). Die Papageitaucher reisen Mitte April an und bleiben für genau hundert Tage, sagen die Einwohner. Manche behaupten sogar, die Vögel würden regelmäßig am ersten Dienstag im August wieder wegfliegen. Bis spätestens Mitte August sind die Tiere ziemlich sicher weg. Die ideale Zeit, sie zu beobachten, ist der Abend, wenn sie in ihre Höhlen zurückkehren. Tagsüber sieht man sie oft nur als schwarze Punkte auf dem Meer.

Etwas unheimlich ist die **Álfarborg**, die Elfenburg, in der die Elfenkönigin Hof halten soll. Der große Hügel liegt mitten im Ort (fast auf dem Campingplatz) in Sichtweite der kleinen Kirche. Diese sollte einst direkt auf dem Hügel stehen, doch einem Kirchenmann erschien im Traum eine Elfe, die darum bat, den Hügel den Elfen zu lassen und die Kirche an einem anderen Ort zu bauen. Die Einwohner respektieren die Bitte um Ruhe bis heute – im Gegensatz zu vielen Touristen, die einfach den Berg hinaufstolpern. Aber wer weiß, was passiert, wenn der Zorn der Elfen geweckt wird? Wir empfehlen daher: Guckt den Berg von fern an und steigt auf einen anderen! Im Dorf lebte einst die Eismalerin (s. Bücher S. 601). Wer ähnlich feinsinnig ist, kann die Elfen vielleicht sehen.

Der Ort wirkt äußerst gepflegt, fast schon wie ein großes Freilichtmuseum. Direkt an der Hauptstraße steht **Lindarbakki**, ein in jahrelanger Kleinarbeit liebevoll restauriertes rotes Holzhaus mit Grassodendach, das in Privatbesitz ist und im Sommer noch von der inzwischen verwitweten Besitzerin bewohnt wird.

Das Durchschnittsalter im Ort steigt stetig; es fehlen junge Familien. Ob der Tourismus genug Jobs schaffen wird, um den Ort attraktiver zu machen, ist unklar. Die Winter sind hart und es gibt wenig Bürgerservice. Die Bank öffnet nur noch an drei Nachmittagen pro Woche. Es gibt zwar ein Gesundheitszentrum, Sprechstunde ist allerdings nur zweimal im Monat.

Die Attraktion der Umgebung sind Wanderungen, bei denen man nicht nur den niedlichen Papageitauchern nahekommt, sondern mit Glück auch Rentiere sieht. Einsam und noch wenig erkundet ist die Region des **Dyrfjöll**-Gebirges, das die Grenze der Bezirke Borgarfjörður eystri und Fljótsdalshérað im Westen bildet. Die Dyrfjöll, die „Tür-Berge", sind von Weitem schnell erkannt, denn wie eine Tür ist der tiefe Einschnitt in den Bergkamm deutlich sichtbar. Wege gehen ab der Zufahrtsstraße 94 und auch aus dem Dorf in diese nur zu Fuß zu besuchende Bergwelt.

Von der Straße 94 aus zweigt zwischen Njarðvík und dem Pass eine Fahrspur zur Schlucht **Innra Hvannagil** ab, eingerahmt von rotbraunem Rhyolith-Geröll und garniert mit bizarren Lavaformationen und einem kleinen Wasserfall, den man vom Eingang aus in der Ferne sieht. Der Wanderweg durch die Schlucht verläuft am steinigen Bachufer entlang. An manchen Stellen ist es aber einfacher und besser für die Fußgelenke, durchs Wasser zu waten.

ÜBERNACHTUNG

Álfheimar Country Hótel, ☏ 471 2010 und 861 3677, 🖥 www.alfheimar.com. Zwei längliche rote flache Wellblechbauten und ein Holzhaus etwas außerhalb – manche nennen das eine „ruhige Lage" – punkten mit der Aussicht aufs Meer und auf die Berge am gegenüberliegenden Fjordufer. Mit Restaurant. Familienzimmer ca. 200 €. ❸

Blábjörg Guesthouse, Gamla Frystihúsið, ☏ 861 1792, 🖥 www.blabjorg.com. Hier befand sich einst eine Fischfabrik. Heute gibt es zwei 10 m² kleine Zimmer mit Gemeinschaftsbädern und Apartments mit 2 oder 3 Zimmern. 6 Pers. etwa 400 €. Ab ❸

Campingplatz, ☏ 472 9999 und 857 2005, 🖥 www.borgarfjordureysti.is. Charmanter Platz unterhalb von Álfaborg. Neben dem Haus mit den sanitären Anlagen gibt es noch ein weiteres Holzhaus, in dem sich die Rezeption,

> ### Fjorde und fjörðurs
>
> Reyðarfjörður (der Ort) am Reyðarfjörður (dem Fjord) – die isländische Mode, Orte und Fjorde mit dem gleichen Namen zu versehen, hat schon so manchen Reisenden zur Verzweiflung getrieben. Wir haben der leichteren Orientierung wegen die Fjorde nicht -fjörður, sondern eingedeutscht -fjord benannt. Die meisten Fjörður-Orte hatten früher einen eigenen Namen. Erst in den letzten Jahrzehnten haben sich die Fjordnamen allgemein durchgesetzt. So hieß z. B. Fáskrúðsfjörður früher Búðir. Bei Neskaupstaður und Bakkagerði kann man den Trend gut beobachten: Neskaupstaður wird oft bereits Norðfjörður genannt, etwa in den SVAust-Busfahrplänen. Bakkagerði wird heute meist Borgarfjörður eystri genannt. Das „eystri" ist notwendig, da es auch noch Borgarfjörður im Westen bei Borgarnes gibt, und ein Arm des Arnarfjörður heißt auch so. D. h. es gibt einen Trend weg von den eigenen Namen hin zum Fjordnamen. Seyðisfjörður hieß aber schon immer Seyðisfjörður.

eine Küchenzeile und einige Bänke und Tische befinden. (Achtung: Nach dem Bræðslan-Festival braucht der Rasen einige Zeit, um sich von den vielen Zelten und Autos zu erholen.) 1100 ISK, Dusche 400 ISK (mit Automat, also Kleingeld bereithalten!), Strom 1000 ISK, Waschmaschine 500 ISK.
Guesthouse Borg, ☏ 472 9870 und 895 8686, 🖥 www.guesthouseborg.com. Schlafmöglichkeiten in 12 Zimmern, verteilt auf 3 Häuser (sowohl DZ als auch Schlafsackunterkünfte, dann etwas billiger). Das rote Haupthaus liegt direkt an der Hauptstraße. ❺

ESSEN

Wer auf der Wanderung am Álfheimar Country Hótel vorbeikommt, kann sich in dessen Restaurant stärken.

Álfacafé, ☏ 472 9900. Früher hat hier ein Steinmetz gearbeitet. Überbleibsel sind die vielen Steine, die Verwendung finden oder einfach so herumliegen. Das Café ist das lebendige Zentrum des Ortes: Hier finden Konzerte statt, hier trifft man Einheimische bei der Mittagspause. Der Renner ist das selbst gemachte Rúgbrauð mit Fisch. ⏱ tgl. 10–22 Uhr.
Já Sæll, Fjarðarborg (Gemeindezentrum), Kreuzung Borgarfjarðarvegur/Hólalandsvegur), ☏ 472 9920, 🖥 auf Facebook. Kneipen-Restaurant. Auf der Karte stehen frischer Fisch aus dem Borgfjörður, Lamm, Burger und Pommes aus Süßkartoffeln. Immer wieder gibt es Konzerte. ⏱ tgl. 11.30–24 Uhr.

AKTIVITÄTEN UND TOUREN

Mountainbiken und Wandern
Die Gegend von Borgarfjörður eystri bis nach Húsavík eignet sich wunderbar für Ein- oder Mehrtagestouren – sowohl zu Fuß als auch mit dem Mountainbike.
Es wird dringend geraten, auf den Wegen zu bleiben, denn der schnell aufziehende Nebel verwirrt die Sinne. Beliebt ist die Tour nach **Seyðisfjörður**. Die Wanderkarte gibt's am Campingplatz für 1000 ISK (ein Exemplar hängt aus) oder online 🖥 https://bit.ly/2GpJN4t. Die Hauptwanderzeit ist von Mitte Juni bis Ende Aug.
Bisher weniger begangen sind die Wanderungen in das **Dyrfjöll-Gebirge**. Vor allem **Stóruð**, eine Gegend an einem kleinen See auf dem Berg, gilt als lohnendes Ziel. Es gibt unterschiedliche Wanderwege dorthin; der kürzeste ist in einer Halbtagstour zu schaffen. Los geht's dann auf dem Bergkamm der Straße 94, bevor man in den Fjord hinunterläuft. Etwas mehr Zeit braucht man, wenn man im Dorf startet.
Geführte Touren bieten Arngrímur Víðar Ásgeirsson und seine Frau Þórey Sigurðardóttir vom **Álfheimar Country Hotel**, ☏ 861 3677, 🖥 www.alfheimar.com. Sie vermieten auch Mountainbikes.

Wellness
The Temple/Musteri Spa, unterhalb des Blábjörg Guesthouse direkt am Meer, ☏ 861 1791, 🖥 www.blabjorg.is. Die Anlage bietet

auf einer Holzterrasse fassförmige Hot Pots. Richtig eingeheizt wird dem Gast im kleinen Saunahäuschen. Zur Abkühlung kann man sich direkt ins Meer stürzen. Drinnen gibt es weitere Pools und Pötte, außerdem Wellnessbehandlungen. ⊕ tgl. 16–22 Uhr, Eintritt 2800 ISK, Kinder 1000 ISK.

SONSTIGES

Einkaufen
2017 wurde der kleine Supermarkt geschlossen. Wie es mit der Versorgung im Ort weitergeht, ist noch unklar. In der **Fischfabrik** neben dem Álfacafé, die auch kostenlos besichtigt werden kann, gibt es frischen Fisch zu günstigen Preisen.

Das **Álfacafé** hat einen kleinen Shop mit ausgefallenen Souvenirs, die von reichlich Fantasie zeugen: Mobiles aus Fischköpfen, mit Papageitauchermotiven verzierte Steine und Frühstücksbrettchen in Island-Form. ⊕ tgl. 10–22 Uhr.

Feste
Bræðslan, letztes Wochenende im Juli: beliebtes Musikfestival in einer 50 Jahre alten Fischfabrik. Das erste Festival fand 2005 statt, seither treffen sich hier jedes Jahr etwa 900 Fans von Indie, Rock und Pop (mehr Tickets gibt es nicht, also am besten online kaufen). Wer sich ein paar Kronen verdienen möchte, kann bei den Restaurants anfragen, ob Aushilfskellner gesucht werden. Die Chancen stehen gar nicht schlecht. Weitere Infos unter 🖥 www.braedslan.com/information-in-english und 🖥 www.borgarfjordureystri.is.

Álfraborgarsjen, Aug: Elfenfest mit Musik und Tanz. Das ganze Dorf ist auf den Beinen, und als Besucher ist man mitten drin im Dorfleben.

Informationen
Im Álfacafé, am Campingplatz und auf 🖥 www.borgarfjordureystri.is.

Medizinische Hilfe
Es kommt nur zweimal im Monat ein Arzt vorbei, d. h. wer krank ist, fährt am besten nach Egilsstaðir.

TRANSPORT

Auto
Aus Richtung Egilsstaðir 70 km auf der Schotterstraße 94. Kurz vor dem Ziel geht es vorbei an bunten Bergen über einen spektakulären Pass mit Aussichtspunkt. Unten am Meer liegt Njarðvík, ein malerischer kleiner Ort, und schließlich, da wo die Straße 94 endgültig endet, Bakkagerði. Leider war die Schotterstraße bei unserem letzten Besuch ziemlich rutschig, sodass wir für die Strecke insgesamt gut 1 1/2 Std. gebraucht haben. Vorsicht sollte man v. a. am Küstenabschnitt vor Borgarfjörður walten lassen: Die Isländer sagen, hier leben Geister und Ungeheuer. Diese haben schon an einigen unwegsamen Stellen ihr Unwesen getrieben. Ein Holzkreuz am Weg zeugt davon – oder waren doch nur schlechtes Wetter und unaufmerksame Fahrer schuld?

Busse
EGILSSTAÐIR, SVAust-Linie 5, Mo–Fr 1x tgl., 8 Uhr hin, 12 Uhr zurück, 1 Std., 2000 ISK einfach. Haltestelle bei Fjarðarborg, vor dem Restaurant Já Sæll.

Seyðisfjörður

Seyðisfjörður ist der Ort, an dem die Fähre aus Dänemark anlegt. Das niedliche Städtchen sollte man aber nicht auf seinen Fährhafen reduzieren. Hier stehen alte, schön restaurierte Häuser im norwegischen Stil und die Umgebung bietet erlebnisreiche Wander- und Klettergebiete. Im Ort geht es beschaulich zu, alles ist pittoresk. Viele Künstler und Handwerker schaffen ein angenehmes Flair. Wer sich für Kunstprojekte interessiert, sollte sich unbedingt unter 🖥 www.roshambo.is/creative-the-seydisfjordur-map schlaumachen. Und wer gerne in einem außergewöhnlichen Rahmen Musik hört, darf in den Sommermonaten eines der Konzerte in der blauen **Kirche** (direkt gegenüber vom Campingplatz) nicht verpassen. Shoppingfans kommen hier und den See ansprechende Geschäfte und Boutiquen. Ob Strickpulli oder das ein oder andere schöne Souvenir: Hier lässt es sich herrlich stöbern.

Seyðisfjörður

Seit 1984 befindet sich das **Technikmuseum** (Tækniminjasafn Austurlands) in der Hafnargata 44, ✆ 472 1596, 🖥 www.seydisfjordur.org. Im Fokus stehen die technischen Innovationen der Jahre 1880–1960, u. a. auf den Feldern Mechanik, Elektrizität und Kommunikation. Jährlich Ende Juli findet im Museum das Blacksmith Festival statt: Messer werden geschmiedet, Metalle verarbeitet und es gibt zahlreiche Workshops. Wer mag, kann den Könnern auch einfach nur zusehen. Dazu gibt es Tanz, Gesang und gutes Essen. ⏲ Juni–Mitte Sep Mo–Fr 11–17 Uhr, im Winter nach Anmeldung, Eintritt 1000 ISK.

ÜBERNACHTUNG

Es gibt einige kleinere Gästehäuser im Dorf, die meist schon ein Jahr vor den Sommerferien gebucht werden. Wer außerhalb der Saison fährt, kann sich aber etwas mehr Zeit lassen und findet i. d. R. auch spontan ein Zimmer.
Camping Seyðisfjörður (Campingkarte), Ránargata, ✆ 472 1521, 🖥 www.tjalda.is/seydisfjordur. Stellplätze für insgesamt ca. 100 Campingwagen und eine Zeltwiese. Leider ziemlich unpersönlich und relativ schlecht bewirtschaftet. Mi und Do, bevor die Fähre abfährt bzw. nachdem sie ankommt, ist es in der Saison proppenvoll – viele kommen bereits 2 Nächte vor Abfahrt. Dann sind nicht nur die Plätze voll, sondern auch die Toiletten nicht immer supersauber. Schönes Servicehaus mit Kochgelegenheit. WLAN. Supermarkt nahebei. 1600 ISK p. P. Kinder unter 14 J. frei. Duschen 100 ISK pro Min. ⏲ Mai–Sep.

Hafaldan HI Hostel, Suðurgata 9 und 8 (Rezeption), ✆ 611 4410 und 472 1410, 🖥 www.hafaldan.is. In zwei roten historischen

Unterwegs im kleinen, feinen Stadtzentrum von Seyðisfjörður

Gebäuden („Hafaldan old Hospital", tatsächlich früher ein Krankenhaus, mitten im Ort, und „Hafaldan Harbour" an der Nordseite des Fjords). 21 Zimmer mit insgesamt 61 Betten. Es gibt Waschmaschinen, Gemeinschaftsküchen und WLAN. Bett im Schlafsaal 5100 ISK (für Mitglieder 800 ISK billiger). Bettzeug und Handtücher extra. ⏱ „Harbour" April–Okt, „Hospital" 10. April–10. Sep. ❷–❸
Mayorshouse, Botnahlíð 33, ☏ 865 9393. Das Guesthouse mitten im Wohngebiet ist relativ günstig und noch recht neu im Geschäft. Einfach, sauber, ansprechend. Die nette Besitzerin vermietet auch Fahrräder. ❸

ESSEN

Kaffi Lára El Grillo Bar, Norðurgata 3, ☏ 472 1703, 🖥 www.elgrillobrew.com. Zentral gelegener, ansprechender Platz – bei schönem Wetter zum Draußensitzen. Bekannt auch für seine hauseigene Biermarke, geschmückt vom Konterfei des Betreibers Eyþór Þórisson. Der unterhaltsame Gastgeber erklärt, woher die Bar ihren Namen hat: Dieser erinnert zum einen an alte Zeiten, als hier noch Lára, eine im Dorf beliebte Frau, wohnte. El Grillo nimmt Bezug auf das vor dem Dorf liegende Wrack (s. auch Tauchen). ⏱ So–Di 12–1.30, Fr, Sa 2 Std. länger, die Küche ist jeweils bis 22 Uhr in Betrieb.
Nordic Restaurant, Norðurgata 2, ☏ 472 1277, 🖥 auf Facebook. Auf dem roten Haus steht gut sichtbar „Hotel Aldan" (bietet auch Zimmer in 3 verschiedenen Häusern, 🖥 www.hotelaldan.is). Isländische Küche, wie Lamm und Fisch, in modernem Ambiente. Bei Sonne sitzt es sich prima auf den Bänken vor dem Restaurant. ⏱ tgl. 8–22 Uhr.
Norð Austur Sushi Bar, Norðurgata 2, ☏ 778 4000, 🖥 www.nordaustur.is. Frischer Fisch in japanischer Tradition zubereitet. Reservierung ratsam, geht auch über die Webseite. ⏱ Di–So 17–22 Uhr.

EINKAUFEN

Kunsthandwerk
Borgarhóll Arts & Craft, Austurvegur 17b. In einem kleinen schmucken Haus von 1890 werden Kunsthandwerk, Kleidung und andere Artefakte aus der Region angeboten. Für alle,

die Krimskrams mögen oder einfach nur eine neue Wollmütze brauchen. ⊕ je nach Nachfrage, aber i. d. R. 10–20 Uhr.
Gullabúið, Norðurgata 5, ✆ 899 9429, 🖥 auf Facebook. Perfekt zum Stöbern für alle, die originellen Nippes mögen. Auch ein paar Schmuckstücke finden sich hier. ⊕ wechselnde Öffnungszeiten, Nachfragen per Telefon erwünscht.
Markaðurinn, Norðurgata 4. Viele Pullis und Mützen. Wenn niemand da ist, man aber trotzdem gucken möchte, kann man anrufen unter ✆ 472 1320. ⊕ Mo–Fr 14–18, Di bis 21 Uhr.

Supermärkte

Wer mit der Fähre kommt und in die Ostfjorde möchte, kann sich in Egilsstaðir (also nur ein paar Kilometer über den Pass) noch einmal in einem **Bónus** mit Lebensmitteln eindecken. Hier im Dorf gibt es keinen günstigen Supermarkt.
Kjörbúðin-Supermarkt, Vesturvegur 1. Die Auswahl ist klein, aber ausreichend, die Preise sind okay. Der ein oder andere, der sich auf dem Rückweg zur Fähre befindet und bisher der Woll-Lust widerstehen konnte, greift hier zu. Wie überall im Land kostet das Knäuel um die 300 ISK. ⊕ Mo–Fr 9–18, Sa 10–18, So 12–18 Uhr.
Vínbúðin, Hafnargata 4a, ⊕ Sommer Mo–Do 16–18, Fr 13–18, Winter Mo–Do 17–18, Fr 14–18 Uhr.

AKTIVITÄTEN UND TOUREN

Fahrradverleih
Iceland Tour (s. u.). Leihräder kosten 2500 ISK für einen halben Tag, 1 Tag 3000 ISK, 2 Tage 5000 ISK.
Seyðisfjörður Tours (s. u.) bietet gute Mountainbikes, etwas teurer: 1 Std. 2000 ISK, 4 Std. 4500 ISK.

Kajakfahren
Iceland Tour, Austurvegur, ✆ 865 3741, ✉ hlynur@hotmail.de, geleitet vom erfahrenen Seemann Hlynur Oddsson. Touren von wenigen Stunden bis zu 2 Tagen sind möglich. Auch Kinder sind willkommen. Meist von Juni bis Ende Aug.

Schwimmen
Das kleine **Hallenbad**, Suðurgata 5, ✆ 472 1414, mit der recht kurzen 12,5-m-Bahn bietet 2 Hot Pots im UG und eine kleine Sauna. Für das Gebotene relativ teuer, aber dennoch schön, vor allem wenn es draußen regnet. ⊕ Juni–Aug Mo–Fr 6.30–9 und 15–20, Sa 13–16, Sep–Mai Mo, Mi, Fr 6.30–9 und 16–20, Sa 13–16 Uhr, Eintritt 950 ISK, Kinder ab 6 J. 300 ISK.

Skifahren
Nur 9 km vom Dorf entfernt befindet sich ein beliebtes Skigebiet. Wer im Winter kommt, sollte es sich nicht entgehen lassen. Die **Stafdalur Ski Area** in Fjarðarheiði bietet einen 1,6 km langen Skilift. Auch ein kleiner Kinderlift ist vorhanden. Fans von Schneemobilen kommen hier auf ihre Kosten. Saison ist von Dez–Mai. Aktuelle Infos unter 🖥 www.stafdalur.is (bisher leider nur auf Isländisch).

Tauchen
Vor der Küste Seyðisfjörðurs liegt in etwa 40 m Tiefe das Wrack eines Öltankers namens *El Grillo*. Am 10. Februar 1944 wurde der Tanker von einem deutschen Flugzeug abgeschossen. Er sank, das Öl blieb im Wrack. Erst 2002 wurde es abgepumpt. Wer hier tauchen will, sollte sich frühzeitig anmelden, denn man braucht eine Erlaubnis. Und tauchen gehen darf auch nur, wer von PADI zertifiziert ist. Teilnehmer an Island-Tauchtouren tauchen hier. Infos und Buchungen: **Dive.IS – The Sport Diving School of Iceland**, Hólmaslóð 2, 101 Reykjavik, ✆ 578 6200, ✉ dive@dive.is.

Klangkunst auf dem Berg – Tvísöngur

Das musikalische Kunstprojekt des deutschen Lukas Kühne wurde 2012 eröffnet und befindet sich etwa 20 Min. Fußmarsch von der Stadt entfernt. Die aus Beton erbauten Klangkörper geben fünf verschiedene Töne ab. Ein Besuch lohnt, denn hier kann man nicht nur mit dem Kunstwerk interagieren, sondern die Klänge auch noch bei herrlicher Aussicht – meist in Einsamkeit – genießen.

Wandern, Kletter- und Mountainbiketouren

Hiking Club Seyðisfjörður, Hafnargata 44, ✆ 472 1551, 861 7789. Bietet geführte Touren, und auch wer allein wandern möchte, wird bei netter Anfrage sicher die eine oder andere hilfreiche Information bekommen.

Seyðisfjörður Tours, Norðurgata 6, ✆ 785 4737, 🖥 www.seydisfjordurtours.com/tours. Die beiden Betreiberinnen Diljá Jónsdóttir und Ólafía María Gísladóttir organisieren in den Sommermonaten Wander-, Kletter- und Mountainbiketouren. Außerhalb der Saison sind sie auf Anfrage ebenfalls zur Stelle.

SONSTIGES

Geld

Ein **Geldautomat** befindet sich am Kjörbúðin-Supermarkt, ein weiterer im Austurvegur 18. Zudem eine **Landsbankinn-Filiale** mit Western Union, Hafnargata 2, ⏰ Mo–Fr 12–15 Uhr.

Informationen

Seyðisfjörður-Infozentrum, im Fährhafen. Hier befindet sich auch das Büro der Einreisekontrolle (mehr zur Einreise s. S. 43), Ferjuleira 1, ✆ 472 1551 und 861 7789, ⏰ Mai–Sep Mo–Fr 8–16 Uhr, im Winter nur Di und Mi. Außerhalb der Öffnungszeiten kann man ggf. im **Office of Travel and Cultural Affairs**, Hafnargata 44 (bei der Stadtverwaltung), Informationen bekommen.

Medizinische Hilfe

Apotheke Lyfja, Austurvegur 18, ⏰ Mo–Fr 13–18 Uhr.
Gesundheitszentrum (Heilsugæslan Seyðisfirði), Suðurgata 8, ⏰ Mo–Fr 8–16 Uhr.

TRANSPORT

Auto

Die Straße 94 führt ab Egilsstaðir zur Passstraße 93 und diese dann über den **Pass Fjarðarheiði** ins Dorf – bei Nebel abenteuerlich, bei strahlendem Sonnenschein fantastisch! Nicht selten ist der Pass wegen schlechten Wetters geschlossen. Wem das passiert, der wird sich vielleicht an die TV-Krimiserie *Trapped – Gefangen in Island* (Originaltitel Ófærð, „Unbefahrbar") erinnern. Denn bekannt wurde das kleine Nest Deutschen im Jahr 2017, als die Serie ausgestrahlt wurde. Obwohl größtenteils in Siglufjörður (S. 363) gedreht, spielt die Serie in Seyðisfjörður. Die meisten Reisenden sind jedoch nicht *trapped*, sondern kommen ohne Zwischenfälle über den Pass.

Busse

SVAust-Buslinie 3 (betrieben von Ferðaþjónustan Austurlands (FAS) in Seyðisfjörður) verbindet Seyðisfjörður mit EGILSSTAÐIR (Haltestellen am Campingplatz und am Flughafen). Mo–Fr 7.45 und 15.15, Sa, So 9.30 Uhr, in 40 Min. für 1050 ISK. Fahrradmitnahme nur beim Nachmittagsbus.
Direkt nach der Fährankunft fährt ein zusätzlicher Bus (mit Fahrradmitnahme) ab dem Fährterminal nach Egilsstaðir (im Sommer Do um 9.30 Uhr, Frühjahr und Herbst Di 10 Uhr, im Winter nicht). Fahrradmitnahme etc. nicht mit der SVAust-Zentrale, sondern am besten telefonisch direkt mit FAS vereinbaren, ✆ 472 1515, 🖥 www.visitseydisfjordur.com/is/project/ferdathjonusta-austurlands.

Fähren

Informationen zum Fahrplan gibt's bei **Smyril Line**, Fjarðargata 8, ✆ 470 2808, ✉ isoffice@smyril-line.fo, 🖥 www.smyrilline.de. ⏰ Mo–Fr 9–12 und 13–17 Uhr. Wer mit dem Auto kommt, sollte sich frühzeitig um Tickets kümmern, denn die Fähre ist im Sommer immer gut gefüllt. Kleine Pkw bekommen oft auch noch etwas später ein Plätzchen. Die Fahrt bis nach Dänemark dauert 47 Std., Abfahrt ab Seyðisfjörður Do um 11.30 (Mitte Juni–Ende Aug, sonst Mi um 20 Uhr). Im Winter können sich die Zeiten wetterbedingt kurzfristig ändern (auch Vorverlegungen sind möglich). Dass Fahrten ganz ausfallen, kommt aber nur selten vor. **Wichtig:** Die Reederei übernimmt keine Verantwortung, wenn im Winter Fahrten ausfallen und Passagieren dadurch Mehrkosten entstehen (Flugreise, Überführung des Autos etc.). Am besten, man hat noch eine Woche Pufferzeit.
Mehr zur Fähre und den Kosten unter Anreise auf S. 42.

Mjóifjörður

Wer erfahren will, wie es sich in einem abgeschiedenen Dorf lebt, der fahre nach Mjóifjörður (Karte S. 464). Hier gibt es eigentlich nichts außer Natur. Touristen begrüßen sich noch mit Handschlag, und auch die Einheimischen sind schnell alte Bekannte. Hier kommt man nicht aus Versehen vorbei (s. Transport), sondern nur, wenn man Einsamkeit und Natur sucht. Es gibt nur ein Gästehaus und den Campingplatz Sólbrekka. Wunderschöne Wanderwege sowohl an der Küste als auch in den Bergen warten auf Entdecker.

ÜBERNACHTUNG UND SONSTIGES

Sólbrekka Guesthouse, ℡ 894 9014, 🖳 www.mjoifjordur.weebly.com. Das Gästehaus bietet Schlafsackunterkünfte mit einfachen, aber bezahlbaren Zimmern, zudem Cottages und einen modernen, gut ausgestatteten Campingplatz. Mit Hot Pot und kleinem Café. Camping 1200 ISK, Kinder unter 18 J. kostenlos. DZ im Gästehaus 100 € (Bettwäsche 12 € p. P. extra). ⏲ Gästehaus Juli–Aug, Cottages Juni–Sep, Café 1. Juli–20. Aug.
Informationen zur Gegend hat der **Sólbrekka Travel Service** im Guesthouse, ℡ 476 0020.

TRANSPORT

Der Mjóifjord liegt etwa 10 km Luftlinie südlich von Seyðisfjörður. Eine Straße zwischen den beiden Orten gibt es allerdings nicht, nur einen Reitpfad (über die Gagnheiði).
Das südlich gelegene NESKAUPSTAÐUR ist mit einer **Fähre** oder wanderauf einer etwa 20 km langen Strecke erreichbar.
Im Sommer kann man auch mit dem **Auto** über die Passstraße 953 (Abzweig von der 92 nahe Egilsstaðir) in das abgeschiedene Dorf gelangen. Im Winter ist diese schmale Straße, die nicht asphaltiert ist, oft gesperrt, sodass die Bewohner nur 2x pro Woche mit der Personenfähre *Anný* zum Supermarkt nach Neskaupstaður fahren können: Mo und Do um 10 Uhr ab Mjóifjörður, ab Neskaupstaður geht es um 12.30 Uhr zurück ins Dorf (das reicht für die Bewohner gerade zum Einkaufen).

Reyðarfjörður

Dieser Ort ist der erste von drei Ansiedlungen an der Straße 92. Reyðarfjörður liegt am Reyðarfjord und hat etwa 1100 Einwohner. Der altisländische Text *Landnámabók* („Landnahmebuch") berichtet, dass der färöische Wikinger Naddoddur genau hier um 850 zum ersten Mal isländischen Boden betreten haben soll.

Der Reyðarfjord ist ungefähr 30 km lang, 7 km breit und sehr tief, was den Hauptort als Handelszentrum prädestinierte, aber auch für Kriegsschiffe eine ideale Basis darstellte. 1940 wurden hier britische Truppen stationiert, woran jährlich am 1. Juli mit *Military Occupation Day* erinnert wird (mehr zur britischen „Besatzung" s. S. 109). Einige Infos gibt es im **Icelandic Wartime Museum** am nördlichen Ende des Ortes in den ehemaligen Krankenlagerbaracken, Heiðarvegur 37, ℡ 470 9063, ⏲ Juni–Aug 13–17 Uhr. Wen es hierher verschlägt, der kann direkt hinter dem Museum auf einem Wanderweg zum nahe gelegenen Wasserfall Búðarárfoss wandern. Weitere Wanderwege gibt es zwischen Reyðarfjörður und **Eskifjörður**, dem nächsten Ort entlang der Straße 92: Hier liegt das kleine Naturschutzgebiet Hólmanes. Markierte Wanderwege beginnen am Parkplatz.

Heute legen im Hafen Schiffe an, die Bauxit liefern, den Rohstoff für die Aluminiumproduktion. Das ganze Örtchen wird beherrscht von der großen **Alcoa-Aluminiumschmelze**, Alcoa Fjarðaál, Hraun 1, ℡ 470 7700, 🖳 www.alcoa.com/iceland/ic/default.asp (Führungen auf Anfrage). Während im Dezember 2004 nur 692 Menschen in Reyðarfjörður lebten, finden hier heute immerhin 1100 Menschen ihr Auskommen. 500 Angestellte produzieren 344 000 t Aluminium. Das verbraucht 5000 GW-Stunden Strom pro Jahr. Die Grundstoffe werden importiert, Energie gibt es genug vom nahen Fljótsdalur-Kraftwerk, das vom Kárahnjúkardamm im Hochland (S. 594) mit Wasser versorgt wird. Der Staudamm war umstritten; viel Natur wurde ihm geopfert, ein intaktes Ökosystem zerstört. Sogenannte grüne Energie hat auch ihren Preis, den nicht jeder Isländer zu akzeptieren bereit ist (mehr dazu auf S. 98).

Anzuschauen gibt es im Dorf ansonsten wenig bis gar nichts. Eine als solche gekennzeich-

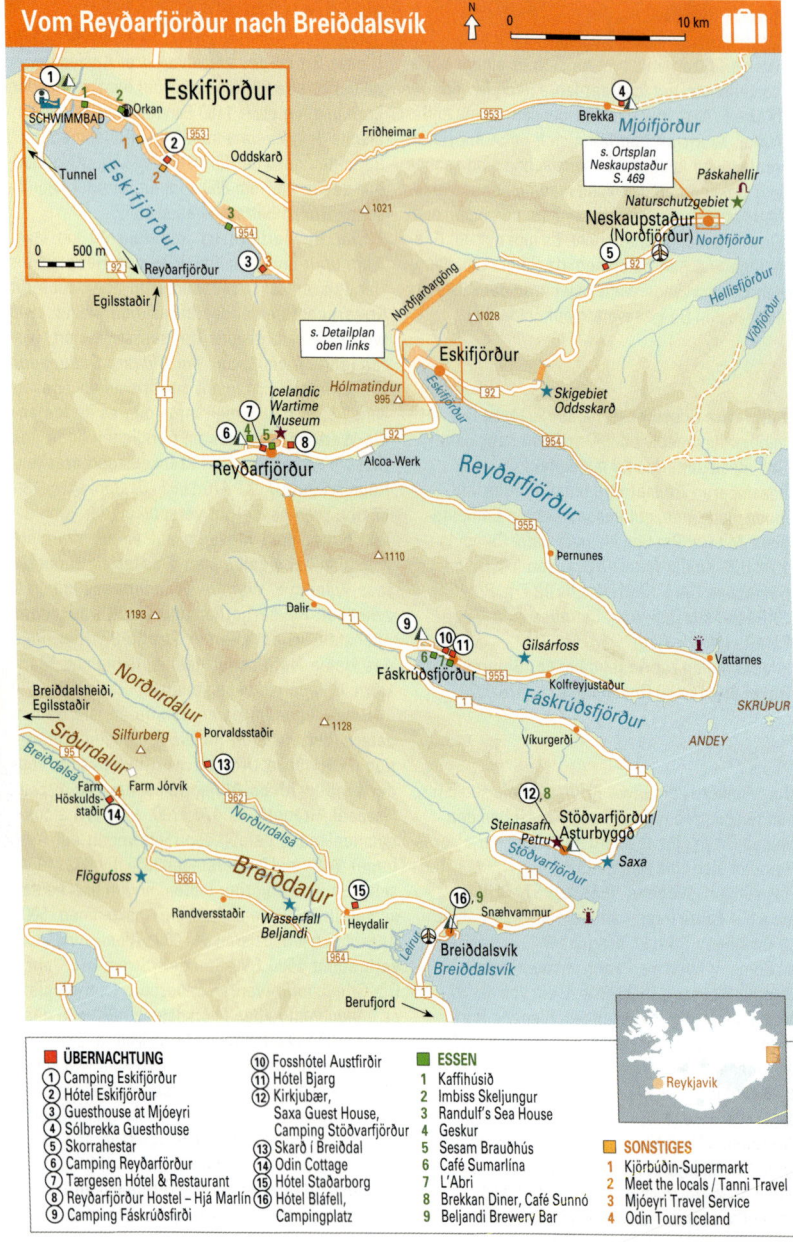

nete Sehenswürdigkeit liegt direkt an der Hauptstraße gegenüber der Schmelze: eine **alte Hütte**, liebevoll restauriert mit Geldern der Alcoa-Stiftung. Etwas trubeliger wird es zum jährlichen **Familienfest Bryggjuhátíðin**: Anfang Juli kommen alle Anwohner zusammen und feiern am Hafen mit Musik und Kulinarischem.

ÜBERNACHTUNG

Camping Reyðarfjörður (Campingkarte), Búðareyri 7, ☏ 776 0063. Der Platz liegt direkt am Ententeich am Ortseingang. Es gibt Strom und ein kleines Toilettenhäuschen (nicht immer supersauber). Spielplatz und Waschmaschine. ⏱ 1. Mai–15. Sep. ❶

Reyðarfjörður Hostel – Hjá Marlín, Vallargerði 9, ☏ 892 0336, 474 1220, ✉ bakkagerdi@simnet.is. Insgesamt 100 Betten, verteilt auf 3 Häuser in Doppel- und 3-Bett-Räumen. Man kann aber auch wie in einem Hostel als Einzelperson unterkommen. Sowohl mit Bettwäsche als auch als Schlafsackunterkunft buchbar. In jedem Haus gibt es eine Küche. Frühstück 2000 ISK. Wäscheservice; wer selber waschen will, kann die Waschmaschine auf dem Campingplatz nutzen, sofern dieser nicht so voll ist. ❸

Tærgesen Hotel & Restaurant, Búðargata 4, ☏ 470 5555, 🖥 www.taergesen.com. Im alten Hotel, untergebracht in einem der ältesten Häuser der Stadt, gibt es traditionell eingerichtete Zimmer, dazu moderne Räume im Neubau. ❸

ESSEN

Geskur, Búðareyri 28, ☏ 474 1111, 🖥 www.geskur.is. Lust auf eine Pizza? Dann pausiert man hier. Die leckere Runde gibt es ab 2000 ISK. ⏱ So–Do 10–22, Fr 10–23 und Sa 11–23 Uhr.

Sesam Brauðhús, Reyðarfjörður, Hafnargata 1, 🖥 www.sesam.is. Gut besuchtes Café mit einer großen Auswahl an Brot und Gebäck und, wie der Name verspricht, leckeren Sesamringen. Recht gutes WLAN. ⏱ tgl. 7.30–17, Sa 9–16 Uhr.

Tærgesen, s. Übernachtung. Die Speisekarte im Restaurant listet die üblichen Verdächtigen: Lamm für die Erwachsenen, *Chicken Nuggets* für die Kinder und Nachos für zwischendurch.

SONSTIGES

Einkaufen

Im **Einkaufszentrum Molinn**, an der Hafnargata 2, finden sich eine **Bank**, eine **Apotheke** (⏱ Mo–Fr 10–18 Uhr) und ein **Krónan-Supermarkt** (⏱ Mo–Do 11–18, Fr 11–19, Sa 11–17, So 12–16 Uhr).
An der **Tankstelle** ggü. gibt es Autozubehör, Alkoholisches in der **Vinbuðin**, Hafnarbraut 6, ⏱ Mo–Do 14–18, Fr 11–19, Sa 11–14 Uhr.

Geld und Post

Landsbankinn, Búðareyri 7, ⏱ Mo–Fr 9–16 Uhr.
Post, Búðareyri 35, ⏱ Mo–Fr 9–16.30 Uhr.

Informationen

Reyðarfjörður, im Icelandic Wartime Museum, Heiðarvegur 37, ☏ 470 9000, ✉ fjardabyggd@fjardabyggd.is.

Medizinische Hilfe

Apotheke Lyfja, im Molinn-Einkaufszentrum, ⏱ Mo–Fr 10–18 Uhr.
Wer erkrankt, sollte ein paar Kilometer weiter nach **Neskaupstaður** fahren, denn dort befindet sich das größte Krankenhaus der Region.

TRANSPORT

Auto

Reisende aus Richtung Egilsstaðir kommen ca. 1 km vor Reyðarfjörður an eine Kreuzung: Wer weiter auf der Ringstraße in die südlichen Ostfjorde will, biegt hier rechts ab; geradeaus wird die Straße zur 92, die durch Reyðarfjörður und weiter bis Neskaupstaður führt.

Busse

SBA und SVAust halten beim Molinn-Einkaufszentrum. SVAust hat einige weitere Haltestellen, u. a. bei der Orkan-Tankstelle/Byko.

Nach Norden

AKUREYRI (über Egilsstaðir und Mývatn), Juni–Mitte Sep mit SBA-Linie 62 1x tgl. um 11.50 Uhr in ca. 5 1/2 Std.
EGILSSTAÐIR, ganzjährig mit SVAust-Linie 1 mehrmals tgl. (meist frühmorgens und nach-

mittags, also zu Schichtbeginn und -ende im Alcoa-Werk) in ca. 30 Min.

Nach Süden
BREIÐDALSVÍK, ganzjährig mit SVAust-Linie 2 mehrmals tgl. in ca. 1 Std.
HÖFN via Breiðdalsvík, 1. Juni–10. Sep mit SBA Norðurleið 1x tgl. um 13.35 Uhr in 4 Std.

Nach Osten
NESKAUPSTAÐUR, via Alcoa Fjarðaál (dort z. T. umsteigen) und Eskifjörður ganzjährig mit SVAust-Linie 1 mehrmals tgl. in ca. 1 Std.

Eskifjörður

Von Reydarfjörður weiter auf der Straße 92 folgt nach 16 km Eskifjörður mit etwa 1000 Einwohnern. In diesen Seitenarm des Ostens verirren sich nur wenige Touristen. Daher gibt es meist auch noch spontan ein Zimmer. Busse sieht man so gut wie nie, und nur wenige Reisegruppen verirren sich hierher.

Der Eskifjord ist ein 2 km langer ruhiger Seitenarm des Reyðarfjord mit einem Hafen, an dem auch Kreuzfahrtschiffe anlegen. Der niedliche Ort erfreut Fotografen, die die roten Fischerhütten am Wasser ablichten. Einige Einwohner scheinen eine Schwäche für Gartenzwerge zu haben: An einem auffällig roten Haus an der Hauptstraße stehen besonders viele der lustigen Gesellen. Auch der Blick in andere Gärten zeigt: Kleine Skulpturen, ob Windrad, Storch oder Eule, sind hier groß in Mode. Der Ort liegt wie gemalt vor dem 995 m hohen Berg Hólmatindur, der von der gegenüberliegenden Fjordseite aus über die Stadt wacht.

ÜBERNACHTUNG

Camping Eskifjörður (Campingkarte), Strandgata, am Ortseingang, ℘ 776 0063. Caravans stehen nah an der Straße, aber wer mit dem Zelt kommt, kann geschützt in einem kleinen Waldgebiet übernachten. Relativ saubere Waschräume. Kein Aufenthaltsraum. 1200 ISK, unter 18 J. frei, Strom 750 ISK. ⏱ Juni–15. Sep. ❶

Guesthouse at Mjóeyri, Strandgata 120, ℘ 477 1247, 🖥 www.mjoeyri.is/en. Ein wirklich gelungenes *home away from home*: Die Zimmer im Guesthouse und in Cottages – oben Wohnraum, unten Küche und Bad – sind mal älter, mal neuer, doch alle wohnlich. Die Lage allein wäre schon Argument genug, denn die Häuschen für 4–7 Personen stehen direkt am Meer am Ende des Ortes. Es gibt eine Sauna und einen warmen Pool. Freundliche Leute. 34 900 ISK für das beste Cottage für 7 Personen. ❸–❹

Hótel Eskifjörður, Strandgata 47, ℘ 476 0099, 🖥 www.hoteleskifjordur.is/en/home. 16 nicht wirklich schöne, aber recht saubere und funktionale DZ. 2 Zimmer sind rollstuhltauglich. ❸–❹

ESSEN

Kaffihúsið, Strandgata 10, ℘ 476 1150. Der Name lässt nicht gerade an Italien denken, und doch gibt es hier Pizza. Nicht vom wenig einladenden Äußeren abschrecken lassen! Qualität geht hier vor Optik. Das Restaurant ist gut besucht, und daher dauert es manchmal seine Zeit, bis das Essen kommt. ⏱ Di–Fr 12–13.30 und 18–22, Sa 12–3, So 12–23 Uhr.

Randulf's Sea House, Strandgata 96, ℘ 477 1247. Das Restaurant ist eigentlich ein kleines Museum: eine Zeitkapsel mit Relikten aus jener Zeit, als die Menschen noch vom Fischfang lebten. Übersichtliche Speisekarte, viel Fisch. Kinder bekommen kleinere Portionen und zahlen die Hälfte. ⏱ 12–21, Fr, Sa bis 22 Uhr.

Tankstelle mit Imbiss Skeljungur, Strandgata 13, ⏱ Mo–Sa 8–22, So 10–22 Uhr.

AKTIVITÄTEN

Bootsausflüge

Mjóeyri Travel Service, Standgata 20, ℘ 477 1247 und 696 0809, 🖥 www.mjoeyri.is, vermittelt (neben vielem anderen) den Verleih von Motorbooten für max. 6 Pers. Die 1. Std kostet 4000 ISK, jede weitere 2000 ISK. Tagespauschale 12 000 ISK. Benzin und Schwimmwesten sind im Preis enthalten, Angelruten und -haken kosten extra.

In diesen Häuschen direkt am Wasser lässt es sich herrlich wohnen.

Schwimmen
Schwimmbad, Dalbraut 3a, ✆ 476 1218. Freibad mit Hot Pots und kleiner Rutsche. ⏲ Juni–Aug Mo–Fr 6–21, Sa, So 10–18, Sep–Mai Mo–Do 6–20, Fr 6–18, Sa, So 13–18 Uhr.

Wandern und Reiten
Es gibt jede Menge markierte und nicht markierte Wanderwege in den Naturschutzgebieten, Karte auf 🖥 www.visiteskifjordur.is/what-to-do/hiking-in-eskifjordur.
Meet the locals / Tanni Travel, Strandgata 14, ✆ 076-1399, 🖥 www.meetthelocals.is. Kontakt zu Isländern gesucht? Bei ihnen zu Hause essen, mit ihnen einen Stadtspaziergang machen? Das entspricht dem Konzept dieses Anbieters. Mit dem Pferd, zu Fuß, Kultur oder Natur: Ein breit gefächertes Programm hält für jeden etwas bereit, der sich den Osten unter heimischer Führung näher ansehen mag.

SONSTIGES

Einkaufen
Kjörbúðin-Supermarkt, Strandgata 40, ⏲ Mo–Fr 10–19, Sa 10–18, So 12–18 Uhr.

Informationen
Im **Schwimmbad**, Dalbraut 3a, ✆ 476 1218, ✉ fjardabyggd@fjardabyggd.is.

Medizinische Hilfe
Apotheke, Strandgata 31, ⏲ Mo–Fr 11–18 Uhr.
Wer krank wird, fährt nach Neskaupstaður (S. 470).

TRANSPORT

Auto
Eskifjörður befindet sich an der Straße 92 Egilsstaðir–Reyðarfjörður–Eskifjörður–Neskaupstaður. Die Strecke nach Neskaupstaður verlief bisher über den 632 m hohen **Pass Oddsskarð**, inkl. eines einspurigen Tunnels. Im November 2017 wurde der neue zweispurige **Tunnel Norðfjarðargöng** eröffnet (7900 m lang). Die neue Straßenführung weist nur noch geringe Steigungen auf und ist wintersicherer.
Die Passstraße bietet dagegen mehr schöne Aussichten; sie wird als Zufahrt zum Skigebiet erhalten bleiben.

Busse

Eskifjörður wird ausschließlich von SVAust-Linie 1 bedient.
EGILSSTAÐIR, via Alcoa Fjarðaál (zum Teil dort umsteigen) und Reyðarfjörður, ganzjährig mehrmals tgl. in 30–45 Min (falls es einen direkten Anschluss gibt; wer Pech hat, wartet unter Umständen mehrere Stunden, bis bei Alcoa Feierabend ist).
NESKAUPSTAÐUR (NORÐFJÖRÐUR), ganzjährig mehrmals tgl. in 30 Min.

Neskaupstaður (Norðfjörður)

Von Eskifjörður führt die Straße 92 etwa 24 km über die steile und kurvige Passstraße über Oddsskarð vorbei an einigen Skiliften bis zum Norðfjörður. Am Ende der Straße 92, liegt das einladende 1500-Seelen-Dorf Neskaupstaður. Hier ist nicht viel los, außer an Feiertagen (s. u.). Wer Natur ohne viele Menschen sucht, ist hier genau richtig. Das kleine Neskaupstaður liegt unterhalb von etwa 1000 m hohen Bergen und war lange Zeit nur schwer zugänglich. 1962 kam ein Flughafen hinzu, der bis heute vor allem für Ambulanztransporte wichtig ist, denn hier befindet sich das Krankenhaus, in dem Patienten aus allen Ostfjorden und auch aus Egilsstaðir behandelt werden. Erst seit 1977 ein erster Tunnel an der 92 fertiggestellt wurde, ist der Weg auch im Winter meist frei. Seit November 2017 kürzt nun der knapp 8 km lange Tunnel **Norðfjarðargöng** die Fahrt erheblich ab.

Die Stadt hat einen Supermarkt, eine Tankstelle, einige Gästehäuser (sogar ein recht großes Hotel) und Restaurants. Camper genießen den Blick auf den Fjord. Der Hafen sieht sehr geschäftig aus, hat aber Charme. Sehenswert ist das **Museum**, dessen drei Ausstellungen sich den Themen Seefahrt, Handwerk und Naturkunde widmen. Zudem dient das Haus als Kunstgalerie. ⏰ 1. Juni–31. Aug Mo–Fr 13–21, Sa nur bis 17 Uhr, Eintritt 1100 ISK, Kinder bis 16 J. frei.

Vor Ort bieten sich zahlreiche **Wandermöglichkeiten**, z. B. in den Nachbarfjord Mjóifjörður (dort kommt man mit dem Auto nur schwer hin, s. S. 463). Die Erkundung der Wege an den Lawinenschutzwällen ermöglicht einen Blick hinter die Kulissen – von vorne sieht man kaum, dass hier der Mensch Schöpfer spielte.

Naturschutzgebiet Neskaupstaður

Als 1971 im Gebiet zwischen Mjóifjörður und Neskaupstaður eine Mülldeponie gebaut werden sollte, beantragte die Gemeinde, die Gegend unter Naturschutz zu stellen. Schon 1972 war es so weit: Das einst als Weideland für Schafe genutzte Gebiet steht seither unter Schutz – direkt neben dem Dorf geht es los. Wer schon immer mal Gewimperten Steinbrech, Pyramiden-Günsel oder auch Floh- und Pillen-Segge sehen wollte, kann diese Pflanzen hier entdecken. Jeden Sommer wohnen hier viele Eissturmvögel, Raben und

Feste feiern in Neskaupstaður

In diesem kleinen Ort haben sich zahlreiche Feste etabliert. Am **Seemannstag** (Sjómannadagurinn), immer am zweiten Sonntag im Juni, feiert die ganze Stadt ihre Vorfahren und all jene, die noch heute als Seemänner arbeiten.

Seit einigen Jahren ist die Stadt Pilgerziel für Hardrockfans. Alljährlich Anfang Juli treffen sie sich für vier Tage auf dem **Eistnaflug**, 🖥 www.eistnaflug.is, dem „Genuine Icelandic Rock and Heavy Metal Festival". Es fand 2017 zum 9. Mal statt und hat sich im Laufe der Jahre zu einem der größten Festivals in Island gemausert, zu dem Fans aus der ganzen Welt anreisen.

Ein großes Familienfest ist **Nestaflug** („Funkenflug"), das jährlich am ersten Wochenende und dem 1. Mo im August gefeiert wird. Hier trifft sich das ganze Dorf, um gemeinsam zu trinken und zu essen. Im November wird aktiv der dunklen Zeit getrotzt: Lustig geht es auf dem Festival **Dagar myrkurs (Tage der Dunkelheit)** zu. Das Programm ändert sich jedes Jahr. Mal gibt es Theater, mal Musik, aber immer Essen und viel Spaß. Das aktuelle Programm wird jeweils im Oktober veröffentlicht, 🖥 www.en.visitfjardabyggd.is/things-to-do/festivals/details/days-of-darkness.

Rotdrosseln. Auch Papageitaucher ziehen hier ihre Jungen groß.

Dass die Flora und Fauna in dieser Gegend schon immer vielseitig war, zeigen zahlreiche Fossilien. Beeindruckend sind diese in der **Páskahellir**, der Osterhöhle: Im Inneren finden sich Hohlräume, die vermutlich von Bäumen stammen, die hier vor 12 Mio. Jahren einen Wald bildeten. Auch geologisch sind diese Höhlen, die durch die Brandung in die Felsküste gemeißelt wurden, bemerkenswert. Den Namen verdankt die Höhle im Übrigen einem Lichtphänomen: Zur Osterzeit funkelt die Sonne auf den roten Liparit-Klippen und es sieht aus, als würde sie tanzen. Zur Höhle verläuft ein Küstenpfad, der am Leuchtturm beginnt, das letzte Stück führt bequem über Stufen.

Wer den Park erkunden will, findet hier eine Karte mit vielen weiteren Infos: 🖥 www.en.visit fjardabyggd.is/Media/neskaupstadur-reserve. pdf. Dieser Flyer wird zudem in der Gegend kostenlos verteilt (sogar auf Deutsch).

ÜBERNACHTUNG

Camping Neskaupstaður (Campingkarte Egilsbraut 1, ✆ 470 9000. Dieser Platz liegt unterhalb der Lawinenschutzwälle mit Blick auf den Fjord. Einfache, saubere Sanitäranlagen. Freundliche Leute. Wenn im Ort der Heavy Metal rockt (siehe Feste), ist es hier voll. Außerhalb der Festivitäten ist es ruhig und beschaulich. 1200 ISK, Kinder unter 18 J. kostenlos, Strom 750 ISK. ⏱ Juni–15. Sep.

Hótel Edda Neskaupstaður, Bakkabakki. Schlichter Betonklotz, aber mit ordentlichen einfachen Zimmern. Gelobt wird der Service, und auch die Lage begeistert, vor allem beim Frühstück auf dem Balkon mit Blick auf den Fjord. Da muss nur noch die Sonne scheinen und alles ist perfekt. ❸

Skorrahestar, Skorrastaður 4, Karte S. 464, ✆ 477 1736, 🖥 www.skorrahestar.is. Die Pferde- und Schaffarm liegt oben in den Bergen an der Straße 92, etwa 7 km vor Neskaupstaður. Doddi und Thea werben wie viele andere mit dem Slogan *Come as a guest, leave as a friend* – hier bestätigen wir, dass das wörtlich genommen werden kann. Im Angebot sind Ausritte und geführte Wanderungen (s. Aktivitäten), außerdem sind Meditationsseminare geplant. Im Winter ist dies die ideale Location zum Nordlichter-Fotografieren. 6 DZ (4 davon mit eigenem Bad) und ein Schlafsaal für 10 Pers. Küchenbenutzung für alle. Inkl. Frühstück. ❸–❹

ESSEN

Beituskúrinn, an der Hauptstraße neben dem Museum, direkt am Wasser. Wenn die Sonne scheint, schmecken die Pizza und das Bier auf der Sonnenterrasse mit super Blick besonders gut. Innen rustikal gemütlich. ⏱ tgl. 12–ca. 2 Uhr.

Nesbær Kaffihús, Egilsbraut 5, ✆ 477 1115. Kuchen, kleine Mahlzeiten und vor allem leckerer Kaffee. Kostenloses WLAN. Der Vorplatz mit ein paar Sitzplätzen ist etwas weniger ansprechend als die Inneneinrichtung. ⏱ Mo–Mi und Fr 9–18, Do 9–22.30, Sa 10–18 Uhr.

AKTIVITÄTEN UND TOUREN

Bootsausflüge

Neskaupstaður Sailing, Hafnarbraut 2, ✆ 477 1950, 🖥 www.hildibrand.com. Individuelle oder Gruppentouren zu den Papageitauchern ins einsame Mjóifjörður (S. 463). Nachtfahrten in der Mitternachtssonne. Touren von Mai–Okt, private Touren kann man das ganze Jahr über organisieren.

Schwimmen

Schwimmbad Stefánslaug, Miðstræti 15, ✆ 477 1243. Freibad mit Hot Pots und Rutsche. ⏲ Juni–Aug Mo–Fr 6–20, Sa, So 10–18, Sep–Mai Mo–Do 6–20, Fr 6–18, Sa 11–18, So 13–18 Uhr.

Skifahren

Bei Neskaupstaður (kurz vor dem Tunnel aus Eskifjörður kommend) gibt es am Pass **Oddsskarð** ein Skigebiet mit Liften und Flutlichtanlagen. Hier wird im Winter gerodelt und Ski- und Snowboard gefahren. Im Web Infos leider nur auf Isländisch: 🖥 www.visitfjardabyggd.is/oddsskard.

Wandern und Reiten

Skorrahestar (s. Übernachtung) bietet von Mitte Juni bis Mitte Sep tgl. um 12.30 Uhr geführte Wanderungen und Ausritte in den Bergen an. Dauer 3 Std. (2 Std. Wandern/Reiten, 1 Std. Essen von hausgemachten gefüllten Pfannkuchen). Wanderung 15 500 ISK, Ausritt 19 500 ISK.

SONSTIGES

Einkaufen

Kjörbúðin-Supermarkt, Hauptstraße, ⏲ tgl. 10–19, Sa 10–18, So 12–18 Uhr.
Vínbuðin, Hauptstr., ⏲ Mo–Do 11–18, Fr 11–19, Sa 11–16 Uhr.

Geld

Sparisjóður Norðfjarðar, Egilsbraut 21, und **Landsbankinn** mit Western Union, Hafnarbraut 20, ⏲ beide Mo–Fr 9–16 Uhr, Letztere mit Mittagspause von 12.30–13.30 Uhr.

Informationen

Im **Schwimmbad Norðfjörður**, Miðstræti 15, ✆ 477 1243, ✉ fjardabyggd@fjardabyggd.is.

Medizinische Hilfe

Apotheke Lyfja, Hafnarbraut 15, ✆ 477 1118, ⏲ Mo–Fr 10–18 Uhr.
In **Neskaupstaður** befindet sich das größte Haus der Krankenhauskette **HSA**, Myragata 20, ✆ 470 1400. Wer ernsthaft erkrankt, wird auch aus den umliegenden Orten hierher gebracht. Im Internet sind alle Zentren auf 🖥 www.hsa.is verzeichnet.

TRANSPORT

Auto

Wer durch den neuen Norðfjarðargöng (Tunnel) fährt, ist zwar schneller, versäumt aber die Fahrt über den landschaftlich schönen Pass (Straße 92).

Busse

SVAust fährt Mo–Fr 6x tgl. (am Wochenende seltener) zwischen 8.20 und kurz nach 24 Uhr die 30-minütige Strecke zwischen ESKIFJÖRÐUR und Nordfjörður hin und her.

Fähren

Im Winter verkehrt die Personenfähre *Anný* zwischen Neskaupstaður und MJÓIFJÖRÐUR. Okt–Mai, Mo und Do um 10 Uhr ab Mjóifjörður, 12.30 Uhr ab Neskaupstaður

Fáskrúðsfjörður

Das Dorf hat gerade einmal 600 Einwohner. Ursprünglich hieß der Ort Búðir, heute wird er allgemein wie der Fjord Fáskrúðsfjörður genannt. Ende des 19. Jhs. bis etwa 1930 versuchten viele Franzosen (und auch einige Deutsche) hier ihr Glück als Walfänger. Einiges erinnert noch heute an diese Zeit. Die Bedingungen waren hart, viele wurden krank oder starben. Daher wurde ein **Hospital** erbaut, in dem heute eine sehenswerte Ausstellung und ein Hotel untergebracht sind. Im Untergeschoss betritt man das Innere eines Bootes und bekommt eine Ahnung, wie es sich auf dem Meer einst angefühlt haben könnte – fast scheint der Boden zu schwanken. ⏲ Mai–Aug tgl. 10–18 Uhr, Eintritt frei.

ÜBERNACHTUNG

€ **Camping Fáskrúðsfirði** (Campingkarte), ✆ 776 0062. Der kleine Platz am Ortsrand liegt an einem Bach. Dahinter ragen die Felsen auf, davor liegt ein idyllischer See.

Einige Plätze sind dank kleiner Bäume vom Wind geschützt. Es gibt zudem ein paar Sitzgelegenheiten. Saubere Toiletten und Duschen. 1200 p. P., Kinder unter 17 J. frei, Strom 750 ISK. ❶

Fosshótel Austfirðir, Hafnargata 11-14, ✆ 470 4070, 🖥 www.fosshotel.is/is/fosshotel/fosshotel-a-austurlandi. 3-Sterne-Hotel mit Geschichte: Hier war nämlich ursprünglich das französische Krankenhaus. 47 Zimmer und ein Restaurant (s. Essen). ❼

Hótel Bjarg, Skólavegur 49, ✆ 475 1466, 899 6221, 🖥 www.hotelbjarg.is. 5 Zimmer mit Bad, 3 mit Gemeinschaftsbad, alle im Ikea-Stil. Mit Wasserkocher, manche mit Kühlschrank und/oder kleiner Küche. Der Besitzer Karvel ist ein echter Schatz, wenn nötig holt er sogar Kinderspielzeug heraus. Unter dem Haus fließt ein Bach, den man von innen gut hört, was eine äußerst beruhigende Wirkung hat. Laut wird es, wenn eine Veranstaltung im großen Gastraum stattfindet. Zudem: Tischtennisplatte, Billardtisch und Fahrradverleih. Achtung: Für ein Hotel ist es hier sehr familiär (manche würden es „chaotisch" nennen). Für schöne Aussicht aufs Meer oder auf die Berge zahlt man extra. ❸

ESSEN

Café Sumarlína, Búðavegur 59, ✆ 475 1575, 🖥 www.sumarlina.is. In dem kleinen Haus nahe dem Wasser gibt es Kuchen, Pommes und mehr. Nette Terrasse, bei gutem Wetter kann man auch draußen sitzen. Innen rustikal heimelig. ⏱ tgl. 10–22 Uhr.

L'Abri, im Fosshótel Austfirðir. Speisen in gehobenem Ambiente. Wer nicht hier wohnt, sollte sich nach dem Essen das kleine Museum ansehen. ⏱ Mo–Do 12–21, Fr, Sa 12–23, So 12–21 Uhr.

SONSTIGES

Einkaufen
Kjörbúðin-Supermarkt, Skólavegur 59, ⏱ Mo–Fr 9–19, Sa 10–18, So 12–18 Uhr.
Vínbuðin, nebenan, ⏱ Mo–Do 16–18, Fr 13–18 Uhr.

Geld und Post
Landsbanki, Skólavegur 57, ⏱ Mo–Fr 9–16 Uhr.
Post, Skólavegur 55, ⏱ Mo–Fr 9–16 Uhr.

Informationen
Viele Informationsbroschüren und gute Auskünfte in der Touristeninfo im Fosshótel Austfirðir, Hafnargata 11-14, ✆ 470 4070, 🖥 fjardabyggd@fjardabyggd.is.

Medizinische Hilfe
Gesundheitszentrum, Hlíðargata 60, ✆ 470 3080, ⏱ Mo–Fr 8–16 Uhr (Pause zwischen 12 und 13 Uhr). Auch eine **Apotheke** findet sich hier, ⏱ 10–18 Uhr. Wer ernsthaft erkrankt, sollte ins Krankenhaus nach Neskaupstaður (S. 470).

Schwimmen
Sehr kleines **Hallenbad**, Skólavegur 39-41, ✆ 475 9070. Hot Pots draußen. ⏱ Juni–Aug Mo–Fr 16–19, Sa 10–13, Sep–Mai Mo–Do 16–19, Fr 15–18, Sa 10–13 Uhr.

TRANSPORT

Auto
Über die neue Ringstraße (ehemals 96) zu erreichen; zwischen Reyðarfjörður und Fáskrúðsfjörður verläuft die Strecke durch einen zweispurigen Tunnel. Nach Fáskrúðsfjörður geht es links auf die Straße 955. Auf dieser Straße kann man auch die sehenswerte Halbinsel **Vattarnes** umrunden. Dabei passiert man den weithin sichtbaren fotogenen **Leuchtturm Vattarnesviti und** einige Wasserfälle, u. a. den **Gilsárfoss**, den man in einer 15-min. Mini-Wanderung entlang des Flusses Gilsá erreicht.

Busse
Richtung Süden
BREIÐDALSVÍK, das ganze Jahr über fährt SVAust mit der Linie 2 zwischen 7–23 Uhr 4x tgl. (am Wochenende seltener) in etwa 1 Std.
HÖFN via Breiðdalsvík, mit SBA Norðurleið Juni–Anfang Sep 1x tgl. um 13.55 Uhr in 3 Std.

Richtung Norden
AKUREYRI, mit SBA Norðurleið via Reyðarfjörður und Egilsstaðir von Juni–Anfang Sep 1x tgl. in ca. 6 Std.
REYÐARFJÖRÐUR, mit SVAust-Linie 2 ganzjährig 3x tgl. zwischen 8–24 Uhr in 20 Min., zur Weiterfahrt nach Egilsstaðir dort in SVAust-Linie 1 umsteigen.

Stöðvarfjörður (Austurbyggð)

Dieser Miniort mit 200 Einwohnern ist der südlichste Ort der Region. Vor 1896 gab es hier nur Farmen, dann bildete sich ein Dorf heraus. Hauptsächlich lebten die Menschen vom Fischfang – noch heute trifft man einige Fischer. Haupteinnahmequelle ist jedoch nun der Tourismus. Zahlreiche Wanderwege machen die Gegend attraktiv. 3 km nördlich des Ortes gibt es an der Küste eine Stelle (Saxa), wo Brandungswellen in eine Höhle laufen und durch ein Loch in der Decke eine Fontäne in die Luft spritzt – einem Geysir nicht unähnlich.

Das touristische Highlight des Ortes ist **Steinasafn Petru**, Petras Steinemuseum, Fjarðarbraut 21, ℡ 475 8834 und 848 4543, 🖥 www.steinapetra.is, die Stein- und Mineraliensammlung einer nach Island eingewanderten, inzwischen verstorbenen Deutschen. Petra trug ursprünglich einfach hübsche Steine aus der Umgebung zusammen und legte sie dekorativ in ihr Haus und in ihren Garten. Als immer mehr Besucher kamen, begann sie Kaffee und Kuchen anzubieten. Heute kommen mehrmals täglich Busladungen und es gibt das Café Sunnó (s. u.). ⏱ Mai–Sep tgl. 9–18, Okt–Dez und Feb–April Mo–Fr 9–15 Uhr, Eintritt 1500 ISK, Kinder unter 14 J. frei. Ein Buch über Petra kostet 2900 ISK.

ÜBERNACHTUNG

Camping Stöðvarfjörður (Campingkarte), ℡ 776 0062, 776 0062. Durch Hecken geschützt, aber sehr klein und direkt an der Straße. Wer nur mit dem Zelt reist, kann sich auf einer schönen kleinen Wiese einen Platz suchen. Wer im Wagen schläft, braucht etwas Glück, um einen der drei ebenen Stellplätze zu ergattern (manchmal ist dort auch nur Platz für zwei, je nachdem, wie nah sich die Wagen stehen). Kein warmes Wasser. 1000 p. P. ⏱ 1. Juni–15. Sep.

Kirkjubær, Fjarðarbraut 37a, ℡ 849 1112, 892 3319, ✉ kirkjubaergisting@simnet.is, 🖥 www.kirkjubaerguesthouse.com. Die kleine weiß-blaue Kirche, erbaut 1925, thront über dem Dorf und ist ein echter Hingucker. Hier wird schon länger nicht mehr Gott, sondern seit einigen Jahren dem Sandmann gehuldigt. Zwei Zimmer mit 10 Betten stehen zur Verfügung, sowohl für Gäste mit eigenem Schlafsack (5500 p. P.) als auch für solche, die Bettzeug wünschen (7500 ISK p. P.). ❷
Saxa Guest House, Fjarðarbraut 41, ℡ 511 3055, 🖥 www.saxa.is. Sehr moderne, liebevoll dekorierte und penibel sauber gehaltene Zimmer, alle mit eigenem Bad. Toller Ausblick auf den Berg Súlur. Außerdem gibt's ein kleines Café. ❸

ESSEN

Brekkan Diner, Fjarðarbraut 44. Restaurant mit kleinem Lebensmittelladen und Souvenirshop im 2. Stock. Freies WLAN. Hamburger, Hotdogs und Pizza zu recht günstigen Preisen. ⏱ Mo–Fr 9.30–22, Sa 10–22, So 11–21 Uhr.
Café Sunnó, vor Petras Steinemuseum, direkt an der Hauptstraße. Sehr einladend. Wer einen Kaffee trinkt, kann einen Blick auf die wirklich sehenswerten Steine erhaschen. Der ein oder andere Individualist geht dann doch hinein. Wer es nicht eilig hat, wartet auf ein Zeitfenster, in dem keine Tourgruppen im Garten flanieren. ⏱ 1. Juni–15. Sep tgl. 10–17 Uhr.

SONSTIGES

Einkaufen
Kaupfélag Stöðfirðinga (Supermarkt), Fjarðarbraut 41.
Salthússmarkaður Art and Craft Market Stöðvarfjörður, Fjarðarbraut 43, gemeinsam von den ortsansässigen Kunsthandwerkern geführt. ⏱ Juni–Aug. 11–17 Uhr.

Wir bremsen auch für Schafe

Vorsicht Schafe: Dieses Schild sieht der Autofahrer oft in Island. Immer wieder heißt es: Aufgepasst! Schafe sind eher Einzelgänger, große Herden, die die Straße versperren, sieht man nur, wenn die Tiere im Herbst in die Dörfer getrieben werden. Allein grasen meist die Herren, im Dreierpack sieht man Mütter mit zwei Kindern. Oft gehen sie auf der Straße spazieren oder weiden am Wegesrand. Naht ein Auto, bleiben sie meist erst einmal gelassen und gucken, wer da so kommt. Gefahr erkannt, wird losgerannt. Nicht immer aber laufen alle in die gleiche Richtung und manches Lamm findet erst im zweiten Anlauf die richtige Straßenseite. Es kommt daher leider immer mal wieder zu Unfällen. Wer ein Schaf anfährt, meldet dies im nächsten Dorf. Wem das Schaf gehört, erkennen die Menschen vor Ort an den Markierungen am Tier. Also immer Obacht: Erst wenn alle Tiere in Sicherheit sind, geht es gefahrlos weiter.

Informationen
Info im **Brekkan Diner**, Fjarðarbraut 43, ☏ 475 8939. ⏲ Mo–Fr 9.30–22, Sa 10–22, So 11–21 Uhr.

Schwimmen
Kleines **Freibad**, Skólabraut 20, ☏ 475 8930, mit schöner Aussicht. ⏲ Juni–Aug Mo–Fr 13–19, Sa, So 13–17 Uhr, Sep–Mai geschl.

TRANSPORT

Auto
Stöðvarfjörður ist über die Ringstraße (früher Straße 96) zu erreichen.

Busse
SBA Norðurleið bedient im Juli und Aug die Strecke Egilsstaðir– Höfn und hält auch in Stöðvarfjörður.

Richtung Süden
BREIÐDALSVÍK, mit SVAust ganzjährig Mo–Fr 4x tgl. (am Wochenende seltener) in etwa 20 Min.
HÖFN, mit SBA Norðurleið über Breiðdalsvík, 1. Juni–10. Sep. 1x tgl. um 14.30 Uhr in 3 Std.

Richtung Norden
AKUREYRI, mit SBA Norðurleið über Reyðarfjörður und Egilsstaðir, nur 1. Juni–10. Sep, um 11.30 Uhr in 6 1/4 Std.

REYÐARFJÖRÐUR, mit SVAust-Linie 2 ganzjährig 3x tgl. in ca. 1 Std.; nach EGILSSTAÐIR dort umsteigen.

Breiðdalur-Tal und Breiðdalsvík

Durchs **Breiðdalur**, was übersetzt „breites Tal" bedeutet, kommt jeder, der eine Rundreise auf der Ringstraße macht: Grün ist es hier und richtig schön. Satte, als Pferde- und Kuhweiden eingezäunte Wiesen. Kleine bewollte Indianer verstecken sich hinter Hecken und Büschen und pirschen sich allnächtlich an die Zäune heran, suchen nach Löchern oder offen gelassenen Gattern, um dann heimlich, still und leise hineinzuschleichen und sich auf den steinfreien und gedüngten Pferdeweiden satt zu fressen. Die Bauern sind wenig erfreut über diese ungebetenen Rasen-Määh-er.

Eingerahmt wird das Tal von alpinen Bergen, die selbst im Sommer noch schneebedeckt sind. In der Mitte fließt die **Breiðdalsá**, berühmt für ihren Reichtum an Forellen, Saiblingen und Lachsen. Hier unten herrscht oft dichter Nebel, nur wenige Meter die Hänge hinauf ist der Himmel aber bereits wieder zu sehen. Unvergesslich ist dieser Blick: Man steht im strahlenden Sonnenschein, sieht die Berge auf der gegenüberliegenden Talseite in voller Pracht – und statt ins Tal blickt man auf ein weißes Nebelmeer.

Ungefähr in der Mitte des Tals, bei der verlassenen Farm Jórvík, beginnt ein Wanderweg ins nächste Tal im Norden, das **Norðurdalur**. Es sind

Crashkurs Reiten – auf den alten Postrouten rund um das Breiðdalur

„Stell dir vor, du hättest eine große Glasscheibe vor dir im Sattel, die bis vor dein Gesicht reicht", so erkärt Reitlehrerin Maria den korrekten Sitz beim Reiten. „Niemals nach vorne kippen, niemals diese imaginäre Glaswand mit dem Kopf oder Oberkörper durchbrechen, sonst liegt man ganz schnell unten". Die sympathische Fünfzigjährige hat es sich zur Aufgabe gemacht, aus Touristen Reiter zu machen. Jeder muss unfallfrei im Schritt und im Tölt auf dem Reitplatz reiten können, bevor es raus ins Gelände geht. Und die Zeit, die Reitgäste dafür brauchen, zählt nicht zur bezahlten Ausritt-Zeit – genauso wenig wie der Kaffee und die Stallführung hinterher. Deshalb kann ein gebuchter 2-Stunden-Ausritt schon mal einen halben Tag oder länger dauern. Denn an diesem ungewöhnlich friedlichen Ort – Maria nennt ihn liebevoll ihre *bubble* – bleibt man gerne länger. Man erfährt nicht nur viel über Pferde, sondern auch über das Leben im Breiðdalur. Ganz schön einsam ist es hier, vor allem im Winter. Dann kann man wegen des vielen Schnees oft nicht reiten und die Farm **Höskuldsstaðir** ist manchmal sogar komplett von der Außenwelt abgeschnitten. Hier ist einer dieser idealen Orte zum Nordlicht-Fotografieren: Weit und breit keine künstliche Lichtquelle, alles ist dunkel, viele Monate im Jahr. Im Sommer kann dann endlich wieder nach Herzenslust ausgeritten werden, und zwar zu jeder Tages- und Nachtzeit.

Ein besonderes Highlight ist die obligatorische **Flussüberquerung** zu Pferde, bei der sich die ausgiebige Übung auszahlt, denn noch nie sei ein Gast in den Fluss gefallen, sagt Maria. Sie ist stolz auf „ihr" Tal, und tatsächlich gehört auch richtig viel Land zur Farm Höskuldsstaðir, ein eigener kleiner Wasserfall, ein Waldgebiet, eine tolle Schlucht, die von der Straße aus nicht zu sehen ist, und uralte Häuser, die Marias Ehemann Magni in liebevoller Kleinarbeit restauriert. Hierher reiten diejenigen, die nur eine kurze Tour gebucht haben. Auf der anderen Seite vom Fluss beginnt dann die alte **Postroute**, früher die schnellste Verbindung in den Berufjord. Hier reitet man auf einem mit Pflöcken markierten Weg zunächst zu einer tiefen Schlucht, dann macht der Postweg eine scharfe Kehre, um links den Gipfel des 1111 m hohen Kistufells zu umgehen. Von oben sieht man bei gutem Wetter im Südwesten den Vatnajökull. Und dann geht's ziemlich steil wieder runter. Die Tour ist natürlich auch zu Fuß möglich. Dauer: 7–9 Std. (eine Strecke).

Tourveranstalter ist Óðin Tours, Kontakt s. S. 475, Karte S. 464.

nur etwa 4 km bis zum Aussichtspunkt und weitere 5 km bis hinunter ins Tal. Man kann von hier aus auch bis Reyðarfjörður weiterwandern (was allerdings mindestens 8 Std. dauert).

Eine kleine einfache Wanderung führt von der Straße 966 zum ca. 60 m hohen Wasserfall **Flögufoss** (man muss durch einen Bach waten). Sehenswert ist auch der Wasserfall **Beljandi** nahe der Farm Brekkuborg (auch an der Straße 966).

Breiðdalsvík

Am westlichen Ende des Tals erstreckt sich die Hochebene Breiðdalsheiði, am östlichen Ende die Bucht Breiðdalsvík. Hier liegt das gleichnamige Dörfchen mit nur knapp 140 Einwohnern. Sehenswert ist allenfalls **Kaupfélag**, 1956 erbaut und heute das älteste Gebäude des Dorfes. Es beherbergt ein Heimat- und Geologiemuseum, einen minikleinen Tante-Emma-Laden und ein Café. Zahlreiche Artefakte aus den 1950er- und 1960er-Jahren sorgen für das ganz besondere Flair.

ÜBERNACHTUNG

Im Dorf

Camping, Sólvellir 17, direkt hinter dem Hotel Bláfell, ✆ 475 6660 und 859 2253, ✉ skrifstofa@breiddlshreppur.is. Recht einladend mit sauberen Toiletten und Kinderspielplatz. Was uns nervte, waren die Geräusche der Klimaanlagen (oder Dunstabzugsgeräte?) aus der angrenzenden Hotelküche. Im Wohnmobil stört das nicht – im Zelt schon. Wer noch etwas Zeit hat, sollte besser einen der Plätze am Berufjord wählen (S. 476). 1000 ISK für die 1. Nacht, jede weitere 750 ISK, Kinder unter 15 J. kostenlos, Strom 750 ISK. ⏱ Juni–Aug.

Hótel Bláfell, Sólvellir 14, ✆ 470 0000, 🖥 www.breiddalsvik.is/hotel-blafell. Mit 47 Zimmern das größte Haus im Ort. Rustikal, viel Holz. Inkl. Sauna ab 17 Uhr. ❹

In der Umgebung

Hótel Staðarborg, an der N1, ✆ 475 6760, 🖥 www.stadarborg.is. Das in einem Schulhaus untergebrachte Hotel nimmt seit 2000 Gäste auf. Es wurde renoviert und bietet seither 54 Betten. Für Familien gibt es Zimmer mit mehreren Betten. Alle Zimmer mit Wasserkocher und meist geräumig. Wer mag, kann auch eine Schlafsackunterkunft buchen. Oft länger im Vorfeld schon gut gebucht. Geplant ist ein Zeltplatz für alle, die spontaner kommen wollen. ❷–❸

Oðin Cottage, Höskuldsstaðir, ✆ 475 8088 und 849 2009, 🖥 www.odintours iceland.com. Geräumiges, komplett eingerichtetes Cottage in traumhafter Hanglage mit Blick übers Tal, in dem bis zu sechs Personen Platz haben. 210 €.

Skarð í Breiðdal, Norðurdalur, ✆ 848 6798, 🖥 www.heyiceland.is/accommodation/detail/819/skard, ✉ info@nordurdalur.is. Anders als der Name vermuten lässt, liegt die Unterkunft nicht im Breiðdal, sondern im benachbarten, sonst so gut wie unbewohnten Norðurdalur nahe der Ringstraße. Schlafsackunterkunft (inkl. Frühstück) und Zimmer mit Bad. ❶–❹

ESSEN UND EINKAUFEN

Beljandi Brewery Bar, Sólvellir 23, neben Kaupfélag. In diesem Pub wird direkt vor Ort gebrautes Bier angeboten … und reichlich getrunken. Rustikale Atmosphäre, leckeres Essen! ⏱ tgl. ab 18 Uhr.

Kaupfélag Art & Craft Café, Sólvellir 25. Neben Kaffee und Kuchen gibt's hier auch Kunsthandwerk. ⏱ Juni–Aug 10.30–18 Uhr. Wer friert und einen Islandpulli braucht, findet ein kleines Angebot im **Skarð í Breiðdal** (s. Übernachtung) – selbst gestrickt von der Frau des Farmers.

TOUREN

Oðin Tours Iceland, Höskuldsstaðir, ✆ 475 8088 und 849 2009, 🖥 www.odintoursiceland.com. Tolle Touren auf dem Pferderücken und auch zu Fuß. Siehe Kasten S. 474.

Tinna Nature Adventure, Sólvellir 14, ✆ 475 1100, 🖥 www.tinna-adventure.is. Die Touren führen mal in Schnee und Eis, mal geht es mit dem Jeep auf Abenteuertour. Und wer mag geht Angeln; entweder auf hoher See zusammen mit Profis oder mit festem Boden unter den Füßen vom Land aus.

SONSTIGES

Autoreparaturen
Bifreiðaverkstæði Sigursteins, Selnes 28-30, ✆ 475 6616.

Geld und Post
Post und **Landbank**, Selnes 38, liegen nahe beieinander, beide ⌚ Mo–Fr 12.30–16 Uhr.

Informationen
Info Breiðdalshreppur, Selnes 25, ✆ 470 5560, 💻 www.breiddalur.is. Neben Infobroschüren gibt es in diesem Blockhaus auch Islandpullis und allerlei Schnickschnack zum Verkauf. ⌚ Mo–Fr 12–17, Sa 13–16 Uhr.

TRANSPORT

Auto
Nach Breiðdalsvík gelangt man über die Ringstraße von Stöðvarfjörður (19 km) oder direkt von Egilsstaðir (81 km) aus. Die Straße 962 führt ins Norðurdalur. Die Straße 964 verläuft parallel zur 95 auf der Südseite des Breiðdalur. Straßenführung siehe Karte S. 464.

Busse
Die Gesellschaft SBA Norðurleið fährt nur im Sommer. Die öffentlichen Busse von SVAust verkehren hingegen das ganze Jahr, aber nicht immer auf der Strecke zwischen Breiðdalsvík und Djúpivogur. Bitte vor Ort nachfragen!

Richtung Süden
HÖFN, mit SBA Norðurleið nur im Sommer (1. Juni–10. Sep) ab Breiðdalsvík um 14.55 Uhr über BERUNES und DJÚPIVOGUR. Ankunft in Höfn um 17.30 Uhr. Im Winter besteht zwischen Breiðdalsvík und Djúpivogur keine Busverbindung; SVAust bediente die Strecke vor einigen Jahren versuchsweise, stellte den Service aber wegen geringer Nachfrage wieder ein.

Richtung Norden
AKUREYRI, mit SBA Norðurleið über Reyðarfjörður und Egilsstaðir, 1. Juni–10. Sep 1x tgl. 10.30 Uhr in knapp 7 Std.
REYÐARFJÖRÐUR, mit SVAust-Linie 2 ganzjährig 3x tgl.; nach Egilsstaðir dort umsteigen.

Berufjord, Fossárdalur und Djúpivogur

Reisende, die aus Richtung Norden kommen, schwärmen oft von der Fahrt um den **Berufjord** (s. Karte S. 477) und nennen sie eine der schönsten Fjordumrundungen ihrer Reise. Rechter Hand thronen die grauschwarzen Bergspitzen, manche haben Zacken, die aussehen wie ein Drachenrücken, darunter dunkles Grün, durchzogen von unzähligen Bächen mit kleinen Wasserfällen. Das Moos auf den Felsen an der Küste leuchtet hellgrün und linker Hand zeigt sich der Búlandstindur. Reisende, die über den

Die Vogelinsel Papey

Wer noch keine **Papageitaucher** fotografiert hat, sollte einen Ausflug zur Insel Papey unternehmen. Auf Papey scheinen die sowieso sehr zutraulichen Vögel noch weniger Furcht vor Fremden zu haben. Hier stört sie niemand und die tägliche Show vor den Touristen scheinen sie fast schon als willkommene Abwechslung zu genießen. Die Bootsfahrt zur Insel dauert eine Stunde; Menschen mit empfindlichem Magen sollten besser vorher nichts essen, denn die See ist hier oft sehr rau. Die insgesamt vierstündige Tour besteht aus der Fahrt rund um die Vogelinsel und zu den Seehunden (die auf den Felsen faulenzen), außerdem wird 2 Std. über die Insel gewandert. Hier ist auch Islands älteste und kleinste Holzkirche zu bestaunen.

Abfahrt tgl. um 13 Uhr ab **Djúpivogur Marina**, gegenüber dem Framtíð Hotel, ✆ 478 8119, 💻 www.djupivogur.is/ferdavefur/?pageid=2382, Anmeldung per E-Mail angeraten, da auf dem Schiff nur 22 Leute Platz haben, ✉ papey@djupivogur.is. 12 000 ISK, Kinder 5000–11 6000 ISK.

Pass Öxi (Straße 939) aus Egilsstaðir kommen, verpassen die schönsten Stellen, denn sie stoßen erst am hinteren Ende auf den Berufjord.

Fossárdalur (Tal der Wasserfälle)

Schon nach kurzer Fahrt von Nord nach Süd geht es rechts zu einem Parkplatz am Wasserfall **Sveinsstekksfoss**. Ein paar Meter vorher führt eine steile Piste hinein ins Tal der Wasserfälle. 25 rauschende Naturschauspiele warten auf Entdecker, unter anderem der **Múlafoss**. Mit einem guten Allradfahrzeug geht es am Fluss entlang ins Tal hinein. Alle anderen müssen am Campingplatz parken und zu Fuß gehen.

Djúpivogur

Zurück auf der Ringstraße geht es weiter nach **Djúpivogur**. Von hier führen zahlreiche Wanderwege zu Vulkanstränden und Seehundsfelsen. Abenteuerlich ist der Aufstieg auf den 1069 m hohen **Búlandstindur**, der als Hausberg und Wächter des Orts gilt.

Das kleine Dorf mit bunten Häusern, einem vielbesuchten Hafen und einigen Künstlern ist durchaus einen Stopp wert. Am Hafen steht das älteste Gebäude, **Langabúð**. Es beherbergt ein kleines Heimatmuseum mit Kunstaustellung (Eintritt 500 ISK) und ein Café. Die Hauptattraktion von Djúpivogur ist ebenfalls von Menschenhand geschaffen: Die **Eier von Gleðivík**. 34 Eierskulpturen aus Granit, die jeweils ein Ei einer der in der Gegend lebenden Vogelarten darstellen, geschaffen 2009 vom isländischen Künstler Sigurður Guðmundsson. Nahebei befindet sich zudem das sehenswerte Atelier **Freevilli** mit schönen Steinskulpturen, Fundstücken aus dem Meer, Walknochen, Mineralien und anderen Artefakten. Ein Sammelsurium an kleinen und größeren Souvenirs bietet auch das kleine Lädchen. Wer mag, darf einen Blick in die Werkstatt werfen. ⏱ tagsüber, wenn der Künstler vor Ort ist.

ÜBERNACHTUNG

Am Berufjord

Berunes HI Hostel und Campingplatz, an der Nordseite des Fjords, ☎ 478 8988, 🖥 www.hihostels.com/de/hostels/berunes. Das zurückversetzte Hostel und der davor liegende Campingplatz grenzen an die Straße; davor liegt direkt der Fjord. 12 Zimmer mit 65 Betten (auch als DZ), verteilt auf 5 Häuser, zudem 4-Bett-Cottages. Wer früh genug kommt und den Logenplatz ganz vorne am Campingplatz besetzt, hat definitiv einen der besten Stellplätze der Region. Check-in nur bis 21 Uhr. 1500 ISK, Kinder unter 12 J. kostenlos, Strom 600 ISK Das Restaurant bietet Abendessen (auch vegetarisch), ⏱ April–Sep. ❶–❹

€ Eyjólfsstaðir í Fossárdal Guesthouse und Campingplatz, ☎ 820 4379, 478 8971, ✉ info@fossardalur.is, 🖥 www.fossardalur.is. Inmitten der Berge am rauschenden Fluss erlebt man hier Natur pur. Ein kleiner Baumbestand schützt vor Wind. Zwei saubere Toiletten für alle. Ansprechende Schlafsackunterkünfte (vier 4er-, ein 3er-, ein 2er-Zimmer), 5500 ISK p. P., Kinder (6–12 J.) 2500 ISK. Gemeinschaftsküche. Camping (Mai–Sep)

1200 ISK (inkl. Dusche), Kinder bis 14 J. kostenlos, Strom 600 ISK. Hier können Wanderer direkt losmarschieren. Der Wasserfall Stekkásfoss liegt ganz in der Nähe. Relativ schlechtes WLAN, was in der Abgeschiedenheit aber nicht wundert. ❷

Djúpivogur

Hótel Framtíð, Cottages, Camping und Campingtonnen, Vogalandi 4, ✆ 478 8887, 🖥 www.hotelframtid.com, für den Campingplatz 🖥 www.tjalda.is/djupivogur. Das Hotel ist ein weißes Wellblechhaus mit Holzveranda in bester Lage direkt am Hafen und gutem Café-Restaurant im Nebengebäude. Die Blockhäuser stehen direkt daneben. Nicht weit entfernt befindet sich der Campingplatz, dort werden auch hölzerne Campingtonnen mit Heizung und Sitzbereich vermietet. Campingplatz 1650 ISK, Kinder unter 14 J. kostenlos, Strom 750 ISK, Dusche 300 ISK p. P., Internet 500 ISK für 24 Std. Frühstück kostet 2250 ISK extra. Cottages, Apartments 230–350 €. Hotel ❺–❻

Klif Hostel, Kambur 1, ✆ 478802, 🖥 www.klif-iceland.com. Drei Doppelzimmer und zwei 4-Bett-Dorms, zwei Badezimmer, ein Gemeinschaftsraum und eine Küche für alle. Für isländische Verhältnisse ein super Preis-Leistungs-Verhältnis. Das Bett im Schlafsaal kostet knapp unter 4000 ISK. ❷

ESSEN

Langabúð, direkt am Hafen gelegen (Kontakt und Öffnungszeiten s. Informationen). Das rot gestrichene Café-Restaurant in einem restaurierten Gebäude von 1790 bietet innen ein rustikales Ambiente. Bei gutem Wetter sitzt man am besten draußen und beobachtet das Geschehen am Hafen.

Við Voginn, unterhalb des Campingplatzes mit Blick auf den Hafen, ✆ 478 8860, 🖥 auf Facebook. Modernes Diner mit Fish 'n' Chips, Cheese- und Chickenburger, Hotdogs und Pita-Salat. *Fiskur* fehlt auch nicht. Wer Glück hat und bei Sonne hier ist, genießt auf der Veranda ein Eis. ⏱ Juni–Sep Mo–Fr 9–21, Sa, So 10–21 Uhr. Im Winter kürzer oder geschlossen.

AKTIVITÄTEN UND TOUREN

Schwimmen

Im **Hallenbad** mit Außenbereich, Varða 4, oben am Hang, kann man bei schlechtem Wetter Bahnen ziehen und bei Sonne draußen verweilen. ⏱ Mo–Fr 7–20.30, Sa, So 10–18 Uhr.

Touren

Private Touren mit **Hrönn Jónsdóttir**, ✆ 478 8877 und 840387, ✉ hronnjons@simnet.is. Hrönn ist ein Unikum und kann wunderbar erzählen. Sie bietet 3–5-stündige Fahrten mit dem Bus und auch Führungen zu Fuß, garniert mit herrlichen Geschichten. Die Touren enden oft bei ihr zu Hause, wo sie den Gästen isländische Spezialitäten auftischt. Wer mit dem eigenen Wagen unterwegs

ist, kann Hrönn auch einfach als Tourguide anheuern.
Touren zur Vogelinsel, s. S. 476.

SONSTIGES

Einkaufen
Kjörbúðin- Supermarkt, Búland 1,
⏲ Mo–Fr 9–19, Sa 10–18, So 12–18 Uhr.

Informationen
Langabúð (Museum und Café), Bakki, ✆ 478 8220, 🖳 www.langabud.is, ⏲ 15. Mai–1. Okt Mo–Do 10–18, Fr, Sa 10–23.30, So 10–18 Uhr.

Medizinische Hilfe
Gesundheitszentrum und **Apotheke Lyfja**, Eyjaland 2.

TRANSPORT

Auto
Djúpivogur liegt an einer kurzen Stichstraße, die von der Ringstraße abzweigt. Nach Egilsstaðir sind es über die Ostfjorde 218 km (asphaltiert, ganzjährig befahrbar); über Breiðdalsheiði 145 km und über Öxi 86 km (diese beiden steilen Schotterstraßen sind im Winter meist gesperrt).
Nach Höfn sind es gut 100 km, landschaftlich spektakulär zwischen Bergen, Lagunen und Steilküsten – es lohnt sich, Zeit für Fotostopps einzuplanen.

Busse
Berunes und Djúpivogur Hótel Framtíð sind planmäßige Haltestellen des Sommerbusses von SBA Norðurleið. Bei Bedarf kann der Bus auch anderswo halten, z. B. am Fossárdalur (der Weg zum Zeltplatz ist ziemlich steil, aber durchaus zu bewältigen.), in jedem Fall vorher mit SBA absprechen, damit der Busfahrer informiert ist. Zwischen Djúpivogur und Breiðdalsvík gibt es im Winter keine Linienbusse.

Richtung Norden
AKUREYRI, mit SBA Norðurleið um 9.45 Uhr in 7 1/2 Std. Mehr zu allen Zwischenstopps s. S. 485, Höfn.

Richtung Süden
HÖFN, mit SBA Norðurleið 1. Juni–10. Sep. um 16.10 Uhr in 1 1/2 Std.
Mit SVAust-Linie 4 ganzjährig Mo–Fr um 8.10 Uhr, Ankunft gegen 9.30 Uhr, 15 Min. später am Flughafen, Sa, So um 14 Uhr, Ankunft um 15.15 Uhr, für 2450 ISK. Oft fahren diese Busse im Anschluss an Flüge von/nach Reykjavík.

Von Lónsöræfi nach Höfn

Nach den grünen Ostfjorden, wo oft mildes Wetter den Tag versüßt und es seltener stark regnet, folgt das **Naturschutzgebiet Lónsöræfi**. Die Fjorde tragen zwar noch diesen Namen, sind aber eigentlich keine mehr: Vielmehr lagert sich Gestein, vom Vatnajökull abgetragen und von Gletscherläufen ins Meer gespült, vor den Fjorden ab, sodass diese von Jahr zu Jahr flacher werden. Die Landschaft wird etwas karger – steile Schotterberge begrenzen die Ringstraße. Zahlreiche Wanderwege locken Gäste nach **Stafafell**. Richtig viel los ist aber in der ganzen Region bis Höfn nicht, denn die meisten fahren einfach nur stur auf der Ringstraße, um die Eiswelt des Vatnajökull zu erreichen. Zumindest alle, die mit dem Bus kommen, machen eine Pause in Höfn. Allen anderen sei sie auch angeraten, denn hier ist quasi die Grenze zwischen zwei Regionen: Blickt man Richtung Osten, sind die Geröllhänge im Sommer grün verziert, blickt man nach Westen, ist alles schwarz-weiß und die Gletscher grüßen.

Lónsöræfi

Steile Schotterberge, von denen immer wieder Steine (auch richtig große!) auf die Straße fallen, begrenzen die Ringstraße – obwohl die Hänge teilweise mit Netzen versehen sind, die das eigentlich verhindern sollen. Die Landschaft wechselt zu einer weiten Ebene, eingerahmt von hohen Bergen. Auf der anderen Seite der Straße befindet sich das **Wandergebiet Stafafell**. Wer Glück hat, sieht hier im Frühling und Herbst Rentiere (S. 445).

Auf dem Weg gibt es immer wieder sehr einladende Picknick- und Parkplätze am Meer, von denen aus man Vögel beobachten oder einfach nur ins Weite blicken kann.

Eine Rast wert ist der schwarze Kieselstrand bei **Hvalnes** unterhalb der Eystrahorn-Berge. Wie ein langer Gürtel liegt die schwarze Nehrung Fjörur („Strand") im Meer vor der Küste, und schon bei etwas Sonne sind die rund geschliffenen Kiesel herrlich warm. Ein prima Picknickplatz. Vom Leuchtturm bietet sich ein super Blick auf den Strand.

Stafafell

Das Gebiet war früher weitaus bedeutender als heute. Hierher kamen alle aus der Umgebung, um in die Kirche zu gehen, und bis 1920 hatte Stafafell sogar einen eigenen Minister. Schwer vorzustellen, denn heute gibt's hier nicht viel mehr als zwei größere Schaffarmen mit einigen Nebengebäuden. Die Berge oberhalb sind Privatbesitz der Farmer. Hier beginnen die Wanderwege, die in das 320 km² große und seit 1977 geschützte Gebiet **Lónsöræfi** hinaufführen.

„Öræfi" heißt so viel wie „Einöde" (auch „Wüste") und ist das genau das, was einen hier erwartet. Besucher kommen nicht trotz, sondern wegen dieses Feelings. Das vergleichsweise enge Gebiet im Tal ist auf drei Seiten von mehr als 1000 m hohen Bergen eingekesselt. Die Spitzen sind mit Eiskappen versehen, die niemals abschmelzen. Mehr Informationen und Beschreibungen der Wanderwege der Region listet die Website des Nationalparks, 🖥 www.vatnajokulsthjodgardur.is/en. Wer *map* (Karte) ins Suchfenster eingibt, findet detaillierte Wander- und Übersichtskarten.

Stokksnes und Vestrahorn

Ab der Ringstraße zeigt ein Schild den Weg in Richtung Viking Café am Vestrahorn. Die Wanderwege der Region mit Längen zwischen 0,5

ÜBERNACHTUNG
① Stafafell Guesthouse und Campingplatz, Brekka Guesthouse
② Glacier World Guesthouse
③ Fosshótel Vatnajökull
④ Seljavellir Guesthouse
⑤ Camping am Viking Café

und 11 km sind gut ausgeschildert und mit Infotafeln versehen. Der Eintritt kostet 800 ISK p. P.

Vom Viking Café führt ein Weg über privates Gelände zu einem nachgebauten **Wikingerdorf**, einst geplant als Kulisse für einen Film, der nie gedreht wurde. Je nachdem, wie viele andere Touristen da sind und wie das Wetter ist, kann es gespenstisch still und unheimlich sein. Weiter geht es den Weg entlang bis zu den Ruinen zweier Gebäude, die von jenen Tagen Zeugnis ablegen, als hier noch Menschen wohnten. Bereits in der ersten Besiedlungswelle (um das Jahr 870) soll die Farm Horn entstanden sein. Die Häuser, die heute zu sehen sind, stammen aus dem Jahr 1925. Sie wurden aus Treibholz erbaut, das hier bis heute aus Westeuropa und Sibirien anlandet. Im Zweiten Weltkrieg war Horn Stützpunkt der englischen Armee. Richtung Meer ist schnell der schwarze **Strand von Horn** erreicht. Hier strandeten immer wieder Fischkutter, zuletzt kurz vor Weihnachten 1984 (alle Mann konnten gerettet werden). In der **Kolbeinnhellir**, einer Höhle in den Klippen, lebten über viele Jahre hinweg nicht nur Schafe, die hier vor Wind und Wetter Unterschlupf fanden. Den Namen bekam der Platz von einem kriminellen Fischer namens Kolbeinn, der sich hier versteckte und schließlich von seinen Fischerkollegen ermordet worden sein soll.

Am Strand entlang geht es nach **Stokksness**. Weithin sichtbar präsentieren sich ein Leuchtturm und eine Radarstation. Letztere wurde noch bis 1992 betrieben. Von 1955 bis 1988 nutzten die Amerikaner sie im Auftrag der Nato, danach die Isländer, nun sind die Schüsseln nur noch ein Relikt vergangener Zeiten. Der 16 m hohe Leuchtturm stammt aus dem Jahr 1946 und ist noch in Betrieb. Zurück zum Café sind es nur wenige hundert Meter. Wer noch nicht zurückgehen mag, besucht die Seehunde, die sich westlich der Radarstation sonnen.

Dieser einfache Rundweg hat eine Länge von etwa 6,5 km.

ÜBERNACHTUNG

Brekka Guesthouse, Brekka, ✆ 478 1716, ✉ olgaf@simnet.is. Kleines Guesthouse mit familiärer Atmosphäre. Jedes Zimmer hat ein eigenes Bad. Gäste loben das Frühstück (im Preis inkl.) und sind begeistert von der Lage zwischen Fluss und Vulkan. Die Gastgeberin überlässt Gästen auch schon mal die private Küche, sodass sich hier viele zu Hause fühlen. Geplant ist, auch Abendessen anzubieten. ❹

Camping am Viking Café, vor dem Viking Café auf dem Parkplatz darf im Camper übernachtet werden. Der Platz an sich ist nicht besonders schön, da eigentlich nur ein Parkplatz. Aber wer vorhat, den ganzen Tag zu wandern, für den lohnt es sich vielleicht, hier zu wohnen. Es gibt eine Toilette. 2000 ISK p. P. inkl. Eintrittsgebühr von 800 ISK für die Wanderwege der Region.

Stafafell Guesthouse und Campingplatz, ✆ 478 1717, 845 7070, 🖥 www.stafafell.is. Die Schaffarm bietet 30 Betten in 1-, 2- und 3-Bett-Zimmern mit Gemeinschaftsbad. Recht kleine Zimmer (auch die Zimmer für 3 Personen sind nur 11 m² groß). Der Campingplatz liegt etwa 800 m nordöstlich vom Guesthouse. Auf einer großen Wiese finden zahlreiche Zelte und Camper Platz. Kleine Küche für alle. Dusche, WC, Waschmaschine, Trockner (je 500 ISK). Immer mal wieder kommen auch Schafe vorbei. Wer sein Zelt aufschlägt, sollte sein Essen daher sicher verstauen. 1500 ISK.

ESSEN

Das **Viking Café**, 🖥 www.vikingcafe-iceland.com, bietet Kaffee und Kuchen, Waffeln und Sandwiches. WLAN-Zugang kostet extra. ⏱ Juni–Anfang Sep tgl. 9–20, in den Wintermonaten 10–14 Uhr (sofern nicht alles zugeschneit ist).

In den Unterkünften muss man sich vielfach selbst versorgen, es gibt allenfalls Frühstück.

TRANSPORT

Auto
Die **Ringstraße** ist die einzige durchgehende Verbindung in der Region. Der Pass Almannaskarð wird in einem 1,3 km langen Tunnel unterquert.

Wer mit einem Geländewagen unterwegs ist, kann auf der **Piste F980** ein Stück weit in Lónsöræfi fahren, die Furten sind aber für kleine Allradfahrzeuge unter Umständen zu tief. Was für einen Landrover Defender oder einen Toyota Landcruiser eine problemlose Furt ist, kann für einen kleinen SUV schnell zu einer ungewollten Flussfahrt werden, wenn der Wagen einfach wie ein Floß davonschwimmt.

Touranbieter in die Region s. S. 484, Höfn. Der Aussichtspunkt auf dem **Pass Almannaskarð** kann von Norden her über die alte Ringstraße problemlos erreicht werden; nach Stokknes zweigt südlich des Tunnels eine für alle Fahrzeuge geeignete Schotterstraße ab.

Busse
Im Sommer fahren die Busse von SBA Norðurleið zwischen AKUREYRI und HÖFN und halten auf Wunsch am Abzweig nach Stokksnes; vorher anrufen ist aber ratsam. Die Busse Richtung Norden fahren morgens, die Busse Richtung Süden nachmittags (s. auch Transport Höfn und Djúpivogur).

Höfn

Diese Kleinstadt heißt mit vollem Namen Höfn í Hornafirði, was so viel wie „Hafen im Kap-Fjord" bedeutet. Einen Hafen zu haben ist in dieser Region etwas Besonderes, denn die Küstenabschnitte sind hier viel zu flach, um Häfen anzulegen. Der nächste Hafen an der Südküste befindet sich erst wieder 430 km entfernt in Þorlákshöfn. Der Hafen ist der ganze Stolz der etwa 1700 Einwohner und auch der Platz, um den sich alles dreht – zumindest alles Kulinarische. Hier werden die Fischkutter mit dem für Höfn so typischen Fang entladen: Langusten. Noch heute leben die Einwohner hauptsächlich von Fischfang und -verarbeitung.

Die kleine Stadt liegt malerisch am Fuße des Vatnajökull. Wer gerade vom Gletscher kommt, kann ihm hier noch mal einen letzten Blick zuwerfen, und wer auf dem Weg dorthin ist, sagt Hallo (schön zu sehen vom kleinen Park hinter dem Nettó-Supermarkt oder auch vom Campingplatz). Viele hilfreiche Tipps und jede Menge Informationen bietet das **Vatnajökull-Museum** im Visitors Centre (Kontaktdaten s. u.). Wer sich hier schlau macht, versteht mehr von den Naturwundern dieser eisigen Region.

Für alle, die sich für Steine interessieren, ist die **Huldusteinn Mineral Collection**, Hafnarbraut 3, ✆ 478 2240 und 866 2820, ein Muss. Spätestens nach einem Besuch hier ist man Steine-Fan. ⊙ tgl. 14–21 Uhr.

ÜBERNACHTUNG

In der Stadt

Campingplatz und Cottages Náttból, Hafnarbraut 48-52, ✆ 478 1606, 🖥 www.campsite.is. Hier pausieren auch die Fahrer der Strætó- bzw. SBA-Norðurleið-Busse. Der große Zeltplatz ist parzelliert, doch wenn nicht viel los ist, steht jeder, wie er mag, teils mit tollem Blick auf die Gletscherlandschaft. 1650 ISK p. P., Kinder unter 13 J. kostenlos. Es gibt Kochgelegenheiten (sogar Geschirr und Töpfe) und einen warmen Aufenthaltsraum. Waschmaschine/Trockner je 800 ISK, Strom 750 ISK, Dusche und WLAN kosten extra. Wer nicht zelten mag, nimmt eines der 11 Blockhäuser (mit WC, ohne Dusche). ⊙ ganzjährig geöffnet. ❶–❸

Fotomotiv direkt an der Ringstraße: Eystrahorn

Höfn Hostel, Hvannabraut 3, ✆ 478 1736, 🖥 www.hostel.is/Hostels/Hofn. Die Ausstattung ist mit großer Küche und ausreichend Badezimmern besser als in anderen Hostels. Dafür sind die Preise aber auch höher. 33 Betten, davon 12 in zwei 6er-Schlafsälen mit Etagenbetten. Bettwäsche/Handtücher und WLAN kosten extra. Auf Nachfrage wird man vom Bus abgeholt bzw. dorthin gebracht. In der Hochsaison ist es gewagt, nicht zu reservieren, denn die billigen Betten sind dann meist ausgebucht), die Online-Buchung funktioniert jedoch nur über booking.com, was etwa 5 € mehr kostet. Pro Bett zahlt der Gast im 6er-Schlafsaal ab 60 €.

Hótel Edda, Ránarslóð, ✆ 444 4850, 🖥 www.hoteledda.is/de/hotels/hotel-edda-hofn. 36 Zimmer mit Bad, zweckmäßig eingerichtet in einem modernen Betongebäude direkt am Wasser. Getränke und kleine Snacks am Automaten. Frühstück 2300 p. P. extra. ⏱ Mitte Mai–Sep. ❺

Milk Factory, Dalbraut 2, am Ortsrand, ✆ 478 8900, 🖥 www.milkfactory.is. 17 moderne Zimmer mit Bad in einer ehemaligen Molkerei, ein wenig außerhalb des Ortes. Auf einer Seite mit toller Aussicht auf die Berge. 2 Zimmer sind behindertengerecht, die 6 Familienzimmer gehen über 2 Etagen und bieten 2 Schlafzimmer. ❺–❻

Außerhalb

Fosshótel Vatnajökull, an der Ringstraße ca. 14 km nordwestlich von Höfn, ✆ 478 2555, 🖥 www.fosshotel.is/hotels/fosshotel-in-the-south-east/fosshotel-vatnajokull. Modernes 3-Sterne-Hotel in ansprechender Alleinlage (und bei klarer Sicht mit Gletscherblick). Gebäude aus Holz mit viel Glas und schlichter moderner Ausstattung. Die 66 Zimmer sind sehr unterschiedlich, sowohl in Bezug auf den Preis als auch auf Ausstattung und Ausblick. Mit Restaurant. Eingeschränkter Service im Winter. Es lohnt nach Sonderpreisen zu gucken. ❺–❽

Seljavellir Guesthouse, an der Ringstraße nahe Flughafen und Tankstelle, ✆ 845 5801, 🖥 www.seljavellir.com. In einem modernen Flachbau (mit Rezeption in der Mitte) Zimmer mit Bad und Steinboden mit Fußbodenheizung. Große Glastüren vor dem Bett bieten einen wunderbaren Blick. Und wer nicht mag, dass jemand hineinguckt, zieht einfach die Vorhänge zu. ❹

ESSEN

Höfn ist für seine Langusten bekannt, die hier täglich frisch gefangen am Hafen abgeladen werden. Fans dieser Schalentiere sind happy – vorausgesetzt, sie müssen nicht sparen. Denn trotz großem Angebot sind die Preise gehoben (mit etwa 9500 ISK pro Gericht muss man rechnen). Neben klassischen Zubereitungsarten landet die Languste hier auch auf der Pizza – was durchaus lecker ist.

€ **Hafnarbúðin**, Ránarslóð 2, ✆ 478 1095, 🖥 auf Facebook. Sieht schon von außen aus wie ein American Diner. Und tatsächlich: Es gibt Pommes und Burger. Doch auch hier stehen immer mal wieder Langusten auf dem Speiseplan. ⏱ tgl. 9–22 Uhr.

Humarhöfnin, Hafnarbraut 4, ✆ 478 1200, 846 1114, 🖥 www.humarhofnin.is. Der Name dieses weißen Hauses mit der großen orangefarbenen Languste als Markenzeichen ist Programm: Der „Langusten-Hafen" ist v. a. für die Zubereitung dieser Schalentiere bekannt und beliebt – aber nicht gerade günstig. ⏱ Okt-Ende April tgl. 12–21 Uhr (Dez geschlossen), im Sommer bis 22 Uhr.

Íshúsið Pizzeria, Heppuvegur 2a, ✆ 478 1230, 🖥 www.ishusidpizzeria.is. Im Holzhaus hinter dem Visitors Center gibt es die knackige Runde, ob Hawaii, Calzone oder „Alli Capone", zudem Salat und Pasta. Eine kurze Geschichte über die beiden Betreiber, zwei Brüder aus Höfn, gibt es auf deren Website. ⏱ tgl. 12–22.30 Uhr.

Kaffi Hornið, Hafnarbraut 42, ✆ 478 2600, 🖥 auf Facebook. Auch hier: Langusten, Langusten ... auf Pizza oder in anderer Form. Wer das maritime Krabbeltiere nicht mehr sehen kann, nimmt ein Nudelgericht. Zwischen 11.30 und 15 Uhr gibt es zudem Tagessuppen und eine Salatbar. Gut also für eine Mittagspause. Beliebt auch wegen guten Kaffees und Eiscreme. ⏱ tgl. 11.30–23 Uhr.

Pakkhús Restaurant, am Hafen (OG), ☎ 478 2280, 🖥 www.pakkhus.is. Gehobene Küche, wie Hummerschwänzchen in Weißweinsauce, aber auch Pizza oder Kuchen. Keine Reservierung möglich, dafür gibt's einen Wartebereich. ⏱ tgl. 12–22 Uhr.
Z Bistro, Vikurbraut 2, ☎ 478 2300, ✉ zbistro0780@gmail.com. Hamburger, Steaks, Pizza und natürlich auch hier Lobster und Fisch. Frühstück von 8–10 Uhr. ⏱ tgl. bis 22 Uhr.

EINKAUFEN

Im Einkaufszentrum **Miðbær**, Litlabrú 1, kurz nach der Ortseinfahrt, ist alles versammelt, neben einer Apotheke gibt es einen großen **Nettó**, ⏱ tgl. 10–19 Uhr, und einen **Vínbuðin**, ⏱ Mo–Fr und So 12–18, Sa 9–18 Uhr.
Handraðin, Hafnabraut (gegenüber dem Nettó-Parkplatz), ☎ 868 7028. Pullis, Mützen und was man sonst noch alles aus Islandwolle zaubern kann. Kleiner Laden, freundliche Betreiberin. ⏱ 1. Mai–30. Sep 9–11 und 16–18 Uhr.

AKTIVITÄTEN UND TOUREN

Schwimmen
Schwimmbad, Vikurbraut 9, ☎ 478 1157. Das große Schwimmbad ist sehr gepflegt, bietet Wasserrutschen für die Kleinen und Hot Pots für die Großen. Und auch wer Bahnen schwimmen möchte, kommt voll zum Zuge. ⏱ 15. Mai–30. Sep Mo–Fr 6.45–21, Sa, So 10–19, 1. Okt–15. Mai Mo–Fr 6.45–21, Sa, So 10–17 Uhr.

Touren
Fallastakkur (Glacier Journey), ☎ 478 1517 und 867 0493, 🖥 www.fallastakkur.is. Touren in die Umgebung. Mit dem Jeep und auch mit dem Schneemobil. Zudem Jeeptransport von und zur Hütte nach Illikambur in Lónsöræfi (S. 479) für ca. 20 000 ISK p. P. (je mehr mitfahren, desto billiger wird es). Im Sommer ist das Office in der Flatey Farm, 38 km westlich von Höfn.
Iceguide, 780 Hornafjörður, ☎ 661 0900, 🖥 www.iceguide.is. Mit den Iceguides geht es hinein in die Eishöhlen des Vatnajökull. Aktive fahren mit dem Kajak in die Eiswelt.

SONSTIGES

Autoreparaturen
Bílaverkstæði Gunnars Pálma, Bugðuleira 6, ☎ 478 2041.
Vélsmiðjan Hornafjarðar, Álaugarvegur 2, ☎ 478 1340.

Autovermietungen
Am Flughafen gibt es einige global agierende Anbieter, darunter **Budget** und **Europcar**. **Hertz** arbeitet mit Icelandair zusammen; dank des guten Netzes kann man ihre Autos i. d. R. in Höfn ausleihen und an einem anderen Ort wieder abgeben – oder auch andersherum.

Feste
Höfn Blues and Rock Festival, März.
Humarhátíð (Hummerfest), Juni/Juli: Großes Stadtfest.

Geld
Die **Landsbankinn**-Filiale in der Hafnarbraut 15 bietet **Western Union**, ⏱ Mo–Fr 12–16 Uhr.

Informationen
Höfn Visitor Centre (Gamlabúð)/Vatnajokull National Park), Heppuvegur 1, ☎ 470 8330, 🖥 www.vatnajokulsthjodgardur.is/english/operations/visitor-centre/hofn-visitor-centre. Viele Informationen und Wanderkartenverkauf. In diesem Haus befindet sich auch die sehenswerte Ausstellung über den Vatnajökull. Ein Computer kann kostenlos genutzt werden. ⏱ Juni–Aug Mo–Fr 8–20, Mai, Sep Mo–Fr 9–17, Okt–April 9–13 Uhr.

Medizinische Hilfe
Apotheke Lyfja, im Einkaufszentrum Miðbær, ⏱ Mo–Fr 10–18 Uhr.
Krankenhaus und Gesundheitszentrum, Víkurbraut 29-31, ☎ 470 8600, 🖥 www.hssa.is. ⏱ Gesundheitszentrum Mo–Fr 8–16 Uhr.

TRANSPORT

Auto
Von der Ringstraße sind es auf der Straße 99 noch 5 km bis ins Stadtzentrum.

Höfn

Busse
Höfn ist Endhaltestelle aller Buslinien, d. h. man muss in jedem Fall hier umsteigen oder übernachten.

Richtung Norden
SBA Norðurleið fährt im Sommer von Juni–Mitte Sep über DJÚPIVOGUR und EGILSSTAÐIR ab der N1-Tankstelle. Abfahrt ist tgl. um 8 Uhr, die Fahrt dauert 9 Std. und kostet 20 000 ISK. DJÚPIVOGUR, mit SVAust-Linie 4 ganzjährig 1x tgl. ab Campingplatz (Flughafen 10 Min. früher) in 1 1/2 Std. für 2450 ISK. Achtung: Manchmal dienstags kein Bus, deshalb bitte immer aktuell vor Ort nachfragen.

Richtung Süden
REYKJAVIK, mit Strætó-Linie 51 ab der Haltestelle am Schwimmbad über Vík (dort umsteigen), im Sommer 2x tgl., im Winter 1x tgl. außer Sa in etwas über 7 Std. für 13 340 ISK (29 Zonen). Hält auch an Jökulsárlón und Skaftafell, aber ohne Sightseeing-Stopps. Mit Sterna ab Campingplatz, Ende Juni–Anfang Sep 1x tgl. in 10 Std. inkl. Sightseeing-Stopps 13 000 ISK.

SKAFTAFELL, mit Reykjavik Excursions ab N1-Tankstelle Anfang Juni–Anfang Sep 1x tgl. um 8 Uhr über JÖKULSÁRLON (9 Uhr), Weiterfahrt um 11.30 Uhr, Stopp am Skaftafell Service Centre um 12.15 Uhr, Tagestour möglich: Rückfahrt um 17.30 Uhr, Ankunft in Höfn um 19.30 Uhr, Erwachsene um die 130 €, Kinder bis 11 J. umsonst, bis 18 J. halber Preis.

Flüge

Der Flughafen **Hornafjarðarflugvöllur** liegt rund 7 km nördlich der Stadt. SVAust fährt 1 x tgl. zu unterschiedlichen Zeiten über Höfn-City nach Djúpivogur.
Nach REYKJAVÍK fliegt **Eagle Air**, ✆ 562 4200, 🖥 www.eagleair.is, Mo, Mi, Do und Fr 2x tgl., So 1x, für etwa 160–218 €. Bitte aktuelle Zeiten auf der Website der Airline checken!

Gletscherlagunen des Vatnajökull

Zwischen Höfn und dem Skaftafell liegt die Eiswelt Islands. Die riesigen Gletscherzungen reichen bis an die Ringstraße heran. Mit Zodiak-Schlauchbooten und Amphibienfahrzeugen oder auch zu Fuß geht es hinein in diese bizarre Welt. Krachend brechen blau schimmernde Eisberge von den Gletschern, um in Seen zu schmelzen und ihren Weg ins Meer anzutreten. Schnee, der vor Jahrhunderten fiel, verabschiedet sich hier spektakulär.

Über diesem Gebiet unterhalb des Vatnajökull fällt fast doppelt so viel Niederschlag wie weiter nordöstlich und die Regenwolken klemmen sich gern über der Küste fest. So täuscht die satellitenbasierte Wettervorhersage oft Sonne vor, obwohl die warmen Strahlen meist keinen Weg durch die dichte Nebel-Wolken-Suppe mit sich hinab ins Tal finden. In dieser Schlechtwetterzone, meist mit einer Sichtweite von unter 50 m, gibt es blaues Eis statt blauen Himmel. Denn je weniger direktes Sonnenlicht auf das Eis trifft, desto tiefblauer leuchtet es.

Viele Besucher fahren schnell durch, doch wer gerne wandert, kann hier gut ein paar Tage verbringen. Übernachtungsoptionen sind rarer und teurer als in anderen Landesteilen; wer länger bleiben will und weniger tief in die Tasche greifen kann, wohnt im Zelt oder Camper/Auto auf dem Skaftafell-Campingplatz.

Hinter Höfn geht es an zahlreichen *jökulls* (Gletschern) und *lóns* (Lagunen) vorbei durch die Eiswelt bis zum Gebiet Skaftafell. Von solchen Gletscherlagunen wimmelt es in diesem Teil Islands. Schon wer einfach nur die Ringstraße entlang fährt, kommt an mindestens zehn vorbei. Die meisten fristen ein einsames Dasein, einfach weil sie eine Nummer kleiner und weniger schnell erreichbar sind als die bekannteste isländische Gletscherlagune, der Jökulsárlón.

Hoffellsjökull, Fláajökull und Heinabergsjökull

Kurz hinter Höfn weist ein Schild den Weg nach **Hoffell**, einer kleinen Ansammlung von Häusern. Der Ort wäre nicht weiter erwähnenswert, wenn hier nicht die wenig besuchte Gletscherlagune des **Hoffellsjökull** zu finden wäre. Der Gletscher ist schon von Weitem zu sehen, doch seine Schönheit zeigt sich erst, wenn man den davorliegenden kleinen Hügel erklommen hat. Auch wer hier nicht zum ersten Mal einen Gletscher zu sehen bekommt, ist begeistert.

Hier soll vor 5–6 Mio. Jahren ein Vulkan ausgebrochen sein. Seither ist es ruhig. Dennoch raten wir zur Vorsicht: Das Gestein ist lose und jeder Besucher sollte auf den Wegen bleiben – der eigenen Sicherheit und der Natur zuliebe.

Hoffell ist vor allem wegen der kleinen Ansammlung von **Hot Pots** bekannt, die ein Bauer hier gegen eine Gebühr von 500 ISK zur Verfügung stellt. Der Blick reicht über die weite Ebene, leider nicht zum Eis, sondern in Richtung Straße. Die vier Hot Pots sind sauber und es gibt ein kleines Häuschen zum Umziehen.

Wenn es hier doch mal voller ist, lohnt der Versuch, am **Fláajökull** einen einsamen Gletscher zu erleben. Die Wanderung ab dem dortigen Parkplatz dauert im Schnitt etwa 45 Min.

Gletscherlagunen des Vatnajökull

ÜBERNACHTUNG
1. Glacier World Guesthouse
2. Skálafell Guesthouse, Guesthouse Stekkatún
3. Vagnsstaðir Hostel
4. Guesthouse Gerði, Hali Country Hótel, Skyrhúsið Guesthouse
5. Fosshótel Glacier Lagoon
6. Svínafell SSU und Campground
7. Skaftavell Hótel
8. Vesturhús Hostel

ESSEN
1. Þórbergssetur Kulturcentrum und Restaurant
2. Café Jökulsárlón, Heimarhumar
3. Fjallsárlón Bistro
4. Sölusskálinn Freysnesi

SONSTIGES
1. Fallastakkur (Glacier Journey)

Ein paar Kilometer weiter wartet der **Heinabergsjökull** auf neugierige Wanderer. Hier gibt es zwar nicht so viele Eisberge wie im Jökulsárlón, aber dafür auch weniger Gucker. Diese Gletscherlagune, an der man entlangwandern kann, befindet sich kurz hinter dem Parkplatz. Wer etwa 500 m vor dem Parkplatz rechts abbiegt, gelangt zu den Ruinen der Farm Heinaberg. Hier sind Basaltformationen und der Wasserfall Bólstaðarfoss zu sehen.

ÜBERNACHTUNG

Karte s. o.
Glacier World Guesthouse, Hoffell, ☏ 867 7416, 🖥 www.glacierworld.is. Haus mit Hot Pot, Fußbodenheizung und Restaurant. Gute Lage. Zimmer mit und ohne Bad. 1-, 2- und 3-Bett-Zimmer. ❺–❻

Guesthouse Stekkatún, nahe dem Heinabergsjökull, ☏ 474 1255. Das große, weiße Wellblechhaus liegt nördlich der Ringstraße, trotzdem ist es ruhig und idyllisch. Das junge Betreiberpärchen umsorgt die Gäste rührend. Gutes Frühstück. Überwiegend recht kleine Zimmer, was aber die zufriedenen Gäste nicht sehr stört. Inkl. Frühstück. ❸–❹

Skálafell Guesthouse, nahe dem Heinarbergsjökuls, ☏ 478 1041, 🖥 www.skalafell.net. 6 gemütliche DZ (mit Bad) in 3 Blockhäusern unterhalb des Haupthauses. 3 einfache DZ im Haus. Gutes Frühstücks- und Abendbuffet (Letzteres auf Anfrage). Inkl. Frühstück. ❹–❺

Vagnsstaðir Hostel, 26 km östlich von Jökulsárlón, ☏ 478 1048, 🖥 www.hihostels.com/de/hostels/vagnssta-ir. Das kleine Hostel mit 26 Betten liegt direkt an der Ringstraße kurz vor Hali (s. Übernachtung Jökulsárlón). Wenn es voll ist, muss man bei Dusche/WC oft Schlange stehen. Da freut sich, wer in einem der Blockhäuser mit eigenem WC (und Kalt-

Wanderungen rund um Skálafell

Die Betreiber des Gästehauses Skálafell, die schon seit Generationen hier wohnen, haben auf sechs Wanderwegen fantasievolle Infotafeln entworfen. Es ist auch von Trollen und Elfen die Rede. Derart unterhalten, macht eine Tour auch jenen Spaß, die nicht so gerne wandern.

Hjallanes-Runde
- **Länge:** 7,5 km (nur zum Aussichtspunkt ca. 2,5 km einfache Strecke)
- **Dauer:** mind. 3–4 Std.

Die beliebteste Wanderung, die Hjallanes-Runde, führt vom Gästehaus zunächst über eine feuchte Wiese zum Fluss Kolgríma und dann ziemlich steil den Berg hinauf. Hier oben passiert man die **Schlucht Kistugil** und einen kleinen (manchmal ausgetrockneten) Tümpel. Wer mag, geht linker Hand weiter und besteigt den Berg Skálafellshnúta. Leider ist dieser 9 km lange Wanderweg, der am Ende zum See Káravatn führt, nicht gut ausgeschildert. Wem der Weg daher zu unsicher ist oder wer kürzer unterwegs sein möchte, geht ab dem manchmal trockenen See weiter über loses Geröll bis zu einem Steintor und steigt dort hinunter in Richtung Gletscherzunge. Hier zeigen sich mit etwas Glück Füchse und manchmal Rentiere. Deutlich und ganz sicher zu sehen ist, wie sich der Gletscher **Skálafellsjökull** jedes Jahr Stück für Stück zurückzieht. Am äußersten linken Rand laden **Sitzsteine** zum Verweilen ein. Wer vor Ort ist, wenn wieder einmal ein Stück Gletscher knirschend abbricht und ins Wasser fällt, wird noch begeisterter sein.

Auf die Gletscherzunge selbst kommt man von hier aus nicht, aber der Wanderweg führt lange Zeit parallel oberhalb vorbei, durch grauen Sand und schließlich wieder leicht bergauf über gelbliches Moos, bis die gelben Markierungspflöcke einfach aufhören (die im gleichfarbigen Moos auch vorher schon schlecht zu sehen waren).

Von nun an muss man den Weg zurück zum Fluss alleine finden. Wer nur kurz laufen möchte oder Angst hat, sich zu verlaufen, geht am besten nur bis zum Aussichtspunkt und genießt eine Pause auf den Sitzsteinen mit schönem Gletscherblick.

Hellisvatn-Rundweg
- **Länge:** 2,5 km
- **Dauer:** 2 Std.

Ein weiterer, nicht so anspruchsvoller (weil nicht so steiler) Rundwanderweg verläuft auf der anderen Flussseite. Der Pfad folgt von einem kleinen Parkplatz am Nordufer des Flusses Kolgríma (direkt an der Ringstraße) zunächst dem Flusslauf, dann geht's leicht bergan nach Osten bis zum **See Hellisvatn**. Von hier aus führt ein mit Pflöcken markierter Weg zurück zum Ausgangspunkt. Vorbei an den Ruinen alter Höfe, teils über seichte Wiesen, teils durch Steinlandschaften. Am Wegesrand liegen immer wieder Skelette verhungerter Rentiere, die aufgrund steigender Population im Winter nicht genug Nahrung fanden. Wer vom Gästehaus aus startet, überquert den Fluss auf der weithin sichtbaren Ringstraßen-Brücke.

wasserdusche) nächtigt. In der Küche wird gemeinsam gekocht, das nächste Restaurant liegt weit entfernt. Von hier aus kann man bis ans Meer laufen. Wanderkarten sind an der Rezeption erhältlich. Bett im Schlafsaal 46 € (Bettwäsche und Handtücher extra). ❹–❺

AKTIVITÄTEN UND TOUREN

Kajakfahren
Iceguide, ☎ 661 0900, 🖥 www.iceguide.is/tours/glacier-kayak-adventure. Die Kajaktouren durch die abgelegene Gletscherlagune Heinabergslón (Glacier Kajak Adventure), auch für Anfänger geeignet, sind über verschiedene Agenturen buchbar (z. B. Arctic Adventures, Hey Iceland), aber der eigentliche Veranstalter ist immer Iceguide. Man fährt in Einzel- oder Zweierbooten eigenständig oder als Beifahrer in *Sit-on-top*-Kajaks. Treffpunkt an der Farm Flatey, 38 km westlich von Höfn. Juni–Sep, um 9 und 13.30 Uhr, 2–3 Std., 15 900 ISK, Jugendliche (12–16 J.) 8900 ISK (Aufpreis Einzelkajak 5000 ISK).

Radfahren
Die Hot Pots bei Hoffell eignen sich prima für eine Rast. Und bei Regen bietet das kleine Häuschen an den Hot Pots Unterschlupf. Es ist keine Steigung zu meistern und die Straße ist gut befahrbar.

Wandern
Bei Hoffell gibt es zahlreiche gut ausgeschilderte Wanderwege. Die kurze Wanderung zum Fláajökull ist etwas für alle, die nicht lang unterwegs sein wollen. Direkt am See mit Blick auf den Heinabergsjökull ist man dem Eis besonders nah.

TRANSPORT

Auto
Mit dem eigenen fahrbaren Untersatz ist die Anfahrt zu beiden Gletschern und zu den Gasthäusern kein Problem. Nach **Hoffell** dem Schild „Glacier Journey" folgen (der Anbieter betreibt hier das Hotel Glacier World, 🖥 www.glacierjourney.is). Wer das Pech hat, hier zu sein, wenn Quad-Fahrer (auch bekannt als ATV) durch die Gegend brausen, sollte schnell das Weite suchen. Zuerst ist der Parkplatz an den Hot Pots erreicht. Wer mag, läuft, alle anderen fahren auch die letzten Meter bis zum Parkplatz vor dem kleinen Hügel. Dann sind es noch wenige Meter zu Fuß.

Zum **Fláajökull** führt ein Abzweig wenige Kilometer später von der Ringstraße ab. Es geht auf einer Schotterpiste ca. 8 km bis zum Parkplatz.

Zum **Heinabergsjökull** zweigt eine holprige und sehr steinige namenlose Piste etwa 3 km vor Skálafell und 1,5 km vor der Kolgríma-Brücke ab. Ein Schild weist den Weg. Die Piste führt nach etwa 7,7 km zu einem Parkplatz, an dem ein Weg zur Gletscherlagune beginnt.

Busse
Auf der Ringstraße verkehren Linienbusse von Strætó und Sterna; planmäßige Haltestellen gibt es aber nur in Jökulsárlón und in Höfn. Wer ein Zimmer gebucht hat, kann sich i. d. R. gegen Bezahlung an einem verabredeten Punkt abholen lassen. Oder man fragt den Busfahrer, ob er einfach so auf der Strecke halten kann (das funktioniert allerdings nur da, wo Halten gefahrlos möglich ist, z. B. an Abzweigungen, Hofzufahrten oder einem der wenigen Parkplätze. Kritischer ist eher das Zusteigen – gute Stelle zum Halten suchen und telefonisch anmelden). Den Rest gilt es zu laufen bzw. auf eine Mitfahrgelegenheit zu hoffen.

Jökulsárlón

Diese Gletscherlagune ist die größte und bekannteste Islands. In Hollywood-Blockbustern wie *Batman*, *Tomb Raider* oder *James Bond* war sie die erste Wahl, wenn es darum ging, das eisige Grönland in Szene zu setzen.

Jökulsárlón bedeutet wörtlich übersetzt „Gletscherflusslagune". Direkt unter der großen Ringstraßen-Brücke schwimmen die tausend Jahre alten Eisberge, die vom **Breiðamerkurjökull** abbrechen und ihren Weg ins Meer antreten. Sie fallen in einen Gletschersee, der heute etwa 23 km² groß und nahezu 250 m tief ist. Im Gegensatz zum Eis ist der See sehr jung, um das Jahr 1930 gab es ihn noch gar nicht. Damals reichte der Gletscher bis zu den Endmoränen dicht am Meer; heute liegt er bereits mehr als 7 km vom Meer entfernt.

Der riesige Parkplatz neben der Straße ist immer gefüllt: Amphibienfahrzeuge fahren eingemummelte, mit Kameras bewaffnete Touristen ins Eis. Muskelbepackte Wikinger steuern gekonnt motorisierte Schlauchboote durch die Eisberge, und der ein oder andere freut sich einfach nur über einen der Seehunde, die sich hier trotz des Trubels noch manchem zeigen. Wer nicht rechts am Parkplatz staunt, sondern linker Hand des Wassers ein Stück weitergeht, ist selbst im Sommer mit den schwimmenden Eisbergen fast allein. Herrscht etwas Stille, kann man die Eisschollen, die vom Gletscher brechen und ins Wasser fallen, hören. Einige Jahre werden sie dort verweilen, immer kleiner werden, zerbrechen und schmelzen, um dann ins Meer gespült zu werden und sich dort gänzlich aufzulösen.

Die Reste des ewigen Eises werden zu Kunst, schön zu bestaunen am Parkplatz auf der anderen Seite der Brücke. Hier ist oft wenig los. Am Strand liegen große und kleinere Eiskristalle, Reste der Eisbrocken, zerschmolzen zu kunstvollen, filigranen, glänzenden Skulpturen. Der schwarze Strand im Hintergrund trägt das Seine zur Gesamtkomposition bei.

Jedes Jahr an einem Samstag Mitte August findet ein großes 20-minütiges Feuerwerk statt. Dann kostet ein Besuch p. P. 1000 ISK Eintritt.

Die Einnahmen werden dem Rettungsdienst gespendet. Das Spektakel ist bestimmt schön anzusehen, doch wo die Reste der Böller hinfallen, wer damit spielt oder sie gar für Essen hält, lässt uns darüber nachdenken, wie viel Action hier sein muss. Man könnte alternativ einfach so eine Spende für die vielen Helfer abgeben.

ÜBERNACHTUNG

Direkt am Jökulsárlón gibt es kein Hotel, aber 17 km nördlich in **Hali**, von Osten kommend vor dem Gletscher (s. Karte S. 487). Der Ort (wenn man ihn denn so bezeichnen mag) liegt meerseitig der Ringstraße – an den Strand kann man aber nicht, weil sich zwischen Hof und Strand noch ein See befindet. Hier gibt es neben einem dem isländischen Autor Þórbergur Þórðarsson gewidmeten Museum drei Gästehäuser direkt nebeneinander. Die Gästehäuser Gerði und Hali arbeiten zusammen, sodass mancher Gast in einem anderen Haus wohnt als gebucht.
Guesthouse Gerði, ✆ 478 1905, 🖳 www.gerdi.is. 35 einfache Zimmer ohne Schnickschnack mit eigenem Bad. Zudem Bungalows. Unten im Haupthaus ist ein Restaurant, in dem auch Busgruppen speisen, was bedeutet, dass es schon mal lauter werden kann. ❺
Hali Country Hótel, ✆ 478 1073, 🖳 www.hali.is. 45 Zimmer verteilen sich auf mehrere Gebäude, und nicht alle haben eigene Bäder. Keine Gemeinschaftsküche. ❻
Skyrhúsið Guesthouse, ✆ 899 8384, 🖳 www.skyrhusid.is, 🖳 auf Facebook. 9 relativ große Zimmer (für 2–3 Pers.) mit schöner Aussicht zu beiden Seiten. Statt Frühstück gibt es einen Kühlschrank mit Saft, Milch und Skyr sowie eine Kaffeemaschine und einen Wasserkocher für Tee. Der Frühstücksplatz ist eng, nur 8 Pers. können gleichzeitig essen. Es gibt auch eine kleine Küche für alle. Instantnudeln kosten wenige ISK. Kinder unter 16 J. können kostenlos im Bett der Eltern schlafen. ❹–❺

ESSEN

An der Lagune gibt es das recht große **Café Jökulsárlón**, wo man sich mit Suppe, Brötchen und Kuchen versorgen kann (teils lange

---

Schwarzer Schnee und blaues Eis

Das Blau entsteht, weil das reine komprimierte Eis alle anderen Farben des Lichts absorbiert. Der schwarze Dreck auf dem Eis ist Asche von Vulkanausbrüchen. Guides lachen herzlich, wenn sie von Touristen erzählen, die Greenpeace einschalten wollten, um die vermeintliche Verschmutzung durch Kohleabbau zu stoppen – aber den gibt es in Island wirklich nicht.

Wartezeiten). Bei gutem Wetter entspannt sich alles etwas, denn dann können Gäste auch draußen sitzen. ⏰ März–Mai 9–18, Juni–Sep 9–19, Okt–Feb 9–17 Uhr.
Heimarhumar, am Parkplatz. Die kleine Bude bietet zwei Lobster-Gerichte *to go*. Günstiger sind die Hotdogs, und natürlich gibt es auch Kaffee. ⏰ tagsüber, wenn etwas los ist.
Wer in Hali wohnt, isst meist im **Þórbergssetur Kulturcentrum und Restaurant**, ☎ 478 1078 und 867 2900. Sehr modernes Wellblechgebäude, das zum Hotel Hali gehört. Mittags gibt's Kleinigkeiten wie Sandwiches, abends das komplette Fisch- und Lamm-Programm. Nicht billig, aber lecker. ⏰ tgl. 9–20 Uhr.
Auch im **Hotel Hali** und im **Gästehaus Gerði** gibt es Verköstigung. Falls nicht gerade eine Busgruppe alle Plätze besetzt hat, sind sie ebenfalls eine gute Option.

TOUREN

Bootstouren

Ice Lagoon - Zodiac Boat Tours, ☎ 860 9996, 🖥 www.icelagoon.com, bietet 1-stündige Zodiac-Touren auf dem Jökulsárlón, die wegen des großen Andrangs besser im Voraus gebucht werden. In warme Thermo-Anzüge eingepackt fährt man mit einem motorbetriebenen Schlauchboot ganz nah an die Eisberge. Die Guides liefern dazu eine großartige Show und machen die Touren zur beliebtesten Attraktion der Gletscherlagunen. Die Tour lohnt sich auch bei schlechtem Wetter, denn dann sind die Eisberge nicht weiß-hellblau, sondern tief dunkelblau. Abfahrten regelmäßig zwischen 9–17.30 Uhr, 9500 ISK, Kinder (6–15 J.) 6000 ISK.
Jökulsárlón (Glacier Lagoon), ☎ 478 2222, 🖥 www.jokulsarlon.is. Die Firma, die auch das Café betreibt, bietet 30–40-minütige Touren in Amphibienfahrzeugen oder mit dem Zodiac (nur Juni–Sep). Mit dem Zodiac geht es rasant voran; dank ihrer Wendigkeit kommen die Boote ganz nah an den Gletscher heran. Nicht für Kinder unter einer Körpergröße von 1,30 m und unter 10 J. 9500 ISK. Das Amphibienfahrzeug fährt relativ gemächlich vom Land ins Wasser. Die Tour dauert 35 Min., inkl. englischsprachigem Guide, und kostet 5500 ISK, Kinder (6–12 J.) 2000 ISK.

Dem Eis ganz nah an der Gletscherlagune Jökulsárlón

Diese Touren sind oft auch noch spontan zu bekommen. Juni–Aug tgl. zwischen 9–18, Mai, Sep, Okt 10–16 Uhr.

Eishöhlentouren mit Super-Jeep
Die Attraktion sind Fahrten zu den Eishöhlen im Gletscher Breiðamerkurjökull, dem Gletscher, von dem die Eisberge stammen, die im Jökulsárlón schwimmen.
Adventure Point, ✆ 899 2248, 896 4443, 🖥 www.adventurepoint.is. Gunnar Karl Sigurðsson kommt aus der Gegend und bietet Eishöhlentouren mit Super-Jeep an. Dauer 2–3 Std., 18 500 ISK.
Blue Iceland, ✆ 694 1200, 🖥 www.blueiceland. is. Björn Borgþór Þorbergsson (Besitzer des Gerði-Gästehauses), Jón Tryggvi Þórsson und Skúli Gunnar Sigfússon bieten das Gleiche von Nov–März tgl. um 9 und 14 Uhr ab Jökulsárlón. Dauer 3–4 Std., 19 900 ISK.

Kajakfahren
Iceguide, 🖥 www.iceguide.is, buchbar auch über andere Veranstalter und Agenturen, bietet aufregende Paddeltouren in Einer- oder Zweier Sit-on-top-Kajaks. Die umweltfreundliche Variante, die hiesige Eiswelt vom Wasser aus zu erkunden. Es gibt für jeden einen Trockenanzug, sonst wäre es bei Wassertemperaturen um den Gefrierpunkt doch zu kalt für diesen Spaß. Juni–Sep, mehrere Termine zwischen 9–15 Uhr, 15 900 ISK, Kinder (12–16 J.) 8900 ISK (Einzelkajak 5000 ISK zusätzlich).
Wir haben auch einen wagemutigen **Stand-up-Paddler** im Eis gesichtet. Diese Fortbewegungsart ist wirklich nur Menschen mit extremem Stehvermögen und gutem Gleichgewichtssinn zu empfehlen. Wir sind gespannt, ob sich diese Form der Touristenattraktion durchsetzen wird.

TRANSPORT

Auto
Mit dem Auto ist es ganz einfach: Auf der Ringstraße vor der Brücke anhalten, parken und gucken. Der Parkplatz westlich der Brücke (ob Richtung Lagune oder Strand) ist meist weniger voll. Hier parken Caravans, aber keine Reisebusse.

Busse
Am Hauptparkplatz östlich des Gletscherflusses stoppen die Busse. Reykjavik Excursions und Sterna machen 1 Std. Pause, genug Zeit, um sich die Lagune anzusehen. Diese Busse fahren von Juni–Anfang Sep. Strætó bedient das ganze Jahr die Strecke Reykjavik–Höfn, hält aber nur kurz zum Aus- und Einsteigen.

Richtung Osten
HÖFN, mit Strætó-Linie 51 im Sommer 2x tgl., sonst 1x tgl. außer Sa in 1 Std. für 1840 ISK. Juni–Anfang Sep zusätzlich mit Sterna um 17 Uhr.
Mit Reykjavik Excursion im Sommer 2x tgl. vom SKAFTAFELL zum Gletscher Jökulsárlón und wieder zurück. Bitte die aktuellen Zeiten und Preise auf der Webseite immer nochmal aktuell nachsehen.

Richtung Süden
REYKJAVÍK, mit Strætó-Linie 51 über Skaftafell und Vík im Sommer 2x tgl., sonst 1x tgl. außer Sa, in 6 Std. für 11 500 ISK. Juni–Anfang Sep zusätzlich mit Sterna um 9 Uhr in 8 Std. für ca. 12 000 ISK.
SKAFTAFELL, mit Reykjavik Excursions im Sommer um 11.30 Uhr.

Breiðárlón und Fjallsarlón

Nahebei wird es wieder ruhiger, denn **Breiðárlón** wird relativ selten besucht. Man muss jedoch eine holperige Straße in Kauf nehmen. Es folgt nahe der Ringstraße der See **Fjallsarlón**. Er galt lange als Geheimtipp. Doch die Zeiten ändern sich, und so gibt es nun auch hier Bootstouren ins Eis und eine asphaltierte Zufahrtsstraße.

Hinter den populären Lagunen macht die Ringstraße einen großen Bogen um den **Öræfajökull**, dem mit 2110 m höchsten Berg Islands. Zum Gipfel **Hvannadalshnúkur** werden für erfahrene und ausdauernde Wanderer geführte Gletscherwanderungen angeboten, aber nur bei gutem Wetter.

ÜBERNACHTUNG UND ESSEN

Fosshótel Glacier Lagoon, Karte S. 487, ✆ 514 8300, 🖥 www.fosshotel.is. Exquisites 4-Sterne-Hotel in modernem grauen Klotz mit 104 schicken Zimmern. Sehr leckeres Frühstücksbuffet. Gutes Preis-Leistungs-Verhältnis, wenn man das Glück hat, eins der einfacheren günstigeren Zimmer zu ergattern. Restaurant und Bar. ❹–❻

Am Fjallsárlón wartet das recht große, in moderner Holzoptik erbaute **Fjallsárlón Bistro** mit Kaffee und Kuchen sowie Snacks aus dem Kühlregal auf Gäste. ⏱ tagsüber.

AKTIVITÄTEN

Fjallsárlón, ✆ 666 8006, 🖥 www.fjallsarlon.is/iceberg-safari. Zodiac-Safari auf dem Fjallsárlón (90 Min., davon 45 Min. auf dem Wasser) für 6800 ISK, Kinder (6–15 J.) 3500 ISK. Kinder unter 6 J. werden nicht mitgenommen. Check-in eine halbe Stunde vor Abfahrt beim Café. Meist mit Reservierung, aber es ist auch möglich, spontan mitzufahren, wenn ein Platz frei ist.

TRANSPORT

Auto
Direkt an der Ringstraße gelegen. Großer Parkplatz.

Busse
Die Linienbusse auf der Ringstraße halten hier nicht planmäßig, daher ist der Besuch dieser Gletscherlagunen für Busreisende schwierig. Geführte Touren durchs Eis starten i. d. R. am Service Center Skaftafell.

Svínafellsjökull

Hier finden die meisten Gletscherwanderungen statt, aber auch für all jene, die einfach nur mal gucken wollen, ist diese Gletscherzunge eine Empfehlung. Es ist möglich, mit dem Auto bis fast ans Eis zu fahren. Vom Parkplatz aus führt ein Weg an den westlichen Rand der Zunge.

Wer dem felsigen Pfad folgt (vorbei an einer Gedenktafel für zwei deutsche Wanderer, die seit August 2007 vermisst werden) und sich einfach irgendwo hinsetzt, kann das lustige Treiben auf dem Eis beobachten. Die Veranstalter der Gletschertouren richten es immer so ein, dass die Kleingruppen zeitversetzt losgehen und sich so verteilen, dass niemand merkt, dass die anderen eigentlich in nächster Nähe sind. Aber vom Aussichtspunkt ist deutlich zu sehen, wie viele Menschen hier gleichzeitig unterwegs sind. Und besser als die Eiswanderer selbst sehen die Zuschauer, wie tief und tückisch die Spalten sind, die sich durchs Eis ziehen. Wer mit dem Gedanken spielt, alleine aufs Eis zu gehen, sollte sich hier ein Bild machen. Bitte nie ohne Führer eine Gletscherzunge betreten; wir möchten auf keinen Fall irgendwo auf Island Gedenktafeln finden, die an euch erinnern.

ÜBERNACHTUNG

€ **Svínafell SSU und Campground**, ✆ 478 1765, 🖥 www.svinafell.com. Svínafell, in der Nähe des gleichnamigen Gletschers an der Ringstraße, bietet Schlafsack-Betten in Blockhütten, Häusern und auf Höfen. Zudem gibt es einen Zeltplatz. Küche im Servicecenter. Im Winter nur Zimmer in den Häusern, Rezeption ist dann auf dem Hof Austurbær. Schlafsack-Unterkunft p. P. in einer Hütte 4300 ISK, in einem Zimmer 5000 ISK.

AKTIVITÄTEN UND TOUREN

Gletschertouren
Glacier Guides, ✆ 562 7000, 🖥 www.glacierguides.is. 3 1/2 Std., davon 1 Std. auf dem Gletscher Falljökull (eine Zunge weiter als der Svínafellsjökull, in südöstlicher Richtung), Mitte Mai–Ende Okt 8.30, 10, 12.15, 14.15, 16.15 Uhr, 10 990 ISK, Mindestalter 10 J., kleinste Schuhgröße 35. Los geht's ab Skaftafell.
Icelandic Mountainguides, ✆ 587 9999, 🖥 www.mountainguides.is. 2 1/2–3 Std., davon 1 1/2 –2 Std. auf dem Gletscher Svínafellsjökull. Ganzjährig tgl. 10 und 14 Uhr ab Skaftafell, Juli und Aug öfter, 10 900 ISK, Kinder (8–15 J.) 5950 ISK.

Blaues, graues und weißes Eis: mit Steigeisen auf den Gletscher

Früh am Morgen um 9 Uhr startet am Skaftafell Infocenter die erste Tour ins Eis. Die kleine, bunt zusammengewürfelte Gruppe wird in einen alten Klapperbus verfrachtet, und los geht's zum **Svínafellsjökull**. Hier gibt es eine ausführliche Einweisung, wie man die Steigeisen anschnallt und die Wanderstöcke benutzt. Dann Helm auf, Sicherungsweste an und erst mal zu Fuß im Gänsemarsch durch den schwarzen Sand, dann die Steigeisen an, über eine kleine Leiter und ganz vorsichtig einen Fuß aufs Eis gesetzt. Hier ist es rutschiger als gedacht. Zögerlich und erst nach und nach etwas mutiger wagen sich die Teilnehmer zwischen tiefen Spalten den gigantisch großen weißgrauen Eisberg immer weiter hinauf. Binnen Minuten sind alle komplett durchnässt, denn der feine Nieselregen, der aus den dünnen Wolken kommt, die fast immer über den Gletscherzungen hängen, dringt in jede Pore. Aber so kalt wie erwartet ist es dann doch nicht. Oder keiner merkt es dank des hohen Adrenalinpegels. Je weiter es nach oben geht, umso blauer wird das Eis. Der Guide reicht einen Eisklumpen herum, in dem sich das wenige Licht, das hier oben in den Wolken vorhanden ist, in seine Spektralfarben zerteilt: ein Regenbogen im Eis.

Während vier der fünf Teilnehmer bedächtig an ihren Eisklumpen lutschen, macht einer der Mitwanderer Unsinn und stellt sich breitbeinig über eine metertiefe Spalte. Der Guide wird bleich. „Leider", sagt er, „sind solche Scherzbolde bei fast jeder Tour dabei". Überhaupt ist das Führen von Besuchern über einen gefährlichen Gletscher kein leichter Job, denn die Bedingungen ändern sich hier ständig. Jedes Jahr, jede Woche, ja sogar jeden Tag müsse man die Wege aufs Neue auf ihre Sicherheit hin überprüfen. Selbst im flachen Bereich bewegt sich der Gletscher in den Sommermonaten täglich um 10–20 cm, sodass ständig neue Spalten und Löcher entstehen. „Man kann fühlen, dass der Gletscher lebt – so ist es mir schon einige Male passiert, dass sich direkt unter mir eine Spalte aufgetan hat. Keine wirklich große – nur kleine Risse –, aber man spürt den Druck des Gletschers und hört das Getöse, und das ist irgendwie cool und beängstigend zugleich", erzählt der Guide. Und obwohl jeder der Gruppe später auch gern solch abenteuerliche Geschichten erzählen würde, ist im Moment jeder froh, dass es nicht knirscht und sich kein Spalt zeigt.

Local Guide of Vatnajökull, ☏ 894 1317, 🖥 www.localguide.is, bietet anspruchsvollere und längere Touren ins Eis, außerdem Privattouren. Treffpunkt am Local-Guide-Hauptquartier, Fagurhólsmýri/Oræfi, hinter der N1-Tankstelle. Mai–Sep tgl. 13 Uhr, 4 Std., 15 900 ISK. Tagestour (7 Std., Mindestalter 18 J.) tgl. 9.15 Uhr, Preis auf Anfrage.

Vogelbeobachtung und Skifahren

Neben Touren in das Eis gibt es noch zwei Specials, die **From Coast to Mountains**, kurz vor Skaftafell an der Ringstraße, ☏ 894 0894, 🖥 www.fromcoasttomountains.com, im Programm hat:
Einfach und entspannt ist eine Tour für Vogelfans und alle, die es werden wollen: Mit dem Traktor geht es nach **Ingólfshöfði**, einer vorgelagerten Landzunge. Zu sehen sind u. a. Papageitaucher.

Fans von **Skitouren** kommen im Frühling (März–Mai) auf ihre Kosten: Touren auf den **Hvannadalshnúkur** versprechen Spaß pur. Aber Vorsicht: Nur wer eine gute Kondition hat und nicht seine erste Skitour unternimmt, kann mithalten. Die Tour dauert bis zu 12 Std. und ist, da sie auf den höchsten Gipfel Islands geht, auch sehr anstrengend. Skier und Ausrüstung muss man mitbringen, Touren sind im Voraus zu buchen, weil sie immer eigens organisiert werden.

Wandern

Wanderwege gibt es überall, nur zum Meer kommt man leider nicht so einfach. Geführte Touren für geübte Wanderer gehen auf den Hvannadalshnúkur. Für die 22 km braucht man 12–15 Std.; es geht auf 200 m hoch, z. T. mit Steigeisen, also eine Tour nur für Menschen mit guter Kondition und nur bei gutem Wetter.

Mindestalter 16 J. Mehr Infos und fachkundige Begleitung: **Icelandic Mountainguides** (S. 493), 1. April–15. Aug, 42 900 ISK.

TRANSPORT

Auto
Einfacher geht's nicht: Nach Svínafellsjökull einfach auf der Ringstraße fahren.

Busse
Die **Busse** zwischen HÖFN und REYKJAVK kommen zwar hier vorbei, halten aber nicht planmäßig. Wer fragt, wird aber bestimmt rausgelassen und bei einem freien Platz auch auf Winken hin wieder mitgenommen. Sicher ist das allerdings nicht. Wer eine Tour bucht, startet diese i. d. R. ab Skaftafell und dorthin fahren die Busse.

12 HIGHLIGHT

Skaftafell

Das Gebiet **Skaftafell** liegt direkt am Eis und ist für alle, die von Süden bzw. Westen kommen, die Tür zum **Vatnajökull-Nationalpark**, für alle, die aus Osten anreisen, ist es die letzte Möglichkeit, so schnell und so nah an einen Gletscher heran zu kommen. Seit September 1967 steht das Gebiet unter Naturschutz; inzwischen ist es Teil des Vatnajökull-Nationalparks (mehr zum Vatnajökull s. 91).

Die Vulkane bei Skaftafell, die sich unter der dicken Eisschicht des Vatnajökull verstecken, sind teils noch aktiv. **Grímsvötn** (s. Karte S. 444 (Der Osten)) beispielsweise gehört zu den aktivsten Vulkanen der Insel, seinen Ausbrüchen folgen verheerende Gletscherläufe; zuletzt machte er 2011 auf sich aufmerksam. Viel länger her ist der spektakuläre Ausbruch des **Öræfajökull** (der Name bedeutet Ödnis-Gletscher, bezeichnet aber auch den Vulkan darunter), dessen Ascheregen der Region ihren Namen gab: 1362 setzte der damals noch Hnappafellsjökull genannte Vulkan der Fruchtbarkeit der Gegend ein Ende. Über 40 Höfe wurden unter Schlamm und Asche begraben. Bis heute hat kein Vulkan eine größere Menge Asche ausgespuckt. Das Land wurde zum Ödland (Öræfi) und seither wird die gesamte Region so genannt. Es gibt noch drei Höfe in der Gegend, doch nur einer ist noch bewohnt (Hof Hæðir), wird aber nicht mehr bewirtschaftet. Zum Museum wurde **Hof Sel**, ein Gebäude aus dem Jahr 1920, aufgegeben 1946 und heute auf einer Wanderung zu erreichen.

Der große Parkplatz am **Visitor Centre** des Nationalparkbüros ist kostenlos, hier halten auch alle Busse, und spätestens ab 8 Uhr wird es von Minute zu Minute voller. Scheinbar jeder Islandreisende will zum **Svartifoss**, zum schwarzen Basaltwasserfall. 20 m fällt der Svartifoss hinab, malerisch von Basaltsäulen umrahmt. Im Winter ist das Schauspiel noch bezaubernder, denn dann konkurrieren gefrorenes Eis und Stein um den Preis des schönsten Schmuckwerks. Dann ist auch kaum ein anderer Mensch hier. Im Sommer allerdings ist es voll. Wer weiter als bis zum Wasserfall geht, darf mit weniger Mitwanderern rechnen – allerdings kann es auch hier vorkommen, dass sich Menschenschlangen über die schmalen Pfade winden.

ÜBERNACHTUNG

Karte S. 487

Wer günstig wohnen will, sollte auch eine Übernachtung in **Svínafell SSU und Campground** (S. 493) in Betracht ziehen.

Hótel Skaftafell, ca. 7 km vor dem Parkplatz des Nationalparks direkt an der Ringstraße (gegenüber der Tankstelle), ✆ 478 1945,

Hvannadalshnúkur

Dieser Berg ist mit 2010 m Islands höchster Punkt. Der Gipfel überragt das Plateau des Öræfajökull um etwa 200 m. Unter Bergsteigern ist dieses Ziel populär, und auch Skiwanderer (S. 494) kommen hierher. Touren dauern i. d. R. 12–15 Std. über eine Länge von etwa 25 km. Es gilt, Gletscherspalten zu überwinden, die zum Sommer hin immer breiter werden. Die Tour ist nur geübten Wanderern und am besten mit Führer im Winter bis Frühling zu empfehlen.

🖥 www.hotelskaftafell.is. 63 funktionale Räume für jeweils 1–3 Pers. Check-in bis Mitternacht möglich. Restaurant. ❹

Skaftafell Camping, direkt neben dem Visitor Centre (kurz vor dem Parkplatz links abbiegen), ☎ 470 8300, 🖥 www.vatnajokulsthjodgardur.is/english/plan-your-visit/camping/skaftafell. Der große Platz liegt direkt am Wanderweg zum Wasserfall und Gletscher. Sofern die Sonne scheint, gibt es von morgens bis abends Sonnenplätze. Wer im Zelt wohnt, hat die Chance auf Gletscherblick. Es gibt weder Küche noch Aufenthaltsraum, aber ein paar Abwaschplätze mit warmem Wasser. WC nur mäßig sauber. Duschen mit 500 ISK relativ teuer. Ab 13–16 J. 800 ISK, danach 1700 ISK p. P. Strom für 24 Std. 1000 ISK. Kein Supermarkt, aber Cafeteria und Snackbar nahebei. 🕐 ganzjährig geöffnet, 7.30–23 Uhr (An- und Abreise).

Vesturhús Hostel, in Hof, ☎ 854 5585, 🖥 www.vesturhus.is. Bjarni und Bjarki bieten 6 Zimmer unterschiedlicher Größe, ausgestattet mit Etagenbetten. Aufenthaltsraum und Küche in einem flachen Wellblechhaus. ❷–❸

ESSEN

Die **Cafeteria** des Visitor Centres bietet frischen Kaffee und eine kleine Auswahl Gerichte (Kuchen und belegte Baguettes). Viele Sitzplätze. 🕐 tgl. 10–19 Uhr.

Glacier Goodies, 🖥 auf Facebook. Ein lustiger Holz-Truck mit Tisch-Sitzbank davor steht auf dem Campingplatz. Fish 'n' Chips sind teuer, aber da frisch zubereitet, beliebt und man muss oft lange warten. Zu empfehlen sind auch das Lamm und die Hummersuppe. 🕐 ab mittags bis etwa 20 Uhr.

Söluskálinn Freysnesi, nahe dem Hótel Skaftafell, 🖥 auf Facebook. Café an der Orkan-Tankstelle mit dem üblichen Angebot von Burger bis Pizza. Salatbar. Dosenbier, Kaffee aus Pappbechern. 🕐 tgl. 9–20 Uhr.

AKTIVITÄTEN UND TOUREN

Rundflüge

Ein ganz besonderes Erlebnis sind die Flüge über den Gletscher. Der Flughafen liegt gegenüber der Abzweigung zur 998 Richtung Park. **Atlantisflug** fliegt in den Sommermonaten tgl. Die kürzeste Tour zeigt in 45 Min. die Region von oben. Preise und weitere Ziele unter ☎ 854 4105, 🖥 www.flightseeing.is.

Wandern

€ Von Mitte Juni bis Mitte Aug führen **Ranger** kostenlose Touren zur Skaftafell-Gletscherzunge durch. Ob eine dieser Touren stattfindet, steht am Infocentereingang auf einem Whiteboard. Die Touren starten meist gegen 11 Uhr. Informationen ggf. auch unter 🖥 www.vatnajokulsthjodgardur.is/english/ranger-programs.

Glacier Guides, kleines Office am Parkplatz, ☎ 659 700, 🖥 www.glacierguides.is. Mehrere Touren unterschiedlicher Länge ins Eis (in der Saison tgl., in der Nebensaison nachfragen), 8.30–16.30 Uhr. Reservieren ist für alle mit einem festen Zeitplan ratsam, oft reicht es aber, wenn man sich einen Tag vorher meldet. 🕐 in der Saison tgl. 8–18 Uhr.

Icelandic Mountainguides (Glacier Walks), kleines Office am Parkplatz, 🖥 www.mountainguides.is/day-tours/glacier-walks. Wandern, klettern zum und im Eis. Manche Touren dauern 4 Std., andere bis zu 15 Std. Im Office kann man sich beraten lassen – ohne Buchungszwang. 🕐 tgl. 8–18 Uhr.

SONSTIGES

Einkaufen

Freysnes („Söluskálinn Freysnesi"), kleiner Laden an der Orkan-Tankstelle beim Hotel Skaftafell, 🕐 tgl. 11–20 Uhr. Wer campt und sich selbst versorgt, muss alles mitbringen. Es gibt keinen Supermarkt, nur im Restaurant im Visitor Centre ein paar Skyrs und Getränkedosen.

Informationen

Skaftafell Visitor Centre ☎ 470 8300, 🖥 www.vatnajokulsthjodgardur.is/english/operation/visitor-centre/skaftafellsstofa. Das Visitor Centre bietet Wanderkarten der Region. Freundliche Leute; v. a. die Ranger können viel erklären (s. auch Touren). 🕐 Mai–Sep 9–19, Okt, Nov 10–17, Dez 11–17, Jan 10–16 Uhr.

Wanderungen rund um Skaftafell

Skaftafell ist wie eine kleine grüne Oase inmitten des Graublaus des Gletschereises: Es gibt Birkenwälder, klein zwar, aber zahlreich. Viele Wanderwege sind gesäumt von Sträuchern und Büschen. Hier findet jeder eine passende Strecke. Wer nicht gerne wandert, kann so tun als ob und innerhalb kurzer Zeit viel erleben. Fans von Bergtouren oder Abenteuerlustige, die es ins Eis zieht, finden kundige Helfer beim Visitor Centre. Eine gute Wanderkarte gibt's im Büro des Nationalparks. Wichtig: Wer nicht die ausgetretenen Pfade läuft, sollte sich auf jeden Fall vor Ort über die aktuellen Bedingungen informieren. Die Ranger im Visitor Centre stehen mit Rat und Tat bereit. Touren ins Eis sind nur mit Führer möglich. Im Folgenden die wichtigsten Wanderrouten, die ohne Guide möglich sind.

Svartifoss

Zum Svartifoss geht jeder – und das fast zu jeder Tageszeit. Zwischen 9 und 18 Uhr ist es meist richtig voll. Der Weg beginnt am Parkplatz und führt direkt hinter dem Zeltplatz auf den Berg. Es geht auf einem breiten, nicht zu verfehlenden Pfad hinauf zum Þjófafoss („Diebes-Fall"), von dort weiter zum **Hundafoss** („Hunde-Fall") und zum **Magnúsarfoss** („Magnús-Fall"). Schließlich verläuft der Weg rechts am Rand der Schlucht hinunter zum Flussbett, über das eine Brücke führt. Viele Touristen gehen nur bis hierhin und nehmen denselben Weg zurück. Der Weg ist bis zum Wasserfall nur 1,7 km lang, doch vor allem auf dem Hinweg braucht der ein oder andere relativ lang. Für Hin- und Rückweg sind aber auch für unerprobte Wandersleute 1 1/2 Std. realistisch.

Aussichtspunkt Sjónarsker

Wer mehr Zeit hat, geht ab dem Svartifoss über die Brücke und auf der anderen Hangseite (Route S2) hinauf zum Aussichtspunkt Sjónarsker. Die Runde führt von hier ein Stück den Weg zurück, dann in Richtung des alten Torfhauses **Sel** und zum Visitor Centre. Länge ca. 5,5 km, keine besonderen Schwierigkeiten, Dauer etwa 2 Std.

Sjónarsker und Kristínartindar

Wer gut zu Fuß ist, gutes Schuhwerk trägt, bei gutem Wetter unterwegs ist und noch einen spektakuläreren Blick haben möchte, folgt ab Aussichtpunkt Sjónarsker dem Weg S3 zum Aussichtspunkt Kristínartindar. Hier zeigen sich sowohl der Skaftafellsjökull als auch der Mosárjökull. Für die Tour von ca. 18 km braucht ein guter Wanderer 8–9 Std. Bitte unbedingt vorher über das Wetter und die Konditionen informieren!

Aussichtspunkt Sjónarnípa

Beliebt ist auch die Runde ab Svartifoss zum Aussichtspunkt Sjónarnípa (Weg S6). Bevor es zum Wasserfall hinuntergeht, führt rechter Hand ein Pfad (S6) Richtung Osten. Direkt unter dem Felsen des Aussichtspunkts liegt der Skaftafellsjökull, ein perfekter Picknickplatz. Ab hier geht es 3 km durch einen Birkenwald hinab zurück zum Visitor Centre (S5).

Zur Gletscherzunge Skaftafellsjökull

An den Fuß des Gletschers führt der Weg S1. Er ist sehr gut auch für alle zu bewältigenden, die nicht so gut zu Fuß sind. Der gepflasterte Weg beginnt am Visitor Centre. Er wird später in einen Schotterweg – doch auch dieser lässt sich gut laufen. Wer nicht allein gehen mag, kann sich den tgl. um 11 Uhr stattfindenden kostenlosen Touren anschließen, die die Ranger anbieten. Treffpunkt ist das Headquarter, Wanderzeit 1 1/2 Std.

TRANSPORT

Auto
Hier kommt jeder vorbei, der auf der Ringstraße entlang der Küste unterwegs ist. Nach Skaftafell muss man auf die Straße 998 abbiegen, nach ca. 2 km erreicht man das Besucherzentrum und den Campingplatz. Hier ist ein großer kostenloser Parkplatz. Ab dort geht es zu Fuß weiter.

Busse
Alle Busse halten bequem vor dem Visitors Centre und somit auch nur wenige Meter vom Campingplatz entfernt. Man muss allerdings einmal über den ganzen Platz laufen, um sich anzumelden. Die Zeltwiese hingegen liegt direkt am Visitors Centre.
Wer hier nicht wohnt, sondern nur wandern will, kann direkt losmarschieren.
Die privaten Anbieter Sterna und Reykjavik Excursions fahren immer nur in den Sommermonaten von Ende Juni bis Anfang September. Doch auch im Rest des Jahres kommt hier ganz gut hin und weg, denn Strætó fährt das ganze Jahr.

Richtung Osten
HÖFN, mit Strætó-Linie 51 im Sommer 2x tgl., sonst 1x tgl. außer Sa, in 2 Std. Juni–Anfang Sep zusätzlich mit Sterna um 15.10 Uhr Alle über Jökulsárlón, mit Strætó aber ohne Pause.
JÖKULSÁRLÓN, mit Reykjavik Excursions Linie 15 zusätzlich um 8.30 und 15.45 Uhr. Tagesausflüge nach Jökulsárlón können mit Reykjavik Excursions Linie 15 oder durch Kombination verschiedener Strætó-Fahrten unternommen werden.

Richtung Süden und Westen
REYKJAVIK, mit Strætó-Linie 51 im Sommer 2x tgl., sonst 1x tgl. außer Sa in 5 Std. Juni–Anfang Sep zusätzlich mit Sterna um 10.25 Uhr und mit Reykjavik Excursions Linie 20 um 12.30 Uhr in etwa 7 Std.

Ins Hochland
Reykjavik Excursion fährt ab Skaftafell auch das Hochland an.

LAKI-KRATER, leider nur mit Übernachtung in KIRKJUBÆJARKLAUSTUR. Tagestouren von Höfn auf S. 484. 2017 waren Tagestouren ab Skaftafell möglich, ggf. wird diese Route im Laufe der Auflage wieder angeboten.
LANDMANNALAUGAR, Mo, Do, Sa ab 8 Uhr über KIRKJUBÆJARKLAUSTUR (9 Uhr) zur ELDGJÁ (Ankunft um 11 Uhr, Weiterfahrt um 12.15 Uhr), Ankunft in Landmannalaugar um 13.30 Uhr.

Vom Eis über Kirkjubæjarklaustur in den Süden

Westlich von Skaftafell führt die Ringstraße über die endlose schwarze Sanderfläche des Skeiðarársandur. Zuvor stehen direkt an der Ringstraße die verbogenen Reste einer alten Brücke, die an die Kraft der Naturgewalten erinnern. Was ein Gletscherlauf anrichten kann, wird hier anschaulich erklärt: Als der Vulkan Grimsvötn (verborgen unter dem Eis des Vatnajökull) 1996 ausbrach, schmolz viel Eis. Ein Gletscherfluss mit enormer Wucht entstand, die Wassermassen rissen hausgroße Eisblöcke mit sich und zerstörten mehrere Brücken der Ringstraße.

Hinter dem markanten Berg Lómagnúpur erreicht man endlich wieder grünes Land. Wasserfälle, Wanderwege und wollige Kleinfamilien säumen die Straße. Kurz vor dem **Wasserfall Foss á Síðu** liegt linker Hand Richtung Küste eine sehenswerte ungewöhnliche Gesteinsformation: der Trollfelsen **Dverghamrar**. Vom Parkplatz aus sind es nur wenige Minuten zu Fuß. Wer hier Stimmen hört, hat möglicherweise eine gute Antenne für das Mystische, denn es heißt, hier würden sich Elfen und Zwerge zum Singen treffen.

Kirkjubæjarklaustur

Heiden aufgepasst! In dem kleinen Ort sind Ungläubige in Gefahr. Zumindest wer an Legenden glaubt, sollte sich erst mal zur Kirche begeben und den lieben Gott um Beistand bitten. Die Geschichte Kirkjubæjarklausturs ist stark christlich geprägt. So berichtet die Stadtlegende, dass einst irische Mönche den Ort besiedelten. Für sie war das Leben hier kein Problem. Als aber der Heide Hildir Eysteinsson es ihnen gleichtun wollte, fiel er einfach tot um, gleich nachdem er einen Fuß auf das Land gesetzt hatte. Sein Steingrab, das heute unter dem Namen **Hildishaugur** bekannt ist, befindet sich direkt neben einem schönen Platz aus mosaikartig angeordneten Basaltblöcken namens **Kirkjugólf**. Die Beschaffenheit der Steine erinnert an einen Kirchenboden – von der Natur erschaffen –, wieder ein Zeichen für den Einfluss des Göttlichen an diesem Ort.

Auch der Name der Siedlung hat etwas mit Religion zu tun. Frei übersetzt heißt Kirkjubæjarklaustur nämlich Kirchen-Hof-Kloster. Hier stand ein Benediktinerinnenkloster, in dem von 1186 bis zur Reformation 1550 einige Nonnen lebten. Ihr Ruf war nicht ganz tadellos, was dem Ort eine gewisse Anrüchigkeit verlieh.

Oberhalb des Ortes fällt ein zweigeteilter Wasserfall, der **Systrafoss** („Fall der Schwestern"), in das Tal. Hier gibt es einen schönen Picknickplatz. Nördlich davon liegt der See **Systravatn** („See der Schwestern") auf einer Hochebene. Einst soll der Sage nach eine Hand mit einem goldenen Ring aus dem See aufgetaucht sein. Die Nonnen konnten nicht widerstehen, sie griffen zu und wurden seither nicht mehr gesehen. Eine Wanderung zum Wasserfall und zum See beginnt am Fuße des Systrafoss und führt über improvisierte Stufen durch ein Wäldchen steil den Berg hinauf. Der Blick von hier oben entschädigt für die Mühen.

Die Feuerpredigten

Besondere Berühmtheit erlangte Pfarrer **Jón Steingrímsson**. Sein Bericht über den Ausbruch der Laki-Krater (S. 576), den er 1788 unter dem Titel *Eldrit* veröffentlichte, dient der Wissenschaft bis heute als wichtiges Zeugnis der Ereignisse. Inhalt des Buches sind seine Berichte über die Katastrophe, darunter die legendären Feuerpredigten. Als die Lavamassen unaufhaltsam auf das Dorf zuflossen, ließ der Pfarrer die Glocken läuten. Alle Menschen der Umgebung versammelten sich in der Kirche. Die Tore wurden verschlossen und Pfarrer Jón begann zu predigen. Er wählte die apokalyptische Prophezeiung Jesajas und beschwor dessen Worte vom zürnenden Gott, der Flammen und ein alles verzehrendes Feuer schickt. Die Gläubigen baten um Vergebung und unterwarfen sich Gottes Willen – als die Türen geöffnet wurden, hatte die Lava aufgehört zu fließen: Direkt vor der Kirche war sie erkaltet. Zufall, göttliche Fügung oder wissenschaftlich erklärbar? Für die Menschen im 18 Jh. war es das untrügliche Zeichen, dass Gott ihnen vergeben hatte.

Die kleine Kirche im Ortskern ist nicht mehr jene von einst. Sie wurde aber selbstverständlich dem berühmten Pfarrer Jón gewidmet.

ÜBERNACHTUNG

Icelandair Hótel Klaustur, Klausturvegur 6, ☏ 487 4900, 🖥 www.icelandairhotels.com/de/hotels/klaustur. Drei-Sterne-Hotel mit 57 modern eingerichteten Zimmern in der Nähe von Fluss und Schwimmbad. Restaurant, Bar und windgeschützte Terrasse. Reichhaltiges, kostenpflichtiges Frühstücksbuffet. ❼

Kirkjubær II Cottages und Camping, am Rande des Ortskerns, fußläufig gut erreichbar, ☏ 894 4495, 🖥 www.kirkjubaer.com. Mit Gemeinschaftsküche und Aufenthaltsraum. Camping 1400 IKS (ab 12 J.), Dusche, Waschmaschine und Trockner gegen Gebühr. Strom 900 ISK. Außerdem 7 Cottages für 4 Pers. mit Stockbetten als Schlafsackunterkunft, z. T. mit WC (April–Okt) für je 19 000–21 000 ISK.

Klausturhof Guesthouse, Klausturvegur 1-5, ☏ 567 7600, 🖥 www.klausturhof.is. 34 Zimmer in verschiedenen Häusern, mit Gemeinschafts- und einige mit eigenem Bad. ⏱ März–Nov. ❹

€ **Kleifar-Mörk Camping** (Campingkarte), direkt am Wasserfall, ☏ 487 4675, 🖥 www.kleifar.com. Wer mit dem Zelt reist, wohnt direkt am Wasserfall. Alle mit Caravan oder Auto müssen sich mit einem weniger einladenden Stellplatz auf der anderen Straßen-

Kirkjubæjarklaustur und Umgebung

seite zufriedengeben. 2 WCs, keine Duschen oder Küche, aber Abwaschplatz. 750 ISK (ab 13 J.). ⊕ 1. Juni–Ende Aug.
Þykkvibær Guesthouse, Þykkvibær 3, ℡ 847 0644. Südlich des Hauptorts in ländlicher Umgebung an der Straße 204, mit Gemeinschaftsbad, gut ausgestatteter Küche (kein Frühstücksangebot) und Außenterrasse. Ab ❸

ESSEN

Kaffi Munkar, Klausturvegur, ℡ 567-7600, 🖥 www.klausturhof.is. Kleinigkeiten sowie Kaffee und Kuchen in einem der ältesten Häuser des Ortes (das gelbe neben dem Klausturhof).
Skaftárskáli, an der Tankstelle. Schnellimbiss mit gutem Angebot zu fairen Preisen. ⊕ tgl. 9–20 Uhr.

Systrakaffi, Klausturvegur 12, ℡ 487 4848, www.systrakaffi.is. Nettes kleines Café-Restaurant beim Supermarkt mit traditioneller isländischer Lammküche. Es gibt auch Pizza, Burger, Nudelgerichte und Kuchen. Geheimtipp: das selbst gemachte Eis, das bei Sonne auf den gemütlichen Holzbänken noch besser schmeckt. Bei schlechtem Wetter sitzt man im Wintergarten. ⊕ tgl. 12–21 Uhr.

EINKAUFEN

Alles liegt zentral und unübersehbar an der einzigen Straße, die in den Ort führt.
Der Supermarkt **Kjarval Klaustur** verkauft auch Dinge des täglichen Bedarfs, z. B. warme Socken. ⊕ Mo–Fr 10–18, Sa 10–14 Uhr.
Vínbúðin, ⊕ Mo–Do 14–18, Fr 13–19, Sa 12–14 Uhr.

Ins Hochland zur Feuerschlucht Eldgjá und den Laki-Kratern

Über zwei schmale Straßen geht es zu den beeindruckenden Zeugnissen der vulkanischen Urgewalt. Etwa 7 km westlich von Kirkjubæjarklaustur geht die F206 zu den Laki-Kratern auf einer ins unwirtliche Lavagestein geschlagenen Straße.

Die F208 nach Eldgjá und Landmannalaugar erreicht man 23 km westlich Kirkjubæjarklaustur.

Die Wege sind für Fahrzeuge mit Allrad und einem geübten Fahrer gut zu meistern. Etwas unheimlich ist es hier. Erhöbe sich ein Troll aus der bemoosten Steinwüste, würde es kaum jemanden wundern. Wer mag, kann von der Eldgjá direkt nach Landmannalaugar weiterfahren. Über die tagesaktuellen Straßenverhältnisse informieren die Angestellten des Skaftárstofa in Kirkjubæjarklaustur. Mehr Informationen zu beiden Routen im Hochlandkapitel auf S. 568.

SONSTIGES

Autoreparaturen
Werkstatt von Unnar Steinn Jónsson, Iðuvellir 5, ✆ 487 4630, 820 4515.

Informationen
Skaftárstofa, Klausturvegur 10, ✆ 487 4840, 🖥 www.klaustur.is. Gute Auskünfte, auch über den Zustand der Straßen ins Hochland (s. o., Kasten). Kostenlose Übersichtskarte und käuflich zu erwerbende Wanderkarten. ⊕ nur im Sommer und Herbst tgl. 9–18 Uhr.
Außerdem hilfreich ist die **Website** 🖥 www.visitklaustur.is.

Medizinische Hilfe
Gesundheitszentrum, Skriðuvellir 13, ✆ 480 5350, 480 5355. ⊕ Di, Mi und Fr 9–12 Uhr.

Schwimmen
Das kleine **Freibad** mit angeschlossenem Fitnesscenter liegt direkt am Fluss, Klausturvegur 4, ⊕ Juni–Sep tgl. 10–20, Okt–Mai Mo–Sa 11–20 Uhr.

TRANSPORT

Auto
Kirkjubæjarklaustur liegt an der **Ringstraße**. Reisende mit Allradfahrzeug und hoher Bodenfreiheit (also nicht mit einfachen Allrad-SUVs) haben die Option, hinter Kirkjubæjarklaustur auf die **F208 nach Landmannalaugar** abzubiegen. Diese schöne Strecke bietet allerlei Flussquerungen, sinnvollerweise erkundigt man sich vorher nach den aktuellen Wasserständen. Alle anderen bleiben am besten auf der Ringstraße und fahren nicht von hier aus mit dem Auto ins Hochland. Richtung Süden geht es für alle problemlos zügig weiter auf der Ringstraße.

Busse
Die **Bushaltestelle** befindet sich an der N1-Tankstelle. Sterna und Reykjavik Excursions fahren im Juli und Aug, Strætó auch im Winter, allerdings seltener.

Richtung Osten
HÖFN, mit Strætó-Linie 51 über Skaftafell und Jökulsárlón, im Sommer 2x tgl., sonst 1x tgl. außer Sa, in 1 3/4 Std. für 5520 ISK (12 Zonen). Juni–Anfang Sep auch mit Sterna tgl. um 13.50 Uhr in 4 Std. (mit Sightseeing-Pausen) für 6300 ISK.
SKAFTAFELL, mit Reykjavik Excursions um 14 Uhr.

Ins Hochland
LAKI, mit Reykjavik Excursions als Tagesausflug tgl. außer Dienstags (9–20 Uhr), auf dem Rückweg auf Wunsch bis SKAFTAFELL (Ankunft dort 20.55 Uhr).
LANDMANNALAUGAR, mit Reykjavik Excursions Mo, Do, Sa um 9 Uhr über ELDGJÁ,
Auch als Tagesausflug nutzbar, auf dem Rückweg ggf. bis SKAFTAFELL. Rückfahrt dann um 15.30 Uhr.

Richtung Süden und Westen
REYKJAVIK, mit Strætó-Linie 51 über Vík, im Sommer 2x tgl., sonst 1x tgl. außer Sa in gut 4 Std. für 7820 ISK (17 Zonen). Zusätzliche Fahrten im Sommer: Sterna fährt um 11.30 Uhr und braucht 5 Std (ca. 7800 ISK); Reykjavik Excursions startet um 13.30 Uhr und benötigt 6 Std.

Von Kirkjubæjarklaustur Richtung Süden

Etwa 5 km entfernt vom Dorf liegt der **Fjaðrárgljúfur-Canyon**, ein beliebter Anlaufpunkt für Reisegruppen auf Fotopirsch. Ein ruhig dahinfließender Fluss wird hier von bis zu 100 m hohen Felsformationen eingerahmt, die von hellgrün-schimmerndem Moos bewachsen sind. Immer wieder gibt es Vorsprünge, die in die Schlucht hineinragen – natürliche Aussichtspunkte und perfekte Plätze für Fotografen mit Stativ. Bei niedrigem Wasserstand kann man auch ein Stück weit unten am Kiesufer im Schatten der Felsen entlanglaufen.

Fährt man vom Fjaðrárgljúfur auf der Ringstraße Richtung Vík, sieht man bald mitten im Lavagebiet einen kleinen **Picknickparkplatz**. Gegenüber befindet sich ein Weg, der parallel zur Straße verläuft. Rechter Hand geht es zu einem See, linker Hand zu einem kleinen Wäldchen. Hier hat jemand mit viel Liebe zum Detail einen kleinen Park angelegt, eine blühende Oase inmitten der Lavawüste.

Zurück beim Parkplatz lohnt es sich, ein paar Steine ins Auto zu laden (natürlich die einfachen Steine vom Parkplatz, nicht die Lavasteine der Umgebung). Warum? Weiter in Richtung Vík – ungefähr 40 km vor Erreichen des Ortes – kommt der Parkplatz **Laufskálavarða**, vor dem um einen kleinen Hügel herum Hunderte von **Steinmännchen** stehen. Kein historisches Denkmal, kein Wegweiser und auch keine Kunstinstallation. Es hat sich einfach eingebürgert, hier einen eigenen kleinen Turm zu errichten, wenn man zum ersten Mal vorbeikommt. Das soll Glück auf der weiteren Reise und eine unfallfreie Weiterfahrt bringen. Normalerweise ist es in Island verboten, Steinmännchen aufzustellen. Laufskálavarða ist unseres Wissens die einzige Stelle, an der es nicht nur ganz offiziell erlaubt, sondern sogar erwünscht ist. Vor Ort finden sich allerdings schon länger keine Steine mehr – glücklich ist also, wer welche dabei hat.

ÜBERNACHTUNG

Hrífunes Guesthouse, bei Grafarkirkja, ☏ 863 5540, 🖥 www.hrifunesguesthouse.is. Exquisites Gästehaus mit stil- und fantasievoll eingerichteten Zimmern in fantastischer Lage zwischen Kirkjubæjarklaustur und Vík. Frühstück mit lokalen Produkten, 3-gängiges Abendessen auf Vorbestellung. Sonderangebote in der Nebensaison auf Anfrage. Auch Bungalows („Park Cabins") mit 2 Schlafzimmern für 470 €. Inkl. Frühstück. ❻

TRANSPORT

Auto
Anfahrt zum **Fjaðrárgljúfur-Canyon**: 2 km hinter Kirkjubæjarklaustur rechts auf die Straße 206 abbiegen, ab hier sind es noch etwa 2,5 km bis zur Schlucht. Der Asphalt endet irgendwann und die Straße wird schlecht. Es ist zwar im Prinzip möglich, ganz bis zur Schlucht durchzufahren, Auto und Vermieter werden es aber danken, wenn man spätestens am ersten Parkplatz aussteigt und zu Fuß weitergeht. Erst geht es ein wenig bergauf und dann etwa 1 km bergab bis zum zweiten großen Parkplatz mit WC. Von hier gibt es einen markierten, viel frequentierten Weg rechts an der Schlucht entlang.

Busse
Keine planmäßigen Haltestellen an der Ringstraße zwischen Kirkjubæjarklaustur und Vík. Der Hochlandbus von Reykjavik Excursions nach LAKI hält auch am Fjaðrárgljúfur.

SELJALANDSFOSS; © PICTURE ALLIANCE / DUMONT BILDARCHIV / GERALD HAENEL

Der Süden

Mit Steilküsten, Wasserfällen, schluchten- und sogar waldreichen Bergen, einigen der gefährlichsten Vulkane der Welt und uralten Siedlungen zählt der Süden zu den abwechslungsreichsten Regionen Islands. Hunderte äußerst unterschiedliche Natur- und Kulturschönheiten liegen hier praktisch am Wegesrand. Dazu eine ausgezeichnete touristische Infrastruktur und ein relativ mildes Klima – kein Wunder, dass die Besucher in Scharen kommen!

Stefan Loose Traveltipps

13 **Reynisfjara** Umgeben von spitzen Felsnadeln und steilen Klippen voller Seevögel inszeniert der schwarze Strand bei Vík sein Naturschauspiel auf einer fast perfekten Bühne. S. 508

14 **Þórsmörk** „Thors Wald" sprießt in einem schluchtenreichen und von Gletschern eingerahmten Gebirgstal. Ein Wanderparadies! S. 519

15 **Westmännerinseln** Riesige Vogelkolonien, Kraxelfelsen und das „Pompeji des Nordens" – die Inselwelt vor der Südküste begeistert Abenteuerlustige. S. 524

Hvolsvöllur In zwei der besten Museen des Landes das Innenleben der Vulkane erspüren und ins blutige Reich der Sagas eintauchen. S. 531

Stokkseyri Das niedliche Dorf am Meer lockt mit marodem Charme und Kunst am Strand. S. 553

Reykjadalur Rund um das „Rauch-Tal" heiße Quellen und Solfataren entdecken und danach beim Bad im warmen Fluss entspannen. S. 559

STOKKSEYRI; © CAROLINE MICHEL

GÍGJÖKULL; © CAROLINE MICHEL

Wann fahren? Im Süden ist das ganze Jahr über Saison.

Wie lange? Die Ringstraße ist an einem Tag zu schaffen, Wanderungen und Tagesausflüge füllen locker eine Woche.

Bekannt für Wasserfälle, Strände, Gletscher und Vulkane: alles, was Island zu bieten hat

Unbedingt ausprobieren Ein Ei in einer heißen Quelle bei Hveragerði kochen, hinterm Skógafoss so lang weiter laufen, wie man möchte

Abseits ausgetretener Pfade Wanderungen in Fljótshlíð (bei Hvolsvöllur)

Der Süden

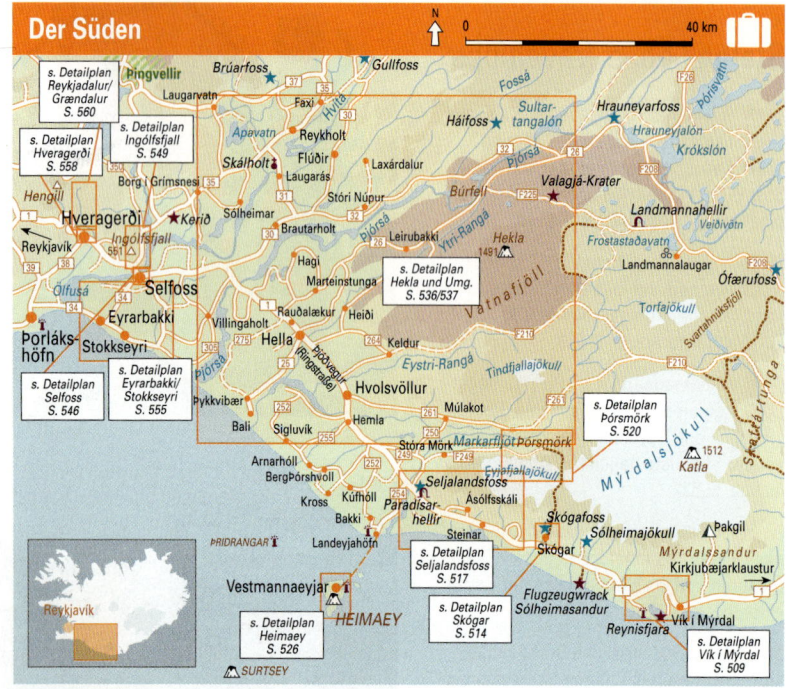

Mit derart vielen Sehenswürdigkeiten gesegnet, zählt der Süden zu den meistbesuchten Regionen des Landes. Doch wer wunderschöne Ebenen, Strände, Wasserfälle und Aussichtsplätze in Ruhe und Einsamkeit genießen will, muss nur etwas mehr Zeit einplanen und sich neue Plätze suchen. Diese liegen oft erstaunlich nah vor, hinter oder neben den gängigen Touristenzielen. Wer kennt schon die beeindruckende Dünenlandschaft bei Þykkvibær? Wer einfach mal eine Nebenstraße abfährt – z. B. die Straße 268 von der Hekla zurück nach Hella – findet einsame Täler und Wasserfälle, und wer bereit ist, ein Stück zu Fuß zu gehen, kann auch im Süden noch richtig was entdecken.

Aber warum ist „der Süden" eigentlich so beliebt? Nicht nur bei den Touristen, sondern auch bei den Menschen, die sich hier niederlassen? Ein Blick auf die Geografie Islands – etwa auf das tolle 3D-Modell im Foyer des Rekjavíker Rathauses (S. 136) – beantwortet die Frage auf eindrucksvolle Weise. Was man nämlich leicht vergisst: Der Hochland-Anteil der Insel nimmt verglichen mit den bewohnbaren, leicht zugänglichen Abschnitten an der Küste eine riesige Fläche ein, und nur der Süden ist einigermaßen „flach". An der gesamten Südküste stören weder nennenswerte Berge noch Steilküsten den Lauf der drei großen Flüsse Ölfusá, Þjórsá und Rangá, die Wasser liefern und ausgedehnte Weideflächen ermöglichen. Im „sonnigen" Süden fällt verhältnismäßig wenig Schnee, die Straßen sind fast ganzjährig passierbar, und im hier etwas kürzeren Winter gibt es das meiste Tageslicht. Außerdem verfügt der Süden über die beste touristische Infrastruktur Islands und lockt mit einer Vielzahl unterschiedlichster Attraktionen (von Osten nach Westen):

Das Dorf **Vík** kann außer einem schwarzen Kieselstrand auch noch mit Basaltsäulen, Felsnadeln, Papageitauchern und einem Kap mit

Unterwegs entlang der Südküste

Auto

Die Straßen im Süden sind gut und größtenteils asphaltiert, sodass fast alle Sehenswürdigkeiten auch mit einem normalen Pkw erreichbar sind, die meisten davon sogar im Winter. Die 142 km lange Strecke von Vík bis nach Hveragerði ist auf der guten, flachen Ringstraße vorbei an Hvolsvöllur, Hella und Selfoss ohne Pause in gut zwei Stunden zu schaffen. Wer nur wenig Zeit hat, kann also an einem Tag von Reykjavík bis nach Vík und zurück fahren, und dabei sogar noch einige der Sehenswürdigkeiten wie den Seljalandsfoss, Skógafoss und die Gletscherzunge Sólheimajökull, die direkt an der Ringstraße liegen, abhaken. So bekommt man zumindest einen ersten Eindruck von der Vielseitigkeit dieser Region.

Doch lohnt es unbedingt, hier mehrere Tage einzuplanen und landschaftlich reizvolle Abstecher rechts und links der Ringstraße einzubauen: Etwa auf der **Straße 214** (bei Vík) zur Schlucht Þakgil. Oder auf den z. T. als Rundfahrten kombinierbaren Routen der **Straße 261** (östlich von Hvolsvöllur), der **Straße 264/268** und **Straße 26** (nördlich von Hella) sowie der **Straße 32** (östlich von Selfoss), auf denen man etwas Hochlandluft schnuppern kann. Abstecher an die Küste lohnen südlich von Hella auf der **Straße 25** und südlich von Selfoss auf der **Straße 34**.

Allradfahrzeuge braucht man für die Wege zum Háifoss, nach Stöng, zum Þjófafoss und für die Wege ins Hochland – auch nach Landmannalaugar – die auf S. 542 und S. 568 beschrieben sind. Nach Þórsmörk fährt man wegen der schwierigen Furten (s. auch S. 521) am besten mit dem Bus.

Busse

Der Süden ist relativ gut an das Busnetz angeschlossen. Vor allem die **Ringstraße** zwischen Reykjavík und Höfn wird in beide Richtungen mehrmals täglich von **Strætó** (Linie 51, ab Busbahnhof Mjódd) und im Sommer auch von **Reykjavik Excursions** (Linien 20, 21, ab BSÍ) und **Sterna** (Linie 12, ab Konzerthalle Harpa) befahren. Mehrere Linien fahren unterschiedlich weit auf der folgenden Route: Reykjavík–Hveragerði–Selfoss–Hella–Hvolsvöllur–Seljalandsfoss (nicht Strætó und Reykjavík Excursions)–Skógar–Vík–Kirkjubæjarklaustur–Skaftafell–Jökulsárlón–Höfn.

Reykjavik Excursions (Linie 9), Sterna (Linie 14) und Trex fahren im Sommer jeweils 1–4x tgl. von Reykjavík via Hveragerði, Selfoss, Hella, Hvolsvöllur und Seljalandsfoss nach **Þórsmörk** (Bei Reykjavik Excursions kein Zu- und Ausstieg am Seljalandsfoss mehr möglich. Nicht alle Busse fahren alle Stopps im Tal an; Infos auf den Webseiten der Gesellschaften). Nach **Landmannalaugar** (Reykjavik Excursions Linie 11, Sterna Linie 13, Trex Linie 21) geht es jeweils 1–2x tgl. über Hveragerði, Selfoss, Hella und Leirubakki.

Durchs **Hochland** fährt im Sommer **SBA-Norðurleið** (Linie 610) auf der folgenden Route: Reykjavík–Hveragerði–Selfoss–Laugarvatn–Geysir–Gullfoss–Hvítarnes–Kerlingarfjöll–Hveravellir–Svartá–Varmahlíð–Akureyri.

Strætó (Linie 52) verkehrt meist 2–3x tgl. von Reykjavík (Mjódd) nach **Landeyjahöfn**, wo die Fähre zu den Westmännerinseln abfährt. Wer nur bis/ab Selfoss, Hella oder Hvolsvöllur fahren will, kann die Linie 52 zusätzlich zur 51 nutzen.

Linie 75 pendelt mehrmals tgl. von Selfoss über **Stokkseyri** nach **Eyrarbakki**, **Linie 71** von Hveragerði nach Þorlákshöfn. Die **Linien 72 und 73** fahren auf unterschiedlichen Runden von Selfoss nach **Flúðir**.

Felsentor aufwarten. Touren auf die Gletscherzunge **Sólheimajökull** bieten faszinierende Einblicke in die Welt des Eises, und am Strand bietet ein **Flugzeugwrack** einen skurrilen Anblick. Auch die Wasserfälle **Skógafoss** und **Seljalandsfoss** sind echte Hingucker. Ein Muss ist der Abstecher ins versteckte Wanderparadies **Þórsmörk**. Eine dramatische Note bringt der

Eyjafjallajökull, wo man zur ersten Ausbruchsstelle laufen kann. Auf der Westmännerinsel **Heimaey** kann man in Sand sitzen, der noch vom letzten Vulkanausbruch (1973!) warm ist, und die erst 1963 geborene Vulkaninsel **Surtsey** lässt sich zumindest vom Boot aus bestaunen. Ins Reich der Sagas entführt die Gegend um **Hvolsvöllur**, während der gefährliche Vulkan **Hekla**, das alte Torfgehöft **Stöng** und die Schlucht **Gjáin** sowie die Wasserfälle **Háifoss**, **Þjófafoss** und **Hjálparfoss** für intensive Naturerlebnisse sorgen. **Selfoss** ist eine gute Basis für Ausflüge in die reizenden Küstenorte **Eyrarbakki** und **Stokkseyri**. Und das auf einer Magmakammer liegende **Hveragerði** bietet neben einem warmen Flussbad ausgezeichnete Wandermöglichkeiten.

Im Schatten der Südgletscher

Rund um Vík í Mýrdal

Von einer Klippenküste, an der zahlreiche Vögel brüten, über pittoreske Strände bis hin zu einer traumhaften Schlucht am Rande des Mýrdalsjökull bietet die Region Naturspektakel vom Feinsten.

Im Ort

Das niedliche, gepflegte Dorf Vík hat 326 Einwohner und einen schwarzen Sandstrand, an dem die **Frauen-Skulptur** der Bildhauerin Steinunn Þórarinsdóttir versonnen aufs Meer zu schauen scheint. In Wirklichkeit aber blickt sie in die Augen ihrer Partnerskulptur im englischen Hull. Der **Gedenkstein Islandfischerei** (ebenfalls am Strand, dicht am Reynisfjall) erinnert an die vielen vor Island umgekommenen deutschen Fischer und die Isländer, die bei Rettungseinsätzen ihr Leben riskiert haben.

Vom Dorf (nordwestlicher Ortseingang) aus führt ein 3 km langer Wanderweg auf einen **Aussichtspunkt** auf dem Reynisfjall. Die Mühe lohnt. Der Blick auf das Kap Dyrhólaey im Westen ist von oben noch toller als von unten.

13 HIGHLIGHT

Strand Reynisfjara und Kap Dyrhólaey

Der ebenfalls schwarze Strand, nach dem alle suchen, befindet sich aber nicht mitten in Vík, sondern Luftlinie 3 km weiter westlich. Der berühmte **Reynisfjara** ist vom Ort aus nicht auf direktem Weg erreichbar (auch nicht zu Fuß), denn eine unüberwindliche Felsnase an der Küste und der mächtige Berg **Reynisfjall** trennen ihn von Vík ab. Ihm zu Füßen liegt dann westlich der Strand aus schwarzen, von der Brandung glattgeschliffenen runden Kieseln. Im Rücken streben **Basaltsäulen** meterhoch empor, am Hang brüten Papageitaucher in Höhlen, nach links fällt der Blick auf die **Felsnadeln Reynisdrangar**, nach rechts auf die Steilklippen des **Kap Dyrhólaey** – kein Wunder, dass dieser malerische Flecken ein Besuchermagnet ist! Doch Vorsicht: Die unberechenbare **Brandung** zieht immer wieder Besucher mit sich, teils mit tödlichen Folgen.

Anfahrt: Den **Strand** erreicht man über die Straße 215 (von der Ringstraße aus noch gut 6 km nach Süden). Zum **Kap Dyrhólaey** muss man einen größeren Umweg auf sich nehmen. Man kann von Reynisfjara aus hinschauen, aber nicht hinlaufen. Statt 3 km Luftlinie sind es über die Straßen 215, Ringstraße und 218 ca. 20 km bis Dyrhólaey. Es ist ratsam, nicht den steilen Fahrweg zum Leuchtturm zu fahren, sondern geradeaus auf der asphaltierten Straße bis zum Parkplatz.

Dort brüten Papageitaucher, und es gibt einen schönen kleinen Strand (Kirkjufjara – auch hier auf gefährliche Brecher aufpassen). Von hier aus führt eine sehr lohnende 20-minütige Wanderung auf einem markierten Weg hoch zum Leuchtturm, mit herrlicher Aussicht auf vom Land nicht zugängliche Strände und das Meer. Die Klippen sind hier extrem brüchig, also zur eigenen Sicherheit Abstand von der Kante halten. Vom Leuchtturm aus sieht man das riesige Brandungstor, das Dyrhólaey (Türhügelinsel) seinen Namen gab. Nach Westen reicht der Blick auf den endlosen einsamen Sandstrand, und Eyjafjalla- und Mýrdalsjökull thronen über der Szenerie, sofern sie nicht in den

Wolken stecken. Zur Vogelbrutzeit im Frühsommer ist Dyrhólaey aus Naturschutzgründen teilweise gesperrt.

Abstecher zur Schlucht Þakgil

Nordöstlich von Vík schimmert diese vom Massentourismus noch unentdeckte Perle. Schon die **Anfahrt** ist ein Erlebnis: 5 km östlich von Vík biegt man beim Hotel Katla-Höfðabrekka von der Ringstraße nach Norden auf die Schotterstraße 214 ab. Zunächst führt diese durch eine grüne Hügellandschaft voller Schafe. Nach und nach wird die Umgebung schroffer; grauschwarze Lavafelder durchsetzen das Grün. Wenige Kilometer vor dem Ziel fällt der Blick auf eine weite Schmelzwasserebene, die markante Berge flankieren. Die Straße 214 steuert durch die Ebene auf den nördlichen Gebirgszug zu, überquert eine kleine Brücke und endet 16 km nördlich der Ringstraße in einer traumhaften grünen Schlucht, in die sich ein Campingplatz mit Hütten (s. Übernachtung) schmiegt. Die Straße bis zum Campingplatz ist im Sommer auch für normale Pkw befahrbar (langsam und vorsichtig fahren und an Steigungen auf Gegenverkehr achten). Für die Piste, die kurz vor der Einfahrt in die Schlucht Þakgil von der 214 abzweigt, braucht man allerdings einen Jeep.

Vom Campingplatz starten mehrere markierte **Rundwege** (13–17 km, 3–8 Std., Übersichtstafel auf dem Platz) durch tundrenartige, von grünen Moosinseln gesprenkelte Landschaft, vorbei an steilen Canyons und z. T. bis fast an den Rand des Mýrdals- und Kötlujökull heran (wundervolle Ausblicke).

ÜBERNACHTUNG

Da in Vík der Touristenstrom langsam überhand nimmt und Wohnraum knapp wird, darf kein vorhandener Wohnraum mehr in eine Gästeunterkunft verwandelt werden. Folglich sind die Unterkünfte teuer und schnell ausgebucht.

Im Ort

Campingplatz (Campingkarte) und **Cottages**, Klettsvegur, ☏ 487 1345, 🖥 www.vikcamping.is.

Gefahr unter kilometerdickem Eis: Katla

Unter der dicken Eisschicht des Mýrdalsjökull lauert mit Katla einer der **gefährlichsten Vulkane Islands**. Der Ausbruch im Jahr 1918 war einer der schlimmsten. Neben einem Aschregen, der den des Eyjafjallajökull von 2010 harmlos wirken lässt, gab es Gletscherläufe mit Flutwellen, in denen mehrere hundert Meter lange Eisblöcke schwammen. Sie zerstörten alles, was ihnen im Weg war. Das mitgeschwemmte Gestein blieb liegen und bildet heute die trostlose und zugleich faszinierende Wüste **Mýrdalssandur**.

Forscher rechnen seit vielen Jahren mit einem neuen Ausbruch und erhöhten bereits unzählige Male die Warnstufe von Grün auf Gelb. Im Jahr 2011 kam es schon zu einem Gletscherlauf, möglicherweise auch zu einem kleineren Ausbruch. Das Schmelzwasser floss in der Nacht rasend schnell zu Tal und riss die große Brücke östlich von Vík mit sich. Tagelang war es nicht möglich, Höfn von Süden aus zu erreichen. Noch heute kann man sehen, wo die Brücke einst stand.

Dr. Martin Hensch, der sieben Jahre lang als Seismologe beim isländischen Erdbebendienst gearbeitet hat, erklärt, wie die Isländer sich auf einen Ausbruch vorbereiten. Wir trafen ihn, als Katla gerade mal wieder „auf Gelb" war.

Martin Hensch: Wird ein Vulkan „auf Gelb" gesetzt, nennen wir das „Unwissenheitsstufe". Man sieht, dass sich gerade was am Vulkan tut. Wir sehen eine gehäufte seismische Aktivität, messen hunderte von kleineren Erdbeben. Und „Gelb" heißt einfach nur, dass wir uns gemeinsam mit dem Katastrophenschutz darauf vorbereiten, dass in mittelfristiger Zukunft etwas passieren könnte. Das heißt nicht, dass es passieren muss.

Dass wir einen Vulkan von einer grünen auf eine gelbe Warnstufe setzen, das passiert in Island einige Male im Jahr. Und in neun von zehn Fällen passiert einfach gar nichts, der Vulkan wird einfach nach ein paar Wochen wieder zurück auf Grün gesetzt, weil sich alles wieder beruhigt hat. Aber selbst wenn nichts passiert, ist es immer wieder eine gute Übung für uns und eine Erinnerung für die Menschen, die an einem Vulkan leben, der auch irgendwann ausbrechen wird. Ob das jetzt

---

Vor allem der autofreie Zeltbereich ist sehr schön und liegt idyllisch geschützt an den Felsen. Nah am Strand (man muss nur über die Straße) und an der Bushaltestelle. Leider oft voll, sodass man um seinen Platz im Aufenthaltsbereich kämpfen muss. Keine Kochplatten, aber im Servicehaus kann man sich auf eigenen Gaskochern was brutzeln bzw. aufwärmen. Duschen zahlt man extra, aber nur, wenn wirklich warmes Wasser kommt. WLAN nur im Servicebereich. 1500 ISK, Strom 800 ISK, Waschmaschine/Trockner je 500 ISK. Die 2-Personen-Cottages werden über Airbnb für ca. 20 000 ISK pro Nacht vermietet. ⏱ Mai–Okt.

🛏 **Guesthouse Carina**, Mýrarbraut 13, ☎ 699 0961, 💻 www.guesthousecarina.is. Wunderschön restaurierte Villa von 1956 am westlichen Ortsrand mit 10 Zimmern (davon 4 Dreier- und ein Vierer-) mit Gemeinschaftsbädern und -WCs. Geniales Frühstück mit selbstgebackenem Brot in mehreren Sorten und frischen Waffeln. Auch Sonderwünsche werden von Carina prompt erfüllt. ❹

Icelandair Hótel Vík, Klettsvegur 1, ☎ 487 1480, 💻 www.icelandairhotels.com. Von außen etwas befremdlich – das Hotel könnte genauso gut ein Wellness-Schwimmbad der Luxusklasse sein. Innen von schlichter Eleganz, mit schon einigen Jährchen auf dem Buckel. ❼

Puffin Hostel und Hotel, Víkurbraut 24a, ☎ 467 1212, 💻 www.puffinhotelvik.is. Hostel im historischen grauen Wellblechhaus mit Gemeinschaftsbädern und gut ausgestatteter Küche. Bett im 4-er Schlafsaal ab 50 €, Frühstück 17 €, in der Nebensaison deutlich günstiger. Das Hotel nebenan hat weniger Charme, aber dafür 3 Sterne und entsprechend moderne Zimmer mit Bad. Hostel ❹–❺, Hotel ❼–❽

nächste Woche ist oder erst in zehn Jahren, das steht auf einem anderen Blatt. Das können wir auch nicht vorhersagen.

Welche Vorsichtsmaßnahmen werden getroffen?
Martin Hensch: Der Vulkan wird rund um die Uhr überwacht. Wir sorgen dafür, dass die Daten in Echtzeit nach Reykjavík transferiert werden. Des Weiteren hat der Katastrophenschutz Evakuierungspläne erarbeitet. Einige touristische Hotspots werden vorsorglich geschlossen. Von Besuchen in Þórsmörk z. B. wurde in den Jahren 2015, 2016 und 2017 zeitweilig abgeraten. Einfach, weil es schwierig werden könnte, so viele Menschen so schnell in Sicherheit zu bringen. Auch die Bewohner von Vík trainieren regelmäßig, was im Falle einer Eruption zu tun ist. Eine Warnung wird dann vom Katastrophenschutz an alle Mobiltelefone geschickt, die in den umliegenden Funkzellen eingeloggt sind. Dann sollen sie sich an der höher gelegenen Kirche in Vík sammeln oder direkt nach Hvolsvöllur oder Skógar fahren. Der genaue Ablauf der Evakuierung wird dann anhand der Lage entschieden.

Was würde im Fall eines Ausbruchs wahrscheinlich passieren?
Martin Hensch: Wir sehen anhand der seismischen Aktivität zumindest wenige Stunden vorher, dass es jetzt losgehen könnte. In dem Moment, in dem der Ausbruch dann tatsächlich beginnt – und das wäre im Falle der Katla unterm Eis – würden wir „seismischen Tremor" messen, das sind keine diskreten Erdbeben, das ist einfach ein permanentes harmonisches Zittern des Berges. Das ist ein eindeutiges Zeichen dafür, dass jetzt ein Vulkanausbruch losgeht.
Im Fall der Katla wäre dann innerhalb von einer Stunde mit enormen Schmelzwasserfluten zu rechnen, weil Lava in Kontakt mit Eis kommt. Bis der Ausbruch sich dann durchs Eis durchgeschmolzen hat und es wirklich auch zu Aschefall kommt, das wird einige Stunden dauern. Wie lange ein Ausbruch dauern wird, wie intensiv er wird und wo es genau zu Schmelzwasserfluten kommt, kann nicht vorhergesagt werden. Genauso wenig, ob und in welchem Umfang es zu Beeinträchtigungen im Flugverkehr kommt.

Richtung Reynisfjara
Black Beach Suites, Norður Foss, an der Straße 215 zum Strand, ✆ 861 7375, 🖥 www.blackbeachsuites.is. Schicke hypermoderne Studio-Apartments ab 300 € in Flachbauten mit Meerblick bis nach Dyrhólaey, aber wegen der Lage auf dem Berg ohne Zugang zum Meer. Kein Frühstück, kein Herd, aber Mikrowelle und Netflix.

Þakgil
Camping Þakgil, Höfðabrekkuheiði, 20 km nordöstlich von Vík, ✆ 893 4889, 🖥 www.thakgil.is. Einsamer Campingplatz in einem tollen Tal im Nirgendwo. 9 einfache Blockhäuser mit Küche und WC, aber ohne warmes Wasser oder Dusche. 25 000 ISK pro Hütte als Schlafsackunterkunft. Camping 1700 ISK, Kinder (12–16 J.) zahlen wie Erwachsene, aber max. für eine Übernachtung, Dusche inkl. ⏲ nur im Sommer (Saison je nach Wetter).

ESSEN

Neben dem Schnellimbiss Víkurskáli (N1-Tankstelle) findet man in Vík eine große Auswahl an Cafés und Restaurants.

Halldórskaffi, Víkurbraut 28, ✆ 487 1202, 🖥 www.halldorskaffi.com. Das beliebte Café im historischen Haus hat von Besitzer zu Besitzer aufgerüstet, sodass es heute außer Waffeln, Kuchen, Pizzas und empfehlenswerten Burgern auch traditionelle isländische Fisch- und Lammgerichte und extravagante Mexiko-Pasta mit Hühnchen gibt. ⏲ Juni–Sep 12–22, im Winter nur bis 21 Uhr.

Restaurant Suður-Vík, Suðurvíkurvegur 1, ✆ 487 1515, 🖥 bei Facebook. Uriges Restaurant mit hervorragenden islän-

Spektakuläre Ausblicke sind bei einer Wanderung rund um Þakgil garantiert.

dischen und internationalen Gerichten. Die Werbung für den Kuchen: „Skinny people are easier to kidnap". Auch Gäste, die sich nur eine Riesenpizza teilen und trotzdem den ganzen Abend bleiben, sind willkommen, obwohl es meist sehr voll ist. Reservierung empfohlen. ⏲ tgl. 12–21 Uhr.
Svarta Fjaran (auch Black Beach Restaurant), am Strand Reynisfjara, ☎ 571 2718, 🖥 www.blackbeach.is. Heiße Suppen, Sandwiches und zuckrige Leckereien vom umfangreichen Kuchen- und Sandwichbuffet sind den ganzen Tag verfügbar. Burger und exquisite Fisch- und Lammgerichte gibt es meist erst ab dem späten Nachmittag. ⏲ tgl. 11–22, im Winter 11–18 Uhr.

AKTIVITÄTEN

Reiten
Vík Horse Adventure, ☎ 787 9605, 🖥 www.vikhorseadventure.is, bietet das ganze Jahr über 40–60-minütige Ausritte am schwarzen Dorfstrand für 9000 ISK p. P. 30-minütige Touren, bei denen auch Kinder ab 6 J. mitdürfen, starten Mai–Sep um 10 und 16 Uhr für 7000 ISK p. P.

Schwimmen
Schwimmbad, Mánabraut 3, ☎ 487 1174, 🖥 www.sundlaugar.is/sundlaugar/vik/?lang=en. Herrliche Außenpools mit Bergblick. ⏲ Mo 14–19, Di–Fr 13.30–19, Sa, So 10–16 Uhr.

SONSTIGES

Autoreparaturen
Schnelle Hilfe findet man an den Tankstellen, außerdem bei **Framrás**, Smiðjuvegur 17, ☎ 487 1330. ⏲ Mo–Fr 8–12, 13–18 Uhr.

Einkaufen
Icewear Lagerverkauf, Austurvegur 20. Hier gibt es die teuren Icewear-Produkte billiger als an allen anderen Orten Islands. Denn in Vík steht die Fabrik. ⏲ tgl. 8–21 Uhr.
Krónan. Großer Supermarkt an der Ringstraße, der kaum Wünsche offen lässt. ⏲ tgl. 9–21 Uhr.
Vínbuðin, Ránarbraut 1. ⏲ Mo–Do 14–18, Fr 12–19, Sa 12–14 Uhr.

Feste
Geopark-Woche, April: Kunst- und Kulturprogramm.

Informationen
Kötlusetur, Víkurbraut 28, ✆ 487 1395, 🖥 www.visitvik.is. Touristeninformation und Büro des Katla-Geoparks. ⏰ Mo–Fr 10–18, Sa, So 12–18 Uhr.

Medizinische Hilfe
Gesundheitszentrum, Hátún 2, ✆ 480 5340, außerhalb der Öffnungszeiten ✆ 480 5344. Mit **Apotheke**. ⏰ Mo–Fr 9–12 Uhr.

TRANSPORT

Auto
Vík liegt an der Ringstraße. Für Autofahrer mit viel Zeit lohnt sich westlich von Vík die Rundfahrt um den Berg Pétursey auf der Straße 219. Wirklich lauschig da.

Busse
Busse halten an der N1-Tankstelle. Bei Strætó (Linie 51) muss man in Vík umsteigen – die Busse aus Reykjavík und Höfn treffen sich hier und fahren nach einer Viertelstunde wieder in ihren Startort zurück. Reynisfjara wird nur von Reykjavik Excursions angefahren, Dyrhólaey überhaupt nicht. Für alle Zwischenstopps s. Kasten S. 507.
HÖFN, mit Strætó (Linie 51) im Sommer Mo–Fr 2x tgl. um 12 und 20.30 Uhr, im Winter 1x tgl. Mo–Fr um 16.15 Uhr, So um 14.45 Uhr, in 4 Std. für 6900 ISK (15 Zonen). Im Sommer zusätzlich mit Sterna (Linie 12) 1x tgl. um 13 Uhr in 5 Std. und mit Reykjavik Excursions (Linie 20, nur bis Skaftafell, von da aus mit Sterna nach Höfn).
REYKJAVÍK, mit Strætó (Linie 51) im Sommer 2x tgl. um 12 und 20.30 Uhr, im Winter 1x tgl. Mo–Fr um 16 Uhr, So um 14.15 Uhr, in knapp 3 Std. für 6440 ISK (14 Zonen). Im Sommer zusätzlich mit Sterna (Linie 12a) 1x tgl. um 13.20 Uhr in ca. 3 1/2 Std. und mit Reykjavik Excursions (Linie 20a) um 15.15 Uhr.

Skógar und Umgebung

Mit Wasserprachten in herabstürzender und gefrorener Form fährt Mutter Natur rund um Skógar große Spektakel auf. Und auch bei Wanderern steht die Region hoch im Kurs, endet bzw. startet hier doch die beliebte Route nach Þórsmörk.

Sólheimajökull
Wer die weiter östlich gelegenen Gletscherzungen verpasst hat und trotzdem ein bisschen Gletscherluft schnuppern möchte, kann das am Sólheimajökull, einer Gletscherzunge des Mýrdalsjökull, nachholen. Sie ist mit dem normalen Auto zu erreichen, aber man sollte sich von der leichten Anfahrt nicht täuschen lassen: Auch das hier ist kein harmloser Gletscher. Es ist grob fahrlässig, ohne Führer auf den Gletscher zu gehen, denn das Eis ist spiegelglatt. Wer „nur mal gucken" will, kann gefahrlos vom Fußweg am Hang einen Blick auf die Pracht erhaschen. Auch das ist schon eindrucksvoll. Am

> **Kurzwanderung am Skógafoss**
>
> Seit es am Skógafoss die Aussichtsplattform gibt, ist es vorbei mit der absoluten Ruhe im abgeschiedenen Bereich flussaufwärts. Hier beginnt der beliebte Fernwanderweg nach Þórsmörk, vorbei an der Eyjafjallajökull-Ausbruchstelle Fimmvörðuháls. Aber auch für Reisende in Turnschuhen lohnt es sich, den Zaun hinter dem Skógafoss zu überklettern und ein Stündchen zu wandern. Am Fluss Skóga entlang geht es leicht bergauf und bergab, mit Blick auf die Spitze des Eyjafjallajökull und vorbei an unzähligen kleinen und auch größeren Wasserfällen, die ihrem großen Bruder Skógafoss an Schönheit nicht nachstehen. Den eindrucksvollsten davon kann man nur bestaunen, wenn man über den ausgetretenen Wanderweg am Ufer den waghalsigen Aufstieg durch eine bizarre Felsformation auf sich nimmt (ab Aussichtsplattform bis hierhin gut 2 km). Der Hang hier ist schon abgerutscht, und vermutlich wird es nicht mehr lange dauern, bis dieser geheimnisvolle Weg aus Sicherheitsgründen abgesperrt wird. Wer nur wenig Zeit hat, steigt noch ca. 200 m auf bis zum Aussichtspunkt. Hier weist ein Schild nach Básar bei Þórsmörk (23,4 km) und zurück nach Skógar (2,6 km).

Parkplatz an der Straße 221 bieten Veranstalter Gletscherausflüge (s. Aktivitäten und Touren) und das nette Arcanum Jöklakaffi (s. Essen) eine Stärkung nach der Rückkehr an.

Flugzeugwrack im Sólheimasandur

Im Vordergrund der Sandstrand, im Hintergrund der Myrdalsjökull – mit dieser Kulisse ist die im November 1973 hier wegen Treibstoffmangels notgelandete Douglas DC-3 der US-Navy eines der beliebtesten Fotomotive der Region. Zu Schaden gekommen ist bei der Notlandung niemand. Eine Reparatur des Flugzeugs lohnte sich nicht mehr. So wurden nur die brauchbaren Teile abgebaut, und mit dem in einem anderen Tank doch noch vorhandenen Treibstoff konnte der Bauer noch ein Jahr lang fahren.

Früher konnte man mit dem Auto zum Wrack fahren, heute muss man ungefähr 4 km weit laufen, was wegen des sandigen Untergrunds ermüdend ist. Man darf sich dafür bei den Autofahrern bedanken, die die sandige Ebene zum Offroadfahren missbraucht haben. Manche Veranstalter (s. Aktivitäten und Touren) bieten Quad-Touren und vermieten Fatbikes.

Skógafoss

Schon von der Straße aus erstrahlt er in voller Schönheit: 60 m hoch, 25 m breit, und bei Sonnenschein mit einem Regenbogen gekrönt. Am Fuße noch mit einer Ascheschicht des Eyjafjallajökull-Ausbruchs im Jahr 2010 versehen. Der Skógafoss lädt dazu ein, näher heranzugehen bis zur Stelle, an der man die gewaltigen Wassermassen deutlich aufklatschen sieht. Während man dort allerdings mit ziemlicher Sicherheit nass wird, lässt sich die ganze Pracht von der oberen Aussichtsplattform, zu der eine Treppe hinaufführt, trocken bestaunen. Und einen tollen Blick bis zum Meer gibt´s noch obendrauf.

Skógar

Dies ist eigentlich kein Ort, sondern eine Ansammlung von Unterkünften und Restaurants für Touristen. Und dem empfehlenswerten Museum **Byggðasafnið í Skógum**, ✆ 487 8845, 🖥 www.skogasafn.is. Wer schon Erfahrung mit isländischen Heimatmuseen hat, weiß, dass das oft ein zweifelhaftes Vergnügen mit zusammengewürfelten Alltagsgegenständen und ausgestopften Lundis ist. Nicht so in Skógar. Der Komplex besteht aus einem Technik- einem Volkskunde- und einem Freilichtmuseum. Wunderbar gepflegte Torfhäuser samt Schule und Kirche laden zum Verweilen ein, die Zeit vergeht hier wie im Flug. ⏲ Juni–Aug 9–18, Sep–Mai 10–17 Uhr, Eintritt 2000 ISK (für alle Museen, mit Broschüre), Kinder (12–17 J.) 1000 ISK.

ÜBERNACHTUNG

Camping, ✆ 899 5955. Großer, beliebter Platz direkt vor dem Skógafoss. Es gibt ein Servicehaus mit Duschen und Waschbecken, das aber von den Tagesgästen einfach mitbenutzt wird und deshalb leider nicht immer picobello ist. Ruhe findet man hier nicht, denn der Campingplatz liegt direkt neben dem Parkplatz, auf dem im Sommer Tag und Nacht Besucher des Wasserfalls anhalten. 1000 ISK, Dusche 300 ISK.

Hótel Skógafoss, ✆ 650 5955, 🖥 www.hotelskogafoss.is. Familienzimmer mit Ehe- und Etagenbett (ohne Rabatt 350 €) und 16 mit Geschmack eingerichtete, kleine DZ, einige davon mit Wasserfall-Blick und alle mit TV und privaten Bädern. Gemütliche Bar und gutes Hotelrestaurant. Vor allem, wer einen Frühbucher- und Nebensaisonrabatt ergattert, bekommt hier viel Service für vergleichsweise wenig Geld. Inkl. Frühstück. ❹

Jugendherberge/ HI Hostel Skógar, ✆ 487 8801 und 899 0850, 🖥 www.hostel.is/hostels/skogar. Einfaches Hostel mit insgesamt 35 Betten in super Lage nahe am Wasserfall. Moderne Gemeinschaftsküche sowie Sonderkonditionen im Hotel-Restaurant nebenan. Bett im 6-er Schlafsaal 50 € (in der Nebensaison und für Mitglieder günstiger), auch Privatzimmer mit Gemeinschaftsbad für 2–5 Personen. ⊕ im Jan geschl. ❸

ESSEN

Skógar
Sowohl Hótel Skógar als auch Hótel Skógafoss bieten Abendessen. Tagsüber gibt's Suppen, Snacks und Fastfood im **Skógakaffi** im Freilichtmuseum und in der **Fossbúð** beim Skógafoss-Parkplatz. Für den kleinen Hunger okay und vor allem einigermaßen günstig. Mit Souvenirshop und Infotheke ⊕ tgl. 9–17.30 Uhr. Wer's netter mag, fährt weiter bis zum Restaurant Anna in Moldnúpur (S. 517).

Solheimajökull
Arcanum Jöklakaffi, Parkplatz an der Straße 221, ✆ 487 1500, 🖥 www.arcanum.is. Was von außen wie eine Baracke mit Terrasse aussieht, entpuppt sich von innen als uriges Café mit leckerem Kuchen und einfachen Speisen zu vernünftigen Preisen. Kostenfreies WLAN. ⊕ tgl. 9.30–17 Uhr.

AKTIVITÄTEN UND TOUREN

Arcanum Glacier Tours, Ytri-Sólheima, ✆ 487 1500, 🖥 www.arcanum.is. Mehrmals täglich starten Gletschertouren vom Jöklakaffi (um 10, 12.30 und 14 Uhr, 3 Std., 14 990 ISK p. P). Außerdem ATV-Touren (tgl. um 10 Uhr, 2 Std., 26 990 ISK, Kinder 10 000 ISK).
Icelandic Mountain Guides, Parkplatz an der Straße 221, ✆ 587 9999, 🖥 www.mountainguide.is. Mehrmals täglich Gletschertouren (um 10, 12 und 14 Uhr, 3 Std., 14 900 ISK p. P, Kinder von 10–15 J. zahlen die Hälfte). Helme, Sicherheitsausrüstung, Steigeisen und Eisaxt sind bei beiden Veranstaltern im Preis enthalten.

TRANSPORT

Auto
Selbstfahrer haben keine Orientierungsschwierigkeiten. Außer der Ringstraße gibt es nur Zufahrten zu Bauernhöfen und auf der Weiterfahrt nach Westen die Straßen 242 (zum Schwimmbad Seljavallalaug) und 246, die beide nur Bögen beschreiben und wieder zur Hauptstraße zurückführen.

Busse
Alle Ringstraßenbusse halten am Skógafoss. Strætó hält nur kurz zum Aus- und Einsteigen. Die Sommerbusse von Sterna und Reykjavik Excursions legen einen Fotostopp (20 Min.) ein.

Zwischen Eyjafjallajökull und Seljalandsfoss

Die Ringstraße führt in diesem Teilabschnitt durch grüne Wiesen, auf denen Kühe grasen. Im Norden erhebt sich der Eyjafjallajökull (aufgrund der steil aufragenden Berghänge im Vordergrund nicht immer sichtbar), im Süden erstreckt sich das Meer. Unterwegs laden einige Ort zu einer Pause ein.

Seljavallalaug
Das Steinbecken des alten Schwimmbades, von einer warmen Quelle gespeist und idyllisch von Bergen eingerahmt, zieht die Badegäste in Scharen an. Leider ist das moosig-glitschige, urige Bad dem Ansturm oft nicht gewachsen, sodass die Wasserqualität zu wünschen übrig lässt. Vor allem wegen seiner traumhaften Lage lohnt sich die zehnminütige Wanderung vom Parkplatz an der Straße 242 trotzdem. Aber vorher den Finger reinhalten, denn nicht immer ist das Wasser warm. Es gibt einfache Umkleiden, aber keinerlei Service.

Paradísarhellir
In dieser Höhle soll ein Knecht namens Hjalti vier Jahre lang gewohnt haben, um möglichst nah bei seiner Liebsten zu sein. Denn da seine

Beziehung zu Anna, der reichen, alleinstehenden Bäuerin von Stóra-Borg, nicht standesgemäß war, mussten die beiden sich dort heimlich treffen. Als Anna schwanger wurde, drohte ihr Bruder Páll damit, ihren Geliebten umzubringen. Sein Zorn ließ erst nach, nachdem Hjalti ihn vor dem Ertrinken aus dem Markarfljót gerettet hatte. **Anna und Hjalti** hatten danach noch viele weitere Kinder und konnten später sogar heiraten. Mit etwa 15 m² ist die Höhle größer als so manche Studentenbude, und die Aussicht ist auch nicht schlecht. Das einzige Problem ist der Aufstieg, denn das Einstiegsloch befindet sich mehrere Meter über dem Boden im bröckeligen Fels und ist mit bloßem Auge kaum auszumachen. Eine Kette, an der wagemutige Abenteurer sich festhalten können, spannt sich vom Eingang nach unten. Trotzdem muss man extrem trittsicher und schwindelfrei sein. Vom Parkplatz (an der Ringstraße ausgeschildert) bis zur Höhle läuft man etwa zehn Minuten parallel zum Hang nach Osten, also nach rechts. Bei Google Maps sieht der Weg kürzer aus, als er ist.

Seljalandsfoss und Gljúfrabúi

Der **Seljalandsfoss** zählt zu den schönsten Wasserfällen Islands und ist aus Hvolsvöllur kommend schon von weitem sichtbar. Für Reisende aus Richtung Vík ist der Wasserfall dagegen bis zuletzt unsichtbar, und wer die Brücke über den Markarfljót überquert, hat den Abzweig auf die Straße 249 verpasst. Hinter dem 61 m hohen Wasserfall führt ein Weg entlang, über den tagein tagaus, sommers wie winters hunderte vom Schutz vor Spritzwasser in bunte Regenjacken gehüllte Touristen pilgern. Denn ein von hinter den Wassermassen aus geschossenes Foto gehört in jedes Islandalbum, ebenso wie ein Frontalmotiv, das die gewaltige Kraft des in dem Becken aufschlagenden Wassers verdeutlicht (von einer kleine Brücke aus erwischt man die beste Perspektive). Die beste Zeit für Fotos ist der späte Nachmittag, denn dann liegt der Seljalandsfoss in der Sonne. Leider raubt der große, hässliche Parkplatz, der auch als „Umsteigebahnhof" benutzt wird (u. a. für die Überlandbusse nach Þórsmörk), dem Szenario einiges an Ambiente.

Vom Haupt-Wasserfall führt ein lohnender, etwa 1 km langer Fußweg in Richtung Norden vorbei an **drei weiteren Wasserfällen** zum im Fels „verborgenen", 40 m hohen Wasserfall **Gljúfrabúi** (auch Gljúfrafoss). Der Pfad endet beim Campingplatz am Fluss, aber man kann im Flussbett nach rechts in den Berg weiterlaufen. Mit Gummistiefeln ist man klar im Vorteil und kann einfach mitten durch den Fluss waten. Alle anderen müssen sich an die Felswand drücken und von Stein zu Stein hüpfen (Achtung: Gefahr des Ausrutschens). Nass wird's dann trotzdem, und zwar von oben. Das Wasser kommt im freien Fall direkt durch ein Loch in der „Höhlendecke" und kracht direkt neben den Besuchern auf die Steine. Doch das Spritzwasser und die eventuell nassen Füße sind ein geringer Preis für ein tolles, intensives Naturerlebnis!

Ungefähr 800 m nördlich des Flusses mit dem versteckten Wasserfall zweigt rechts eine **Zufahrtsstraße zum Eyjafjallajajökull** von der Straße 249 ab. Jeepfahrer können der holprigen steilen Piste für 4 km bis zu einem Parkplatz folgen, an dem ein 10 km langer und extrem steiler Wanderweg zum 1000 m höher gelegenen Gletscher beginnt. Allerdings ist die Orientierung hier oben schwierig, sodass es für unerfahrene Wanderer nicht ratsam ist, hier eine weite Tour auf nicht markierten, schlecht zu findenden Wegen einzuplanen (kommt Nebel, sieht man die Hand vor Augen nicht, und das Handy hat kein Netz). Aber es gibt einen schönen gut sichtbaren Weg am Fluss entlang, der für eine zweistündige Wanderung im Schatten des berühmten Gletschers ideal ist.

ÜBERNACHTUNG UND ESSEN

Am Parkplatz vor dem Seljalandsfoss stehen Buden mit leckeren Sandwiches, Suppen und Kuchen, die erstaunlicherweise gar nicht so teuer sind. Hier gibt es auch einen Souvenirshop und ein WC-Häuschen (häufig mit Warteschlange). Busreisende nutzen besser die ausreichend vorhandenen Toiletten an N1-Tankstelle Hvolsvöllur. Dort stehen die Busse auch meist ein paar Minuten (bei Reykjavik Excursions ist dort auch der Umstieg auf den Hochlandbus).

Seljalandsfoss und Umgebung

ÜBERNACHTUNG
1. Campingplatz Hamragarðar
2. Skálakot
3. Country Hotel Anna

Campingplatz Hamragarðar, ☎ 866 7532, 🖳 www.tjalda.is/en/hamragardar. Die schöne Campingwiese liegt nur 500 m nördlich des Seljalandsfoss (den man je nach Standort vom Zelt aus sehen kann) und damit gut 2 km von der Ringstraße entfernt an der Zufahrtsstraße nach Þórsmörk an einem kleinen Fluss. Im Sommer ist es meist voll und manchmal auch laut. Das höher gelegene der beiden Servicehäuser hat einige wenige Duschen. Eine ruhige und weniger überlaufende Alternative ist der Campingplatz in Hvolsvöllur. 1300 ISK, Strom 1000, Dusche 300 ISK.

Country Hotel und Restaurant Anna, Moldnúpur, etwa 13 km südöstlich des Seljalandsfoss, ☎ 487 8950, 🖳 www.hotelanna.is. Hochherrschaftliche Zimmer mit Brokat und wuchtigen Uraltmöbeln an der kleinen Straße 246 (Wegweiser Ásólfsskáli). Außer Pferden hat man hier keine Nachbarn. Anna ist ausnahmsweise nicht der Name der Gastgeberin, sondern einer Autorin aus den 50ern, der eine eigene Ausstellung gewidmet ist. Angeschlossen ist ein uriges Restaurant, das zwar den ganzen Tag über offen ist, aber nur abends warme Hauptgerichte auf der Karte hat. Saisonal, regional und vor allem lecker. ❹

Skálakot, etwa 13 km südöstlich des Seljalandsfoss an der Straße 246, ☎ 487 8953, 🖳 www.skalakot.com. Eine Schlafsackunterkunft für 4000 ISK (mit Bettwäsche 5500) findet man im Süden nicht allzu oft. Auf der Pferdefarm schon. Dafür schläft man möglicherweise mit 12 anderen Personen in einem Raum, aber es gibt einen Aufenthaltsraum, eine Küche, einen Hot Pot und eine Sauna. 2- und 3-Bettzimmer mit WC im OG. Tolle Wandermöglichkeiten. Typisch isländisches Mittagessen auf Anfrage. ❸

AKTIVITÄTEN

In **Skálakot** (s. Übernachtung) werden Reittouren von 1 Std. bis zu mehreren Tagen angeboten. Vom Hof aus geht es zu Wasserfällen, die in keinem Reiseführer stehen. Die Kurztour zum Wasserfall Írafoss kostet 7000 ISK p. P., die 3-stündige Black Sand Tour 19 000 ISK.

TRANSPORT

Auto
Seljalandsfoss liegt an der asphaltierten Seitenstraße 249. Weiter landeinwärts

Ein Zungenbrecher-Vulkan wird berühmt

Am 20. März 2010 bricht der **Eyjafjallajökull** aus, spuckt rotglühende Lava in die Luft. Die Rauchwolke ist über 1000 m hoch und weithin sichtbar. Die Bauern rund um Skógar müssen ihre Höfe verlassen. Aber jeder, der einen Super-Jeep sein eigen nennt, macht sich auf in die Gegenrichtung. Man kann ganz nah ran an die Ausbruchstelle am Fimmvörðuháls. Islandfans aus aller Welt reisen an, um das Spektakel längs der Eruptionsspalten live zu verfolgen. Wunderschöne Fotos und Filme entstehen. Um die Welt gehen sie nicht, denn der Ausbruch bleibt außerhalb Islands weitestgehend unbeachtet. Am 12. April gilt er als beendet.

Doch nur zwei Tage später bricht der Vulkan erneut aus. Diesmal direkt am Gipfel unter dem Eis. Denn der Eyjafjallajökull ist nicht nur ein Vulkan, sondern auch ein Gletscher. Es entsteht eine riesige Aschewolke, die den Himmel verdunkelt und auch viele Kilometer von der Ausbruchstelle entfernt enorme Schäden anrichtet. Aschenproduktion und Wolke sind deshalb viel größer, weil durch den Kontakt zwischen Lava und Eis Letzteres in großen Mengen schmilzt und explosionsartig verdampft. Dabei wird die Lava in kleine Stücke gerissen, und entsprechend große Asche- und Dampfwolken steigen auf. Die Asche ist fein und scharfkantig. Wer sie damals achtlos von seinem Auto abgewischt hat, hat noch heute Kratzer im Lack, die sich nie wieder herauspolieren lassen. Aus Angst, sie könne auch Turbinen zerstören und so Flugzeuge abstürzen lassen, wird der Flugverkehr in Teilen von Europa für eine Woche eingestellt. 100 000 Flüge sind betroffen. Für die Wirtschaft eine Katastrophe, die finanziellen Verluste sind enorm. Die Isländer dagegen machen sich größere Sorgen um den Fluorgehalt der Vulkanasche. Viele Tiere müssen einen Großteil des kurzen Sommers in ihren Ställen verbringen, damit sie keine Fluorvergiftung erleiden. Die Eruption endet erst Mitte Juli, als Europa dem isländischen Luftverschmutzer längst keine Beachtung mehr schenkt. Aber einmal mehr hatte Island hat es mit dem Eyjafjallajökull in die internationalen Nachrichten geschafft. Als schöner Nebeneffekt förderte der Vulkan sogar den Tourismus, da man die mediale Aufmerksamkeit geschickt dazu nutzte, die wilde Natur der Insel zu vermarkten.

Einige der finanziell gebeutelten Bauern, deren Land nach dem Ausbruch unter einem schwarzen Ascheteppich begraben lag, beschlossen, ihr Glück mit einem Museum zu versuchen, das aber nach einigen Jahren seine Pforten schloss. Bis zum nächsten Ausbruch arbeiten die Bauern wieder als Bauern.

---

wird sie zur F249 – einer üblen Schotterpiste mit zahlreichen tiefen Furten Richtung Þórsmörk. So verlockend es auch scheint: Wir raten allen, die keinen richtig hochbeinigen Jeep fahren, dringend von der F249 in Richtung Þórsmörk ab. Warum? Weil derjenige, der „nur mal mal Stück" reinfahren will, nichts Besonderes zu sehen bekommt und dafür Gefahr läuft, sein Auto in einem der zahlreichen Schlaglöcher zu demolieren. Die Straße ist zwar bis zur ersten Furt mit jedem Auto befahrbar, aber dafür lohnt die Zeit nicht. Und die vielen Furten sind derart schwierig und gefährlich (s. dazu unbedingt den Kasten „Unterwegs nach Þórsmörk", S. 521), dass wir immer einen der zahlreichen Reisebusse nehmen. Die sind zwar nicht ganz billig, aber Sicherheit geht vor.

Busse

Sterna-Busse legen am Seljalandsfoss einen Fotostopp ein. Außerdem wird der Halt von den Þórsmörk-Hochlandbussen der Firmen Sterna und Trex bedient. Reykjavik Excursions hält nur in Hvolsvöllur. Auch Strætó fährt ohne Halt auf der Ringstraße am Seljalandsfoss vorbei.
HÖFN, im Sommer mit Sterna um 10.30 Uhr.
ÞÓRSMÖRK, nur im Sommer mit Trex um 10.30 und 15.30 Uhr, in 1 1/4 Std. für 5400 ISK und mit Sterna (Linie 14) in 1 1/2 Std. für 5100 ISK.
REYKJAVÍK, im Sommer mit Sterna (Linie 12a) um 15.20 Uhr.

14 HIGHLIGHT

Ausflug nach Þórsmörk

Þórsmörk, „die Wälder des Gottes Thor", ist eine grüne Oase in der Steinwüste des Hochlands. Hier, geschützt zwischen den Gletschern **Eyjafjallajökull**, **Mýrdalsjökull** und **Tindfjallajökull**, erstreckt sich in einer wundervollen, von fotogenen Schluchten durchzogenen Berg- und Tallandschaft das wohl beliebteste Wandergebiet Islands. Es handelt sich aber nicht um einen Wald, wie wir ihn kennen, denn ein *mörk* ist eher ein Wäldchen. Im Tal von Þórsmörk wachsen Birken, die an besonders windigen Stellen nah am Boden kriechen und auch in Arealen mit dichtem Bewuchs nur wenige Meter hoch werden. Ihr Blätterdach ist nicht geschlossen, sodass genug Licht auf den Boden fällt, um Blümchen, Orchideen und Hahnenfußgewächse gedeihen zu lassen. Die höher gelegenen Hänge überziehen dann bizarre Gesteinsformationen, oft grün bewachsen. Hier braucht es nicht viel Fantasie, um überall Gesichter zu erkennen. Eine weitere Besonderheit sind die zahlreichen „Elfenkirchen", nämlich Höhlen mit steinernen „Kirchtürmen" obendrauf. Die bekannteste ist die **Álfakirkja**, doch alle anderen geben genauso gute Fotomotive ab.

Durch Þórsmörk führen unzählige markierte Wanderwege, darunter die beiden berühmten Langstreckenrouten nach **Skógar** (ab Langidalur 30 km, ab Básar 24 km) und **Landmannalaugar** (54 km). Anlaufpunkte sind die Hütten und Campingplätze in **Básar**, **Langidalur** und **Húsadalur** (s. Übernachtung), die sich von Südosten nach Nordwesten über die weite Tallandschaft verteilen. Básar liegt strenggenommen gar nicht in Þórsmörk, sondern in **Goðaland**. Die Grenzlinie zwischen diesen beiden Regionen ist der Fluss Krossá. Es hat sich aber eingebürgert, das gesamte Gebiet Þórsmörk zu nennen.

Gígjökull

7 km westlich von Þórsmörk reicht die Gletscherzunge Gígjökull ziemlich weit ins Tal hinunter. Ein Aussichtspunkt auf den Endmoränen ist über eine kurze Stichstraße erreichbar; bei gutem Wetter sieht man auch den Gipfel des Eyjafjallajökull. Alle Þórsmörk-Busse legen am Aussichtspunkt meist einen kurzen Fotostopp ein.

Stakkholtsgjá

In diesen wunderschönen, ungefähr 2 km langen Canyon rund 3 km westlich von Langidalur kann man hineinlaufen bis zu einem Wasserfall. Allerdings ist man meist nicht der einzige mit dieser Idee.

Húsadalur

Diese Station ist bei weitem nicht so urig und verwunschen wie Básar, bietet aber ein rustikales leckeres Restaurant, einen kleinen Laden und einen warmen Teich im Freien mit Sauna. Beliebt sind die jeweils halbstündigen **Wanderungen ins Langidalur** (2 km) und auf den 465 m hohen Gipfel **Valahnúkur**, von dem aus sich eine spektakuläre Aussicht auf das ganze Tal mit der breit mäandrierenden Krossá bietet.

Langidalur

Auch von dieser Hütte führt ein gut halbstündiger Weg auf den Aussichtsgipfel **Valahnúkur** (s. o.). In Langidalur endet bzw. startet der mehrtägige **Laugavegur**, von bzw. nach Landmannalaugar (s. S. 573). Wer Richtung Skógar weiter will, läuft durchs Flussdelta (45 Min., vorher unbedingt den Standort der mobilen Brücke erfragen, denn zu Fuß möchte niemand die Krossá furten).

Álfakirkja

Diese Höhlenformation mit spitzem Dach, auch „Elfen-Kirche" genannt, liegt südlich von Langidalur und nordwestlich des Berges Réttarfell direkt an der Straße nach Básar. Wer hin will, muss aber einen Bach überqueren. Eine Fußgängerbrücke befindet sich ein paar Meter weiter östlich der Álfakirkja.

Básar

Vor Básar endet die Straße an einem Parkplatz, an dem die Busse halten. Die Hütte mit den Bänken davor ist gleichzeitig die Rezeption des Campingplatzes. Zu den Hütten geht es von hier aus nach rechts, zur Krossá nach links. Wer

Þórsmörk

ÜBERNACHTUNG
1. Volcano Huts und Camping
2. Camping Slyppugil, Skagfjörðsskáli
3. Básar

in Richtung Fimmvörðuháls und Skógar wandern will, folgt dem Weg zum Fluss – er ist meist leicht zu finden, denn von hier strömen die Massen der Wanderer ein, die in Gegenrichtung gelaufen sind. Die Wanderwege auf den Réttarfell und in die Schlucht Hvannárgil beginnen bei den Hütten (s. Kasten S. 522).

ÜBERNACHTUNG

Oft sind die Hütten und Zeltplätze überfüllt – morgens, weil sich ausgeruhte Wanderer von hier aus auf den Weg machen und abends, weil müde Wanderer nach und nach eintreffen – die Zeit dazwischen gehört den Tagestouristen, die meist mit Bussen vom Seljalandsfoss aus über die Hochlandpiste F249 angereist sind. **Básar**, ✆ 562 1000, Aufseher ✆ 893 2910, 🖥 www.utivist.is/english/basar-hut. Gepflegte, riesige Anlage. Man kann aussuchen, ob man in Flussnähe oder lieber zwischen Birken, Blumen und lieblich dahinplätschernden Bächlein zelten möchte. Hier läuft man allerdings ein Stück zum nächsten WC/Servicehaus. Das mit den Duschen liegt oberhalb des Tals im Birkenwald. Es gibt weder Strom noch Internet und auch oft keinen Handyempfang. Das kleine Aufenthaltshaus mit Spüle und Kochgelegenheit ist sehr spartanisch, die gut ausgestatte Küche mit Sitzbänken und Tischen ist den Hüttengästen vorbehalten. Wer nett fragt, kann aber heißes Wasser bekommen. Bei schönem Wetter kann man bis spätabends auf den Holzbänken zwischen den beiden Hütten (insges. 83 Schlafplätze) beim großen, überdachten Grill in der Sonne sitzen. Keine Einkaufsmöglichkeit. Schlafsackunterkunft 6000 ISK, Camping 1500 ISK, Dusche 500 ISK. ⏱ nur im Sommer (Saison je nach Wetter).

Unterwegs nach Þórsmörk

Auto

Die F249 ab Seljalandsfoss ist die einzige Zufahrt nach Þórsmörk. Aber Achtung: Die Fahrt nach Þórsmörk ist **mit jedem Auto gefährlich**, denn es müssen unzählige Gletscherflüsse überquert werden. Mit einem guten (!) Jeep (nicht mit einem SUV!) kommt man bei niedrigen Wasserständen mit einiger Vorsicht und etwas Glück bis zu den Camps Langidalur und Básar (für **Tipps zum Furten** s. S. 586). Aber selbst bei hochbeinigen Fahrzeugen und erfahrenen Fahrern sind Schäden an der Tagesordnung (bei unserem letzten Besuch hat auch der Bus zweimal auf einen Stein aufgesetzt und gefährlich geschwankt). Berüchtigt ist vor allem die Krossá mit ihren tückischen Strömungen. Die Furt über diesen Fluss nach Húsadalur gelingt nur mit einem Bus oder Spezialfahrzeug (also nicht mit einem guten Jeep!), aber wir würden das selbst damit nicht riskieren. Denn die Krossá reißt manchmal selbst schwere Hochlandbusse einfach mit sich, als wären es Spielzeugautos. Im Netz kursieren davon die tollsten Videos. Aber auch die „kleineren" Flüsse sind nicht ohne: Typisch für Gletscherflüsse sind sie nicht klar, sondern milchig-trübe. Hat das Fahrzeug, das zuletzt gefurtet ist, einen tiefen Graben in das Bett aus runden Steinen gegraben, ist das für den nachfolgenden Autofahrer nicht zu erkennen. So kann es passieren, dass er auf einen Wall seitlich des Grabens auffährt und sich dort festfährt. Oder dass die komplette Auspuffanlage im Wasser zurückbleibt.

Abgesehen von den Furten ist die F249 eine **Strapaze für Stoßdämpfer und Reifen**. Denn hier liegen nicht nur große Steinbrocken im Weg, sondern auch spitze, scharfe Felsstücke, die mit jedem Fahrzeug, das Sand abträgt, ein Stück weiter herausschauen und scheinbar nur darauf lauern, Auto-Unterböden aufzuschlitzen.

Man braucht also nicht nur ein Auto mit Allradantrieb. Man braucht ein Auto mit Allradantrieb, mit großer Bodenfreiheit und mit genügend PS. Oder man investiert für die Busfahrt von Seljalandsfoss gut 100 € (hin und zurück). Das ist zwar nicht gerade günstig, kann sich aber lohnen, denn Flussdurchquerungen sind bei allen Versicherungen explizit ausgeschlossen und wenn beim Furten etwas passiert, ist das sicherlich erheblich teurer als das Busticket. Zudem kann man in Þórsmörk selbst mit einem Auto sowieso nichts anfangen, weil es keine Straßen oder Pisten gibt, sondern nur Wanderwege.

Busse

Nach Þórsmörk fährt man am besten mit dem Bus. Nur: Mit welchem? Das ist tatsächlich tricky, denn alle Busunternehmen nehmen unterschiedliche Routen. Das geht schon bei den Start-Haltestellen in Reykjavík los. Dann unterscheiden sich vor allem die Aufenthaltsdauern an den verschiedenen Haltestellen. Wer mit Trex von Reykjavik nach Langidalur fährt, braucht viereinhalb Stunden, mit Reykjavík Excursions dauert's über sieben Stunden. Dafür gibt es einen halbstündigen Stopp in Húsadalur und einen fast zweistündigen Stopp in Básar. Außerdem wird mehrmals der Fluss Krossá gefurtet, was wegen der starken Strömung jedes Mal ein Abenteuer ist und gerade deshalb für manche Reisende besonders reizvoll ist. Wem der Nervenkitzel zu groß ist, der bucht besser die sicherere Fahrt ohne Stopp in Húsadalur mit Trex. Kurz: Es lohnt sich, vor jeder Buchung die Internetseiten der Betreiber genau zu studieren.

Für die **Preise** gilt: Wer online bucht, zahlt weniger. Wer Hin- und Rückfahrt vorausbucht, zahlt noch weniger. Mit zwei teureren Einzeltickets von verschiedenen Anbietern kann man dafür auf dem Hin- und Rückweg unterschiedliche Routen kennenlernen. Außerdem erspart es unnötige Wartezeiten. Ist die Wanderung beendet, nimmt man einfach den Bus, der als nächstes kommt. Sitzplätze werden allerdings nur Online-Buchern garantiert. Weil viele Menschen zu Fuß nach Þórsmörk kommen, sind die Busse, die (aus Þórsmörk) herausfahren, immer voller als die, die hineinfahren. Mehr auf S. 524.

Empfehlenswerte Kurzwanderungen ab Básar

In Richtung Fimmvörðuháls

Wem der ganze Weg bis nach Skógar zu anspruchsvoll ist (s. u.), der bekommt auch auf dem ersten Teilstück des Fimmvörðuháls-Trails schöne Einblicke.

Vom Startpunkt in Básar folgt man zunächst dem Fluss, wo nach einer Brücke der Wanderweg beginnt. Ein wenig unheimlich ist es schon, die hier aufgestellte Infotafel zu studieren, die erklärt, was im Falle eines unerwarteten Vulkanausbruchs zu tun ist: Es wird Leuchtfeuer und -raketen geben, die die Wanderer warnen. Wegen der Gefahr von Flutwellen soll man möglichst weit oben am Berg bleiben. Außerdem wird davor gewarnt, dass sich bei Windstille oft giftige Gase in Mulden und Senken sammeln.

Von hier aus folgt man dem weithin erkennbaren und mit blauen Pfosten markierten Pfad bergauf nach Südosten. Wo es bei Nässe rutschig werden könnte, wurden Holzspäne gestreut. Schwierige, aber nur kurze Passagen sind durch Seile oder dicke weiße Plastikkabel gesichert. Schwindelfrei muss man trotzdem sein, da der Weg an einigen kürzeren Abschnitten über einen schmalen Grat verläuft und es rechts und links geradewegs in die Tiefe geht. Nach ca. anderthalb Stunden (ab Básar) hat man eine gute Sicht auf die Gletscherzungen des Mýrdalsjökull. Nach weiteren zwei Stunden ist auf 800 m Höhe das Hochplateau **Morinsheiði** erreicht. Von hier aus kann man auf einem anderen Weg nach Básar zurückkehren (dafür unbedingt die Þórsmörk-Wanderkarte kaufen, diese Alternativroute ist nicht markiert). Die Rundtour dauert dann insgesamt sechs bis sieben Stunden.

In Richtung Skógar folgen südlich von Morinsheiði auf 1044 m Höhe die Aussichtsstelle bei **Brattafönn** und schließlich der berüchtigte, verschneite Pass **Fimmvörðuháls**. Diesen anstrengenden, anspruchsvollen und nicht ungefährlichen Passweg (s. 🖥 www.fi.is/en/hiking-trails/fimmvorduhals, unbedingt in den Hütten Wanderkarte besorgen und weitere Infos einholen) sollte man nur bei stabilen Wetterverhältnissen mit guter Sicht angehen. Bei günstigen Bedingungen (das Wetter kann auf dem Pass schnell umschlagen) und sehr guter Kondition kann man die normalerweise zwei Tage lange Tour in einem Kraftakt auch in einem Tag schaffen. Es gilt in jedem Fall, möglichst früh

Camping Slyppugil, Langidalur, ☎ 575 6700, 🖥 www.tjalda.is/en/slyppugil. Einfache, ruhige Zeltwiese mit kleinem Servicehäuschen. Liegt wegen des steil eingeschnittenen Tals Slyppugil leider morgens und abends lange im Schatten. Wer Busreise und Übernachtung vom Campingplatz Reykjavík aus bucht, bekommt 20 % Preisnachlass. 1200 ISK ⌚ Juni–Aug.

Skagfjörðsskáli, Langidalur ☎ 568 2533, Aufseher ☎ 893 1191, 🖥 www.fi.is/is/skalar/thorsmork-langidalur. Hübsch gelegene, einfache Hütte im Jugendherbergsstil für insgesamt 75 Leute, mit 2 passabel ausgestatteten Küchen. Zeltplatz mit Aussicht auf Eyjafjalla- und Mýrdalsjökull. Je nach Busanbieter (am besten fährt man hierhin mit Trex) wird man an der Straße abgesetzt und muss noch 500 m laufen. Schlafsackunterkunft 8000 ISK. ⌚ Mai–Okt.

Volcano Huts und Camping, Húsadalur, ☎ 552 8300, 🖥 www.volcanohuts.com. 2 Hütten mit holzverkleideten Schlafsälen für insgesamt 32 Menschen. Dazu kommen 14 kleine Zimmer mit je einem Etagenbett, in dem unten 2 Personen Platz finden. Für Familien oder Kleingruppen gibt es 8 „Budget-Cottages", in denen man zur Not zu fünft schlafen kann (mit Kochnische, aber ohne WC, Dusche und Bettzeug, man muss Schlafsäcke dabei haben). Außerdem gibt es 28 m² große „Glamping Zelte" mit der Ausstattung eines Hotelzimmers. Gemeinschaftsküche, WLAN im Hauptgebäude, Sauna im Fass. Wer sich die Fahrt durch die letzte Furt nicht traut (wirklich nur etwas für Super-Jeeps mit entsprechend erfahrenem Fahrer), kann sich für 2000 ISK p. P. abholen lassen. Schöne Zeltwiese (Womos und Wohnwagen kommen ja nicht über die Krossá). Saubere WCs, Gemeinschaftsküche ohne Geschirr. Dusche, Sauna und Hot Pot teilt man sich mit den Tagesgästen ohne Extrakosten. Etagenbett im gemischten Schlaf-

aufzubrechen und nicht alleine zu gehen. Eine sehr gute Ausrüstung (Schlafsack, Zelt, gute Wanderschuhe, wind- und wasserdichte Kleidung, gute Karte, Kompass, GPS, ausreichend Essen und Trinken) ist Pflicht. Bei frühzeitiger Reservierung kann man am Pass auch in zwei Hütten übernachten (Fimmvörðuskáli und Baldvinsskáli, s. 💻 www.utivist.is/english/fimmvorduhals-hut and 💻 www.fi.is/en/mountain-huts/fimmvorduhals-baldvinsskali). Wer auf Nummer sicher gehen will, bucht eine geführte Wanderung, z. B. unter 💻 www.volcanohuts.com/tours-and-activities/activities/fimmvorduhals-hiking-trail.

Zur Schlucht Hvannárgil und zur Álfakirkja

Wer hinter Básar dem steilen, nicht markierten, aber gut erkennbaren Pfad (Wegweiser Hvannárgil) nach Süden folgt, erreicht nach etwa einer halben Stunde einen Aussichtsplatz. Unten im Tal liegt die herrliche Schlucht **Hvannárgil** mit bewachsenen Felsnasen, versteinerten Trollen mit grimmigen Steingesichtern und einem Flussdelta mit unzähligen kleineren und größeren Flüssen. Die Pflanzen in sattem Hellgrün bilden einen Kontrast zum dunklen Stein-Asche-Sand-Gemisch, wie er schöner nicht sein könnte! Ein Trampelpfad folgt dem Fluss Hvanná am Hang nach Nordwesten, bis ein Fels im Weg steht. Hier kann man links absteigen und einfach im Flussbett weiterlaufen (was wir nicht empfehlen) oder dem Pfad nach rechts bergauf folgen. Nach ca. 500 m erreicht man einen Bergkamm mit toller Aussicht über das ganze Krossá-Delta. Auf der Nordseite des Kamms beginnt der Pfad, der vorbei an Steinformationen und Höhlen steil runter bis ins Tal zur **Álfakirkja** führt (teilweise über loses Geröll, Trittsicherheit erforderlich). Unten beginnt die Durststrecke der Wanderung: Der Weg zurück nach Básar verläuft entlang der Straße (2 km).

Die mittelschwere Wanderung ist insgesamt etwa 6 km lang. Es gibt keine schwierigen Kletter-Stellen, aber der Weg zwischen Hvannárgil und dem Bergkamm ist so neu, dass er noch nicht auf der Wanderkarte steht (dort wird noch empfohlen, im Flussbett weiterzugehen) und deshalb nicht immer zweifelsfrei als solcher zu erkennen ist.

saal 8400 ISK (Bettwäsche und Handtücher gegen Aufpreis) Frühstück 2300 ISK, Budget-Cottage 29 000 ISK, Glamping-Zelt 32 000 ISK, Camping 2500 ISK p. P. ⏱ Mai–Okt. ❺

ESSEN

Lava Grill Restaurant & Bar, Húsadalur, ☎ 552 8300, 💻 bei Facebook. Frühstücks-, Mittags- und Abendbuffet – teils isländisch, teils international (Nudeln) für 2300, 2700 und 4500 ISK. Sitzplätze werden manchmal knapp, aber bei schönem Wetter kann man auf die Terrasse ausweichen. ⏱ tgl. 7.30–23 Uhr.

AKTIVITÄTEN

Baden
Der Hot Pot in Húsadalur ist nicht besonders tief – eher ein leicht moosig-glitschiger Tümpel als ein Pot, in dem es sich aber wunderbar wohlig warm (nicht heiß!) liegen lässt. Sauna im hölzernen Fass direkt daneben.

Wandern
Eine Þórsmörk- und Goðaland-Wanderkarte im Maßstab 1:25 000 mit hilfreichen Beschreibungen auf der Rückseite erhält man an der Information in Húsadalur und Básar für 1000 ISK.

TRANSPORT

Auto
Wir raten zur eigenen Sicherheit zu der An- und Abreise mit einem der zahlreichen Busse, vor allem wegen der zahlreichen schwierigen und gefährlichen Furten (s. dazu unbedingt den Kasten „Unterwegs nach Þórsmörk", S. 521).

Busse
Die folgenden Gesellschaften pendeln von Mitte Juni bis Anfang September zwischen Reykjavík und Þórsmörk. Der Zustieg ist z. B. in Selfoss, Hella oder Hvolsvöllur problemlos möglich, sollte aber vorgebucht werden. Jugendliche zahlen jeweils nur den halben Preis. Je nach Fahrplan und Dauer der Stopps an den Camps im Tal ist es u. U. schneller, woanders auszusteigen und einfach zu Fuß zum gewünschten Ziel zu laufen (von Húsadalur nach Langidalur dauert es etwa 30 Min. und von Langidalur nach Básar 45 Min.).
Reykjavik Excursions, ℡ 580 5400, 🖥 www.re.is. Mehrmals tgl. mit Aufenthalt am Seljalandsfoss und in Húsadalur, wo man den Bus wechselt (zwischen Húsadalur und Básar verkehrt ein Pendelbus, in 4 Std. (Húsadalur) bzw. 5 (Básar) Std. für 9000 ISK (je Strecke). Haltestellen in Þórsmörk: Gígjökull, Húsadalur, Stakkholtsgjá, Básar, Langidalur. Auf dem Rückweg haben Reisende 3x tgl. Anschluss nach Skógar. Wichtig für diejenigen, die von dort aus zu Fuß gestartet sind.
Sterna, ℡ 551 1166, 🖥 www.icelandbybus.is. 1x tgl. ab Reykjavík um 7 Uhr, ab Húsadalur um 18 Uhr, in 4 1/2 Std. für 8100 ISK, Stopps in Stakkholtsgjá und Básar, dann Aufenthalt in Húsadalur. Reykjavík-Þórsmörk auch als Tagestour (7.30–22 Uhr) für 13 900 ISK.
Trex, ℡ 587 6000, 🖥 www.trex.is. 2x tgl. ab Reykjavík um 7.30 und 12.10 Uhr ab Básar 13.45 und 18 Uhr in 4 1/2 Std. für 8700 ISK (je Strecke). Haltestellen in Básar und Langidalur (Húsadalur wird nicht angefahren).

Vestmannaeyjar – Die Westmännerinseln

Nur wenige Kilometer vor Islands Südküste trotzt ein Archipel von 15 bis 18 kleinen vulkanischen Eilanden – je nachdem, was man als Insel gelten lässt – der oft windumtosten See. Und auch in der Geschichte der Westmännerinseln mangelt es nicht an turbulenten Ereignissen. Ihren Namen verdanken sie angeblich aus dem Westen kommenden irischen Sklaven: Ende des 9. Jhs. sollen diese ihren Herren, einen der ersten isländischen Siedler, erschlagen haben. Doch auch ihre Flucht auf die Inseln konnte sie nicht vor Rache schützen – und zwar von keinem Geringeren als **Ingólfur Arnarson** (s. auch S. 103), Blutsbruder des Ermordeten. Der traditionell starke **Fischfang** reicht bis ins späte Mittelalter zurück und wurde durch den **Handel mit England**, das die Inseln jedoch Anfang des 16. Jhs. für einige Jahrzehnte unter Kontrolle brachte, noch intensiviert. 1627 bekam Heimaey, die mit über 13 km² Fläche größte Insel, noch unangenehmeren Besuch: Ein Überfall algerischer Piraten, die einen Großteil der damaligen Bevölkerung entführten und auf Sklavenmärkten verkauften, ging als **Türkenüberfall** in die Geschichte ein.

Und vor gerade mal einem knappen halben Jahrhundert, am 23. Januar 1973, meldete sich ein bislang unbekannter Vulkan mit einer gewaltigen **Eruption** zu Wort, mit der niemand gerechnet hatte. Und nach der nichts mehr war wie zuvor. Nach dem fünfeinhalb Monate dauernden Ausbruch waren 400 Häuser zerstört, fast die gesamten 5000 Einwohner von **Heimaey**, der einzigen bewohnten Insel, aufs Festland evakuiert und die Insel um 2 km² Fläche „gewachsen". Es lohnt sich, vom Hafen aus nach Osten aufzusteigen, ins Gebiet Nýja Hraun, ins Gebiet der neuen Lava. Denn erst hier wird das Ausmaß der Katastrophe deutlich. Und das große Glück im Unglück: Wäre die Lava in den Hafen geflossen, hätte sie ihn vermutlich komplett zerstört und Heimaey von der Außenwelt abgeschnitten. Die Einwohner, die vom Fischfang lebten, hätten ihre Existenzgrundlage verloren. Doch konnten einige mutige Männer den Strom aufhalten, indem sie gewaltige Mengen an Seewasser in die Lava pumpten. Es konnten weiterhin Boote mit Hilfsgütern und freiwilligen Helfern anlegen. Bald kehrten die ersten Bewohner zurück, begannen mit den Aufräumarbeiten und dem Wiederaufbau ihrer Häuser.

All dies verdeutlicht, dass sich die rund 4000 Einwohner nicht so leicht unterkriegen lassen.

Papageitaucher-Starthilfe

Heimaey hat mit 4 Mio. Vögeln und 1 Mio. Nestern das **größte Papageitaucher-Aufkommen Europas**. Die bunten Vögel brüten in den Klippen rund um den Hafen und am südlichen Ende der Insel in Stórhöfði. Gerade die Nähe zum Ort wird für die kleinen, gerade flügge gewordenen Küken aber oft zum Problem. Sie fliegen dem Licht entgegen und landen orientierungslos mitten im Ort. Weil aber selbst erwachsene Papageitaucher keine begnadeten Flieger sind, schaffen es die Küken nicht, sich aus eigener Kraft wieder in die Lüfte zu erheben. Manche finden Asyl im Aquarium, andere werden von den Kindern aufgeklaubt und in Pappkartons verstaut, in denen sie die Nacht verbringen. Am nächsten Morgen geht's dann mit der kostbaren Fracht zu den Klippen, und die Küken werden so weit wie möglich in Richtung Meer geworfen. In der Hoffnung, dass sie diesmal brav an den Klippen bleiben, bis sie mitsamt ihrer großen Verwandtschaft Anfang September wieder abreisen.

Wie in früheren Zeiten leben viele Menschen vom Fischfang; Heimaey zählt zu Islands bedeutendsten **Zentren des Fischexports**. Neuerdings spielt auch der **Tourismus** eine bedeutende Rolle. Im Sommer ist es fast schon wie ein Spuk: Mit der ersten Fähre strömen die Tagesausflügler auf die Insel, stürmen die zahlreichen Restaurants und Café und pilgern im Gänsemarsch auf den Vulkan Eldfell oder lassen sich mit Bussen bis fast nach oben karren. Doch schon nachmittags kehrt Ruhe ein und nicht selten hat man dann den ganzen Ort für sich alleine. Das Freizeitangebot ist groß, man kann Reiten, Wandern, Golfen und in die Museen oder ins Schwimmbad gehen. Beliebt sind auch die Boots- und Bustouren zu den entlegenen Brutplätzen der Papageitaucher. Während und nach dem großen Festival am ersten Augustwochenende ist allerdings von Besuchen abzuraten, denn dann geht es auf Heimaey rau zu (s. Feste S. 529).

Stadt Vestmannaeyjar (Heimaey)

Im **Eldheimar-Museum**, ✆ 488 2700, 🖥 www.eldheimar.is, wurden halb eingestürzte und von Tephra begrabene Häuser in die Hülle eines modernen Besucherzentrums verpackt. Der Kontrast könnte kaum größer sein und verstärkt die Aussagekraft des aus der Not geborenen Projekts, das auch als „Pompeji des Nordens" bezeichnet wird. Als 2011, also fast 40 Jahre nach dem Ausbruch, der Ostteil des Ortes immer noch

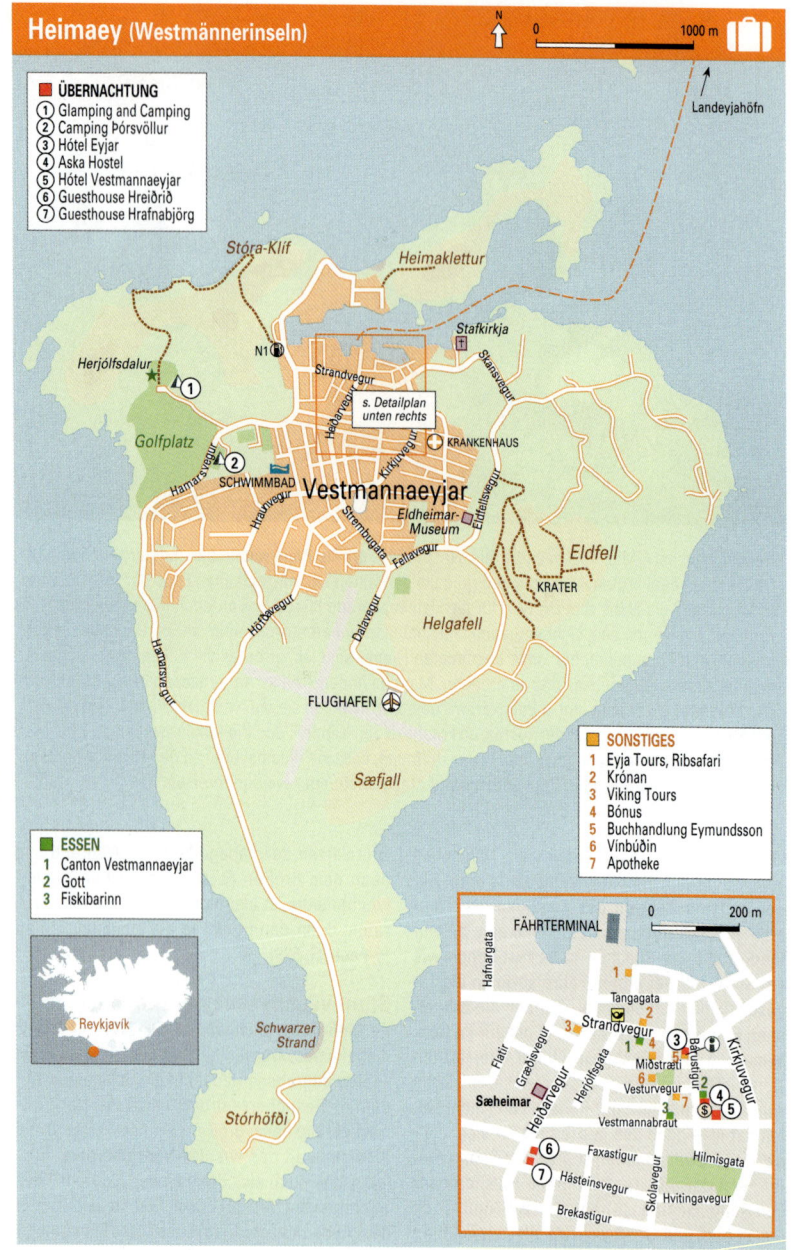

friedhofsgleich vor sich hin moderte, beschloss man, hier alles zu Ausstellungszwecken zu konservieren und baute das Vulkanmuseum um das ehemalige Haus Gerðisbraut 10 herum. Hier werden auch Filme vom Ausbruch, dem Wiederaufbau und der Entstehung Surtseys gezeigt. ⏱ Mai–Sep tgl. 11–18, sonst Mi–So 13–17 Uhr, Eintritt 2300 ISK, Kinder (10–18 J.) 1200 ISK.

Das Aquarium und naturgeschichtliche Museum **Sæheimar**, Heiðarvegur 12, ☏ 481 1997, 💻 www.saeheimar.is, lässt mit Exponaten zu Gesteinen und der Inselflora (vor allem Fische und Vögel) die Herzen von Naturliebhabern höher schlagen, und die zahmen Papageitaucher sind Besuchermagneten. ⏱ Mo–Fr 14–15.30, Sa 13–16 Uhr, Eintritt 1200 ISK, Kinder (10–17 J.) 500 ISK.

Das malerisch von Hängen umrahmte Tal **Herjólfsdalur** ist nach dem angeblich ersten Siedler Herjólfur Bárðarson (um 900 n. Chr.) benannt. Vermutlich sind die Ruinen, die hier stehen, aber noch wesentlich älter. In jedem Fall ein schöner Picknickplatz – wenn nicht gerade das Festival war und alles Gras niedergetrampelt ist.

Die **Stafkirkja** ist der Nachbau einer norwegischen Stabkirche aus dem 12. Jh., die 2000 von Norwegen zum Gedenken an den tausendsten Jahrestag der Konvertierung zum Christentum gestiftet wurde. Einsam an der Hafeneinfahrt gelegen, gibt sie ein tolles Fotomotiv ab.

Wanderungen auf Heimaey

Über die Insel führen zahlreiche Wanderwege, die zudem meist mit fantastischen Aussichten aufwarten.

Der imposante **Vulkan Eldfell** fällt bereits bei der Hafeneinfahrt in die geschützte Bucht auf. Schwer vorstellbar, dass der Berg, der den Ort dominiert, Anfang der 1970er-Jahre noch gar nicht da war. Erst der berüchtigte Vulkanausbruch von 1973 (S. 524) ließ die rund 200 m hohe Erhebung entstehen. Noch heute ist die Eruption gegenwärtig. Jeder, der den schmalen, markierten Fußweg auf den rot-braunen Berg emporsteigt (Start am südöstlichen Ortsrand, etwa 1 Std.), sollte mal die Hand auf den Boden legen. Der ist nämlich immer noch warm. Autofahrer können über den Eldfellsvegur und eine Zufahrtsstraße noch ein Stück nach oben fahren. Das letzte Wegstück aber gehen alle zu Fuß. Ein schöner Spaziergang führt an der Ostseite am Krater vorbei und dann an die Küste. Hier kann man in Richtung Südwesten weiterlaufen, z. B. bis zum 2 km entfernten, 179 m hohen **Sæfjall** am Flughafen.

Der relativ kurze, aber steile Aufstieg auf den nördlichen **Heimaklettur (279 m)** dagegen hat es in sich (hin und zurück knapp 1 1/2 Std.). Es sind zwar Leitern aufgestellt und Holzstufen in den Hang eingelassen, doch bleibt eine Stelle, an der man sich an einer Kette über blanken Fels hochziehen muss. Das Problem hier ist nicht, dass dies wirklich so viel Können erfordert, sondern dass es ganz schön tief runter geht. Definitiv nur etwas für garantiert schwindelfreie Menschen!

Auch die westliche Nachbarklippe **Stóra-Klíf** hat einige Seile und Ketten zu bieten. Hier beginnt der klar erkennbare Wanderweg hinter der Tankstelle am Hliðarvegur. Mit jedem zurückgelegten Höhenmeter wird die Aussicht auf Ort und Hafen besser, und schließlich kann man auch einen Blick auf die andere Seite der Klippe erhaschen und im Westen aufs offene Meer schauen. Die Kletterstelle befindet sich jetzt noch ca. 500 m entfernt im Nordosten (bis dorthin braucht man je nach Mut und Kondition knapp eine Stunde). In Richtung Westen lässt es sich gefahrloser wandern, wenn auch so hoch über dem Wasser, dass man trotzdem schwindelfrei sein sollte. Nach etwa 1 km kann man einfach weglos zum Campingplatz im Herjólfsdalur bergab laufen. Als Rundweg ist diese Tour in gut drei Stunden machbar.

Surtsey

Europas jüngste Vulkaninsel wurde 1963 „geboren". Die Wehen dauerten vier Jahre lang, und als die Eruption schließlich abebbte, war ca. 20 km südwestlich von Heimaey mitten im offenen Meer nicht nur die zweitgrößte der Westmännerinseln, sondern auch ein Forscherparadies entstanden. Wie entsteht Leben auf einer neugeborenen Insel? Die zaghaften Besiedlungsversuche von mutigen Pflänzchen und Moosen sollen schon 1967 nachgewiesen worden sein. Surtsey ist heute komplett bewachsen und nach saisonalen Besuchern (Vögel, Robben und Insekten) wurden nun auch erste Dauerbewohner gesichtet: Milben, Käfer, Regenwürmer und Spinnen. Surtsey steht auf der Unesco-Weltkulturerbe-Liste und darf nur mit einer Ausnahmegenehmigung betreten werden.

ÜBERNACHTUNG

Im Ort finden sich zahlreiche Unterkünfte aller Preisklassen:
Aska Hostel, Bárustígur 11, ✆ 662 7266, 🖥 www.askahostel.is. Modernes Hostel im gelben Haus, in dem sich auch das Restaurant Gott (s. u.) befindet. Kein überflüssiger Deko-Schnickschnack, dafür gemütliche Betten. Gemeinschaftsbäder und -küche. Hostelgäste haben freien Eintritt ins Schwimmbad. Frühstück gegen Aufpreis. Bett im Schlafsaal 59 €, Vierer- und Familienzimmer für bis zu 7 Personen 300 bzw. 400 €. ❸
Camping Þórsvöllur, Hamarsvegur, gegenüber vom Golfplatz. Der Platz ist ebener und zentraler, näher am Schwimmbad und mit 2 Duschen ausgestattet, aber nicht so spektakulär wie der Platz im Herjólfsdalur (s. u.). 1500 ISK p. P., Kinder unter 12 J. kostenlos, Strom 850 ISK.
Glamping&Camping, Herjólfsdalur, ✆ 846 9111, 🖥 www.glampingandcamping.is. Die Campingtonnen und kleinen Gartenhäuschen in dem schönen Tal sind alle beheizt, liebevoll eingerichtet und dekoriert, und die größeren haben sogar Kühlschränke. Großer Aufenthaltsraum mit Kochgelegenheit. Wenn der Platz mit der gepflegten, hügeligen Campingwiese ausgebucht ist, bilden sich schon mal Schlangen vor der einzigen Dusche, aber das tut der Romantik keinen Abbruch. Gartenhäuschen oder Campingtonnen 9000–13 000 ISK, Camping 1500 ISK p. P., Kinder unter 12 J. kostenlos, Strom 850 ISK.

Guesthouse Hreiðrið und Hrafnabjörg, Faxastígur 33 und Hásteinsvegur 40, ✆ 699 8945, 🖥 http://tourist.eyjar.is. Die beiden Häuser haben unterschiedliche Adressen, liegen aber direkt nebeneinander. Insgesamt 12 gemütliche Zimmer für je 1–4 Gäste mit Gemeinschaftsküchen und -bädern sowie Garten. Die Betreiberin Ruth kommt ursprünglich aus Stuttgart, lebt aber schon ewig hier. Als Vogelfreundin kennt sie die besten Beobachtungsplätze und Wanderwege, und ihr Repertoire an Geschichten ist unerschöpflich. Tolles Frühstück mit frischen Waffeln (1600 ISK), Fahrräder zum Ausleihen (25 € halbtags bzw. 40 € ganztags). Schlafsackunterkunft ab 4300 ISK ❸
Hótel Eyjar, Bárustígur 2, ✆ 481 3636, 🖥 www.hoteleyjar.is. Große Zimmer und Apartments im auffälligen Gebäude der Touristeninformation und der Eymundsson-Buchhandlung. ❺–❻
Hótel Vestmannaeyjar, Vestmannabraut 28, ✆ 481 2900, 🖥 www.hotelvestmannaeyjar.is. Mit 3 Sternen das erste Hotel am Platz. Mit schickem Hotel-Restaurant, Bar und Wellness-Bereich mit Sauna und Whirlpools. ❼

ESSEN

Canton Vestmannaeyjar, Strandvegur 49, ✆ 481 1930, 🖥 bei Facebook. Ausgefallene chinesisch-isländische Gerichte, aber auch Fish 'n' Chips für 2000 ISK in angenehmer Atmosphäre. Am Wochenende Kjúklingabitar (Hühnchen vom Grill), manchmal „zwei für eins"-Sonderangebote. ⏲ tgl. 11.30–20.30 Uhr.

€ **Fiskibarinn**, Skólavegur 1, ✆ 414 3999, 🖥 bei Facebook. Fisch, Fisch und nochmal Fisch. Man sucht ihn in der Kühltheke aus und hat ihn wenige Minuten später warm auf dem Tisch. Beilagen und Desserts sind auch lecker. Für das Gebotene eine günstige Adresse. ⏲ tgl. 11–22 Uhr.
Gott, Bárustígur 11, ✆ 481 3060, 🖥 www.gott.is. Bescheiden ist man hier nicht, denn *gott* heißt gut. Aber das lassen wir durchgehen, denn sowohl die Fischgerichte als auch die Wraps mit Süßkartoffeln sind prima. Bücher mit den Rezepten liegen aus und können auch erworben werden (auf Deutsch: *Das gesunde Familienkochbuch*). Auch Veganer und Süßschnäbel gehen bei Starkoch Sigurður und seiner Gattin Berglind nicht leer aus. ⏲ Mi–So 11.30–21 Uhr.

AKTIVITÄTEN UND TOUREN

Reiten
Lyngfell, Stórhöfðavegur, ✆ 898 1809, 🖥 bei Facebook. Palli und Ása haben eine Reitschule im Süden der Insel und bieten auf Anfrage

Ausritte unterschiedlicher Länge, u. a. auch zu einem abgelegenen kleinen schwarzen Strand.

Schwimmen
Schwimmbad, Brimhólabraut, ✆ 488 2400. Mit Innen- und Außenbecken, verschieden großen Pots und einer Riesen-Rutsche, auf der drei Kinder nebeneinander ins Wasser platschen können. ⏲ Mo–Fr 6.15–21, Sa, So 9–17 Uhr.

Tourveranstalter
Eyja Tours, Básaskersbryggja, ✆ 852 6939, 🖥 www.eyjatours.is. Abenteuer-Touren mit dem Kleinbus und Besuch im Aquarium (2 Std., 7000 ISK). Witzige Guides. ⏲ Mitte April–Mitte Sep.
Ribsafari, Básaskersbryggja, ✆ 661 1810, 🖥 www.ribsafari.is. Speedboat-Touren rund um die Insel, auf Anfrage auch bis nach Surtsey (natürlich ohne Landgang), 1 Std. 11 900 ISK, 2 Std. 17 900 ISK. ⏲ Nur im Sommer.
Viking Tours, Strandvegur 65, ✆ 488 4884 und 896 8986, 🖥 www.vikingtours.is. „In 1 1/2 Stunden einmal rund um die Insel" hört sich wenig spektakulär an. Ist es aber. Denn vom Boot aus kommt man näher an die Vogelfelsen als auf dem Landweg. Der Höhepunkt der Tour ist die Fahrt in eine Höhle mit besonderer Akustik. Hier wird auf mitgebrachten Instrumenten gespielt, und wer Glück hat, erlebt den Besitzer selbst, einen begnadeten Saxofonspieler (1 1/2 Std., 7400 ISK p. P.). Alternativ gibt es im Sommer auch eine Bustour (tgl. um 14 Uhr, 2 Std., 6400 ISK p. P).

SONSTIGES

Autovermietungen
Am Flughafen vermieten **Hertz**, ✆ 522 4400, 🖥 www.hertz.is, und **Akureyri car rental**, ✆ 840 6072, am Hafen (Skildingavegur) **Eyjabílar**, ✆ 899 2589.

Einkaufen
Bónus, Miðstræti 20. ⏲ Mo–Do 11–18.30, Fr 10–19.30, Sa 10–18, So 12–18 Uhr.
Eymundsson Buchhandlung, Bárustígur 2. ⏲ Mo–Fr 9–18, Sa 10–16, So 13–16 Uhr.
Krónan, Strandvegur 48. ⏲ Mo–Fr 9–20, Sa, So 10–19 Uhr.
Vínbúðin, Vesturvegur 10. ⏲ Mo–Do 11–18, Fr 11–19, Sa 11–16 Uhr.

Feste
Þjóðhátíð, am langen Wochenende vor dem ersten August-Montag: Das berühmte Festival lockt Inselbewohner, aber auch jede Menge Partywütige vom Festland ins Herjólfsdalur. Es gibt Konzerte, vor allem aber ein viertägiges Riesen-Besäufnis.

Informationen
In der **Eymundsson Buchhandlung** (s. o.), außerdem auf 🖥 www.visitvestmannaeyjar.is und 🖥 www.vestmannaeyjar.is.

Medizinische Hilfe
Apotheke, Vesturvegur 5. ⏲ Mo–Fr 9–18, Sa 11–15 Uhr.
Krankenhaus, Sólhlíð 10.

TRANSPORT

Fähren
Die Anfahrt mit der Fähre **Herjólfur** dauert von Landeyjahöfn aus nur 30 Min., doch wenn

---

Man schaue und staune: Þrídrangar

Ein Leuchtturm auf einer Klippe – ohne einen Weg nach oben. Rechts und links geht es viele Meter in die Tiefe. „Wo ist dieses Bild entstanden?", fragt sich so mancher Islandfan. Die drei aus dem Meer schauenden **Klippen** (Þrí-drangar) mit dem Leuchtturm Þrídrangaviti von 1939 befinden sich nördlich der Westmänner-Inseln im offenen Meer. Wer es sich leisten kann, bucht eine private Tour mit dem Hubschrauber (z. B. bei der Firma Norðurflug in Reykjavík, 🖥 www.helicopter.is, oder im Hótel Rangá bei Hvolsvöllur, Kosten ab 100 000 ISK). Alle anderen bewundern die Fotos im Internet. Þrídrangar hat sogar eine eigene Facebook-Seite. Und wer genau hinschaut, sieht eigentlich nicht drei, sondern vier Felsentürme: Stóridrangur, Þúfudrangur, Klofadrangur und ein Drangur ohne Namen.

Beinahe hätte die Lava des Eldfell 1973 den Zugang zum Hafen von Heimaey blockiert.

z. B. wegen schlechten Wetters oder wegen eines mal wieder versandeten Hafenbeckens der Ausweichhafen in Þorlákshöfn angefahren wird, verlängert sich die Fahrt auf mind. 2 3/4 Std. Die See ist hier rau, und nicht selten liegen die Passagiere flach auf dem Boden, denn das ist das erfolgversprechendste Mittel gegen Seekrankheit. Fußgänger müssen normalerweise nicht vorbuchen. Wer sein Auto mitnehmen will, sollte reservieren. Und immer die aktuellen Abfahrtszeiten und -orte unter 🖥 www.saeferdir.is checken, denn hier ändert sich relativ häufig etwas.

HEIMAEY, im Sommer Abfahrt von Landeyjahöfn tgl. um 8, 11, 17.30, 20.30, Do–So zusätzlich um 14 Uhr. Im Winter tgl. um 9.45, 12.45, 19.45, außerdem Fr, So um 17.10 und Mo, Di und Fr–So um 21.30 Uhr.

LANDEYJAHÖFN, im Sommer Abfahrt von Heimaey tgl. um 10, 13, 19 und 22, Do–So zusätzlich um 14.30 Uhr. Im Winter tgl. um 8, 11, 15.30, außerdem Fr, So um 18.45 und Mo, Di und Fr–So um 21 Uhr.

Die einfache Überfahrt kostet 1380 ISK, Kinder (12–15 J.) 690 ISK, Fahrzeuge und Wohnwagen 2200–5810 ISK, Fahrrad 690 ISK.

Seatours Büro in Landeyjahöfn, ✆ 433 2254, Büro auf den Westmännerinseln Básaskersbryggja (am Anleger), ✆ 481 2800, 🖥 www.saeferdir.is.

Strætó (Linie 52) fährt nach Ankunft der Fähre über die Ringstraße nach REYKJAVÍK, in 2 1/4 Std. für 4600 ISK (10 Zonen). Auch die Abfahrten ab Reykjavík sind auf den Fahrplan abgestimmt. Wenn Herjólfur ab Þorlákshöfn fährt, endet Linie 52 in Hvolsvöllur. Stattdessen gibt es einen Extra-Bus (mit „Herjólfur" gekennzeichnet).

Flüge

Der **Flughafen** befindet sich gleich südlich des Ortes. Generell kommt es oft vor, dass Flüge nach/von Vestmannaeyjar wegen schlechter Sicht (Nebel, Regen) kurzfristig verschoben werden (von ein paar Minuten bis hin zu vielen Stunden) oder ganz ausfallen.

REYKJAVÍK, mit **Eagle Air**, Flughafen Vestmannaeyjar, ✆ 481 3300, 🖥 www.ernir.is, Mai–Sep Mo–Fr 8 und 16.30 Uhr, So 11.15 und 18.15 Uhr (im Winter andere Zeiten), in 25 Min., für 100–150 €.

Atlantsflug, ✆ 555 1615, 🖥 www.flightseeing. is/bakki-vestmannaeyjar, startet vom Flughafen BAKKI (in der Nähe der Fähranlegestelle) mit einer kleinen Propellermaschine nach Heimaey, in 10 Min., hin und zurück 8500 ISK, Kinder (2–12 J.) 6900 ISK.

Hvolsvöllur und Umgebung

Hvolsvöllur ist zwar keine besonders attraktive Stadt, kann aber mit zwei hervorragenden Ausstellungen aufwarten: Sowohl das Lava- als auch das Sagazentrum erzählen spannende Geschichten.

Lava Centre

„Hoffentlich bricht während unserer Ferien ein Vulkan aus!", tönt so mancher Islandreisende. Nach dem Besuch des Lavazentrums, ✆ 891 9820, 🖥 www.lavacentre.is, Europas größter Ausstellung über Vulkane und Erdbeben, wird er sich das ganz bestimmt nicht mehr wünschen. Im **Erdbebenkorridor** können Besucher nämlich hautnah miterleben, wie es sich anfühlt, wenn die Erde bebt und in der **Magmakammer** kommen sie dann auch noch flüssiger Lava unangenehm nah. Damit sollten die oft gestellten Fragen „Wie fühlt es sich an, wenn ein Vulkan ausbricht?" und „Wie lebt es sich in einem Land mit 130 Vulkanen?" wahrscheinlich zufriedenstellend beantwortet sein. Das „Warum" erklärt dann ein Blick auf den **geologischen Globus**, der Islands ganz spezielle Lage im Spiel der seismischen Kräfte zeigt. Und im **Vulkankorridor** kann man durch die geologische Geschichte Islands spazieren (s. dazu auch S. 87, Geografie). Unterhaltsam aufbereitet wird hier erklärt, was so alles unterhalb Islands sich ständig verändernder Oberfläche passiert. Für uns das Beeindruckendste: Die riesige Mantel-Plume, die direkt aus dem Erdinneren kommt – um sich auf der Mini-Insel Island ihren Weg ins Freie zu bahnen. Nicht ganz billig, aber für Vulkanfans vermutlich das Beste, was Island derzeit zu bieten hat. ⏱ tgl. 9–19 Uhr, Ausstellung und Kino 2900 ISK, nur Ausstellung 2200 ISK, nur Kino 900 ISK. Teenager (12–18 J.) zahlen jeweils die Hälfte.

Fljótshlíð und die Straße 261 in Richtung Hochland

Gerade wer aufgrund eines ungeeigneten Fahrzeugs nicht ins Hochland kann, wird diesen Ausflug toll finden: Auf der bis kurz hinter dem Wasserfall Gluggafoss (manchmal auch Merkjárfoss genannt) asphaltierten und später zwar löchrigen, aber vorsichtig mit jedem Fahrzeug zu bewältigenden Straße 261 (Fljótshlíðarvegur) geht es an grünen Hügeln und zahllosen kleinen Wasserfällen vorbei nach Osten. Vorbei an **Gunnars Farm Hlíðarendi** (s. Kasten S. 533) und dem **Gluggafoss** (3 km östlich) und immer mit dem Eyjafjallajökull im Blick, der sich jenseits des Tales erhebt. Die Straße endet nach 25 km unterhalb der Jugendherberge Fljótsdalur (s. Übernachtung), wo sie als F261 als Hochlandpiste mit Furten weitergeht. In der Jugendherberge bekommt man Tipps für Wanderungen in die Umgebung, etwa auf den Tafelvulkan **Þórólfsfell** oder auf das Bergplateau, das über dem Hostel thront.

Rund um Keldur

„Keldur 11 km" steht auf dem Straßenschild an der Ringstraße zwischen Hvolsvöllur und Hella. Nur: Wer oder was ist „Keldur"? Ein Krater? Ein Dorf? Nein. Bei Keldur handelt es sich um einen Bauernhof mit angeschlossenem Freilichtmuseum. Hier befindet sich neben einer sehenswerten kleinen Kirche ein kleines schwarzes Holzhaus mit Grassodendach. Es ist das älteste noch stehende Haus Islands. Besucher dürfen sich auch ohne Eintritt zu zahlen auf dem Gelände aufhalten. Wer die Häuser von innen besichtigen will, bucht eine 20-minütige Führung. ⏱ Juni–Aug 10–18 Uhr, Führung 1200 ISK, Kinder unter 18 Jahren frei.

Bei Keldur beginnt die Hochlandpiste F210, außerdem gibt es zwei Verbindungsstraßen zur Ringstraße, die beide die Nummer 264 tragen. Eine davon trifft südlich von Hella wieder auf die Ringstraße (Verbindung Richtung Hekla über die Straße 268), die zweite (größtenteils asphaltiert) nördlich von Hvolsvöllur. Auf letzterer Route empfiehlt sich der Abstecher in Richtung des Hótel Selið (s. u.), von wo aus ein kleiner Fußweg in Richtung Norden über Privatland (unbedingt auf dem Pfad bleiben) zum Flüsschen

Auf den Spuren der Islandsagas – „Knechte erschlagen Knechte"

Sigurður Hróarsson sieht schon so aus, wie man sich einen echten Wikinger vorstellt: Der großgewachsene Chef des **Saga Centre**, Hlíðarvegur 14, ✆ 487 8781, 🖥 www.njala.is/en, erzählt – während er sich immer wieder theatralisch durch die wild in alle Richtung abstehenden Locken fährt – begeistert von dem, was schon seit Jahren die Ausstellungen des Zentrums ebenso wie sein Leben bestimmt: von uralten Familienclans, von bitteren Feindschaften, von abscheulichen Kriegslisten und blutigen Schlachten, von heimtückischen Gatten- und Vatermorden, aber auch von Liebe, Inzest und Ehebruch. 🕐 Mitte Mai–Mitte Sep tgl. 9–18, sonst Sa, So 10–17 Uhr, Eintritt 900 ISK, Kinder unter 16 Jahren frei.

Zwei echte Kerle

Sigurðurs allerliebste Geschichten drehen sich um den weisen Rechtsgelehrten Njáll und seinen Freund, den tapferen Kämpfer Gunnar. Hier, in der Nähe von Hvolsvöllur, haben die beiden Protagonisten der weltberühmten **Njáls Saga** gelebt. „Ständig haben sie sich besucht, bei jedem Wetter" erzählt Sigurður, als seien 38 km zu Pferde mal eben ein Katzensprung. Doch die Freundschaft der beiden wurde bald mehr als getrübt, nämlich von der unerbittlichen Feindschaft ihrer beiden Ehefrauen. Die Damen machten sich nicht selbst die Hände schmutzig, sie schickten Knechte zur Farm der jeweils anderen, mit dem Auftrag, dort Knechte zu ermorden. Das ging jahrelang so. Immer wenn die beiden Männer zum jährlichen Alþing geritten waren, musste mindestens ein Knecht sein Leben lassen. Aber das lässt Sigurður seltsam kalt, stattdessen schwärmt er: „Gunnar war ein großgewachsener und starker Mann, er schoss mit dem Bogen wie kein anderer. Er traf alles, worauf er zielte, und in voller Kampfausrüstung sprang er höher, als er groß war, ebenso weit rückwärts wie vorwärts". Seine Rauflust brachte Gunnar irgendwann in ernste Schwierigkeiten, erfährt man in der Ausstellung. Gunnar wurde per Thingbeschluss ins Exil geschickt, doch nachdem er von Hlíðarendi aus in Richtung Südküste losgeritten war, wurde ihm klar, wie einzigartig sein Zuhause ist. „Schön ist der Hang! Er ist mir noch nie so schön erschienen: die gelben Kornfelder und die gemähten Wiesen. Ich reite nach Hause zurück und verlasse das Land nicht!" Eine für jeden Besucher sofort verständliche

---

Stokkalækur führt, vorbei an einer **Wasserfallparade**: Kleine schmale, kleine breite und gar nicht mal so kleine Fälle sprudeln in Kaskaden die Böschung auf der anderen Uferseite hinab. Ein Naturidyll wie aus dem Bilderbuch!

ÜBERNACHTUNG

In Hvolsvöllur

Camping Hvolsvöllur, Austurvegur 4, ✆ 866 8945, 🖥 www.tjalda.is/hvolsvollur. Ein ruhiger Platz, eingeteilt in rechteckige Areale, durch Hecken vor dem Wind geschützt. Nur 150 m von der Ringstraße entfernt, deshalb ideal für Busreisende. 🕐 April–Okt.

Eldstó Art Café, Austurvegur 2, ✆ 482 1011, 🖥 www.eldsto.is. Weiß ist die dominante Farbe in den 5 kleinen freundlichen DZ, aufgepeppt durch ausgefallene Accessoires und/oder Blümchenbettwäsche. Die Gäste teilen sich 2 Bäder. Man kann Essen zubereiten, aber nicht opulent kochen. Frühstück 1700 ISK. ❸

Midgard Base Camp, Dufþaksbraut 14, ✆ 578 3180, 🖥 www.midgardbasecamp.is. Holzverkleidetes Camp am südlichen Ortsrand mit schick, modern, ausgefallen und oft minimalistisch eingerichteten DZ sowie 4er- und 6er-Schlafsälen mit in die Wand eingelassenen Etagenbetten mit Vorhängen, die ein wenig Privatsphäre ermöglichen. Hier lässt es sich auch an Regentagen gut aushalten. Schöne Sauna und in Holz eingefasster Außen-Hot Pot mit Blick auf den Eyjafallajökull, Trockenraum, kleiner Laden, gemütliche Lobby. Ein großes Plus ist auch das gute Restaurant (s. u.). Bett im Schlafsaal um die 60 €, Frühstück 16 €. ❺

Entscheidung – die Aussicht von Hlíðarendi auf den Eyjafjallajökull ist atemberaubend –, für Gunnar aber fatal. Denn als es zum entscheidenden Kampf zwischen ihm und seinen Verfolgern kommt, reißt ihm eine Bogensehne. Kein Vorwärts-und-rückwärts-Springen kann jetzt mehr helfen, sondern nur eine flugs aus dem Haar seiner Gattin geflochtene neue Sehne. Und was macht seine Hallgerður? Sie erinnert Gunnar daran, dass er sie Jahre zuvor einmal im Streit geohrfeigt hatte und schickt ihn kalt lächelnd in den Tod.

Die *Íslendingasögur*, die im Mittelalter, zwischen dem 13. und 14. Jh. aufgeschrieben wurden und zu den bedeutendsten literarischen Leistungen Europas gehören, sind harter Tobak. „Trotzdem helfen sie, die isländische Mentalität zu verstehen", sagt Sigurður. „Niemand schlägt ungestraft eine isländische Frau. Damals wie heute".

Auf den Spuren der Sagas

Vom Sagazentrum aus werden auf Anfrage Touren zu den Originalschauplätzen der Sagas angeboten. Sigurður nimmt aber auch gern einen Kugelschreiber zur Hand und zeichnet sie in mitgebrachte Wanderkarten ein. Ansonsten ist die Engländerin Emily Lethbridge, in Cambridge spezialisiert auf mittelalterliche Sagas, in einem Forschungsprojekt ein Jahr lang auf der Suche nach den Schauplätzen der Sagas herumgereist und hat aus dem Material eine interaktive Karte mit GPS-Koordinaten erstellt. Weitere Infos unter ihrem Blog 🖥 www.sagasteads.blogspot.de, die Karte mit den dazugehörigen Sagas (leider bisher nur auf Isländisch) findet man unter 🖥 www.sagamap.hi.is/how-to-use-the-map.

Gunnars Farm Hlíðarendi liegt 16 km östlich vom Saga Centre (Straße 261, bei Google Maps oder ins Navi eingeben: Hlíðarendakirkja, Fljótshlíðarvegur). Die kleine Kirche auf dem Hügel ist sehenswert, Hlíðarendi selbst ist heute ein mehr oder weniger moderner Bauernhof.

Njáls Farm Bergþórshvoll liegt 22 km südlich vom Saga Centre, zu erreichen über die Straße 255, die 4 km südlich von Hvolsvöllur die Ringstraße Richtung Küste verlässt. Hier ist auch das bäuerliche Bergþórshvoll Guesthouse, s. Karte S. 536/537 ☏ 487 7715 und 863 5901, 🖥 www.bergthorshvoll.is.

Außerhalb

Hótel Rangá, nahe der Ringstraße, etwa 5 km nördlich von Hvolsvöllur, s. Karte S. 536/537, ☏ 487 5700, 🖥 www.hotelranga.is. In dem 4-Sterne-Hotel mit Gourmet-Restaurant, das seinesgleichen sucht, gehen die Promis aus und ein. Das Hotel hat sogar einen eigenen kleinen Flughafen und Hubschrauberlandeplatz (private Touren möglich, Kosten um die 100 000 ISK), und auf Wunsch werden auch Hochzeiten organisiert. Dafür, dass man wirklich etwas Besonderes geboten bekommt, sind die einfachsten DZ gar nicht sooo teuer. ❽

Hótel Selið, Stokkalækur, ca. 10 km nordwestlich der Ringstraße, an der Straße 264 auf dem Weg zum Gehöft Keldur auf die Straße 2729 abbiegen, s. Karte S. 536/537, ☏ 487 8790, 🖥 www.hotelselid.is. Von außen ist nicht zu erahnen, was für ein Schatz sich hinter der schlichten Fassade, die mal einen neuen Anstrich gebrauchen könnte, verbirgt: Die 8 Zimmer sind modern und geschmackvoll eingerichtet, die Aussicht auf den Fluss und Richtung Hochland ist fantastisch. Das kleine Restaurant (nur für Hotelgäste) bietet exzellentes isländisches Essen zu fairen Preisen. Die Zimmerpreise variieren stark. Königs- und Königinnenzimmer kosten mehr als schlichte DZ. ❹

Jugendherberge Fljótsdalur, Fljótshlíð, s. Karte S. 536/537, ☏ 487 84-97, -98, 🖥 www.hostel.is/hostels/Fljotsdalur. Sehr einsam gelegene, urige Herberge in einem alten Torfhaus, 27 km östlich von Hvolsvöllur (man fährt über die oft sehr löchrige Schotterstraße 261, die ab hier zur F-Straße wird). Den eingeschränkten Komfort (die Dusche ist z. B. im Garten) macht die Aussicht auf den Eyjafjallajökull und das breite Flussdelta wieder wett. Außerdem locken direkt hinterm Haus ein toller Wasserfall und unzählige Wandermöglichkeiten. Und bei schlechtem Wetter? Da liest man eines der gut 2000 Bücher, die im Gemeinschaftsraum zur freien Verfügung stehen oder man kocht in der gut ausgestatteten Gemeinschaftsküche. Bei insgesamt nur 15 Schlafmöglichkeiten (je 2 Viererzimmer, eines davon mit Etagenbetten, das andere wie der 7-Personen-Schlafsaal mit einfachen, dünnen Matratzen auf dem Boden), sollte man unbedingt telefonisch reservieren, außerdem Bargeld bereithalten. Die englischen Betreiber sind nur im Hochsommer vor Ort, sonst sieht ein Bauer nach dem Rechten (seine Telefonnummer hängt aus). 4000 ISK p. P., Bettzeug 800 ISK. ⊕ April–Okt.

Guesthouse Húsið, an der Straße 261, etwa 10 km östlich von Hvolsvöllur, s. Karte S. 536/537, ✆ 892 3817, 🖥 www.guesthousehusid.com. In dem hübschen weißen Haus von 1929 übernachtet es sich stilvoller als in der JH, bei fast ebenso schöner Aussicht. Abendessen – oft von der Mutter der Besitzer gekocht – auf Anfrage möglich. ❸

ESSEN

Einfachere kulinarische Bedürfnisse bedienen der Schnellimbiss Björk an der Tankstelle in Hvolsvöllur und das Café-Restaurant im Lava Centre.

Eldstó Art Café, Austurvegur 2, s. Übernachtung. Gemütliche kleine Bistro-Kneipe, zentral an der Ringstraße, die Kleinigkeiten, aber auch sehr leckere Hauptspeisen auf der Karte hat. Empfehlenswert sind das *lamb stew*, die Pilzsuppe, die Gemüsequiche und die Kuchen. Man kann auch Töpferwaren bestaunen und kaufen, außerdem gibt es kleine Gästezimmer. ⊕ tgl. 11–21.30 Uhr.

Midgard Base Camp, s. Übernachtung. Auf der Speisekarte stehen Suppen, Salate und Sandwiches – aber das klingt einfacher und unfallsloser, als es ist. So ein Sandwich kann schon mal ein ganzes Steak im Brotherz haben und ist damit eine komplette Mahlzeit. Auch leckere vegane Gerichte. Leider auch nicht ganz billig. Das einzig günstige Essen hier ist der Hot Dog „mit allem" für 1000 ISK. ⊕ im Sommer ab 7 Uhr Frühstücksbuffet, warme Küche tgl. von 11.30–21 Uhr, im Winter eingeschränktes Angebot. Happy Hour an der Bar tgl. 17–19 Uhr.

EINKAUFEN

Kjarval, direkt an der Ringstraße. Kleiner Supermarkt für das Nötigste. ⊕ Mo–Fr 9–20, Sa–So 10–18 Uhr.
Una Local Products, Austurvegur 4, ✆ 544 5455. Verkauft wird, was die örtlichen Hausfrauen gerade angefertigt haben. Handgestrickte Pullover sind immer dabei. ⊕ tgl. 10–18 Uhr.
Vínbuðin, Austurvegur 3. ⊕ Mo–Do 14–18, Fr 14–19, Sa 11–14 Uhr.

AKTIVITÄTEN UND TOUREN

Schwimmen

Schwimmbad, Vallarbraut, ✆ 488 4295, 🖥 www.sundlauginhvolsvelli.weebly.com. Schönes Freibad mit Rutsche, Hot Pot und großem runden Flachbecken. ⊕ Mo–Fr 6–21, Sa, So 10–19 Uhr. Okt–April Sa, So nur 10–15 Uhr.

Touren

Midgard Adventure (im Base Camp) organisiert Touren mit dem Super-Jeep nach Wunsch. Wahlweise geht's nach Þórsmörk, an die Südküste oder zu versteckten Plätzen, an denen man garantiert keine anderen Touristen trifft (34 000 ISK p. P., Kinder 2–12 J. 23 800 ISK). Im Sommer Wander- und Mountainbiketouren rund um den Vulkan Þríhyrningur (14 000 ISK bzw. 24 000 ISK), im Winter Schneemobiltouren.

SONSTIGES

Autoreparaturen
Vélsmiðjan Magni, Vallarbraut, ✆ 487 7777.

Geld
Bank (Landsbankin) mit Geldautomat, Austurvegur 6. ⊕ Mo–Fr 9–16 Uhr.

Informationen
Im **Saga Centre**, Hlíðarvegur 14, ✆ 487 8781. ⏲ Mitte Mai–Mitte Sep tgl. 9–18, sonst Sa, So 10–17 Uhr.

Medizinische Hilfe
Apotheke (Apótekarinn), Austurvegur 15. ⏲ Mo–Fr 9–17 Uhr.
Gesundheitszentrum, Dalsbakki/Öldubakki, ✆ 432 2700. ⏲ Mo-Fr 8-16 Uhr.

TRANSPORT

Auto
Hvolsvöllur liegt an der Ringstraße. Die reizvolle Schotterstraße 261 führt von Hvolsvöllur ostwärts ins Fljótshlíð. Vom Hof Keldur (S. 531) aus kann man die Schotterstraßen 264 und 268 zur Hekla fahren (dies ist eine etwa 45 km lange Alternativroute zur asphaltierten Straße 26, die nördlich von Hella beginnt, s. S 539). 60 km, für die man etwa anderthalb Stunden braucht.

Busse
Alle Busse halten an der N1-Tankstelle. Die privaten Anbieter (Sterna, Reykjavik Excursions) fahren nur von Mitte/Ende Juni bis Anfang Sep, Strætó ganzjährig. Für alle Zwischenstopps s. Kasten S. 507.

Richtung Westen
REYKJAVÍK, mit Strætó (Linien 51 und 52) 4–8x tgl., in 1 3/4 Std. für 3680 ISK. Im Sommer auch mit Sterna (Linie 12a) um 15.40 Uhr in 1 3/4 Std. für 3700 ISK, und mit Reykjavik Exkursions (Linien 9a, 20a und 21a), 7x tgl. in 1 3/4 Std.

Ins Hochland
Auch die Busse nach ÞÓRSMÖRK halten auf Wunsch hier.

Richtung Osten
HÖFN, mit Strætó (Linie 51) im Sommer 2x tgl. um 10.37 und 19.07, im Winter 1x tgl. um 14.37, Sa, So um 13.07 Uhr (Sa nur bis Vík), über SKÓGAR, VÍK und SKAFTAFELL in 5 1/2 Std. für 10 580 ISK. Im Sommer auch mit Sterna (Linie 12) um 9.40 Uhr in 8 1/2 Std. (mit Sightseeing-Pausen) für 10 400 ISK.
LANDEYJAHÖFN (Fähre zu den Westmännerinseln), mit Strætó (Linie 52) in 30 Min. für 920 ISK. Verkehrt nicht, wenn Herjólfur nach Þorlákshöfn fährt.
SKAFTAFELL, mit Reykjavik Excursions (Linie 20) im Sommer um 10.30 Uhr, in 5 3/4 Std. (mit Sightseeing-Pausen).
SKÓGAR, mit Reykjavik Excursions (Linien 20 und 21) im Sommer zwischen 10.30 und 22.30 Uhr 4x tgl. in 1 Std.

Rund um Hekla

6 km nordwestlich von Hella zweigt an einer Kreuzung mit Tankstelle die Asphaltstraße 26 ab, die in Richtung Nordosten zum Vulkan Hekla führt. Nach gut 60 km trifft sie auf die Straße 32, die fast parallel zur Straße 26 auf der Nordseite des Flusses Þjórsá gen Westen wieder zurück auf die Ringstraße führt. Die Fahrt über diese beiden Straßen (insgesamt 131 km) ist eine schöne Tagestour und im Sommer bei gutem Wetter auch mit einem Kleinwagen zu schaffen. Unterwegs passiert man die Wasserfälle **Þjófafoss**, **Háifoss** und **Hjálparfoss**, die Freilichtmuseen **Stöng** und **Þjóðveldisbærinn**, die Schlucht **Gjáin** und man darf Hochland-Luft schnuppern (für die Abstecher zum Haífoss und nach Stöng und Gjáin braucht man allerdings doch einen Jeep).

Hella und Umgebung

Seit im Jahr 2014 das große Reitturnier Landsmót (s. Kasten S. 358) erstmals in Hella stattfand, hat der Ort (ca. 800 Einw.) mehr Hotels, als er braucht. Denn Hella selbst ist relativ unattraktiv, bietet aber schöne Ausflugsmöglichkeiten in die nähere Umgebung.

Richtung Þykkvibær
Wer sich nach dem Ringstraßen-Trubel nach Ruhe und Einsamkeit sehnt, ist mit einem Abstecher auf der Straße 25 in Richtung Þykkvibær

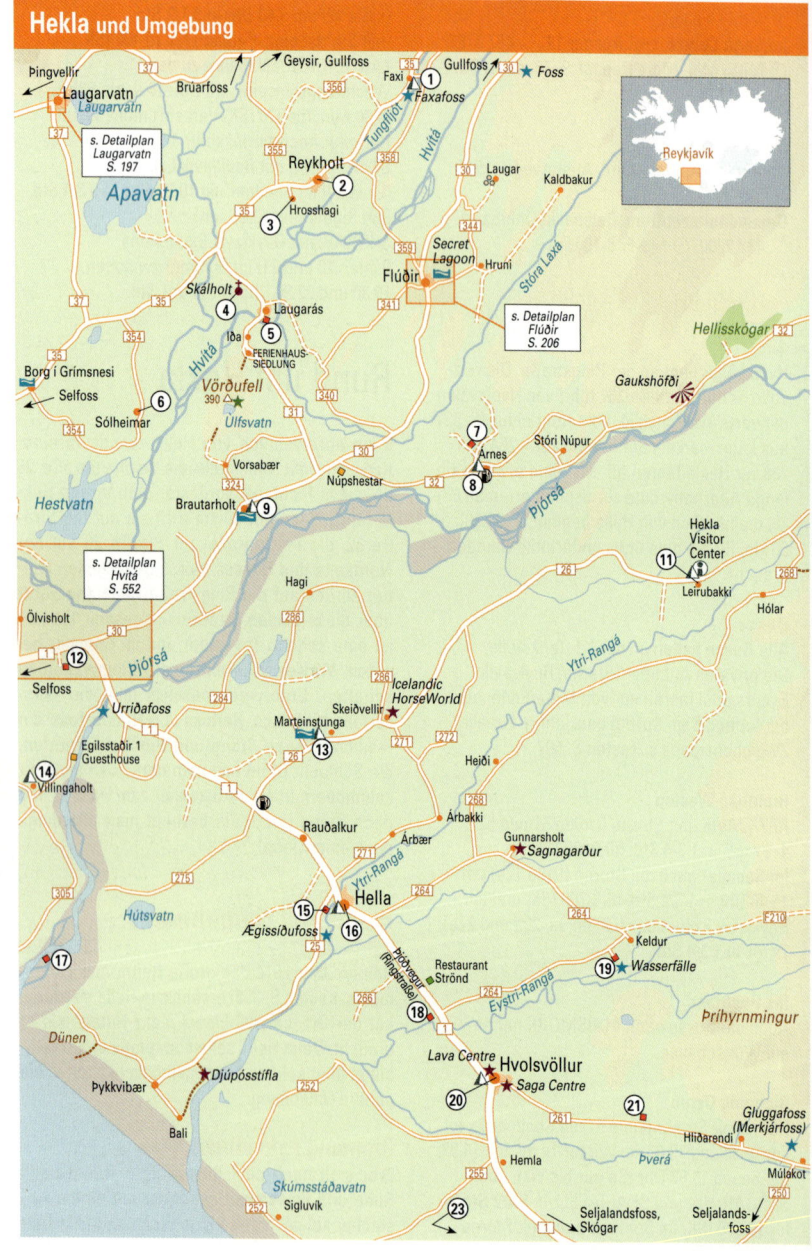

gut beraten. Dorthin verirrt sich nämlich kaum jemand. Schon nach ca. 2,5 km zweigt links ein Feldweg zum pittoresken Wasserfall **Ægissíðufoss** ab. Am Parkplatz steht eine Picknickbank. Bei niedrigem Wasserstand kann man runter zum Wasser klettern und die steinerne Lachstreppe am westlichen Ytri-Rangá-Ufer in Augenschein nehmen. Wenige Kilometer weiter weist das Schild Djúpósstífla den Weg zu einem 340 m langen Damm aus dem Jahr 1923.

Wer am Schild der Piste folgt, kommt zu einem schönen, ebenen Spazierweg am Flussufer. 7 km nordwestlich von Þykkvibær endet die Straße, die hier nur noch ein löcheriges Etwas ist. Parallel zur Straße aber befindet sich eine sandige Dünenlandschaft. Wer sich von hier fast 3 km weglos zur Küste vorkämpft, findet einen einsamen, 14 km langen, breiten Strand, an den sich leider mitunter auch mal Quad- oder Jeepfahrer verirren.

Sagnagarður

Menschen, die sich für die Geschichte der Bodenerosion und des Vegetationsverlusts in Island interessieren, sollten sich das Besucherzentrum des **Boden- und Vegetationsschutzinstituts Sagnagarður** (Landgræðsla ríkisins/The Soil Conservation Service of Iceland) in Gunnarsholt, 2 km östlich der Kreuzung der Straßen 264 und 268, ✆ 488 3000, 🖥 www.land.is, nicht entgehen lassen. Es thematisiert die Konfrontation der Bevölkerung mit den Folgen von Vulkanausbrüchen und anderen Naturgewalten und widmet sich den ersten Pionieren, die vor 100 Jahren den Kampf gegen Erosion und Bodenzerstörung begonnen haben. Projekte, die übrigens anfänglich nicht alle Isländer gut fanden, u. a., weil sie um ihre freie Sicht fürchteten. ⏱ Juni–Aug tgl. 9–17 Uhr, Eintritt 1000 ISK.

ÜBERNACHTUNG

In Hella

Árhús, Rangárbakka, ✆ 487 5577, 🖥 www.arhus.is. Hier gibt es alles in einem: Ein Restaurant (s. u.), eine hübsche Blockhaussiedlung direkt am Fluss und einen sehr gepflegten Campingplatz am parallel verlaufenden Bach. Zwar ist das Campen etwas teurer, doch gibt es dafür auch ein großes Aufenthaltshaus mit Gemeinschaftsküche, Grill-Equipment und Bänke. Campen 2500 ISK, Strom 1000 ISK. ❹

Guesthouse Nonni, Arnarsandur 3, ✆ 894 9953, 🖥 www.bbiceland.com. Das weiße Haus mit Garten und kleiner geschützter Terrasse liegt in einem ruhigen Wohngebiet, bequem zu Fuß vom Kreisverkehr aus zu erreichen. Einige Zimmer sind klein, dafür gibt es bei Björk ein super Frühstück mit selbstgebackenem Brot und Waffeln. ❸

Guesthouse Uxi, Borgarsandur 4, ✆ 666 7777. Eine Straße weiter als das Guesthouse Nonni liegt Uxi ein wenig versteckt. Die Zimmer sind einfach, der Gastgeber Uxi ist extrem freundlich und hilfsbereit und das angebotene Abendessen kann es mit den umliegenden Restaurants locker aufnehmen. ❸

Außerhalb

€ **River Hotel**, an der Straße 25, etwa 1,5 km südwestlich von Hella, s. Karte S. 536/537, ✆ 487 5004, 🖥 www.riverhotel.is. Der Ort Hella ist in Sichtweite auf der anderen Flussseite, aber hier gibt es außer Ruhe und vielen Fischen … gar nichts. Wer also einfach den herrlichen Blick auf den Fluss Rangá genießen will, ist hier richtig. Das Hotel ist relativ günstig und trotzdem fast luxuriös. Es hat 21 DZ und 1 Familienzimmer, alle mit Bad. Außerdem gibt es einen kleinen Hot Pot mit Flussblick und allerlei Praktisches wie z. B. einen Trockenraum für nasse Kleidung. Das Restaurant hat eine große Glasfront mit herrlichem Blick auf den Fluss Rangá. Einziger Nachteil: Die meisten Zimmer haben Parkplatz-Blick. ❸

ESSEN

Restaurant Árhús, s. Übernachtung. Ein Lokal mit amerikanisch angehauchtem Raststätten-Interieur, aber neben empfehlenswerten Burgern auch mit isländischer Küche (z. B. Lachsstartar, aber auch Lamm, Rote-Bete-Carpaccio und Pferdesteak). Die Zutaten sind – wenn möglich – regional, die Bedienung ist zuvorkommend und die Aussicht auf den Fluss ist toll. ⏰ Mo–Sa 11–22, So 17–22 Uhr.

Restaurant Strönd, Kirkjubær, ✆ 775 0145. Kleines, aber feines Restaurant mit Blick auf den Golfplatz. Es gibt Isländisches wie Pferd, Wal, Lamm und Forelle, aber auch Burger und Fish 'n' Chips, vor allem aber umwerfenden hausgemachten Kuchen (die Meringues mit Karamell und Eis drin sind ein Traum). Wer etwas über die traditionelle isländische Küche erfahren will, ist hier richtig, denn der sehr engagierte Betreiber Hjalti gibt bereitwillig Auskunft. Und manchmal ist er auch Koch und Kellner zugleich. ⏰ tgl. 11–21 Uhr.

EINKAUFEN

Das große, moderne, blau verspiegelte Gebäude am Kreisverkehr bezeichnen die Einheimischen gern als ihr **Shopping Center**. Hier sind auf engstem Raum Supermarkt Kjarval (⏰ Mo–Fr 10–20, Sa–So 10–18 Uhr), Bäckerei (s. u.), Alkoholladen Vínbuðin (⏰ Mo, Di und Do 12–18, Mi und Fr 11–19, Sa 11–16 Uhr), Apotheke und Ärztezentrum (s. u.) untergebracht. Direkt daneben: die Tankstelle mit Imbiss und die Bank mit Geldautomat, auf der anderen Seite des Parkplatzes die Bushaltestelle.

Kökuval Konditori, Suðurlandsvegur 1. Die Bäckerei mit kleinem Café öffnet erheblich früher als die anderen Geschäfte – und auch wenn es hier nicht besonders gemütlich ist, ist das Frühstück mit frischem Brot und ausgefallenen Teilchen (unbedingt den Hefering mit Nüssen probieren!) ein echter Renner. ⏰ Mo–Fr 6.30–17.30, Sa 8–16 Uhr.

AKTIVITÄTEN UND TOUREN

Schwimmen

Schwimmbad, Útskálar 5, ✆ 488 7040, 🖥 www.sundlaugar.is/sundlaugar/hella/?lang=en. ⏰ 25. Mai–25. Aug Mo–Fr 6.30–21, Sa, So 10–19 Uhr. 26. Aug–24. Mai Mo–Fr 6.30–21, Sa, So 10–18 Uhr.

Touren

MudShark Tours, Freyvangur 22, ✆ 691 1849, 🖥 www.mudshark.is. Biologe Magnús ist auf Angelausflüge spezialisiert, richtet sich aber ganz nach den Wünschen seiner Kunden: Sein Angebot reicht vom naturkundlichen Spaziergang rund um Hella (4500 ISK p. P.) bis zum Super-Jeep-Tour nach Þórsmörk (39 000 ISK p. P., mind. 2 Teilnehmer).

SONSTIGES

Autoreparaturen
Þrúðvangur 36a, ✆ 487 5530 und 861 1662.

Geld
Geldautomat, Þrúðvangur 5. ⊕ 9–12, 13–16 Uhr.

Informationen
Im Restaurant Árhús. ⊕ Mo–Sa 11–22, So 17–22 Uhr.

Medizinische Hilfe
Apotheke, Suðurlandsvegur 3.
⊕ Mo–Fr 9–17 Uhr.
Ärztezentrum mit Ambulanz (Heilsugæsla), Suðurlandsvegur 3, ✆ 432 2700,
🖥 www.hsu.is. ⊕ Mo–Fr 8–16 Uhr.

TRANSPORT

Strætó hält an der **Bushaltestelle** beim Einkaufszentrum. Alle privaten Anbieter (Reykjavik Excursions, Sterna und Trex) halten ebenfalls dort, und zusätzlich am Campingplatz. Alle Ringstraßen- und Hochlandbusse, die in Selfoss Halt machen (S. 507), stoppen auch in Hella (Abfahrtszeiten 30 Min. früher bzw. später).

Von Hella bis zur Hekla

Die landschaftlich reizvolle Straße 26 beginnt wenige Kilometer nordwestlich von Hella an der Ringstraße (an der Straßenkreuzung Landvégamót mit Tankstelle). Die von zwei Flüssen eingerahmte Strecke führt erst durch saftig grünes Weideland mit einer bekannten **Pferdefarm**. Später geht es durch ein großes Lavafeld, durch das sich der Fluss Þjórsá mit dem schönen **Þjófafoss** seinen Weg bahnt, auf den **Vulkan Hekla** zu, den man aber besser aus gebührender Distanz bewundert.

Icelandic HorseWorld
Eine Stallführung für 2000 Kronen? Ja, und trotzdem eine Empfehlung: Denn Icelandic HorseWorld, Skeiðvellir (8 km nordöstlich der Ringstraße, an der Straße 26), ✆ 899 5619, 🖥 www.iceworld.is, zeigt einen vorbildlichen, modernen Zucht- und Turnierstall, bietet kürzere und längere Reittouren für Anfänger und Fortgeschrittene und beherbergt auch ein gemütliches und günstiges Café. Hier können Nicht-Reiter bei Kaffee, Kuchen und Kaltgetränken ein wenig Stallluft schnuppern, denn das Café ist nur durch eine Fensterfront von der Reithalle getrennt. Durch den Stall, wo die Pferde in offenen, hellen Boxen stehen, werden Führungen angeboten, bei denen das freundliche Personal oder sogar die Deutsch sprechende Besitzerin, die bekannte Turnierreiterin und Pferdetrainerin Katrin, Besuchern die Besonderheiten des Islandpferds näher bringt (s. dazu auch Kasten „Sag niemals Pony", S. 96). Empfohlene Besuchszeit ist das Frühjahr, denn da beinhaltet die Führung auch einen Ausflug zu den lichen neugeborenen Fohlen. ⊕ Juni–Sep tgl. 9–17 Uhr, im Winter auf Anfrage (wer freundlich fragt, wird jederzeit herumgeführt), Führung (1–1 1/2 Std.) 2000 ISK inkl. Kaffee und kurzer Vorführung in der Reithalle, Kinder unter 12 Jahren frei, Ponyreiten 1000 ISK.

Þjófafoss
In ihrem letzten Abschnitt führt die Straße 26 zwischen der Hekla und dem 669 m hohen Berg Búrfell in Richtung Hochland. Letzterer ist auch ein Vulkan, aber schon lange nicht mehr aktiv. Die Lava, die das Þjorsá-Tal hier bedeckt, das **Búrfellshraun**, stammt weder von der Hekla noch vom Burfell, sondern ist vor etwa 3500 Jahren aus dem Hochland bis hierher geströmt. An der südlichen Spitze des Búrfell führt eine kiesig-sandige Fahrspur nach links, über die man nach 2,5 km den kleinen Parkplatz am **Þjófafoss** erreicht. Er heißt übersetzt „Diebes-Wasserfall", weil hier in vergangen Zeiten die Übeltäter der Region in den milchig-weißen, manchmal auch grün-türkis schimmernden Fluten versenkt worden sein sollen. Wer in die Schlucht hinabschaut, erkennt sofort, dass selbst Überlebende des Sturzes keine Chance hatten, sich irgend-

Das Tor zur Hölle: die Hekla

Wie eine erhabene Wächterin thront sie über der gesamten Region: Die Hekla (isländisch für „Haube"), 1491 m hoch und mindestens 6600 Jahre alt, gehört zu den drei **aktivsten Vulkanen Islands**. Sie ist der Zentralvulkan einer 40 km langen Vulkanspalte, weswegen hier im Mittelalter das „Tor zur Hölle" vermutet wurde. Und dieses „Tor" ist ganz schön groß bzw. breit: Über der 8 km tiefen Magmakammer erstreckt sich eine 5 km lange Ausbruchspalte, die sich bei den letzten Eruptionen geöffnet hat. Die bisher 38 nachgewiesenen Ausbrüche richteten dabei **Schäden** in völlig unterschiedlichem Ausmaß an: 1970 und 1980/81 z. B. gab es „einigen", 1991 und 2000 „geringen" Schaden. Und 1766 und 1845 „ziemlich großen". Nur: auch „geringer Schaden" kann schon ziemlich gravierend sein. Selbst die gut 20 km, die die Asche zurückgelegt hat, als sie 1104 den Bauernhof Stöng (S. 542) komplett unter sich begrub, kommen einem noch beeindruckend weit vor. Und auch die 40 km entfernten, riesigen Lavafelder am Fluss Hvítá nahe Selfoss gehen auf das Konto der Hekla. „Größer" war der Schaden z. B. im Jahr 1947: 800 Mio. m³ Lava. Durch giftige Fluorverbindungen verseuchte Wiesen und Asche, die bis nach Helsinki geweht wurde.

Kurz: So ein Ausbruch kann unvorstellbar großen Schaden anrichten. Und Experten weisen immer wieder darauf hin, dass der Vulkan schon seit Langem wieder „bereit" sei, weshalb bereits seit Jahren die Besteigung des Gipfels offiziell verboten ist. Gemessen an der Statistik der letzten Ausbrüche (1970, 1980, 1991 und 2000 – also im Zehnjahresrhythmus) ist die nächste Eruption überfällig, aber ob und wann die Hekla erneut ausbrechen wird, ganz genau dann passieren wird, weiß niemand. Die generell nur kurze Vorwarnzeit steigert die Gefahr noch: Nach dem ersten Erdbeben hat man nur etwa 40 Minuten Zeit, sich in Sicherheit zu bringen. Vielleicht. Vielleicht auch weniger. Denn so genau vorausberechnen kann das niemand. Schon gruselig, aber erstaunlicherweise gibt es Menschen, die genau wegen dieses Thrills regelmäßig hierher kommen, den Vulkan zu Fuß besteigen – trotz Verbot – und auf halber Strecke zelten. Und was machen die Isländer? Sie bauen Sommerhäuser am Fuß des Berges – wohl wissend, dass sie im Falle eines Ausbruchs nicht zu retten sind. Hier sei es genauso gefährlich wie an jedem anderen Ort der Insel, sagen sie.

Hekla Visitor Center

Auf der Höhe von Leirubakki, einem uralten Anwesen an der Straße 26, hat man den besten Blick auf die Hekla. Hier beginnt einer der populären Fußwege zum Fuß der Hekla, und hier befindet sich auch das von bekannten isländischen Architekten entworfene Besucherzentrum, ℡ 487 8700, 🖥 www.leirubakki.is. Es bietet eine Fülle an Informationen zum Vulkanismus auf Island, insbesondere zur Hekla. Auch wenn die Datenflut so manchen Besucher überfordert, ist die Ausstellung einen Besuch wert, denn das „normale" Erscheinungsbild der Hekla – sieht aus wie ein ganz gewöhnlicher Berg mit einer Schneekappe – lässt nicht vermuten, was da alles ausbruchbereit unter der harmlos wirkenden Oberfläche brodelt. Auf der Internetseite kann man die Auswirkungen auf die umliegenden Regionen Landsveit, Holt, and Rangárvellir anschauen. ⏰ im Sommer tgl. 10–22, im Winter Sa, So 10–21 Uhr.

wo am Ufer festzuklammern oder gar die steilen Felswände emporzuklettern. Ein Fluss ohne Wiederkehr. Es lohnt sich, dem mit Pflöcken markierten Pfad ein Stück zu folgen, denn hier wird die Aussicht nach Norden und auf die gegenüberliegende Canyon-Seite mit jedem Meter schöner.

Im Winter ist die Zufahrtsstraße oft zugeschneit und deshalb unpassierbar. Die Alternative ist ein kurzer Stopp etwas weiter nördlich an einem kleinen Parkplatz. Dort geht es an einem Zaun entlang hinunter zum Fluss. Seltsam, wie es hier aussieht. Hier flossen nämlich früher einmal große Wassermassen und gewaltige Stromschnellen. Der **Tröllkonuhlaup** (Troll-frauen-lauf) ist nach zwei Troll-Schwestern benannt, die auf unterschiedlichen Seiten des Flusses gewohnt und so lange Steine in den Fluss geworfen haben sollen, bis sie trockenen Fußes hinüber gelangen konnten. Seit dem Bau des Kraftwerks weiter flussaufwärts hat sich das Flussüberquerungsproblem aber sowieso erheblich verkleinert. Heute kann man hier in ausgetrockneten Flussarmen spazieren gehen. Der Tröllkonuhlaup ist ein „Wasserfall ohne Wasser", doch schön ist es trotzdem.

ÜBERNACHTUNG

Entlang des Flusses Ytri-Rangá gibt es einige kleine Ferienhaussiedlungen, die auch als „Campingplätze" ausgeschildert sind. Ob man hier aber wirklich zelten darf, und falls ja, zu welchen Konditionen, muss erfragt werden. Der offizielle Campingplatz ist in Leirubakki, direkt vor dem Hekla Center.

Camping Laugaland, an der Straße 26, etwa 6 km nordöstlich der Ringstraße, s. Karte S. 536/537, ✆ 895 6543, 🖥 www.tjalda.is/en/laugaland. Großer, kinderfreundlicher Platz mit Fußballfeldern, Spielplatz und Trampolin. 1300 ISK, Kinder unter 17 J. kostenlos, Strom 1000 ISK. ⏰ Mitte Mai–Mitte Sep.

Leirubakki Hotel und Camping, an der Straße 26, s. Karte S. 536/537 ✆ 487 8700, 🖥 www.leirubakki.is. Dieser Ort im Nirgendwo ist ideal als Ausgangspunkt/Zwischenstopp für Reisen nach Landmannalaugar oder ins Hochland auf der Sprengisandur-Route. Zur Häuseransammlung gehören ein schönes Hotel mit ebenerdigen Zimmern, reichhaltigem Frühstücksbuffet und eigenem Indoor-Hot Pot, ein sehr gutes Restaurant, eine Tankstelle (im Sommer auch mit kleinem Laden), eine Bushaltestelle, das Hekla-Infozentrum und als Clou der Outdoor-Hot Pot Viking Pool mit Blick auf die Hekla. Hier sitzen Hotel- und Campinggäste (Durchreisenden ist der Zugang nicht gestattet) geschützt von Steinen in der freien Natur (Umkleidekabine ganz in der Nähe). Auch Reittouren. Campingplatz mit Servicehaus an der Zufahrtsstraße, wo auch die Busse nach Landmannalaugar halten.

Schlafsackunterkünfte auf Anfrage (ab 6500 ISK), Camping 1100 ISK, Kinder (6–11 J.) die Hälfte, unter 6 J. kostenlos. Sonderpreise im Winter. ❺

Rjúpnavellir Camping & Cottages, an der Straße 26 nahe des Þjófafoss, Karte S.536/537, ✆ 892 0409, 🖥 www.rjupnavellir.is. 2 geheizte Holzhäuser, in denen je 20 bzw. 24 Menschen in einem Raum schlafen. Küche, Aufenthaltsraum und schnelles Internet. Zudem kleinere (30 m²) Cottages. Cottage für 4 Personen 23 000 ISK, Schlafsackunterkunft 4900 ISK, Bettwäsche gegen Gebühr, Dusche 400 ISK.

AKTIVITÄTEN

Schwimmbad Laugaland, Holt, ✆ 487 6545. Schönes Freibad mit Außen-Hot Pots. ⏰ Juni–Sep Mo–Fr 14–22, Sa, So 10–19, Okt–Mai Mo–Mi 19–21.30, Do 16–20, Sa 14–17 Uhr.

TRANSPORT

Auto
Die **Straße 26** ist bis zur Hekla asphaltiert und wird danach zu einer verhältnismäßig guten Schotterstraße, die sich auch mit einem normalen Auto bis zur Mündung in die Straße 32 problemlos befahren lässt. Über die **Straße 32** kommt man dann Richtung Westen in einer schönen „Runde" wieder zurück auf die Ringstraße.
Auch die Rückfahrt Richtung Hella über die fast parallel verlaufende **Straße 268** (auf der so gut wie nie jemand fährt) lohnt sich. Hier beginnt beim Hof Hólar der Haupt-Wanderweg auf die Hekla (der Aufstieg ist wegen Ausbruchsgefahr aber derzeit verboten, im Hekla-Infozentrum von Leirubakki über den aktuellen Stand informieren). Es ist aber auch schön, hier einfach nur ein wenig herumzulaufen. Oder der Piste ein Stück bergauf zu folgen bis zum See Selvatn.
Die Hochlandpiste nach Landmannalaugar (F225) ist für normale Autos nicht zugelassen.

Busse
Leirubakki wird nur im Sommer von Linienbussen bedient:

LANDMANNALAUGAR, mit Sterna (Linie 13) um 9.30 Uhr, mit Reykjavik Excursions (Linie 11) 4x tgl., und mit Trex um 8.25, 10.05 und 15.05 Uhr, in 1 1/2–2 Std. für ca. 5000 ISK.
REYKJAVÍK, mit Sterna (Linien 13a) um 19.30 Uhr, mit Reykjavik Exkursions (Linie 11a), 6x tgl. und mit Trex um 16.05 und 19.35 Uhr, in 2 1/4 Std. für 6000–6500 ISK.

Von Hekla über Stöng nach Selfoss

Nördlich von Búrfell und Hekla beginnt die Wüste. Die hier nicht mehr asphaltierte Straße 26 verläuft flach durch Ödnis; bei guter Sicht bringen ferne bunte Hochlandberge etwas Farbe ins Spiel. Nach ungefähr 16 km stößt man auf die Straße 32, den Þjórsárdalsvegur. Dieser führt parallel zur Straße 26 wieder zurück nach Südwesten, vorbei an malerischen **Wasserfällen**, einer idyllischen **Schlucht** und museoalen **historischen Gehöften**.

Háifoss

Mit einer Fallhöhe von 122 m ist der Háifoss der **fünfthöchste Wasserfall** Islands. Noch spektakulärer als die Höhe ist die Perspektive, aus der man den „hohen Wasserfall" bestaunen kann, denn Park- und Aussichtsplatz befinden sich fast auf Augenhöhe auf der gegenüberliegenden Seite der Schlucht. Der kleine benachbarte Wasserfall Granni weiter östlich und der bei gutem Wetter strahlende Regenbogen vervollständigen das Panoramafoto. Doch offenbaren die tollen Fotos nicht, wie eisig hier oft selbst an sonnigen Sommertagen der Wind weht. An regnerischen oder wolkenverhangenen Tagen lohnt der Besuch wegen der schlechten Sicht nicht.

Achtung: die Zufahrtsstraße 332 verdient den Namen Straße nicht. Selbst wenn der kleine See, der schon ganz unten am Anfang der Straße zu durchqueren ist, zur „Pfütze" geschrumpft sein sollte, stößt man wenig später auf große, extrem scharfe Steine, die selbst Jeep-Böden gefährlich werden können. Bei der Recherche war die Straße in so schlechtem Zustand, dass wir die letzten 5 der insgesamt 8 km gelaufen sind. Theoretisch führt sie Richtung Nordwesten auf ca. 35 km weiter bis zum Gullfoss, ist aber nicht befahrbar (als Wanderweg okay). Ein schöner, nicht markierter Wanderweg (ca. 8 km pro Strecke) führt vom Háifoss nach Süden zum Ende der Schlucht Gjáin (s. Kasten) und weiter nach Stöng (s. u.).

Freilichtmuseen Stöng und Þjóðveldisbærinn

Das Gehöft **Stöng** fiel dem großen Hekla-Ausbruch von 1104 zum Opfer. 1939 förderten Ausgrabungen die Grundmauern einer 72 m² großen Scheune mit Schlafplätzen für Mensch und Schaf zutage. Ihr wurde ein neues Dach verpasst, sodass Besucher heute trocken staunen können. Leider fehlt der wichtige Hinweis, dass die Scheune nicht nur aus Grassoden, sondern auch aus Holz besteht. Ein Beleg für ihr hohes Alter, denn damals muss es hier noch Bäume gegeben haben. Die 6,5 km lange Zufahrt nach Stöng über die Straße 327 ist steinig und nur für Allradfahrzeuge zugelassen.

Das rund 7 km südlich von Stöng an der Straße 32 gelegene **Þjóðveldisbærinn**, ✆ 488 7713, 🖥 www.thjodveldisbaer.is, ist ein originalgetreuer Nachbau von Stöng, bei dem auch die restaurierte Kirche wieder in vollem Glanz erstrahlt. Geweiht wurde das Schmuckstück anlässlich des 1000-jährigen Geburtstags des Christentums im Jahr 2000. Für *Game of Thrones*-Fans ist der

---

Die „blühende Schlucht" Gjáin

Dieses Naturidyll, nur einen Katzensprung von Stöng entfernt, ist so voller Leben, dass einem fast der Atem stockt. Kleine und größere Wasserfälle plätschern vor sich hin, erstaunlich viele Pflanzen sprießen, Vöglein singen, schmale Fußpfade führen durch verwunschene Höhlen zu ruhigen Uferplätzen – und Elfen leben hier mit Sicherheit auch. Menschen, die nicht trittsicher sind, müssen sich allerdings darauf beschränken, die Schönheit von oben zu bewundern. Man erreicht Gjáin von Stöng (s. u.) aus in einer Viertelstunde zu Fuß über einen markierten Pfad am Nordufer des Flüsschens Rauða.

Hekla vom Aussichtspunkt Gaukshöfði aus betrachtet

Besuch ein Muss, denn auf dem Museumsgelände fanden wichtige Kampfszenen statt. ⏱ Juni–Aug tgl. 10–17 Uhr, Eintritt 1000 ISK, Kinder unter 16 Jahren frei.

Hjálparfoss

Gleich westlich von Þjóðveldisbærinn lohnt dieser zweigeteilte Wasserfall im Fluss Fossá auf jeden Fall einen Stopp. Vom Parkplatz aus gelangt man über einen steilen Trampelpfad bis runter zu dem kleinen See, in den sich der Foss ergießt. Ob die 1 km lange Zufahrtspiste auch mit einem Pkw bewältigt werden kann, hängt vom Wetter und dem Straßenzustand ab (im Zweifel entgegenkommende Fahrer befragen oder laufen).

Þjófafoss (von der Nordseite)

Auch von der Straße 32 kommt man nach etwa 8 km zum Þjófafoss, allerdings nicht so einfach und schnell wie von der Südseite. Dafür trifft man hier, zu Füßen des mächtigen Búrfell, in der Regel keine anderen Besucher. Man folgt der Schotterstraße südlich von Þjóðveldisbærinn bis zum Kraftwerk Búrfellsvirkjun und durchquert dann eine Senke, in der ungeeignete Autos schnell aufsetzen. Die wirkliche Gefahr besteht aber darin, dass die Senke ohne Vorwarnung geflutet werden kann. Wer dann auf der Südseite steht, muss warten, bis das Wasser wieder abgeflossen und der Weg abgetrocknet ist. Wir empfehlen den 10 km langen Fußmarsch. Sehr meditativ!

Gaukshöfði

Es scheint, als habe der Felsen sich hier, rund 10 km südwestlich vom Hjálparfoss, extra so aufgebaut, dass er Besuchern einen hervorragenden, windgeschützten Logenplatz zur Hekla-Betrachtung bietet. Vom Parkplatz aus (Achtung, viele Schlaglöcher) führt ein Trampelpfad steil bergauf.

ÜBERNACHTUNG

Campingplatz Árnes, an der Straße 32, s. Karte S. 536/537, ✆ 897 1112, 🖳 www.tjalda.is/en/arnes. Einfacher Platz mit verschiedenen Arealen beim Schwimmbad. 1300 ISK, Kinder (12–16 J.) 700 ISK, Strom 900 ISK. ⏱ Juni–Aug.

Guesthouse Denami, Háholt, nahe der Straße 32, s. Karte S. 536/537, ✆ 698 7090, 🖥 www.denami.is. Kleines, aber feines Gästehaus auf der Farm Vestra-Geldingaholt. Sigfus und Josefine sind Reiter und Pferde-züchter aus Leidenschaft, aber auch wunder-bare Gastgeber. Kleine saubere Zimmer, Hot Pot im Garten und Ess-/Aufenthaltsraum mit Hekla-Blick. Auf Wunsch Mittag- oder Abendessen vom Feinsten, z. B. mit frischen Forellen aus dem See. Die Gäste dürfen auch selbst mit dem Boot rausfahren und sich ihr Abendessen erangeln. Ausritte und Reittouren in Zusammenarbeit mit dem Veranstalter Núpshestar (s. u.). ❸–❹

AKTIVITÄTEN

Reiten

Núpshestar, Breiðanes, nahe der Kreuzung der Straßen 30 und 32, ✆ 852 5930, 🖥 www.nupshestar.is. Geführte Ausritte für Anfänger und Profis (1 Std. 7000 ISK, 3 Std. 12 000 ISK, Tages-Tour 21 000 ISK).
Vorsabær 2, an der Straße 324, ✆ 866 7420, 🖥 www.vorsabae2.is. 1–5-stündige Ausritte, auch für Anfänger. Kleinere Kinder werden geführt. Man kann aber auch die Farm besichtigen und die wertvollen Zuchtpferde bestaunen.

Schwimmen

Schwimmbad Neslaug, Árnes, an der Straße 32, ✆ 486 6117. Mini-Freibad in Muschelform und Hot Pot beim Campingplatz. ⏲ im Sommer oft jeden Abend, sonst Mi 17–22, Sa 13–18 Uhr.

Wandern

Herrliche Wanderwege führen durch das große, gepflegte Waldgebiet **Hellisskógar** an der Straße 32, ungefähr 4 km südwestlich der Abfahrt zum Hjálpafoss-Parkplatz. Auf das Hinweisschild Göngulei∂ (Wanderweg) an der Straße 32 achten, das Auto auf dem kleinen Parkplatz abstellen und über die Fußgängerbrücke gehen. Das Erklär-Schild zu den Wanderwegen findet, wer sich links hält und so wieder zum Fluss kommt, der hier eine scharfe Kehre macht.

TRANSPORT

An der Kreuzung der Straßen 26 und 32 geht es rechts Richtung Nordosten weiter zur Hochlandpiste F26 (Sprengisandur, S. 584). Links führt die asphaltierte Straße 32 fast parallel zur Straße 26 wieder zurück nach Südwesten (Tankstelle in Árnes), bis sie auf die Straße 30 stößt. Hier geht es rechts nach Flúðir (13 km) und links nach Selfoss (ca. 30 km).

Selfoss, Hveragerði und Umland

Eine gute Kombination: Während die beiden Ringstraßen-Städte verkehrstechnisch sehr gut angebunden sind und alle wichtigen touristischen Dienstleistungen bieten, warten vor ihren „Haustüren" attraktive Ausflüge ins Umland.

Rund um Selfoss

Von einem „hübschen Städtchen" zu schreiben, wäre übertrieben, und der namensgebende Wasserfall (Selfoss = Hüttenwasserfall) ist eher eine Ansammlung von Stromschnellen. Außer dem **Grab von Schachweltmeister Bobby Fischer** in der Laugardælakirkja und der dazugehörigen Ausstellung neben dem Blumenladen an der Hauptstraße Austurvegur 21, 🖥 www.fischersetur.is, gibt es im Ort nicht viel zu sehen. ⏲ im Sommer tgl. 13–16 Uhr, ansonsten Schlüssel im Blumenladen abholen, Eintritt 1000 ISK. Doch ist Selfoss (6500 Einw.) als Versorgungszentrum für die ganze Region sehr bedeutend und punktet zudem mit „Lage, Lage, Lage", die kaum besser sein könnte: Denn neben der ausgezeichneten touristischen Versorgung laden das abwechslungsreiche und touristisch sehr gut erschlossene Umland und die gute Verkehrsanbindung zu zahlreichen Ausflügen ein. Der Ort liegt so zentral an der Ringstraße, dass alle Sehenswürdigkeiten des Südens und des Golden Circle von hier aus bequem in wenigen Stunden erreichbar sind (s. u. bei Transport).

Þingborg Wool-Center und Gallery Flói

Es regnet oder stürmt? Dann ist die Stunde des Wool-Centers gekommen! Das **Woll-Zentrum** ist kein Wolllager oder -großhandel. In dem verlassen wirkenden Gebäude 8 km östlich von Selfoss direkt an der Ringstraße, ✆ 482 1027, 🖥 www.thingborg.net, kann man zwar auch Pullover, Handschuhe und Mütze kaufen, aber es gibt auch noch Schaffelle zum Anfassen, Vliese, hölzerne Spindeln und Zeitschriften und Bücher mit Strick- und Häkelanleitungen. ⏲ Mo–Fr 10–17, Sa 10–16 Uhr.

In der **Gallery Flói** im gleichen Gebäude, ✆ 868 7486, 🖥 www.fanndis.com, kann man einer Glasbläserin bei der Arbeit zuschauen. Alles, was es hier zu kaufen gibt, hat Fanndís selbst hergestellt: Perlen, Schmuckstücke, Glaskunst, Töpferwaren und interessante Kunstwerke aus Schallplatten. Die Außenfassade soll demnächst renoviert werden. ⏲ Sommer Mo–Fr 10–16.30, Sa 10–16, Winter Do–Fr 10–16.30, Sa 10–16 Uhr.

Urriðafoss

Schnell hinfahren, denn möglicherweise ist der wasserreichste Fall Islands schon bald nicht mehr da. 360 m^3 Wasser pro Sekunde sollen es sein, die sich hier mit einem Höllenlärm um einen Felsen und in eine Spalte pressen. Trotz der geringen Fallhöhe (gut 5–6 m) wirklich beeindruckend, und in vielen Ländern wäre der Katarakt wohl eine Sensation, doch hier interessiert sich niemand für ihn. Besser gesagt: Fast niemand. Denn eine Infotafel verkündet, dass am **Urriðafoss** womöglich demnächst ein weiteres Wasserkraftwerk im Fluss Þjórsá entsteht. Vor dem Wasserfall gibt es einen Parkplatz mit Picknickbank. Die schönsten Fotos lassen sich vom Ende eines Trampelpfades ein Stück flussabwärts machen (auch Weiterspazieren am Ufer ist möglich). Der Urriðafoss befindet sich 18 km östlich von Selfoss in der Nähe der Ringstraße. Die etwa 1 km lange Zufahrtsstraße ist nicht immer gut in Schuss, aber langsam fahrend gut zu schaffen.

Zeitreise im Turf House

Ungefähr 20 kg wiegt eine einzige Grassode. Hannes Lárusson hat sie mit uralten Werkzeugen selbst gestochen und für die Besucher auf einem Stein vor dem kleinen Torfhaus drapiert. Jeder darf sie einmal kurz anheben und so ein Gefühl dafür bekommen, wie aufwändig es sein muss, aus diesen nassen Torfstücken ein ganzes Haus zu bauen. Immer abwechselnd wird auf eine Schicht durchweichte Erde eine Schicht Steine gestapelt, die, weil sie so porös sind, viel leichter und handlicher sind als die Grassoden selbst. Oben drauf kommt dann ein Holzdach aus bearbeitetem Treibholz oder den Überresten der zahlreichen, vor der Küste gesunkenen Schiffe und fertig ist das **Torfhaus**, das, wenn der Erbauer alles richtig gemacht hat, gut und gerne 30 bis 40 Jahre hält.

Der letzte Isländer, der in so einem Haus gelebt hat, sei erst in den 1980er-Jahren gestorben, erklärt Hannes, der es sich zur Aufgabe gemacht hat, Besuchern nahezubringen, wie einfach die isländischen Bauern noch vor wenigen Jahren gelebt haben. Der Hof hier ist der, auf dem er geboren und aufgewachsen ist. Und auf den er vor wenigen Jahren zurückgekehrt ist, um ihn zu restaurieren. Das hölzerne, mit Wellblech verkleidete Farmhaus sieht außen und innen schon genauso aus wie in seiner Kindheit, am Stall muss noch gearbeitet werden. Hannes sammelt alte Werkzeuge, die er liebevoll repariert und auch benutzt, weshalb der chaotische Werkzeugschuppen zugleich Teil des Museums und sein Arbeitsplatz ist. So ist hier der Besitzer selbst – der übrigens keinerlei Fördergelder bekommt – die eigentliche Attraktion des Museums. Außer den alten Häusern gibt es noch eine eigenwillige **Ausstellung** mit alten Fotos, Bauplänen und einigen modernen Exponaten, deren Sinn und Herkunft nicht weiter erläutert wird, und ein **Café**, in dem Hannes seine Gäste bewirtet.

The Icelandic Turf House Austur-Meðalholt, Gaulverjabæjarvegur (7 km südöstlich von Selfoss an der Straße 33), ✆ 694 8108, 🖥 www.islenskibaerinn.is. ⏲ Führungen So 13–18 Uhr, im Sommer öfter (Hannes öffnet eigentlich immer, wenn Besucher da sind), Eintritt 1600 ISK, Kinder 7–16 Jahre 600 ISK.

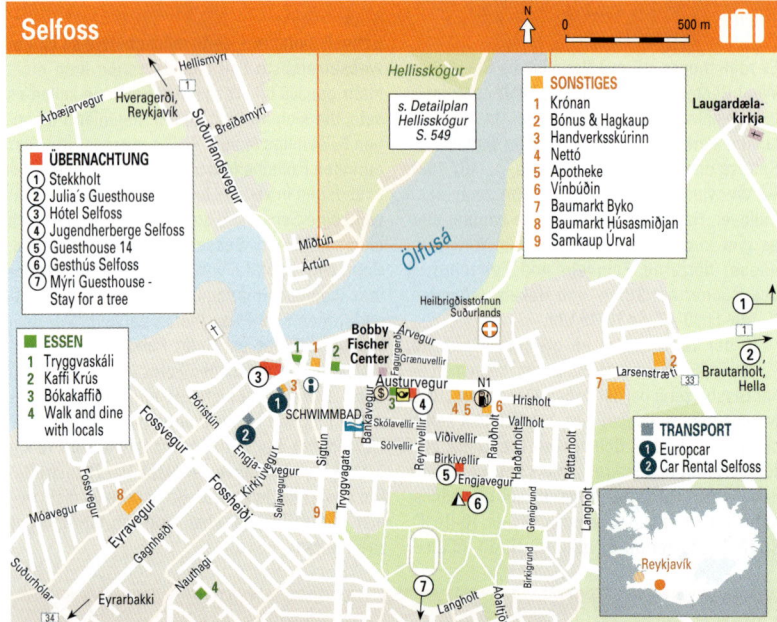

ÜBERNACHTUNG

In und um Selfoss gibt es unzählige Übernachtungsmöglichkeiten. Wer ohne Auto oder Fahrrad unterwegs ist, schläft am besten im Ort. Ansonsten hat hier fast jede Farm Gästezimmer.

In Selfoss

Camping und Cottages Gesthús Selfoss, Engjavegur 56, ☏ 482 3585, 🖳 www.gesthus.is. Wer bei Lísa, Óli und ihren Hühnern wohnt, vergisst schnell, dass er zentral im Ort ist. Schöne Campingwiese mit 2 kleinen Teichen, durch Büsche von der Straße getrennt. Tolles Servicehaus mit Küche und heißen Duschen. 2000 ISK, jeder weitere Erwachsene 1500 ISK, Kinder (13–15 J.) 800 ISK, Strom 800 ISK. Hotpot-Benutzung 500 ISK, Frühstück 1700 ISK. Im Wäldchen neben dem Sportplatz stehen zahlreiche Cottages für 2–6 Personen (310–410 €).

€ **Guesthouse 14**, Birkivellir 14, ☏ 898 5827. 4 Zimmer in zentraler Lage, aber nicht direkt an der Hauptstraße. Keine Kochmöglichkeit, aber Mikrowelle und Kühlschrank, außerdem Wasserkocher für Tee und Kaffee auf den Zimmern. Frühstück wird für 15 € p. P. ans Bett gebracht. ③

Hótel Selfoss, Eyrarvegur 2, ☏ 480 2500, 🖳 www.hotelselfoss.is. Modernes, großes Hotel am Kreisverkehr, empfehlenswert wegen der großen Zimmer, der schönen Aussicht auf den Fluss und des Frühstücksbuffets. Bar und Restaurant mit Glasfront. Der Besuch im Spa-Bereich kostet 1500 ISK extra. ⑤–⑥

Jugendherberge Selfoss, Austurvegur 28, ☏ 482 1600, 🖳 www.hostel.is/hostels/selfoss. Sehr zentral an der Hauptstraße gelegen. Duschen, WCs und Küche top, außerdem kleiner Whirlpool, Hängematte und Aquarium. Frühstück 11 €, Bett im 8er-Schlafsaal 45 €, Privatzimmer für 2–4 Personen für Mitglieder 124–215 €, sonst p. P. um 1000 ISK pro Nacht teurer. ③

Außerhalb

Camping Brautarholt (Campingkarte), 27 km nordöstlich von Selfoss an der Straße 30 nach

Flúðir, s. Karte S. 536/537, ✆ 823 3999, 🖥 www.tjalda.is/en/brautarholt. Keine Einkaufs- oder Verpflegungsmöglichkeit, aber nahe dem kleinen Schwimmbad. 1500 ISK, Kinder (12–17 J.) 500 ISK, Strom 900 ISK.
Camping Þjórsárver, auf dem Hügel Villingaholt, ca. 18 km südöstlich von Selfoss, s. Karte S. 536/537, ✆ 899 7748, 🖥 www.tjalda.is/en/thjorsarver. Durch einige Hecken halbwegs windgeschützter Platz mit Blick auf den Fluss Þjórsá, der hier fast Seebreite hat. Sport- und Spielplatz direkt nebenan. 1200 ISK, Kinder 600 ISK, Strom 800 ISK. ⏰ Juni–Mitte Aug.

Julia's Guesthouse, Hnaus, 12 km östlich von Selfoss, s. Karte S. 536/537, ✆ 856 4788, 🖥 www.julias-guesthouse.com. 2 liebevoll eingerichtete Doppel- und ein Dreibettzimmer mit separatem WC auf einer abgelegenen Kleinstfarm. Das gelbe fünfgiebelige Haus liegt auf einem Hügel mit Hekla-, Eyjafjallajökull-, Ingolfsfjall- und bei guter Sicht sogar Westmännerinsel-Blick. Im Winter entstehen hier sensationelle Nordlichtfotos. Die Schweizerin Julia und ihr Freund Maik teilen Wohnzimmer und Küche mit ihren Gästen. Keine Kochmöglichkeit, abgesehen von Mikrowelle und Wasserkocher. Tolles Frühstück mit frisch gebackenem Bio-Brot, vielen selbstgekochten Marmeladen (z. B. Banane-Amarula) und Eiern von den gackernden Lieferanten draußen. Nichts für Tierhaarallergiker, denn hier leben 4 Katzen, 3 Wellensittiche und rund 20 Hühner, die mit zur Familie gehören. ❸

Mýri Guesthouse - Stay for a tree, Ásamýri 2, ca. 4 km südlich von Selfoss an der Straße 310, s. Karte S. 555, ✆ 857 1976, 🖥 www.facebook.com/stayforatree.myri guesthouse. 2 moderne Apartments auf dem platten Land: Eines für 2–3 Personen plus Schlafcouch und eines für 4 Personen, 21 000– 28 000 ISK (bei längeren Aufenthalten bis zu 20 % Rabatt). Die hilfsbereite Familie lebt mit Kindern, Hund und Pferden direkt nebenan und steht – wenn gewünscht – mit Rat und Tat zur Seite, ansonsten kann in aller Ruhe die unverbaute Aussicht auf den Eyjafjallajökull genossen werden. Lobenswert sind die Versuche, hier Bäume zu pflanzen (für jede Übernachtung einen). Die Fortschritte sind auf der Webseite zu sehen.
Stekkholt, 4,5 km nordöstlich von Selfoss, ✆ in Deutschland 02554-8987, 🖥 www.ferienhaus-island.is. Der deutsche Reiseveranstalter Kría Tours bietet 2 komfortable, moderne Ferienhäuser auf dem Land, mit Fußbodenheizung, Grill, Terrasse und jeweils einem Hot Pot. Eines hat Platz für bis zu 5, eines für bis zu 9 Personen. 220 € bzw 290 €/Nacht. Kleine „Nordlichthäuser" mit Glasdach und Rundumblick sind in Planung.

Traustholtshólmi, s. Karte S. 536/537, ✆ 699 4256, 🖥 www.thh.is. Extravagante Übernachtung auf einer nur per Boot erreichbaren Insel im Fluss Þjórsá. Hier stehen 3 mongolische Jurten für je 2 Personen plus Kinder auf einer Insel (23 ha), die man in einer Dreiviertelstunde umrundet hat. Besitzer Hákon hat für diese Idee einen Start-up-Preis bekommen. 2 Nächte inkl. Abendessen mit frisch gefangenem und über offenem Feuer gegartem Lachs und selbstgezogenen Kartoffeln für 33 000 ISK p. P. ⏰ nur im Sommer.

ESSEN

Bókakaffið (Buchladen/Antiquariat mit Café), Austurvegur 22. Die kulinarische Auswahl ist klein, die an Büchern dafür umso größer. Interessant sind die Sachbücher (z. B. über die Geologie Islands) auf Deutsch und Englisch. Wer pfleglich mit ihnen umgeht, darf sie hier bei einer Tasse Kaffee lesen. ⏰ Mo–Sa 12–18 Uhr.

Kaffi Krús, Austurvegur 7, ✆ 482 1266, 🖥 www.kaffikrus.is. Die Einheimischen wissen am besten, wo es gut ist! Ob beim abendlichen Pizzaessen im gemütlichen Innenraum (das Café ist zwar klein, erstreckt sich aber über 2 Etagen) oder kurzen Kaffee-Stopp mit Möhrenkuchen auf den Bierbänken draußen: Hier ist der Ort, in dem man alte und junge Isländer kennenlernt und dabei noch lecker essen kann. Besonders empfehlenswert auch zum Mitnehmen die saftigen Torten und Kuchen. Man wird zwar schon vom bloßen Anschauen dick, aber das kümmert hier keinen. ⏰ tgl. 10–22 Uhr.

Wanderungen bei Selfoss

Mit einem schönen Wald und beeindruckenden Tafelberg liegen gleich zwei reizvolle Ausflugsziele direkt vor den Toren der Stadt.

Durch den Hellisskógur zur Stóri Hellir
- **Länge**: ca. 4 km hin und zurück
- **Dauer**: ca. 1 Std. hin und zurück
- **Schwierigkeit**: leicht

Auf der nördlichen Seite des Flusses versteckt sich der 126 ha große **Wald Hellisskógur**, den unzählige geschotterte oder mit Holzstückchen ausgestreute Wege durchziehen. Er ist zwar nicht so spektakulär wie andere Attraktionen, aber es ist wirklich schön hier. Und schön einsam. Ein breiterer Weg, den Förster auch als Fahrweg nutzen, führt direkt am Ölfusá-Ufer entlang. Zum kleinen Parkplatz am Waldrand muss man gleich nördlich der Selfoss-Brücke rechts abbiegen und dann der Straße am Ufer entlang etwa 1 km nach Nordosten folgen. Am Parkplatz steht eine leider ziemlich unübersichtliche Übersichtskarte mit den Spazierwegen, die man am besten fotografiert, denn in diesem Wald kann man sich verlaufen, da die Pfade immer mal wieder ihre Richtung wechseln.

Der Rundweg
Vom Parkplatz aus folgt man zunächst dem Flussufer knapp 2 km bis zu einem Bachzufluss (wer diesen überquert, findet weiter nördlich idyllische Plätze für ein Picknick am Flussufer). Auf dem Rundweg geht es aber scharf nach links weiter. Der bald breiter werdende Weg stößt nach einem guten Kilometer auf die **Stóri Hellir** (übersetzt „große Höhle"). Dies ist übrigens keine unterirdische Kaverne mit Stalaktiten, sondern eine große, offene Höhle, eingelassen in bis zu drei Millionen Jahre altem Basalt. Eigentlich ließe es sich im trockenen und geschützten Höhlenrund mit den Holzbänken wunderbar feiern (Cam-

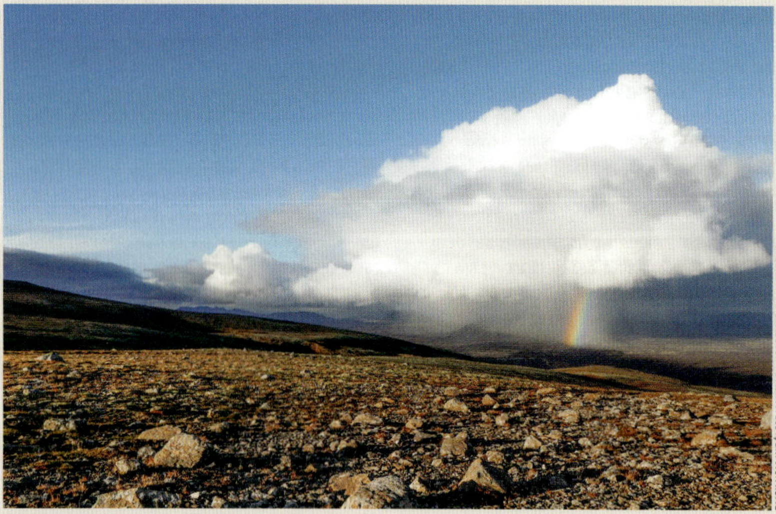

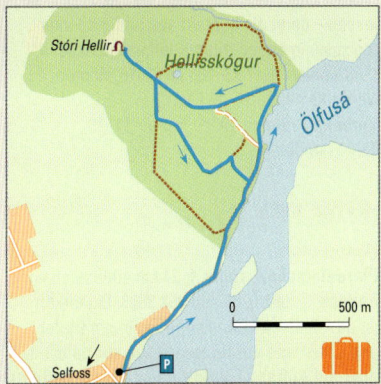

pen ist verboten), doch haben wir bisher niemals auch nur einen einzigen Menschen angetroffen. Vielleicht, weil es hier spukt. Ein Geist mit einem blauen Schal soll in der Höhle leben, seit sich vor langer, langer Zeit ein junger Mann aus Liebeskummer hier an eben diesem Schal erhängt haben soll. Es lohnt sich, noch schnell auf den kleinen Hügel über der Höhle zu klettern und die Aussicht zu genießen.
Auf dem Rückweg kurz dem Pfad vom Hinweg folgen, dann südwärts in den Wald abbiegen. Der verschlungene Weg führt über viele kleine Holzbrücken über Bäche zurück zum Flussufer und weiter zum Parkplatz.

Auf den Tafelvulkan Ingólfsfjall

- **Dauer**: Auf- und Abstieg ca. 1 1/2 Std., Bergumrundung ca. 3 Std.
- **Schwierigkeit**: mittel
- **Hinweise**: Der Aufstieg ist steil – und wer wieder zur Farm absteigen will, rutscht sicherheitshalber auf dem Hosenboden. Auf dem Tafelberg selbst bitte nur bei guter Sicht wandern. Im Nebel verliert man schnell die Orientierung.

Der mit Abstand schönste Weg auf den 551 m hohen Hausberg von Selfoss beginnt hinter der **Farm Alviðra** (erst 6,5 km über die Straße 35 Richtung Geysir, dann in die Straße 350 nach links Richtung Torfastaðir abbiegen und sofort wieder links bis zur Farm fahren, wo man vor einer Picknickbank parken kann). Schaut man von hier aus auf die steile Bergflanke, scheint es unmöglich, „einfach so" hier heraufzuklettern. Und doch ist das der Aufstieg.

Die Route

Der durch Pflöcke markierte Weg folgt zunächst ein Stück dem Hang Richtung Norden, um dann über ein Geröllfeld (das man besser mehrmals kreuzt) steil nach oben zu führen. Und die Aussicht wird praktisch mit jedem Höhenmeter besser: Erst kommt der See Álftavatn ins Blickfeld, später dann die gewaltigen Berge im Norden. Und nach ungefähr einer Dreiviertelstunde Kraxeln ist das Schlimmste geschafft: Eine im Stein befestigte Kette hilft dabei, die letzten Meter zu überwinden. Bis zum Meer reicht der Blick von hier aus aber noch nicht.
Der mit den Pflöcken markierte Weg führt über das fast ebene Plateau des Tafelberges hinweg weiter nach Westen, über die **Bergmitte** („Inghóll" genannt, hier soll der erste Siedler Islands Ingólfur Arnarson, dem der Berg seinen Namen verdankt, begraben sein) und auf Höhe der Straße 374 über die westliche Bergseite wieder runter ins Tal.
Wer aber das Meer sehen will, geht auf der Ostseite des Berges nach Süden. Auf dem Weg zurück zum Inghóll bieten sich weitere schöne Landschaftspanoramen.

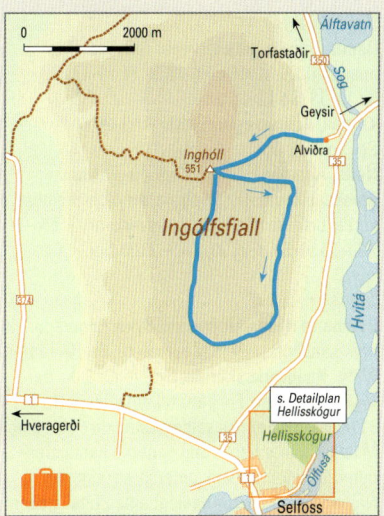

Tryggvaskáli, Austurvegi 2, ✆ 482 1390, 🖥 www.tryggvaskali.is. Die gleichen Betreiber wie das Kaffi Krús, aber eher gehobene Preisklasse (3-Gang-Menü 8500 ISK). Dafür ist das Essen aber auch hervorragend: Es gibt lokale Produkte, die mit viel Liebe zum Detail zubereitet werden, z. B. marinierter Schweinebauch mit Birnenmus, Rentierfilet mit Ziegenkäse, Lachs auf Gerstenbett und *beef tenderloin* mit Pilz- und Kartoffelpürree, Zwiebeln und Portobellokappe. Das Veggie-Angebot beschränkt sich auf eine Art Erbsenpüree mit gegrillten Karotten. Am Wochenende reservieren! ⏱ So–Mi 11.30–22, Fr–Sa 11.30–23 Uhr.

Walk and dine with locals, Lambhagi 16, ✆ 698 9933 (Helga) und 690 6694 (Ragnar), 🖥 www.ragnar573.wix.com/walkdinewithlocals (und bei Facebook). Irgendwann wollen Helga und Ragnar ein Restaurant eröffnen. Bis ihr Traum wahr wird, führen sie auf Anfrage Gäste zu ihren Lieblingsplätzen und bewirten sie bei sich zuhause. Die Preise sind Verhandlungssache.

EINKAUFEN

Die meisten Geschäfte liegen an der Ringstraße (die hier Austurvegur heißt), einige auch an der Straße 34 nach Eyrarbakki.

Supermärkte

Bónus, Gaulverjabæjarvegur (am östl. Ortsausgang). ⏱ Mo–Do 11–18.30, Fr 10–19.30, Sa 10–18, So 12–18 Uhr.
Krónan, Austurvegur. ⏱ Mo–Fr 9–20, Sa–So 9–19 Uhr.
Nettó, Austurvegur 42. ⏱ tgl. 10–21 Uhr.
Samkaup Úrval, Tryggvagata, am Schwimmbad vorbei bis zum nächsten Kreisverkehr. ⏱ Mo–Fr 7.30–23.30, Sa 8–23.30, So 9–23.30 Uhr.

Sonstige Läden

Baumarkt Húsasmiðjan und **Byko**, Eyravegur 42 bzw. Landholt 1. ⏱ je Mo–Fr 8–18, Sa 10–16 Uhr.
Handverksskúrinn, Eyravegur 3, 🖥 bei Facebook. Ein ganz toller Laden, in dem 8 Frauen aus Selfoss selbstgestrickte Pullis und Mützen, Töpferwaren und anderen handgefertigten Schnickschnack unter ihrem eigenen Namen verkaufen. Unbedingt eine „Tüte" geben lassen – denn die besteht aus umfunktionierten zusammengenähten Kopfkissenbezügen. ⏱ Sommer Di–Fr 13–18, Sa 11–16, Winter Mi–Fr 13–18, Sa 11–15 Uhr.
Vínbuðin, Vallholt 19. ⏱ Mo–Fr 11–19, Sa 11–16 Uhr.

AKTIVITÄTEN

Reiten

Pferdefarm Egilsstaðir 1, 24 km südöstlich von Selfoss, ✆ 567 6268 und 862 3628. Eigentlich ist das deutsch-isländische Team um Ólafur und Christiane auf Reiterurlaube spezialisiert, aber auf Anfrage bieten sie auch kurze geführte Touren, z. B. zum nahen Urriðafoss. Der große Vorteil: Es gibt genügend Pferde, sodass nur die wenigsten täglich eingesetzt werden. So verlieren die Pferde nicht die Lust am Umgang mit fremden Menschen.

Schwimmen

Schwimmbad, Tryggvagata 15, ✆ 480 1961, 🖥 www.sundlaugar.is/sundlaugar/sundhollselfoss. Ziemlich großes, gepflegtes Thermalbad mit 50-m-Außen- und kleinerem Innenbecken, Dampfbad, Sauna, 2 Hot Pots, mehreren „Liegebecken" und Rutsche. Die modernen Umkleiden verfügen über geräumige Spinde. Achtung: Am Wochenende ist es voll. ⏱ Mo–Fr 6.30–21.30, Sa, So 9–19 Uhr.
Skeiðalaug, Brautarholt, 27 km nordöstlich von Selfoss an der Straße 30 Richtung Fluðir, ✆ 486 5500, 🖥 www.sundlaugar.is/sundlaugar/skeidalaug. Leicht renovierungsbedürftiges – und gerade deswegen charmantes – kleines Schwimmbad mit Hot Pot und Dampfbad. Weil es drumherum keine Lichtquellen gibt, hat man im Winter hier einen hervorragenden Blick auf den Sternenhimmel und – falls vorhanden – auf Nordlichter. Nachteil: Es gibt keine Möglichkeit, Wertsachen einzuschließen. ⏱ Sommer meist tgl. bis 22, Winter Mo und Do 18–22 Uhr.

SONSTIGES

Autovermietungen und Werkstätten

Car Rental Selfoss, Eyravegur 15, ✆ 482 4040, 🖥 www.carrentalselfoss.is/en. Familienbetrieb.

Europcar, Eyravegur 3, ✆ 482 1132 und 840 6098, 🖥 www.holdur.is.
Sólning, Austurvegur 52, ✆ 482 2722. Reparaturen. ⊕ Mo–Do 8–18, Fr 8–17, Sa 9–13 Uhr.

Feste
Summer in Selfoss, Anfang August: Die Gärten sind mit bunten Bändern dekoriert, für die Kinder gibt es eine Hüpfburg und Karussells, Musiker und Magier treten in der Bücherei auf und den Abschluss bildet ein großes Feuerwerk.

Informationen
Touristeninformation, Austurvegur 4, etwas versteckt im großen Gebäude gegenüber des Krónan-Supermarktes. Leider wenig Service, dafür viele nützliche Prospekte. ⊕ Mo–Fr 9.15–16 Uhr.

Medizinische Hilfe
Apotheke (Lyfia), Austurvegur 44. ⊕ Mo–Fr 9–18.30, Sa 10–14 Uhr.
Krankenhaus (Heilbrigðisstofnun Suðurlands), Árvegur, ✆ 432 2000, 🖥 www.hsu.is. 24-Std.-Ambulanz.

TRANSPORT

Auto
Selfoss ist ein Verkehrsknotenpunkt.
Die **Ringstraße** führt nach Westen über Hveragerði und den Pass Hellisheiði nach Reykjavík (Fahrtzeit weniger als 1 Std., Achtung: Fest installierter Blitzer zwischen Selfoss und Hveragerði), nach Osten über Hella und Hvollsvöllur nach Vík (Fahrtzeit 2 Std.). **Landeyjahöfn**, wo die Fähre zu den Westmännerinseln abfährt, erreicht man in gut 50 Min.
Bis an die **Südküste** mit den Orten Eyrarbakki und Stokkseyri sind es 12 km (Straße 34), Richtung Norden bis nach Þingvellir 50 km (Straße 36), bis nach Geysir, vorbei am Krater Kerið 60 km (Straßen 36 und 35). Auf der Fahrt von Selfoss in Richtung Hella kann man links auf die Straße 30 Richtung Fluðir abbiegen (bis Fluðir insgesamt 46 km) und so den **Golden Circle** „von hinten" über den Gullfoss anfahren.
Nach **Landmannalaugar** sind es 135 km (über die Straßen 30, 32, F26, F208 – Achtung: nur für Allradfahrzeuge!).

Busse
Selfoss hat mehrere Haltestellen, die zentrale Haltestelle befindet sich aber an der **N1-Tankstelle** im Ostteil der Stadt. Sterna hält am Campingplatz und vor dem Hótel Selfoss. Mit den privaten Anbietern nur von Mitte/Ende Juni bis Anfang Sep, Strætó ganzjährig. Für alle Zwischenstopps s. Kasten S. 507.

Nach Süden und Westen
EYRARBAKKI, mit Strætó (Linie 75) Mo–Fr 8x tgl., Sa 2x tgl., So nicht, über STOKKSEYRI in 15 Min.
REYKJAVÍK, mit Strætó (Linien 51 und 52) Mo–Fr 10–12x tgl., Sa 6x tgl., So 4x tgl., in 1 Std. für 1840 ISK (4 Zonen). Im Sommer auch mit Sterna (Linien 12a) um 16.30 Uhr in 1 Std. für 2200 ISK, mit Reykjavik Exkursions/SBA-Norðurleið (Linien 9a, 20a, 21a und 610a), 13x tgl. in 1 Std.

Richtung Hochland
AKUREYRI, mit SBA-Norðurleið (Linie 610) im Sommer tgl. um 9 Uhr, in 9 1/2 Std. (mit Sightseeing-Pausen) für 15 000 ISK.
FLÚÐIR, mit Strætó (Linie 73) Mo–Fr 3x tgl., Sa, So 1x tgl. in 30 Min. Außerdem mit Linie 72 über LAUGARÁS und REYKHOLT Mo–Fr um 6.24 Uhr und ein weiteres Mal nachmittags (Di und Fr 14.50, Mo, Mi, Do 16.02 Uhr), So um 18.30 Uhr.
LANDMANNALAUGAR, im Sommer mit Sterna (Linie 13) um 8.30 Uhr für 7400 ISK, mit Reykjavik Excursions (Linie 11) 4x tgl. und mit Trex um 8.50 und 13.50 Uhr für 8700 ISK. Ca. 3 Std.
LAUGARVATN, mit Strætó (Linie 73), 2x tgl. über FLÚÐIR, REYKHOLT und LAUGARÁS in 1 1/4 Std.
ÞÓRSMÖRK, im Sommer mit Sterna (Linie 12/14) um 8.30 Uhr, in 2 3/4–3 1/4 Std. für 7000 ISK, mit Reykjavik Excursions (Linie 9) um 9, 17 und 20.30 Uhr, in 2 1/2–6 1/2 Std. (mit Sightseeing-Pausen) und mit Trex um 8.50 und 13.50 Uhr, in 3–3 3/4 Std. für 7400 ISK.

Am Fluss Hvítá entlang

- **Länge**: Weg 1 etwa 6 km Rundgang; Weg 2 etwa 8 km hin und zurück
- **Dauer**: Weg 1 etwa 2 1/2 Std.; Weg 2 etwa 3 Std.
- **Schwierigkeit**: Weg 1 leicht, Weg 2 mittel (Stolpergefahr)

Weg 1: Rundgang vom Wehr

Ein Wanderweg entlang der Hvítá beginnt an einem kleinen Parkplatz hinter dem Weiler Ölvisholt, etwa 14 km östlich von Selfoss an der Ringstraße. Die Zufahrt ist allerdings nicht als solche ausgeschildert und es müssen mehrere Weidetore geöffnet und wieder geschlossen werden, bis man – entlang eines kleines schnurgeraden Kanals – an einem Wehr das Flussufer erreicht. Hier weisen Schilder darauf hin, dass dieser Kanal Teil eines **uralten Bewässerungssystems** ist. Der lehmige und nach Regen rutschige Weg führt nun rechts 3 km flussaufwärts, vorbei an kleineren Stromschnellen, um dann (leider nicht besonders gut sichtbar) auf und ab durch das riesige bemooste Lavafeld zum Ausgangspunkt zurückzuführen. Andere Wanderer trifft man hier so gut wie nie. Dafür ist mit freilaufenden Jungpferden zu rechnen, die sehr neugierig sind und es lieben, Picknicker durch ihr plötzliches Auftauchen zu erschrecken.

Weg 2: Vom Steinbruch zum Hof Árhraun

Eine alternative Zufahrt zum obigen Wanderweg befindet sich 6 km weiter östlich an der Straße 30 nach Flúðir (aus Richtung Selfoss kommend die erste Einfahrt links). Hier geht's zu einem Steinbruch (die Zufahrt versperrt ein Schlagbaum, aber die Einfahrt ist breit genug, um dort zu parken, ohne zu stören). Der Weg führt quer durch den Steinbruch und dann links über eine kleine Anhöhe zum Flussufer. Hier endet der oben beschriebene Weg 1, dem man jetzt nach links mit Blick auf die malerischen Bauernhöfe flussabwärts zum Wehr folgen kann.

Allerdings gibt es auch einen Weg nach rechts. Dieser endet nach wenigen hundert Metern, doch kann man weiter am Flussufer entlang Richtung Norden laufen bzw. stolpern (wegen der vielen Grassoden). Vorbei an den Grundmauern verfallener Bauernhöfe geht es durch die Lava, mit Blick auf den Tafelvulkan Vörðufell und die Hekla. Nach ungefähr 3 km (die aber wegen des anstrengenden Auf- und Abgehens über Grassoden und Steine gefühlt viel weiter sind als die 3 km auf dem offiziellen Wanderweg beim Wehr) kommt man zum Kleinod **Árhraun**, einem verwunschenen kleinen Haus am Fluss, um das herum Bäume und Blumen gepflanzt sind. Von hier aus kann man einer Traktorspur noch etwas weiter zu einer Stelle folgen, an der die Hvítá erheblich breiter und flacher ist – ein ruhiges und idyllisches Plätzchen, um Vögel und Schwäne zu beobachten und die wunderbare Aussicht zu genießen. Zurück geht's über den Hinweg, denn die Traktorspur, die von Árhraun nach Süden führt, wird zwar zu einer Schotterstraße, die zur Straße 30 führt, aber leider weit entfernt vom Steinbruch.

Richtung Osten
HÖFN, mit Strætó (Linie 51) über HVOLS-
VÖLLUR, SKÓGAR, VÍK, SKAFTAFELL
im Sommer 2x tgl. Mo–Fr 9.54 und 18.27, im
Winter 1x tgl. Mo–Fr um 13.57 Uhr, So um
12.27 (Sa um 12.24 Uhr, aber nur bis Vík) in
6 Std. für 11 500 ISK (25 Zonen). Im Sommer
auch mit Sterna (Linie 12) um 8.15 Uhr in
10 Std. (mit Sightseeing-Pausen) für etwa
12 000 ISK.
HVOLSVÖLLUR, mit Strætó (Linien 51 und 52),
im Sommer Mo–Fr 10–12x tgl., Sa 6x tgl.,
So 4x tgl., im Winter seltener, in 1 1/2 Std.
für 1840 ISK (4 Zonen).
LANDEYJAHÖFN (Fähre zu den Westmännerinseln), mit Strætó (Linie 52), im Winter 3x tgl.,
im Sommer häufiger, in 1 1/4 Std. für 2760 ISK.
SKAFTAFELL, mit Reykjavik Excursions
(Linie 20) im Sommer um 9 Uhr, in 6 Std.
(mit Sightseeing-Pausen).
SKÓGAR, mit Reykjavik Excursions (Linie 21)
im Sommer um 15.50 Uhr, in 2 1/2 Std.

Taxis
Kirkjuvegur 8, ✆ 482 3800 und 899 5454,
✉ baldholm@simnet.is.

Eyrarbakki und Stokkseyri

Früher einmal war Eyrarbakki *das* Handelszentrum der Südküste. Hier kamen die Schiffe aus
Dänemark an, hier wurden Waren in großen
Mengen gelagert und weiterverteilt. Da der natürliche, weitgehend ungeschützte Naturhafen
aber nicht gerade perfekt war, verlagerte sich
der Handel nach und nach in andere Städte.
Auch der Fischfang lief nicht gut, die Menschen
zogen nach und nach weg und vor 20 Jahren
wurden Eyrarbakki und Stokkseyri in Reiseführern als „Geisterstädte" beschrieben. Es gab
nichts außer verlassenen, halbverfallenen Häusern, ein paar Seehunden und einer schönen
Küste. Mittlerweile haben Künstler und wohl-
habende Isländer die hübschen Örtchen mit den
bunten Häusern für sich entdeckt. Dass hier das
Leben tobt, kann man zwar immer noch nicht
behaupten, aber es gibt viele kleine Feste und
noch mehr Vernissagen.

Obwohl die beiden Orte oft in einem Atemzug
genannt werden, gibt es große Unterschiede:
Während es sich bei Eyrarbakki fast schon um
eine richtige „Stadt" handelt, ist Stokkseyri eher
eine Art überdimensionales Freilichtmuseum.

Eyrarbakki
Wer aus Richtung Selfoss kommt, sieht von der
Stadt als erstes „Litla-Hraun", das **größte Gefängnis Islands** (bei Krimi-Fans bestens bekannt,
denn Kommissar Erlendur aus den Arnaldur In-
driðason-Romanen besucht hier regelmäßig seine Verdächtigen). Angeblich wurden hier schon
Gefangene beobachtet, die beim Fußballspielen
einem über den Zaun geschossenen Ball hinterher und wieder zurück ins Gefängnis geklettert
sein sollen. Wohin hätten sie auch fliehen sollen? Zu Fuß in Richtung Reykjavík laufen, wo man
sie sofort erkannt und wieder zurückgebracht
hätte? Den Bus nach Selfoss nehmen? Das wäre
auch aufgefallen, denn hier fahren immer nur die
gleichen – wenigen – Leute mit. Verstecke, in denen man sich als Selbstversorger durchschlagen
könnte, gibt es auch nicht. Von daher: ein guter
Standort für ein Gefängnis …

Der freundliche 500-Einwohner-Ort ist lang-
gezogen, hat eine nette **Kirche** und einige **restaurierte Häuschen** aus der Zeit von 1890–1920.
Das **Húsið**, Eyrargata 50, ✆ 483 1504, 🖳 www.
husid.com, ist das älteste Haus des Ortes (von
1765). Von außen sehenswert, ist es von innen
ein **Heimatmuseum** wie viele andere: mit alten
Möbeln, alten Kleidungsstücken und ausgestopften Vögeln. Das dazugehörige **Seefahrermuseum**
bietet eine Ausstellung mit hübschem Fischerboot aus dem beginnenden 20. Jh. ⏱ Mai–Sep
11–18 Uhr, Eintritt 1000 ISK (für beide).

Den Hafen, in dem heute kaum noch Betrieb
ist, schützt eine vorgelagerte Kaimauer vor der
Brandung, sodass man von hier nicht aufs offene Meer sehen kann. Schöne Uferspaziergänge
sind möglich, wesentlich schöner ist aber das
Gebiet westlich der großen Ölfusábrücke, wo
sich eine **Dünenlandschaft** mit schwarzem Sand
und meist starker Brandung erstreckt.

Stokkseyri
Als Eyrarbakki noch einer der bedeutendsten Häfen Südislands war, brummte auch hier im Nach-

barort das Leben. Heute ist der Ort dagegen so gut wie verlassen. Und doch „irgendwie cool", nämlich einzigartig. Die meisten der alten, bunten Wellblechhäuser sind restauriert und keines ist wie das andere. Hier lohnt es sich, mal ausgiebig durch die wenigen Straßen zu streifen oder vom Damm aus in die Häuser und Vorgärten zu gucken, denn überall sind kleine Kunstwerke zu entdecken: mal ein eigenwilliges Mobile am Gartenzaun, mal eine Skulptur, hier eine kleine Figur, die vom Dach aus den Passanten zuwinkt, dort ein mit Blumen bepflanztes Klo. Dazwischen überall kleine **Galerien und Ateliers**, die ständig auf- und wieder zumachen, sodass es keinen Sinn macht, hier irgendwelche hervorzuheben.

Im Ort

Wenn man schon mal da ist, kann man auch noch in die **Þuríðarbúð**, eine 1949 erbaute Grasdach-Fischerhütte mit 6 Schlafstellen in der Strandgata 13 schauen. Erbaut wurde sie 1949, restauriert im Jahr 2001.

Die Hauptattraktion von Stokkseyri sind die beiden „Gruselmuseen", die auf keinen Fall verwechselt werden dürfen. Im Tiefparterre taugt **Icelandic Wonders**, Hafnargata 9, ✆ 895 0020, 🖥 www.icelandicwonders.is, das mäßige Museum zu Elfen (mit Souvenirshop) und Nordlichtern für einen verregneten Tag. Im **Draugasetrið Ghost Centre** mit „Ghost Bar" im ersten Stock dagegen rollt es einem wirklich die Fußnägel hoch, und Kindern und zarten Gemütern wird dringend vom Besuch abgeraten. Für alle anderen sind die 24 Geistergeschichten aus der Saga-Zeit – in vielen Sprachen als Audioguide – ein echtes Grusel-Erlebnis. ⏱ Icelandic Wonders Museum Juni–Aug tgl. 10–20, Sep–Mai tgl. 13–18 Uhr; Draugasetrið Ghost Center Juni–Aug tgl. 13–18 Uhr, Eintritt jeweils 1500 ISK.

Im Hinterhaus gibt es noch die **Orgelsmidjan**, Hafnargata 9, ✆ 566 8130, 🖥 www.orgel.is, die Werkstatt von Björgvin Tómasson, dem einzigen Orgelbauer Islands, der auch mit Björk gearbeitet hat. Wer Glück hat, bekommt sogar Musik vorgespielt. ⏱ Mo–Fr 10–17 Uhr, Eintritt frei.

Þjórsárhraun

Wo kommen bloß die ganzen Steine her, die hier am Meer herumliegen? Weit und breit ist doch keine Steilküste in Sicht, von der sie abgebrochen sein könnten. Verantwortlich war mal wieder ein Lavastrom, und zwar der größte seit der Eiszeit! Mehr als 140 km weit floss die Lava im Jahr 6700 v. Chr. aus der Veiðivötn Region im Hochland (westlich des Vatnajökull), bis sie hier am westlichen Ortsausgang von den Wellen des Nordatlantiks gestoppt wurde und als riesiges **Lavafeld** erkaltete: Þjórsárhraun bedeckt 975 km² Land mit 25 km³ Lava; die genauen Umrisse kennzeichnet eine Infotafel auf dem Damm westlich des Hafens. Jetzt wird auch klar, warum die Wellen sich schon weit vor der Küste brechen und nicht – wie z. B. in Vík – auf den Strand krachen. Zwischen den „natürlichen Wellenbrechern" und dem Strand befindet sich eine einzigartige Landschaft aus schwarzen Steinen und Tümpeln mit Meerwasser, in der sich Robben und Enten tummeln. Aber Vorsicht beim Rauslaufen: Die Flut kommt hier oft erstaunlich schnell.

ÜBERNACHTUNG

Eyrarbakki

Camping, am westlichen Ortsrand, ✆ 483 1400, 🖥 www.tjalda.is/en/eyrarbakki.

> ### Vogelschutzgebiet Flói
>
> Ein Schild weist den Weg: Von der Straße 34 auf der Höhe von Eyrarbakki nach Norden abbiegen und schon nach wenigen Kilometern ist ein Vogelparadies, 🖥 www.fuglavernd.is, erreicht: Hier, wo sich der wasserreiche Fluss Ölfusá zu einem großen See staut, bevor er endgültig über einen schmalen Durchgang ins Meer fließt, nisten am flachen, feuchten Ufer seltene Vögel wie Strandläufer und Odinshühnchen. Singschwäne und Gründelenten sind hier häufig zu Gast, außerdem soll es auch Minks und Polarfüchse geben.
> Durch das Sumpfgebiet führen längere und kürzere Wanderwege, darunter ein markierter, ca. halbstündiger Gummistiefel-Rundweg direkt durch das Brutgebiet an der Mündung der Ölfusá. Vogelfreaks können von einem geschützten Unterstand aus in aller Ruhe das bunte Treiben beobachten.

Eyrarbakki und Stokkseyri

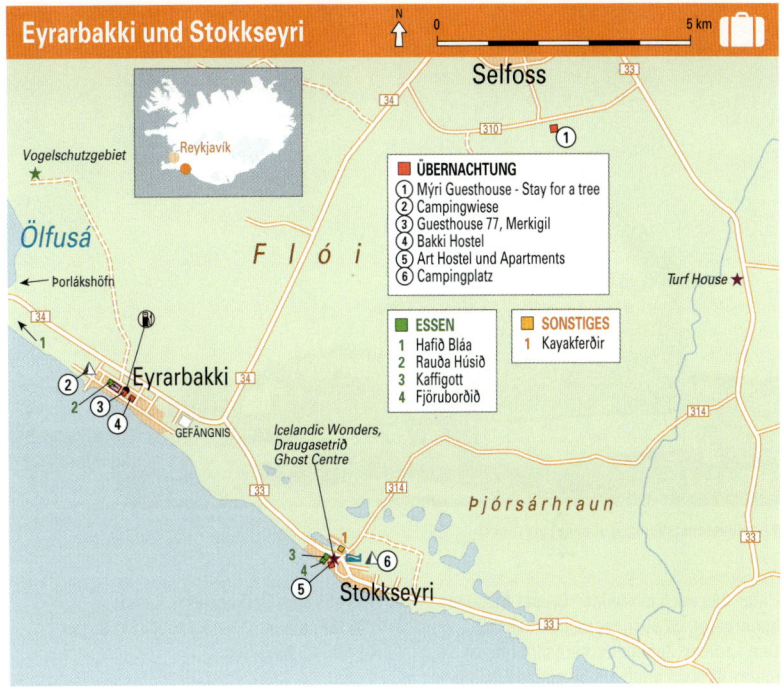

Einfache, nicht windgeschützte Campingwiese. Servicehaus mit WCs und Duschen. 1000 ISK, Kinder unter 12 J. kostenlos, Strom 500 ISK. ⊕ Mitte Mai–Okt.

Guesthouse 77, Eyrargata 77, ✆ 893 4549. Moderne, kleine Zimmer, die meisten mit Kühlschrank, Toaster und Kaffeemaschine und alle mit eigenem Bad. Besitzer Johann spricht deutsch. ❸

Jugendherberge Eyrarbakki (auch Hostel Bakki), Eyrargata 51-53, ✆ 788 8200, 🖥 www.hostel.is/hostels/eyrarbakki. Direkt an der Hauptstraße, mit dem Rücken zum Meer, steht neben der Tankstelle mit dem kleinen Laden eine alte weiße Fischfabrik – schon mehrmals als schönstes Hostel Islands gekürt. Zu Recht, denn hier ist alles neu, funktional und stylisch: die Korb-Sofas im Eingangsbereich, die topmoderne Küche und die klinisch sauberen Dusch- und Toilettenkabinen. Einzig den 4-, 6- und 10-Personen-Schlafsälen, in denen insgesamt 36 Personen in Etagenbetten nächtigen können, mangelt es ein bisschen an Gemütlichkeit. Bettwäsche und Handtücher sind im Preis inbegriffen. Im gleichen Haus, allerdings mit separatem Eingang: ein altes und 5 neue Apartments für 2–3 Pers. Bett im Schlafsaal 5500 ISK, Apartment um 18 000 ISK.

Merkigil, Eyrargata, ✆ 698 1501. Fantasievoll eingerichtete 170 m^2-Ferienwohnung direkt am Meer mit beeindruckender Glasfront und toller Terrasse. Der Preis richtet sich nach der Personenzahl. 1 Reisender 220 €, 4 Reisende 260 €.

Stokkseyri

Art Hostel und Apartments, Hafnargata 9, ✆ 854 4510 🖥 www.arthostel.is. Wer bei einem Art-Hostel ausgefallene Architektur erwartet, wird hier enttäuscht: Das rote

Wie meistens: wenig Trubel in Eyrarbakki

Haus, das auch die beiden Grusel-Museen beherbergt, ist ausgesprochen hässlich. Den spröden Jugendherbergscharme im Innern können auch die Ölgemälde in den Fluren kaum aufwerten. Doch die Zimmer sind wirklich schön: Der Schlafsaal urig und die Apartments modern und sogar mit Mini-Küche (ohne Herd). An Gemeinschafts- und Parträumen und Küche gibt es nichts auszusetzen, außerdem gibt es einen riesigen Fernseher. Die großen Pluspunkte aber sind die große Sonnenterrasse und die zentrale Lage am Meeres-Pier, gegenüber vom Schwimmbad. Bett im 15-er Schlafsaal Sommer 4500 ISK, Winter 3500 ISK, Schlafsackunterkunft (man muss Schlafsack *und* Isomatte mitbringen) Sommer 3000 ISK, Winter 2500 ISK. ❷

Camping (Campingkarte), Sólvellir, ✆ 896 2144, 🖥 www.tjalda.is/en/stokkseyri. Ein sehr kleiner Campingplatz mit einem noch kleineren Aufenthaltsraum, aber gut beheiztem Servicehaus. Keine Kochplatten, Duschen gegen Gebühr (200 ISK, Kleingeld nötig). Schwimmbad und Tank-/Bushaltestelle mit Burgerladen fußläufig erreichbar. Kein Platzwart, eine Frau aus dem Dorf kassiert abends. 1000 ISK, Kinder (13–16 J.) 700 ISK, Strom 700 ISK. ⏱ Mai–Sep.

ESSEN

Eyrarbakki

Rauða Húsið (das rote Haus), Búðarstígur 4, ✆ 483 3330, 🖥 www.raudahusid.is. Das wohl bekannteste Restaurant weit und breit, denn hier enden auch viele der organisierten Nordlicht-Touren mit einem opulenten Abendessen. Legendär, aber nicht gerade billig ist der Norwegische Hummer (6650 ISK), sehr lecker sind aber auch die Nudeln mit Gemüse in Sahnesauce, die auf Wunsch auch vegan zubereitet werden. ⏱ So–Do 12–21, Fr, Sa 12–22 Uhr.

Richtung Þorlákshöfn

Hafið Bláa, Óseyrartanga við ósa Ölfusár, Þorlákshöfn (kurz hinter der Brücke über die Ölfusá), ✆ 483 1000, 🖥 www.hafidblaa.is. Kleines, oft gähnend leeres Restaurant in den Dünen, gemanagt von den Betreibern des Rauða Húsið. Die

Innenreinrichtung versprüht spröden Imbissbudencharme, doch ist die Aussicht unschlagbar: Geschützt hinter einer großen, runden Glasfront (und bei gutem Wetter sogar draußen auf gemütlichen Gartensofas) kann man stundenlang in die Brandung schauen. Und manchmal muss man das auch, denn das freundliche Personal scheint daran gewöhnt zu sein, dass die Gäste oft lange bleiben und hat sein Arbeitstempo angepasst. Vor allem lokale Spezialitäten mit Hummer und Langusten landen auf dem Tisch, aber der Renner ist schon seit Jahren Kabeljau in Bierteig mit Pommes (Fish 'n' Chips) für 2700 ISK. ⏲ Mo–Fr 12.30–17, Sa, So 12.30–21 Uhr.

Stokkseyri

An der Tankstelle gibt es einen Schnellimbiss, ansonsten einige Cafés rund um das Gruselmuseum.

Fjöruborðið, Eyrarbraut 3A, ✆ 483 1550, 🖥 www.fjorubordid.is. Eines der besten Seafood-Restaurants Islands. Mit Meerblick und sowohl von außen als auch von innen liebevoll gestaltet. Nicht ganz preiswert, aber ein Gedicht: Die Langoustine in Magical Soup mit Sahne und Tomaten nach Geheimrezept. ⏲ tgl. 12–21 Uhr.

Kaffi Gott, Hafnargata 1, ✆ 468 1486, 🖥 bei Facebook. Nettes kleines Café, in dem es nur Kaffee, Waffeln und Kuchen (sehr empfehlenswert!) gibt. ⏲ Do–So 11–17 Uhr.

SONSTIGES

Einkaufen
Beide Orte haben jeweils einen kleinen Laden an der Tankstelle.

Feste
Großes **Mittsommerfest** in Eyrarbakki mit buntem Eventprogramm: Es gibt Puppenspiel und Musik, die Künstler öffnen ihre Studios, die normalen Menschen ihre Häuser.

Informationen
In Stokkseyri im Kaffi Gott während der Öffnungszeiten.

Kajakfahren
Kayakferðir, Stokkseyri, ✆ 868 9046, 🖥 www.kajak.is. Auch für Anfänger geeignete Touren im Kanal (2 Std., ab 4950 ISK p. P.). Fortgeschrittene paddeln für 12 900 ISK übers offene Meer bis nach Eyrarbakki.

Schwimmen
Schwimmbad, Stjörnusteinar 1a, Stokkseyri, ✆ 480 3260. Kleines Freibad mit Kinderbecken, 2 Hot Pots und Rutsche. ⏲ Juni–Aug Mo–Fr 13–21, Sa, So 10–17, Sep–Mai Mo–Fr 16.30–20.30, Sa 10–15 Uhr.

TRANSPORT

Auto
Von Eyrarbakki sind es über die Straße 33 etwa 6 km nach Stokkseyri. Straße 34 führt in 12 km nach Selfoss und in 16 km nach Þorlákshöfn (schöne Fahrt über die beeindruckende Brücke an der Ölfusá-Mündung, vorbei an einem weißen Sandstrand und einem Ohrensessel, der ein prima Fotomotiv abgibt). Von Stokkseyri führt die einzige Straße nach Westen zurück nach Eyrarbakki oder Selfoss und nach Osten entlang der Küstenlinie: Hier fährt man einen weiten Bogen, irgendwann auf Schotter, und kommt am Urriðafoss wieder auf die Ringstraße. Diese Küstenroute ist mit knapp 34 km kaum länger als die Route über Selfoss, doch braucht man wegen der vielen Schlaglöcher deutlich länger.

Busse
Strætó (Linie 75) fährt Mo–Fr 8x tgl., Sa 2x tgl., So nicht, in etwa 1 Std. die Runde Selfoss–Stokkseyri–Eyrarbakki–Selfoss. Wer von Eyrarbakki nach Stokkseyri will, muss erst nach Selfoss zurück und dort in den Folgebus einsteigen.

Hveragerði

Nur in wenigen Ortschaften Islands lohnt es sich, mehrere Tage verbringen, ohne den Ort bzw. die nähere Umgebung zu verlassen. Hveragerði (2500 Einw.) ist einer davon. Es gibt hübsche Ein-

familienhäuschen und **Gewächshäuser**, einen Fluss mit **Wasserfall**, ein tolles Schwimmbad, einen Golfplatz, einen Trimm-Dich-Pfad, vor allem aber jede Menge heiße Quellen und Schlammlöcher, die frei zugänglich sind. Die Stadt liegt nämlich direkt auf einer Magmakammer, und der Boden ist an manchen Stellen bis zu 200 °C heiß. Die Gegend wurde schon früh bewohnt: Die alte Siedlung „Reykir" lag in etwa dort, wo sich heute die landwirtschaftliche Hochschule befindet, die manchmal Veranstaltungen für Studenten (z. B. Pilz-Such-Wanderungen) anbietet, denen man sich einfach anschließen kann. Eigentlich sind die Gewächshäuser der Uni nicht für Besucher zugänglich, aber wer nett fragt, bekommt schon mal eine private Führung. Seit der Eröffnung des ersten Gewächshauses 1930 sind unzählige dazu gekommen, weshalb Hveragerði sich heute mit dem Titel **„Stadt der Blumen und Bananen"** schmückt. Anfang der 1960er-Jahre begann außerdem ein großangelegtes Aufforstungsprogramm am Ostrand des Tales.

Der in der Ortsmitte gelegene Teil des Geothermalgebiets ist eingezäunt und zum **Besucherzentrum**, Hveramörk 13, ✆ 483 4601 und 660 3905, ausgebaut. Verglichen mit den heißen Quellen im Tal ist es hier zwar unspektakulär, doch lohnt ein Besuch für diejenigen, die mehr über die Entstehungsgeschichte und Geologie des Ortes erfahren wollen. Und für jene, die **ein Ei in einer heißen Quelle kochen** wollen, aber keine selbstgebastelten „Angeln" dabei haben, an denen sie die Eier in den „Topf" abseilen können, ohne sich die Finger zu verbrennen (rohe Eier und das Netz an der Angel sind für 100 ISK pro Ei am Eingang erhältlich). ⏲ 15. Mai–15. Sep Mo–Fr 9–17, Sa, So 9–13 Uhr. Eintritt 300 ISK, Kinder unter 12 Jahren frei.

Hveragerðis Hauptattraktion ist aber das Tal **Reykjadalur** („Rauch-Tal"). Hier treffen ein heißer und ein eiskalter Bach aus den Bergen kommend so zusammen, dass sie ein Ypsilon bilden, dessen unteres Ende lauwarm ist. Beim angenehmen Bad im seichten Bach kann man zwischen den wärmeren und den kälteren Stellen umherschwimmen. Rund um das schlammige und rutschige Ufer erleichtern Holzwege den Ein- und Ausstieg in den Fluss, schmälern aber gleichzeitig das urige Natur-Feeling etwas.

Wandern im Reykjadalur und Grændalur

Die beiden hier beschriebenen Wanderungen führen durch reizvolle Gebirgstäler und stoßen auf einen Rundweg um den Berg Ölkelduhnúkur, von dem aus noch andere Wege abzweigen, einer schöner als der andere. Besonders Wanderfreudige können die Touren also gut nach Norden zu einer Tagestour ausdehnen (s. u.).

Klassische Tour zur Badestelle und um den Berg

- **Länge**: ca. 12 km hin und zurück
- **Dauer**: gut 5 Std.
- **Schwierigkeit**: bis zur Badestelle leicht, danach mittel

Die bekannteste Tour führt bergauf durch das Tal Reykjadalur, an zahlreichen heißen Quellen, Schlammquellen und Solfataren vorbei. Sie startet am **Parkplatz** nördlich von Hveragerði (der Hauptstraße Breiðamörk vom nördlichen Ortsausgang an der weißen Fußballhalle vorbei folgen). Nach etwa 1 km erblickt man links im Tal einen schönen **Wasserfall** der aber nicht zu erreichen ist (der Hang würde mitsamt dem Wanderer abrutschen). Etwa 3,5 km nördlich des Parkplatzes lädt ein **warmer Fluss** (S. 558) zur Pause ein. Erst hinter der Badestelle aber wird die Landschaft richtig interessant. Im Hang zur Linken, der ein Traum in rot und schwarz ist, dampft die **heiße Quelle Klambragil**, die erst 2008 nach dem großen Erdbeben zum Vorschein gekommen ist (vom Parkplatz etwa 4 km). Von hier aus umrundet ein abenteuerlicher Wanderweg, der erst breit ist, später aber immer schmaler und holpriger wird, im Uhrzeigersinn den **Berg Ölkelduhnúkur**, vorbei an einer vor Jahren abgebrannten Hütte und einer großen, bunten Dampfquelle, ehe es wieder steil bergab zurück zur Badestelle geht (weitere 5 km). Alternativ besteht die Möglichkeit, auf zwei Wegen in Richtung Þingvallavatn abzusteigen (s. „Per pedes ins Hengill-Gebirge" S. 214). Beide Wege enden an der Straße 360, die von Þingvellir über Nesjavellir Richtung Selfoss führt.

Grændalur: Alternativstrecke zur Badestelle

- **Länge**: vom Golfplatz bis zum Reykjadalur-Parkplatz 9,5 km (ohne Umrundung des Ölkelduhnúkur)
- **Dauer**: etwa 4 Std.
- **Schwierigkeit**: mittel
- **Hinweise**: Anders als im Reykjadalur kann es im grünen Tal matschig sein und an sonnigen, windstillen Tagen Mücken (die aber nicht stechen) geben. Am Krater kann jederzeit der Hang abrutschen. Deshalb steht dieser Weg nicht mehr auf der offiziellen Wanderkarte.

Rund um das bekannte Reykjadalur locken noch andere Täler, in denen ebenfalls Solfataren dampfen. Und durch die viel weniger besuchte Wanderwege führen. Unser Alternativvorschlag beginnt deshalb nicht am Reykjadalur-Parkplatz, sondern weiter östlich am **Golfplatz** (in Hveragerði der Beschilderung folgen und kurz vor dem ersten Golfplatz-Gebäude links abbiegen). Hier beginnt der Wanderweg rechts vor einer kleinen Brücke. Auf einem zunächst noch als Fahrspur erkennbaren Wiesenweg geht es leicht bergauf. Hier zerfasert der Weg in zahlreiche Trampelpfade (weil der Hauptweg nach stärkerem Regen zu einem Bachbett wird, haben sich die Ausweichpfade ausgetreten), aber die Richtung bleibt klar erkennbar: Links der Berg Tindar, rechts im Tal der kleine Fluss Sauðá, geht es weiter bergauf. Nach einer halben Stunde ist der erste Höhepunkt erreicht: Ein **Krater** bzw. ein Bergabbruch (Achtung: loses Gestein, auf keinen Fall herunterklettern!), der vor allem durch seine Farbenpracht beeindruckt: Schwefelgelb trifft rostrot und alle Nuancen von grau. Erstaunlich, dass hier kaum jemand hingeht. Von hier aus führt die Spur nach Norden weiter bergauf bis zu einem Bergrücken, wo sie sich verliert. Man läuft so lange wie möglich auf dem Rücken bergab in Richtung Norden und steigt schließlich weg- und markierungslos in das sehr grüne und feuchte, geschützte Tal **Grændalur** (grünes Tal) hinab. Jetzt erkennt man auch schon die Pflöcke, die den vom Úlfljótsvatn kommenden Wanderweg (S. 215) bis ins Reykjadalur markieren (bis hierhin 4 km). Ihnen folgt man erst quer Richtung Westen durchs Tal und dann bergauf bis zu einem kleinen Pass (Dalaskarð). Jetzt liegt das ganze Reykjadalur

vor einem. Man sieht eine große **Solfatare** und den ehemals abgebrannten Hof, der als Orientierungshilfe dient. Von dort aus kann man nach rechts den Berg Ölkelduhnúkur umkreisen, geradeaus geht es runter ins Tal, wo man auf den warmen Fluss trifft (bis hierhin 6,5 km) und dem populären Weg (s. o.) Richtung Hveragerði folgt.

Der Nachteil dieser Tour: sie endet nicht am Ausgangspunkt und man muss ggf. die 2 km vom Reykjadalur-Parkplatz bis zum Golfplatz auf der Asphaltstraße zurückgehen oder sich von einem der vielen Autofahrer bis zur Abzweigung mitnehmen lassen. Außerdem gibt es am Startpunkt nur einen einzigen Parkplatz. Sollte er besetzt sein (was wir aber noch nie erlebt haben), muss am Golfplatz geparkt werden.

Schade, aber nicht zu ändern, denn das Tal wird dem großen Besucheransturm kaum Herr. Bis spät in die Nacht singen und feiern hier im Sommer junge Isländer und Touristen (Zelten ist streng verboten, aber nicht alle halten sich daran). Erreichbar ist die **Badestelle** nur zu Fuß über einen ungefähr 3,5 km langen Wanderweg (s. S. 559).

ÜBERNACHTUNG

In Hveragerði findet jeder die passende Unterkunft: Es gibt Hotels (z. B. Hotel Örk, Frost&Fire Hotel), eine Art Wellness-Hotel (Heilsustofnun Spa Apartments), zahlreiche Gästehäuser, Apartments und Sommerhäuser, die man komplett mieten kann und einen netten zentralen Campingplatz.

Camping, Reykjamörk, ☏ 857 9903, 🖥 www.tjalda.is/en/hveragerdi. Sehr schöner, zentraler Campingplatz mit überdachtem Bereich zum Kochen und Essen, Waschmaschine und Trockner (je 700 ISK). Der einzige Haken: Es gibt nur je ein Klo für Männlein und für Weiblein (außerdem eins für behinderte Menschen, die einen eigenen Schlüssel bekommen). Ideal für Busreisende, denn die Bushaltestellen liegen ganz in der Nähe. 1500 ISK, Kinder (10–15 J.) 500 ISK, Strom 800 ISK.

Frost og Funi/Frost and Fire Guesthouse, Hverhamar, ☏ 483 4959, 🖥 www.frostogfuni.is. Das Hotel ist nicht billig, aber gemessen am Angebot stimmt das Preis-Leistungs-Verhältnis. Und das Ambiente: Kann man hier im großen Hot Pot sitzen, auf den Fluss Varmá schauen (und vielleicht sogar darin eintauchen), ein Ei in der hauseigenen heißen Quelle kochen und anschließend auf der lauschigen Terrasse entspannen. ❻–❼

Hot Springs Hostel, Breiðamörk 22, ☏ 788 6500, 🖥 www.hotspringshostel.is. Sehr zentral, sehr sauber, sehr chic und mit netten Gastgebern (die nicht immer präsent sind, aber schnell kommen, wenn man sie anruft). Eine gut ausgestattete Küche mit Tee und Kaffee zur freien Verfügung gibt's auch noch. Was will man mehr? Zwei 6er-Schlafsäle, ein 4er-Schlafsaal (alle Betten mit Bettzeug) und 2 Zimmer, die als Doppel- oder Familienzimmer gebucht werden können. Außerdem 2 Duschen und 3 Badezimmer. Bett im 6-er Schlafsaal 55 €. ❸

Icelands Guesthouse, Reykjamörk, ☏ 618 8000, 🖥 www.icelandsguesthouse.com. Das gemütliche Haus von Maria und Stefan begeistert mit seiner Top-Lage oberhalb des Schwimmbads direkt am Fluss. Sowohl aus den „Panoramazimmern" als auch vom Hot Pot aus überblickt man den Ort, außerdem kann man von hier aus loswandern. Die Zimmer sind sehr unterschiedlich, aber alle komfortabel. Auf Wunsch ausführliche Tourberatung und gutes Abendessen. ❻

ESSEN

Trotz ihrer geringen Größe bietet die sehr touristische Stadt an jeder Ecke etwas Feines zu Essen. Im Sommer sogar am Parkplatz, an dem die Wanderung zum „heißen Fluss" beginnt (Hot River Coffee).

Kjöt & Kúnst, Breiðamörk 2, ☏ 483 5010, 🖥 www.kjotogkunst.is. Die Attraktion des Restaurants ist draußen auf dem Parkplatz (und deshalb empfehlen wir es auch). Hier dampfen nämlich die „geothermal cooking"-Stände vor sich hin. Schön draußen, damit es im Innenraum nicht stinkt, soll hier Brot und Karottenkuchen vor sich hin garen, und manchmal geht hier auch tatsächlich ein Koch ans Werk – auf jeden Fall ein Hingucker. Das Essen schmeckt nicht anders als „normal" gekocht, aber durchaus lecker. Große Auswahl querbeet durch die isländische, europäische und amerikanische Küche. Und wie so oft in Island erinnert der Innenraum an eine Kantine – vor allem, wenn gerade eine Reisegruppe eingefallen ist. ⏰ Mo–Sa 11.30–21 Uhr.

Pasta&Panini, Breiðamörk 10, ☏ 451 2341, 🖥 bei Facebook. Was von außen etwas nach „Schnellimbiss kombiniert mit Eisdiele" aussieht, überzeugt mit sehr leckerem Essen. Und es gibt keineswegs nur Pasta und Panini, sondern auch Burger, Fish 'n' Chips und sogar glutenfreie Nudelgerichte. ⏰ tgl. 11.30–21 Uhr.

Restaurant Varmá, Hverhamar, ☏ 483 4959, 🖥 www.frostogfuni.is. Das Restaurant des Frost and Fire Guesthouse bietet feinste isländische und europäische Küche nach Slowfood-Konzept und mit herrlichem Flussblick. Hochgelobt ist vor allem der Hummer, aber auch das Fishstew (das oft als „kleiner Gruß aus der Küche" kommt), das Lamm mit Lakritzsoße und die ausgefallenen Nachtische haben es in sich. Unbedingt das süß-salzige Nachtischpotpourri aus in heißer Quelle gebackenem Schokokuchen und Karamellsalz-Eis ausprobieren. Ein täglich wechselndes vegetarisches Tagesgericht (der Koch erfüllt aber auch Sonderwünsche) rundet das Angebot ab. ⏲ tgl. 18–21 Uhr.

EINKAUFEN

Gut für den **Großeinkauf**: Rund um den großen Parkplatz (Sunnumörk, Achtung: Ein- und Ausfahrt über zwei verschiedene Straßen) gleich hinter dem Kreisverkehr gruppieren sich Bónus-Supermarkt (⏲ Mo–Do 11–18.30, Fr 10–19.30, Sa 10–18, So 12–18 Uhr), Alkoholladen (Vínbuðin, ⏲ Mo–Do 11–18, Fr 11–19, Sa 11–16 Uhr), Geldautomat, Touristeninformation und eine Bäckerei (Almar Bakarí, ⏲ Mo–Sa 7–18, So 8–17 Uhr).

Die netteren, **kleineren Geschäfte** liegen an der Hauptstraße Breiðamörk. Hier gibt es einen Fisch-Supermarkt (⏲ Mo–Fr 11.30–18 Uhr), Souvenirs, Kunsthandwerk und vor allem Pflanzen und Blumen. Einer der wenigen Orte Islands, in denen sich ein Stadtbummel lohnt.

AKTIVITÄTEN

Reiten
Eldhestar, ✆ 480 4800, 🖥 www.eldhestar.is. Der Veranstalter, der auch mehrtägige Touren anbietet, ist einer der größten Islands. In der Station südlich von Hveragerði stehen die Pferde in der Hochsaison schon fertig gesattelt und warten nur darauf, dass die Reitgäste aufsteigen (8000 ISK/Std., Transfer von und nach Reykjavík möglich).

Schwimmen
Schwimmbad, Reykjamörk, ✆ 483 4113, 🖥 www.sundlaugar.is/sundlaugar/sundlaugin-laugaskardi/?lang=en. Sehr gepflegtes und hübsch im Grünen gelegenes Bad, dessen Wasser besondere Heilkräfte haben soll, denn das Bad wird direkt aus unterirdischen Quellen beheizt. Das Wasser in den drei Hots Pots ist nicht gechlort. ⏲ 15. Mai–15. Aug Mo–Fr 6.45–20.15, Sa, So 10–18.45; 16. Aug–14. Mai Mo–Do 6.25–20.15, Fr 7–17.15, Sa, So 10–17.15 Uhr.

Trimm-dich-Pfad
Ein Trimm-dich-Pfad durch den Wald beginnt oberhalb des Schwimmbads bei der landwirtschaftlichen Hochschule. Selbst an sehr windigen Tagen bieten Hang und Wald guten Schutz.

Wandern
Im Vulkangebiet Hengill wurden insgesamt 125 km Wanderstrecke markiert, die Wanderkarte dazu gibt's in der Touristeninfo oder unter 🖥 www.or.is/sites/or.is/files/gongukort_enska_logo_hq.pdf.

Wellness
NLFI Health Clinic and Spa, Grænumörk 10, ✆ 483 0300 und 860 6525, 🖥 www.hnlfi.is. Schlammbäder, Massagen und Akupunktur, Preise s. Webseite.

SONSTIGES

Autoreparaturen
Bílaverkstæði Jóhanns, Austurmörk 13, ✆ 483 4299.

Bíl-X, Austurmörk 11, ✆ 483 4665. Bei kleineren Problemen hilft das freundliche Personal an der N1-Tankstelle.

Feste
Blumenfeste, im Juni oder August: Populär sind z. B. das Blóm í bæ und die Blumentage Blómstrandi dagar (deutsch: blühende Tage).

Informationen
Touristeninformation (mit Post), Sunnumörk 2-4, ✆ 483 4601, 🖥 www.south.is. ⏲ Juni–Aug Mo–Fr 8.30–18, Sa 9–16, So 9–14, Sep–Mai Mo–Fr 8.30–17, Sa 9–13 Uhr.

Medizinische Hilfe
Ambulanz, Breiðamörk 25b, ✆ 480 5250.
Apotheke, Breiðamörk 25. ⊕ Mo–Fr 11.30–17 Uhr.

TRANSPORT

Auto
Die Weiterfahrt über die Ringstraße nach Reykjavík führt über die Passstraße Hellisheiði (S. 185), die oft windig, neblig und im Winter möglicherweise auch gesperrt ist. Straße 38 führt nach Þorlákshöfn und zur Südküste der Halbinsel Reykjanes.

Busse
Strætó hält bei der Shell-Tankstelle, Austurmörk. Die privaten Busse von Reykjavík Excursions, Sterna und Trex halten dagegen am Campingplatz. Letztere fahren nur von Mitte/Ende Juni bis Anfang Sep, Strætó ganzjährig. Für alle Zwischenstopps s. Kasten S. 507.

Nach Süden und Westen
REYKJAVÍK, mit Strætó (Linien 51 und 52) fast stdl., in 40 Min. für 1380 ISK. Im Sommer auch mit Sterna (Linie 12a) und mit Reykjavik Exkursions/SBA-Norðurleið (Linien 9a, 20a, 21a und 610a), 13x tgl.
ÞORLÁKSHÖFN, mit Strætó (Linie 71) 4x tgl. (nur Mo–Fr) in 20 Min.

Richtung Hochland
AKUREYRI, mit SBA-Norðurleið (Linie 610) im Sommer tgl. um 8.45 Uhr, in 9 3/4 Std. (mit Sightseeing-Pausen) für 16 000 ISK. Auch die Busse nach LANDMANNALAUGAR und ÞÓRSMÖRK halten auf Wunsch hier (Abfahrtszeiten ca. 15 Min. früher als in Selfoss, s. S. 551).

Richtung Osten
HÖFN, mit Strætó (Linie 51) im Sommer 2x tgl., im Winter 1x tgl. (Sa aber nur bis Vík) in 6 1/2 Std. Im Sommer auch mit Sterna (Linie 12) um 8 Uhr in 10 Std.
LANDEYJAHÖFN (Fähre zu den Westmännerinseln), mit Strætó (Linie 52), im Winter 3x tgl., im Sommer häufiger, in 1 1/2–1 3/4 Std.
SKAFTAFELL, mit Reykjavik Excursions (Linie 20) im Sommer um 8.40 Uhr, in 6 Std. (mit Sightseeing-Pausen).
SKÓGAR, mit Reykjavik Excursions (Linie 21) im Sommer um 15.15 Uhr, in 2 1/2 Std.

UNTERWEGS IM HOCHLAND; © ROBIN KUHNHENNE

Das Hochland

Einsame graue Lavawüsten, bunte Berge, grüne Oasen ... große Berge, kleine Berge, keine Berge. Wer schon immer mal zum Mond wollte, kann sich im Hochland schon mal einstimmen. Nur zwei bis drei Monate im Jahr ist das Gebiet für Autos geöffnet und auch dann zum allergrößten Teil nur für geländegängige Allradfahrzeuge. Den Rest des Jahres haben Reiter und Wanderer die einsamen Berge und weiten Hochebenen ganz für sich allein.

Stefan Loose Traveltipps

16 **Landmannalaugar und Umgebung** Die fantastische Bergwelt bietet einen tollen Einblick ins Hochland. S. 567

Der Laugavegur Der beliebteste Wanderweg des Landes. S. 573

Laki-Krater Der Abstecher zur Laki-Krater-Reihe ist ein Ausflug in eine andere, fremde Welt. S. 576

Wandern auf der Kjölur-Route Ideal für Einsteiger: die Wanderung auf der alten Postroute. S. 580

17 **Kerlingarfjöll** Wandern in den „Altweiberbergen", einem der größten Geothermalgebiete Islands. S. 583

Hveravellir Der heiße Pool im kargen Hochland ist ein lohnender Zwischenstopp. S. 584

18 **Öskjuleið (F88)** Abwechslungsreiche Fahrt über die Herðubreið zur Askja auf einer der schönsten Hochlandstrecken. S. 588

Kverkfjöll Nur mit richtigen Geländewagen geht's zum Ursprung des Jökulsá á Fjöllum-Flusses. S. 592

HOCHLAND, F26; © MARK MARKAND

KERLINGARFJÖLL-GIPFEL; © DIRK KRÜGER

Wann fahren? Auto- und Busreisen sind nur zwischen Juni und August möglich – die genauen „Öffnungszeiten" variieren von Jahr zu Jahr.

Wie lange? Wer „nur mal gucken" will, kann auf einer Tagestour etwas Hochland-Luft schnuppern. In 3 Tagen kann man schon einiges entdecken. Echte Fans bleiben eine Woche oder länger.

Bekannt für bunte Berge, aschgraue Lavafelder, riesige Gletscher, dampfende Geothermie-Gebiete und spannende Strecken für Geländewagen-Fahrer

Das Hochland

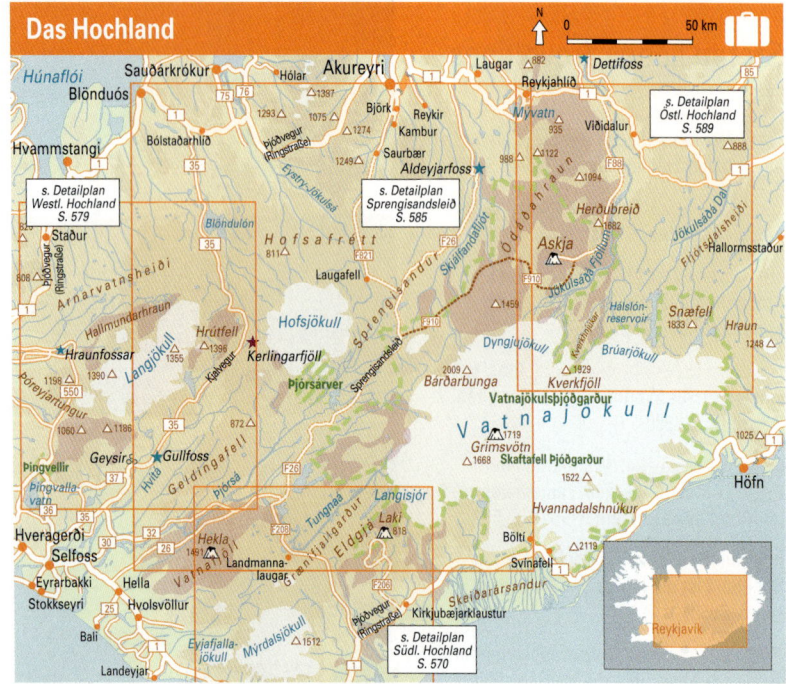

Willkommen im größten Wüstengebiet Europas! Tausende Quadratkilometer nur Steine und Kies, daraus ragen Vulkane und gletscherbedeckte Gebirgszüge, und immer noch ist die Erde hier aktiv und gestaltet die Natur. Eine ebenso faszinierende wie unzugängliche Region – fast unzugänglich, denn schon immer lebten hier auch einige wenige Menschen. Die Ausgestoßenen und Geächteten aus vergangener Zeit sind allerdings in die Geschichte und die Welt der Legenden eingegangen; heute trifft man Abenteurer, Wanderer, Bergsteiger und Reitergruppen. Dazwischen ein paar Park-Ranger, die aufpassen, dass sich alle an die Regeln halten – und die immer wieder mit ihren hochgerüsteten Super-Jeeps ausrücken müssen, um unvorsichtige Besucher aus misslichen Lagen zu befreien.

Je tiefer man in das Hochland vordringt, desto mehr spürt man seine Magie. Doch es geht auch ohne eigenes Allradfahrzeug oder die Zeit für eine mehrtägige Wanderung: Schon in den Randgebieten liegen wunderschöne Gebiete, die aus der Küstenregion per Tagesausflug besucht werden können.

Südliches Hochland

Unter dem südlichen Hochland verbirgt sich eine hochaktive geologische Zone, die in den letzten Jahrtausenden mit gewaltigen Eruptionen eine ganz junge, faszinierende Landschaft geformt hat. Mit Katla und Hekla warten hier zwei Monster-Vulkane auf ihren nächsten Ausbruch – mit unabsehbaren Folgen für Island und vielleicht sogar ganz Europa. An vielen Stellen dampft und qualmt es aus der Erde, und schwarze Lava-Wüsten lassen ahnen, wieviel zerstörerische Kraft unter der Erdkruste lauert. Zum Glück ist die ganze Region unter permanenter Beobachtung durch isländische Geologen, und wenn es einmal mehr rumpelt als gewöhnlich, findet das sofort seinen Weg an die Öffentlichkeit und entsprechende Warnungen werden ausgesprochen. Das regelmäßige Checken von 🖥 www.safetravel.is sei daher auch an dieser Stelle noch einmal ans Herz gelegt.

16 HIGHLIGHT

Landmannalaugar und Umgebung

Landmannalaugar, das „Bad der Männer vom Lande", ist einer der faszinierendsten Orte im Hochland: Berühmt für sein geothermales Bad, umgeben von farbenprächtigen Bergen, durch die sich Wanderwege mit immer wieder atemberaubenden Ausblicken schlängeln. Heiße Quellen, Lavaflächen, Schluchten, Berge und Flüsse bilden ein Ensemble ohnegleichen – ein Traum, nicht nur für Fotografen.

Die Zugangsstraßen hierhin sind nur etwa zweieinhalb Monate im Jahr offen – etwa von Ende Juni bis Anfang September. Das raue Klima ist deutlich kälter als im Flachland, und selbst im Juli kann es zu plötzlichen Unwettern (bis hin zu Schneestürmen) kommen. Zeitweise sind dann alle Pisten und Wanderwege gesperrt. Etwas flexible Planung ist also sinnvoll. Aber wenn das Wetter mitspielt, ist die Region ein Paradies für Wanderer und Naturfreunde; wahrscheinlich eines der großen Highlights der Reise. Dementsprechend voll ist es oft im Camp, doch zum Glück verteilen sich die Massen halbwegs auf den attraktiven Routen der Umgebung.

Die namensgebende **Badestelle** ist im Sommer ziemlich belebt. Je nach Strömung herrschen im Wasser verschiedene Temperaturen, sodass es hier auch mal kühl sein kann – wenn alle warmen Plätze besetzt sind. Umziehen kann man sich an dem Holzpodest direkt an der Quelle oder in dem Umkleiden im 200 m entfernten Sanitärgebäude. Dort gibt es auch Duschen. Achtung: Immer mal wieder berichten Besucher von Stichen oder Bissen durch Parasiten, die sie sich in der Badestelle zugezogen haben.

Das scheint ja nach Wetter und Jahreszeit mal mehr, mal weniger ein Problem zu sein. Am besten vorher nach der aktuellen Lage erkundigen.

Nähere Umgebung

Einige mehrstündige, reizvolle Wanderwege durchziehen die Region. Im Informationsbüro des Camps gibt es eine Karte mit den populärsten Routen, darunter die folgenden Ziele:

Bláhnúkur

Ein beliebter, kurzer Ausflug führt auf den 946 m hohen Berg Bláhnúkur nahe des Camps. Die großartige Aussicht auf die fantastische Umgebung sucht ihresgleichen.

Ein tolles Fotomotiv gibt der 855 m hohe **Brennisteinsalda** („Schwefelberg") ab. Der rhyolithische Lavadom ist Teil der Caldera des Torfajökull-Zentralvulkans. An seinem Fuß qualmt und

Sicheres Fahren im Hochland

Asphalt-Cowboys aufgepasst: Auch wer auf geteerten Straßen ein sicherer Fahrer ist, kann als Hochland-Greenhorn in böse Fallen tappen. Wer mit dem eigenen oder dem gemieteten PKW oder Camper ins Hochland fährt, sollte also unbedingt einige Dinge beachten und entsprechende Vorbereitungen treffen.

- Vor der Fahrt anhand von Karten und online mit der Strecke vertraut machen.
- Unbedingt Wetter (🖥 www.vedur.is) und Straßenbedingungen (🖥 www.road.is) beobachten. Wer auf Nummer sicher gehen will (in Island immer eine gute Idee), hinterlässt seinen Reiseplan auf 🖥 www.safetravel.is.
- Das Fahrzeug sollte entsprechend ausgerüstet sein (Verbandskasten, Luftdruck und Ersatzrad überprüft, genug Sprit im Tank bzw. in den Reservekanistern).
- Warme Kleidung, ein paar Extra-Klamotten und ggf. eine Wathose gehören ins Gepäck.
- Auch wenn im Hochland längst nicht überall Netzabdeckung gegeben ist: Das Handy sollte immer geladen sein.
- Niemals die Piste verlassen!

Unterwegs im Hochland

Generelles zum Autofahren

Die wichtigste Adresse für Hochlandreisende ist die Website www.road.is. Sie hält **über die Straßenverhältnisse** auf dem Laufenden, denn auch im Sommer sind nicht immer alle Straßen befahrbar. Straßensperren mit Schlagbäumen gibt es – wenn überhaupt – nur im Winter und nur an den großen Zufahrtswegen, ansonsten setzen die Isländer voraus, dass man sich informiert. Und trotzdem kann es immer wieder Überraschungen geben, die zur Umkehr zwingen: Straßen, die durch einen Erdrutsch unpassierbar werden, oder seichte Bäche, die sich innerhalb weniger Stunden in reißende Flüsse verwandeln.

Die Hauptrouten

Die nur 40 km lange **Kaldidalur-Strecke (Straße 550)** ganz im Westen wird gern als „Hochland für Anfänger" bezeichnet. Richtung Süden schließt der Abschnitt nach Þingvellir an (siehe auch S. 219).

Schon seit der Landnahme-Zeit viel frequentiert ist die Nord-Süd-Verbindung auf der rund 180 km langen **Kjölur-Route**, der **Straße 35** (auch Kjalvegur genannt), die ebenfalls keine allzu großen Herausforderungen stellt (keine Flüsse zu queren).

Dramatischer ist die Fahrt auf der weiter östlich liegenden **Sprengisandur-Route**, der **F26**; auch bekannt als Sprengisandsleið. Hier sind einige Flüsse zu durchqueren, und bei der größten Hürde, der Furt bei Nýidalur, blieb schon so mancher Fahrer im Fluss stecken (s. auch Kasten „Tipps zum richtigen Furten", S. 586). Im Gegensatz zur Kjölur-Route bietet die F26 unterschiedliche Ein- und Ausstiegsmöglichkeiten: zwei fast parallel verlaufende Straßen im Süden, die Straßen 32 und 26, und mehrere Verzweigungen im Norden. Die F26 selbst endet am Aldeyjarfoss, wenige Kilometer südlich des Goðafoss, wo man wieder auf die Ringstraße trifft (Entfernung Hrauneyjar–Goðafoss ca. 240 km). Alternativ zweigt im nördlichen Drittel der F26 die Straße F821 in Richtung Akureyri ab.

Als Alternative zur Ringstraße eignen sich Kjölur und Sprengisandur nur bedingt: Die Strecken sind zwar kürzer, aber nicht unbedingt schneller. Größtenteils geht es durch öde Steinwüsten. Für diejenigen, die Zeit für Abstecher haben, hält das Hochland dagegen ungeahnte Schätze bereit.

Weitere Hochlandstraßen

Spannend wird das Autofahren abseits dieser Hauptrouten. Beispielsweise zweigt hinter Nýidalur eine Strecke von der F26 nach Nordosten ab und führt dann auf der **F910** und **F88** vorbei am jüngsten Lavafeld Islands, dem Holuhraun, und dem Vulkan Askja. Die F88 trifft südöstlich vom Dettifoss wieder auf die Ringstraße. Für diese Strecke (besonders den Abschnitt auf der F910) ist ein gut ausgerüsteter Geländewagen nötig; mit einem normalen SUV kommt man hier nicht durch. Mehr zur F88 (Öskjuleið) auf S. 588.

Legendär ist die Verbindungsstraße **F208**. Sie ist unterteilt in den Fjallabaksleið syðri („Südlicher Fjallabakweg"), der westlich von Kirkjubæjarklaustur die Ringstraße verlässt und vorbei an der Feuerspalte Eldgjá Richtung Landmannalaugar führt, und Fjallabaksleið nyrðri („Nördlicher Fjallabakweg"). Der Südabschnitt ist eine der beliebtesten „Offroader"-Routen Islands. Natürlich muss man auch hier „on the road" bleiben, aber die gewundene Strecke mit jeder Menge Flussdurchquerungen (z. T. recht tiefe Furten) ist eine „Abenteuer"-Straße.

Der nördliche Abschnitt hingegen ist eine der einfachsten Hochlandstrecken, aber auch sie ist offiziell Allradfahrzeugen vorbehalten. Nach dem ausgeschilderten Abzweig an der F26 nahe Hrauneyjar ist die Straße bis zum Wasserkraftwerk geteert. Von dort führt eine unbefestigte Straße weiter nach Süden. Bis auf die Furt direkt am Campingplatz Landmannalaugar müssen keine Flüsse durchquert werden.

Spannend ist auch die Straße **F206** zu den Laki-Kratern (S. 576). Auch hier warten mehrere Furten.

Busse

Bei Erscheinen dieses Buches sollte es eine Verbindung Mývatn–Landmannalaugar über die Sprengisandur geben (Reykjavík Excursions Linie 14, 2x pro Woche, Fahrtzeit 10 Std.). Weiter geht es mehrmals tgl. mit den zahlreichen Landmannalaugar–Reykjavík-Bussen (Reykjavik Excursions/Sterna/Trex, 8000–9000 ISK pro Strecke).
Stabiler ist die Verbindung Reykjavík–Akureyri auf der Kjölur-Route mit dem Busunternehmen SBA-Norðurleið (im Sommer 1x tgl.). Weitere Verbindungen von Skaftafell nach Landmannalaugar (über Kirkjubæjarklaustur und Eldgjá) 3x wöchentl. mit Reykjavík Excursions Linie 10 und von Kirkjubæjarklaustur zu den Laki-Kratern tgl. außer Di mit Reykjavik Excursions Linie 16.

Wandern

Das isländische Hochland ist ein Paradies für Wanderer und Entdecker. Denn hier gibt es das, was man an so vielen Orten vergeblich sucht: unberührte Natur. So wundert es nicht, dass Wanderungen im Hochland immer beliebter werden und das Wegenetz nach und nach ausgebaut wird.
Wie auch beim Autofahren gilt es, Vorbereitungen zu treffen und sich vor Antritt der Wanderung über die aktuellen (Wetter-)Verhältnisse zu informieren. Der größte Teil des Hochlandes liegt etwa 600–800 m über dem Meeresspiegel – Islands kühles Klima kann hier richtig frostig werden, und in Sachen Kleidung sollte man sich auf Winter vorbereiten. Ein GPS-Gerät ist unbedingt empfehlenswert, um bei Nebel nicht verloren zu gehen. Und dass man sich an die markierten Wege hält, ist selbstverständlich: Nicht nur im Sinne des Naturschutzes, sondern auch der eigenen Sicherheit zuliebe.
An den Wegen bieten Hütten Übernachtungsmöglichkeit, aber die sind oft lange im Voraus ausgebucht (ohne eigenes Zelt zeitig vorbuchen). Genügend Proviant muss mitgeführt werden; die Hütten sind auf Selbstversorger ausgerichtet.
Der wohl beliebteste Wanderweg Islands ist der 54 km lange **Laugavegur** (S. 571 und Tour S. 573). Die viertägige Strecke führt durch sehr abwechslungsreiche Landschaften; heiße Quellen, Eishöhlen, bunte Berge und Lavawüsten – ein Highlight jagt das nächste. Seine Verlängerung über den **Fimmvörðuháls** (S. 522) ist zwar nur 26 km lang, führt aber über einen hohen Pass und ist streckenweise recht steil.
Weitere interessante Wege führen durch die **Kerlingarfjöll** (S. 583), eine fantastische Landschaft aus heißen Quellen und bunten Bergen. Andere laufen den alten, 180 km langen **Kjalvegur** in Richtung der heutigen Straße 35; auf den Pfaden der ersten Wikinger zur Landnahmezeit geht es hier vom Wasserfall Gullfoss im Süden nach Blöndudalur im Norden. In dieser Gegend können aber auch kürzere Abschnitte erwandert werden – etwa die 40 km vom See Hvítárvatn zu den heißen Quellen von Hveravellir.

Fahrrad

Mountainbiker kommen im Hochland voll auf ihre Kosten. Mit einem stabilen Drahtesel (am besten mit guten Shock-Absorbern), Werkzeug und Ersatzteilen ausgerüstet, fahren manche hier die Tour ihres Lebens. Das ist schon von der Strecke her ziemlich anspruchsvoll. Zu allem Überfluss wird es auch auf den Pisten nach und nach voller – und wenn es länger nicht geregnet hat, zieht jedes Auto eine riesige Staubfahne hinter sich her (Liebe Autofahrer: Langsam überholen hilft!).
Die meisten Radler durchqueren das Hochland auf der Straße 35 oder der F26. Letztere bietet im mittleren Abschnitt eine Nebenstrecke, auf der es ruhiger zugeht. Sie führt weiter westlich etwas näher am Hofsjökull vorbei (S. 584).

Trampen

Auch per Anhalter lässt sich das Hochland erkunden – etwas Flexibilität vorausgesetzt. Die besten Stellen, um in die Berge vorzustoßen, sind die entsprechenden Abzweige von der Ringstraße oder den 30er-Straßen im Golden Circle.

dampft es aus einem Hochtemperaturgebiet. An den Berghängen leuchtet eine ganze Farbpalette aus gelben Schwefel- und rötlichen Eisenablagerungen, beigem Rhyolith, schwarzer Lava, weißem Kalk und grünen Farbtupfern von Moosen. Das Lavafeld **Laugahraun** an seiner Flanke entstand bei den letzten Ausbrüchen anno 1477. Die Lava ist damals sehr schnell abgekühlt und schließlich zu schwarzem, glasartigen **Obsidian** erstarrt.

Frostastaðavatn

Der 2,5 km² große, fischreiche See, an dem sich Einheimische gerne mal eine Forelle fürs Abendessen fangen, liegt malerisch eingebettet zwischen bunten Bergen und schwarzen Lavafeldern. Das Gewässer befindet sich nur 3 km nördlich von Landmannalaugar gleich westlich der F208 und ist sowohl zu Fuß als auch mit dem Auto gut zu erreichen.

Ljótipollur

An der Kreuzung der Straßen F208 und F225 zweigt eine holprige Piste zu diesem Kratersee 6 km nordöstlich von Landmannalaugar ab. Er ist kleiner, aber nicht weniger sehenswert als der Frostastaðavatn. Die wörtliche Bedeutung „hässlicher Teich" tut dem See unrecht. Er entstand, als hier Grundwasser mit heißer Lava in Berührung kam und mit einer gewaltigen Explosion verdampfte. Am oberen Rand des tiefen Kraters erkennt man gut die verschiedenen Lavaschichten, die hier die Erdoberfläche bilden. Ein fotogenes Stück Natur, für das man ein gutes Weitwinkel mitnehmen sollte.

Landmannaleið (F225)

Wer von Reykjavík auf direktem Wege nach Landmannlaugar fährt, wird diese Straße benutzen: Der „Landmännerweg" zweigt nordöstlich von Hella von der Straße 26 ab, führt dann

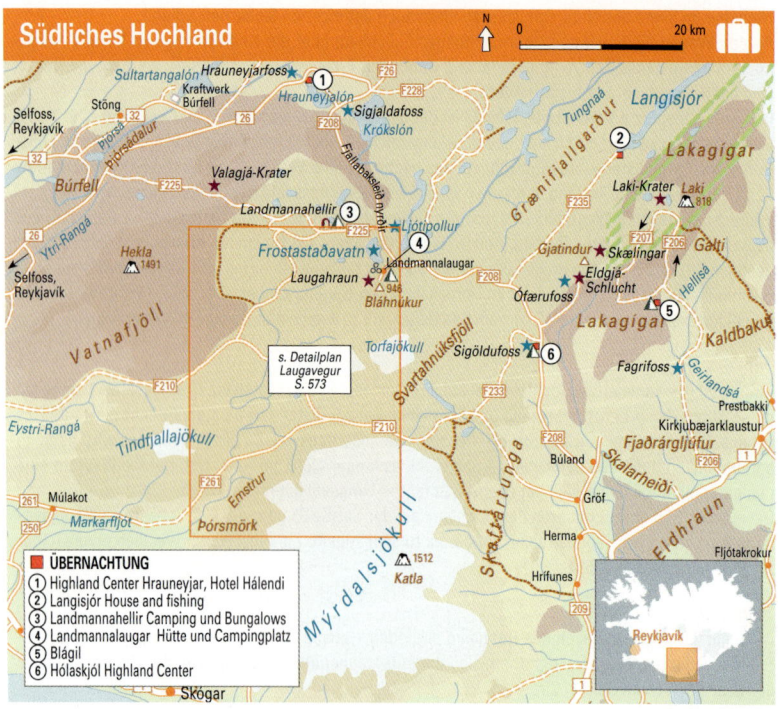

Richtung Osten und stößt nach ca. 50 km (Fahrtdauer knapp 1 1/2 Std.) nahe dem See Frostastaðavatn auf die F208. Unterwegs passiert man weite Lavafelder und einige Furten. 15 km östlich des Abzweiges lohnt für alle, die ein bisschen Zeit haben, ein Abstecher über die F225 zum 2 km nördlich gelegenen **Valagjá-Krater**, der bei einem explosiven Ausbruch entstanden ist. Im Gegensatz zu vielen „Artgenossen" ist er nicht mit Wasser gefüllt. In der Umgebung finden sich noch ein paar Nebenkrater. Zurück auf der F225 ist kurz vor der Mündung in die F208 schließlich die kleine Niederlassung bei **Landmannahellir** erreicht. Der dortige Campingplatz ist eine bedenkenswerte Alternative zum großen Platz in Landmannalaugar: Eine sanfte grüne Wiese an einem plätschernden Fluss – kein Vergleich zum Remmi-Demmi in Landmannalaugar (s. u., Übernachtung).

Hrafntinnusker

Das Hochplateau Hrafntinnusker, zu Fuß als Tagesausflug von Landmannalaugar, bzw. als Station auf dem Laugavegur (s. Tour S. 573) zu erreichen, gehört zum Naturschutzgebiet Fjallabak. In dem Geothermalgebiet raucht und blubbert es aus unzähligen heißen Quellen, Fumarolen und Solfataren. Der Qualm, die pechschwarzen Lavafelder, Flüsse, an deren Ufern neongrünes Moos ins Auge sticht – wenn dann noch Nebel aufzieht (was hier oben nicht ungewöhnlich ist), wähnt man sich wirklich in einer anderen Welt.

In diesem Gebiet liegt auch im Sommer noch Schnee, unter dem sich durch die geothermalen Aktivitäten kleinere und größere Eishöhlen bilden können. Vorsicht, Einsturzgefahr – hier oben sollte man genau schauen, wo man hintritt. Beim sichernden Blick auf den Boden fallen auch die glasartigen schwarzen Obsidian-Steine auf, die für die Gegend charakteristisch sind.

Der Laugavegur

In Landmannalaugar startet bzw. endet der Laugavegur („Weg der heißen Quellen"), einer der schönsten und beliebtesten Wanderwege Islands (s. Tour S. 573). Auf einer recht kurzen Strecke reihen sich viele unterschiedliche Landschaftsbilder aneinander: Farbenprächtige

Auf schwankendem Boden

Geologisch ist Hrafntinnusker Teil des Torfajökull; eines Caldera-Vulkans, der an die 100 000 Jahre alt sein soll und die Landschaft zum größten Teil während der letzten Eiszeit geformt hat. Beim Ausbruch traten große Mengen des Gesteins Rhyolith zutage, das auch den Berg Brennisteinsalda formt. Spätere Eruptionen förderten basaltische Lava; so etwa vor 1800 Jahren, als sich das **Lavafeld Dómadalshraun** bildete. Eine Phase von explosiven Eruptionen im Jahr 1477 schuf neben dem Obsidianfeld von **Laugahraun** auch eine Reihe von heute mit Wasser gefüllten Kratern im Gebiet der **Veidivötn**. Die letzten größeren Aktivitäten geschahen 2003 und 2007, als der Caldera-Boden sich um etwa 1 cm absenkte. Und im August 2017 erregte ein Erdbebenschwarm die Aufmerksamkeit der Beobachter – Ruhe herrscht hier noch lange nicht.

Rhyolith-Berge, schwarze Lava, heiße Quellen, Flüsse, Seen, karge Wüstengebiete ... einfach fantastisch. Vier Tage sollte man sich für die etwas über 50 km lange Strecke Zeit nehmen. Es wäre viel zu schade, durch diese wundervolle Gegend einfach nur durchzurasen. Aber wer den Rekord knacken möchte: Die Bestzeit liegt bei 3 Std. 59 Min. – aufgestellt vom Isländer Þorbergur Ingi Jónsson im Jahr 2015 beim alljährlichen Landmannalaugar Ultramarathon.

ÜBERNACHTUNG UND ESSEN

Landmannalaugar und Landmannahellir

Landmannahellir Camping und Bungalows, Karte S. 570, ✆ 891 9322, 🖥 www.landmannahellir.is. Die Camping-Wiese am Flussufer teilt man sich mit ein paar neugierigen Schafen; in den recht neuen, und komfortablen Bungalows muss man auf diese Gesellschaft allerdings verzichten. Die Anlage (2 einfache Toiletten, Open-Air Spüle, nur kaltes Wasser) ist ansonsten etwas in die Jahre gekommen. Bungalow für 2 Pers. um 200 €, Camping 2000 ISK p. P., Kinder unter 12 J. kostenlos. ⏱ ca. 20. Juni–Mitte Sep.

Anschließend ist Schafsabtrieb – wer dann noch da ist, kann richtig was erleben.
Landmannalaugar, Karte S. 570, ✆ 860 3335, 🖥 www.fi.is/en/mountain-huts/landmanna laugar. Die große Hütte ist schon seit 1969 in Betrieb und bietet auf 2 Etagen Platz für 110 Schläfer. Der ebenfalls große Campingplatz hat einen harten Boden, der sich als ziemlich widerstandsfähig gegen Heringe erweist – Steine, die in Kisten über den Platz verteilt sind, helfen beim Festmachen des Zeltes (bitte anschließend zurücklegen). Am frühen Abend füllt sich der Platz. Oft schlagen große Gruppen hier ein Zeltlager auf, aber auch Einzelwanderer machen Rast. Für Jeeps und Co. ist ein eigener Stellplatz ausgewiesen. Wer den Laugavegur gehen möchte, kann sich hier ein letztes Mal mit Strom und Lebensmitteln versorgen: In einem der beiden alten Busse auf dem Gelände verkauft ein kleiner **Laden** Tütensuppen, ne warme Mütze, Süßes, Knabberkram und Bier. Nebenan im zweiten Bus gibt es warme Suppe. Hütte 8000 ISK, Camping 2500 ISK p. P., Duschmarke 500 ISK (trotz zahlreicher Duschen oft lange Wartezeiten, und richtig sauber ist es eigentlich nie).

Am Laugavegur

Die Hütten am Laugavegur sind nur in den Sommermonaten in Betrieb. In allen gibt es eine Küche und Kochutensilien. Wer mit dem Zelt kommt, darf die Küche leider nicht nutzen – also eigenen Kocher und Brennstoff nicht vergessen. Die **Preise** sind überall etwa gleich: Schlafplatz 8000 ISK, Camping um 1800 ISK. **Reservierung** der Hütten unter: Ferðafélag Íslands, Mörkinni 6, 108 Reykjavík, ✆ 568 2533, 🖥 www.fi.is, ⏱ Mo–Fr 10–17 Uhr.

Álftavatn, N63° 51' 28.2" W19° 13' 38.4" ✆ 823 4008, 🖥 www.fi.is/en/mountain-huts/alftavatn. 3 Hütten mit zusammen 72 Schlafplätzen. Camping auf ebener Grasfläche mit tollem Blick auf den See.
Emstrur, N63° 45' 58.8" W19° 22' 27", ✆ 490 0137, 🖥 www.fi.is/en/mountain-huts/emstrur. 60 Schlafplätze in 3 Hütten. Auf dem kleinen Campingplatz hinter den Hütten sind nur wenige ebene Flächen zu finden.

Hrafntinnusker, N63° 56' 0.84" W19° 10' 6.54", ✆ 499 0679, 🖥 www.fi.is/en/mountain-huts/hrafntinnusker. Die große Hütte Höskuldsskáli hat 52 Betten. 1100 m hoch gelegen, wird es hier nachts frisch, vor allem im Zelt (die Hütte ist mit geothermaler Wärme versorgt). Der Campingplatz ist schwierig: teils steinig, teils sandig. Neben Heringen sollte man hier auch auf Steine zurückgreifen.
Hvanngil, N63° 51' 28.2" W19° 13' 38.4", ✆ 868 2533, 🖥 www.fi.is/en/mountain-huts/hvanngil. 2 Hütten mit 60 Betten. Gecampt wird in einem Lavafeld – wer früh genug kommt, kann sein Zelt hier windgeschützt aufbauen.

TOUREN

Der beliebte Ort im südlichen Hochland ist auch bei unzähligen Touranbietern im Programm – zu Fuß, im Super-Jeep oder auf dem Pferderücken (s. Reiseanbieter, S. 60).

TRANSPORT

Auto

Von Landmannalaugar führt die Straße F208 als „Fjallabaksleið nyrðri" **nach Norden** (bis zur F26, Sprengisandur). Abbiegen kann man **nach Westen** auf die F225, um via Landmannahellir und über die südliche Straße 26 Richtung Ringstraße und Reykjavík zu kommen (Fahrzeit nach Reykjavík etwa 3–4 Std.). Als „Fjallabaksleið syðri" (Kasten S. 568) geht es **nach Süden** über eine schöne, abwechslungsreiche Allrad-Strecke bis zur Ringstraße. Unterwegs zweigt die F235 nach Nordosten zum See Langisjór ab.
Die **Anfahrt nach Landmannalaugar** ist „eigentlich" meist auch mit normalen Pkw machbar. Die Autovermieter schließen das aber aus, da für alle F-Straßen Allradfahrzeuge Pflicht sind. Die Furt kurz vor dem Campingplatz sollten tatsächlich nur Geländewagen nehmen; wer keinen hat, bleibt auf dem Parkplatz stehen und läuft die letzten 200 m.

Busse

Busse fahren nur von Mitte Juni (20.6.) bis Ende August.

Unterwegs auf dem Laugarvegur

- **Länge**: 54 km
- **Dauer**: 4 Tage
- **Schwierigkeit**: Mittel. Der Pfad ist mit teilweise recht weit auseinander stehenden Holzpflöcken markiert – bei Nebel muss der Kompass helfen. Es sind einige mitunter besonders wasserreiche Flüsse zu durchwaten. Nach Regentagen heißt es schon mal umkehren und am nächsten Tag wiederkommen.
- **Kosten**: Schlafsack-Unterkunft ca. 8000 ISK/Nacht, Zelt um 1500 ISK/Nacht.
- **Reisezeit**: Nur möglich von Mitte Juni bis Anfang September
- **Ausrüstung**: Schlafsack und Zelt. Kleidung in mehreren Schichten, um auf jedes Wetter (bis hin zum Schneesturm) vorbereitet zu sein. Ersatzkleidung. Gute Wanderschuhe sowie zweites Paar (Trekking-Sandalen) und Trekking-Stöcke zum Durchqueren von Flüssen. Hut, Sonnenbrille, Karte, Kompass, GPS, Essen für 5 Tage (plus Kochgeschirr, wenn man zeltet), Wasserflasche. Extra-Akku für Handy/Kamera. Erste-Hilfe-Set. Und ein Halstuch, das auch als Staubmaske benutzt werden kann.
- **Übernachtung**: Einfache Wanderhütten (S. 572) mit Zeltplätzen in Landmannalaugar, Hrafntinnusker, Álftavatn, Hvanngil, Emstrur und Þórsmörk (Langidalur, S. 522).
- **Hinweise**: Vor der Wanderung Wetterbericht checken. Nicht alleine und nur in guter Kondition losmarschieren. Unbedingt auf dem Weg bleiben. Hütten langfristig vorbuchen (Nachteil: Termine sind festgelegt und bei schlechtem Wetter fällt der Trip ins Wasser, oder wird vom Winde verweht ...). Beim Zelten (nur auf den ausgewiesenen Zeltplätzen neben den Hütten erlaubt) ist man flexibler. Müll kann unterwegs nicht entsorgt werden und muss mitgenommen werden.

In Landmannalaugar ist viel los. Hierher kommen nicht nur Wandersleute, sondern auch Tagesbesucher mit dem Auto. Der Laugarvegur ist relativ viel begangen – einsam wird sich hier kaum jemand fühlen. Die meisten Wanderer marschieren den Weg in südliche Richtung, von Landmannalaugar nach Þórsmörk, da es so insgesamt leicht bergab geht. Man kann aber natürlich auch entgegengesetzt gehen: Dann lockt als Belohnung das Bad in den heißen Quellen! Wir beschreiben hier die „leichtere" Variante.

Erster Tag: Von Landmannalaugar nach Hrafntinnusker
■ 11 km, 4–5 Std.

Die erste Tageswanderung ist zwar die kürzeste, aber für viele die schwerste: Hier geht es nämlich 470 m in die Höhe. Der Weg führt zunächst hoch zum Lavafeld **Laugahraun**, dann etwas bergab und wieder hoch auf das nächste Plateau am 855 m hohen **Brennisteinsalda**. Durch die bunten Berge schlängelt sich der Weg bergauf weiter zur kleinen Oase **Stórihver** – einem guten Rastplatz an einer heißen Quelle – und nach etwa einer weiteren Stunde, quer durch eine isländische Bilderbuchlandschaft mitsamt qualmender Erdspalten zwischen zugeschneiten Flächen, ist die Hütte Höskuldsskáli bei **Hrafntinnusker** (s. Kasten S. 571) erreicht. Zeit, das Zelt aufzuschlagen! Gar nicht so einfach auf dem felsigen Untergrund; Lava-Steine zum Verschnüren der Abspannung können Abhilfe schaffen. Die schwarzen, glasartigen Steine sind **Obsidian**; vulkanisches Glas, das entsteht, wenn heiße Lava sehr schnell abkühlt. Bei einem abendlichen Spaziergang kann man unter Umständen **Eishöhlen** entdecken, die sich unter den Schneeflächen gebildet haben.

Zweiter Tag: Von Hrafntinnusker nach Álftavatn
■ 12 km, ca. 5 Std.

Die heutige Strecke ist nur wenig länger als die gestrige, führt aber 490 m abwärts. Der Pfad windet sich entlang der Hänge des Reykjafjöll zunächst durch ein flaches Tal, ehe er sich nach Westen wendet und nach einigen Aufs und Abs die **Jökultungur-Schlucht** erreicht: Hier ergibt sich (bei passendem Wetter) eine super Aussicht auf die drei Gletscher **Tindfjallajökull**, **Eyjafjallajökull** und **Mýrdalsjökull**. Der Weg hinunter in die Schlucht ist recht steil, und unten ist das Abenteuer noch nicht vorbei. Erst muss noch der Fluss Grashagakvísl, der die Schlucht durchfließt, durchwatet werden. Nun ist das Anstrengendste geschafft: Südwestlich geht es ohne Schwierigkeiten weiter zur Hütte am wunderschönen **Álftavatn** („Schwanensee"). Wer noch Kraft hat, kann auch 5 km weitergehen und einen Teil der nächsten Tagesetappe vorverlegen, da es dort eine gute Übernachtungsalternative gibt.

Dritter Tag: Von Álftavatn nach Emstrur
■ 16 km, 6–7 Std.

Die heutige Strecke ist zwar recht lang, aber es sind nur 40 Höhenmeter zu überwinden. Auf dem ersten Wegstück bis **Hvanngil** muss der Fluss **Bratthálskvísl** überquert werden. Die Hütte in Hvanngil bietet eine Alternative zur Übernachtung am Álftavatn-See. Weiter in Richtung Südwesten folgt der Weg nun der F261, und mehr Flüsse (mit und ohne Brücke) legen sich in den Weg – darunter der **Bláfjallakvísl**, der breiteste zu furtende Fluss der Strecke. Nach starken Regenfällen ist hier besondere Vorsicht geboten! Es folgt eine monotone Lavawüste, bis fast unvermittelt die Häuschen der Hütte in **Emstrur/Botnar** in der grün-schwarzen Landschaft auftauchen. Wer noch laufen kann, sollte den abendlichen Spaziergang zur nahegelegenen, bis zu 200 m tiefen Schlucht **Markarfljótsgljúfur** nicht verpassen.

Vierter Tag: Von Emstrur nach Þórsmörk
■ 15 km, 6–7 Std.

Auf der letzten Etappe sollte man sich Zeit lassen, um diesen Abschnitt noch mal voll auszukosten. Richtung Osten führt der Weg zunächst über den Fluss Syðri-Emstruá – diesmal fast ein bisschen langweilig über eine Brücke. Entlang der Schlucht geht es dann bis zum Zusammenfluss des Syðri-Emstruá mit dem Markarfljót, anschließend weiter Richtung Südwesten. Die kleinen Schluchten Slyppugil und Björgil mit ihrem erfrischenden Flüsschen bieten sich zum Picknick an. Nach und nach wird die Gegend grüner, und ein letztes Mal muss ein Fluss durchquert werden: der Þröngá. Er markiert die Grenze zum erstaunlich waldreichen Gebiet **Þórsmörk**, und nach einer letzten halben Stunde ist die Hütte **Skagfjörðsskáli** in Langidalur erreicht.

Wer jetzt auf den Geschmack gekommen ist, kann die Wanderung auch noch etwas verlängern (s. Kasten „Empfehlenswerte Kurzwanderungen ab Básar", S. 522).

MÝVATN, Di und Do um 8.30 Uhr 10 Std. für ca. 18 300 ISK.
REYKJAVÍK, tgl. mehrmals ab 7 Uhr in 4 Std. für ca. 9000 ISK.
SKAFTAFELL, Mo, Do und Sa um 16 Uhr via ELDGJÁ und KIRKJUBAEJARKLAUSTUR in 5 Std. für ca. 10 100 ISK.

Eldgjá

Zwischen Landmannalaugar und Kirkjubæjarklaustur bzw. zwischen den Gletschern Vatnajökull und Mýrdalsjökull durchschneidet die **Eldgjá** (Feuerschlucht) als riesiger Canyon das Hochland von Südwesten nach Nordosten. Den Name bezeichnet den zentralen Teil einer etwa 40 km langen Vulkanspalte, die zum Katla-System gehört und sich vom gefürchteten Vulkan **Katla** unter dem Gletschereis des **Mýrdalsjökull** bis zum Berg **Gjátindur** zieht.

Erst 1893 wurde die heute als größte Explosionsspalte der Erde geltende Eldgjá vom ersten isländischen Geologen Þorvaldur Thoroddssen entdeckt, benannt und beschrieben. Und dies, obwohl sie wohl bereits 934 bei einer der größten Eruptionen unserer historischen Zeit entstanden sein soll. Die Explosion schleuderte damals geschätzte 9 km³ Lava an die Oberfläche; 219 Mio. Tonnen Schwefeldioxid sollen in die Atmosphäre gelangt sein, die mit Wasser und Sauerstoff zu 450 Mio. Tonnen Schwefelsäure reagierten. Aschen des Ausbruchs gelangten bis nach Grönland.

Der zentrale Teil der Explosionsspalte ist ca. 5 km lang, bis zu 200 m tief und 600 m breit. Bei einer Wanderung durch das Tal, vorbei an den hochaufragenden Wänden der Schlucht, sind einzelne Lavaschichten zu erkennen; einige sind rot gefärbt. Hier ist das Gestein besonders eisenhaltig, da es aus den Tiefen der Erde stammt.

Mitten durch die Schlucht rauscht der **Nyrðri Ófæra**, der „unwegsame nördliche Fluss", der mit dem **Ófærufoss**, dem „unwegsamen Wasserfall" ein besonders spektakuläres Naturschauspiel zu bieten hat. Vom Parkplatz am Eingang der Schlucht führt ein markierter Fußweg in etwa einer halben Stunde zum Katarakt, der in zwei Kaskaden in die Schlucht stürzt. Bis ins Frühjahr 1993 überspannte eine Steinbrücke den Fall, die aber eine ungewöhnlich starke Springflut zum Einsturz brachte. Noch heute purzeln immer wieder Steine, manchmal riesige Brocken, in die Schlucht.

ÜBERNACHTUNG

Hólaskjól Highland Center, Karte S. 570, am Fjallabaksleið nyrðri, ℡ 855 5812, 🖥 www.holaskjol.com. Die nächstgelegene Hütte ist vor allem auf Wanderer und Reiter (Heuverkauf) eingestellt. Sie bietet über 70 Schlafplätze im zweistöckigen Haupthaus sowie 2 Blockhäuser mit Platz für bis max. 6 Schläfer. Gute Campingmöglichkeiten auf dem Gelände; weil windgeschützt an einem Lavafeld gelegen. Den Spaziergang zum nahegelegenen Silfurfoss sollte man sich nicht entgehen lassen. Blockhaus 35 000 ISK, Schlafsackplatz 6600 ISK (unter 12 J. 3200 ISK), Camping 1600 ISK (unter 12 J. 470 ISK). Dusche und Kochecke kosten bei Camping extra (550 bzw. 600 ISK).

TRANSPORT

Auto
Die Anfahrt ist nur von Juni/Juli bis etwa Mitte September mit einem guten Allradfahrzeug über die Straße F208 möglich.

Busse
Reykjavik Excursions fährt vom 20.6. bis Ende August Mo, Do und Sa morgens um 8 Uhr von SKAFTAFELL über KIRKJUBAEJARKLAUSTUR zur ELDGJÁ. Hier legt er um 11 Uhr eine Pause (1 1/4 Std.) ein – genug für ein kurzes Sightseeing. Um 12.15 Uhr geht es in 1 1/4 Std. weiter nach LANDMANNALAUGAR.
Die Rückfahrt von dort (Start 15.30 Uhr) macht ihren Stopp von 16.45–18 Uhr. Preis für eine Tour ca. 10 100 ISK.

Langisjór

Nordöstlich der Eldjá erstreckt sich bis fast zum Vatnajökull der See Langisjór („Langer See") – 20 km lang und 2 km breit. Eingerahmt von den Bergzügen Tungnárfjöll und Fögrufjöll (die „schönen Berge") und 670 m über dem Meeresspiegel gelegen, ist er ein wunderbares Ziel für eine ausgedehnte Wanderung. Beginnend am südwestlichen Ende führt der Weg am Seeufer entlang Richtung Gletscher, der wie eine unwirkliche Verheißung am Horizont leuchtet. Drei bis vier Tage sollte man für eine Umrundung des Sees einplanen (und weitab jeder Zivilisation entsprechend gut ausgerüstet sein).

ÜBERNACHTUNG

Langisjór House and fishing, Karte S. 570, ☏ 855 5813, 🖥 www.eldgja.is/en/langisjor. Die einzige Übernachtungsmöglichkeit liegt am Südwestende des Sees: 6 Schlafplätze in einer winzigen Hütte, 41 000 ISK für 4–6 Pers. inkl. Angel-Erlaubnis.

TRANSPORT

Erreichbar nur mit **Allradfahrzeugen** über die Straßen F208 und F235.

Laki-Krater

Islands Geschichte ist reich an Vulkanausbrüchen und Naturkatastrophen, doch die Entstehung der Laki-Krater (isl. Lakagígar) stellt alles in den Schatten. Als *Skaftárelda* („Skaftafeuer") ist dieses Ereignis in die Geschichte eingegangen, benannt nach dem Fluss Skaftá, der gleich zu Beginn verdampfte und dessen Bett sich mit einem Strom glühender, flüssiger Lava füllte.

Das Unheil nahm seinen Lauf am 8. Juni 1783, einem Pfingstsonntag. Die Erde bebte bereits seit einigen Tagen, doch dann riss im südlichen Küstenvorland bis zum Hochland zwischen den Gletschern Vatnajökull und Mýrdalsjökull die Erde auf einer Länge von 12 km auf und Lava schoss mit gewaltiger Kraft hervor. Bis zu 1 km sollen die Fontänen hoch gewesen sein! Die Spalte verbreiterte sich im Laufe weiterer Ausbrüche; und aus über 130 Kratern kochte das Erdinnere hinaus.

Die Lava floss in zwei Strängen ins Tal und vernichtete alles, was auf ihrem Weg stand. Noch 40 km von der Ausbruchsstelle entfernt verschwanden Bauernhöfe einfach so unter der Feuerwalze. Dank eines Pfarrers, der die Lava seinen Erzählungen nach durch Feuerpredigten stoppen konnte (s. auch S. 500), sind die Geschehnisse gut überliefert. Erst im Februar 1784 verstummte der Vulkan. Und obwohl der Laki seither nicht mehr ausgebrochen ist, sprechen die Isländer noch immer respektvoll von diesem *eldhéröð* (Feuerbezirk).

Auch nachdem die Eruptionen verstummt waren, fielen weiter Asche und giftige Gase zu Boden. Missernten waren die Folge und es verendeten die Hälfte aller Pferde und Kühe sowie 80 % des Schafbestandes. An den Folgen dieser Katastrophen starben schließlich auch die Menschen: In Island bis Ende 1785 etwa ein Viertel der Bevölkerung.

Die **Auswirkungen des Ausbruchs** waren in ganz Nordeuropa zu spüren. Giftiger Aschenregen verseuchte die Felder. In der Atmosphäre bildeten sich chemische Verbindungen, u. a. Schwefelsäure. Giftige Aerosole legten einen Schleier über die Erde und verdunkelten den Himmel. Der folgende Winter war in ganz Europa extrem kalt – in Großbritannien sollen 8000 mehr Menschen als durchschnittlich gestorben sein. Auch in Deutschland sanken die Temperaturen bis auf minus 26 °C. Die Eisschmelze im Frühling verursachte starke Überflutungen, wie bei der Kölner Flut von 1794. Manche Historiker vermuten sogar, dass die Missernten und anschließenden Hungersnöte in Frankreich die eigentliche Saat für die sozialen Unruhen gelegt haben, die schließlich die Französische Revolution hervorgerufen haben.

Der Ursprungsort dieser historischen Katastrophe ist heute als Tagesabstecher von der Ringstraße im Süden aus zu erreichen. Weite Lavafelder, moosbewachsene Krater und Aschekegel – eine unwirtliche, unwirkliche Welt. Würde ein Steinzeitmensch oder die alte Morla aus der Unendlichen Geschichte hier ihr Haupt erheben, wundern täte es nicht. Und dass Gnome in den Höhlen der Lavafelder leben, versteht sich von selbst. An der Piste, die durch die geisterhafte Landschaft führt, liegen einige Parkplätze, von denen interessante Wanderwege abgehen, die unvergessliche Ein- und Ausblicke in das Gebiet geben. Unbedingt lohnend ist es, am ers-

Eindrucksvolle Erinnerung an eine der schlimmsten Naturkatastrophen Islands: die Laki-Krater

ten Parkplatz den **Berg Laki** zu ersteigen (818 m, 300 m höher als die nähere Umgebung, Rundweg 1–2 Std.). Er hat zwar mit dem eigentlichen Vulkansystem nichts zu tun (außer dass er den Kratern seinen Namen gegeben hat), ermöglicht aber einen super Überblick auf die 25 km lange Kraterreihe, vor allem von der durch Eruptionen aufgerissenen Bergspalte am nordöstlichen Teil.

Auf dem Rückweg über die F207 (s. u.) sollte man den Stopp am **Tjarnagígur** nicht auslassen: Ein kurzer (behindertengerechter) Weg führt zu dem fotogenen, mit Wasser gefüllten Krater, der bei der Eruption 1783–84 entstand. Der Kontrast zwischen der neongrünen Moosen und der schwarzen Lava könnte eindrücklicher nicht sein. Es herrschte eine geradezu mystische Stimmung. Neben dem kurzen Abstecher zum Krater gibt es auch hier einen längeren Rundweg (ca. 1 1/2 Std.). Das ganze Ökosystem ist äußerst sensibel; bitte keinesfalls vom Weg abweichen!

ÜBERNACHTUNG

Blágil, Karte S. 570, ✆ 487 4840, ✉ klaustur @klaustur.is. Mitten in einem Lavafeld, 15 km südlich der Laki-Krater, liegen 2 Hütten für Wanderer mit insgesamt 18 Schlafplätzen. Daneben können Camper ihr Zelt aufschlagen oder ihren Wagen parken. Bei der Rückfahrt von den Kratern über die F207 biegt ein beschilderter Weg rechts nach Blágil ab. Hütte 6500 ISK, Jugendliche (13–16 J.) 2500 ISK, Kinder unter 12 J. kostenlos; Camping 1700 ISK, Jugendliche 800 ISK, Kinder unter 12 J. kostenlos; Strom 1000 ISK, Dusche, Waschmaschine und Trockner je 500 ISK. ⏱ Hütten ganzjährig, Campingplatz sobald die Straße freigegeben ist (normalerweise Mitte Juni–Anf. Sep).

TRANSPORT

Auto
Nur Geländewagen meistern den 40 km langen Weg zu den Laki-Kratern. Hin geht es über die Straße F206, zurück über die F207. Bitte nicht einfach über die F206 zurückfahren, da diese Straße über weite Strecken zu schmal für 2 Fahrzeuge ist und man außerdem einige besonders beeindruckende Abschnitte verpassen würde. Es sind einige Flüsse zu durchqueren, und vor allem die

letzte Furt, bevor es wieder auf die F206 geht, sollte nicht unterschätzt werden. Die Fahrt dauert hin und zurück ab Ringstraße etwa 3–4 Std. (ohne Stopps).

Busse

Reykjavik Excursions fährt von Ende Juni bis Anfang September, sofern das Wetter es zulässt, tgl. mit Hochlandbussen die Route SKAFTAFELL (Abfahrt 8 Uhr) – KIRKJUBAEJARKLAUSTUR (9 Uhr) – LAKI-KRATER (Ankunft 12.30 Uhr, Rückfahrt 16.30 Uhr) – SKAFTAFELL (Ankunft 20.55 Uhr).

Westliches Hochland

Das westliche Hochland wird beherrscht vom Gletscher Langjökull, um den herum zwei Straßen die Nord-Süd-Verbindung herstellen: die Kjölur-Route (Straße 35) und die Sprengisandur-Route (F26). Sie sind die „Highways" des Hochlandes; staubige, holprige Pisten, ermüdend für Fahrer und Material. Wer erst mal ausprobieren will, ob ihm das zusagt, sollte mit der Kaldidalur-Route (Straße 550) beginnen.

Kaldidalur (Straße 550)

Die Straße 550 (Kaldidalur) ist mit einer Länge von nur 40 km die einfachste und kürzeste Hochlandpiste. Sie verbindet den **Nationalpark Þingvellir** im Süden mit dem **Lavagebiet Hallmundarhraun** nordöstlich von Húsafell. Vorbei an den Gletscherzungen **Þórisjökull** und **Geitlandsjökull** gelangt man durch das „kalte Tal" zu der nur mit Geländewagen befahrbaren Zufahrtsstraße zur Westseite des **Langjökull**, Startpunkt und Basecamp für die beliebten Eishöhlentouren (s. auch 🖥 www.intotheglacier.is und Húsafell, S. 240).

Nennenswerte Furten gibt es nicht, und nur einen kurzen steilen Teilabschnitt, sodass die Straße bei vorsichtiger Fahrweise auch mit normalen Pkw zurückgelegt werden kann – was die meisten Autovermieter allerdings vertraglich ausschließen. Wer von Þingvellir startet, fährt das erste Drittel der Tour auf dem asphaltierten Uxahryggjavegur, der auf manchen Landkarten auch als Straße 52 beziffert wird, bevor die „echte" Hochlandroute beginnt (der Uxahryggjavegur ist in Þingvellir gleichzeitig als Straße 550 und 52 ausgeschrieben). Letztere führt nach der Trennung weiter Richtung Borgarnes um Nordwesten). Die Fahrtzeit von Þingvellir bis Húsafell beträgt ungefähr zweieinhalb Stunden.

Die Kjölur-Route (Straße 35)

Die wichtigste Straße durchs westliche Hochland ist die Kjölur-Route (Straße 35, auch Kjalvegur genannt). Sie führt vom Gullfoss im Süden bis in die Gegend von Blönduós und ist relativ einfach zu fahren. Vor einigen Jahren hat man ihr sogar das „F" vor ihrem Namen aberkannt: Sie heißt nicht mehr „F35", sondern nur noch „35", was so viel bedeutet, dass sie auch mit „normalen" Autos befahren werden könnte. Fast alle Autovermieter schließen diese Route für Nicht-Allrad-Fahrzeuge dennoch aus und überwachen die Einhaltung dieses Verbots peinlich genau. Das heißt: Auch wenn es noch völlig gefahrlos weiterzurasen scheint, wie z. B. hinter dem Gullfoss, wo die Straße sogar noch einige Kilometer asphaltiert ist, muss genau da Schluss sein, wo das Schild steht.

Ein kleiner Trost für die auf diese Weise Ausgeschlossenen: Es wäre sowieso kein Spaß gewesen, viele Stunden auf einer holprigen Schotterstraße im zweiten oder dritten Gang mühsam vor sich hin zu rumpeln und ständig den Staub derer zu schlucken, die im Affenzahn über Steine, Schlaglöcher und „Riffelblech"-Abschnitte hinweg brettern. Aber auch ein Allradfahrzeug schützt vor solchen Erlebnissen nicht zwangsläufig. Daher ist die Straße für Selbstfahrer als Abkürzung in den Norden eher ungeeignet; und auch mit dem Hochlandbus steht einem eine ganztägige rumpelige Fahrt bevor. Lohnend ist die Fahrt hingegen, wenn man unterwegs aussteigt und/oder einen Abstecher macht: z. B. zum See **Hvítárvatn** nahe der Straße. Er speist sich aus einer Gletscherzunge des Langjökull und verschiedenen Flüssen und Quellen in der Umgebung und ist selbst die Quelle für einen der

Westliches Hochland

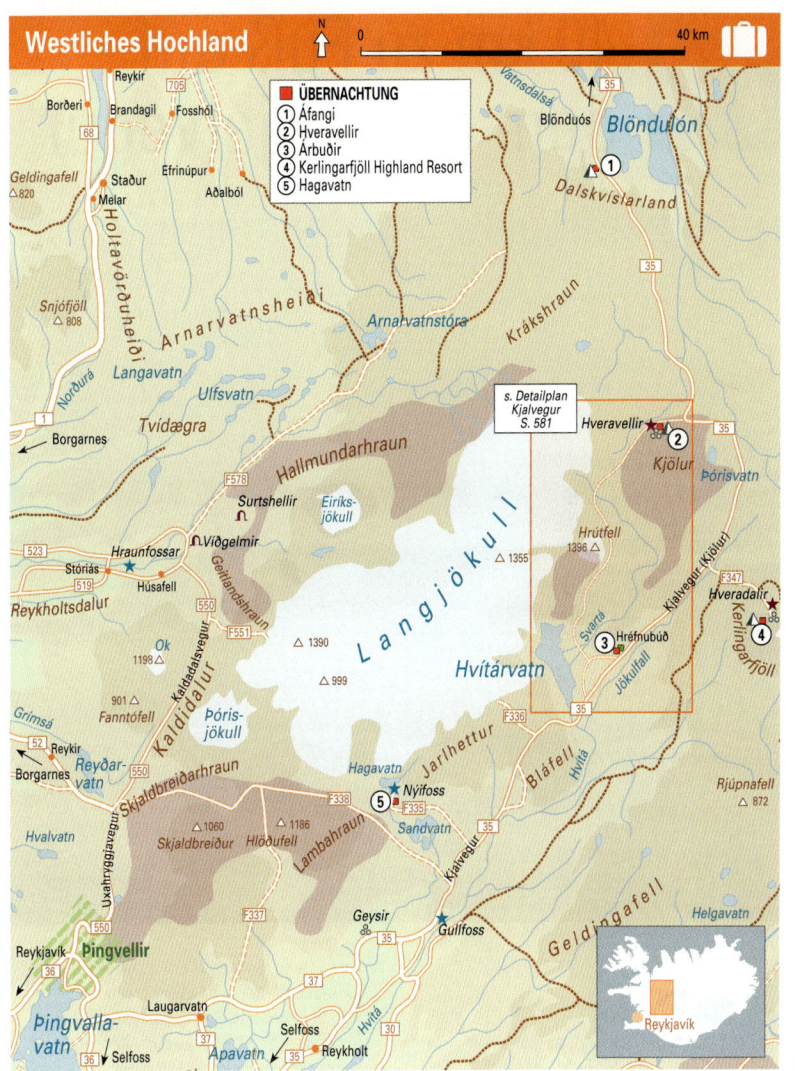

ÜBERNACHTUNG
1. Áfangi
2. Hveravellir
3. Árbuðir
4. Kerlingarfjöll Highland Resort
5. Hagavatn

größten Flüsse Islands, Hvítá („Weißer Fluss"), der u. a. den Gullfoss speist.

Etwas abgelegener, aber auch seltener besucht, ist der **See Hagavatn** (S. 582). Die Fahrt zu den bunten Bergen **Kerlingarfjöll** (S. 583) sollte jeder unternehmen, der ein bisschen Zeit hat,

und der kurze Schlenker nach **Hveravellir** ist quasi Pflichtprogramm (S. 584).

Auch für Wanderer bietet die Strecke eine interessante Option: Der alte Kjalvegur (s. Tour S. 580) wurde schon von den ersten Wikingern begangen, die sich in Island niederließen.

40 km zu Fuß auf dem alten Kjalvegur

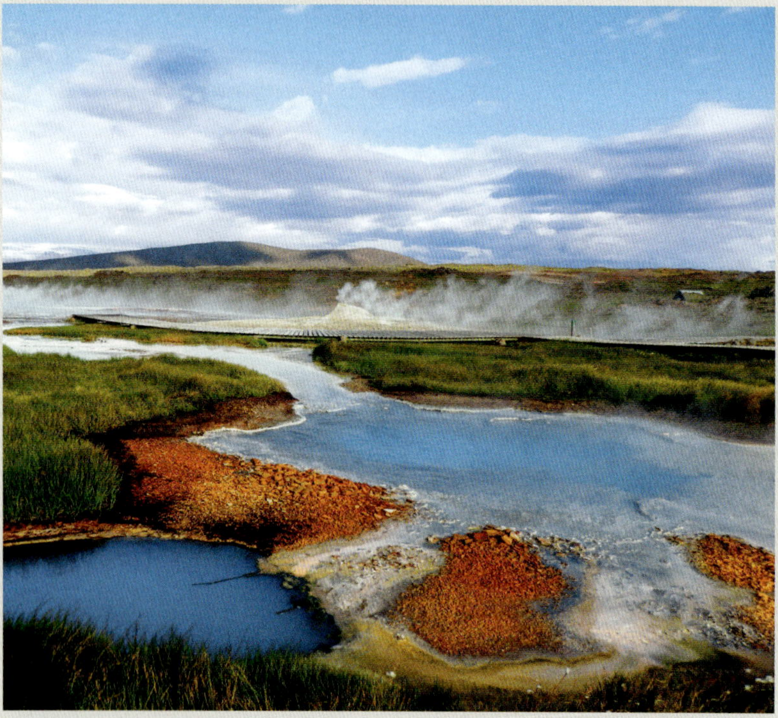

- **Länge**: 40 km
- **Dauer**: 3 Tage
- **Schwierigkeit**: Leicht. Der Pfad ist gut markiert, es gibt kaum Steigungen. Auch für Einsteiger zum „Warmlaufen" empfohlen, ehe es an anspruchsvollere Strecken wie z. B. den Laugavegur geht.
- **Kosten**: Schlafsack-Unterkunft etwa 6000 ISK/Nacht, Zelt um 1500 ISK/Nacht.
- **Reisezeit**: Nur möglich von Mitte Juni bis Anfang September
- **Ausrüstung**: Schlafsack und Zelt. Kleidung für jedes Wetter, gute Wanderschuhe. Hut, Sonnenbrille, Karte, Kompass, Essen für 3 Tage (plus Kochgeschirr, wenn man zeltet), Wasserflasche. Extra-Akku für Handy/Kamera. Erste-Hilfe-Set.
- **Übernachtung**: Einfache kleine Wanderhütten (S. 582) mit Zeltplätzen in **Hvítárnes**, **Þverbrekknamuli** und **Þjófadalir**, größere Hütte mit heißem Pool in **Hveravellir** (S. 584).
- **Transport**: Der Hochlandbus von SBA-Norðurleið (S. 569) hält an der Straße 35

ca. 2 km nördl. der Brücke über den Hvitá am Abzweig nach Hvítárnes. Von dort sind es knapp 9 km Fußweg zur Hütte Hvitárnes (S. 582). In Hveravellir kommt der Bus direkt zum Parkplatz.
- **Hinweise**: Vor der Wanderung Wetterbericht checken. Wer in den Hütten übernachten möchte, sollte langfristig vorbuchen. Müll kann unterwegs nicht entsorgt und muss mitgenommen werden.

Der alte Kjalvegur *(Kjalvegur hinn forni)*, eine seit Jahrhunderten begangene Verbindung zwischen Nord- und Süd-Island, ist heute eine beliebte Trekkingroute. Die gut markierte, knapp 40 km lange Strecke lässt sich ohne größere Herausforderungen bequem in drei Tagen zurücklegen. Der Weg beginnt am Hvítárvatn und verläuft dann westlich der Straße 35 entlang der Wanderhütten Þverbrekknamúli und Þjófadalir nach Hveravellir. Weiter westlich erstreckt sich der Gletscher Langjökull, auf den sich immer wieder tolle Ausblicke ergeben.

Erster Tag: Von Hvítarnes nach Þverbrekknamuli
- 15 km, 4–5 Std.

Vom See Hvitarvátn aus führt der Weg in nordöstlicher Richtung immer am Gletscherfluss Fúlakvísl entlang, vorbei an sumpfigen Abschnitten, Heideland und Lavafeldern. Am Wegesrand sieht man die Steinhügel, mit denen der dänische Landvermesser Daniel Bruun den Weg 1897–98 markierte. Nachdem der Weg einige Zeit etwas in Vergessenheit geraten war, wurde er so wieder sichtbarer und somit öfter genutzt. Linkerhand liegt der eisbedeckte Tafelberg Hrútfell (1396 m), rechts am Horizont locken die bunten Berge des Kerlingarfjöll. Kurz vor der Ziel-Hütte führt eine Brücke über den Fluss. Schöne Camping-Möglichkeiten.

Zweiter Tag: Von Þverbrekknamuli nach Þjófadalir
- 13 km, 4–5 Std.

Der mittlere Abschnitt (13 km) führt zurück über die Brücke und anschließend parallel zum Fluss östlich am Berg Þverbrekknamúli (620 m) vorbei. Alternativ geht es direkt an der Hütte über eine Abkürzung zunächst bergauf über den Bergrücken Múlar und am Ende auf einem etwas steilen Abstieg über looses, rutschiges Geröll in die Schlucht Hlaupin. Hier führt ebenfalls eine Brücke über den Fluss. Danach vereinen sich die beiden Wege wieder. Nun geht es weiter bis nach Þjófadalir („Tal der Diebe": Hier lauerten früher Banditen).

Dritter Tag: Von Þjófadalir nach Hveravellir
- 10 km, ca. 4 Std.

Der letzte Abschnitt führt über einen Höhenzug am Ende des Tals und folgt dann der gut erkennbaren Piste F735. Alternativ geht es westlich der Piste über ein mit Pflöcken markiertes Lavafeld weiter. Als Belohnung lockt am Ende des Weges in Hveravellir der einladende Hot Pot – und wer will, kann sich im Restaurant der Hütte verwöhnen lassen.

ÜBERNACHTUNG

An der Straße

Áfangi, knapp 40 km nördlich von Hveravellir, Karte S. 579, ℡ 869 0334, 🖥 www.north west.is/2afangi.asp. In dem grünen, flachen Containergebäude können bis zu 32 Pers. ihren Schlafsack ausbreiten (6500 ISK); für Pferde gibt es einen Stall und ein eingezäuntes Gelände. Campingmöglichkeiten (1500 ISK).

Árbuðir, 42 km nördlich vom Gullfoss, Karte S. 579, ℡ 486 8757, 895 9500 und 867 3571, 🖥 www.gljasteinn.is. Die spartanisch eingerichtete Hütte punktet vor allem mit der Aussicht: Direkt vor der Tür ein Fluss und eine Furt, im Hintergrund bei guter Sicht die Gletscherzunge. Sehr einfache Schlafsackunterkünfte für bis zu 30 Pers. Toilette draußen in einer separaten Holzhütte. Schlafsackunterkunft 6500 ISK (Kinder 4000 ISK), Camping 1000 ISK (wer die Küche und die Duschen benutzen will, zahlt 3000 ISK). Auch Nicht-Gäste dürfen hier kochen (500 ISK) und duschen (750 ISK).

An der Wanderroute des Kjalvegur

Hvítárnes, N63° 51' 28.2" W19° 13' 38.4", an der Mündung des Fúlakvísl in den See Hvítárvatn, ℡ 568 2533, 🖥 www.fi.is/en/mountain-huts/hvitarnes. Die Berghütte, die aufgrund ihres Alters (sie wurde in den 1930er-Jahren gebaut) besonderen Schutz genießt, bietet auf 2 Etagen Platz für 30 Schläfer. Kaltes Wasser, Toilette außerhalb. Achtung: Seit Jahrzehnten hält sich hartnäckig das Gerücht, in dieser Hütte spuke es. Immer wieder wird der Geist einer jungen Frau gesehen, die offensichtlich keine Ruhe findet und vor allem Männer behelligen soll. Es wird von einem speziellen Bett erzählt („ihr" Bett), in dem es fast unmöglich ist zu schlafen – ein Ort für Mutige. Schlafsackunterkunft 6000 ISK, Camping 1800 ISK.

Þjófadalir, N64° 48' 54" W19° 42' 30.6", am Fuße des Raudkollur, ℡ 568 2533, 🖥 www.fi.is/en/mountain-huts/thjofadalir. Die winzige Hütte (gebaut 1939) bietet nur Platz für max. 12 Pers. und hat kein fließendes Wasser, aber in der Nähe gibt es einen Fluss. In der reizvollen Umgebung lohnen ein paar kürzere Wanderrouten. Schlafsackunterkunft 5500 ISK, Camping 1800 ISK.

Þverbrekknamuli, N64° 43' 6" W19° 36' 51.6", südöstlich des Berges Hrútfell, nahe des Flusses Fulakvisl, ℡ 568 2533, 🖥 www.fi.is/en/mountain-huts/thverbrekknamuli. Hüttchen aus den 1980er-Jahren mit Platz für 20 Schläfer. Kaltes Wasser, Bad außerhalb. Schlafsackunterkunft 6000 ISK, Camping 1800 ISK.

Hveravellir s. S. 584.

ESSEN

Wie nahezu überall im Hochland, sind auch diese Hütten nur auf Selbstversorger eingestellt; Lebensmittel sind also selbst mitzuführen. Das gilt besonders für Wanderer auf dem Kjalvegur. Eine schöne Ausnahme ist allerdings das **Hréfnubúð Café** neben der Hütte Árbuðir (s. o.), wo leckerer Kaffee und Kuchen sowie Tagessuppe serviert werden. Das kleine Café mit den wenigen Sitzplätzen ist an sonnigen Wochenenden beliebtes Ausflugsziel bei den Isländern, sodass die Suppe um 14 Uhr auch schon mal „aus" ist.

TRANSPORT

Busse von SBA-Norðurleið (Linie 610) verbinden zwischen 18. Juni und 9. September tgl. AKUREYRI und REYKJAVÍK (Abfahrt jeweils um 8 Uhr, 10 1/2 Std., 17 900 ISK) mit Stopps in HVERAVELLIR und KERLINGARFJÖLL. Die Strecke ist die einzige Verbindung durchs Hochland, die täglich bedient wird.

Hagavatn

Zwei Gletscherseen finden sich an den östlichen Ausläufern des Langjökull-Gletschers: der Hvítárvatn (S. 578) nahe der Straße 35 und der Hagavatn etwas weiter westlich der Straße. Gemeinsam ist beiden die milchige Färbung, die durch das Gletscherwasser entsteht, aus dem sie sich speisen. Manchmal schwimmen auch ein paar Eisberge im See – frische Bruchstücke des Gletschers.

Um den Hagavatn breitet sich eine karge, graue und nahezu vegetationslose Felslandschaft aus. Am Horizont wachsen in der kahlen, 15 km langen **Bergkette Jarlhettur** etwa 20 Gipfel 800–900 m hoch empor – überragt nur von der 1100 m hohen **Trollhetta** („Trollkappe").

Am südwestlichen Ende des Sees ergießt sich sein Wasser über den **Nýifoss** (auch Leynifoss genannt) in ein oft mehrarmiges Flussbett, das in den südwestlich gelegenen Sandvatn weiterführt. „Nýifoss" bedeutet „neuer Wasserfall", denn erst jüngere geologische Aktivitäten ließen ihn in den 1930er-Jahren entstehen.

ÜBERNACHTUNG

Hagavatn, am Berg Jarlhettur etwa 2 km südöstlich des Sees, Karte S. 579, ✆ 568 2533, 🖥 www.fi.is/is/skalar/hagavatn. Die spartanische, „im Grünen" gelegene kleine Hütte bietet Platz für max. 12 Pers., 5500 ISK.

TRANSPORT

Die Region ist nur mit einem soliden **Allradwagen** erreichbar. Von Gullfoss aus geht es etwa 10 km über die Straße 35 nach Norden, dann links ab auf den Hagavatnsvegur F335. Parkplatz einige hundert Meter unterhalb des Wasserfalls Nýifoss.

17 HIGHLIGHT

Kerlingarfjöll

Inmitten der am Ende der letzten Eiszeit durch Eruptionen entstandenen, 800–1500 m hohen Bergkette **Kerlingarfjöll** („Altweiberberge") köchelt und dampft **Hveradalir** („Täler der heißen Quellen"), eines der größten Geothermalgebiete Islands. Es ist eingebettet in farbenprächtige Bergformationen aus rostfarbenem Rhyolith. Rund um die Quellen leuchten mineralreiche Böden gelb, blau, rot, ocker und grün und bilden einen herrlichen Kontrast zu dem reinen Weiß der nie ganz abschmelzenden Schneefelder. Die Geräuschkulisse steht dem optischen Hingucker in Nichts nach: Überall zischt und spuckt, brodelt und blubbert es. Unvorstellbar, dass es Pläne gab, die 140 °C heißen Quellen zur Stromerzeugung zu nutzen und in dieser einzigartigen Region ein Geothermie-Kraftwerk zu errichten. Seit 2017 aber steht das 367 km² große Gebiet unter dem Schutz des isländischen Staates – und ist nun ein bleibendes Paradies für Wanderer.

Um die empfindliche Naturschönheit so gut wie möglich zu schützen, wurden Wege angelegt. Die steilen Aufstiege erleichtern „Treppenstufen" aus Holzlatten, die in den weichen Untergrund genagelt wurden. Ein etwa 11 km langer Rundweg verläuft oberhalb des Geothermalgebiets am Berg entlang. Der Aufstieg ist anstrengend, aber die Tour unbedingt zu empfehlen. Hier vergehen die Stunden wie im Fluge, deshalb unbedingt genügend Zeit einkalkulieren.

ÜBERNACHTUNG UND ESSEN

Kerlingarfjöll Highland Resort, Ásgarður, ca. 10 km östl. der Straße 35 und 5 km westl. von Hveradalir, s. Karte S. 579, ✆ 664 7000, 🖥 www.kerlingarfjoll.is. Ein schöner Campingplatz am Fluss, DZ (mit eigenem Bad), weitere Unterkünfte in unterschiedlich großen, roten Dreieckshüttchen mit grünen Dächern, die entlang der Zufahrt aufgereiht sind (4–6 Pers.). 20 zusätzliche Schlafsackunterkünfte im Haupthaus. Beliebt sind die Hot Pots flussaufwärts, die über einen Fußweg in etwa 30 Min. erreichbar sind. Schlafsackunterkunft ab 5500 ISK (Bettzeug 1500 ISK extra), Camping 2000 ISK (nur kaltes Wasser), Zugang zur Küche für Nicht-Gäste 450 ISK, Frühstücksbuffet 2200 ISK. DZ ❻

Das Restaurant **Aðalskáli** tischt traditionelle isländische Küche mit Lamm und Fisch, sowie ein vegetarisches Tagesgericht auf. Kleinigkeiten zum Mitnehmen und Getränke gibt es an der Rezeption. 🕐 tgl. 8–21 Uhr.

SONSTIGES

Das **Servicecenter** hat Informationen zu Wanderwegen in der Region.

Einige Veranstalter (S. 60, Travelinfos von A bis Z) bieten Super-Jeep- und Allrad-Adventure-**Touren** zu den Kerlingarfjöll.

TRANSPORT

Auto
Die knapp 10 km lange Anfahrt von der Straße 35 bis zum Campingplatz auf der Piste F347 (vorbei am Wasserfall Gygjarfoss) ist für Autofahrer, die es bis hierhin geschafft haben, kein Problem mehr. Die gut 3 km lange, steinige Serpentinenpiste bis hinauf zum Hochtemperaturgebiet ist nur etwas für Jeeps. An einer nicht-markierten Kreuzung geht es nach rechts. Wer hier links abbiegt, kommt zu einer kleinen Hütte mit Aussichtspunkt, wo manchmal Gleitschirmflieger zu sehen sind.

Busse
Die Bushaltestelle befindet sich an der Zufahrt zum Campingplatz.
AKUREYRI, mit SBA-Norðurleið 1x tgl. in 5 1/2 Std. für 9700 ISK,
REYKJAVIK, mit SBA-Norðurleið1x tgl. in 5 Std. für 8300 ISK.

Hveravellir

Das Hochtemperaturgebiet Hveravellir in der Nähe der Straße 35 ist schon seit Jahrhunderten ein Zwischenstopp bei Reisen zwischen dem Norden und dem Süden des Landes – und bis heute ein viel besuchtes, lohnendes Ziel. Ein interessanter, kurzer Plankenweg führt mitten durch blubbernden Quellen, qualmende Löcher und bunte Ablagerungen. Daneben bietet ein heißer Pool Entspannung – einer der bekanntesten des Landes.

ÜBERNACHTUNG

Hveravellir, Unterkünfte und Camping, Karte S. 579, ✆ 452 4200 und 894 1293, 🖥 www.hveravellir.is. 2 große Häuser, ein großer Parkplatz, an dem auch die Überlandbusse längere Pausen machen, ein Campingplatz, ein Restaurant, ein natürlicher Hot Pot; und demnächst soll hier auch noch ein Hotel gebaut werden: Das ist das Servicezentrum Hveravellir. Ruhe und Frieden ist hier nicht zu erwarten, aber die nähere Umgebung hat einiges zu bieten: Wer zu Fuß losgeht, findet markierte Wanderwege mit herrlichem Bergblick. Im alten Haus gibt es 30 Betten (verteilt auf 3 Schlafsäle) und eine Küche, im neuen Haus Doppel- und Dreibettzimmer ohne Kochmöglichkeit, aber inkl. Frühstück. Schlafsackunterkunft 7500 ISK (Bettzeug 2000 ISK), Camping 1800 ISK p. P., Frühstück 1800 ISK. ❺

TRANSPORT

Selbstfahrer folgen von der Straße 35 dem beschilderten Abzweig nach Westen auf der F735 (2,5 km).
Für **Busse** s. S. 582, Kjölur-Route.

Sprengisandsleið (F26)

Ríðum, ríðum, rekum yfir sandinn ... („Wir reiten, reiten, jagen über den Sand ...") – so beginnt eins der bekanntesten isländischen Volkslieder. Es erzählt von der gefährlichen Durchquerung des Landes auf der seit dem Mittelalter genutzten Sprengisandur-Route, der Sprengisandsleið (Bedeutung in etwa: „Weg durch die ermüdende Wüste"); mit 200 km Länge die längste der Nord-Süd-Verbindungen. Der Liedtext verkündet: „Hier im Ungewissen gibt es manchen unheimlichen Geist, der seine Schatten auf den Gletscher wirft…", außerdem eine blutdürstige Füchsin und eine Elfenkönigin, deren Weg man lieber nicht kreuzt. Das beste Pferd würde der Sänger dafür geben, heil im Norden anzukommen – und auch mancher Autofahrer ist heute froh, wenn er die Strecke wohlbehalten hinter sich gebracht hat. Dafür sorgen allein schon mehrere Flüsse, die es zu furten gibt; darunter einer, der schon so manchen Pkw festgesetzt hat. Natürlich sind hier nur Geländewagen zugelassen! Doch ein Allradantrieb allein reicht nicht – Kenntnisse im Umgang mit ihm sind ebenfalls vonnöten (Tipps zur richtigen Furten von Flüssen s. S. 586).

Zudem wird die Fahrt durch die trostlosen Weiten schon wegen der deprimierenden Aussicht von einigen als anstrengend empfunden. An vielen Stellen fordern außerdem Schlaglöcher die höchste Aufmerksamkeit des Fahrers. Unterwegs gibt es keine Läden, Apotheken, Tankstellen oder Autowerkstätten. Es macht also durchaus Sinn, sich vor der Reise ein bisschen Mut anzusingen, bzw. unterwegs ein fröhliches Liedchen anzustimmen und dem Grau in Grau ein bisschen Fröhlichkeit entgegenzusetzen.

Von Süd nach Nord

Die Reise beginnt beschaulich und asphaltiert. Von der Ringstraße geht es auf die Straße 32 durch das Tal **Þjórsádalur**, benannt nach dem Fluss Þjórsá (dem längsten Fluss Islands) bis Búrfell, dem ältesten Wasserkraftwerk des Landes (1969 gegründet). Dort trifft die 32 auf die ebenfalls noch asphaltierte Straße 26. Es geht vorbei am großen **Highland Center Hrauneyjar** (s. Übernachtung), der letzten Bastion in der Zivilisation. An der Tankstelle sollte sich jeder mit ausreichend Sprit versorgen. Vorher lohnt noch ein Abstecher zu den gut erreichbaren Wasserfällen **Hrauneyjarfoss** und **Sigjaldafoss**. Auch der Fall **Dynkur** lohnt, allerdings erreichen ihn nur gute Allradfahrzeuge über eine zum Teil kaum erkennbare Piste.

Weiter nördlich wird die Straße dann zur unbefestigten Piste F26 (Sprengisandsleið) und schlängelt sich nun stundenlang nach Nordosten; in Richtung des Durchgangs zwischen dem Gletscher Hofsjökull (links) und der riesigen Eiskappe des Bárðarbunga (rechts). Man passiert die Berghütte **Versalir**, die in Privatbesitz ist und zum Zeitpunkt der Recherchen nicht zugänglich war. 2 km südlich davon führt eine namenlose Jeep-Piste links ab, die vorbei an Seen und über Dämme vor allem für Radfahrer eine interessante Alternative zur F26 darstellt. Nach knapp 50 km auf dieser Route geht ein Abzweig rechts nach Nýidalur; dort trifft man wieder auf die F26.

Die Oase **Nýidalur** liegt etwa auf halber Strecke zwischen Nord- und Südende der Straße und bietet neben einer Übernachtungsmöglichkeit zugleich die schwierigste Furt der Strecke. Schon so mancher unerfahrene SUV-Fahrer blieb hier im Fluss stehen.

Etwa 5 km nördlich von Nýidalur zweigt die Straße **F910** nach rechts Richtung Askja (S. 591) ab. Achtung: Diese Piste, die durch mehrere Furten und über das frische Lavafeld Holuhraun (S. 592) führt, ist nur für sehr gut ausgestattete Geländewagen mit angemessener Bereifung geeignet. An manchen Stellen ist der Weg kaum zu erkennen, an anderen geht es nur im Schritt-Tempo voran: Für die etwa 120 km muss mit sieben bis neun Stunden Fahrzeit gerechnet werden. Sandschienen können hier hilfreich sein für den Fall, dass man sich in der tiefen, feinen Lava-Asche festfährt, die im letzten Abschnitt zu durchqueren ist.

Die F26 ist im nördlichen Abschnitt etwas einfacher zu fahren und führt größtenteils über eine kahle, graue Hochebene. Flüsse legen sich nicht mehr in den Weg. Lohnend ist der 25 km lange Abstecher nach **Laugafell**, einer grünen Oase, die wie ein Juwel aus der weiten grauen Einöde des zentralen Hochlandes hervorsticht. Und wie sich das für eine Oase gehört, schimmert ein Gewässer in der Mitte, das als einer der schönsten Hot Pots Island zu einem Bad lockt. Über die F821 bietet sich hier eine direkte, stellenweise anspruchsvolle Verbindung nach Akureyri.

ÜBERNACHTUNG
1. Hotel Kiðagil
2. Laugafell
3. Nýidalur Fl Mountain Hut
4. Highland Center Hrauneyjar, Hotel Hálendi

Tipps zum richtigen Furten von Flüssen

Mit dem Auto
Wer mit dem Leihwagen unterwegs ist, muss alle eventuell bei Flussdurchquerungen anfallenden Schäden selbst bezahlen! Auch das Herausziehen durch die Park-Ranger ist nicht kostenlos. Umso wichtiger ist es, einige grundlegende Sicherheitshinweise zu beachten:

- Flüsse wenn möglich nur dann durchqueren, wenn ein anderes Fahrzeug in Sichtweite ist.
- Wat-Tiefe des eigenen Fahrzeuges kennen (50 cm sollten es mindestens sein): Ist eine Durchquerung theoretisch möglich, ohne dass Wasser in die Luftansaugung kommt?
- Furten möglichst vormittags nehmen: Dann ist der Wasserstand fast immer niedriger.
- Immer in Strömungsrichtung in den Fluss fahren; nicht gegen die Strömung.
- Niemals durch die tief ausgefahrene Busspur fahren.
- Geländegang einlegen und langsam mit gleichmäßigem Tempo fahren. Nicht im Fluss schalten!
- Nie freiwillig im Fluss anhalten.
- Bei Stehenbleiben im Fluss den Motor laufen lassen (damit kein Wasser in den Auspuff läuft).
- Bei Unsicherheit über den Wasserstand vorher den Fluss zu Fuß durchwaten. Achtung! Wer mit der Wathose in den Fluss steigt, sollte unbedingt ein Notfall-Messer dabeihaben: Verliert man das Gleichgewicht, wird man sonst u. U. von der mit Luft gefüllten Hose beim Abtreiben mit dem Oberkörper unter Wasser gedrückt. Hier sind ein paar schnelle Schnitte lebensrettend!
- Bei tieferen Flüssen Abschleppseil an den dafür vorgesehenen Ösen befestigen, *bevor* man in den Fluss fährt – andernfalls könnten umständliche Tauch-Aktionen im kalten Wasser nötig sein, um das Seil am Fahrzeug zu befestigen.

Zu Fuß
Als Wanderer steht manch ein Island-Besucher das erste Mal in seinem Leben vor einem Fluss, den es zu durchqueren gilt. Doch wer ein paar einfache Regeln beachtet, sollte das gut und sicher meistern. Nur ein bisschen Tapferkeit ist gefragt: Das Flusswasser ist oft nur etwa 4 °C „warm".

- Fluss genau beobachten. **Wie stark ist die Strömung?** Ein weißlicher, schnell fließender Fluss besteht aus Gletscherwasser, das ziemliche Kräfte entwickeln kann und große Steine mitführt. Bei einem langsam fließenden Fluss mit einer fast glatten Oberfläche muss mit Treibsand gerechnet werden; feinsten Sandpartikeln, die sich in Mulden ablagern und unter Belastung stark zusammensinken. **Wo fließt der Fluss am schnellsten?** Wenn das eigene Ufer flach ist und nur langsam umspült wird, kann es sein, dass der Fluss am gegenüberliegenden Ufer seine stärkste Strömung hat und dort besonders tief wird. **Ist gerade Hochwasser?** Besonders für Gletscher-

---

Doch sie wird seltener genutzt – die meisten fahren zurück auf die F26 und dann weiter über Kiðagil bis zum sehenswerten **Aldeyjarfoss** mit seinen dramatischen Basaltsäulen. Der Fluss Skjálfandafljót, der am Vatnajökull entspringt, donnert hier über eine sehr fotogene Stufe. Oft genug hat man diesen schönen, nahe der Straße gelegenen Platz für sich alleine.

Anschließend geht es auf der F26 weiter über eine kleine Brücke. Noch ein paar Kilometer, und die Ringstraße ist erreicht. Endlich wieder Teer unter den Rädern – was für eine Wohltat nach dem stundenlangen Gerüttel! Doch hier, zwischen all den Kleinwagen und Leitplanken, packt nun allerdings manch einen direkt die Sehnsucht nach dem, was er gerade hinter sich gelassen hat. Der weite Blick, die Einsamkeit unterwegs, der Spaß am Autofahren ... Wie gut, dass es dagegen Mittel gibt: z. B. die F88 (Öskjuleið, S. 588), die eine halbe Autostunde östlich von der Ringstraße Richtung Askja abzweigt.

flüsse am Nachmittag, aber für auch ganz normale Gewässer nach Regenfällen gilt: Bei Hochwasser besondere Vorsicht walten lassen! Die starke Strömung kerbt gerne tiefe Spuren und Gefälle ins Flussbett, was leicht zu Stürzen führen kann.
- Schuhe wechseln; Trekkingsandalen benutzen.
- Wanderstöcke benutzen; auf maximale Länge ausziehen. Den stromabwärts gerichteten „Talstock" belasten, mit dem „Bergstock" nach Untiefen tasten.
- Hüft- und Brustgurt des Rucksacks öffnen, um ihn im Falle eines Sturzes leicht abwerfen zu können (und das auch ggf. sofort tun, um nicht vom schweren Gepäck unter Wasser gezogen zu werden).
- Generell nicht tiefer als bis etwa knapp über Kniehöhe ins Wasser gehen.
- Im Zweifelsfall: Umkehren. Andere Furt suchen oder Tour abbrechen. Sicherheit geht vor!

Mit dem Fahrrad
Es gelten dieselben Regeln wie „Zu Fuß". Darüber hinaus ist es sinnvoll, das Fahrrad auf der strömungsabgewandten Seite zu führen – so muss man sich nicht gegen den gesamten Wasserdruck stemmen.

ÜBERNACHTUNG

Die folgenden Unterkünfte werden von Süd nach Nord gelistet:
Highland Center Hrauneyjar, an der asphaltierten Straße 26, ℰ 487 7782, 🖥 www.thehighlandcenter.is/de. Günstige Zimmer (7 m² mit Platz für 2 Schlafsäcke) und teure Apartments und DZ (ohne Frühstück) im angegliederten, nahegelegenen **Hótel Hálendi**. Im Restaurant mit 200 Plätzen gibt es neben Burgern & Co. auch isländische Spezialitäten. Der beliebte Ausgangspunkt für Ausflüge ins Hochland soll im Winter ein guter Ort für die Nordlichtbeobachtung sein. Schlafsackunterkunft (75 €). ⏲ ganzjährig. DZ ohne Frühstück ❹
Nýidalur Fí Mountain Hut, ungefähr auf halbem Weg der F26, südwestlich des Tungnafell. ℰ 854 1194, 🖥 www.fi.is/en/mountain-huts/nyidalur. 2 Häuser, beide mit Küche, für insgesamt 80 Gäste. WC und Duschen in einem separaten Haus. Beliebt bei Busreisenden; also

unbedingt frühzeitig buchen. Hütte 8000 ISK, Camping 1800 ISK.

Laugafell, an der F821, ca. 22 km westlich der F26, ✆ 462 2720 und 864 9302, 🖳 www.ffa.is/en/huts/laugafell-1. Von den beiden Hüttchen des Akureyri Touring Clubs mit Kochgelegenheit (15 bzw. 20 Schlafplätze) ist eine ganzjährig in Betrieb. Platz zum Zelten nebenan auf einer Wiese; Wohnmobile bleiben auf dem Parkplatz. Hütte um 8000 ISK, Camping 2000 ISK.

Hótel Kiðagil, Bárðardalur, 20 km südlich der Ringstraße, ✆ 464 3290, 🖳 www.kidagil.is. 5 recht komfortable DZ mit Frühstück, ein Dutzend Zimmer für bis zu 4 Schlafsäcke; daneben eine Campingwiese. Angeschlossen ist ein Restaurant mit einer kleinen Bar. Schlafsackunterkunft 3600 ISK (Frühstück 1900 ISK), Camping pro Zelt 2200 ISK. ⏱ 15. Juni–31. August. DZ mit Frühstück ❹

TRANSPORT

Busse von Reykjavik Excursions (🖳 www.re.is) 2x wöchentl. um 8 Uhr auf der SPRENGISANDUR: Linie 14/14a zwischen MÝVATN und LADMANNALAUGAR über GOÐAFOSS, ALDEYJARFOSS, HRAUNEYJAR, LEIRUBAKKI und HELLA, in 10 Std. für ca. 18500 ISK.

Askja und östliches Hochland

Mit seinen beeindruckenden Bergen und Vulkanen sowie den dazwischenliegenden Wüsten und Einöden, in denen sich einige wenige grüne Oasen verstecken, ist das östliche Hochland „Island pur" für alle, die nach Naturerlebnis und rauer Einsamkeit suchen. Die ganze Region lässt sich nur mit gut ausgerüsteten Geländewagen erreichen, und so trifft man hier vor allem auf Landrover-Fahrer, Toyota-Hilux-Piloten und andere Offroad-Freunde – die natürlich im besten Falle alle nicht von den vorgeschriebenen Routen abweichen; aber das Fahren auf den markierten Pisten ist auch so an vielen Stellen schon abenteuerlich genug.

Zwei Straßen führen von Norden aus ins östliche Hochland: Die **F88** und die **F905/F910**. Beide haben ihre eigenen Reize, und wer von Norden aus nur einen Abstecher zur Askja macht, tut gut daran, auf der einen Piste hin und auf der anderen zurückzufahren. Wer von der Askja allerdings noch tiefer ins Hochland vorstößt – entweder über die westliche F910 via Holuhraun zur F26 ins zentrale Hochland (S. 584) oder über die östliche F910 Richtung Snæfell (S. 593) und Ostfjorde – der hat die Qual der Wahl, sollte sich aber eher für die F88 entscheiden. Sie trägt den Beinamen Öskjuleið und führt am Tafelberg **Herðubreið** vorbei, den viele Einheimische für den schönsten Berg Islands halten.

18 HIGHLIGHT

Öskjuleið (F88)

Die Piste Öskjuleið (F88) oder „Askja-Weg", was Öskjuleið übersetzt bedeutet, beginnt unspektakulär: Nach der Abzweigung von der Ringstraße windet sie sich in südlicher Richtung durch eine flache Landschaft. Einen Blick wert ist der Krater **Hrossaborg** am Abzweig, der aus einer mächtigen Eruption vor 10 000 Jahren hervorging. Die Piste verläuft parallel zum Gletscherfluss Jökulsá á Fjöllum und führt zunächst über feinen Kies und Vulkanasche: Größere Steine liegen nicht im Weg, aber viele „Wellblech"-Abschnitte lassen die Fahrt etwas ungemütlich werden. Später geht es dann – schon holpriger – weiter über erstarrte Lava: Hier beginnt die 5000 m² große Lavawüste **Ódáðahraun** (die „Wüste der Missetäter"). Zwei Flüsse kreuzen den Weg, und die Furten können je nach Tages- und Jahreszeit durchaus tief sein. Sind sie geschafft, folgt bald als Belohnung ein Stopp in der Oase **Herðubreiðarlindir** am Fuße des mächtigen, namensgebenden Tafelberges Herðubreið (S. 590). Hier, 59 km nach Verlassen der Ringstraße, wirkt das leuchtende Grün der Vegetation für manche wie ein Trostpflaster für die Seele.

Die letzten 50 km von der Oase bis zur Askja sind ein Traum – nun wird endlich klar, welche

Askja und östliches Hochland

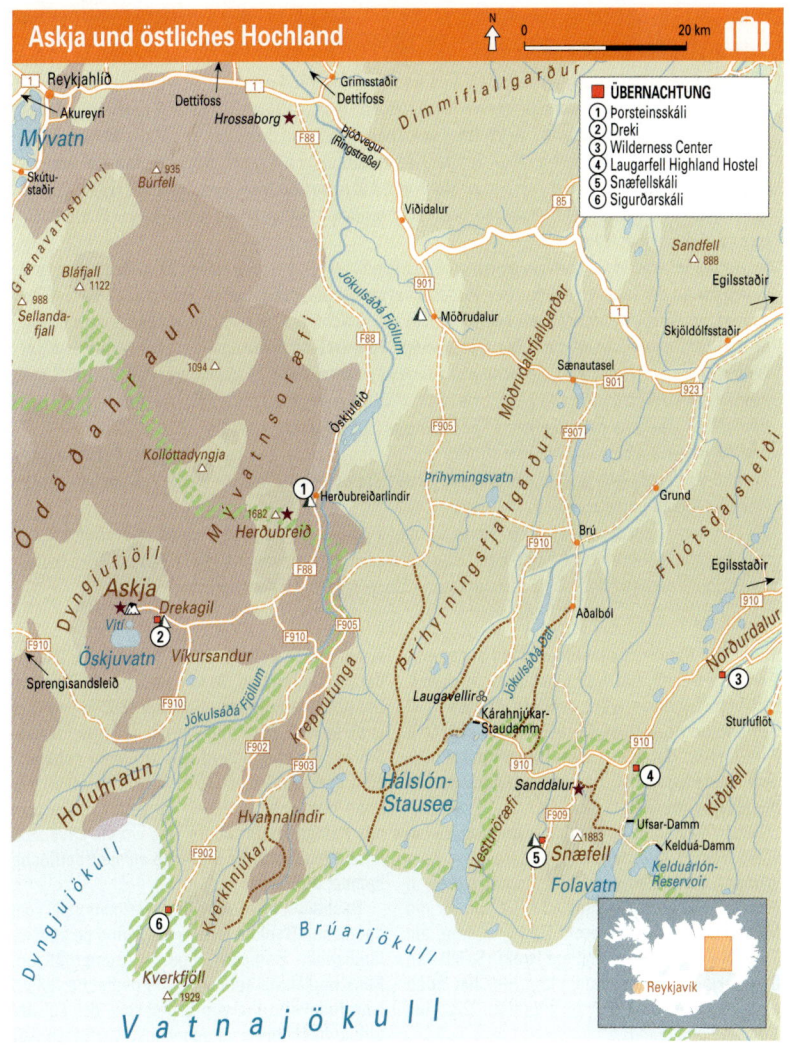

ÜBERNACHTUNG
1. Þorsteinsskáli
2. Dreki
3. Wilderness Center
4. Laugarfell Highland Hostel
5. Snæfellskáli
6. Sigurðarskáli

Faszination das Hochland ausüben kann. Kurvenreich windet sich die Straße, noch lange in Sichtweite der Herðubreið, durch schwarzgraue Lavawüsten und über beige-weiße Bimsstein-Felder, bis sie sich schließlich in einem Bogen dem Herðubreiðartögl-Gebirgszug zuwendet. Steigt hier ruhig mal aus und nehmt einen der porösen, schwammartigen Steine in die Hand – die sind so leicht, die schwimmen sogar auf Wasser! Anhalten und aussteigen ist in dieser Gegend sowieso eine gute Idee; und Fotos machen, und dann um die nächste Ecke fahren und staunen, und anhalten und aussteigen und ... Aber bitte: Nur auf den ausgefahrenen

ASKJA UND ÖSTLICHES HOCHLAND | Öskjuleið (F88) 589

> ### Tod und Liebe auf dem Vulkan
>
> Wie fast überall im Hochland befinden sich an den Kraterrändern keine Absperrungen, und bei Wanderungen sollte man Vorsicht walten lassen. Schon einmal kamen deutsche Besucher zu Schaden: Der angesehene Vulkanologe **Walther von Knebel** und sein Begleiter, der Maler **Max Rudloff**, verschwanden hier im Sommer 1907. Ein Jahr später brach von Knebels Verlobte, **Ina von Grumbkow**, zu einer Suchaktion auf – erfolglos. Man vermutet daher, dass die Vermissten bei einer Bootsfahrt auf dem Öskjuvatn untergegangen sind. Von ihrer Reise berichtet von Grumbkow in ihrem Buch *Ísafold. Die Eisumschlungene.*
>
> Im 16. Kapitel erzählt sie dort von einem großen Steinhügel (Varða), den sie mit ihren Begleitern zum Gedenken an die Toten errichtet: *„Der Varða selbst gleicht einer vierseitigen Pyramide von 4 m Höhe und ist aus ausgewählt schönen bunten Schlacken errichtet. Weit sichtbar erhebt er sich einige Meter vom Seeufer. An der dem See zugewandten Seite ist eine Platte lichtgrauer Doleritlava eingelassen, in welche Herr Reck [die Namen der Toten] hineinmeißelte. In absehbarer Zeit wird die Uferwand nicht einstürzen und so wird er, wie wir hoffen, für viele Jahre ein sichtbares Zeichen sein des Gedenkens, das über irdische Formen und Grenzen hinausreicht."*
>
> Und so ist es gekommen. Wer am Kraterrand um den großen See herumspaziert, der wird den Steinhügel heute noch finden; nur die Lavaplatte mit den beiden Namen wurde inzwischen durch eine Metallplatte ersetzt.
>
> Für Ina von Grumbkow war diese Reise übrigens gleichzeitig ein Neubeginn: Vier Jahre später heiratete sie ihren Island-Begleiter, Hans Reck, mit dem sie dann längere Zeit in Afrika lebte. Ihre Bücher darüber sind bis heute interessante Zeugnisse aus dieser Epoche.

Bögen am Rand – nicht selber eine Fahrspur in die Natur fräsen. Die wird nämlich nicht so einfach vom Winde verweht, sondern ist auch in 30 Jahren noch zu sehen. Darauf weisen auch die Park-Ranger hin, die in dieser Gegend patrouillieren und Flugblätter zum richtigen Verhalten im Hochland verteilen.

Diese magische Landschaft bietet stets neue, völlig fremde Anblicke. Eine andere Welt. Kein Wunder, dass sich die Nasa diese Gegend in den 1960er-Jahren ausgesucht hat, um für die Mondmission zu trainieren. Und wer dann am Tagesziel, dem Campingplatz **Dreki** (S. 591) an der Askja, sein Zelt aufschlägt, der hat noch eine Geschichte mehr zu erzählen: Die vom *Camping on the moon.*

Herðubreið

„Die Königin der Berge" – so nennen die Isländer die Herðubreið (aus ihrer Sicht weiblich), die majestätisch fast 1 km aus der Lavawüste Ódáðahraun emporragt. Herðubreið bedeutet „die Breitschultrige", und dieser Name wird dem Tafelvulkan wohl gerecht. Der Berg ist sehr symmetrisch aufgebaut, mit kreisrunder Grundfläche (Umfang ca. 30 km) und steilen Flanken. Die höchste Erhebung liegt bei 1682 m und ragt noch einmal 200 m über den Gipfelkrater hinaus. Seine Entstehung verdankt er einem subglazialen Vulkanausbruch: Der Sockel, wo die Lava unter dem schmelzenden Eis erstarrte, besteht aus Palagonit, der obere Teil, wo die Lava sich ihren Weg durch die Eisdecke an die Oberfläche bahnte, aus Basalt.

Bestiegen wurde der Berg erstmals 1908 vom deutschen Geologen Hans Reck und seinem isländischen Begleiter Sigurður Sumarliðason. Reck begleitete seinerzeit die deutsche Reiseschriftstellerin Ina von Grumbkow, die auf der Suche nach ihrem verschollenen Verlobten war (s. Kasten). Heute wird er vom Nordwestrand aus bestiegen; aufgrund der steilen Flanken und des losen Gerölls gehört er für uns in die Kategorie „schwierig und gefährlich".

5 km nordöstlich liegt die grüne Oase **Herðubreiðarlindir** zu Füßen des Berges. Kleine Bäche, die unter der Lava entspringen, sorgen für Feuchtigkeit und Vegetation, und eine Übernachtungs-

möglichkeit (s. u.) gibt es auch. Dort, wo heute im Sommer die Touristen campen, soll 1774/1775 der sagenumwobene Geächtete Fjalla-Eyvindur mit seiner Frau Halla Jónsdóttir gelebt haben – bei einem kleinen Spaziergang vom Campingplatz Richtung Berg stößt man auf die Reste der einstigen Behausung (Eyvindarkofi, „Hütte des Eyvindur"). Das Paar hauste dort einen harten Winter lang ohne Feuer, nur mit einem Vorrat an rohem Pferdefleisch, der zugleich auch noch als Dach über dem zugigen Erdloch diente. Da bekommt doch heute die abendliche Tütensuppe im Outdoor-Zelt einen ganz neuen Wert!

Askja und Umgebung

Der mächtige Vulkan Askja mit seinen beiden Kraterseen und der gut erkennbaren, 45 km² großen Caldera ist wohl das meistbesuchte Ziel in dieser Region. Kein Wunder: Schon beim knapp halbstündigen Spaziergang vom Parkplatz zu den Seen fühlt man sich wie auf einem anderen Planeten. Über ein schwarzes Lavafeld zieht sich der Weg bis an den Rand des Kratersees **Öskjuvatn**; mit 220 m der tiefste See des Landes. Er entstand bei einem Ausbruch 1875. Kurz darauf bildete sich durch eine Explosion auch der kleinere See **Víti**: Und wer schon immer mal in der Hölle baden wollte, kann dies hier tun („Víti" bedeutet „Hölle"). Das milchige Wasser im Höllen-See wird durch geothermische Aktivitäten erwärmt (was man auch riecht); die Temperaturen liegen aber meist nur um die 20–30 °C. Vorsicht beim Abstieg in den Krater, nach Regen ist der steile Pfad recht rutschig.

Das Gebiet der Askja bzw. der **Dyngjufjöll-Berge**, in denen sie liegt, wird von einer ganzen Reihe von Wanderwegen durchzogen. Los geht es an der Hütte Dreki (dort auch Karten und Infos), hinter der gleich die „Drachenschlucht" **Drekagil** beginnt – den Spaziergang sollte man sich auf jeden Fall gönnen.

ÜBERNACHTUNG

Þorsteinsskáli, Herðubreiðarlindir, N65° 11' 33.6", W16° 13' 23.4", Karte S. 589, ✆ 822 5191, 🖥 www.ffa.is/en/huts/herdubreidarlindir.
In dem Häuschen aus den späten 1950er-Jahren finden bis zu 30 Leute Platz. Dusche/WC in einem separaten Häuschen. Ein steiniger Campingplatz in der Nähe hinter einem kleinen Bach. Hütte 7000 ISK, Camping 2000 ISK, Küchennutzung 500 ISK, Dusche 500 ISK. ⊕ Juni–Aug.

Dreki, Drekagil, N65° 2' 31.2" W16° 35' 43.2", am südlichen Rand des Dyngjufjöll-Massivs, Karte S. 589, ✆ 822 5190, Reservierungen unter ✆ 462 2720, 🖥 www.ffa.is/en/huts/dreki. Die beiden Hütten des Touring Club von Akureyri (Ferðafélag Akureyrar, FFA; 8000 ISK) sind nur im Sommer in Betrieb (Ende Juni–Anfang Sep) und bieten Platz für bis zu 60 Pers. WC im separaten Häuschen. Camping nebenan auf hartem, steinigem Grund (um 2000 ISK).

Die Park-Ranger im Infocenter sind Ansprechpartner in allen Fragen; wer z. B. nicht sicher ist, welche Strecke er seinem Wagen zumuten kann, bekommt hier wichtige Informationen über den Streckenzustand und die Anforderungen. Und sowohl Auto als auch Fahrer werden einer wohlwollend kritischen Betrachtung unterzogen.

AKTIVITÄTEN UND TOUREN

Askja-Trail
Der Touring Club von Akureyri bietet eine **5-tägige Wandertour** im Gebiet der Askja an. Einige Strecken werden mit dem Jeep zurückgelegt, andere gelaufen. Die Wanderung beginnt in **Herðubreiðarlindir**, führt dann zur **Askja** und über die vereinseigenen Hütten **Dyngjufell** und **Botni** zur **Svartárkot-Farm**. Mehr Infos unter 🖥 www.ffa.is/en/the-askja-trail, Preise auf Anfrage.

Organisierte Touren
Wanderungen und Super-Jeep-Touren starten in Akureyri (Anbieter s. S. 388), Reykjahlið (S. 426) und Möörudalur (S. 424). Beliebt ist **Mývatn Tours**, 660 Mývatn ✆ 464 1920, 🖥 www.myvatntours.is. Abfahrt von Mitte Juni–Anfang Sep bei der Touristeninformation in Reykjahlið (Hraunvegur 8) tgl. um 7.45 Uhr, 11–13 Std., 23 000 ISK.

Mutige baden im milchig weißen, warmen Viti-See.

TRANSPORT

Nochmal erwähnt: Die Region ist nur per **Allrad-Fahrzeug** mit genug Bodenfreiheit befahrbar. Eine gute Idee ist es auch, sich mit anderen Fahrern zusammenzuschließen und schwierige Strecken zu zweit zu fahren.
Als Alternativen bleiben nur die Buchung eines **Tourbusses** oder **Trampen** (die beste Stelle für letzteres ist der Parkplatz am Abzweig der F88 von der Ringstraße).

Holuhraun

Islands jüngste Sehenswürdigkeit: Die Entstehung des Lavafeldes Holuhraun begann am 29. August 2014, als unterirdisch glühend heiße Magma aus dem Gebiet des Barðarbunga-Vulkans abfloss und sich hier südlich der Askja einen Ausgang suchte. Was dann folgte, war die größte Lava-Eruption seit den Laki-Feuern 1783/1784. Über 150 m hoch schossen die flüssigen Massen Anfang September 2014 in die Höhe, dabei wurde angeblich so viel Energie freigesetzt, als wenn jede Sekunde eine Atombombe gezündet wurde, wie sie auf Hiroshima fiel. Insgesamt 1,4 km³ Lava floss aus der Magmakammer unter der Barðarbunga ab – was dazu führte, dass sich seine unter dem Vatnajökull verborgene Caldera um 60 m abgesenkt hat. Als die Eruption im Februar 2015 verstummte, war eine Fläche von 85 km² mit frischer Lava bedeckt – im Durchschnitt 10–14 m dick.

TRANSPORT

Von Dreki aus über die F910 in Richtung F26/Sprengisandur. Schon nach etwa 10 km sind die Ausläufer des Lavafeldes erreicht. Vorsicht, in der feinsandigen Vulkanasche kann man sich leicht festfahren. Zugang zur Lava nur über die markierten Pfade.

Kverkfjöll

Der Weg ist das Ziel? Nicht immer! Hier, am Eisrand des Vatnajökull-Gletschers, steht das eine dem anderen in nichts nach. Schon die

Anreise ist dramatisch: Nur mit einem guten Geländewagen geht es über die F902 durch eine steinige, vegetationslose Mondlandschaft. Die eisbedeckten Berge, die 600–900 m aus der Umgebung emporragen, locken wie eine Verheißung am Horizont. Endlich angekommen, ist es vom Parkplatz an der Hütte Sigurðarskáli nur noch ein viertelstündiger Fußweg bis ans Eis – genauer gesagt, bis zu einer Eishöhle, aus der milchiges Gletscherwasser mit tosender Urgewalt hervorstürzt. Dies ist der Ursprung der Jökulsá á Fjöllum – des Gletscherflusses, der viel weiter nördlich an seinem Unterlauf am Dettifoss ein unvergleichliches Naturschauspiel bietet (S. 413).

Die Höhle ist abgesperrt, und das nicht ohne Grund: Immer wieder fallen große Eisbrocken von der Decke, und da unter dem Gletscher ein riesiges geothermisch aktives Gebiet liegt, könnten im Inneren der Höhle giftige Schwefeldämpfe eingeatmet werden. Also bitte schön an die Markierungen halten.

Wer hier länger bleibt als bloß für ein Foto der Gletscherhöhle, kann spannende und nicht ganz einfache Wanderungen im Gletschergebiet unternehmen. Der Gletscher selbst sollte allerdings nur mit Führer betreten werden!

ÜBERNACHTUNG

Sigurðarskáli, N64° 44' 51" W16° 37' 53.4", Karte S. 589, ✆ 863 9236, 🖥 www.ferdaf.is/index.php/en/kverkfjoell. Nach stundenlanger Fahrt durch Grau und Schwarz freut sich das Auge über das fröhliche Gelb dieser Hütte, und über das Grün der Grasmatten, die für die Camper ausgelegt wurden (2000 ISK). 75 Schlafsack-Plätze (8000 ISK), Ölheizung, Gaskocher. ⏱ etwa Mitte Juni–Anf. Sep.

AKTIVITÄTEN

An der Hütte Sigurðarskáli starten geführte Touren zum Gletscher. Unter der kundigen Leitung durch einen Park-Ranger kann man so seinen Fuß auf den Gletscher setzen (3–4 Std., 7500 ISK) oder ins östlich gelegene Geothermalgebiet Hveragil vorstoßen (8–10 Std. für 14 500 ISK).

TRANSPORT

Auto
Von der Askja aus kann Kverkfjöll als Tagestour geplant werden; via **F910** und **F902**. Auf dem Rückweg lässt sich alternativ auch ein kleiner Umweg über die **F903** machen: Dabei passiert man dann die hübsche kleine Oase **Hvannalindir**, um die sich üblichen Legenden mit wilden Outlaws und verlorenen Reisenden ranken. Über die F903 muss auch, wer **via F905 nach Norden zur Ringstraße** vorstoßen will oder **via östlicher F910 weiter Richtung Snæfell**.

Busse
SBA-Norðurleið (🖥 www.sba.is) bietet im Sommer in Zusammenarbeit mit **Northtravel** (🖥 www.northtravel.is) eine dreitägige Tour Mývatn – Askja – Kverkfjöll (Start Mo um 8.15 Uhr am SBA Bus Terminal, Oddeyrarbót 2, Akureyri, sowie um 10 Uhr am Info-Center in Reykjahlið, Myvatn; 58 500 ISK, Kinder 12–15 J. 29 250 ISK). Für Unterkunft und Verpflegung sind die Tour-Teilnehmer selbst zuständig.

Snæfell und Umgebung

Ganz im Osten des Hochlandes erhebt sich der 1883 m hohe, freistehende Gipfel des Snæfell – der höchste Berg Islands außerhalb des Vatnajökull-Gletschers, an dessen nordöstlichem Rand er liegt. Übersetzt bedeutet der Name „Schneeberg" – und tatsächlich hat der Berg das ganze Jahr über ein weißes Mützchen auf. Er ist ein alter Vulkan, der aber zuletzt vor mindestens 10 000 Jahren am Ende der letzten Eiszeit gehustet hat. Ein Ausflug zum Berg (bis hinauf auf den Gipfel) ist mit leichter Ausrüstung (feste Schuhe und warme Kleidung) machbar. Einige Wanderwege durchziehen die karge Landschaft in seiner Umgebung. Wer Glück hat, entdeckt eine der Rentierherden, die hier durchs Land streifen.

Das Gebiet ist am einfachsten von Egilsstaðir (S. 445) aus zu erreichen, denn die Straße ins Hochland ist von dort gut ausgebaut, nur im letzten Stück gibt es eine Furt. Abenteuerlustige

Naturen mit entsprechendem Fahrzeug können aber auch von Westen aus der Region Askja via östlicher F910 quer durchs Hochland anreisen.

Sanddalur

Neongrünes Moos auf schwarzer Asche, dazwischen sandfarbene Felsformationen, die durch Wind und Wetter in bizarre Formen geschliffen wurden, mittendrin ein Fluss, der sich durch die Felsen kämpft, und weiter flussaufwärts ein kleiner Wasserfall – das farbenprächtige Tal Sanddalur ist einen Abstecher wert. Die Zufahrt ist zwar nicht ausgeschildert, aber leicht zu finden: Von Egilsstaðir kommend, führt kurz nach der Abzweigung zur Hütte Laugarfell eine weitere Straße von der F910 nach links (Süden) ab. Die nächste Fahrspur, die sichtbar wird (gleichzeitig die östliche Zufahrtspiste zur Hütte am Snæfell) führt ins Sanddalur. Diese Piste, die F909, ist nur mit Jeep befahrbar: Hier liegen große Steine und außerdem sind zwei kleinere Flüsse zu furten. Etwa 5 km südlich der F910 befindet sich ein Parkplatz.

Kárahnjúkar-Staudamm

Er ist das größte und umstrittenste Bauprojekt Islands: der Kárahnjúkar-Staudamm. Für die einen ist er und der durch ihn neu geschaffene **Stausee Hálslón** das genialste, was je gebaut wurde, anderen kommen die Tränen, wenn sie nur den Namen hören. Hier war es nämlich vorher noch viel schöner: Es gab Wasserfälle, die 600 m in die Tiefe fielen – dagegen ist der Gullfoss mit seinen 30 m gar nichts. Sechs Jahre wurde an dem 700 m langen und fast 200 m hohen Wall gebaut, über eine Milliarde Euro fielen an Kosten an. Ende 2007 begann der Betrieb: Die Anlage liefert 690 Megawatt Strom, der zum Großteil in die Aluschmelze in Reyðarfjörður (S. 463) fließt. „Für den Wohlstand der Bevölkerung muss man halt Opfer bringen", sagten die einen. „Die unberührte Natur ist der größte Schatz, den wir haben" die anderen. Und tatsächlich könnte das ein Grund dafür sein, dass nicht alle Isländer auf die Barrikaden gegangen sind. *Unspoilt nature*, wie sie früher hier war, heißt nämlich im Umkehrschluss: Da war noch nie jemand. Oder eben nur sehr, sehr wenige. Die Sängerin Björk gab damals ein Gratiskonzert, um ihren Protest kundzutun. Genutzt hat es nichts.

Als Ingenieursleistung ist der Damm jedenfalls beeindruckend. Das dazugehörige Kraftwerk liegt zudem nicht hier oben im Hochland, sondern unten im Tal, am hintersten Ende des Lagarfljót. Das Wasser fließt dorthin durch Islands größtes Bauwerk, ein über 50 km langes Tunnelsystem, ehe es, seiner Kraft beraubt, in den See mündet.

Das legendäre See-Monster (S. 451) „ist wahrscheinlich längst im Schlamm versunken und erstickt", sagen Naturschützer wie Andri Snær Magnason, die durch das trübe Gletscherwasser jetzt auch den langen See in Gefahr sehen. Der Präsidentschaftskandidat aus dem Jahr 2016 hat mit uns über die Pläne gesprochen, das ganze Hochland zum Nationalpark erklären zu lassen. Mehr als 15 000 Menschen haben die Petition (zu finden unter 🖥 www.halendid.is) bereits unterschrieben.

Laugavellir

Nur mit einem guten Allradfahrzeug erreicht man die **heiße Quelle** von Laugavellir (ca. 7 km nördlich des Staudamms von Kárahnjúkar; vom Damm aus via F910 und unbefestigtem Links-Abzweig). Sie ist aber definitiv ein tolles Ziel und gilt seit Jahren als „Geheimtipp" – der sich natürlich inzwischen entsprechend rumgesprochen hat: Ein bis zwei Tage nach Ankunft der Autofähre in Seyðisfjörður, wenn die großen Geländewagen sich ins Hochland aufmachen, ist es hier besonders voll. Aber an anderen Tagen kann es durchaus sein, dass man dieses paradiesische Fleckchen für sich allein hat. Und die Dusche unter dem warmen Wasserfall in dieser Umgebung ist ein absolut unvergessliches Erlebnis!

ÜBERNACHTUNG

Laugarfell Highland Hostel, Fljótsdalsheiði, Karte S. 589, ✆ 773 3323, 🖥 www.laugarfell.is. Ein Ingenieur, ein Wirtschaftswissenschaftler und ein Soziologe eröffnen gemeinsam ein Gästehaus ... Es kann nichts Schlechtes dabei herauskommen, wenn Menschen, die für die Natur in Nordost-Island brennen, so einen Plan fassen.

Entstanden ist ein modernes Dienstleistungs-Zentrum mit 28 Betten in 2–6-Bett-Zimmern (10 % Rabatt im Juni und Sep), einem Aufenthaltsraum mit Sofa und Café, 2 in Stein gefassten Hot Pots (für Gäste kostenlos, Tagesbesucher zahlen 1000 ISK) samt Duschen und einem Campingplatz. Die gute Seele des Hauses ist Palli, der auch schon mal mit Benzin aushilft und regelmäßig mit seinem Jeep Wanderer aus misslichen Lagen befreit. Besonderheit: Obwohl einsam im Hochland gelegen, ist das grau-rote Wellblechhaus mit dem Wasserfall vor der Tür mit einem normalen Auto erreichbar und an das öffentliche Stromnetz angeschlossen. Camping 2000 ISK, Frühstück (1900 ISK) und Abendessen (3500 ISK) auf Bestellung, außerdem Kaffee und Kuchen. ◷ Mitte Feb–Mitte Mai und Juni–Sep. DZ ❸

Snæfellskáli, Karte S. 589, ✆ 842 4367, 🖥 www.vjp.is. Die Nationalpark-Hütte (45 Schlafplätze) und der Campingplatz sind Ausgangspunkt für Wanderungen im Snæfell-Gebiet. Hütte 6500 ISK (Jugendliche von 13–16 J. 3250 ISK, Kinder unter 12 J. kostenlos), Camping 1700 (Jugendliche 800 ISK, Kinder unter 12 J. kostenlos). ◷ Campingplatz 1. Juli–15. Sep (falls das Wetter das erlaubt).

AKTIVITÄTEN UND TOUREN

Tourveranstalter

Das **Team der Hütte Laugarfell** (s. o.) fungiert als Tourenvermittler für kleinere Unternehmen der näheren Umgebung, führt aber auch selbst Wander-und Jeep-Touren durch, z. B. eine vierstündige Tour in die nähere Umgebung zur Rentier-Beobachtung oder eine Fahrt zum Vulkan Askja inklusive 5-km-Wanderung.

Jeeptours, Stekkjartröð 13b, 700 Egilsstaðir, ✆ 898 2798, 🖥 www.jeeptours.is. Bietet Berg- und Hochlandtouren in Ost-Island mit einem leistungsfähigen Geländewagen an. Vielfältige und spannende Reisen zu jeder Jahreszeit.

Wandern

Bei der Hütte Laugarfell beginnt der ca. 7 km lange, einfache „Wasserfall-Trail", vorbei an den Wasserfällen Kirkjufoss, Stuðlafoss und Faxi. Eine Karte dazu hängt in der Hütte aus. Eine längere Tageswanderung (ca. 30 km) führt zur Hütte Snæfellskáli, von der aus sich mehrere spannende Wanderungen in die Region unternehmen lassen. Beliebt ist der Aufstieg auf den Gipfel des Snæfell (knapp 14 km, 6–9 Std.). Da es über Eis geht, ist eine entsprechende Ausstattung Voraussetzung. Auch die Umrundung des Berges ist möglich – fast 30 km, eine lange Tageswanderung.

TRANSPORT

Die Straße 910 ist, von Egilsstaðir kommend, anfangs steil und windet sich in Serpentinen in die Höhe. Das ist jedoch für „normale" Pkw kein Problem, da die Strecke bis zum Kárahnjúkar-Staudamm durchgehend asphaltiert ist. Erst dort beginnt es abenteuerlicher zu werden, und für die Weiterfahrt Richtung Askja ist ein Allradwagen vonnöten.

An der 910 zwischen Egilsstaðir und dem Kárahnjúkar-Staudamm zweigt die F909 in südlicher Richtung zum Berg Snaefell ab. Von der Stelle, wo die 910 in die Straße 931 am Südwest-Ende des Lagarfljót mündet, sind es 60 km bis zum Staudamm und etwa 35 km bis Laugarfell.

Busse fahren hier keine; die Region ist nur per gebuchter Tour oder mit den eigenen vier Rädern erreichbar.

Anhang

Sprachführer	596
Bücher	601
Index	604
Danksagung	616
Bildnachweis	618
Impressum	619
Kartenverzeichnis	620

Sprachführer

Isländisch ist eine komplizierte Sprache, die sich in den letzten 1200 Jahren nur wenig verändert hat. Die Aussprache ist gewöhnungsbedürftig, und fehlerfreies Isländisch inklusive aller Deklinations- und Konjugationsformen zu lernen, dauert. Immerhin ist die Sprache aber mit dem Deutschen verwandt – viele Worte haben erkennbar den gleichen Stamm, und auch die grammatische Struktur ist ähnlich.

Die meisten Isländer sprechen auch Englisch, aber ein gewisses Grundverständnis ist hilfreich, und wenn man zumindest ein paar Wörter in der Landessprache sagen kann, ist das schon netter. Ansonsten hilft es, wenn man mit Orts- und Straßennamen etwas anfangen und die wichtigsten Schilder lesen kann.

Grundregeln

Schrift und Aussprache

Bis auf wenige Ausnahmen wie Æ/æ, Ð/ð und Þ/þ entsprechen die isländischen Buchstaben weitgehend dem lateinischen **Alphabet**. Die **Betonung** liegt im Isländischen immer auf der ersten Silbe. Akzente haben nichts mit der Betonung zu tun – Vokale mit Akzent sind einfach andere Buchstaben (werden anders ausgesprochen als das akzentfreie Pendant und im Telefonbuch auch extra einsortiert).

Es folgen die allerwichtigsten **Ausspracheregeln**. Auch wenn es natürlich noch weitere Feinheiten gibt, kann man den Rest halbwegs so wie im Deutschen aussprechen, und es ist schon einigermaßen verständlich.

á	au
æ	ai
au	zwischen ö und öy wie in Feuilleton
é	„Jä" wie in „Jäger"
hv	kw (z. B. bei Fragewörtern)
i	eh
í, ý	etwas schärfer/akzentuierter bzw. höher
ll	wie „thl" (z. B. beim Wort Eyjafjallajökull)
u	zwischen ü und ö wie in Nadel-Öhr
v	w
y	wie i
ð	stimmhaftes „th" wie in „this"
þ	stimmloses „th" wie in „thing"

Minimal-Grammatik

Isländisch ist dem Deutschen sehr ähnlich: drei Geschlechter, vier Fälle, aber auch starke/schwache Verben und Konjunktiv halten Lernende hier genauso auf Trab. Die komplexe Grammatik hat zahllose verschiedene Endungen zur Folge, mit denen sich ganze Bücher füllen lassen. Hier nur die wesentlichen Eigenheiten, die einem immer wieder begegnen:

Wie auch im Norwegischen, Schwedischen und Dänischen wird der bestimmte **Artikel** (-inn, -in, -ið = der, die, das) hinten angehängt: z. B. *hundur* (Hund) bzw. *hundurinn* (der Hund), *borg* (Stadt) bzw. *borgin* (die Stadt) und *hótel* (Hotel) bzw. *hótelið* (das Hotel).

Man kann im Isländischen genau wie im Deutschen **zusammengesetzte Wörter** beliebiger Länge bilden. Die meisten Ortsnamen sind so aufgebaut, wie z. B. Jökulsárlón. Eine Wort-für-Wort-Übersetzung ist meistens korrekt, hier Jökuls-ár-lón (Gletscher-Fluss-Lagune). Der entscheidende Teil steht wie im Deutschen am Ende (hier: lón – Lagune), die präzisierenden Angaben davor. Diese haben anders als im Deutschen immer die Form des Genitivs: jökul-s („des Gletschers", Genitiv von jökull – Gletscher), á-r („des Flusses", Genitiv von á – Fluss). Ein weiteres Beispiel ist Hveragerði: hver ist die heiße Quelle, von der sich wiederum hvera als Genitiv Plural („der heißen Quellen") ableitet. Als gerði bezeichnet man einen eingefriedeten Bereich (etwa Pferch, Hof, notfalls auch Garten). Die beste Übersetzung ist wahrscheinlich Heiße-Quellen-Garten. Adjektive kommen auch gelegentlich vor, z. B. Langi-dalur, übersetzt „(das) Lange Tal".

Außer in zusammengesetzten Worten begegnet man dem **Genitiv** bei Richtungsangaben (til Hafnar – nach Höfn; hafnar ist der Genitiv von höfn – Hafen). Der **Dativ** taucht oft bei Adressen auf, etwa bei Laugavegi, was „im Laugavegur" bedeutet (vegi: Dativ von vegur – Straße/Weg).

Endungen wie -s, -ar, -u, -i, -a, und von a zu ö wechselnde Stammvokale (höfn – hafnar, gata – götu) sind also einfach deklinierte Formen derselben Worte. Davon sollte man sich nicht abschrecken lassen; Online-Karten wie ja.is/kort und Navis funktionieren problemlos mit beiden Formen.

Gar nicht so schwer: Eyjafjallajökull

Hat man das Prinzip der Wortzusammensetzung erstmal durchschaut, werden auch „Wortungetüme" verständlich:
Eyja heißt übersetzt Insel und ist in diesem Fall der Genitiv Plural („der Inseln"), was sich auf die Westmännerinseln vor der Küste dieser Region bezieht. Fjalla ist der Genitiv Plural („der Berge") von fjall (Berg). Und jökull bedeutet Gletscher.
Der Eyja-fjalla-jökull ist also der Insel-Berge-Gletscher.

Weitere Besonderheiten

Orts- und Straßennamen sind oft sehr logisch zusammengesetzte Wörter. So lässt schon der Name eines Ortes Rückschlüsse darauf zu, was einen als Reisenden da so erwarten mag.

Häufig sind Bezüge zu namentlich bekannten Siedlern oder Ereignissen aus der Landnahmezeit (z. B. Snorralaug, der Hot Pot von Snorri Sturluson, oder Ingólfsfjall, der Berg von Ingólf Arnarson). Ansonsten bezeichnen die meisten Ortsnamen einfach, welche Landschaftsform dort zu finden ist (Langidalur = (das) Lange Tal) oder zumindest war (es gibt einige Orte mit skógur im Namen, von der Wald längst verschwunden ist). Nach diesem Prinzip ist Snæfells-nes die Schnee-Berg-Halbinsel und der Snæfellsness-vegur der Weg nach Snæfellsnes (also zur Schnee-Berg-Halbinsel). Auch Straßennamen in Städten beinhalten teilweise wichtige Informationen: So ist z. B. die Austur-stræti die Straße, die nach Osten führt.

Laug heißt immer irgendwas mit warmen Quellen, meistens (aber nicht immer) auch zum Baden. Das Schwimmbad ist das sund-laug, der Lauga-vegur der Warme-Quellen-Weg, Laugarvatn der Warme-Quelle-See bzw. das Warme-Quellen-Wasser usw.

Reykur ist der Rauch oder Dampf, vík die Bucht. Reykja-vík ist folglich die Rauch-bucht, Reykja-dalur das Rauch-tal, Reykja-nes die Rauch-Halbinsel. Wer also z. B. seine Unterkunft in einem Ort wählt, in dessen Namen irgendeine Form von „Reyk" oder „laug" vorkommt, sollte mit Schwefelgeruch rechnen.

Wenn **Hraun** (Lava) im Namen mit drin ist, kann man ziemlich sicher davon ausgehen, dass man in oder nahe bei einem Lavafeld nächtigen wird. Bei **Vatn** ist mit trinkbarem Wasser, höchstwahrscheinlich mit einem See, zu rechnen. **Bær** ist ein (Bauern-)Hof.

Vegur ist „Weg", aber auch „Straße" bzw. Landstraße – also alle wichtigen Fernverbindungen, nicht so sehr lokale Feldwege. Früher waren alle Fernwege effektiv Reitwege, etwa der berühmte Fernwanderweg Laugavegur von Landmannalaugar nach Þórsmörk oder der Kjalvegur (Kjölur, die alte Reitstrecke von Hvítárvatn nach Hveravellir gibt es noch heute). Seitdem es Fahrzeuge gibt, heißen alle Straßen außerhalb

Aufgepasst!

Die isländische Art, Orte zu benennen, hat definitiv auch Nachteile. Immer wieder gern wird die Geschichte von einem Touristen erzählt, der vom Flughafen zu seinem Hotel nach Reykjavík wollte und ahnungslos „Laugarvegur" in sein Navi eingetippt hatte. Und der viele, viele Stunden später – angeblich, ohne dass ihm etwas komisch vorgekommen wäre – mitten in der Nacht bei einer Dame in Siglufjörður ganz im hohen Norden vor der Tür stand, die hier im Laugarvegur wohnte ... Laugar mit „r" wohlgemerkt. Die bekannte Straße in Reykjavík schreibt sich ohne „r". Also immer schön aufpassen, ob man wirklich den richtigen Ort anfährt oder nur einen, der leider genauso heißt. Reyk-holts, also „steinige, rauchende Hügel" gibt es ganz besonders oft.

von Ortschaften, auch und gerade Fern- und Hauptstraßen, ebenfalls *vegur*.

Vegamót ist die Landstraßen-Kreuzung. Eine wichtige Info vor allem für Busreisende, die an Haltestellen, die „Vegamót" heißen, umsteigen wollen: Anders als man annehmen könnte, handelt es sich dabei nämlich nicht um einen Ort, sondern einfach um eine Straßenkreuzung. Folglich gibt es „Vegamót"-Haltestellen quasi in allen Landesteilen.

Die wichtigsten Ausdrücke

Minimal-Wortschatz

Deutsch	Isländisch	Aussprache
Guten Tag (geht immer)	*góðan daginn*	goðan dajinn
Hallo (bei jungen Leuten im Bekanntenkreis)	*hæ*	hai
Tschüss	*bless bless*	bless bless
Wie geht´s?	*hvað segirðu?*	kwaas seyjirðu?
Danke	*takk fyrir*	takk fehrir
Danke gleichfalls	*takk sömuleiðis*	takk sömüleyðis
Danke für die Tour (beim Ausflug)	*takk fyrir túrinn*	takk fehrir tuhrinn
Danke für die Fahrt (bei Busfahrt)	*takk fyrir ferðina*	takk fehrir ferðina
ja	*já*	jau
nein	*nei*	nej
Entschuldigung	*fyrirgefðu*	fehrirgefðü
bitte schön	*gerðu svo vel*	gerðü swo well
Hilfe!	*hjálp!*	hjaulp
Alles in Ordnung	*allt í lagi*	allt i lagi
heute	*í dag*	i daach
morgen	*á morgun*	au morgün
gestern	*í gær*	i gair
heute Abend	*í kvöld*	i kwöld
heute Nacht	*í nott*	i nocht
Ich spreche kein Isländisch.	*ég tala ekki íslensku.*	jäch tala ekki islenskü
Sprichst du Englisch?	*talar þú ensku?*	talar þú änsku?
Ich heiße ...	*ég heiti*	jäch heiti
Ich verstehe nicht.	*ég skil ekki*	jäch skil ekki
Ich bin aus Deutschland/ Österreich/ der Schweiz.	*ég er frá Þýskalandi/ Austurríki/ Sviss*	jäch er frau Þiskalandi/ östüriki/ swiss

Wochentage und Zeit

Die einzelnen **Monate** sind fast wie im Deutschen.

Montag	mánudagur
Dienstag	þriðjudagur
Mittwoch	miðvikudagur
Donnerstag	fimmtudagur
Freitag	föstudagur
Samstag	laugardagur
Sonntag	sunnudagur
Werktags (Mo–Fr)	virkar dagar
Wochenende (Sa, So)	helgar

Nützliche Begriffe zur Orientierung

Schilder

Verkehrsschilder s. S. 72.

snyrtingar	Toiletten
karlar	für Männer (karl = Mann)
konur	für Frauen (kona = Frau)
opið	geöffnet
lokað	geschlossen

Richtungen

norður	(nach) Norden
suður	(nach) Süden
austur	(nach) Osten
vestur	(nach) Westen
beint áfram	geradeaus
til haegri	nach rechts
til vinstri	nach links
til baka	zurück
frá	von
til	nach

Straßen und Verkehr

braut	Straße (groß, mehrspurig)
brú	Brücke
gata	bewohnte Straße
göng	Tunnel
stræti	innerstädtische Straße
vegur	Weg, Landstraße

Im Ort

bílastæði, bifreiðstædi	Parkplatz
kirkja	Kirche
lögregla	Polizei
safn	Museum
sjúkrahús	Krankenhaus
stoppistöð	Bushaltestelle
tjaldsvæði	Zeltplatz
verslun	Laden
ytri	der/die/das Äußere
innri	der/die/das Innere

Berge

brekka	Hang, Abhang
fell	Berg (meist einzeln stehend und nicht sehr groß)
fjall/fjöll	Berg/Gebirge
hæð	Anhöhe
háls	lang gestreckter Höhenzug
heiði	Hochebene (Passstraßen werden oft danach benannt) oder Heide
hóll/hólar	Hügel
holt	steiniger Hügel
skarð	Scharte (zwischen zwei Bergen)

Gewässer

á	Fluss (Aussprache wie deutsch „Au")
fljót	großer Fluss, Strom
foss	Wasserfall
hver	heiße Quelle
jökulsá	Gletscherfluss
lækur	Bach
laug	warme Quelle
lind	kalte Quelle
lón	Lagune
tjörn	Teich
vatn/vötn	Wasser/See, Süßwasser (i. d. R. trinkbar)

Auf ins Sprachabenteuer

Lust auf mehr bekommen? Mit der Kauderwelsch-Reihe kann man tiefer in die Geheimnisse der isländischen Sprache eintauchen: *Isländisch Wort für Wort*, Richard Kölbl (2015). Gut ist auch das Lehrbuch *Isländisch für absolute Anfänger*, Stefan Drabek (2016).
Von der Uni Reykjavík werden unter 🖥 www.icelandiconline.is kostenlose Online-Kurse angeboten, auch für Anfänger (gut, um ein erstes Gefühl für die Aussprache zu bekommen).

Am Meer

bakki	Ufer, eher Uferabhang, auch nur Abhang
bjarg	Steilküste
eyja	Insel
eyri	Sandbank/Nehrung (oft in Fjorden)
fjörður	Fjord
flói	große, breite Bucht
höfn	Hafen
hafnar	Genitiv Singular von Höfn („des Hafens")
hafnarfjörður	Hafenfjord
höfði	Landspitze, Kap
nes	Halbinsel
skagi	größere, breite Halbinsel
tangi	kleine Landspitze
vík	Bucht
vogur	kleine Bucht

Vulkanisch und steinig

berg	Fels
borg	Burg (Felsformationen, die wie eine Burg aussehen)
dyngja	Schildvulkan
eld ...	Feuer ... (auch in Bezug auf vulkanische Aktivität)
gígur	Krater
gjá	Spalte
gljúfur	Schlucht
hellir	Höhle
hraun	Lava

Bewuchs/Untergrund

hvammur	Wiese
mýri	Moor
sandur	Sander
skógur	Wald (zumindest war dort zur Landnahmezeit mal Wald)
strönd	Strand

Landschaft

byggð	bewohntes Gebiet/Siedlung
dalur	Tal
hálendi	Hochland
öræfi	Einöde
skáli	Hütte
staður	Ort/Fleck/Platz/Stelle
tunga	Zunge (lange Land-Zunge zwischen zwei Flüssen oder Bergen)

Bücher

Die folgenden Bücher sind empfehlenswert, unsere persönlichen Tipps sind mit dem Loose-Koffer markiert. Mehr zur Entwicklung der Insel zum „Land der Bücher" im Abschnitt Literatur, S. 119, Tipps im Netz bei 🖥 www.islandbuecher.de/de/english-books/travelling.

Belletristik

Kristín Marja Baldursdóttir, *Die Eismalerin* (Fischer, Berlin 2007). Die Geschichte einer Künstlerin ist unterhaltsam und feinfühlig geschrieben. Lesenswerter Einblick in das oft entbehrungsreiche Leben in den einsamen Ostfjorden Anfang des 20. Jhs. Nebenbei erfährt man viel über das Rollenverständnis von Mann und Frau und erlebt mit, wie die Frauen in eine neue Selbstständigkeit aufbrechen.

Hallgrímur Helgason, *Eine Frau bei 1000 Grad* (dtv, München 2013). Ans Krankenbett gefesselt, erzählt die 80-jährige Herbjörg von den Stationen ihres Lebens. Mal lakonisch, mal süffisant, immer unterhaltend. Dass die Hauptfigur einmal in Deutschland gelebt hat und dass ihr Vater Hitler zu Diensten war, sind zwei der kleinen Fragmente ihres bewegten Lebens. Unterhaltsam. Vom selben Autor empfehlenswert:

101 Reykjavík (dtv, München 2011). Der Text ist zwar schon über 20 Jahre alt, gibt aber immer noch einen schrägen Einblick in das (Nacht-)Leben in Reykjavík (und das Seelenleben des Protagonisten).

Rokland (dtv, München 2012). Der Antiheld Böddi verzweifelt an seinem Leben in der Provinz. Er vermisst Hirn bei seinen Landsleuten. Und da das Leben ihm übel mitspielt, gipfelt der Roman in einem grotesken Showdown. Gekonnt crazy und wahrhaftig.

Zehn Tipps, das Morden zu beenden und mit dem Abwasch zu beginnen, (dtv, München 2015). Ein Auftragsmörder der Mafia flieht vor dem FBI und strandet in Island. In gewohnt gekonnter Manier entführt Helgason den Leser in eine seiner skurrilen Welten.

Arnaldur Indriðason, *Tage der Schuld (Into Oblivion)* (Bastei Lübbe, Köln 2017). Warum dieser aus der ganzen Reihe der Indriðason-Krimis? Weil er ein Gefühl dafür entstehen lässt, wie die Stationierung von US-Streitkräften in Keflavík Island in den 70er-Jahren beeinflusst hat. Sie brachten Blue Jeans und Alkohol, aber auch die Angst vor einem Atomkrieg.

Wem der Polizist Erlendur ans Herz wächst, der kann eine ganze Reihe weiterer Fälle von ihm lesen, denn es gibt noch elf weitere Bände.

Auch *Der Reisende* (Bastei Lübbe, Köln 2018) ist lesenswert. Hier sind es neben den amerikanischen und englischen Soldaten auch die deutschen Nationalsozialisten, die den Hintergrund zum Fall liefern.

Nacht über Reykjavík (Bastei Lübbe, Köln 2016). wiederum gibt Einblick gibt in das ganz normale Leben der Menschen in Islands Hauptstadt. In diesem Fall von Streifenpolizisten und Obdachlosen. Vielleicht nicht Weltklasse, aber durchaus lesenswert.

Viktor Arnar Ingólfsson, *Das Rätsel von Flatey* (Bastei Lübbe, Köln 2005). Krimi und Rätsel um einen ermordeten Handschriftenexperten auf der kleinen Insel Flatey im Breiðafjörður in den 1960er-Jahren – und was das Ganze mit den Sagas zu tun hat, soll hier natürlich nicht verraten werden.

Halldór Laxness, *Am Gletscher* (Steidl, Göttingen 2016). Nicht unwitzige Geschichte über einen Theologen, einen Toten und den Snæfellsjökull-Gletscher, die anschaulich macht, warum Laxness 1955 den Nobelpreis bekam. Dieses Buch ist jünger, aus dem Jahr 1968.

Yrsa Sigurðardóttir, *Geisterfjord* (Fischer, Berlin 2015). Einer von vielen Krimis dieser bekannten Autorin. Der Geisterfjord befindet sich in den Westfjorden und wer das Buch liest während er dorthin reist, wird das Land noch einmal mit anderen Augen sehen. Zeigt es doch die etwas mysteriöse Seite Islands und auch das besondere Flair in diesem abgeschiedenen Teil des Landes. Das Buch eignet sich für alle, die Krimis mögen, die nicht 100 %-ig klassisch nach dem Prinzip erst der Mord, dann die Aufklärung aufgebaut sind. Die anderen Titel der Autorin sind ebenfalls lesenswert.

Sjón, *Schattenfuchs* (Fischer, Berlin 2011). Poetischer, mysteriöser Kurzroman des Kultautors, der auch viele Song-Texte für Björk verfasst hat.

Land und Leute

111 Gründe, Island zu lieben, Marco Alsbach (Schwarzkopf & Schwarzkopf, Berlin 2017). Das Buch gibt viele Infos und weckt die Reiselust. Sehr persönlich und dennoch mit vielen Fakten. Leider sind nicht alle Infos der Neuauflage auf dem neusten Stand, aber das Problem der 100 %-igen Aktualität kennen wir als Reisebuchautoren ja auch.

22 Orte in Island die du sehen musst, Vigfus Birgisson und Jonas Mody (NG Buchverlag, München 2009). Hinter dem Titel, der klingt wie der Werbeteaser zu einem Blogeintrag, verbirgt sich ein kleines Büchlein mit 22 Sehenswürdigkeiten. Ob diese Orte wirklich die sind, die man nicht verpassen sollte, wollen wir hier nicht diskutieren. Viel Substanz hat das Buch leider nicht, aber als kleines Geschenk (oder Mitbringsel, denn es wird auch in Island in deutscher Sprache vertrieben), ist es ok.

Alles Ganz Isi – Isländische Lebenskunst für Anfänger und Fortgeschrittene, Alva Gehrmann (dtv, München 2011). Die Autorin kennt sich gut aus, ist viel gereist und hat sehr viele schöne Geschichten und Wissenswertes über Island und hier vor allem über die Isländer zusammengetragen. Gut lesbar und informativ.

Auf der Insel der Gletscher und Geysire, Carmen Rohrbach (Malik, München 2013). Die erfahrene Reisejournalistin nimmt den Leser mit auf ihre lange Reise durch Island. Sie wandert viel und kommt neben der Natur auch mit Menschen in Kontakt. Die vielen kleinen Informationshappen, die sie so zusammenträgt, sind gut verpackt in einem lesenswerten Reise- und Wanderbericht.

Der kleine Islandverführer, Hans Klüche und Erik van de Perre (Bruckmann, München 2017). Gelungenes kleines Buch mit fundierten Infos gut aufbereitet. Macht Lust auf eine Reise und gibt erste Ideen. Als ergänzendes Werk zum vorliegenden Buch durchaus empfehlenswert.

Frauen, Fische, Fjorde, – Deutsche Auswanderinnen in Island, Anne Siegel (Malik, München 2016). Es ist die Zeit nach dem Zweiten Weltkrieg. Island sucht dringend Arbeitskräfte und zahlreiche junge Frauen aus Deutschland folgen dem Ruf in dieses unbekannte ferne Land. Wie haben sie im Nachkriegsdeutschland gelebt und wie wurden sie in Island heimisch? Ein interessanter Einblick in mehrere Frauen- und ein Männer-Leben und eine Spurensuche deutscher Einflüsse in Island. Spannend, wenn man auf der Reise auf ihre Spuren trifft.

Gebrauchsanweisung für Island, Kristof Magnusson (Piper, München 2015). Ein kleines, gut lesbares Buch und ein wunderbarer Einstieg in das Denken und Fühlen der Isländer. Macht Lust auf die Reise.

Island 151, Sabine Barth (Conbook Medien, Meerbusch 2016). In 151 Momentaufnahmen porträtiert die Kölner Autorin ihre Sicht auf Island. Die Fotos stammen hauptsächlich von Johannes M. Ehmanns. Das Buch ermöglicht einige gelungene Einblicke, doch haben uns andere Bücher der Reihe weit mehr überzeugt.

Island – Ein Länderportrait, Maria Krüger (Ch. Links, Berlin 2011). Unterhaltsames und mit vielen eigenen Erfahrungen und Eindrücken gespicktes 180-Seiten-Buch. Nachteil: die letzten Jahre (ab 2011) fließen nicht mehr ein, und so bleiben einige Fragen offen, die das Leben im heutigen Island zum Inhalt haben. Dennoch lesenswert für alle, die sich über Land und Leute informieren möchten.

Island - Ein Reisebegleiter, Arthúr Bollason (Insel, Frankfurt/M. 2008). Dieses kleine Büchlein nimmt den Leser mit auf sechs verschiedene Touren, immer dabei sind die großen Sagahelden, aber auch Geschichten moderner Literaten. Trotz Serviceteil reicht der Reisebegleiter zwar nicht als Ersatz für einen guten Reiseführer – doch für alle, die sich für die Geschichte hinter den Geschichten interessieren eine gute Wahl.

Thermal Pools in Iceland, Jón Snæland (Skrudda, Reykjavík 2014). Hier sind nicht nur (fast) alle natürlichen Hot Pots beschrieben, sondern es gibt auch die GPS Koordinaten. Und Informationen über die nähere Umgebung.

Traumland: Was bleibt, wenn alles verkauft ist?, Andri Snær Magnason (Orange-Press, Berlin 2011). Ein nachdenklich machendes Plädoyer für den Widerstand gegen die Ansiedlung von Schwerindustrie, das weit über das eigentliche Thema hinausgeht. Ein Muss für Reisende, die die isländische Mentalität verstehen wollen.

Trolle und Sagen

Die 13 Weihnachtsmänner Islands, Brian Pilkington (Prentmiðlun, Garðabæ 2011). In den letzten 13 Nächten vor Weihnachten erscheint je ein neuer Weihnachtsmann. Sie entstammen einer Troll-Großfamilie. In Island kennen die Kinder diese Weihnachtsmänner. Und nach dem Lesen auch wir. Wer mag, übernimmt den Brauch einfach am nächsten Weihnachtsfest.

Die Island-Saga vom weisen Njál: Der Baum des Haders (Hörbuch), Christian Brückner, Uwe Friedrichsen (Hörverlag, München 2011). Alles beginnt mit einer verhängnisvollen Hochzeit, auf der sich die Ehefrauen von Gunnar und seinem Freund Njál in die Haare bekommen. Es wird blutrünstig, aber der Leser erfährt auch vieles über die isländische Mentalität. Diese Fünf-Stunden-Hörfassung einer der bekanntesten Islandsagas eignet sich damit hervorragend als Ohrenschmaus während der langen Autofahrten durchs Saga-Land.

Die schönsten isländischen Sagas, Arthúr Bollason (Insel, Berlin 2011). Die vier Sagas, die hier ausschnittweise vorgestellt werden die Egils-Saga, die Brennu-Njáls-Saga, die Grettis-Saga und die Eyrbyggja-Saga (Saga von den Leuten auf Eyr) ermöglichen einen raschen Einstieg in die blutrünstige, aber auch irgendwie lustige Sagawelt zur Zeit der Landnahme im 9. und 10. Jh.

Flumbra. Eine isländische Trollgeschichte, Guðrún Helgadóttir, Brian Pilkington (Illustrationen) (Vaka-Helgafell, Reykjavík 1981, Ausgabe 2010). Eigentlich ein Kinderbuch – aber nirgends sonst erfährt man so schnell so viel über Trolle: Die Geschichte um die die Trollfrau Flumbra, ihren Mann und ihre acht Kinder ist zwar frei erfunden, trotzdem illustriert sie auf einprägsame Weise die Wurzeln des isländischen Trollglaubens. Das Buch wurde u. a. mit dem skandinavischen Kinderbuchpreis ausgezeichnet.

Bildbände

Island von oben - 139 großformatige Luftaufnahmen, Björn Ruriksson (Geoscan, Selfoss 2017). Gletscherzungen, Inseln und Fjorde, die normale Reisende so nicht zu Gesicht bekommen werden. Hier wird deutlich, wie riesig Island ist, wie viel unberührte Natur es noch gibt und wie viele Orte, an denen noch nie ein Mensch war.

Sehnsucht Island – Sagenhaftes Land der Elfen, Max Schmid und Helmut Hinrichsen, (Bruckmann, München 2016). Viele Jahre Islanderfahrung stecken in diesem Band. Der Text ist hier dominanter und nimmt mehr Raum ein als in anderen Bildbänden. Daher ist der Band auch wesentlich informativer. So manches Foto wünscht man sich allerdings doch etwas größer oder exponierter präsentiert.

Über Island. Entdeckungen von oben, Haraldur U. Diego und Marco Nescher, (Frederking & Thaler, München 2015). Wunderschöne Bilder aus dem Helikopter. Dazu lesenswerte informative Texte. Ein sehr gelungener Bildband, der die Vorfreude steigert und die Erinnerungen wachhält.

Für Kinder

Das Island-Reisebuch für Kinder, Gabriele Schneider (Edition Winterwork, Borsdorf 2011). Die Autorin spricht die Kinder direkt an und schafft es in kurzen Texten Wissenswertes über Island anschaulich und kindgerecht dazustellen. Eignet sich prima für die Vorbereitung und hilft auch unterwegs immer wieder, Gesehenes zu verstehen. Geeignet für Vor- und Grundschulkinder.

Kochbücher

Leckeres Island. Das große Koch- und Backbuch, Ursula und Markus Jäger (BoD, Norderstedt 2016). „Sie kocht. Er isst", heißt auf der Internetseite zum Buch. Ob das stimmt und er wirklich nicht in der Küche hilft? Beim Bücherschreiben jedenfalls schon und das Resultat ist ein Kochbuch mit viel Herz und Geschmack.

Index

Þakgil 509
Þingeyri 301
Þingmannaá 287
Þingvallavatn 92, 196, 213
Þingvellir 192
Þingvellir-Nationalpark 192
Þjóðveldisbærinn 542
Þjófafoss 539, 543
Þjórsá 92, 539
Þjórsárhraun 554
Þórðarhöfði 361
Þorgeir Hávarsson 432
Þorgilsson, Ari 120
Þórhallsson, Þorlákur 210
Þórisvatn 92
Þorlákshöfn 181
Þorláksmessa 53
Þorláksson, Þórarinn B. 118
Þórólfsfell 531
Þórshöfn 433
Þórsmörk 519
Þrengsli 185
Þrídrangar 529
Þríhnúkagígur 186
Þykkvibær 535

A

Ahnenkult 116
Akranes 224
Aktivitäten 63
Akureyri 328, 380
   Aktivitäten 388
   Einkaufen 388
   Essen 386
   Informationen 389
   Kirchen 382
   Museen 382
   Nahverkehr 390
   Orientierung 381
   Touren 388
   Transport 390
   Übernachtung 383
   Unterhaltung 387
Aldeyjarfoss 402, 586
Álfaborg 456

Alkohol 48, 85
Almannagjá 192
Aluminiumschmelze 463
Alþing 103, 194
Anführerschafe 434
Angelausrüstung 43
Angeln 63
   Blönduós 341
   Hraunsvatn 379
   Isafjörður 307
   Langanes 435
   Westfjorde 305
Anreise 41
Apotheken 56
Arason, Jón 357
Architektur 117
Arctic Henge 430
Armstrong, Neil 180
Arnalds, Ólafur 122
Arnarfoss 279
Arnarkerhöhle 184
Arnarson, Ingólfur 103, 127, 138, 524
Arnarstapi 249
Ásatrú 116
Ásbrú 168
Ásbyrgi 410
Askja 591
Aurora borealis 52
Ausrüstung 55
Austurbyggð 472
Auswanderer 362
Autofahren 70, 71
Axlar-Björn 245

B

Bakkafjörður 436
Bakkagerði (Borgarfjörður eystri) 455
Baldursdóttir, Kristín Marja 601
Bárðarson, Herjólfur 527
Barnafoss 238
Basstölpel 434
Baula 233
Behinderungen 60
Berge 90
Berghütten 81
Bergþórshvoll 533

Berufjord 476
Beruvík 254
Bessastaðir 151
Bevölkerung 100
Bier 48
Bifröst 233
Bildende Kunst 118
Bildhauerei 119
Bíldudalur 298
Bildung 101
Birkimelur 289
Biskupavörður 424
Bjargtangar 292
Bjarnafoss 245
Bjarnarhöfn Shark Museum 267
Björböðin in Árskógssandur 369
Björk 122
Bláfjöll 186
Bláhnúkur 567
Blaue Lagune 179
Blogs 57
Blönduós 339
Bolafjall 315
Bolla 47
Bolungarvík 314
Bootstouren 79
   Jökulsárlón 491
   Snæfellsnes 272
Borg 229
Borgarfjörður eystri 455
Borgarnes 227
Borgarvirki 337
Botschaften 43
Breiðafjord 269, 275
Breiðárlón 492
Breiðavík 292
Breiðdalsvík 474
Breiðdalur-Tal 474
Brennisteinsalda 567
Brimketill 177
Brjánslækur 288
Brot 46
Brúarfoss 198
Brúarhlöð 205
Brú milli heimsálfa 176
Bryndís 404
Bücher 44, 601

Buðahellir 246
Búðaklettur 246
Búðardalur 275
Búðir 245
Búminjasafnið Lindabær 352
Búrfellshraun 539
Busse 34, 73

C
Campen 81
Campingcard 83
Campingplätze 83
Christentum 104, 116, 234
Containerschiffe 42

D
Dagverðarneskirkja 279
Dalir 275
Dalvík 369
Deildartunguhver 235
Dettifoss 410, 413
Deutsche Botschaft 43
Diamond Circle 35, 394, 400

Digranes 437
Dimmuborgir 421
Djúp 319
Djúpalónssandur 254
Djúpavík 326
Djúpidalur 286
Djúpivogur 476
Drangajökull 320
Drangey 352
Drangsnes 324
Drápuhlíðarfjall 270
Drekagil 591
Dritvík 254
Duty-free-Shop 41
Dynjandi 300
Dyrhólaey 508

E
Edda 120
Edda-Hotels 81
Egill 231
Egilsstaðir 445
Einkaufen 43

Einreisebestimmungen 43
Eiríksson, Leifur 104, 130, 275
Eiríksstaðir 275
Eisbären 332
Eishöhlentouren 63
 Langjökull 240, 578
 Vatnajökull 492
Eissturmvögel 334
Eiszeit 88
Eldborg 187, 243
Eldey 177
Eldfell 527
Eldgjá 502, 575
Elektrizität 59
Elfen 117, 144, 162, 250, 404
Elfenplätze 250
Erik der Rote 103
Erikkson, Leif 104, 130, 275
Ermäßigungen 39
Erró 118
Esja 150
Eskifjörður 466
Essen 39, 45, 51, 603

Eyjafjallajökull 518
Eyjafjarðarsveit 391
Eyjafjörður 396
Eyrarbakki 553

F

F88 588
Fagravík 334
Fähren 42, 79
Fahrrad fahren 64, 76
Fálki 256
Fáskrúðsfjörður 470
Fauna 96
Feiertage 49
Feste 49, 123, 153, 468
Festivals 54
Feuerpredigten 500
Fimmvörðuháls 522
Finanzkrise 115
Fischfang 109, 114
Fjaðrárgljúfur-Canyon 503
Fjalladýrð 424
Fjalla-Eyvindur 591
Fjallsarlón 492
Fjorde 87, 457
Fláajökull 486
Flatey 273
Flateyri 304
Fljótshlíð 531
Floaten 242, 361
Flókalaug 288
Flókalundur 286
Flóki Vilgerðarson 102, 163
Flora 95
Flúðir 206
Flüge 41
Flughafen Keflavík 41, 128
Flughafentransfer 41
Flüsse 92
Fossárdalur 476
Fossatún 235
Fosslaug 346
Fotografieren 52, 226
Frauen 54
Frostastaðavatn 570
Frühstück 45
Furten 521, 586
Fußball 64

G

Game of Thrones 30, 192, 419, 542
Gammelhai 48, 267
Gammelrochen 53
Garðar BA 64 291
Garðskagi 173
Garður 173
Gästehäuser 81
Geländewagen 70
Geld 54
Geldwechsel 55
Geografie 87
Geologie 87
Geothermalgebiete 181, 201, 235, 558, 571, 583
Geothermie 115, 186
Gepäck 55
Gerðuberg 243
Gerfalken 256
Geschichte 102, 234
Geschichtenerzähler 263
Gesundheit 56
Getränke 47
Geysir 94, 201
Gígjökull 519
Gíslahellir 287
Gísli 287, 300
Gísli Súrsson 301
Gjábakkahellir 200
Gjáin 542
Glaumbær 347
Gletscher 91
Gletschertouren 65
 Skógar 515
 Svínafellsjökull 493, 494
Gljúfrabúi 516
Gljúfrasteinn 191
Glymur 222
Gnarr, Jón 112
Goðafoss 400
Golden Circle 31, 188
Goldener Kreis 31, 188
Golf 66
Grenivík 397
Grettir 352
Grettislaug 352
Grímsey 324

Grindavík 177
Grjótagjá 418
Grundarfjörður 263
Grýla 422
Guðmunsson, Guðmundur 118
Gullfoss 201
Gunnuhver 177

H

Hafnaberg 176
Hafnarfjall 227
Hafnarfjörður 161
Hagavatn 582
Háifoss 542
Hákarl 48, 267
Hallmundarhraun 240
Hallormsstaðaskógur 452
Hanse 106
Haraldsson, Jón 268
Haukadalur 202
Haustiere 43
Heggstaðanes 334
Heimaey 524
Heinabergsjökull 486
Hekla 540
Helgafell 269
Helgason, Hallgrímur 121, 601
Hella 535
Hellisheiði 185
Hellissandur 259
Hellisvatn 488
Hellnar 249
Hellulaug 288
Hengifoss 453
Hengill 214
Herðubreið 590
Herðubreiðarlindir 590
Heringe 266, 364, 375
Hexerei 324
Hexereimuseum 324
Heydalur 319
Hilmarsson, Hilmar Örn 116
Hjallanes 488
Hjálparfoss 543
Hlauptungufoss 198
Hlíðarendi 532, 533

Hochland 29, 35, 454, 564
  östliches 588
  Sicherheit 567
  südliches 566
  Transport 568
  Wandern 569
  westliches 578
Hochtemperaturgebiet
  Námaskarð/Hverarönd 420
Höfði 421
Hoffellsjökull 486
Höfn 482
Hofsós 359
Hólar 355, 374
Hólmavík 321
Holuhraun 592
Horn, Roni 268
Hornstrandir 311
Hotels 81
Hot Pots 26, 67, 85, 94
  Drangsnes 324
  Flókalundur 288
  Flúðir 206
  Fosslaug 346
  Grettislaug 352
  Heydalur 319
  Hveravellir 584
  Landmannalaugar 567
  Laugafell 585
  Laugavellir 594
  Lýsuhólslaug 248
  Reykjafjarðarlaug 300
  Seljavallalaug 515
Hrafnseyri 300
Hrafntinnusker 571
Hraunfossar 238
Hraunsvatn 378
Hraunhafnartangi 432
Hreppslaug 224
Hrísey 375
Hrútafjord 331
Hrútey 339
Húnaflói 331
Hundeschlittentouren 221, 426
Húsafell 240
Húsavík 405
Húsey 441
Hvalfjord 220

Hvammstangi 336
Hvannadalshnúkur 495
Hvanneyri 234
Hveradalir 583
Hveragerði 557
Hveravellir 584
Hverfjall (Hverfell) 421
Hvítá 92, 552
Hvítárvatn 578
Hvítserkur 336
Hvolsvöllur 531

I

Indriðason, Arnaldur 553, 601
Industrie 114
Informationen 56, 57
Ingólfsson, Victor Arnar 601
Inlandsflüge 69
Innra Hvannagil 456
Internet 57
Irish Days 227
Ísafjörður 307
Isländersagas 120
Isländisch 596
Islandpferd 96, 356, 357, 358, 539
Íslendingabók 120
Íslendingasögur 533

J

Jakobsdóttir, Katrín 113
Jarðböðin 419
Jarlhettur 583
Jobben 58
Jóhannesdóttir, Sigurlína J. 431
Jóhannsson, Jóhann 122
Jökulsá á Fjöllum 92, 593
Jökulsárgljúfur-Nationalpark 410
Jökulsárlón 489
Jólaköttur 422
Jólakötturinn 50
Jólasveinar 50
Jónsi 122
Jónsson, Einar 131
Jugendherbergen 80

K

Kabeljaukriege 110
Kaffee 48
Kajakfahren
  Langanes 436
  Seyðisfjörður 461
  Stokkseyri 557
  Stykkishólmur 272
  Vatnajökull 489, 492
  Westfjorde 297, 305
Kaldbakur 399
Kaldidalur 240, 578
Kaleo 122
Kárahnjúkar-Staudamm 594
Katholizismus 382
Katla 510, 575
Kaufmannswochenende 54
Keflavík 166
Keldur 531
Kelten 100, 254, 256
Kerið 212
Kerlingarfjöll 583
Kinder 58
Kirkjubæjarklaustur 499
Kirkjufell 263
Kiten 67
Kjalvegur 578
Kjölur-Route 578
Kjötsúpa 46
Kleidung 44
Kleifarvatn 181
Klima 36
Klimawandel 42
Klofningsnes 278
Kolgagrafafjord 266
Kolugljúfur 337
Kommissar Erlendur 553
Konsulate 43
Kópasker 429
Krafla 420
Kraftmesssteine 254
Krapfen 47
Kreditkarten 55
Kriminalität 63
Krossá 521
Krosslaug 234
Krýsuvík 180
Krýsuvíkurbjarg 183

Zeit für Island
Zeit für Wandern
Zeit für Individualität

Facettenreiche Individual- und Gruppenreisen
+49 (0) 8502 917 17 80 · www.set-geo-aktiv.de

Kühne, Lukas 461
Kultur 117
Kunst 117
Kunsthandwerk 460
Küstenseeschwalben 259
Kverkfjöll 592

L

Lagarfljót 451
Lakagígar 576
Laki-Krater 500, 502, 576
Landbrotalaug 244
Landkarten 58
Landmannahellir 571
Landmannalaugar 567
Landmannaleið 570
Landnahmebuch (Landnámabók) 100
Landnahmezeit 103
Landsmót 358
Landwirtschaft 114
Langanes 433
Langisjór 575

Langjökull 240, 578
Látrabjarg 291, 292
Laugafell 585
Laugarás 211
Laugarbakki 335
Laugar (Reykjadalur) 402
Laugar (Saelingsdal) 278
Laugarvatn 196
Laugarvatnshellir 197
Laugavegur 571
Laugavellir 594
Lava 89
Lavafelder 240
Lavahöhlen 241
Laxness, Halldór 191, 601
Lebensmittel 44
Leinenfischen 306
Leirubakki 540
Lennon, John 150
Lesben 62
Lieder-Edda 120
Literatur 119, 601
Ljótipollur 570

Lofthellir-Lavahöhle 426
Lögurinn 451
Lóndrangar 253
Lónsöræfi 479, 480
Lundey 405

M

Mælifellshnjúkur 350
Magnússon, Skúli 108, 138
Malarrif 254
Malerei 118
Mánárbakki Museum 407
Maße 59
Melrakkaey 264
Miðfoss 198
Mietwagen 69
Mitfahrgelegenheiten 79
Mittelpunkt der Erde 249
Mitternachtssonne 273
Mjóifjörður 463
Möngufoss 321
Mórudalur 289
Mosfell 190

Motorrad 79
Mountainbiken 77
  Þingeyri 301, 303
  Hochland 569
  Ostfjorde 457, 462
Mücken 419
Museen 26
Musik 121, 168
Mýrdalsjökull 510, 513, 522
Mývatn 92, 416
Mývatn Nature Baths 419

N
Nachrichten 57
Nahverkehr 75
Nasa 180
Nationalparks 59, 98
  Jökulsárgljúfur 410
  Snæfellsjökull 252
  Þingvellir 192
  Vatnajökull 495
Nato 109, 168
Navigationsgeräte 70
Neskaupstaður (Norðfjörður) 468
Njáls Saga 532
Njarðvík 168
Norðfjörður 468
Nordküste 427
Nordlichter 37, 52
Nordostisland 394
Norðurdalur 474
Norðurfjörður 326
Nordwestisland 328
Notfall 57, 62
Nýidalur 585
Nykurtjörn 374

O
Ódáðahraun 424, 588
Öræfajökull 492, 495
Ófærufoss 575
Öffnungszeiten 59
Of Monsters and Men 122
Ólafsfjörður 363, 367
Ólafsvík 260
Ölfusá 554
Ölkelda 245
Ölkelduhnúkur 559
Öndverðarnes 255
Öskjuleið 588
Öskjuvatn 591
Öskudagur 47
Ostfjorde 455
Ostisland 442
Öxarárfoss 192
Öxnadalsheiði 377
Öxnadalur 377

P
Papageitaucher 36, 68, 156, 292, 293, 324, 405, 434, 476, 508, 525
Papey 476
Paradísarhellir 515
Parken 73
Parlament 194
Parteien 111
Passstraße 56 244
Patreksfjörður 293
Pétursson, Hallgrímur 130
Pétursson, Jóhann 369
Pilgerweg von Bær 220
Plokkfiskur 46
Polarfüchse 317, 318
Polarlichter 52
Politik 111
Porto 60
Post 60
Preiskategorien Unterkünfte 81
Prosa-Edda 120

R
Raben-Flóki 102, 163
Radfahren 76
Radtouren 78
  Ísafjörður 312
  Mývatn 427
  um Reykjavík 151
Rafting 66
  Austari-Jökulsá 344
  Hvítá-Canyon 205
  Vestari-Jökulsá 345
Rauchen 85
Rauðasandur 290
Rauðfeldsgjá 248
Raufarhöfn 430
Reformation 116, 121, 209
Regierung 111
Reisekosten 38
Reiserouten 30
Reiseveranstalter 60
Reisezeit 36
Reiseziele 23
Reitausrüstung 43
Reiten 66
  Breiðdalur 474
  Búðardalur 277
  Dalvík 371
  Egilsstaðir 450
  Greinivík 399
  Gullfoss 205
  Hafnarfjörður 163
  Heimaey 528
  Hochland 346
  Husavík 409
  Hveragerði 562
  Icelandic HorseWorld 539
  Mývatn 426
  Reykholt, Westisland 237
  Reykjanes 178
  Seljalandsfoss 517
  Snæfellsnes 248
  Urriðafoss 550
  Varmahlið 344
  Viðey 150
  Vík 512
  Westfjorde 303, 321
  Þjórsá 544
Religion 116
Rentiere 445, 593
Reyðarfjörður 463
Reykhólar 284
Reykholt, Golden Circle 208
Reykholt, Westisland 236
Reykjadalur 558
Reykjafjarðarlaug 300
Reykjafoss 346
Reykjanes 30, 172
Reykjanesbær 166
Reykjanesfólkvangur 179

Reykjanes, Westfjorde 319
Reykjavík 126
 Aktivitäten 156
 Altstadt 132
 Alþingishúsið 137
 Árbæjarsafn 151
 Ásatrúarfélagið 143
 Ásmundarsafn 141
 Aurora Reykjavík 141
 Ausflüge 150
 Austurvöllur 137
 Bessastaðir 151
 Botschaften 158
 Dómkirkja 138
 Einar Jónsson Museum 131
 Einkaufen 155
 Elfenschule 144
 Elliðaárdalur 151
 Esja 150
 Essen 147
 Feste 153
 Flughafen 161
 Geschichte 127
 Grótta 150
 Hafnarhús 141
 Hallgrímskirkja 130
 Harpa 142
 Höfði 143
 Húsdýragarðurinn 143
 Informationen 158
 Ingólfstorg 138
 Kjarvalsstaðir 141
 Landakotskirkja 138
 Livemusik 153
 Living Art Museum 142
 Menntaskólinn 133
 Nahverkehr 158
 Nationalgalerie 141
 Nationalmuseum 136
 Nauthólsvík 150
 Orientierung 128
 Penismuseum 140
 Perlan 143
 Punkmuseum 131
 Rathaus 136
 Reykjavík Art Museum 141
 Reykjavík Maritime Museum 141
 Saga Museum 141
 Sólfarið 142
 Stadtrundgänge 137
 The Settlement Exhibition 138
 Tjörnin 136
 Touren 156
 Transport 159
 Übernachtung 143
 Unterhaltung 152
 Viðey 150
 Vulkan-Kinos 139
 Walmuseum 142
 Þúfa 142
Reynisdrangar 508
Reynisfjara 508
Rif 259
Ringstraße 32
Robben 336
Rúgbrauð 47

S

Sænautasel 425
Sagas 26, 120
 Borgarnes 231
 Egill 190, 231
 Flatey 274
 Gísli 301
 Grettislaug (Sauðárkrókur) 352
 Helgafell 269
 Hvolsvöllur 532
 Islandpferd 356
 Laxdaela Saga 279
 Mosfell 190
 Saga Museum, Reykjavík 141
 Snorri Sturluson 236
Sagen 603
Samúelsson, Guðjón 118, 130, 429
Sanddalur 594
Sandgerði 173
Sand-und-Asche-Versicherung 70
Sauðárkrókur 351
Säugetiere 97
Schafe 434, 473
Schafmuseum Sævangur 327
Schlafsackunterkünfte 80
Schneemobiltouren
 Flateyri 305
 Seyðisfjörður 461
 Snæfellsjökull-Nationalpark 257
Schnorcheln 67
Schwimmen 59, 66, 85
 Akureyri 388
 Birkimelur 289
 Dalvík 371
 Hofsós 361
 Hreppslaug 224
 Keflavík 171
 Reykjavík 156
 Secret Lagoon 206
 Snæfellsnes 248
Schwule 62
Secret Lagoon 206
Seeadler 285
Seehunde 245, 316
Seekrankheit 42
Seen 92
Selárdalslaug 439
Selárdalur 298
Selatangar 180
Selfoss 413, 544
Seljalandsfoss 516
Seljavallalaug 515
Seltún 181
Selvogur 181
Seyðisfjörður 458
Sicherheit 62
Siglufjörður 363
Sigurðardóttir, Yrsa 601
Sigurðsson, Jón 108, 300
Sigur Rós 122
Silfra-Spalte 192
Siliziumwerk 407
Sjón 602
Sjónarsker 497
Skaftafell 495
Skaftafellsjökull 498
Skagafjord 343, 356
Skagaströnd 342
Skagi 342
Skálafell 488
Skálavík 315

Skálholt 209
Skallagrímsson, Egill 190
Skarðsvík 255
Skifahren 186
  Böggvisstaðafjall 371
  Hlíðarfjall 388
  Hvannadalshnúkur 494
  Nordwesten 361
  Oddsskarð 470
  Seyðisfjörður 461
  Skarðsdalur 366
  Tindastóll 354
  Westfjorde 312
Skjöldólfsstaðir 425
Skógafoss 514
Skógar 514
Skorradalur 224
Skrúður 302
Skútustaðir 419
Skyr 47
Snæfell 593
Snæfellsjökull-National-
  park 252

Snæfellsnes 31, 216, 243
Snæfjallaströnd 320
Snorri Sturluson 105, 236
Sólheimajökull 513
Sólheimar 211
Sólheimasandur 514
Souvenirs 44
Sperrnummern 55
Spezialitäten 48
Sport 63
Sprachführer 596
Sprengidagur 47
Sprengisandleið 584
Sprengisandur 584
Stadtpläne 58
Stafafell 480
Stakkholtsgjá 519
Stefánshellir 241
Steinar, Steinn 320
Steingrímsson, Jón 500
Stöðvarfjörður (Austurbyggð)
  472
Stokkseyri 553

Stokksnes 480
Stöng 542
Stóragjá 418
Strandarkirkja 181
Strandir 324
Straßen 71, 76
Straßenzustände 57
Stricken 67
Strokkur 201
Stromversorgung 59
Sturlungen-Zeit 105
Stykkishólmur 268
Súðavík 316
Südisland 504
Suðureyri 306
Surfen 67
Surtsey 527
Surtshellir 241
Süßigkeiten 47
Svalbarð 434
Svalvogaleið 301
Svartifoss 497
Svarvasson, Garðar 102

Sveinsson, Ásmundur 119
Sveinsson, Jón 383
Svínafellsjökull 493
Svöðufoss 261

T

Tálknafjörður 296
Tanken 73
Tauchen
  Seyðisfjörður 461
  Silfra-Spalte 195
Tauchen 67
Technik 45
Tektonik 88
Telefon 68
Thingvellir 192
Tindastóll 352
Tjarnagígur 577
Toiletten 83
Tómasdóttir, Sigriður 201
Torfhausmuseum Sænautasel 425
Torrini, Emilíana 122
Tourismus 99, 113
Touristeninformationen 57
Tourveranstalter 61
Trampen 79, 569
Transport 39, 69
  Þórsmörk 521
  Golden Circle 191
  Nordosten 398
  Nordwesten 331
  Ostisland 446
  Reykjavík 159
  Ringstraße 34
  Südisland 507
  Westfjorde 274, 283
  Westisland 219
Trekking 67
Trinken 45
Trinkgelder 85
Tröllaskagi 35, 359
Trolle 235, 603
Tröllkonuhlaup 541
Turf House 545
Tvísöngur 461

U

Übernachtung 38, 80, 81
Úlfljótsvatn 213
Umsatzsteuerrückerstattungen 84
Umwelt 98, 407
Umweltschutz 48, 98, 438, 537, 594
Unabhängigkeit 109
Unterhaltung 84
Urriðafoss 545

V

Vaglaskógur 396, 399
Varmahlíð 343
Vatnajökull 91, 486, 592
Vatnaleið 244
Vatnshellir 256
Veganer 46
Vegetarier 46
Veiðivötn 92
Verhaltenstipps 84
Verkehrsschilder 72
Vernes, Jules 249
Vestmannaeyjar (Stadt) 525
Vestmannaeyjar (Westmännerinseln) 524
Vestrahorn 480
Viðey 150
Víðgelmir – The Cave 241
Vigur 313
Vík í Mýrdal 508
Víti 591
Vogar 165
Vögel 98
Vogelbeobachtung 36, 68
  Flói 554
  Heimaey 529
  Hrísey 375
  Krýsuvíkurberg 183
  Mývatn 418
  Reykjavík 156
  Svínafellsjökull 494
  Vík 508
Volksglaube 117
Volksmusik 364
Volksversammlung 194

von Grumbkow, Ina 590
Vopnafjörður 438
Vörðufell 212
Vorwahlen 68
Vulkane 26, 88
  Þríhnúkagígur 186
  Bárðarbunga 585
  Eldfell 527
  Eyjafjallajökull 518
  Filme 139
  Hekla 540
  Herðubreið 590
  Katla 510, 575
  Krafla 420
  Lakagigar 576
  Lava Centre (Hvolsvöllur) 531
  Öræfajökull 492, 495
  Westmännerinseln 524

W

Währung 54
Walbeobachtung 68, 99
  Akureyri 389
  Dalvík 372
  Husavík 405
  Keflavík 171
  Ólafsvík 262
  Reykjavík 157
  Westfjorde 313, 323
Wale 142
Walfang 99, 110, 220
Wandern 28, 67, 586
  Þakgil 509
  Þingvellir 193
  Þórsmörk 519, 522
  Akranes 226
  Arnarstapi–Hellnar 249
  Askja 591
  Bergsee Helluvatn, Westfjorde 288
  Brúarfoss 198
  Dalvík 373
  Drápuhlíðarfjall 270
  Egilsstaðir 448
  Flatey 273
  Fljótshlíð 531
  Glymur 222

Grændalur 560
Haukadalur 202
Heimaey 527
Hellisskógar 544
Hengifoss 453
Hengill-Gebiet 562
Hengill-Gebirge 214, 559
Hochland 569
Hraunsvatn 378
Hveradalir 583
Hveragerði 559
Hvítá 552
Ingólfsfjall 549
Kjalvegur 580
Klakkur 264
Landmannalaugar 567
Laugarvellir 595
Mælifellshnjúkur 350
Möngufoss 321
Mývatn 421
Ostfjorde 457

Reykjadalur 559
Reykjanes 178, 180
Reynisfjall 508
Selfoss 548
Skaftafell 496, 497
Skálafell 488
Skógafoss 513
Snæfell 595
Snæfellsjökull 258
Tindastóll 352
Vörðufell 212
War and Peace Museum 220
Wäsche waschen 56
Wasserfälle 26, 92
Wechselkurse 54
Weihnachten 50, 422
Weihnachtshaus 391
Weihnachtsmänner 422
Westfjorde 33, 280
Westisland 216
Westmännerinseln 524

Wetter 36
Wetterschilder 72
Wetterwarnung 57
Whale Watching, *siehe* Walbeobachtung
White-tailed Eagle Center 285
Wikinger 102, 118, 163, 231, 301, 303, 356, 480
Wintersport 68
Wirtschaft 113
Wohnmobile 82
Wolle 44

Y
Ytri Tunga 245

Z
Zeit 85
Zoll 85
Zweiter Weltkrieg 220, 463

Notizen

Notizen

Danksagung

Caroline Michel
Ich danke Julia und Maik für die moralische Unterstützung und die vielen nützlichen Tipps; ganz besonders aber für eure Freundschaft, die über die Jahre so gewachsen ist, dass ich weiß: Ich habe immer einen Ort bei euch, wo ich willkommen bin. Danke auch an den Sohnemann Robin dafür, dass er mir dann klaglos sein süßes kleines Zimmer überlässt und auf dem Sofa schläft.

Meinem Freund Stephan danke ich für seine Geduld und Nachsicht und die vielen tollen Fotos. Alexandra Fritsch, Biffi Götz und Sigrid Müllenhoff danke ich dafür, dass sie jeweils einen Teil der Recherchereisen mit mir zusammen zurückgelegt haben. Ihr habt mich großartig herumkutschiert, superwichtige Fotos gemacht, Wanderzeiten perfekt ausgestoppt und mich auf die kleinen so wichtigen Dinge am Wegesrand aufmerksam gemacht. Und danke an alle, die mir unterwegs begegnet sind, und all jenen, die mir in Zukunft begegnen werden. Islandfans sind ganz besondere Menschen, und ich bin froh, zu dieser Gemeinschaft zu gehören.

Andrea und Mark Markand
Wir danken unserer Chefredakteurin Maria Anna Hälker, dass sie uns als Asienspezialisten diese so völlig andere Insel anvertraut hat. Und danke an unsere Kollegin Caro, die Hauptautorin dieses Buches, die mutig genug war, das Projekt mit uns gemeinsam anzugehen, und ohne die dies alles gar nicht möglich gewesen wäre.

Neues zu entdecken, den eigenen Horizont zu erweitern – das ist ja auch das Ziel des Reisens. Für uns bedeutete dies, mal eine ganz andere Klimazone und eine andere Kultur aufzusuchen. Die Reise durch Island war eine Herausforderung, täglich konnte das Nervenkostüm an seine Grenzen geraten. Mal, weil alles einfach so wahnsinnig schön und atemberaubend war, mal, weil Regen, Wind und Schnee alles in dichtes frustrierendes Grau wickelten und Reisepläne unmöglich machten. Danke Island für all die Eindrücke!

Wir danken Françoise und Boris Gisler mitsamt ihren wunderbaren Kindern für die Begleitung durchs Hochland. Zum Glück haben wir eure Sandbleche nicht gebraucht, aber hättet ihr keine dabeigehabt, wir wären sicher am Holuhraun stecken geblieben. Wir danken auch den freundlichen Rangern, die mit so viel Engagement über uns Reisende ihre schützende Hand legten und immer mit Rat und Tat zur Seite standen. Und natürlich danken wir Sir Artus, unserem treuen Defender, für seine gute Arbeit auf den holprigen Pisten des Hochlands.

Und nicht zuletzt danken wir den Papageitauchern dafür, dass sie trotz relativ schlechtem Wetter ihre schützenden Höhlen verließen, um uns zu begrüßen und unser Herz zu erwärmen. Dass danach auch die Sonne wieder herauskam, um es Ihnen gleichzutun, und uns am schönsten Sommer seit zehn Jahren teilhaben ließ, ist natürlich auch eine Erwähnung wert. Ob wir dies einem Wettergott zu verdanken haben oder dem Schicksal – egal: Es war wunderbar, mit den Isländern diese Tage zu feiern; mit Wurst und Bier, Livemusik und lachenden Gesichtern. Und natürlich danken wir den Feen und Elfen, den Gnomen und den Riesen, dass sie uns unseren Weg gehen ließen und möglicherweise auch über uns wachten.

Das ganze Team bedankt sich ...

... bei Andreas Macrander, der als passionierter Radfahrer das entsprechende Kapitel geschrieben hat. Wir danken ihm für die unzähligen Korrekturen der isländischen Begriffe: „der, die, das – und wieso, weshalb, warum denn bloß?" Dank Andreas konnten viele Fehler ausgemerzt werden. Und nicht zuletzt die Businformationen. Wenn es jemanden gibt, der weiß, wie hier die Busse fahren, dann Andreas. Ein ganz dickes Dankeschön für all die Zeit und Mühe, die du in dieses Buch gesteckt hast!

Auch Petra Feucht ist ein herzlicher Dank gewiss. Von ihr stammen Infokästen und Informationen zu den Eishöhlen-Touren, zum Fußball, zu den Weihnachtsbräuchen und zur isländischen Musik.

Dr. Martin Hensch danken wir für das informative Interview zu drohenden Vulkanausbrüchen. Wir hoffen, er behält Recht und die Isländer sind – sollte eine wie die Katla dann doch Feuer spucken – auf alles vorbereitet und nehmen uns Gäste dann schützend bei der Hand.

Für seinen Gastbeitrag „Wie fotografiert man Nordlichter?" danken wir natürlich mit ganzem Herzen Jens Klettenheimer.

Und wir danken allen Islandkennern und -reisenden schon mal im Voraus. Wenn ihr uns an euren Erlebnissen und eurem Wissen teilhaben lasst, wird das Buch von Auflage zu Auflage besser. Schickt uns Updates und Bilder. Alle Hinweise sind willkommen.

Bildnachweis

Umschlag
Titelfoto Getty Images/Paola Cravino Photography; Papageitaucher in Látrabjarg
Umschlagklappe vorn Huber Images/Rainer Mirau; Blick über Rhyolithberge, Landmannalaugar
Umschlagklappe hinten Shutterstock.com/Francesco Dazzi; Mývatn Nature Baths

Highlights
S. 8 iStock.com/verve231
9 Schapowalow/Bruno Cossa (oben); Mark Markand (unten)
10 Stephan Robertz (unten)
10/11 iStock.com/Markpittimages (oben)
11 Stephan Robertz (unten)
12 Robin Kuhnhenne (oben); Fotolia/frenk58 (unten)
13 Mark Markand (oben); Lookphotos/Jan Greune (unten)
14 Getty Images/Mitch Diamond (oben)
14/15 Shutterstock.com/Lunghammer (unten)
15 iStock.com/horstgerlach (oben)
16 Shutterstock.com/Allan Watson
17 Shutterstock.com/Matteo Provendola (oben); Shutterstock.com/Inbound Horizons (unten)
18 Andrea Markand (oben); DuMont Bildarchiv/Gerald Haenel (unten)
19 Shutterstock.com/TRphotos (oben); Shutterstock.com/Martin M303 (unten)
20/21 iStock.com/HomoCosmicos (oben)
20 Shutterstock.com/Olga Danylenko (unten)
21 Dirk Krüger (unten)
22 Mark Markand (2)

Regionalteil
DuMont Bildarchiv/Gerald Haenel S. 504
Petra Feucht S. 61, 64
Fotolia forcdan S. 525; nyiragongo S. 556; Stefan S. 412
iStock.com anyaberkut S. 189; demerzel21 S. 107; elxeneize S. 453; Sloot S. 460; technotr S. 188; typo-graphics S. 418; BethWolff43 S. 125;
Dirk Krüger S. 33, 136, 154, 443, 443, 512, 565
Robin Kuhnhenne S. 2, 217, 348, 564
Andrea Markand S. 77, 125, 239, 256, 467, 491, 580
Mark Markand S. 40, 119, 124, 149, 249, 269, 403, 442, 497, 565, 577, 587, 592
Caroline Michel S. 38, 45, 86, 96, 131, 159, 176, 183, 189, 215, 223, 281, 281, 291, 302, 315, 321, 328, 329 (2), 359, 370, 379, 386, 394, 395, 431, 473, 505 (2), 530, 543, 548, 559
Stephan Robertz 93, 280, 395, 421
schieflicht.de (Jens Klettenheimer) S. 52
Shutterstock.com Thamonwan Kongsirinurak S. 482; Arsenie Krasnevsky S. 232; Alexandra Lande S. 217; Photography by SC S. 164; Matteo Provendola S. 199; Hans Roodhorst S. 216; Paolo Trovo S. 337

Impressum

Island
Stefan Loose Travel Handbücher
1. Auflage **2018**
© DuMont Reiseverlag, Ostfildern

Alle Rechte vorbehalten – insbesondere die der Vervielfältigung und Verbreitung in gedruckter Form sowie die zur elektronischen Speicherung in Datenbanken und zum Verfügbarmachen für die Öffentlichkeit zum individuellen Abruf, zur Wiedergabe auf dem Bildschirm und zum Ausdruck beim Nutzer (Online-Nutzung), auch vorab und auszugsweise.

Die in diesem Buch enthaltenen Angaben wurden von den Autoren nach bestem Wissen erstellt und vom Lektorat im Verlag mit großer Sorgfalt auf ihre Richtigkeit überprüft. Trotzdem sind, wie der Verlag nach dem Produkthaftungsrecht betonen muss, inhaltliche und sachliche Fehler nicht vollständig auszuschließen.
Deshalb erfolgen alle Angaben ohne Garantie des Verlags oder der Autoren. Der Verlag und die Autoren übernehmen keinerlei Verantwortung und Haftung für inhaltliche und sachliche Fehler. Alle Landkarten und Stadtpläne in diesem Buch sind von den Autoren erstellt worden und werden ständig überarbeitet.

Gesamtredaktion und -herstellung
Bintang Buchservice GmbH
Zossener Str. 55/2, 10961 Berlin
www.bintang-berlin.de
Redaktion: Dirk Krüger, Jessika Zollickhofer
Satz: Anja Linda Dicke
Bildredaktion: Thomas Rach
Karten: Klaus Schindler
Reiseatlas: DuMont Reisekartografie, Fürstenfeldbruck

Printed in Poland

www.stefan-loose.de/island

Kartenverzeichnis

Allgemeiner Teil
Gletscher 91
Inlandsflüge 69
Tiere beobachten 98
Vulkansystem 89

Reiserouten
Abseits des Massentourismus 27
Island intensiv 33
Island klassisch 33
Island kompakt 31

Touren
Aussichtsberg Mælifellshnjúkur 350
Brúarfoss 198
Brutplätze der Eissturmvögel 334
Dalvík 373
Fluss Hvítá 552
Glymur 222
Hraunsvatn 378
Hengill-Gebirge 214
Kjalvegur 581
Laugarvegur 573
Reykjadalur und Grændalur 560
Selfoss 549
Skaftafell 498
Skálafell 488

Regionalteil
Þingvellir 193
Þórsmörk 520
Akranes 225
Akureyri 385
 Umgebung 381
Arnarstapi und Hellnar 251
Ásbyrgi und Dettifoss 411
Askja und östliches Hochland 589

Bakkagerði (Borgarfjörður eystri) 456
Berufjord 477
Blönduós 340
Borgarnes 228
Dalir 277
Dalvík 371
Diamond Circle 401
Djúpivogur 478
Egilsstaðir 449
 Umgebung 452
Eyjafjörður, Ostufer 397
Eyrarbakki und Stokkseyri 555
Flatey 273
Flúðir 206
Geysir und Gullfoss 203
Golden Circle 190
Von Grundarfjörður nach Stykkishólmur 264
Halbinsel Reykjanes 174/175
 Von Reykjavík zum Flughafen 162
Heimaey (Westmännerinseln) 526
Hekla und Umgebung 536/537
Hellissandur und Rif 259
Hochland 566
 Südliches 570
 Westliches 579
Höfn 485
Hólmavík 322
Hrútafjord bis Varmahlíð 333
Húsavík 406
Hvalfjord und Umgebung 221
Hveragerði 558
Ísafjörður 308
Keflavík und Njarðvík 167
Kirkjubæjarklaustur und Umgebung 501
Laugarvatn 197
Von Lónsöræfi nach Höfn 480

Mývatn und Umgebung 417
Neskaupstaður 469
Nordküste 428
Nordosten und Diamond Circle 396
Nordwesten 330
Ólafsvík 262
Osten 444
Ostfjorde 455
Patreksfjörður 294
Von Reyðarfjörður nach Breiðdalsví 464
Reykjavík 132/133
 Zentrum 134/135
Reykjavík und Reykjanes 126
Zwischen Ringstraße und Langjökull 235
Sauðárkrókur 353
Selfoss 546
Seljalandsfoss und Umgebung 517
Seyðisfjörður 459
Siglufjörður 365
Skagafjord 345
Skógar 514
Snæfellsjökull 255
Snæfellsnes 244
 Südküste 246/247
Snæfellsnes und der Westen 218
Sprengisandsleið 585
Stykkishólmur 270
Süden 506
Tröllaskagi 360
Vatnajökull Gletscherlagunen 487
Vík í Mýrdal 509
Westfjorde 282
 Ost 317
 Südküste 286/287
 West 297

Island — Reiseatlas

—o—	Schnellstraße
—[1]—	Fernstraße mit Nummer
———	Hauptstraße
———	Nebenstraße
-----	Straße, unbefestigt
-----	Fahrweg/Piste
· · · · ·	Pfad
= = =	Straße in Bau; Straße in Planung
x x x x	Straße für Kfz gesperrt
→—←	Tunnel
———	Eisenbahn
— • —	Fähre, Schiffsverbindung
———	Staatsgrenze
———	Regionalgrenze
/////	Nationalpark; Naturpark
░░░	Lavafeld
▒▒▒	Gletscher

✈	Internationaler Flughafen
+	Flugplatz
⇧	Landeplatz, Landepiste
○	Unbewohnter Ort, Verlassener Ort
✝ ⛪	Kloster; Kirche, Kapelle
🏰	Burg, Festung; Ruine
★ ∴	Sehenswürdigkeit; Archäologische Stätte
🗼	Turm; Leuchtturm
🌊 ∩	Wasserfall; Höhle
▲)(	Berggipfel; Pass, Joch
🅲 ⛰	Campingplatz; Aussichtspunkt
ℹ 🗿	Information; Denkmal, Monument
Ⓜ 🎭	Museum; Theater, Oper
⛷ 🏊	Skigebiet; Schwimmbad
⚓ ♨	Hafen; Heiße Quelle, Geysir
🅿 🅿	Parkhaus; Parkplatz

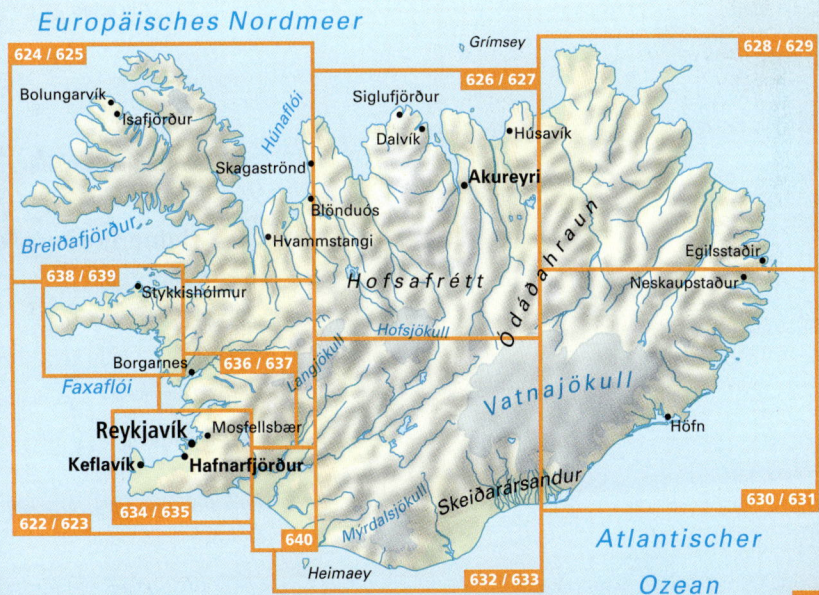

Reykjavík, Reykjanes, Snæfellsnes, Golden Circle

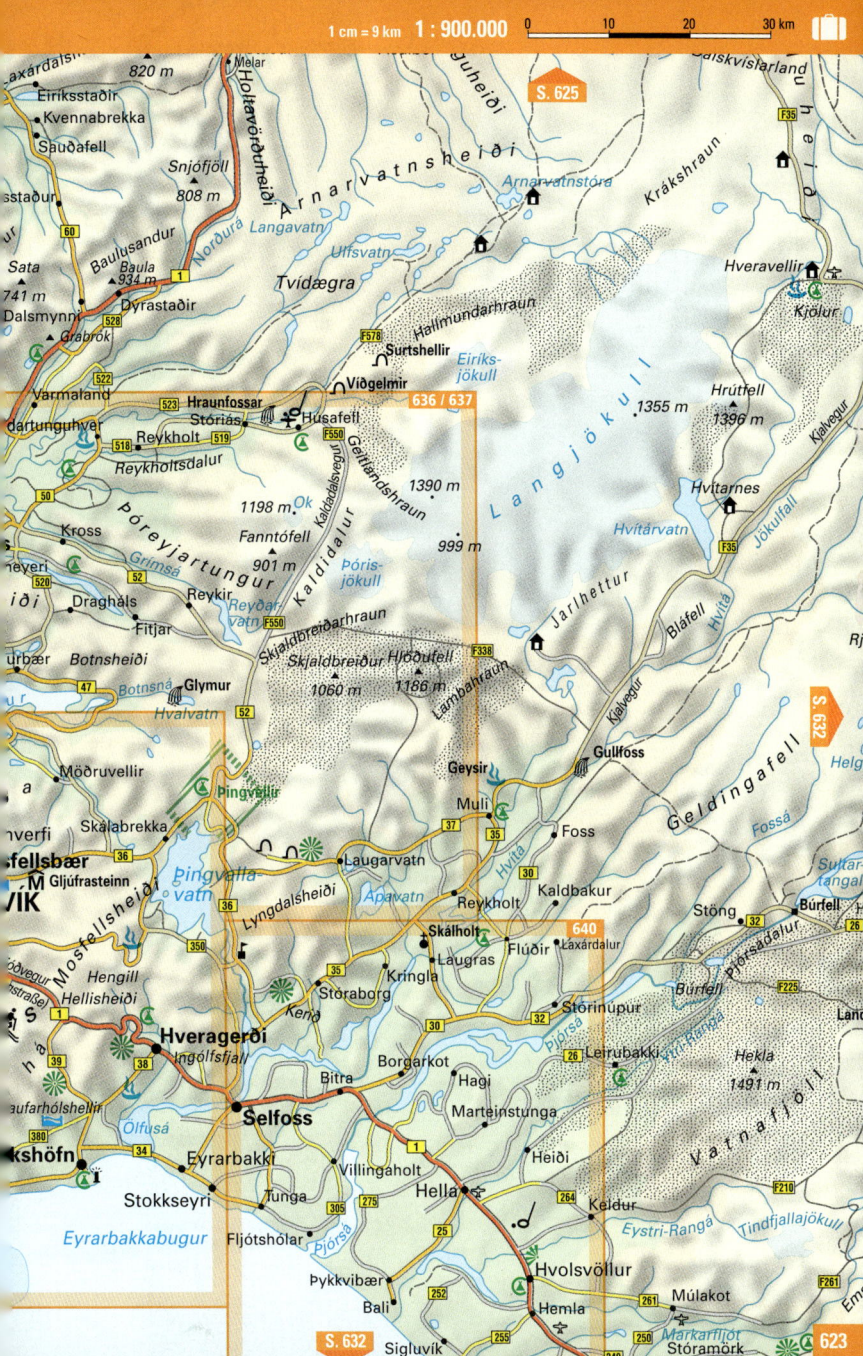

Akureyri, Skagaströnd, Húsavík, Siglufjörður

627

Reyðarfjörður, Höfn, Vatnajökull

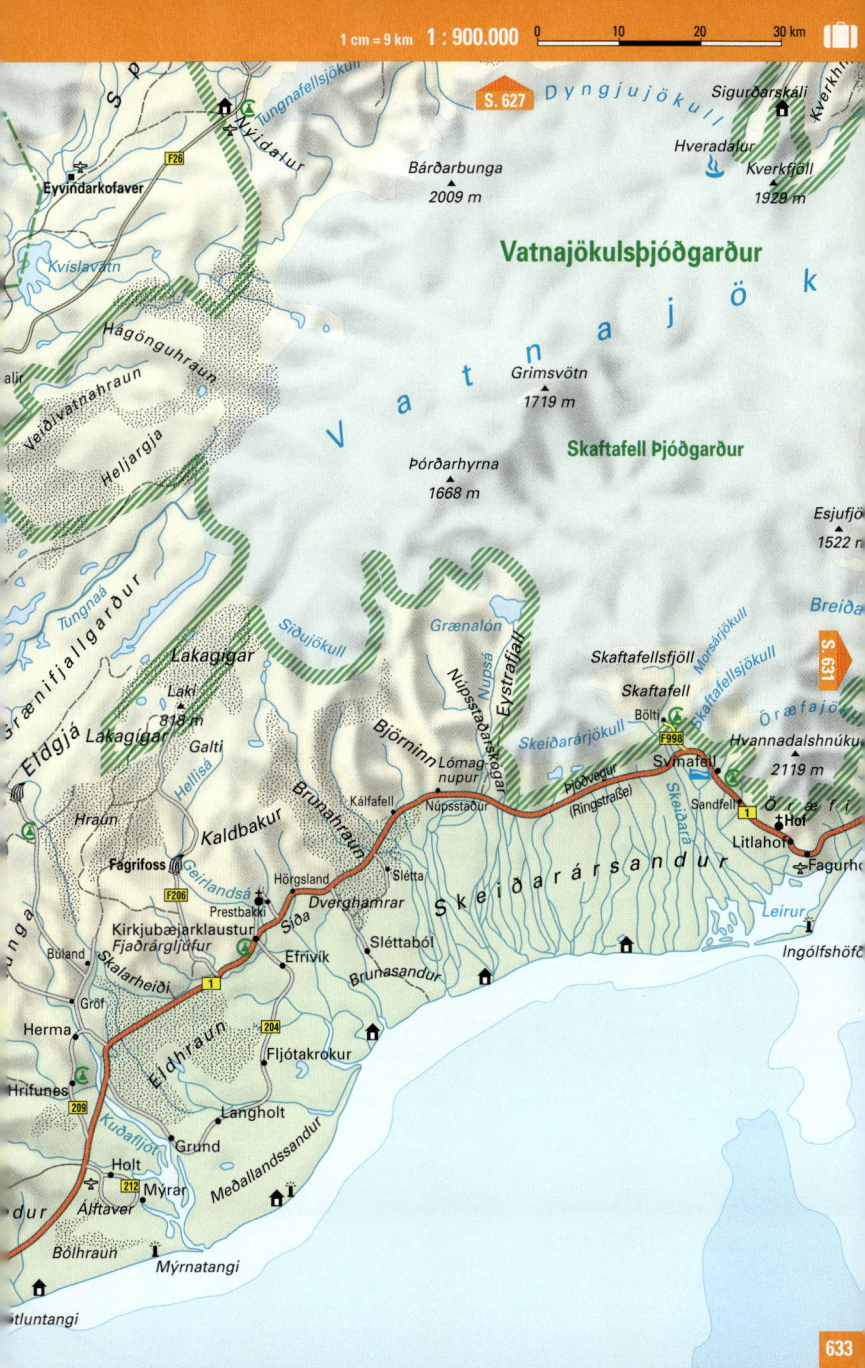

Reykjavík, Reykjanes-Halbinsel, Þingvellir, Hveragerði

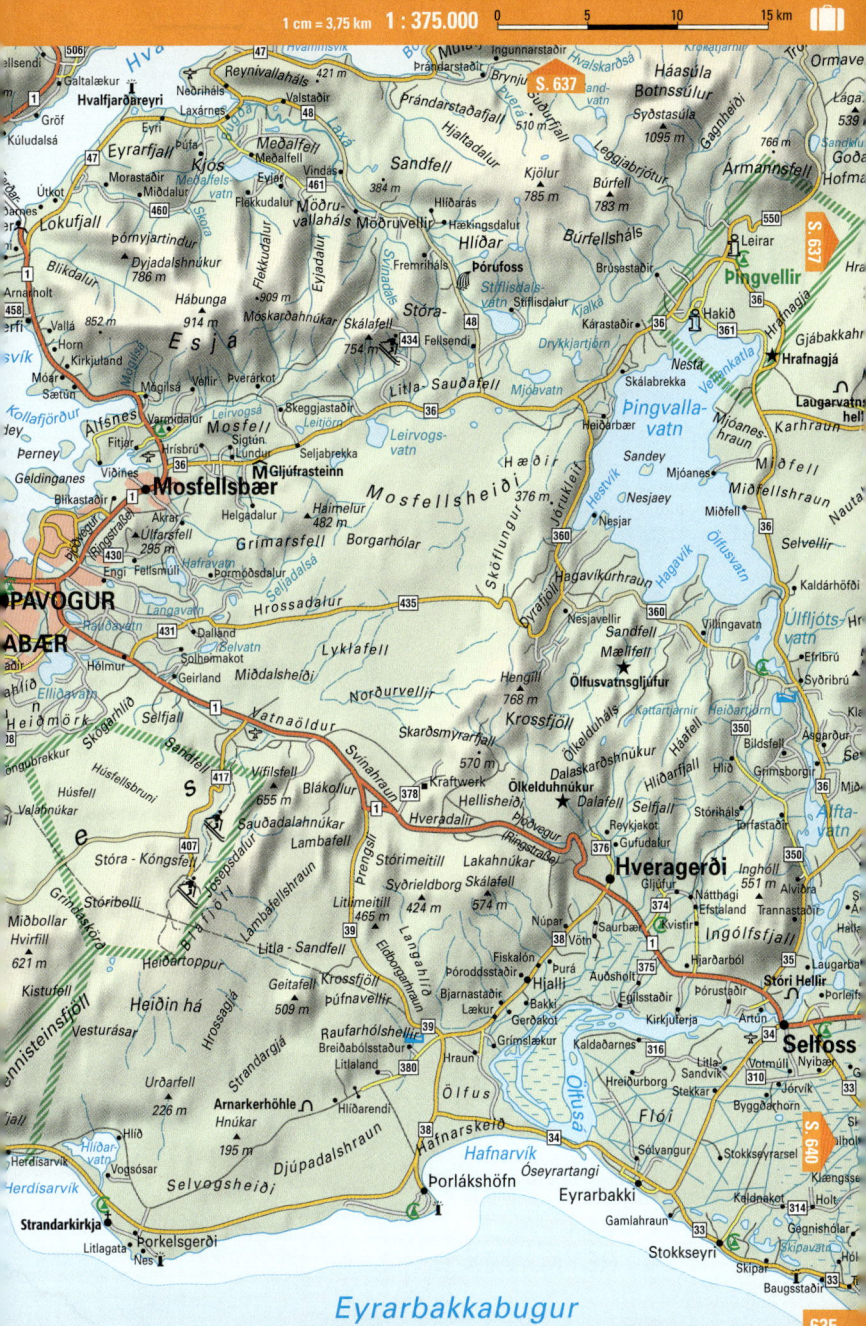

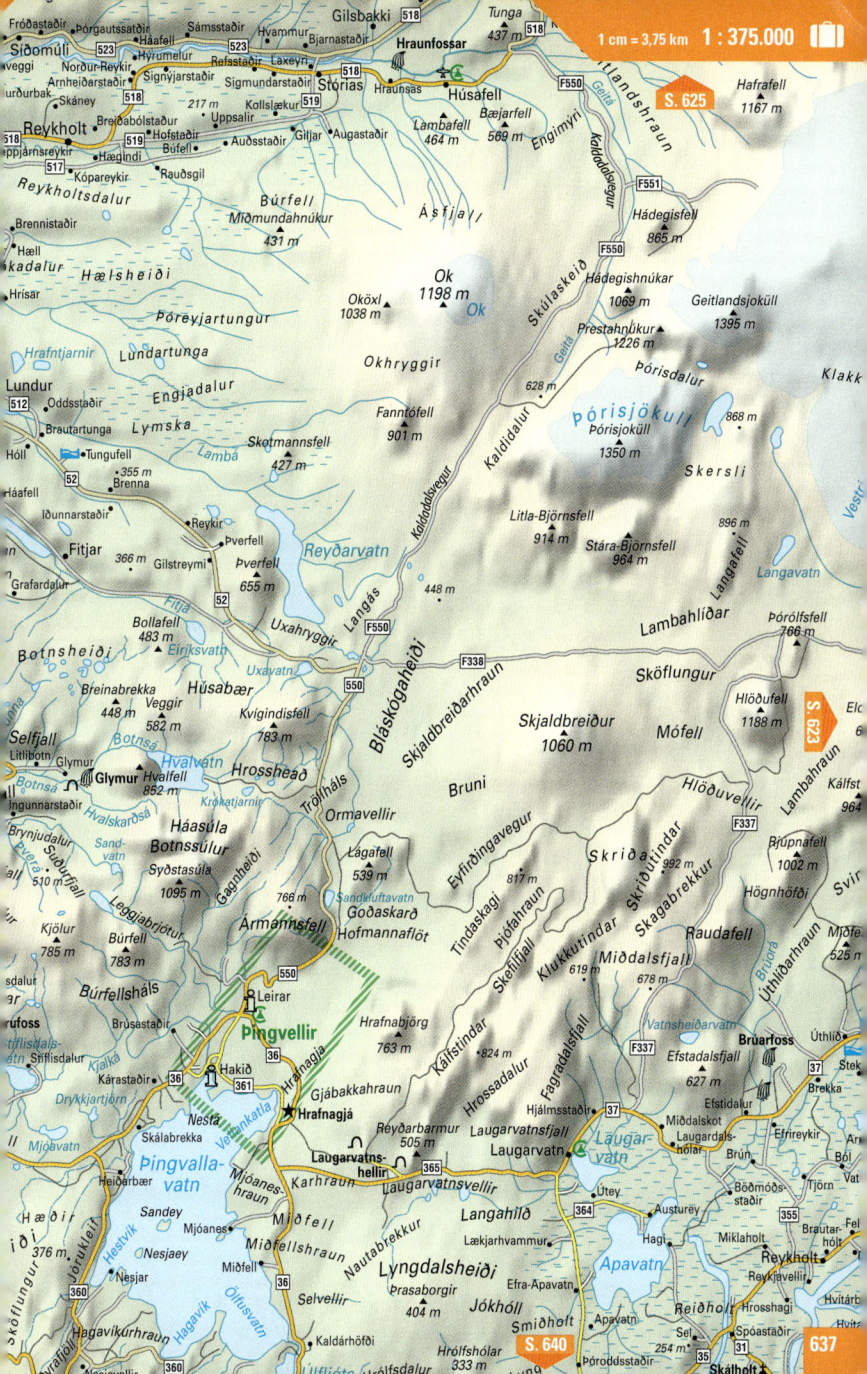

Snæfellsnes-Halbinsel, Stykkishólmur, Ólafsvík, Snæfellsjökull